DES ANGLAIS DANS LA RÉSISTANCE

MICHAEL R.D. FOOT

DES ANGLAIS DANS LA RÉSISTANCE

LE SERVICE SECRET BRITANNIQUE D'ACTION (SOE) EN FRANCE 1940-1944

Avant-propos et notes
de JEAN-LOUIS CRÉMIEUX-BRILHAC

Traduit de l'anglais
par RACHEL BOUYSSOU

Ouvrage traduit avec le concours
du Centre national du livre et de la Direction de la mémoire,
du patrimoine et des archives du ministère de la Défense

TALLANDIER

SOMMAIRE

APPENDICES

NB : à l'exception de ceux du chapitre IV, les intertitres ne sont pas de l'auteur mais ont été introduits à la traduction pour faciliter la lecture.

AVANT-PROPOS

La fin d'un scandale ? Il peut paraître outré d'employer de tels mots à propos de ce livre. Et pourtant ! La parution en français du *SOE in France* de Michael Foot n'est possible aujourd'hui que grâce à la levée d'une mise à l'index imposée durant quarante ans par un gouvernement étranger et ami. Ni l'histoire diplomatique, ni l'histoire littéraire n'offrent rien de comparable. *SOE in France,* rédigé à Londres sur commande gouvernementale avec l'assentiment du Premier ministre de l'époque et édité en 1966, puis réédité en 1967 par l'Imprimerie royale britannique (HMSO) dans la collection officielle d'histoire de la Grande-Bretagne en guerre, a été interdit de publication en français pendant près d'un demi-siècle par décision du Foreign Office. Un grand éditeur parisien l'avait fait traduire : le veto de Londres bloqua l'entreprise.

On peut penser que le Secrétaire d'État de Sa Majesté craignit de susciter l'irritation du général de Gaulle, alors au sommet de sa carrière, et les protestations d'anciens résistants, en laissant publier en France une relation *made in Britain* et sous timbre officiel de l'action clandestine britannique dans notre pays durant la dernière guerre. Une critique acidulée de l'ouvrage avait paru dans le *Figaro Littéraire* du 16 juin 1966 sous la signature de l'ancien chef des services secrets de la France Libre André Dewavrin, *alias* colonel Passy. Son titre abusivement provocateur : « M.R.D. Foot, n'attaquez pas injustement la France Libre ! » et les multiples interventions de son auteur ont pu renforcer les diplomates britanniques dans leur prudence. Il a fallu attendre 2004 pour qu'une nouvelle édition de *SOE in France*, publiée en Grande-Bretagne et aux États-Unis, incite les responsables de plusieurs hautes institutions françaises à demander la levée du veto, puis à s'accorder, la première traduction s'étant perdue, pour en financer une nouvelle et tirer de sa quasi-clandestinité un ouvrage qui reste une des premières sources de notre histoire clandestine.

C'est dire que l'importance de *SOE in France* n'a été connue, depuis sa parution, que dans un étroit cénacle. Arthur Calmette, historien du mouvement clandestin Organisation civile et militaire et ancien résistant de marque, salua en 1967 dans la *Revue d'histoire de la Deuxième Guerre mondiale* « une œuvre maîtresse, [...] importante par son volume, sa densité, le sérieux de sa documentation, l'effort d'objectivité de l'auteur, [...] la première tentative pour présenter une vue d'ensemble de l'œuvre des services secrets britanniques en France ». Et de conclure que, en dépit de quelques critiques et lacunes, « aucun historien de la Résistance française ne [pourrait] désormais écrire sans avoir recours à cet ouvrage ».

Son auteur, Michael Foot, est en effet un pionnier de l'histoire des services secrets ; son autorité et sa probité intellectuelle sont unanimement reconnues ; il est un francophile avéré. Il a participé à la Seconde Guerre mondiale, en particulier dans ses dernières phases, en qualité d'officier de renseignement de la brigade du Special Air Service (SAS), l'unité de parachutistes chargée d'opérer sur les arrières ennemis. Rescapé lui-même d'un parachutage qui lui valut d'être fait prisonnier par les Allemands, il a eu par la suite une carrière universitaire brillante, d'abord enseignant à Oxford, puis titulaire de la chaire d'Histoire moderne à l'Université de Manchester. Bien que *SOE in France* ait été rédigé dans le cadre d'une mission officielle et que son texte ait été revu, avant publication, par les principaux chefs du service, puis ait bénéficié d'une sorte de *nihil obstat* de la part des autorités publiques, Foot peut à juste titre se flatter d'avoir écrit « non en fonctionnaire..., mais en historien » qui veut simplement expliquer les événements.

Le Special Operations Executive, plus couramment désigné par son sigle SOE, auquel ce livre est consacré, a été, durant la Deuxième Guerre mondiale, le second des deux grands services secrets britanniques engagés dans la lutte contre l'Axe, le premier étant l'Intelligence Service (SIS, ou MI 6). Institution respectée et généreusement mythifiée en dépit de ses défaillances durant l'entre-deux-guerres, l'Intelligence Service était rattaché depuis 1919 au Foreign Office et avait la charge du renseignement sur les territoires ennemis ou occupés. Le SOE, au contraire, ne datait que de l'été de 1940 : c'était une invention du gouvernement Churchill et il n'a pas survécu à la Deuxième Guerre mondiale. Conçu comme un service secret d'action subversive (et, dans ses débuts, de propagande subversive), il avait pour mission, selon les termes du Premier ministre, de « mettre le feu à l'Europe ». Le SOE avait été rattaché, pour mieux donner le change, au ministère de la Guerre économique. Son rôle, façonné dans l'improvisation, allait prendre une extension imprévue à mesure que se manifestèrent les résistances européennes, notamment la résistance française, et que grandit l'espoir, incertain jusqu'à l'été de 1944 dans les états-majors alliés, que l'action résistante puisse contribuer au succès des débarquements prévus et à la libération des pays européens.

Jusqu'au printemps de 1941, l'existence du SOE resta ignorée des Français Libres. Sa « section F », opérant indépendamment et à l'insu des services secrets du général de Gaulle, tenta d'improviser de premiers raids sur les côtes françaises, de créer l'amorce de premiers réseaux, totalement distincts de ceux que constituait l'Intelligence Service, et de prendre de premiers contacts avec des officiers antiallemands de l'armée de l'armistice du gouvernement de Vichy. Rapidement, les Britanniques découvrirent l'avantage de recourir également aux services secrets français que mettait sur pied le colonel Passy et aux volontaires que ceux-ci pouvaient apporter à l'action clandestine. C'est ainsi qu'en mai 1941 fut créée au sein du SOE, à côté de la section F, une seconde section d'action en France, la « section RF », chargée d'agir de concert avec les services secrets français libres. Tous les agents de la France Libre chargés par celle-ci d'actions subversives ou d'organisation à fins militaires sur le continent, qu'il s'agisse de frustes saboteurs ou de délégués en titre du général de Gaulle, tous furent formés au parachutage et aux techniques d'action clandestine par les soins de la section RF, tous durent transiter par elle pour gagner la France et se virent offrir avant leur départ de Dorset Square la dragée mortelle de cyanure enrobée d'une pellicule de caoutchouc, tous furent tenus de passer ensuite par elle pour communiquer par radio avec les autorités françaises libres et c'est par son intermédiaire qu'ils reçurent codes, crédits et armement. Ce qui n'empêcha pas, dans le même temps, la section F de multiplier les créations en France de réseaux de sabotage et d'action ralliant de nombreux patriotes, sous contrôle et sur directives purement britanniques.

Que cette dualité ait été l'occasion de multiples frictions, on ne s'en étonnera pas. Elles se manifestèrent bientôt, moins entre les deux sections F et RF du SOE qu'entre sa section F, purement anglaise, et le Bureau central de renseignement et d'action ou BCRA, instrument, à partir de 1942, de toutes les activités clandestines de la France Libre. Le SOE et le BCRA visaient un même but, la défaite ennemie et la participation des résistants français à cette défaite. Mais ils obéissaient à des logiques différentes, en application de politiques distinctes adoptées en plus haut lieu. Exigences, parfois contradictoires, de deux souverainetés nationales : de Gaulle revendiquait l'autonomie d'action en France la plus large et alla même jusqu'à vouloir faire supprimer la section F, alors que les Britanniques entendaient garder le contrôle de toute action de guerre menée à partir de leur sol. D'où allait découler une divergence majeure sur la stratégie : la France Libre visait à étendre au plus vite la résistance à toute la nation dans le cadre d'une structure centralisée, alors que les Anglais ne voulaient d'actions subversives ou militaires qu'étroitement contrôlées et régionalisées, s'échelonnant selon les besoins de la stratégie alliée, pour confluer éventuellement lors des combats libérateurs. Une autre divergence, latente, mais qui devint conflictuelle en 1942-1943, fut celle des visées politiques : il devint manifeste, à partir de l'entrée en scène de Jean Moulin, que la France Libre préparait, en même temps que la libération du territoire, la prise du pouvoir par le gouvernement du général de Gaulle, initiateur et symbole de la résistance nationale ; cependant, la section F, fidèle aux directives du Cabinet de guerre et de l'État-major britanniques, se déclarait strictement apolitique ; dans cette optique, elle n'hésitait pas à s'associer en France avec des fractions antigaullistes et, du moins jusqu'à la fin de 1943, à coopérer avec des rivaux de l'Homme du 18 juin, pourvu qu'ils se montrent efficaces. Passons sur les tiraillements de 1943-1944 concernant la tactique à recommander aux formations clandestines armées.

À ces divergences, liées, pour une large part, aux inflexions de la haute politique, s'ajoutait, au niveau des services, une rivalité qu'on pourrait dire fonctionnelle. Entre le BCRA et la section F, la coopération, pour efficace qu'elle fût, était inévitablement compétitive. Ainsi, les heurts furent fréquents et parfois rudes entre le colonel Buckmaster, le chef le plus notable de cette section, et les responsables du BCRA, le colonel Passy et son agissant et sagace adjoint, André Manuel : contestations et, occasionnellement, coups fourrés tant dans le recrutement des agents que dans l'usage des codes, critiques par le SOE des « indiscrétions » françaises, discussions pour obtenir des passages sur les avions clandestins de liaison avec la France et des parachutages prioritaires d'armes. Si vives, toutefois, qu'aient pu être ces oppositions, elles n'ont empêché ni une complicité discrète entre Passy et Buckmaster, ni une sympathie profonde entre Jacques Bingen, chef en 1943 de la section non militaire du BCRA, et le directeur du SOE pour l'Europe du Nord-ouest, Robin Brook, ni, à plus forte raison, l'esprit de solidarité dans la tâche quotidienne et l'amitié entre les officiers du

BCRA et leurs correspondants anglais de la section RF. L'exemple le plus éclatant en est celui de Yeo-Thomas, attaché avant guerre à la maison parisienne de haute couture Molyneux, francophile passionné, officier de la section RF, qui, après deux missions en France, obtint en février 1944 d'y retourner pour tenter de délivrer Pierre Brossolette, délégué du général de Gaulle tombé aux mains des Allemands, et qui, arrêté lui-même, ne dut qu'à un concours de circonstances exceptionnel d'échapper à une mort programmée. Et, plus important que tout, la coopération compétitive des services d'action français et anglais, jointe au dynamisme des organisations clandestines de la France intérieure, eut les résultats positifs que l'on sait : l'éclatante participation de la résistance à la libération et le rassemblement national sous l'égide de De Gaulle.

Michael Foot n'a pas éludé les problèmes de pouvoir ni les frictions qui purent troubler la collaboration des services français libres et britanniques, sur lesquels le colonel Passy insiste dans ses *Mémoires* ; il les relativise ou les ramène à l'essentiel. Il ne dissimule d'ailleurs pas non plus les tensions entre le SOE et l'Intelligence Service ou le commandement de la Royal Air Force.

Il a voulu avant tout montrer sous ses divers aspects et dans ses différentes phases le fonctionnement d'un service secret britannique dont le rôle technique, logistique, militaire, voire politique dans le développement de l'action clandestine a été capital et, sur le moment, insoupçonné, passer en revue le déploiement et les péripéties de ses agents et de ses réseaux en France et mettre en lumière leur contribution à la victoire. C'est par là tout un volet de l'activité clandestine en France pendant la Deuxième Guerre mondiale qui s'éclaire.

Il est difficile de se représenter aujourd'hui la nouveauté d'un tel apport, si confidentiel qu'il soit d'abord resté. Les *Mémoires de guerre* du général de Gaulle avaient donné une vue cavalière et parfois entachée d'inexactitudes de l'action en France menée par l'entremise du BCRA, ainsi que des rapports entre la France Libre et la résistance intérieure, unies sous son égide dans la gloire d'un même combat. Les deux volumes de Jacques Soustelle, *Envers et contre tout*, parus dès 1947-1950, avaient donné une vue plus poussée de l'action des services secrets français, mais, eux aussi, dans le cadre de ce qui se voulait une histoire globale de la France Libre. La relation la plus détaillée du rôle des services secrets français restait les *Mémoires* du colonel Passy, mais qui s'arrêtaient au milieu de 1943 ; et trop de différends avaient opposé l'auteur à ses partenaires, contrôleurs et rivaux anglais pour qu'il y fît une juste part à l'action de leurs services – dont il ne connaissait, de surcroît, qu'une partie. Quant à la littérature communiste sur la guerre, elle n'accordait de mérite qu'à la résistance autochtone dont le PCF, le Front national, son émanation, et les Francs Tireurs et Partisans, ses avant-gardes militaires, se flattaient d'avoir été le fer de lance. Enfin, l'étude méthodique de la France en guerre et de la résistance sur la base de documents écrits portait tout juste ses premiers fruits grâce au Comité d'histoire de la Deuxième Guerre mondiale et à son animateur Henri Michel. Ainsi, les publications françaises sur la guerre clandestine, d'inspiration tant gaulliste que communiste, avaient été, jusqu'en ce début des années soixante, largement apologétiques. À de rares exceptions près, elles avaient célébré l'épopée résistante comme une affaire purement franco-française, les services secrets alliés d'action y faisant curieusement figure d'auxiliaires obligés, dispensateurs d'une aide logistique chichement mesurée.

De sorte qu'on serait tenté de voir dans la décision britannique de 1960 de tirer de l'ombre l'action du SOE non seulement un hommage à la Grande-Bretagne en guerre, mais une façon d'équilibrer une littérature gauloise abusivement flatteuse pour notre amour-propre national ; peut-être aussi une sorte de complément, sinon de réplique, aux *Mémoires de guerre* du général de Gaulle dont le troisième volume venait de paraître dans les deux pays. En suite de quoi, quand l'ouvrage sortit, les mêmes autorités, comme effarouchées par leur propre audace, se seraient retenues de l'exporter.

Quoi qu'il en fût, elles n'avaient rien négligé pour que Michael Foot pût écrire, dans la plénitude de son rôle d'historien, ce que le compte-rendu du *Times* appela « une histoire officiellement musclée », bien que tempérée à l'occasion par l'humour rafraîchissant de l'auteur. Et, ce qui compte aujourd'hui davantage à nos yeux, une histoire fortement documentée. Le gouvernement britannique lui avait, en effet, donné accès à la quasi-totalité des archives existantes du service. Un tel libéralisme paraîtra d'autant plus remarquable si l'on rappelle que les dossiers de l'Intelligence Service sont clos sans limite de temps, que les archives du BCRA français n'ont été ouvertes – au compte-gouttes et sur dérogations restrictives – que dans les années quatre-vingt-dix, que leur exploration d'ensemble n'a été achevée qu'en 2006, et que les archives de guerre du général de Gaulle ne sont accessibles que depuis 2004. On appréciera mieux encore le privilège dont a bénéficié Foot quand on saura que 85 % des archives initiales du SOE sont aujourd'hui détruites, soit par suite d'incendies, soit délibérément par l'effet de plusieurs dégraissages décidés, dit Foot lui-même, « au détriment de l'histoire », et qu'en particulier une partie des dossiers des agents et de nombreux rapports de réseaux français ont été sacrifiés. C'est dire la nouveauté de l'ouvrage lorsqu'il parut et l'importance qu'il conserve aujourd'hui.

C'est grâce à lui qu'ont été connus des épisodes qui ont défrayé la chronique, voire alimenté des films ; c'est par lui qu'ont été rendus publics l'extravagante affaire du réseau CARTE, qui, dans les semaines précédant le débarquement anglo-américain de novembre 1942 en Afrique du Nord, donna à croire au Comité des chefs d'état-major britanniques qu'il pouvait compter sur un soulèvement de l'armée de l'armistice en faveur des alliés, ou le drame du chef de réseau bordelais Grandclément, dont le retournement allait handicaper lourdement la résistance dans le Sud-Ouest. C'est grâce à lui qu'ont été propulsés en pleine lumière une série de personnages extraordinaires de la résistance, figures superbes comme le chef du réseau de sabotage FARMER, Trotobas, qui fut abattu les armes à la main et dont plusieurs monuments perpétuent la mémoire dans le Nord-Pas-de-Calais, figures touchantes comme la jeune et belle princesse Noor Inayat Khan, venue secourir en qualité d'opératrice radio le réseau PROSPER en perdition et qu'un délateur vendit à la Gestapo pour cent mille francs, figures complexes comme les agents doubles ou triples Déricourt ou Mathilde Carré, dite « La Chatte », héroïne sans scrupules de plusieurs feuilletons. C'est, de même, grâce à *SOE in France* qu'a été connu le récit du sabotage le plus important de 1942, la destruction de la grande antenne de *Radio Paris* opérée par les Français Libres Clastère et Bodhaine et qui ne figure pas dans les archives de la France Libre.

Les péripéties et épisodes les plus croustillants que relatait *SOE in France* ont alimenté l'*Histoire de la résistance en France* publiée de 1967 à 1981 par Henri Noguères, mais, tout compte fait, l'ouvrage a été assez peu pillé. Il a été surtout cité jusqu'à ces toutes dernières années par une floraison d'écrits mettant en cause le SOE à propos d'un épisode effectivement dramatique, la chute de PROSPER, un de ses plus importants réseaux. L'état-major anglo-américain avait laissé entendre à la fin du printemps de 1943 et Churchill lui-même avait annoncé qu'un débarquement allié aurait lieu en Europe « avant la chute des feuilles ». Une équipe de désinformation peu expérimentée fut chargée de faire croire que ce débarquement aurait lieu dans le Pas-de-Calais. L'objectif était d'y retenir au moins une des divisions allemandes d'occupation alors que les alliés se préparaient à débarquer en Sicile et en Italie. Le SOE avait été pressé de participer à ce plan, dit « plan Starkey ». Des agents clandestins parachutés ou déposés en France auraient bénéficié de la fausse information. À en croire une suite d'ouvrages qui ont fait florès en France, depuis *Le Secret du Jour J* de Gilles Perrault paru en 1964 et les écrits de l'Américain Anthony Cave Brown, expert en interprétations conspiratives de l'histoire, qui furent suivis de plusieurs autres, le SOE aurait poussé la feinte jusqu'à livrer délibérément à la Gestapo les chefs anglais de PROSPER dans l'espoir que les aveux qu'on leur arracherait persuaderaient les Allemands d'une menace imminente sur le Pas-de-Calais. Plusieurs centaines de membres français de PROSPER auraient été sacrifiés du même coup. Nombreux, parmi les survivants, ont cru à cette manœuvre, bien digne de la perfide Albion. Michael Foot balaie à juste titre ce jeu de fausses précisions et d'extrapolations hasardeuses.

La réalité de l'histoire clandestine suffira à nourrir le lecteur de ce livre d'épisodes à suspense : aventures héroïques, drames, sacrifices, trahisons, doubles jeux, malentendus, parties mortelles de poker menteur entre le SOE et les services de sécurité allemands. Mais ce qui fait l'importance de l'ouvrage, lu avec le recul du temps, n'est pas là.

La surprise première, pour des Français, sera de découvrir l'étendue de l'action menée directement en France par les Britanniques. Une cinquantaine de réseaux relevant de la section F ont été homologués après la Libération par les autorités françaises, mais leur nombre réel a été sensiblement supérieur. Leur durée d'existence a été très variable, de quelques jours à – généralement – quelques mois, et exceptionnellement à trois ans. La direction du SOE s'est appliquée à couvrir de ces réseaux l'ensemble de notre territoire, s'acharnant à en créer aussitôt de nouveaux là où certains succombaient. Michael Foot présente systématiquement leur activité, année après année, au point que leur foisonnement semblera parfois déroutant. Il s'est borné, par contre, ce qui choquera certains, à ne donner qu'une vue d'ensemble de l'activité – beaucoup mieux connue par ailleurs – de la section RF, des missions de la France Libre transitant par elle, ainsi que du rôle de Jean Moulin, auquel il rend pleinement hommage. Ses révélations sur les réseaux anglais étonneront, comme étonnera le nombre des volontaires prêts à assumer des missions durables en France sous le contrôle exclusif du SOE : Français entraînés là plus ou moins par hasard, ou qui avaient choisi de ne pas servir de Gaulle, ou encore qui avaient jugé plus efficace de se raccorder à un service britannique, fils ou filles de couples franco-anglais animés d'une forme de double patriotisme, Québécois et Mauriciens, mais aussi purs Britanniques dont la maîtrise du français était quelquefois incertaine.

Parmi les agents de terrain qui peuplent ce livre, risque-tout, hautes consciences ou malfrats, la première place revient aux chefs de réseaux relevant de la section F et à ceux que les Britanniques qualifiaient d'« organisateurs ». Fréquemment assistés d'un ou deux auxiliaires issus également du SOE – un opérateur radio et souvent un « messager » ou une « messagère » faisant fonction d'agent de liaison –, les organisateurs avaient mission de recruter et de former dans la population française des équipes de saboteurs et de fomenter des sabotages, puis, à mesure qu'approcha le jour du débarquement, d'armer les maquis, de les soutenir et parfois d'orienter leurs interventions. Lors de la crise de commandement qui suivit l'arrestation du général Delestraint et de Jean Moulin, durant l'été et l'automne de 1943, le SOE pesa de tout son poids en faveur d'une décentralisation rigoureuse de l'organisation militaire clandestine édifiée sous l'égide de la France Libre ; ses chefs prirent parti dans le conflit qui opposa les délégués clandestins du général de Gaulle, Brossolette d'un côté, Serreulles et Bingen de l'autre, et il est plus que probable qu'ils envisagèrent d'assumer, grâce à leurs propres « organisateurs », la direction effective de l'action militaire en France. Ce ne fut pas le cas, on le sait, du fait de la vigoureuse réorganisation des structures de commandement opérée entre juin 1943 et juin 1944 par le BCRA et par les missionnaires de la France Libre, en liaison avec les formations résistantes autochtones.

C'est pourtant ce qui semble ressortir de ce livre, notamment dans le chapitre consacré aux combats de la libération. Non que l'auteur sous-estime le formidable élan populaire qui eut alors lieu : il magnifie, au contraire, la contribution des résistants français. Mais ceux-ci apparaissent comme ayant été non seulement secondés, mais pilotés dans plusieurs régions de France par les hommes du SOE.

Plus d'un lecteur français butera sur cette interprétation. Elle est si différente de ce qu'il a appris et surtout de ce qui a été mis en valeur par les recherches historiques de terrain qu'il pourra s'en offusquer. Qui n'est pas familier avec l'histoire régionale de la résistance sera stupéfait de lire que le réseau WHEELWRIGHT a contribué de façon décisive à la libération de Toulouse en août 1944, que le réseau MARKSMAN a présidé aux opérations de libération de l'Ain et que le réseau JOCKEY a ouvert la route des Alpes aux forces alliées débarquées en Provence. Des noms aussi familiers que ceux des responsables français des FFI toulousains, Ravanel ou Vernant, celui d'un chef aussi prestigieux que Romans-Petit, le commandant des maquis de l'Armée secrète dans l'Ain, s'ils figurent bien dans la présente version, n'étaient pas mentionnés dans les éditions anglaises ; en revanche, sont projetés dans l'histoire de notre résistance trois « organisateurs » britanniques exceptionnels, sans qui les événements n'auraient pas eu la même tonalité triomphante, George Starr (*Hilaire*) dans la région Toulouse-Pyrénées, Heslop (*Xavier*) dans l'Ain et Cammaerts (*Roger*) dans le Sud-Est.

Il n'est que trop vrai que pendant une longue période de l'après-guerre, le rôle et jusqu'aux noms de ces « organisateurs » ont été injustement gommés de notre mémoire (quand ils n'ont pas, comme Starr, été suspectés de noirs desseins). Malgré l'ostracisme du général de Gaulle, ils y ont leur place. Elle ne doit être ni surestimée ni sous-estimée. Foot la surestime parfois, sur la base de rapports envoyés de France par des agents enclins, comme tant de résistants, à gonfler leur action. C'est typiquement le cas en ce qui concerne les assauts livrés en juin 1944 par les résistants à la division blindée SS *Das Reich*[a] et les pertes infligées par eux aux forces allemandes. Cette place, le tout récent *Dictionnaire historique de la Résistance* la leur rend. Personnages hors du commun et plus efficaces que certains délégués militaires de la France Libre, ils ont eu un quadruple mérite : d'avoir maintenu ou rétabli dans les moments les plus cruciaux les liaisons par radio avec Londres, d'avoir œuvré, du moins dans l'Ain, pour faire coopérer, sans distinction d'appartenance politique, des maquis parfois violemment antagonistes, de s'être opposés tant qu'ils l'ont pu à la tactique dite des réduits, enfin et surtout d'avoir suscité dans leur région des parachutages abondants – quelque cent cinquante charges larguées

---

a. Il a fallu attendre le tournant du nouveau siècle et la confrontation des archives pour que soit éclairée la complexité des libérations régionales, pour que soit démêlé dans chaque cas l'écheveau des liens entre les différents acteurs et que soit précisé le rôle de chacun. Michael Foot n'a connu, et très tardivement, qu'une partie de ces études. Des notes de bas de page replacent dans le contexte aujourd'hui connu certains des hauts faits qu'il a évoqués à la seule lumière des télégrammes et des témoignages enregistrés à l'époque à Londres. Par ailleurs et pour les mêmes raisons, le texte lui-même présente quelques différences avec l'édition anglaise de 2004 dont il est la traduction, essentiellement dans les chapitres XI et XII. Il va sans dire que ces modifications ont toutes été introduites et rédigées par l'auteur ou en accord avec l'auteur.

par bombardiers en moins d'un an dans le cas du seul George Starr, recordman en la matière, qui permit d'armer des dizaines de maquis depuis la Gironde et le Lot jusqu'aux Pyrénées.

Mais le renversement de perspective qu'apporte Foot dépasse la seule valorisation des mérites d'une poignée d'« organisateurs ». Deux pages d'illustrations des éditions anglaises en témoignent symboliquement. Elles reproduisent les portraits de huit Français Libres qui ont été des héros du combat clandestin. Parmi eux, Morandat, premier missionnaire politique de De Gaulle dès 1941, et Fourcaud, qui fut une éminence du BCRA. Tous ont inévitablement transité par la section RF. Les légendes des deux pages les présentent comme des « agents de la section RF ». Le lecteur doit comprendre que Michael Foot n'a fait que se modeler sur la conception de la relation franco-britannique qui était celle du SOE et en reproduire le vocabulaire. Pour le SOE, tous les agents du BCRA, y compris les délégués personnels du général de Gaulle, étaient assimilés à des « agents de la section RF » du seul fait qu'ils avaient bénéficié du concours de celle-ci. Et, de même, les formations clandestines ravitaillées grâce à George Starr, Heslop et Cammaerts, ou seulement en relation avec eux, si autonomes que fussent leurs initiatives et quelle que fût leur orientation politique, ont été considérées, au siège du SOE, comme faisant partie intégrante des réseaux WHEELWRIGHT, MARKSMAN et JOCKEY.

En présence d'une conception aussi extensive, qui ne sous-estime pourtant pas l'immense contribution des services secrets français libres, on touche ici au plus profond de ce qui dressa en plus d'une occasion de Gaulle contre le SOE et le gouvernement dont il relevait. Le chef de la France Libre n'avait d'ailleurs pas à s'y tromper : il avait été officiellement informé dès juin 1942 que le SOE était l'autorité chargée de coordonner les activités des différents « gouvernements » dans le domaine de l'action clandestine. Et c'est bien à ce titre que le SOE reçut le 3 juin 1944 du général Eisenhower la consigne de faire diffuser par la BBC dans la nuit du débarquement des messages d'action immédiate à l'adresse de toutes les formations résistantes de France, y compris de celles qui se réclamaient de la France Libre. Mais si vifs qu'aient été les heurts qui jalonnent ce récit jusqu'en en ces heures cruciales du débarquement, l'issue confirma que Français et Britanniques sont parfois capables de coopérer.

Ainsi le livre auquel les lecteurs français ont désormais accès n'est pas seulement remarquable par la richesse de son apport et par une clarté de vision et d'écriture qui maîtrise le foisonnement des faits. Il est de ces rares ouvrages qui incitent au débat. En l'occurrence, le débat n'est pas nouveau, il remonte loin, presque à l'origine du SOE et de la France Libre. Il serait bon qu'après soixante ans, les Français en reconsidèrent plus équitablement les termes.

Une thèse sous-tend l'ouvrage de Michael Foot, il l'y énonce sans ambages : si, dans l'esprit des Français, deux ensembles d'acteurs ont animé la Résistance, la France Libre et ses envoyés d'une part, des formations de patriotes de l'intérieur souvent encadrées ou influencées par les communistes de l'autre, il faut en réalité en ajouter un troisième : les Anglais, et plus précisément le SOE, la BBC et la Royal Air Force.

Pourra-t-on encore, après avoir lu ce livre, soutenir le contraire ?

Jean-Louis CRÉMIEUX-BRILHAC

PRÉFACE

Les autorités britanniques ont longtemps eu pour politique de verrouiller les archives du SOE – le service des opérations spéciales du temps de la Seconde Guerre mondiale – aussi strictement que celles des autres services secrets. La raison n'en est pas, comme pourraient le croire les lecteurs des aventures de James Bond, que le SOE aurait poursuivi son activité après la fin des hostilités, puisqu'il a été dissous en janvier 1946. Elle ne réside pas non plus dans la volonté de dissimuler les fautes déshonorantes de chefs irresponsables. Des erreurs affreuses ont assurément été commises, comme dans tous les services secrets et dans toutes les guerres, et certains auteurs en ont fait leurs choux gras ; en l'absence d'éléments d'information susceptibles de contrebalancer leurs supputations, ils ont fini par donner de cette organisation l'image fantasmatique d'une sorte de Moloch aux sinistres desseins se repaissant de jeunes victimes innocentes. Quant aux succès majeurs remportés par le SOE, ils sont souvent restés ignorés de tous sauf de leurs acteurs directs, ou alors ont fait l'objet de récits où se mêlaient si inextricablement fiction et réalité que la réputation du service en a presque autant souffert qu'elle en a profité. Une activité dont plusieurs généraux – allemands aussi bien qu'alliés – ont estimé qu'elle avait abrégé d'environ six mois la guerre en Europe ne saurait avoir été tout à fait dépourvue de valeur stratégique ; aux lecteurs de décider si le prix des indéniables succès du SOE a été trop élevé. Pour ma part, je m'en suis tenu à la règle énoncée par Othello – « sans rien atténuer, mais sans y mettre de haine » – et j'ai simplement essayé d'exposer ce qui s'est passé, sans parti pris, du moins conscient, dans un sens ou dans l'autre.

Dans l'avalanche d'écrits et de commentaires généralement mal informés auxquels ont donné lieu les opérations secrètes conduites en France, les historiens ont été bien oubliés. Ils ont pourtant le devoir de chercher et de trouver ; et le droit de savoir pourquoi les autorités ont eu jusqu'ici pour principe de leur en dire si peu. La raison en est que l'activité du SOE recoupait pour une grande part celle d'autres services secrets, dont aucun responsable ne peut souhaiter divulguer les contacts, les méthodes et les moyens. Je me suis efforcé de respecter ce désir sans sacrifier pour autant les exigences de ma discipline ni le souci du bon sens. Aussi longtemps que le monde sera divisé en États souverains, ceux-ci auront besoin de collecter du renseignement et de protéger leur sécurité ; c'est une réalité de la vie internationale contemporaine, et les extrémistes et idéalistes auront beau s'en indigner, ils n'y changeront rien. Quoi qu'il en soit, les omissions que la discrétion m'a imposées ne modifient guère l'équilibre de l'ensemble.

Ce livre a une histoire qui, sans être de loin aussi excitante, intéressante ou dangereuse que les aventures en terre française dont il déroule le récit, mérite peut-être d'être contée. Au départ, il y eut le désir, exprimé à plusieurs reprises au Parlement ou ailleurs, de disposer d'un récit exact et impartial des activités du SOE dans la Seconde Guerre mondiale. Ce souci amena Harold Macmillan, alors Premier ministre, à autoriser un début de recherche. Le Foreign Office décida de commander, si elle était réalisable, une étude sur les activités du SOE en France. Et j'en fus chargé parce qu'il se trouvait que j'avais déjà quelque connaissance de la résistance française et de l'histoire de la guerre, que j'étais un historien confirmé et que j'étais disposé à me consacrer entièrement à cette tâche. De fait, celle-ci m'a tout à fait absorbé de l'automne 1960 à la fin de 1962, date de l'achèvement de la première version ; après quoi elle a encore occupé une bonne part de mon temps, et pas seulement du mien.

Cette première version fut lue par différentes autorités, qui la jugèrent publiable, et l'annonce en fut faite au Parlement[1]. Elle fut alors préparée pour l'impression et les épreuves furent communiquées à plusieurs personnalités qui pouvaient avoir quelque chose à en dire, soit par leurs hautes responsabilités, soit parce qu'elles étaient particulièrement bien informées sur le sujet. Leurs remarques me conduisirent à effectuer une série de nouvelles recherches et à introduire quelques changements ou développements.

Mon objectif est d'expliquer le rôle joué par le SOE dans la bataille lancée dès la déroute de juin 1940 pour libérer la France des nazis. Je commence donc par une description des origines et de la nature du SOE ; j'ai considéré, ce faisant, l'histoire politique de l'Angleterre et de la France comme connues, car elles le sont en effet pour l'essentiel. Inévitablement, les opérations que je décris sont

surtout vues de Londres : d'abord parce que, pour des raisons politiques, les archives qui pouvaient se trouver à Paris m'ont longtemps
été à peu près complètement fermées ; ensuite, parce qu'un bon agent
secret ne consigne presque rien par écrit tant qu'il est sur le terrain ;
et enfin, parce que les dossiers du SOE en Afrique du Nord étaient
détruits depuis longtemps lorsque je me suis mis au travail. Le présent récit en paraîtra sans doute saccadé et fragmentaire : c'est bien
ainsi, en effet, que les dirigeants du SOE percevaient les événements.
Pendant presque toute la guerre, tout ce que Londres a su de bien des
régions du monde pouvait se résumer à une poignée d'anecdotes
effroyables, dont chacune paraissait sans queue ni tête tant qu'elle
n'était pas éclairée par les autres. L'interprétation de ces épisodes
était déjà difficile à l'époque. Quant à moi, il m'a fallu être bien
avancé dans mes recherches pour être en mesure de situer avec
quelque assurance tel agent ou telle action dans le contexte stratégique ; et bien des publications sont autant de preuves qu'il est
imprudent d'accepter le récit d'un acteur sans avoir une certaine idée
du tableau d'ensemble. Une vie d'homme ne suffirait pas à recueillir
et collationner tous les récits des survivants, et ne parlons pas des
morts. Les historiens ont besoin dès maintenant des matériaux
contenus dans ce livre ; ils pourront s'en servir pour conduire leurs
propres investigations.

Je suis sûr que les personnes mentionnées dans cet ouvrage d'histoire, si elles vivent encore, ne s'offusqueront pas d'y être traitées en
personnages historiques, c'est-à-dire évoquées par leur seul nom de
famille, sans titre ou grade. Ce choix est celui de la brièveté et de la
simplicité. Le lecteur aura déjà assez de mal à s'y retrouver avec les
noms de guerre des agents, *en italiques*, et les noms des opérations et
des réseaux, en PETITES CAPITALES ; il ne mérite pas de se voir infliger
au surplus une avalanche de formules du genre « le capitaine d'aviation
(plus tard lieutenant-colonel) Untel... »[a]. De toute façon, le grade
n'avait guère de sens dans une organisation où un général de division
ne voyait aucun inconvénient à servir sous les ordres d'un général de
brigade, voire un contre-amiral sous ceux d'un commandant. Il va de
soi qu'il ne faut voir là aucun manque de respect, que ce soit à l'égard
des vivants ou des morts. Je me suis autorisé quelques changements
minimes dans certaines citations, au nom de la clarté : il s'agit chaque

---

a. À la traduction, nous nous sommes permis une simplification supplémentaire :
la suppression du « Sir » et de la plupart des titres de noblesse [N.d.T.].

fois soit d'adapter leur construction au reste du texte, soit de corriger des coquilles évidentes et sans conséquence. L'orthographe des noms de personnes est conforme, du moins je l'espère, à celle que ces personnes pratiquaient elles-mêmes ; celle des toponymes suit le Didot-Bottin.

J'ai évidemment tenté de produire un récit aussi complet, exact, impartial et équilibré que le temps imparti me le permettait. Personne ne sera moins surpris que moi s'il demeure des inexactitudes ; car toute la littérature publiée sur le sujet en est truffée, et les archives non publiées sont souvent contradictoires, embrouillées et propres à égarer le chercheur. Je n'ai pu que m'efforcer de suivre les règles classiques de ma profession pour évaluer les documents historiques : par exemple en donnant la préférence aux récits d'époque sur les plus tardifs, aux récits directs sur ceux de seconde main, etc. Caxton invitait les lecteurs de son édition de Malory à « garder en mémoire les actes bons et honnêtes et [à] en suivre l'exemple ». On trouvera beaucoup plus d'actions belles et droites que d'actions méprisables dans l'histoire que voici, qui abonde en actes de bravoure extraordinaires en plus de celui, déjà remarquable, consistant à s'introduire sous un faux nom, généralement en sautant en parachute en pleine nuit, sur un territoire contrôlé par une police secrète hostile : un exploit que de nombreux agents du SOE ont accompli sans flancher, en France ou ailleurs, avec un courage auquel les nations alliées contre Hitler doivent beaucoup. J'offre le conseil de Caxton à tous les lecteurs qui peuvent se trouver entourés de dangers comparables. Il ne me paraît pas nécessaire, en revanche, d'y ajouter sa mise en garde : « Libre à vous d'ajouter foi à la véracité de ce qui est ici raconté ». Car j'ai pris soin de ne rien mettre dans ces pages que je ne crusse, pour de solides raisons, exact. Les inexactitudes factuelles mineures qui subsistent encore ont pu entraîner de légères erreurs d'optique, mais je pense que les grandes lignes de mon récit sont justes. Et celui-ci contredit, directement ou par voie de déduction, la plus grande part de ce qui a déjà été imprimé ou colporté oralement sur la question.

J'ai bénéficié pour ce travail de toutes sortes d'appuis et j'ai une dette de reconnaissance à l'égard de très nombreuses personnes, notamment des éminentes autorités qui l'ont lu en épreuves. J'ai eu accès à tous les dossiers encore existants du SOE qui m'étaient nécessaires et à tous les autres documents que j'ai demandé à consulter, à quelques exceptions mineures près que je signale dans l'appendice sur les sources. J'ai à peine besoin de dire ma gratitude à tous ceux qui ont mis à ma disposition leur temps, leurs souvenirs et leurs documents ; comme il en est beaucoup, parmi ceux qui m'ont été les plus utiles, qui souhaitent rester anonymes, il serait injuste de citer les autres. Mais je dois tout de même en nommer deux : le général de division Colin Gubbins, qui m'a ouvert les portes de son extraordinaire mémoire, et le lieutenant-colonel E.G. Boxshall, dont j'ai souvent dû mettre à rude épreuve la patience et la courtoisie.

Mes remerciements s'adressent également aux quatre secrétaires du ministère des Affaires étrangères qui ont mené à bien, avec une compétence hors du commun, la tâche fastidieuse de taper le manuscrit.

Après la première parution de ce livre en avril 1966, j'ai encore bénéficié de nouvelles aides de la part d'anciens membres du SOE et de la résistance française, en particulier du colonel Dewavrin (*Passy*). Je leur en suis extrêmement reconnaissant car cela m'a permis, dans le peu de temps dont je disposais pour réviser le texte, de l'améliorer sur plusieurs détails et de corriger l'exposé des dispositions prises à Londres pour appeler la résistance à l'action lors du débarquement en Normandie. J'ai profité aussi de cette réimpression pour modifier des passages qui avaient involontairement blessé certaines personnes et pour expliciter quelques points qui avaient été mal compris des critiques.

Enfin, il faut dire clairement ceci : bien que ce livre résulte d'une commande officielle et que sa rédaction ait bénéficié de l'aide des autorités, il n'exprime pas le point de vue de l'État. Je n'ai pas travaillé en fonctionnaire mais en historien. Les analyses sont les miennes. Je suis le seul responsable, à l'exclusion de toute autre personne ou de tout organisme, des assertions et des opinions qu'il contient.

Michael R.D. Foot
Manchester, 4 septembre 1967

Voilà, à quelques légères corrections près, ce que j'écrivais il y a trente-cinq ans. Le regretté Charles Orengo, des éditions Fayard à Paris, à qui le livre avait beaucoup plu, en fit faire une superbe traduction par Melle Denis Mounier (récemment disparue elle aussi). J'ai eu entre les mains cette version française mais pendant deux jours seulement, et je n'ai pas pu la copier. Elle n'a jamais paru, sans doute pour des raisons politiques. On m'a raconté à l'époque une histoire peu convaincante de dispute entre des gens de chez Fayard et du HMSO, l'éditeur d'origine. Il est maintenant bien entendu que cette nouvelle édition pourra paraître en français.

Le HMSO a vendu les droits de ce livre, au début des années soixante-dix, aux University Presses of America, de Thomas F. Troy ; ce dernier l'a publié à Frederick (Maryland) en 1974, dans la collection portant le titre malheureux de « Foreign Intelligence Book Series » (il n'y a pas un seul historien anglais pour se réjouir de paraître sous ce label). Troy a ensuite revendu les droits à la maison Greenwood Books, qui a gardé le livre à son catalogue jusqu'il y a un an ou deux, au prix considérable de 60 livres sterling ; la première édition était vendue 42 shillings.

La présente version suit de près les précédentes éditions, mais comporte quelques ajouts fondés sur les travaux les plus solides publiés depuis, et sur des archives récemment ouvertes ; on a pu notamment élucider quelques problèmes épineux concernant les transmissions, et il est possible aujourd'hui d'en dire un peu plus sur l'activité des autres services secrets. À l'époque, mes cornacs du Foreign Office avaient posé en principe, dès notre premier entretien, que rien dans le livre – autant que possible – ne devait faire supposer qu'il ait jamais existé en Grande-Bretagne quelque chose qui ressemblât de près ou de loin à un service de renseignement ; alors que j'étais parfaitement au courant de son existence et qu'ils savaient que je l'étais. Notre époque n'est plus si corsetée, on reconnaît aujourd'hui officiellement qu'il y a toujours eu un SIS (l'« Intelligence Service », comme disent les Français) ; et l'État qui fut longtemps son principal adversaire, l'Union soviétique, n'est plus de ce monde. Cela me permet d'en dire davantage sur ce service, dont le SOE était, en partie du moins, issu. J'ai ajouté aussi quelques précisions sur les services de décryptage et de désinformation, dont j'ignorais les importants succès à l'époque de ma première rédaction.

Quelques considérations d'ordre général ont leur place au seuil de ce récit. Des universitaires et des journalistes aux yeux desquels, apparemment, le danger et le devoir sont choses horrifiques, défendent aujourd'hui le point de vue – pervers aux yeux des anciens résistants encore vivants – que tout l'effort de résistance n'a été qu'une perte de temps, et peut-être même qu'il a retardé le développement social de l'Europe. Croyons-en de plus sages. Ce qui est le moins contestable, c'est que la vie de l'agent SOE sur le terrain était soumise à une tension permanente ; comme l'a dit un jour l'un des principaux responsables du travail du SOE en France, Maurice Buckmaster, il n'y avait « pas de vacances, pas de permission en famille, pas de permission sur place non plus, pas de dimanche et pas de jours fériés »[1]. Les sociétés relâchées que nous sommes ont oublié de quelles tensions dans la vie de chacun – bien plus terribles encore pour un agent secret – est porteuse une guerre mondiale.

Les historiens français qui ont lu ce livre l'ont toujours trouvé donquichottesque. La présente réédition ne cherche pas à corriger cette impression. Les entreprises du SOE en France avaient effectivement quelque chose du combat contre des moulins à vent ; à ceci près qu'elles ont, elles, exercé une influence positive sur le monde réel, comme le montre le dernier chapitre.

Les légendes continuent de proliférer sur le SOE et ses opérations. Shakespeare nous mettait en garde il y a des siècles contre « les vieillards moins véridiques que bavards »[2] ; ceux qui prétendent nous transmettre aujourd'hui les faits et gestes de ces vieillards sont souvent encore moins véridiques. Le présent livre pourra contribuer à neutraliser leurs élucubrations les plus folles.

Les documents sur lesquels repose ce travail vont désormais pour l'essentiel être mis à la disposition de tout un chacun, aux Archives de Kew. Dans les années soixante, il y avait conflit entre les exigences de la recherche et celles de la sécurité, et ces dernières l'ont emporté, comme d'habitude. C'est ainsi que je n'ai été autorisé à conserver aucune de mes notes sur la provenance de mon matériel, ni à renvoyer avec précision aux différents dossiers de l'état-major, du ministère des Affaires étrangères ou du SOE que j'avais consultés. Je n'ai pas pu combler la totalité de ces lacunes dans la présente édition : il reste quelques références incomplètes.

Je dois étendre mes remerciements à tous ceux qui m'ont aidé de leurs conseils pour cette réédition, même si je ne les ai pas toujours suivis. Je reste, bien entendu, le seul responsable des erreurs. Trois conseillers successifs du Foreign Office pour le SOE, Christopher Woods, Gervase Cowell (aujourd'hui disparu) et Duncan Stuart, ainsi que Valerie Collins, l'assistante des deux derniers, m'ont prodigué leur temps et leur aide ; il en est de même de nombreux archivistes anonymes, qui m'ont copieusement alimenté en dossiers. Richard Wilson, Tessa Stirling et Richard Ponman, du Cabinet Office, m'ont apporté leur appui ; et le personnel de Mme Stirling a accompli sans une plainte la tâche épuisante de transformer un volume bourré de renvois et un énorme tas de feuilles volantes en un nouveau livre. Sybil Beaton m'a prêté l'exemplaire de la première édition que son père avait abondamment annoté ; Jacqueline Biéler m'a appris à orthographier correctement le nom du sien. Nombre d'amis et de relations, au club des Forces spéciales et dans le Groupe d'études sur le renseignement, ont élargi mes horizons. Je suis aussi particulièrement redevable à feu Brooks Richards et au Holdsworth Trust d'une subvention de recherche qui m'a été précieuse. Merci également à trois collègues historiens pour leurs conseils : Christopher Andrew, Philip Bell et Roderick Kedward. Je suis infiniment reconnaissant à Jean-Louis Crémieux-Brilhac, qui a beaucoup amélioré ce livre avec son avant-propos et ses annotations. Les personnels de la British Library, de la bibliothèque de l'université de Cambridge, des archives du Churchill College à Cambridge et de la London Library m'ont rendu de grands services. J'admire la ténacité érudite de Rachel Bouyssou, qui a persévéré dans cette traduction superbe, même pendant une tragédie personnelle. Michael Sissons et James Gill, chez mes agents Peters Fraser & Dunlop, ainsi que l'éditeur Frank Cass et son équipe, ont joué leur rôle avec patience. Mais ma plus grande dette de reconnaissance est pour ma femme, qui n'a cessé de m'encourager et de m'entourer de ses attentions.

Michael R.D. Foot
Nuthampstead

SIGLES ET ABRÉVIATIONS

AD/B	désignation administrative conventionnelle, voir p. 76
ADE	Alianza democratica española
AD/E	désignation administrative conventionnelle, voir p. 77
AD/S	désignation administrative conventionnelle, voir p. 77
AFHQ	Allied Forces Headquarters, Commandement des forces alliées [en Méditerranée]
AI10	désignation administrative conventionnelle, voir p. 67
AL	section des liaisons aériennes du SOE
AMF	désignation administrative conventionnelle, voir p. 94
BCRA (M)	Bureau central de renseignement et d'action (militaire) [de la France Libre]
BIP	Bureau d'information et de presse [de la Délégation générale de la France Libre en France]
BOA	Bureau des opérations aériennes [de la France Libre en zone Nord]
BRAL	Bureau de recherches et d'action à Londres [antenne en Grande-Bretagne de la direction des services spéciaux du Comité français de la libération nationale]
C	désignation administrative conventionnelle du chef de l'« Intelligence Service » (SIS)
CCO	Chief of Combined Operations, Chef [britannique] des opérations combinées [raids de commandos, opérations parachutées]
CCS	Combined Chiefs of Staff, Comité interallié des chefs d'état-major
CD	désignation administrative conventionnelle du directeur du SOE
CFLN	Comité français de la libération nationale

CFR	Committee on Foreign Resistance, Comité sur la résistance étrangère
CFTC	Confédération française des travailleurs chrétiens
CGE	Comité général d'études [près la Délégation clandestine de la France Libre]
CGT	Confédération générale du travail
CGTU	Confédération générale du travail unifiée
CIGS	Chief of the Imperial General Staff, Chef de l'état-major de l'empire
CND	Confrérie Notre-Dame [réseau de renseignement français]
CNR	Conseil national de la résistance
COHQ	Combined Operations Headquarters, Commandement [britannique] des opérations combinées
COMAC	Comité d'action militaire du CNR
COPA	Centre d'opérations de parachutage et d'atterrissage [prédécesseur du SAP, zone Sud]
COSSAC	Chief of Staff to the Supreme Allied Commander [état-major interallié pour la préparation du Débarquement, prédécesseur du SHAEF]
CS	désignation administrative conventionnelle, voir p. 54
D	désignation administrative conventionnelle, voir p. 54
D/CD	désignation administrative conventionnelle, voir p. 76
D/CD (O)	désignation administrative conventionnelle, voir p. 77
DDOD (I)	Deputy Director, Operations Division (Irregular), Directeur adjoint pour les opérations irrégulières [de l'Amirauté britannique]
DF	désignation administrative conventionnelle, section des évasions du SOE
DGSS	Direction générale des services spéciaux [français]
DMI	Director of Military Intelligence, Directeur du renseignement militaire
DMO	Director of Military Operations, Directeur des opérations militaires
DMN	Délégué militaire national
DMR	Délégué militaire régional
DMZ	Délégué militaire de zone

DNI	Director of Naval Intelligence, Directeur du renseignement naval
D/R	désignation administrative conventionnelle, voir p. 78
DST	Direction de la surveillance du territoire
EH	désignation administrative conventionnelle, voir p. 54
EMFFI	État-major des Forces françaises de l'intérieur
EU/P	désignation administrative conventionnelle, section du SOE opérant auprès des minorités polonaises
F	désignation administrative conventionnelle, section française indépendante du SOE
FANY	First Aid Nursing Yeomanry, Compagnie libre des infirmières d'urgence
FFI	Forces françaises de l'intérieur
FFL	Forces françaises libres
FN	Front national
FOPS	Future Operations Planning Staff, Groupe de planification des opérations futures
FTP	Francs-tireurs et partisans
Gestapo	Geheime Staatspolizei, police secrète d'État
GFP	Geheime Feldpolizei, Police secrète de campagne
GMR	Groupes mobiles de réserve [de Vichy]
GO	voir OG
GS (R)	General Staff (Research), section « Recherche » de l'état-major
H	désignation administrative conventionnelle, section ibérique du SOE
IHTP	Institut d'histoire du temps présent
ISRB	désignation administrative conventionnelle, voir p. 67
ISSU	Inter-Service Signals Unit, Unité interservices des transmissions
JIC	Joint Intelligence Committee, Comité commun du renseignement

JPS Joint Planning Staff, État-major anglo-américain interarmes de planification

M désignation administrative conventionnelle, voir p. 76
MEW Ministry of Economic Warfare, Ministère de la Guerre économique
MI5 désignation administrative conventionnelle, Service britannique de sécurité [intérieure]
MI6 désignation administrative conventionnelle, synonyme de SIS
MIR Military Intelligence (Research), Bureau de recherche du Renseignement militaire
MLN Mouvement de libération nationale
MMLA Missions militaires de liaison administrative
MO, MO/D désignations administratives conventionnelles, voir p. 77, 80
MO1 (SP) désignation administrative conventionnelle, voir p. 67
MUR Mouvements unifiés de la résistance

N désignation administrative conventionnelle, section néerlandaise du SOE
NAP Noyautage de l'administration publique [service clandestin français]
NID (Q) désignation administrative conventionnelle, voir p. 67

OCM Organisation civile et militaire [mouvement de résistance]
OG Operational Groups, groupes opérationnels [américains]
ORA Organisation de résistance de l'armée
OSS Office of Strategic Services, Bureau des services stratégiques [services secrets américains]

PCF Parti communiste français
PLM chemin de fer Paris-Lyon-Marseille
PTT Postes, télégraphe, téléphone
PWE Political Warfare Executive, Service [britannique] de la guerre politique [propagande]

RCP	régiment de chasseurs parachutistes
RF	désignation administrative conventionnelle, section du SOE opérant avec les services secrets de la France Libre (BCRA)
RSHA	Reichssicherheitshauptamt, Direction de la sécurité du Reich
SAP	Service des atterrissages et des parachutages [de la France Libre en zone Sud]
SAS	Special Air Service, Service spécial d'infanterie de l'Air
SCAEF	Supreme Commander, Allied Expeditionary Force, Commandant en chef de la force expéditionnaire alliée
SD	Sicherheitsdienst, services de sécurité [du Reich]
SFHQ	Special Force Headquarters, État-major [anglo-américain] des forces spéciales
SFIO	Section française de l'Internationale ouvrière [parti socialiste]
SHAEF	Supreme Headquarters, Allied Expeditionary Force, État-major de la force expéditionnaire alliée
SHAT	Service historique [français] de l'armée de terre
Sipo	*Sicherheitspolizei*, police de sécurité
SIS	Secret (ou Special) Intelligence Service, Service britannique du renseignement [« Intelligence Service »]
SO	désignation administrative conventionnelle du ministre de tutelle du SOE, voir p. 72
SOE	Special Operations Executive, Service des opérations spéciales
SOE/SO	désignation administrative conventionnelle, voir p. 93
SO1, 2, 3	désignations administratives conventionnelles, voir p. 65, 731
SPOC	Special Projects Operations Centre, Centre d'opération des projets spéciaux
SSRF	Small Scale Raiding Force, Force de petits commandos
SR	Service Renseignements [de la France Libre]
STO	Service du travail obligatoire
T	désignation administrative conventionnelle, section belge du SOE

V/CD   désignation administrative conventionnelle, voir p. 76

WAAF   Women's Auxiliary Air Force, Corps [britannique] des auxiliaires féminines de l'armée de l'air

X   désignation administrative conventionnelle, section allemande du SOE

NB : On rencontrera aussi d'autres abréviations dans les notes : AD/P, D/CE, G, FM, etc. sont les désignations conventionnelles de membres de l'état-major du SOE. Voir HS8/905-9.

Carte 1 : Réseaux de la section F en activité en août 1942

Carte 2 : Réseaux de la section F en activité en août 1943

Les réseaux soulignés seront encore en activité en 1944
--- Ligne de démarcation
Lire l'avertissement page 230

Carte 3 : Anciens réseaux de la section F en activité sous les ordres de l'EMFFI en août 1944

Ligne de démarcation
Lire l'avertissement page 230

Carte 4 : Groupes armés en uniforme derrière les lignes : juin – septembre 1944

J - Équipe JEDBURGH
M - Mission interalliée
O - Groupe opérationnel
S - Détachement SAS
→ - Opération SAS WALLACE

INTRODUCTION

L'histoire de la résistance française est une épopée qui attend encore son Homère. Ce livre ne prétend pas la parcourir dans son entier. Il a été écrit dans un sentiment d'ardente admiration à l'égard des exploits accomplis par les Français eux-mêmes pour libérer leur pays : aussi longtemps que des hommes s'intéresseront à l'histoire de l'Europe, ces combats figureront parmi ses plus belles pages. Ce livre n'entend pas non plus se livrer à des comparaisons détestables entre différents groupes d'hommes et de femmes également courageux. Son ambition est plus simplement de rendre compte de la contribution à la résistance française d'une importante organisation, le SOE, et plus particulièrement de sa section F. Le SOE a souffert jusqu'ici de trop de notoriété de la pire espèce et de trop peu de publicité au bon sens du terme. On voudrait ici rétablir l'équilibre. Et comme le récit sera long et parfois compliqué, commençons par en replacer le sujet dans son contexte historique.

Le SOE ou Service des opérations spéciales (Special Operations Executive), créé en juillet 1940 et dissous en janvier 1946[1], fut un service secret britannique autonome, chargé d'une mission classique : la guerre subversive. Au milieu des années trente encore, la Grande-Bretagne ne disposait d'aucun appareil adapté à ce genre d'activité. C'est en 1938 que furent créées quelques structures chargées de s'y préparer : la section D de l'« Intelligence Service », une petite sous-direction au Foreign Office (ministère des Affaires étrangères), une autre au ministère de la Guerre. Ces structures furent étoffées dès le début de la guerre, mais elles étaient encore loin de pouvoir afficher des résultats. La formation du gouvernement de coalition Churchill à la mi-mai 1940, l'évacuation de la plus grande partie du corps expéditionnaire britannique à Dunkerque dans les premiers jours de juin et la capitulation de la France le 22 de ce même mois amenèrent la Grande-Bretagne à revoir de fond en comble sa stratégie et à restructurer sa machine de guerre. Très vite, les trois éléments mentionnés plus haut fusionnèrent pour former le SOE (l'un d'eux en fut néanmoins de nouveau détaché peu après).

Le SOE avait pour mission de coordonner les activités de subversion et de sabotage contre l'ennemi, voire, si nécessaire, d'en prendre l'initiative. Dans tous les pays occupés par l'Allemagne nazie se produisaient spontanément des mouvements de colère contre cette domination : il lui fallait les repérer, les encourager tant qu'ils étaient encore faibles, leur fournir des armes à mesure qu'ils se développaient, puis les conduire en douceur là où ils seraient le plus utiles à l'œuvre commune des alliés. Son champ d'action : le monde entier. Nous ne nous intéresserons ici qu'à son action en France.

La France connut un bouleversement radical avec l'armistice de juin 1940. Toute une grande moitié du territoire, située au Nord-Ouest de la « ligne de démarcation » (voir carte 1) était désormais occupée par les forces allemandes. L'« État français » instauré par le maréchal Pétain pour remplacer la IIIe République était gouverné de Vichy, et Paris, situé en zone occupée, n'était plus qu'un centre administratif de province. Quatre jours avant la signature de l'armistice et plus de quatre semaines avant la formation du SOE, un général français de rang modeste eut le courage de proclamer sur les ondes de la BBC qu'il n'acceptait pas la capitulation, et d'appeler tous ceux de ses compatriotes qui partageraient cette attitude à le rejoindre pour continuer le combat. La stature acquise plus tard par de Gaulle n'est pas sans évoquer celle d'un autre « Carolus Magnus » ayant jadis régné sur les Gaules, mais à l'époque on en était encore loin. Quatre ans après ce geste grandiose, des millions de Françaises et de Français seront prêts à voir en lui leur sauveur politique, mais c'est tout seul qu'il s'était lancé sur l'unique chemin qui lui parût compatible avec l'honneur. En outre, peu après avoir réuni autour de lui quelques compagnons, il connut un désastre dont les conséquences allaient longtemps le poursuivre. En septembre 1940, il se présenta devant Dakar avec une force militaire et une flotte britannique pour le soutenir. Mais l'opération échoua et l'on supposa que Vichy avait eu vent du projet ; de sorte que les gouvernants britanniques tirèrent de cette humiliation la conclusion que les hommes de la France Libre ne savaient pas garder un secret. Un petit cercle d'initiés savait déjà que les Français avaient une préférence marquée pour l'usage de codes aisément déchiffrables : la prudence paraissait décidément de mise.

Mais de Gaulle persévéra. Lui seul pouvait pressentir la polarisation imminente de l'opinion française entre Pétain et lui-même, et sa propre victoire finale. Mais comme il était pour ainsi dire inconnu et qu'on ne savait pas encore très bien ce que ferait Pétain, le gouvernement britannique ne jugea pas possible d'aller plus loin que de le reconnaître comme le chef des Français désireux de continuer le combat, et le SOE reçut l'ordre d'agir en France sans lui. D'où la section « française indépendante », ou section F, l'une des six sections du SOE impliquées activement dans le travail sur le territoire français.

Quatre de ces six sections n'appellent pour le moment qu'une mention rapide : la section DF, qui gérait les filières d'évasion ; la section EU/P, chargée des minorités polonaises ; l'AMF, qui fonctionna vingt mois à Alger, en 1943-1944 ; et les groupes JEDBURGH dont les membres – à la différence des autres personnes dépêchées sur le terrain par le SOE – portaient l'uniforme, et qui ne devaient pénétrer en France qu'une fois lancée l'opération OVERLORD, le grand débarquement de juin 1944. Les deux autres sections, F et RF, méritent qu'on s'y arrête plus longuement ici.

Si de Gaulle envoya très tôt quelques officiers en mission de reconnaissance en France, les premières tentatives de ce genre effectuées par la section F échouèrent. En mars 1941, le parachutage d'une demi-douzaine de militaires français libres empruntés par le SOE en vue d'attaquer un objectif en Bretagne (opération SAVANNA) n'aboutit pas non plus, mais ces hommes rapportèrent de leur expédition tant d'indices de la popularité de De Gaulle que le SOE créa une deuxième section française, la section RF, spécifiquement destinée à coopérer avec l'état-major de la France Libre. Sa rivale, la section F, resta distincte : non pas antigaulliste, simplement « indépendante ». Tant que la suprématie de De Gaulle parmi les chefs de la résistance n'était pas pleinement établie, le SOE devait avoir des agents disponibles pour travailler avec toutes les bonnes volontés qui pourraient se manifester en France, quelles qu'elles fussent. Avec le temps, beaucoup d'agents F devinrent eux aussi de fervents gaullistes. Il existait bien entendu des jalousies entre les sections F et RF, de la même façon qu'entre le SOE dans son ensemble et les autres services secrets. Mais ces jalousies se résorbèrent progressivement, à mesure que chacun apprenait à accepter l'existence de ses rivaux comme un fait ; en tout cas, elles étaient toujours plus virulentes à Londres que « sur le terrain ».

Car, en France, les visées étaient assez différentes. Les agents RF étaient presque tous français, et s'ils exécutèrent quelques sabotages parfois superbes, leur principale préoccupation était de déclencher un sursaut de l'opinion française capable, avec l'aide des alliés, de balayer à la fois les Allemands et Vichy. Leurs ordres de mission étaient élaborés en commun par l'état-major de De Gaulle et celui du SOE. Ce dernier avait un droit de veto, dont il n'usa du reste presque jamais ; par ailleurs, les Britanniques gardèrent jusqu'en 1944 un quasi monopole sur tous les moyens de communication de De Gaulle avec la France. Les objectifs de la section F, plus limités, étaient fixés par le haut commandement du SOE en fonction des grandes directives du commandement britannique. La plupart de ses agents n'étaient pas citoyens français. Ils étaient généralement envoyés en France pour faciliter l'avance future des armées alliées par des destructions bien précises ; certains y exécutèrent des missions spécifiques de sabotage industriel, domaine où le bilan de la section F ne le cède en rien à celui des coûteux bombardements de la RAF. Mais, très logiquement, les meilleurs hommes de la section firent souvent bien plus qu'exécuter des ordres de sabotage. Car ils comprirent, une fois sur place, que le meilleur moyen pour eux d'accomplir les tâches qui leur étaient confiées était de se faire accepter comme dirigeants locaux de la résistance là où leur mission les appelait. Nombre d'« organisateurs » de la section F ont été en réalité des sortes de porte-parole des gouvernements alliés, et notamment du gouvernement britannique, sur ces terres contrôlées par l'ennemi. Par leur personnalité et leur exemple, ils ont souvent imposé leurs choix dans les actions de résistance de milliers de Français.

Les lecteurs de leurs aventures se poseront sans doute quelques questions. Pour qui donc se prenaient ces agents ? Comment voyaient-ils leur action ? Quel rôle entendaient-ils jouer dans le remodelage de la France ? De quel droit attaquaient-ils des biens qui ne leur appartenaient pas ? Le livre contient implicitement toutes les réponses, mais il convient d'en formuler quelques-unes ici en toutes lettres. Tous les agents du SOE étaient des ennemis de l'ennemi unique, Hitler. Tous s'étaient portés volontaires pour des tâches qu'ils savaient dangereuses, et dont ils savaient qu'elles outrepassaient les limites fixées par le droit international pour des temps normaux ou des guerres normales. Tous étaient placés, en dernière analyse, sous les ordres de l'état-major britannique – ou, plus tard, allié. Tous étaient d'accord avec ce dernier pour considérer que les temps n'étaient pas normaux et que des « opérations spéciales » étaient indispensables pour combattre l'iniquité de l'ennemi et de son système. Leurs motivations étaient aussi diverses que leurs origines ; mais, à de rares exceptions près, c'étaient des patriotes – britanniques, français, polonais, canadiens ou américains

– et non des aventuriers ou des voyous. Quelques-uns, il est vrai, poursuivaient des objectifs politiques spécifiquement français, qui allaient de l'extrême droite à l'extrême gauche. Mais la plupart des agents non français en savaient fort peu sur la politique française et s'en souciaient encore moins ; et, s'ils avaient un but politique en dehors du renversement de Hitler et de Pétain, c'était tout simplement celui du Cabinet de guerre britannique : donner aux Français toutes les chances de pouvoir choisir librement leur système de gouvernement lorsque la guerre serait gagnée.

Les Français Libres étaient bien informés, grâce à leurs propres sources, de l'action de certains des agents F les plus influents (car ils avaient eu licence de créer des réseaux de renseignement en France, dont les Britanniques lisaient les messages, mais qu'ils ne contrôlaient pas). Ils en concevaient nécessairement des soupçons. Pour les gaullistes, la question de savoir qui prendrait le pouvoir en France après que les Allemands[2] en auraient été chassés a toujours été *la* question, et le fait que circulaient dans leur pays des groupes d'hommes armés dont l'allégeance leur paraissait incertaine ne pouvait que les inquiéter. Nous verrons dans ce livre à quel point cette méfiance était peu fondée. La section F entra effectivement en contact avec deux groupes importants de résistants dont la couleur était clairement antigaulliste, les hommes de Girard et ceux de Giraud – deux personnages aussi dissemblables que leurs noms étaient voisins ; ni l'une ni l'autre de ces deux organisations ne se révéla susceptible de se mettre en ordre de bataille, et la section F s'en désintéressa rapidement.

Elle n'alla pas très loin non plus dans ses relations avec les communistes. La position de ces derniers était restée ambiguë pendant toute la première année de l'occupation allemande, du fait du pacte germano-soviétique. L'attaque allemande du 22 juin 1941 sur l'Union soviétique leva l'équivoque, et dès lors les communistes s'employèrent à devenir la force dominante de la résistance. Ils furent en contact avec plusieurs importants agents de la section F et en tirèrent autant d'armes qu'ils le purent. Mais il était plus conforme à leur ligne politique de s'entendre avec de Gaulle et c'est ce qu'ils firent, même si ce fut certainement, de part et d'autre, avec des réserves considérables. C'était là un épisode de la politique française auquel le SOE ne pouvait guère qu'assister en spectateur.

L'agression allemande contre la Russie eut pour les Français une autre conséquence, moins étroitement politicienne : la situation de leur pays ne leur parut plus aussi désespérée. Et lorsque, moins de six mois plus tard, l'Allemagne déclara aussi la guerre aux États-Unis, on put être sûr de la victoire finale des alliés. Dans les premiers mois de 1942, l'horizon apparaissait encore presque aussi sombre aux ennemis du nazisme qu'à l'été 1940 ; mais le vent tourna enfin avec Midway, El-Alamein et Stalingrad.

Le poids de l'Amérique fit pencher la balance de manière décisive du côté allié ; mais, au début, de Gaulle n'en bénéficia guère car il se trouvait que Roosevelt ne l'aimait pas et que beaucoup de hauts personnages du Département d'État le détestaient[3]. Les Américains entretinrent des relations amicales avec Vichy aussi longtemps que cela leur fut possible ; à la fin de 1942, après la reconquête du Maroc et de l'Algérie (opération TORCH), ils voulurent en confier le gouvernement à Darlan, le dauphin désigné de Pétain, qui s'y trouvait à l'époque. L'assassinat de Darlan ayant réduit ce projet à néant, ils se rabattirent sur le général Giraud, récemment évadé et dont ils firent leur favori. De Gaulle n'en fut que plus fermement déterminé à assurer son indépendance et sa suprématie. Il déplaça son quartier général de Londres à Alger, où il installa le Comité français de la libération nationale (en y incluant Giraud). En quinze mois de manœuvres politiques aussi impitoyables que subtiles – observées avec fascination par Harold Macmillan, ministre-résident britannique en Algérie –, de Gaulle parvint non seulement à l'emporter sur Giraud mais à l'éclipser tout à fait. Giraud jeta l'éponge au printemps 1944, et de Gaulle resta seul maître du mouvement de la France Libre.

Entre-temps, l'évolution des événements en France avait justifié son analyse. En riposte à TORCH, les Allemands avaient occupé les deux cinquièmes du territoire qui constituaient jusque-là la « zone libre » contrôlée par Vichy : toute la population française se trouvait tout à coup confrontée à la guerre. Non seulement à la guerre, mais au Service du travail obligatoire (STO), instauré dans la deuxième moitié de 1942 et qui s'appliquait à tous les Français en âge de faire leur service militaire : ceux-ci, en nombre toujours croissant, s'enfuirent au « maquis » pour échapper à l'horreur des camps de travail allemands. La section RF parviendra à alimenter copieusement nombre de ces maquis, notamment par des parachutages d'armes ; avec certains d'entre eux, la section F montera à l'été 1944 des missions légères mais importantes de harcèlement des mouvements de l'ennemi. À cette date, de Gaulle était considéré par la grande masse des Français, vieux ou jeunes, comme l'homme au nom duquel les Allemands devaient être chassés du pays, et les agents F et RF en France étaient aussi disposés les uns que les autres à suivre ses directives. Les intrigants et les opposants avaient lâché prise, comme aussi des hommes simplement honorables, mais usés et sans ardeur. De Gaulle, premier de liste des résistants, avait tenu bon.

Mais la méfiance à son égard prévalait toujours aux échelons les plus élevés du commandement allié : une méfiance qui s'enracinait dans l'affaire de Dakar et la question de la sécurité des codes et qui s'était ensuite nourrie de toute une série de petits incidents. C'est ainsi que la France Libre ne fut pas invitée à participer à la préparation du débarquement de Normandie (opération OVERLORD). Ses dirigeants ne pouvaient pas croire que cette exclusion s'expliquât par des considérations de sécurité ; ils l'imputaient à des motifs moins avouables, par exemple une sombre machination visant à maintenir Pétain au pouvoir. Les responsables de la section RF furent presque aussi radicalement exclus des préparatifs, comme d'ailleurs ceux de toutes les autres « sections pays » du SOE. Les officiers de la France Libre continuèrent à travailler dans leur coin à leurs propres projets, sans beaucoup se soucier de leur applicabilité. Comme le prix payé par de Gaulle pour se débarrasser de Giraud avait consisté, entre autres, à faire entrer plusieurs officiers giraudistes dans son état-major, ces projets étaient souvent très ignorants des réalités de la France occupée.

De Gaulle proclama en mars 1944 la constitution des Forces françaises de l'intérieur (FFI) et leur donna un état-major placé sous la responsabilité de Koenig, l'un de ses meilleurs généraux opérationnels. Une fois l'opération OVERLORD effectivement lancée, les alliés décidèrent de confier à cet état-major la pleine autorité sur la résistance française, y compris les réseaux de la section F et les groupes JEDBURGH. Koenig assuma ce nouveau commandement le 1er juillet. Constitué en pleine bataille par amalgame de gens venus des sections RF et F et des Français Libres de Londres, le nouvel organe n'avait aucune chance d'accomplir des prodiges de commandement. Il y régnait inévitablement une ambiance qu'on pourrait rendre par cette idée maîtresse du théâtre amateur : « Tout se passera sûrement très bien quand on en viendra aux choses sérieuses ». Et il en fut ainsi. Les groupes de résistants en contact avec le SOE assurèrent par exemple plus de mille interruptions de trafic ferroviaire en une seule semaine de juin. Après quoi, en rendant la vie impossible aux Allemands sur leurs arrières, ils parvinrent à retenir en permanence huit divisions allemandes, occupées à de vaines tentatives pour les abattre, loin des champs de bataille décisifs de Normandie et autres lieux. Les administrateurs de De Gaulle n'eurent aucun mal à s'emparer des rênes du gouvernement que les hommes de Pétain laissaient échapper à mesure que les villes, l'une après l'autre, étaient libérées. Ils ne cessèrent pas pour autant de regarder de travers les agents de la section F qui les avaient aidés à venir au pouvoir.

Avant de perdre la France, les Allemands avaient, en plusieurs années d'occupation, capturé et emprisonné dans leurs camps de concentration quelques dizaines de milliers de membres de la résistance française, dont environ deux cents agents entraînés par le SOE pour travailler en France. Parmi ces derniers, moins de quarante sont revenus pour raconter ce qu'ils avaient subi. La meilleure justification de la guerre et de toutes ses pertes, c'est d'avoir détruit le régime qui fit exister ces camps.

Première partie

STRUCTURES

CHAPITRE PREMIER

LES ORIGINES DU SOE

L'enjeu de la grande guerre de 1939-1945 fut de savoir si l'Allemagne nationale-socialiste dominerait le monde ou non. Même si les pays voisins le percevaient encore mal dans les années trente, la nature de la dictature nazie permettait de prévoir ce qui les attendait. Semblables en cela aux communistes, les nazis ne faisaient pas mystère de leur foi dans la violence comme solution politique suprême. Ils mettaient en usage, dans les pays qu'ils se proposaient de conquérir, des pratiques subversives tout à fait contraires aux règles de bonne conduite que les États plus rassis observaient depuis quelque temps dans leurs rapports mutuels. Ces mœurs à leur tour tirèrent vers le bas les normes de comportement dans les relations internationales : que cela leur plût ou non, les autres puissances devaient se mettre au diapason ou succomber.

C'est en mars 1938, lorsque l'annexion par Hitler de sa patrie autrichienne montra clairement l'imminence du danger, que les cercles officiels britanniques commencèrent à s'intéresser de nouveau à la guerre irrégulière et aux opérations clandestines. Ces dernières sont probablement aussi vieilles que la guerre elle-même, même si elles n'ont pas une image aussi respectable. Le cheval de Troie en est un exemple classique. Les Anglais et les Écossais en avaient déjà une longue expérience, comme victimes ou comme acteurs : ils avaient corrompu les seigneurs français pour les détourner de leur devoir d'allégeance au XVᵉ siècle, résisté aux ingérences des catholiques inspirés par l'Espagne au XVIᵉ, maintenu l'Irlande sous leur domination contre les infiltrations françaises aux XVIIᵉ et XVIIIᵉ, inondé la France révolutionnaire de faux assignats dans les années 1790, acheté des princes indiens, afghans et égyptiens pour construire le premier et le second empires britanniques, affronté le soutien de l'Allemagne aux insurgés irlandais de 1916. Mais, en 1938, on considérait en général que le temps de la guerre subversive comme tactique normale de l'expansion impériale et de la défense nationale était révolu, et ses méthodes étaient à demi oubliées. Il n'y avait aucun organe capable de la mener, aucun corpus de leçons tirées de ses expériences, pas d'agents formés à ses pratiques. Les exploits de T.E. Lawrence en Arabie, l'une des dernières opérations armées irrégulières des Britanniques, étaient devenus une légende romantique avant même la mort accidentelle du héros en 1935. Plusieurs de ses compagnons étaient encore de ce monde, tous âgés de plus de quarante-cinq ans ; mais le service qui les avait dirigés – le MO4, au quartier général du Caire – était tombé en déshérence. D'ailleurs, il ne s'agissait que d'un élément périphérique. Ce dont on avait besoin maintenant, c'était que le centre prenne les choses en mains.

1938-1940 : les précurseurs

C'est pour répondre à ce besoin que furent créées en 1938, dans trois secteurs de l'appareil d'État, trois structures dont les missions se chevauchaient partiellement. Fin mars, le Foreign Office mit sur pied en son sein un nouveau département, parfois appelé EH (ses bureaux étant installés à Electra House, au bord de la Tamise) et parfois CS (initiales de son chef, Campbell Stuart). Stuart avait joué un rôle éminent dans la propagande en direction des pays ennemis au cours de la guerre précédente, sous l'autorité du ministre de l'Information North-cliffe. L'unité qu'on lui confiait à présent devait réfléchir aux moyens d'influencer l'opinion allemande ; elle constituera le noyau de ce qui deviendra un peu plus tard le service de la guerre politique (PWE).

Le deuxième organisme, créé exactement en même temps, était un peu moins engoncé dans le carcan administratif. Il s'agissait d'une nouvelle section de l'Intelligence Service (le SIS), qu'on nomma d'abord section IX, puis section D (sans doute pour « Destruction »). Sa mission était ainsi définie : « Étudier toutes les possibilités d'attaquer des ennemis potentiels par des moyens autres que les opérations militaires »[1]. « À s'interroger sur cette tâche énorme, on avait un peu l'impression d'avoir reçu l'ordre de déplacer les Pyramides avec une épingle », écrira son chef quelques années plus tard[2]. En pratique, cela signifiait que la section devait considérer – mais non mettre en œuvre, tant qu'on était en paix – les moyens d'endommager des cibles en Allemagne par le moyen du sabotage ; se demander quelles catégories de gens il serait possible d'inciter à le faire, par exemple les communistes ou les juifs ; et réfléchir au « sabotage moral », terme récemment élargi pour couvrir aussi la propagande. Le travail de propagande recoupait, bien sûr, les tâches d'Electra House ; de même, le travail de sabotage recoupait les missions du troisième organisme chargé de la subversion.

Celui-ci était la section « recherche » du grand état-major, au ministère de la Guerre, dont le nom abrégé était GS (R). Il était à vrai dire un peu exagéré de parler de section, car l'unité se composait alors d'un officier d'état-major (qui rendait compte directement au vice-chef d'état-major de l'Empire) et d'une dactylo. Le premier détenteur du poste était un spécialiste de l'éducation de l'armée de terre. Mais, par un heureux hasard, ce fut J.C.F. Holland qui lui succéda fin 1938. Celui-ci était un commandant du génie, dont les états de service comportaient notamment quelques vols au Moyen-Orient en 1917-1918 et une période en Irlande à l'époque des troubles, où il avait été grièvement blessé. Comme il n'avait jamais recouvré pleinement la santé, un ami haut placé lui trouva ce poste sédentaire qui correspondait à ses inclinations. Frappé par les récents événements de Chine et d'Espagne, il choisit comme sujet de son étude les usages possibles de la guérilla dans les guerres futures ; cela le conduisit à travailler sur l'allègement de l'équipement, les tactiques d'évitement et la mobilité[3]. L'importance de ces thèmes aurait dû être évidente pour les Britanniques, car il n'avait pas fallu moins d'un quart de million d'hommes en 1899-1902 pour venir à bout d'une armée irrégulière, celle des Boers, qui n'atteignait même pas le dixième de cet effectif ; et, vingt ans plus tard, une force irrégulière irlandaise disposant tout au plus d'assez d'armes pour équiper trois mille hommes avait mis en échec quelque quatre-vingt mille soldats et policiers armés. Holland se fit très vite le chaud partisan de la préparation d'opérations irrégulières de toutes sortes. Le directeur adjoint du renseignement militaire, Beaumont-Nesbitt, avait la même position et tout autant d'inventivité. Mais, face à une Direction des opérations militaires traditionnellement étroite d'esprit et dûment dotée de ses deux œillères, les Règlements royaux et les Instructions du conseil de l'armée, ils ne purent aller bien loin ; même après que les postes de directeur des opérations militaires et de directeur du renseignement militaire eurent fusionné en la personne de Pownall[4].

Anticipons un moment. Une sous-section technique créée par Holland et confiée à M.R. Jefferis va rapidement aboutir à de bons résultats, notamment l'invention de deux armes qui atteindront une certaine notoriété en Angleterre lors de la crise de l'été 1940 : la « bombe collante », encore appelée grenade ST, arme de jet antichar pour attaquants auda-cieux[5], et la « bombarde Blacker », lanceur léger antichar portant le nom de son inventeur, homme ingénieux et hardi. Blacker et Holland se passionnèrent aussi pour les possibilités offertes par les hélicoptères ou les petits avions comme véhicules d'une nouvelle cavalerie légère à réinventer ; mais ces idées en restèrent à l'époque au stade du papier[6]. Pour leur part, les experts techniques de la section D étaient surtout occupés à mettre au point des détonateurs à retardement pour explosifs incendiaires ou autres ; leur travail se révéla productif, et plus de douze millions de « détonateurs-crayons » de leur invention furent fabriqués pendant la guerre[7] ; leur technique empruntait à la fois à une invention allemande de 1917 et à des modèles fournis par les Polonais en 1938 et 1939.

Holland et Grand, le chef de la section D, se tinrent en contact étroit et mirent au point une division du travail informelle : en gros, la GS (R) du ministère de la Guerre se consacrerait aux actions dont le gouvernement pourrait, s'il le fallait absolument, assumer la respon-sabilité, tandis que la section D de l'« Intelligence Service » s'occu-perait de l'inavouable. Ils rédigèrent ensemble un texte que Grand communiqua à Gort, le chef d'état-major de l'Empire, le 20 mars 1939, et une réunion pour en discuter se tint au Foreign Office trois jours plus tard. Y assistaient Halifax et Cadogan, respectivement ministre et secrétaire général des Affaires étrangères, Gort, Grand et son supérieur hiérarchique « C », le chef du renseignement. Ils décidèrent en commun que, sous réserve de l'approbation du Premier ministre (Chamberlain), la section D pourrait dès à présent prendre dans le plus grand secret quelques dispositions préparatoires à l'encontre de la domination nazie dans les petits pays que l'Allemagne venait de conquérir ou menaçait ouvertement[8]. On n'a pas trace de la réaction de Chamberlain, mais on peut supposer qu'il fut d'accord. C'était en quelque sorte l'acte de conception du SOE ; il fut suivi d'une longue période de gestation.

Holland battit le fer : il obtint de Gort un élargissement de ses missions et un officier de plus. Le 13 avril 1939, la GS (R) fut autorisée « à étudier les méthodes de la guérilla et à en produire le "règlement du service en campagne" », éloquente contradiction conceptuelle ; « à élaborer des instruments de destruction... utilisables par une guérilla » et « à élaborer des procédures et un appareil pour conduire des activités de guérilla, s'il était décidé un jour de le faire »[9]. Un travail de réflexion rondement mené aboutit le 1er juin 1939 à la conclusion que, « si une guerre de guérilla est coordonnée, et conduite en liaison avec les opérations principales, elle doit, dans des circonstances favorables, causer une diversion des forces ennemies propre à offrir aux forces armées principales des opportunités décisives »[10]. À cette date avait déjà été produit quelque chose qui pouvait tenir lieu de « règlement de service » de la guérilla, sous les espèces de trois petites brochures, dont deux rédigées par l'officier supplémentaire qui avait été accordé à Holland, Colin Gubbins. Comme Holland, ce dernier s'était battu du côté des perdants dans la guerre anglo-irlandaise de 1919-1921 ; il avait également servi quelques mois en Russie en 1919. Il avait été frappé de l'impuissance des troupes régulières face à une population hostile entretenue dans sa fermeté par une poignée d'hommes en armes suffisamment résolus, et il était tout à fait déterminé à mettre à profit cette leçon contre le prochain ennemi. Sa première brochure, « L'art de la guérilla » (*The Art of Guerilla Warfare*), était un traité théorique faisant surtout appel au bon sens, soulignant par exemple la nécessité d'une disposition favorable de la population et d'une direction audacieuse. Même à ce stade primitif, il est remarquable que ses recherches dans l'histoire récente russe, irlandaise et arabe aient conduit Gubbins à conclure que « les actions de guérilla seront habituellement des actions très rapprochées, amorcées par une embuscade ou un raid... Il ne fait donc pas de doute que l'arme la plus efficace de la guérilla est le pistolet mitrailleur » : politique d'armement que suivra le SOE, pas toujours avec d'heureux résultats[11]. La deuxième brochure, le « Manuel du chef de partisans » (*Partisan Leaders' Handbook*), était un guide de terrain s'adressant à un public plus populaire : on y expliquait concrètement comment organiser une embuscade sur une route, immobiliser une locomotive, et ce qu'il fallait faire des délateurs (les tuer sans retard)[12]. Enfin la troisième brochure, très courte également mais écrite cette fois par Jefferis, exposait avec clarté « Comment utiliser les explosifs brisants » (*How to Use High Explosives*) à toute personne intelligente et adroite mais ignorante des arts du sabotage. Il en sera fait grand usage : elle sera régulièrement mise à jour, traduite en plusieurs langues et largement diffusée par avion. Toute personne intéressée par ces détails pratiques peut en lire une version française, amplement illustrée, republiée peu après la guerre[13].

Au printemps de 1939, la GS (R) fut rebaptisée MIR (Bureau de recherche du renseignement militaire) et devint formellement un service de la Direction du renseignement militaire. Pendant quelques mois, Holland resta très proche, avec son minuscule personnel, de celui de la section D. Mais il semble avoir pensé que le chef de cette dernière avait des idées un peu trop chimériques et guère adaptées aux nécessités d'une guerre qu'il jugeait, comme Gubbins, imminente. Les deux bureaux organisèrent néanmoins conjointement, pendant l'été, une discrète session de formation élémentaire à la théorie de la guérilla, à destination d'un petit nombre de civils sélectionnés – explorateurs, linguistes, alpinistes, personnes disposant de contacts d'affaires à l'étranger – dont certains se distingueront plus tard comme agents du SOE. Gubbins fit aussi deux voyages secrets par avion, l'un dans la vallée du Danube, l'autre en Pologne et dans les pays baltes, pour étudier les possibilités d'opérations de guérilla chez les voisins orientaux de l'Allemagne. Le 25 août 1939, il partait pour Varsovie comme chef d'état-major de la mission militaire britannique en Pologne. Une semaine plus tard, Holland prit ses distances avec la section D en se réinstallant dans le bâtiment principal du ministère de la Guerre : il n'avait pas l'impression que les projets de cette section, qu'il considérait comme extravagants, produiraient jamais des résultats concrets.

Holland était un esprit à la fois brillant et pratique, et aussi tout à fait désintéressé. Il considérait le MIR comme une usine à idées : dès lors qu'une idée avait été suffisamment étudiée pour pouvoir être mise en pratique, il cherchait non pas à en profiter pour élargir son pré carré, mais au contraire à créer une nouvelle section qui pourrait l'appliquer. Avec l'aide d'un personnel résolu et plein d'allant, il lança dès le début de la guerre plusieurs organisations secrètes intéressantes et déjà d'une certaine ampleur, notamment en matière d'évasion et de désinformation, ainsi que des commandos. Le MIR fait partie des précurseurs du SOE. Mais, bien que les hommes de valeur et les bonnes idées ne lui aient pas fait défaut, il ne pouvait se prévaloir que d'un maigre bilan concret à la fin du printemps 1940 : une petite attaque de flanc contre des troupes allemandes en Norvège, et la destruction d'obligations au porteur pour plusieurs millions de livres sterling aux Pays-Bas, juste avant l'arrivée des Allemands. À la même époque, la section D de l'« Intelligence Service » – malgré son extrême activisme et un personnel qui dépassait déjà soixante-dix personnes en juillet (Grand en réclamait le doublement) [14] – en était restée, elle aussi, pratiquement au stade des espérances et n'avait à son actif que la récupération d'un stock de diamants industriels d'une valeur de 1,25 millions de livres à Amsterdam, au nez et à la barbe des Allemands ; en revanche, elle avait réussi encore mieux que le MIR à se mettre à dos un nombre considérable d'autorités établies, britanniques et alliées, dont la coopération aurait pu être d'une grande valeur si elles avaient été approchées plus adroitement.

Mais la section D avait remporté une grande victoire sur un autre plan, sans laquelle le SOE n'aurait sans doute pas vu le jour : son chef avait habitué progressivement quelques très hauts fonctionnaires à l'idée jusque-là proprement impensable de la présence, à Londres, d'un service ultrasecret de l'État voué à des activités de sabotage et de subversion à l'étranger[15]. Ce sera si vital pour l'avenir du SOE que l'indulgence s'impose. En outre, le chef de la section D était une véritable source d'inspiration pour ceux qui travaillaient sous ses ordres. Il leur accordait une confiance sans limites et sut leur communiquer l'élan indispensable, surtout au début, à un tel travail (un élan qui d'ailleurs suscitera souvent quelque malaise chez les fonctionnaires que ces agents croiseront sur leur chemin[16]). Certains de ces hommes occuperont plus tard des positions très influentes dans la guerre clandestine, et leur esprit curieux et ouvert imprégnera et animera le SOE.

Le MIR et la section D avaient chacun quelques contacts en France, officiels ou moins officiels, et une petite mission à Paris. Le chef de la section D qualifiera plus tard l'attitude du Deuxième bureau vis-à-vis de son unité d'« amicale mais sceptique »[17] ; rétrospectivement, le scepticisme semble assez naturel vis-à-vis d'une unité qui s'était plongée jusqu'au cou dans la préparation d'un projet visant à faire détruire le système de télécommunications du secteur Sud de la ligne Siegfried par deux exilés allemands de gauche, l'un complètement sourd et l'autre sur le point de devenir aveugle[18]. En ce qui concerne le MIR, son activité était tournée non vers les Français mais vers les Tchèques et les Polonais. Il fut d'abord dirigé par Gubbins, jusqu'à ce que Holland lui retirât cette fonction pour lui confier, en avril 1940, les « compagnies indépendantes » ; son successeur fut Peter Wilkinson, découvert lors de la session de formation de l'été 1939 et qui occupa pendant pratiquement tout le reste de la guerre des postes de responsabilité dépendant de Gubbins, ou dans des territoires sous contrôle ennemi[19]. Personne, dans le gouvernement ou le haut commandement français, ne voulait ne serait-ce qu'admettre l'éventualité d'une défaite française, et les Britanniques n'étaient pas mieux informés. Pourtant, une personne de la section D dut en avoir quelque pressentiment, car elle fit en sorte de laisser derrière elle dix petits dépôts de matériel de sabotage, dont un à Strasbourg et les autres répartis entre Rouen et Châlons-sur-Marne, placés chacun sous la responsabilité de deux Français. Mais cette prévoyance n'alla pas jusqu'à fournir à ces vingt hommes des consignes adéquates ou une base de ravitaillement. Autrement dit, ils étaient inutilisables comme saboteurs : sans base d'attache, pas d'action. Et ceux d'entre eux qui survécurent furent finalement employés dans les filières d'évasion [20]. Pendant la campagne de France, la mission parisienne du MIR ne fut pas autorisée à faire quoi que ce fût ; mais la section D, avec l'aide d'un contact informel à l'Amirauté, exécuta effectivement le premier raid sur les côtes françaises. Il s'agissait d'une mission de reconnaissance effectuée par trois agents, qu'un chalutier déposa sur la côte entre Boulogne et Étaples dans la nuit du 2 au 3 juin 1940 et qui revinrent à force de rames (treize heures de voyage) le 10. Le seul bénéfice tangible de ce que Churchill qualifia de « stupide fiasco » fut la récupération d'un soldat égaré ; mais cette minuscule expédition montra que « l'idée de coups d'épingle portés en territoire ennemi par de petits groupes d'hommes bien choisis était réalisable » [21]. Au même moment, le 9 juin, un lieutenant du MIR mena à bien une destruction importante à Gonfreville, près de Harfleur. Avec le consentement réticent du directeur et l'aide d'un pistolet Very, de quelques chalumeaux à essence improvisés et d'une demi-douzaine de soldats britanniques, il mit le feu à quelque 200 000 tonnes de pétrole. Le dépôt brûlait encore joyeusement quatre jours plus tard [22].

La défaite de la France et la naissance du SOE

L'effritement du front sur le continent précipita une révolution dans la pensée stratégique britannique. Dès le 25 mai 1940, les chefs d'état-major annoncèrent au Cabinet de guerre que, si la France s'effondrait, « il serait encore possible de vaincre l'Allemagne par la pression économique, par des attaques aériennes visant à la fois des cibles économiques allemandes et le moral de la population, et en allumant la révolte sur l'ensemble des territoires qu'elle avait conquis ». Aiguillonner cette révolte, ajoutaient-ils, était « de la plus haute importance. Une organisation spéciale sera nécessaire et des plans... doivent être préparés. Les préparations et les entraînements nécessaires doivent commencer d'urgence » : faute de quoi « nous n'aurons aucune chance de contribuer à la reconstruction de l'Europe ». Les 3 et 5 juin, Beaumont-Nesbitt, désormais directeur du renseignement militaire, présenta plusieurs notes du MIR proposant de créer au sein du ministère de la Guerre une Direction des activités irrégulières qui exercerait « un certain contrôle » sur EH (le service du Foreign Office chargé de la propagande subversive) et sur des organes plus secrets, et qui serait en liaison avec l'Amirauté, le Foreign Office et le ministère de l'Air[23]. Eden, à l'époque ministre de la Guerre, transmit environ une semaine plus tard ce plan à Churchill, Premier ministre depuis le 10 mai[24]. Mais une simple direction ministérielle n'aurait pas été à la hauteur de telles ambitions. Churchill s'était pris d'enthousiasme pour « la guerre irrégulière », comme d'ailleurs pour beaucoup d'autres choses. Dès lors qu'il prenait fait et cause pour ce type d'action, la balance ne pouvait que pencher en faveur de la création d'un organe central expressément chargé de la conduire. Il demanda à Hankey – qui avait acquis une grande expérience de coordination interministérielle dans la guerre précédente et qui, détenteur du portefeuille « vide » de Chancelier du Duché de Lancastre, se faisait l'interprète des demandes des uns et des autres entre le Cabinet de guerre et les diverses organisations secrètes – de s'occuper de la question. Le 13 juin au soir, Hankey réunit les chefs du MIR et de la section D « pour discuter de quelques-unes des questions soulevées par une possible défaite de la France »[25]. Tout le monde fut d'avis qu'il fallait faire quelque chose pour coordonner les activités subversives et les raids sous l'autorité d'un seul ministre, et il fut entendu que Hankey sonderait informellement les chefs d'état-major. Deux jours plus tard était créée la Direction des opérations combinées, placée sous l'autorité de l'Amirauté. L'amiral Keyes qui fut son premier directeur avait ses propres raisons de souhaiter un organe de coordination.

En cet été de désastre, les luttes de pouvoir entre ministères, qui en temps de paix auraient fait rage pendant des années, débouchèrent en quelques jours sur un compromis. Il n'est rien resté d'écrit sur les conversations menées par Hankey, car nul mieux que lui ne savait garder un secret[26]. Les hautes sphères administratives s'étant mises d'accord sur ce qu'il convenait à faire, le dernier mot restait aux politiques. Le ministre des Affaires étrangères Halifax convoqua la réunion décisive dans son bureau du Foreign Office le 1er juillet. Les autres personnes présentes étaient Hankey, Lloyd (ministre des Colonies et vieil ami de Lawrence), Hugh Dalton (ministre de la Guerre économique, qui faisait pression depuis quelques jours pour qu'on lance aussi la guerre politique), Cadogan et son principal assistant Gladwyn Jebb, « C » (chef du renseignement), le directeur du renseignement militaire, et Desmond Morton (membre du cabinet privé de Churchill). La réunion s'organisa autour d'une note rédigée par Cadogan trois jours plus tôt et qui penchait en faveur du projet présenté par le directeur du renseignement militaire. « Après une discussion sur la multiplicité des organes traitant de sabotage et d'activité subversive, le sentiment général, exprimé par Lord Lloyd, fut que ce dont on avait besoin, c'était d'un contrôleur doté de pouvoirs quasi dictatoriaux »[27]. Dalton écrivit à Halifax le lendemain :

> « Nous devons organiser en territoire occupé par l'ennemi des mouvements comparables au Sinn Fein irlandais, aux guérilleros chinois qui se battent en ce moment contre le Japon, aux irréguliers espagnols qui ont joué un rôle notable dans la campagne de Wellington ou – autant l'admettre – aux organisations que les nazis eux-mêmes ont développées de manière si remarquable dans presque tous les pays du monde. Cette "internationale démocratique" doit recourir à une grande diversité de méthodes, dont le sabotage industriel et militaire, l'agitation ouvrière et la grève, la propagande systématique, les attentats terroristes contre les traîtres et contre les responsables allemands, le boycott et l'émeute.
>
> Il est tout à fait clair à mes yeux qu'une organisation de cette nature, et agissant à cette échelle, n'est pas quelque chose qui puisse être administré par la machinerie ordinaire de la fonction publique civile ou de l'armée. Ce qu'il faut, c'est une organisation nouvelle qui coordonnera, animera, contrôlera et aidera les nationaux des pays opprimés, qui doivent eux-mêmes être les acteurs directs de ces opérations. Il nous faut un secret absolu, un enthousiasme fanatique, le goût de travailler avec des gens de différentes nationalités, une totale fiabilité politique. Ces qualités sont certainement présentes chez certains officiers et, si ces hommes sont disponibles, il faut assurément les utiliser. Mais l'organisation elle-même doit être, selon moi, totalement indépendante de l'appareil du ministère de la Guerre[28]. »

Halifax rencontra le Premier ministre, lequel donna son accord pour poursuivre la démarche. Mais il y eut quelque retard, dû peut-être à une intrigue menée par Brendan Bracken, membre du secrétariat privé de Churchill[29]. Et certains officiers d'état-major très réticents, en dehors du petit cercle d'initiés, ruaient toujours dans les brancards. C'est ainsi que le MIR produisit une nouvelle note le 4 juillet, où l'on peut lire : « Opérations irrégulières ne signifie pas absence de coordination. Tout ce qui se fait doit se faire dans le cadre d'un plan stratégique clairement conçu… Si l'on ne prend pas de très solides dispositions en ce sens, il est logiquement impossible de gagner la guerre[30]. »

Les choses ne furent retardées que d'un peu plus de quinze jours : le 16 juillet 1940, Churchill invita Dalton à prendre en charge la subversion [31] : c'était la naissance du SOE.

Neville Chamberlain, qui était resté membre du Cabinet après la nomination de Churchill comme Premier ministre, régla les détails. Ce fut du reste la dernière tâche importante de sa vie : il sera hospitalisé quelques jours plus tard. Le 19, il signa une note ultrasecrète dont une première version avait été communiquée un peu moins d'une semaine plus tôt aux personnes les plus directement concernées. Dans ce document, vénéré par le SOE comme sa charte de fondation, Chamberlain expliquait que, par décision du Premier ministre, « une nouvelle organisation sera créée immédiatement pour coordonner toutes les actions menées à l'étranger contre l'ennemi par les moyens de la subversion et du sabotage… Cette organisation portera le nom de Service des opérations spéciales ». Ce même document disposait également que le SOE serait placé sous la présidence de Dalton, assisté de Robert Vansittart, et qu'il « serait doté de tout le personnel [que ceux-ci jugeraient] nécessaire », ce qui leur fournissait un puissant levier pour arracher des fonctionnaires à d'autres services. Diverses dispositions régissaient les consultations et liaisons interministérielles. Tous les projets de caractère subversif devaient au minimum recevoir l'approbation du responsable du SOE, même si c'était à d'autres départements de les mettre en œuvre ; de son côté, le responsable du SOE devait requérir l'accord du ministre des Affaires étrangères et, selon les cas, des autres ministres intéressés. Et le document de préciser prudemment : « Il importera que le plan général des offensives irrégulières soit en phase avec la conduite stratégique d'ensemble de la guerre ». Dalton devait ainsi tenir les chefs d'état-major « informés des grandes lignes de ses projets et, inversement, [recevoir] d'eux un tableau stratégique d'ensemble ». Ce document fut soumis le 22 juin à l'approbation du Cabinet de guerre après une correction mineure. Il y eut une discussion qui se limita, selon le procès-verbal, à la remarque qu'« il serait extrêmement fâcheux que des questions concernant le Service des opérations spéciales apparaissent à l'ordre du jour de la Chambre des Communes ». Si une telle question arrivait à se frayer son chemin jusque-là, Dingle Foot, en sa qualité de secrétaire général du ministère de la Guerre économique, répondrait poliment qu'il n'avait jamais visité l'endroit mentionné par l'honorable parlementaire et ne voyait pas du tout de quoi il était question [32].

Les parrains du SOE, Chamberlain et Dalton, appartenaient à des camps politiques opposés, et même chacun d'eux était particulièrement mal vu dans le camp adverse, mais, à l'été 1940, cela ne compta guère. Le premier et le plus âgé, du reste, fut dès les jours suivants écarté de la vie politique par la maladie puis par la mort. Quant au second, il avait de l'énergie et de l'enthousiasme pour deux. Dalton plaçait d'immenses espoirs dans les potentialités de la guerre politique et subversive, qu'il jugeait décisive. Il fut heureux de voir ajouter cette branche clandestine à ses responsabilités publiques, qui n'étaient guère à la hauteur de son poids dans le parti travailliste. Dans une note secrète du 19 août, intitulée « La quatrième arme », il relevait les chevauchements existant entre les compétences de la section D, dont il était désormais responsable, et celles du MIR, qui dépendait toujours du ministère de la Guerre. Il demandait que chacune des trois armes, marine, aviation et armée de terre, apportent leur coopération, et affirmait que « la subversion [devait] être clairement reconnue par les trois armes comme une quatrième composante à part entière »[33]. De fait, la situation stratégique britannique était alors si catastrophique que les plus grands espoirs furent placés dans le nouveau service. On pensa même un temps que le sabotage et la subversion prendraient place, aux côtés du blocus maritime et des bombardements aériens, parmi les principaux moyens de vaincre l'Allemagne. Mais des ambitions plus modestes se firent jour rapidement. Dalton avait naïvement avoué dans la note citée plus haut : « Je n'ai pas d'opinions sur la stratégie en tant que telle et je n'essaierai certainement pas d'en formuler ». Ses maîtres les formulèrent pour lui. À la fin de septembre, le Cabinet de guerre estima que « la stimulation des tendances subversives latentes dans la plupart des pays [était]… susceptible de produire une contribution de valeur à la défaite de l'Allemagne », mais les opérations subversives avaient déjà été rétrogradées du rang de facteur primordial à celui d'« action strictement additionnelle » qui « devait se conformer aux opérations régulières entreprises dans le cadre de nos plans stratégiques ».

Quoi qu'il en soit, l'essentiel de l'énergie des dirigeants du SOE sera pendant plus d'un an détournée de son véritable objectif – infliger des pertes à l'ennemi – par des chamailleries et des intrigues bureaucratiques autour de l'avenir de la guerre politique. On peut en finir rapidement avec cette affligeante histoire, qui présente un intérêt beaucoup plus administratif et psychologique que militaire. Les susceptibilités de certains ministres étaient parfois fidèlement reproduites par leurs fonctionnaires. Comme l'écrira Bruce Lockhart dans un rapport destiné à Eden, le successeur de Halifax au Foreign Office : « C'est la simple vérité et, au sein de nos différents services de propagande, personne de sincère ne saurait le nier : la plus grande part de l'énergie qui devrait être dirigée contre l'ennemi se gaspille en querelles et rivalités interministérielles »[34]. La guerre de notes et de mémorandums qui opposa, un an durant, les ministères des Affaires étrangères, de l'Information et de la Guerre économique finit par déboucher en août 1941 sur un traité de paix, aux termes duquel l'ancien service EH du premier, qui portait le nom de SO1 depuis qu'il constituait le volet politique du SOE présidé par Dalton, s'en détacha pour devenir un autre service secret, le Service de la guerre politique ou PWE. Le SO2, partie plus concrètement opérationnelle de l'organisation de Dalton, qui provenait de la fusion de la section D et du MIR, conservait le nom de SOE[35].

La création d'une organisation distincte pour la guerre politique était évidemment l'acte de décès du concept de « quatrième arme », c'est-à-dire de l'idée d'une force de frappe intégrée politico-militaire qui aurait combattu l'ennemi à l'égal (voire plus) des forces classiques, mais en lui portant des coups de l'intérieur. Dans un ouvrage sur le PWE on peut lire la remarque suivante :

« Le plan d'origine, consistant à créer un seul organe pour la subversion et les opérations spéciales, était sensé. Il est toutefois difficile de croire que, si l'on avait dès le début opéré la réelle fusion de ses composantes et nommé des directeurs régionaux qui auraient été responsables, chacun pour sa zone, de toutes les formes de guerre politique et de subversion ainsi que des opérations spéciales, les tâches de ce qui est devenu le PWE et de ce qui est resté le SOE auraient été accomplies plus efficacement et à plus grande échelle. Mais l'on aurait du moins évité les jalousies et les querelles que l'on a connues sur le terrain et dans les bureaux de la direction[36]. »

Il aurait été intéressant de voir comment un gouvernement démocratique aurait mis en œuvre un tel programme. Mais, dans le contexte politique et administratif londonien de la naissance du SOE, c'était tout simplement impraticable. Du moins la séparation du PWE d'avec le SOE a-t-elle facilité l'accomplissement de ses tâches à la fraction plus proprement militaire de l'organisme original créé en 1940.

CHAPITRE II

PORTRAIT DU SOE

Ce rapide portrait du SOE, de sa nature, de son objet et de son organisation doit commencer par une évidence : les « opérations spéciales » exigent le secret. Puisque sa mission était de frapper par surprise en des points inattendus, le SOE devait s'envelopper d'obscurité : car sans secret, pas de surprise. Son existence même fut longtemps un secret jalousement gardé. Même au sein des autres départements militaires, la plupart des fonctionnaires ayant affaire à l'« Inter-Services Research Bureau » (ISRB), au « Joint Technical Board », au « Special Training School Headquarters », au « NID (Q) » de l'Amirauté, au « MO1 (SP) » du ministère de la Guerre, au « AI 10 » de celui de l'Air – autant de dénominations couvrant le SOE, et il y en eut d'autres – n'avaient pas la moindre idée de l'organisme avec lequel ils correspondaient ni de sa véritable fonction. Dans les hautes sphères ministérielles, on en savait, bien entendu, davantage. La plupart de ceux qui étaient au courant étaient plus ou moins coopératifs, mais quelques-uns étaient fermement décidés à couler l'entreprise. Moins dangereux mais tout aussi énervants étaient les fonctionnaires qui savaient quelque chose, trouvaient ce quelque chose déplaisant ou suspect et en étaient jaloux. À l'hiver 1943-1944, il se trouvait encore au ministère de la Guerre des administrateurs pour vouloir interdire (au nom de la sécurité du débarquement imminent) aux militaires travaillant pour le SOE de partir en opérations à l'étranger, fût-ce pour la France, sauf à convaincre personnellement le directeur des services de l'état-major, pour chacun de ces voyages, qu'il était vraiment nécessaire [1]. Le SOE s'est heurté toute sa vie à des mesquineries de ce genre, dont les auteurs, du moins certains d'entre eux, ne déposèrent les armes qu'après sa dissolution. Ils étaient intrigués par son manteau de mystère, n'en comprenaient pas la nécessité et avaient envie d'aller voir ce qu'il y avait dessous. La plupart faisaient tout simplement les importants. Ils étaient exaspérants.

Une créature singulière

Sous le manteau, le poignard : la deuxième évidence concernant le SOE est l'atmosphère d'aventure et d'audace qui l'environne, une touche d'opérette venant parfois s'ajouter à la tragédie et à l'épopée. La directive de Churchill à Dalton était simple et tenait en peu de mots : « Et maintenant, mettez-moi le feu à l'Europe »[2]. Dalton et son équipe s'efforcèrent d'obtempérer. Lors d'une conversation plus longue avec Hambro, le premier chef des opérations du SOE en Europe du Nord-Ouest, Churchill devait préciser ainsi sa conception : le SOE serait une organisation secrète et inavouable, chargée de deux missions. Premièrement, susciter et nourrir l'esprit de résistance dans les pays occupés par les nazis ; ce sera, à partir de l'année suivante, la principale fonction du PWE. Deuxièmement, une fois le climat souhaitable établi dans l'opinion, le SOE devait produire un noyau d'hommes bien entraînés qui fussent capables de contribuer, « à la manière d'une cinquième colonne », à la libération du pays concerné dès que les Britanniques seraient en mesure de l'envahir. Le meilleur moyen d'accomplir cette deuxième tâche serait sans doute de commettre des actes de sabotage, ou d'inciter à en commettre ; modestes, pour commencer. Churchill et le SOE ont été conscients dès le début du risque de déclencher de terribles représailles si l'on en faisait trop et trop vite : le SOE choisit donc, pour la lutte armée en France, de procéder lentement et par touches d'essai. Mais, si ses agents entrèrent dans l'eau sur la pointe des pieds et en commençant par le petit bain, certains d'entre eux ne tardèrent pas à y nager vigoureusement. Il en résulta une moisson d'exploits à faire rêver les écoliers, mais entremêlés d'intrigues et de trahisons d'une complexité proustienne. Haute stratégie et basse tactique allaient fréquemment de pair. La vérité est que le SOE était une formation peu orthodoxe, créée pour faire la guerre par des moyens peu orthodoxes sur des terrains peu orthodoxes. On n'avait encore jamais rien vu de tout à fait semblable. Et on ne le verra sans doute plus, car c'était une guerre singulière que la guerre de Hitler, et elle appelait des réponses singulières : entre autres celle-là.

Ce dessein s'inscrivait à merveille dans la tradition anglaise d'excentricité. C'était tout à fait le genre d'entreprise à attirer des Capitaine Hornblower, des Mycroft Holmes (pour la fiction), des

Amiral Cochrane ou des Chinese Gordon (pour la réalité)[a] ; le type même du projet qui paraît farfelu sur le moment et éminemment raisonnable après coup. On voit bien le courage que cela impliquait ; on perçoit moins aujourd'hui l'originalité du concept, car les opérations irrégulières sont redevenues chose courante avec la multiplication des situations révolutionnaires : en Malaisie, au Kenya, en Algérie, à Chypre, à Cuba, au Congo, au Vietnam, au Nicaragua, en Bolivie, à Aden, en Tchétchénie, en Afghanistan. Imaginer des plans d'une témérité de pirate dans une guerre commencée sous de beaux uniformes et parfois préparée par des exercices au sabre, mener au début des années quarante un type de guerre qui ne deviendra habituel qu'à la fin des années cinquante, voila qui révèle une certaine dose d'imagination. Les opérations du SOE étaient caractérisées par la soudaineté, la ruse et la souplesse. Elles frappaient l'ennemi, vite et fort, aux défauts de sa cuirasse militaire et économique. Il s'agissait à la fois de lui donner un sentiment d'insécurité et de l'affaiblir stratégiquement, tant par les pertes matérielles infligées que, plus obliquement, en l'obligeant à gaspiller ses forces dans un travail de police. C'était en somme le taon envoyé par la déesse Héra à sa rivale Io pour la rendre folle : il pouvait être extrêmement rentable de semer l'inquiétude dans le commandement ennemi. Si l'on arrivait à le déstabiliser suffisamment, la maîtrise de la bataille décisive lui échapperait peut-être, il perdrait la campagne, voire la guerre. Le SOE avait pour tâche d'engendrer ce malaise.

Sa seule création était déjà une victoire de la « stratégie indirecte » que l'historien militaire Liddell Hart, avec d'autres, avait si ardemment prêchée après la Première Guerre mondiale, comme substitut à la violence frontale qui venait de vider l'Europe de ses meilleurs hommes. Pourtant, curieusement, Liddell Hart lui-même n'accepta pas cette extension de sa propre doctrine. Il resta attaché à une vision plus classique des forces de résistance, celle d'un facteur auxiliaire à l'influence limitée et porteur, en outre, de risques politiques pour l'après-guerre [3]. Le principe du levier pour faire basculer un objet lourd est aussi vieux que les Pyramides. De ce point de vue du moins, le

---

a. Le capitaine Hornblower est le héros d'une série de romans d'aventures de C.S. Forester ; Mycroft Holmes est le frère de Sherlock, qui le tient pour un génie encore plus original que lui-même. L'amiral Cochrane fut le marin le plus entreprenant de l'histoire navale britannique après Nelson ; Charles Gordon, dit « Chinese Gordon », a joué au XIXe siècle en Angleterre d'une immense popularité pour ses exploits militaires audacieux en Chine et au Soudan [N.d.T.].

SOE était un instrument classique malgré ses airs révolutionnaires : il était le levier destiné à faire basculer le pouvoir des dictatures, en toute conformité avec les grands principes de la mécanique militaire. Il serait néanmoins absurde de voir dans le SOE le levier qui à lui seul aura renversé les puissances de l'Axe. Il n'était même pas le seul organe de la guerre clandestine, mais seulement l'un des neuf services secrets britanniques de cette époque (les autres étant : les unités auxiliaires qui avaient pour tâche de faire échec à l'invasion de l'Angleterre, laquelle finalement n'eut pas lieu ; les services de sécurité, de renseignement, du chiffre et de l'évasion ; le service de sécurité des télétransmissions ; le service de la guerre politique, issu du SOE ; et le plus petit, mais aussi le plus important, le service de la désinformation). Non, le SOE a été un levier parmi beaucoup d'autres, connus ou cachés ; il a été un levier puissant, mais pas tout-puissant. Il était évidemment en concurrence avec le reste de la machine de guerre pour le partage de ressources rares, en particulier les avions. Le commandant en chef de l'aviation britannique de bombardement à partir de 1942, Arthur Harris, convaincu qu'il était que les bombardements aériens pouvaient à eux seuls mettre fin à la guerre – intuition confirmée sur un mode inattendu par Hiroshima –, ne se laissait pas aisément persuader de se priver de quelques-uns de ses précieux appareils pour emmener à des endroits impossibles des gens qui avaient tout l'air de va-nu-pieds, à la poursuite d'objectifs que personne ne semblait désireux de lui expliquer. Son prédécesseur Charles Portal, passé chef d'état-major de l'armée de l'air, avait coutume de dire à Sporborg, l'un des personnages les plus importants du SOE : « Votre travail, c'est un jeu de hasard. Il peut rapporter gros, mais il peut aussi n'avoir aucun résultat, impossible de savoir. Mes bombardements ne sont pas un jeu de hasard. Leurs dividendes sont sûrs et certains. C'est de l'investissement doré sur tranche. Je ne peux pas distraire des avions dont le rendement est une certitude au bénéfice d'un jeu qui peut aussi bien nous faire gagner une mine d'or que rien du tout »[4]. Les hommes et les femmes convenant à la tâche n'étaient pas beaucoup plus faciles à trouver que les avions. Quant au matériel et aux munitions, il était souvent presque (ou tout à fait) impossible d'en obtenir. Et, dans la chasse aux armes, aux agents et aux appareils, à chaque moment, à chaque tournant de son activité, en Angleterre et hors d'Angleterre, le SOE était ligoté par la nécessité vitale du secret. On traitera ailleurs plus longuement des questions de sécurité, mais comme elles imprégnaient tout le travail de l'organisation, il fallait commencer par là.

On parlera aussi plus loin de la politique ; tout ce qui doit en être dit à ce stade tient en quelques lignes. L'état-major et les agents du SOE avaient pour mission d'aider à briser la puissance nazie : leur politique, c'était d'être antinazis. Ils ne favorisaient ni ne défavorisaient aucun autre credo politique que celui-là. Il est notoire que le SOE a soutenu la droite contre la gauche en Grèce et les communistes contre les monarchistes en Yougoslavie, parce que c'était dans chaque cas ce qui apparaissait comme le meilleur moyen de vaincre Hitler. Sur le front français, le SOE ne prit parti qu'en ceci, qu'il était toujours contre Pétain et qu'il en vint de plus en plus à soutenir de Gaulle ; l'éventail politique de ceux qui préparaient les opérations en France et participaient à leur exécution allait des cagoulards aux communistes, avec toutes les attitudes intermédiaires possibles. Le SOE était prêt à travailler avec n'importe quel homme, femme ou institution, catholique ou franc-maçon, trotskyste ou libéral, syndicaliste ou capitaliste, rationaliste ou chauvin, radical ou conservateur, stalinien ou anarchiste, juif ou gentil, qui pût contribuer à battre les nazis.

Une autre remarque générale a sa place ici. Ce livre traite presque exclusivement de la France, mais le champ d'action du SOE était beaucoup plus large : c'était le monde entier. Plusieurs sections du service avaient la France pour principal champ d'intervention et ce qu'elles faisaient était important, mais il n'y avait pas qu'elles. Un haut commandement tel que celui du SOE n'accordait que rarement toute son attention aux problèmes français, parce qu'il avait beaucoup d'autres responsabilités sur les bras. Il serait bien sûr intéressant de quantifier. Mais il n'y a pas eu de véritable service central du personnel jusque bien avant dans l'année 1943, le recrutement ne fut jamais centralisé et beaucoup de documents financiers ont disparu, de sorte qu'il ne serait pas facile d'établir un chiffre exact ne serait-ce que de l'effectif global du SOE, même si l'on pouvait – et l'on ne peut pas – définir avec précision qui relevait du SOE et qui n'en relevait pas. Les chiffres disponibles permettent de penser qu'il y eut un pic à la mi-été 1944, équivalent à une petite division : un peu moins de 10 000 hommes et environ 3 200 femmes. Mais cette statistique brute ne signifie pas grand-chose. Aucune division dans aucune armée n'a exercé le dixième de l'influence du SOE sur le cours de la guerre, même pas la force aérienne allemande du général Student lors de l'invasion de la Crète, ou celle du général Gale en Normandie. En outre, au SOE, une femme sur huit et environ un homme sur quatre avaient le statut d'officier, soit comme agent de terrain – presque tous

– soit à l'état-major dans les bases du service, ou encore dans les pays neutres sous des couvertures de diplomate, de journaliste ou d'hommes d'affaires : c'est, là encore, une proportion tout à fait inhabituelle, à la mesure de la disproportion du rôle du SOE dans la guerre. Un brillant historien, W.J.M. Mackenzie, de Magdalen College à Oxford, parvenu pendant la guerre jusqu'au poste de secrétaire du Conseil de l'Air et donc assez au fait des questions de stratégie, fut invité à écrire à la fin des années quarante une histoire du SOE à usage interne, bien qu'il n'en ait jamais fait partie lui-même. Ce livre a été classé secret pendant un demi-siècle et a enfin paru en décembre 2000 à St Ermin's Press. Il constitue le point de départ de toute étude sérieuse sur le sujet. La suite de ce chapitre lui doit beaucoup, mais la dette de l'auteur à son égard apparaîtra dans toute son ampleur plus loin.

La hiérarchie, les hommes

Heureusement, il n'est pas nécessaire d'examiner ici en détail la structure extrêmement compliquée et toujours changeante du SOE ; mais il nous faut quand même en donner une idée générale, ainsi que de la manière dont il se rattachait à l'ensemble de la machine de guerre. Nous en profiterons pour présenter les abréviations par lesquelles on désignait communément certains de ses cadres dirigeants ou de ses sous-ensembles. Il y en avait beaucoup, et qui changeaient souvent. Un président américain désireux de créer ce type d'organisme l'aurait conçu comme une agence fédérale dépendant directement de lui : c'est exactement ce que fit Roosevelt avec l'OSS deux ans plus tard. Tant que Chamberlain était encore le chef du principal parti du gouvernement, c'eût été trop demander. Le SOE fut donc placé sous la responsabilité d'un ministre de rang relativement peu élevé et qui n'était pas membre du Cabinet : le ministre de la Guerre économique. Le SOE aurait pu gagner à être subordonné directement au ministre de la Défense et Premier ministre, Churchill ; mais peut-être aussi y aurait-il perdu, car cela l'aurait lié trop étroitement à l'appareil qui conduisait la guerre « normale ». Sans compter que, mis en place aussi précocement, un tel dispositif aurait pu faire à la position encore fragile de Churchill plus de mal que de bien.

Le ministre de tutelle était désigné dans les bureaux par l'abréviation SO. Il portait la responsabilité des décisions de ses subordonnés sans être vraiment en mesure de participer à leur élaboration ; un peu comme Hindenburg avec Ludendorff, il rencontrait son chef d'opérations tous les jours – il en fut du moins ainsi pendant la seconde moitié de la guerre – pour discuter des décisions courantes. Les dispositifs normaux de la responsabilité ministérielle devant le Parlement ne s'appliquaient pas. Certaines dépenses, souvent très lourdes, du SOE – en particulier pour des armes et du matériel militaire – étaient couvertes par d'autres ministères, qui jouaient le rôle de transporteurs ou de fournisseurs. En temps de guerre, les règles très strictes de comptabilité interministérielle instaurées par Gladstone étaient assouplies, et très souvent le SOE n'avait pas à payer pour les services qui lui étaient rendus par d'autres départements, en particulier par la Royal Air Force. Le reste de ses dépenses était couvert par des fonds secrets sur lesquels les parlementaires n'avaient pas vraiment de pouvoir de contrôle, quand il ne les finançait pas lui-même par des entreprises aventureuses et hautes en couleur qui ne nous concerneront pas ici. Toujours est-il que, lorsqu'il fut dissous, il était dans la situation tout à fait singulière d'avoir fait du bénéfice. Le Cabinet de guerre avait posé dès le début le principe que ses activités ne seraient pas dévoilées lors des questions au gouvernement à la Chambre. Son existence étant un secret officiel, ses affaires ne pouvaient être débattues. En pratique, le ministre de tutelle répondait de cette partie de son activité devant le comité de la défense du Cabinet de guerre ; et le Premier ministre, quoique extrêmement occupé, trouvait souvent le temps de donner des indications, des conseils. À l'occasion, lorsque le SOE était par trop harcelé par ses ennemis de l'intérieur, il le défendait loyalement.

Dalton était peu fait pour jouer les Hindenburg. Par tempérament, c'était beaucoup moins un roi Soliveau qu'un roi Grue. Mais quatre ans sur les champs de bataille de la Grande Guerre et vingt ans dans les hautes sphères de l'économie et de la politique ne l'avaient guère techniquement préparé à se mêler des détails d'opérations de sabotage ou autres actions de ce genre. Avec son trio d'assistants beaucoup plus jeunes et moins expérimentés que lui – Hugh Gaitskell, Christopher Mayhew et Robin Brook – il faisait néanmoins de fréquentes incursions dans le travail quotidien du service, sans conséquences concrètes notables. Naturellement pugnace, il était avant tout un politique. Il se considérait comme en droit, et même en devoir, en tant que l'un des principaux géniteurs du SOE, de se battre pour lui dans la jungle politique où il évoluait. Et il lui fallut mener de rudes combats contre maintes offensives visant à grignoter l'indépendance de son organisation. Mais ses manières dans la controverse n'auraient su être qualifiées d'aimables. Et s'il fit respecter le SOE, il ne le fit pas aimer. Au contraire, son ton doctrinaire lui suscita des ennemis en politique – tout le monde savait qu'il s'entendait mal tant avec Eden lorsque celui-ci fut aux Affaires étrangères qu'avec les ministres successifs de l'Information, Duff Cooper et Bracken – et ne le servit pas dans les ministères, toujours très méfiants à l'égard des théories. En février 1942, période sombre pour les fortunes du SOE, on lui donna une promotion : il fut nommé ministre du Commerce. Son successeur Lord Selborne, conservateur indépendant et ami personnel de Churchill, n'était pas moins déterminé, c'était même un homme d'un remarquable courage politique, mais il avait des façons beaucoup plus conventionnelles avec son personnel. Il était aussi un négociateur plus efficace, et il avait ce qui faisait cruellement défaut à Dalton : le don de se faire aimer et d'inspirer confiance. Sa nomination rendit beaucoup plus aisées les relations du SOE avec nombre d'autres services. Mais ce changement de ministre n'affecta en rien la ligne générale de l'action du SOE à l'étranger, loin des querelles partisanes britanniques[5].

Le personnage dominant de l'organisation, s'il y en avait un, était le directeur général, qu'on appelait CD. Le service n'eut pratiquement jamais à mener de front plus d'opérations de très haute importance que n'en pouvait gérer un directeur actif. Ce dernier devait inspirer ses subordonnés par sa personnalité, les guider et exercer une autorité stratégique, tout en gardant un anonymat tenu pour indispensable à tout chef d'un service secret. Il devait aussi défendre le SOE à White hall, et pour cela l'anonymat était parfois plus un handicap qu'un atout. Dalton avait d'abord choisi Spears[6] pour ce poste mais il changea rapidement d'avis et lui substitua, dès la fin août 1940, Frank Nelson. Ce changement eut certainement son importance pour le travail en France[7]. Nelson avait servi dans un régiment de cavalerie légère, le régiment Bombay, et longtemps vécu en Inde, où il était homme d'affaires ; de 1924 à 1931, il avait occupé aux Communes le siège conservateur de la circonscription de Stroud ; il avait été consul britannique à Bâle pendant le premier hiver de la guerre. C'est à lui surtout qu'incomba la tâche de mettre le service sur le pied de guerre, c'est lui qui fixa les grandes lignes de son action. Miné par cet effort et par une mauvaise santé, il dut démissionner en mai 1942[8]. Son bras droit et successeur Charles Hambro, d'une demi-génération plus jeune, était un ancien banquier d'affaires, passé par le régiment des Cold stream Guards[9] ; il avait déjà rendu de grands services au SOE au moment où il devint son directeur. En septembre 1943, un désaccord avec Selborne au sujet d'une décision à prendre – qui ne concernait pas la France – l'obligea à partir. La guerre avait alors atteint un stade où le travail du SOE relevait plus de l'action que de la préparation, et l'on considéra qu'il valait mieux nommer à ce poste un soldat qu'un civil. Le dernier CD fut donc Gubbins, récemment promu général de division et qui était déjà l'adjoint de Hambro. Militaire de carrière dans l'artillerie, il avait participé très directement, comme nous l'avons vu, aux préparatifs de guérilla du MIR ; il avait été décoré du DSO à l'occasion d'opérations en Norvège, où il commandait les « compagnies indépendantes » (une idée de Holland qui se réincarnera plus tard dans les commandos). Dalton avait réussi dès novembre 1940, « après une longue bataille contre d'autres services qui désiraient également s'assurer de sa personne »[10], à le prendre au SOE, où il occupait depuis une place éminente.

Il n'y eut jamais au SOE d'équivalent du secrétaire général d'un ministère. Il n'y eut même, des années durant, aucune « administration » au sens habituel. Dalton avait amené avec lui Gladwyn Jebb[a], qui avait été son principal assistant lorsqu'il était secrétaire d'État aux Affaires étrangères en 1929. Il en a donné le portrait suivant :

> « Selon moi, personne au ministère des Affaires étrangères, dans sa génération ou parmi ceux de l'ancienne génération que j'ai pu connaître, ne réunit autant de magnifiques qualités : de la prestance, de l'intelligence, de l'initiative, de l'habileté, du charme (quand il le juge bon), de l'humour, du courage, de l'énergie, de l'endurance physique et morale, et une loyauté constante à l'égard de ceux que la politique place au-dessus de lui[11]. »

Le motif donné pour couvrir l'affectation de Jebb – recruté avec le titre ronflant de *chief executive officer* – était astucieux : on fit courir le bruit que le ministre des Affaires étrangères Halifax l'avait mis là pour garder un œil sur cet agité de Dalton[12]. En réalité, il devait diriger le SO2 (c'est-à-dire la partie opérationnelle du SOE) et assurer la liaison avec le Foreign Office et l'« Intelligence Service ». Le peu d'autorité qu'il avait sur le SO1, chargé de la propagande subversive vers les pays ennemis et les pays occupés, alla en diminuant, alors que celle qu'il exerçait sur le SO2 est bien illustrée par le fait que c'est lui

---

a. Gladwyn Jebb sera ambassadeur en France de 1954 à 1960 [J.-L. C.-B.].

(et non CD, l'autorité la plus élevée du SOE) qui en présidait la réunion d'orientation tenue tous les matins de la première année [13]. L'ancien secrétaire général des Affaires étrangères Vansittart, qui avait eu lui aussi de bonnes relations avec Dalton dix ans auparavant, se tenait à disposition comme conseiller, mais ne semble avoir influencé en rien les décisions et sortit progressivement du paysage. « Les événements ayant confirmé mes prémonitions, j'ai espéré être consulté de temps en temps, mais il n'en a rien été », écrira-t-il avec résignation [14]. Jebb retourna à la diplomatie en mai 1942, peu après le changement de portefeuille de Dalton. Son successeur, dans un rôle un peu différent, fut H.N. Sporborg, un avoué de la City qui jusque-là supervisait les affaires du SOE en Europe du Nord et du Nord-Ouest et qui occupa désormais la fonction de principal assistant du ministre pour les affaires du SOE ; lorsque Gubbins fut nommé CD, il en devint le subordonné direct sous l'appellation V/CD [15]. Cannon Brookes, qui prit sa succession auprès du ministre, était lui aussi avoué. L'ensemble était, à ce moment-là déjà, solidement organisé en sections pays. En novembre 1943 fut créé le poste de D/CD, ou directeur adjoint pour les affaires administratives, auquel on nomma M.P. Murray, du ministère de l'Air, un homme de tact et de sincérité. Il y avait longtemps que le besoin s'en faisait sentir. Murray passa les deux années suivantes à mettre de l'ordre dans tout ce chaos. L'un des problèmes administratifs était que le personnel avait jusque-là été traité au cas par cas, ou pour mieux dire individu par individu, dans chacune des sections ou sous-sections, sous la lointaine supervision du général de brigade aérienne Boyle (AD/B), un contemporain de Nelson qui avait travaillé vingt ans au renseignement aérien et avait été placé à la tête de la direction du renseignement et de la sécurité du SOE en juin 1941 [16].

Les sections pays étaient les éléments de base sur lesquels reposait la pyramide du SOE. Chacune d'elles travaillait normalement sur un seul territoire et était dirigée par des cadres qui en connaissaient bien la langue. Ceux-ci devaient trouver des agents, leur donner des instructions, suivre et contrôler leur travail sur le terrain ; ils avaient aussi des tâches de renseignement et de planification et – inévitablement – d'administration. Les sections étaient généralement groupées par grands théâtres d'opérations en trois ou quatre directions, chacune d'elles pouvant avoir en plus dans son escarcelle une responsabilité particulière, par exemple la liaison avec d'autres départements. Il y avait aussi des directions définies « par sujet » : finance, transmissions, approvisionnement. Gubbins, sous les appellations successives de M et de D/CD (O), fut directeur des opérations et de la formation à partir de novembre 1940, tout en dirigeant également quelques sections pays. Son influence se répandit bientôt dans toute la pyramide où elle toucha également ses pairs, ses subordonnés et ses agents. Il traversait, impavide, les mois de noir désastre, la poussière confuse des batailles, les complexités d'une vaste organisation improvisée et embrouillée. Il allait son chemin : le chemin dont, avec Holland, il avait rêvé il y avait bien des années à Dublin et auquel ils avaient réfléchi ensemble plusieurs mois avant la guerre. Il réunissait en lui la perspicacité du montagnard écossais, la ténacité de l'officier de carrière, une intelligence aiguë et une longue expérience dans la diplomatie et le renseignement. Et avant même que le SOE n'ait compté deux ans d'existence, un observateur particulièrement bien placé le considérait comme sa cheville ouvrière.

Juste sous ses yeux : la section des opérations, MO, dirigée par R.H. Barry, officier de carrière de l'infanterie légère frais émoulu de l'École d'état-major [17], qui laissa place en mai 1942 à un aviateur [18] et quitta le SOE pour un temps. Lorsque Gubbins devint directeur général du SOE (CD) en septembre 1943, il rappela Barry qui, avec désormais les titres de chef d'état-major et directeur de la planification, traita l'essentiel des relations du SOE avec les services centraux de planification de l'armée régulière, qui dépendaient du ministre de la Défense.

Vers le milieu de l'année 1942, les sections pays avaient acquis suffisamment d'expérience pour conduire elles-mêmes leurs propres opérations avec l'aide des sections des liaisons maritimes et aériennes. Le personnel de la section des opérations (MO) fut alors intégré dans d'autres sections et la formation fut placée sous l'autorité de la direction Europe du Nord, connue sous le nom de Groupe de Londres. Ce dernier, à l'origine dirigé par Sporborg (sous l'appellation AD/S), avait été intégré en novembre 1941 à la direction déjà considérable de Gubbins. Il retrouvera son autonomie en mars 1943 sous l'autorité d'un autre artilleur de carrière, E.E. Mockler-Ferryman (AD/E), qui avait lui aussi servi en Irlande pendant les troubles [19].

La France : un secteur d'intervention complexe

La France occupa tout au long de la guerre une place importante dans le travail du SOE, où elle disputa souvent le premier rang à la Yougoslavie ; des facteurs géographiques, stratégiques et politiques concoururent à en faire le terrain d'intervention de plusieurs sections pays au lieu d'une seule. À partir de novembre 1941, un « contrôleur régional » fut inséré dans l'organigramme sous l'appellation D/R, pour coiffer trois des sections travaillant sur la France ainsi que les sections N et T, qui s'occupaient respectivement de la Hollande et de la Belgique. Le poste de D/R fut détenu successivement par deux officiers (qui n'étaient pas militaires de carrière) dont l'un, Robin Brook, avait précédemment travaillé avec Dalton. Le prédécesseur de Brook, D.R. Keswick, a fait retirer son nom de la première édition de ce livre, par crainte que son passé au SOE ne nuise à sa carrière dans la City. Voici une brève présentation de ces trois sections.

La section appelée DF était une sorte de prestataire de services, comme celle qui habillait les agents ou celle qui leur fabriquait leurs faux papiers. La principale différence était que les tailleurs et les faussaires pouvaient vivre dans le confort (relatif en temps de guerre) du sud-est de l'Angleterre, tandis que la plupart des agents de la section DF travaillaient en permanence au péril de leur vie. Leur domaine était celui du transport clandestin entre l'Angleterre et l'Europe occidentale, par mer et par terre, dans les deux sens, mais surtout les filières d'évasion de personnels du SOE traversant la France en direction de la Bretagne et de l'Espagne. Le chef de cette section, Leslie Humphreys, un solide administrateur obsédé de sécurité, veillait jalousement à ce que ses gens soient parfaitement couleur de muraille, tant à Londres que sur le terrain. Ce fut la principale raison du succès jamais démenti de ses entreprises. Des centaines de passagers furent transportés, aucun ne fut perdu ; quant aux transporteurs, les pertes y furent de 2 %, le taux le plus bas, et de loin, de toutes les sections dont nous nous occuperons dans ce livre ; il est vrai que les activités des agents DF étaient beaucoup moins propres à attirer l'attention de l'ennemi que celles des autres.

La section F d'origine, principal organisme britannique œuvrant à la subversion en France, fut lancée par Humphreys à l'été de 1940, à son retour de France où il avait été le représentant à Paris de la section D (sabotages) de l'Intelligence Service (il fut rapatrié le 20 juin, dans des circonstances assez agitées, par un vaisseau de guerre qui le prit à son bord en Gironde[20]). Lorsqu'il prit en décembre la direction des filières d'évasion, la section F passa sous la responsabilité d'un civil, H.R. Marriott, qui avait longtemps été le représentant de la société industrielle de textiles Courtauld's à Paris[21]. Au bout d'un an, Marriott fit place, dans des circonstances racontées plus loin[22], au commandant

Maurice Buckmaster, ancien cadre supérieur chez Ford à Asnières, qui restera en fonction jusqu'à la fin des opérations. Il deviendra, sur le papier du moins, un personnage bien connu de la Gestapo et, après la guerre, des lecteurs de journaux anglais et français[23]. Après quelques faux départs, la section F mettra sur pied près de cent réseaux indépendants sur le sol français et armera plusieurs dizaines de milliers de bons et loyaux combattants de la résistance. Le quart des quelque quatre cent cinquante agents qu'elle enverra en France ne reviendront jamais (ces quatre cent cinquante représentant à leur tour environ le quart du nombre total d'agents qui se rendirent effectivement sur le sol français par les soins du SOE).

Ce taux de pertes semblera effroyable à bien des lecteurs civils ; moins à ceux qui ont servi dans des unités combattantes ou qui ont gardé en mémoire ces épisodes de l'histoire de certains régiments où un bataillon mené au combat par un colonel et six commandants n'avait plus, au bout d'un seul jour de bataille rangée, que quelques lieutenants pour l'encadrer. La génération des combattants du SOE n'avait pas encore oublié que l'espérance de vie d'un lieutenant d'infanterie sur le front Ouest en 1917 était de trois semaines. Si on les compare aux pertes de la Royal Air Force à la même époque, celles de la section F pourraient même être qualifiées de légères : au premier semestre de 1942, sur cent membres d'équipages de bombardiers, dix pouvaient espérer survivre à une seule période d'opérations[24]. La vérité, c'est que la guerre est dangereuse et que les soldats y risquent leur vie. Avant d'être admis dans la section F, un agent apprenait que, s'il partait pour la France, il n'avait pas plus d'une chance sur deux de revenir : autrement dit, l'état-major s'attendait à perdre la moitié de ses effectifs alors que finalement il n'en perdra que le quart. En tout cas, ceux qui partaient savaient à quoi ils s'exposaient.

L'état-major du SOE s'imaginait assez naïvement au début que tous les Français anti-allemands seraient ravis de travailler ensemble. Il fallut vite déchanter. Il y avait dans la France de Vichy des éléments très antinazis qui refusaient d'avoir quoi que ce soit à voir avec le général de Gaulle, lequel rejetait tout ce (et tous ceux) qui sentait la coopération avec le régime de Pétain. C'est pourquoi le Foreign Office tint à ce que la section F soit intitulée « section française indépendante » et strictement tenue à l'écart des dirigeants de la France Libre à Londres, à qui l'on s'efforça même de faire croire qu'elle n'existait pas ; ils s'aperçurent évidemment du contraire et en furent extrêmement irrités. Il fallait donc une autre section pays pour coopérer avec la

France Libre. D'ailleurs, la section F démarrant assez lentement, les nécessités opérationnelles obligèrent le SOE à prendre contact directement avec les Français Libres, lesquels fournirent les hommes de la première mission effective [25]. Les témoignages de la popularité de De Gaulle en France que ces hommes rapportèrent de leur équipée frappèrent les esprits au SOE. C'est ainsi que fut créée à la fin de 1940, après un débat interne, la section RF [26]. Elle se mit au travail au printemps 1941 sous le nom de MO/D, sous-section supplémentaire de la direction M, et s'installa en mai dans une maison louée au cirque Bertram Mills à Dorset Square, à quelques pas de Baker Street et aussi des bureaux des services secrets de la France Libre, qui se trouvaient à l'angle de Duke Street et de Wigmore Street [27]. Son premier chef fut un jeune membre de l'équipe de direction des opérations (M), Eric Piquet-Wicks, ancien capitaine du régiment de fusiliers Inniskilling, qui se révéla insuffisamment outillé pour traiter avec ses interlocuteurs français. On plaça au-dessus de lui en août 1942 un armateur de Glasgow qui avait combattu à Gallipoli, J.R.H. Hutchison. C'était un homme courageux et sympathique plus qu'un modèle d'efficacité ; il avait autant de mal à déléguer que Piquet-Wicks ou Buckmaster. Tous trois étaient surchargés de travail. Hutchison quitta les bureaux à l'automne 1943 pour suivre (à l'âge de cinquante ans) une formation d'agent. La section fut quelque temps confiée à Bickham Sweet-Escott, qui se trouvait alors en transit entre deux autres postes importants au quartier général du SOE. Finalement, on trouva le bon successeur de Hutchison en la personne de L.D. Dismore, ancien rédacteur en chef adjoint de l'édition parisienne du *Daily Mail* [28]. La section RF réussira plusieurs beaux coups de main, mais sa tâche principale était de susciter un mouvement de résistance unifié et une armée secrète en France, puis de les guider et de les servir. Son rôle était donc comparable à bien des égards à celui d'une section pays travaillant, par exemple, en Grèce ou en Norvège, mais avec cette difficulté particulière que l'autorité politique pour laquelle elle se battait était aussi dépourvue de légitimité constitutionnelle que le pouvoir de Vichy qu'elle prétendait supplanter. La sécurité des réseaux RF, et donc leur durée de vie, n'était pas des meilleures, et leur taux de pertes fut élevé.

Les jalousies entre sections étaient endémiques. Mais entre les sections F et RF elles pouvaient être absolument féroces. Chacune des deux était persuadée que ses hommes et ses méthodes étaient solides, au contraire de ceux de l'autre. Chacune pensait que l'autre était injustement favorisée, soit par l'appareil du SOE soit par le personnel politique anglais. Coïncidence curieuse : j'ai posé, lors de deux entretiens séparés avec deux personnages importants ayant travaillé l'un à F, l'autre à RF, la question de l'apport comparé de chacune des deux sections ; l'un et l'autre de mes interlocuteurs m'ont servi la même « histoire belge » du boucher qui vendait du pâté de cheval et d'alouette (« un cheval, une alouette »). Dans l'ensemble, tout cela n'était pas bien grave, mais il est parfois arrivé à ces rivalités de contrarier une opération sur le terrain.

Il convient de donner ici une idée du fonctionnement de l'équipe dirigeante des services secrets français libres, qui coopéra étroitement avec la section RF. Son chef, André Dewavrin (*Passy*), a raconté sa première rencontre du 1er juillet 1940 avec le général de Gaulle, lors de laquelle ce dernier, après un interrogatoire glacial de quelques minutes, le nomma chef des deuxième et troisième bureaux de la France Libre, autrement dit le chargea du renseignement et des opérations[29]. Dewavrin allait très vite diriger personnellement le Service renseignements, dont la grande affaire était de s'informer de l'activité de l'ennemi, et déléguer sous son propre contrôle le Service action à son collaborateur Lagier (*Bienvenüe*), qui s'occupa plus directement des opérations clandestines, en liaison permanente avec le Service renseignements et la section RF. En janvier 1942, les deux services, complétés par une section dite de contre-espionnage (CE) furent réorganisés pour former le Bureau central de renseignements et d'action militaire (BCRAM) sous l'autorité de Dewavrin, qui s'installa en mars au 10 Duke Street. Un détail peu connu de la géographie politique londonienne de ce temps a sa place ici. Buckmaster rencontrait souvent ses agents dans un appartement secret situé à Orchard Court, Portman Square, derrière les grands magasins Selfridge's. De ce bloc d'appartements partait en direction de l'Est une allée d'anciennes écuries se terminant en impasse, mais avec une porte : c'était l'entrée de derrière du 10 Duke Street. Buckmaster et Dewavrin prirent l'habitude de régler tous les désaccords qui surgissaient entre leurs équipes respectives en faisant les cent pas dans cette allée[30]. Le mot « militaire » introduit dans la dénomination du service de Dewavrin indiquait que cet organe était désormais séparé d'un autre département de l'équipe de De Gaulle, le Service d'action politique en France, qui fut placé sous la responsabilité du commissariat national à l'Intérieur de la France Libre, successivement confié à André Diethelm, André Philip et Emmanuel d'Astier. En fait, les Français ont souffert, comme les Britanniques, de la multiplicité des services secrets labourant les mêmes champs, et ce ne fut qu'à la fin de l'été 1942 que Dewavrin réussit à écarter le commissariat à l'Intérieur du contact direct (qui à vrai dire n'avait guère duré) avec le terrain des opérations. Le BCRAM perdit alors sa dernière lettre et devint le BCRA[31].

De nouvelles complications surgirent quand de Gaulle s'installa à Alger, au printemps 1943, comme coprésident avec Giraud du Comité français de la libération nationale nouvellement créé. Le SOE ne pouvait qu'observer la lutte pour le pouvoir qui opposa alors en Afrique du Nord giraudistes et gaullistes ; elle dura environ un an et se termina par l'élimination de Giraud. Tout d'abord ce fut Cochet qui dirigea le service secret de De Gaulle à Alger ; mais, dès septembre 1943, le jeune Jacques Soustelle, qui avait à peine 31 ans, fut nommé directeur général des services spéciaux, avec Dewavrin comme directeur technique. Une structure fut maintenue à Londres sous l'autorité d'André Manuel : le Bureau de recherches et d'action à Londres (BRAL), qui continua à coopérer avec la section RF pour ravitailler les réseaux gaullistes en France.

Cette coopération est un exemple des nombreuses singularités du SOE. Les personnes travaillant à l'état-major de la section RF, généralement britanniques, appartenaient sans équivoque aux structures du SOE. C'est-à-dire que, si leurs supérieurs hiérarchiques leur laissaient généralement beaucoup d'autonomie, elles savaient très bien de qui elles dépendaient, qui était habilité à leur donner des ordres : il y avait une hiérarchie claire, qui montait jusqu'à CD en passant par M, ou par D/R et M, ou par D/R et AD/E ; plus haut, c'étaient l'état-major britannique, puis allié ; plus haut encore, le Premier ministre, le Président américain et leurs électeurs. De leur côté, les gens du BCRA et du BRAL considéraient de Gaulle comme leur commandant en chef. S'il leur fallait chercher au-delà, c'était la France qu'ils voyaient, la France bâillonnée par le pouvoir nazi, et l'idée de la France dont de Gaulle s'était fait le héraut. Les soldats ou les civils que la section RF envoyait en France comme agents pour le compte du BCRA considéraient eux aussi, d'abord et avant tout, de Gaulle comme leur leader ; la plupart d'entre eux avaient toutefois une allégeance seconde : le SOE. Ils n'étaient pas, contrairement au personnel d'encadrement de la section RF, inscrits dans sa structure, mais la plupart d'entre eux y avaient à tout le moins suivi une formation et se conformaient tout naturellement, en tout cas dans les domaines techniques – procédures de communication par radio ou techniques de sabotage, par exemple –, à ses règles et à ses instructions. Les ordres de mission opérationnelle des émissaires de la France Libre étaient le plus souvent rédigés par le BCRA puis envoyés pour accord à la section RF ; parfois l'inverse. Dans les deux cas, il était indispensable de se mettre d'accord sur leur formulation dans les moindres détails (il est néanmoins arrivé que Dewavrin ait donné à ses agents certains ordres supplémentaires qu'il ne jugea pas nécessaire de révéler aux Britanniques[32]). Normalement, ces mises au point s'effectuaient au niveau d'un personnel de rang moyen de part et d'autre. Mais leur nécessité constante imposait des obligations au niveau supérieur. Car chacune de ces deux structures, la section RF et le BCRA, devait entretenir chez l'autre des sentiments suffisamment bienveillants à son égard si elle voulait continuer à influer sur le cours des opérations spéciales et, par là, de la guerre en général.

Cette responsabilité partagée sur les ordres de mission des agents entraînait la responsabilité partagée de leurs échecs et de leurs succès. Si les lecteurs – français en particulier – ont le sentiment que la suite de ce récit porte trop de choses au crédit de la section RF, qu'ils se souviennent que celle-ci ne pouvait rien faire sans le BCRA. Mais l'inverse était également vrai : sans la section RF, le BCRA n'aurait pas eu d'armes et aucun moyen d'envoyer ses combattants sur le terrain. S'il avait essayé d'envoyer des hommes en nombre significatif – comme il l'a fait pour des messages – par le biais d'autres services secrets avec lesquels il était en contact, le SOE l'aurait certainement appris et il en serait résulté une sérieuse querelle entre services secrets, dont le BCRA n'aurait à terme tiré aucun bénéfice.

Mais nous voilà bien loin de Baker Street, le cœur du SOE. Une quatrième section encore, également coiffée par le Groupe de Londres, travaillait sur la France, mais séparément, d'une part parce que beaucoup de ses activités se situaient à l'extérieur du territoire relevant de D/R, le directeur régional pour l'Europe du Nord-Ouest, d'autre part à cause de l'enchevêtrement de problèmes politiques que soulevait son existence. Cette section, connue sous le nom de EU/P, ne contrôlait pas directement des agents comme celles qui étaient placées sous D/R ; plutôt qu'un organisme définissant sa propre politique d'intervention, c'était un bureau de liaison entre le gouvernement polonais en exil à Londres et le SOE. Son champ d'action était la population d'origine polonaise vivant hors de Pologne. L'une des plus importantes de ces minorités (un demi-million de personnes environ) était concentrée dans deux régions industrielles françaises : celle de Lille et celle de Saint-Étienne. Vers la fin de l'année 1940, le ministre polonais de l'Intérieur, le professeur Kot, fut incité par le SOE à suggérer au général Sikorski, chef du gouvernement en exil, que ces gens pourraient se rendre utiles à la cause alliée. La section EU/P, créée en décembre par un accord informel passé entre le SOE et les Polonais, se mit aussitôt à l'œuvre[33]. Mais la tendance à la fois perfectionniste et chimérique des Polonais de l'exil et leurs incessantes intrigues bureaucratiques empêchèrent cette section d'apporter une contribution notable à la stratégie globale des alliés. Ainsi les relations entre les ministères polonais de l'Intérieur et de la Défense nationale étaient si mauvaises que « pendant assez longtemps... [la] section [EU/P] fut le seul lien entre ces deux ministères : situation impossible, mais typiquement polonaise »[34]. Pendant une bonne partie de la guerre, de juillet 1941 à septembre 1944, la section fut dirigée par Ronald Hazell, courtier maritime anglais de la Baltique, parlant très bien l'allemand et le polonais mais pas du tout le français[35]. Vingt-huit agents EU/P furent introduits en France jusqu'au débarquement de Normandie, dont sept furent perdus. L'un des principaux projets de la section consistait à fomenter dans les régions septentrionales de la France un soulèvement qui aurait dû éclater juste avant l'arrivée des armées alliées ; finalement tous ces préparatifs furent vains car les armées arrivèrent d'abord. Les Polonais ont peut-être fait du bon travail sur le terrain, en tout cas dans les domaines du renseignement qui ne relevait pas du SOE, mais ils n'en ont guère parlé ; ils se plaisaient à taquiner les Français en leur disant qu'ils avaient un siècle et demi d'avance sur eux en ce qui concernait l'action clandestine[36]. On en sait assez peu sur ce sujet.

De ces quatre sections, auxquelles il faut ajouter les groupes JED-BURGH qui, envoyés en France après le Jour J, en constituent une sorte de cinquième, celle qui sera, et de loin, la plus étudiée ici sera la section F, la « section française indépendante ». Les sections DF, EU/P et les groupes JEDBURGH ont joué des rôles à la fois plus circonscrits et moins vitaux. En ce qui concerne la section RF, ses effectifs en termes d'agents entraînés effectivement déployés sur le terrain n'ont jamais atteint ceux de F si ce n'est bien après le débarquement, même si son influence a été dans certains cas aussi importante, et a même fini par l'emporter à mesure que le pays approchait du déclenchement de l'insurrection. À ce moment-là, le soulèvement ne pouvait avoir qu'un leader, Charles de Gaulle ; ce qui évidemment renforçait la position de la section la plus gaulliste du SOE aux dépens de celle qui avait été créée en une période où le général, et encore plus certains membres de son entourage, éveillaient plutôt la méfiance. Dans les dernières étapes de la guerre, les deux sections F et RF furent fusionnées sous un état-major commun, l'EMFFI. Mais l'histoire de la section RF est comparativement bien connue : par les mémoires de De Gaulle et de Dewavrin, deux personnages que les juristes qualifieraient de témoins de vérité ; par les écrits publiés dans la collection scientifique « Esprit de la Résistance » et les travaux de son directeur Henri Michel, président du Comité d'histoire de la Deuxième Guerre mondiale ; et par les nombreuses publications consacrées aux héros locaux ayant paru un peu partout sur le territoire français. En outre, le plus gros des archives concernant les agents RF n'a jamais été en possession des Britanniques. Enfin, l'histoire de la section F, qui est depuis plusieurs années l'un des terrains de jeu favoris d'écrivains à sensation et de plumes mercenaires de qualité variable, fait l'objet de spéculations aussi profuses qu'ignares.

Les abondants écrits consacrés à la résistance par Dewavrin, par *Rémy*, son meilleur agent de renseignement, par les universitaires Michel et Hostache, par le communiste Tillon et par de Gaulle lui-même ont un point commun : ils adoptent à l'égard de la section F, quand ils veulent bien la mentionner, un ton négligent ou dédaigneux, comme s'il s'agissait d'un organisme de petite taille et de peu de poids, attaché à des objectifs qui, fixés par les services secrets britanniques, ne pouvaient présenter grand intérêt pour les Français ni beaucoup influer sur leurs destinées. Les Allemands voyaient les choses autrement. Ils avaient plutôt tendance à ne pas tenir suffisamment compte du reste de la résistance française ; en revanche, ils redoutaient la section F et s'y intéressaient de très près. Certains lecteurs pourront effectivement trouver que l'on met trop l'accent ici sur cette section « indépendante » et que ce livre s'en trouve déséquilibré. Mais, en attendant que se manifeste l'historien capable d'analyser sans passion tout le matériel disponible et de corriger les excès et exagérations des uns et des autres, il faut bien que quelqu'un en présente sérieusement et équitablement le dossier. Les récits qu'a pu en donner son chef Buckmaster ne sont pas du tout officiels et guère davantage fiables, et les livres les plus lus sur ses agents le sont, chacun à sa manière, encore moins [37]. Les véritables missions de cette section, la façon dont elle a contribué à chasser les Allemands de France et à lever les obstacles au développement d'une République française libre et indépendante après la guerre, doivent être replacées dans leur contexte stratégique et politique. Elles méritent d'être exposées avec autant de précision que le permet l'état des archives et que le supportera la patience du lecteur. Car l'effet des opérations du SOE fut cumulatif ; au fil des mois, au fil des années, des groupes qui avaient commencé par la rencontre de deux ou trois personnes passablement effrayées au bord d'un champ, dans une arrière-salle de café ou sur une plage déserte sont devenus des organismes clandestins puissants et disciplinés. Ceux qui avaient réussi à se maintenir sont ensuite sortis au grand jour, les armes à la main, pour prendre part à l'épreuve finale contre la Wehrmacht. Celle-ci devait nécessairement consacrer toute son attention aux forces alliées régulières et aux batailles proprement militaires. Et c'est ainsi que la France s'est en grande partie libérée elle-même.

Au quartier général

Un long récit, qui occupera l'essentiel de la deuxième partie de ce livre, sera nécessaire pour bien faire comprendre comment cela fut possible ; mais pour que ce récit soit intelligible, il faut tout d'abord donner une idée de l'organisation de l'état-major et des bases, dont l'activité nourrissait le travail des combattants sur le terrain. Le quartier général du SOE à Londres n'était pas un endroit où l'on tolérait avec bonne humeur les imbéciles ni où les oisifs pouvaient s'embusquer confortablement. Nombre de ses membres étaient des compagnons extrêmement difficiles, travailleurs enragés mais fiers et irritables comme des divas. Chacune des sections du SOE travaillait nécessairement dans un certain isolement par rapport aux autres, se croyait la seule indispensable et commençait toujours par se plaindre, comme les différentes parties du « Navire qui s'y retrouve » de Kipling, de la façon dont elle était traitée par les autres sections auxquelles elle était liée [38]. Il y avait souvent des cas de double emploi, et pas seulement internes. Un exemple bien connu est celui d'un groupe mené par le SOE qui, effectuant une reconnaissance sur les quais du port de Bordeaux en prévision d'un attentat à exécuter le soir même, vit les navires qu'il était supposé attaquer sombrer sous l'impact de mines ventouses – fournies, justement, par le SOE [39] ! – posées par un commando de marines arrivé par mer en kayak (cette opération, qui portait le nom de FRANKTON, a fait l'objet d'un livre et d'un film célèbres [40]). Il arrivait aussi que les doublons ne concernent pas des opérations, mais des équipements ; témoin cette récrimination anonyme de l'une des sous-sections techniques :

« C'est scandaleux. Le poste XV a installé une presse à copier pour imprimer des étiquettes à des fins de camouflage, qui devaient, bien évidemment, être lithographiées. Le poste XIV disposait déjà de l'équipement nécessaire, mais il faut croire que les gens du siège ignoraient qu'il existait un poste XIV ou quels services il pouvait rendre.

La pratique s'est chargée en plusieurs occasions de me faire comprendre que personne ne sait ce qu'il y a au SOE… Chacun devrait suivre une formation où on lui expliquerait ce que c'est que le SOE, ce qu'il fait, et de quoi il dispose pour le faire.

Je peux dire d'après ma propre expérience que, si j'avais eu cette formation au début, j'aurais pu être beaucoup plus vite en mesure de faire mon travail, au lieu de m'entendre répéter que je ne devais même pas demander à mon voisin ce qu'il faisait. Je suis tout prêt à admettre que le secret est quelque chose d'essentiel, mais il y a des limites [41]. »

Certains de ces chevauchements étaient imposés par les nécessités du secret, d'autres découlaient de décisions des chefs d'état-major qui chargeaient plusieurs organes différents d'opérations sur une même zone. Une conséquence utile de l'opération FRANKTON fut la création d'un bureau de répartition, placé sous l'autorité du sous-chef d'état-major de la Marine, qui devait être tenu informé de toutes les opérations par mer préparées à partir de l'Angleterre, aussi secrètes fussent-elles ; cela élimina la plupart des interférences directes. À l'intérieur du SOE, le conseil créé à l'hiver 1941-1942 pour mieux répartir la charge de responsabilité pesant sur certaines personnes institua un minimum de protection contre ces phénomènes d'interférence au niveau des directeurs. Il était composé du chef du SOE (CD) et d'une douzaine de ses collaborateurs immédiats : tous les directeurs, ainsi que les principaux conseillers pour les questions aériennes, navales et politiques (malheureusement, le ministère des Affaires étrangères attendit août 1943 pour nommer le conseiller politique, Houston-Boswall [42]). Le conseil se réunissait chaque mercredi matin au moins, plus souvent si nécessaire, pour discuter des grandes décisions. Un observateur exceptionnellement qualifié décrit ainsi cet organisme dans sa forme définitive :

« Les membres du conseil représentaient une grande diversité d'expériences : sur seize membres, il y avait cinq militaires de carrière (dont un spécialiste des transmissions et communications), deux aviateurs (un volant et un rampant), un marin, un fonctionnaire civil, un diplomate, un avoué, un comptable et [quatre] hommes d'affaires venus de différents horizons... Tous croyaient passionnément au projet et aux possibilités du SOE ; leurs lourdes tâches administratives ne les détournaient pas de débats plus élevés ou plus généraux sur la nature de la « subversion » et ses potentialités. Le conseil n'avait pas de doctrine du type « école de guerre », dûment analysée et partagée par tous : mais il existait dans le SOE une « opinion publique » extraordinairement puissante, qui s'exprimait fortement au niveau du conseil et était ressentie jusqu'aux échelons inférieurs. L'administration du SOE a eu beaucoup de défauts, qui ne se justifient que par la tension extrême dans laquelle elle a grandi ; mais presque tout avait été redressé à l'été 1944. Et il y régnait une atmosphère d'exaltation et d'engagement personnel qui rachète bien des fautes. La répartition des fonctions était parfois obscure et n'évitait pas les chevauchements ; mais c'est que tout le monde cherchait à avoir des tâches, et non à se défiler. Situation qui n'avait pas que des côtés positifs, mais qui du moins garantissait que le travail se faisait, finalement, assez vite et assez bien, fût-ce de manière peu conforme aux canons de la gestion rationnelle. Dans l'ensemble, les responsables étaient plutôt jeunes, même au sommet, du moins selon les critères de Whitehall, et ceux qui en avaient les moyens physiques intercalaient souvent dans leur travail d'état-major des périodes opérationnelles : si les nécessités de la sécurité leur interdisaient d'aller sur le terrain, du moins prenaient-ils part à la formation et visitaient-ils fréquemment des missions et des postes à l'étranger. Cela présentait deux avantages : l'organisation était, en esprit, très proche du "front", et elle souffrait moins que beaucoup d'autres d'effondrement physique pur et simple consécutif au surmenage. Parmi les "vieux du SOE", bien peu s'absentèrent longuement pour maladie pendant la guerre[43]. »

Aussi dévoués que fussent les responsables de Londres, on perçoit néanmoins la trace des malentendus habituels entre état-major et terrain d'opérations. Il était pénible pour ceux de Londres de devoir « hâter de tristes héros vers le lieu de leur mort »[a]. Le souci de la sécurité

---

a. Citation d'un poème de Siegfried Sassoon (« Base Details », 1918) qui commence ainsi : « Si j'étais féroce, et chauve, et essoufflé, / Je logerais à la Base avec des commandants rougeauds / Et je hâterais de tristes héros vers le lieu de leur

pesait sur eux en permanence, même si c'était de manière plus indirecte que sur le terrain. Et leur travail était d'autant plus difficile qu'ils ne pouvaient avoir qu'une connaissance limitée de ce qui était possible et de ce qui ne l'était pas. Il était interdit au personnel des échelons supérieurs (jusqu'aux chefs de section inclus) de participer à des actions, car on était convaincu que la police secrète ennemie avait les moyens (persuasion ou torture) d'extorquer à un captif identifié, aussi réfractaire fût-il, tout ce qu'il savait. On ne prenait donc pas le risque d'exposer ces personnes à l'arrestation et à ses conséquences. C'est la raison pour laquelle Buckmaster n'a jamais pu servir sur le terrain[44]. Les Français Libres, beaucoup moins obsédés par ces questions, envoyèrent Dewavrin en mission en France, alors qu'il était le chef de tous leurs services secrets ; il revint[45]. Plusieurs cadres du SOE de rang moins élevé firent l'expérience ; deux seulement, Yeo-Thomas et Hubble, tombèrent entre les mains de l'ennemi, lequel n'en tira aucun avantage[46]. De manière générale, les responsables londoniens s'en remettaient à leur bon sens et à leur imagination, aidés des récits des agents « retour du front ». Un agent revenu en Angleterre pouvait être extrêmement utile à son réseau, si celui-ci survivait à son absence. Ainsi, le commandant en second de la filière d'évasion VIC raconte que, chaque fois que son chef « rentrait au Royaume-Uni, il sentait à travers tous les messages reçus à quel point il était utile d'avoir quelqu'un à Londres qui connaissait le réseau, le travail, les personnes et les difficultés du terrain »[47]. Mais ce n'était pas courant.

L'état-major du SOE dans la machine de guerre alliée

On perçoit également, et c'était tout aussi prévisible, des traces de tensions entre l'état-major du SOE et les autres organismes engagés dans la guerre. Quelques aspects doivent en être évoqués ici.

Le Foreign Office n'a pas accordé au travail français du SOE une attention très constructive ; en tout cas, beaucoup moins que n'aurait dû en recevoir un organisme qui jouait un tel rôle dans la détermination des paramètres de la politique étrangère future. Il a même, au début, exercé une influence négative : une ou deux propositions intéressantes avancées par le MIR, et plusieurs par le SO2, furent catégoriquement

---

mort. / Vous me verriez, la face bouffie et rageuse, / Bâfrer et siffler des verres dans le meilleur hôtel / En lisant la liste des morts pour la patrie... »[N.d.T.].

rejetées au motif que des raisons d'État les rendaient indésirables. Un seul de ces refus a été d'une grande portée pour notre sujet : il fut longtemps interdit aux agents du SOE de faire des vagues en zone non occupée, et d'ailleurs, en principe, d'y conduire une quelconque opération sans l'aval préalable du ministère ; au début, le SOE était même supposé agir « avec discrétion » dans la zone occupée. Quant à une influence positive, sous forme, par exemple, d'idées ou de suggestions adressés par le ministère au SOE, il n'y en a pas eu, du moins pour la France. L'activité du SOE dans différents pays causait beaucoup d'ennuis au ministère, et la plupart des diplomates du rang la considéraient comme indigne de gentlemen. On leur avait inculqué cette chimère complètement dépassée que diplomatie et stratégie peuvent suivre chacune son propre chemin ; ils vivaient dans l'illusion d'une frontière séparant clairement activité « subversive » et activité « politique ». Et comme le SOE, lui, savait que cette frontière n'existait pas, il en résultait de fréquentes dissensions. Quand Selborne fut devenu ministre de la Guerre économique et, en cette qualité, responsable politique du SOE, la zizanie se calma un peu aux échelons inférieurs, où se faisait l'essentiel du travail. Une réunion de liaison toutes les deux semaines fut instituée entre le directeur général du SOE et Cadogan, secrétaire général des Affaires étrangères. Ce dernier rencontrait également presque tous les jours Sporborg, le principal collaborateur de Selborne pour les affaires du SOE. Mais, s'il se montra toujours disponible et ouvert, il n'en était pas de même de tous ses subordonnés ; quant à son ministre, Anthony Eden, il ne se souciait guère – en dépit d'une exquise politesse jamais démentie – d'un organisme qui avait été créé contre son avis et dont il ne cessa jamais de préconiser la suppression [48].

Les relations entre le SOE et le haut commandement étaient plus étroites et plus cordiales. Elles furent un peu troublées dans les premiers temps par l'insistance du SOE à exiger – en vain – que son directeur général CD siège de droit au comité des chefs d'état-major ; Gubbins abandonnera cette revendication, qu'il n'approuvait pas. À partir de 1943, CD ou son représentant y fut d'ailleurs souvent convoqué, à l'occasion de discussions spécialement importantes pour son organisation ; CD pouvait de son côté demander à assister à telle ou telle réunion particulière. Ce dispositif n'était pas parfait. D'abord, les dirigeants du SOE devaient être un peu jaloux de Mountbatten qui, en tant que chef des « opérations combinées », siégeait au comité avec rang de chef d'état-major [49] ; peut-être même étaient-ils en proie à l'inélégant désir de marquer un point sur le chef de l'« Intelligence Service » qui, pour des raisons politiques et de sécurité, n'y assistait habituellement pas. Mais ils avaient un grief plus sérieux : pratiquement tous les sujets dont discutaient les autres chefs d'état-major étaient susceptibles soit d'avoir des répercussions sur un travail en cours du SOE, soit inversement d'avoir beaucoup à gagner à l'expérience de ce dernier. Un représentant permanent du SOE à ces réunions aurait donc pu être utile à l'une et l'autre instances. Il n'en fut jamais ainsi mais, à partir de l'été 1943, son directeur put se rendre régulièrement au ministère de la Défense et y prendre connaissance des ordres du jour et des procès-verbaux de toutes les réunions. Le secrétaire du comité des chefs d'état-major, Ismay, ne ménageait pas sa peine pour lui être utile, de sorte que le SOE pouvait toujours se déclarer intéressé par telle ou telle réunion et demander à en être. De son côté, le représentant personnel de Churchill, Desmond Morton, était toujours prêt à transmettre des questions vraiment graves au Premier ministre. À un échelon moins élevé, il existait aussi une liaison étroite et amicale entre le chef d'état-major du SOE, Barry, et les organismes de planification interarmes relevant du ministère de la Défense, dont les membres savaient qu'ils pouvaient s'adresser à lui pour des informations, des conseils ou une opinion chaque fois qu'ils en ressentaient le besoin. Il est vrai qu'ils n'étaient pas aussi ouverts en retour ; mais il existait une coordination raisonnable entre les principales entreprises du SOE et les autres grandes opérations de la guerre. Les collaborateurs immédiats de Selborne étaient disposés à voir en ce dernier un « agent des chefs d'état-major » lorsqu'il y avait un débat sur une décision majeure[50]. Il n'en demeure pas moins qu'on peut reprocher à la machine britannique de n'avoir jamais pleinement intégré la subversion dans la conduite stratégique globale de la guerre en tant que « quatrième arme », comme l'avait préconisé Dalton[51]. On peut rétrospectivement le regretter, mais il est clair qu'à l'époque on n'y pouvait rien. Les hommes politiques et les stratèges en uniforme avaient des habitudes trop bien ancrées, et la tradition qui voulait que les services secrets soient trop secrets pour être impliqués dans le travail quotidien de planification était trop puissante. En outre, personne ne voulait prendre d'aussi grands risques politiques et de sécurité. Enfin le SOE, de son côté, était plutôt fier de ne pas travailler comme l'auraient voulu l'éthique et les procédures classiques de l'armée.[52]

On s'étendra longuement dans ce livre sur les relations du SOE avec les autorités françaises. Sa coopération avec les deux grands alliés de l'Angleterre peut être traitée plus rapidement. Il est une légende chère au cœur des Russes et, à un moindre degré, des Américains : c'est que leur propre pays a été le seul véritable inspirateur et organisateur de la résistance européenne. C'est un mythe qui n'est guère étayé par les faits. Les chiffres parlent ici très haut. Comme on le verra plus loin, à peine quatre-vingts des agents envoyés en France par le SOE pour y faire de la subversion – sur plus d'un millier – étaient américains. Et presque tous ces Américains n'arrivèrent qu'après le Jour J, parce qu'en général ils n'avaient aucune chance de pouvoir se faire passer pour français [53] ; quelque sept cents Britanniques, Français et Polonais les avaient précédés. Gaullistes et giraudistes dépendaient des Britanniques pour les communications radio entre la France et les territoires alliés. Quant aux communistes français, ils ont eu beau prétendre fièrement que leur système de communications était surchargé [54], ils n'étaient sans doute pas dans une meilleure position, et en tout cas ils ne donnaient pas vraiment l'impression d'être en contact étroit avec Moscou [55]. Le SOE a eu son mot à dire dans toutes les phases de la résistance sur ce que devaient être ses méthodes et ses objectifs. Tout historien attaché à la vérité doit reconnaître que l'influence du SOE sur la résistance française a été importante, parfois même cruciale. C'est grâce à lui que parvinrent à destination les milliers de tonnes d'armes et d'explosifs envoyés pour aider ses réseaux. Sans ces livraisons, elle n'aurait pas accompli le dixième de ce qu'elle a accompli [56]. Et sans les sections RF et AL (liaisons aériennes) du SOE, l'appareil national unifié de la résistance qui se mit finalement en place sous l'autorité de De Gaulle n'aurait jamais vu le jour. Dire cela n'est pas nier l'apport des communistes ou des Américains, qui fut substantiel ; c'est seulement affirmer que ni les uns ni les autres ne peuvent prétendre avoir joué un rôle unique, ni même prédominant.

Aucun élément ne permet de penser que les Russes aient le moins du monde tenté d'influencer l'action en France du SOE, même si les groupes communistes sur le terrain ont toujours été très contents de recevoir des armes par son canal chaque fois que c'était possible et ne les ont pas toujours utilisées à des fins susceptibles d'être approuvées par Londres. Les Russes n'ont jamais fait bénéficier leurs alliés de leur propre expérience – celle des groupes de partisans des années 1917-1920 ou de leur résistance présente contre les Allemands – ni même d'informations utiles sur la guerre subversive que l'Allemagne menait sur leur propre territoire contre leur régime. Compte tenu du contexte politique de cette guerre, cela n'a rien d'étonnant. Car si les alliés occidentaux craignaient de voir renaître de ses cendres le pacte Ribbentrop-Molotov de 1939, les Russes redoutaient tout autant la reconstitution des alliances capitalistes antibolcheviques des années vingt. Aucune des deux parties ne se réjouissait de la victoire future de l'autre, sauf comme moyen d'assurer la sienne propre. Cet état d'esprit ne favorisait pas les échanges d'informations.

Les relations étaient naturellement formelles et distantes avec le NKVD de Staline et plus cordiales avec les Américains. Jusqu'en juin 1942, il n'existait pas d'équivalent américain du SOE. C'est alors que fut créé l'Office des services stratégiques (OSS) avec à sa tête « Wild Bill » Donovan, qui avait beaucoup d'amis dans le haut commandement du SOE (on lui avait fait visiter certains de ses établissements de formation et d'entraînement dès mars 1941[57], et des Américains y furent envoyés peu après Pearl Harbor). Par un accord de septembre 1942 entre les chefs d'état-major britanniques et américains, le Groupe de Londres du SOE et la section correspondante de la branche « opérations spéciales » de l'OSS furent pratiquement fusionnées, pour l'Europe du Nord-Ouest, sous le titre formel de SOE/SO (par un hasard malheureux, les initiales « SO » étaient déjà en usage pour désigner tout autre chose[58], mais le contexte permettait d'éviter les malentendus). Cette fusion eut pour conséquence pratique que des Américains firent leur entrée dans de nombreuses sections du SOE. Leur intelligence, leur enthousiasme et leur originalité compensaient leur manque d'équipement, de formation et d'expérience[59]. Ils contribuèrent ainsi à la vitalité d'une organisation qui restait essentiellement britannique. Mais sur les sujets strictement français – par opposition avec les questions nord-africaines – leur influence sur les choix et les orientations du SOE resta modeste jusqu'à l'été 1944. En principe, l'autorité et la responsabilité étaient partagées, mais les Britanniques conservèrent en pratique la conduite des affaires. Les forces aériennes américaines apportèrent une contribution décisive au travail du SOE vers la France en 1944, mais pas avant ; et leurs escadrilles chargées de « missions spéciales » restèrent, comme celles de la RAF, indépendantes du commandement des « forces spéciales » qu'elles servaient[60].

On peut donner ici un exemple pratique de coopération anglo-américaine. Lorsque le débarquement en Afrique du Nord (opération TORCH) donna l'Algérie aux alliés en novembre 1942, une base du SOE fut créée à Guyotville, un peu à l'ouest d'Alger. Son nom de code interne était MASSINGHAM et son nom de couverture Unité interservices de transmissions n° 6 (ISSU 6). Son premier directeur, J.W. Munn, avait été jusque-là responsable de la section formation du SOE. Il fut remplacé dès janvier 1943 par Douglas Dodds-Parker. L'antenne de MASSINGHAM était nécessairement assez impliquée dans le jeu politique extrêmement complexe qui se déroulait à Alger, nous en parlerons plus loin. Elle était clairement séparée de la mission de l'OSS à Alger, mais leur coopération fonctionnait sans problème. Elle comportait des sections pays analogues à celles de Londres, mais beaucoup plus petites. Une seule, l'AMF, s'occupait de la France. D'abord dirigée par de Guélis, ce fut une sorte de copie en miniature de la section F, qui travailla beaucoup avec les giraudistes ; mais lorsque Brooks Richards succéda à de Guélis en octobre 1943, elle devint une orga-nisation de type RF, c'est-à-dire purement « gaulliste ». Ce changement marqua d'ailleurs une étape dans l'ascension de De Gaulle aux dépens de Giraud. L'autre aspect important de MASSINGHAM pour notre his-toire, c'est que la durée de vol vers le sud de la France était plus courte à partir des côtes algériennes que de l'Angleterre, de sorte qu'il était plus facile de monter ou de ravitailler certaines actions en partant de MASSINGHAM que de la base principale. Sautons ici quelques com-plexités d'état-major de peu d'intérêt pour ajouter qu'en mai 1944 les Britanniques de MASSINGHAM et les Américains de l'OSS local formè-rent un Centre d'opération des projets spéciaux (SPOC) auquel les Français furent admis à partir du 20 juin, suivant en cela l'évolution des choses à Londres.

À Londres, donc, l'organisme issu de la conjonction entre le SOE et l'OSS américain fut rebaptisé en mai 1944 État-major des forces spéciales, Special Force Headquarters (SFHQ). C'était un nom de cou-verture commode, destiné à rendre plus sûres les relations entre sa direction et les formations plus régulières qui allaient incessamment être lancées sur la France. Plusieurs alarmes avaient donné à penser aux alliés qu'il n'était pas sûr d'impliquer directement l'état-major londonien de De Gaulle dans la préparation de l'opération OVERLORD ; mais dès lors qu'elle fut effectivement commencée, la plupart de ces réticences tombèrent. La séparation entre les sections F et RF disparut et leurs combattants suivirent les ordres de l'organe plurinational au sein duquel les états-majors de l'une et de l'autre avaient été absorbés le 1ᵉʳ juillet. Cet organe, l'État-major des Forces françaises de l'inté-rieur (EMFFI), était placé sous les ordres du général Koenig, gaulliste et ami personnel de De Gaulle (la section DF, qui n'était pas directement engagée dans les combats, resta en dehors ; de même, pendant un temps, la section anglo-polonaise EU/P). La création de l'EMFFI sera traitée plus longuement au chapitre XII, une brève esquisse suffira ici. Buckmaster et *Passy* étaient placés immédiatement au-dessous de Koenig avec des fonctions de supervision. *Passy* retourna rapidement sur le terrain, en Bretagne, avec la mission ALOÈS. La plupart des membres de l'état-major de la section F constituèrent le « deuxième bureau » (renseignement) de l'EMFFI et une partie de son « troisième bureau » (opérations), qui comportait aussi des officiers de la section des liaisons aériennes et était dirigé par Barry. L'officier qui avait dirigé le renseignement à la section F resta à Baker Street pour coiffer les agents demeurés farouchement antigaullistes ; l'idée étant que, en un moment aussi critique, on ne pouvait pas communiquer les détails de leur identité et de leurs activités à un état-major partiellement français où siégeaient leurs adversaires politiques, et peut-être certains de leurs ennemis personnels. L'état-major de la section RF, lui, s'occupait du « sixième bureau » (missions spéciales). Le reste du staff venait pour l'essentiel du BCRAL, l'antenne londonienne des « services spéciaux » français. « Ayant enfin reconnu, écrit Thackthwaite, que de Gaulle était le seul chef que la France accepterait, on intégra F, RF et les services d'action du BCRAL dans une seule organisation. Si l'on avait fait cela deux ans plus tôt, on aurait évité une cause persistante de frictions entre nous-mêmes et les Français. Quant à savoir s'il était sage de procéder à cette opération en pleine bataille, c'est un point qui se passe de commentaires »[61]. La position de l'EMFFI était, de fait, théoriquement intenable : il était subordonné à la fois au SHAEF et au SFHQ ; il ne pouvait pas introduire un seul agent ou assurer un seul ravitaillement aérien sans l'aide des escadrilles britanniques ou américaines, qui ne dépendaient, elles, ni de l'un ni de l'autre ; et n'importe lequel de ses projets, dès lors qu'il comportait des aspects tant soit peu politiques, pouvait être bloqué par n'importe lequel des trois principaux alliés occidentaux. Le seul fait qu'il fonctionna – remarquablement mal, il est vrai – fut une grande victoire de ce que les Français appellent le « système D ».

Il comportait bien une section de formation et d'entraînement, qui finalement fut placée sous la responsabilité du sixième bureau de Dismore, mais il lui fallut se débrouiller avec le personnel issu des politiques de formation antérieures. Ce personnel était notamment celui d'une autre section qui devait opérer en France : les groupes JEDBURGH. Chaque JEDBURGH était en principe composé d'un Anglais, d'un

Américain et d'un Français ; deux étaient officiers et le troisième sergent opérateur radio ; tous trois devaient avoir reçu une formation aux tactiques de la guérilla et aux méthodes de destruction. Ils devaient aider la résistance locale là où on les envoyait en lui offrant un petit état-major opérationnel, coordonner les efforts locaux dans l'intérêt de la stratégie alliée, et si possible organiser les livraisons d'armes suivantes. Treize équipes sautèrent au-dessus de la France en juin 1944, suivies de quatre-vingts autres ; leurs pertes totales s'élevèrent à vingt-et-un, c'est-à-dire assez peu proportionnellement à celles de la section F. Mais les groupes JEDBURGH sautaient en uniforme, non en civil ; de même que l'activité des agents F et RF s'apparentait davantage à la guerre ouverte que celle de la section DF ou d'agents secrets plus traditionnels, de même la mission des groupes JEDBURGH se situait encore plus loin de l'action clandestine, presque aussi loin que celle des brigades SAS, qui ne faisaient pas partie du SOE, ou des GO, les groupes opérationnels américains, dont nous traiterons plus loin [62].

Le lecteur pourra se reporter à l'appendice L, p. 720, qui présente le schéma de trois états successifs de la chaîne de commandement du SOE en ce qui concerne la France. Le terme « autres » apparaissant dans certains cartouches renvoie simplement à des parties de l'organigramme qui ne concernaient pas directement les opérations subversives en France.

La question des relations entre le SOE et d'autres organes encore plus clandestins reste délicate. Divers services secrets s'efforçaient de remplir différentes missions, mais devaient parfois le faire aux mêmes endroits. La concurrence était inévitable. Elle ne dépassa pas, dans l'ensemble, celle qui existe entre navires de la même escadre ou régiments de la même brigade ; mais il y eut des exceptions, qui s'expliquent peut-être par l'état d'esprit – tendu, féroce – propre au travail souterrain.

Les rapports du SOE avec le Service britannique de sécurité et de contre-espionnage (MI5) étaient dans l'ensemble agréables, grâce à quelques judicieux échanges de personnel très précoces qui assurèrent à chacun des deux services la prise en considération de ses besoins par l'autre. Celui qui en fut le responsable affirme qu'ils « figurèrent parmi les relations fondamentales du SOE, et aussi parmi les plus harmonieuses » [63].

On ne s'en étonnera pas, l'activité du SOE causa bien des soucis aux responsables de la sécurité ; quelques exemples en sont donnés dans ce livre. Mais ni le SOE ni le MI5 ne considéra l'autre *a priori* comme un obstacle à son propre travail [64]. Ainsi le SOE et les services

« normaux » d'évasion ou contrôlant les évasions (tels que les services britanniques MI9 et MI5, ou la section E de la France Libre) et leurs filières coopérèrent sans difficulté. Le SOE gérait ses propres filières, dont certaines sont également décrites plus loin, sans interférences gênantes ; des passagers du MI9 furent plus d'une fois renvoyés des filières DF, sur lesquelles ils étaient tombés par erreur, vers les filières « normales » du service, de manière à laisser celles de DF disponibles pour les agents du SOE et pour tous les personnages importants dont ce dernier, dans son rôle d'agence de voyage, se voyait confier le transport. Au niveau des directions, à Londres, la coopération était donc généralement convenable. Mais c'était plus compliqué sur le terrain ; car l'agitation et les troubles que les agents du SOE étaient supposés susciter ou encourager constituaient le plus souvent les pires conditions de travail pour les autres agents secrets, qui avaient besoin, eux, d'un maximum de tranquillité.

Ronald Lewin nous a rappelé, il y a une génération, que toute l'histoire stratégique de la guerre est à réécrire maintenant que l'on sait que les commandants alliés étaient informés des intentions de l'ennemi grâce aux interceptions Ultra [65]. Mais les recherches détaillées sur Ultra publiées jusqu'ici ne parlent guère du SOE. Il y a à cela une bonne raison. La lutte que menaient les Allemands contre le SOE était de nature policière, avec, comme moyens de communication entre pays occupés et haut commandement nazi, le télétype, le télégraphe, le téléphone et le courrier. Les Britanniques n'ont jamais intercepté un seul de ces messages. L'Abwehr et le Sicherheitsdienst n'utilisaient guère Enigma ; et l'eussent-ils même fait : le centre de décryptage de Bletchley Park ne trouva jamais la clé du code Enigma de la Gestapo [66].

Le SOE put ainsi fonctionner avec efficacité comme une organisation de combat en France, indépendamment d'Ultra. Gubbins m'a expliqué en 1974 quelles dispositions avaient été prises à ce sujet. Ismay, l'assistant militaire de Churchill, conservait sur son bureau une chemise dans laquelle il mettait tous les décryptages Ultra qui lui paraissaient pouvoir intéresser le SOE ; une fois par semaine, Gubbins ou Sporborg ou Barry passait lire ce qu'il y avait dans la chemise, mais sans prendre de notes ; et c'était tout. Cela suffisait.

Le caractère plus ou moins aisé de la coopération entre services dépendait en partie de leur localisation. SO, le ministre de tutelle, travaillait naturellement dans le bâtiment principal du ministère de la Guerre économique à Berkeley Square. Il n'y avait là qu'un seul petit bureau directement connecté au SOE. Les autres activités du ministère fournissaient à SO une couverture suffisante pour son travail secret. Le professeur Boltine se trompe quand il écrit : « Le fait que cette organisation [le SOE] était subordonnée au ministère de la Guerre économique montre clairement l'importance de sa relation avec les monopoles anglais »[67], car cette « subordination » n'existait que sur le papier (pour ne rien dire de la question de savoir si les « monopoles anglais » exerçaient une quelconque influence sur le ministère en question). Selborne considérait qu'en pratique 80 % de son temps étaient consacrés au SOE, « à côté de quoi le travail du ministère [était] simple et [posait] peu de problèmes »[68]. Le SO1, responsable jusqu'au milieu de 1941 de la propagande subversive, et le SO2, chargé de l'action subversive, n'ont jamais logé ensemble ; la plus grande partie du travail du SO1 pouvait de toute façon se faire tranquillement à la campagne. Les premiers locaux du SO2 consistaient en trois bureaux lugubres à St Ermin's Hotel, près de Caxton Hall à Westminster. Après d'assez longues recherches, on trouva un local plus grand et plus écarté au 64 Baker Street, un immeuble qui venait d'être libéré par l'administration pénitentiaire. L'organisation y installa son appareil central le 31 octobre 1940[69]. « Nous avons eu beaucoup de mal à persuader le ministère de l'Équipement que nous avions suffisamment de personnel pour justifier qu'on nous attribue tout le bâtiment » ; mais « en un mois Baker Street a été plein » et cinq autres grands immeubles voisins – Michael House, Norgeby House, et une partie de Montagu Mansions et de Berkeley Court – furent rapidement colonisés aussi, même si cette extension ne reçut la sanction du ministère des Finances qu'en juillet 1941[70]. Pour assurer une couverture plus étanche, le principal standard téléphonique avait des lignes sur les centraux ABBey, AMBassador et WELbeck correspondant respectivement, en apparence, aux dénominations MO1 (SP), STS et ISRB (quelques-uns des noms de couverture du SOE cités au début de ce chapitre) ; et l'on se fera une idée de l'échelle de tout cela en sachant que le standard commença avec douze lignes et n'en avait pas moins de deux cents à la fin de la guerre[71].

Les bureaux du quartier général étaient donc proches les uns des autres, mais pas trop près des ministères. Le secret de leur localisation fut soigneusement gardé. Normalement, les membres des autres services n'y allaient pas, c'étaient ceux du SOE qui se déplaçaient. Les entretiens de recrutement avaient lieu dans une pièce du bâtiment des Horse Guards ou dans un hôtel qui avait connu des jours meilleurs, le Northumberland. Même une fois recrutés, les agents n'étaient pas censés savoir où logeait l'état-major, sauf si c'était là qu'ils devaient travailler. Les sections pays disposaient d'appartements à Marylebone, Bayswater ou South Kensington, où les agents sur le point de partir en opérations pouvaient recevoir leurs instructions sans apprendre où travaillaient leurs employeurs. Ce système simple fut assez efficace pour que chauffeurs de taxi londoniens ou services de sécurité allemands [72] crussent savoir qu'une organisation clandestine travaillant sur la France avait pour quartier général une adresse à Orchard Court, Portman Square, alors qu'il ne s'agissait en réalité que de l'un de ces appartements – dont la salle de bains carrelée de noir a connu une certaine célébrité – utilisé par la section F.

Chapitre III

LE RECRUTEMENT ET LA FORMATION

Toutes les erreurs de fond commises sur le terrain en France peuvent être rapportées à trois causes : repérage radio ; choix malheureux de certains agents, à vrai dire peu nombreux, qui se révélèrent négligents ou pire encore ; et, surtout dans la section RF, centralisation excessive. Comme c'est le deuxième de ces phénomènes qui fut de loin le plus lourd de conséquences, on aimerait étudier de près le système de recrutement ; malheureusement – et ce fut une grande faute – il n'y en avait pas.

Recruter et administrer des soldats de l'ombre

À la fin de l'année 1940, un bilan des réalisations et des échecs du service résumait en ces termes les difficultés du recrutement :

« En réalité, nous n'avions personne sur place dans les pays belligérants, occupés ou "neutres" de l'Europe centrale et occidentale. Le problème du SOE est en somme de faire rentrer les chevaux à l'écurie une fois que la porte a été fermée… sans compter qu'il faut d'abord trouver les chevaux. Le recrutement d'agents est loin d'être une affaire simple : les nationaux de pays ennemis présentent des problèmes de sécurité et de procédure, et le recrutement de citoyens des pays occupés est source de conflits avec les gouvernements en exil, qui s'alarment des possibles conséquences pour leurs compatriotes ou font tout bonnement obstruction par principe [1]. »

Sous un de ses aspects au moins, le SOE était comparable à un club : on n'en devenait membre que sur invitation (« Ce qui compte, ce n'est pas ce que l'on sait mais qui l'on connaît »). Le hasard jouait là un tel rôle qu'il serait abusif de parler de système, sauf qu'il y en avait tout de même assez pour empêcher les candidats d'entrer au SOE comme dans un moulin. En Angleterre, tout membre potentiel était d'abord très attentivement observé ; les cas d'infiltration délibérée ont été très rares[2]. Quant au recrutement sur place, George Millar raconte de façon très vivante comment il lui fut impossible, dans un premier temps, de forcer l'entrée du service par de bonnes paroles : Heslop, organisateur britannique de maquis dans l'est de la France, dont il fit la connaissance par hasard en Savoie, se refusa à envisager de l'employer et ne se résolut qu'avec réticence à informer Londres qu'on gagnerait peut-être à le mettre en observation, s'il parvenait à rentrer au pays en passant par les Pyrénées[3]. La plupart des hommes qui se présentaient lorsque les autres armes demandaient des volontaires pour des missions dangereuses – ce qu'elles faisaient régulièrement – étaient dirigés sur les forces d'assaut ou l'aviation de bombardement, bien que le SOE eût la possibilité de faire son choix parmi eux. Il faut dire que bien souvent ces hommes recherchaient le danger pour cause de dépression ou de chagrin d'amour ; ceux-là, le SOE tâchait de les éviter car la première condition à remplir pour ses missions était d'avoir la tête et les nerfs solides ; mais il ne réussit pas toujours à les repérer à temps.

La principale difficulté du recrutement, à part ce qui touchait à la sécurité, était la très grande diversité de tempéraments et de capacités dont le service avait besoin. Quelques officiers entreprenants – travaillant à l'état-major ou affectés à des missions de sabotage – avaient été repérés par Gubbins soit dans les cours dispensés par le MIR avant la guerre (voir chapitre I), soit parmi les hommes qui avaient servi sous ses ordres en Pologne ou dans ses « compagnies indépendantes » en Norvège, soit enfin dans les « unités auxiliaires » qu'il avait créées au sein de la territoriale à l'été de 1940, en prévision d'une éventuelle occupation allemande, pour constituer le noyau d'une armée secrète britannique. D'autres furent sélectionnés dans les fournées successives de volontaires. Mais le type rapide, intelligent et brutal qui fait un bon saboteur est rarement assez patient, soigneux et méthodique pour entreprendre la tâche écrasante de créer et d'entraîner un réseau de résistance clandestin, et totalement inapte au travail à la fois ennuyeux et dangereux d'opérateur radio sur le terrain. Les sections techniques en Angleterre, elles, étaient à la recherche de profils tout différents : il leur fallait de véritables experts, capables par exemple de produire entre le vendredi et le lundi matin la copie pratiquement identique d'un document mi-imprimé mi-manuscrit, en commençant par fabriquer le papier, le vieillir artificiellement et fondre les caractères d'imprimerie convenables[4] ; de concevoir et de produire des charges explosives aisées à transporter et capables de détruire différentes sortes d'équipements industriels ; d'inventer des codes pratiquement inviolables ; de déchiffrer des messages truffés d'erreurs envoyés par des agents paniqués, afin de ne pas les mettre encore plus en danger en leur demandant de répéter[5]. Ce n'était pas le genre de spécialistes qu'on pût trouver par petites annonces ; et les milieux susceptibles d'en savoir long en ces matières étaient aussi mis à contribution pour repérer du personnel d'état-major ou des agents.

Dans ces domaines comme dans d'autres, une doctrine cohérente se fit jour progressivement à Londres, et les directeurs et chefs de sections pays ajoutèrent à leurs autres responsabilités celle de se mettre en quête de nouveaux membres sur la base d'un certain accord sur les profils recherchés ; mais les tâches étaient si diverses qu'il n'en sortit pas vraiment de « modèle SOE » de l'agent secret. La section F eut à son service en 1942 et 1943 un recruteur qui fut qualifié un jour de « détecteur de talents absolument sans rival »[6]. C'était un écrivain, Selwyn Jepson, dont le flair était en effet exceptionnel[7]. On retrouvait le caractère singulier du SOE et de ses méthodes dans son personnel. Les qualités les plus recherchées n'étaient pas forcément celles de l'officier ou du soldat idéal des autres armes. Et les agents SOE travaillaient normalement en civil. Bon nombre d'entre eux, et des meilleurs, n'étaient d'ailleurs pas des militaires à l'origine ; ceux qui étaient recrutés sur place pouvaient même servir des années sans jamais enfiler un uniforme.

Néanmoins, les civils recrutés au SOE recevaient normalement – pour des raisons de couverture – un rang et un matricule dans l'une des trois armes classiques, généralement dans l'armée de terre et sur le Rôle général, c'est-à-dire sans affectation régimentaire. La plupart des membres de l'état-major y détenaient un grade d'officier supérieur, la plupart des agents étaient nommés lieutenants ou capitaines ; un agent établi sur le terrain depuis un certain temps et qui y avait fait preuve de qualités exceptionnelles pouvait atteindre le grade de lieutenant-colonel, devenant ainsi l'égal en grade de l'officier d'état-major de 1re classe qui dirigeait sa section[8] (ce fut le cas de trois chefs de réseau de la section F, Cammaerts, Heslop et G.R. Starr). Mais le SOE, en tant qu'organisation, faisait peu de cas du grade. La personne qui, à la section F, jouait peut-être le rôle le plus important n'était qu'officier d'état-major de 3e classe, ce qui correspond à capitaine, après avoir longtemps conservé son statut civil ; et Hambro, deuxième personnage du service, n'était que commandant (lorsqu'il devint numéro un, c'est-à-dire « CD », il fut néanmoins promu général de brigade aérienne honoraire, comme l'avait été le premier directeur du SOE, Nelson). En vertu des exigences byzantines du ministère de la Guerre, chaque fois qu'une personne relevant administrativement de l'armée devenait officier, était promue, décorée, tuée, ou affectée à un nouveau théâtre d'opérations, l'événement devait être officiellement enregistré au ministère. Le SOE veillait du moins à ce que cette inscription soit gardée secrète pour son personnel. Le ministère de l'Air n'était pas aussi bureaucratique : les trois cent et quelque hommes et femmes du SOE[9] qui en dépendaient sur le papier ne suscitèrent guère de difficultés particulières. Et ceux qui relevaient de la Marine, beaucoup plus rares, encore moins. La seule source de discorde administrative avec le ministère de l'Air était celle-ci : sous quelle forme le service « AI 10 », qui relevait en principe de sa Direction du renseignement mais était en réalité une section annexe du SOE, pouvait-il rendre compte des millions de livres qu'il dépensait en matériel d'aviation tel que carburant, parachutes, balises émettrices etc. ?[10]

La passion – nécessaire – du secret plongeait le SOE dans de singulières complications pour notifier les pertes. Les agents n'étaient pas supposés informer leurs proches de ce qu'était leur emploi. Lorsqu'ils allaient en opérations sur le continent, leur famille recevait environ une fois par mois une courte note du MO1 (SP) ou de AI 10, selon le service auquel ils étaient rattachés, qui disait en général : « Nous continuons à recevoir d'excellentes nouvelles ». Si, comme il arriva souvent, l'agent disparaissait, la formule changeait un peu : « Untel allait très bien la dernière fois que nous avons eu de ses nouvelles », modification si légère que le destinataire ne la remarquait pas. Bien souvent, ces « lettres de bonnes nouvelles » continuaient à être envoyées à des proches longtemps après que le SOE avait appris que l'agent en question avait été fait prisonnier, voire qu'il était mort. Un cas particulièrement déplorable, qui ne concerne d'ailleurs pas la France, est celui du poète Frank Thompson, jeune agent tué dans des circonstances qui lui font beaucoup plus honneur qu'à ses adversaires, et dont les distingués parents reçurent, une semaine après la notification officielle de sa mort, un télégramme « signé de lui » qui remerciait sa mère pour sa dernière lettre et lui envoyait ses affectueuses pensées[11]. Il existe un exemple unique de l'inverse, c'est celui de Philippe de Vomécourt : Londres ne transmit pas à son épouse les messages rassurants (et véridiques) prévus et celle-ci, assure-t-il, était persuadée qu'il avait été tué [12]. C'était très souvent à la demande de l'agent, soucieux d'épargner une mère âgée ou une épouse fragile, que l'on rassurait ainsi la famille. On peut néanmoins douter de la sagesse du procédé. Même après la guerre, le service ne fit pas toujours ce qui eût été possible pour faire savoir aux proches parents ce qui était arrivé et leur dire quand, ou même si, l'être qui leur était le plus cher avait péri. Néanmoins, en cas de certitude, la famille fut toujours au moins informée du fait même du décès. Le service reçut du reste beaucoup de lettres dignes et pathétiques telles que celle de la mère de Diana Rowden, le remerciant des informations qu'il avait pris la peine de lui communiquer en dépit des contraintes de temps et de sécurité et de la surcharge de travail du personnel. Le problème, c'était que le temps manquait toujours, le personnel aussi, et que le manteau de la sécurité était fort épais ; de sorte que très souvent les devoirs de cet ordre ne furent pas remplis jusqu'au bout. Ce n'est pas facile à comprendre ou à excuser et il en est resté des sentiments d'amertume tout à fait compréhensibles, dont le livre d'Elizabeth Nicholas *Death Be Not Proud* offre un exemple. Tout chef de bataillon d'infanterie ou d'escadron aérien digne de ce nom mettait un point d'honneur à écrire à la famille le jour même de la mort d'un de ses hommes, ou au moins de ses officiers. Mais au SOE c'était beaucoup plus difficile. À la section RF, par exemple, on ne cherchait pas à entrer en contact avec la famille d'un membre tué ou porté disparu si elle vivait en territoire occupé, car cela l'aurait mise en danger. À la section F, Buckmaster écrivit de sa propre main à des familles habitant des territoires alliés lorsqu'il était tout à fait sûr que cela ne présentait pas de risque. Souvent, il jugeait au contraire qu'il lui fallait se taire jusqu'à la fin de la guerre ; mais à ce moment-là la démobilisation rendit malaisées les recherches précises. Il lui arriva aussi de blesser certains parents sans le vouloir en leur envoyant une lettre chaleureuse, mais reprographiée, signée pour lui par l'un de ses collaborateurs et expliquant comment récupérer les effets de l'agent décédé.

Il y a tout de même des arguments en faveur du silence. La certitude de l'arrestation ou de la mort d'un agent était généralement difficile, souvent impossible à obtenir ; et l'on estimait moins cruel de laisser les familles se bercer d'illusions que de leur infliger une nouvelle affreuse et peut-être inexacte. En temps de guerre, la sécurité interdisait évidemment de notifier à des personnes situées hors du cercle défini par la Loi sur les secrets officiels l'arrestation d'un agent secret ; car si des indices de sa véritable identité parvenaient jusqu'aux Allemands, cela ferait voler en éclats son personnage de couverture et pourrait lui être fatal (la presse commettait parfois de tels impairs : la section F s'inquiéta ainsi beaucoup d'un entrefilet paru dans l'*Evening Standard* du 11 décembre 1944 où il était question d'une haute distinction, le DSO, décernée à Southgate, l'un de ses principaux agents : l'information était jugée susceptible de mettre la vie de cet agent en danger en révélant son importance à ceux qui le détenaient [13]). Il importait également de laisser ignorer aux Allemands à quel point les Britanniques s'intéressaient aux activités de la Gestapo. Une fois la guerre finie, il ne resta plus que la première de ces raisons, l'incertitude. Et de grands efforts furent accomplis par Thackthwaite et Yeo-Thomas pour la section RF et Vera Atkins pour la section F afin d'éclaircir autant de mystères que possible (la tournée effectuée en France par Buckmaster à l'automne 1944, ou mission JUDEX, fut employée à prononcer des discours plus qu'à élucider ces cas ; destinée en principe à faire le point sur la situation du renseignement et du matériel de guerre, elle ne fut en réalité qu'une représentation politique. Sur le plan administratif, son apport fut quasi nul [14]). Finalement, la dissolution du SOE fut bâclée, et beaucoup de recherches qui auraient dû être menées jusqu'au bout furent abandonnées en cours de route ou ne furent même pas entreprises. Il faut néanmoins reconnaître que, lorsque l'organisation fut dissoute en janvier 1946 par une décision du Cabinet, le minuscule personnel laissé en place pour « fermer la boutique » avait autre chose à faire que d'enquêter sur les disparus. Il lui semblait plus urgent de trouver un point de chute aux milliers de survivants répartis dans le monde entier que de faire des recherches sur les destinées de quelques centaines de morts. Reste que des souffrances énormes et en partie évitables ont été infligées à de nombreuses personnes, laissées pendant des années dans l'ignorance de ce qui était arrivé à leurs proches par des services secrets peu désireux d'admettre leurs erreurs ou trop occupés pour les rectifier.

Les décorations constituent un autre sujet pénible, quoique moins grave ; un sujet qui en tout cas a donné lieu à beaucoup de rumeurs, généralement irréfléchies et parfois malveillantes. L'agent secret ne peut espérer jouir des acclamations du public ; la littérature, du moins, nous a appris à croire que ses exploits, aussi brillants soient-ils, ne lui valent pas d'honneurs officiels [15]. Il ne servirait à rien de ranimer ici de vieilles querelles mal refroidies ; considérons plutôt quelques exemples et quelques chiffres significatifs. Les règles fixant en

Grande-Bretagne l'attribution des distinctions, que pas un étranger et guère plus d'Anglais ne peuvent comprendre, imposèrent par exemple aux autorités d'attribuer à titre civil la distinction d'officier de l'Empire britannique (OBE) qu'elles destinaient à Buckmaster (il reçut également la Légion d'honneur et la Croix de guerre des Français, ainsi qu'une haute distinction américaine). Pour les mêmes raisons, maintes magnifiques prouesses ne furent reconnues par aucune distinction car la plupart des décorations sont conçues pour récompenser le comportement « sous le feu ennemi » ou « face à l'ennemi ». Il y avait aussi la difficulté de produire des témoins. Nombre d'agents tués n'ont pas reçu de décoration posthume, fût-ce pour s'être tus sous la torture : où trouver les preuves ? L'un des rares escadrons de la RAF qui accomplissaient des missions secrètes – l'escadron 161, issu de l'« escadrille royale », le King's Flight – n'a pas reçu moins de 142 décorations pour actes de bravoure, décernées bien sûr non par le SOE mais par le ministère de l'Air. Personne ne conteste qu'il a accompli là des tâches dangereuses et complexes. Mais celles des agents qu'il avait mission d'acheminer l'étaient aussi. Seulement il ne suffisait pas à ces derniers – qui portaient tout de même le plus lourd du fardeau et étaient le plus près du feu – d'avoir du courage, il leur fallait aussi survivre : s'ils mouraient, ils avaient peu de chances d'être distingués. Les agents de la section F ont reçu trois George Cross – trois femmes – dont deux à titre posthume ; vingt-sept DSO, trente-deux Military Cross, deux George Medal et de très nombreux MBE. Les agents, beaucoup plus discrets, de la section DF ont été moins généreusement lotis : le chef de la meilleure filière d'évasion a été décoré du DSO et un petit nombre de ses meilleurs agents de la Military Cross ou du MBE ; un de ses collaborateurs immédiats a reçu aussi le DSO ; le chef de la section, un OBE à titre civil. Quant aux agents RF, comme ils étaient pour la plupart citoyens étrangers, ils ont été beaucoup moins décorés que ceux de F ; il faut mentionner le DSO de Hutchison et la Military Cross et la George Cross de Yeo-Thomas, décernés pour bravoure exceptionnelle[a].

C'est là un point qui doit être replacé dans son contexte. Qui n'a pas affronté les périls de l'agent clandestin est mal placé pour juger ses mérites. Les agents du SOE qui ont survécu, comme tous les

---

a. La George Cross est la décoration la plus élevée mentionnée ici, et la deuxième décoration britannique dans l'ordre des préséances ; viennent ensuite : DSO ; OBE et MBE, deux grades de l'Order of the British Empire ; Military Cross ; George Medal [N.d.T.].

combattants de forces irrégulières, ont appris par expérience directe des choses que le reste du monde ignore. Ils savent notamment lesquels d'entre eux étaient les meilleurs, qui a mérité telle médaille, et qui n'aurait pas dû l'avoir. Ils le savent, mais ils ne le diront pas. Pour reprendre la phrase de Longfellow à propos de la mer, « Seuls ceux qui bravent ses dangers pénètrent son mystère ». Et ceux qui ont servi se souviendront peut-être de cet aphorisme du SAS : le décoré est le seul à savoir exactement ce que vaut sa décoration ; et pour en avoir ne serait-ce qu'une vague idée, il faut au moins avoir combattu à ses côtés [16].

Deux autres thèmes administratifs doivent encore être abordés ici : la rémunération et le personnel.

On a souvent laissé entendre que les émoluments des agents du SOE étaient d'une générosité sans commune mesure avec ce que leur auraient valu leurs mérites dans d'autres services. C'est absolument faux : ils touchaient le salaire correspondant à leur grade, généralement versé au début de chaque trimestre sur leur compte en banque en Angleterre. Un agent de la section F a toutefois affirmé publiquement que son salaire (modéré) était net d'impôts [17]. Buckmaster se plaisait à offrir à ses agents, juste avant qu'ils ne partent sur le terrain et si c'était compatible avec leur identité d'emprunt, un objet de valeur : des boutons de manchette en or pour les hommes, un poudrier en or pour les femmes ; c'était un souvenir d'apparence innocente, qui offrait au surplus l'avantage de pouvoir être mis en gage en cas de besoin ; et le SOE en avait les moyens [18]. En plusieurs occasions, les agents emportèrent avec eux ou réceptionnèrent ultérieurement (par parachutage) de grosses sommes en espèces ; ils en avaient besoin pour entretenir leurs groupes de résistants. Les quelques-uns qui en dépensèrent une partie pour leur agrément personnel ne furent pas gardés longtemps. Les conditions du travail de terrain étaient telles que seuls les agents les plus consciencieux parvenaient à rendre compte avec précision de l'usage qu'ils faisaient de ces fonds ; ce flou était généralement admis comme inhérent au caractère singulier de leur combat.

Les hommes et les femmes du SOE

À d'autres égards toutefois, le SOE ne faisait pas exception : il lui fallait subir, lui aussi, les conditions générales du temps de guerre. Ainsi son état-major, aussi fier fût-il, ne pouvait oublier un seul instant ce phénomène national qu'était la pénurie de personnel. Sur ce sujet, un conflit permanent l'opposa jusqu'à la fin aux autorités militaires classiques [19] ; aucun des deux camps n'eut jamais le sentiment d'une victoire complète mais, sur le front français du moins, le SOE n'aurait guère pu prétendre qu'il aurait fait mieux si on lui avait donné plus d'hommes, car leur acheminement et leur organisation présentaient trop de difficultés. Les responsables de la sécurité ont même assuré après coup qu'en France l'efficacité aurait été plus grande si les émissaires du SOE avaient été moins nombreux mais meilleurs, car sous la pression des besoins « la qualité des agents [s'était] progressivement détériorée » [20].

On sait que le SOE recrutait aussi volontiers des femmes que des hommes. Conformément à l'un de ses principes de conduite – aller droit au but sans se soucier des conventions sociales ou des traditions de l'armée –, beaucoup de femmes y occupaient des fonctions militaires, tant à l'état-major que sur le terrain. En Angleterre, la plupart des opérateurs du chiffre étaient des jeunes filles de moins de vingt ans, qui se révélèrent rapides, travailleuses, fiables et sûres ; la majorité des employés de bureau, chauffeurs et standardistes et bon nombre d'opérateurs radio étaient aussi des femmes. Enfin c'étaient aussi des femmes – particulièrement charmantes, intelligentes et sensibles, souvent polyglottes – qui travaillaient dans les centres et appartements « de transit » où les agents vivaient les heures, les jours ou les semaines fébriles qui séparaient la fin de leur formation de leur départ effectif en opérations [21]. Elles assumaient aussi des fonctions moins évidentes pour leur sexe. J'ai écrit dans un autre livre, juste avant d'entreprendre celui-ci, qu'« il y a énormément de femmes dotées de talents remarquables d'organisation et de commandement opérationnel et auxquelles serait promis un bel avenir à l'état-major si seulement l'état-major avait les idées assez larges pour leur faire une place » [22]. Le SOE a été cet état-major aux idées larges. Pour citer les exemples les plus évidents, il y avait des femmes officiers d'opérations dans les sections AL, F et RF ; et le très remarquable officier d'état-major de 3e classe mentionné plus haut, qui était chef du renseignement à la section F, était une femme, Vera Atkins, dont un responsable de la section formation aurait même déclaré qu'elle était « la plus forte personnalité du SOE » [23]. Les femmes étaient largement mises à contribution sur le terrain, lorsqu'il s'agissait de tâches qu'elles pouvaient faire ; parfois avec de magnifiques résultats, comme on le verra, parfois avec des échecs tragiques. Certains passages parmi les plus noirs du livre noir des crimes nazis concernent les femmes agents du SOE ; trop d'entre elles auraient pu dire, comme Marie Hamilton dans la célèbre ballade écossaise,

Ah point ma mère ne savait,
Qui dans mon berceau me berçait,
En quel pays je m'en irais,
De quelle mort trépasserais.

Des rumeurs, au moins, de ce qui les attendait circulaient en Angleterre ; et Jepson veillait à ce que les femmes qu'il recevait dans son triste bureau se représentassent clairement les risques auxquels elles s'exposaient. Il serait intéressant de savoir combien furent dissuadées par ses paroles, mais on n'a pas gardé trace du nombre de candidats qui ont renoncé ou ont été refusés à la suite de ces conversations. Dès lors qu'une femme paraissait assez prometteuse au SOE pour mériter cet entretien, on peut penser qu'elle n'allait pas reculer à l'idée d'une mort particulièrement horrible, éventuellement précédée de tortures ; et l'élan guerrier peut être aussi fort chez un sexe que chez l'autre. Il y avait sur le terrain beaucoup de tâches qui étaient à la portée d'une femme. Deux exemples évidents : elles faisaient d'excellentes opératrices radio et des messagères beaucoup moins voyantes que les hommes, or dans une organisation de résistance l'agent de liaison avait une fonction essentielle. Habituellement, elles ne s'occupaient pas de sabotage. Mais Pearl Witherington, une Britannique qui avait reçu une formation d'agent de liaison, prit la tête d'un maquis très actif de quelque trois mille hommes, dans le Berry, après l'arrestation de son chef par la Gestapo. Elle fut chaleureusement recommandée pour une Military Cross ; seulement, c'était une décoration qui n'était pas pour les dames. On lui décerna à la place un MBE à titre civil, qu'elle renvoya en objectant que ce qu'elle avait fait n'avait rien de civil [24].

Grâce à un contact presque fortuit entre Gubbins et un voisin écossais, la plupart de ces femmes furent recrutées dans la « Compagnie libre des infirmières d'urgence » (First Aid Nursing Yeomanry, FANY) ; plus de la moitié des effectifs de la FANY était en réalité affectée au SOE. C'étaient pour la plupart – pour reprendre une expression désuète – des personnes de bonne famille qui ne se recrutaient, comme les hommes, que par invitation. Sur les cinquante femmes envoyées en France par le SOE (dont trente-neuf par la section F), quatorze étaient officiers honoraires dans les auxiliaires féminines de l'Armée de l'air (WAAF), ce qui n'avait pas été obtenu sans mal. Trois d'entre elles effectuèrent deux missions ; treize ne revinrent pas. Toutes, bien sûr, étaient en civil, bien que l'une d'elles au moins ait mis son uniforme de la FANY pour accueillir l'armée américaine[25]. À la fin de la guerre, le ministre de l'Air Archibald Sinclair révéla au Parlement que quelques jeunes femmes avaient été parachutées en France pour participer aux opérations de la résistance[26]. Cela excita beaucoup les journalistes. L'histoire et le journalisme, comme la nature, ont horreur du vide ; et, dans le vide du silence officiel, les spéculations sur ce qui avait pu leur arriver sont allées bon train. Les choses étant ce qu'elles sont dans la presse française et britannique d'aujourd'hui, certaines de ces femmes ont suscité force commentaires, généralement mal informés et parfois mal intentionnés, beaucoup d'autres sont restées ignorées. Elles ne bénéficieront pas ici d'un traitement spécial ; conformément à ce qu'elles-mêmes auraient souhaité, elles seront traitées comme n'importe quel autre agent de leur réseau, en fonction de ce qu'elles ont accompli. On trouvera en Appendice B une liste de toutes celles qui ont été envoyées en France par le SOE, avec une indication de leur destinée.

Ce segment du SOE n'était pas le seul qui fût plus ou moins homogène socialement. Les échelons les plus élevés étaient occupés, on s'en doute, par des représentants de la classe dominante anglaise, mais en général pas de ses milieux les plus huppés. À quelques exceptions près – la brève collaboration, dans les premiers temps, de l'un des beaux-frères du roi et de quelques officiers de la Maison royale[27], les services d'un gardien de la résidence royale de Sandringham pour l'entraînement aux opérations tous terrains[28], un baronnet de la Garde écossaise qui fut moniteur à la section F[29] et un jeune pair de haut lignage qui fut blessé sur la côte normande en 1942[30] – le SOE puisa plus dans les milieux économiques et les professions libérales que dans l'aristocratie ou la gentry campagnarde. C'était la conséquence d'un élément fortuit au départ, à savoir que le chef de la section D et celui du MIR (les deux unités dont la fusion allait constituer le SOE), tous deux officiers du génie dans l'armée de terre, avaient plutôt, en dehors du service, des relations dans la City. Les établissements d'enseignement fréquentés constituant encore, à cette époque-là, un critère fiable d'appartenance de caste, l'échantillon qui suit donnera une idée assez exacte de la composition sociologique de l'état-major. Dalton était passé par Eton et Cambridge ; Selborne (petit-fils d'un ministre de la Justice de Gladstone et aussi du grand Lord Salisbury), par Winchester et Oxford ; Grand, par Rugby, Cambridge et Woolwich ; Nelson, par

le lycée public de Bedford et l'université de Heidelberg ; Hambro, par
Eton et Sandhurst ; Gubbins, par Cheltenham et Woolwich ; Mockler-
Ferryman, par Wellington et Woolwich ; Barry, par Winchester et Sand-
hurst ; Hutchison, par Harrow ; Sporborg, par Rugby et Cambridge ;
Boyle, par Bradfield et Sandhurst ; Humphreys, par Stonyhurst, Dijon
et Cambridge ; Brook, par Eton et Cambridge ; Buckmaster, par Eton ;
Bodington [31] (qui travaillait chez Reuters à Paris et fut longtemps offi-
cier d'état-major de 2e classe à la section F), par Cheltenham et Oxford ;
Bourne-Paterson (comptable, même grade et même affectation), par
Cambridge ; Thackthwaite (leur homologue à RF, instituteur), par
Oxford. Parmi les officiers des rangs les plus élevés, seuls Dismore,
passé par l'école communale d'Ealing, Piquet-Wicks, qui avait eu,
selon ses propres termes, une éducation « privée puis à l'université de
Barcelone » mais appartenait à un régiment de prestige, et Hazell, dont
la scolarité était modeste mais la sagesse immense, ne venaient pas du
cercle social étroit qui était avant la guerre celui des *public schools* [32].
Cette composition sociale présentait d'évidents avantages. Elle dotait
l'état-major de modes de pensée et de comportements partagés. Mais
elle était aussi porteuse de limitations : de certains projets on pouvait
s'attendre à l'avance, de la part d'un tel état-major, qu'il ne les adopte,
au mieux, qu'avec de grandes réticences. D'où les reproches de nombreux commentateurs communistes selon lesquels il poursuivait des
buts réactionnaires, ce que les faits ne confirment guère, voire pas du
tout.

À cette relative homogénéité du staff – militaires, avocats, journalistes ou hommes d'affaires qui tous sortaient des écoles « bien » – ne
correspondait aucune uniformité chez les agents. Bien au contraire :
là, l'éventail social allait du maquereau à la princesse. Comme presque
tous leurs chefs, ils étaient eux-mêmes presque tous des soldats
amateurs en entrant au SOE. En partant, ils avaient normalement derrière eux une formation professionnelle aussi complète et exigeante
que l'avait permis l'urgence de la situation. L'agent idéal aurait eu la
force, la bravoure, l'intelligence, la loyauté, les capacités et l'énergie
de Superman ; mais Superman est une invention de Nietzsche et de la
bande dessinée. Le SOE n'avait à son service ni surhommes ni crétins.
Beaucoup d'agents étaient remarquables, quelques-uns furent remarquablement mauvais. Certains étaient des casse-cou, d'autres s'éner-
vaient pour un rien, d'autres encore, ce qui ne surprendra personne,
étaient un peu bizarres, tel ce capitaine anglais auteur de plusieurs
coups magnifiques, brave comme un lion dans l'action et saoul comme

une grive le reste du temps ; ou ce commandant gascon, également sans peur, dont se plaignait en ces termes un officier de l'état-major : « J'aimerais bien qu'il ne mette pas tant de parfum » ; ou cet homme dont l'instructeur en maniement d'armes légères écrivait dans son rapport : « N'aime pas le bruit de la mitraillette » et qui pourtant s'est obligé à une période de neuf mois en France en 1942 et à une traversée des champs de bataille de l'Auvergne à pied à l'été 1944. Celui-là était un aristocrate ; en revanche, ARMADA, la meilleure équipe de saboteurs, était dirigée par un ingénieur de travaux publics et un mécanicien auto : le Français Libre Jarrot et son complice marseillais Basset. Certains agents venaient de l'intelligentsia, étaient fils ou filles de poètes et de doyens d'université. Beaucoup travaillaient avant la guerre dans le commerce anglo-français. D'autres étaient des Français d'origine ouvrière, avec notamment de nombreux cheminots. Quelques-uns enfin, pour recourir encore une fois à une expression désuète, venaient du ruisseau [33] : un réseau à qui il fallait d'urgence une messagère la trouva dans un bar un peu louche de Montmartre. Cette femme fut plus tard capturée, sans qu'il y eût de sa faute, et lorsqu'elle revint finalement d'Allemagne, tout ce qu'elle demanda au SOE fut de lui payer une belle paire de chaussures pour le soir [34].

La force de caractère et le courage variaient autant que l'origine sociale. Le courage était une qualité aussi désirable que le bon sens ; et comme les agents étaient après tout des êtres humains, certains étaient plus courageux que d'autres. Confrontés à l'épreuve la plus sévère – un interrogatoire serré et adroitement mené par la police secrète allemande – quelques-uns s'effondrèrent tout de suite ; et nul aussi vite que le commandant en second d'un réseau florissant, FARMER, à Lille, un matamore surnommé « l'arsenal humain » par ses camarades, qui se laissa arrêter passivement en novembre 1943 et trahit le soir même son chef, le célèbre Michael Trotobas [35]. La règle était de tenir sans rien dire pendant quarante-huit heures, pendant lesquelles toutes les personnes qui avaient été en contact avec l'agent arrêté devaient changer d'adresse et couvrir leurs traces ; passé ce délai, le détenu pouvait dire tout ce qu'il voulait s'il n'arrivait plus à résister à la pression. Les meilleurs sont morts la bouche close ; ou, s'il leur a fallu parler, sans rien dire de ce que l'ennemi voulait apprendre.

La volonté de tenir bon sous la torture dépend de la motivation autant que du simple courage ; et ce qui habitait de si nombreux agents du SOE et leur donnait l'audace nécessaire, c'était généralement le patriotisme. Lequel pouvait être cent pour cent britannique : Heslop, par exemple, l'une des gloires du service, fit un jour à Millar la remarque qu'aucun autre pays que l'Angleterre ne valait un clou [36]. Ou, comme chez Vomécourt, purement français : « Nous ne pouvions pas admettre l'idée que la France avait perdu une guerre contre les Allemands ; nous avions perdu une bataille, pas la guerre. La guerre continuait, et nous devions contribuer à la gagner. » [37] Les agents ayant la double origine étaient aussi, bien souvent, doublement patriotes. Ils aimaient les deux pays, ils ne supportaient pas que l'un ou l'autre soit subordonné à l'Allemagne de Hitler. Et ils se battaient pour les libérer tous deux.

La nationalité importait bien plus que la classe ; sur le terrain, elle pouvait peser presque autant que le courage. La règle générale pour le recrutement à l'état-major était de ne prendre que des sujets britanniques de naissance puis, après la fusion avec l'OSS, britanniques ou américains. C'était conforme à un vénérable principe de sécurité qui était déjà à l'époque d'une validité douteuse et dont le bien-fondé ne peut que s'éroder en un temps où les guerres d'idées remplacent les guerres d'intérêt national. Mais, si le SOE n'avait pas appliqué assez strictement cette règle, il n'aurait pu espérer recevoir des autres services, et surtout des services secrets, toutes les informations dont il avait besoin. Cela dit, sa nature particulière voulait aussi que la règle ne soit pas suivie à la lettre. Certains adversaires du SOE se sont frotté les mains en apprenant que quelques-uns de ses cadres et de ses agents étaient des nationaux de pays ennemis ; or il y en eut peu, et la plupart étaient juifs ou à demi juifs, ce qui leur donnait une solide motivation antinazie. Et leur efficacité à chacun a été absolument incontestable.

La nationalité jouait un rôle crucial à différents égards. Comme l'écrivait très justement un historien du SOE à la fin de la guerre,

« il n'y a en réalité qu'une méthode satisfaisante, c'est d'être en contact avec le plus possible de connaissances dans le pays *avant* que les ennuis ne commencent. Cela nous mène tout droit à un point qui ne saurait être trop souligné ou trop souvent répété : la nécessité absolue de connaître les lieux et les habitants, ce qui ne s'acquiert qu'en y vivant soi-même de longues années, en côtoyant quotidiennement les gens, en travaillant avec eux, en parlant leur langue. Remarquons à ce propos que la vie dans une enclave britannique ou cosmopolite telle que les milieux diplomatiques ne permet guère d'acquérir les connaissances voulues [38]. »

Il était considéré comme indispensable que les agents en France pussent passer pour français auprès de leur entourage, notamment lors des contrôles policiers qui faisaient partie de la vie quotidienne dans les pays occupés. Un saboteur qui exécutait dès son arrivée ce qu'il était venu faire, réussissait ou ratait son coup et repartait aussitôt pouvait prendre le risque. Il avait de bonnes chances de n'avoir affaire qu'à des vérifications rapides : un coup d'œil à ses papiers, et on le laisserait passer s'ils étaient tant soit peu plausibles. Mais un agent résidant un certain temps en France était presque sûr de tomber tôt ou tard sur un contrôle sérieux, dont il ne se tirerait sans encombre que s'il avait un accent et un vocabulaire correspondant précisément à sa fausse identité, telle qu'elle figurait sur ses papiers. Quelques opérateurs radio solitaires réussirent à mener une vie si retirée qu'ils échappèrent à tout contrôle ; il en fut de même de quelques très rares chefs de réseau et instructeurs implantés dans des zones rurales écartées. Pour les autres, une maîtrise impeccable du français était considérée comme presque aussi indispensable que des munitions, et les agents qui décidaient de partir sans la posséder le faisaient à leurs risques et périls. Plusieurs membres du réseau PROSPER, qui eut une fin tragique, avaient des voix qui ne sonnaient manifestement pas français : ils l'ont payé de leur vie. La trace d'accent écossais de Millar fit courir un risque à CHANCELLOR, son organisation de Franche-Comté qui était pourtant beaucoup plus sûre ; Longe et Houseman, qui parlaient très mal le français, ont eu beaucoup de chance de pouvoir fuir le Vercors, où ils n'auraient jamais dû être envoyés [39]. Après la guerre, la section sécurité observa toutefois que « les éléments dont on dispose ne sont pas concluants… la maîtrise parfaite [de la langue] est l'idéal, mais en son absence un agent de premier ordre peut surmonter ce handicap » [40]. Ce n'était pas l'idée qu'on s'en faisait durant la guerre ; s'ils avaient mieux connu le terrain, les responsables de Londres auraient peut-être perçu que, dans l'Europe de Hitler, les accents étrangers étaient devenus chose courante.

Très peu de personnes nées anglaises sont capables de parler un français irréprochable : ce fut là le principal frein au recrutement pour la France. C'est ce problème qui obligea le SOE à avoir très souvent recours à des agents ayant au moins un parent français ou qui avaient passé suffisamment d'années en France pour y avoir acquis la maîtrise linguistique jugée nécessaire. C'est donc cela aussi qui rend compte de la proportion substantielle d'agents venus des milieux économiques anglo-français : ils avaient plus de raisons que la plupart des Anglais

de parler comme un natif. Ils furent repérés soit par relations personnelles, soit par le biais de la liste de contacts étrangers du ministère
de la Guerre. Naturellement, le SOE recruta aussi des Français et des
Françaises, mais il n'était pas facile d'en trouver au Royaume-Uni. En
effet, à l'époque du premier afflux de réfugiés de France, c'est-à-dire
à la mi-été 1940, le SOE n'était pas encore né ; et aucun des deux
organismes dont la fusion allait lui donner naissance, la section D de
l'Intelligence Service et le MIR du ministère de la Guerre, n'était en
position de s'attacher des agents étrangers, car le second n'avait pas
encore tiré toutes les conséquences pratiques de la défaite française, et
la première pensait, en avril encore, que de tels recrutements seraient
« quelque chose d'extrêmement dangereux, que nous n'avons jamais
fait jusqu'ici et à quoi nous ne nous risquons pas » [41]. Ensuite, lorsque
le SOE se trouva en ordre de marche, l'état-major de De Gaulle à
Londres l'était aussi. La plupart des réfugiés français qu'il aurait pu
être intéressant de recruter étaient venus en Angleterre expressément
pour rejoindre de Gaulle, et à moins de réussir à mettre la main dessus
avant qu'ils ne le fissent, la section F n'avait aucune chance de les
avoir. De Gaulle, très irrité des efforts déployés par le SOE pour
intercepter des agents potentiels de la France Libre au centre d'interrogatoire de Wandsworth, par lequel devaient passer tous les nouveaux
arrivants de France, ne cessait de s'en plaindre [42]. Il y avait bien un
certain nombre de Français désireux de se battre contre les Allemands
et presque aussi désireux de se tenir à l'écart des politiques de tous
bords – plusieurs des meilleurs agents du SOE furent de ceux-là –
mais c'était un groupe fort restreint.

Restait un large vivier : la population française, qui vivait directement sous l'oppression nazie et sans l'aide de laquelle presque tous
les agents envoyés de Londres auraient été réduits à l'impuissance.
« Dans l'ensemble, les meilleures recrues pour nous se trouvent assurément dans leur propre pays, et l'une de nos premières tâches est de
les repérer », écrivait Gubbins en 1941 dans un panorama des
conditions du terrain [43]. De fait, les agents recevaient sans cesse des
offres de coopération active ou passive, de plus en plus nombreuses à
mesure que l'heure de la libération approchait. Même au tout début,
les offres furent plus fréquentes que les tentatives de trahison, mais le
risque de trahison était là et ils ne devaient jamais le perdre de vue.
En application des principes de sécurité, ils étaient supposés, avant
d'accepter l'une de ces propositions, en référer à Londres à des fins
d'enquête préalable ; mais les besoins sur place étaient bien trop

pressants pour que toutes les précautions voulues soient appliquées, et ils s'en remettaient à leur bon sens et à leur intuition. C'était le chef de réseau (l'« organisateur ») qui portait la responsabilité de recruter sur place pour le SOE, et la capacité des agents à assumer cette charge était l'un des nombreux traits de caractère que leurs mentors observaient attentivement pendant leur période de formation.

L'entraînement militaire et l'apprentissage de la clandestinité

Quel était donc le système de formation du SOE ?

Il fallut le créer de toutes pièces sans disposer de la moindre expérience préalable, ce qui n'allait pas de soi. Comme l'écrira Buckmaster après la guerre à propos des opérations et de la formation, « on ne pouvait guère s'en remettre aux bons auteurs, car il n'y avait pas d'auteur du tout. » [44] Il fallut faire un choix au départ : former les agents par domaine ou par nationalité. La formation par nationalité présentait un évident avantage linguistique, contrebalancé par l'inconvénient de laisser se connaître de nombreux agents qui allaient travailler sur le même territoire ; mais c'est pour des raisons économiques que la formation fut organisée par domaine, différentes nationalités (sauf les Polonais) se succédant par petits groupes dans des centres consacrés chacun à un domaine particulier. Les Polonais tenaient encore plus que les Français à maintenir leur identité nationale au sein de la lutte commune, et leurs agents ne fréquentèrent de manière systématique que les centres d'entraînement du SOE consacrés au parachutisme ; tout le reste était enseigné dans leurs propres établissements. Il était hors de question de former chaque agent étranger, dans chaque discipline, dans sa propre langue ; bien souvent les élèves devaient acquérir leurs connaissances en regardant faire leurs instructeurs au moins autant qu'en écoutant les interprètes. Chaque « promotion » était prise en charge par un moniteur, lieutenant ou capitaine placé auprès d'elle par la section correspondant à son pays. Ces hommes et ces femmes ont joué, en toute discrétion, un rôle très important. Les meilleurs d'entre eux étaient des agents secrets à la retraite ou en interruption de service actif, car ils pouvaient faire profiter leur groupe de leur expérience. Le moniteur accompagnait ses stagiaires tout au long de leur cursus, tenait à cœur de partager avec eux les dangers et les désagréments de l'enseignement pratique de parachutisme ou de maniement d'explosifs, et considérait comme son principal devoir de leur soutenir le moral ; dans les sections F et RF au moins, il produisait des rapports hebdomadaires extrêmement utiles sur leurs progrès. Ses jugements psychologiques sur chacun des futurs agents étaient aussi d'une grande valeur car la période assez longue qu'il passait avec eux lui permettait d'évaluer leurs qualités avec plus de précision que ne pouvaient le faire les instructeurs attachés aux écoles.

Jusqu'à juin 1943, les agents destinés à être envoyés en France commençaient par une session préliminaire, déjà assez exigeante, d'entraînement militaire et physique de base, d'une durée de deux à quatre semaines. La « couverture » en était une préparation militaire de type commando : c'est non seulement ce qu'on répondait aux curieux éventuels, mais aussi parfois ce que croyaient les élèves eux-mêmes. Ce stage se déroulait dans diverses écoles du sud de l'Angleterre, comme Wanborough Manor, près de Guildford, pour la section F, ou Inchmery, près de Southampton, pour RF (ce centre fut ensuite cédé aux Polonais)[45]. Ce premier dégrossissement offrait la possibilité d'éliminer les candidats peu prometteurs. Par la suite, le SOE ayant mis au point des techniques d'entretien et de sélection, l'on substitua à cette première session un dispositif d'évaluation des stagiaires par un comité composé essentiellement de psychologues qui procédait, plusieurs jours durant, au sondage complet et scientifique de chaque agent potentiel. Cette nouvelle méthode était en phase avec l'évolution générale de l'effort de guerre allié : la lente accumulation d'une masse de matériel de guerre calculé et conçu expressément pour écraser les forces de l'Axe. Elle permit au SOE de s'attacher des agents compétents, excellents même ; mais un peu du panache, de la splendide folie des premiers volontaires, s'en est trouvé perdu.

Après avoir passé soit par la formation préliminaire soit par le comité d'évaluation, les stagiaires participaient à une session paramilitaire encore plus exigeante, qui durait de trois à cinq semaines et se déroulait dans les écoles d'entraînement spécial du « Groupe A », situées aux environs d'Arisaig, sur la côte occidentale de la province d'Inverness. Le lieu avait été choisi par Gubbins, qui connaissait bien la région. C'est l'un des sites les plus sauvages et les plus beaux de Grande-Bretagne, parfaitement adapté à la « couverture » qui restait de rigueur, et situé loin des regards curieux grâce à la fois à la quasi absence de routes et au fait que la présence de bases navales dans le voisinage avait conduit l'Amirauté à en faire une zone d'accès réglementé (sa beauté, à vrai dire, dépendait du temps. Un agent hollandais qui s'y trouvait en automne le dépeint ainsi : « Une campagne désolée,

ingrate, faiblement peuplée ; la pluie tombait d'un ciel lourd qui ne se
dégageait jamais complètement... C'était un endroit extrêmement
déprimant. » [46]) On y poursuivait l'entraînement physique ; on y apprenait à tuer en silence, la forme la plus impitoyable du combat rapproché [47] ; à faire des nœuds, à conduire un bateau, à manier le couteau,
le pistolet et le pistolet mitrailleur (avec des modèles britanniques et
allemands), à se déplacer et à opérer sur tous les terrains, à toute heure
du jour et de la nuit et par tous les temps ; on y acquérait les connaissances nécessaires pour lire une carte et s'orienter, des rudiments de
morse, des tactiques de raid, des méthodes de destruction d'ouvrages
et de matériel ferroviaires ; on s'entraînait à passer des nuits entières
en opérations et à effectuer de longues marches. Les agents les plus
résistants y ajoutaient quelques rudes divertissements tels que le bra-
connage du saumon ou les raids dans le mess du groupe voisin pour
y faucher des boissons. Arrivés à ce stade, les membres d'un groupe
se connaissaient très bien entre eux, étaient passés au tutoiement –
pratique presque universelle parmi les agents du rang sur le terrain –
et, pour la plupart, commençaient aussi à savoir de quoi ils seraient
capables une fois arrivés en France. D'autres pouvaient se sentir moins
sûrs d'eux-mêmes, voire ne pas bien comprendre encore ce qu'ils
faisaient là. Une jeune élève discrète et réservée, qui avait quitté un
poste dans une filière d'évasion à Marseille pour se préparer à un rôle
plus combatif, s'entendit demander par une condisciple à l'évidence
moins avancée, le second jour de leur entraînement paramilitaire :
« Mais on s'entraîne pour quoi, ici ? J'ai répondu à une annonce de
secrétaire bilingue ». Toutes deux furent finalement envoyées en
France, où l'une obtint des résultats brillants. Il y eut d'autres cas
d'agents potentiels qui comprirent tard, ou même trop tard, quel était
l'objet de leur entraînement ; on parvint généralement à les extraire à
temps de la machine du SOE.

Ceux qui avaient saisi de quoi il était question faisaient d'énormes
progrès à la fois en condition physique et en estime de soi. Un journaliste trouva ainsi que l'instructeur de combat rapproché

« nous donnait de plus en plus confiance en nous, une confiance qui
se transforma progressivement en un sentiment de puissance physique et de supériorité que peu d'hommes acquièrent jamais. À la
fin de l'entraînement, j'aurais pu m'attaquer à n'importe quel
homme, aussi fort, aussi grand et aussi capable fût-il. Il nous a appris
à envisager l'éventualité d'un combat sans trembler, sans la moindre

appréhension ; c'est un état d'esprit auquel ne parviennent que très peu de boxeurs professionnels et qui bien souvent représente plus de la moitié de la victoire. Cela peut paraître exagéré, mais il en est bien ainsi quand on sait avec certitude qu'on peut malmener, blesser ou même tuer avec la plus grande facilité, et qu'à chaque fraction de seconde d'un combat on n'a pas une, mais une douzaine d'options différentes, de possibilités entre lesquelles choisir. Toutefois une crainte me hante depuis : celle d'être subitement mêlé à une bagarre et de blesser ou même de tuer un homme avant même d'avoir compris ce qui se passe [48]. »

En ce qui concerne les destructions, l'entraînement effectué en Écosse comportait beaucoup de travaux pratiques avec des explosifs. Le plus utilisé d'entre eux était une invention de l'arsenal royal de Woolwich, restée longtemps difficile à obtenir : le plastic. Il s'agit, selon les termes d'un bon connaisseur, « d'un mélange de cyclonite et d'une matière modelable. On le tient pour un des explosifs les plus stables. Il n'explose pas lorsqu'il est atteint par une balle ou lorsqu'il est soumis aux chocs normaux du transport. Il exige un détonateur, qui doit être bien enfoncé dans la charge. Il nous convient particulièrement parce que, en plus de son insensibilité aux chocs, il est plastique et peut prendre n'importe quelle forme, comme de la pâte. » [49] Les agents apprirent à le connaître et à le manipuler aussi tranquillement que si c'était du beurre ; ce à quoi, d'ailleurs, il ressemblait – consistance et couleur – quand il était de bonne qualité. Il était alors presque sans odeur, mais les mélanges de qualité inférieure pouvaient sentir l'amande et causer des maux de tête. Comme tous les autres explosifs stables, le plastic brûle lentement : un agent s'en serait servi comme combustible pour se chauffer [50]. Et un lieutenant SAS en a même mangé, l'ayant pris dans l'obscurité pour du chocolat [51].

Un habile braconnier enseignait l'art de trouver sa subsistance dans la nature ; c'était vital pour des combattants qui pouvaient avoir à tenir quelque temps dans des zones montagneuses avec guère plus que des orties à se mettre sous la dent. Suivait la formation parachutiste sur l'aérodrome de Ringway, à Manchester ; chaque stagiaire effectuait quatre ou cinq sauts dont un de nuit et, à partir de 1943, un avec un « sac à jambe » (on peut facilement sauter avec plusieurs kilos d'équipement, contenus dans un sac fixé à la jambe par des courroies et attaché à la cheville par une corde ; on laisse filer la corde durant le moment euphorique qui suit l'ouverture du parachute et l'on sent qu'on approche du sol lorsque la corde n'est plus tendue, ce qui peut être fort utile la nuit[52]).

La formation se poursuivait au « Groupe B », dans le sud de l'Angleterre, près de Beaulieu. C'était un ensemble de grandes maisons de campagne, là encore dans un coin charmant et solitaire – New Forest – mais moins inaccessible que le nord de l'Écosse. Il était temps d'abandonner tout semblant d'entraînement de commandos ; du moins à usage interne, car la couverture vis-à-vis de l'extérieur était maintenue. On apprenait les rudiments des techniques de clandestinité et de sécurité ; et, avant toute chose, qu'il importe d'avoir l'air naturel et quelconque alors même qu'on fait des choses qui ne sont ni naturelles ni quelconques, en vertu du vieux précepte : « Qui a un secret ne doit pas seulement le cacher, mais cacher qu'il doit le cacher ». En général, ceux qui sont revenus ne tarissent pas d'éloges pour Beaulieu, où ils ont appris ce qu'il faut faire et ne pas faire, comment repérer qu'on est suivi, quand changer d'adresse, comment dissimuler sa personnalité. Un élève se gaussa beaucoup de l'exercice consistant à être interrogé en pleine nuit par des instructeurs vêtus en uniformes de SS ; son séjour en France fut bref et il allait avoir l'occasion de ne connaître que trop ces uniformes, durant ses deux ans de camp de concentration en Allemagne. Un homme plus jeune du même groupe garda longtemps en mémoire ce faux interrogatoire et estime que ce souvenir l'a soutenu quelques années plus tard, lorsqu'il fut réellement interrogé, et qu'il l'a aidé à éviter le piège qu'on lui tendait[53].

Il y avait aussi une formation à certaines activités relevant du renseignement telles que codage, décryptage, connaissance des forces armées allemandes et notamment des services de contre-espionnage ; ainsi que des cours de propagande, auxquels quelques agents assistèrent, bien que dans l'ensemble ce type d'activité fût laissé au PWE. À la fin des cours du « Groupe B », les élèves avaient une session de mise en pratique qui durait quatre jours et comportait la reconnaissance d'une cible, l'entrée en contact avec un inconnu au moyen d'un mot de passe, parfois la récupération de faux explosifs, leur transport et leur pose sur des objectifs comme le canal de Manchester. Durant ces tests, ils étaient très attentivement observés, souvent à leur insu – la section de sécurité entretenait une petite équipe de séductrices professionnelles qui s'efforçaient de mettre à l'épreuve la capacité de se taire et les fragilités sentimentales des plus jeunes[54] – et ils pouvaient très bien être arrêtés par la police civile ou militaire et mis sur le gril. Il fallait donc qu'ils aient une histoire toute prête. Les futurs opérateurs radio recevaient de leur côté une formation technique poussée, qui durait assez longtemps. Ce fut probablement une erreur de ne pas instruire tous les agents dans cette matière ; une bonne part des difficultés que connut le SOE, surtout au début de ses activités en France mais aussi par la suite, auraient été résolues si la pénurie de radios qualifiés n'avait pas été aussi aiguë jusqu'en 1944. On enseignait aussi la façon d'organiser un « comité de réception » de parachutages. Il y avait enfin des enseignements spécialisés : le cours de sabotage industriel de trois semaines dispensé par le grand et froid Rheam était justement célèbre, car ce dernier était le véritable inventeur des méthodes scientifiques modernes d'attentat industriel. C'était un professeur exceptionnel, doté d'une grande inventivité mais également très exigeant. Il menait la vie dure à ses élèves et leur enseignait avec précision où poser quelques kilos, parfois même seulement quelques dizaines ou centaines de grammes d'explosif pour garantir le maximum d'effet, au lieu de coller un gros pain de plastic n'importe où et de filer. Quantité d'usines, de Caen à Toulon, de Lille à Bordeaux, de Belfort à Nantes, furent mises hors d'état de fonctionner en application de son enseignement [55]. On pouvait aussi s'entraîner, sous la houlette d'un ancien cambrioleur, à forcer serrures et coffres.

Tous ces apprentissages s'accompagnaient de la répétition obstinée de quelques préceptes plus généraux : les agents devaient parfaitement assimiler que leur mission était offensive, ils devaient faire de l'agressivité une composante de leur personnalité, manger, dormir et vivre avec, la faire entièrement leur ; ils devaient apprendre à ne compter que sur eux-mêmes, à résister à toutes les déceptions, à attendre patiemment leur heure tout en se tenant prêts à bondir dès qu'une occasion se présenterait, aussi fugitive fût-elle, d'infliger un dommage à l'ennemi.

Le problème de ce cursus, c'est qu'il était trop court. Si certains combattants et combattantes superbes atteignirent grâce à lui un niveau très élevé, c'est qu'ils étaient naturellement doués pour la subversion, qu'ils réagissaient pleinement à l'entraînement intensif auquel ils étaient soumis. On objectait souvent au SOE que tout son système consistait à envoyer des « amateurs » se battre contre les « professionnels » du contre-espionnage allemand, qui se révéleraient nécessairement les plus forts. Cette critique reposait sur une erreur d'appréciation. Dans les conditions très particulières de cette guerre, un « amateur » pouvait faire aussi bien qu'un « professionnel ». L'Allemand Giskes, qui infligea des ravages aux réseaux hollandais du SOE, était avant la guerre un négociant en tabac ; il n'avait rejoint l'Abwehr qu'en 1938[56], et paraît bien n'avoir pas eu beaucoup plus d'atouts que le bon sens et un peu de chance dans sa lutte contre Gubbins, soldat de carrière qui s'était investi dans la guerre subversive à peu près à la même époque. Mais ce dernier, qui était lui-même un « amateur » en matière de clandestinité, parvint à marquer des points très importants, entre autres en France, sur les services de contre-espionnage allemands, lesquels à vrai dire ne comptaient eux-mêmes quasiment pas de « professionnels ». La plupart des officiers supérieurs de la Gestapo qui étaient les adversaires directs du SOE étaient de fervents nazis, plutôt jeunes, et dotés en tout et pour tout d'une longue expérience du milieu criminel dont beaucoup étaient issus. Très peu d'entre eux, aucun peut-être, n'étaient sérieusement formés à ce métier[57]. Les agents russes passaient dix ans en formation ; mais c'est aussi qu'on les préparait en vue d'un projet à beaucoup plus long terme que celui du SOE ; en outre, l'essentiel de leur apprentissage s'était déroulé en temps de paix. Étant donné les réalités politiques et militaires de la fin des années trente et du début des années quarante, il eût été déraisonnable d'exiger du SOE beaucoup mieux en la matière ; l'aspect le plus critiquable, sans doute, de son système est que des individus dont le personnel de formation était en mesure de repérer l'inaptitude parvinrent dans certains cas à se faire malgré tout envoyer sur le terrain. Ce n'était pas la faute des instructeurs, mais eux-mêmes n'étaient pas infaillibles : il leur est arrivé de porter des appréciations négatives non seulement sur de mauvais agents, mais aussi sur quelques-uns des meilleurs, ce qui n'était pas de nature à inspirer à l'état-major une confiance absolue dans leur jugement. Si les nerfs d'un stagiaire craquaient en cours de route ou si les enseignants avaient l'impression qu'une fois sur le terrain il ne tiendrait pas le coup, ou en présence de toute autre motif puissant de ne pas l'y envoyer, le service se trouvait confronté à un sérieux problème de sécurité ; car l'agent connaissait au moins de vue ses condisciples (pour cette raison, les noms étaient souvent faux) et, s'il avait atteint le niveau B, il pouvait en avoir dangereusement trop appris sur les techniques de clandestinité. L'« Inter-Service Research Bureau » avait quelques ateliers au fin fond des collines écossaises, à Inverlair. On y envoyait les candidats qui s'étaient révélés insuffisants ; ils demeuraient là, « au frigidaire », jusqu'à ce que la promotion qu'ils avaient connue ait entièrement disparu derrière l'horizon et qu'on pût sans danger les ramener dans le vivier commun.

Le public s'est beaucoup intéressé dans les derniers temps à l'arsenal du SOE, qui pour l'essentiel provenait des forces terrestres mais qui comportait aussi quelques singularités : par exemple le Welrod, pistolet silencieux à un coup facile à cacher dans une manche de veston, ou encore un petit poignard qu'une femme pouvait, aussi bien qu'un homme, dissimuler sous le revers de sa jaquette et tirer brusquement en ayant l'air de vouloir prendre son portefeuille. Le lecteur pourra trouver des informations dans un excellent guide illustré de toutes les armes que le SOE a envoyées en France, rédigé par un architecte français qui fut l'un de ces stagiaires, ainsi que dans la liste dressée par le SOE lui-même, aujourd'hui disponible aux archives et publiée par Mark Seaman[58]. Ce dernier est aussi le spécialiste qui a été chargé d'en organiser la présentation dans la salle de l'Imperial War Museum consacrée à la guerre secrète, que l'on doit à la générosité de Paul Getty Jr.

Les cours enfin terminés, les agents étaient dirigés sur des « écoles opérationnelles de transit ». Chaque section pays en avait au moins une. Elles étaient situées assez près des terrains d'aviation de l'East Anglia, d'où partaient la plupart des vols. Un futur agent pouvait rester là de quelques heures à quelques mois, ce qui rendait la tâche presque impossible aux responsables de ces écoles ; ceux-ci parvenaient néanmoins en général, avec l'aide des moniteurs, à empêcher les agents de ruminer à vide et à ne pas laisser s'émousser le tranchant de leur entraînement (une particularité, peut-être non intentionnelle, de la maison campagnarde utilisée par la section F contribuait à entretenir cet état d'alerte : il n'y avait qu'une salle de bains pour les agents des deux sexes ; elle avait deux portes dont aucune n'était munie de targette). Si la section pays se sentait sûre que tel agent pourrait, la météo aidant, partir dès la fin de ses classes, il pouvait être conduit aussitôt dans un appartement de Londres, où on le laissait prendre un peu de bon temps jusqu'au moment de recevoir ses instructions[59]. Mais il arrivait aussi que les aléas de la situation en France – dans la mesure où l'on en avait connaissance à Londres – jettent bas les plans les mieux conçus ; et il n'était pas toujours possible de prévoir le temps au-dessus de la Manche[60]. En Afrique du Nord, les dispositions prises pour ces agents en attente étaient beaucoup moins agréables ; nombre d'entre eux ne sont enfin partis pour la France qu'après des semaines d'inconfort et – du moins était-ce souvent leur impression – d'abandon passées dans l'un des camps situés autour d'Alger[61].

Chapitre IV

LES COMMUNICATIONS

Dans un document secret assez long datant du milieu de l'été 1941 et intitulé « Considérations sur les opérations du SO2 », Gubbins remarquait en conclusion :

« Les opérations du SO2 dépendent dans une très large mesure de la création d'organisations subversives dans les territoires occupés par l'ennemi…

L'établissement de communications est la condition préalable à remplir si l'on veut susciter de telles organisations ou utiliser celles qui existent déjà. Le mieux est d'organiser les opérations à partir du territoire concerné, mais il est également possible, dans certains cas, de le faire d'ici. Les objectifs doivent en être chaque fois précis et limités ; c'est seulement ainsi que nous obtiendrons des résultats décisifs.

Nous disposons dans tous les territoires occupés d'une foule de sympathisants qui ne demandent qu'à être organisés, guidés et ravitaillés pour se lancer dans l'action. Pour l'instant, nous devons consacrer tous nos efforts, avec l'aide de nos alliés, à l'organisation et aux communications ; cette tâche une fois accomplie, nous pourrons tendre toutes nos énergies vers l'action opérationnelle [1]. »

Cette vision des communications est confirmée par le camp adverse. L'un des personnages les plus odieux de la Gestapo de Paris écrivit quelque temps plus tard à propos des informations qu'il avait arrachées à un agent sur le système de liaisons d'un réseau de renseignement (la Confrérie Notre-Dame) : « Cela m'intéressait énormément, car mon objectif était toujours de détruire les liaisons, bien plus que d'arrêter les gens : que pouvaient-ils faire sans liaisons ? J'ai laissé [beaucoup de ses collaborateurs] en liberté : ils ne m'intéressaient pas. »[2]

Entre le milieu de l'année 1940 et le milieu de l'année 1944, la plupart des Anglais croyaient vivre dans un splendide isolement par rapport au Continent, mis à part quelques opérations de commando ponctuelles et les raids aériens dans les deux sens. En réalité c'était loin d'être le cas, surtout en ce qui concerne la France. Il n'était pas précisément facile d'aller d'Angleterre en France ; en sens inverse, c'était même difficile. Mais l'un et l'autre étaient assurément faisables. La France n'était pas aussi strictement fermée que l'Allemagne. Jusqu'en novembre 1942, les deux cinquièmes de son territoire étaient encore « non occupés », les Américains avaient une mission diploma-tique à Vichy, et le gouvernement de Pétain, un représentant à Pretoria ; les Canadiens, en considération de leur importante minorité française, avaient eux aussi gardé un contact officiel avec Vichy ; en outre, Dupuy, leur chargé d'affaires, était également accrédité auprès des gouver-nements belge et néerlandais en exil à Londres, de sorte qu'il avait l'occasion d'aller et de venir entre les deux villes[3].

La zone non occupée grouillait déjà de nazis avant novembre 1942, époque à laquelle les derniers diplomates alliés quittèrent le territoire français. De sorte que, si les voyageurs ordinaires se rendant dans cette zone se trouvaient désormais ouvertement soumis à la surveillance policière allemande, les moyens secrets d'entrée sur le territoire furent peu affectés par le changement, sauf pour une ou deux filières de transport de paquets d'un côté à l'autre de la ligne de démarcation. Les conditions météorologiques étaient en réalité beaucoup plus sus-ceptibles d'entraver l'activité clandestine en France que tout ce que pouvaient faire les Allemands, du moins en dehors des zones fortement défendues. Ce facteur jouait différemment, bien entendu, selon le mode de transport : nuages ou pluies nocturnes rendaient les opérations aériennes à peu près impossibles et les traversées maritimes difficiles, alors qu'ils favorisaient au contraire le franchissement d'une frontière terrestre. Et surtout, il y avait la lune. Toute l'activité du SOE s'est réglée, dans les premiers temps, sur ses phases : les avions clandestins ne pouvaient pas atterrir sans elle, les débarquements sur les plages ne pouvaient pas se faire en sa présence. Certains perfectionnements tech-niques permirent ensuite de s'affranchir partiellement de cette dépen-dance. Mais, si ce n'était plus indispensable, il restait désirable pour une opération de parachutage que la lune soit au moins à demi pleine et haute dans le ciel. Comme le dira plus tard un membre important de l'état-major, « la lune a été [pour le SOE], pendant au moins deux ans, une déesse encore plus puissante que dans les religions antiques du Moyen-Orient »[4]. Nous examinerons successivement dans ce chapitre les différents modes de transport, puis les transmissions radio, enfin les contacts directs sur le terrain.

Liaisons par mer

Il existe aujourd'hui une excellente histoire, très détaillée, des efforts accomplis par le SOE et l'Intelligence Service pour envoyer des agents en France par mer : c'est celle qu'a rédigée Brooks Richards, qui en fut lui-même un acteur important en tant qu'officier de marine et qui a eu accès à tous les documents sur le sujet que je n'avais pas été autorisé à consulter il y a quarante ans[5]. Plusieurs de ces aventures sont entrées dans la légende, en particulier chez les Bretons, qui s'enorgueillissent des prouesses de leurs ancêtres marins. Daniel Lomenech, l'un des principaux navigateurs, est mort récemment, entouré du respect général ; de même David Birkin, le père de Jane. Le « colonel *Rémy* » (qui n'avait rien à voir avec le SOE) ne sera pas oublié de longtemps ; et nous évoquerons plus loin le naufrage du *Jouet des flots*, qui portait Brossolette (évasion également indépendante du SOE). Je me contenterai ici de résumer brièvement quelques-uns des problèmes auxquels se sont heurtées ces entreprises[a].

Les longues côtes françaises se prêtent presque partout à des débarquements secrets. La péninsule bretonne présente l'inconvénient de très fortes marées, mais dispose d'innombrables petites plages désertes ; et le rivage presque sans marées de la Méditerranée offre des sites parfois encore plus solitaires. Naturellement, les Allemands surveillaient de près toutes les zones présentant la moindre importance militaire ; ils avaient par ailleurs établi, tout le long des côtes Nord et Ouest de la France, une bande d'environ 25 km de large qui était interdite aux non-résidents. L'état-major de Londres ne prenait pas cela

---

a. Malgré ces difficultés, 77 contacts par mer avec la France au départ du Royaume-Uni entre juin 1940 et août 1944 permirent de débarquer 88 personnes et d'en embarquer 218 – évadés, agents français et anglais et personnalités politiques ralliées à la France Libre. En Méditerranée, plus de cent opérations furent réussies vers le territoire français et le Maghreb, 211 personnes mises à terre et 665 embarquées. Voir Brooks Richards, *Flottilles secrètes*, p. 907 [J.-L. C.-B.].

à la légère. Au printemps 1944 encore, il déconseillait l'organisation d'actions de « contre-terre-brûlée » visant à protéger les installations portuaires françaises contre d'éventuelles destructions allemandes, sur la base de l'argument suivant : « Il est extrêmement difficile d'introduire des agents dans les zones maritimes car les Allemands en surveillent très étroitement et attentivement tous les habitants. »[6] Sur place, les agents ne se laissaient pas troubler pour si peu. Ils n'avaient jamais eu beaucoup de mal à pénétrer dans les zones fermées comparables d'Angleterre, qui leur avaient servi de terrain d'entraînement. La « zone interdite » de France, avec ses laissez-passer spéciaux et ses règlements particuliers, ne représentait qu'un obstacle parmi d'autres. Elle comportait des dizaines de plages suffisamment écartées pour satisfaire les plus prudents ; quant aux plus audacieux, ils ne tenaient pas particulièrement à des plages désertes. « De manière générale, expliquait le responsable des débarquements à la section DF, les meilleurs endroits pour débarquer se situent près d'une cagna allemande, car les hommes qui la gardent savent que leurs adversaires ont photographié la côte et n'imaginent pas que quelqu'un serait assez stupide pour essayer de débarquer sous leur nez. Ma meilleure plage se situait à une douzaine de mètres d'un abri de ce genre. Je l'ai utilisée six fois. »[7] L'opération nécessitait une mer calme et un bateau présentant certaines qualités. La présence à terre d'un comité de réception était utile, mais les plus astucieux pouvaient s'en passer. On plaça d'abord beaucoup d'espoirs dans ce moyen de transport car on ne voyait pas d'autre possibilité. En août 1940, une note adressée à Jebb exprimait l'idée que l'une des principales tâches du SO2 était de recruter « un corps soigneusement sélectionné de saboteurs… opérant exclusivement contre des objectifs situés sur la côte ou à ses abords,… sachant préparer rapidement ses coups et frappant en des points très éloignés les uns des autres. »[8] Le 18 mars 1941, Gubbins notait que « tous les groupes que nous entraînons actuellement… devront sans doute être acheminés par mer car il n'existe aucun autre moyen. »[9] Il en sortira finalement peu de chose. Mais, en plus des réalisations, il est intéressant de jeter aussi un coup d'œil sur ce qui resta à l'état de projet.

Les exigences auxquelles devait satisfaire un point de débarquement n'étaient pas énormes. L'obscurité, des eaux calmes, l'absence d'écueils et de hauts fonds en constituaient l'essentiel. Bien entendu, il fallait aussi éviter les plages voisines d'une batterie de défense côtière, ou dont l'approche aurait obligé à traverser une zone minée.

Les marins ne posaient qu'une condition de plus, mais absolument indispensable : la présence, à proximité du point visé, d'un repère visible de loin en mer. Un cap, un clocher, voire un édifice isolé pouvaient faire l'affaire. Par ailleurs, plus la côte était abrupte, moins on dépendait de la marée pour y débarquer facilement et sûrement ; et plus elle était abritée des vents dominants, moins on avait à se préoccuper du ressac [10].

Il était plus difficile de trouver le bon bateau que la bonne plage. L'idéal de la discrétion pour le transport de passagers était le sous-marin, qui avait au surplus une bonne capacité d'emport de matériel, mais ces bâtiments étaient rarement disponibles. L'Amirauté, et cela se comprend, ne souhaitait ni les risquer trop près du rivage ni les détourner de leurs fonctions normales. Et le SOE pensait de même. Car on ne pouvait écarter le terrible risque que – hasard, indiscrétion ou trahison – l'ennemi ait eu connaissance du rendez-vous ; dans ce cas, un gros bâtiment de guerre et tout son équipage pouvaient être perdus rien que pour amener à terre une personne peut-être même pas très utile. Cette solution fut bien envisagée au début [11], mais ne fut généralement adoptée que pour des missions considérées comme de toute première importance, comme l'exfiltration du général Giraud de la Côte d'Azur à l'automne 1942. Il se trouve que l'une des rares personnes de la section F qui furent déposées sur les côtes françaises par ce moyen dans la période où on l'utilisa le plus (printemps 1942) fut Peter Churchill, qui a connu une certaine célébrité ; mais il faut dire aussi que c'était un agent hors du commun [12].

La voie maritime normale à destination ou en provenance de France était donc celle de la surface des eaux. Le risque de perte était bien moindre et, comme le radar en était encore à ses balbutiements, l'expédition passait à peu près aussi inaperçue, à condition d'être rapide ; on pouvait encore réduire les aléas en utilisant un bâtiment de pêche d'aspect inoffensif et conforme à la couleur locale. Le SOE n'était même pas encore né que l'état-major de De Gaulle tentait pour la première fois d'envoyer un émissaire en France. Parti le 17 juillet 1940 sur une embarcation rapide empruntée à cette fin, celui-ci fut déposé quelques jours plus tard sur les côtes françaises par un bateau de pêche [13a].

---

a. On sait aujourd'hui que ce premier agent de la France Libre, Jacques Mansion, auquel le chef des services secrets du général de Gaulle, Dewavrin (colonel *Passy*) fit par la suite une large publicité, ne partit en réalité pour la France qu'au début d'août 1940. Il avait été précédé de quelques jours par un autre Français, l'aspirant Hubert

Le SOE, à peine créé, n'hésita pas à se doter d'une flotte, et si l'entreprise ne fut pas une grande réussite, ce n'est pas faute d'efforts de sa part. Un état-major relativement important, dirigé successivement par un capitaine de frégate, un vice-amiral, un capitaine de vaisseau et un autre vice-amiral, s'attaqua aux problèmes de la liaison par mer, en particulier vers la France. À peu près en vain. Finalement, lorsque la plupart des obstacles furent enfin levés, le reste de l'état-major et les hommes de terrain avaient pris l'habitude d'un autre moyen de transport, plus complexe et plus coûteux : l'avion. Au surplus, la guerre en Europe occidentale approchait de sa fin. De sorte que lorsque s'offrit, par exemple, la possibilité pour la section DF de développer ses liaisons maritimes, début 1944, elle répondit qu'il était désormais trop tard pour former à temps des équipes suffisamment qualifiées[14].

Les principaux obstacles étaient au nombre de trois, mais étroitement liés : pénurie de bâtiments, rivalités interservices, politique de l'Amirauté.

Même les finances relativement prospères du SOE ne lui auraient pas permis d'acquérir un destroyer – ou tout autre bâtiment assez rapide et assez grand pour ses besoins –, de l'entretenir et de lui donner un équipage. Au début, il lui fut impossible d'arracher quoi que ce fût à l'Amirauté. La RAF mit toutefois à sa disposition un ravitailleur d'hydravions de 12,65 mètres, portant le numéro 360. Voici ce qu'en dit quelqu'un qui l'a bien connu :

« Il était vraiment à la fois trop petit et trop lent pour ce qu'on attendait de lui. Il était certes très maniable dans les eaux parsemées de récifs, mais sa petite taille était un handicap en ceci qu'il n'y avait pas place sur le pont pour un canot rigide, et que la cabine de pilotage manquait de l'espace nécessaire à un équipement de navigation convenable. Sa vitesse maximale par temps calme était à peine de 20 nœuds ; lorsque le plein de carburant avait été fait et que le matériel nécessaire à une opération était embarqué, sa vitesse de croisière, dans les conditions météorologiques les plus favorables, ne dépassait pas 15 nœuds. C'est dire qu'on ne pouvait pas s'en servir en été, où les nuits sont courtes. On mesure ce que furent la volonté, l'enthousiasme et les capacités professionnelles de Holds-

Moreau, chargé de mission par l'Intelligence Service avec l'acquiescement de De Gaulle et débarqué en Bretagne par un bateau de pêche français le 26 juillet 1940 [J.-L. C.-B.].

worth, de ses officiers et de ses hommes, qui menèrent à bien quatre opérations à l'hiver 1941-1942 avec cette embarcation... Compte tenu des obstacles météorologiques rencontrés par les bâtiments beaucoup plus grands qui furent utilisés par la suite, le fait que deux de ces quatre opérations aient eu lieu dans la même semaine de la fin décembre 1941 est digne d'être mentionné[15]. »

Ce bâtiment pouvait transporter du matériel, mais pas plus d'une tonne. On chercha donc très tôt à se procurer des bateaux de pêche plus spacieux : « L'idée était de trouver des bateaux de pêche français dont les équipages, soigneusement choisis, auraient comporté des pilotes et des pêcheurs bretons, de prendre contact avec les flottes de pêche bretonnes travaillant dans les zones situées au nord-ouest de la Bretagne afin d'obtenir des informations, enfin de livrer du matériel et des munitions aux groupes de résistance » qui, le SOE en avait toujours eu la certitude, ne pouvaient manquer de se constituer[16]. Holdsworth, qui se trouvait déjà dans le Sud-Ouest de l'Angleterre, reçut l'ordre en octobre 1940 de « [se] mettre au boulot et de dénicher un moyen de transport pour travailler en direction de la Bretagne » parce que « tout le monde laissait tomber » le SOE[17]. Il put se procurer un thonier, un palangrier et un chalutier, tous trois français et capables d'emporter chacun au moins cinq tonnes de matériel (dix pour le chalutier), mais dont la vitesse était de sept nœuds seulement, avec des pointes à huit. Plus tard, on trouva encore cinq bateaux de pêche de plus, dont deux nettement plus petits et moins rapides d'un nœud[18]. Toute cette flottille fut basée dans l'estuaire de la Helford, un peu à l'ouest de Falmouth, sur la côte sud de la Cornouaille[19]. Au milieu de l'hiver 1943-1944, le SOE arracha à l'Amirauté quelques bâtiments plus rapides : trois torpilleurs filant 28 nœuds et deux canonnières de 36 mètres destinées à l'origine à la flotte turque ; une vedette de sauvetage fut également mise à l'essai mais sans donner satisfaction. Les canonnières étaient petites mais c'étaient de vrais vaisseaux de guerre ; leur armement comportait une pièce de six et une pièce de deux, un canon antiaérien à tubes jumelés de 20 mm, deux mitrailleuses à tubes jumelés d'un demi-pouce et deux de 0,303 pouce ; elles avaient trois moteurs diesel de mille chevaux pourvus de silencieux, pouvaient tenir sur près de mille milles la vitesse de croisière de 21 nœuds et faire des pointes à 27 nœuds pendant dix minutes ; enfin, elles étaient dotées de quantité d'appareils de navigation et de radars[20]. Ce n'était pas excessif face aux vedettes lance-torpilles allemandes, filant 35 nœuds, qui patrouillaient fréquemment le long des côtes françaises de la Manche. Elles disposaient en outre chacune d'un canot de 4,27 mètres d'un modèle tout nouveau, recouvert d'une peinture spéciale qui le rendait « presque invisible à une très courte distance »[21], et que les stagiaires apprenaient à mettre à l'eau et à remonter rapidement au cours de leur apprentissage dans le nord de l'Écosse[22]. Mais à eux tous, ces cinq bâtiments relativement rapides pouvaient à peine transporter dix tonnes de matériel[23] ; et, plus ennuyeux encore, le SOE n'en disposait pas tout à fait librement. Nous voici arrivés au deuxième obstacle, la rivalité avec l'Intelligence Service.

Ce dernier avait besoin des plages bretonnes à la fois pour ses propres fins de renseignement et pour ses filières d'évasion, qui étaient aussi au service d'autres départements. Les deux divisions correspondantes n'étaient ni l'une ni l'autre disposées à discuter du lieu et du moment de leurs prochaines opérations, sinon entre elles ou avec le Bureau de répartition créé à la suite de l'affaire FRANKTON (voir chapitre II). En outre, elles étaient fermement déterminées à maintenir en Bretagne la tranquillité la plus totale, jugée nécessaire à leur propre travail. Leurs responsables étaient convaincus que l'activité du SOE ne pourrait que les gêner. Aussi, n'ayant que les intérêts de leur service en tête, s'employaient-ils à le tenir à l'écart par tous les moyens. Or l'Amirauté avait, pour de bonnes raisons, une haute opinion de l'Intelligence Service. Elle interdit donc pendant un certain temps toute activité du SOE ou du chef des « opérations combinées » entre les îles Anglo-Normandes et Saint-Nazaire. Cette politique eut certainement des conséquences à la fois pour la stratégie britannique et pour la stratégie allemande. Car, en rendant indisponible la partie du continent la plus adaptée aux petites opérations combinées, elle entravait le développement des raids, ce qui donna aux Allemands un sentiment trompeur de sécurité. Il serait intéressant de savoir si le jeu en valait la chandelle et si cette décision se révéla justifiée par les performances des services qui l'avaient exigée, mais ce n'est pas dans le cadre de ce livre que nous pourrions répondre.

Troisième obstacle, donc, l'Amirauté elle-même, grand ministère à part entière, enfant chéri du Premier ministre, forte d'une grande tradition remontant, *via* Nelson et Drake, à Édouard III et même à Alfred. Retranchés dans ce bastion, Messieurs les Amiraux ne bougeaient pas d'une ligne : aucune opération de caractère naval ne pouvait avoir lieu sans leur consentement. Finalement, au printemps de 1943, l'Amirauté décréta que toutes les traversées clandestines de la Manche devaient être coordonnées par un nouveau fonctionnaire, le Directeur adjoint pour les opérations irrégulières ou « DDOD (I) », et que, au surplus, « dans les eaux territoriales les opérations clandestines [seraient] placées sous l'autorité de l'Amirauté »[24]. Cette décision, à laquelle s'ajouta l'été suivant la livraison des torpilleurs et des canonnières, paraissait offrir au SOE une nouvelle chance. Mais l'homme qui fut nommé au poste de coordinateur, le capitaine de vaisseau F.H. Slocum[25], était considéré par le SOE, peut-être à tort, comme un adversaire. À part les opérations MANGO et VAR, dont nous parlerons un peu plus loin, aucun projet du SOE ou presque ne réussit à échapper à l'interdiction quasi absolue qui lui était faite d'intervenir sur les côtes bretonnes. Une fois cependant, un groupe assez important de personnel d'un autre service se retrouva accidentellement laissé en arrière ; et ce furent deux équipages du SOE qui, le 26 décembre 1943, récupérèrent ainsi vingt-huit personnes sur les côtes françaises aux petites heures du matin (opération FELICITATE)[26].

C'était précisément le désir du SOE de gêner l'ennemi qui donnait un solide argument au nouveau coordinateur, le DDOD (I). Dès le 16 décembre 1940, lors d'une réunion ayant pour objet de coordonner les activités du SO2, de la direction des opérations combinées et de l'Intelligence Service, le représentant de ce dernier avait fait part de son hostilité aux raids côtiers, « qui risquaient d'interférer avec les opérations visant à introduire des agents en territoire occupé »[27]. De fait, les actions du SOE sur les côtes françaises pouvaient nuire à d'autres opérations d'une importance stratégique peut-être supérieure ; et de toute façon, l'état-major des opérations combinées n'avait-il pas été expressément créé pour effectuer des raids côtiers ? Il n'était donc pas utile que le SOE s'y mette aussi. Mais envoyer des agents secrets en France ou les en faire sortir par la voie maritime était tout autre chose que débarquer un groupe important d'irréguliers ou un détachement de soldats pour une véritable opération militaire aux abords de la côte ; et il semble bien que l'argument, valable, avancé contre les raids (à savoir que cela réveillerait l'attention des Allemands) ait été étendu, contre toute raison, à l'interdiction faite à la concurrence d'infiltrer son propre personnel. Warington-Smyth, le successeur unijambiste de Holdsworth à la tête de la base de Helford, peut être cité à nouveau ici, à propos des conséquences de la fusion opérée en juin 1943 entre la flottille de pêche du DDOD (I), stationnée à Falmouth, et celle du SOE, mouillée à Helford[28].

« Cela permit à chacun de faire connaissance ; et ce fut une grande surprise pour plus d'un officier (et même pour certains matelots et gradés, pourtant plus intelligents) de découvrir que, contrairement à ce qu'on leur avait appris, le principal ennemi était Hitler et non leurs collègues du service d'à côté. Cette fusion n'eut que d'heureuses conséquences, et le personnel des deux services travailla ensuite à Helford dans la plus étroite coopération, avec pour seul objectif la défaite du Hun [29]. »

On peut excuser ce ton sarcastique, car les raisons de s'énerver ne lui avaient pas manqué depuis le début de la guerre. Mais le SOE n'est pas à l'abri de tout reproche dans cette longue et chaude controverse. S'il avait seulement demandé à faire passer des agents en France du Nord, il l'aurait probablement obtenu sans peine ; mais il n'était guère dans ses habitudes de se contenter d'un doigt quand il y avait toute une main à prendre. Les sections F, RF, EU/P et la section navale pouvaient difficilement envisager une traversée destinée à débarquer des hommes sans vouloir en profiter pour amener aussi des armes, des explosifs et des équipements radio. Les précisions que j'ai données plus haut sur la capacité d'emport des différents bâtiments reflètent une préoccupation constante du staff. C'est la volonté acharnée de l'état-major d'amener du matériel en France qui a voué à l'échec ses tentatives d'ouvrir une voie maritime à ses agents sur la Manche. Mais cette volonté n'était que la conséquence de sa détermination implacable de frapper les Allemands le plus fort possible [30]. Au surplus, le seul réseau de la section RF qui ait opéré par mer, OVERCLOUD, tomba très tôt entre les mains allemandes, ce qui n'était pas de nature à réconcilier les autres services secrets avec ce type d'action.

Aucune opération maritime ne fut jamais tentée sur les côtes françaises à l'est des îles Anglo-Normandes sous l'autorité directe du SOE ; l'exploration des possibilités limitées de débarquement clandestin que pouvait offrir cette région densément occupée fut laissée à l'état-major des opérations combinées. L'irrépressible Harratt, dont nous parlerons bientôt, fut bien blessé à Dieppe lors d'une action qui tourna mal, mais c'était celle d'un autre service, et il n'y assistait qu'en spectateur [31].

En Méditerranée, la situation était moins difficile. Le SOE put partager avec d'autres services, sans trop de problèmes, des transports clandestins entre Gibraltar et les côtes méridionales de la France, assurés soit par des sous-marins, soit par un bâtiment à l'étrange destin nommé *Fidelity*[a], vaisseau marchand de 1 500 tonneaux lourdement armé, soit, le plus souvent, par des felouques. Deux felouques jaugeant 22 tonneaux, avec pour équipages des marins polonais de la section EU/P dont Sikorski dit un jour à Gubbins qu'ils étaient « trop mal dégrossis même pour la flotte polonaise »[32], effectuèrent ces allées et venues en Méditerranée occidentale pendant deux ans, sous le commandement de deux lieutenants de vaisseau d'une incroyable témérité, Buchowski et Kadulski (connu au SOE sous le nom de Krajewski), qui méritèrent bien tous les deux le DSO dont on les gratifia. Ces bateaux étaient petits, lents et extrêmement inconfortables, car les passagers devaient descendre se cacher ou s'étendre sous des bâches chaque fois qu'un autre bâtiment était en vue, et y étaient souvent fort entassés : on connaît au moins une traversée au cours de laquelle ils furent au nombre de quatre-vingt-neuf[33]. L'aller et retour vers la Côte d'Azur ne prenait pas moins de douze jours, par mauvais temps jusqu'à dix-huit. Les felouques n'étaient donc pas adaptées aux urgences, mais elles étaient plus fiables que l'apparence de leurs moteurs n'aurait pu le donner à penser (celui de l'une était un vieux moteur de voiture recyclé par le SOE)[34]. Elles étaient trop petites pour transporter de grandes quantités de matériel, bien qu'on les ait utilisées (comme les sous-marins) pour amener des armes et des hommes en Corse à l'été de 1943[35b].

---

a. Le *Fidelity* était originellement un cargo français, *Le Rhin*, qui avait été transformé en « bateau piège » pour mener des « opérations spéciales » en Méditerranée. À l'annonce de l'armistice, l'enseigne de vaisseau Péri, soutenu par trente hommes de l'équipage, s'en saisit et le conduisit à Gibraltar. Après avoir milité en faveur des Forces françaises libres, il demanda, toujours suivi par son équipage français, à être incorporé à la flotte de guerre britannique. Lui-même fut rebaptisé *lieutenant commander* (capitaine de corvette) John Langlais, seul Français de l'histoire moderne à obtenir ce grade, et *Le Rhin*, reconverti en « HMS *Fidelity* » à la fureur de De Gaulle, fut utilisé, sous pavillon portugais, pour des transports d'agents, voire des opérations de piratage. Il sombra corps et biens dans l'Atlantique le 30 décembre 1942 après avoir recueilli trois cents survivants d'un convoi torpillé. Navire transfuge, il fut néanmoins cité en 1946 à l'ordre de l'armée. Voir E. Chaline et P. Santarelli, *Historique des FNFL*, Service historique de la Marine, 1989, pp. 32-33, 395-396 et Brooks Richards, *Flottilles secrètes*, pp. 515 *et sq.* [J.-L. C.-B.].

b. Entre avril et novembre 1942, les felouques parties de Gibraltar ont embarqué clandestinement sur les côtes françaises, principalement dans les calanques de Cassis, non moins de 470 passagers, pour la plupart militaires polonais, mais aussi agents britanniques et résistants français tels qu'André Philip, Pierre Brossolette et sa famille

Un projet beaucoup plus grandiose (LAFITTE) visant, d'une part, à débarquer pas moins de cinq cents tonnes de matériel dans le sud de la France pour y créer un mouvement de résistance puissamment armé, d'autre part à évacuer un grand nombre de Polonais, ne dépassa pas le stade du plan. Du moins nous offre-t-il un bel exemple de la folie des grandeurs qui peut s'emparer de certains officiers d'état-major lorsqu'ils n'ont pas une connaissance assez précise de ce qui est possible et de ce qui ne l'est pas [36].

L'occupation de la côte méditerranéenne de la France par les Allemands en novembre 1942 rendit les opérations maritimes sur cette zone beaucoup plus difficiles : tel spectacle qui, surpris par un gendarme français, l'aurait peut-être incité à regarder dans une autre direction pouvait désormais plutôt conduire une sentinelle allemande à ouvrir le feu. Les felouques furent mises à la retraite, mais il y avait d'autres possibilités. Des sous-marins français visitèrent presque chaque mois les abords de Saint-Tropez en 1943 et 1944 ; le plus souvent, ils transportaient les émissaires de différents services français de renseignement et de sécurité, mais ils le firent parfois aussi pour le SOE. Le bâtiment le plus utilisé était le *Casabianca*, qui avait quitté secrètement Toulon le matin même du sabordage de la flotte [37]. Il n'était bon à rien pour le combat naval, car un mystérieux défaut dans ses tubes lance-torpilles faisait que celles-ci tournaient obstinément en rond. Mais il avait une grande capacité : 1 700 tonneaux. Il transporta une fois d'Algérie en Corse, en une nuit, tous les soldats – serrés comme des sardines – d'une compagnie du « Bataillon de choc »[a]. Son capitaine, L'Herminier [38], était prêt, avec son équipage français, à prendre des risques qui auraient fait frémir les responsables britanniques de la flotte sous-marine. Ce bâtiment joua un rôle important dans la libération de la Corse et sa préparation. Pour la résistance extérieure, les sous-marins étaient le seul moyen de communiquer avec la France qui fût indépendant de l'aide (et de la surveillance) des Anglais et des Américains, à ceci près que leur autorisation était nécessaire pour entrer dans les ports nord-africains et en sortir.

---

accompagnés du député Charles Vallin, Maurice Diamant-Berger (*André Gillois*), etc. [J.-L. C.-B.].

a. Cette compagnie fut envoyée par le général Giraud dans la nuit du 13 septembre 1943 pour soutenir les résistants insurgés contre les occupants italiens et allemands [J.-L. C.-B.].

Normalement, toutefois, que ce soit par sous-marin ou par d'autres moyens, le transport des agents vers la France ou en provenance de France était l'affaire du SOE. Après la libération de la Corse, MASSINGHAM installa une base avancée sur l'île, appelée BALACLAVA. Plusieurs opérations maritimes furent menées à bien à partir de cette base par un capitaine de frégate qui, même selon les critères du SOE, avait eu jusque-là une carrière assez mouvementée : Andrew Croft. Né en 1906, il avait fréquenté le collège de Lancing, comme il se doit pour le fils d'un clergyman, puis Stowe, puis Christ Church à Oxford ; obtenu la Polar Medal à l'occasion d'une expédition au Groenland, hiverné comme aide de camp d'un maharadjah, repris le chemin du Grand Nord l'été suivant pour une seconde expédition. Il savait piloter, il savait skier, il avait plus que des notions d'une dizaine de langues, et lorsque la guerre éclata il était l'assistant du directeur du musée Fitzwilliam, le musée d'art de l'université de Cambridge. Il avait servi en Norvège comme officier de renseignement de la brigade de Gubbins et était arrivé à BALACLAVA après quelques années d'activité en Scandinavie [39]. Il réussit une fois à déposer un groupe d'agents sur un quai en plein port de Gênes, c'est dire qu'il ne manquait pas d'aplomb. Mais il n'eut guère l'occasion de travailler en direction de la France ; il semblerait qu'il y ait eu peu d'agents envoyés en France par mer à partir de BALACLAVA.

On peut équilibrer le récit des échecs et semi-échecs du SOE du côté de la Manche en racontant une de ses indéniables réussites. Il s'agit d'une filière de la section DF appelée VAR. Ce réseau d'évasion, qui utilisa des plages de la côte Nord de la Bretagne à l'hiver et au printemps de 1943-1944, fut d'une remarquable efficacité [40]. Il dut sa naissance à un habile court-circuitage des canaux normaux opéré par Harratt, l'officier d'état-major de la section DF chargé des affaires maritimes ; au grand dépit de la section navale, il s'adressa directement au DDOD (I), le coordinateur nommé par l'Amirauté, et réussit à lui vendre son projet. Son homologue de la section navale du SOE eut beau, dans une note, qualifier le procédé d'« inadmissible », Harratt avait obtenu ce qu'il voulait [41]. (On a là, soit dit en passant, une jolie illustration du degré de liberté du SOE par rapport aux normes militaires, car cette querelle sur des questions purement navales opposa un capitaine de hussards à un capitaine des réservistes volontaires de l'armée de l'air).

Normalement, six passagers pouvaient prendre place dans chaque sens lors d'une traversée de la filière VAR ; une opération d'urgence ramena une fois en Angleterre dix personnes d'un coup. Il y eut en tout seize traversées menées à bonne fin, qui transportèrent environ soixante-dix personnes. Seize autres traversées échouèrent soit pour cause de mauvais temps, soit parce que le bateau trouva vide la plage du rendez-vous, une seule fois du fait de l'ennemi. C'était à Noël 1943, la nuit même de l'opération FELICITATE, une nuit particulièrement claire ; le bateau fut aperçu alors qu'il était déjà tout près de la côte, essuya un tir et s'échappa sans dommage. Il ne fallut que quelques minutes à une patrouille allemande pour déboucher sur la plage, mais le groupe de passagers avait déjà disparu sans laisser de traces. Les Allemands pensèrent que l'opération avait eu pour but de détourner leur attention d'un raid (FORFAR), qui eut lieu la même nuit beaucoup plus à l'Est. VAR ne perdit jamais un passager. Ses propres pertes furent faibles : un matelot, abattu tout à la fin de la dernière opération de la filière, à la mi-avril 1944, par un patrouilleur allemand rencontré par hasard, deux agents formés à Londres et six agents locaux arrêtés et déportés, dont la moitié revinrent ; et deux personnes qui ne supportèrent pas l'épreuve psychologique d'un si lourd secret [42].

L'ensemble du système, auquel participèrent directement près de cent cinquante personnes du côté français et environ deux fois plus du côté britannique, fut conçu et géré par deux hommes, un Anglais et un juif d'Europe centrale. Le premier, P.J. Harratt (*Peter*), avait été militaire dans les années vingt ; puis, pendant l'essentiel des années trente, exploitant agricole dans le sud-ouest de la France ; il se définissait politiquement comme « antinazi » et avait fait le coup de feu en Espagne du côté républicain. Il était encore relativement jeune, puisqu'il était né en 1904, mais son compagnon Erwin Deman (*Paul*) [43] était de dix-sept ans son cadet. C'était un juif cosmopolite né à Vienne en 1921 et qui, dès 1936, faisait des affaires à Lisbonne, trilingue (anglais, français et allemand) et grand ennemi des nazis, contre lesquels il s'était distingué en 1940 comme caporal dans l'armée française. Fait prisonnier, il s'était évadé, était revenu en France, avait rejoint la Légion étrangère pour ensuite déserter et gagner l'Angleterre. Le SOE le recruta aussitôt ; et, dès qu'il eut fait ses classes, Harratt le prit avec lui. Ils se cloîtrèrent alors dans un petit bateau, sur la Dart. Lorsqu'ils en sortirent après deux mois de travail intensif, ils étaient devenus des experts en lecture de cartes marines, navigation, reconnaissance des côtes et techniques de débarquement silencieux, et maîtrisaient parfaitement le S-phone [44].

Un peu de chance donna à Harratt le point de départ de la première aventure de Deman en France (MANGO). La sœur d'un membre de l'état-major, qui avait eu une nourrice française répondant au nom de Mme Jestin et domiciliée à Rennes, confia à Deman, en guise d'introduction auprès de cette dernière, la moitié d'une lettre que celle-ci lui avait adressée en Angleterre. Amené en France par un avion Hudson le 19 août 1943, Deman prit aussitôt contact avec Mme Jestin, dont les deux filles, énergiques demoiselles dans la quarantaine, adhérèrent avec enthousiasme à ses projets. Elles trouvèrent des appartements pour servir de cachettes, suggérèrent de nouveaux contacts et organisèrent un service de guides et de messagers sûrs. Pendant ce temps, Deman allait reconnaître les deux plages que la chance (toujours) de Harratt leur avait apportées sur un plateau. De l'une, Beg-an-Fry près de Morlaix, Harratt avait entendu parler par le propriétaire français d'un restaurant du West End ; de l'autre, par un membre de la section F, la navigatrice irlandaise Cecily Lefort (*Alice*). Le principal apport de cette dernière au SOE fut de proposer l'utilisation de la petite plage qui se trouvait au pied de sa villa de Saint-Cast, à l'ouest de Dinard [45] (car sa propre carrière en France, comme agent de liaison du chef de réseau Cammaerts, fut brutalement interrompue après seulement trois mois d'activité, lorsqu'un Allemand soupçonneux lui posa une question à laquelle elle n'avait pas de réponse prête. Elle ne revint jamais de Ravensbrück). Comme dans les contes de fées, elle confia à Harratt, qui la passa ensuite à Deman, une bague irlandaise ancienne à présenter à sa bonne, à la villa, en gage de bonne foi. En huit semaines, Deman avait monté son organisation et avait ouvert un cabinet d'assurances à Rennes. Harratt prit un avion pour une brève conversation codée avec lui par l'intermédiaire du S-phone, et l'on s'attaqua à la deuxième étape. Deman informa ses connaissances qu'il prenait deux semaines de vacances ; par la filière d'évasion VIC, il rentra en Angleterre *via* les Pyrénées et Gibraltar en à peine sept jours, un exploit ; quelques détails importants furent précisés avec Harratt ; il retourna en Bretagne par mer (MANGO 4) et était de retour à Rennes le 29 octobre 1943, exactement deux semaines après en être parti [46]. Sa filière d'évasion VAR pouvait commencer à fonctionner.

La conduite pratique d'une traversée clandestine était simple. En France, les passagers étaient réunis discrètement selon les mêmes modalités que pour n'importe quel autre type d'évasion [47] et emmenés, juste après la tombée de la nuit, dans une maison située près de la plage. Du côté anglais, les passagers recevaient leurs instructions à Londres et étaient conduits par un accompagnateur dans un hôtel des environs de Torquay (il y en avait plusieurs), généralement sous la « couverture » d'un commando en permission. Une fois que le DDOD (I) et le capitaine du port de Plymouth avaient donné leur autorisation au départ, ils s'embarquaient, en uniforme, pendant les heures normales de visite (entre midi et deux heures), sur le vaisseau de ravitaillement de la 15ᵉ flottille de canonnières de Falmouth et descendaient immédiatement sous le pont ; cinq minutes avant l'heure du départ, eux-mêmes et leurs bagages étanches étaient transbordés discrètement sur le bâtiment qui devait les emmener en France. Avant le départ, chacun d'eux était « soigneusement passé en revue pour vérifier qu'il ne portait sur lui rien de bruyant ou de lumineux »[48]. La BBC annonçait aux agents concernés en France, de la manière habituelle, l'arrivée prochaine de la canonnière (ou l'annulation du voyage, si le temps de le permettait pas)[49]. Le commandement naval de Plymouth annulait ses patrouilles nocturnes de surveillance des vedettes allemandes chaque fois qu'une opération VAR était en cours ; et des chasseurs de la RAF protégeaient l'expédition durant les heures de jour. Cette couverture aérienne ne pouvait être dissimulée, ce qui soulevait un problème de sécurité ; il en était de même des antennes de navigation et de S-phone dont se hérissait la canonnière. On résolut ces deux problèmes en faisant courir dans les environs le bruit que la flottille de canonnières avait entrepris une recherche très secrète sur les transmissions radio. Cette histoire semble avoir bien rempli son office ; Harratt raconte même que la femme de l'un des officiers de la canonnière « fit remarquer à son mari qu'il était grand temps qu'il ait lui aussi quelque chose de dangereux à faire, comme les autres gars ». On choisissait toujours une nuit sans lune, et la traversée était calculée de manière que le bâtiment n'approchât la côte ennemie à moins de trente milles que deux heures après le coucher du soleil au plus tôt. Cette distance de trente milles une fois atteinte, raconte Harratt, « on mettait les silencieux sur les moteurs et la vitesse s'en trouvait réduite. Arrivés à quinze milles de la côte ennemie, on coupait les moteurs principaux et on continuait avec les moteurs auxiliaires, dans un silence complet, à une vitesse maximale d'environ six nœuds, ce qui réduisait le sillage et sa luminescence. »[50]

Sur le rivage se déroulait un scénario très précisément préparé. On n'attendait de la mer aucun signal lumineux ; il était même interdit de parler et de fumer sur le pont du bateau (ce qui n'était pas facile à obtenir avec des passagers français). En général, contact était pris par S-phone, ou bien le groupe de la plage envoyait avec une torche électrique, en morse, une seule lettre préalablement convenue, ou faisait signe avec une balle lumineuse tenue dans le poing[51]. La canonnière mouillait l'ancre, qui n'était pas suspendue à une chaîne mais à une corde : un homme se tenait en permanence auprès de celle-ci, une hachette à la main, prêt à la trancher en cas d'alerte. Le groupe à débarquer était emmené sur la plage dans un canot à rames assourdies, que les rameurs tiraient sur les derniers mètres une fois que Harratt s'était lui-même rendu à terre pour vérifier que tout était en ordre du côté du comité de réception ; les arrivants portaient par-dessus leurs vêtements des pèlerines imperméables (que les marins remportaient ensuite) pour éviter les éclaboussures. Une fois débarqués, « ils avaient l'ordre de se comporter autant que possible comme des bagages. Quand on leur disait d'attendre, ils devaient toujours s'asseoir, sauf au moment même du débarquement, où ils restaient groupés près de la barque sans bouger... Ils ne devaient jamais prendre contact avec le groupe partant et n'avaient pas le droit de dire un mot, quoi qu'il arrive »[52]. Tout le monde était tête nue, afin d'éviter qu'un chapeau perdu ne laisse sur la plage une trace de l'événement. Normalement, la canonnière restait à l'ancre environ une heure et demie. Selon Harratt, les durées extrêmes ont été de 35 minutes et de 3 heures 30 : dans ce dernier cas, la barque ramenant au navire les passagers pour l'Angleterre s'était trouvée prise dans un brouillard soudain. Le temps passé à terre par les marins ne devait pas dépasser trois ou quatre minutes[53]. Les débarquements étaient faits à marée montante, pour réduire au minimum les traces sur le sable, et un membre du comité de réception faisait toujours une petite tournée sur la plage aux premières lueurs du jour pour vérifier qu'il n'y restait aucun indice de l'opération.

À cette heure-là, les voyageurs fraîchement débarqués se restauraient et se reposaient dans la villa où l'on avait, la nuit précédente, rassemblé les partants ; dès midi ils étaient tous partis, chacun vers sa destination. L'aînée des deux sœurs Jestin, Aline (*Jean*), qui travaillait à la préfecture de Rennes, fournissait tous les sauf-conduits nécessaires à la circulation en « zone interdite ». Le camion dans lequel s'effectuaient les déplacements vers le littoral et retour avait été fourni par Félix Jouan, minotier à Bédée, à l'ouest de Rennes. Ce dernier fut arrêté sur la route par un policier allemand, en janvier 1944, parce que ses plaques minéralogiques étaient sales. L'homme avait l'œil pointu : ayant jeté un négligent coup de torche électrique à l'arrière du camion, il y reconnut le modèle de valises utilisé par le SOE. Jouan fut arrêté (son compagnon, le représentant de Deman pour la plage de Saint-Cast, s'était éclipsé) mais il inventa une histoire si plausible – un inconnu lui avait demandé comme un service de lui transporter ces valises – que ses liens avec le SOE ne furent jamais établis. VAR était déjà tellement bien lancé à l'époque que Deman n'eut aucun mal à trouver un autre chauffeur ; le réseau survécut également à l'indiscrétion d'un contact de Quimper. Mais l'arrestation de Jouan constituait une alerte suffisamment sérieuse pour obliger les sœurs Jestin à quitter Rennes pour Paris.

VAR ne survécut pas longtemps à ce déménagement ; car, comme cela se produisit souvent à la section RF mais rarement à la section DF, le réseau se mit à faire boule de neige. Ses activités s'élargissaient sans cesse, de plus en plus de gens y étaient impliqués : il cessa d'être sûr et dut être entièrement refondu. Deman ne faisait pas partie du nouveau dispositif. Il rentra donc en Angleterre (par ses propres moyens) le 27 février 1944, emmenant avec lui son excellent opérateur radio Langard (*Dinu*) ainsi que Sicot (*Jeanette*), fils d'un pêcheur de Saint-Cast, son représentant sur le lieu de débarquement[54]. Langard et Deman retournèrent en France par mer le 18 mars. VAR commençait alors à échapper à tout contrôle ; les sœurs Jestin étendaient le réseau dans toutes les directions et de plus en plus loin de Paris, avec des contacts à Bruxelles et jusque dans la vallée du Rhône ; Langard avait déménagé de Redon à Quimper, non loin de la côte Sud-Ouest de la Bretagne. Les possibilités locales y paraissaient excellentes, et personne dans le réseau ne pouvait comprendre pourquoi il n'était pas envisageable d'organiser des débarquements sur les plages des environs. Lorsque la brièveté croissante des nuits fut sur le point d'imposer une interruption des voyages, Deman fut une fois encore convoqué en Angleterre pour consultation : il s'y rendit avec la dernière traversée maritime de VAR, la plus surpeuplée, et arriva le 16 avril. On lui expliqua en détail qu'il était devenu absolument nécessaire d'empêcher son réseau de se développer trop vite, puis on le renvoya en France par l'Espagne pour reprendre le réseau des mains de Louis Lecorvaisier (*Yves*), le discret courtier d'assurances de Rennes qui assurait son intérim, et le transformer en filière terrestre par les Pyrénées[55]. Mais ses nerfs commençaient à être sérieusement éprouvés, et sa sérénité ne survécut pas à une série de contretemps exaspérants dans sa traversée de la péninsule ibérique. Heureusement pour tout le monde, ses faux papiers furent égarés par l'un de ses guides au tout début de sa traversée des Pyrénées, et il fut rappelé. Ce furent donc Lecorvaisier, Langard et Émile Minerault de l'OSS (*Raymond*) qui effectuèrent cet été-là la conversion du réseau en filière terrestre, qui fonctionna jusqu'à la libération. Ajoutons pour conclure que Langard fut arrêté alors qu'il transmettait un message le 26 juin 1944. Il se tut sous la torture, sauvant ainsi les vies de ses compagnons au prix de la sienne. Il mourut à Buchenwald huit mois plus tard.

Liaisons aériennes

L'idée du parachute remonte à la Grèce préhistorique [56] et à la Chine du XIVe siècle. Les Russes furent les premiers à montrer ses possibilités offensives dans leurs manœuvres de 1930, avec une attaque aéroportée menée contre le QG d'un corps d'armée (Gubbins, qui travaillait à l'époque au ministère de la Guerre, vit un film de cette attaque présenté par l'attaché militaire soviétique à Londres en 1931) [57], mais son utilité pour la guerre clandestine était encore plus évidente. Dès le début de la guerre, les principales puissances et une bonne partie des autres disposaient du minimum d'équipement nécessaire pour acheminer des agents secrets par ce moyen. Le SOE n'avait aucune raison de faire exception.

Dans le formulaire ronéotypé que remplissaient ses candidats figuraient des questions sur leurs compétences de pilote, mais le SOE ne tenta pas, comme il l'avait fait pour ses liaisons maritimes, de se doter de sa propre flotte aérienne. Comme les autres services secrets et comme les troupes aéroportées, il resta dépendant de la RAF et de l'USAAF pour son transport aérien. En ce domaine, les querelles inter-services qui avaient pris une telle place dans ses affaires maritimes le gênèrent à peine. L'une des raisons en était que le DDOD (I) n'avait pas d'équivalent dans l'aviation. Dans les tout premiers temps, le problème de l'interdiction d'opérations aériennes ne se posa pas, car personne au SOE n'avait encore effectué l'entraînement bref, mais à peu près indispensable, à ce mode de transport ; et lorsque les hommes eurent appris à sauter, le service était devenu suffisamment fort pour surmonter la plupart des blocages bureaucratiques, sauf ceux du ministère des Affaires étrangères.

Le ministère de l'Air n'était pas plus disposé à voir le SOE opérer indépendamment par avion que ne l'avait été l'Amirauté à propos de ses déplacements maritimes ; mais Portal, chef d'état-major de l'armée de l'air, était tout prêt à autoriser, sous son propre contrôle opérationnel, les activités que le SOE jugerait utiles et à lui fournir un minimum de services de transport, pourvu que cela pût se faire sans affaiblir la grande stratégie[58]. Restait justement à quantifier cette ponction de manière qu'elle n'empiétât pas sur ladite priorité. Cela fit l'objet, dans les hautes sphères, de discussions acharnées. Citons ici un peu longuement un document qui illustre bien ce débat : il s'agit d'une note secrète de Portal adressée aux autres chefs d'état-major le 25 juillet 1943, durant l'une des crises récurrentes de pénurie d'appareils.

« Aussi désirable qu'il soit de soutenir l'action du SOE, nous devons replacer la question dans le contexte global de notre stratégie.

La question est simple. Étant donné que nous ne pouvons fournir des appareils pour le transport d'armes et de matériel destinés aux groupes de résistants qu'aux dépens, très directement, de notre campagne offensive de bombardements, quel prix exactement sommes-nous prêts à payer pour soutenir ces groupes ? Je propose… de fonder notre réponse sur un examen impartial de la situation stratégique actuelle.

Notre offensive de bombardements nous apporte sans conteste un bénéfice important et immédiat. Et pourtant nos attaques sont encore très loin d'atteindre le niveau souhaitable…

Je n'ai aucun doute sur l'utilité de l'action du SOE dans les Balkans ni sur la nécessité de faire le maximum dans cette région. Ces activités s'insèrent parfaitement dans notre plan stratégique global, elles se greffent sur nos succès et devraient nous donner des résultats positifs et immédiats.

On ne peut en dire autant du reste de l'Europe, où les efforts des groupes de résistance ne sauraient être vraiment rentables avant l'année prochaine. Le gain réel à attendre de ces groupes est une insurrection nationale. Pour que ce soulèvement soit victorieux (et il ne peut l'être qu'une fois), il faut que la capacité allemande de résistance à l'ouest du continent soit tout près d'atteindre son point de désintégration. Nous ne sommes pas en position d'exercer la pression nécessaire pendant neuf ou douze mois, sauf si la machine de guerre allemande se fissure sérieusement d'ici là. Or l'origine la plus probable de cet effondrement accéléré sera l'offensive de bombardements, qui ne doit donc pas être affaiblie par l'utilisation de notre matériel à d'autres fins, à savoir pour des opérations dont l'apport est à l'évidence secondaire.

C'est pourquoi je considère pour des raisons stratégiques que, s'il existe d'excellentes raisons de fournir au SOE un service de transport aérien pour contribuer à son effort dans les Balkans, fût-ce au prix d'une légère réduction de nos attaques directes contre l'Allemagne, ce serait en revanche une grave erreur de distraire d'autres avions pour ravitailler les groupes de résistance d'Europe occidentale, qui ne sauraient être d'une valeur *potentielle* que l'année prochaine, alors que ces appareils, employés à des attaques directes, peuvent nous apporter un gain *immédiat et réel* en hâtant la défaite de l'Allemagne. »

Développer ici cet échange d'arguments nous éloignerait trop de notre sujet ; mais il était bon de le mentionner, car il resitue bien dans le contexte général de la guerre la place occupée par les activités françaises du SOE.

Les appareils mis par la RAF à la disposition du SOE pour ses opérations en Europe du Nord-Ouest sont présentés dans le tableau 1. On constate qu'il fallut attendre août 1941 pour que leur nombre dépasse cinq ; ce chiffre s'éleva ensuite progressivement pour atteindre vingt-sept en novembre 1942 et trente-sept (au moins) au printemps de 1944.

Lorsque, en octobre 1940, l'escadrille 419 déménagea à Stradishall, elle cessa de dépendre du Groupe 11 (chasseurs) pour passer sous l'autorité du Groupe 3 (bombardiers), où elle resta encore un temps après la libération de la France ; et une base avancée, très discrète, fut installée pour les Lysander dans un coin de la grande base de l'aviation de chasse située à Tangmere, entre Portsmouth et Brighton, à très courte distance de la côte Sud de l'Angleterre. Ce dispositif permettait de pénétrer plus avant dans le territoire français qu'on ne pouvait le faire en décollant de l'aérodrome parfaitement camouflé de Tempsford, près de Cambridge, spécifiquement affecté aux missions secrètes.

En vertu d'un accord informel, l'escadron 138 fut consacré aux opérations de parachutage pour le SOE. L'escadron 161 effectuait les parachutages clandestins des autres services, beaucoup moins nombreux [59], ainsi que toutes les opérations comportant un atterrissage ; il

TABLEAU 1
AVIONS MIS À LA DISPOSITION DU SOE
PAR LA RAF AU DÉPART D'ANGLETERRE

DATE	UNITÉ	APPAREILS	TERRAIN D'AVIATION
21 août 1940	Escadrille 419	2+2 Lysander[60]	North Weald
Septembre 1940	Escadrille 419	2+2 Lysander, 2 Whitley	Stapleford Abbots
9 octobre 1940	Escadrille 419	2+2 Lysander, 2+1 Whitley	Stradishall
Février 1941	Escadrille 1419[61]	1+1 Lysander, 3+1 Whitley, 1 Maryland expérimental	Champ de courses de Newmarket
25 août 1941	Escadron 138[b]	1+1 Lysander, 8+2 Whitley, 2+1 Halifax, 1 Maryland	Champ de courses de Newmarket
Octobre 1941	Escadron 138	*idem*, mais 1 Wellington expérimental à la place du Maryland	Champ de courses de Newmarket
Février 1942	Escadron 138	10+2 Whitley, 5+1 Halifax, 1 Wellington	Champ de courses de Newmarket
Février 1942	Escadron 161[62]	6+1 Lysander, 4+1 Whitley, 2 Wellington, 1 Hudson	Champ de courses de Newmarket
1er mars 1942	Escadron 161	*idem*	Graveley
11 mars 1942	Escadrons 138 et 161	*idem*	Tempsford
Juin 1942	Escadron 138	4+1 Whitley, 10+2 Halifax	Tempsford

Juin 1942	Escadron 161	6+1 Lysander, 4+1 Whitley, 2 Wellington, 1 Hudson	Tempsford
Novembre 1942	Escadron 138	13+2 Halifax [63]	Tempsford
Novembre 1942	Escadron 161	5 Halifax, 6+1 Lysander, 2 Wellington, 1 Hudson	Tempsford
8 mai 1943	Escadron 138	18+2 Halifax	Tempsford
1er janvier 1944	Escadron 161	5 Halifax, 9+1 Lysander, 2 Wellington, 4+1 Hudson	Tempsford
Mai 1944	Escadron 138	20+2 Stirling	Tempsford
Mai 1944	Escadron 161	12+1 Lysander, 5+1 Hudson	Tempsford

Tableau constitué à partir de : *History*, IXE ; texte dactylographié non daté, 20 pages, dans le dossier AHB II HI/86 du ministère de l'Air, top secret ; et carnets de vol des escadrons 138 et 161.

effectua aussi quelques parachutages occasionnels pour le SOE, quand il avait des appareils disponibles. Ces deux escadrons prenaient également part, de temps à autre, à des raids de bombardement ordinaires ou à diverses missions exigeant des qualités exceptionnelles de navigation. Inversement, ils furent parfois complétés, à l'automne de 1943, par des escadrons de Stirling du commandement du bombardement, mis à la disposition des opérations spéciales à Tempsford : le maréchal de l'Air Harris ne voyant pas d'inconvénient à se priver temporairement de ses quadrimoteurs les moins efficaces (moins efficaces encore, comme bombardiers, que les Halifax) [64]. Aucun Lancaster ne vola jamais pour le SOE. À la fin de 1943, deux escadrons américains de missions spéciales équipés de Liberator et de Dakota vinrent s'installer à Tempsford pour se perfectionner ; ils furent déplacés, au début de l'année 1944, à Alconbury puis, au printemps, à Harrington, tout en continuant à effectuer leurs missions spéciales ; en février, mars et avril 1944 furent mobilisées plusieurs dizaines de Stirling et d'Albemarle du Groupe 3 et du Groupe 38 (transport) en vue de parachuter d'énormes quantités de matériel[65]. Entre-temps, quelques-uns des Halifax de l'escadron 624, parfois complétés par des Liberator américains, avaient régulièrement parachuté des hommes et du ravitaillement dans le sud de la France à partir de Blida, près d'Alger. Enfin, à l'été 1944, c'est-à-dire pendant les grandes opérations militaires en France, des formations importantes de « forteresses volantes » B-17 de la 8ᵉ USAAF procédèrent à des parachutages massifs de matériel à destination des maquis français[66].

Les procédures ordinaires de la RAF, conçues pour le contrôle opérationnel de groupes importants d'appareils, étaient tout à fait inadaptées à cette tâche très particulière, solitaire, minutieuse et secrète qu'était l'acheminement clandestin d'agents secrets et de matériel : des opérations spéciales exigent des dispositifs spéciaux. À l'origine, le ministère de l'Air traitait avec la section des opérations (MO) du SOE et, dans les premiers temps, il arrivait même que cette dernière dirigeât toute la partie de l'opération incombant au service. Mais, le plus souvent, elle était activée par une section pays ; et la section qui lui succéda, celle des liaisons aériennes (AL), ne travailla jamais en toute indépendance : elle traitait avec une sous-section de la direction du renseignement du ministère de l'Air nommée AI 2 (c) et n'avait, du moins formellement, aucune relation de travail directe avec Tempsford, Tangmere ou les autres aérodromes d'où partaient les agents, ce qui satisfaisait le sentiment des convenances de la RAF. Toutefois, lorsque plusieurs vols devaient partir la même nuit, c'était cette section AL qui fixait l'ordre de priorité. Dans le travail en direction de la France du moins, on ne trouve pas trace de vols de parachutage qui auraient été refusés au SOE au bénéfice d'un autre service secret, à la différence des opérations d'atterrissage destinées à ramener des agents en Angleterre, qui donnèrent lieu au début à quelques problèmes de cet ordre[67]. Mais il arriva plusieurs fois que la demande de parachutages du SOE dépassât très largement – parfois d'une centaine de sorties en un mois – les capacités de vol, ce phénomène touchant particulièrement le travail en France.

La préparation et la conduite d'une opération aérienne sont très bien montrées dans le film *School for Danger*, réalisé par le SOE avec l'aide de la RAF à la fin de la guerre ; on y voit Jean Wollaston jouer son propre rôle dans la salle de contrôle de Baker Street, qui dépendait conjointement de la section des liaisons aériennes (AL) et du bureau de D/R, le directeur régional pour l'Europe du Nord-Ouest (France, Belgique, Pays-Bas). La préparation était partagée entre la section pays concernée et la section AL, la première s'occupant des agents à convoyer et la seconde traitant avec la RAF. Une fois que la section AL avait fait accepter le terrain de destination à son homologue de la RAF et que la section pays était convenue avec le réseau d'accueil du message BBC qui annoncerait l'opération [68], le poste d'emballage préparait le matériel à envoyer ; ce matériel ainsi que l'agent (s'il y en avait un) et son accompagnateur se retrouvaient au terrain d'aviation. Lorsqu'un agent s'apprêtait à s'envoler vers le lieu de l'action, le moins qu'on puisse dire est qu'il éprouvait une certaine excitation ; en revanche, dès l'été de 1943, tous les autres acteurs concernés en Angleterre suivaient un protocole bien huilé. Les débuts avaient pourtant été rudes.

En 1940, la RAF disposait de quelques bombardiers bimoteurs Whitley, appareils lourds et peu maniables mais d'environ 1 400 km de rayon d'action ; on les avait modifiés en y pratiquant une ouverture dans le plancher afin de les rendre propres aux parachutages [69]. Le parachutiste n'a rien d'autre à faire qu'à sauter dans le trou : son parachute s'ouvre automatiquement par l'effet d'un mince fil métallique appelé « ligne statique », actionné par son propre poids. S'il a sauté d'une altitude bien calculée (150 à 180 mètres) et si le parachute a été convenablement plié, celui-ci s'est entièrement déployé quelques secondes avant d'atteindre le sol. Le choc de l'atterrissage équivaut à peu près à celui d'un saut d'une hauteur de quatre mètres ; on apprend vite à l'amortir en effectuant un roulé-boulé. Par une nuit calme et lorsque tout se passe bien, il ne s'écoule pas plus d'un quart de minute entre le moment où l'on se tient au bord du trou, prêt à sauter, et celui où l'on se remet debout sur le sol à côté de la masse de soie qui retombe doucement [70]. C'est court mais on a très peur… jusqu'à l'ouverture du parachute ; les quelques secondes qui suivent constituent l'une des expériences les plus délicieuses qui s'offrent à l'humanité. Les nombreux membres du SOE qui ont raconté leurs souvenirs mentionnent fréquemment ce moment d'euphorie [71]. Mais ce n'était pas pour le plaisir que l'on rejoignait le SOE. Comme l'écrit Piquet-Wicks, « être largué en France occupée, ce n'était ni une grande aventure ni un passe-temps excitant, c'était une lutte sans merci contre un ennemi impitoyable, bien souvent avec la mort au bout » [72]. Il faut garder ce sinistre rappel présent à l'esprit en lisant les précisions qui suivent. Dans la plupart des types d'appareils (Whitley, Albemarle, Halifax, Stirling et les modèles américains Liberator et Fortress), le parachutiste sautait ainsi par une ouverture pratiquée dans le sol du fuselage ; le Dakota, encore plus simple, avait une porte sur le côté : on sortait en faisant un pas dans le vide (liquidons ici un mythe tenace : on ne saute pas d'un Lysander, sauf dans les romans ou au cinéma). Si la technique du saut a peu changé au cours de la guerre, les normes de sécurité semblent s'être progressivement améliorées. Au début de 1941, le chef du service de renseignement de la France Libre Dewavrin éprouva une impression plutôt désagréable lorsqu'il vint faire son stage de parachutisme à Ringway :

« Le pourcentage des accidents, alors d'environ cinq pour mille, nous paraissait relativement inquiétant... À peine étions-nous arrivés qu'on nous emmena sur le terrain afin de nous "mettre en confiance". Nous assistâmes à un lâcher de sacs de terre parachutés : une bonne moitié des parachutes ne s'ouvrit pas et les sacs s'écrasèrent sur le sol avec un bruit mat et sourd très peu réconfortant. Nous nous regardâmes, un peu pâles... mais après tout, quelques parachutes s'étaient cependant ouverts : nous avions donc notre chance [73] ! »

Trois ans plus tard, on donnait à entendre aux stagiaires de Ringway que le taux d'accidents mortels était d'environ un sur cent mille, et on ne les gratifiait pas d'une démonstration aussi troublante ; mais ce n'était là qu'un moyen jugé plus efficace de leur inspirer confiance. Les sections françaises du SOE ont subi au total six accidents mortels de parachute, aucun durant l'entraînement. Orabona, un opérateur radio de la section RF, se blessa mortellement en touchant le sol, par une nuit de juillet 1942 [74]. Escoute, de la même section, qui effectuait en janvier 1944 une mission de liaison avec des syndicalistes français, fut invité à sauter alors que l'avion volait à une altitude insuffisante et le paya de sa vie [75]. Un Polonais périt également lors d'un saut quelques semaines plus tard, mais on ignore les détails de l'accident. Trois autres opérateurs radio connurent cette fin à l'été de 1944 : deux appartenant à des groupes JEDBURGH (Gardner de VEGANIN, dont la ligne statique n'avait pas été accrochée, et Goddard d'IVOR, à cause d'un parachute défectueux [76]), le troisième étant Perry, américain comme Goddard, membre de la seconde mission UNION, dont le parachute ne s'ouvrit pas [77]. Comme le total de membres du SOE parachutés en France fut d'environ mille trois cent cinquante [78], qui firent en moyenne quatre sauts chacun, les six accidents mortels enregistrés par le service représentent un taux d'environ un pour neuf cents, ce qui constitue un indéniable progrès par rapport au spectacle dont fut régalé Dewavrin. En tout cas, ni la section F ni la section DF n'eurent à en déplorer un seul. Par ailleurs, cinq agents furent perdus en vol alors qu'ils se dirigeaient vers la France pour y être parachutés : Jumeau lors de sa seconde mission et Lee Graham, qui entamait sa première, survécurent à la chute de leur appareil en avril 1943 mais furent arrêtés peu après, et Jumeau mourut en prison ; les trois autres furent tués lorsque le Liberator qui les transportait fut touché par un tir antiaérien (sans doute américain) le 15 septembre 1944, c'est-à-dire presque à la fin des combats en France, lors d'une mission dans les Vosges portant le nom de code peu engageant de CUT-THROAT (coupe-gorge)[79].

Les accidents non mortels furent beaucoup plus nombreux. Le plus grave arriva à Mynatt, membre du groupe JEDBURGH ARTHUR, qui se brisa la colonne vertébrale parce que son parachute ne s'était pas ouvert correctement, probablement par la faute de celui qui l'avait plié. Normalement, les agents se rendant sur le terrain avaient acquis un degré de condition physique suffisant pour se rétablir rapidement après les blessures éventuelles dues à l'atterrissage ; mais ils n'avaient peut-être pas tous la pugnacité d'un Harry Peulevé qui, en juillet 1942, franchit les Pyrénées sur des béquilles après s'être cassé une jambe à la suite d'un saut d'une hauteur insuffisante[80] ou celle qui entraîna Mynatt, avec ses vertèbres brisées, dans une vive escarmouche d'infanterie au cours de laquelle il tomba d'un mur et s'en cassa quelques autres[81]. La plupart des sauts effectués de trop bas peuvent être attribués à une faute du pilote. Ce sont bien le pilote et son assistant météo qui sont responsables d'avoir fait atterrir Sheppard (*Patrice*), en juin 1942, sur le toit d'un poste de police bourguignon : il fut fait prisonnier et menotté avant d'avoir pu poser le pied sur le sol français. Il échappa à la Gestapo mais fut repris au pied des Pyrénées et envoyé à Dachau ; d'où, sa chance ayant enfin tourné, il revint[82]. On raconte l'histoire d'un accident plus comique arrivé à un autre agent dont le parachute se prit dans un arbre. La lune s'était cachée, la forêt était obscure, il ne pouvait ni descendre dans le noir ni évaluer à quelle hauteur il se trouvait suspendu : il avait beau laisser choir des objets, il ne les entendait pas arriver sur le sol. Il ne lui restait qu'à attendre l'aube : celle-ci révéla un épais tapis de mousse à quelques centimètres de ses pieds[83].

Le matériel aussi pouvait pâtir dans la descente. Il était enveloppé dans des emballages de caoutchouc ou de fibre, ou placé dans des paniers ou des conteneurs métalliques. L'ensemble était confié au « *dispatcher* », qui larguait les colis juste avant ou juste après que le ou les voyageurs, sa responsabilité prioritaire, avaient sauté ; et, s'il n'y avait pas de passager, dès que le signal lumineux venu du pilote lui indiquait qu'on était arrivé au-dessus de la zone de destination. Chaque paquet pesait rarement plus de cinquante kilos. Plus de vingt mille paquets et paniers et près de cent mille conteneurs furent largués en France pour le SOE pendant la guerre[84]. Il y avait deux modèles de conteneurs : le type C était un cylindre de près d'un mètre quatre-vingts de long, contenant lui-même trois boîtes cylindriques ; le type H se composait de cinq cellules cylindriques autonomes, maintenues ensemble durant la descente par une paire de tiges métalliques (c'était l'invention d'un Polonais ingénieux, qui trouvait peu pratique et assez dangereux de trimbaler un objet de la taille d'un homme et pesant plus d'un quintal en plein territoire ennemi[85]).

Toutes sortes d'armes, d'explosifs, de vêtements et d'objets destinés à alléger les difficultés de la vie sur le terrain pouvaient être acheminés par ce moyen. Excepté des skis, les sections du SOE travaillant vers la France n'essayèrent jamais de larguer des objets plus grands que ce qui pouvait entrer dans un conteneur. Le SAS, lui, parachuta à plusieurs reprises en 1944 des jeeps et des canons antichars de 57 mm, mais ce n'était pas là le genre d'ustensiles dont le SOE jugeait bon de doter les combattants non professionnels qui formaient l'essentiel de ses réseaux : il n'utilisa jamais rien de plus lourd que le mortier ou le bazooka, et encore, rarement. On trouvera dans l'Appendice C quelques précisions sur le matériel parachuté, ainsi que des exemples de ce qu'emportait un avion à la veille du débarquement – c'est-à-dire sur la base de plusieurs années d'expérience – pour fournir aux maquis de quoi assumer, derrière les lignes, leur rôle d'appui à l'opération OVERLORD.

Le pliage des parachutes, la préparation des conteneurs et l'emballage des objets à livrer devinrent bien vite l'une des nombreuses petites « industries de guerre » secrètes. En Angleterre, dans l'ensemble, le travail était bien fait. On a même assuré qu'« il était impossible de réempaqueter dans une cellule tous les objets qui en avaient été sortis, tant ils avaient été adroitement agencés »[86]. Les destinataires se plaignaient bien parfois de n'avoir pas reçu les marchandises commandées ou de n'avoir rien reçu du tout, mais ces erreurs étaient plus souvent imputables aux bureaux de Baker Street qu'au poste d'emballage de la RAF, et l'on n'enregistra qu'une seule grave erreur : un réseau aux abois aurait reçu, au lieu d'armes, un stock d'abat-jour. Il y eut aussi parfois des accidents dus à la nature de la marchandise : par exemple l'explosion, au contact du sol, de conteneurs pleins de grenades[87]. En tout cas, le personnel de l'emballage développa un fort esprit de corps et une grande fierté professionnelle ; la joie était grande lorsque réussissaient des coups magnifiques tels que le parachutage sans aucune casse de deux cents bouteilles d'encre d'imprimerie destinées à un journal clandestin, ou la préparation en une seule nuit de quatre-vingt-dix conteneurs et soixante paquets qui devaient être livrés en Savoie dans les vingt-quatre heures. Dans ce cas particulier, aucun des six avions qui décollèrent dans la nuit du 14 au 15 mars 1943 ne réussit à larguer son chargement, et une bonne moitié de ce qu'on avait préparé dans une telle hâte ne fut finalement livrée qu'une semaine plus tard[88]. Ce genre de retard accidentel, exaspérant à la fois pour les réseaux et pour les équipages, était fréquent.

Le service d'emballage était nettement moins satisfaisant en Afrique du Nord, et les retards et interruptions y étaient beaucoup plus fréquents. Francis Cammaerts (*Roger*)[89], chef de l'excellent réseau JOCKEY dans le sud-est de la France, considérait que les emballages réalisés par la base de MASSINGHAM, dont dépendait le ravitaillement de son réseau, étaient « une honte », et évaluait à plus d'un cinquième les pertes de matériel dus au fait que le parachute ne s'était pas ouvert ou que les paquets craquaient pendant la descente ou éclataient en touchant le sol[90]. Il envoya un jour un rapport furieux à Londres, où il expliquait que « finalement parachutes de livraison pas ouverts comme d'habitude conteneurs tombés sur maison et causé fracture du dos mère d'un membre comité de réception cette foutue négligence absolument inexcusable pourriez aussi bien nous bombarder stop famille ne se plaint pas mais bon dieu moi si » ; et Londres, transmettant ce message à Alger, ajoutait : « Considérons situation très grave stop enquêter et faire rapport »[91]. Mais on ne constata aucune amélioration sensible. L'incompétence relative du poste d'emballage en Afrique du Nord était probablement attribuable à un personnel de moindre qualité[92] ; on aurait tort de l'imputer à l'officier responsable, Wooler, qui était un homme admirable. Ce Canadien, ancien vendeur d'automobiles, avait servi comme lieutenant dans les « compagnies indépendantes » et avait gagné Alger pour y organiser les parachutages, après avoir été pendant dix-huit mois instructeur au centre de formation du SOE près de Manchester. Lui-même fit près de trois cents sauts, souvent pour tester du nouveau matériel ; et ses dizaines d'élèves se souviennent avec gratitude de la façon qu'il avait de les accompagner lorsqu'ils partaient sur le terrain, à l'époque où il était dispatcher[93].

Ces livraisons massives confrontèrent le SOE à une crise qui faillit bien bloquer temporairement toute son action : une pénurie de parachutes[94]. Le SOE devait en passer commande au ministère de l'Air et avait bien du mal à convaincre le personnel auquel il avait affaire de l'importance décisive d'un approvisionnement régulier et suffisant.

À l'été de 1943, l'explosion de la demande pour la Yougoslavie, à laquelle s'ajoutait la perspective de gros besoins pour les troupes aéroportées à l'automne suivant, précipitèrent les choses. Fin juin, les parachutes étaient devenus si rares que le SOE envisagea de se restreindre. On essaya bien de substituer un tissu de coton très fin à la soie, mais cela ne fit que déplacer le problème, car le coton était nécessaire à la fabrication d'aérostats et de canots pneumatiques. Finalement on réussit (tout juste) à surmonter cette crise, et aucun acheminement ne fut annulé par manque de parachutes. En novembre 1943 fut créé un comité interservices de l'approvisionnement aérien où le SOE siégeait avec voix délibérative. Et l'on put constituer au SHAEF une réserve de parachutes suffisante pour répondre à la très forte demande de l'opération OVERLORD.

On se risqua parfois, au début de l'année 1944, à livrer en plein jour de petits paquets très urgents (de l'argent pour acheter la liberté d'un agent important, des médicaments, des cristaux permettant de créer une nouvelle fréquence radio pour un appareil situé en un point vital, etc.) ; ils étaient largués par un Mosquito de l'escadron 418. Mais ce dernier était un escadron ordinaire d'intrusion (canadien) basé à Ford près de Tangmere ; le dispositif était moins secret que celui de Tempsford et l'on y recourut rarement[95].

L'agent sautait assez souvent « à l'aveugle », c'est-à-dire au-dessus d'un paysage ouvert et, espérait-on, désert, dans lequel il devait, en arrivant au sol, se fondre rapidement et discrètement. Mais il arrivait souvent que ce saut ne soit pas effectué exactement à l'endroit prévu par la section pays et la RAF. On ne s'en étonnera pas compte tenu des difficultés de la navigation à basse altitude, de nuit, au-dessus d'un territoire hostile, mais cela exigeait de l'agent une grande capacité d'adaptation, à laquelle on ne pouvait le préparer puisque, pour des raisons de sécurité, on ne faisait pas en Grande-Bretagne d'exercices de saut à l'aveugle. Le problème ne se posait pas s'il y avait un « comité de réception ». Quant au matériel, il n'était presque jamais largué complètement à l'aveugle ; c'est seulement dans les premiers mois de 1944 que de nombreuses sorties de ravitaillement furent effectuées par des pilotes empruntés au commandement du bombardement, qui se contentaient de larguer leur chargement, sans grand souci de précision, au-dessus de zones connues pour être déjà sous le contrôle des maquis.

La tâche des comités de réception était hérissée de difficultés avant le parachutage, et souvent encore plus compliquée après. Ils devaient éclairer et surveiller la zone, guider le nouvel agent, récupérer les parachutes et le ravitaillement, effacer toutes les traces. Surveiller et éclairer étaient des opérations relativement simples. Trois hommes tenant des torches électriques ou des lanternes de vélo s'alignaient dans la direction du vent, au milieu d'un espace plat et dégagé d'environ huit cents mètres de long. Le chef du groupe, lui aussi muni d'une torche, prenait position de manière que les torches une fois allumées apparussent, vues d'en haut, comme un L majuscule renversé. Lorsqu'un bourdonnement lointain dans le ciel annonçait l'approche de l'appareil, toutes les torches se tournaient dans sa direction, et celle du chef émettait la lettre en morse convenue à l'avance. Si l'équipage voyait les lumières et si la lettre était correcte, il lâchait son chargement au-dessus du terrain éclairé et repartait aussitôt afin d'attirer le moins possible l'attention sur les lieux [96]. Parfois, l'avion transportait en plus un paquet de tracts qu'il dispersait au-dessus d'une ville voisine, pour fournir une explication à sa présence à basse altitude. Il ne restait plus au comité qu'à prendre possession du matériel livré, ce qui pouvait nécessiter quelques minutes ou plusieurs jours. Un membre du SOE assure avoir reçu une fois dix-sept conteneurs et les avoir emportés et stockés la nuit même avec l'aide de trois personnes seulement : un travail de titans [97].

La question des lumières était importante. Si les torches étaient trop puissantes, elles risquaient d'attirer l'attention de la police française ou allemande ; si elles étaient trop faibles, on ne les voyait pas de l'avion. Dans les zones montagneuses écartées et vers la fin de l'occupation, on se risqua parfois à remplacer les torches par des feux, qui présentent l'inconvénient de laisser des traces ; les plus téméraires le faisaient d'ailleurs depuis longtemps [98]. Les S-phones, lorsqu'il y en avait, pouvaient aider à guider l'avion vers le comité, mais dans une faible mesure seulement ; car si on l'entendait de beaucoup plus loin qu'on ne pouvait voir une torche électrique, ce n'était pas de beaucoup plus loin qu'on ne pouvait entendre un bombardier quadrimoteur. Rares étaient les pilotes qui parlaient français, et presque aussi rares les agents capables de s'exprimer en anglais de manière concise. Le S-phone, essayé pour la première fois en octobre 1940 et amélioré par plus de deux ans de recherches au sein d'une sous-section de la direction des transmissions du SOE, était un émetteur-récepteur radio à ondes ultracourtes permettant le contact vocal entre un bateau ou un avion en mouvement, portant le poste maître doté d'une antenne de sept à huit mètres, et un individu immobile sur la terre ferme. Sa portée maximale aurait parfois atteint quatre-vingts kilomètres avec un avion et vingt-quatre avec un bateau. En tout cas, il était parfaitement fiable sur environ la moitié de ces distances, et lorsqu'il fonctionnait bien les échanges étaient aussi clairs qu'une conversation téléphonique locale. En outre, il était difficile à intercepter, et le poste secondaire, détenu par l'agent au sol, tenait dans une valise[99]. Le S-phone était normalement connecté, du côté du poste maître, au système de communication interne de l'avion, ce qui donna parfois des résultats inattendus. Un jour qu'un appareil cherchait à repérer, près de Bordeaux, un comité de réception de Claude de Baissac (*David*), le tireur qui se tenait à l'arrière s'écria tout à coup qu'il apercevait les lumières et qu'elles étaient fichtrement mauvaises ; la réplique vint aussitôt du sol resté jusque-là silencieux : « Les vôtres le seraient aussi si vous aviez la Gestapo à un kilomètre ! »[100] Mais le S-phone embarqué sur un avion n'était pas, en principe, destiné à l'aider dans sa navigation : son utilité résidait dans la possibilité de conversations codées, parfaitement audibles et relativement sûres, entre un officier de l'état-major de Londres et un agent important sur le terrain. Des ordres et des informations de la plus haute importance pouvaient être échangés de cette manière. On pouvait aussi contrôler la sécurité d'un réseau en faisant voler au-dessus de sa zone un membre de l'état-major capable de reconnaître le chef de ce réseau à sa voix, et donc de déceler un éventuel imposteur (Drouilh, un officier de très grande valeur de l'état-major français à Londres, fut tué dans une opération de ce genre en décembre 1943, ce qui handicapa pour plusieurs mois les liaisons entre la direction de la section RF et ses combattants[101]). Dans les derniers temps de la guerre, on mit au point une version améliorée du S-phone qui permettait, dans certaines conditions, des conversations assez longues sur une beaucoup plus grande distance ; mais le SOE ne s'en servit pas, du moins en France[102]. Le risque d'attirer l'attention au sol grandissait à chaque minute que l'appareil restait dans le voisinage, et dès le milieu de la guerre les Allemands étaient équipés de radars permettant de détecter, et donc d'intercepter, les avions.

Inutile de dire qu'un bombardier lourd occupé à larguer du matériel, volant ailerons baissés juste au-dessus de la vitesse minimale de sustentation et dont l'équipage n'avait d'yeux que pour ce qui se passait au-dessous de lui, constituait, du point de vue de la chasse ennemie, une cible rêvée ; surtout lorsque la zone de parachutage était enclose entre des hauteurs, ce qui réduisait encore plus les chances du pilote de s'échapper après l'action. Curieusement, il semble n'y avoir aucun exemple en France d'un avion ainsi surpris pendant un parachutage clandestin. Par ailleurs, on choisissait toujours un site éloigné de toute DCA. De sorte que le taux de perte d'appareils en mission spéciale de parachutage au-dessus de la France resta à un niveau que l'histoire interne du bombardement aérien qualifie de « sympathiquement bas » : entre 1,5 et 3 % par an[103].

Mais ce travail spécial exigeait de l'équipage des aptitudes spéciales : concentration, endurance et surtout patience. Comme le dira vers la fin de la guerre le ministre de l'Air, « en terrain difficile, les risques de la navigation étaient presque aussi importants que ceux que l'on encourait du fait de l'ennemi »[104]. Voici ce qu'on peut lire à ce sujet dans l'histoire interne des opérations aériennes :

> « La navigation présentait des difficultés toutes particulières pour l'équipage en mission spéciale qui, pour mener sa tâche à bien, devait être capable de repérer avec la plus grande précision une cible minuscule et souvent mal définie, après avoir volé de nuit, pendant des heures, au-dessus d'un territoire ennemi. La navigation, tant durant l'ensemble du trajet qu'à l'approche de la cible, devait évidemment être de tout premier ordre. Les comités de réception avaient ordre de choisir des sites aisément repérables du ciel ; mais, pour de multiples raisons, cela ne leur était pas toujours possible, et l'avion ayant enfin trouvé sa zone de largage devait parfois chercher encore longuement les lumières destinées à le guider, qui pouvaient être à demi cachées par un bois, ou plongées dans les profondeurs d'une vallée… Le navigateur devait presque toujours recourir à la lecture de cartes et à la navigation à l'estime, ce qui exigeait du pilote qu'il vole à basse altitude au-dessus de l'Europe occupée[105]. »

Vers le milieu de la guerre fut produit un système radar amélioré, appelé *Eureka*, permettant de localiser plus facilement les terrains de parachutage. Il comportait deux parties. L'une était une balise émettrice, qui pouvait émettre aussi bien un signal d'appel qu'un signal constant (ou intermittent) ; elle pesait près de cinquante kilos mais tenait dans une grande valise et l'on pouvait, moyennant un emballage soigneux, la parachuter sur le lieu même où l'on souhaitait l'installer. La partie réceptrice s'appelait *Rebecca*. C'était un appareil également assez compliqué, qui trouvait place dans la cabine du navigateur d'un bombardier ; dans les meilleures conditions, elle pouvait capter le signal de la balise émettrice à une distance d'une centaine de kilomètres, et un navigateur qualifié pouvait faire amener l'appareil jusqu'à quelques mètres à peine de sa verticale. En combinant *Eureka* et S-phone, il semblait possible de ne plus se laisser arrêter par des nuages bas ou des bancs de brume, qui avaient constitué jusque-là l'une des principales causes d'échec des missions.

C'était trop beau pour être vrai : les résultats furent décevants. La principale raison en fut certainement que les hommes de terrain éprouvaient peu d'intérêt pour ces joujoux délicats et élaborés. Peu d'entre eux étaient des navigateurs ou des théoriciens des transmissions radio. Ils étaient toujours impatients de retourner à leur activité de sabotage et de construction d'une armée secrète, et leur exubérant je-m'enfichisme rendit presque sans objet l'acquisition coûteuse de ces radars : « Un grand nombre des *Eureka* envoyées sur le terrain n'ont plus jamais donné de leurs nouvelles »[106], et il ne semble pas y avoir eu en France un seul cas de parachutage réalisé par nuages bas ou dans la brume au moyen d'*Eureka* et du S-phone en combinaison. Les efforts déployés par l'état-major du SOE à la requête de la RAF pour établir, à l'usage des navigateurs, une carte des balises *Eureka* les plus puissantes installées sur le sol français furent totalement inefficaces. Sur ce sujet, les demandes formulées sur le ton le plus solennel et les ordres les plus comminatoires envoyés aux hommes de terrain tombaient dans un trou noir : ces derniers ne comprenaient tout simplement pas l'importance de ces boîtes compliquées bourrées de lampes radio et n'y voyaient que des machins encombrants, de surcroît impossibles à justifier en cas de contrôle policier[107]. Ils ne percevaient pas non plus l'avantage tactique (ravitaillements plus importants et plus réguliers) qu'ils auraient très directement tiré de l'établissement d'une carte des balises *Eureka*. Rares furent celles auxquelles les réseaux affectèrent un de leurs membres, mais elles rendirent alors d'immenses services[108].

Une autre initiative intéressante date de la fin de l'année 1943. Des zones convenant particulièrement bien au parachutage, que l'on appela « terrains de ravitaillement », furent équipées de balises *Eureka* ; des hommes devaient s'y trouver toutes les nuits où un parachutage était possible (c'est-à-dire, normalement, une semaine de part et d'autre de la pleine lune). De sorte qu'un avion qui ne trouvait pas le comité de réception avec lequel il avait rendez-vous pouvait se diriger, en se guidant sur les émissions d'*Eureka*, vers le plus proche de ces « terrains de ravitaillement » et y larguer le matériel qu'il transportait, au lieu de revenir à sa base avec son chargement[109]. La présence d'*Eureka* ne dispensait évidemment pas de toute la procédure habituelle, avec la disposition des torches et le groupe chargé d'emporter le matériel livré ; et il y avait encore mille et un risques d'accroc.

Le plus probable était l'interception des membres du comité de réception ; c'est la raison pour laquelle on se faisait volontiers fabriquer un faux permis de garde-chasse ou de médecin, qui permettait de circuler après le couvre-feu [110]. Compte tenu des contrôles policiers, des difficultés de la navigation aérienne et de l'imprévisibilité du temps – une zone de parachutage pouvant se couvrir de nuages en quelques minutes –, il n'est pas surprenant qu'environ deux sorties sur cinq de ces « missions spéciales » à destination de la France aient échoué. Du moins dans les débuts, car la proportion de succès s'éleva progressivement, passant d'environ 45 % au commencement de la guerre à 65 % (autrement dit deux réussites pour un échec) au cours des neuf premiers mois de 1944. Les opérations de parachutage de jour effectuées par l'USAAF après le débarquement, avec des appareils volant en grandes formations, atteignirent la proportion très élevée de 556 sorties réussies sur 562 : trois avions furent perdus et trois durent rentrer sans avoir accompli leur mission [111]. Le dixième environ des échecs nocturnes était dû, comme le reconnaissent eux-mêmes les pilotes, à des erreurs de navigation : ils ne trouvaient pas leur zone de largage ; moins d'un sur vingt à une défaillance technique de l'appareil, car les ateliers d'entretien de Tempsford fournissaient un excellent service ; entre le quart et le tiers (selon la saison) au mauvais temps : soit les conditions étaient si mauvaises que l'avion devait revenir à sa base avant d'être arrivé dans la région visée, soit il y parvenait mais pour la trouver obstruée par les nuages. Tous les autres échecs, c'est-à-dire entre la moitié et les deux tiers, eurent pour origine l'absence du comité de réception au rendez-vous. Généralement, comme le savaient bien les aviateurs, pour des raisons indépendantes de sa volonté [112].

Même si l'avion et le comité arrivaient tous deux au bon endroit au bon moment, le parachutage lui-même pouvait poser problème. Seuls les pilotes les plus expérimentés savaient évaluer avec précision leur altitude. Si l'on était trop bas, les colis risquaient de s'abîmer et les hommes de se blesser en prenant contact avec le sol ; trop haut, et un coup de vent suffisait à disperser voyageurs et marchandises. Les chefs de comité d'accueil les plus prudents prenaient soin de placer au moins un homme à une certaine distance au vent de la zone de largage, avec mission de repérer où tombait chaque parachute, ce que le clair de lune rendait aisé. S'ils étaient perfectionnistes, ils en plaçaient deux, chacun doté d'une boussole prismatique lumineuse, de manière à faire des relevés croisés. Mais les comités de réception étaient rarement conduits par des perfectionnistes. Plus d'un agent, entraîné à sauter dans des conditions rigoureuses de silence et d'obscurité, éprouva un choc en se relevant près de son parachute et en se voyant environné d'hommes parlant haut, fumant, riant et agitant des torches, au lieu, comme il eût été séant, de ramper dans le noir sous le couvert des haies. Certains allèrent jusqu'à sortir vivement leur pistolet, et l'on eut grand peine à les empêcher de tirer sur les amis qu'ils prenaient pour des ennemis [113].

Il est vrai que parfois des agents furent accueillis par des ennemis qu'ils prenaient pour des amis. Ce cauchemar de parachutiste est arrivé à France Antelme, Lionel Lee et Madeleine Damerment, à l'est de Chartres, au début du printemps 1944. En arrivant au sol, ils se retrouvèrent entourés d'un « comité de réception » ennemi et furent faits prisonniers après une courte lutte ; aucun ne revint. Ce genre de désastre, relativement rare (cinq cas en France, dont furent victimes en tout dix-huit membres de la section F), n'était même pas nécessairement fatal : Blondet (*Valerian*) réussit à échapper à une « réception » de la Gestapo, également près de Paris, au mois de juin suivant, tuant à coups de pistolet au moins l'un de ses assaillants [114].

Ainsi le parachutage permettait, moyennant un peu de chance et d'habileté, d'infiltrer hommes et choses en territoire ennemi. Ramener des voyageurs en Angleterre par la voie des airs était plus délicat, mais possible. L'un des membres de l'état-major aérien du SOE, qui fait remonter « les opérations de ramassage clandestin » à la visite des envoyés de Josué chez la prostituée Rahab dans les murailles de Jéricho, rappelle que « l'avion fut utilisé assez largement, pendant la guerre de 1914-1918, pour emmener des agents au-delà des lignes et pour les en ramener » [115]. La portance et la vitesse beaucoup plus élevées des années quarante rendaient ces précédents peu utilisables, mais le SOE savait se passer de précédents. Un appareil était là, auquel fut parfois appliquée la remarque de Voltaire sur Dieu : s'il n'avait pas existé, il aurait fallu l'inventer. C'était le Westland Lysander, un petit monoplan monomoteur trapu aux ailes très hautes, dont la vitesse de croisière était de 260 km/h et le rayon d'action, si on le débarrassait de son armement et de son blindage et qu'on lui adaptait un réservoir supplémentaire, de 720 km [116]. Il avait été conçu pour la coopération avec l'armée de terre et s'était révélé impropre à cet usage [117] ; mais pour aller chercher des voyageurs en catimini, il était magnifique. En plus du pilote, il pouvait transporter deux passagers, trois si nécessaire, quatre en cas de détresse ; son poids total en charge était de 4,5 tonnes et il se contentait, pour atterrir et décoller, d'un pré ou d'un champ de trèfle de trois ou quatre cents mètres de long [118].

L'utilisation régulière de cet appareil dans les années 1941-1942 ayant permis de constater qu'il était possible d'atterrir au clair de lune sur ce genre de terrain, on fit également appel à des bimoteurs d'une plus grande capacité : des Lockheed Hudson, armés, en 1943-1944, et des

Douglas Dakota américains, non armés, après le Jour J. Près de deux cents sorties furent menées à bonne fin vers la France pour le SOE, concernant plusieurs centaines de passagers (tableau 2), pour une perte totale de treize Lysander et de six pilotes.

TABLEAU 2 [119]
OPÉRATIONS AVEC ATTERRISSAGE DE LA RAF POUR LE SOE

	Missions opérationnelles	Opérations réussies	Passagers vers la France	Passagers de France
Lysander	279	186	293	410
Anson	1	1	–	4
Hudson	46	36	137	218
Dakota	3	1	15	23
Total	329	224	445	655

Tous les passagers figurant dans les colonnes « vers la France » de ce tableau étaient des agents secrets, et presque tous appartenaient au SOE ou aux services secrets de la France Libre agissant par l'intermédiaire du SOE (en de rares occasions, on profita d'une opération du SOE pour infiltrer des membres d'autres services). Ceux qui figurent dans la colonne « de France » étaient aussi pour la plupart des agents du SOE ou de la France Libre traités par le SOE, mais dans une moindre proportion. C'est que parfois un réseau qui se sentait serré de près par la Gestapo ne résistait pas à la tentation d'envoyer les femmes en Angleterre, s'il se trouvait qu'il y avait de la place dans un vol de ce genre ; parfois aussi, une personnalité politique française était appelée à faire le voyage et il n'était pas question, pour des raisons d'urgence, d'âge ou d'état de santé, de lui faire entreprendre la traversée des Pyrénées à pied[a]. Londres ne savait jamais

---

a. Firent ainsi la traversée par voie aérienne, dans un sens, dans l'autre ou dans les deux, les principaux chefs des mouvements de résistance, chefs de réseau ou résistants importants tels que H. Frenay (Combat), E. d'Astier (Libération Sud), J.-P. Lévy (Franc-Tireur), Chr. Pineau (Libération Nord), J. Simon (OCM), les Aubrac, des délégués de la France Libre comme Jean Moulin, Delestraint, Brossolette, Closon, Bouchinet-Serreulles, Bingen, Chaban-Delmas, des personnalités politiques ou militaires telles que Viénot, Queuille, Jacquinot, Vincent Auriol, Louis Marin, les généraux François d'Astier, George et de Lattre [J.-L. C.-B.].

PLAN D'UN TERRAIN D'ATTERRISSAGE CLANDESTIN
POUR UN BOMBARDIER LÉGER HUDSON

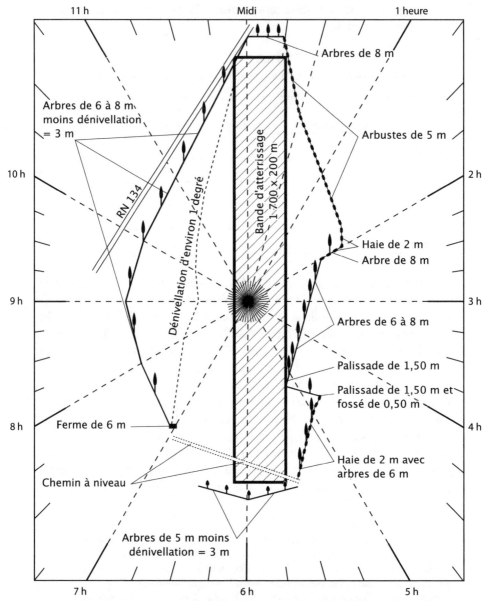

Ce plan a été reconstitué par SOE et les aviateurs de l'escadron 161 selon la méthode « Horloge »,
d'après les renseignements envoyés de France par radio et complétés par une photographie aérienne.
« Midi » indique le Nord. Les chiffres d'heures portés sur le plan servaient
à situer la distance angulaire des obstacles par rapport à l'axe du terrain.
Source : *Les Réseaux Action de la France Combattante*, France-Empire, 1986.

exactement qui allait débarquer d'un avion ayant effectué une telle mission, jusqu'à son arrivée et à l'identification de tous ses passagers. Il fallait alors s'assurer, ce qui n'était pas toujours facile et pouvait causer quelque embarras, que les arrivants étaient bien ce qu'ils prétendaient être et non des agents ennemis. (La rumeur selon laquelle un réseau du SOE concerné par ce type de transport était directement lié à la Gestapo est traitée au chapitre X). La plus vaste de ces missions consista à ramener de Limoges en Angleterre, dans la nuit du 2 au 3 septembre 1944, une quarantaine d'hommes appartenant à un escadron SAS en difficulté ; les deux Dakota qui y furent affectés amenèrent en France, par la même occasion, huit agents et plus de quatre tonnes de matériel.

Les statistiques concernant les opérations de ramassage ont été longtemps incertaines et souvent contradictoires, et le commandant Verity, auteur du tableau 2, admet lui-même que celui-ci n'est qu'une approximation, les archives de la RAF comportant des lacunes. Pour notre sujet, il faut regretter en particulier qu'il ne distingue pas les transports faits pour le compte de chacune des deux sections F et RF. Selon des chiffres publiés à Paris il y a une quarantaine d'années [120] concernant le seul BCRA, service secret de la France Libre, 589 personnes auraient fait le voyage de France par ce moyen, dans un sens ou dans l'autre : 383 à partir des bases de la RAF en Angleterre, 30 à partir de l'Italie ou de la Corse et 176 à partir soit d'Angleterre soit d'Afrique du Nord, dans des appareils soit britanniques soit américains. On sait par ailleurs que les opérations menées à partir de l'Afrique du Nord ont été peu nombreuses et ont transporté peu d'agents, ce qui situe à sensiblement plus de 500 les passagers Français Libres « déposés » et « ramassés » sur le total de 1 100 que donne le tableau ; on peut donc dire que ces voyageurs se sont répartis à peu près par moitiés entre ceux qui relevaient de la France Libre, pris en charge par la section RF, et ceux qui relevaient de la section F.

Les équipages en mission ordinaire obligés d'abandonner leur appareil au-dessus de la France n'étaient pas, normalement, rapatriés par le SOE ; S'ils ne parvenaient pas à prendre contact avec l'un des services d'évasion de l'armée de l'air, ils étaient supposés se débrouiller pour revenir par l'Espagne. Une exception, parmi quelques autres, est celle d'un jeune aviateur qui bénéficia d'une chance inouïe : son avion ayant été abattu, il se présenta à la première ferme française qu'il trouva sur son chemin. Or cette ferme était précisément le refuge d'un groupe de passagers que devait venir chercher un avion du SOE dans la semaine. Trois jours plus tard, le pilote prenait son petit déjeuner en Angleterre, et les responsables de la sécurité au SOE se cassaient la tête sur un joli problème... [121]

Les ramassages (*pick-ups*) étaient organisés et exécutés à peu près de la même manière que les parachutages, sauf que le ministère de l'Air, on le comprendra, exigeait une reconnaissance plus exacte du terrain d'atterrissage proposé, notamment une photographie aérienne récente. Les auteurs de l'histoire interne des opérations aériennes vont jusqu'à écrire qu'« une proportion très élevée des opérations d'atterrissage menées à bien en Europe occidentale peut être directement attribuée au travail effectué à Medmenham », c'est-à-dire à la station d'interprétation photographique de la RAF [122]. La RAF exigea aussi, après quelques expériences malheureuses, que toute personne responsable du comité de réception d'un atterrissage ait effectué un entraînement spécifique à cette tâche. Il s'agissait d'une formation d'une semaine dispensée par les pilotes de l'escadron 161. On y apprenait les caractéristiques absolument indispensables que doit présenter une piste d'atterrissage : un terrain ferme, une pente inférieure à un pour cent et un espace absolument dégagé d'au moins six cents mètres de long [123]. Ce stage avait en outre l'avantage qu'agents et pilotes y faisaient connaissance. Comme un vol de Lysander ne transportait pas d'objets plus volumineux qu'une ou deux valises, le groupe d'accueil à terre pouvait être beaucoup plus restreint que pour un parachutage. Au besoin, même, un agent en partance particulièrement agile pouvait préparer l'atterrissage seul : ayant disposé les torches à l'avance, il n'avait plus qu'à courir de l'une à l'autre pour les allumer après avoir échangé avec l'appareil le signal de reconnaissance en morse ; puis il les récupérait avant d'embarquer. Ce dispositif « passager-opérateur » était extrêmement sûr, mais prenait une ou deux minutes de plus qu'un atterrissage et un décollage normaux, soit un temps de séjour au sol de l'avion de cinq à six minutes.

Pour l'atterrissage d'un Lysander, les torches étaient aussi disposées en forme de L renversé, mais il n'y en avait que trois, avec la barre transversale à l'extrémité au vent ; le chef du groupe au sol portait la torche de l'extrémité sous le vent ; près de lui, les passagers, leurs bagages posés à leurs pieds. L'avion se posait juste après avoir passé cette lumière ; il tournait à droite, suivant la ligne présentée par les deux autres, et revenait à la première ; là, il virait de nouveau et s'arrêtait le nez au vent [124]. S'il n'amenait pas de passagers, les objets qu'il apportait étaient récupérés par le chef de groupe ; lorsque les bagages au départ avaient été hissés dans l'avion et que les passagers avaient débarqué et embarqué (rapidement et sans un mot), le chef de groupe au sol criait « OK » et l'avion repartait, deux ou trois minutes après avoir atterri (voir figure 1, p. 162).

Avec un bombardier léger, l'exercice était à peu près le même, sauf qu'il fallait une piste d'un kilomètre de long et davantage de torches ; plus de temps, aussi, mais l'ensemble restait étonnamment bref. Toutefois, dans les campagnes les plus reculées et compte tenu de la tendance bien humaine à négliger les mesures de sécurité, il n'arrivait que trop souvent que le bruit se répande d'une prochaine opération. Parfois, une véritable petite foule venait alors contempler le spectacle. Vers la fin de l'année 1942, Peter Churchill se retrouva ainsi au milieu d'une vingtaine de gens qui s'entassaient dans des voitures pour aller voir atterrir un Hudson, « dans l'insouciance joyeuse et bruyante d'une charretée de spectateurs revenant d'un match de foot après la victoire de leur équipe en finale »[125]. Inutile de dire que les Britanniques s'efforçaient par tous les moyens d'empêcher une telle effervescence. Les derniers paragraphes des instructions données aux chefs de groupe au sol ont un ton très ferme :

« Vous êtes responsable d'une opération militaire. Quels que soit le rang ou l'importance de vos passagers, ils sont sous vos ordres.

La famille n'a rien à faire sur le terrain. Si le pilote aperçoit un groupe au sol, il peut décider de ne pas se poser. Assurez-vous qu'au moment de l'atterrissage vous et vos passagers, et PERSONNE D'AUTRE, soyez à la gauche du signal lumineux A, et que votre assistant soit à la gauche du signal B. Toute autre personne, notamment toute personne s'approchant de l'avion par la droite, est susceptible d'être abattue par le pilote [126]. »

Même cet avertissement féroce n'eut pas toujours d'effet. Lors de l'atterrissage de deux Hudson près de Toulouse le 5 septembre 1944, un appareil écrasa deux hommes qui n'étaient là qu'en spectateurs, dont le colonel Parisot, entré à Toulouse en vainqueur quelques jours plus tôt à la tête du bataillon de l'Armagnac de George Starr (*Hilaire*), et qui méritait vraiment un meilleur sort [127].

Bien que l'escadron 161 fût stationné à Tempsford, ses Lysander partaient généralement de Tangmere, près de Selsey Bill, pour allonger leur rayon d'action. L'un des pilotes de Lysander avait auparavant servi dans un escadron de Spitfire basé à Tangmere. Il était donc bien connu des auxiliaires féminines WAAF qui travaillaient au mess, et qui le regardaient de haut car elles pensaient qu'il ne partait plus en opérations : on laissait croire en effet que les Lysander ne servaient qu'à l'entraînement. Le pauvre garçon ne pouvait que ronger son frein en silence [128].

Le lecteur intéressé trouvera dans l'Appendice D des explications précises à l'intention des pilotes sur la façon de conduire une mission avec atterrissage. Leur auteur, Hugh Verity, a lui-même atterri une trentaine de fois en France pendant la seule année 1943. Cowburn a donné de son côté une description très claire de cette opération du point de vue du passager [129]. Le texte, secret, de Verity confirme ce qu'écrit Tickell sur la conscience professionnelle des pilotes de la RAF et leurs relations amicales avec les « Joes », comme ils appelaient les agents. Verity confirme aussi que, si le protocole était strictement suivi, il n'y avait pratiquement aucun risque pour personne ; presque tous les drames qui sont survenus sont attribuables au non-respect de certaines règles. Comme système de communication entre les deux rives de la Manche, ces vols n'étaient peut-être pas aussi paisibles qu'un voyage en Eurostar, mais compte tenu des circonstances tout de même un peu spéciales de l'époque, c'était de la bonne besogne. La rapidité et la commodité du service peuvent être illustrées par cet épisode datant d'octobre 1943 : le jeune Français Libre Rosenthal (*Cantinier*) et son mentor anglais du SOE Heslop (*Xavier*) furent ramassés par un Hudson près de Mâcon dans la nuit du 16 ; ils vinrent à Londres faire leur rapport sur l'état des maquis proches de la frontière suisse et recevoir leurs instructions, et étaient de retour aux abords de Lons-le-Saunier deux nuits plus tard ; dans l'appareil (un autre Hudson) qui les ramenait sur leur terrain pour y poursuivre leur travail d'organisation avaient également pris place deux Américains qui allaient renforcer leur groupe : Devereaux Rochester comme agent de liaison [130] et Denis Johnson comme opérateur radio [131]. Cette nuit-là, dix-huit personnes attendaient en France de s'envoler vers l'Angleterre : deux Hudson les récupérèrent toutes[a].

Liaisons par voie de terre

Les premières tentatives britanniques de communication avec la France par voie de terre furent marquées par une certaine confusion et

a. Opération politique exceptionnelle : ces passagers étaient dix-huit délégués de la résistance française à l'Assemblée consultative provisoire d'Alger [J.-L. C.-B.].

pas mal de doubles emplois. De nombreuses filières informelles, montées au hasard des besoins, virent le jour à l'automne de 1940 : certaines gérées par des Polonais, d'autres par des Belges, d'autres encore par des militaires britanniques dont les avions avaient été abattus ou qui s'étaient trouvés coupés de leur unité à Dunkerque ou à Saint-Valéry, d'autres par des Français refusant d'admettre la victoire allemande. La plupart de ces filières passaient soit par Marseille soit par les Pyrénées. Il existait dans les Pyrénées une très ancienne activité de contrebande, sur laquelle les républicains espagnols vaincus avaient récemment greffé leurs propres filières – avec pour têtes de pont Bilbao et Barcelone – pour faire passer hommes et messages. Franco ne se sentait pas très solidement installé sur son trône madrilène, et l'Espagne était un État au moins aussi quadrillé par les forces de sécurité que la France occupée. Si la police espagnole était moins efficace que ne l'étaient parfois les Allemands, elle opposait néanmoins de formidables obstacles au voyageur clandestin. Elle était au surplus, à en croire l'ambassadeur britannique récemment nommé, infestée d'agents allemands ; et les Allemands, ainsi que les Italiens, occupaient « de solides positions dans tous les ministères et dans toutes les professions » [132]. Le régime portugais n'était pas beaucoup plus doux, mais lui au moins était en place depuis plus longtemps et ne devait pas son existence au soutien armé des deux pays de l'Axe.

Plusieurs sections du SOE s'intéressaient vivement à tout cela et leurs activités se chevauchaient et recoupaient également celles d'autres services secrets britanniques, français et polonais, chacun jouant des coudes pour établir ses positions. Finalement ce sac de nœuds fit place à un peu d'ordre. Des filières régulières furent établies, et toutes celles qui concernaient le SOE furent placées sous l'autorité de la section DF (qui était à l'origine une branche de la section F) au printemps de 1942. Deux ans plus tard, au moment de leur pic d'activité, leur « débit » moyen était d'environ un passager par jour [133].

Ces filières usaient de l'attirail des services secrets tel que nous le présentent les romans, à ceci près qu'il y manquait l'excitation, le doigt sur la gâchette et les femmes faciles. L'existence que menaient la plupart de leurs agents était très monotone, car elle devait apparaître aux yeux de tous comme tranquille, banale et entièrement consacrée à leur métier alibi : voyageur de commerce, libraire, médecin, blanchisseuse ou autre. On laissait volontiers croire aux voisins que l'on était de santé délicate. Mais, si une longue convalescence était une couverture idéale pour un opérateur radio, elle ne convenait guère à un chef de réseau ou à un messager, qui pouvaient être appelés à entreprendre un long déplacement du jour au lendemain.

Toute filière d'évasion exige, sur le plan humain, des nerfs solides et une absolue discrétion. Sur le plan matériel, il fallait disposer de deux éléments bien connus de ceux qui ont dû faire un jour du travail clandestin : des « refuges » et des « coupe-circuits ». Les premiers étaient des appartements ou des maisons dans lesquels on pouvait cacher les passagers, par groupes de deux ou trois, entre deux étapes de leur voyage. Leurs qualités essentielles étaient la présence de chambres d'amis aux rideaux épais, l'absence de voisins curieux et l'accès à des cartes de rationnement supplémentaires (la section des faux papiers du SOE avait acquis une telle habileté dans la fabrication des cartes de rationnement françaises qu'un jour où les autorités de Vichy avaient mis en circulation un nouveau modèle, elle parvint à en produire des imitations dans les vingt-quatre heures [134]). Un jardin à l'abri des regards était un luxe ; en revanche, il était utile que la maison comporte deux issues, et indispensable d'avoir le téléphone, faute de quoi le coupe-circuit ne pouvait pas fonctionner.

Le coupe-circuit est ce que le monde de la guerre secrète offre de plus proche de la sécurité absolue. C'est un moyen d'établir le contact entre deux agents qui, si l'on respecte son mode d'emploi, offre le minimum de prise aux services de sécurité ennemis. Un agent communique un message, codé de manière très simple, au coupe-circuit ; par exemple, si celui-ci est un libraire, il lui dira : « J'ai deux volumes d'Anatole France que je voudrais faire relier. Pouvez vous m'arranger ça ? » Le libraire attend d'être approché par l'agent suivant sur la filière, qui l'appelle pour lui demander : « Avez-vous des livres d'Anatole France en stock ? » De la réponse du libraire : « Oui, deux volumes viennent justement d'arriver », il déduira qu'il y a deux passagers à récupérer dans le refuge du boulevard Anatole France ; tandis que si le libraire répond : « Désolé, Mademoiselle, pas en ce moment », cela signifie qu'il n'y a pas de passagers ce jour-là [135]. La section DF ajouta un système de son cru pour accroître la sécurité de ce dispositif classique : une série de « rendez-vous coupe-circuits », qui divisaient chaque segment en compartiments étanches. Le passager était récupéré par un guide qui le laissait en un lieu convenu à l'avance, généralement un banc de jardin public, et s'éloignait. Une quinzaine de minutes plus tard arrivait le guide suivant, qui le prenait en charge sans avoir rencontré son prédécesseur (que le passager se gardait bien de lui décrire). Ce système faisait passer aux voyageurs nerveux une série de « mauvais quarts d'heure » et exigeait beaucoup de discipline et de ponctualité, mais il donnait de bons résultats.

La sûreté d'une filière d'évasion dépendait du nombre de ses coupe-circuits ; idéalement, ceux-ci intervenaient à chaque étape. Dans un bon système, la plupart des membres de la filière ne connaissaient que deux numéros de téléphone ou points de rencontre, un à chaque bout de leur segment. Même si l'ennemi faisait une descente chez le coupe-circuit, il ne pouvait pas en tirer grand bénéfice sauf s'il avait la chance de tomber précisément à un moment où des passagers étaient présents. Dans le cas d'un contact téléphonique, l'abonné pouvait être amené à avouer la forme que prendrait le prochain message codé, mais pas à dire d'où viendrait ce message car il n'en savait rien. Un agent compétent qui appelait un coupe-circuit au téléphone le faisait toujours à partir d'une cabine publique de café (pas d'un bureau de poste, car là il fallait montrer ses papiers) et s'en éloignait ensuite rapidement. Et le rendez-vous lui-même présentait peu de risques pour un guide vigilant.

La poste restante exigeait la complicité d'un postier et constituait une variante passablement plus lente. Par exemple, des agents désireux de rentrer en Angleterre à partir de la frontière suisse se rendaient d'abord par leurs propres moyens jusqu'à un refuge de Lyon, dont l'occupant les hébergeait pour la nuit et envoyait un petit mot amical (comportant un chiffre représentant le nombre de voyageurs) à Mlle Marie Labaloue, poste restante dans un certain bureau de la même ville. Mlle Labaloue n'existait pas ; le chef de bureau et sa femme, qui triaient le courrier, mettaient de côté ce petit mot, puis l'un d'eux passait le déposer chez le cordonnier ou la blanchisseuse du coin. Le cordonnier plaçait dans un angle de sa vitrine une certaine chaussure, ou la blanchisseuse une paire de bas. Une messagère passait devant les deux boutiques vers midi ; si l'une des deux présentait le signal, elle entrait prendre la lettre, récupérait les passagers (avec toutes les précautions voulues) et les conduisait jusqu'au refuge suivant. Le système était assez étanche et autorisait pas mal de ramifications [136].

Ainsi la filière VAR pouvait entrer en contact avec VIC en écrivant poste restante à un M. Jean Denier, également fictif. En cas d'urgence, elle pouvait utiliser un coupe-circuit téléphonique qui travaillait pour les deux filières : c'était un médecin d'Issy-les-Moulineaux, dans la banlieue parisienne. Il avait un cabinet extrêmement actif. Personne n'a jamais remarqué qu'un membre de VIC et un membre de VAR ont sonné chez lui tous les jours pendant des mois d'affilée, pour le cas où l'une des deux filières aurait voulu communiquer un message ou transférer un passager à l'autre [137]. Le système du coupe-circuit fit la preuve de son utilité lorsqu'une filière en France de la section DF fut dangereusement infiltrée. Un agent allemand qui lui avait été recommandé, en toute bonne foi, par une section d'un autre pays fut transporté par elle de Bruxelles jusqu'à Paris, puis Lyon. Tous les gens chez qui il avait séjourné, ainsi que le principal agent de liaison auquel il avait eu à faire, furent arrêtés, mais aucun des coupe-circuits ne fut touché. Au-delà de Lyon, la filière resta intacte. Et même en amont de Lyon, elle put continuer à fonctionner car un deuxième et un troisième réseaux de refuges et de coupe-circuits, indépendants l'un de l'autre et du premier réseau, avaient été créés en prévision de ce genre de cas [138]. Il ne restait qu'à indiquer à Londres (et, par son intermédiaire, aux agents de terrain) lequel des réseaux de remplacement prenait désormais le relais.

Le point fragile d'une filière était l'entrée en contact. Il pouvait en effet y avoir en circulation au même moment une vingtaine d'agents portant dans leur mémoire une certaine adresse et un certain mot de passe. Si l'un d'eux était pris et capitulait trop vite, et si son interrogateur savait saisir aussitôt sa chance, un ennemi pouvait être infiltré dans la filière et se faire transporter par elle un certain temps avant que sa véritable identité ne se dévoile. C'était un risque à prendre, et il se révéla justifié : le renseignement allemand n'en apprit jamais assez sur les filières de la section DF pour en tirer vraiment profit.

Les mots de passe étaient toujours très faciles à mémoriser. Le plus simple consistait à glisser deux mots donnés (par exemple « pierre noire ») dans une conversation [139]. Le plus souvent, une courte phrase servait d'introduction, et le contact devait lui donner une réponse convenue : « Je viens de la part de Victor » – « Vous voulez dire… Hugo ? » [140] Cela garantissait à chaque partie l'authenticité de l'autre, et c'était généralement suffisant. Mais, par précaution, le contact radio était normalement maintenu avec Londres, qui, au moindre soupçon à l'égard d'un passager se donnant pour un agent, pouvait fournir une question piège permettant de s'en assurer.

Les personnes prises en charge par les filières de la section DF étaient supposées appliquer des consignes extrêmement strictes pour leur sécurité. Quant aux membres de la filière elle-même, leurs règles étaient encore plus sévères. Le responsable de VIC à Paris les a ainsi résumées :

« Les membres ne se connaissaient que par leur pseudonyme.
Les domiciles du personnel régulier du réseau restaient toujours secrets.

Les nouveaux membres devaient abandonner toute autre activité clandestine.

Tous les membres réguliers devaient couper le contact avec leurs familles et vivre dans un domicile différent de celui où ils habitaient avant d'entrer dans le réseau.

Il était strictement interdit d'avoir sur soi des papiers portant des noms ou des adresses de contacts.

Les messages oraux circulant par l'intermédiaire de messagers entre le responsable et une autre personne étaient toujours donnés sous une forme codée que le messager ne pouvait pas comprendre.

Lorsqu'un message ne pouvait pas prendre cette forme, ou bien lorsqu'il ne pouvait pas être mémorisé par le messager, il était écrit sur un morceau de papier de soie qui était glissé dans une cigarette ou transporté de manière à pouvoir être aisément avalé ou détruit.

Les mots de passe devaient être prononcés très exactement comme convenu, faute de quoi ils n'étaient pas acceptés.

Les passagers hébergés dans un refuge n'étaient autorisés à sortir sous aucun prétexte, à aucun moment de la journée.

Les membres ne devaient jamais se présenter à un refuge sans avoir préalablement vérifié par téléphone que tout allait bien.

Les lieux de rencontre suivants étaient proscrits à tous les membres : certaines stations de métro, certains lieux publics tels que les restaurants de marché noir, les bars et les cinémas [141]. »

Le chef adjoint de la filière ajoutait deux consignes supplémentaires : « Une habitation où vivent des enfants ne peut pas servir de refuge » et « Lorsqu'on porte sur soi des documents susceptibles de vous incriminer, il faut accomplir sa mission clandestine avant toute autre activité ou démarche personnelle ou innocente » [142]. La vérification préalable par téléphone était régie par une simple inversion : si tout allait bien, le « gardien du refuge » disait de ne pas venir ; s'il répondait au contraire « Mais bien sûr, venez donc ! », cela signifiait « les Allemands sont là » [143]. Grâce à ces précautions, la filière VIC était assez bien protégée, bien que le chef de la section DF à Londres, Humphreys, ait écrit un jour : « Je serais le dernier à prétendre que la sécurité de mes représentants en France approche de la perfection » [144].

Il ajoutait dans la même lettre : « Comme 99 % des agents que je dois faire sortir de France me sont inconnus jusqu'au moment où ils ont des ennuis d'où il faut les tirer, et comme ma triste expérience m'a appris que 99 % des agents se mettent eux-mêmes dans les ennuis en commettant une faute stupide, je ne vous inciterai certainement pas à vous faire des idées sur leur discrétion, sauf qu'elle ne vaut pas grand-chose ». Il était sans doute furieux d'avoir à dépanner des passagers venus pour des opérations ponctuelles, qui avaient beaucoup plus tendance à faire les farauds que la plupart des autres agents et étaient souvent une plaie pour ceux qui les prenaient en charge, car ils acceptaient mal la consigne de rester enfermés ; certains poussaient l'indiscipline jusqu'à sortir en dépit des ordres, mettant en danger la sécurité de leurs hôtes. Il y eut effectivement des arrestations dues à un tel comportement [145].

Toute évasion a quelque chose de théâtral, mais certaines le furent au sens le plus plein. George Starr, chef de réseau de la section F en Gascogne, se tenait un jour, attendant une personne avec laquelle il avait rendez-vous, près de la caisse d'un grand café de Toulouse fréquenté par de nombreux officiers de la Gestapo en civil (le SOE privilégiait souvent ce genre de lieu pour ses rencontres, car ils risquaient moins d'attirer les soupçons). Au moment même où un garçon entrait par le fond en portant un plateau de consommations, deux hommes à l'air fatigué, en uniforme bleu, arrivèrent par la porte de la rue. Ils se dirigèrent tout droit sur le caissier et l'un d'eux lui dit avec un fort accent anglais : « Nous officiers RAF. Pouvez-vous nous aider ? » Le garçon s'empressa de laisser choir son plateau. Branle-bas. Le temps qu'il s'apaisât, on avait fait disparaître les deux aviateurs. Starr ne fut pas surpris lorsqu'on le pria, un peu plus tard dans la soirée, de faire quelque chose pour eux ; et pas fâché de s'en débarrasser au plus tôt par le biais d'un contact qu'il avait avec un membre de VIC, car des hommes aussi inconscients constituaient une vraie menace. Hélas, le retour rapide des pilotes en Angleterre eut pour conséquence que le nom du café toulousain se répandit dans toute la RAF comme une adresse « sûre », de sorte qu'à plusieurs reprises d'autres équipages s'y présentèrent, mettant à dure épreuve l'astuce du propriétaire, qui devait chaque fois trouver des ruses pour les tenir à l'écart de ses clients allemands [146].

Le franchissement proprement dit des frontières, à travers la plaine des Flandres ou les Ardennes, le Jura, les Alpes ou, plus souvent, les Pyrénées, se faisait généralement avec un guide. Il s'agissait ordinairement de contrebandiers, qui ne portaient pas les autorités dans leur cœur, de quelque nation qu'elles fussent, connaissaient toutes les ficelles et étaient (si on les payait vite et bien) parfaitement fiables. La filière la plus importante, VIC, s'assurait leur collaboration par l'intermédiaire de *Martin*, ancien général de l'armée républicaine espagnole. Hugh Dormer, qui utilisa cette filière par deux fois sans d'ailleurs rencontrer son chef ni savoir qui c'était, a écrit un récit très évocateur de ce que pouvait être une traversée des Pyrénées sous la houlette de contrebandiers : « un enfer »[147]. Mais il rôdait autour de ces « professionnels » une population plus équivoque et moins compétente, composée de ces épaves qu'on rencontre classiquement aux marges des situations troubles. Ces personnages demandaient de l'argent sous prétexte de connaître le coin et d'y avoir des relations, et étaient prêts à trahir les passagers impécunieux auprès de la police.

Les agents raisonnables veillaient à les éviter[148], mais même un contact fourni par une source fiable du SOE pouvait lâcher, comme Millar dut le constater lors de son évasion d'un camp allemand de prisonniers de guerre[149]. Par ailleurs, il était possible à un homme déterminé et pressé par la nécessité de traverser les Pyrénées par ses propres moyens. C'est ce que fit Sevenet (*Rodolphe*) en avril 1943. Il pénétra en Andorre par le col de Siguer, marchant dix-huit heures d'affilée avec parfois de la neige jusqu'à la taille. Arrivé là, il fut rapidement pris en charge par une organisation ne relevant pas du SOE, qui assura la suite de son évasion[150].

La procédure habituelle était plus simple. Il est intéressant de lire dans son entier le récit d'une traversée rédigé par le chef de VIC :

« Le soir du départ, les passagers sont regroupés dans l'un de nos refuges, où ils reçoivent leurs ultimes instructions sur le comportement à adopter en chemin, ce qu'ils auront à dire s'ils sont pris, où et quand ils changeront de messager ou de guide, etc. Ils quittent Lyon par le train de nuit et arrivent à Narbonne tôt le matin, vers sept heures. Là, l'agent de liaison qui les accompagne rencontre une ou deux personnes de l'organisation de *Martin*. C'est à ce moment-là qu'on décide si le groupe ira à Perpignan directement ou en faisant le détour par Carcassonne et Quillan. En arrivant à Perpignan, les passagers sont conduits, selon les circonstances, dans des refuges ou au jardin public. Ils quittent Perpignan le soir même : l'un des hommes de *Martin* les conduit hors de la ville et y retrouve des guides auxquels il les confie. Les passagers chaussent des espadrilles et commencent leur marche nocturne. Au matin, ayant traversé la zone interdite, ils retrouvent deux autres guides en un point convenu à l'avance, quelque part au sud de Céret, et continuent avec eux. Ils marchent encore, avec des pauses, toute la journée. Ce sont les guides qui portent la nourriture et le vin. La traversée de la frontière proprement dite se fait en plein jour, mais les guides sont très attentifs, l'un des deux restant avec le groupe et l'autre partant en éclaireur. Le soir même, c'est-à-dire le soir du premier jour, jonction avec l'équipe espagnole, qui leur fait traverser la zone frontalière côté espagnol. Vers onze heures ou minuit, ils arrivent à une ferme, où ils se restaurent et se reposent le reste de la nuit et toute la journée suivante, puis partent pour Figueras. Généralement, la voiture les prend à quelques kilomètres de Figueras et les emmène jusqu'à Barcelone...

Lorsque les groupes sont acheminés par la filière auxiliaire, cela prend plus de temps, mais la marche est moins difficile. J'ai emprunté moi-même la filière cette fois-ci et j'ai pu constater avec satisfaction que les guides font très sérieusement leur travail. L'aspect nourriture s'est considérablement amélioré, et je ne pense pas qu'aucun passager puisse prétendre avoir eu à marcher l'estomac vide. Il y a un refuge sur le versant espagnol. Ce qu'il nous faudra, et je suis certain que nous le trouverons avant que les nuits ne deviennent trop courtes, c'est un refuge entre Perpignan et Céret, car il sera impossible à partir du printemps de faire ce trajet d'une seule traite. À quelques heures près, le temps nécessaire pour aller de Perpignan à Figueras, où le passager monte en voiture, est d'environ 30 à 35 heures, dont 22 à 24 de marche effective. Le plus long segment est celui qui va de Perpignan à Céret : environ 12 heures ; le plus dangereux est celui qui va de Céret jusqu'au moment où l'on vous remet entre les mains des guides du côté espagnol ; et le plus difficile est la traversée de la zone frontalière espagnole [151]. »

Il y avait de meilleurs itinéraires, qui n'exigeaient pas une marche aussi harassante : Gerson s'efforçait de faire passer la plupart des passagers de Vic juste derrière Perpignan, où les montagnes sont relativement basses [152]. Il existait aussi, au début, un moyen ridiculement facile de franchir les Pyrénées, à condition d'avoir le guide convenable, des vêtements passant inaperçus dans la région et un tempérament décontracté. Le passager prenait le train avec son guide le dimanche après-midi, en direction de la station de montagne de Latour-de-Carol, huit kilomètres avant Bourg-Madame. Ils sortaient ensemble du village et, comme en se promenant, franchissaient les quelques centaines de mètres qui le séparaient de la frontière. En vertu d'une vieille coutume locale se retrouvaient là pour tailler une bavette, tous les dimanches, quelques dizaines de Français et d'Espagnols. Le soir, lorsque les gens commençaient à s'en aller, le passager repartait non pas avec son guide, mais avec l'homme qui n'avait cessé de bavarder avec celui-ci : un Espagnol qui le prenait en charge pour l'étape suivante de son voyage à destination de Barcelone, en passant par Puigcerda[153]. C'était trop beau pour durer : ce passage fut fermé lorsque les Allemands occupèrent l'ensemble de la France. Ils établirent alors une « zone interdite » tout le long des Pyrénées, de l'Atlantique à la Méditerranée, et surveillèrent tous les points de passage probables. Il ne restait à la section DF qu'à mener ses passagers par des voies improbables, ce qu'elle fit.

Une fois arrivés en Espagne, les agents n'étaient pas au bout de leurs peines ; s'ils se rendaient suspects à la police de Franco, ils pouvaient avoir à passer plusieurs mois dans le grand camp de Miranda de Ebro[154] ou d'autres lieux de détention[a] avant de pouvoir établir leur fausse identité d'une manière qui satisfasse à la fois les autorités consulaires britanniques et les services policiers et diplomatiques espagnols. Chalmers Wright fut ainsi bloqué dans une succession de prisons de début mars à fin juin 1943, alors qu'il était porteur d'une masse d'informations très importantes qu'il dut renoncer à transmettre pendant tout ce temps[155]. Mais, si les passagers étaient entre les mains d'une filière compétente telle que Vic, leur guide les amenait vraiment jusqu'au seuil du consulat britannique à Barcelone, où il était possible d'organiser leur passage à Gibraltar, *via* l'ambassade britannique à Madrid : ils voyageaient alors ouvertement (avec de faux papiers) dans des voitures diplomatiques, en tant que « prisonniers de guerre alliés évadés ». Signalons encore qu'un bon marcheur qui parvenait à atteindre le minuscule terminus de San Juan de las Abadesas, village de montagne situé au sud-est de Puigcerda, à temps pour attraper le 4 heures 10 pour Barcelone avait toutes les chances d'arriver au consulat sans encombre, car la police était trop paresseuse pour contrôler un train si matinal ; mais on connaît le cas d'un homme qui le rata de peu et fut arrêté à cette gare à 4 heures 30[156].

Un agent pouvait ne pas souhaiter, pour des raisons de discrétion, voyager ouvertement à travers l'Espagne sous la protection des autorités consulaires. En ce cas, il avait le choix entre plusieurs autres

---

a. Les évadés de France par les Pyrénées qui réussirent à atteindre Barcelone, Madrid ou Gibraltar sans être arrêtés ne furent pas nombreux, et presque tous étaient des passagers pris en charge par les grands réseaux d'évasion. Entre 1940 et 1944, environ 23 000 évadés de France eurent à subir, dans des conditions extrêmement dures, l'internement au camp de Miranda de Ebro [J.-L. C.-B.].

filières d'efficacité variable. S'il était homme de ressources, il pouvait même faire son chemin tout seul jusqu'à Gibraltar : ce fut apparemment le cas, en 1942, de Dziergowski, membre de la section EU/P [157]. La traversée de l'Espagne était plus ou moins aisée en fonction des tournants de la politique étrangère de son gouvernement [158].

La Suisse, l'autre voisine neutre de la France, pratiquait, elle, une authentique politique de neutralité, et son administration n'était pas infiltrée par des agents secrets d'un camp ou de l'autre. Lorsque les autorités suisses trouvaient une personne entrée illégalement sur leur territoire, elles la mettaient en quarantaine pendant trois semaines puis, en l'absence d'autre délit que cette entrée illégale, lui rendaient sa liberté à l'intérieur des frontières du pays. Lorsqu'il s'agissait d'un membre du SOE, c'était alors à la section DF de le ramener en Angleterre pour qu'il puisse reprendre le combat. Des agents établis à Berne sous diverses couvertures y créèrent rapidement des filières qui, par Lyon et Toulouse, conduisaient jusqu'à l'Espagne. Certaines de ces filières étaient des « lignes de passagers » ; d'autres, qui jouèrent un rôle important dans l'effort de guerre, transportaient des machines-outils suisses, dont l'industrie britannique d'armement avait besoin ; c'était là une tâche délicate dont la description nous ferait sortir de notre sujet.

Transmissions

L'auteur d'une intelligente biographie d'agent secret écrivit un jour cette remarque qu'un réseau clandestin a sans doute intérêt à renoncer complètement aux transmissions radio, celles-ci ne faisant qu'attirer l'attention de l'ennemi [159]. C'est peut-être vrai d'une organisation de renseignement véhiculant des informations « froides » ; en revanche, compte tenu des objectifs du SOE, priver le terrain de ce contact direct et fréquent avec le centre aurait constitué une mutilation rédhibitoire. Les commandos exécutant des actions ponctuelles pouvaient, eux aussi, se passer de radio. Mais le SOE avait un travail de réseau à effectuer dans la durée, qui eût été impraticable en l'absence de communications rapides avec Londres ; lesquelles, à de rares exceptions près, n'étaient possibles que par ce moyen. On consacrait certes beaucoup de temps et d'efforts, à Beaulieu – le centre de formation aux techniques de la clandestinité – pour apprendre aux stagiaires à envoyer un message codé dans une lettre ou sur une carte postale d'apparence innocente,

expédiée à une adresse banalisée à mémoriser ; quelques agents pratiquaient aussi l'encre sympathique. Mais la poste n'était, en temps de
guerre, ni rapide ni sûre. La carte postale codée était considérée comme
un bon moyen, pour un agent obligé de disparaître, de signaler à
Londres qu'il se trouvait à tel endroit et attendait d'y être pris en charge
par un membre de la section DF ; mais ce type de communication était
à l'évidence tout à fait insuffisant à des fins opérationnelles[a].

Il n'en était pas de même des transmissions radio. Gubbins a un
jour qualifié de « maillon le plus important de toute notre chaîne d'opérations » les opérateurs radio du terrain qui envoyaient régulièrement
à la direction de leur section, en Angleterre, leurs messages chiffrés.
« Sans eux, ajoutait-t-il, nous aurions été comme des aveugles »[160]. Et
le SOE en avait plus de cent cinquante en France en juin 1944.

Il n'y a pas lieu de s'étendre longuement dans ce livre sur les
techniques de la communication radio clandestine ; du reste je n'ai pas
les connaissances voulues. Je me contenterai, dans les pages qui suivent, d'indiquer rapidement les aspects tactiques du contact radio entre
la France et l'Angleterre tels que les perçoit le profane, et non du point
de vue de l'opérateur. Il n'était pas question d'échanges vocaux sauf,
à très courte distance, par S-phone[161]. L'instrument habituel de l'opérateur radio du SOE était un émetteur-récepteur ondes courtes, qui
envoyait et recevait ses messages en morse. Le modèle généralement
utilisé en France était appelé « B mark II ». Il pesait une quinzaine de
kilos et tenait dans une valise de dimension modeste (60 cm de long[162]).
Il pouvait émettre sur une assez large bande de fréquences (entre 3,5
et 16 mégahertz), mais son signal était faible, car un appareil aussi
petit ne dépassait pas les 20 watts[163]. Il lui fallait en outre une vingtaine
de mètres d'antenne, ce qui ne pouvait guère passer inaperçu dès lors
qu'on savait plus ou moins où chercher. La fréquence exacte de l'émission était déterminée par des cristaux amovibles, ce qui permettait d'en
changer. Il fallait à chaque opérateur au moins deux cristaux, un pour
le jour et un pour la nuit, mais ils en possédaient souvent davantage.
Ce sont des objets fragiles, qui peuvent se briser en tombant ou dans
le transport, et qui partagent avec les émetteurs-récepteurs un deuxième
inconvénient : il est pratiquement impossible de les faire passer pour
autre chose que ce qu'ils sont. Du moins sont-ils assez petits (ils

a. Les communications postales entre l'Angleterre et la « zone libre » fonctionnèrent à peu près normalement jusqu'au 11 novembre 1942, sous strict contrôle de la
censure de Vichy [J.-L. C.-B.].

tiennent dans le creux de la main) et donc faciles à dissimuler, par exemple en les enveloppant dans un pyjama. En revanche, l'émetteur-récepteur le plus petit dont le SOE disposa en France, le « A mark III », mesurait tout de même environ 38 × 24 × 10 cm [164]. Et si un appareil était découvert lors d'une fouille, il fallait à son détenteur, outre l'astuce et le culot, beaucoup de chance pour se tirer d'affaire. Certains radios sont ainsi tombés sur des policiers assez ignorants pour se laisser convaincre qu'il s'agissait de dictaphones ou de matériel de cinéma. Un autre sut jauger au premier regard le caractère des deux personnages qui lui avaient fait ouvrir sa valise et acheta leur silence au prix de mille francs chacun [165]. Un autre encore, plus flamboyant, aurait regardé droit dans les yeux l'Allemand qui l'avait arrêté et lui aurait dit : « Je suis un officier britannique, et ceci est mon poste de radio », s'attirant en retour une invitation rigolarde à passer son chemin [166]. Une opératrice fut arrêtée par deux Feldgendarme lors d'un contrôle sur une route de campagne, la seule fois où il lui avait fallu se déplacer avec son appareil (fixé au porte-bagages de son vélo) ; elle leur fit du charme, donna rendez-vous à l'un et à l'autre, sans qu'aucun des deux songeât à regarder sa valise ; après quoi elle fila et ne les revit jamais plus [167]. Un spécialiste pouvait reconnaître un émetteur dès l'ouverture de la valise. Pour y parer, la section de camouflage produisit quelques appareils déguisés en simples récepteurs personnels [168] ; mais il suffisait de s'y connaître un peu et d'ôter la plaque arrière de l'appareil pour savoir immédiatement à quoi l'on avait affaire.

L'opérateur prenait aussi un risque en se branchant sur le secteur. Les équipes de repérage directionnel du renseignement allemand étaient nombreuses et efficaces, probablement encore meilleures que les britanniques, qui pourtant, à en croire Langelaan, étaient capables, ayant capté une émission non identifiée, « d'effectuer en quelques minutes les premières mesures goniométriques. Si l'émetteur se trouvait quelque part au Royaume-Uni, en moins d'une heure des équipes mobiles de spécialistes, équipées d'instruments d'écoute et de mesure, convergeaient vers la région où il avait été localisé. » [169] Les opérateurs français sur le terrain s'aperçurent très vite qu'une émission prolongée faite à partir d'une grande ville avait toutes les chances d'attirer un véhicule de détection devant la porte de l'immeuble en une demi-heure [170]. Les Allemands inventèrent très tôt un moyen simple de déterminer dans quel secteur de la ville se trouvait un émetteur clandestin : ils coupaient le courant quartier par quartier et notaient à quel moment l'émission s'interrompait ; ils concentraient alors tous leurs efforts sur la zone ainsi repérée et pouvaient espérer déterminer rapidement au moins le bloc d'immeubles, sinon l'appartement lui-même, d'où l'appareil émettait. Il y avait plusieurs parades à cela : poster une équipe de protection qui alertait l'opérateur à l'approche d'un véhicule de repérage, voire d'un homme flânant dans la rue le col relevé, qui pouvait être un policier de la Gestapo tenant près de son oreille un appareil d'écoute ; émettre à partir d'un lieu isolé dans la campagne au lieu d'un appartement en ville ; ou encore se servir d'un accumulateur comme source d'électricité, ce qui toutefois soulevait un nouveau problème, celui de la recharge. Mais la meilleure protection de toutes, qui valait mieux encore que de remplacer plusieurs fois le cristal au cours d'une émission ou de changer souvent de lieu, était d'obtenir des auteurs de messages qu'ils fassent court. Moins un émetteur était utilisé, plus faible était le risque que les équipes de détection le repèrent. Dans les premiers temps héroïques, un radio pouvait « pianoter » plusieurs heures par jour. Presque tous ceux de cette première période furent pris. On devint donc plus prudent. Mais les opérateurs, moins occupés, se prirent alors d'intérêt pour les autres affaires de leur réseau, ce qui comportait de nouveaux dangers. Tirant les leçons de tout cela après la guerre, la section de sécurité écrivit que « l'idéal est que le radio n'ait aucune autre activité, qu'il rencontre son chef de réseau le moins possible, ou même pas du tout, et qu'il soit en contact avec le moins possible de membres du réseau » [171]. Mais la mise en œuvre de cette règle de conduite était de nature à rendre fou d'ennui tout opérateur qui ne fût pas exceptionnellement doué pour la solitude, et donc à le pousser à des initiatives susceptibles de le mettre inutilement en danger.

Ce fut là une difficulté constante. Une autre difficulté, plus grave, ne fut que temporaire : les communications radio avec le terrain ne furent pas d'emblée sous l'autorité directe du SOE. Certes, il fallait bien que ce dernier, comme tous les autres utilisateurs secrets ou non, se fasse attribuer une certaine bande par un bureau interservices de répartition des fréquences : ce n'était là qu'un point technique. Plus lourd de conséquences fut un présupposé partagé, à l'époque des débuts du SOE, par la plupart des hautes autorités : à savoir que les communications radio clandestines avec le continent représentaient un problème si complexe qu'il fallait les confier en totalité à un organe central unique. Celui-ci fut composé d'officiers d'état-major entièrement étrangers au SOE, puisque relevant de l'Intelligence Service, c'est-à-dire de l'organisme chargé de la collecte du renseignement sur les pays ennemis ou occupés. Or les relations entre ces officiers (et leurs chefs) d'une part et, de l'autre, l'état-major du SOE, étaient notoirement tendues, surtout les deux premières années. Dewavrin a donné une description lucide des risques et des difficultés rencontrés par ses services dans une situation analogue, et montré notamment le mélange mortel d'inertie et d'incompétence qu'il dut affronter en cette occurrence [172]. On finit néanmoins par admettre en haut lieu, à la lumière de l'expérience, que le SOE pouvait gérer ses propres communications radio, faire fonctionner et même fabriquer ses propres appareils, former ses propres opérateurs, inventer ses propres codes et effectuer lui-même son déchiffrement. Une direction des transmissions en son sein assuma tous ces pouvoirs à partir du 1er juin 1942.

Ayant ainsi conquis la pleine autorité en ce domaine sur le front intérieur, le haut commandement du SOE n'était guère disposé à s'en défaire au profit de ses agents sur le terrain. Le projet grandiose d'une armée secrète française forte de plus d'un quart de million d'hommes, que le chef du réseau CARTE, André Girard, fit miroiter à la section F en 1942, comportait la proposition d'équiper cette armée d'appareils radio pour ses communications internes. Comme beaucoup des idées de Girard, c'était une conception visionnaire mais peu élaborée sur le plan concret, et il n'en sortit finalement rien du tout, malgré l'enthousiasme qu'elle suscita chez son officier traitant Bodington [173]. Car elle allait directement à l'encontre de tous les principes d'une organisation clandestine saine et posait des problèmes épineux liés à son propre système de cryptage. La section F envoya effectivement par felouques sur la Côte d'Azur, cet automne-là, un lot d'appareils radio pour le cas où ce projet viendrait à mûrir. Cammaerts, le seul homme du SOE qui ait eu l'occasion de collaborer de manière assez suivie avec les partisans de Girard, hérita plus tard de trente de ces appareils. Mais ils avaient déjà été rendus pratiquement inutilisables par l'humidité et le manque d'entretien, et il les abandonna à leur triste sort.

Les questions de codage et de chiffrage des échanges radio étaient naturellement à la fois complexes et hautement secrètes et je ne vais pas essayer d'en rendre compte en détail. Je préfère renvoyer le lecteur intéressé au livre de Leo Marks *Between Silk and Cyanide* [174], qui porte précisément en sous-titre « La guerre des codes du SOE ». Ce membre du service du chiffre y expose avec une précision quelque peu excessive les failles du système (basé sur des poésies) que le SOE avait repris de l'Intelligence Service, et raconte comment lui-même parvint à ce remarquable résultat professionnel : la réinvention du « chiffre à usage unique », système inviolable imaginé par les Allemands dans les années vingt[175]. Le ministère des Affaires étrangères, qui l'utilisait depuis le début de la guerre, n'avait jamais jugé bon d'en parler au SOE, bien entendu[176].

Comparativement aux autres écrits sur le quartier général du SOE, le récit de Marks ne met pas précisément à l'aise, peut-être parce que lui-même ne se sentait pas bien dans le service. Il avait conscience d'être exceptionnellement brillant dans un milieu où cette qualité, chez un cadre de rang moyen, était plutôt mal vue. De surcroît c'était un civil ; et un juif. Il se sentait méprisé par les officiers placés plus haut que lui dans la section des transmissions ainsi que dans les différentes sections pays, sur lesquelles il lui fallut bien constater qu'il n'exerçait guère d'influence. Reconnaissons que l'antisémitisme n'était pas rare, au début des années quarante, dans les classes moyennes et supérieures britanniques, fût-ce dans une version bénigne fort éloignée de la judéophobie à l'origine de tant d'atrocités.

À partir de la fin de l'été 1943, les opérateurs radio du SOE en France disposèrent donc dans leur grande majorité de carnets de grilles de codage à usage unique, ce qui améliorait énormément la sécurité. Mais les Français Libres continuaient à utiliser, pour leurs communications politiques, des codes si simples que les Britanniques furent capables, en une occasion célèbre, de déchiffrer l'un d'eux pratiquement à vue[177]. Selon Marks, « chacun des messages » envoyés par les Français sous leur propre code « [pouvait] être lu par les Allemands » encore à la fin mars 1944[178]. Comme le principe du chiffre à usage unique n'a plus rien de secret[179], je peux le résumer ici sans donner de cauchemars à personne. L'agent détenait une mince liasse de carrés de soie, dont chacun était imprimé de colonnes de lettres ou de chiffres constituées de manière aléatoire, et à partir duquel tout message pouvait être codé ou décodé. Il utilisait les carrés de soie dans l'ordre où ils se présentaient dans sa liasse et devait ensuite arracher celui dont il venait de se servir et le brûler. La station de déchiffrement en Angleterre détenait l'unique double de cette liasse. Les radios du SOE ne reprochaient que deux choses à ce système : la soie brûlait mal, et la station de déchiffrement leur demandait parfois des éclaircissements sur des messages vieux de quinze jours[180].

Comment se fait-il que le Sicherheitsdienst de Paris ait su quelque chose des protocoles britanniques d'alerte et ait tenté d'envoyer de faux messages à partir des émetteurs qu'il avait saisis ? On examinera ce point en détail dans un autre chapitre[181], mais il peut être utile d'en dire dès à présent un peu plus sur la sécurité des transmissions radio.

Le meilleur moyen d'éviter de faire repérer un émetteur par les Allemands, qui s'y entendaient très bien, était d'émettre rarement, brièvement, à des intervalles irréguliers, en changeant constamment de longueur d'onde et de lieu d'émission : simple bon sens. Mais les membres du SOE ne furent pas toujours capables de bon sens. Encore à l'hiver 1943-1944, par exemple, Yolande Beekman, à en croire un ami et voisin français qui lui survécut, commit l'imprudence d'émettre pendant plusieurs mois d'affilée, à la même heure, du même lieu, et les trois mêmes jours de chaque semaine [182]. Il n'est pas surprenant que sa déportation à Dachau ait eu pour origine le repérage de son appareil. Pourquoi donc avait-elle fait quelque chose qui était certainement contraire à tout ce qu'on lui avait appris ? Probablement parce qu'elle-même et son chef de réseau avaient considéré qu'il était plus sûr d'émettre à partir d'un appareil bien caché dans une maison de confiance que de courir les risques inhérents à la recherche d'autres lieux ou d'autres appareils. Fatale erreur, mais dont le blâme ne doit pas entièrement retomber sur eux. Londres aurait pu instaurer plus tôt les horaires mobiles d'émission connus sous le nom de « skeds » (pour « schedules », c'est-à-dire horaires), qui seront d'usage courant à l'été 1944. Cette pratique rendait le repérage beaucoup moins aisé, au prix certes d'une difficulté encore accrue de la tâche déjà complexe des opérateurs. Un membre de la direction de la sécurité, selon lequel « on perd[ait] plus d'agents par suite du repérage radio que par l'infiltration de provocateurs », notait en septembre 1943 : « L'une des principales causes de nos pertes est en voie d'être éliminée par le nouveau Plan des transmissions » [183]. Mais il fallut longtemps pour le mettre en route, et des agents de valeur furent perdus dans l'intervalle.

Lorsqu'un radio tombait entre les mains de l'ennemi, il fallait qu'il pût en informer la centrale radio d'Angleterre. La méthode était celle d'un « indicatif de sécurité ». Il s'agissait d'un protocole propre à chaque opérateur, qui consistait généralement à insérer délibérément une certaine erreur ou série d'erreurs dans chacun de ses messages : par exemple la septième lettre du texte devait être fausse, ou chaque douzième lettre remplacée par la lettre précédente de l'alphabet. Les Allemands apprirent vite l'existence du dispositif et le SOE apprit vite qu'ils l'avaient apprise ; dès lors, chaque opérateur partait muni de deux « indicatifs de sécurité » : un faux (*bluff check*), qu'il lui était possible d'avouer s'il ne pouvait faire autrement, et un vrai (*true check*), à taire absolument. Le personnel du déchiffrement était au courant et indiquait sur la transcription quel protocole avait été respecté ; de sorte qu'au reçu d'une transcription portant la mention « *bluff check* présent, *true check* absent », le destinataire, à l'état-major de la section pays concernée, concluait que l'agent qui l'avait envoyé avait été pris et malmené.

Malheureusement, cela ne fonctionna pas très bien. D'abord, la réception radio des messages en provenance de France était souvent si mauvaise ou si brouillée, ou le morse de l'opérateur si fautif, que même un très habile spécialiste n'aurait pas toujours pu dire lesquelles, parmi les flopées d'erreurs qu'il avait sous les yeux, étaient intentionnelles et lesquelles involontaires ; et tous les déchiffreurs étaient loin d'être d'habiles spécialistes. Rappelons combien d'étapes un message était appelé à franchir avant de se retrouver sur le bureau de l'officier responsable à Londres : codage, émission, réception, décryptage, transcription sur le télex. Chacune de ces étapes était source d'erreurs. Les états-majors des sections pays exigeaient de recevoir chaque message exactement tel qu'il avait été décodé : le personnel des transmissions et celui du chiffre ne devaient pas y changer quoi que ce soit sur la base de leur propre interprétation. Simplement, lorsque le sens était immédiatement compréhensible, les déchiffreurs découpaient le message en mots. Dans le cas contraire, ils laissaient intacte la chaîne ininterrompue de lettres et de chiffres. Voici un exemple relativement simple de ce que recevait l'état-major : le décryptage d'un télégramme émis par *Mackintosh Red*, l'appareil émetteur de Peulevé du réseau AUTHOR/DIGGER en Corrèze, au sujet d'événements survenus à quatre cents kilomètres de là.

TOR 1028   12TH MARCH 1944
BLUFF CHECK OMITTED   TRUE CHECK OMITTED

73 SEVEN THREE STOP
FOLLOWING NEWS FROM ROUEN STOP XLAUDEMALRAUX DISAPPEARED BEL-
GIVED ARRESTED BY GESTAPO STOP RADIO OPERATOR PIERRE ARRESTES STOP
IF CLETENT STILL WITH YOU DO NOT SEND HEM STOP DOFTOR ARRESTES STOP
EIGHTEEN TONS ARMS REMOVED BS POLIFE STOP BELEIVE THIS DUE ARRES-
TATION OF A SEFTION FHEIF WHO GAVE ASRESSES ADIEU[a] [184]

---

a. Risquons une « traduction » de ce message, émis, comme l'indique sa transcription par le personnel du chiffre, sans *bluff check* (faux indicatif) ni *true check* (indicatif authentique) : « SUIVANT NOUVELLES DE ROUEN STOP XLAUDEMALRAUX DISPARU PNESONS ARRETE PAR GESTAPO STOP OPERATEUR RADIO PIERRE ARRET STOP SI CLETENT ENCORE AVEC VOUS NE LE ENVOYEZ PAS STOP DOFTEUR ARRETE STOP DIXHUIT TONNES ARMES SAISI PNR

Buckmaster, Vera Atkins ou Morel pouvaient saisir la teneur de ce message d'un coup d'œil en s'arrêtant à peine aux fautes, et prendre aussitôt les dispositions nécessaires pour stopper les préparatifs de départ de *Clément* (Liewer) ; un employé inexpérimenté du chiffre aurait eu beaucoup plus de mal. Le service des transmissions fournissait deux exemplaires de chaque télex à la section pays. Dans une section importante et très active telle que F ou RF, ces deux exemplaires étaient habituellement lus d'abord, simultanément mais dans deux bureaux différents, par un spécialiste des transmissions et par un cadre de rang moyen de l'état-major. Ces emplois changeaient souvent de titulaire, car les meilleurs officiers étaient rapidement promus ou devenaient moniteurs, et les plus mauvais mutés ailleurs. Il s'agissait à cette étape d'indiquer par des traits de crayon comment les chaînes de caractères agglutinés, s'il en restait, se divisaient en mots, de réunir les cartes ou autres documents utiles et de s'assurer, s'il y avait une décision à prendre, qu'elle était effectivement prise à l'échelon supérieur. L'officier supérieur ou le chef de section qui était le véritable destinataire du message tenait pour acquis que chacun des intervenants en amont avait fait ce qu'il avait à faire et se contentait de lire la substance du texte qu'on lui passait, sans s'arrêter aux indications incompréhensibles portées en tête du télex par la section des transmissions, à part la source et la date.

En France, les difficultés du chiffrage dans les conditions de la clandestinité étaient déjà telles qu'en y ajoutant des précautions supplémentaires on ne faisait que multiplier les sources d'erreur : en voulant placer aux endroits prévus par son protocole de sécurité une faute ou une série de fautes délibérées, un opérateur risquait d'introduire de nombreuses erreurs involontaires et ainsi de rendre totalement inintelligible ce qu'il essayait de dire à ses correspondants de Londres. Par ailleurs, le signal d'alerte n'était d'aucune utilité dans le cas le plus dangereux, celui d'un opérateur passant à l'ennemi, car bien entendu celui-là donnait « le vrai » protocole comme il donnait tout le reste. En tout cas, les Allemands apprirent rapidement l'existence du double dispositif, et ils exercèrent sur de nombreux radios capturés de telles pressions pour leur arracher la teneur du protocole véritable que seuls les plus héroïques réussirent à se taire. Pourtant il restait encore un

---

POLIFE STOP PNESONS CECI DU ARRESTATION DUN FHEF SEFTION QUI A DONNE ASRESSES *ADIEU* » [N.d.T.].

recours pour l'opérateur torturé moralement ou physiquement : dire en quoi consistait la faute convenue servant de signal d'alerte, mais mentir sur son emplacement.

C'était alors à Londres de s'apercevoir que quelque chose ne tournait pas rond. Or c'est là que le système rencontrait sa pire difficulté : la section F n'y croyait pas. Dans d'autres sections pays, surtout les plus petites, on contrôlait très soigneusement les messages ; même les plus brefs étaient passés au crible, et tout opérateur dont le vocabulaire ou la fréquence d'erreurs sortait de sa pratique ordinaire devenait immédiatement suspect. Il n'en était pas ainsi dans la section F. Les raisons en étaient personnelles : d'abord, Buckmaster et beaucoup de ses assistants étaient plus aventureux que méthodiques et n'aimaient guère recevoir de conseils ; ensuite, l'officier des transmissions qui s'occupa de la France pendant les deux dernières années, Georges Bégué, avait lui-même émis à partir de la zone non occupée pendant six mois sans s'embarrasser d'indicatifs de sécurité, et cela avait très bien marché [185]. Ce n'était pas un choix prudent, et il eut des conséquences néfastes. Cela dit, la section F n'était pas la seule à douter de l'efficacité du système puisqu'il est question, dans une note adressée vers la fin de la guerre à Boyle, directeur du renseignement et de la sécurité au SOE, de « la désinvolture avec laquelle plusieurs sections pays et celle des transmissions refusaient les dispositifs de contrôle de l'identité de l'émetteur. » [186]

Il existait bien une autre méthode, plus fiable, pour éprouver cette identité : avant de quitter l'Angleterre, les radios étaient invités à effectuer une émission « blanche », enregistrée sous une forme graphique par une machine spéciale qui conservait ainsi un échantillon de leur manière personnelle de taper le morse : ce toucher est en effet aussi individuel que l'écriture manuscrite et aussi aisément identifiable, tant à l'oreille que sous cette forme graphique souvent appelée « empreinte digitale ». Malheureusement, il se révéla par la suite qu'il est également facile à imiter : c'est ce qui arriva avec de nombreux agents du SOE en Hollande et quelques-uns en France. En Hollande, une demi-douzaine d'opérateurs allemands réussirent à envoyer des messages crédibles vers l'Angleterre à partir de quatorze émetteurs du SOE dont ils s'étaient emparés [187] ; les chiffres pour la France ne sont pas aussi élevés, mais les imitations y furent presque aussi efficaces [188]. Il y eut un cas, important, où le personnel des transmissions alerta une section pays sur le caractère « hésitant » d'une émission, qui était en effet la première tentative d'un radio allemand pour imiter un opérateur anglais. Les dossiers montrent qu'en plusieurs autres occasions la station d'écoute s'aperçut bien que l'auteur de l'émission n'était pas la personne habituelle, mais chaque fois il s'agissait d'une recrue locale de l'opérateur connu. En revanche, les imitations délibérées n'ont presque jamais été décelées d'emblée [189]. Ajoutons que Buckmaster doutait aussi de ce système, pour une autre raison : « Nous savions que les agents étaient souvent obligés d'émettre dans les pires conditions, par exemple dans une chaufferie d'immeuble, ou dans le froid glacial d'un bâtiment annexe, ce qui pouvait provoquer une altération importante de leur style d'émission, due à des crampes ou à d'autres ennuis de ce genre ». Et d'ajouter aussitôt : « En Angleterre, nous devions conserver une certaine souplesse d'interprétation, et il est vrai que parfois cette souplesse nous a conduits à accorder le bénéfice du doute, du moins pour un temps, à un opérateur qui se révéla par la suite être un ennemi. Ce sont les hasards de la guerre. » [190]

De toute façon, cette méthode de l'« empreinte digitale », comme l'indicatif de sécurité, ne protégeait pas contre le pire des cas, celui de l'agent passant à l'ennemi corps et âme, car lui-même pouvait alors manipuler son propre appareil dans son propre style. Aucune des sections travaillant en France ne semble avoir connu ce degré extrême de la trahison chez des opérateurs radio.

Une organisation clandestine ne peut se passer de dispositifs propres à contrôler la fiabilité de ceux qui envoient et reçoivent les messages. Il est juste de dire (et la section de sécurité formula elle-même cette autocritique peu après la guerre) que les mesures prises à cette fin par le SOE furent parfois dangereusement lacunaires. La direction des transmissions créa bien, en 1942, sa propre section de sécurité. Mais, d'une part, le personnel en était constitué d'officiers des transmissions et non de spécialistes de la sécurité, d'autre part il ne fut pas établi de contact systématique entre elle et les sections pays. Cette unité s'absorba si complètement dans des problèmes techniques qu'elle n'offrit pas, à certains réseaux français du moins, la protection nécessaire. On comprit trop tard la nécessité absolue d'une section de la sécurité opérationnelle, dont la tâche principale aurait été de passer au crible, chaque jour, l'ensemble des messages en provenance du terrain [191].

Mais le SOE fut aussi, en matière de transmissions, l'auteur d'une innovation époustouflante : la communication radio avec le terrain par le biais d'émissions ordinaires de la BBC. Dans les premiers temps, son directeur Nelson avait envisagé d'annoncer les prochaines opérations aux agents travaillant en Europe de l'Est par la diffusion de chants populaires slaves. Il existait un beau précédent : l'air que Masaryk avait fait siffler aux déserteurs tchèques de l'armée des Habsbourg, en approchant des lignes russes, pour s'en faire reconnaître[192]. Mais c'est le Français Georges Bégué qui fut le premier à proposer[193], à l'été de 1941, ce qui deviendra la manifestation la plus publique du SOE : la diffusion, chaque nuit, par le programme étranger de la BBC qui utilisait des émetteurs d'une puissance exceptionnelle, de dizaines de phrases revêtant les fausses apparences de nouvelles familiales ou de *nonsenses* dignes de Lewis Carroll. Des phrases comme « Roméo embrasse Juliette » ou « La chienne de Barbara aura trois chiots » auraient pu à la rigueur ne rien vouloir dire d'autre que ce qu'elles disaient ; mais « Esculape n'aime pas le mouton » ou « La voix du doryphore est lointaine » étaient à l'évidence des messages codés. Seuls l'état-major et les personnes concernées sur le terrain savaient que ces quatre messages annonçaient respectivement l'arrivée sans encombre en Suisse d'un messager du réseau PIMENTO parti de Toulouse, l'arrivée imminente à Barcelone de trois passagers de la meilleure filière pyrénéenne de VIC, un parachutage à destination du réseau GLOVER prévu pour la nuit même en un certain lieu près de Chaumont, et un appel de la section RF au sabotage immédiat des communications téléphoniques dans la région « R3 », qui s'étendait du Puy à Perpignan et à la frontière espagnole. Les Allemands perdirent beaucoup de temps et d'énergie à essayer de décrypter ces codes absolument indéchiffrables, ce qui était en soi un gain pour l'effort de guerre allié. Un bénéfice déjà plus important consistait en ceci qu'un agent pouvait utiliser les messages BBC pour prouver à un interlocuteur incrédule qu'il relevait bien des services britanniques : le sceptique était invité à inventer lui-même un message, et l'agent n'avait plus qu'à demander à Londres de le diffuser sur la BBC. C'était surtout un énorme avantage pour les comités de réception de savoir avec précision que la RAF allait tenter un parachutage en tel lieu précis. Par les belles nuits de lune de l'été 1944, des dizaines de messages annonçant des parachutages s'envolaient ainsi chaque soir sur les ondes.

On pourrait difficilement imaginer une méthode plus publique de communication au sein d'une organisation clandestine, et pourtant la sécurité en fut excellente, à une très grave exception près. On veillait à assurer un débit constant de messages, quitte à en diffuser de faux s'il n'y en avait pas assez de vrais. Mais le dispositif connut un très grave échec : les Allemands affirment en effet que certains types d'« appel à l'action » à destination de groupes de sabotage leur étaient connus. C'est ce qui leur aurait permis d'apprendre, le soir du 5 juin 1944, qu'un important débarquement allié aurait lieu le lendemain [194].

Liaisons locales entre réseaux

Le fonctionnement du SOE était régi par un principe fondamental : le contrôle centralisé de Londres sur les opérations. Ce principe paraissait à ses dirigeants, comme à tout responsable d'un service secret, une règle de sécurité élémentaire. Les consignes édictées à la même époque par les communistes en France étaient d'ailleurs très semblables : « Les liaisons entre organisations d'un même échelon sont absolument interdites (les groupes de base de trois ne doivent pas se connaître entre eux, les cellules ne doivent pas se connaître entre elles ; il ne doit pas y avoir de liaisons horizontales). » [195] De la même façon, deux réseaux du SOE en France ne savaient en principe rien l'un de l'autre, même si leurs zones d'action étaient contiguës ou se chevauchaient partiellement. Ils n'avaient théoriquement aucune raison de communiquer, et si la nécessité se faisait sentir de faire passer un message de l'un à l'autre, la manière correcte de procéder était de le faire transiter par l'Angleterre. Disons tout de suite que cela ne s'appliquait pas à la section DF : d'une part, une filière d'évasion que ses passagers potentiels ne pourraient pas joindre ne servirait à rien ; d'autre part, il lui faut aussi pouvoir transférer ses passagers en excédent sur des filières voisines moins chargées. Nous ne parlons donc ici que des réseaux directement opérationnels.

Bien qu'il fût, en principe, interdit à ceux-ci de communiquer entre eux, leur pratique était beaucoup plus brouillonne. Les agents qui avaient noué une relation de sympathie pendant leur formation avaient fortement tendance, et c'était dangereux, à chercher à se revoir sur le terrain. Les envoyés du SOE, en particulier ceux qui n'étaient pas français d'origine, se sentaient souvent très isolés, et leur entraînement ne les avait pas toujours bien préparés à supporter cette solitude. S'ils avaient en général assez de bon sens pour ne pas chercher à se consoler en draguant une inconnue au hasard, comment résister à la tentation d'un moment de détente en compagnie d'un autre membre de leur « fraternité », avec lequel ils pouvaient enfin déposer le masque de leur personnage d'emprunt ? Un sens plus aigu des nécessités de la lutte clandestine les aurait avertis qu'un tel relâchement était dangereux pour leur identité de couverture, qui devait les habiter en permanence pour être d'une quelconque utilité. Un grand réseau fut détruit, entraînant dans son naufrage la plupart de ses membres, à cause de ce penchant à fréquenter les vieux copains [196]. Il eût certes fallu être stupide pour fixer rendez-vous en France à de futurs collègues avant de quitter l'Angleterre. Mais il fallait une grande force d'âme pour faire comme si on ne reconnaissait pas un ancien camarade d'entraînement rencontré par hasard. Yvonne Cormeau, l'opératrice radio de George Starr, aperçut ainsi Francis Cammaerts dans un train bondé près de Toulouse, quelques jours après avoir rejoint la France en août 1943 ; elle essaya de capter son regard, mais ses yeux à lui l'effleurèrent avec la plus totale indifférence. Elle se souvint alors du commandement de la discrétion, et ils vécurent l'un et l'autre assez longtemps pour raconter l'histoire. Mais si la rencontre se produisait en un lieu moins exposé, il n'était pas facile de résister à l'envie de prendre un verre et de bavarder un peu lorsqu'on tombait sur une vieille connaissance. Dans les premiers temps, plusieurs agents envoyés en France furent ainsi arrêtés parce que l'ami rencontré était déjà surveillé sans le savoir.

Mais un réseau pouvait avoir besoin d'entrer en contact avec un autre pour les nécessités de ses propres opérations : comment faire ? S'il n'avait pas d'émetteur radio, envoyer un message par l'intermédiaire de Londres pouvait exiger plusieurs mois. Parfois, il avait la chance d'avoir été muni d'une adresse et d'un mot de passe à utiliser, sous certaines conditions bien précises, pour effectuer une jonction. Sinon, il n'y avait rien d'autre à faire qu'à envoyer un membre du réseau se poster dans un bourg, une gare ou un restaurant où l'on avait des raisons de penser que quelqu'un de l'autre réseau allait se montrer. Si les deux agents s'étaient connus pendant leur formation, aucune formalité n'était nécessaire, sauf que, bien entendu, le moins tatillon des agents, accosté de la sorte, posait nécessairement quelques questions pour vérifier que l'autre n'avait pas changé de camp. Certaines rencontres de hasard, dans la rue, ont aussi été à l'origine d'une coopération féconde [197].

Lorsque les agents qui cherchaient à entrer en contact ne se connaissaient pas, il fallait une certaine dose d'ingéniosité pour trouver un moyen sûr de s'assurer mutuellement de leur loyauté. Les sessions de quatre jours qui constituaient la clôture du cursus de formation permettaient de veiller à ce que les agents disposent d'un minimum d'entraînement en la matière. Il fallait par exemple laisser tomber mine de rien (et repérer) une certaine expression au milieu d'une conversation générale dans un bar ou une salle d'attente. Une fois que les deux personnes s'étaient reconnues, il ne restait qu'à transmettre le message.

Là s'appliquaient les enseignements dispensés en Écosse concernant la rédaction et le support des messages, et ceux de Beaulieu concernant leur transmission. Le vieux truc consistant à inscrire le message sur un bout de papier très mince, roulé bien serré et inséré dans une cigarette à l'aide d'une aiguille, donnait généralement satisfaction ; un agent raconte qu'il eut un jour le plaisir de fumer toute une semaine de messages destinés à Londres sous le nez des Allemands qui venaient de l'arrêter [198]. Un autre prenait la peine de tirer quelques bouffées de cette fameuse cigarette, puis de l'éteindre et de garder le mégot dans sa main en se rendant à un rendez-vous clandestin, de manière à pouvoir le jeter dans le caniveau s'il était surpris par une rafle [199]. Il existait une multitude de manières de coder les messages, et là encore la formation suivie à Beaulieu était d'une grande utilité. La communication en clair sous forme allusive (dite « Playfair ») en était une, bien évidemment, mais pas particulièrement sûre. Curieusement, on ne connaît qu'un exemple de son utilisation à des fins de contact entre réseaux : c'est celui, passablement romanesque, qu'imagina dans sa prison le chef du réseau PRIEST Defendini [200].

La quantité de contacts entre réseaux voisins variait naturellement tant en fonction des nécessités tactiques que du sens de la discipline et de la sécurité de leurs chefs. Ils étaient beaucoup plus denses dans la section RF que dans la section F. Dans la section DF, ils étaient soigneusement limités et contrôlés, mais le meilleur chef de cette section en France n'a parfois pas hésité à détourner à son usage des membres de la section F : l'un de ses meilleurs radios était une recrue locale de ladite section, qui avait assuré sa formation. Les Polonais de la section EU/P circulaient en fonction des ordres qu'ils recevaient à l'intérieur de leur communauté très fermée.

Au sein d'un même réseau, il était rarement nécessaire de prendre des dispositions très compliquées pour le contact entre membres qui ne se connaissaient pas. « Cherche un homme au teint brun et aux cheveux bouclés et dis-lui que tu viens de la part de Pierre », voilà le genre d'instructions qui suffisaient généralement. Seul le bon sens permettait de se garder de l'infiltration allemande de cette façon parfaitement simple. Parfois, il existait un mot de passe du réseau ; les membres de PROSPER s'authentifiaient l'un à l'autre en demandant : « Où peut-on trouver de l'essence à briquet ? », la réponse étant : « Du carburant, vous voulez dire ?» Avec un réseau aussi vaste, c'était probablement bien pratique mais non sans danger, puisque l'existence du mot de passe rendait plus facile à un agent ennemi de se faire admettre lui-même comme authentique dès lors qu'il l'avait appris ; dans un réseau aussi mal protégé que PROSPER, c'était fort à craindre. Mais la sécurité mérite un chapitre à part.

En attendant, un dernier point doit être mentionné. L'opinion des agents opérationnels à ce sujet était pratiquement unanime : si les filières d'évasion ont régulièrement pratiqué les messages postaux ou téléphoniques codés, pratiquement aucun réseau de combat ne se fiait à ces deux modes de communication, quelle que fût la sécurité supposée des codes. Les télégrammes étaient encore moins utilisés, car l'administration française exigeait en temps de guerre que l'expéditeur du télégramme produise un papier d'identité, ce que tout membre d'un réseau clandestin évite naturellement autant que possible. Les enseignements de Beaulieu avaient à juste titre souligné que les services postaux étaient probablement très surveillés ; il y eut quelques cas où leur utilisation imprudente conduisit des agents tout droit en prison[201]. Bien entendu, cette saine méfiance à l'égard des PTT ne concernait pas son personnel en général : en plusieurs occasions, des postiers aidèrent activement des groupes du SOE à organiser le sabotage de réseaux téléphoniques et télégraphiques. En France comme aux Pays-Bas, il est arrivé qu'un réseau téléphonique fût mis par leurs soins à la disposition de la résistance[202].

CHAPITRE V

LES CONDITIONS
DE L'ACTION CLANDESTINE EN FRANCE

> « La nature du travail entrepris par le SOE rendait
> l'infiltration de ses réseaux inévitable et l'on ne peut pas
> dire que les Allemands aient atteint leurs objectifs, compte
> tenu de tout ce qui jouait en leur faveur [1]. »
>
> (Rapport secret britannique.)

En France, les hommes et les femmes du SOE devaient se garder
d'un grand nombre de polices, françaises et allemandes, dont les compétences se chevauchaient du reste plus ou moins. Lorsqu'on vit dans
une société relativement libre, éloignée dans le temps et l'espace de la
guerre, de la faim, de l'occupation et de la répression, on a du mal à
se représenter ce qu'était l'existence des agents du SOE, ou même des
habitants en général, en France occupée. Chaque acte de leur vie quotidienne pouvait être rapporté, puis scruté et interprété par une police
politique ou une autre ; sauf pour les plus riches, l'alimentation était
insuffisante ; tout homme d'âge mobilisable risquait à chaque instant
d'être pris dans une rafle et emmené dans un convoi de travailleurs
forcés ; et l'ennemi était d'une férocité inouïe.

Les nazis s'étaient emparés du pouvoir en Allemagne par une série
d'actions mûrement réfléchies reposant sur trois axiomes : le pouvoir
maximal est la chose du monde la plus désirable ; les ordres donnés par
Hitler à cette fin doivent être exécutés en toutes circonstances ; aucun
autre code, aucun autre précepte de vie n'est à prendre en considération.
Hitler s'était chargé pour sa part de la mûre réflexion, et avait appris à
ses bandes à obéir. C'est sur ce fondement de mauvaise foi illimitée
que reposait l'« ordre nouveau ». Les capacités des services de sécurité
allemands étaient très inégales et pas toujours à la hauteur du mythe
soigneusement entretenu de leur omniscience et de leur omnipotence.
Certes, leurs prisonniers ont souffert et sont morts par millions ; une
fois entre leurs mains, on ne pouvait se sentir qu'en danger, et l'agent

d'une puissance ennemie encore plus que quiconque. Mais en même temps les grands chefs de ces différents services songeaient surtout à leurs propres intrigues ; quant à leurs subordonnés, ils étaient souvent au moins aussi incompétents que cruels. Si tant d'agents du SOE trop fougueux ou insuffisamment formés pour le travail clandestin ne furent pas arrêtés et rentrèrent tranquillement au pays après la guerre, ils le durent souvent plus à l'inefficacité de la police allemande qu'à leur propre habileté. L'appareil d'État nazi était ainsi fait que bien souvent les fonctionnaires allemands du contre-espionnage étaient plus acharnés à marquer des points contre les services rivaux à Berlin que contre leurs ennemis sur le terrain. J'utilise ici le terme « contre-espionnage » dans une acception large qui couvre toutes les activités de sécurité. En effet, les hommes du SOE n'étaient pas des « espions » au sens habituel du terme. Mais les méthodes employées à leur encontre ou à celle d'autres agents alliés étaient conçues moins en fonction de ce qu'ils étaient réellement que des besoins de la lutte interservices à la cour de Hitler. Comme ces rivalités internes constituent un sujet extrêmement compliqué qui ne concerne le SOE qu'accessoirement, il n'est pas nécessaire de s'y attarder. Contentons-nous d'indiquer les principaux services que le SOE avait en face de lui.

En ce qui concerne la France, ils étaient pour la plupart dirigés de Paris, où siégeait l'*Oberbefehlshaber West* (commandant en chef du front de l'Ouest), avant comme après l'invasion allemande de la « zone non occupée ». Deux exceptions mineures à cette règle : le Nord et le Pas-de-Calais dépendaient, en ces matières, de Bruxelles ; et une demi-douzaine de départements frontaliers de l'Italie furent placés, de novembre 1942 à septembre 1943, sous le contrôle de cette dernière, du moins en principe ; car en fait les Allemands y étaient également présents et actifs.

Il existait deux organisations allemandes de contre-espionnage, dont les compétences se recouvraient partiellement : l'une dépendant de l'armée, l'autre du parti. Elles furent à couteaux tirés pendant pratiquement toute la guerre, jusqu'au moment où la seconde dévora la première. « Il est difficile, avec ces gens, de savoir quand ils sont de connivence et quand ils cherchent à se duper l'un l'autre », dit le bon magicien du *Seigneur des Anneaux* à propos des mauvais[2] : la remarque s'applique bien aux services de sécurité allemands, qui d'ailleurs l'ont peut-être inspirée. La guerre entre services est un mal endémique de toutes les administrations. Londres était loin d'en être exempte en ce début des années quarante, mais les poussées de fièvre qui s'y produisirent, aussi nocives qu'elles aient pu être, n'étaient rien à côté des batailles qui faisaient rage à Berlin. Les deux principaux adversaires de ces combats aux motifs futiles mais aux issues parfois lourdes de conséquences étaient l'armée et la SS. Chacune avait sa police : respectivement l'Abwehr, sous les ordres de l'amiral Canaris[3], et le Sicherheitsdienst (Service de sécurité), placé sous le contrôle personnel du chef des SS, Himmler, par le biais de la Direction de la sécurité du Reich (RSHA). La *vox populi* des pays occupés avait tendance à appeler indifféremment tous ces organes « la Gestapo ». Nous nous conformerons à cet usage populaire dans les prochains chapitres, mais c'étaient tout de même des organes distincts, et jusqu'à la fin de 1943 le sort d'un agent capturé pouvait être très différent selon le service qui s'occupait de lui. Canaris et Himmler restèrent en très mauvais termes pendant les quatre premières années de la guerre, chacun cherchant à s'assurer l'autorité exclusive sur les organes de sécurité, et par là sur l'État. Les défaites militaires en série subies par l'Allemagne durant l'hiver 1943-1944 donnèrent enfin l'occasion à Himmler de discréditer Canaris, qui fut démis de ses fonctions en février ; au cours du printemps, son état-major fut progressivement absorbé dans le RSHA ; enfin l'Abwehr disparut officiellement le 1er juin. La position équivoque de l'amiral dans l'affaire de la conjuration du 20 juillet contre Hitler lui coûta la liberté, et finalement la vie : il fut envoyé à Flossenbürg où il fut exécuté en avril 1945, ne survivant qu'une dizaine de jours à un groupe des meilleurs agents de la section F.

En France, l'Abwehr avait deux branches principales, distinctes l'une et l'autre de la Feldgendarmerie, dont les hommes en uniforme étaient aussi voyants, avec leur hausse-col métallique, qu'au Royaume-Uni leurs équivalents à calot rouge. L'une de ces deux branches, la Geheime Feldpolizei (GFP) ou police secrète de campagne, relevait autant du commandement militaire que de l'Abwehr. Sa tâche principale consistait à arrêter les suspects. Ceux-ci lui étaient désignés par l'autre branche, notamment par sa section III F qui s'occupait expressément des agents alliés et qui comptait, en France, quelques officiers de renseignement compétents ; mais qui, comme toute l'Abwehr, était non seulement empêtrée dans sa rivalité avec la SS mais desservie par une mauvaise délimitation des responsabilités en son sein. Son siège parisien était l'hôtel Lutetia, boulevard Raspail, mais elle disposait d'antennes importantes au Havre, à Angers, Nantes, Bordeaux, Dijon et Lyon. L'antenne de Lille dépendait de Bruxelles. Un seul personnage de l'Abwehr parmi ceux qui eurent à s'occuper d'agents du SOE sera nommément cité ici : Hugo Bleicher. Le plus curieux parmi bien des faits curieux à son sujet est son rang : il ne s'éleva jamais au-dessus du grade de sergent, peut-être parce qu'il était trop empressé, trop zélé, trop sérieux pour que ses supérieurs pussent envisager de le hisser à leur niveau [4]. En tout cas, son rôle dans l'histoire du SOE a été considérablement exagéré, notamment par lui-même, comme on le verra plus loin.

En ce qui concerne les organes de sécurité du parti, leur complexité aurait suffi à désorienter le plus subtil théologien. Une seule chose était claire : leur chef était Heinrich Himmler. Mais ce dernier, tout en étant à la tête des SS, était aussi le ministre de l'Intérieur de Hitler. Comme tel, il avait autorité à la fois sur l'Ordnungspolizei (Orpo), c'est-à-dire la police ordinaire de maintien de l'ordre, et sur la Sicherheitspolizei (Sipo) ou police de sécurité, également présente dans les pays étrangers occupés. La Sipo se divisait à son tour en Kriminalpolizei (Kripo) et Geheime Staatspolizei (Gestapo), extension d'une police secrète nazie créée à l'origine dans la seule Prusse. La Gestapo, qui constituait une partie importante de la section IV du RSHA, était responsable de l'arrestation des agents ennemis ; ses missions recoupaient en partie celles du Sicherheitsdienst (SD), le service de sécurité du parti. À eux deux, Gestapo et Sicherheitsdienst eurent entre les mains le sort de dizaines de millions d'hommes, et l'un des principaux mérites de la victoire de 1945 est d'avoir mis fin à cette situation.

Il est aussi futile de débattre des différences et ressemblances entre la Gestapo et le SD que de s'interroger sur le nombre d'anges qui pourraient tenir sur la pointe d'une aiguille. Du point de vue pratique de l'agent allié, ils fonctionnaient comme un seul organisme [5]. Leurs officiers et sous-officiers étaient tous membres de la SS, cette petite garde d'élite entourant la personne de Hitler qui n'allait cesser de grossir, au cours de ses douze ans de pouvoir, pour incorporer finalement toute l'écume produite par le chaudron de sorcières nationalsocialiste. Les deux organismes furent d'ailleurs accusés conjointement au procès de Nuremberg. Tous les cadres de l'un et de l'autre qui avaient travaillé au contre-espionnage dans le cadre du RSHA ou dans un autre service hors d'Allemagne durant la guerre (sauf ceux qui avaient seulement appartenu à la Geheime Feldpolizei) furent collectivement jugés coupables de crimes de guerre et de crimes contre l'humanité [6]. La même condamnation a été prononcée contre les officiers de la SS [7], en grande partie pour leur rôle dans les camps de concentration. Car de tous les membres de cette organisation, les pires furent bien ceux qui régnaient sur ces baraquements immondes où des dizaines d'agents du SOE, des milliers de déportés français et des millions de juifs furent tués dans un déploiement de barbarie qui aurait été inconcevable avant 1933, et qui doit encore faire frémir tout être doué de raison[8]. Le personnel de la SS en France était en comparaison, mais seulement en comparaison, humain. La plupart de ses membres étaient des policiers inexperts et brutaux ; et Jean Moulin, leur prise la plus importante parmi les personnes que le SOE et le BCRA envoyèrent en France, fut mis à la question de manière si brutale et si stupide qu'il en mourut, sans avoir dit un mot. Non qu'il eût parlé s'il en avait été autrement.

Sous l'autorité du SD travaillaient également des civils de différentes nationalités, y compris des collaborateurs français qui s'imaginaient avoir choisi le côté des vainqueurs. Rémy, dans *Une affaire de trahison*, brosse le portrait de l'ignoble Georges Delfanne, plus connu sous le nom de *Masuy*, inventeur d'une torture qu'il pratiqua souvent : plonger la victime nue dans un bain d'eau glacée, lui maintenir la tête sous l'eau presque jusqu'à la noyade, et ensuite lui offrir d'arrêter en échange de ses réponses. Un grand nombre d'agents du SOE subirent des mauvais traitements à la suite de leur arrestation. Pas tous, et rarement à ce point. De manière générale – conséquence purement fortuite des mythes raciaux nazis – les Français risquaient davantage de se faire tabasser que les Anglais. Mais il est inexact de dire que c'étaient deux sous-sections distinctes de la Gestapo qui s'occupaient des agents RF et F, et que ceux de la section RF étaient systématiquement torturés tandis que leurs collègues de la section F ne l'étaient jamais. Au siège central du contre-espionnage du Sicherheitsdienst, 82-86 avenue Foch, tout près de l'Arc de Triomphe, les agents des deux sections étaient effectivement interrogés dans deux bâtiments distincts, mais la torture pouvait s'appliquer aussi bien aux uns qu'aux autres[9] ; de même au siège de la Gestapo, 11 rue des Saussaies, dans les locaux de ce qui est redevenu le ministère français de l'Intérieur.

Il existait des bureaux du SD non seulement à Paris mais dans toutes les grandes villes de France[10]. Parmi les personnalités de ce service, citons ces quelques noms : Knochen, qui fut le chef de la Sipo à Paris pendant presque toute la guerre[11] ; Boemelburg, chef de sa section IV, un homme de haute taille, déjà relativement âgé, homosexuel et alcoolique ; son subordonné Josef Kieffer aux cheveux bouclés, le seul parmi les personnages liés à la répression du SOE en France qui eût une véritable expérience professionnelle remontant à l'avant-guerre, puisqu'il avait été inspecteur de police à Karlsruhe ; et Josef Goetz, un ancien enseignant qui fit preuve de grandes capacités à la tête de la sous-section IV F, chargée des transmissions radio [12]. Pour les membres du SOE en France, l'absorption de l'Abwehr dans la Gestapo ne changea pratiquement rien. Les policiers ou officiers auxquels ils avaient affaire étaient presque toujours des zélateurs nazis relativement incapables, qui avaient derrière eux plus souvent une expérience des bas-fonds de la société qu'une formation professionnelle aux tâches du contre-espionnage. La plupart d'entre eux pouvaient assez facilement être dupés par un agent habile et résolu ; mais d'autres, et notamment Goetz, étaient nettement plus intelligents.

Parallèlement aux organes allemands, il y avait aussi, bien entendu, l'appareil ordinaire de la police française, à laquelle le régime de Vichy ajouta bon nombre de services spéciaux, tant et si bien qu'à la fin de 1941 il aurait existé, dit-on, quinze polices françaises distinctes. Il n'est pas nécessaire ici de débrouiller cet écheveau. Ce qu'il faut savoir sur la police française, c'est que l'allégeance de ses officiers supérieurs allait généralement au ministère de l'Intérieur, dont ils dépendaient directement, tandis que la plupart des policiers du rang avaient plutôt tendance à être favorables aux résistants de telle ou telle nuance. Quant aux Français en général, la part d'entre eux disposée à soutenir les activités antiallemandes ne cessa de grandir tout au long de la guerre, à mesure que les chances de vaincre l'Allemagne apparaissaient plus fortes. Dans les débuts de son action en France, le SOE s'est parfois appuyé sur la coopération de policiers français, dont quelques-uns durent même être exfiltrés en toute hâte par avion. Deux inspecteurs adhérèrent si ardemment à l'action du SOE que les réseaux F de leur voisinage durent les confier à des filières d'évasion par les Pyrénées, leur commissariat devenant trop dangereux. Ils retournèrent par la suite dans leur pays pour y diriger leurs propres réseaux [13].

On pourrait citer des dizaines de cas où des policiers ordinaires, en particulier à la campagne, fermèrent obstinément les yeux pour ne pas voir ce que faisait le SOE, voire conseillèrent gentiment à ses agents de se faire faire des cartes d'identité mieux imitées ou de porter leur arme plus discrètement. Mais certains services étaient beaucoup moins coopératifs que d'autres : les gardiens français de camps de concentration, par exemple, bien que beaucoup moins sadiques que les SS, étaient gens détestables, et des corps comme les Groupes mobiles de réserve (GMR) avaient des attitudes très variables selon les allégeances personnelles de leurs commandants locaux. Dans l'ensemble, le SOE eut beaucoup moins de problèmes avec la police française à partir de l'occupation de la moitié sud de la France par les Allemands en novembre 1942 ; et s'il ne pouvait être question pour un agent du SOE de compter *a priori* sur la bienveillance du policier français que le hasard plaçait sur son chemin, il n'était pas impossible de la gagner.

L'une des forces de répression françaises de l'époque mérite une mention spéciale, car elle était particulièrement haïe : c'était la milice de Darnand. À l'origine, il s'agissait du service d'ordre de la Légion, organisation vichyste d'anciens combattants plus ou moins chevale-resques et désireux de rétablir l'honneur blessé de la France [14]. Mais l'organisation ne tarda pas à recruter dans des milieux beaucoup moins choisis ; c'étaient, pour reprendre les mots de Millar, « l'écume des prisons », « la crème du rebut » [15], le même genre de gangsters ratés que les sinistres voyous dont Mussolini et Hitler avaient peuplé leurs mouvements. Or les miliciens étaient des Français, qui vivaient et travaillaient chez eux, dans leur ville ou leur village, et utilisaient habilement leur connaissance du terrain local : c'est ce qui les rendait si dangereux pour les agents du SOE. Car si la police ordinaire pouvait être amicale ou du moins neutre, et si les Allemands étaient des étrangers que l'on pouvait espérer duper, les miliciens étaient des per-sonnages malins et soupçonneux, pleinement dévoués à la mauvaise cause qu'ils avaient épousée et extrêmement bien informés. C'étaient souvent aussi des sadiques qui prenaient plaisir à se rendre odieux par des enquêtes harassantes, à employer un langage menaçant et à exécuter leurs menaces. On pouvait tomber sur eux en n'importe quel point du territoire et leur présence avait toujours pour effet de mettre les agents alliés sur leurs gardes. À condition de l'apprendre à temps.

Les Britanniques ont toujours considéré que de solides mesures de sécurité sont indispensables à un travail clandestin quel qu'il soit. Les Français étaient sans conteste totalement ignorants en la matière ; comme le dira l'un d'entre eux quelques années plus tard, « les Français n'ont aucune expérience de la vie clandestine ; ils ne savent même pas se taire ou se cacher. » [16] Tout, dans l'histoire de la résistance en France, milite en faveur de l'attitude britannique. Parmi les réseaux dirigés par des Anglais, ceux qui ont duré le plus longtemps ont presque toujours été les plus stricts en matière de sécurité. Des organisations dirigées par des Français ont, elles aussi, connu longévité et succès : précisé-ment celles qui étaient étroitement encadrées par les communistes, ainsi que certains réseaux de renseignement. Cela dit, sécurité absolue égale inaction absolue : « La prudence est un principe fondamental, mais si l'on est trop prudent on ne fait plus rien. »[17] Chaque agent devait donc inventer son propre mélange de discrétion et d'audace sur la base de ce qu'on lui avait appris pendant sa formation, de sa personnalité et des conditions locales. « La sécurité n'est qu'affaire d'attention et de bon sens », peut-on lire dans l'histoire d'une autre section, « et si les agents sont convenablement préparés, la sécurité deviendra chez eux une seconde nature. Le danger ne vient pas d'eux mais des personnes avec lesquelles ils seront en contact sur le terrain. »[18] Comme l'a dit Cowburn, l'un des meilleurs agents britanniques, dans un moment d'exaspération, « la sécurité en France était nulle, et 95 % des gens arrêtés l'ont été uniquement parce que leurs amis avaient été incapables de la boucler. »[19]

Car telle est la clé de la sécurité : choisir des coéquipiers non seulement loyaux mais qui ne bavardent pas. Quiconque a eu des secrets à garder sait comme la tentation est forte de les partager avec quelqu'un. Parmi les détenteurs de secrets du SOE en France, il y en eut de suffisamment indisciplinés – même chez les mieux formés – pour choisir avec légèreté leurs confidents, de sorte que les rumeurs circulaient toujours trop et trop vite. La seule manière de se garder de ces dangers était une prudence constante : ne jamais précipiter les choses dans la phase de prise de contact, ne jamais enrôler de bavards, ne jamais confier à quiconque une information secrète qui ne fût pas absolument nécessaire à l'action. Le respect plus ou moins strict de ces règles dépendait du type d'activité. Ainsi, ceux qui préparaient ou exécutaient des sabotages ou des opérations de guérilla étaient obligés de prendre plus de risques, et plus fréquemment, que le personnel des filières d'évasion ou que les agents de renseignement de type classique. Par exemple, les membres de la section DF à Paris pouvaient se permettre le luxe de ne jamais descendre dans le métro[20], alors que ceux des sections F et RF n'avaient en général pas le temps de se déplacer à pied. Les contrôles étaient fréquents dans les grandes stations de correspondance : d'où des rencontres désagréables, avec dans le meilleur des cas des fuites beaucoup trop spectaculaires, et dans le pire une arrestation ou même la mort sur place : car la police française, comme la police allemande, était armée et n'hésitait pas à tirer en cas d'incident.

Ainsi la technique de sécurité de chaque agent était affaire individuelle, fonction de son identité d'emprunt, du degré d'étanchéité de cette couverture, des ordres qu'il avait reçus – eux-mêmes fonctions d'objectifs tactiques et stratégiques – et bien sûr, aussi, de son caractère. Les plus décontractés ne s'en préoccupaient guère, et il est vrai que certains d'entre eux ont survécu. D'autres, de tempérament plus méfiant, ne pensaient presque qu'à cela, ils en sont généralement sortis vivants, et quelques-uns d'entre eux, parmi les plus dynamiques, ont réussi à combiner discrétion complète et belles actions subversives. Mais le plus méticuleux et le plus sérieux des agents n'était pas à l'abri d'une grosse bêtise, d'un instant de négligence qui pouvait mettre en danger la vie de ses camarades et la sienne. Maurice Southgate (*Hector*), pourtant aguerri par de longs mois à la tête d'un grand réseau du Limousin, oublia une fois, en se rendant chez son radio en second, de vérifier l'absence du signal de danger convenu ; et cette fois-là, précisément, la Gestapo l'attendait à l'intérieur[21]. France Antelme (*Renaud*), qui s'était soigneusement entraîné à jouer un personnage d'emprunt nommé Antoine Ratier, était depuis moins d'une semaine en France lorsque, conduit à sa chambre d'hôtel, il se rendit soudain compte qu'il avait signé de son vrai nom, à la réception, la fiche de police. Il réussit à récupérer à temps le dangereux bout de papier, en bredouillant qu'il n'avait pas inscrit dessus la bonne adresse. Cowburn lui-même, expliquant à son équipe comment exécuter un attentat contre l'atelier de réparation de locomotives de Troyes (opération qui allait devenir un classique du genre), se servit du tableau noir pour illustrer son propos, car la réunion se tenait dans une salle de classe. Après quoi, il oublia d'effacer… On pouvait y voir, « de manière parfaitement reconnaissable, le dessin de la cible et le plan de l'attaque ». Heureusement, l'épouse de l'instituteur fut la première à s'en apercevoir et essuya aussitôt le tableau. Son mari faisant partie du groupe de saboteurs, elle trouvait qu'il prenait déjà assez de risques comme cela[22].

Ces exemples montrent que, dans la clandestinité, la composante la plus importante de la sécurité est la chance. En ce 1er mai 1944 où Southgate fut arrêté, c'est la chance et rien d'autre qui voulut que son radio en titre et sa messagère ne fussent pas avec lui : la messagère ayant trouvé au radio mauvaise mine avait décidé qu'un peu de repos lui ferait du bien, et cet après-midi-là ils avaient décidé de s'offrir un pique-nique et un bain. C'est ce qui allait leur permettre de reconstituer deux réseaux très actifs, WRESTLER et SHIPWRIGHT, à partir des débris du réseau STATIONER de Southgate. Les exemples se comptent par dizaines, on en rencontrera beaucoup dans ce livre. En cela comme à d'autres égards, les règles bien établies de la guerre et du comportement humain en général se vérifiaient aussi dans la vie du SOE.

La chance est donc décidément un facteur de poids. Qu'arrivait-il à celui à qui elle faisait défaut ? Une fois arrêté, il s'efforçait de faire croire à son identité de couverture, mais cela ne marchait pas souvent. En général, l'arrestation débouchait sur la découverte de sa qualité d'agent ; celle-ci, sur la torture et la déportation ; cette dernière, bien souvent, signifiait la mort. Il y eut des exceptions : quelques très rares radios, d'une force d'âme exceptionnelle, s'en tinrent résolument et intelligemment à leur identité d'emprunt et réussirent à duper leurs interrogateurs. Zembsch-Schreve (*Pierre*), le chef de la filière d'évasion PIERRE-JACQUES de la section DF, disparut soudainement, en avril 1944, à Paris. Ses amis se rendirent à son appartement avant les Allemands et, y trouvant un objet compromettant (et un seul), le firent aussitôt disparaître : une liste de toutes les adresses des contacts du réseau, avec numéros de téléphone, le tout chiffré selon un code Playfair facile à décrypter. Ils crurent d'abord qu'il avait été pris dans une de ces rafles fréquentes qui ramassaient dans la rue des hommes pour le travail forcé. Puis, ne voyant aucun de ses pseudonymes sur les listes de personnes arrêtées, ils supposèrent qu'il s'était éclipsé avec une fille qu'il aimait. En réalité, *Pierre* avait multiplié les précautions et caché, y compris à son second, qu'il avait une deuxième couverture. Il avait été pris au moment où il passait un émetteur radio à un agent d'une autre section, en application d'un ordre « à déchiffrer personnellement » arrivé de Londres sous son code personnel. Il expliqua aux Allemands qu'il s'était chargé de cette valise destinée à l'une de ses relations d'affaires, à la demande d'une tierce personne et sans connaître son contenu. Si les policiers ne réussirent pas à établir le contraire, ils se méfièrent suffisamment pour le déporter à Dora ; d'où il réussit, dans les dernières semaines de la guerre, à s'évader[23]. Autre exemple, Tony Brooks (*Alphonse*), membre de la section F, fut arrêté à Lyon le dernier samedi de juillet 1944, lors d'une opération qu'il prit d'abord pour un banal contrôle. Il n'était pas armé et n'avait rien de plus compromettant sur lui que 72 000 francs appartenant au SOE. Il réussit à garder son calme à mesure que les hommes raflés étaient passés au crible et progressivement relâchés ; il n'y en eut plus que deux cent cinquante, puis une vingtaine, puis cinq... qui cette fois avaient tous à peu près son âge, sa taille et sa moustache en brosse. Il passa le week-end à l'isolement, sans rien d'autre sur lui que ses sous-vêtements et sans rien à manger ; il fut ensuite (toujours à jeun) soumis à une journée entière d'interrogatoires portant sur son personnage d'emprunt. Par chance, les points sur lesquels on le questionna le plus étaient justement ceux où son histoire était solide, tandis que les quelques lézardes qu'elle comportait échappèrent à l'attention des policiers ; ceux-ci finirent par ajouter foi à ses explications (l'argent était destiné à s'acheter un costume au marché noir), lui rendirent la somme jusqu'au dernier sou, s'excusèrent et le laissèrent partir[24].

En fait, la chance complète heureusement un bon système de sécurité. Ce qui était toujours dangereux et fut souvent fatal, c'était de s'en remettre à elle pour compenser l'insuffisance de précautions. Un agent qui négligeait d'entretenir en permanence sa couverture, de n'avoir avec ses subordonnés que des relations minimales, de veiller à ce que ceux-ci se comportent toujours avec discrétion, ne rendait pas un bon service à la cause alliée. Le perfectionniste taisait même à ses collègues son adresse privée et sa fausse identité de manière que, si l'un d'eux était pris, le risque ne fût pas trop lourd pour lui-même ou pour son réseau. Mais le modèle était rare.

Des difficultés presque insurmontables se dressaient évidemment devant les agents du SOE incapables de s'exprimer convenablement en français, s'ils n'avaient pas de couverture pouvant expliquer cette situation. Hugh Dormer, qui le parlait bien, mais lentement et avec un fort accent anglais, s'éloignait un jour en train du lieu de l'un de ses coups de main en compagnie d'un sergent qui, lui, ne le parlait pas du tout :

« Je ne cessais de regarder vers le couloir pour m'assurer que tout allait bien pour B et que personne ne lui adressait la parole… J'avais décidé… de dire qu'il avait eu un mauvais accident et que le choc l'avait rendu muet… Soudain, alors que le train roulait toujours, un membre de la Gestapo en uniforme entra dans le wagon, alluma les lumières et nous demanda nos papiers. Il portait des lunettes et avait une torche carrée agrafée à sa tunique. Il émanait de lui un sentiment terrifiant de malveillance. Je lui présentai ma carte et il me la rendit après m'avoir jeté un coup d'œil rapide. Mais à ma grande horreur, lorsque ce fut le tour de B dans le couloir, il examina de très près, plusieurs secondes durant, le verso de sa carte (qui était fausse, bien entendu) et je l'entendis lui poser une question en français. Comme B ne connaissait pas un traître mot de cette langue, mon cœur s'arrêta presque de battre, et j'étais sur le point de me lever et d'intervenir, comme je l'avais promis. Mais B, en fils de paysan qu'il était, se contenta de hausser les épaules et de garder les yeux baissés. L'Allemand lui jeta le regard méprisant de celui qui ne va pas gaspiller son temps avec un crétin illettré alors qu'il a encore tout un train à contrôler, et s'éloigna dans le couloir[25]. »

Dormer et Birch eurent la chance de s'en tirer, beaucoup d'autres non. Mais ces derniers ne furent pas toujours traités avec la brutalité qui fut fatale à Jean Moulin et faillit l'être à Yeo-Thomas. Certains policiers étaient des hommes intelligents et habiles qui maîtrisaient bien les deux règles de base de l'interrogatoire : ne jamais admettre qu'on ne sait pas, effrayer la victime mais pas trop. Ils savaient exploiter au maximum le peu d'informations qu'ils avaient réussi à se procurer sur le SOE pour arracher des aveux qui furent parfois lourds de conséquences. Qu'est-ce qui a pu inciter tant de prisonniers à vider leur sac aussi complètement qu'ils le firent parfois ? Il semblerait que le choc de l'arrestation provoquât très souvent une sorte de soulagement ; ayant tenu enfermé au plus profond d'eux-mêmes, des mois durant, le secret de leur activité clandestine, certains semblent avoir été incapables de résister à la tentation d'en parler. Or c'était un processus cumulatif, car plus on parle, plus celui qui vous interroge dispose de matériel pour exploiter cette tendance malheureusement naturelle et faire parler ceux qui seront pris plus tard. Un second facteur a peut-être parfois délié les langues : la vanité. Des interrogateurs ont obtenu des résultats remarquables avec certains captifs en insinuant qu'ils n'étaient que des sous-fifres. En voulant démontrer à leurs geôliers qu'ils avaient été des personnages importants, ils révélaient beaucoup de choses qu'ils auraient dû taire.

Néanmoins, un très bon agent continuait à se battre aussi fermement une fois pris et désarmé que lorsqu'il était encore en liberté. Peulevé, opérateur radio devenu « organisateur » de maquis, raconte que les gens de l'avenue Foch lui dirent : « "Bien entendu, vous avez compris que nous avons à Orchard Court un agent qui travaille pour nous et que nous connaissons la véritable identité de tous vos agents". Cela m'a paru être une sorte de ballon d'essai, car il était peu probable qu'un informateur ennemi qui aurait travaillé à Orchard Court connaisse la véritable identité de tous les agents envoyés par le SOE. »[26] Peulevé continua à ne donner aucune information, affirmant sans relâche qu'il n'était qu'un radio vivant dans un isolement très strict et ne sachant rien d'important. Ses geôliers ne découvrirent jamais qu'il avait été le chef d'un réseau pouvant mobiliser plus de trois mille hommes armés.

Les Allemands qui procédaient aux interrogatoires utilisèrent souvent cette méthode consistant à dire qu'il y avait un traître au siège du

SOE, et plus d'un agent s'y est laissé prendre. On dit souvent qu'il ne peut y avoir douze apôtres sans que figure parmi eux un Judas, comme si c'était une règle générale. Trotski, le principal auteur de la révolution bolchevique avec Lénine, fut présenté comme un traître par les bolcheviks déçus de ne pas voir le paradis succéder immédiatement à la révolution. Les principaux dirigeants nationaux-socialistes vaincus, comparaissant devant le tribunal de Nuremberg, ont été incapables de trouver d'autre explication à leur défaite qu'une trahison dans les sommets de leur appareil. À un niveau beaucoup plus modeste, un agent du SOE tombé entre les mains du Sicherheitsdienst était parfois prêt à croire n'importe quelle turpitude de la part de ses supérieurs. Presque personne n'a pensé à l'objection évidente : « Si vous en savez déjà tellement, pourquoi toutes ces questions ? » En réalité, rien n'a jamais corroboré l'hypothèse que les Allemands aient eu un contact au siège du SOE, même si un officier de renseignement français très sérieux a essayé d'en fabriquer les preuves en février 1945. À peu près à la même époque, cette éventualité a reçu un démenti sans réplique. Il s'agit du témoignage de deux collaborateurs français du Sicherheitsdienst, recueilli à l'heure où l'ombre de la guillotine s'étendait déjà sur eux : alors qu'on leur demandait s'ils avaient entendu mentionner l'existence d'un informateur à Londres, « ils protestèrent tous deux avec véhémence que non seulement ils n'[avaient] jamais eu connaissance de pareille chose, mais qu'ils [avaient] même souvent entendu Goetz et [son assistant] Placke évoquer la question en ces termes : "Quel dommage de n'avoir personne au siège de Londres. Il faudrait absolument essayer de placer quelqu'un là-bas." »[27]

Deuxième partie

RÉCIT

Gubbins © Coll. Part. D.R.

Buckmaster © Coll. Part. D.R.

Bodington © Coll. Part. D.R.

TROIS FIGURES ÉMINENTES DE L'ÉTAT-MAJOR DE BAKER STREET.

Pierre de Vomécourt
© Coll. Part. D.R.

Claude de Baissac, *David*
© Coll. Part. D.R.

Harry Rée, *César*
© Coll. Part. D.R.

F.F.E. Yeo Thomas, *Shelley*
© Coll. M. Dodart, par M. Duverlie.

Virginia Hall
© Coll. Part. D.R.

QUELQUES AGENTS DU SOE, PARMI CEUX QUI ONT SURVÉCU.

Michael Trotobas, *Michel*
© Coll. Part. D.R.

Francis Suttill, *Prosper*
© Coll. part. D.R.

France Antelme, *Renaud*
© Coll. Part. D.R.

Noor Inayat Khan, *Madeleine*
© Crown Copyright.

PARMI LES AGENTS DE LA SECTION F QUI ONT ÉTÉ TUÉS OU EXÉCUTÉS.

Lt Col. George Starr, *Hilaire*
© Coll. Part. D.R.

Lt Col. Francis Cammaerts,
Roger © Coll. Part. D.R.

Lt Col. R.H. Heslop,
Xavier © Crown Copyright.

LES TROIS COLONELS DE LA SECTION F.

Henri Déricourt, *Gilbert,* à son procès © Coll. Part. D.R.

Le *Lysander*, 9,30 m de long, 15,25 m d'envergure, pouvant emporter une charge d'une tonne, a été, jusqu'à la fin de 1942, le seul appareil utilisé pour les atterrissages clandestins © Crown Copyright.

Le 31 août 1942, à Arbigny, près de Pont-de-Vaux, un *Lysander* a capoté dans un fossé, train et hélice brisés, mais ses occupants indemnes.
L'appareil fut incendié, le pilote, pris en charge par la résistance, put regagner l'Angleterre ; le passager, Pierre Delaye, allait être l'officier d'opérations et le radio du réseau PHALANX, de Christian Pineau, avant d'être abattu en mai 1943 par la Gestapo © Coll. Part. D.R.

Le colonel André Dewavrin, *Passy,*
chef du BCRA © Coll. Part. D.R.

Pierre Brossolette,
Pedro, Brumaire © Coll. Part. D.R.

Le général Charles Delestraint, *Vidal,*
commandant en chef de l'armée secrète © Coll. Part. D.R.

Jacques Bingen, *Cléante, Necker,*
délégué général clandestin du
CFLN par intérim © Coll. Part. D.R.

Léon Morandat, *Yvon, Arnolphe,*
chargé de mission auprès de la
Délégation générale clandestine
© Coll. Part. D.R.

DÉLÉGUÉS ET CHARGÉS DE MISSION CLANDESTINS DU CNL ET CFLN,
DÉPOSÉS OU « RAMASSÉS » EN FRANCE GRÂCE AU CONCOURS DU SOE.

Pierre Fourcaud, *Sphère*
© Coll. Part. D.R.

Paul Rivière, *Roland*
© Coll. Part. D.R.

Jean Rosenthal, *Cantinier* © Coll. Part. D.R.

André Jarrot, *Goujon*
© Coll. Part. D.R.

Pierre Rateau, *Arthur*
© Coll. Part. D.R.

AGENTS DE LA FRANCE LIBRE FORMÉS ET PARACHUTÉS OU « RAMASSÉS »
GRÂCE AU CONCOURS DU SOE.

Henri Frenay, fondateur
du mouvement Combat
© Coll. Part. D.R.

Emmanuel d'Astier de La Vigerie,
co-fondateur du mouvement de
résistance Libération-Sud
© Coll. Part. D.R.

Théodose Morel, *Tom*, commandant du maquis des Glières © Coll. Part. D.R.

Henri Romans-Petit, chef
de l'armée secrète de l'Ain
© Coll. Part. D.R.

Maurice Parisot, commandant
du bataillon de guérilla
de l'Armagnac © Coll. Part. D.R.

CHEFS DE MOUVEMENTS DE RÉSISTANCE OU COMMANDANTS DE MAQUIS,
ILS ONT BÉNÉFICIÉ DU CONCOURS DU SOE.

Chapitre VI

L'ÉCHIQUIER POLITIQUE INTERNATIONAL

Au cœur du SOE, il y avait un paradoxe. Winston Churchill, son champion le plus considérable, était le petit-fils d'un duc et avait été plutôt connu jusque-là comme un adversaire résolu de ce qu'il avait un jour appelé « l'ignoble farce du bolchevisme ». Même s'il était à la tête d'un gouvernement de coalition, celui-ci reposait essentiellement sur une majorité conservatrice aux Communes, presque deux fois plus forte qu'elle n'en avait jamais eu. Et pourtant, l'objectif du SOE était bien un objectif révolutionnaire, puisqu'il s'agissait de renverser par la violence le pouvoir nazi en Allemagne et, dans les autres pays, les régimes fantoches qui en dépendaient, au premier rang desquels celui de Pétain. En France, le SOE ne visait à rien de moins qu'à susciter une nouvelle révolution. Et cela sous patronage conservateur !

Le projet du SOE différait bien entendu selon le régime qui avait précédé l'occupation allemande. Dans les monarchies démocratiques, il s'agissait simplement de restauration. En Tchécoslovaquie également, l'objectif était de remettre en selle Benes et de faire revivre la république que lui-même et Seton-Watson avaient fondée sous le grand Masaryk en 1918. Mais, là où les régimes de l'avant-guerre s'étaient situés beaucoup plus à droite, le but politique était moins clair. Ainsi, en Pologne, pays pour lequel la Grande-Bretagne de Chamberlain était entrée en guerre et que l'Allemagne et la Russie s'étaient une fois de plus partagé, il s'agissait sans doute, à l'origine, de rétablir la république des colonels, du moins dans la variante représentée par les « Polonais de Londres ». Il s'ensuivra un litige à la fois aigu et très complexe avec l'URSS, finalement remporté par les « Polonais de Lublin » au grand dam de la diplomatie britannique. En Italie, la politique évolua avec les fortunes de Mussolini, et le SOE, s'il joua là un rôle modeste, ne fut pas tout à fait étranger à la chute du dictateur. En Grèce et en Yougoslavie, le SOE, qui s'efforçait de soutenir toutes les organisations de résistance antiallemandes, se retrouva un peu par hasard en situation de mener deux politiques diamétralement opposées : soutien au roi en exil et aux monarchistes dans le premier cas, aux partisans de Tito avec leur projet communiste dans le second. Quant à la France, qui était depuis toujours, sur le plan de la vie politique comme à beaucoup d'autres égards, un pays compliqué, elle constituait une catégorie à elle toute seule. Car si le régime de Pétain se révéla rapidement n'être qu'un équivalent de celui de Quisling en Norvège, la question de savoir qui jouerait le rôle du roi Haakon resta ouverte – du moins sur le plan de la légalité constitutionnelle – jusqu'à la libération effective du pays, et causa de très sérieux frottements entre Churchill et Roosevelt.

Après la défaite française

« Qui va gouverner la France ? » était depuis plusieurs siècles une question aussi vitale pour la Grande-Bretagne que, pour la France, celle de savoir qui gouvernerait l'Allemagne. D'où l'intérêt manifesté par les autorités britanniques, tout au long de cette guerre, pour les problèmes français. En ce mois apocalyptique de juin 1940, le cabinet de guerre de Churchill, tout récemment formé, proposa à la IIIe République une union totale, la fusion des deux États en un. Cette offre, conçue en un moment de folle générosité, n'avait pas été élaborée avec précision. Elle fut rédigée dans l'urgence par l'ancien sous-secrétaire permanent du Foreign Office, Vansittart, et quelques autres personnes réunies à la hâte[1], et transmise le 16 juin par téléphone au chef du gouvernement Paul Reynaud par l'un de ses rédacteurs, un général français de 49 ans, sous-secrétaire d'État à la Guerre, et qui venait de se distinguer au combat : Charles de Gaulle[2]. La proposition enthousiasma d'abord Reynaud, et de Gaulle s'envola aussitôt pour Bordeaux avec le texte ; mais, le soir même, le président du Conseil démissionnait, démoralisé par le défaitisme de son entourage politique et personnel. Le général retourna en Angleterre le lendemain matin en compagnie de Sir Edward Spears, dans l'avion que Churchill avait mis à sa disposition, emportant avec lui, pour reprendre l'expression de Churchill, « l'honneur de la France »[3].

Dès la nuit du 16 au 17 juin, le vieux maréchal Pétain, successeur de Paul Reynaud, fit sonder les Allemands en vue d'un armistice. Le 18, de Gaulle prononça à la radio son célèbre « Appel » aux Français qui voulaient, comme lui, continuer la lutte pour la liberté, texte condensé et popularisé en juillet dans une affiche proclamant que la France avait perdu une bataille mais n'avait pas perdu la guerre. Le Cabinet britannique n'approuva cette initiative qu'avec réticence, craignant qu'elle ne heurte trop Pétain[4], qui effectivement aurait difficilement pu être heurté davantage. Le 22, l'armistice fut signé entre la France et l'Allemagne et, le même soir, de Gaulle annonçait dans une deuxième émission de la BBC qu'il mettait en place un Comité national français, lequel rendrait compte de ses actes aux représentants légitimes du peuple français, quels qu'ils fussent, après que les Allemands auraient été chassés du pays. Le 28, le gouvernement britannique le reconnut comme « le chef de tous les Français Libres, où qu'ils se trouvent, qui le rejoindront pour soutenir la cause alliée »[5] ; et non, remarquons-le, comme le chef d'un gouvernement. Churchill avait bien écrit au ministre des Affaires étrangères Halifax, dans une note du 24 juin : « Nous reconnaîtrons, bien entendu, le comité de De Gaulle comme le représentant constitutionnel, et pleinement responsable, de la France »[6], mais le Foreign Office réussira à bloquer la concrétisation de cette intention pendant plus de quatre ans. Le 3 juillet, les Britanniques attaquaient la flotte française dans le port de Mers el-Kebir ; le 5, le gouvernement de Pétain rompait les relations diplomatiques avec la Grande-Bretagne ; le 10, la IIIe République française, née du désastre de 1870, avait vécu.

Ainsi, deux pouvoirs se disputaient l'allégeance des Français. Le premier, dirigé par un maréchal de 84 ans, « vieux bonhomme bavard et vaniteux »[7], s'installa dans la ville d'eaux de Vichy, au centre du pays, sous le nom d'« État français » (évitant ainsi de se référer aussi bien à la république qu'à la monarchie) et s'employa à multiplier lois régaliennes, décrets et règlements, à administrer le rationnement et à recevoir les représentants accrédités des puissances amies. La ville disposait de suffisamment d'hôtels (pas très gais) pour héberger les ministères, mais était dépourvue de tous les charmes d'une capitale. L'autre pouvoir, sous l'autorité du général le moins élevé en grade de toute l'armée française, n'avait pas plus de légalité que le régime de Vichy ; voire moins, car Pétain s'était tout de même fait confier les rênes de l'État – à vrai dire en dehors de toute légalité constitutionnelle – par les débris d'un Parlement régulièrement élu, tandis que de Gaulle s'était tout simplement autoproclamé. Qu'aurait pu faire d'autre un homme d'honneur animé de la volonté de se battre jusqu'au bout ? Dès le début, il offrit de se mettre à la disposition de n'importe quel général français disposé à prendre la direction du combat : le 20 juin, il déclara à Cadogan que, « si le général Weygand organisait la résistance à partir de la France d'outre-mer, il lui proposerait ses services sur le champ »[8]. Mais aucun général ne voulut de ce rôle. Alors, il installa de précaires bureaux là où il put trouver de la place, à Westminster et à Kensington. À la fin de juillet, son état-major prit ses quartiers au 4 Carlton Gardens, sur l'emplacement de l'hôtel particulier de Palmerston et en face d'un autre qui avait appartenu à Gladstone. Le caractère suprêmement anglais de cet environnement comme de celui de ses résidences privées de Hampstead et du Buckinghamshire ne déteignait ni sur lui ni sur ses collaborateurs : en pénétrant dans les locaux de Carlton Gardens, le visiteur français se sentait aussitôt en France[9].

Chacun de ces deux régimes militaires doit être examiné d'un peu plus près pour comprendre le rôle du SOE dans la politique française de cette période.

En dépit de son grand âge, Pétain n'était pas seulement une figure décorative vide de tout projet. Pour lui, le pays avait été « pourri » par la politique : « Les gens ne peuvent plus discerner le visage de la France à travers le voile que les politiciens ont jeté sur lui »[10]. C'est cette idée qui le guida dans la formation de son gouvernement. Il y recruta bien quelques hommes politiques professionnels et plaça même l'un d'eux à sa tête, Pierre Laval, « esprit sinistre et inquiet... compétent, brutal et totalement dénué de scrupules »[11] ; mais il trouvait que la politique n'était pas un métier honnête. Ses ministres gouvernaient par décrets, et il n'y eut plus aucune place pour des votes, des partis ou des élections. Le gouvernement reçut l'appui sans réserve de la plupart des banques et des entreprises, de ces « deux cents familles » que la gauche avait accusées quelques années plus tôt d'être les véritables maîtres du pays, les seuls acteurs ayant le pouvoir d'influencer le cours des choses. Presque tout le reste du « parti de l'ordre », cet ensemble informel qui incarne depuis si longtemps le conservatisme français[12] – princes de l'Église, intellectuels en vue, ténors du Barreau, bref, les gens importants – se rangea dans le camp de Vichy. Et surtout, les fonctionnaires obéirent aux ordres qui leur furent donnés.

Les Français sont très attachés à leur tradition de continuité administrative. Aujourd'hui encore, ils la font remonter sans rupture à la IIIᵉ République – illustrée par Gambetta dans les années 1870 –, au Second Empire, puis au Premier, voire plus haut : à Turgot, Colbert, Mazarin, Richelieu... La défaite ne les fit pas renoncer à cette tradition. L'armée française était réduite, en vertu des conditions d'armistice, à cent mille hommes (chiffre symbolique fixé par Hitler parce que c'était celui que le traité de Versailles avait imposé à l'armée allemande, cette institution qui l'avait tiré des bas quartiers de Vienne et de Munich et avait fait de lui quelqu'un), le territoire national était démembré, des drapeaux étrangers flottaient sur la capitale, des soldats étrangers paradaient dans ses rues ; tragédie plus amère encore, les ministères avaient dû déménager leurs précieux dossiers dans une autre ville... Bien sûr, bien sûr ; mais l'État et son administration devaient continuer à tourner. Le ciel leur était tombé sur la tête, mais il fallait continuer à remplir les formulaires et à tenir à jour les fichiers. Il faut bien que quelqu'un soit le chef : c'est ce que professent plusieurs éminents théoriciens de la politique, de Hobbes à Lénine en passant par Humpty-Dumpty[a]. Pétain avait tous les attributs extérieurs de la fonction, et dès lors le plus gros de la population française, sous la houlette de ses fonctionnaires, allait accepter, dans un premier temps, de lui obéir.

Dans un tel contexte, l'un des moyens les plus efficaces de saper la confiance populaire dans le nouvel État aurait été de provoquer un effondrement de sa monnaie en l'inondant de faux billets. Mais une règle très stricte du Trésor britannique interdisait absolument au SOE de procéder ainsi en Europe [13]. Il fallait user de méthodes plus directes, politiques et militaires, et pour cela un « centre » politique était nécessaire. Or, pour qu'un gouvernement français en exil pût se constituer et devenir ce centre, il lui fallait réunir deux conditions : un consensus substantiel, entre les habitants de la France vaincue, autour de l'idée que l'occupant nazi et le régime de Vichy étaient également détestables et devaient disparaître, et un consensus substantiel, entre ceux des militaires et des hommes politiques français qui pensaient ainsi, sur la question de savoir qui les mettrait dehors et comment. Tout cela concernait le SOE de très près. Mettons de côté la section EU/P, qui était polonaise, les filières d'évasion, qui avaient une fonction technique, l'AMF et les groupes JEDBURGH, qui n'entreront en scène que beaucoup plus tard. Restaient les sections F et RF : leurs missions étaient de toute première importance. En qualifiant, à l'automne de 1944, les chefs de réseau de la section F de mercenaires britanniques, de Gaulle se trompait lourdement, car ces hommes étaient déjà, à ce moment-là, pleinement convaincus que c'était à lui qu'il fallait donner le pouvoir ; quant à la section RF, les Français Libres n'auraient jamais pu rejoindre

---

a. Personnage en forme d'œuf, despotique et vaniteux, de Lewis Carroll (*De l'autre côté du miroir*) [N.d.T.].

les lieux de leur combat si elle n'avait pas été là. Mais il est vrai que de Gaulle avait dû attendre longtemps pour être à peu près universellement accepté comme le seul personnage en mesure de diriger une résistance victorieuse. Et bon nombre de ceux qui le soutenaient en France, notamment à l'extrême gauche, ne cachaient pas leur intention de le lâcher aussitôt qu'il aurait fait ce qu'on attendait de lui : débarrasser le territoire de la présence allemande. En attendant, les alliés avaient dû coopérer avec tous les Français antiallemands, et pas seulement avec ceux qui acceptaient de se rallier à l'étendard de Charles de Lorraine : tel était le rôle de la section F.

Tous les historiens français sérieux l'admettent, il n'y avait pratiquement pas de forces politiques de résistance en France au début de l'Occupation [14]. Elles émergeront peu à peu, sous des formes très diverses. Mais le débat, lui, avait commencé tout de suite. Valait-il mieux accepter le fait de la tutelle allemande et collaborer, ou bien suivre le vieux maréchal dans sa tentative de voie médiane, ou bien encore résister ? Et si l'on choisissait le dernier terme, quel objectif se fixer ? Restaurer la IIIᵉ République, une monarchie ? Construire un pays nouveau ? Sur quelles bases ? Marxisme, doctrine sociale chrétienne, autre ? Sous la protection de quelle puissance ? L'Amérique, la Grande-Bretagne, l'URSS ? Ou tout seuls ? Et quels chefs militaires se donner ? La société était déchirée dans toutes ses couches, du haut en bas [15]. Depuis l'affaire Dreyfus, au tournant du siècle, jamais un tel gouffre ne s'était ouvert entre professeurs et étudiants, prêtres et congrégations, parents et enfants, frères et sœurs, maris et femmes.

Le régime de Vichy bénéficia assurément d'appuis considérables dans la vieille droite française, mais la Résistance aussi. Au début, notamment, nombre de monarchistes furent séduits par la perspective d'une restauration à laquelle Pétain aurait pu préparer le terrain. Mais dans l'aristocratie – royaliste et bonapartiste –, on voyait aussi les choses autrement. Rien d'étonnant à ce que des familles fières de leurs nobles origines ou de leurs traditions militaires acceptent mal d'être gouvernées par des étrangers et se laissent guider par leur sentiment de l'honneur. Un exemple parmi beaucoup d'autres : un prince Murat, descendant du plus grand général de cavalerie de l'Empire et de Caroline Bonaparte, sœur de Napoléon, fut tué au combat en 1944 avec un groupe JEDBURGH près de chez lui, en Dordogne [16]. L'armée souffrait de la honte de la défaite et de l'humiliation des conditions d'armistice. Pour autant, aucune aide sérieuse ne vint de « l'armée de l'armistice » en tant que force de résistance combattante, sauf tout à fait à la fin.

Cela s'explique en partie par un grand respect pour la personne du maréchal, en partie par le fait que nombre de militaires de l'armée de terre et de l'aviation se consacrèrent au travail de renseignement, ce qui leur interdisait « l'action » au sens classique, en partie également par la mauvaise organisation des contacts, notamment à la section F. Sans compter que de Gaulle, général peu étoilé, en rébellion ouverte et condamné à mort par le régime de Vichy, était mal placé pour gagner la confiance des milieux les plus rigides de la classe des officiers. Quant à la Marine, ulcérée par Mers el-Kebir, elle fut solidement liée, par les bons soins de l'amiral Darlan, au grand mât de l'État pétainiste.

À gauche, les forces du « parti du mouvement », comme on appelait l'autre branche maîtresse de l'arbre politique français, étaient encore plus discréditées que celles du « parti de l'ordre » par la chute de la IIIᵉ République. Car si l'armée vaincue avait eu pour chefs militaires des hommes de droite, c'était la gauche qui l'avait commandée sur le plan politique et qui devait donc porter le blâme non seulement de son armement insuffisant mais de sa faible combativité. Toute la piteuse histoire de la politique de négociation et d'apaisement des années 1936-1939 apparaissait rétrospectivement sous un jour encore plus lamentable. Or, tout ce temps-là, c'étaient des gouvernements de gauche qui s'étaient succédé. Du reste, le parti radical, épine dorsale de presque tous les gouvernements de la IIIᵉ République [17], s'était écroulé avec elle. Le parti socialiste se cassa en deux, certains de ses députés votant les pleins pouvoirs à Pétain, la plupart des autres quittant la France pour l'Afrique du Nord, persuadés à tort que leurs collègues les y rejoindraient. Le mouvement syndical était encore en plein désordre après les grèves du Front populaire de 1936 et les tentatives répétées de noyautage des communistes. Le parti communiste, interdit par le gouvernement Daladier au début de la guerre, était presque aussi ruiné dans l'opinion que les radicaux, bien que pour des raisons totalement différentes. Avant de pouvoir jouer le moindre rôle dans la résistance, il allait lui falloir faire oublier, d'une part, le pacte germano-soviétique qui avait précipité la guerre, d'autre part le fait, encore plus récent, qu'il avait plaidé dans les premiers mois de l'Occupation pour une collaboration avec les nazis. Un numéro clandestin de *l'Humanité* avait fait de De Gaulle une marionnette de la City de Londres, indigne de l'attention, et plus encore du soutien, des Français patriotes et intelligents [18]. La collaboration des communistes avec les Allemands dans l'été de 1940 alla même si loin que des dispositions furent prises avec les autorités d'occupation pour la reparution légale de *l'Humanité*.

Mais deux militants qui en apportaient les épreuves à l'imprimeur furent appréhendés par la police de Pétain pour avoir enfreint l'interdiction prononcée par Daladier : l'anecdote a le mérite d'illustrer joliment à la fois l'opportunisme marxiste et la continuité administrative française [19]. Au printemps 1941, même les communistes les plus aveuglément confiants dans le parti commençaient à se rebiffer contre cette ligne de collaboration ; et puis, le 22 juin, jour de l'attaque de l'Union soviétique par Hitler, le parti effectua, comme dans toute l'Europe, son virage à cent quatre-vingts degrés. Les communistes français purent alors s'engager dans le travail de résistance, pour lequel ils étaient d'ailleurs bien préparés par leur apprentissage systématique – et parfois leur expérience – de la clandestinité.

L'autre organisme à la fois influent et doté d'une certaine tradition (à vrai dire un peu oubliée) de résistance à l'oppression était l'Église catholique. Bien que le régime de Vichy fût soutenu par les sommets de la hiérarchie et dégageât même un fort parfum de prêtraille, la grande majorité du clergé français fit passer son devoir d'humanité et de compassion avant son devoir d'obéissance à l'évêque. On recommandait d'ailleurs aux équipages alliés dont les avions étaient abattus au-dessus de la France et aux membres de commandos qui s'y trouvaient bloqués à la suite d'un raid de s'informer des possibilités d'évasion auprès du curé du village ; et il ne semble pas exister un seul cas où cette confiance ait été mal placée. Les forces politiques énumérées plus haut tiraient l'opinion à hue et à dia, mais il faut voir un signe d'unité nationale, transcendant partis et préjugés, dans le fait que, durant toute la guerre, la personne du village la plus fiable à qui l'on pût s'adresser était, à part le curé, soit le porteur de la gare soit l'instituteur. De Gaulle et le SOE avaient au moins en commun la tâche de favoriser cette unité en canalisant les énergies du maximum de gens dans le sens de la résistance aux nazis au lieu de les laisser se gaspiller en querelles internes.

Mais les pires ennemis des nazis ne furent autres que les nazis eux-mêmes. On peut même dire qu'ils furent les véritables créateurs de la résistance française. Leur propagande était encore plus inepte que celle du régime de Vichy. Celui-ci essaya un temps de populariser le concept de « la France seule », selon lequel une voie propre était possible à l'écart des Anglais, des Américains, des Italiens ou des Russes, voire, dans la mesure autorisée par l'impitoyable réalité de la défaite, des Allemands. Goebbels produisit même quelques tracts et articles de journaux tendant à laisser croire aux Français qu'ils avaient un rôle utile à jouer dans l'« ordre nouveau » de Hitler en Europe ; mais il apparut très vite que ledit rôle était celui de larbins. Non seulement les Allemands gardaient prisonniers, à leur service en Allemagne, le million de soldats français capturés en 1940 mais en outre ils créèrent, avec la coopération de Laval, le Service du travail obligatoire (STO), visant à envoyer de force des millions de jeunes hommes en Allemagne. Or c'est la création du STO qui produisit les « réfractaires ». Quelles que fussent les bonnes manières des troupes d'occupation allemandes – qui se comportèrent effectivement en France, pour ce qui est de l'alcool et des filles et à l'aune des normes du xxᵉ siècle, assez correctement –, elles ne pouvaient faire oublier la saignée d'hommes opérée dans les usines et dans les champs, des hommes sans lesquels l'économie française ne pouvait que s'étioler. Rafles pour le STO, censure, pénuries alimentaires dans les villes et représailles consécutives aux premières actions de résistance, tout cela s'additionna pour susciter dans les profondeurs de la population (paysans, employés, ouvriers, cadres et professions libérales) la volonté de se débarrasser à tout prix du régime d'occupation.

De Gaulle, les Anglais et la résistance

Ce sont donc les Allemands qui ont provoqué la réaction de rejet de l'opinion française. Mais ils tenaient aussi la population dans le carcan extrêmement strict de leur appareil d'occupation et de répression, soutenu au surplus, quoique avec des réticences croissantes, par les polices pétainistes : qui les jetterait dehors ? La réponse resta indécise quelques années. Mais le premier candidat à s'être déclaré pour cette mission ne faiblit pas un instant, lui que Churchill avait salué comme « l'homme du destin » avant même que la défaite de la France ne fût consommée[20]. Tout le monde – du moins en dehors du parti communiste – s'accordait à penser que le chef de la résistance devait être un général. Or Weygand ne voulait pas abandonner Pétain ; Catroux et Noguès, pour des raisons différentes, n'étaient pas candidats ; Catroux – comme Larminat, de Lattre de Tassigny, Legentilhomme, Cochet, *Leclerc* – préféra se placer sous les ordres de De Gaulle. Giraud, lui, s'offrit avec empressement à jouer ce rôle. Il était très fier de s'être évadé d'Allemagne par deux fois, lors de chacune des deux guerres mondiales, et était fort apprécié des Américains, qui en firent leur favori. Mais, à l'usage, il ne se révéla guère solide. Restait aux Français à se regrouper derrière de Gaulle.

Le général de Gaulle était déjà un homme à la fierté ombrageuse avant que la roue de la fortune ne le plaçât soudain, à l'été de 1940, à des hauteurs où il ne pouvait se maintenir qu'en faisant preuve, en plus, de grandeur ; ce qui, compte tenu de son caractère, impliquait nécessairement une extrême susceptibilité quant à son rang et à son honneur. Les facteurs politiques, s'ajoutant à ce trait personnel, le conduisirent à ferrailler sans relâche pour défendre son indépendance vis-à-vis de tous les autres gouvernements. Il courait dans ses veines un peu de sang irlandais : sa grand-mère maternelle était une Mac-Cartan, descendante de l'un de ces volontaires irlandais qui s'étaient mis, notamment, au service de Louis XIV contre Marlborough et qu'on appelait les « Oies sauvages »[21]. Et il se laissa aller dans les premiers temps à quelques explosions de fureur contre des représentants du SOE, à l'occasion de telle ou telle initiative de ce dernier qu'il avait décidé de trouver intolérable. Mais, par la suite, il prit toujours soin de faire comprendre qu'il n'était animé d'aucune hostilité personnelle ; et, dans la passe excessivement délicate où il dut frayer son chemin, il se conduisit toujours avec droiture. Churchill l'avait bien compris, « il lui fallait traiter les Britanniques avec une certaine brusquerie pour prouver aux Français qu'il n'était pas leur marionnette. Il faut reconnaître qu'il ne s'en priva pas »[22]. Attlee s'exprime avec moins d'indulgence : « Il était bigrement désagréable. Il fallait toujours qu'il s'affirme »[23]. Vichy et Berlin ne manquèrent naturellement pas de proclamer sur tous les tons que de Gaulle n'était qu'un instrument entre les mains des Anglais. De fait, tout en poursuivant des objectifs politiques purement français, il dépendait d'eux à un degré très inconfortable. C'étaient eux qui lui fournissaient presque tout l'argent sans lequel les mouvements de résistance en France ne pouvaient que végéter, les émetteurs-récepteurs sans lesquels il n'aurait pas pu communiquer avec ses combattants, les avions et presque tous les bateaux qui emmenaient ses émissaires vers son pays. Cela ne le rendit que plus déterminé à suivre sa propre ligne politique contre vents et marées.

Non seulement il dépendait de la Grande-Bretagne pour sa logistique et ses armes, mais il n'avait guère le choix des hommes. Or, malgré sa célèbre hauteur et sa prétendue absence de diplomatie, il sut diriger ses troupes clandestines par l'intermédiaire de quatre personnalités absolument différentes : Emmanuel d'Astier, poète, brillant, versatile, penchant à gauche, Soustelle, jeune archéologue également engagé à gauche, Koenig, le héros de Bir-Hakeim, et l'inimitable Dewavrin. C'était déjà un exploit. Mais les subordonnés de ces quatre hommes n'avaient pas nécessairement leur compétence et ignoraient souvent toute obligation de discrétion. C'était surtout à Dewavrin que le SOE avait affaire. Il avait des capacités phénoménales en matière de manœuvre politique et il en usa copieusement tout au long de la guerre. Il a affirmé ne jamais avoir appartenu à la Cagoule, organisation d'extrême droite d'inspiration antidémocratique et fasciste [24]. C'était en fait un patriote aux idées « radicales » au sens anglais, c'est-à-dire extrêmes ; à l'époque, on le croyait encore plus à droite qu'il n'était[a].

Après la guerre, il fut impliqué sous son pseudonyme de *Passy* dans une série de batailles de presse féroces : il aurait tenté de faire basculer la résistance dans la lutte anticommuniste, un Français de la section F aurait été attiré dans son quartier général de Duke Street pour y être assassiné dans la cave (absurde légende), sa gestion financière n'aurait pas été des plus nettes...

Mais quelle place les Anglais occupaient-ils dans ce tableau ? Les réponses doivent se situer à deux niveaux : le travail quotidien sur le terrain et la haute politique à Londres.

En ce qui concerne les officiers britanniques du SOE en France, le fait politique majeur était qu'ils étaient britanniques, autrement dit qu'aucun rôle politique ne les attendait après la guerre dans ce pays et qu'ils ne pouvaient donc être soupçonnés de faire leur propre jeu ou celui de leur parti. Il était rare qu'on pût en dire autant des agents français, du moins de ceux qui occupaient une certaine position ; car dans une nation aussi politisée, tout participant à un mouvement de rébellion est supposé y tenir une place conforme aux idées dans lesquelles il a été élevé, à sa religion ou à son parti. Les communistes, en particulier, considéraient comme de leur devoir de tout mettre en

---

a. L'inanité de la légende de Dewavrin (*Passy*) cagoulard est depuis longtemps avérée. Inventée, semble-t-il, dès le début de 1941 par un membre en vue de la France Libre qui rompit avec celle-ci l'année suivante et dont on sait aujourd'hui qu'il était un informateur au moins occasionnel du KGB, André Labarthe, elle fut rapidement accréditée par les groupuscules français antigaullistes de Londres, admise par des parlementaires et par quelques journaux britanniques, reprise en compte aux États-Unis, au lendemain de la Libération, par le chef du FBI Edgar Hoover qui en fit état auprès de Roosevelt, puis abondamment exploitée en France par la presse communiste. On peut y voir le prototype du brûlot antigaulliste né de la période de la guerre et aggravé, à partir de 1943-1944, par la légende, également controuvée, du « BCRA-Gestapo » [J.-L. C.-B.].

œuvre pour instaurer le communisme en France. Le récit qui suit montrera clairement que les agents du SOE, qu'ils fussent britanniques ou français, avaient vis-à-vis du communisme des positions très diverses. Pourquoi en aurait-il été autrement à l'heure où « nos héroïques alliés soviétiques » était une formule obligée des tribunes, et où bien rares étaient les esprits assez clairvoyants – ou au contraire assez englués dans les préjugés – pour voir dans le « communisme mondial » une future menace ? Parmi les meilleurs agents de la section F, certains ont armé et soutenu des communistes : Pierre de Vomécourt dans son réseau AUTOGIRO, Suttill dans PROSPER, Peulevé et Poirier dans AUTHOR/DIGGER, Southgate dans STATIONER, Cammaerts dans JOCKEY, par exemple ; certains ont coopéré avec des « compagnons de route » conscients ou inconscients, certains ont tenté de se tenir complètement à l'écart de la politique, comme Cowburn du réseau TINKER, Heslop de MARKSMAN ou Brooks de PIMENTO. Lorsque ces agents opéraient dans une zone où existaient des relations conflictuelles entre les FTP et les autres forces de résistance armée, ils étaient forcément entraînés dans le litige ; c'est ce qui arriva à Heslop, qui faillit bien être emprisonné à la Libération ainsi que son plus proche compagnon, français. Seuls quelques agents parmi les plus solides (George Starr de WHEELWRIGHT en est l'exemple le plus éminent) réussirent à fusionner leurs effectifs communistes et anticommunistes en une force de combat unie et efficace.

De ce qu'un agent fût un officier britannique il ne s'ensuivait pas que son intégrité fut inattaquable, comme le montrera la partie narrative qui commence à présent. Mais peu d'entre eux se révélèrent tout à fait mauvais, et beaucoup se comportèrent avec un courage, une énergie et une discrétion exemplaires. Comme la plupart des Anglais, ils avaient tendance à penser du bien les uns des autres. En voici un exemple caricatural. Il s'agit d'une note de réflexion sur l'action en France du SOE, écrite à Londres en janvier 1945 par un membre de l'état-major : « Lorsqu'il s'agit d'un sabotage stratégique, il suffit en général d'un petit nombre d'hommes pour l'exécuter. Ce nombre étant petit, il est aisé de planifier l'action avec précision. Et comme l'opération est exécutée pour l'essentiel par des officiers britanniques, la question du courage ne se pose pas. »[25] En tout cas, ces officiers firent forte impression dans les zones rurales de France où ils exercèrent leur activité. Presque tous laissèrent derrière eux, après la Libération, des dizaines de fidèles collaborateurs qui non seulement les avaient bien connus mais les avaient beaucoup aimés. La tendance des Français à la fragmentation politique avait beau les éloigner les uns des autres, elle ne les empêcha pas de se regrouper derrière ces étrangers en qui ils plaçaient leur confiance. Un énorme capital d'enthousiasme à l'endroit des Britanniques fut accumulé en France durant la guerre par les agents du SOE et par les équipages de la RAF qui parachutaient du matériel aux résistants de tous bords.

Pour savoir dans quel esprit a été géré ce bilan largement positif, il faut nous tourner vers les centres de décision politique de la Grande-Bretagne. On croit très largement, hors d'Angleterre, que les Britanniques prirent part à la résistance dans le but d'y gagner quelque chose : tel a toujours été le point de vue des autres puissances à ce sujet, conformément du reste à l'idée habituelle que se font les puissances les unes des autres. L'historien gaulliste René Hostache est sans doute l'auteur qui l'exprime de la manière la plus crue qu'un lecteur britannique puisse supporter sans exploser. Selon lui, le principal objectif du Royaume-Uni vis-à-vis de la France, dès la défaite de celle-ci en 1940, fut de la maintenir dans un état de sujétion permanente [26] : elle ne devait être libérée des Allemands que pour inverser la vieille histoire de la conquête normande et pour que la couronne anglaise impose de nouveau sa loi de Calais à l'Aquitaine. C'est là malheureusement un mode de pensée auquel se complaisent les historiens du genre soupçonneux. Il vaut peut-être la peine d'indiquer qu'il n'existe pas dans les archives britanniques le plus minime élément à l'appui de cette analyse, alors que l'on y trouve des preuves massives de sympathie pour la France et du désir de la voir redevenir un grand pays. Les Britanniques de leur côté aiment à s'imaginer qu'ils se sont trouvés pris dans le tourbillon de la politique française par une succession de hasards, alors qu'ils s'efforçaient de s'en tenir écartés. Rétrospectivement, maintenant qu'il n'est plus nécessaire de chercher à tâtons son chemin dans la confusion de la guerre, qu'on est délivré de l'angoisse de devoir prendre la bonne décision face à une masse d'impondérables, personne n'ira croire que les Britanniques se moquaient de savoir qui gouvernerait la France. Bien sûr qu'ils ne s'en moquaient pas, loin de là. Mais tant que la guerre faisait rage, qui avait le temps de réfléchir à l'après-guerre ou de calculer ses actes dans cette seule perspective ? Quelques hauts fonctionnaires et officiers d'état-major dotés à la fois d'un sens politique aigu et d'une énergie sans limite se sont essayés à des jeux politiciens : Dewavrin ou Jacques de Guélis, par exemple. Mais celui qui agissait ainsi pendant que tout le monde était absorbé par le combat se rendait suspect, et c'est bien ce qui est arrivé à Dewavrin à Londres, côté français, et à de Guélis à Alger, côté britannique. Le seul objectif politique conscient des Britanniques en France était de la débarrasser des nazis de manière que les Français pussent se donner le gouvernement de leur choix. Cela signifiait en pratique être antipétainiste, et c'était là une position politique que tout l'état-major du SOE était disposé à épouser. Mais, quelques marginaux mis à part, il n'y a jamais eu d'alignement d'un segment du SOE sur la ligne d'un parti politique français de la guerre ou de l'avant-guerre. C'est ainsi qu'il faut comprendre l'assertion souvent répétée, mais rarement crue, selon laquelle le SOE « ne faisait pas de politique » en France. Curieusement, on croyait beaucoup dans ce pays que le gouvernement du Royaume-Uni visait à restaurer la IIIe République, alors qu'en réalité toute la classe politique britannique s'en méfiait depuis les mutineries de 1917 et était ravie de sa disparition ; c'était vraiment une idée aussi absurde que de supposer que Churchill et Eden souhaitaient une France communiste.

Ce que les Britanniques voulaient par-dessus tout, c'était rétablir en France une société ouverte d'hommes libres et en mesure de se gouverner eux-mêmes comme ils l'entendaient. Il n'est pas inexact de dire que la politique britannique était anticommuniste. La majorité des conservateurs britanniques et de l'opinion officielle doutait, même à l'époque, de ce qu'une société communiste pût être une société de liberté ; c'était en tout cas, en 1944, une question encore ouverte. Si l'on n'armait pas les hommes libres, ils ne pourraient pas résister aux Allemands ni contribuer à leur éviction ; mais s'il n'y avait personne pour se saisir de ces armes, il ne servait à rien d'en parachuter. La tâche principale du SOE était d'en organiser la bonne réception et donc d'en rendre l'envoi en France véritablement utile.

Les autorités britanniques n'étaient pas toutes du même avis sur la façon dont il convenait de se comporter avec la résistance française en général et de Gaulle en particulier. On retrouve des traces de cette divergence entre le Foreign Office d'une part, le SOE et les chefs d'état-major de l'autre. Presque jusqu'à la fin, le général de Gaulle n'eut pas de claire légitimité aux yeux des diplomates. D'ailleurs le Foreign Office, conformément à sa politique traditionnelle consistant à rester en bons termes avec les autres puissances telles qu'elles sont, avait presque tout de suite ouvert des négociations avec le gouvernement de Vichy : « Non pas, expliquera Churchill, que [lui-même] ou [ses] collègues [aient eu] le moindre respect pour le maréchal Pétain, mais uniquement parce qu'on ne devait d'emblée fermer aucune route vers la France. »[27] Quoi qu'en aient dit de persistantes rumeurs, ces négociations n'aboutirent à aucune issue concrète, c'est-à-dire qu'il n'en sortit aucun accord formel. Mais chacun des deux gouvernements fit un petit effort pour laisser l'autre exister : jusqu'en 1942, les Britanniques laissèrent plusieurs fois des navires américains transportant des produits alimentaires parvenir en France du Sud, et en échange le régime de Vichy mit un frein aux pires excès de sa propagande antibritannique. Un tel *modus vivendi* n'était effectivement guère compatible avec un soutien total à de Gaulle ; en tout cas, il s'évanouit lorsque le territoire de Vichy fut entièrement occupé par les Allemands [28]. Dès lors, la ligne du Foreign Office et celle du SOE pouvaient se rapprocher, même si le second fut toujours plus gaulliste que le gouvernement.

Le ministère de la Défense, ou plutôt son ministre, soutint de Gaulle très tôt. Comme il était également Premier ministre, et un Premier ministre doté d'un énorme pouvoir au sein de son gouvernement, à l'image d'un Lincoln, il imposait généralement sa position. Spears raconte comment il conduisit de Gaulle à Downing Street dès le 17 juin 1940 : « Winston prenait le soleil dans le jardin. Il se leva pour saluer son hôte avec un sourire de bienvenue très chaleureux et amical » [29]. Seulement, la personnalité de Churchill était aussi puissante et volcanique que celle du général ; de sorte que leurs relations pendant la guerre, pleines d'amitié, furent aussi ponctuées de quelques querelles d'une belle venue [30]. Mais ils se réconciliaient chaque fois. Car sans l'appui de Churchill de Gaulle était réduit à l'impuissance, et Churchill comprit vite que sans de Gaulle il ne pouvait pas mobiliser les Français contre l'ennemi.

Au début, le SOE ne prit pas parti entre les leaders possibles de la résistance française. Dalton, le ministre en charge du SOE jusqu'en février 1942, avait *a priori*, en tant que socialiste, peu de goût pour les généraux se mêlant de politique, attitude classique de la gauche française depuis l'époque du général Boulanger... ou du général Bonaparte. Mais l'état major commença à basculer en faveur de De Gaulle lorsque les premiers commandos revinrent de France au printemps 1941 en racontant de quelle popularité celui-ci jouissait dans la zone occupée. Gubbins, en particulier, devint dès lors un vrai gaulliste : voilà quelqu'un, pensait-il, avec qui il est possible de faire des choses sérieuses. Et c'est ainsi que le célèbre sens pratique des Britanniques se rangea du côté d'un homme qui avait commencé par ne susciter chez eux que le haussement d'épaules réservé aux songe-creux.

On le verra, la prépondérance de De Gaulle parmi les résistants français resta quelque temps incertaine. Et la Grande-Bretagne ne voulait pas courir le risque de voir apparaître dans ce pays une force insurrectionnelle inconnue et imprévisible. C'est en cela seulement que les agents de la section F furent les instruments d'une politique britannique propre. Ils furent envoyés en France pour organiser des groupes de résistance « indépendants » avec ce qu'ils pourraient trouver sur place comme sympathisants. Dans la mesure où le distinguo est possible, leur rôle n'était pas politique, mais militaire. Et, dans les années 1941 et 1942, ils trouvèrent en effet souvent des sympathisants qui étaient de farouches adversaires de De Gaulle. Mais peu à peu la plupart des résistants non gaullistes s'évanouirent d'une façon ou d'une autre : soit ils furent arrêtés et déportés, soit leurs organisations se révélèrent fragiles. Dès 1943, la cause de la résistance antigaulliste, si elle n'était pas enterrée, agonisait. En 1944, tous les agents du SOE travaillant en France (les Polonais et les filières d'évasion exceptés) fusionnèrent sous l'autorité de ces instances bâtardes qu'étaient l'État-major des Forces françaises de l'intérieur (EMFFI) et le Centre d'opération des projets spéciaux (SPOC). La plupart des membres français de l'EMFFI étaient des officiers de l'armée régulière qui venaient de changer de camp et d'arriver d'Afrique du Nord, et certains au moins de leurs homologues britanniques considéraient cet état-major comme un panier de crabes assez puant. Mais plus bas, là où l'on était trop plongé dans les tâches quotidiennes de ravitaillement des réseaux pour se laisser troubler par les turbulences de surface, chacun s'efforçait de faire ce qu'il avait à faire sans se soucier de politique ou de querelles de personnes.

Quelques remarques avant d'aborder la narration

Au fil de la description des structures du SOE et du contexte politique de son action en France, qui faisait l'objet de la première partie de ce livre, j'ai été amené à mentionner telle ou telle de ses opérations. Il s'agit maintenant d'en donner un récit suivi. Débrouiller l'écheveau constitué par des myriades d'exploits individuels et collectifs, afin d'en proposer une lecture intelligible, n'a pas été une mince affaire. Mais si je m'étais contenté de dresser un catalogue de noms et de dates en guise de narration historique, j'aurais ennuyé le lecteur autant que je me serais ennuyé moi-même.

Personne n'a jamais pu convaincre de Gaulle de faire la distinction entre les organisations britanniques de sécurité, de renseignement, de contre-espionnage, d'évasion et de sabotage[31]. Et la plupart des Français l'ont suivi, alors et depuis, en attribuant la totalité de l'activité clandestine britannique aux machinations d'un « Intelligence Service » de légende aux pouvoirs discrétionnaires ; représentation fantasmatique dont Cowburn a donné cette jolie caricature : « Vaste organisation, hermétique, omnisciente, dotée de moyens illimités » et dirigée par « de grands comploteurs anonymes tapis dans un coin du Foreign Office, calculant dix coups à l'avance et fréquentant – à des fins de couverture – les thés chics de Mayfair ; là, le visage délibérément empreint de l'expression la plus obtuse, ils ne parlent que chevaux, chasse à la grouse et souvenirs d'Oxford ou de Cambridge »[32]. La réalité était bien différente. L'objectif du SOE n'était pas de renseigner, mais de mener une guerre subversive. Certes, il transmit aussi quantité d'informations utiles, on en lira quelques exemples fameux un peu plus loin. Mais sa principale fonction était tout autre. Elle était double : sabotage d'une part, levée et organisation d'une armée secrète de l'autre. Ses agents avaient pour mission soit de prendre des risques calculés pour détruire certaines cibles – qui, quelle que fût leur dimension, avaient toujours une valeur stratégique – soit de créer les éléments d'une armée souterraine qui surgirait au grand jour lorsque Londres en donnerait le signal et contribuerait à chasser l'occupant allemand. On verra que, dans l'un comme dans l'autre cas, l'apport d'un agent pouvait être indirect. En tout cas, il est temps d'entrer dans les détails. En me penchant sur les dossiers qui conservent la mémoire de ces exploits, j'ai parfois eu l'impression de lire les scénarios d'improbables suspenses. Là, aux marges solitaires de la vie de soldat, les héros semblent plus héroïques et les canailles plus ignobles que sur le front des batailles ordinaires, où la camaraderie affermit le cœur des hommes et d'où les femmes étaient, à l'époque, totalement absentes. À la lecture de ces récits sans fioritures de prouesses insensées, on songe à la remarque que John Buchan place en exergue de son roman *Greenmantle*, qui se passe pendant la guerre précédente mais dont l'action n'est pas sans évoquer l'épopée du SOE : « Un jour, lorsque toute l'histoire sera écrite – froidement, sérieusement, sur la base d'une vaste documentation –, le pauvre romancier posera définitivement sa plume et se retirera dans un ermitage pour y relire Jane Austen ». C'est à quelques-uns de ces épisodes que devait penser Churchill lorsque, à propos des parachutistes SAS et des autres corps de volontaires affectés à des missions spéciales, il déclarait : « Soyons-en sûrs : aucun exploit du passé dont on ait trace dans nos mémoires ou nos archives ne surpasse en beauté et en audace ce qu'ils ont accompli. »[33] Toutes les histoires ne sont pas belles, tous les agents n'ont pas été audacieux : on le verra bien assez. Mais je peux affirmer, avec Kipling, que « loin d'enjoliver ou de grossir ces épisodes, je suis plutôt resté au-dessous de la vérité »[34].

Néanmoins, il y a vraiment des incidents et des coïncidences étranges, qui tendraient à justifier quelque peu la vision française d'une Résistance unique, avec un R majuscule. En voici des exemples. Malgré tout le soin pris à Londres pour maintenir chaque service, chaque réseau, bien isolé des autres, le premier grand réseau de la section F, AUTOGIRO, dans le nord de la France, fut livré aux Allemands par une Française qui appartenait au réseau de renseignement polonais INTER-ALLIÉ. Cette même femme causa également la chute d'OVERCLOUD, une opération de la section RF en Bretagne qui promettait beaucoup. C'est par l'intermédiaire de son avocat, Michel Brault, qu'elle avait fait la connaissance du chef d'AUTOGIRO. Ce même Brault échappa au double désastre d'INTERALLIÉ et d'AUTOGIRO. Il se replia d'abord dans le sud de la France puis, devenu « chef national maquis », refit surface à Londres au début de 1944, envoyé par les principaux mouvements de résistance de la vallée du Rhône auprès de la section RF ; et c'est lui, plus encore que Yeo-Thomas ou d'Astier, qui parvint à convaincre Gubbins, Selborne et Churchill lui-même qu'il fallait consentir un effort spécial pour armer les plus grands de ces maquis. Autre exemple : lorsque Yeo-Thomas se rendait à Paris pour la section RF, il s'appuyait sur un second qui le reste du temps était chiffreur dans une filière d'évasion sans rapport avec le SOE[35]. Et, troisième exemple, lorsque *Prosper*, le chef du réseau PHYSICIAN, s'employa à reconstruire, en remplacement du défunt AUTOGIRO, le réseau qui allait porter son nom, celui-ci ne tarda pas à pousser des antennes jusqu'aux Ardennes et à l'Atlantique. Nombre d'autres chefs de réseaux F étaient en contact étroit avec lui, de sorte que, lorsqu'il tomba, cela fit beaucoup de dégâts. La plupart des chefs de réseau RF en zone occupée étaient, eux aussi, au courant de son existence, tout en gardant soigneusement leurs distances. FARRIER, le réseau d'opérations aériennes monté par le pilote français Déricourt pour le compte de la section F du SOE, dont le territoire recouvrait partiellement celui de PROSPER, fut suspendu à la suite de plusieurs interventions d'agents de cette section, mais aussi de la section RF et même d'autres services secrets, qui avaient fait part de leur méfiance à son égard. Il fut ensuite dissous pour éviter certains chevauchements dangereux entre trois sections du

SOE. Quant aux groupes SAS et OG présents en France après le Débarquement, ils se moquaient éperdument du strict compartimentage du SOE et donnaient des armes à quiconque paraissait prêt à se battre. Il y a quantité d'autres exemples, comme nous le verrons. Précisons que seules sont traitées dans ce livre les opérations du SOE en France continentale, et même pas toutes. Compte tenu de sa situation géographique, la France était naturellement un lieu de passage pour bon nombre d'agents britanniques en route vers d'autres pays, mais on n'en tiendra pas compte ici[36] car la matière est déjà assez abondante sans cela.

Pour conclure ce chapitre introductif de notre narration, quelques précisions sont encore nécessaires.

La première, et la plus importante, est que les Français se sont libérés eux-mêmes. Les Britanniques, puis aussi les Américains, leur ont donné les moyens de le faire, mais ils ne pouvaient leur en donner la volonté. Dans tout le pays et dès la conquête allemande, des hommes et des femmes ont été décidés à résister ; peu à peu, par petits bonds successifs, des groupes plus ou moins organisés se constituèrent. Les Français étant gens instruits, habiles à s'exprimer et amoureux de l'organisation pour elle-même, ils eurent tendance à se disposer en grades et échelons et à se disputer sur qui devait faire quoi avant même d'avoir les armes nécessaires pour faire quelque chose. Quant aux exilés de Londres et plus tard d'Alger (les chefs de la « résistance extérieure »), ils ne cessèrent d'échafauder de précaires hiérarchies pour les forces de la « résistance intérieure », dont de larges segments refusèrent néanmoins longtemps de reconnaître une quelconque autorité qui fût située hors du pays. Les groupes de l'exil ne pouvaient rien faire sans communications, lesquelles étaient, du moins dans toute la première phase, exclusivement entre les mains des Britanniques et ne relevèrent jamais des Français, à l'exception, en 1943-1944, de quelques sous-marins ; et les groupes de l'intérieur ne pouvaient rien faire sans armes. C'est là que le SOE apparaît dans le paysage.

Progressivement et après plusieurs faux départs, ses agents furent infiltrés en France, y apportant, entre autres, la promesse de livraisons d'armes. Les premiers n'arrivèrent qu'au printemps 1941 et, jusqu'à l'été 1942, leur nombre fut dérisoire. Ils avaient néanmoins dès cette époque attiré l'attention personnelle de Hitler[37], mais ce ne fut qu'au début de 1944 qu'ils commencèrent à inquiéter sérieusement le Sicherheitsdienst de Berlin ou de Paris. Pourtant, à la fin, ils submergèrent les forces de sécurité allemandes qui s'imaginaient maîtriser la situation. Si l'on trace une ligne brisée allant de l'embouchure de la Loire à Dijon puis de Dijon à Nîmes, la superficie située au Sud-Ouest de cette ligne représente près de la moitié du territoire national. Or, à quelques poches côtières près, cette zone était, dès la fin août 1944, contrôlée par ses habitants, eux-mêmes armés par le SOE ; quelques dizaines de parachutistes du SOE, des SAS et des groupes opérationnels, ainsi que quelques patrouilles blindées issues des forces de débarquement alliées, étaient là pour les aider. Mais c'est, bien entendu, l'avance des divisions alliées qui a donné aux résistants l'occasion et la possibilité de se soulever : la zone en question n'était pas très puissamment défendue, et c'est plus la retraite allemande que leur propre action qui l'a libérée. Les Allemands étaient en effet obligés de reculer s'ils ne voulaient pas que les troupes alliées venues de Normandie et de Provence opèrent leur jonction derrière eux, les coupant ainsi de leurs arrières[a]. Mais leur retraite n'alla pas sans difficulté : des tireurs isolés les guettaient à tous les tournants, les embuscades étaient fréquentes, il y eut même de véritables opérations offensives soigneusement préparées, et l'on compte plusieurs cas de reddition d'unités allemandes relativement importantes. On trouvait aussi des résistants armés aux abords des principaux champs de bataille, s'attaquant à tous les nœuds de communication de l'ennemi, coupant les câbles téléphoniques, immobilisant les grues de dépannage, organisant des embuscades, tirant sur des généraux, démolissant des ponts ou au contraire les protégeant contre la destruction, bref accomplissant toute une série de tâches utiles au moyen de matériel fourni par le SOE, en application d'ordres transmis par le système radio du SOE, ou éventuellement par la BBC mais à l'initiative de chefs de réseau relevant du BCRA ou du SOE.

Ainsi les ressources affectées à l'effort du SOE en France ont finalement produit des dividendes inestimables, d'ailleurs précédés en cours de route de plusieurs acomptes substantiels. On ne peut pas, en général, tracer la frontière entre les agents présents en France à des fins spécifiques de sabotage et ceux qui étaient venus y accomplir des missions plus larges de subversion, et l'on a déjà dit qu'il est même impossible de préciser qui était ou n'était pas du SOE. Les réseaux se

---

a. Hitler avait donné dès le 16 août l'ordre de retrait général des forces allemandes de la moitié sud de la France, seuls devant être tenus Marseille, Toulon et les principaux ports et réduits de la côte atlantique ; l'ordre télégraphique, intercepté par les services britanniques, était connu le 17 des principaux chefs militaires alliés [J.-L. C.-B.].

chevauchaient souvent plus ou moins, on l'a dit également. Et, bien entendu, leur dimension était très variable. Le plus petit, le réseau TUTOR de la section F, mérite à peine ce nom car il consista en tout et pour tout en une personne qui passa moins d'une semaine en France. Les plus importants mouvements de résistance – l'Organisation civile et militaire (OCM), le Front national (FN) ou COMBAT, tous trois formés sur place mais qui travaillaient avec la section RF, ou encore les réseaux F AUTOGIRO, PROSPER, WHEELWRIGHT, MARKSMAN – comptaient leurs effectifs par dizaines de milliers, et les deux derniers remportèrent des victoires dont AUTOGIRO et PROSPER avaient dû se contenter de rêver. Les dispositions prises par WHEELWRIGHT avec les forces aériennes alliées avaient été indispensables pour fournir les armes des hommes de Ravanel, Vernant et Parisot, qui libérèrent Toulouse[a]. Dans l'Ain et le Jura, l'ami de Heslop Romans-Petit commandait des effectifs importants de maquisards également armés par le SOE et l'aviation alliée et inspirés par les doctrines tactiques diffusées à Arisaig autant que par leur propre courage ; eux aussi virent fuir les Allemands devant eux. Le lecteur doit garder cette inégalité de moyens et d'influence bien présente à l'esprit en lisant le graphique chronologique du déploiement des réseaux F présenté à l'appendice H[38] : si tous les réseaux y sont identiquement représentés par un trait continu, ils ne pesaient pas du même poids, tant s'en faut. L'intérêt du graphique est surtout de montrer quels réseaux fonctionnaient à quel moment, ainsi que la longévité de chacun d'eux (et l'index permet de retrouver les passages du livre où ils sont traités).

On peut voir d'un coup d'œil sur ce diagramme qu'il existait une cinquantaine de réseaux de la section F en état de combattre au moment où leur zone a été libérée, soit avec l'arrivée des armées régulières d'OVERLORD et de DRAGOON, soit avec le départ des Allemands repoussés par les combattants de la résistance. S'il est vrai que la moitié de ces cinquante réseaux n'existaient pas encore au début de

---

a. Ravanel, polytechnicien de 24 ans, avait été récemment promu commandant régional des FFI et Jean-Pierre Vernant, futur professeur au Collège de France, alors communiste, commandant des FFI de la Haute-Garonne. Claude Parisot, haut fonctionnaire passé à la résistance, commandait dans le Gers le bataillon dit « de l'Armagnac », fort de mille hommes et solidement armé grâce à Starr. Ce bataillon, appelé en renfort par Ravanel et dirigé par Parisot accompagné de Starr, accrocha durement la garnison d'Auch en retraite et fit le 22 août au soir son entrée dans Toulouse, évacué par le gros des forces allemandes [J.-L. C.-B.].

1944 (dont sept ne virent le jour qu'après le Débarquement), il faut aussi savoir que sept d'entre eux, y compris l'un des derniers nés, avaient à leur tête des gaillards qui étaient sur le terrain depuis 1941 [39], et une douzaine d'autres depuis 1942. Tony Brooks fut le chef du réseau PIMENTO de juillet 1942 jusqu'à la Libération, sans interruption sauf dix semaines passées en Angleterre et trois nuits en prison. Ces chiffres montrent que, au SOE comme dans d'autres unités combattantes (les escadrilles de chasse en sont un bon exemple), celui qui survit aux premiers dangers acquiert prudence, astuce... et longue vie.

Quarante-trois réseaux de la section F avaient cessé d'exister avant la Libération : dix s'étaient repliés sur ordre de Londres, trente et un avaient été détruits par l'ennemi (dont six avant même d'avoir commencé à fonctionner), et deux avaient explosé sous l'effet de tensions internes : LACKEY, un petit réseau en Bourgogne, et CARTE, beaucoup plus étendu mais guère plus efficace, dont un puriste pourrait soutenir qu'en réalité il n'a jamais vraiment été un réseau de la section [40]. Le graphique de l'appendice H montre aussi qu'un réseau pouvait être replié puis réinstauré – il en existe plusieurs exemples – et qu'il pouvait survivre à la mort ou à l'arrestation de son chef [41]. Il serait impossible de faire un graphique analogue pour les autres sections travaillant en France : cela n'aurait guère de sens pour les groupes JEDBURGH, qui n'ont été actifs que trois mois, et la documentation dont on dispose pour les sections DF, AMF et EU/P est trop lacunaire. Quant à l'important travail réalisé par la section RF, partenaire obligatoire des sections Action de la France Libre, il fut toujours (en dépit de l'amour de l'ordre proverbial des Français) encore plus anarchique que les bricolages souvent pagailleux de la section F, et pour cette raison se prête mal à une représentation schématique.

Le même genre de réserves doit s'appliquer à la lecture des cartes 1 à 3, pp. 39-41. On a simplement voulu y représenter grossièrement la localisation des réseaux les plus importants de la section F en août 1942, août 1943 et août 1944 : s'il veut en faire un usage utile, le lecteur ne doit pas perdre de vue cette ambition limitée. Il ne faut pas les lire comme des cartes politiques ou militaires classiques : il ne s'agit de rien d'autre que de zones d'influence. Toute interprétation en termes d'autorité territoriale, analogue, par exemple, à celle de barons féodaux, doit être écartée [42].

La division du récit en chapitres « annuels » ou parfois « semestriels » pourra paraître artificielle, mais c'est un artifice qui correspond à une certaine réalité. Car pour la plupart des réseaux de France, il y avait bien deux saisons, comme au temps de Jules César : une saison pour se battre et une saison pour prendre ses quartiers d'hiver et préparer la campagne de printemps. En ces mois-là, les conditions météorologiques interdisaient le plus souvent les ravitaillements. Même si le climat hivernal était loin d'être aussi rigoureux en France que sur le front de Leningrad ou sur les côtes d'Islande ou de Norvège, il l'était suffisamment pour gêner les activités nocturnes des agents du SOE, qui devaient de toute façon exercer aussi leur activité civile de « couverture ».

Un autre aspect des récits qui suivent pourra paraître bizarre, notamment aux lecteurs familiers de l'histoire militaire. Peut-être déjà, inconsciemment, ont-ils mis un signe égale entre les sections F et RF d'une part et des bataillons d'autre part, entre les sections DF et EU/P et des compagnies indépendantes. Mais ces analogies avec la vie militaire ordinaire ne tiennent pas. Une compagnie ou un bataillon opère en tant qu'unité. Les agents du SOE formés en Grande-Bretagne pour le travail en France opéraient en tant qu'individus, ou par toutes petites équipes. Leurs groupes les plus larges ne dépassaient pas l'effectif d'une section d'infanterie : Suttill (*Prosper*) était plus ou moins responsable d'une trentaine d'agents et George Starr, de WHEELWRIGHT, en a eu quelque temps plus de vingt sous ses ordres. Mais, même dans le réseau PROSPER, jamais un tel nombre ne s'est trouvé réuni au même endroit. L'activité autonome des différentes équipes fut un trait essentiel des opérations du SOE, du moins jusqu'à l'insurrection ouverte, après le Débarquement. En août et septembre 1944, deux missions, fortes chacune de deux douzaines d'hommes, se rendirent dans l'ouest de la France, mais ce furent des exceptions.

Le plus bel exemple de la valeur des petites équipes vient d'un autre pays : c'est la célèbre histoire de Knut Haukelid et de ses huit camarades, qui rayèrent de la carte l'usine d'eau lourde allemande en Norvège[43]. Cette action suffirait à elle seule à justifier l'existence du SOE, car elle contribua à semer la confusion dans les projets allemands de production de l'arme atomique. Si l'Allemagne avait résolu les problèmes de la fission de l'atome avant les Alliés, l'histoire des dernières décennies aurait été tout à fait différente[44]. Rien ce qu'a pu faire le SOE en France n'a eu une telle portée, mais beaucoup de ses actions ont exercé une influence sensible sur le cours de la guerre, et il faut ici mentionner ARMADA : un groupe de quatre saboteurs français libres envoyés par la section RF, pas un de plus, réussit à mettre hors d'usage tous les canaux par lesquels les Allemands entendaient acheminer en Méditerranée barges et sous-marins miniatures destinés à empêcher les débarquements alliés en Italie. Si ces derniers furent menés à bien, on le doit pour partie à l'action d'ARMADA.

Les hommes du SOE ont fourni mille et un exemples du principe du levier : une petite poussée exercée en un point soigneusement choisi peut avoir d'énormes effets. C'est la raison pour laquelle les chapitres qui suivent pourront apparaître au premier abord comme une simple succession d'aventures disjointes. Mais il y avait bien un plan d'ensemble. Si le lecteur tient bon jusqu'au chapitre XIV, il en trouvera une sorte de synthèse.

Chapitre VII

GAMBIT D'OUVERTURE : 1940-1941

Au moment de la déroute française, en mai-juin 1940, le SOE n'était pas né. Appelé officiellement à la vie à la mi-juillet, il était encore dans les langes en août-septembre, en pleine bataille d'Angleterre, alors que les ports et aérodromes français où les Allemands procédaient à leurs derniers préparatifs d'invasion des Îles Britanniques auraient offert des cibles de sabotage de la plus haute importance. Finalement, les Allemands abandonnèrent leur projet, mais uniquement faute de pouvoir se rendre maîtres du ciel : les seules difficultés qu'ils rencontrèrent en France même furent les attaques de l'aviation britannique de bombardement et de surveillance côtière. Il y eut aussi quelques initiatives isolées, et pour tout dire désespérées, de Français se refusant à accepter la défaite : dès le 7 août, le quartier général allemand à Paris recevait des rapports sur des actes de sabotage. Il réagit le 12 septembre par une circulaire indiquant les mesures de répression à prendre, entre autres le couvre-feu et la prise d'otages [1]. On a mentionné au chapitre I les quelques actions réalisées en France, en pleine débâcle, à l'initiative du MIR, la division de sabotage improvisée en 1939 sous l'autorité du haut commandement britannique : à part un magnifique incendie, il n'en résulta pas grand-chose si l'on songe à la quantité d'objectifs auxquels aurait pu s'attaquer une organisation expressément préparée à exécuter des attentats. L'analyse des événements par le MIR, achevée le 4 juillet (lendemain du désastre de Mers el-Kebir), concluait encore que la défense britannique devait se fixer pour premier objectif stratégique la capture ou la destruction de la flotte française [2]. Mais le MIR n'était pas en mesure d'agir en ce sens, et de toute façon il cessa d'exister en octobre, une bonne partie de son personnel rejoignant le SO2.

Une lente mise en route

L'absence d'organisation capable de conduire des opérations irré-gulières est un exemple de plus de l'impréparation du gouvernement Chamberlain à la veille du conflit. Il est vrai que n'être pas prêt pour la guerre subversive, c'est aussi le prix dont les sociétés libres doivent parfois payer leur liberté ; il est en revanche beaucoup moins facile d'excuser la longue période de flottement qui suivit la création du SOE. On l'a dit, la première année d'existence du service se gaspilla presque entièrement en querelles compliquées et stériles sur la définition de ses missions, entre renseignement militaire, guerre politique, propa-gande, raids côtiers... On ne s'accordait même pas sur sa place dans le dispositif stratégique d'ensemble du pays. Ces incertitudes offraient de belles possibilités de chamailleries aux fonctionnaires et aux clans qui se sentaient menacés par sa seule existence, ou simplement qui avaient le goût de l'intrigue pour elle-même. Il resta quasiment paralysé tout au long de l'automne et de l'hiver, et l'on pouvait craindre qu'il ne fût définitivement piégé dans un cercle vicieux, comme cela avait failli être le cas du MIR : ne pouvant présenter aucun bilan positif, il n'avait pas de munitions contre ses adversaires bureaucratiques de l'intérieur, et contraint de se défendre contre ces derniers, il ne pouvait se consacrer à des actions qui auraient rendu son bilan positif[3].

La première difficulté de son directeur, Nelson, consistait en ceci que les méthodes et le personnel de la « section D », le principal organisme dont il était issu, exigeaient une révision radicale et un nouveau chef. Mais, de manière plus générale, il ne voyait « aucune perspective à court terme de résultats majeurs »[4]. Comme Gubbins le formulera plus tard à propos de cette époque, « il n'y avait aucun contact entre la Grande-Bretagne et l'un quelconque des pays occupés : on ne savait rien de ce qui s'y passait, sauf par les récits que pouvaient en faire les rares personnes qui parvenaient encore, de temps à autre, à s'en échapper. » Tout le monde affichait un « enthousiasme magni-fique », mais qui restait sans objet pratique[5]. C'est seulement le 25 novembre 1940 que Nelson reçut des chefs d'état-major sa première directive, issue d'une réunion tenue deux semaines plus tôt et à laquelle lui-même et Jebb avaient participé[6]. Ce texte se composait presque exclusivement d'une série d'évidences : il fallait que la subversion s'insère dans la stratégie britannique d'ensemble, que le service évite de révéler ses intentions à l'ennemi en concentrant trop exclusivement ses frappes dans certains domaines, etc. On y exprimait l'espoir d'affaiblir suffisamment l'Allemagne par l'action subversive pour pouvoir ensuite envoyer sur le continent une force terrestre capable de la vaincre mais, faute d'information, aucune cible de sabotage n'y était précisée, les moyens de communication étant toutefois désignés comme un secteur important. Il fallait se préparer à l'activité subversive sur un vaste territoire, de manière à pouvoir la lancer plus tard en tel ou tel point, selon les circonstances et les opportunités. Sans y attacher une priorité très élevée, le texte désignait toutefois nommément la Bretagne, le Cotentin et le Sud-Ouest comme régions où créer des organisations susceptibles de coopérer avec une future force expéditionnaire [7].

Au-delà de son ton mesuré et de ses formulations banales, ce texte était implicitement porteur d'un concept central, qui allait guider la stratégie du SOE pendant toute la guerre, à savoir que ses actions se divisaient en deux catégories bien distinctes, exigeant de leurs exécutants des qualités différentes : d'une part des actes classiques de sabotage visant à détruire les centres vitaux du système économique et militaire de l'ennemi, par exemple un central téléphonique desservant un QG, un transformateur fournissant du courant à un groupe d'usines, etc. ; d'autre part, sur un plan plus large et à plus long terme, l'organisation et l'armement d'unités de combat clandestines recrutées sur place, qui harcèleraient les forces adverses par des opérations de guérilla partout où ce serait jugé utile à la stratégie alliée. Toutefois, il n'est guère possible en pratique de maintenir une armée secrète dans une inaction prolongée : si l'on ne donne pas à ses combattants quelque chose à faire, on les perd. C'est pourquoi les « organisateurs » du SOE sur le terrain seront amenés à entretenir la combativité et la forme physique de leurs troupes en leur faisant exécuter des actions ponctuelles de sabotage, fussent-elles de peu de conséquence pour l'ennemi. L'utilité stratégique d'une action de ce genre était fonction de la fréquence des contacts du chef de réseau avec Londres, de l'armement dont il disposait et de la mesure dans laquelle elle risquait, en attirant un peu trop l'attention de l'adversaire, de mettre en péril les possibilités futures. Nous en verrons beaucoup d'exemples dans les chapitres suivants.

Au début de l'automne 1940, tout cela était encore bien flou. Mais le jour où la directive fut distribuée à un cercle restreint de ministres et d'officiers d'état-major – c'était le 25 novembre – la première opération que le SOE allait réussir en France était déjà en route. Elle avait été précédée de quelques échecs que nous énumérerons rapidement. Juste avant la défaite française, la section D avait envoyé un hydravion chercher la famille de Gaulle à Carantec, sur la côte Nord du Finistère, mais il se perdit. Un officier de cette section finit par arriver à Carantec le 20 juin au matin, amené par un torpilleur, mais pour constater que les Allemands y étaient déjà et que Madame de Gaulle, elle, n'y était plus ; elle rejoignit l'Angleterre par des moyens plus orthodoxes [8]. Quelques semaines plus tard, le 1er août, la section D embarqua trois Français, Victor Bernard, Clech et Tilly, sur une vedette lente et bruyante, à destination d'un point de la côte situé juste de l'autre côté de l'estuaire par rapport à Carantec. Mais le bateau tomba par hasard dans la nuit sur des garde-côtes allemands dont il essuya le feu ; il lui fallut rentrer au port [9]. Une nouvelle tentative pour emmener deux hommes, cette fois sur un torpilleur, échoua le 11 octobre [10]. Enfin, le 14 novembre – la nuit où brûla Coventry – un avion transporta un agent de l'autre côté de la Manche ; il devait sauter en parachute aux environs de Morlaix, mais il s'y refusa au dernier moment (il fut alors, conformément à une pratique courante, « rendu à son unité », en l'occurrence au QG de De Gaulle, où il accomplira du reste un travail utile [11]). On peut bien sûr regretter que ce refus, qui restera seul de son espèce jusqu'en août 1944 [12], ait justement eu lieu en ce moment critique des débuts, mais d'un autre côté un agent pusillanime aurait fait un piètre pionnier en matière d'organisation de réseau.

Premiers succès

Cette série de déboires allait prendre fin, dans les derniers jours de novembre 1940, avec l'opération SHAMROCK qui, bien que de dimension modeste, fut incontestablement « excitante et extrêmement fructueuse », pour reprendre les termes du journal de guerre du SO2 :

« Cinq agents placés sous la direction du lieutenant de vaisseau Minshall furent emmenés par sous-marin jusqu'en Gironde. Ayant pénétré dans l'estuaire, ils s'emparèrent d'un thonier français, convainquirent la moitié de son équipage de coopérer et transférèrent l'autre moitié sur le sous-marin. Après avoir soigneusement observé la procédure suivie par les sous-marins allemands pour pénétrer dans l'estuaire et en sortir, ils ramenèrent le bateau de pêche à Falmouth sans incident. Les informations réunies grâce à cette observation directe et à l'interrogatoire des pêcheurs français se révélèrent très utiles à la Navy et à la RAF. Il semble que plusieurs opérations aient été entreprises sur la base de ces informations et leur aient dû leur succès [13]. »

Même un journal de guerre peut se tromper : c'est le cas ici, comme dans le livre de souvenirs de Minshall lui-même. L'affaire n'eut pas lieu dans la Gironde, mais aux abords de l'île de Groix, face à Lorient [14]. Remarquons que SHAMROCK était surtout une mission de renseignement et non une action subversive comme était censé en exécuter le SOE, qu'elle n'était pas conduite par un de ses membres mais par un officier de marine, et que son équipage était emprunté à l'organisation de la France Libre qui était en train de se constituer à Londres. Son succès était encourageant pour les dirigeants du SOE, mais on ne leur demanda jamais de renouveler l'exploit : l'Amirauté préférait se procurer ses informations par des moyens moins violents.

Pendant ce temps, les Français Libres œuvraient avec acharnement à la construction de leur propre organisation en France, où ils avaient envoyé leur premier émissaire un mois après l'armistice. À la fin de l'année 1940, leur réseau de renseignement CND (Confrérie Notre-Dame) était en état de fonctionner sous la direction du catholique Renault-Roulier (*Rémy*), plusieurs autres étaient en voie de formation [15], et ils commençaient à se remettre de l'humiliation subie à Dakar fin septembre (opération MENACE), qui fut certes un coup sérieux porté à leur prestige, mais pas davantage. Un seul aspect de cette affaire de Dakar nous intéresse dans ce livre, mais il revêt une importance considérable : le secret de l'entreprise semble avoir été très mal gardé. Dès la fin de l'opération, il courait dans tout Londres des anecdotes plus ou moins grotesques sur les indiscrétions qui auraient été commises au cours de la phase de préparation, et il est en effet bien possible que certains bruits soient arrivés jusqu'à Vichy avant l'expédition. Toujours est-il qu'à partir de ce sombre automne et jusqu'à la fin de la guerre, les états-majors britanniques ne communiquèrent leurs secrets aux Français Libres qu'avec réticence et une extrême parcimonie [16a]. La

---

a. Ces rumeurs, rapportées à Roosevelt, ont été une des raisons de sa méfiance précoce à l'égard de De Gaulle. L'analyse des archives du gouvernement de Vichy et de l'état-major de la Marine nationale prouvent que les autorités de l'État français ne reçurent aucune information de Londres sur le projet d'opération contre Dakar. Le thème de l'indiscrétion des Français Libres ne demeura pas moins récurrent dans les

rumeur persiste du reste que les Allemands avaient réussi à poster, tout près de De Gaulle, un excellent agent qui les aurait régulièrement renseignés jusqu'à l'hiver 1944-1945. Si c'était exact, cela aurait justifié la méfiance des Britanniques. Je n'ai rien trouvé de solide qui pût soit confirmer cette rumeur soit la réduire à néant [17a].

Mais ce n'était pas seulement pour des raisons très générales d'étanchéité douteuse que l'organisation de la France Libre inquiétait le SOE. Comme beaucoup d'autres gouvernements, elle souhaitait s'appuyer sur un service secret unique. Les dispositions qu'elle proposa dans ce cadre pour son « Service Action », en voie de formation sous la direction de Lagier (*Bienvenüe*), horrifièrent littéralement les prudents esprits qui présidaient aux destinées du SOE à ses débuts : l'idée de base en était qu'on pouvait produire une armée secrète à partir des réseaux de renseignement que Dewavrin était en train de mettre en place, et cela selon un schéma qui paraissait spécialement étudié pour faciliter la tâche des services de contre-espionnage ennemis et courir au désastre. « Ce qu'il nous faut, expliquait Dewavrin en décrivant le type d'agent qu'il proposait d'envoyer en France, ce n'est point des observateurs, mais des hommes capables de nous trouver le maximum d'informateurs qui, sans même se déranger, pourront avec exactitude nous dire ce qu'ils voient, ce qu'ils savent et qui nous intéresse. Nos envoyés n'auront donc plus qu'à recueillir ces renseignements, à les grouper et à nous les faire parvenir dans les délais les plus rapides. Leur rôle se limitera d'une part à administrer leur réseau et de l'autre à organiser leurs liaisons et transmissions. »

« Je voyais dans cette méthode un second avantage, écrira-t-il dans une réflexion rétrospective restée inconnue des Anglais à l'époque, celui de rétablir des communications, à travers le pays, entre des groupes qui ne pouvaient, par leur existence même, manquer de faire boule de neige, favorisant ainsi l'éclosion d'une plus vaste résistance. Celle-ci, par son ampleur et son volume, persuaderait nos alliés que la France tout entière rentrait peu à peu dans la lutte. » [18] La seule pensée

---

hautes sphères britanniques et fut même pris en compte par Churchill : leur crainte était que des confidences imprudentes ne soient faites par des proches de De Gaulle à des agents devant partir en mission pour la France et qui risqueraient d'y être arrêtés [J.-L. C.-B.].

    a. Cette hypothèse, soutenue en France en 1968 par Gilles Perrault et qu'aucun document ni aucun historien n'a confirmée depuis quarante ans, semble relever des affabulations répandues par des groupuscules antigaullistes londoniens [J.-L. C.-B.].

d'un réseau faisant boule de neige était de nature à glacer d'effroi tout officier de Baker Street : ce processus, qui n'était en aucun cas souhaitable, ne pouvait à la rigueur s'admettre que tout à la fin, juste avant que les armées alliées ne déferlent sur la région concernée, et seulement si le chef de réseau clandestin était en mesure de fournir aux couches les plus périphériques de sa « boule de neige » une abondance d'armes restées cachées jusque-là. Au surplus, comme l'observa en cette occasion l'un des initiateurs du SOE, Humphreys, il était aisé de « prévoir qu'un temps [viendrait] où les choix militaires britanniques entreraient en conflit avec l'opinion politique française » [19].

Néanmoins, la France Libre constituait un fait politique et militaire, à prendre en compte et à accepter comme tel. Et ses hommes aspiraient à l'action. Ce sont eux qui fournirent les marins de SHAMROCK. Ils constituèrent aussi une compagnie de parachutistes indépendante entraînée par le SOE [20] en vue d'opérations éclair. Mais pour traverser la Manche, ils avaient besoin des Britanniques, et plus précisément du SOE. « Nous n'avions pratiquement aucun moyen, alors que les Anglais disposaient de tout », écrit Dewavrin [21]. De Gaulle accepta cette situation ; avec mauvaise grâce, mais il n'avait pas le choix. De son côté, le SOE fit taire ses réticences à l'occasion de l'opération suivante : c'est qu'il n'avait pas le choix non plus. Cette opération, SAVANNA, n'atteignit pas son objectif mais eut des suites fécondes.

Fin 1940, le ministère de l'Air demanda au SOE de détruire un escadron de bombardement allemand, le *Kampfgeschwader* 100, dont les appareils partaient du terrain d'aviation de Meucon, près de Vannes ; ce groupe aérien avait pour tâche de repérer les villes britanniques de nuit, par radio-guidage, et d'y larguer des bombes incendiaires, permettant ainsi aux bombardiers qui les suivaient de viser leurs cibles au plus juste. On savait que ses pilotes se rendaient chaque soir de Vannes à Meucon en autocar : le SOE serait-il assez aimable pour organiser une embuscade sur la route de ces véhicules ? C'était urgent. La section F n'avait personne de prêt. Gubbins et Barry acceptèrent la mission et demandèrent quelques parachutistes français. Sur le principe, de Gaulle et Dewavrin acquiescèrent rapidement. Mais de Gaulle ne voulait pas participer à une opération dont lui-même ou son état-major ne connussent point tous les détails ; or, compte tenu de l'affaire de Dakar, il était hors de question de lui donner satisfaction [22], et il ne se laissa convaincre qu'avec difficulté[a]. Les commandants en chef de l'aviation, Portal et Harris[23], provoquèrent aussi une anicroche de dernière minute en exigeant que les parachutistes sautent en uniforme, Portal expliquant à Jebb : « Je pense que la RAF ne peut pas prendre part à une opération consistant à envoyer des hommes en civil tuer des soldats de l'armée adverse. Vous conviendrez avec moi qu'il y a une grande différence, sur le plan éthique, entre l'acte de parachuter un espion en civil, dont toute la tradition nous dit qu'il est parfaitement honorable, et ce projet absolument inédit de parachuter ce qu'on ne saurait appeler que des assassins. »[24] Le temps d'aplanir ces difficultés, la lune de février était sur son déclin. Début mars, il fit trop mauvais. Enfin, le 15 mars 1941 au soir, cinq soldats français montèrent à bord d'un Whitley ; ils emportaient avec eux deux conteneurs d'armes légères et un engin d'immobilisation de véhicule spécialement conçu pour l'opération[25].

Ils sautèrent à l'aveugle, à minuit, à une douzaine de kilomètres à l'est de Vannes et environ sept kilomètres du lieu prévu de l'embuscade, sous le couvert d'un petit raid de bombardement contre l'aérodrome. À l'aube, ils enterrèrent leur matériel et partirent en reconnaissance[26]. Ils constatèrent rapidement que les pilotes de l'escadron allemand ne faisaient plus le déplacement en car, mais par groupes de deux ou trois dans des voitures : l'opération prévue était devenue impossible. Mais le chef du groupe, un capitaine de trente ans nommé Bergé, ne voulait pas être venu pour rien. Il dispersa donc les membres de son équipe en plusieurs missions de reconnaissance. Un des hommes resta aux environs de Vannes ; un autre, Joël Le Tac, se rendit à Brest ; un troisième avait disparu ; Bergé lui-même et le cinquième, Forman, se rendirent à Paris, Nevers[27] et Bordeaux. Ils devaient tous se retrouver aux Sables-d'Olonne à la fin du mois.

L'homme resté à Vannes disparut lui aussi. Mais Bergé, Forman et Le Tac étaient au rendez-vous. Après plusieurs nuits de vaine attente dans les dunes qui ourlent la côte au nord des Sables, ils retrouvèrent

----

a. De Gaulle abordait le printemps de 1941 dans une phase d'humeur, de méfiance et de susceptibilité due, selon toute vraisemblance, aux tractations occultes que le Foreign Office poursuivait avec les autorités de Vichy et aux obstacles qu'il lui avait opposés depuis l'automne. Les documents aujourd'hui connus témoignent de sa détermination d'affirmer l'autonomie, sinon la souveraineté de la France Libre en exigeant de connaître l'objet de la mission et les conditions d'emploi des parachutistes à mettre à la disposition des Britanniques [J.-L. C.-B.].

enfin, dans la nuit du 4 au 5 avril, Geoffrey Appleyard, venu les chercher en canoë à partir d'un sous-marin. La mer était si mauvaise que deux autres canoës avaient été défoncés, si bien que Le Tac dut être laissé sur place. Le sous-marin *Tigris* devant achever sa patrouille avant de rentrer au port, Bergé passa les dix jours d'oisiveté forcée qui suivirent à rédiger un rapport sur l'échec très instructif de sa mission [28].

À l'instar du débarquement du MIR près de Boulogne [29], elle n'avait eu aucun impact direct mais faisait la démonstration d'intéressantes possibilités. Elle prouvait que l'on pouvait atteindre la France occupée en parachute, très discrètement, s'y déplacer assez facilement, y recevoir bon accueil de la part d'une part non négligeable de la population et – la patience, le courage et la chance aidant – en revenir sain et sauf au prix, il est vrai, de quelques difficultés. En outre, Bergé ramenait en Angleterre une riche moisson d'informations matérielles – heures du couvre-feu, réglementation de la circulation à vélo, prix des cigarettes, papiers d'identité, cartes de rationnement – que le SOE cherchait en vain à se procurer depuis des mois. C'est un triste exemple du manque de confiance entre le SOE et les services normaux de renseignement, ou du fonctionnement inadapté de ces services à l'époque, que le SOE ait appris seulement au retour de Bergé des faits aussi simples (fussent-ils temporaires) que la suspension du service des taxis parisiens ou « la facilité et l'absence totale de contrôle » de la plupart des voyages en train [30].

Le brouillard se levait sur le continent, on en distinguait plus nettement les contours. C'est d'un pas plus assuré et avec une confiance accrue que l'on pouvait se lancer dans l'action.

Ce n'est qu'aux premières heures du 25 avril 1941 que le débarquement suivant eut lieu, par une nuit sans lune, comme il sied à un transport par mer. Le bâtiment était le HMS *Fidelity* ; le point d'accostage se situait près de l'étang du Canet, en Méditerranée, là où les Pyrénées descendent sur la mer [31]. Les deux passagers étaient envoyés par des sections différentes, et leurs missions l'étaient également. Le premier était un agent de voyages polonais, Bitner, alias Kijanowski. Il devait prospecter la communauté polonaise du nord et du nord-est de la France et rendre compte de son potentiel de résistance : non pas au SOE mais directement aux Polonais, bien entendu. Néanmoins le SOE, par sa section EU/P, avait doublement contribué à cette expédition : c'est lui qui en avait proposé l'idée et c'est lui qui avait obtenu qu'elle soit financée par le Trésor. Bitner prit contact avec Kawalkowski, ancien consul général de Pologne à Lille et principal représentant de ce pays dans le Nord. Tous deux ne tardèrent pas à demander de l'argent, des émetteurs radio et du matériel de propagande, mais pas d'armes. Kawalkowski fut connu des Polonais sous le nom de *Bernard*, du SOE sous celui de *Hubert* et en France sous celui de *Justin*. Bitner resta l'un de ses principaux assistants ; il passa presque tout le reste de la guerre en France, fut pris par les Allemands à l'été 1944, se tut sous la torture et réussit à s'évader du train qui l'emmenait en Allemagne[32].

L'autre passager, Rizzo, s'occupait de communications clandestines, avec l'extrême discrétion caractéristique de ce genre de mission. Humphreys s'était rendu par deux fois à Lisbonne au cours de l'hiver 1940-1941 pour s'informer des différentes filières de transport de lettres, d'objets et de passagers à destination ou en provenance de France dont il avait pu avoir connaissance ; mais il avait constaté, d'une part, qu'elles n'existaient pas toujours, d'autre part que celles qui existaient ne répondaient guère aux besoins du SOE[33]. Il avait donc établi à Lisbonne un agent à demeure, L.H. Mortimore, qui resta jusqu'à la fin de la guerre l'immuable point d'ancrage des filières de la section DF dans cette ville. C'est par son intermédiaire qu'il entra en contact avec Brochu, membre de l'état-major général français qu'il avait connu à Paris et qui envisageait de former des groupes de sabotage ; mais l'affaire n'aboutit pas[34]. Humphreys doutait de l'efficacité et de la sûreté de la plupart des personnes qu'il avait observées et décida d'envoyer des hommes à lui : E.V.H. Rizzo (*Aromatic*) fut le premier. C'était un ingénieur civil maltais d'âge mûr, qui avait enseigné les sciences naturelles dans un lycée français jusqu'en juin 1940 et avait parcouru à vélo mille cinq cents kilomètres pour ne pas avoir à subir la présence des Allemands, qu'il haïssait[35]. Connaissant bien les alentours de son point de débarquement, il trouva rapidement une maison dans une paisible banlieue de Perpignan en harmonie avec ses manières modestes, et s'y installa. Son apparence singulière (aucun Français, en effet, ne l'aurait pris pour un compatriote) ne s'y remarquait pas trop. Au cours des dix-huit mois qu'il passa en ce lieu, ce personnage aux allures de professeur noua des relations fort peu académiques avec des contrebandiers pyrénéens et « créa une filière remarquable, qui fonctionna pendant quatre ans et ne fut jamais connue de l'ennemi », car il avait un sentiment très aigu des nécessités de la sécurité[36]. Cette filière, connue sous les noms d'EDOUARD ou de TROY, devint la deuxième par sa dimension de tous les réseaux d'évasion de la section DF en France. L'essentiel des liaisons en était assuré par la femme de Rizzo, qui resta sur place après son départ, finit par être prise et fut gazée à Ravensbrück au printemps de 1945, le jour du Vendredi Saint [37].

Inconnu de Bitner comme de Rizzo, l'homme responsable de l'esquif qui les mena du *Fidelity* à la plage fut lui-même arrêté quelques heures plus tard : ce fut le début de l'une des trajectoires les plus célèbres de cette guerre clandestine. C'était un médecin militaire belge du nom d'Albert Guérisse, déjà dissimulé sous le grade et le nom de *lieutenant-commander* (capitaine de corvette) Patrick O'Leary de la Royal Navy. Il échappa très vite à ses geôliers français et créa la filière d'évasion PAT, dans laquelle trois des meilleures messagères de la section F firent leurs premières armes : Andrée Borrel, Madeleine Damerment et Nancy Wake. Cette filière ramena au pays, et donc au combat, plus de six cents soldats des forces alliées, pour la plupart membres d'équipages d'avions abattus. « Le courage constant et le sens du devoir dont aucune louange banale ne saurait rendre compte » [38] de cet homme non seulement assura le fonctionnement constant de sa filière mais lui permit de conserver son intégrité sous la torture et en détention, après qu'il eut été dénoncé aux Allemands en mars 1943 et arrêté. Il resta détenu à Dachau jusqu'à la libération du camp.

Pour éviter trop d'allées et venues entre les sections, nous évoquerons ici quatre autres agents de ce qui n'était alors que la sous-section « communications clandestines » de la section F (on a dit plus haut que « DF » devint une section à part entière du SOE au printemps de 1942 ; mais Humphreys utilisait cette abréviation dans sa correspondance avec Marriott dès avril 1941 [39]). Il en est un, ou plutôt une, qui mérite une mention spéciale. En dépit de la rumeur qui attribue à Yvonne Rudellat le titre de « première femme envoyée en mission en France », elle y avait été précédée de quatorze mois par une jeune actrice née au Chili dont le mari, Victor Gerson (*Vic*), joua un rôle très important, comme on le lira plus loin : il se rendit en France par six fois et y bâtit la meilleure et la plus vaste des filières d'évasion du SOE. Giliana Balmaceda disposait sur son passeport chilien d'un visa de l'« État français » de Vichy. Elle passa trois semaines, fin mai-début juin 1941, à Vichy et à Lyon et revint en Angleterre avec une moisson de détails triviaux mais précieux sur les horaires, les couvre-feux, les papiers que les civils devaient présenter aux contrôles, la fréquence de ces derniers dans les bus et les trains, etc. [40]

Deux autres agents de DF présents dès l'origine partagent une singularité : ils refusèrent tout salaire et même, le plus souvent, tout remboursement de leurs frais de voyage, qui étaient élevés. Ils portaient des messages entre la France et deux pays neutres : pour l'un, le Portugal, pour l'autre, la Suisse. Le premier était Daniel Deligant (*Defoe*), juif français résidant à Lisbonne et qui se rendait souvent en France pour ses affaires. À partir de juin 1941, il se chargea à plusieurs reprises de messages et d'appareils radio pour le SOE et en donna livraison chaque fois à l'endroit souhaité, que ce fût en deçà ou au-delà de la ligne de démarcation, pour le passage de laquelle il organisa un service efficace [41]. L'autre était un social-démocrate suisse, René Bertholet (*Robert*), qui fit de nombreux déplacements entre Berne et Lyon dans les années 1941-1942, porta des messages et collecta des informations. Ni l'un ni l'autre ne furent jamais inquiétés.

Le quatrième, enfin, lui aussi homme d'affaires, était un courtier maritime norvégien, quaker, du nom de Holst (*Billet*), marié à une Anglaise. Ses bureaux étaient à Marseille. Il fut recruté au SOE par un compatriote au printemps 1941. Sous un aspect lourdaud, il cachait une intelligence rapide, le goût du travail bien fait et une forte animosité à l'égard des nazis. Il réussit à constituer dans tout le Sud-Ouest de l'Europe plusieurs filières de transport de messages et colis qui fonctionnèrent, comme EDOUARD, pendant toute la durée de la guerre [42].

Les autres sections n'étaient pas spécialement portées sur la discrétion ; ce printemps-là, on chercha activement des cibles. Des attentats de type SAVANNA furent envisagés contre des équipages de sous-marins à Brest et Lorient et contre les avions Condor qui patrouillaient dans l'Atlantique à partir de la base de Mérignac, près de Bordeaux [43]. Aucun ne connut ne serait-ce qu'un début d'exécution, mais il n'en fut pas de même d'une opération visant la centrale électrique de Pessac, autre banlieue de Bordeaux. Cadett, un des responsables de la section F, « tenait beaucoup » à cet objectif dès le début de l'année 1941 [44], mais sa section n'était toujours pas prête. C'est donc la section des opérations, MO, qui prit les choses en main, et son chef Barry monta une équipe d'une demi-douzaine de Polonais pour l'exécuter. Ils s'envolèrent de Tangmere le 10 avril, mais l'appareil eut un problème de circuit électrique et lâcha leurs deux conteneurs au-dessus de la Loire ; ils n'avaient plus qu'à tourner bride. Après quoi l'avion s'écrasa à l'atterrissage et prit feu. Une partie de l'équipage fut tuée et tous les passagers polonais blessés. Or c'était le seul appareil équipé pour larguer des conteneurs [45].

Gubbins se tourna alors vers la section RF, qu'il créa précisément dans le processus de préparation de cette opération. Un autre avion Whitley fut hâtivement modifié par la RAF. Barry et Piquet-Wicks, pour le SOE, et Lagier, pour les services secrets de la France Libre, préparèrent un trio de parachutistes français : Forman, qui venait de rentrer de SAVANNA, Varnier et Cabard. Ils sautèrent à l'aveugle près de Bordeaux dans la nuit du 11 au 12 mai, enterrèrent leur conteneur et partirent reconnaître leur cible. Là, ils observèrent avec consternation que le mur d'enceinte de près de trois mètres de haut était doublé, du côté intérieur, par un câble à haute tension, entendirent des gens aller et venir de l'autre côté, ne parvinrent pas à se procurer les vélos qui leur auraient été nécessaires pour repartir silencieusement une fois leur coup fait, perdirent courage et renoncèrent. Mais heureusement, ils ratèrent le sous-marin qui aurait dû les prendre près de Mimizan. Ils se rendirent donc à Paris où Forman, grâce à une adresse qu'on lui avait donnée avant son départ pour le cas où il perdrait contact avec le service, put rencontrer Joël Le Tac[46]. Celui-ci avait encore par deux fois observé, en compagnie de son frère Yves, le transport des pilotes du *Kampfgeschwader* 100, mais sans résultat utilisable : il fallait décidément renoncer à SAVANNA. En revanche, il ne voulut pas entendre parler d'abandonner JOSEPHINE B, l'attentat contre la centrale de Pessac. Il ranima l'enthousiasme de l'équipe et revint avec elle à Bordeaux. Cabard aborda sans façons le gardien de l'usine et apprit en quelques minutes de conversation que, contrairement aux craintes de Forman, il n'y avait pas de patrouilles de nuit[47]. Ils « se procurèrent » un petit camion dans lequel ils s'installèrent tous quatre le soir du 6 juin, mais qui tomba en panne. Ils firent une nouvelle tentative le lendemain, cette fois sur des vélos dénichés par Le Tac. Ils retrouvèrent leurs explosifs dans les hautes fougères où ils les avaient cachés, à deux cents mètres de la centrale. Dans l'obscurité, Varnier recoupa les détonateurs qui avaient un peu souffert de l'humidité. Forman réussit à escalader le mur et à sauter par-dessus le câble électrique. Il ouvrit la grille à ses compagnons, ce qui fit pas mal de bruit mais ne provoqua aucune réaction. Il leur suffit d'une demi-heure pour adapter à chacun des huit principaux transformateurs une mine magnétique contenant un peu moins de deux kilos de plastic et jumelée avec une bombe incendiaire. Ils pouvaient partir. Au moment même où ils enfourchaient leurs vélos, toutes les charges explosèrent à la fois. Ils regagnèrent leurs modestes meublés à la lueur des hautes flammes et des projecteurs qui fouillaient frénétiquement le ciel à la recherche du bombardier auquel les Allemands attribuaient le forfait.

Six des huit transfos furent détruits par ces charges de faible volume, mais très précisément placées ; quant aux deux autres, leurs charges avaient sans doute glissé à l'extérieur de leur emballage avant d'exploser, à cause de l'humidité. Il fallut mobiliser tout ce que la France possédait d'huile de transformateur pour mener à bien la réparation, qui ne fut achevée qu'au début de l'année suivante. En attendant, on essaya d'abord de faire fonctionner les chemins de fer du réseau électrifié du Sud-Ouest au moyen du courant produit par la centrale de Dax, avec pour seul résultat de faire sauter quantité de fusibles, de sorte qu'il fallut remettre en service des trains à vapeur pour desservir la région. Le travail à la base de sous-marins de Bordeaux et dans de nombreuses usines s'interrompit plusieurs semaines. La commune de Pessac dut payer une amende d'un million de francs et il y fut instauré un nouveau couvre-feu, de 21 h 30 à 5 heures Enfin, petit gain supplémentaire et inattendu, on apprit qu'une douzaine d'Allemands avaient été fusillés pour ne pas avoir assuré une protection efficace de la centrale.

Les saboteurs ayant raté le rendez-vous avec un Lysander venu les chercher[48] partirent tranquillement vers l'Espagne ; ils réussirent à dépenser un quart de million de francs en deux mois[49] et laissèrent derrière eux un sillage de verres (sinon de cœurs) brisés. Cabard fut arrêté juste avant de franchir les Pyrénées ; il s'évada peu après et était de nouveau au service du SOE en novembre[50]. Les trois autres rentrèrent en Angleterre en août[51a]. Ils avaient de bonnes raisons d'être contents d'eux : ils avaient fourni un excellent exemple des résultats disproportionnés que pouvait obtenir une minuscule unité frappant l'adversaire en un point vital. L'effet de l'opération JOSEPHINE fut encore plus grand à Londres qu'en Aquitaine, car elle prouvait enfin que le SOE était capable de créer à l'ennemi de grosses difficultés économiques ; sa réputation encore fragile s'en trouva consolidée en proportion.

---

a. À leur retour à Londres, Pierre Forman et Joël Le Tac rédigèrent un rapport commun daté du 6 septembre, lu et remarqué par de Gaulle et par Gubbins. Ce texte rendait compte pour la première fois du processus de restructuration qui allait conduire à la constitution de vastes mouvements de résistance, apportait d'amples précisions sur le mouvement LIBERTÉ, préfiguration de COMBAT, et esquissait un plan national d'action militaire. C'est ce qui explique les ambitions démesurées de la mission MAINMAST (octobre 1941-janvier 1942), dont il sera question un peu plus loin. Au retour de ladite mission, Forman, qui aurait outrepassé son rôle, fut réaffecté au bataillon des parachutistes, tandis que les frères Le Tac, renvoyés peu après en mission en France, furent rapidement arrêtés ; ils survécurent à trois ans de déportation [J.-L. C.-B.].

Les sections F, RF et EU/P et le Service Action de De Gaulle essayèrent chacun de son côté, durant l'été et l'automne de 1941, de construire en France quelque chose qui méritât le nom d'organisation. SAVANNA et JOSEPHINE avaient montré qu'il était possible d'installer des agents sur le sol français et d'y construire des groupes semi-permanents, auxquels pourraient s'agréger de bons éléments recrutés sur place.

Ce travail à la fois élémentaire et primordial se trouva naturellement favorisé par l'agression allemande contre la Russie lancée le 22 juin 1941. Jusqu'à cette date, les Britanniques avaient été presque seuls (pas tout à fait seuls, se plaisaient-ils à penser, ayant avec eux plusieurs gouvernements européens en exil prêts à appuyer les mouvements de résistance, un allié actif, la Grèce, depuis octobre 1940 et, loin de l'Europe, le soutien des « vieux dominions » – Canada, l'Afrique du Sud, Australie et Nouvelle-Zélande – ainsi que l'assentiment de l'Inde et des colonies ; mais c'était tout de même insuffisant pour y nourrir l'espoir d'une victoire rapide). Certes, même après que « le caractère de la guerre eut changé », pour parler comme les marxistes, cette victoire rapide n'était pas encore à l'ordre du jour, mais du moins la situation était-elle plus équilibrée. N'oublions pas l'assertion de l'historien soviétique Boltine : « Sans la lutte héroïque et les victoires du peuple soviétique, la résistance n'aurait jamais atteint son but ; car même la victoire militaire alliée sur l'Allemagne fasciste aurait certainement été impossible sans la contribution de l'URSS. »[52] En France, l'entrée en guerre de l'URSS eut des effets à la mesure du poids du parti communiste dans le pays. Le petit noyau de staliniens disciplinés qui dirigeait cette formation hétérogène avait jusque-là bien accueilli les forces d'occupation allemandes, considérées comme alliées de l'Union soviétique. Il vira de bord du jour au lendemain. En mai, l'Humanité avait lancé un appel à la constitution d'un « Front national » qui regrouperait tous les partis français et œuvrerait à placer le pays en position de neutralité entre l'Allemagne et l'Angleterre[53a]. Sitôt que

a. Cet appel du 26 mai reste lié à la logique des accords germano-soviétiques : la guerre qui oppose la Grande-Bretagne à l'Allemagne est une « guerre impérialiste » entre puissances capitalistes, et le mouvement de De Gaulle restera caractérisé jusqu'au 22 juin comme « étant d'inspiration réactionnaire et colonialiste à l'image de l'impérialisme britannique ». L'appel marque cependant une inflexion politique et met en œuvre un nouveau principe directeur : « La lutte pour la libération nationale, qui constitue la grande tâche du peuple de France en ces heures sombres où notre pays

l'attaque allemande contre l'URSS eut coupé la voie de la neutralité, les communistes imprimèrent à cette organisation naissante un tournant anti-allemand. Le Front national devint un mouvement de résistance large – pouvant aller à droite jusqu'à un Louis Marin – et efficace, dont les membres n'étaient généralement guère conscients qu'ils gravitaient autour d'un noyau communiste. Tous ses inspirateurs en effet étaient du parti, autrement dit c'étaient des hommes qui influençaient des pans entiers du prolétariat français, disciplinés, courageux et dotés déjà d'une expérience de la lutte clandestine. La vie devint plus difficile pour les forces allemandes dans les grandes régions industrielles de Paris, de Lyon et du Nord-Est grâce à la branche militaire du mouvement, les Francs-tireurs et partisans (FTP), qui empruntaient leur nom aux corps de volontaires irréguliers de la guerre de 1870-1871[54]. Ce mouvement acquit par la suite une force énorme grâce à ses contacts dans les régions rurales où l'on votait à l'extrême gauche en vertu de traditions remontant à 1789. La vigueur de son développement amena même par la suite un observateur bien informé à comparer ses chefs à l'apprenti sorcier[55]. Toutefois, à la ville comme à la campagne, ses groupes manquaient d'armes et d'explosifs : c'est ce qui conduisit les communistes à entrer en contact avec le SOE.

Les sections F, EU/P et DF disposaient alors de quelques très rares agents établis en France, et la section RF – sans compter les auteurs de JOSEPHINE encore en cavale – en avait plusieurs prêts à partir avant même l'entrée en guerre de l'URSS : autrement dit plusieurs mois avant la naissance des FTP, et alors que la ligne officielle des communistes français consistait encore à dénoncer dans la pugnacité britannique contre les nazis un calcul capitaliste à base d'ambition impériale et de soif de profit. Les communistes disent souvent qu'une guerre cesse d'être « injuste » pour devenir « juste » lorsque « les masses y participent de grand cœur ». Or l'engagement librement consenti des masses britanniques dans cette guerre dès la mi-été 1940 est un fait certes difficile à intégrer dans le schéma communiste, mais néanmoins indéniable. La participation des masses françaises se fit attendre un peu plus longtemps. Elle fut inspirée à peu près à parts égales par de Gaulle, par les communistes et par les Britanniques.

Comme cette dernière opinion fait l'objet d'aigres controverses, consacrons quelques lignes à sa défense. Les communistes ont affirmé

---

est cruellement opprimé, ne peut point se séparer de la lutte pour les intérêts immédiats des classes laborieuses. » [J.-L. C.-B.].

pendant des années – c'était même un devoir du parti, et peu importait l'absence de preuves à l'appui – que la résistance française fut en pratique un phénomène d'inspiration communiste ; c'est une lecture que nul homme raisonnable (hors du parti) ne saurait admettre. Les gaullistes, également par devoir de parti et par loyauté envers leur grand homme, ont eu tendance à exagérer presque autant. Enfin, quelques hauts personnages britanniques se déclarent en privé convaincus que, sans la RAF, la BBC, et surtout le SOE, la résistance française aurait certes pu, tant bien que mal, survivre plusieurs années dans la clandestinité mais ne se serait jamais développée et épanouie comme elle l'a fait. De mon point de vue d'historien, le crédit se répartit en réalité plus ou moins par tiers entre ces trois acteurs.

Les débuts de la section F sur le sol français

Où en était la section F sur le plan opérationnel ? Ses premières tentatives plus ou moins tâtonnantes consistèrent à envoyer deux douzaines d'agents en France, tous sauf deux en « zone libre » (mais quelques-uns passèrent ensuite en zone occupée). Certains travaillaient seuls, d'autres par petits groupes ou avec des collaborateurs recrutés sur place. Quatre seulement disposaient d'un appareil émetteur-récepteur, dont deux ne restèrent en liberté que quelques jours : la plupart étaient donc handicapés par un manque de communications rapides avec l'Angleterre. La seule femme de cette première série d'émissaires établit une base avancée de la section à Lyon, mais elle n'avait pas d'opérateur radio et, sa couverture étant celle d'une journaliste d'un pays neutre, elle ne pouvait guère transporter d'objets plus encombrants que de l'argent ou des messages d'un point à un autre du territoire. Dès la fin de l'année 1941, le tiers de ces agents étaient derrière les barreaux, la plupart des autres se terraient, l'important travail de reconnaissance accompli n'avait abouti qu'à très peu d'actes de sabotage, et le bureau de la section à Londres avait été secoué par une crise assez grave pour provoquer le renouvellement presque complet de sa direction. Mais « le temps passé en reconnaissance est rarement du temps perdu » et l'effort n'avait pas été tout à fait vain. Il me paraît utile de préciser homme par homme, pour cette phase initiale, ce qui fut accompli et ce qui ne le fut pas.

Le staff et les agents de la section avaient rongé leur frein tout au long de l'hiver 1941. Ils avaient hâte de se mettre au travail mais ne le pouvaient pas : le transport par mer, souvent promis, ne fut pour ainsi dire jamais disponible. Vingt agents étaient prêts au milieu du printemps, qui avaient tous suivi le cursus de Wanborough (et dans la même promotion[56] : pratique imprudente qui fut vite abandonnée car si l'un d'eux était pris et parlait, il pouvait mettre en danger tous les autres). Et cette poignée d'hommes perdit le quart de son effectif : trois personnes sur le départ furent tuées et deux blessées dans un bombardement aérien début mai[57]. Mais les choses avaient au moins commencé à bouger.

Qui fut le premier agent opérationnel de la section F à toucher le sol français ? La question est simple, la réponse ne l'est pas. Le journal de guerre du SOE pour mars 1941 contient cette information laconique à la rubrique « Section française » : « Après un deuxième échec, l'opération de débarquement de l'agent de Bretagne (sic) a été menée à bien dans la nuit du 27 »[58] (le journal de guerre porte mention d'une précédente tentative, effectuée sans succès le 19 mars, pour débarquer « des agents » de cette même section[59]). Une note non datée d'un officier d'état-major important de la section RF, Thackthwaite, dans un dossier concernant des distinctions, indique qu'il s'agissait d'un Français Libre. Rien d'autre ne semble en avoir été retenu, même pas son nom réel ou son nom de guerre. En l'absence de toute autre information le concernant, nous devons supposer soit qu'il fut pris tout de suite soit qu'il rejoignit aussitôt un autre service. Reste le personnage généralement reconnu comme le premier, et qui en tout cas fut certainement le premier parachuté : Georges Bégué, alias *George Noble*, qui sauta à l'aveugle dans la nuit du 5 au 6 mai 1941 dans le centre de la France, au sud de la ligne de démarcation et à une trentaine de kilomètres au nord de Châteauroux, entre Valençay et Vatan[60]. À l'occasion du cinquantième anniversaire de cet événement, un monument à la mémoire de cent quatre morts du SOE, membres de la section F pour la plupart, a été inauguré à Valençay en présence du ministre français des Anciens Combattants et de la reine mère d'Angleterre : c'était la première reconnaissance officielle en France de la section F, contre laquelle de Gaulle s'était si souvent élevé[a]. La RAF prétendit avoir largué Bégué à deux cents mètres du point choisi, mais il eut le désagrément de constater qu'il en était éloigné de plusieurs kilomètres[61]. Il dut marcher tout le reste de la nuit en portant sa valise,

---

a. Une cérémonie du souvenir a lieu à Valençay chaque année au mois de mai, en présence d'autorités civiles et militaires françaises et britanniques [J.-L. C.-B.].

qui outre ses vêtements contenait également un émetteur-récepteur, et arriva à l'aube à la maison de campagne de Max Hymans (*Frédéric*), député USR (Union socialiste et républicaine) de l'Indre astreint à la retraite par le nouveau régime et ami d'un ami français de Cadett. Hymans, qui n'était pas averti de l'arrivé de Bégué, n'était pas chez lui, mais fut vite retrouvé et se montra tout disposé à l'aider. Il le présenta à un pharmacien de Châteauroux, Renan, et à un garagiste, Fleuret, qui eurent l'honneur discutable d'être les deux premières « boîtes aux lettres vivantes » de la section F ; honneur discutable, parce qu'en ces temps reculés les agents du SOE n'avaient pas encore appris l'importance primordiale des coupe-circuits et des règles de sécurité en général, et le garage de Fleuret devint un lieu de rencontre où chacun venait à tout bout de champ tailler une bavette ou emprunter un vélo[62].

Bégué transmit à Londres dès le 9 mai l'adresse de Renan. Trois nouveaux agents furent aussitôt parachutés dans les environs et prirent contact avec lui : Pierre de Vomécourt (*Lucas*) et *Bernard* arrivèrent dans la nuit du 10 au 11, Roger Cottin (*Albert*) deux nuits plus tard. La contribution de *Bernard* consista seulement à déposer de l'argent pour Bégué à l'officine de Renan. Dénoncé à la police de Vichy par des paysans qui l'avaient vu atterrir, il fut assigné à résidence et ne réussit pas à reprendre contact avec Bégué ni avec personne d'autre. Comme il avait femme et enfant, il s'efforça de gagner les bonnes grâces du régime et finit par y devenir fonctionnaire. À son poste, il s'efforça de ralentir autant que possible l'envoi de travailleurs en Allemagne, mais ne fut jamais lié aux grandes organisations de fonctionnaires résistants. De retour en Angleterre après la Libération, il expliqua qu'il n'avait jamais reçu de nouveaux ordres.

Pierre de Vomécourt, son compagnon de saut, se révéla autrement combatif. Il était d'une famille de l'aristocratie terrienne du Limousin, mais d'origine lorraine, et partageait avec ses deux frères la ferme conviction qu'il fallait continuer le combat contre les barbares[a]. C'était un bel homme dans la trentaine, vigoureux, causant, bon tireur, l'esprit rapide, plein d'énergie et d'enthousiasme. À en croire son frère Philippe (*Gauthier*), qu'il ne tarda pas à recruter, la section F n'aurait

---

a. Il s'était évadé en Angleterre avec l'intention de se rattacher aux services secrets de la France Libre. Médiocrement accueilli et mal compris dans ses projets de sabotage, il se rabattit sur le SOE, dont il allait devenir, jusqu'à son arrestation, l'un des plus importants agents en France [J.-L. C.-B.].

jamais été fondée sans lui[63]. C'est une vision familiale quelque peu éloignée de la réalité, mais il est certain que le rôle précoce de Pierre de Vomécourt fut essentiel. Gladstone écrit que Cobden, pour le libre échange, et Parnell, pour l'autonomie de l'Irlande, ont su « placer l'argument sur ses pieds », de sorte que les gens pussent voir ces deux problèmes tels qu'ils étaient et se faire une idée personnelle de leur solution : c'est un peu le rôle que Pierre de Vomécourt a joué pour le travail de la section F en France.

Pierre ayant assuré ses frères du plein soutien de Londres, ils se répartirent les tâches de manière territoriale. Pierre fixa sa base à Paris, d'où il partait pour de larges tournées dans le Nord et le Nord-Ouest à la recherche de tous ceux qui, en privé, manifestaient déjà leur hostilité aux nazis, afin d'évaluer leur valeur éventuelle pour le SOE et de recruter les meilleurs dans son réseau, AUTOGIRO (qui connaîtra une fin prématurée). Jean, l'aîné, qui avait reçu une mauvaise blessure alors qu'il servait dans l'aviation royale britannique au cours de la guerre précédente[64], vivait à Pontarlier ; il prit donc en charge l'est de la France, où il créa plusieurs petits réseaux de résistants à la place de la filière d'évasion à destination de la Suisse dont il s'occupait jusque-là. Il avait de grandes capacités d'organisation et une énergie aussi infatigable que celle de Pierre ; il fut vite repéré et traqué par la Gestapo, qui parvint finalement à le prendre en août 1942. Déporté dans un camp de concentration, il y fut abattu alors qu'on entendait déjà tonner l'artillerie russe[65]. Philippe, enfin, se chargea du sud de la Loire et, en signe de soutien tangible de Londres, Pierre organisa pour lui, grâce à l'émetteur de Bégué, le premier parachutage de matériel de guerre effectué sur la France : dans la nuit du 12 au 13 juin[66], après trois tentatives infructueuses, deux conteneurs (qui en annonçaient quelque soixante mille autres) furent largués par un Whitley tout près du château de Philippe de Vomécourt, Bas Soleil, à une quinzaine de kilomètres à l'est de Limoges. Le comité de réception se composait de lui-même et du gendre de son jardinier. Ils cachèrent le matériel dans les massifs d'arbustes entourant la maison, égarèrent les soupçons de la police locale (l'un des conteneurs avait pendouillé sous l'aile de l'avion pendant toute l'heure où celui-ci avait tourné en rond, ce qui n'avait pas manqué d'attirer l'attention) et se retrouvèrent équipés de mitraillettes, de couteaux de combat, de plastic et de mines ventouses avec détonateurs à retardement, destinées à couler des navires[67]. Il est vrai que la mer était à près de deux cents kilomètres, mais ce matériel venu de Londres, malgré son inadéquation aux besoins du moment, renforça encore l'excellent moral des Vomécourt. L'Amirauté et le ministère de la Guerre économique étaient déjà fort gênés par le dispositif allemand de forçage du blocus, à Bordeaux, et il allait bien falloir s'en occuper un jour. En attendant, ce parachutage fut ressenti par l'état-major londonien comme un grand succès.

Son organisation avait soulevé mille difficultés et nécessité de nombreux échanges radio avec Londres, ce qui avait mis Bégué en danger : le service allemand d'interception avait détecté ses émissions presque tout de suite, avait commencé à les brouiller au bout de trois ou quatre jours et avait activé la police de Vichy pour qu'elle se mît à la recherche de tous les étrangers qui pourraient se trouver autour de Châteauroux. Des voitures de repérage goniométrique ne tardèrent pas à arriver. Il fallait absolument réduire les temps d'échanges au minimum ; Bégué proposa donc d'utiliser la BBC pour signaler quand une opération aurait lieu. C'est de cette idée qu'est issu le système complexe de « messages personnels » dont nous avons parlé plus haut[68] et qui constitue un trait si frappant de l'histoire de la résistance dans toute l'Europe de l'Ouest.

L'état de la réflexion stratégique

Le haut commandement du SOE devait maintenant décider, à partir des informations substantielles que ces premières initiatives avaient rapportées, quelle devait être sa politique à long terme en direction de la résistance française. Cette décision est formulée dans une étude plus générale du théâtre européen en date du 12 juin 1941, dont l'initiative revient à un acteur extérieur au SOE, le Groupe de planification des opérations futures, ou FOPS[69]. L'étude envisage des insurrections et des « actions de l'intérieur », mais seulement dans un avenir éloigné, car s'il existe une « masse patriotique potentielle », celle-ci a besoin « d'organisation et d'un long travail de propagande préalable » avant d'être en état de se soulever ; la France, comme d'autres pays occupés, n'est pas encore « mentalement prête à la révolte ». L'État-major interarmes de planification ne fut guère convaincu par cette analyse et communiqua le texte au SOE pour commentaires ; il en sortit six semaines plus tard, le 21 juillet, une longue note adressée à Churchill par Dalton, le ministre de tutelle du SOE, affirmant que le service pouvait « dès maintenant, si on lui en [donnait] l'ordre, lancer des programmes d'envergure et de longue haleine visant à la révolution en Europe ».

Dalton proposait un triple objectif : propagande subversive par des agents du SO2 munis de matériel fourni par le SO1, sabotage, et formation d'armées secrètes. Il estimait possible d'organiser environ trois mille Français en petites équipes de sabotage et de recruter une armée secrète française de vingt-quatre mille hommes, équipée et prête à se battre, le tout pour l'automne 1942. Mais pour y parvenir, il fallait compter au moins douze cents sorties aériennes, même en se contentant d'un armement modeste (pour chaque groupe de sept saboteurs : une mitraillette et six pistolets, sept couteaux et quatorze grenades, ainsi que cinquante kilos de plastic pour un an). Nul doute que l'équipe de Gubbins, à la direction des opérations (M), s'était donné beaucoup de mal pour préparer ce document, mais elle disposait de si peu d'informations qu'elle aurait aussi bien pu tirer les nombres au sort et les multiplier par deux pour faire bonne mesure ; c'était au moins une base de discussion. Dalton soulignait, bien entendu, la nécessité d'une planification réfléchie ; il ne s'agissait pas de multiplier des attentats dont la succession routinière ne serait rien d'autre qu'un « bégaiement », mais de faire bel et bien du dégât. La note fut aussitôt transmise par le Premier ministre aux chefs d'état-major, et par eux à l'État-major interarmes de planification, lequel rendit une appréciation sans enthousiasme le 9 août. Il était d'accord sur le fait que le sabotage était utile contre des cibles situées hors de portée de l'aviation, et que les forces patriotiques locales auraient un rôle essentiel à jouer dans la dernière phase de la guerre ; mais on en était encore loin. Et le SOE devait faire la preuve d'avancées substantielles avant de pouvoir revendiquer plus de moyens qu'il n'en recevait déjà. Pour le moment, il ne serait pas raisonnable de sacrifier en sa faveur des vols de bombardement ou même de reconnaissance. À l'évidence, il trouvait les demandes du service excessives.

Les chefs d'état-major examinèrent la question le 14 août et s'inquiétèrent de ce que les armes et munitions éventuellement larguées au-dessus de l'Europe pussent ne pas tomber dans les bonnes mains, ce qui pourrait obliger la RAF à un programme de vols encore plus vaste. « Quelques doutes [s'exprimèrent] également sur l'utilité d'armées secrètes que la présence massive de forces allemandes bien équipées et la férocité de leurs méthodes n'auraient aucun mal à contenir. » La question des armées secrètes fut remise au lendemain, et les mêmes personnes – Portal, Phillips, Pownall et Ismay – se retrouvèrent avec Gubbins et Jebb. Jebb fit habilement dévier le débat sur le degré d'organisation qu'on pouvait espérer leur donner et souligna qu'il fallait s'y employer sans délai. Gubbins le soutint avec force détails pratiques sur la sécurité des largages de matériel militaire. Le SOE sortit de la réunion avec la promesse de Portal de hisser l'escadrille des « missions spéciales » au rang d'escadron, qui fut tenue dans la quinzaine[70].

Les actions en France au deuxième semestre 1941

À des hauteurs stratégiques beaucoup moins vertigineuses, les sections RF et F continuaient à agir selon leurs possibilités. Dans la nuit du 5 juillet 1941 fut parachutée la mission TORTURE de la section RF ; il ne s'agissait que d'une opération de reconnaissance en vue d'un autre coup de main de type SAVANNA. Deux jeunes Français, Labit et Cartigny (le premier, qui était le chef de la mission, n'avait que vingt ans), sautèrent à l'aveugle en Basse-Normandie pour s'informer de la possibilité de saboter la grande base allemande de Carpiquet, près de Caen. Mais, entre autres difficultés, Bergé avait omis de signaler que les trains ne circulaient plus le dimanche en zone occupée. Cartigny fut arrêté (on suppose qu'il fut ensuite fusillé[a]) et Labit dut passer plusieurs heures dans le lit d'une rivière pour éviter le même sort. Il ne se laissa pas décourager et se rendit à Toulouse, en zone libre, où les contacts universitaires du professeur Bertaux lui permirent de démarrer un réseau, FABULOUS[71] ; un radio et un peu de matériel furent parachutés à ce réseau en septembre. Forman (*Dok*) ainsi qu'un second radio arrivèrent à la mi-octobre pour une mission appelée MAINMAST.

Celle-ci avait des ambitions prodigieuses. Forman, courageux combattant mais dépourvu d'expérience politique, devait entrer en contact avec LIBERTÉ, un mouvement de résistance de tendance catholique qui s'était constitué très précocement, et l'articuler en quatorze organisations régionales couvrant toute la zone non occupée, chacune subdivisée en quatre branches : armée secrète, information, sabotage et propagande ; prendre langue avec six autres organisations de résistance à Paris et une dans les Ardennes ; les organiser selon le même schéma, et revenir à Londres. Le tout en trois mois[72]. Inutile de dire qu'il ne

---

a. De même que le maire du village de Lasson, Lucien Frémont, qui lui avait courageusement offert refuge [J.-L. C.-B.].

put presque rien exécuter de ce programme démentiel. Laissant Labit diriger des cours de guerre clandestine dans la banlieue de Toulouse, avec un émetteur radio installé dans l'établissement de bains publics, il gagna Montpellier où il rencontra Pierre-Henri Teitgen et François de Menthon, les deux pères spirituels de LIBERTÉ. Ceux-ci étaient déjà en contact avec un autre service britannique et ne laissèrent pas échapper l'occasion de jouer l'un contre l'autre. Au surplus, ce mouvement rappela fâcheusement à Forman les guéguerres mesquines, à la pousse-toi-de-là-que-je-m'y-mette, typiques de la IIIe République[73]. En tout cas, il était beaucoup moins qualifié pour imposer un règlement entre de Gaulle et les chefs de LIBERTÉ que l'émissaire sur lequel LIBERTÉ, LIBÉRATION et LIBÉRATION NATIONALE s'étaient mis d'accord et qu'ils avaient envoyé à Londres par leurs propres moyens *via* Lisbonne : le grand Jean Moulin, qui arriva en Angleterre une semaine après que Forman l'eut quittée[74]. La police de Vichy fut rapidement sur les traces de Forman et de Labit et arrêta leurs deux radios vers la fin de l'année ; les deux chefs d'équipe se replièrent à Paris pour Noël et jugèrent prudent de demander leur rapatriement par la filière d'évasion OVERCLOUD.

OVERCLOUD était l'enfant de Joël Le Tac, que nous avons déjà rencontré à propos de SAVANNA et de JOSEPHINE. Barry et Piquet-Wicks avaient réussi à obtenir un accord de principe provisoire pour la création d'un réseau SOE en Bretagne à ravitailler par mer. Aux premières heures du 15 octobre 1941, Le Tac (*Joe*) et son radio Kergorlay (*Joew*), qui était encore plus jeune que lui, amenés aux abords du rivage par le ravitailleur d'hydravion MV 360, accostèrent à la rame par un temps que Holdsworth qualifia de « dernière limite raisonnable de l'endurance opérationnelle »[75] du bâtiment en question. C'était tout près de l'endroit où Le Tac avait coutume de passer ses vacances, presque à l'extrémité de la péninsule et sur sa côte Nord, entre l'Aber Wrac'h et l'Aber Benoit. Là, il fit de nouveau appel à son frère Yves et à leur mère. Il prit contact avec une organisation de cheminots bretons appelée LA BÊTE NOIRE et avec un groupe assez important d'étudiants de Rennes, mais ce fut à peu près tout, notamment à cause des piètres capacités de Kergorlay en matière de chiffre et surtout de transmissions[76]. La proximité de l'Angleterre rendait presque inévitable que le réseau fût mis à contribution pour des évasions. Piquet-Wicks a raconté en détail la traversée de la canonnière qui amena en Angleterre le résistant corse Scamaroni dans la dernière nuit de l'année 1941, à ceci près que, pour des raisons sentimentales, il la date d'une semaine plus tôt[77]. Forman, Labit et les deux frères Le Tac, ainsi que plusieurs autres, étaient du même voyage. Il nous faut les abandonner pour l'instant, mais nous les laissons dans un état d'esprit bien meilleur que la plupart des autres expéditions d'« action » envoyées par la France Libre cette année-là.

L'une d'entre elles était BARTER, l'attentat longuement projeté sur l'aérodrome de Mérignac, qui fut enfin monté le 11 septembre. Deux officiers avaient été parachutés près de Mimizan pour reconnaître l'objectif, préparer un plan détaillé de l'action et envoyer par radio toutes indications utiles en vue de l'envoi du groupe de saboteurs proprement dits. Mais leur émetteur fut détérioré à l'atterrissage et on perdit leur trace un certain temps. Un autre projet, consistant à lancer des organisations de résistance à Vichy même, connut lui aussi une fin abrupte. Un ingénieur en électricité du nom de Lencement s'était rendu par ses propres moyens en Angleterre, *via* l'Espagne, au début de son mois de vacances. Il y parvint le 12 août 1941 et se fit parachuter (opération TROMBONE) aux environs de Vichy dans la nuit du 29 au 30 – une nuit sans lune – avec pour instructions de former autour de lui trois réseaux respectivement de sabotage, de propagande et de renseignement. Mais sa préparation avait été trop hâtive. La police ne tarda pas à trouver sa trace et il était en prison avant la fin de l'année (il fut relâché en 1942, de nouveau arrêté en 1943 et envoyé, après un passage à Fresnes, à Buchenwald puis à Dora ; et il en revint).

Deux autres tentatives effectuées par la France Libre pour entrer en contact avec des résistants de l'intérieur, dont l'existence ne faisait à ses yeux aucun doute, eurent plus de succès. La mission DASTARD fut infiltrée à quatre-vingt kilomètres au Sud-Est de Paris dans la nuit du 7 au 8 septembre ; elle se composait d'un Parisien de gauche, Laverdet, et d'un opérateur radio. Ils prirent contact avec un groupe assez important appelé « Armée gaulliste volontaire », qui revendiquait soixante mille membres, la plupart fonctionnaires. Mais la Gestapo repéra vite l'émetteur et nos hommes durent disparaître pour échapper à la traque. Ils étaient en fuite à Auxerre lorsque vint Noël[78].

OUTCLASS connut un meilleur sort, peut-être parce qu'il s'agissait d'un homme seul. C'était le jeune Yvon Morandat (*Arnolphe*), l'un des résistants français les plus discrets et efficaces qui fussent, syndicaliste et engagé dans les Forces françaises libres dès 1940. Il sauta aux environs de Lyon dans la nuit du 6 au 7 novembre, avec la mission, purement civile, d'y prendre contact avec le mouvement syndical chrétien, ce qu'il fit rapidement. Puis, jetant les yeux autour de lui, il vit quantité de choses à faire, si bien qu'il resta. Nous le retrouverons longuement plus loin car il fut, comme Piquet-Wicks l'a justement remarqué, l'un des meilleurs agents politiques de De Gaulle [79]. De fait, il avait été envoyé par le commissariat à l'Intérieur de ce dernier, et Dewavrin le considéra un temps comme un rival. Il se révélera aussi solide patriote que bon gaulliste [80].

Une autre équipe, du nom de COD, eut des résultats plus modestes ; elle consistait en un lieutenant et un caporal de la France Libre, Tupet (*Thomé*) et Piet, parachutés dans le centre de la France le surlendemain de Pearl Harbour (nuit du 8 au 9 décembre 1941). Ils étaient censés reprendre une partie d'un réseau de renseignement français déjà existant [81], qui organisa du reste leur réception. Ils mirent sur pied un petit réseau de sabotage, très discret, à Saint-Étienne. Assez discret, à vrai dire, pour ne commettre à cette heure aucun sabotage, mais du moins il existait ; l'émetteur de Piet fonctionnait ; et la section RF, à l'époque, était d'humeur à se réjouir de toute bonne nouvelle, aussi minuscule fût-elle.

La section F était dans la même situation. La fin de l'été et l'automne avaient vu se multiplier les difficultés à propos des transmissions radio. Il s'en fallait encore de plusieurs mois pour que le système de messages BBC inventé par Bégué donnât pleine satisfaction [82], et les agents en France étaient si mal outillés en la matière qu'ils s'exposaient eux-mêmes et exposaient les autres en utilisant beaucoup trop les quelques canaux dont ils disposaient. Cottin, par exemple, directeur chez Roger et Gallet, firme française de parfumerie, bombardait l'officine de Renan de cartes postales pour « Monsieur Georges », où il rendait compte, dans un langage codé de manière rudimentaire, de ses démarches pour s'installer à son compte comme représentant en savons dans le sud de la Bretagne. On chercha à lui organiser une ligne de communication par messager, passant par Paris, mais la tentative échoua ; en revanche, il fit connaissance à cette occasion de Pierre de Vomécourt, dont la forte personnalité le fit renoncer à créer son propre réseau. Vomécourt en fit son second dans AUTOGIRO.

Vomécourt attira aussi dans son orbite, quelque temps plus tard, un autre agent, N.F.R. Burdeyron (*Gaston*), à qui l'on avait donné pour radio un Français beaucoup plus fruste, *Xavier* [83]. Après plusieurs tentatives infructueuses de voyage par mer, les deux hommes furent parachutés à l'est d'Avranches le 9 juillet 1941, avec pour mission de créer un réseau en Basse-Normandie. Malheureusement pour *Xavier*, il fut reconnu quelques jours plus tard par un policier du cru et placé en détention pour finir de purger une peine encourue avant la guerre pour viol, qu'il avait écourtée en s'évadant de prison à la faveur de l'arrivée des Allemands à l'été 1940. Burdeyron, désormais coupé de sa base militaire, se replia sur sa base personnelle : sa femme et son chez-soi, à Deauville. Il y commença un travail discret et utile.

À la différence de Labit, il réussit à observer de l'intérieur la base aérienne de Carpiquet, en recourant à un moyen classique : il emprunta pour deux jours sa tenue de travail à un sympathisant qui y était manœuvre, rôle inattendu pour un monsieur qui était dans le civil second maître d'hôtel au Dorchester. Il ne pouvait rien entreprendre tout seul contre l'aérodrome, mais par l'intermédiaire de Pierre de Vomécourt, qu'il avait connu à Wanborough et sur lequel il était tombé par hasard à Caen, il put informer Londres de ce qu'il avait vu. Son autre succès cet automne-là fut de persuader des amis de Lisieux de pratiquer quelques modestes sabotages dans l'usine où ils travaillaient, qui produisait des blocs de culasse pour canons de marine. C'étaient de petites choses, mais c'était quelque chose, et Vomécourt remarqua son habileté.

Deux autres agents furent infiltrés au sud de la ligne à la lune d'août, le 6, avec d'importantes conséquences, mais dans des directions opposées. G.C.G. Turck (*Christophe*), architecte français qui avait été officier de liaison du Deuxième Bureau avec la Section D [84], sauta un peu trop tard et maladroitement ; il atterrit dans une carrière, où il gisait sans connaissance lorsque la police le trouva au matin. Quand il revint à lui, il inventa une histoire assez mince selon laquelle il avait payé un pilote de la RAF pour se faire parachuter au-dessus de la France, car il n'aimait pas les Anglais et voulait rentrer chez lui ; que la police le crût ou non, elle le relâcha et il reprit rapidement contact avec son compagnon, Jacques Vaillant de Guélis.

Turck, comme le Cassius de Shakespeare, avait « l'air maigre et affamé ». Philippe de Vomécourt s'en méfia dès le premier instant, et il ne fut pas le seul ; une voisine des environs de Marseille n'avait « aucune confiance en lui » [85]. De Guélis, lui, était un charmeur : publicitaire de trente-quatre ans, de père français et de mère anglaise, avec un visage expressif et mobile, mais qui pouvait passer inaperçu quand il n'arborait pas sa moustache en guidon de vélo. Il avait été en 1940 l'interprète de Gort, alors commandant du corps expéditionnaire en France ; fait prisonnier, il avait réussi une audacieuse évasion vers l'Angleterre avec son cadet André Simon. Le général Brooke, qui les avait connus tous deux en France, les proposa d'emblée à Gubbins. La section F recruta de Guélis à l'origine comme *briefing officier*, c'est-à-dire chargé des séances d'information, mais c'est lui qui fut le premier membre du staff de Londres à faire un voyage de reconnaissance en France. Sporborg, le responsable régional du SOE pour l'Europe du Nord-Ouest, avait écrit dans une note à son directeur Nelson qu'« en principe on a raison d'interdire strictement aux membres du quartier général d'aller sur le terrain », mais qu'il avait « le sentiment que les qualités particulières de Guélis et le caractère inhabituel des circonstances présentes [militaient] en faveur d'une exception »[86]. Très intéressé par la politique française, courageux, adroit, énergique, de Guélis abattit beaucoup de besogne durant son mois de séjour en France. Outre plusieurs petites tâches telles que la collecte de spécimens de cartes d'alimentation et de papiers de démobilisation, il était chargé de trois missions plus importantes[87]. L'une ne donna rien : il s'agissait d'explorer les Bouches-du-Rhône pour repérer d'éventuels points de débarquement clandestin. Les deux autres furent plus fécondes. Son principal objectif, à l'origine, avait été de ramener avec lui en Angleterre, par sous-marin, une demi-douzaine de recrues particulièrement prometteuses, mais il avait dû y renoncer avant même son départ[88]. Il n'en recruta pas moins plusieurs agents remarquables et leur donna le moyen d'entrer en communication avec Londres : entre autres le Dr Lévy d'Antibes, Philippe Liewer[89] (plus connu sous le nom de Staunton), Jean Bouguennec et Robert Lyon, que nous retrouverons tous plus loin. Troisièmement, et ce fut finalement le plus utile, il prépara la voie à la première femme envoyée en France à titre permanent par le SOE : l'indomptable Virginia Hall (*Marie*).

C'était une journaliste américaine de trente-cinq ans originaire de Baltimore, qui ne passait pas inaperçue avec ses cheveux roux, son fort accent et son pied artificiel, et qui ne se laissait arrêter par rien. Elle prenait beaucoup de risques mais le faisait intelligemment et ne fut ni arrêtée ni même sérieusement interrogée tout au long de son premier séjour en France, long de quatorze mois[90]. Elle le dut certes en partie au fait que, dès son arrivée à Lyon en provenance d'Espagne, elle avait établi des contacts solides avec la gendarmerie locale, auprès de laquelle elle s'était fait enregistrer fin août comme correspondante accréditée du *New York Post*. Elle s'installa dans un appartement qui devint la base des agents de la section F en zone libre : presque tous ceux qui ont travaillé dans la moitié sud de la France avant son invasion par les Allemands y sont passés un jour ou l'autre. Elle n'eut pas elle-même la satisfaction de participer à des sabotages, mais se consacra à la tâche plus fastidieuse d'être disponible, de mettre les gens en contact, de savoir à qui il fallait graisser la patte et où se planquer, de calmer les nerfs à vif des agents en fuite et de superviser la répartition des émetteurs radio. C'était aussi dangereux que du sabotage, et beaucoup plus ennuyeux. Sans l'activité qu'elle a déployée, une bonne moitié des opérations menées à bien par la section dans la première période n'aurait pu l'être.

C'était donc de Guélis qui avait préparé pour elle ses premiers contacts à Lyon. Après avoir confié à Turck les relations qu'il s'était faites chez les pêcheurs de Camargue, il repartit en toute hâte pour Châteauroux afin d'attraper l'avion qui devait le ramener en Angleterre, portant dans sa tête, malheureusement, les adresses de plusieurs points de contact établis par Turck à Marseille, dont la Villa des Bois. C'est Bégué, qui pourtant sentait déjà le souffle des policiers sur sa nuque, qui prit toutes les dispositions nécessaires avec Londres pour cette première opération de rapatriement par Lysander effectuée par le SOE. De Guélis devait se charger lui-même de la réception de l'avion, et il faillit bien manquer au rendez-vous : au moment même où il s'apprêtait à quitter son hôtel après le dîner, le 4 septembre, pour se rendre tranquillement à vélo jusqu'au point d'atterrissage choisi[91], les gendarmes eurent la mauvaise idée de venir y faire un contrôle de routine des papiers de tous les présents, et ils prirent leur temps. Lorsque ce fut enfin terminé, de Guélis, qui avait dissimulé à grand-peine son impatience, dut pédaler comme un fou. Il entendait déjà le moteur de l'avion. Il sauta à bas de sa machine, ouvrit une clôture, disposa les torches en toute hâte… seulement ce n'était pas le bon pré. Le pilote Nesbitt-Dufort, commandant de la flotte de Lysander qui venait d'être créée au sein de l'escadron 138, posa son avion sans encombre mais se prit dans un câble électrique en redécollant et revint à Tangmere avec plusieurs mètres de fil de cuivre entortillés dans son train d'atterrissage.

Ce Lysander avait amené Gerry Morel, courtier d'assurances trilingue anglais, français, portugais, qui prit le temps de récupérer deux bouteilles de champagne et une de parfum oubliées là par de Guélis[92] avant de s'évanouir dans le paysage, au moment même où un gendarme à vélo arrivait sur les lieux pour s'enquérir de la cause de tout ce bruit. La mission de Morel peut être traitée ici pour ainsi dire entre parenthèses, car elle n'eut pas le succès escompté. Il s'agissait de retrouver de nombreux amis et de les inciter soit à former des groupes disposés à exécuter plus tard des sabotages si les Britanniques leur en donnaient les moyens, soit du moins à financer ce type d'action. L'affaire se présenta bien au début, mais au bout de six semaines l'un de ses contacts le trahit et la police française l'arrêta[93]. Il partagea une cellule de la prison de Périgueux avec l'agent britannique Langelaan, dont nous parlerons bientôt ; avant que son procès ne vînt devant la cour, il se rendit sérieusement malade[94]. On le transféra à l'hôpital de la prison de Limoges, où il subit à la mi-janvier 1942 une importante opération de l'abdomen. Quelques heures après qu'on lui eut enlevé les agrafes et alors que, la nuit venue, le policier de garde somnolait au pied de son lit, il se glissa dehors au bras d'une infirmière qui l'aida à faire le mur ; un ami de Philippe de Vomécourt l'attendait avec des vêtements. Morel tituba tout le reste de la nuit à travers une tempête de neige et arriva à Bas Soleil au matin. Les Vomécourt le confièrent à Virginia Hall, qui le transféra à une filière d'évasion par les Pyrénées[95] ; fin mars 1943, il était officier d'opérations à l'état-major de la section F et le resta jusqu'à la mi-été 1944.

Revenons au récit principal des actions de la section F. Deux nuits après l'arrivée de Morel, le SOE parachuta un groupe d'hommes plus important qu'il ne l'avait fait jusqu'ici, du moins en France. Six agents sautèrent au sud de Châteauroux dans la nuit du 6 au 7 septembre : Ben Cowburn, technicien des pétroles du Lancashire, du genre rude gaillard ; Michael Trotobas, plus tard héros de la résistance à Lille ; Victor Gerson, commerçant aux manières effacées ; George Langelaan, un ancien du *New York Times* ; Jean Paul Marie du Puy ; et le plus important pour l'instant, l'opérateur radio Georges Bloch (*Draftsman*) avec son appareil. Le comité de réception se composait de Bégué, Hymans et Octave Chantraine, fermier tout près de là[96]. Bloch, comme Cottin, fut rapidement annexé par Pierre de Vomécourt. Installé en zone occupée (d'abord en banlieue parisienne, puis au Mans), il s'employa à transmettre les messages beaucoup trop longs de son chef de réseau et tous autres que l'on parvenait à lui faire passer. Cowburn partit pour une tournée générale des installations pétrolières afin de déterminer lesquelles travaillaient pour les Allemands, en vue de futurs attentats. Cette mission témoigne de la bonne réactivité du SOE aux nécessités stratégiques. En effet, Hankey et Lloyd insistaient depuis longtemps auprès du haut commandement britannique sur la vulnérabilité des Allemands en la matière, mais la RAF se rendit compte au cours de l'été que ces cibles étaient trop petites pour que ses bombardiers pussent les viser avec exactitude. Le SOE prit donc le relais ; mais il n'eut pas plus de succès[97]. Cowburn collecta certes beaucoup d'informations utiles, et ces établissements tinrent une place éminente pendant des années dans les rapports des agents, mais très peu furent mis à mal, même légèrement : ils étaient trop bien gardés. Cowburn – à en croire Brooks Richards, historien éprouvé de la clandestinité – en aurait toutefois détruit un lui-même au cours de cette première mission car, ayant participé à sa construction avant la guerre, il connaissait les lieux à fond. Pourtant, il écrit dans son propre livre qu'il n'a « jamais réussi à faire sauter aucun de [ces] objectifs »[98].

Le reste du groupe prit son temps pour s'acclimater. Du Puy était chez lui. Langelaan, investi d'une mission de propagande, réussit à rencontrer Édouard Herriot, en lequel il ne trouva « aucun désir de venir nous rejoindre »[99]. Il était le premier d'une série de visiteurs qui allaient assaillir le vieil homme d'État, chacun prétendant être le seul représentant authentique des alliés et aucun ne sachant rien des autres : autant dire que l'accueil ne fut jamais chaleureux[100]. Mais Langelaan fut arrêté par la police française à peine un mois après son arrivée, le 5 octobre, alors qu'il attendait Bégué dans un restaurant de Châteauroux pour lui donner à émettre un rapport sur sa mission. Il payait cher son refus, obstinément maintenu tout le temps de sa formation, d'apprendre à se servir lui-même d'un appareil. Cette arrestation marque le début d'une série noire pour la section F ; mais avant d'en venir à celles qui suivirent, enregistrons huit nouvelles arrivées.

Celles-ci eurent lieu en deux groupes de quatre. Basin (*Olive*), Leroy[101], Roche et Duboudin furent amenés par *Fidelity* et débarqués le 19 septembre sur la plage de Barcarès, non loin de Perpignan. Bodington, qui avait pris un avion pour Gibraltar afin de leur communiquer certaines instructions de dernière minute, les avait trouvés « gonflés à bloc »[102] après un voyage éprouvant de dix-sept jours entre sous-marins ennemis et tempêtes d'équinoxe. Ils se dispersèrent aussitôt débarqués : Basin en direction de la Côte d'Azur, Leroy vers Bordeaux, Duboudin vers Lyon et Roche vers Marseille... et la prison[103]. La mission CORSICAN – J.B. Hayes, Jumeau, Le Harivel et Turberville – sauta en parachute dans la nuit du 10 au 11 octobre, accueillie aux environs de Bergerac par un comité de réception organisé par Pierre Bloch[a], député socialiste de l'Aisne contraint à la disponi-

---

a. Pierre Bloch (*Jean*), 1905-1999, député de l'Aisne, cofondateur du Comité d'action socialiste clandestin et qui avait participé à la réception des premiers parachutages du SOE dans le Centre-Ouest de la France, réussit à gagner Londres par l'Espagne au prix de plusieurs mois de détention au camp de Miranda. Devenu, fin 1942, responsable de la « section non militaire » du BCRA, il fut, de l'automne 1943

bilité par Vichy et qui avait été recruté par de Guélis. Les quatre hommes étaient instructeurs en sabotage (Le Harivel, en outre, opérateur radio). Moins de dix jours plus tard, ils étaient tous sous les verrous. Turberville avait sauté loin des autres, mais avec tous les conteneurs ; il fut arrêté par la gendarmerie dès le matin. Et ses collègues tombèrent successivement dans des souricières tendues par la police de Vichy lorsqu'ils voulurent prendre contact avec Turck à la Villa des Bois ou à d'autres adresses marseillaises. C'est le même piège, tendu par un homme ressemblant suffisamment à Turck par la voix et l'apparence pour abuser plusieurs agents, qui permit aussi à la police d'attraper Robert Lyon, Roche, Pierre Bloch et, pire encore, le 24 octobre, Georges Bégué. La police trouva sur l'un d'eux le nom de Fleuret : ce dernier fut également arrêté, ainsi que Bouguennec (*Garel*), qui était à ce moment-là dans son garage ; Trotobas fut appréhendé à Châteauroux ; Liewer tomba peu après à Antibes, par suite d'une indiscrétion de Langelaan. Ces adresses de Marseille, communiquées à un grand nombre de *nouveaux arrivants*, avaient englouti cinq d'entre eux, puis conduit la police à un sixième agent, à plusieurs nouveaux amis français du SOE et à l'indispensable Bégué. Turberville s'évada quelques semaines plus tard en sautant d'un train qui le transférait d'une prison à l'autre ; il se tint tranquille un certain temps dans un village auvergnat et finalement revint en Angleterre en 1943. Les autres restèrent plus longtemps détenus mais la plupart d'entre eux arrivèrent à rentrer plus tôt que lui.

On pourrait qualifier cette série d'arrestations de coup du sort. La section F avait de bonnes raisons de faire confiance à de Guélis, qui après tout faisait partie de son état-major, et il n'y avait vraiment rien d'autre à reprocher à Turck que le physique dont l'avait affligé la nature. D'ailleurs, l'adresse de contact de Virginia Hall – un bar qu'elle fréquentait régulièrement à Lyon [104] – était aussi largement connue dans le service sans qu'il en résultât rien de fâcheux. Mais il n'y a pas d'excuse satisfaisante pour un échec d'une telle ampleur : c'était tout simplement une défaite. Longtemps après, lorsqu'il revint d'Allemagne, Turck expliqua qu'un ami qu'il avait dans l'armée de Vichy l'avait averti, à Lyon, qu'il était recherché. Il avait immédiatement plongé sans laisser d'adresse et s'était caché chez sa fiancée à Paris. Puis, comme tout paraissait calme, il avait repris la lutte clandestine ;

à la Libération, membre de l'Assemblée consultative provisoire d'Alger et commissaire adjoint à l'Intérieur aux côtés d'Emmanuel d'Astier [J.-L. C.-B.].

à eux deux, ils avaient organisé un service de transport routier apparemment innocent entre Paris et Marseille, que Pierre de Vomécourt avait financé avec de l'argent parachuté de Londres (sans d'ailleurs juger utile d'en informer l'état-major). Turck survécut au désastre qui emporta Vomécourt, dont nous parlerons au prochain chapitre ; mais une réunion organisée sans grandes précautions à Saint-Germain-des-Prés le conduisit tout droit dans la gueule de la Gestapo en juillet 1942. Là il fit preuve d'un héroïsme qui lui valut plus tard une Military Cross. Il se tut sous la torture à Paris, tenta de protéger un soldat sénégalais contre un passage à tabac au camp de transit de Compiègne, ce qui lui valut d'être lui-même battu une fois de plus, et tint le coup trois jours seul dans une bétaillère, nu et sans nourriture, par plusieurs degrés au-dessous de zéro ; finalement il fut déporté à Buchenwald, puis à Dora, qu'il réussit à supporter plus de quinze mois.

Après les arrestations à la Villa des Bois et autres lieux, il ne restait de la section F en zone libre que : Virginia Hall ; Basin et Lévy, qui œuvraient à Antibes à un embryon de réseau nommé URCHIN ; Jean Bardanne, journaliste marseillais en vue, qui tenta d'acheter la liberté des agents arrêtés à la villa, jusqu'à ce que leur nombre le laissât sans un sou et qu'il fût lui-même arrêté ; Duboudin, qui bataillait du côté de Lyon pour y former des équipes de sabotage ; et les Vomécourt, toujours très actifs. Gerson, qui était arrivé avec Cowburn le 6 septembre, fut assez prudent pour échapper à la souricière de Marseille [105], bien qu'il y fût lui aussi invité par téléphone. Plus par intuition que par raisonnement, il décida que cette villa ne lui plaisait décidément pas ; ayant mené une discrète enquête dans des cercles susceptibles d'être bien informés, il ne fut pas davantage rassuré ; de sorte qu'il disparut. À la fin de l'année, il était en Espagne. Nous le verrons réapparaître un peu plus tard.

Les arrestations furent moins nombreuses à cette époque en zone occupée. Il est vrai qu'il s'y trouvait aussi moins d'agents. Leroy était seul à Bordeaux et s'était sérieusement investi dans sa mission de reconnaissance en se faisant embaucher comme docker afin d'en apprendre le plus possible sur le port. Cowburn découvrit un moyen commode de franchir la ligne de démarcation, sous le tender d'une locomotive conduite par un équipage complice [106] ; il passa à Paris plus de temps qu'il ne lui paraissait prudent avec les autres agents F de la zone Nord [107] et se retrouva progressivement emporté dans le maelstrom d'AUTOGIRO. En octobre, il aida l'opérateur radio Georges Bloch à organiser un petit parachutage de matériel de sabotage dans la

Sarthe[108], qui fournit à Pierre de Vomécourt le début d'un bon stock. Mais les jours de Bloch étaient comptés. Le repérage goniométrique de la Gestapo se rapprochait de lui. Il émettait chaque fois trop longtemps, et trop souvent du même endroit, situé au Mans. Le dernier message reçu de lui est du 12 novembre. On pense qu'il fut arrêté le lendemain par les Allemands et fusillé sans procès, à Paris, trois mois plus tard.

Cela laissait le réseau AUTOGIRO, et pas seulement lui, dans l'impossibilité d'envoyer des messages urgents à Londres. Le moyen le plus rapide encore disponible consistait à les faire transiter par la légation d'un pays neutre auprès du gouvernement de Vichy, ce qui demandait tout de même plusieurs jours ; sans compter que Vichy était certainement le dernier endroit où un agent se sentait disposé à s'attarder dans l'attente d'une réponse. Pierre de Vomécourt était de tempérament trop impétueux pour patienter jusqu'à ce que la météo se prête au parachutage d'un radio (c'était pour l'instant impossible, et la section F ne procéda à aucun parachutage, objets ou personnes, aux lunes de novembre et de décembre : l'hiver précoce et rigoureux qui glaçait le cœur de la Wehrmacht en Russie sévissait aussi à l'Ouest). Il estimait pouvoir déjà compter sur quelque dix mille résistants, si seulement il pouvait prendre rapidement contact avec le SOE et en obtenir des armes et des instructions[109]. Il savait qu'il devait y avoir d'autres radios en contact sinon avec le SOE, du moins avec Londres, et il se mit à leur recherche.

Les mesures de sécurité observées par les combattants clandestins en France étant ce qu'elles étaient à l'époque, il ne mit qu'un mois à en trouver. Fin décembre, l'avocat Michel Brault (*Miklos*) lui présenta une de ses clientes dans un petit café des Champs-Élysées. C'était une pétulante Française de son âge, Mathilde Carré, qui se disait ardente résistante et la compagne du chef d'un réseau de renseignement polonais appelé INTERALLIÉ[110]. Pouvait-elle transmettre un message à Londres pour lui ? Mais bien sûr. Il crypta donc son message en y insérant dûment certains mots destinés à l'authentifier aux yeux du SOE, et ne tarda pas à recevoir une réponse contenant elle aussi les signaux d'authenticité voulus. Plusieurs autres messages furent échangés par le même canal. Il ignorait que *Victoire* – tel était le nom sous lequel on connaissait Mathilde Carré au SOE – vivait depuis six semaines avec un sergent de l'Abwehr qui prenait connaissance de tous les messages dont elle se faisait l'intermédiaire et qui, sur la base des informations qu'elle lui fournissait, avait déjà fait arrêter la plupart de ses collègues.

Laissons pour l'instant Vomécourt au bord de ces traîtres abîmes [111] et achevons le récit de l'année 1941 en jetant un coup d'œil rapide à quelques Espagnols et Polonais qui nous concernent de près. En ce qui concerne les premiers, ce sera vite dit. Il existait une masse potentiellement formidable de républicains en exil organisés par un Anglais de gauche du nom de G.N. Marshall et répartis sur pratiquement toute la moitié ouest de la France, au nord et au sud de la ligne de démarcation ; ils avaient créé plusieurs filières de communication entre Perpignan et Barcelone et préparaient des sabotages de trains et de matériel ferroviaire en zone occupée. Pourtant il n'en sortit rien. Car l'ambassade britannique à Madrid considérait que négocier avec tous ces républicains, c'était mettre en péril les relations de la Grande-Bretagne avec Franco. Marshall et sa famille furent discrédités et les Espagnols renvoyés à eux-mêmes [112]. Quelques-uns d'entre eux parvinrent finalement à gagner l'Afrique du Nord, où le SOE les employa à diverses tâches subalternes. Parmi ceux qui restèrent en France, certains y accomplirent, à titre individuel, un travail absolument remarquable. C'est donc une faute du SOE que de ne pas les avoir utilisés comme force organisée, et cette faute lui fut imposée par le Foreign Office.

Les Polonais, à présent. L'été venu, il fut question d'infiltrer une demi-douzaine d'agents courant juillet, dont deux ou trois par mer (MOUNTEBANK) [113]. En fait, un seul fut emmené en France, dans une opération à visées entièrement polonaises appelée ADJUDICATE : le comte Dziergowski, qui emportait avec lui son propre appareil émetteur-récepteur. Mais il n'eut vraiment pas de chance avec son transport, et ce n'est pas avant d'avoir survolé le pays occupé, au cours de plusieurs tentatives infructueuses, durant vingt-huit heures, qu'il put enfin sauter, sans comité de réception, quelque part dans le Sud-Ouest. C'était la nuit du 2 au 3 septembre. Il se retrouva pris dans des branches d'arbre et fut assez gravement blessé pour devoir passer plusieurs jours à l'hôpital avant de commencer sa mission [114]. Il s'agissait de retrouver le plus grand nombre possible des quatre mille soldats polonais présents en zone non occupée, de « poser dans ce milieu les bases d'une organisation de sabotage active et [d']explorer la possibilité de former plus tard, à partir de ces éléments, une force militaire secrète » [115]. Ses instructions avaient été soigneusement rédigées par le ministère polonais de l'Intérieur pour encadrer son activité aussi strictement que possible. Pendant la plus grande partie des six mois qu'il passa en

France, il se disputa par radio à la fois avec ses correspondants du ministère et avec le Deuxième Bureau de l'état-major général polonais, qui l'avait choisi pour cette mission. D'une masse assez confuse de documents contradictoires, on peut tirer les quelques informations suivantes : il était courageux, énergique, bavard et entêté ; il réussit effectivement à recruter quatre-vingt-sept soldats polonais dans de petites équipes de sabotage, et il reçut un peu de matériel pour eux par parachutage. Cependant, il ne semble pas que des attentats aient été effectivement réalisés [116].

Premier bilan, premiers enseignements

Mais qui en faisait, à l'époque ? Le Foreign Office voulait toujours être consulté avant même la préparation d'une action de quelque ampleur, et ne se pressait pas de donner son feu vert [117]. Le bilan de la section F se résumait aux baisses de productivité des amis de Burdeyron à Lisieux, au déraillement de deux ou trois trains et à la destruction de quelques ateliers d'entretien de locomotives au Mans, attribuables à Pierre de Vomécourt, à la réduction aux deux tiers de sa capacité d'une usine Somua de la région parisienne, ce qui était un gain non négligeable et était également de son fait, à une baisse de production dans certaines mines de charbon, à porter au crédit de son frère Jean, et à des retards fréquents de trains de marchandises allemandes grâce aux erreurs glissées dans les plannings par l'autre frère, Philippe [118] (qui avait pris un poste d'inspecteur des chemins de fer et se plaisait à causer quelque désordre dans le trafic ennemi [119]). La section RF ne pouvait même pas se prévaloir d'un tel actif, à part Pessac ; une organisation comme LA BÊTE NOIRE faisait ses coups presque seule, et les quelques chefs de réseau installés sur place en étaient encore à s'entraîner pour des opérations futures. Les petits groupes de la section EU/P étaient encore plus prudents. Au-delà du cercle de contacts du SOE, on parlait beaucoup mais on agissait assez peu, sauf chez les communistes. Ces derniers semblent s'être surtout consacrés, les premiers temps, à tuer des soldats de la Wehrmacht en uniforme, probablement dans l'idée d'afficher une combativité propre à allumer dans le peuple une grande ferveur révolutionnaire anti-allemande, première étape, faut-il supposer, de la prise du pouvoir. C'était une politique coûteuse et peu rentable, dont le résultat le plus tangible fut d'exposer la population à de sévères représailles.

Il est vrai que les représailles pouvaient aussi favoriser la résistance. On fait souvent remonter l'origine d'une véritable résistance nationale en France à l'exécution, en octobre 1941, de quarante-huit Nantais à la suite de l'assassinat d'un colonel allemand. Pour chaque Français ou Française que de telles exécutions incitaient à se tenir tranquille, vingt en recevaient un choc qui les poussait dans l'opposition – du moins de cœur – et en faisait des recrues potentielles. L'hostilité envers l'occupant transcendait toutes les barrières de classe. Pour prendre quelques exemples au hasard dans le cercle de contacts du SOE, Mme de Caraman Chimay, qui fut enthousiasmée lorsque Morel vint lui rendre visite dans son domaine de Dordogne, était une princesse de vieille noblesse ; de Gaulle, fils d'enseignant et militaire de carrière, était un représentant typique de la couche supérieure de la petite bourgeoisie ; Dewavrin, lui aussi militaire, se fit homme d'affaires après la guerre (à la différence de certains de ses homonymes, il ne faisait pas partie des « deux cents familles », quoi qu'en disent la plupart des dossiers britanniques le concernant) ; Gerson était un industriel du textile, Deligant négociant, Bégué employé commercial, Bergé militaire, Teitgen professeur d'université, Le Tac et Kergorlay étudiants (mais agissaient en milieu cheminot), les Vomécourt gentilshommes campagnards, Burdeyron maître d'hôtel, Pierre Bloch parlementaire de gauche, Leroy marin. Toutes les classes de France étaient représentées dans la résistance – que les Français s'obstinent, contre toute évidence, à considérer comme un mouvement unique – de même que chaque classe de France avait sa part de collaborateurs. La théorie selon laquelle seuls les communistes et les prêtres auraient « vraiment » résisté ne tient pas debout ; pas davantage celle qui prétend que tous les hommes d'affaires ont « en réalité » collaboré [120].

Reste que les meilleurs espoirs résidaient dans les plus gros bataillons de la société, et il est juste de reprocher au SOE, comme à l'organisation de De Gaulle, d'avoir été bien lents à entrer en contact avec la classe ouvrière organisée. La première tentative formelle du SOE en ce sens, bien que ce geste d'ouverture n'ait mené à rien, a sa place ici car elle eut lieu à l'automne 1941. Il s'agissait d'approcher Léon Jouhaux, grand nom de la gauche française depuis l'époque reculée (1909) où il était devenu secrétaire général de la CGT – poste qu'il avait occupé continûment depuis – et figure importante du mouvement ouvrier international. Dalton insista pour qu'on se mît en relation avec lui : c'est le seul cas où ses convictions personnelles produisirent quelque effet sur le SOE, dont l'état-major ne comportait guère d'officiers capables de distinguer un syndicaliste révolutionnaire d'un délégué d'entreprise, encore moins la CGT de la CGTU ou de la CFTC. En l'occurrence, l'effet produit fut mince, car Jouhaux fut arrêté par Vichy avant que les préparatifs de cette prise de contact fussent achevés (il est vrai que cela avait traîné des mois [121]) ; il passa presque tout le reste de la guerre en détention.

Cet incident Jouhaux amena à son point d'ébullition, à l'automne, une grande querelle de bureaux, qui couvait depuis plusieurs semaines entre le staff de la section F et le D/R, ce « directeur régional » récemment créé pour coiffer les sections France, Belgique et Pays-Bas, poste dont ledit staff ne voyait pas la nécessité. Marriott, le chef de la section F, s'était montré plutôt tiède à l'égard du projet Jouhaux, auquel le ministre tenait énormément (il est probablement l'un de ces « subordonnés qui jouent leur propre jeu réactionnaire » stigmatisés dans une note rageuse de Dalton datant de cette époque). Après s'être livré à de longues et subtiles manœuvres et se croyant décidément indispensable, il offrit sa démission. Sporborg, le directeur régional, dut lui faire comprendre qu'on se passerait de lui. Le directeur général Nelson fit alors valoir que son successeur devait être choisi au sein du SOE. Humphreys se considérait comme non qualifié pour le poste, puisque, ayant pratiquement créé la section F, il en avait ensuite été écarté et chargé de la section DF. On passa par-dessus la tête de Cadett (lequel ne tarda pas à démissionner également [122]) et l'on désigna Buckmaster, qui se mit aussitôt en devoir de communiquer son enthousiasme illimité à autant de collègues et d'agents que possible. Il disposait de quantité de contacts utiles en France et connaissait bien le pays. C'était un personnage haut en couleur et peu consensuel ; il avait de vraies qualités de chef et certains de ses meilleurs agents l'ont longtemps admiré. D'autres pas. On ne peut vraiment pas dire qu'il plaisait à tout le monde. Mais aucun meilleur directeur de la section ne fut jamais en vue [123].

Une importante décision fut prise par Gubbins vers cette époque : désormais, la section F essaierait d'envoyer ses agents en France par groupes de trois, un chef destiné à devenir « organisateur », un opérateur radio qui, à part son activité de couverture, se consacrerait exclusivement aux transmissions, et un assistant qui « assurerait l'intendance (par exemple veiller à la livraison des objets nécessaires au bon moment et au bon endroit) » et serait en même temps l'expert et l'instructeur du réseau en matière de sabotage [124]. Après coup, cela paraît presque évident, et c'est par manque d'expérience que ce dispositif n'avait pas été mis en œuvre dès le début.

L'année 1941 s'achève. Les premiers pions ont bougé. Quelques pièces d'importance sont déjà dans le jeu : Morandat, Hall, Pierre de Vomécourt, ainsi que deux simples pions qui seront plus tard appelés à de plus hautes fonctions, Gerson et Trotobas. C'est le moment où entre en scène une pièce aussi puissante que la reine des échecs : Jean Moulin.

CHAPITRE VIII

DÉVELOPPEMENT : 1942

Jean Moulin à Londres

L'importance de Jean Moulin était triple : elle procédait de ce qu'il était, de ce qu'il avait été et de ce qu'il allait être. C'était un homme sans peur et sans reproche, plutôt trapu et dont l'aspect physique n'avait rien de remarquable, mais doté d'une présence si impérieuse, d'un tel élan, de telles qualités de chef qu'on était prêt à le suivre aussi loin qu'il irait. En outre, l'autorité lui seyait : en juin 1940 il était, à quarante et un an, le plus jeune préfet de France, en poste à Chartres. Il continua à y assumer ses fonctions, mais sa raideur d'échine lui valut d'être limogé par Vichy vers la fin de l'année. Il n'avait pas de raisons de porter les Allemands dans son cœur, car ceux-ci l'avaient frappé sans merci en juin pour avoir refusé de signer une déclaration qu'il savait fallacieuse sur de prétendues atrocités françaises. Ayant tenté de se tuer plutôt que d'être battu à nouveau, il avait forcé leur respect [1], mais eux n'avaient rien fait qui fût de nature à lui en inspirer. Il s'était retiré, après sa révocation, dans un hameau près d'Avignon où il s'était employé systématiquement à se fabriquer deux personnages d'emprunt tout en prenant langue avec tout ce que la vallée du Rhône pouvait abriter comme personnalités résistantes. Il fut en contact indirect avec le SO2 dès avril 1941, par le biais du consul américain à Marseille [2]. Et le 9 septembre de la même année, il quittait la France pour Lisbonne et Londres, par ses propres moyens et sous l'un de ses faux noms, comme représentant accrédité de trois mouvements français : LIBERTÉ, LIBÉRATION NATIONALE et LIBÉRATION. Affirmant qu'il s'agissait des « principales organisations de résistance à l'envahisseur », il était porteur d'un message de leur part adressé aux Britanniques et aux Français Libres : à savoir que la volonté de résistance des Français en était déjà au point où des armes et une organisation commune étaient à l'ordre du jour, en vue de contribuer à la chute des nazis lorsque l'heure en serait venue et de préserver la société civilisée (c'était bien là une façon de penser de préfet) durant la transition entre le régime de domination étrangère et le futur régime de liberté. Si les modestes demandes dont il était le messager – demandes d'argent, de communications, d'armes et surtout de soutien moral – n'étaient pas satisfaites, les seuls à en tirer bénéfice seraient les communistes[3].

Il fit une excellente impression lors de son premier contact direct avec le SOE à Lisbonne, et cette impression ne se démentit pas au fil des rencontres successives avec plusieurs de ses membres. Il rencontra Buckmaster et Dewavrin, ainsi que de Gaulle, et décida (il était homme à décider par lui-même) qu'il travaillerait avec le général et la section RF[4]. Ceci nous mène à notre troisième point : ce que Jean Moulin allait devenir. Il était le premier personnage d'une certaine envergure politique à sortir de France pour rejoindre les Français Libres ; et il avait frappé de Gaulle, comme ses autres interlocuteurs, par ses qualités. Le lecteur pressé, apprenant que de Gaulle et Moulin étaient tous deux fils d'enseignants du secondaire, pourrait en conclure qu'ils avaient eu plus ou moins la même éducation, mais il aurait tort. Le père du premier était professeur de philosophie et de lettres dans un collège des pères jésuites à Paris, celui de Moulin était directeur d'un lycée public de Béziers, dans le Midi. De Gaulle avait été élevé de manière stricte, Moulin dans une atmosphère détendue. En outre, le père de ce dernier lui avait transmis la règle solide, quoique implicite, des radicaux et socialistes français : pas d'ennemi sur la gauche. Cela suffit à expliquer le regard relativement amical que Moulin porta, dans le cours du combat clandestin, sur le Front national et son organisation militaire, les FTP, où les communistes jouaient un rôle prépondérant[a]. Lorsque Moulin retourna en France, dans la première nuit de 1942, il était porteur de salutations chaleureuses que de Gaulle l'avait chargé

---

a. La thèse d'un Jean Moulin sympathisant (voire crypto-)communiste, lancée en 1950 par Henri Frenay, ancien chef du mouvement COMBAT, développée par lui en 1977 dans *L'Énigme Jean Moulin* et poussée à l'extrême en 1993 par Thierry Wolton dans *Le grand recrutement*, n'est fondée sur aucun document connu et est démentie par les faits. Si Moulin se prononça en 1943 pour l'entrée des partis, dont le parti communiste, dans le Conseil de la résistance, il lui tint toujours la dragée haute, allant jusqu'à supprimer les allocations de crédits aux FTP parce que le commandement de ceux-ci refusait de se plier aux directives militaires de la France Libre [J.-L. C.-B.].

de transmettre aux différents chefs de la résistance qu'il rencontrerait, et d'instructions de Dewavrin sous forme microphotographiée [5]. Il portait le titre de « délégué et représentant personnel » du général de Gaulle, qui lui avait donné mandat de contrôler et de coordonner tous ses sympathisants en France. Cette nomination revêtira aux yeux de la France Libre une énorme importance. C'est d'elle que sortira finalement la tragédie de Caluire [6].

Selon son ordre de mission militaire, signé par de Gaulle lui-même le 5 novembre 1941, sa tâche principale était de distinguer, dans les mouvements de résistance les plus sains, les hommes d'action sérieux des simples bavards, et de les organiser en cellules étanches d'environ sept hommes chacune. Chaque cellule aurait un chef et un chef adjoint ; aucune cellule ne connaîtrait sa voisine ; seul le chef de chacune d'elles aurait un contact extérieur à sa cellule : la personne placée directement au-dessus de lui dans la chaîne de commandement ; toute la tâche de direction générale et tous les grands problèmes de coordination seraient traités à Londres. Le premier devoir de ces cellules était d'*exister*, de constituer le noyau d'une armée secrète qui se dresserait lors de la venue des alliés. D'ici là, des agents de liaison devaient être envoyés à Londres pour discuter de la structure de commandement ; sans doute aussi de l'armement des cellules, bien que ce point ne fût abordé qu'en termes vagues. En attendant le soulèvement, les « opérations locales réalisées » comporteraient des actes de sabotage et probablement des attentats ; ainsi « l'utilisation des forces militaires pour prise de possession des pouvoirs civils » procéderait bien d'un « ordre personnel du général de Gaulle »[a][7].

Le fait même que le général ait signé de telles instructions était une victoire de Jean Moulin et montre sa capacité à pulvériser les arguments adverses, d'aussi haut qu'ils vinssent ; car une semaine plus tôt, Dewavrin disait encore à Piquet-Wicks, le chef de la section RF du SOE, que « même le général de G. tendait à privilégier la propagande à l'exclusion de l'action et paraissait ne croire en réalité ni à la possibilité d'une armée secrète ni à l'efficacité de forces paramilitaires. »[8] Par

---

a. L'ordre de mission militaire de Jean Moulin, préparé par le Service Renseignements de la France Libre, avait été corrigé de la main de De Gaulle et complété par des « Directives du Général » beaucoup plus détaillées. Les deux documents, conservés aux Archives nationales (72 AJ/1970), ont été reproduits intégralement par Daniel Cordier dans *Jean Moulin, L'inconnu du Panthéon*, tome 3, pp. 1262 *sq*. [J.-L. C.-B.].

ailleurs, le délai de près de deux mois qui sépare la signature de l'ordre de mission de son début d'exécution illustre les immenses difficultés auxquelles se heurtait l'organisation de la lutte clandestine, et notamment sa dépendance à l'égard des conditions météorologiques. Il fut d'abord prévu que Moulin serait parachuté en France, où il devait être accueilli par un comité de réception de Forman, à la lune de novembre, puis à celle de décembre. Le mauvais temps, la pénurie d'avions et des problèmes de communication eurent raison des deux projets. Finalement, il sauta à l'aveugle, avec deux compagnons, dans la nuit du 1er au 2 janvier ; le rapport du pilote affirme que « le point exact de destination [fut] repéré sans difficulté », mais en fait ils se retrouvèrent à une quinzaine de kilomètres de là, dans une zone marécageuse à l'est d'Arles[9].

Jean Moulin, connu en France sous le pseudonyme de *Max*, portait au SOE celui de *Rex*, qui était particulièrement bien trouvé car c'est lui en effet, plus que quiconque, plus que de Gaulle même, qui rassembla les fragments épars et antagoniques de la résistance en France pour en faire un corps plus ou moins cohérent et discipliné. Ce rôle lui est du reste reconnu par l'historien le plus éminent de la résistance française[10]. On en dira davantage plus loin sur ses aventures et ses exploits. La mission vers laquelle nous venons de l'accompagner dura près de quatorze mois, à l'issue desquels un Lysander le ramena en Angleterre pour quelques semaines de congé. Il avait œuvré tout ce temps, avec obstination et au milieu des périls, à organiser sérieusement les forces de résistance, et ses efforts avaient payé. Dès le 30 mars, il était en mesure de rendre compte à Londres de l'allégeance sans réserve de tous les mouvements de résistance qu'il avait rencontrés jusque-là à l'organisation de la France Libre[11].

La coopération avec les commandos : les raids côtiers

Pendant que se poursuivait souterrainement ce travail de sape contre le fondement intérieur du pouvoir de l'occupant – l'acceptation de la défaite par les Français –, des commandos s'attaquaient aux défenses extérieures de la « forteresse Europe » des Allemands. Le SOE avait d'abord proposé de monter lui-même plusieurs actions de ce type[12]. Son ministre de tutelle Dalton s'y était déclaré, fin 1940, « entièrement favorable dès que nous serons prêts, et j'espère que ce sera bientôt »[13]. Un accord informel passé à l'époque entre le SOE et le commandement

des opérations combinées (COHQ) prévoyait que le premier se chargerait, d'une part, des groupes les plus légers (une trentaine d'hommes
au maximum), d'autre part de toutes les interventions situées relativement loin des côtes, en faisant appel autant que possible à des nationaux
du pays concerné pour faciliter la fuite après l'action ; le COHQ s'occu-
perait du reste [14]. En réalité, il se révéla beaucoup plus facile à ce
dernier d'effectuer tous les raids côtiers, quelle que fût leur dimension ;
en tout cas, le SOE n'en fit aucun en France. Mais le COHQ avait
besoin de son aide. La coopération entre les deux services était étroite
et fut, en 1942, particulièrement fructueuse. Le 9 janvier s'était déroulé
un entretien d'une heure, extrêmement amical – ce qui n'allait pas de
soi –, entre leurs responsables respectifs Mountbatten et Dalton, qui
étaient tombés d'accord sur l'idée que « ce sur quoi l'on doit s'appuyer
avant tout, c'est la classe ouvrière industrielle française » [15].

Il était inévitable que jalousies et tensions opposent les deux états-
majors, dont les rôles stratégiques étaient parfois très voisins, dont les
besoins et les méthodes se recoupaient, et qui étaient en situation de
concurrence pour le recrutement du personnel d'état-major et du personnel combattant, ainsi que pour les théâtres d'opération. Mais chacun
d'eux apprit rapidement à respecter et même à admirer les capacités
de l'autre, ce qui n'allait pas de soi non plus ; et chacun dépendait de
l'autre pour certaines facilités auxquelles il n'avait pas lui-même accès.
Une grande partie des frictions avait pour origine la manie de la sécurité
du SOE, assez puérile parfois aux yeux des membres du commandement des opérations combinées, qui par exemple ne voyaient pas pourquoi les officiers du SOE jugeaient nécessaire d'avoir un pseudonyme
à leur quartier général et un autre pour leurs relations avec les sommets
de l'État. Mais c'étaient là bagatelles : la base de la coopération était
solide.

La principale contribution du SOE aux opérations du COHQ était
d'ordre technique. Il lui adressa par exemple, pour l'aider à préparer
les commandos, une note sur « Quelques dégâts mineurs réalisables
par une équipe qui aurait un peu de temps devant soi » [16]. Ses sections
d'étude et d'invention d'engins divers étaient très en avance sur tous
les autres services en matière de techniques de raid, et les commandos
du COHQ furent souvent équipés de raquettes à neige, d'armes silen-
cieuses, de détonateurs à retardement etc., mis au point par le SOE.
Les chefs de certaines unités telles que la brigade des services spéciaux,
l'escadron de petits bateaux, les premiers commandos de la Marine
royale ou les premières unités de parachutistes, visitaient souvent les

stations de recherche du SOE pour s'informer de ce qu'on y faisait, et lui commandaient beaucoup d'équipement ou de matériel spécial [17]. Pour certains raids importants en France, le SOE fournit les explosifs et participa à l'entraînement des hommes. Une de ces opérations, FRANKTON, a été racontée plus haut [18] : un attentat exécuté contre des navires mouillés à Bordeaux, au moyen de mines ventouses fabriquées par le SOE, par une douzaine d'hommes venus de la mer en canoë (12 décembre 1942). Le raid de parachutistes BITING sur la station radar de Bruneval, exécuté dans la nuit du 27 au 28 février 1942[a], fut équipé par le SOE « de plusieurs outils et explosifs spéciaux, indispensables pour réussir une opération aussi inhabituelle » ; le commando était accompagné par un Allemand des Sudètes relevant du SOE, qui se tenait prêt à semer la confusion chez l'ennemi en lançant dans le noir des ordres et des contre-ordres en allemand [19], mais ce ne fut pas nécessaire. Car, par un de ces hasards qui déconcertent les déterministes, la seule sentinelle éveillée au moment crucial était un nouveau, qui ne savait même pas où se trouvait le téléphone d'alarme ; le temps qu'il courût réveiller le sergent de garde, les premiers parachutistes étaient déjà arrivés au périmètre de la station [20]. Toute l'opération fut terminée en moins de trois heures, et ce succès fut obtenu avec relativement peu de pertes : six tués, cinq blessés et six disparus [21].

CHARIOT, le grand raid sur les bassins de radoub de Saint-Nazaire dans la nuit du 28 au 29 mars 1942, s'était choisi une cible longtemps convoitée par les planificateurs du SOE [22] mais inaccessible à ses agents, qui ne pouvaient espérer introduire sur les lieux la tonne et demie d'explosifs nécessaire (Le Tac s'était bien proposé, mais avec la seule ambition d'y désorganiser le travail pour une semaine [23]). La charge explosive fut fabriquée au poste XII du SOE, où toutes les équipes de destruction recevaient leur entraînement spécial ; et le résultat fut satisfaisant, car le SOE avait accumulé une formidable quantité d'informations techniques sur les bassins et installations de la zone portuaire, ce qui permit au commando non seulement de détruire la seule cale sèche de France assez grande pour accueillir le cuirassé *Tirpitz*, mais de mettre en miettes le principal chantier naval de la ville.

Le SOE fournit également force matériel et conseils pour l'opération RUTTER, l'attaque du 19 août sur Dieppe ; cette fois, sans guère de résultats, puisque presque aucun des objectifs ne fut atteint (mais

---

a. Raid réalisé grâce aux informations fournies par le réseau de renseignement du BCRA Confrérie Notre-Dame [J.-L. C.-B.].

ceci est une autre histoire). Plusieurs des observateurs qui accompagnèrent cette malheureuse expédition relevaient de lui ; entre autres de Guélis, qui ne débarqua même pas, Harratt qui fut blessé, et Wyatt, l'officier de liaison avec le commandement des opérations combinées, qui ne parvint pas à repartir avec les autres et fut plus tard tué en essayant de prendre contact avec les résistants locaux. Sa mort précipita l'instauration d'un nouveau système de liaison à Londres : désormais, une douzaine d'officiers de rang élevé du SOE se tinrent directement en contact avec leurs homologues des opérations combinées ; le poste d'officier de liaison était maintenu (en la personne de Tracy, aidé d'une très décorative secrétaire qui prendra sa succession, Vera Stratton) mais avec des compétences désormais purement techniques. Dans l'ensemble, les opérations combinées ne pouvaient pas faire grand-chose pour le SOE, à part lui fournir quelques prisonniers pour interrogatoire. Il fut bien envisagé à plusieurs reprises d'introduire des agents du SOE en France sous le couvert de raids de commando, mais cela ne se fit pas (c'était sans doute aussi bien : quel agent secret souhaiterait commencer son travail dans le tohu-bohu d'une alerte en pleine zone interdite ? Et il était fort rare qu'un commando reparte après un raid sans s'être autrement fait remarquer). À l'inverse, le SOE pouvait faire beaucoup pour aider les différentes organisations relevant du CCO, et pas seulement sur les points techniques. La plupart des officiers de Mountbatten n'avaient pas une notion bien nette de ce qu'était une opération clandestine, et il arrivait que le SOE s'entende demander l'impossible. C'est ainsi qu'un beau jour l'un des planificateurs du CCO – romancier de profession – le pria d'organiser la réception d'un groupe parachuté de cent cinquante ingénieurs et de leur fournir des voitures et des uniformes de pompiers, le but étant d'atteindre très vite et sans encombre une base de sous-marins allemands que la RAF devait attaquer à la bombe incendiaire, afin d'en parachever la destruction [24]. Reconnaissons que le romanesque était rarement poussé aussi loin. À un niveau plus terre à terre, l'état-major du SOE partageait volontiers son savoir avec les officiers du COHQ, dès lors que ces derniers avaient de bonnes raisons de s'en enquérir. De son côté, il était tenu informé des principales intentions et réalisations du commandement des opérations combinées, sans qu'il fût jamais question de réciproque.

Le lecteur s'attend sans doute à voir mentionner dans ce contexte une invention assez célèbre du SOE, le « sous-marin de poche » ou Welman. Il y eut en effet de longues discussions sur les services qu'il pouvait rendre et sur son bon usage [25], mais pour ce qui nous intéresse ici, l'issue concrète de ces débats sera aisément résumée : il ne fut jamais employé dans les eaux françaises.

Il y eut un autre domaine naval, certes plus modeste, dans lequel le SOE et le CCO collaborèrent harmonieusement. Le second pouvait monter des opérations à peu près quand il voulait et où il voulait ; et il se trouva, par suite d'une série de hasards individuels, que le SOE fut en mesure de mettre à sa disposition une petite force composée de quelques rudes soldats de différentes nationalités, intelligents, habiles et bien formés, dont plusieurs, en outre, avaient une bonne expérience de la navigation, et qui se cherchaient des objectifs. Cette unité, appelée Force de petits commandos (SSRF), avait été constituée au sein de la section M (section des opérations) par un artilleur de métier, Gus March-Phillips, qui avait une grande expérience de la navigation sur la Manche en petit bateau et s'était très tôt senti une vocation pour les opérations légères ; ses manières hautaines, sa fière assurance dégageaient une impression de force qui se gravait dans les esprits, et les hommes qui travaillaient sous ses ordres n'étaient pas loin de l'idolâtrer. Son second était Geoffrey Appleyard, un élégant diplômé de Cambridge, où il s'était brillamment distingué tant dans ses études d'ingénieur qu'en sport (sa discipline était le ski). À l'été 1941, ils étaient partis tous deux sous les tropiques, avec un petit équipage (entre autres le Danois Andy Lassen, qui tombera en Italie dans les derniers temps de la guerre et auquel sera décernée la Victoria Cross à titre posthume), sur la *Maid Honor*, un chalutier de Brixham de 65 tonneaux : ils avaient remporté là quelques beaux succès de piraterie pour le compte du SOE[26]. La SSRF fut installée au début de 1942 à Anderson Manor, près de Blandford, sous le nom de couverture de 62ᵉ Commandos. Le SOE en resta l'administrateur tandis que le commandement des opérations combinées prenait en main ses actions (mais il était entendu que chacune d'elles devait recevoir l'aval préalable du chef du SOE). March-Phillips proposa d'utiliser ses hommes pour entrer en contact avec les forces patriotiques qui pouvaient se trouver aux abords des côtes ; mais il n'approcha jamais les gaullistes, qu'il considérait comme désespérément nuls en matière de sécurité, et n'était pas non plus en relation avec la section F. Le CCO lui procura quelques vedettes – il avait fallu laisser sous les tropiques la *Maid Honor*, qui aurait été de toute façon beaucoup trop lente pour des raids dans la Manche – sur lesquelles il fit plusieurs traversées vers la côtes ou les îles françaises, dans le but, pour commencer, de recueillir des renseignements sur les garnisons côtières allemandes et de les inquiéter autant qu'il était possible.

Selon la famille d'Appleyard, ce dernier aurait participé à dix-sept raids comportant un débarquement en territoire ennemi ou occupé[27] ; dont environ la moitié sur le sol français ou dans les îles Anglo-normandes, quoiqu'on hésite à parler de « sol » à propos de l'îlot granitique et inhabité de Burhou, à l'ouest d'Alderney, où ses qualités de navigateur conduisirent un petit groupe dans la nuit du 7 au 8 septembre 1942 (BRANFORD). Les bénéfices de ces raids ne furent pas considérables : quelques informations utiles sur les phares et les marées ; trois Allemands tués près de St Vaast, à l'est de Cherbourg (BARRICADE, 14-15 août) et trois autres près de Paimpol (FAHRENHEIT, 11-12 novembre) ; sept prisonniers pris au phare de Casquets (DRYAD, 2-3 septembre) et un sur l'île de Sark (BASALT, 3-4 octobre)[28]. March-Phillipps lui-même fut tué, avec la plupart de ses dix compagnons, lors d'un raid près de Port-en-Bessin (AQUATINT, 12-13 septembre)[29] ; ce petit port de pêche sera en 1944 le témoin d'une éclatante revanche, car situé aux abords des principales plages du débarquement. La SSRF ne se remit jamais de la mort de March-Phillips ni des suites du raid sur Sark. Lors de cette opération BASALT, le commando avait fait cinq prisonniers, dont quatre avaient été tués en tentant de s'échapper ; mais en retrouvant les quatre corps, les Allemands constatèrent que l'un d'eux avait les mains liées dans le dos et avait été tué d'un coup de poignard au cœur. En représailles, des milliers de prisonniers canadiens furent menottés pendant plusieurs mois ; mais les conséquences à plus long terme furent encore bien pires. Car on peut raisonnablement supposer que c'est en apprenant ces événements qu'Hitler conçut sa criminelle « Instruction sur les commandos » (*Kommandobefehl*) du 18 octobre 1942. L'affaire lui avait offert un de ces prétextes en toc dont il aimait tant se prévaloir, dans sa perversité, chaque fois qu'il violait lc droit.

Il portait à l'époque suffisamment d'intérêt aux raids, aux sabotages et à leur répression pour leur consacrer trente à quarante minutes par jour avec ses chefs d'état-major[30]. L'un d'entre eux, Jodl, témoigna plus tard lors de son procès devant le tribunal de Nuremberg qu'Hitler réfléchissait depuis déjà un certain temps au problème posé par les commandos et les parachutages, et que le moment décisif fut celui où furent portés à sa connaissance, presque en même temps, les événements de Sark et certaines instructions canadiennes concernant le combat à mains nues[31]. De fait, les dates parlent. Le 7 octobre, c'est-à-dire trois jours après l'opération BASALT, une phrase de Hitler lui-même dans le communiqué quotidien de la Wehrmacht constitue un premier signal : « Désormais, tous les auteurs britanniques d'actes de terrorisme et de sabotage ainsi que leurs complices, qui n'agissent pas en soldats mais en bandits, seront traités comme tels par les soldats allemands et seront éliminés sans pitié dans le combat, où qu'ils se manifestent » [32]. Les dix jours suivants se passèrent en discussions entre juristes et officiers de l'état-major et des services de sécurité du haut commandement [33], puis l'instruction fut émise dans le plus grand secret, à la différence du communiqué qui avait été radiodiffusé. Elle indiquait que tous les membres de commandos de sabotage qui seraient pris, en uniforme ou non, armés ou non, devaient être « tués jusqu'au dernier » par les premiers soldats allemands qui en auraient l'occasion. Ceux qui seraient arrêtés par les forces de police locales devaient être remis immédiatement au Sicherheitsdienst [34], et l'on savait ce que cela voulait dire. Beaucoup d'officiers supérieurs allemands affirmèrent après la défaite que cet ordre ne leur avait pas plu. Jodl déclara ainsi à Nuremberg : « Ce fut l'un des rares, peut-être le seul ordre venu du Führer que j'aie, en mon for intérieur, complètement rejeté ». L'avocat qui procédait au contre-interrogatoire lui répondit : « Vous l'avez rejeté, mais ces jeunes gens, on a continué à les fusiller, non ? » [35]

Les pertes du SOE attribuables à cette instruction n'ont pas été particulièrement lourdes en France. Les agents en civil savaient bien, de toute façon, que les conventions de La Haye protégeant les soldats ne s'appliquaient pas à eux. Mais plusieurs groupes de parachutistes SAS faits prisonniers en uniforme furent purement et simplement liquidés par les SS ; d'autres, moins chanceux encore, furent remis, conformément à cette même instruction, au Sicherheitsdienst, et furent exécutés… après. Et que l'on n'aille pas penser, sous prétexte que c'était l'opération BASALT qui avait donné à Hitler l'impulsion décisive, que tout cela était la « faute » du SOE ou du CCO. C'était la faute d'Hitler ; et celle des hommes qui, lui ayant juré allégeance, se crurent tenus de descendre aussi bas que lui.

Appleyard, le nouveau commandant de la Force de petits commandos (SSRF), se sentait responsable de ce qui était arrivé aux Canadiens, et qui était de notoriété publique ; mais en même temps il ne voyait pas comment, à une époque de l'année où les fortes marées limitaient très strictement le temps disponible, il eût été possible d'obliger un prisonnier récalcitrant à traverser au clair de lune la lande d'ajoncs sans l'attacher, et il trouvait excusable de l'avoir poignardé lorsque le tumulte avait soudain éclaté[36]. Au printemps 1943, il emmena les restes de son unité en Afrique du Nord pour travailler sous l'autorité du CCO, effectua avec elle un raid sur l'île de Pantelleria, et disparut lors d'une opération SAS en Sicile au mois de juillet suivant.

En termes de contacts avec la résistance française, ces raids eurent un résultat nul. On pouvait s'y attendre : la zone interdite grouillait de soldats allemands, elle était très étroitement contrôlée, et la résistance y était certainement moins avancée qu'ailleurs. Les conditions étaient beaucoup plus favorables dans l'arrière-pays, et la résistance s'y développait en effet.

Les « petites sections »

Examinons maintenant, comme nous l'avons fait au précédent chapitre, les actions du SOE sur le terrain section par section, en commençant par les plus petites. La contribution de la section EU/P se limita pratiquement à une longue et aigre querelle sur la nature de la mission de Dziergowski, ADJUDICATE, relatée au chapitre précédent. Les éléments factuels dont on dispose à ce sujet sont minces, comme chaque fois qu'il s'agit des Polonais ; d'autant plus que, dans ce cas particulier, ils ne furent enregistrés que treize ans plus tard, dans le cadre d'un litige. Dans un article de juillet 1955[37], Hazell précise que la tâche fixée à Dziergowski était « de s'informer de la situation et de voir si une organisation de sabotage polonaise indépendante pouvait être créée sous contrôle britannique direct, qui aurait été exercé par le SOE » ; ce dernier paya les dépenses de l'émissaire, y compris ses frais de personnel. C'était plutôt une mission de reconnaissance que d'exécution : le SOE souhaitait sincèrement en savoir plus sur la réalité du terrain, à laquelle il ne comprenait pas grand-chose, et l'avait envoyé en France à cette fin. Il n'avait nullement le projet de créer à terme une nouvelle section qui eût été indépendante des « Polonais de Londres » de la même façon que la section F était indépendante de l'organisation de la France Libre[38]. Néanmoins, lorsque Dziergowski revint à Londres en mai 1942 après une traversée de l'Espagne hérissée de dangers, « le premier ministre polonais se mit dans une grande colère en apprenant que le SOE avait, selon ses propres termes, "tenté de créer une organisation indépendante en France à [son] insu" », de sorte que le SOE fut obligé de désavouer l'opération[39]. Le seul autre événement d'importance concernant l'activité de la section polonaise en France en 1942 fut l'exfiltration du général Kleberg, chef de ce qui restait des forces secrètes polonaises, par la felouque de septembre. Il eut un entretien le 14 septembre avec Selborne, Gubbins et le chef du gouvernement polonais en exil, Sikorski, sur l'usage que l'on pouvait en faire [40], mais il ne reste aucune trace de leurs conclusions. En somme, à part les traversées méditerranéennes en felouque, la section EU/P n'accomplit rien de remarquable cette année-là.

La section DF, elle aussi, se dépensa modérément, mais ce fut avec de très beaux résultats. Gerson retourna en France par sous-marin le 21 avril. Déposé sur la Côte d'Azur par Peter Churchill, il s'employa à organiser sa filière d'évasion VIC. Il recruta George Levin comme adjoint à Lyon, ville qui allait devenir la plaque tournante de son réseau. Levin était juif comme lui ; ils recrutèrent plusieurs autres juifs de leurs amis, notamment les deux frères Rachline. En tant que juifs, ces hommes couraient des risques plus élevés que les autres, mais ils étaient aussi des antinazis plus déterminés et avaient acquis par la force des choses une certaine expérience de la discrétion, atout substantiel pour les membres d'une filière d'évasion dans une société plutôt extravertie. Levin convainquit l'un de ses vieux amis, Jacques Mitterrand, frère du futur président de la République, d'abandonner la publication d'un journal clandestin, *le Courrier du peuple*, à laquelle il se consacrait à l'époque, pour devenir le principal représentant de la filière à Paris. Pendant qu'ils s'employaient à recruter des personnes de confiance comme porteurs de messages ou responsables de planques, ainsi qu'une équipe de faussaires pour fournir aux passagers les papiers dont ils auraient besoin, Gerson s'engageait dans de délicates négociations avec *Martin*, le général espagnol républicain qui s'occupait de la traversée des Pyrénées entre Perpignan et Barcelone. Il fallut quelque temps pour installer, avec toutes garanties de sécurité, une base avancée à Perpignan (totalement indépendante de la filière ÉDOUARD). C'est dans cette ville que les évadés de VIC devaient être confiés, aussi secrètement que possible – certains passagers de la première période trouvèrent que ses agents avaient un peu trop l'air de conspirateurs – aux guides espagnols qui leur faisaient franchir la frontière. Au bout de quatre mois de travail acharné, Gerson put revenir à Londres (par sa propre filière, bien sûr) pour rendre compte de sa réussite ; il retourna en France peu après pour reprendre son activité commerciale de couverture et garder un œil sur son dispositif bien huilé.

La section F en zone occupée

Les activités de la section F furent à la fois plus embrouillées et moins rentables. Les difficultés de communication restèrent importantes et les échanges radio ne devinrent habituels que vers la fin de l'année. La section mena à bien une nouvelle opération de rapatriement par Lysander et quelques parachutages de matériel à destination de comités de réception. L'interdit imposé par le Foreign Office – pas d'opération sérieuse sans consultation préalable – était toujours en vigueur ; mais comme les occasions restaient rares pour la section de se lancer dans une « opération sérieuse », c'était à peu près sans conséquence.

Tout au long de l'année, l'état-major de la section caressa des projets de coups de main ; plusieurs furent proposés, mais trois hommes seulement furent envoyés en France avec ce type de mission, et ils échouèrent tous trois. L'Australien Norman Hinton, vingt-huit ans, étudiant des Beaux-Arts, très bon en exercices tous terrains mais assez indiscipliné et doté d'un sens de l'heure approximatif, fut parachuté vers la fin du mois de novembre pour une mission en solo dont il ne reste aucune trace dans son dossier sauf une note selon laquelle « il s'en [était] très bien tiré »[41]. De fait, il réussit à s'extirper d'une zone strictement quadrillée et à gagner un refuge. Les deux autres partirent ensemble pour l'opération BOOKMAKER : le jeune romancier J.A.P. Lodwick[42], qui avait combattu dans la Légion étrangère en 1940, et un dentiste juif tchèque d'une quarantaine d'années, Oscar Heimann, qui sautèrent à l'aveugle le 29 décembre près de La Rochelle en vue d'un attentat contre une usine travaillant pour les Allemands. Heimann eut un instant d'hésitation au moment de sauter, de sorte qu'il toucha le sol très loin de son compagnon. Ils se cherchèrent mutuellement dans l'obscurité sans pouvoir se retrouver. Comme c'était Heimann qui avait les explosifs et Lodwick les informations concernant l'objectif, ils étaient réduits à l'impuissance. Ils s'acheminèrent séparément vers un refuge de Paris, où ils ne se retrouvèrent que pour se quereller copieusement, et rentrèrent par l'Espagne, n'ayant rien accompli du tout, en compagnie de Hinton. Les trois hommes reçurent à leur arrivée une affectation hors du SOE. Voilà pour les attentats de la section F dans l'année 1942.

Mais avant de considérer ses autres actions, il nous faut tirer Pierre de Vomécourt (*Lucas*) du mauvais pas où nous l'avons laissé. Il comprit au début de 1942 que Mathilde Carré (*Victoire* ou *La Chatte*), son unique canal pour communiquer avec Londres, travaillait en fait pour l'Abwehr à qui elle faisait lire tous ses messages. La façon d'agir « conforme » était de plonger aussitôt, sans même prendre le temps de la tuer si cela pouvait compliquer sa disparition. Mais il eut le courage, ou la témérité, de rester en contact avec elle, et la fortune sourit à l'audacieux : il réussit à lui en imposer tellement (même si cela n'eut qu'un temps) qu'elle accepta de retourner sa veste une fois de plus. Partie de la situation d'agent allié, elle était devenue agent double, gardant le contact avec les alliés tout en travaillant en réalité pour les Allemands ; la voilà devenue agent triple, gardant le contact avec les Allemands et revenant dans le giron allié. Cet exploit lui vaudra d'être parfois appelée dans les journaux « la Mata-Hari de la Seconde Guerre mondiale ». En tout cas cela exigeait d'elle, et de lui, un aplomb et une habileté qui n'ont peut-être pas été appréciés à leur juste valeur par leurs nombreux détracteurs. Parmi les prouesses de Vomécourt, ce deuxième retournement de Mme Carré n'est surpassé que par sa contribution majeure au démarrage d'une résistance organisée.

Avec beaucoup d'adresse, ils arrivèrent à vendre aux Allemands – par l'intermédiaire de Bleicher, le sous-officier qui était à la fois l'amant de *Victoire* et son contact à l'Abwehr – l'idée qu'il fallait faire repartir Vomécourt en Angleterre par la voie, quelle qu'elle fût, que choisirait Londres ; et qu'elle devait l'y accompagner. Un triple appât était tendu : les Allemands auraient l'occasion d'observer dans tous ses détails une opération de rapatriement ; ils seraient ensuite informés, par l'appareil radio du réseau INTERALLIÉ avec lequel Londres continuait à dialoguer, du moment choisi pour le retour de Vomécourt et n'auraient plus qu'à le prendre en filature pour tout connaître de ses activités, peut-être même pour capturer un général attendu sous peu ; enfin ils apprendraient par Mme Carré, qui reviendrait avec Vomécourt, comment la guerre clandestine était dirigée de Londres. Rétrospectivement, cet appât paraît soumis à trop d'aléas pour être vraiment alléchant, sauf son premier volet, l'observation de l'atterrissage ou du débarquement ; il fonctionna pourtant.

Les négociations durèrent quelques semaines et débouchèrent sur l'organisation d'un vol de Lysander. Bleicher, se donnant pour belge, se rendit avec le couple sur le terrain d'atterrissage, mais aucun avion ne se présenta. À la tentative suivante, Pierre de Vomécourt, Mathilde Carré et Ben Cowburn se retrouvèrent le 12 février à minuit au bord d'une petite baie bretonne, devant laquelle le *Scharnhorst* était passé à peine quelques heures plus tôt (sa croisière le long des côtes de la Manche avait été grandement facilitée par certains rapports trompeurs envoyés à l'Amirauté par la radio du réseau INTERALLIÉ). Le torpilleur qui devait les prendre était au rendez-vous, et même s'approcha si près que l'on put, du rivage, apercevoir une personne vêtue de clair qui se tenait sur le pont (c'était le numéro deux de la section F, Bodington). Malheureusement, « la mer devint soudain très agitée, une forte houle se forma avec la marée montante »[43] et le léger canot pneumatique qui amenait à terre deux agents de la section F se retourna lorsque Mme Carré tenta d'y monter. Vomécourt la ramena à terre où elle resta plantée, furieuse, enveloppée dans son manteau de fourrure trempé et déplorant la perte de sa valise, qui était tombée à l'eau en même temps qu'elle et que les bagages des arrivants. Deux marins réussirent à remettre le canot pneumatique à l'endroit, mais pas à s'approcher suffisamment pour pouvoir embarquer les trois agents, non plus qu'à récupérer le sous-lieutenant australien qui était descendu à terre pour établir le contact. Un deuxième canot pneumatique n'eut pas davantage de succès (c'étaient, écrit Cowburn, « d'absurdes petits machins… à peu près aussi aptes à la navigation qu'un parapluie retourné »[44]) ; on leur envoya un bateau à rames, plus grand, qui ne fit pas mieux. Le torpilleur, tenu à un horaire rigide par l'approche de l'aube, repartit bredouille à 3 h 30. Le rapport rédigé par Bodington à son retour est un chef-d'œuvre d'ironie inconsciente :

> « Selon moi, cette opération tend à prouver que la ligne de commu-nication *Victoire* n'est pas manipulée par l'ennemi. Il serait assuré-ment déraisonnable de penser que, si l'ennemi avait été en pleine possession des détails de cette opération, il n'en aurait pas profité pour s'emparer de toutes les personnes qui se trouvaient réunies sur cette plage, sans compter un torpilleur tout équipé, avec du personnel à bord, et qui ne pouvait ressortir de cette baie périlleuse qu'à la moitié de sa vitesse au grand maximum[45]. »

Il y avait bien, pourtant, plusieurs Allemands aux aguets. Black, l'Australien, qui était en uniforme, se rendit bientôt. Les deux agents que l'on venait de débarquer, G.W. Abbott et son radio G.C.B. Red-ding[46], prévenus à voix basse par Vomécourt du voisinage des Allemands, s'évaporèrent au plus vite ; seulement, par suite d'une négligence coupable de l'état-major, personne n'avait expliqué à Abbott en quel point de la côte ils allaient débarquer, et même Redding n'avait pu jeter qu'un bref coup d'œil à la carte Michelin des environs. Après avoir erré un certain temps dans les ténèbres, ils trouvèrent une ferme isolée, se cachèrent dans la grange et se présentèrent le lendemain au fermier ; lequel les vendit aussitôt aux Allemands. Ainsi s'acheva leur mission, qui consistait précisément à éprouver la fiabilité du réseau AUTOGIRO.

Vomécourt et Mme Carré retournèrent tout déconfits à Paris et durent organiser une nouvelle traversée ; cela leur valut une autre nuit glaciale au bord de la mer (19-20 février), durant laquelle ils s'obstinèrent, évidemment sans succès, à envoyer des signaux à partir d'une plage qui n'était pas la bonne. La même nuit, Cowburn, ayant réussi sans peine à semer le policier allemand qui l'avait pris en filature, franchissait les Pyrénées. Il arriva à Londres le mois suivant. Ses compagnons y étaient déjà : car dans la nuit de quasi pleine lune du 26 au 27 février (la veille, donc, du raid de Bruneval), le couple errant, les spectateurs allemands, le torpilleur et une mer calme s'étaient enfin trouvés réunis et le ramassage s'était fait sans accroc.

Vomécourt fut aussitôt propulsé vers les hautes sphères de l'état-major : Gubbins l'emmena avec lui le 28 février rencontrer le chef du grand état-major qui le pressa de questions sur le moral de l'armée allemande en France, ses points forts, ses habitudes [47]. Il fut également reçu par Eden peu de temps après. Son entrain n'avait nullement été entamé par toutes ces fatigues, et il avait hâte de repartir en France – avec Mathilde Carré, bien entendu – à la fois pour courir au secours de son réseau en péril et pour mener à bien quelques attentats, à commencer par l'exécution de Bleicher. Gubbins ne put qu'administrer à tous ces beaux projets une sérieuse douche froide, ce qu'il fit à l'occasion d'une longue rencontre amicale, le 7 mars, à laquelle étaient également présents le directeur régional pour l'Europe du Nord-Ouest, ainsi que Bodington : « Il aurait fallu être fou pour [le] risquer dans des coups ponctuels de ce genre » [48]. Il dut aussi lui faire comprendre qu'il lui faudrait repartir seul, ce qui prit deux bonnes semaines [49]. Dans cet intervalle, Vomécourt fut fort occupé à choisir avec l'état-major les nœuds de communication ennemis qui constitueraient les meilleures cibles pour les équipes de sabotage à créer à son retour en France. Le principal intérêt d'avoir des forces du SOE en France, pensait alors Gubbins, était que « lorsque l'heure de l'invasion sonnera nous aurons des hommes là-bas pour attaquer et couper les communications, et de manière générale entraver l'action des Allemands. Ce sera très utile au moment critique, quand bien même cela ne retiendrait les Allemands que quarante-huit heures »[50]. Et comme Vomécourt avait pris un très beau départ dans le travail de réunion et d'organisation de ces troupes de choc, il eût été absurde de ne pas l'appuyer.

Il n'y avait aucun radio de disponible pour l'accompagner ; il sauta donc seul le 1er avril au-dessus des terres de son frère Philippe, près de Limoges[51]. Il s'en fut très vite à Paris reprendre les fils d'AUTOGIRO. Il se donna un nouveau nom de guerre, *Sylvain* au lieu de *Lucas*, et l'on fit transmettre par l'émetteur d'INTERALLIÉ que *Lucas* reviendrait en France à la lune suivante. Cottin s'était bien acquitté de l'intérim à la tête d'AUTOGIRO ; mais sans explosifs et quasiment sans armes, sans radio et sans directives, les possibilités d'action étaient des plus limitées. Burdeyron, en Normandie, avait néanmoins trouvé un moyen de se passer d'explosifs : il fit dérailler quelques trains allemands en démontant un rail (méthode lente, bruyante et malcommode, uniquement utilisable en dernier ressort), causant à l'ennemi quelques modestes pertes[52]. Les autres attendaient des ordres de Londres. Mais les ordres que rapporta Vomécourt ne pouvaient être exécutés sans armes, et les armes ne pouvaient pas arriver tout de suite à cause de l'absence de radio. En effet, l'opérateur qui lui avait été envoyé en janvier (*Georges* 35) se terrait, de sorte que Vomécourt n'avait rien de mieux pour communiquer avec Londres que de passer par Virginia Hall à Lyon, donc d'y envoyer un messager. Celui-ci fut pris, dans la troisième semaine d'avril, lors d'un contrôle de routine effectué par l'armée allemande sur la ligne de démarcation. Les documents qu'il transportait arrivèrent jusqu'au bureau de Bleicher. Celui-ci, reconnaissant l'écriture manuscrite de Vomécourt sur un rapport qui n'était pas signé *Lucas* mais *Sylvain*, s'empressa de faire arrêter toutes les personnes du réseau dont il avait connaissance. Il commença par Cottin, qui garda un silence exemplaire. La seconde arrestation fut plus fructueuse : le 24 avril, il attrapa un agent belge, Léon Wolters, chez qui précisément Vomécourt était hébergé. Et Wolters, plus ou moins sans le vouloir, permit à Bleicher d'arrêter Vomécourt le lendemain, à l'occasion d'un rendez-vous dans un café. Jack Fincken, un assistant qui avait été parachuté en même temps que *Georges* 35, fut pris avec lui. Burdeyron, du Puy et plusieurs de leurs amis français les suivirent dans le filet, et AUTOGIRO s'éteignit avant même d'avoir vraiment vécu.

Tous ces hommes passèrent en cour martiale, ce qui était une procédure tout à fait exceptionnelle[53]. Lors du procès, qui eut lieu à Paris à la fin de l'année, Pierre de Vomécourt fit une fois encore la preuve de son impérieuse personnalité en persuadant les Allemands de lui réserver, ainsi qu'à ses compagnons – y compris Abbott, Redding et Black –, le traitement dû aux officiers prisonniers de guerre[54], et finalement ils sortiront tous vivants de l'oflag de Colditz (Wolters fut traité différemment : les Allemands le relâchèrent, persuadés qu'ils l'avaient terrorisé une bonne fois pour toutes, et ne surent jamais que son frère Laurent était une figure dirigeante de l'armée secrète belge ni que son appartement était souvent utilisé comme refuge par les chefs de la résistance belge de passage à Paris[55] ; l'autre exception d'AUTOGIRO fut celle du radio Bloch, qui avait été arrêté dès novembre 1941 et fusillé trois mois plus tard, comme nous l'avons vu). Ce groupe représente près du quart des effectifs de la section F arrêtés par les Allemands et qui survécurent.

Mathilde Carré, elle aussi, passa le reste de la guerre en détention, dans des conditions certes plus confortables, mais plus solitaires. Dès qu'il fut clair à Londres que la plupart des agents d'AUTOGIRO étaient arrêtés, elle cessa complètement d'intéresser le SOE qui l'abandonna aux services de sécurité, lesquels souhaitaient aborder avec elles plusieurs sujets de conversation. Ayant admis franchement qu'elle avait collaboré avec l'ennemi, elle fut détenue jusqu'à la fin de la guerre, en vertu des règlements de la défense, dans les prisons de Holloway et de Aylesbury, puis expulsée vers la France comme étrangère indésirable. Accueillie à Paris par la police française, elle passa en justice et fut condamnée à mort. Sa peine fut ensuite commuée, puis on finit par la libérer. Au milieu des années soixante, lorsque parut la première édition de ce livre, elle était toujours de ce monde, bien que presque aveugle. En dehors de quelques incursions dans le journalisme, elle vivait tout à fait à l'écart de la vie publique.

Le naufrage d'AUTOGIRO laissa la section F dépourvue de tout réseau organisé en France occupée, et presque de tout agent utile, à part l'inspecteur des chemins de fer Philippe de Vomécourt, qui détournait des trains quand son travail lui en laissait le loisir (Leroy avait entre-temps quitté Bordeaux et était rentré en Angleterre par l'Espagne). Et les informations ne parvenaient à Londres que lentement : Virginia Hall, toujours au courant de tout, avait donné des nouvelles fin mai, mais AUTOGIRO, comme une poule décapitée, ne mourut pas sur le coup, et un agent partait encore de Londres pour le rejoindre alors qu'il n'y avait plus rien à rejoindre. C'était Christopher Burney, ancien sous-officier de commandos, jeune et réfléchi, qui sauta à l'aveugle près du Mans la dernière nuit de mai. Il était supposé retrouver Burdeyron par l'intermédiaire d'un contact à Caen et devenir son adjoint. Il fut assez observateur pour s'apercevoir que la maison où il devait se rendre était surveillée, découvrit à temps que son chef était en prison, et fut capable de suffisamment d'initiative pour tenter de mettre sur pied un réseau de son cru au lieu de repartir aussitôt par l'Espagne. Il fallut onze semaines aux Allemands pour le rattraper. Ils l'arrêtèrent au lit, un matin tôt de la mi-août, mais il leur donna beaucoup de fil à retordre. Après que plusieurs interrogatoires brutaux eurent mis en pièces toutes les histoires qu'il leur avait servies, et que les Allemands eurent découvert son vrai nom, il n'ouvrit plus la bouche que pour dire son grade et son matricule ; ils n'apprirent rien de lui sur les quelques avancées qu'il avait réussi à faire. En guise de représailles, ils le mirent à l'isolement dans sa cellule à Fresnes. C'est un traitement qui a ses bons côtés, à condition de ne pas dépasser quelques jours. Dans son cas, cela dura dix-huit mois, ce qui aurait réduit à peu près n'importe qui à l'apathie ou à la folie. Mais il lui resta suffisamment de vitalité après cette épreuve pour organiser un mouvement de résistance à l'intérieur du camp de Buchenwald, où il passa les quinze derniers mois de la guerre en préparatifs pour en prendre le contrôle. Il survécut pour raconter toute l'histoire[56].

Burney avait eu un compagnon de vol, Charles Grover-Williams (*Sébastien*)[57] : l'envoi de ce dernier était une sorte d'assurance contre l'éventualité, jugée déjà probable, que le réseau de Pierre de Vomécourt fût en difficulté. C'était un coureur automobile, anglais pur sucre mais parlant un excellent français. Lors du précédent conflit, il avait été le chauffeur du grand portraitiste officiel Sir William Orpen et avait épousé l'un de ses plus charmants modèles, Yvonne Aubicq. Il n'eut aucun mal à se tenir à l'écart d'AUTOGIRO car ce dernier avait sombré avant son arrivée. Il prit contact à Paris avec quelques personnes de confiance dans le milieu des courses automobiles, dont Robert Benoist, ancien champion du monde. Ils s'installèrent dans la propriété de ce dernier, en banlieue Sud de Paris, et mirent sur pied un petit groupe d'amis qui se connaissaient bien, auquel Londres fit quelques livraisons d'armes par parachute au cours des douze mois suivants. CHESTNUT était une organisation saine, et assez petite pour ne pas trop souffrir d'une certaine inaction ; mais en fin de compte son bilan ne sera pas considérable[58].

C'était une décision raisonnable que d'envoyer cet organisateur doubler celui d'AUTOGIRO, certes plus dynamique mais aussi plus imprévisible. Seulement, Grover-Williams avait aussi reçu l'ordre de s'en tenir à une activité minimale : était-ce vraiment conforme aux besoins stratégiques de cet été-là ?

La vérité est que les chefs d'état-major n'avaient transmis au SOE leurs directives pour 1942 que le 13 mai. Ils envisageaient pour le restant de l'année une activité assez importante de raids aériens et maritimes qui devait culminer avec la prise du Cotentin, ainsi qu'« une attaque d'envergure sur l'Europe de l'Ouest au printemps 1943 ». « Le SOE, écrivaient-ils, se conformera au plan général en organisant et en coordonnant l'action des patriotes dans les pays occupés à chaque étape. Il prendra particulièrement soin d'éviter des insurrections prématurées... Le SOE s'efforcera de construire et d'équiper des organisations paramilitaires dans la zone où sont projetées des opérations. Les actions de ces organisations seront en particulier orientées vers les tâches suivantes :

« (*a*) empêcher l'arrivée de renforts ennemis en coupant ses lignes de communication par route, par chemin de fer et par air

(*b*) couper les communications radio de l'ennemi dans la zone des combats et à l'arrière

(*c*) empêcher l'ennemi de procéder à des destructions

(*d*) attaquer les avions et les pilotes ennemis

(*e*) désorganiser les mouvements de l'ennemi et de ses arrières en faisant circuler de fausses rumeurs. »

(Ces cinq missions étaient placées sous le titre originel « Coopération au moment de l'attaque » ; quatre autres, qui constituaient les « Tâches après le débarquement » – fournir des sentinelles, des guides, de la main-d'œuvre et des commandos – furent ensuite supprimées). Les instructions descendirent la chaîne de commandement du SOE, sous une forme un peu diluée, jusqu'aux sections des pays concernés, et ce sont elles qui inspirèrent au SOE et au commandement des opérations combinées les attentions toutes particulières qu'ils prodiguèrent à la SSRF, l'unité chargée des raids rapides sur la côte européenne. Mais, nous l'avons dit, la section F n'avait pas de rapports avec cette dernière. Son staff et ses agents en étaient encore à chercher leur chemin à tâtons, en essayant diverses méthodes pour voir laquelle donnerait des résultats.

Un autre agent encore était parti rejoindre AUTOGIRO avant sa chute : Marcel Clech (*Georges*), le chauffeur de taxi breton qui avait participé à la mission avortée d'août 1940 dont il a déjà été question. Il avait reçu entre-temps une formation d'opérateur radio et aurait dû rejoindre directement AUTOGIRO, par un bateau qui devait accoster en Bretagne en février. Sa traversée fut l'une des nombreuses entreprises qui échouèrent ce mois-là. C'est finalement en avril qu'il fut déposé avec Gerson sur la Côte d'Azur par l'une des équipes de sous-mariniers de Peter Churchill. En route vers le nord, il passa voir Virginia Hall, qui l'envoya tout d'abord récupérer un vieil émetteur-récepteur que Bégué avait caché près de Chatou. C'est ainsi qu'il apprit à temps que le réseau de Paris était en difficulté. Il changea donc son fusil d'épaule et rejoignit un petit réseau qui démarrait dans la vallée de la Loire, près de Tours : MONKEY-PUZZLE, dirigé par Raymond Flower (*Caspar*). Ce dernier, sujet britannique né à Paris trente ans plus tôt et qui avait toujours travaillé en France dans l'hôtellerie, était un homme gai et courageux mais pas spécialement doué pour la clandestinité et la réflexion. Parachuté à l'aveugle le 27 juin, il avait pris quelques contacts utiles. Mais l'appareil de Clech était sans cesse sous la menace de la goniométrie allemande, et le réseau ne parvint jamais à fonctionner vraiment. Il fut supprimé au printemps suivant. Flower, ramené en Angleterre par avion à la mi-mars 1943, passa le reste de la guerre dans des activités de formation et de liaison entre les sections F et RF. Clech rentra aussi par avion vers la même époque et se plaignit beaucoup de la tendance des groupes français auxquels il avait eu affaire à se marcher mutuellement sur les pieds.

Les autres équipes installées dans le cours moyen de la Loire étaient potentiellement plus redoutables, quoiqu'elles fussent encore, à l'époque, à peine plus efficaces. Cowburn, l'un des plus remarquables organisateurs de sabotages, fut parachuté pour sa seconde mission dans le Limousin, à une soixantaine de kilomètres du point prévu, dans la nuit du 1er au 2 juin. Il amenait avec lui E.M. Wilkinson, un officier de la RAF âgé de quarante ans qui, quoique né dans le Missouri, parlait mieux le français que l'anglais. Ils commencèrent par se chercher un opérateur radio. Grâce à Virginia Hall, ils firent la connaissance de Denis Rake (*Justin*)[59] à Lyon, mais celui-ci n'avait pas d'appareil. Il avait rejoint la France par felouque le 14 mai et avait jusque-là transmis des messages pour un autre opérateur, Zeff, lorsque les parties de cache-cache avec la police française lui en laissaient le temps. Celle-ci avait été mise sur sa trace par un compagnon négligent, qui avait débarqué de la même felouque et était allé habiter chez une tante ; il lui avait raconté son activité sans lui recommander la discrétion, ou peut-être sans s'aviser qu'elle était pétainiste ; en tout cas, une fois arrêté, il n'avait pas tardé à parler. Cowburn et Wilkinson se mirent en chemin pour Paris par des voies détournées, Paris qui était un endroit dangereux pour Cowburn, car les Allemands n'avaient guère eu le temps de l'oublier. Mais c'est Rake qui fut arrêté – sur la base d'un signalement donné par son collègue –, et dès la ligne de démarcation, à Montceau-les-Mines. Il parvint toutefois à convaincre ses gardes français de le laisser sauter du train qui le conduisait en prison. Il retourna à Lyon avec Wilkinson pour se procurer un appareil radio, mais en voyageant cette fois dans le compartiment à fusibles du train (c'était la méthode de Cowburn que nous avons déjà mentionnée, mais adaptée à la traction électrique) [60]. Rake et Wilkinson trouvèrent enfin un appareil émetteur-récepteur, et en plus un compagnon qui allait être un des meilleurs organisateurs anglais dans la phase de libération, Richard Heslop, arrivé récemment par felouque et qui se dirigeait vers Angers [61]. Tous trois se mirent en route ; il leur fallait traverser presque tout le pays pour rejoindre leur lieu d'affectation. Ils s'arrêtèrent pour la nuit à Limoges, où ils furent arrêtés à cause d'une gaffe commise par Rake lors d'un contrôle de routine de la police française ; les deux compères étaient évidemment plutôt mécontents. Mais ce qui les coula, ce furent deux détails stupides : Rake et Wilkinson, qui prétendaient avoir fait connaissance le jour même, avaient chacun un bon paquet de billets de cent francs neufs et non épinglés, dont les nombres se suivaient ; et leurs cartes d'identité, soi-disant émises dans deux villes différentes, étaient de la même écriture [62]. C'était le 15 août.

Cowburn, revenu chez Virginia Hall avec un message reçu de Londres par parachute, apprit par elle qu'ils étaient en prison, et se résigna à travailler seul. Il reçut deux livraisons de matériel de sabotage, préparées par Rake avant son arrestation, sur la ferme de Chantraine près de Châteauroux ; persuada quelques amis d'introduire des abrasifs dans les machines d'une usine locale de moteurs d'avions ; supervisa un attentat effectué le 10 octobre contre plusieurs lignes à haute tension rayonnant de la centrale électrique d'Eguzon, qui isolèrent celle-ci durant quelques heures. Mais il ne pouvait pas indéfiniment continuer tout seul et rentra à Londres deux semaines plus tard par Lysander.

Un autre agent, débarqué sur la Côte d'Azur, se dirigeait vers la moyenne vallée de la Loire en août 1942 : Yvonne Rudellat (*Jacqueline*), troisième femme envoyée en France par la section F, fut aussi la première d'une série d'officiers de liaison féminins qui ne comporta pas beaucoup de représentantes, mais toutes remarquables. La quarantaine, née française, séparée de son mari italien, elle avait été réceptionniste dans un petit hôtel du West End ; ses manières gaies et sans prétention cachaient des nerfs solides et un grand bon sens [63]. Elle s'établit discrètement à Tours pour se bâtir une couverture et attendre les ordres de son chef de réseau Suttill, dont la venue fut quelque peu retardée.

Il fut en fait précédé d'une semaine par une autre femme agent de liaison, plus jeune d'une vingtaine d'années qu'Yvonne Rudellat : Andrée Borrel (*Denise* ou *Monique*), parachutée près de Paris dans la nuit du 24 au 25 septembre afin de lui préparer la voie (c'était la première femme à entrer en France de cette manière). Enfin, dans la nuit du 1er au 2 octobre, Francis Suttill (*Prosper*) sauta lui-même près de Vendôme, en compagnie de J.F. Amps (*Tomas*), son assistant. Amps avait été palefrenier aux haras de Chantilly ; c'était un petit homme joyeux et dur à cuire, avide de se battre contre les Allemands et pouvant passer complètement inaperçu dans une foule. Mais il se révéla de peu d'utilité sur le terrain, car il avait des problèmes avec les messages écrits et n'était pas bon en chiffrage. Finalement, on le laissa vivre tranquillement avec son épouse française, mais il n'échappa pas à la ruine du réseau.

La mission de Suttill consistait à recréer un réseau actif à Paris et environs. Elle répond bien à l'image de la résistance proposée par Dansette : « La longue et persévérante action clandestine appliquée au recrutement, au groupement, à l'encadrement des futurs insurgés [fut une] sorte de tapisserie de Pénélope, sans cesse déchirée par la Gestapo et dont un labeur opiniâtre [renouait] dans la nuit les fils ensanglantés » [64]. Né en 1910 près de Lille d'un père anglais et d'une mère française, il parlait bien le français, mais avec un accent ; il pouvait toutefois passer pour belge. C'était un homme brave et ambitieux, doté d'une grande force de caractère, avec des qualités de dirigeant, du charme, et l'agilité d'esprit fréquemment associée à sa profession d'avocat. Il se mit rapidement au travail, sans faire la fine bouche sur les lieux où trouver des contacts. Le poète Armel Guerne, qui devint par la suite son ami et son second, fit sa connaissance en décembre dans un night-club de Montmartre où il le vit, en compagnie d'Andrée

Borrel, faire une démonstration du pistolet-mitrailleur Sten à un public très mêlé et extrêmement attentif[65]. Il avait aussi des relations de travail avec des membres des FTP de Paris. Un opérateur radio, Gilbert Norman (*Archambaud*), sauta un mois après lui, accueilli par un comité de réception organisé par Yvonne Rudellat près de Tours. Leurs activités s'amplifièrent si vite qu'un deuxième radio, Jack Agazarian (*Marcel*), leur fut envoyé à la fin de l'année, parachuté près des Andelys, en amont de Rouen.

Mais si Suttill, comme Pierre de Vomécourt, était un chef de réseau dynamique et toujours disposé à étendre son domaine, PROSPER n'était pas tout à fait la copie d'AUTOGIRO. Tout d'abord, Vomécourt, malgré son éducation en grande partie anglaise, était français à cent pour cent, tandis que Suttill, à demi anglais, ne pouvait guère passer pour tel. Par ailleurs, il connaissait moins bien les petites choses de la vie quotidienne en France, et Andrée Borrel dut, au début, l'accompagner presque partout, de crainte que ces lacunes ne lui attirent des ennuis. C'était là une différence sensible, mais superficielle. La deuxième était plus substantielle. Les principaux contacts de Suttill avaient été fournis par CARTE – cette formation qui réussit à se faire passer aux yeux de la section F, pendant toute l'année 1942, pour une organisation magnifique, de vastes dimensions et capable de grandes choses – alors que Vomécourt avait trouvé les siens par ses propres moyens. Or les contacts de CARTE allaient contribuer à la chute de PROSPER. Comme le réseau CARTE était basé en zone libre, nous en parlerons plus loin ; il nous reste encore à explorer une région de la zone occupée qui fut sérieusement investie cette année-là.

Il s'agit de Bordeaux, où un agent mauricien âgé de trente-cinq ans et doté d'une nature d'exception, Claude de Baissac (*David*), allait parvenir à des résultats également exceptionnels. Buckmaster déclara un jour qu'il était « le plus difficile » de tous ses officiers, mais c'était aussi l'un des meilleurs, et il ne supportait pas les imbéciles. C'est un chemin bien tortueux qui le mena jusqu'à son terrain d'action. Avec Peulevé, son radio, il sauta à l'aveugle le 30 juillet près de Nîmes, mais de beaucoup trop bas : pour lui ce fut une cheville cassée, pour Peulevé une fracture multiple de la jambe. Ils eurent la chance de tomber aussitôt sur des Français qui les firent soigner secrètement. De Baissac fut rapidement debout et continua son chemin, laissant son radio à la tâche héroïque de passer les Pyrénées sur des béquilles[66]. On avait fourni à de Baissac des contacts de CARTE, mais il les trouva si désastreux qu'il rompit au plus vite. Leroy était revenu en France un mois auparavant et était retourné à Bordeaux pour reprendre le travail entamé, mais un obscur malentendu à propos de l'adresse d'un contact semble avoir empêché Leroy et de Baissac de se rejoindre pendant des mois ; ce dernier s'activa donc tout seul et procéda à une première reconnaissance de la zone de son futur réseau SCIENTIST. Les possibilités semblaient bonnes, et par le lent canal de messages transitant par Lyon, il demanda du renfort. Sa sœur Lise (*Odile*) fut parachutée en France la même nuit qu'Andrée Borrel, c'est-à-dire celle du 24 au 25 septembre ; elle sauta près de Poitiers, où sa mission officielle était de créer un réseau appelé ARTIST, « une sorte de centre auquel les membres de l'organisation pourraient s'adresser pour une aide matérielle et des informations sur les conditions locales »[67] ; mais cela ne lui convenait pas, et en fait elle étendit son activité bien au-delà du Poitou. Elle faisait fonction d'officier de liaison entre les réseaux SCIENTIST, PROSPER et BRICKLAYER. Tous trois furent sérieusement mis à mal par la Gestapo l'année suivante – sans qu'elle y fût pour rien – mais elle montra assez de courage, d'intelligence et de sang-froid pour s'en sortir indemne. L'opérateur radio dont SCIENTIST avait cruellement besoin fut parachuté le dernier jour d'octobre, en la courageuse personne de Roger Landes (*Aristide*), qui devint plus tard l'un des principaux personnages de cette zone fort disputée. En attendant, il fut un radio plus que compétent. Les parachutages de matériel destiné à SCIENTIST pouvaient commencer, à condition que le temps le permît. Une ou deux nuits après l'arrivée de Landes, Mary Herbert, agent de liaison issue de la FANY, débarquait sur la Côte d'Azur – amenée par la même felouque que George Starr et Odette Sansom, entre autres – et se mettait en chemin pour rejoindre de Baissac, avec lequel elle se trouva bientôt en si bons termes qu'ils se marièrent. Elle eut une fille et s'installa avec l'enfant dans un appartement de Poitiers. Arrêtée sur la base de soupçons de la police locale, elle raconta une histoire plausible (élevée à Alexandrie, abandonnée par son époux, etc.) et fut relâchée. Elle récupéra la petite – confiée à l'hôpital de la ville, qui s'était fort bien occupé d'elle – et se tint tranquille jusqu'à la Libération[68]. SCIENTIST, bien que discret, fit de si rapides progrès qu'on lui envoya par parachute, dès le 26 novembre, un nouvel agent, Charles Hayes, pour alléger la charge de travail écrasante de son chef. Celui-ci préparait une série compliquée d'attentats contre les « forceurs de blocus » allemands, sur la Gironde. Le premier de ces attentats en était presque au stade de l'exécution lorsque le raid FRANKTON le rendit inutile. Ce fut une cause de découragement, bien entendu, pour ses équipes de sabotage ; mais elles ne s'endormirent pas pour autant, comme on le verra au chapitre suivant.

La section F en zone non occupée

En suivant les activités de la section F en France occupée avant de passer à la zone libre, nous nous sommes avancés un peu trop loin dans le temps : en effet, Hayes en était déjà, en arrivant à Bordeaux, à sa deuxième mission. Nous commencerons donc par lui notre examen du travail effectué en zone Sud. Sa carrière d'agent opérationnel commença dans le réseau de Philippe de Vomécourt, VENTRILOQUIST.

Il débarqua d'une felouque le 14 mai 1942 (en même temps que Rake) et fut mis en contact par Virginia Hall avec Philippe de Vomécourt (*Gauthier*), frère de Pierre. Ce dernier reçut à plusieurs reprises au cours de l'année du matériel parachuté en différents points de son Limousin, mais son regard se portait de plus en plus loin. Il expliqua à Bodington, venu le voir en août, qu'il contrôlait une centaine de dockers et de cheminots à Marseille, organisés en dix « dizaines », sept groupes d'ouvriers d'usine à Lyon, et quelques autres encore à Agen et Limoges ; tous déjà formés aux rudiments du sabotage, et auxquels on avait commencé à distribuer des armes. Il était aussi en contact avec les restes d'AUTOGIRO à Paris, notamment avec un groupe assez important à l'Université [69]. Et tout cela ne l'empêchait pas d'élargir encore son domaine lorsque l'occasion s'en présentait. Hayes était censé être un expert en électricité. En réalité, ses connaissances en la matière étaient assez minces, car il était prothésiste dentaire dans le civil, mais il n'en prétendit pas moins que le travail de saboteur de base était au-dessous de sa condition de conseiller technique. Il reçut donc l'ordre de Vomécourt de reconnaître les possibilités de sabotage offertes par différents sites de la zone libre, notamment une centrale électrique à Saint-Jean-de-Maurienne, dans les Alpes, et une autre à Toulon ; l'une et l'autre se révélèrent trop bien gardées. Il trouvait d'ailleurs toute la vallée du Rhône assez peu sûre, et le dispositif d'hébergement du SOE à Lyon inconfortable. Lorsque Virginia Hall lui apprit, en plus, que la Gestapo avait de lui un signalement précis, il jugea qu'il était temps de filer. Elle lui trouva un passage par les Pyrénées, et il était de retour en Angleterre en août [70].

André Simon, fils et successeur du célèbre œnologue André-Louis Simon, fut parachuté en avril avec la tâche délicate d'exfiltrer Daladier par Lysander, tâche qu'il ne put mener à bien pour la bonne raison que celui-ci n'avait nul désir de partir[a]. À sa place, Simon voulut ramener un jeune homme d'affaires de Lyon qui était un ami de la famille des Vomécourt, Henri Sevenet (*Rodolphe*) ; mais, la veille de leur départ, Simon, pas assez méfiant, se fit arrêter par la police de Vichy à Châteauroux. Celle-ci le soupçonnait, à cause de son fort accent, d'être un agent allemand. Heureusement pour lui, il voyageait sous sa propre identité, avec des papiers parfaitement authentiques (il avait la double nationalité française et britannique). Parmi ceux-ci, un livret militaire sur lequel un général de la sécurité de Vichy reconnut sa propre signature, apposée douze ans plus tôt, alors qu'il commandait la compagnie de Simon. Le général se souvint de son ancien soldat et donna l'ordre de le relâcher, car il ne pouvait pas être un ennemi de la France. Et lui-même confia à Simon une mission : transmettre à Londres un message de l'état-major général de Vichy, selon lequel tout ce que ce dernier attendait, c'étaient des instructions sur la manière de se débarrasser des Allemands. Simon promit qu'il ramènerait la réponse. Mais son voyage fut lent, car il prit une felouque[71] et n'arriva à Londres qu'à la fin août. Il alla aussitôt trouver Gubbins et lui transmit le message. Gubbins lui répondit qu'il n'avait plus à s'occuper de cela et qu'on ne le chargerait certainement pas de retourner en France avec une réponse, car les relations avec le haut commandement de Vichy venaient justement de s'établir sur des bases pleinement satisfaisantes, grâce à un grand réseau que Bodington avait découvert sur la Côte d'Azur : CARTE. Simon eut beau protester qu'il avait donné sa parole, on n'en tint pas compte et on l'affecta à un poste de moniteur dans un centre de formation. On verra bientôt que CARTE était une baudruche. Quelques incidents moins désolants, quoique tout aussi compliqués, doivent d'abord être expliqués pour en finir avec l'histoire de VENTRO-LOQUIST.

Londres fit une seule tentative sérieuse pour attirer Philippe de Vomécourt en Angleterre afin d'y prendre un peu de repos et d'y suivre une formation. Sevenet fut parachuté aux environs de Loches le

---

a. Daladier, président du Conseil d'avril 1938 à mars 1939 et ministre de la Défense nationale de juin 1936 à mai 1940, incarcéré en août 1940 par le gouvernement de Vichy et poursuivi comme un des principaux responsables de la défaite, venait de s'illustrer par sa défense devant la cour de Riom, si brillante que le procès avait dû être interrompu le 12 avril. Il était toujours incarcéré en zone non occupée, et fut déporté en Allemagne l'année suivante [J.-L. C.-B.].

27 août [72] pour tenter de le convaincre. Vomécourt répondit qu'il n'avait pas besoin de repos et demanda à quoi diable lui servirait une formation dispensée par un personnel d'instruction tellement moins expérimenté que lui. Sevenet voulut alors se consacrer à sa deuxième mission : préparer un groupe pour exécuter un attentat contre la ligne de chemin de fer Tours-Poitiers (DETECTIVE). Mais Philippe de Vomécourt, comme Pierre, dégageait une sorte de magnétisme ; et voilà Sevenet parcourant pour son compte tout le sud de la France. Il frôla l'arrestation début novembre, lorsque l'assistant de Vomécourt J.M. Aron (*Joseph*) fut arrêté dans une gare de Lyon ; il était juste à côté de lui à ce moment-là, et sa photo figurait sur une carte de chemin de fer qui se trouvait dans la poche d'Aron. Il fila vers le sud, mais là aussi les arrestations pleuvaient. Il se replia quelque part en Gascogne pour laisser passer la tempête.

Car Philippe de Vomécourt attirait les tempêtes. L'un de ses principaux domaines d'intérêt restait d'exploiter sa situation dans les chemins de fer, qui lui paraissait offrir de vastes possibilités de résistance. Ce poste lui donnait droit à un laissez-passer délivré par la Gestapo ; mais finalement, il ne s'en retrouva pas moins dans de beaux draps. Alors qu'il rentrait chez lui, venant de Paris, un autre service de la Gestapo vint le cueillir dans le train en gare de Vierzon ; après un bref échange de questions et réponses, on le mit dans une salle d'attente, en compagnie d'une bonne vingtaine d'autres voyageurs, en attendant des investigations plus poussées. Les voyageurs étaient appelés tour à tour. Laissons-lui la parole pour la suite, car ce serait vraiment dommage de se priver de son récit :

« La porte s'ouvrit à nouveau. Un soldat appela une douzaine de noms. Au milieu de la liste, je criai « oui ! », me levai et me mis avec les autres dans la file. Le soldat, suivi de la file, sortit de la salle d'attente et tourna à gauche. Je tournai à droite et pris un long couloir, au bout duquel je trouvai une porte. Là se tenait une sentinelle allemande. Dieu merci, on m'avait rendu mes papiers. Je présentai au soldat le laissez-passer de la Gestapo. Il salua. Je passai devant lui et hélai un porteur :

– Y a-t-il un train qui parte bientôt ?

– Il y en a un au départ maintenant, me dit-il.

– Alors c'est le mien.

Je me ruai sur le quai. Le train s'ébranlait. J'attrapai une poignée, ouvris une porte, me jetai à l'intérieur et remerciai ma bonne fortune.

Le train se dirigeait vers le nord, c'est-à-dire vers Paris. À une vingtaine de kilomètres du point de contrôle, il ralentit un peu. Je sautai à terre et m'enfuis à toutes jambes, au prix de quelques contusions. (J'appris plus tard que le train fut bloqué à la gare suivante et fouillé : on me cherchait) [73]. »

Il s'en tira cette fois-là ; mais il commençait être beaucoup trop connu comme ardent résistant. La police de Vichy vint l'arrêter à Bas Soleil à la fin d'octobre ; pour lui éviter de l'être par les Allemands, lui assura-t-on. Il fut accusé et détenu sous son autre nom, de Crevoisier, subtile attention qui le protégea probablement d'une déportation en Allemagne [74]. Il fut condamné à dix ans et incarcéré à la prison civile de Saint-Paul à Lyon, une véritable forteresse. Il réussit néanmoins à rester plus ou moins en contact avec Londres et à tramer une évasion compliquée pour le général de Lattre de Tassigny, l'un de ses codétenus ; mais ce dernier déclina l'offre [75].

L'arrestation de Philippe de Vomécourt rendit l'activité de la section F en zone libre beaucoup moins palpitante, mais elle se poursuivit néanmoins. Avant d'être pris, il avait participé à l'organisation d'une autre évasion, un modèle du genre. Tous les agents qui avaient été attrapés à l'automne précédent dans la souricière de la Villa des Bois, à Marseille, avaient d'abord été regroupés dans la prison de Béleyme, à Périgueux, dans des conditions, écrira l'un d'eux, Jumeau, « dégradantes et humiliantes au dernier degré. Nous étions pêle-mêle avec des déserteurs, des voleurs, des assassins et des traîtres… L'hygiène était inexistante,… la nourriture indescriptible. Et, en plus de tout, nous étions malades et dévorés par la vermine » [76]. Seul le dévouement de l'épouse de Pierre Bloch, qui vivait à Villamblard, non loin de là, et leur apportait régulièrement des colis de nourriture, empêcha le groupe de sombrer dans le désespoir durant l'hiver. Au printemps, ils furent transférés, sur intervention de l'attaché militaire américain, dans un camp de concentration vichyste voisin, à Mauzac, au bord de la Dordogne, une vingtaine de kilomètres en amont de Bergerac. Bégué prit en charge la préparation de l'évasion ; il invita chacun des agents à observer la clé de la baraque et, à partir de leurs descriptions, il en fit une copie ; il se mit en contact, par l'intermédiaire de Mme Bloch, avec Virginia Hall, et par ce biais avec Philippe de Vomécourt et la filière Vic ; et il suborna un gardien. Le tout avec Jumeau comme principal assistant. Ils eurent quelque difficulté à composer leur groupe, mais finalement, le 16 juillet à trois heures du matin, ils ouvrirent la porte de leur baraque avec le double qu'ils avaient fabriqué. Trotobas fit passer la clôture à Bégué, Jumeau, Pierre Bloch, *Garel*, J.B. Hayes, Le Harivel, Langelaan, Liewer, Robert Lyon et Roche ; ils emmenèrent aussi le gardien. Albert Rigoulet dit « Le Frisé », qui avait accueilli CORSICAN en octobre 1941, les attendait avec un camion. Il les conduisit à une cache au fond des bois, à une trentaine de kilomètres de là. Après y avoir campé une semaine, ils s'acheminèrent par groupes de deux ou trois vers Lyon, où les frères Rachline les prirent en charge et les firent sortir de France par l'Espagne [77]. Cette évasion, qui remit dans le circuit actif des agents comme Bégué – qui deviendra plus tard le responsable des transmissions de la section F – et quatre futurs grands organisateurs de réseau, Hayes, Liewer, Lyon et Trotobas, fut l'une des plus rentables de toute la guerre.

Mais les fruits de l'affaire de Mauzac ne sont pas encore mûrs, et l'année 1942 compte quelques autres actions qui méritent d'être rapportées. À la mi-janvier, Peter Churchill (*Michel*, aucun lien de parenté avec le premier ministre) était arrivé à Miramar par sous-marin, porteur de nouveaux ordres pour Duboudin (*Alain*), à Lyon, et Basin (*Olive*), à Antibes ; lui-même avait pour instruction de réunir des informations sur le réseau CARTE. Il avait fait sa scolarité à Malvern, puis étudié les langues vivantes à Cambridge, et occupait un poste dans un organe consultatif du ministère de l'Intérieur au moment de l'entrée en guerre. Buckmaster, s'étant pris de sympathie pour lui, lui confia cette courte mission de reconnaissance, que Peter Churchill a racontée dans un de ses livres [78]. Son récit n'est pas contredit par les archives, mais, et cela se comprend, il en dit davantage sur ses propres aventures que sur le mouvement qu'il avait mission d'explorer. Il fut d'abord hébergé quelques nuits chez les Lévy, à Antibes [79] ; comme Basin, il trouva leur excellente table peu assortie aux sympathies communistes affichées par le maître de maison. Les tendances politiques de son hôte étaient assurément éclectiques (il appartenait, semblait-il, à trois ou quatre groupes mutuellement hostiles) et sa maison ne paraissait pas très sûre. Churchill fit aussi la connaissance d'Emmanuel d'Astier de la Vigerie (*Bernard*, du mouvement LIBÉRATION) [80], qui l'accompagna à Lyon lorsqu'il dut s'y rendre pour transmettre ses instructions à Duboudin.

De retour à Antibes, il entra en contact avec l'organisation CARTE, qu'André Simon, Basin et de Guélis avaient déjà eu l'occasion de frôler. Il nous faut ici abandonner un moment les récits individuels pour nous élever avec elle aux grandes hauteurs où elle se plaisait à planer.

La grande illusion : l'organisation CARTE

Son chef était André Girard[a], patriote de vocation et artiste peintre de profession, qui habitait à quelques pas des Lévy. *Carte*, son nom de guerre, était devenu aussi celui de son organisation. C'était un adversaire passionné de Hitler, de Pétain et de De Gaulle, et un parleur doté d'un don de persuasion hors du commun. Malheureusement pour la cause qu'il aspirait à servir, sa grande ingéniosité administrative s'accompagnait d'une indifférence souveraine à l'égard des règles de sécurité ; du moins sur le front de la subversion, car il était aussi à la tête d'un vaste réseau de renseignement dont une antenne poussait jusqu'à la Baltique et dont la production, communiquée aux diplomates américains à Vichy, était très appréciée de ces derniers[81]. Il avait commencé à réunir quelques disciples très vite après la défaite. À l'hiver de 1941-1942, ses contacts dans l'armée de l'armistice s'étendaient à l'ensemble de la zone libre et même un peu à la zone occupée. La section F eut l'impression (et comment ne l'aurait-elle pas eue ?) qu'elle avait trouvé en CARTE exactement ce dont elle rêvait : une armée secrète en prêt-à-porter, à qui il suffirait de donner des armes et des directives pour qu'elle prenne sa part dans l'éviction des Allemands. Girard convainquit non seulement Peter Churchill, mais aussi Bodington, venu lui rendre visite par la felouque d'août, que son organisation avait déjà élaboré un plan méthodique pour constituer, dans un premier temps, des équipes de sabotage, puis des groupes plus importants de maquisards et enfin une armée « privée » de quelque trois cent mille hommes qui fusionnerait avec l'armée de Vichy le moment venu et participerait à la libération de la France[82]. Il proclamait aussi – avec insistance et sincérité – qu'il ne s'intéressait nullement à la politique et se méfiait des politiciens français de tous bords. En réalité, lui-même et ses très bavards amis ne dépassèrent jamais le

---

a. Signalons qu'André Girard était le père de la future actrice Danièle Delorme qui, encore toute jeune, l'assista dans ses activités clandestines [J.-L. C.-B.].

stade du « recensement des adhérents » : il s'agissait de dresser des listes de membres sur des formulaires inventés par Girard, qui ne comportaient pas moins de soixante et une rubriques pour chaque personne – nom, adresse, signalement, numéro de téléphone, expérience passée, spécialités, capacités, discrétion, enfin tout[83]. Ces formulaires, rédigés en clair, étaient normalement conservés au bureau de Girard, mais il arrivait aussi à ses gens de les porter sur eux pour se rendre ici ou là. C'est ainsi que plus de deux cents d'entre eux, relatifs à des membres particulièrement éminents, furent trimbalés de Marseille à Paris en train par un agent de liaison, André Marsac (*End*), en novembre 1942. Le voyage était long, il s'endormit, et lorsqu'il se réveilla sa valise avait disparu, subtilisée par un agent de l'Abwehr. La chute de CARTE n'était plus qu'une affaire de temps.

Les Allemands attendirent le début de l'année suivante pour exploiter leur larcin. À ce moment-là, les contradictions intérieures du mouvement étaient devenues de toute façon assez puissantes pour le faire exploser. L'une des plus nocives procédait du narcissisme de son chef. Un exemple : Basin raconte que Girard, invoquant les ordres d'une autorité supérieure non spécifiée, interdit à son réseau de réaliser près de Marseille un attentat qui aurait pu mettre hors service une vingtaine de locomotives. Or cela ne peut s'expliquer que par la volonté jalouse de ne rien laisser faire qui ne fût organisé par lui personnellement. Le problème, c'est qu'il était incapable d'organiser quoi que ce fût[84].

Mais nous sommes encore en 1942, l'année où l'existence de CARTE exerça une influence dominante sur le travail de la section F et eut à Londres des répercussions plus lointaines. Rien que pour équiper en explosifs et armes légères les groupes de sabotage que l'organisation avait en vue pour commencer, il aurait fallu envoyer près de quatre mille tonnes de matériel[85]. Le SOE ne disposait pas du dixième de cette capacité en termes de transport aérien, or on ne voyait pas quel autre moyen mettre en œuvre (le projet avorté LAFITTE, mentionné dans un précédent chapitre[86], visait à tourner cette difficulté). Bien que la quantité de matériel réellement envoyé à CARTE ait été finalement dérisoire, cela ne fit certainement pas de mal aux responsables du ravitaillement aérien de prendre conscience de l'effort qui serait nécessaire si l'on voulait un jour susciter un grand soulèvement populaire contre la domination nazie sur le continent.

À son retour à Londres à la mi-septembre, Bodington rédigea un long rapport enthousiaste sur CARTE[87]. Girard lui avait donné l'impression d'un homme capable et bien informé, et le peu qu'il avait pu voir de son organisation lui avait paru également excellent. Il faut dire que son tempérament le prédisposait à un jugement positif, car il était lui-même hardi jusqu'à la témérité, d'une brillante intelligence, maîtrisant magnifiquement le français et l'anglais, mais dépourvu d'autorité. On lit clairement entre les lignes de son rapport que ses propres idées sur la sécurité n'étaient pas encore bien solides ; c'est un signe que la section F n'avait pas atteint son régime de croisière. Buckmaster proposa aussitôt d'étoffer le staff pour absorber la nouvelle charge de travail que la coopération avec CARTE allait représenter pour sa section[88]. Mais, aux échelons supérieurs, on se posait une question plus ardue : quelle devait être l'attitude le SOE vis-à-vis de ce mouvement ?

Les chefs d'état-major furent saisis du problème. Ils en discutèrent le 16 octobre en présence de Hambro et Gubbins, mais les esprits étaient préoccupés par l'imminence du débarquement anglo-américain en Algérie (TORCH), qui allait avoir lieu le 8 novembre. Il fut décidé que « les livraisons de matériel et d'équipement confirmant notre engagement à ses côtés » ainsi que les échanges d'officiers de liaison se poursuivraient au même rythme que jusque-là, et ce fut à peu près tout[89]. Du moins un sérieux intérêt avait-il été éveillé.

Ce qui indéniablement incita Londres à prendre CARTE tellement au sérieux, c'est qu'il en émanait le doux parfum de l'armée régulière. Non que Girard lui-même eût l'allure militaire : il avait beaucoup trop le « tempérament artiste », comme on dit. Mais il savait parler la langue familière aux soldats et, s'il s'efforçait de bonne foi à la discrétion, c'était de manière assez inefficace pour que ses interlocuteurs crussent discerner derrière lui l'ombre de quelques très haut galonnés de l'armée de Vichy. Les documents dont on dispose ne permettent pas de savoir s'il y avait là davantage de réalité que dans ses autres hâbleries[a]. Mais il est certain que quelques noms judicieusement jetés dans la conversation, et les apparences d'une bonne entente entre son organisation et un vrai état-major de métier, lui assurèrent dans les hautes sphères militaires

---

a. Si les talents oratoires de Girard ont fait illusion non seulement à Bodington mais à l'état-major britannique lui-même, son réseau n'était toutefois pas négligeable. La section militaire, dirigée par Frager, semble avoir pu compter sur plusieurs dizaines d'officiers. Ses liens étroits avec le colonel Vautrin, chef du contre-espionnage dans le Sud-Est, et ses rapports avec le général de Lattre de Tassigny sont avérés [J.-L. C.-B.].

britanniques un accueil bien plus favorable qu'à des mouvements comme OVERCLOUD ou l'Armée gaulliste volontaire, dont le côté marginal, puéril ou farfelu était beaucoup plus manifeste. Girard rendit néanmoins un service important à la cause alliée, celui d'habituer les sommets de l'état-major britannique à l'idée qu'ils pourraient un jour être amenés à coopérer utilement avec de grands mouvements de résistance. En attendant, pour reprendre les termes de Bourne-Paterson, « sa tête était fermement ancrée dans les nuages, et il était impossible de le persuader de rattacher ses projets et ses rêves à des considérations aussi bassement matérielles que le ravitaillement, le financement et la sécurité, qui pourtant commandaient toute la conduite des opérations »[90].

Une autre conséquence de la faveur dont CARTE bénéficia quelque temps à Londres doit être évoquée, car elle concerne les relations avec de Gaulle. Le haut commandement du SOE avait été si frappé par ce qu'on lui avait dit de ce mouvement et par les demandes de Girard en matière de propagande radiophonique qu'il avait lui-même fait appel à la direction de la propagande vers les pays ennemis et occupés, le PWE. Henri Frager (*Paul*, *Louba*)[91], membre de l'état-major de Girard, qui se trouvait à Londres en juillet 1942 – il rentra en France le mois suivant avec Bodington, en felouque comme il était venu – eut avec ce service des entretiens approfondis sur les besoins de radiodiffusion. À son retour en Angleterre, Bodington ramenait avec lui deux hommes de radio désignés par Girard. On leur donna la direction de l'un des émetteurs ondes courtes du PWE, *Radio Patrie*, qui émit régulièrement à destination de la France à partir du 11 octobre. Lorsque les gaullistes découvrirent que ces émissions, qui leur étaient souvent nettement hostiles, partaient de Londres, ils objectèrent à juste titre que ce n'était pas un service à rendre aux alliés que de diviser les résistants français[a]. *Radio Patrie* fut fermée, ou plutôt rebaptisée *Honneur et Patrie* et confiée à une équipe affiliée à la France Libre, à partir du 17 mai 1943[92].

---

a. Ce n'est qu'à la mi-décembre 1942 que le service des écoutes de la France Libre repéra *Radio Patrie*. La crise provoquée par l'intronisation de Darlan à Alger était à son paroxysme. La réaction de De Gaulle fut violente. Les envoyés de Girard étaient deux hommes de radio compétents et connus, Maurice Diamant-Berger, *alias* André Gillois, et Maurice Gandrey-Réty, qui préféra rejoindre la résistance en France. Les émissions furent alors assurées par Gillois, secondé par l'acteur Claude Dauphin qui s'était évadé de France par l'Espagne. Tous deux découvrirent rapidement qu'ils avaient été manipulés [J.-L. C.-B.].

En fin de compte, CARTE n'absorba pas une part si énorme des généreux efforts du SOE, même si la section F n'eut presque d'yeux que pour elle pendant la plus grande partie de l'année 1942, et si les agents qui partaient défricher de nouvelles régions quittaient Londres avec pour viatique des contacts fournis par ce réseau ; contacts qui du reste se révélaient ensuite, pour la plupart, absolument inutilisables.

Le rôle assigné à Peter Churchill en France était pour l'essentiel celui d'officier de liaison principal entre CARTE et l'état-major du SOE, ce qui explique en partie pourquoi – à l'irritation de ses collègues présents sur la Côte d'Azur à l'époque – il ne participa à aucun sabotage : c'était un élément secondaire de sa mission, auquel ses autres occupations ne lui laissèrent jamais le temps de se consacrer (le seul indice, du reste, qui permette d'inférer que cela fît le moins du monde partie de sa mission consiste en une note microfilmée concernant des cibles qui lui fut envoyée en octobre ; or il n'est pas impossible qu'elle ait été destinée à quelqu'un d'autre et qu'il n'en ait été que l'intermédiaire).

À l'époque où Churchill touchait le sol français avec son parachute dans la nuit du 27 aux 28 août, près de Montpellier, sous le nom de *Raoul* du réseau SPINDLE, il avait déjà prouvé qu'il était un navigateur habile et capable de sang-froid : non seulement il avait en janvier, à partir d'un sous-marin, gagné seul le rivage à la rame, mais il avait conduit plusieurs groupes de la même façon en avril (du sous-marin à la côte ou inversement), mettant même une fois pied à terre quelques minutes, près d'Antibes, pour prendre d'Astier, hébergé à ce moment-là par les Lévy. Mais l'audace et la bonne connaissance de la mer qu'il avait heureusement déployées pour louvoyer dans l'obscurité entre les patrouilles de garde-côtes ne lui étaient d'aucun secours dans sa nouvelle affectation. Il s'était spécialisé jusque-là dans les actions solitaires, qui convenaient mieux qu'une fonction de liaison à cet ancien international de hockey sur glace ayant déjà à son actif quelques beaux exploits dans la guerre clandestine [93]. L'une de ses premières missions à terre semble avoir été de tenter de faire évader Basin, arrêté le 18 août ; mais elle fut annulée à la demande même, semble-t-il, de l'intéressé [94]. Il se retrouvait donc – armé en tout et pour tout de son bon sens, de quelques paroles échangées en hâte avec Bodington alors que celui-ci était déjà sur le départ [95] et d'instructions rédigées en termes des plus vagues [96] – à devoir piloter les relations avec Girard et ses hommes, ainsi que sa propre équipe SPINDLE, qui avait repris celle d'URCHIN. Ce groupe SPINDLE était très divers. On y trouvait le radio

Adolphe Rabinovitch (*Arnaud*), jeune juif russo-égyptien usant d'un vocabulaire assez vert[97], aussi sympathique qu'efficace, qui avait sauté la même nuit que Churchill ; Marie-Lou Blanc (*Suzanne*), qui dirigeait à Cannes un salon de beauté *et* un comité de réception pour les arrivées par mer ; et le baron de Malval (*Antoine*), qui avait longtemps travaillé avec Basin et dont la luxueuse Villa Isabelle servit pendant plusieurs mois de quartier général à SPINDLE. C'était un ami de Malval, le colonel Vautrin, qui était à la tête des services de contre-espionnage français dans la région, ce qui sauva plusieurs fois URCHIN puis SPINDLE du désastre.

À Londres, le staff de la section était enchanté des performances de Churchill comme officier de liaison. Ce point de vue n'était pas toujours partagé sur le terrain. Il avait repris le radio de Basin, Newman (*Julien*), qu'il avait lui-même amené à terre en avril. Ce dernier se querella avec Girard, qui n'avait aucune idée du danger que courait un radio et exigeait absolument, à la grande horreur de ce dernier mais aussi de Churchill, que ses messages verbeux soient transmis textuellement. C'était plus que n'en pouvait supporter le professionnalisme de Newman. Considérant qu'il était de la plus haute importance de rester en bons termes avec Girard, Churchill renvoya donc Newman à Londres par la felouque de novembre. À son arrivée, Newman eut des mots très durs sur la façon dont il avait été traité, mais semble être revenu par la suite à de meilleurs sentiments[98].

John Goldsmith (*Valentin*) rencontra des difficultés analogues. Il arriva à Cannes en felouque au début d'octobre, en compagnie d'un homme du PWE, Chalmers Wright. Ils furent accueillis par Frager et Marsac avec beaucoup de simagrées conspiratrices. Chalmers Wright fut confié quelques jours à un homme plus décontracté, Audouard, membre d'un groupe de croupiers résistants qui s'était constitué spontanément et avec lequel Churchill avait interdit à Newman d'avoir le moindre rapport, puis s'installa à Grenoble, où il passa l'hiver à écrire des rapports que le PWE ne lui avait donné aucun moyen de transmettre[99]. Quant à Goldsmith, entraîneur de chevaux de course dans le civil, sa mission consistait à envoyer, par l'intermédiaire du général Chambe, un message au général Giraud au sujet de sa prochaine exfiltration, ce dont il s'acquitta rapidement, puis de « s'acclimater » à CARTE avant de traverser toute la France pour aller mettre en place, entre Amiens et Boulogne, un petit réseau de sabotage ferroviaire (ATTORNEY). Mais Girard ne voulut pas le laisser partir : selon lui, Goldsmith était précisément l'homme qu'il fallait envoyer en Corse bâtir une organisation satellite de CARTE. Les semaines passèrent en longs entretiens entre Girard et Churchill sur la meilleure manière de procéder. En attendant, Goldsmith donna des cours de maniement d'explosifs à Nice et à Juan-les-Pins. Lorsqu'il comprit qu'il n'y avait rien à espérer de CARTE que parlotes, il décida de partir à la fin de l'année, en emmenant Chambe. Des membres des services de renseignement de Vichy à Toulouse l'aidèrent à trouver une voie de sortie par les Pyrénées atlantiques. Mais la police arrêta les deux hommes près de Licq. Goldsmith en appela non sans hauteur, par-dessus la tête des gendarmes, au patriotisme du maire, et le surlendemain il était de l'autre côté de la montagne avec Chambe[a].

Giraud fut si ravi de l'histoire qu'il décerna plus tard la croix de guerre à Goldsmith pour ce haut fait. Mais Girard n'était pas d'humeur à rire. Les tensions internes à son organisation étaient déjà assez graves sans les complications que venaient y ajouter les réseaux ATTORNEY et SPINDLE. Les principaux personnages de ce dernier réseau étaient Peter Churchill et son agent de liaison Odette Sansom (*Lise*). Cette Française avait eu le courage de laisser en Angleterre ses trois petites filles pour retourner faire la guerre dans son pays, où l'avait amenée la felouque de début novembre [100]. Sur ordre de Londres, SPINDLE restait en contact avec Girard, mais Churchill était trop soucieux de sécurité pour expliquer à ses subordonnés la teneur de sa mission, d'où certains malentendus. Si le quartier général avait su à l'époque ce que Churchill lui raconta plus tard sur CARTE, il aurait pu donner l'ordre de replier SPINDLE pour le redéployer ailleurs. Mais il l'ignorait, et le danger grandissait. Car CARTE était en train de sombrer.

Vers l'époque où Marsac perdit sa valise, en novembre, ceux des membres de l'organisation qui avaient la tête un peu plus froide et pratique que les autres se mirent à poser des questions trop embarrassantes pour que Girard pût les balayer par une de ses crises de susceptibilité ou un déploiement d'éloquence. Et quand, à la fin du mois, les Allemands rayèrent d'un trait de plume l'armée de Vichy, les belles relations que l'on pouvait y avoir entretenues perdirent d'un seul coup tout leur intérêt. Et d'un seul coup aussi, les écailles tombèrent de milliers d'yeux. Girard et Peter Churchill avaient organisé ensemble une seule livraison d'armes par parachute, mais plusieurs par felouques, et ils n'avaient même pas su les stocker convenablement [101]. C'était

---

a. Le général Chambe allait être, de janvier à juin 1943, secrétaire d'État à l'Information de Giraud à Alger [J.-L. C.-B.].

tout ce que CARTE et SPINDLE pouvaient présenter comme bilan, et l'échec de l'atterrissage d'un Hudson, dans des circonstances qui ne leur font honneur ni à l'un ni à l'autre, n'était pas de nature à l'améliorer[102]. Frager, presque aussi énervé que Girard, se mit à la tête d'une fronde d'« activistes » contre le « mysticisme » du chef. La querelle atteignit son paroxysme à la fin de l'année ; elle trouva son épilogue le 3 janvier 1943, date à laquelle la scission fut consommée. Peter Churchill se rangea du côté de Frager, ce qui était assez raisonnable du point de vue du SOE, car de lui au moins on pouvait peut-être espérer, enfin, quelques actions réelles. La surveillance des côtes méditerranéennes était désormais assurée par les patrouilles de l'Axe, ce qui avait mis un terme aux traversées en felouque. L'ambiance à la Villa Isabelle devenait de jour en jour plus glaciale. En février, Churchill partit pour Annecy en emmenant avec lui Mme Sansom et Rabinovitch. Nous les retrouverons au prochain chapitre.

La section F en zone non occupée (suite) : Lyon, Marseille, Toulouse

CARTE avait accaparé la plus grande part de l'attention de la section F, mais pas toute. Plusieurs autres projets, qui ne lui étaient que très lointainement ou pas du tout liés, doivent encore être passés en revue. Sans qu'on puisse vraiment dire que cette activité ait été laissée au seul hasard, il est difficile d'y discerner un plan d'ensemble.

Commençons par trois affaires qui se rattachent à la courte visite de Bodington en France à l'été 1942. Tout d'abord, il se présenta enfin chez Jouhaux, à Cahors, sous une fausse identité que ce dernier, qui l'avait déjà rencontré, perça immédiatement à jour. Leur longue conversation convainquit Bodington du caractère extrêmement délicat des négociations avec les syndicats français à ce niveau. En effet, Jouhaux se montra tout disposé à recevoir de l'aide, en argent ou autrement, pourvu qu'elle vînt de syndicats et non de gouvernements. Il assura Bodington de la coopération des cheminots et des travailleurs des ports en cas de débarquement allié, mais fit bien comprendre qu'il n'était pas question pour lui de se mettre aux ordres d'une autorité stratégique quelconque et se déroba lorsqu'il fut question de le faire venir en Angleterre. Au surplus, écrivait Bodington dans son rapport, « il serait, je pense, politiquement assez difficile à manier » : c'était peu dire. Le résultat net de cette visite se résuma à une lettre et un message adressés par Jouhaux au secrétaire général des syndicats britanniques, Walter Citrine[103].

La deuxième affaire sera rapidement traitée : c'était la première mission de J.A.R. Starr (*Emile*, plus tard *Bob*, d'ACROBAT). Les relations dont le réseau CARTE était supposé disposer à l'état-major de Vichy donnèrent évidemment lieu à des conversations entre Girard et Bodington sur les questions d'intendance. Sur proposition de ce dernier, Starr fut donc envoyé en France en toute hâte avec mission d'apprendre quel pourrait être l'apport de CARTE en matière de ravitaillement de la future armée secrète, lorsque celle-ci serait mobilisée. Il était pratiquement ignare en logistique, mais il lui fallut peu de temps, après son parachutage en France (dans la nuit du 27 au 28 août, mais pas par le même avion que Churchill ou Rabinovitch), pour constater qu'il en savait plus qu'aucune des personnes avec lesquelles Girard pouvait le mettre en contact. Londres ne lui avait pas donné l'argent, ni Girard l'autorité nécessaires pour conclure ne fût-ce qu'un seul des accords provisoires qu'il négocia avec des fournisseurs. Sa délicatesse et son honnêteté furent admirées, mais une dizaine de semaines de ces frustrations répétées et l'effarante insécurité qui régnait dans les milieux clandestins de la Côte d'Azur le convainquirent qu'il perdait son temps. Peter Churchill le renvoya au pays, avec des masses de rapports sur CARTE, par la felouque de novembre, ce qui lui donna l'occasion de rencontrer, en la personne d'un arrivant qu'il aida à débarquer, son propre frère George, le célèbre *Hilaire*[104]. Ce dernier se dirigeait vers Lyon, mais il y arriva juste au moment où le réseau SPRUCE atteignait son stade suprême de désintégration, avec l'arrestation ou la fuite de la plupart de ses agents. Il décida que cette ville n'était pas un endroit pour lui et se replia en Gascogne pour réfléchir. C'est là que finalement il s'implantera.

Lyon était précisément le lieu de la troisième affaire. Bodington y rencontra plusieurs agents et essaya d'instaurer un peu d'ordre dans un dispositif qui n'en avait jamais eu et paraissait voué à s'embrouiller toujours davantage. Au début de l'année, cette ville comptait deux agents, Virginia Hall et Duboudin, le chef de SPRUCE ; depuis, une dizaine de personnes leur avaient été envoyées en renfort, et deux agents de liaison allaient encore arriver à l'automne. Précisons un peu les rôles de chacun.

Virginia Hall faisait toujours fonction de collectrice de rumeurs et informations diverses et organisatrice de voyages pour la section F ; comme Cowburn le dit un jour, « il [suffisait] de rester quelque temps assis dans sa cuisine pour voir défiler à peu près tout le monde ; chacun [venait] avec son problème, et elle s'en [occupait] »[105]. Au siège du SOE, elle apparaissait comme « organisatrice » d'un réseau appelé HECKLER, mais en réalité elle ne prit jamais de dispositions pour diriger des opérations : sortir ses collègues du pétrin et rester en permanence en contact avec Londres lui donnaient déjà assez de travail. Ce rôle de liaison impliquait beaucoup de déplacements, qui la fatiguaient peut-être mais ne lui causèrent jamais vraiment d'inquiétude. Sa couverture resta intacte, principalement parce que les amis qu'elle s'était faits à la police de Lyon prirent grand soin de ne pas s'intéresser de trop près à ses affaires. Mais, aussi remarquables que fussent son énergie et sa finesse, elles ne suffirent pas à tirer de Georges Duboudin (*Alain*), à l'époque principal agent opérationnel de la section à Lyon, un travail tant soit peu satisfaisant. C'était un Français âgé de trente-quatre ans, qui avait longtemps vécu à Londres et épousé une Anglaise. Il avait fait bonne impression sur le personnel d'instruction, mais ses résultats sur le terrain ne furent pas à la hauteur des espoirs placés en lui. Il entra sans peine en contact avec les FTP de la ville et put assurer quatre ou cinq livraisons d'armes par parachute au début de l'été, dont les détails avaient été arrangés pour lui par le radio Edward Zeff (*Georges* 53). Celui-ci était venu en avril (par sous-marin) rejoindre Virginia Hall, qui l'avait repassé à Duboudin. C'était un homme de tête et de ressource. Il se constitua une équipe de protection si efficace qu'il n'eut jamais besoin de changer de lieu d'émission : une maison de banlieue, où lui-même reconnaît avoir parfois passé six heures par jour à son poste.

Duboudin était également en contact avec le groupe COMBAT, qui relevait plutôt de la section RF, et avec l'équipe d'un journal clandestin intitulé *le Coq enchaîné*. C'est à cette dernière qu'il attribua la plupart des armes qu'il se fit envoyer, mais il ne se préoccupa ni de leur entretien ni de la formation des bénéficiaires à leur maniement. Le journal était dirigé en son nom par un autre agent de la section F, J.F.G. Menesson, jeune assistant à l'Institut français de Londres, qui prenait son travail de propagande au sérieux et le fit bien ; mais les contacts de ce groupe avec Herriot et avec Paul Reynaud, dont Duboudin avait parlé au début, ne débouchèrent sur rien du tout. Et, sur le plan de la sécurité, l'équipe n'était pas bien solide.

Menesson était arrivé en France par la felouque d'avril en compagnie de deux autres agents qui travaillaient surtout pour le PWE : Pertschuk, vingt ans, qui se dirigeait vers Toulouse, et H.P. Le Chêne

(*Paul*), gérant d'hôtel, supposé se fixer à Lyon mais qui, après quelques semaines passées dans cette ville, décida d'installer son réseau (PLANE) dans une zone moins surinvestie, du côté de Clermont-Ferrand, avec une antenne en Périgord. Sa femme le rejoignit pour lui servir de messagère, par la felouque de novembre. Son frère, P.L. Le Chêne (*Grégoire*), de neuf ans son cadet, était arrivé peu après lui en parachute et s'était mis à la disposition de Duboudin comme radio. Il assuma ces fonctions pendant sept mois mais, contrairement à Zeff, il lui fallut sans cesse se déplacer pour échapper à la détection. Il fut pris à la fin de l'année, à son poste. Il ne trahit personne et revint après la guerre, ayant survécu à plus de deux ans de déportation dans les camps nazis.

Un officier avait été envoyé par le même vol que *Grégoire*, c'est-à-dire dans la nuit du 1er au 2 mai, pour tenter de mettre de l'ordre dans le chaos ambiant : V.H. Hazan (*Gervais*). C'était un jeune linguiste, thésard à l'université de Manchester et parfaitement inapte à une tâche qu'Hercule lui-même aurait hésité à prendre en charge : il devait rencontrer tour à tour tous les principaux « organisateurs » en zone Sud et leur donner les consignes qu'il jugerait utiles pour les empêcher d'empiéter les uns sur les autres. Ses manières agréables n'étaient pas faites pour l'aider dans un travail aussi titanesque : les volubiles du genre Philippe de Vomécourt ou Basin l'écrasèrent sous les imprécations, et les discrets du genre Duboudin lui glissèrent entre les doigts. Dans l'incapacité de remplir la mission qui lui avait été assignée, il se trouva une autre occupation et y déploya ses talents : il s'agissait de former les recrues, désormais assez nombreuses, au maniement des armes et explosifs britanniques. L'avantage pour le SOE de travailler dans un pays de conscription était que la plupart des hommes adultes avaient quelque connaissance de l'usage et de l'entretien des armes légères, et même une teinture de tactiques d'infanterie ; mais les armes dont l'Angleterre disposait n'étaient pas familières aux Français, et quant au plastic, il fallait avoir suivi la formation du SOE (en Ecosse ou aux cours de Rheam) pour savoir s'en servir convenablement. Lorsque j'ai écrit la première version de ce livre, en 1962, les « plastiqueurs » « plastiquaient » à tour de bras à Paris, et l'on avait oublié à quel point cet explosif était nouveau à l'époque dont je parle. Hazan fut le premier à en expliquer l'usage à un nombre relativement important de Français. Prenant au mot les rodomontades de Girard sur son armée de saboteurs, il se fit introduire auprès de plusieurs de ses cadres du rang, situés assez loin du centre de l'organisation pour ne pas avoir été contaminés par la maladie dont elle se mourait, et forma ainsi, au cours de l'automne et de l'hiver 1942-1943, plus de quatre-vingt-dix instructeurs capables d'enseigner les usages élémentaires de la mitraillette, du pistolet et des explosifs. Après le naufrage de CARTE, beaucoup de ses élèves iront au combat dans le cadre et avec les armes de tel ou tel autre réseau. Son travail fut un excellent investissement.

Deux autres agents opérationnels se rendirent à Lyon au début de juin. L'un, Alan Jickell (*Gustave*), expéditionnaire maritime à demi français né à Cardiff, vingt-six ans, arrivé en felouque, était un saboteur débordant d'énergie mais pas spécialement doué pour la clandestinité. Sous les ordres de Duboudin, il organisa une réception de matériel parachuté près de Saint-Étienne et se rendit utile en enseignant à huit groupes d'ouvriers de la ville comment s'en servir, mais ses supérieurs le trouvèrent peu apte à un travail sérieux à long terme, et il était d'ailleurs quelque peu dépassé par leurs incessantes intrigues. Renvoyé au printemps suivant, il rentra au pays par l'Espagne [106]. L'autre arrivant, Robert Boiteux (*Nicholas*), allait jouer un rôle très important, si bien que nous commencerons par mentionner plusieurs agents de moindre envergure afin de nous étendre ensuite plus longuement sur son histoire.

D'abord les frères Newton, qu'on appelait à Baker Street « les jumeaux », bien qu'il y eût entre eux neuf ans de différence d'âge. Ils jouissaient d'une certaine célébrité sur le continent : c'étaient les acrobates d'une troupe de music-hall ambulante, les « Frères Boom » [107]. Leurs parents, leurs femmes et leurs enfants étaient morts noyés dans un bateau torpillé : ils avaient donc déjà de bonnes raisons de haïr les nazis, mais la suite allait leur en fournir quelques autres. Après plusieurs faux départs, les frères Newton sautèrent à la fin du mois de juin près de Tours pour dispenser des cours de sabotage là où Philippe de Vomécourt (*Gauthier*) jugerait bon de les affecter. Brian Stonehouse (*Célestin*), jeune dessinateur de mode travaillant chez *Vogue*, était avec eux ; il devait travailler comme radio à la fois pour les frères Newton et pour le réseau DETECTIVE de Sevenet.

Ils eurent quelque difficulté à entrer en contact avec Vomécourt, lequel leur fit aussitôt comprendre qu'ils n'étaient pas les bienvenus : des armes et de l'argent, voilà ce qu'il voulait ; et que Londres cesse donc de lui envoyer tous ces incapables ! Et il les renvoya dare-dare sur Lyon. Ce n'était ni très aimable, ni ce à quoi ils s'étaient attendus : « Ne t'en fais pas, *Gauthier* t'expliquera tout ça quand tu y seras », telle avait été l'invariable réponse de Morel aux nombreuses questions que les « jumeaux » avaient posées lors de leur briefing (cérémonie au cours de laquelle, soit dit en passant, Bodington omit de leur expliquer la composante essentielle de leurs codes personnels [108]). Les frères rapportèrent par la suite que, selon eux, les déclarations de Vomécourt et d'Aron n'étaient « à l'époque que du bluff... Leur organisation était en réalité pratiquement inexistante. Leur méthode consistait à entrer en contact avec quelqu'un, à lui demander combien d'hommes il pouvait mettre à leur disposition et à lui confier quelques petits secrets, un point c'est tout. De sorte que les chiffres ne cessaient de grossir, alors qu'en réalité tout restait à faire. » [109] L'un des deux frères, Alfred, en fit l'expérience : envoyé à Marseille pour prendre en charge un groupe naissant, supposé compter déjà « deux mille hommes attendant impatiemment des armes et de la formation », il y trouva cinq ou six dockers qui voulurent bien assister aux séances d'instruction, et un seul qui se révéla bon à quelque chose [110]. Les Newton étaient rudes, mais pas stupides. Ils virent bien qu'une grande partie de ce que leurs collègues écrivaient dans leurs rapports à destination de Londres était du vent ; mais ils furent systématiquement victimes des manœuvres de certains au moins de ces tricheurs. Ceux-ci, bien meilleurs intrigants qu'eux, n'hésitèrent pas à inventer et à répandre des rumeurs scandaleuses pour les discréditer et réussirent même, lorsque les frères finirent par s'installer au Puy, à les tenir à l'écart du plus récent parachuté, Stonehouse. Les « jumeaux » firent pourtant du bon travail en Haute-Loire, en organisant et en entraînant quelques centaines d'hommes solides (GREENHEART), mais n'eurent pas de chance avec leur ravitaillement. Aucun des parachutages qu'ils tentèrent d'organiser par l'intermédiaire de Virginia Hall ne réussit : les avions n'arrivèrent pas [111].

Pendant ce temps, Stonehouse avait ses propres soucis. La valise qui contenait son émetteur était restée accrochée dans un arbre, et il lui fallut une semaine pour la récupérer. Il vécut dans les bois pendant les cinq premières nuits, espérant chaque jour qu'il allait bien arriver à la faire descendre. Puis, s'étant présenté à *Gauthier* qui n'avait rien eu de plus pressé que de s'en débarrasser en l'expédiant à Lyon, il se heurta à une série de problèmes techniques avant de pouvoir entrer en contact avec l'Angleterre, après quoi son appareil tomba définitivement en panne et lui-même attrapa une dysenterie. Le contact régulier avec le centre ne fut vraiment établi que fin août. Peu après, Blanche Charlet lui fut affectée comme agent de liaison. Arrivée en felouque début septembre, elle se rendit aussitôt utile en trouvant des endroits sûrs à partir desquels il pouvait émettre et en portant des messages aux différents chefs de réseaux du SOE en zone libre. Mais il fut repéré et, le 24 octobre, surpris en pleine émission dans un château au sud de Lyon, où Blanche Charlet fut elle-même arrêtée quelques minutes plus tard, alors qu'elle lui apportait plusieurs messages. Après onze mois de détention dans différentes prisons françaises, elle s'évada et rentra en Angleterre. Lui était aux mains des Allemands et connut un traitement plus rigoureux. Malgré tout ce qu'ils lui firent subir, il refusa obstinément de dire quoi que ce soit d'important. Il eut assez d'endurance et de chance pour survivre à Mauthausen, Natzweiler et Dachau.

Mais revenons à Boiteux, le plus important des agents ayant rejoint Lyon en cette année 1942. Il commença par éviter de justesse l'arrestation : Sheppard, qui sauta juste après lui, atterrit tout bonnement sur le toit d'une gendarmerie des rives de la Saône, de sorte que la chasse commença tout de suite. Mais Boiteux s'en sortit, ce qui lui ressemble assez : à suivre sa carrière, c'est un homme qui semble s'être toujours nourri d'échappées belles. Français de trente-cinq ans né à Londres, il avait déjà été, à l'époque qui nous occupe, coiffeur dans la très chic Bond Street, chercheur d'or et champion de boxe. Il avait des dons pour la clandestinité, du courage et de l'opiniâtreté, et cette grande qualité de savoir tirer les leçons de chaque expérience pour faire mieux la fois suivante. Il était censé se mettre à la disposition de Duboudin comme adjoint, mais il lui fut pratiquement impossible de s'entendre avec lui. Il noua une amitié solide avec deux Lyonnais : Joseph Marchand, fabricant de parfums dans la cinquantaine, et l'un de ses cadres commerciaux, Jean Régnier, militant d'une trentaine d'années déjà membre des FTP depuis un an. L'un et l'autre firent par la suite le voyage de Londres puis furent renvoyés en France où ils dirigèrent deux bons réseaux, NEWSAGENT et MASON. En attendant, Marchand devint vite le principal assistant local de Boiteux. Lorsque Bodington vint en août pour tenter une nouvelle fois de mettre de l'ordre dans la situation, Boiteux demanda à être séparé de Duboudin, mais ce dernier fut confirmé à son poste. On n'allait pas tarder à le regretter. Trop d'agents partageaient la mauvaise opinion que Boiteux avait de lui, et en octobre il reçut l'ordre de remettre à ce dernier le commandement de son réseau et de rentrer en Angleterre. Il prit le même Lysander que Cowburn, le 26 octobre. Quant à la passation de pouvoirs, elle consista en ces quelques paroles adressées à Boiteux : « Bon, eh bien je m'en vais maintenant ; c'est vous le chef. » Ce dernier dut donc tout reprendre presque à zéro, pratiquement sans armes et sans contacts ; du reste, la plus grande partie des armes que Duboudin avait distribuées à ses connaissances locales furent jetées dans le fleuve en novembre, à l'arrivée des Allemands, et beaucoup de ces résistants, qui n'étaient qu'à demi convaincus, abandonnèrent la lutte. Bien sûr, les plus solides tinrent bon.

Mentionnons encore en passant un autre visiteur à Lyon. Un armateur âgé de trente-cinq ans qui avait longtemps résidé à Paris, J.T. Hamilton, fut parachuté dans la vallée du Rhône le 29 décembre, pour s'informer de SPRUCE et d'un ou deux autres réseaux et ramener ces informations. Mais il fut arrêté dès le lendemain ou le surlendemain par les Allemands qui, lancés sur la trace d'un agent de la filière VIC, firent une descente dans l'appartement de Marchand où il était hébergé. Le SOE n'eut plus de ses nouvelles. On sait toutefois qu'il fut abattu vingt mois plus tard à Gross Rosen. Les Marchand déménagèrent le jour même et échappèrent à l'arrestation.

L'ennemi était vraiment très actif dans ce Birmingham français qu'était Lyon. Boiteux eut le sentiment que les perspectives de sabotage y étaient minces sauf chez les cheminots, or ces derniers, comme nous le verrons quelques pages plus loin, étaient fort bien pris en charge par un autre réseau, PIMENTO. Les zones rurales au nord et à l'ouest de la ville lui paraissaient plus prometteuses. C'est là que SPRUCE allait vraiment s'épanouir en 1943. La section F avait tenté dès l'automne 1942 de pénétrer cette région, mais sans succès : le groupe HEADMASTER fut parachuté dans le Puy-de-Dôme le 24 septembre. Mais C.S. Hudson, son chef, fut arrêté quinze jours plus tard chez le responsable de son comité de réception et G.D. Jones, le radio, fut gravement blessé quelques semaines après dans un accident de vélo où il perdit un œil (il est vrai qu'il continua à émettre de son lit d'hôpital, avec la complicité du personnel et d'autres patients : follement risqué, mais techniquement efficace). Seul Brian Rafferty (*Dominic*), jeune étudiant d'Oxford d'ascendance irlandaise et richement doté du charme, de la vivacité et de la combativité de ce peuple, fut laissé en circulation ; nous aurons l'occasion d'en reparler à propos de l'année 1943.

Deux autres grandes villes de la zone libre devaient nécessairement intéresser la section F : Marseille et Toulouse. La première était une évidence. Des traditions révolutionnaires, une population indocile de près d'un demi-million d'habitants, une importance économique non négligeable et une pègre remarquablement développée constituaient autant d'attraits. Mais les premières initiatives de la section dans la région avaient été brisées dans leur élan par le gâchis de la Villa des Bois. Il ne restait que l'une des recrues locales de Guélis, Jean Bardanne (*Hubert*), sorti de prison début 1942, qui ne tarda pas à tomber malade et à disparaître du paysage. Philippe de Vomécourt affirmait bien qu'il faisait de grandes choses à Marseille comme ailleurs, mais c'était toujours la même histoire : il y avait là des hommes qui avaient besoin de formation. Londres exhorta les réseaux URCHIN et SPINDLE à s'en occuper, puisqu'ils faisaient déjà de la formation sur la Côte d'Azur, mais celle-ci leur plaisait davantage. En outre, le voisinage immédiat du grand port était trop bien défendu pour que l'on pût y débarquer, y sauter ou y atterrir en secret, tandis que la Côte d'Azur offrait des dizaines d'endroits favorables. Quant aux contacts qu'avait pris de Guélis de l'autre côté de Marseille, en Camargue, il semble que personne n'ait essayé de les renouer, sans doute parce qu'on croyait à tort que Turck avait trahi. Trois agents furent envoyés expressément à Marseille par la section F en 1942, tous en felouque : Ted Coppin, instructeur en sabotage, arrivé fin mai ; le beau Despaigne, début août ; et Sidney Jones, fin septembre. Coppin conquit un titre de gloire : il fut le premier agent à mener à bien des sabotages dans cette ville. Il forma une équipe réduite mais efficace de cheminots, assura une augmentation satisfaisante du taux d'accidents dans les gares de triage et fit bon usage de la graisse abrasive. Despaigne fut moins heureux : ses ordres le mettaient à la disposition de Peter Churchill comme radio supplémentaire, de sorte qu'il fut rudement secoué par les remous que fit CARTE en sombrant. Mais il finit par comprendre qu'il ne ferait rien de bon dans ces conditions et rentra par ses propres moyens en passant par l'Espagne.

Le bilan de Sidney Jones (*Félix*, puis *Élie*) est meilleur, malgré un séjour plus court. Il avait été avant la guerre représentant de la marque de cosmétiques Elizabeth Arden en France et venait d'avoir quarante ans lorsqu'il débarqua de sa felouque sur la Côte d'Azur, fin septembre, avec pour mission d'établir à Marseille un réseau de sabotage, INVENTOR. Lorsque les Allemands arrivèrent en zone Sud, il avait déjà plusieurs équipes en ordre de bataille, ce qui lui permit de détruire une cinquantaine d'excellents wagons en partance pour l'Allemagne et d'infliger quelques dégâts aux installations portuaires. Il sonda aussi les contacts de Vomécourt et de Coppin, mais peu d'entre eux lui parurent fiables. Il préféra s'appuyer sur un de ses amis d'avant-guerre, René Dumont-Guillemet, dont nous reparlerons. Mais INVENTOR était trop isolé pour être convenablement ravitaillé. Jones revint donc en Angleterre, dans l'avion Hudson qui transportait également André Girard (*Carte*) et le colonel Vautrin, après cinq mois sur place.

Toulouse, à présent, où les Français Libres Labit et Forman avaient déjà réalisé, pour le compte du BCRA et de la section RF, quelques avancées à l'automne précédent. La section F s'y trouva présente un peu par hasard, par le biais de l'un des rares agents envoyés au début par les services de propagande britanniques (le PWE) faire du travail de terrain. Maurice Pertschuk (*Eugène*) était très jeune, vingt ans à peine, lorsqu'il arriva dans le sud de la France par mer à la mi-avril, dûment préparé aux missions de « guerre politique » qu'il avait ordre de mener à Toulouse et environs. Il n'avait pas de radio et était supposé communiquer par les moyens que lui procurerait Virginia Hall. Mais, en se mettant au travail, il constata qu'il y avait beaucoup plus de possibilités de sabotage que de propagande, et beaucoup plus de gens prêts à en faire que ce à quoi il s'était attendu. À la surprise générale, ce garçon charmant et bien élevé révéla des qualités d'audace et d'ingéniosité qui en firent un remarquable chef de réseau clandestin. Il était courageux, diplomate, il avait l'esprit vif. Mais il manquait de prudence et n'eut pas beaucoup de chance. Il fut transféré au SOE après négociation entre ce dernier et le PWE, et son réseau fut baptisé PRUNUS. Il prit racine et se chercha des cibles.

Ses contacts se recoupaient en partie avec ceux d'un agent encore plus jeune et encore plus remarquable, Tony Brooks (*Alphonse*, rien à voir avec le pilote de course du même nom), le plus jeune agent que la section F ait jamais envoyé sur le terrain. Brooks était un Anglais élevé en Suisse. Lorsque la guerre éclata, il vivait sur le versant français du Jura. En 1940, il fit par hasard la connaissance d'un soldat britannique échappé de la poche de Dunkerque et qui avait entrepris de traverser toute la France, de la mer du Nord aux Pyrénées, avec un vocabulaire français limité à « oui » et « non » et en s'aidant de cartes fauchées dans des cabines téléphoniques. Brooks ne put s'empêcher de l'admirer. Il entra en contact avec une organisation d'évasion, pour laquelle il travailla un moment à Marseille, puis gagna l'Angleterre en octobre 1941. Le SOE le recruta, le forma selon le cursus habituel et attendit une occasion d'utiliser ses services. Soudain, à la fin juin 1942, alors qu'il venait juste d'atteindre l'âge de vingt ans, il fut soumis à trois jours de bachotage intensif sur le syndicalisme français et aussitôt parachuté (nuit du 1er au 2 juillet) aux abords du château de Philippe de Vomécourt. Il sauta à l'aveugle, à quelques kilomètres du point prévu, avec un parachute défectueux qui faillit le tuer, car il se retrouva en position horizontale à l'approche du sol. Heureusement, au lieu de se briser la colonne vertébrale en atterrissant dans cette position, il se prit dans un arbre et se contenta de se blesser la jambe. C'est le premier exemple de la chance qui allait sourire à sa mission.

Ses instructions étaient simples : explorer les possibilités d'actions anti-allemandes chez les cheminots CGT en zone Sud, notamment sur les grandes lignes autour de Lyon, Marseille et Toulouse, et exploiter les occasions qui se présenteraient. Son réseau s'appellerait PIMENTO. À part l'adresse de la ferme située près de Bas Soleil où il devait se rendre en arrivant, il n'était muni en partant que d'un point de contact, à Toulouse. Philippe de Vomécourt s'empressa de l'y envoyer. En arrivant au café du rendez-vous, il aperçut avec effroi un vieil ami de sa famille, René Bertholet, dont le lecteur se souvient peut-être comme de l'un des meilleurs et des plus précoces agents de la section DF. Tandis que Brooks se demandait fébrilement ce qu'il allait lui raconter pour expliquer sa présence, Bertholet s'approcha de lui et prononça le mot de passe : c'était lui, le contact ! Ils organisèrent aussitôt une ligne de courrier par la Suisse et décidèrent qu'un autre ami de la famille (et un seul), propriétaire d'un garage à Montauban, serait mis dans le secret de l'identité de Brooks et des motifs de sa présence. Brooks se rendit dans cette ville pour le rencontrer et trouva chez lui un emploi de couverture : il s'agissait d'aller récupérer les boîtes de vitesse des épaves automobiles qui parsemaient les campagnes du Sud-Ouest depuis la catastrophe de 1940. Et le voilà parcourant la région en long et en large. Un français impeccable, de bonnes manières, des dons de diplomate... et surtout le pouvoir de faire descendre des armes du ciel permirent à Brooks de mettre au point avec un petit groupe d'habiles cheminots une coopération vraiment remarquable, dans un réseau qui, contrairement à toutes les règles, fut à la fois vaste et efficace. Il passa en France les trois années suivantes, à l'exception d'une dizaine de semaines. Son réseau fut parfois infiltré par la Gestapo, mais il l'avait si soigneusement cloisonné qu'aucune de ces opérations ne put remonter plus haut que quelques cadres recrutés sur place, dont aucun n'en savait assez pour faire prendre ses supérieurs. Le réseau couronna sa longue vie par quelques succès remarquables. Si toutes les grandes lignes de chemin de fer du sud de la France furent bloquées dès le Jour J, PIMENTO y fut pour beaucoup.

Nous aurons à reparler de ce réseau, mais une remarque s'impose dès à présent au sujet de ses communications. Grâce à sa ligne suisse, qui fonctionnait avec la complicité du personnel roulant entre Lyon et Genève, il resta toujours en contact avec Londres : de Lyon, il ne fallait que deux jours pour envoyer un message et recevoir la réponse. Bertholet présenta Brooks à Yvon Morandat, le premier envoyé du commissariat à l'Intérieur de la France Libre (mission OUTCLASS), dont le frère Roger dirigea les premiers parachutages d'armes pour PIMENTO, à Raymond Bizot (*Lucien*), douanier de Lyon qui devint le pilier du réseau dans cette ville, et à plusieurs dirigeants syndicaux, y compris Jouhaux. Le personnel de Londres jugea néanmoins qu'il lui fallait des communications plus rapides et on lui envoya un radio, Marcus Bloom (*Urbain*, plus connu à Londres sous le nom de *Bishop*), par la felouque de novembre. Bloom, dans sa vie antérieure, dirigeait une salle de cinéma à Londres. C'était un gars solidement bâti, d'environ trente-cinq ans, de joyeuses dispositions et dont l'allure était au moins aussi anglaise que juive. Il déboula à Toulouse dans une veste à carreaux plutôt voyante, la pipe au bec, avec tout l'air d'être juste descendu du train à Victoria Station, et se présenta dans les formes à un employé de l'entreprise où travaillait Brooks. Mais, introduit dans le bureau de ce dernier, il s'avança vers lui la main tendue, avec un large sourire et un sonore *Ow are yer, mate ?* (comment va, mec ?) Comme Brooks s'était donné beaucoup de mal pour cacher sa nationalité au personnel, il ne fut pas précisément ravi. Il le fut encore moins en apprenant que Bloom était là depuis la veille et avait passé la nuit chez Pertschuk : Bloom et Pertschuk avaient été condisciples à l'entraînement et s'étaient donné rendez-vous à Toulouse pour des raisons purement privées, en infraction à toutes les consignes, avant de quitter l'Angleterre. C'était idiot, mais nous verrons au chapitre suivant qu'ils étaient capables de faire encore mieux dans le genre. En tout cas, Brooks s'empressa de se séparer de Bloom, qui devint le radio de Pertschuk.

Bloom ne parvint à entrer en contact avec le centre que cinq mois plus tard, à cause de multiples contretemps techniques (finalement Rabinovitch avait dû venir d'Annecy, à plusieurs centaines de kilomètres de là, pour réparer son appareil). Mais il s'était fait entre-temps quelques amis utiles dans les services postaux de Toulouse et avait aidé Pertschuk à reconnaître des objectifs industriels, en particulier la grande poudrerie de la ville, qui travaillait pour les Allemands depuis la dissolution de l'armée de l'armistice. C'était vraiment une région pleine de promesses.

L'occupation totale de la France : le tournant de novembre 1942

Fin 1942, on douta quelque temps que ces promesses pussent jamais être tenues, car un coup terrible s'abattit sur la résistance non communiste. Le point de départ en fut qu'Eisenhower, qui commandait le débarquement anglo-américain en Afrique du Nord (opération TORCH), comprit très vite qu'il ne pourrait pas atteindre les objectifs de cette action par la seule force, sauf à encourir des pertes beaucoup trop lourdes. Il avait prévu d'installer immédiatement le général Giraud à la tête de l'Afrique du Nord française. À cette fin, un réseau de renseignement français nommé ALLIANCE avait conduit Giraud – évadé d'Allemagne depuis avril, et qui avait rejoint Vichy – jusqu'à un sous-marin britannique qui l'amena à Gibraltar[112]. Mais le plan d'Eisenhower échoua, car le 8 novembre, jour J de TORCH, Giraud, à peine arrivé à Gibraltar[113], fut incapable de comprendre les énormes enjeux de l'opération et ne sut que se plaindre de ne pas s'en être vu confier le commandement. À *Radio Alger*, c'est un résistant local entreprenant qui prit l'initiative d'imiter sa voix pour diffuser un appel à aider les Américains[114]. Eisenhower se trouva dans une situation très difficile. Il voyait bien qu'il ne pourrait établir rapidement son emprise sur l'Afrique du Nord que si les autorités françaises locales donnaient l'ordre à l'armée et aux habitants de le suivre. Or le hasard voulut que le bras droit de Pétain, l'amiral Darlan, était présent à Alger, au chevet de son fils malade[115]. Il avait été arrêté la nuit du débarquement allié, ainsi que les principaux chefs militaires en Afrique du Nord, par un groupe de civils français, pour la plupart âgés de moins de vingt ans, qui s'étaient emparés des principaux bâtiments publics de la ville – ils n'étaient néanmoins que quatre cents, et leur pouvoir était précaire. Il avait été libéré au bout de quelques heures par un retour en force d'éléments de l'armée d'Afrique, mais la confusion régnait encore à Alger quand les Américains y arrivèrent à leur tour. Il accepta le rôle que lui proposait Eisenhower. Cela épargnait aux alliés bien des difficultés dans leurs rapports avec les forces armées et les populations civiles du Maroc et de l'Algérie (mais pas de Tunisie, où les Allemands étaient arrivés avant eux) ; les unes et les autres se plièrent effectivement d'assez bonne grâce aux injonctions de leurs autorités habituelles. Eisenhower télégraphia à Washington le 14 novembre : « Comprends stupéfaction… [Mais] sans gouvernement français fort ici serions contraints à occupation militaire complète. Coût en temps et ressources serait effroyable »[116a]. Chez les libéraux et les socialistes de toute

---

a. L'amiral Darlan, qui avait poussé à l'extrême la collaboration avec l'Allemagne, se retrouvait Haut Commissaire pour l'Afrique française sous contrôle américain. Les accords Clark-Darlan du 22 novembre 1942 fixaient les rapports entre les autorités françaises d'Afrique du Nord et les Américains en assurant à ceux-ci des droits

l'Europe, ce fut la consternation la plus totale. En Angleterre et en France, en particulier, le désarroi fut énorme. Tout indiquait en effet que, si un régime vichyste était installé sous tutelle américaine en Afrique du Nord, la résistance intérieure française basculerait du côté des communistes, qui seraient désormais les seuls à proposer d'en finir avec l'odieuse « révolution nationale »[117]. C'est peut-être pour cette raison que Staline, que nul ne songerait à traiter de libéral, fut plutôt satisfait. Il écrivit à Roosevelt le 13 décembre : « Étant donné les multiples rumeurs qui circulent au sujet de l'attitude de l'Union des républiques socialistes soviétiques à l'égard de l'utilisation de Darlan ou d'autres personnalités de ce genre, il n'est peut-être pas inutile de vous faire savoir que, pour moi et les miens, la politique suivie par Eisenhower en ce qui concerne Darlan, Boisson, Giraud etc. est parfaitement correcte. Je pense que vous avez remporté un grand succès en amenant Darlan et quelques autres dans l'orbe des alliés qui combattent Hitler. »[118] Le son de cloche était tout autre au niveau du travail quotidien. Le ministre anglais responsable du SOE, Selborne, éperonné par Gubbins, rapporta à Eden que l'accord passé avec Darlan avait « produit des réactions violentes dans toutes nos organisations clandestines des pays occupés, en particulier en France où son effet a été foudroyant, pétrifiant »[119]. Quantité de télégrammes scandalisés et furibonds envoyés par les agents de terrain du SOE parvinrent à son quartier général, où le personnel des sections pays concernées par la France était lui aussi horrifié. Au PWE et à la BBC également, le personnel chargé de la France démissionna presque dans son entier[120].

Désarroi et exaspération sur le terrain et à l'état-major du SOE furent de courte durée car, le soir de Noël, un jeune homme abattit Darlan presque à bout portant. Il s'appelait Fernand Bonnier de la Chapelle et était membre d'un groupe de cinq jeunes Français antinazis de tendance royaliste, qui avaient tiré au sort à celui d'entre eux qui aurait l'honneur de tuer l'amiral[121]. Ce jeune homme était aussi, au grand embarras du SOE, lieutenant instructeur à sa base de MAS-SINGHAM, près d'Alger, où on lui avait effectivement attribué un pistolet (fut-ce l'arme du crime ? On en dispute encore). Rien n'a jamais indiqué qu'il aurait agi sur ordre du SOE, et il est raisonnable de supposer que non. Mais il n'est pas exclu que certains de ses supérieurs aient fermé les yeux sur ses préparatifs. Darlan avait déclaré peu

exorbitants qui, sitôt connus, furent contestés par de Gaulle et par les résistants locaux [J.-L. C.-B.].

auparavant qu'Alger était plein de comploteurs qui en voulaient à sa vie. C'est à ce groupe minuscule qu'il revint de dépasser les bavardages de bistrot et de mettre l'idée à exécution.

L'effet de l'élimination de Darlan fut encore plus positif que celui de l'accord passé avec lui avait été paralysant. Du moins en France, car les Américains, eux, furent encore quelque temps désorientés par la subite disparition de leur protégé tout neuf. Du point de vue du SOE, sa mort fut un de ces hasards dont la guerre est prodigue, au même titre que l'avait été sa présence fortuite à Alger à un moment décisif. Mais il était tout de même plus aisé de créer un mouvement national de résistance armée contre les nazis dès lors que les alliés n'avaient plus rien à voir avec un personnage aussi détesté des résistants français [122].

« La nature de la guerre changea fondamentalement », comme diraient les marxistes, trois fois en France : à l'été de 1940, lorsque les Allemands la vainquirent et la divisèrent ; en novembre 1942, lorsqu'il l'occupèrent dans son entier ; et à la fin de l'été 1944, lorsqu'ils furent repoussés au-delà du Rhin. Le tournant de 1942, ce fut l'opération ATTILA, conduite par l'Allemagne en riposte à TORCH : la partie sud de la France, jusque-là gouvernée par Vichy, fut envahie et occupée, ce qui plaçait toute la population sous le même talon de fer. L'habitant de l'ex-zone « libre » ne pouvait plus se bercer de l'illusion que la guerre ne le concernait pas directement. La résistance pouvait désormais être conduite sur l'ensemble du territoire national. L'effet direct de l'accord passé à Alger par le commandement allié avec Darlan fut heureusement assez faible. Sa mort fut une perte pour les Américains et pour les communistes, mais pas pour la masse des Français. Et quels que fussent les sentiments des gens à son égard, le fait est que la parole qu'il avait donnée en 1940 fut tenue. Car c'est en application de ses ordres que la puissante flotte française fut sabordée par ses propres équipages le 27 novembre, lorsque les Allemands firent irruption dans l'arsenal de Toulon pour s'en saisir [123] : une cible de moins pour le SOE, mais si difficile à frapper de toute façon qu'aucun plan n'avait encore été élaboré à son sujet. Ce qui était beaucoup plus important, c'est que les Allemands se voyaient privés d'un magnifique instrument ; on pouvait seulement regretter que tant d'armes fussent au fond de l'eau et non entre les mains des alliés. Du point de vue du SOE, la conséquence la plus importante d'ATTILA fut que le Foreign Office leva enfin l'interdit qu'il avait si longtemps imposé sur les attentats en zone Sud [124]. Il n'était plus nécessaire que les actions de sabotage y fussent « insaisissables ». L'arrivée des Allemands fut même bénéfique au service dans quelques cas : Heslop, Wilkinson et Rake furent ainsi relâchés par le directeur de leur prison, qui penchait pour les alliés. Les deux premiers tournèrent le dos au troisième dès leur sortie, car ils le soupçonnaient toujours d'avoir causé leur arrestation, et continuèrent leur chemin interrompu vers Angers. Rake tenta de prendre contact avec Virginia Hall, qui était partie en toute hâte vers les Pyrénées [125] avec *Cuthbert* (surnom attribué à sa prothèse par la section F). Elle fut détenue quelque temps par la police espagnole, qui l'avait arrêtée au petit matin à la gare de San Juan de las Abadesas, puis fut relâchée à la suite d'une intervention diplomatique. Rake eut moins de chance : il se joignit à un groupe d'aviateurs en fuite rencontrés à Perpignan et resta plusieurs mois bloqué avec eux dans les prisons d'Espagne.

La section F fêta l'élargissement du champ d'action de la résistance française en infiltrant trois de ses meilleurs « organisateurs » à la lune de novembre. Le 18, le Canadien Gustave Biéler (*Guy*), futur chef du réseau MUSICIAN, sauta en parachute au nord de la France (Yolande Beekman, son opératrice radio, ne le suivra que beaucoup plus tard). En même temps que lui atterrirent Michael Trotobas (sur sa seconde mission) et son radio Staggs, qui devaient créer le réseau de sabotage FARMER basé à Lille. Trotobas fut solidement établi dès la fin de l'année dans cette région prometteuse, où la plupart des adultes avaient encore tout frais à l'esprit le souvenir de la précédente occupation allemande vingt-cinq ans plus tôt, et que des milliers de soldats échappés de Dunkerque avaient traversée en 1940. Beaucoup d'habitants y avaient déjà une certaine expérience de la clandestinité, et beaucoup plus encore des sentiments probritanniques et antiallemands. Ce qui avait empêché jusque-là le SOE de chercher à s'y implanter était la difficulté d'y voler à basse altitude : il y avait une base de bombardiers allemands à l'aérodrome de Merville, à l'ouest de Lille, et une forte concentration d'avions de chasse et d'installations de défense antiaérienne. Mais les attraits de l'endroit l'emportèrent sur les difficultés d'approche, et l'on confia à Trotobas le soin de découvrir par lui-même ce qu'il pourrait y faire. Nous verrons plus loin qu'il découvrit et fit beaucoup.

Il était impossible de le parachuter directement là-bas. Le groupe sauta donc au sud-ouest de Paris, à une quinzaine de kilomètres du point prévu. Biéler eu la malchance d'atterrir brutalement sur un sol rocheux et de s'y blesser gravement la colonne vertébrale. Un homme moins déterminé aurait demandé aussitôt qu'un Lysander vînt le chercher, ou du moins serait resté à l'hôpital jusqu'à rétablissement complet. Lui ne voulut pas perdre de temps et sortit dès qu'il put se tenir debout. Il lui en resta une forte boiterie tout le reste de sa vie ; mais il trouvait plus important de poursuivre sa tâche que de se faire réparer à fond. Peut-être n'était-ce pas très professionnel de se lancer dans une activité souterraine avec un signe particulier aussi apparent, mais c'était assurément courageux. Et il avait de telles qualités de chef que, des années après sa mort, ses hommes montraient encore avec respect la chaise sur laquelle il avait coutume de s'asseoir [126]. Mais tout cela viendra plus tard : il ne sortira du lit qu'en février 1943. Pour l'instant, fin 1942, MUSICIAN n'est encore qu'un réseau en puissance dans la partie orientale de la Picardie.

Le troisième homme important arrivé en France à la lune de novembre fut France Antelme (*Renaud*), homme d'affaires quadragénaire originaire de l'île Maurice, qui s'était déjà fait un nom au SOE par quelques actions audacieuses à Madagascar et avait été apprécié en ces termes par le commandant de l'école de formation d'Arisaig : « Une haute intelligence… L'un des plus beaux caractères que j'aie jamais rencontrés » [127]. Il sauta près de Poitiers, accueilli par un comité de réception de MONKEY-PUZZLE, la nuit qui suivit celle de l'arrivée de Biéler et Trotobas. Il était chargé de plusieurs missions politiques : entrer si possible en contact avec Herriot, rencontrer les chefs de divers groupes de résistance non gaullistes ou antigaullistes qui devaient bien, selon la section F, se trouver en France, afin de se faire une idée de leur importance, et réactiver ses nombreuses relations dans les milieux bancaires et économiques afin de préparer le ravitaillement en nourriture et en numéraire de la future force expéditionnaire alliée. Nous avons déjà raconté comment il commença sa carrière en France par une énorme bévue [128]. Mais il la rattrapa assez adroitement, et dès la fin de l'année il était au travail à Paris.

Douze mois d'efforts assidus avaient permis à la section F d'implanter dans la société française plusieurs bons agents, dont elle était en droit de beaucoup espérer. La déception de l'affaire CARTE allait bien vite être digérée. Le bilan 1942 des sections F et RF était prometteur, mais ce n'étaient encore guère plus que des promesses. Von Rundstedt, commandant en chef allemand du front de l'Ouest, écrira après la guerre que, « en 1942, le mouvement clandestin en France resta dans des limites supportables. Les assassinats et attentats contre les membres de la Wehrmacht, les actes de sabotage et les déraillements étaient déjà assez fréquents, mais cela ne présentait pas

encore de véritable danger pour les troupes allemandes ni d'entrave
sérieuse à leurs déplacements. » [129]

La section RF et le BCRA : missions d'action

Le style de la section RF et du BCRA resta toute l'année frappé
au coin de l'amateurisme, même à l'aune des normes de la section F,
qu'il serait excessif de qualifier de professionnelles. Plusieurs agents
firent preuve d'une légèreté qui mit de nombreuses organisations
locales en difficulté. Il fallut près d'un an pour mettre sur pied un
système de commandement militaire général, qui ne fonctionna que
par intermittence et presque uniquement en zone libre. Et, à Londres,
de Gaulle ne cessa de manifester sa méfiance et de susciter des
incidents à propos des relations entre ses services secrets et le SOE.

Commençons par quelques exemples de négligence. Les frères
Le Tac retournèrent en Bretagne par mer, très discrètement
croyaient-ils, dans la nuit du 3 au 4 février, et y retrouvèrent Kergorlay.
Ils se proposaient d'améliorer les performances d'OVERCLOUD grâce
aux nouveautés techniques et aux idées qu'ils rapportaient de leur court
séjour en Angleterre [130]. Mais en moins d'une semaine, tout le monde
était sous les verrous, car les Allemands avaient arrêté un étudiant,
dénoncé par *La Chatte* comme faisant partie du réseau INTERALLIÉ, et
avaient trouvé dans sa poche le schéma du réseau OVERCLOUD ; ils
avaient donc infiltré l'organisation bretonne et attendaient le retour des
deux frères pour lancer leur filet. Évidemment, ce jeune homme
n'aurait jamais dû appartenir à la fois à INTERALLIÉ et à OVERCLOUD,
et encore moins coucher sur le papier des détails sur ce dernier, détails
dont il n'avait au surplus aucune raison d'avoir connaissance. Mais
« ce sont des choses qui arrivent », surtout lorsque des étudiants de
premier cycle s'essaient au travail d'agent secret.

Ces arrestations eurent une suite intéressante. Kergorlay revint, ou
sembla revenir, sur les ondes, avec l'appareil d'un autre réseau, d'où
il continua à émettre jusqu'au début de 1943. Londres comprit aussitôt
que ce poste était contrôlé par les Allemands, mais il fallut à ces
derniers plusieurs mois pour s'apercevoir que le jeu qu'ils croyaient
jouer contre les Anglais avait été percé à jour par ces derniers dès le
début et que c'étaient eux, les Anglais, qui se jouaient des Allemands
depuis des mois. Cette manipulation (SEALING-WAX), toutefois, ne fut
pas conduite par le SOE mais confiée à d'autres « descendants » du

MIR, entre les mains desquels nous l'abandonnons, ne nous arrêtant qu'un instant pour dire que Joël et Yves Le Tac, ainsi que Kergorlay, survécurent à leur déportation. Après la guerre, ce dernier passa en justice en France. Tout prouvait qu'il avait coopéré avec les Allemands et utilisé son émetteur sous leurs ordres, il fut donc condamné à la prison à vie et à la confiscation de tous ses biens. Yeo-Thomas, lorsqu'il l'apprit, réussit à convaincre le ministère de la Justice qu'en réalité Kergorlay avait rendu un grand service aux alliés, car il n'avait rien dit aux Allemands des « indicatifs de sécurité », de sorte que Londres avait su tout de suite que l'appareil était manipulé et avait pu monter l'opération SEALING-WAX. La peine de Kergorlay fut en conséquence fortement réduite [131].

Une erreur encore plus flagrante fut commise par Labit, dont nous avons laissé le réseau FABULOUS blotti dans les bains douches municipaux de Toulouse. Il rentra en Angleterre par la filière OVERCLOUD en janvier et fut de nouveau parachuté en avril. Alors qu'il passait la limite de la « zone interdite », dans une petite gare au sud de Bordeaux, et qu'on lui demandait de présenter ses papiers, il sortit de sa poche deux cartes d'identité à la fois, chacune portant sa photo mais avec deux noms différents. Cette bourde lui coûta la vie. Car il sortit un pistolet, tira et s'échappa, mais lorsqu'il se vit pourchassé par toute une meute de soldats, il avala une pilule de poison pour ne pas risquer de parler sous la torture [132]. Il fallait être très jeune pour faire preuve à la fois de tant d'étourderie et de tant d'impétuosité. Jean Moulin, deux fois plus âgé que Labit et infiniment plus sage, se faisait discrètement accompagner à quelque distance, au cours de ses déplacements, par un agent de liaison qui portait sa deuxième série de faux papiers et se tenait prêt à les lui passer en cas de difficulté [133]. Il avait déjà fait preuve de stoïcisme et il allait en avoir de nouveau l'occasion.

Mais avant d'en venir à l'axe principal du travail du BCRA en 1942, à savoir la fusion en un tout intelligible des fragments de résistance présents sur le territoire français, voyons brièvement les autres tâches qu'il accomplit en coopération avec la section RF du SOE.

Forman fut remplacé dans MAINMAST par Fassin (*Perch*, *Sif*), qui sauta avec Moulin la première nuit de l'année. Il ne chercha pas à poursuivre les objectifs extraordinairement complexes qui avaient été assignés à son prédécesseur et consacra ses efforts à l'établissement d'une liaison étroite entre Londres et la grande organisation COMBAT de Henri Frenay, issue de la fusion, opérée fin 1941, de LIBERTÉ et de LIBÉRATION NATIONALE. Fassin et son radio Monjaret passèrent toute l'année à coopérer avec COMBAT tout en poursuivant un objectif encore plus important : la création d'un organisme relevant du délégué général de la France Libre, Jean Moulin, et destiné à diriger toutes les opérations aériennes en zone libre. Cet organisme, d'abord connu sous le nom de COPA puis de SAP (Service des atterrissages et parachutages), devint le principal canal de livraison d'armes aux nombreuses organisations de résistance en contact avec la section RF en zone Sud. Il organisa également plusieurs atterrissages pour amener en Angleterre ou ramener en France des agents et hommes politiques français. Fassin avait la chance de disposer pour cela de deux organisateurs de première classe : Paul Schmidt (*Kim*), qui sauta avec lui dans la nuit du 3 au 4 juin et travailla seize mois d'affilée dans des conditions périlleuses, et Paul Rivière (*Marquis*), qui était son ami personnel et se distingua plus tard par ses capacités de coopération avec diverses missions interalliées. En zone occupée, c'était un autre organisme, le BOA (Bureau des opérations aériennes), qui était chargé du même travail. Il fut créé dans la seconde moitié de l'année par Jean Ayral (*Roach* ou *Harrow*), parachuté en juillet et accueilli par un comité de réception de Schmidt. Sans ces deux organismes, le BOA et le SAP, les forces de résistance de la France Libre n'auraient disposé que des rares armes détournées des arsenaux de Vichy ou dérobées aux Allemands.

Bien entendu, ni l'un ni l'autre ne pouvait se passer d'un système de communications très élaboré, qui consistait d'une part en « boîtes aux lettres », au moyen desquelles agents et groupes pouvaient leur adresser des messages, d'autre part en transmissions radio pour les faire passer. Étant donné les caractéristiques apparemment inévitables du travail clandestin pratiqué par des Français, cela ne pouvait manquer de susciter toutes sortes de difficultés avec toutes sortes de polices. L'anecdote suivante illustrera à la fois le genre d'ennuis qui guettaient nos héros et le genre d'aide inattendue qu'ils trouvaient parfois pour s'en sortir. À la mi-octobre, le radio de Schmidt, G.E. Brault[134], était en son logis de Lyon, au beau milieu d'une longue émission à destination de Londres, lorsque sa propriétaire passa une tête dans sa chambre pour l'informer que cinq voitures venaient de s'arrêter devant la maison. Il envoya à Londres, en clair, un seul mot : « Attendez », brûla tous les messages qu'il n'avait pas encore détruits et, lorsque la porte s'ouvrit à nouveau, cette fois devant les policiers, envoya en clair le mot « Police ». Il fut aussitôt conduit en prison, heureusement pour lui une prison française, bien que la Gestapo eût, en toute illégalité, participé à son arrestation. Or l'un de ses gardiens, membre du réseau

LIBÉRATION, avait été désigné pour partir au STO en Allemagne. Il entra en contact avec la messagère de Schmidt et, au moment opportun, fit sortir Brault de sa cellule, produisit une corde dont ils se servirent pour passer le mur extérieur, et fila avec lui.

Les policiers français favorables aux alliés étaient si nombreux que ni les autorités de Vichy ni les Allemands n'étaient jamais sûrs de ce qu'il adviendrait des personnes arrêtées. Un exemple pittoresque se produisit à Toulon vers la même époque. L'un des agents les moins performants que la section RF ait jamais eus, *Crayfish*, avait été parachuté à l'ouest de Lyon en juillet, en compagnie d'un radio, pour travailler sur la côte provençale. Le radio fut arrêté à Avignon en septembre. S'étant évadé, il retourna en hâte à son appartement pour récupérer une grosse somme qu'il y avait dissimulée ; la propriétaire lui apprit que son chef était venu prendre l'argent quelques jours après son arrestation. Mais le chef en question fut lui-même accusé d'enrichissement illicite par un magistrat favorable aux alliés, qui avait appris qu'il dépensait à ses plaisirs des sommes qui paraissaient bien lui avoir été confiées pour servir la résistance. *Crayfish*, une fois arrêté, chercha à changer de camp. Il écrivit au ministre de la Justice de Vichy pour dénoncer plusieurs membres de la police de Toulon – qu'il désignait nommément – comme sympathisants de la résistance. Mais sa lettre se trouva passer entre les mains d'un employé aux écritures du commissariat, qui haïssait Vichy beaucoup plus que Londres et la détruisit.

Une autre réalisation est à porter à l'actif de Fassin en 1942 : c'est lui qui découvrit le général Delestraint (*Vidal*), qui venait de prendre sa retraite et dont la stature militaire et humaine en faisaient un bon candidat au poste de commandant en chef de l'armée secrète en France, rôle pour lequel le mouvement COMBAT le proposa et auquel Jean Moulin commença aussitôt à le préparer[135]. De Gaulle confirma sa nomination, nous y reviendrons.

En matière de sabotage, le bilan 1942 de la section RF, sans être éblouissant, est tout de même meilleur que celui de la section F. Trois costauds répondant aux noms de Clastère (*Clay*), Gaudin et Bodhaine sautèrent non loin de Paris dans la nuit du 5 au 6 mai avec mission de s'attaquer au principal poste émetteur de *Radio Paris*, à Allouis près de Bourges, qui était également utilisé pour brouiller les transmissions de la BBC. Ils parcoururent une cinquantaine de kilomètres en trois nuits et, au cours de la quatrième, Clastère et Bodhaine fixèrent dix charges explosives aux principaux pylônes. Leur passé n'était pas de nature à laisser beaucoup espérer d'eux comme agents clandestins. Ils firent assez de bruit aux abords de la station pour attirer l'attention des sentinelles. Ils avaient bien eu l'intention de presser sur les détonateurs, réglés pour un délai de six heures, avant de s'introduire dans l'enceinte, mais ils oublièrent de le faire et n'y pensèrent que lorsqu'ils étaient déjà sous le feu. Les détonateurs, défectueux, partirent au bout d'une heure et demie seulement... Comme ils le firent remarquer dans leur rapport, « si nous avions appliqué notre plan, le résultat aurait été : échec d'une mission, équipe PILCHARD au paradis ! »[136] Certains des agents de la section DF qui furent chargés de les ramener par l'Espagne exprimèrent par la suite des doutes sérieux sur le fait que pareils individus fussent destinés au paradis, mais enfin, ils avaient indéniablement mené à bien ce dont on les avait chargés. L'émetteur ne fut mis hors service que pour une quinzaine de jours, mais il se trouve que c'était une quinzaine où *Radio Paris* s'en serait donné à cœur joie sur les ondes, car elle coïncidait avec le débarquement britannique à Madagascar, qui mit de Gaulle absolument hors de lui : Madagascar, après tout, était français, et on ne lui avait rien dit du projet. Il exprima son indignation avec une telle violence que ses relations avec Churchill, rarement tout à fait cordiales, connurent une forte tension, dont les opérations du BCRAM souffrirent quelque temps[137].

Les autres missions de sabotage furent moins spectaculaires. *Hagfish* fut envoyé avec mission d'observer le Sicherheitsdienst de Paris, et la dernière fois qu'on eut de ses nouvelles tout laissait supposer qu'il coopérait avec ce dernier. *Garterfish* partagea un vol, fin octobre, avec deux agents renommés de la section F, Gilbert Norman et Roger Landes ; il devait faire sauter des transformateurs près de Saumur. La section RF n'entendit plus parler de lui jusqu'au jour, après la guerre, où Yeo-Thomas le rencontra dans la rue à Paris et s'entendit affirmer qu'il avait fait le boulot et était rentré chez lui. On ne saurait même pas en dire autant de deux ou trois autres missions de sabotage.

Piètre bilan encore pour plusieurs autres équipes. La mission DASTARD, en difficulté à la fin de 1941, fut rafistolée par Bourdat, arrivé en parachute en janvier. Mais son radio, Allainmat, disparut en mars et Bourdat fut tué les armes à la main à la mi-juillet. Laverdet échappa à la même échauffourée avec la Gestapo en emportant ce qui restait d'argent, qui lui suffit tout juste à s'acheter une nouvelle identité. Il ne put recommencer à travailler avec le SOE qu'au printemps 1944[138]. L'équipe BARTER, envoyée à l'automne précédent pour attaquer Mérignac et qui s'était évanouie dans la nature sans laisser de traces, refit surface au printemps, mais pour disparaître à nouveau presque aussitôt.

Une mission importante, GOLDFISH, composée de deux agents, René-Georges Weil et André Montaut, fut parachutée dans la nuit du 28 aux 29 mai : il s'agissait de fournir au Front national les communications radio dont il avait un besoin pressant. Ils furent engloutis dans la semaine par la Gestapo, et ce ne fut qu'en octobre que Paimblanc (*Carp*) arriva par Lysander pour mener à bonne fin cette mission et établir un contact solide entre de Gaulle et le PCF. Mais les dispositifs de sécurité des communistes étaient si stricts qu'il fallait un bon mois pour obtenir la réponse à un message.

Deux autres petites équipes de la section RF méritent d'être mentionnées. Chartier et Rapin (COCKLE) sautèrent en Vendée dans la nuit du 20 au 21 décembre ; leurs aventures seront narrées dans le prochain chapitre. Nous avons déjà rencontré l'autre équipe, COD, alors qu'elle faisait paisiblement son trou dans le centre de la France. Elle se heurta à des difficultés au printemps, et Tupet-Thomé envoya un télégramme paniqué demandant qu'on lui envoie un Lysander. La RAF le fit, en dépit du mauvais temps ; quelle ne fut pas la fureur de ses officiers lorsqu'ils constatèrent que cet avion ne ramenait pas du tout Thomé mais une de ses recrues locales, Gaston Tavian *alias* Collin, qui n'avait aucun besoin urgent de quitter la France et ne savait même pas très bien comment préparer un atterrissage. Après cet incident (mission JELLYFISH, 26-27 avril), la RAF exigea chaque fois un contrôle plus étroit des opérations de ce type et refusa de s'y prêter lorsque la réception n'était pas effectuée par des agents dûment formés pour cela par les pilotes de son escadron 161. Collin retourna en France par Lysander dans la nuit du 29 au 30 mai à la tête de la mission SHRIMP, tentative de construction d'une organisation de la France Libre en Corse, où il séjourna quelques semaines. Il rentra, organisant lui-même l'opération (il y avait été préparé pendant son séjour en Angleterre), dans la nuit du 22 au 23 novembre.

Travail politique de la France Libre

Jacques Soulas (*Lézine*, *Salmon*) fut déposé en France dans la nuit du 1er au 2 avril pour effectuer plusieurs tâches de renseignement pour Dewavrin et entrer en contact avec des personnalités politiques de la IIIe République, afin d'établir le rôle qu'elles pourraient jouer dans la résistance ; il emportait trois millions de francs destinés à Jean Moulin et on lui envoya rapidement un radio. Mais c'était une mission trop lourde pour lui. Il fallut bien admettre en août qu'il s'y était complètement empêtré. Il reçut l'ordre d'abandonner ce qui lui restait à faire sur le plan du renseignement et de demander des instructions politiques à Jean Moulin pour la suite. Lardy (*Skate*), envoyé par Lysander avec un radio en novembre, reçut lui aussi l'ordre se mettre à la disposition de Jean Moulin au début de 1943. Entre-temps, Moulin avait aussi reçu pour l'épauler un autre jeune radio français, Daniel Cordier (*Alain, Benjamin*), envoyé par le BCRA. Cordier créa un secrétariat de la délégation dirigée par Moulin, d'abord à Lyon puis à Paris ; il revint en Angleterre en février 1944.

Jean Moulin passa son année, avec Morandat, à mettre de l'ordre dans la résistance intérieure. Ils maintinrent une sécurité personnelle irréprochable et, tout en coopérant régulièrement, se rencontraient peu [139]. Morandat travaillait surtout avec les milieux syndicaux et Moulin avec tous ces intellectuels, fonctionnaires et hommes d'affaires dont la guerre avait fait des militants politiques, des soldats, ou les deux. Ils organisèrent des manifestations pour le 1er mai, qui déplurent aux Allemands, redonnèrent courage aux Français, et montrèrent la bonne volonté de la France Libre à l'égard des communistes. Le reste était moins spectaculaire, mais l'ouvrage ne manquait pas. Les obstacles qui se dressaient devant eux avaient parfois pour origine aussi bien les résistants et les alliés que Vichy ou Berlin. Par exemple, Frenay avait envisagé un certain temps de coopérer avec Vichy pour chasser les Allemands [140] ; et les Américains s'efforçaient, semblait-il, d'attirer à eux, par l'intermédiaire de leurs agents en Suisse, tous les mouvements de résistance dont les chefs n'étaient pas trop ardemment gaullistes. Mettant en garde contre les dangers d'une « dissidence parmi les dissidents », Moulin dut d'abord convaincre Frenay de renoncer à ses velléités d'alliance, puis les trois grands mouvements de la zone libre, COMBAT, LIBÉRATION et FRANC-TIREUR, de déclarer aux Américains leur fidélité au général de Gaulle [141].

À l'automne, le concept de résistance coordonnée avait fait de tels progrès que l'on pouvait envisager de créer une organisation nationale. De Gaulle convainquit d'Astier et Frenay, présents à Londres en octobre, de la nécessité de créer en zone Sud un Comité de coordination des mouvements de résistance, présidé par Jean Moulin. En octobre également fut décidée la création, préparée durant l'été par Moulin, d'une armée secrète unifiée ; de Gaulle nomma à sa tête le général Delestraint, sous les ordres duquel il avait quelque temps servi. Morandat regagna Londres à la mi-novembre, par avion. Jean Moulin aurait dû être du même voyage, mais il resta en France pour lancer le Comité de coordination ; ensuite le mauvais temps le retint encore trois mois. Enfin, la première réunion du Comité eut lieu le 27 novembre, c'est-à-dire après que l'opération ATTILA eut prouvé l'inutilité de l'armée de Pétain contre les Allemands (le seul chef militaire qui avait levé le petit doigt contre eux, de Lattre, fut discrètement arrêté[142]). Lors de cette réunion, Frenay se fit nommer représentant du Comité de coordination pour les questions militaires auprès de Delestraint, qui n'avait guère d'expérience en matière de clandestinité. Il en résultera force querelles[143].

Partout où Jean Moulin et ses amis prêchaient la parole de De Gaulle, ils trouvaient des disciples. De l'intérieur, ils voyaient claire-ment qu'il était le seul leader que la résistance pouvait se donner. Ce n'était pas encore aussi évident à Londres. Au tournant de 1941-1942, le général, mécontent des activités indépendantes de la section F et exaspéré par divers retards – on se souvient du long délai imposé par le mauvais temps au retour de Jean Moulin en France pour sa première mission, après sa nomination comme délégué général – avait menacé dans un moment de mauvaise humeur de supprimer complètement ses propres services secrets, puis proposé de prendre en charge la section F. Il reçut en réponse une lettre du ministre des Affaires étrangères, dont la conclusion était étonnamment dure :

« Votre lettre donne à entendre que vous souhaiteriez voir les orga-nisations britanniques conduire leurs activités en France exclusive-ment par l'intermédiaire de la France Libre. Je crains qu'il ne soit impossible d'accepter cette proposition dans les circonstances pré-sentes. Le gouvernement de Sa Majesté considère comme essentiel, pour le bon fonctionnement de l'Intelligence Service britannique comme pour celui de l'organisation de M. Dalton [le SOE], que ces deux services maintiennent le contact avec tous les éléments français, à l'intérieur et à l'extérieur du territoire de la France, avec lesquels ils peuvent trouver utile d'agir, quelle que soit l'allégeance politique des personnes en question. Il ne serait pas prudent, pensons-nous, de faire fond, pour les objectifs dont il est question ici, sur l'atta-chement supposé, ouvert ou secret, d'une majorité considérable de citoyens français au Comité national[144]. »

Gubbins lui-même écrivit quelques jours plus tard : « Il est clair que nous ne pouvons pas construire l'armée secrète en France sous l'égide ou le drapeau de De Gaulle ; qu'il nous faut agir par le biais de notre section française indépendante [la section F], jusqu'au jour où une combinaison sera politiquement envisageable. » [145]

Dans d'autres cercles du haut commandement britannique, on pouvait croiser des conceptions encore plus antigaullistes. Thackthwaite rapporte dans son histoire de la section RF que, le 10 janvier, le directeur de l'Intelligence Service écrivait à celui du SOE que Giraud « serait plus populaire que de Gaulle, et que de Gaulle n'avait pas beaucoup de partisans, mais seulement une valeur symbolique » ; et cela en réponse à une affirmation de la section F « qui soulignait à juste titre que de Gaulle était le seul chef possible » [146]. Une série de dîners organisés à différents niveaux ne réussit guère à aplanir les difficultés. Des détails triviaux, comme le fait que d'Astier fut ramené de France dans le cadre d'une opération de la section F au lieu de la section RF, les aggravèrent encore, et l'affaire de Madagascar envenima les choses plus que jamais. Le chef du grand état-major nota le 12 mai : « Je ne considère pas que le général de Gaulle soit en position d'amener à nous l'armée française de la zone non occupée. Au contraire, je pense que toute tentative qui serait faite d'associer la France Libre à l'action du haut commandement français [de Vichy]... serait désastreuse » [147]. D'Astier suggéra un comité de coordination où siégeraient à la fois des membres de l'état-major de la France Libre et des sections F et RF, mais l'idée fut rejetée par de Gaulle [148], qui ne cessa jamais de contester le droit de la section F à opérer sans son autorisation sur le sol de son pays et ne voulait pas sanctionner officiellement son existence en envoyant ses gens s'asseoir autour de la même table. C'était là le désaccord de fond entre lui et le SOE, et sa situation personnelle de hors-la-loi l'incitait plus à la raideur qu'à la souplesse sur ce point. L'intransigeance la plus résolue était certes la seule attitude que lui permît son sourcilleux sens de l'honneur, mais elle n'était pas de nature à faciliter le travail. Toutefois, la nomination d'André Philip[a], fin juillet, à son embryon de commissariat à l'Intérieur fit beaucoup de bien en soulageant Dewavrin et en simplifiant les structures des services secrets de la France Libre [149]. Il arrivait au bon moment. C'est en effet à peu près à cette époque que le directeur du SOE, Hambro, déclarait à Morton qu'il en avait plus qu'assez des remaniements à coups de hache

a. André Philip, professeur d'économie politique à l'Université de Lyon et député socialiste de Lyon, membre du comité directeur de LIBÉRATION, fut commissaire à l'Intérieur du CNF, puis du CFLN, de juin 1942 à novembre 1943 [J.-L. C.-B.].

des Français Libres [150], et que son second, Gubbins, écrivait également à Morton pour lui dire que « de Gaulle poursuit avant tout ses propres objectifs politiques... Ses agents ne paraissent guère se préoccuper de remplir leurs premières missions, qui sont de sabotage et de subversion. » [151] Dans l'autre sens, le chef de l'état-major particulier de De Gaulle, Billotte, et Dewavrin se plaignirent longuement du SOE (l'un le 7 août, l'autre le 12) en l'accusant d'avoir entravé, par sa mauvaise foi et ses procédés malhonnêtes, plusieurs actions de la section RF [152].

L'on savait bien au SOE que l'accusation était dépourvue de tout fondement objectif : les entraves en question relevaient de la météo et de la malchance. Aussi interpréta-t-on ces récriminations comme un signe que les gaullistes tentaient une fois de plus de libérer leurs activités secrètes de tout contrôle britannique. L'affaire fut promptement portée devant le Cabinet de guerre. Celui-ci réaffirma, le 20 août, les décisions antérieures, à savoir que le SOE devait rester « l'autorité de coordination de toutes les actions secrètes préparatoires conduites en France » ; mais il recommandait « une collaboration plus étroite » avec de Gaulle. Il s'ensuivit une nouvelle série de dîners et une nouvelle proposition de comité de coordination, qui cette fois aboutit. L'organisme[a] ne comptait comme représentants du SOE que Grierson, chef de la section des liaisons aériennes, et Hutchison, chef de la section RF, autrement dit personne de la « section française indépendante » abhorrée des Français Libres, ce qui leur permettait d'y envoyer un délégué sans perdre la face [153]. Toutes ces questions de forme autour de la répartition des tâches d'état-major paraissent bien futiles à qui en lit le récit soixante ans plus tard, mais pour ces fiers et hardis Français qui souffraient encore profondément du désastre de 1940, il y avait là des points d'honneur d'une extrême importance. Il est heureux qu'ils aient trouvé leur solution amiable avant que les opérations TORCH et ATTILA ne vinssent complètement bouleverser les conditions de travail de la résistance française.

---

a. Contrairement aux demandes de De Gaulle et du BCRA qui voulaient au moins être associés à la planification stratégique des opérations, il s'agissait d'un comité technique qui devait donner son avis sur la meilleure façon de répondre aux demandes reçues de France et étudier, sans pouvoir de décision, les arrangements pour y expédier hommes, armes et radios et en extraire les personnalités qui souhaitaient rejoindre de Gaulle. Sa nouveauté résidait dans le contact direct entre représentants du BCRA et responsables des opérations aériennes et maritimes du SOE. Voir la thèse de S. Albertelli, *Les services secrets de la France Libre : le BCRA*, Paris, 2006, p. 570 [J.-L. C.-B.].

CHAPITRE IX

MILIEU DE PARTIE : 1943

L'année 1943 fut, dans l'ensemble, meilleure que la précédente. Parallèlement au retournement de la fortune des armes en Europe, avec les victoires alliées d'El Alamein et de Stalingrad, la situation du SOE en France connut un sensible redressement. Mais les trois sections F, RF et DF rencontrèrent cette année-là de grosses difficultés avec la Gestapo et, si la troisième s'en sortit relativement bien, les principales organisations de terrain des deux autres se retrouvèrent, à un moment donné, presque décapitées. Les brèches furent toutefois rapidement colmatées et, à la fin de l'année, les deux sections offensives disposaient d'équipes qui couvraient tout le pays et savaient ce qu'elles avaient à faire. Le bilan de l'année en matière de sabotage est remarquable. Pour la première fois, le SOE était en droit d'affirmer qu'il produisait sur le commandement ennemi en France précisément l'effet qu'on lui avait, dès l'origine, donné mission de produire (ce qui ne l'empêcha pas d'essuyer la plus rude des attaques dont il ait jamais fait l'objet de la part d'autres services britanniques acharnés à le briser ou à le soumettre). Pour le commandant en chef allemand du front de l'Ouest, von Rundstedt, 1943 vit « un tournant dans la situation intérieure en France... Les livraisons d'armes en provenance d'Angleterre augmentaient de mois en mois » et les rapports affluant à son quartier général composaient « un tableau impressionnant des dangers croissants dont les soldats allemands étaient entourés dans les territoires de l'Ouest... Les assassinats de membres de la Wehrmacht et les actes de sabotage perpétrés contre ses installations et contre ses voies de ravitaillement, notamment les chemins de fer, se multiplièrent ; dans certaines régions, ses véhicules et ses unités furent de plus en plus souvent attaqués par des groupes d'hommes en uniforme ou en civil ». À la fin de l'année, « il était devenu indispensable de faire accompagner par une escorte armée tout déplacement d'officiers, d'ambulances, de courriers ou de colonnes d'approvisionnement à destination des 1re ou 19e armées, installées dans le Midi de la France »[1].

Le contexte stratégique et politique

C'est le 20 mars que les chefs d'état-major adressèrent au SOE ses directives pour l'année[2], qui constituent l'un des jalons importants de son histoire. Ce texte établissait enfin solidement sa position dans l'appareil de l'État : en effet, sa teneur fut communiquée à tous les gouvernements en exil à Londres, ce qui permit de régler force petits différends entre ces derniers et divers ministères britanniques. La phrase vitale était la suivante : « Vous êtes l'autorité responsable de la coordination du sabotage et des autres activités subversives, y compris l'organisation de groupes de résistance ; il relève également de votre responsabilité de conseiller et d'assurer les liaisons dans toutes les matières touchant aux forces patriotiques, jusqu'au jour de leur incorporation dans les forces régulières. » Les groupes de résistance y étaient définis comme « des organismes opérant à l'intérieur des territoires occupés par l'ennemi ou derrière ses lignes », et les forces patriotiques comme « toutes forces pouvant s'être constituées dans des zones libérées par [les] armées [alliées] ». Le SOE devait « concentrer au maximum » ses activités dans le sens de l'appui à « la stratégie globale des alliés » telle que l'avaient élaborée les chefs d'état-major alliés le 19 janvier, et qui comportait la convergence de tous les efforts sur l'objectif de vaincre l'Allemagne dès 1943, par l'invasion de la Sicile, « l'offensive de bombardements la plus massive possible contre l'effort de guerre allemand » et « les opérations offensives plus limitées qui se révéleraient praticables au moyen des forces amphibies disponibles » ; étant entendu que les efforts dans le Pacifique devaient être réduits autant que de besoin. Les directives du SOE indiquaient encore que « le sabotage d'objectifs industriels [devait] se poursuivre avec la plus grande énergie » et que « le sabotage des lignes de communication et d'autres cibles [devait] être soigneusement planifié et intégré à nos plans opérationnels ». Les actions de guérilla n'étaient guère encouragées à cette étape, et le passage portant spécifiquement sur la France était des plus mous. On recommandait en tout et pour tout au ministre de tutelle du SOE de rester en contact avec le chef des opérations combinées et de faire son possible contre les sous-marins. Six grandes régions d'Europe, désignées comme appelant l'attention particulière du SOE, étaient placées dans un ordre de priorité décroissant où la France figurait en troisième, après les îles de la Méditerranée et les Balkans.

Si le haut commandement montrait peu d'enthousiasme pour la guérilla en France, il avait tout de même nommé le 14 décembre 1942 un comité *ad hoc* sur l'armement des forces patriotiques, chargé d'évaluer les besoins en la matière et de faire des propositions sur les méthodes de livraison et de distribution. Le comité remit son rapport fin mars : « Le matériel de sabotage et les armes qui sont entre les mains des groupes de résistance derrière les lignes ennemies, estimait-il, ont de fortes chances de constituer un investissement rentable et pourraient apporter une importante contribution à la défaite militaire de l'ennemi… [Mais] si les dispositions existant actuellement pour les ravitaillements ne sont pas très sensiblement amplifiées, ces groupes de résistance ne pourront pas donner leur pleine mesure au moment crucial. » Le rapport contenait une estimation du SOE selon laquelle les groupes de résistance français comptaient déjà 175 000 hommes à la fin de 1942, l'effectif maximum à espérer par la suite pouvant être évalué à 225 000. Ces deux chiffres n'étaient peut-être que le résultat d'une lecture experte du marc de café, mais il était absolument clair, comme le ministre Selborne le rapporta aux chefs d'état-major le 24 avril, que « la résistance [montait] régulièrement en France » : « Le sabotage est partout et, dans une large mesure, sous le contrôle du SOE ; il est certain qu'il constitue d'ores et déjà une cause d'embarras et une source de réelles difficultés tant pour les Allemands que pour le gouvernement de Vichy, et qu'il contribue à souder la population contre l'ennemi… Nul doute que, moyennant l'effort de ravitaillement nécessaire, nous bénéficierons là, le jour venu, d'un appui extrêmement efficace aux opérations militaires régulières. » Il s'ensuivit, bien entendu, une vive discussion autour de la mise à disposition de capacités de transport aérien. Comme le remarquait le 10 juin l'état-major commun de planification, « bien qu'il soit possible, peut-être, de différer la grande insurrection jusqu'au moment souhaitable, le SOE ne peut pas… réduire son soutien. Il est dans la nature même des organisations qu'il crée de se multiplier spontanément, et il est désirable à tous égards que l'appui que leur apporte le SOE suive le rythme de cette croissance. » Le SOE et le commandement du bombardement s'affrontèrent violemment, le maréchal de l'Air Harris soutenant que la directive de janvier des chefs d'état-major alliés lui donnait clairement la priorité sur le SOE, et Selborne que Harris et ses bombardiers ne gagneraient pas la guerre tout seuls et que, en prélevant en faveur du SOE une capacité de transport qui ne représentait, relativement à leurs disponibilités, qu'un effort minime, ils permettraient d'imprimer un tour décisif à la situation militaire lorsque le temps viendrait de débarquer en force sur le continent. Cette discussion, déjà assez difficile, était rendue plus épineuse encore par la concurrence interne au SOE entre le ravitaillement de la guérilla ouverte de Yougoslavie et celui des réseaux agissant de manière plus souterraine en Europe occidentale. Nous avons déjà parlé de ce débat de haut niveau [3]. Il en sortit une augmentation immédiate, mais légère et jugée insuffisante par le SOE au regard des demandes constantes venues de France, des vols de « missions spéciales » vers l'Europe occidentale. Au cours de la discussion, Hambro attira l'attention des chefs d'état-major, le 26 juillet, sur le nombre de demandes de ravitaillement aérien formulées par les agents de terrain et laissées insatisfaites à la fin de chaque lunaison : en mars, avril, mai et juin 1943, elles représentaient respectivement 102, 120, 55 et 54 sorties respectivement, les neuf dixièmes concernant la France. Le lendemain pourtant, les chefs d'état-major se mirent d'accord pour « soutenir les activités du SOE dans les Balkans autant qu'il sera possible ; au détriment, si nécessaire, du ravitaillement des groupes de résistance en Europe occidentale » [4]. Selborne ne plia pas et porta l'affaire devant le Comité de la défense [5]. Il fit valoir devant lui, le 2 août au soir, que la résistance était dans une phase de croissance rapide et avait absolument besoin d'armes ; si ces hommes « n'étaient pas stimulés de manière continue par la fourniture régulière d'armes et de munitions, ce serait la mort de leurs mouvements » et beaucoup de bon travail perdu. En réponse, le chef d'état-major des forces aériennes, Portal, déclara qu'il serait à peu près impossible d'affecter aux besoins du SOE plus de vingt-deux avions pour l'ensemble de l'Europe occidentale, et recommanda que les organisations subversives soient placées plus directement sous le contrôle du haut commandement – recommandation qui, du reste, avait déjà été émise la veille par le Comité commun du renseignement. Selborne s'obstina : avec seulement vingt-deux avions, il lui était impossible de mener à bien sa tâche. Le Premier ministre « souligna l'immense valeur que représente pour l'effort de guerre l'encouragement de la résistance parmi les peuples d'Europe » et, lorsqu'il fut question des représailles, fit allusion à la célèbre phrase de Tertullien : « Le sang des martyrs est semence de chrétiens ». L'issue de tout cela fut que le commandement du bombardement devait effectuer des missions de ravitaillement pour le SOE « dans la mesure où le permettent les grandes priorités fixées par le haut commandement ». En cas de décision défavorable de ce dernier, la possibilité pour Selborne d'en appeler à l'arbitrage du Comité de la défense était explicitement prévue. En fait, Harris freina pendant plusieurs mois encore toute augmentation de la contribution de ses escadrons à l'activité du SOE. Mais la dispute eut aussi des suites positives à plus long terme : une coopération plus étroite entre le SOE et les chefs d'état-major, ainsi que la présence plus fréquente de son directeur à leurs réunions.

La conférence alliée QUADRANT, réunie en août à Québec, ne fit pas beaucoup avancer les affaires du SOE. Portal y souligna avec une véhémence que Harris aurait fortement approuvée l'importance du plan anglo-américain d'offensive aérienne POINTBLANK[a]. Les Américains prirent acte de ce que le ravitaillement des groupes de résistance en France était l'affaire des Anglais et non la leur. Le rapport final envisageait, dans le cadre du plan OVERLORD, un débarquement de diversion sur les côtes méditerranéennes de la France, avec si possible l'appui des maquis locaux ravitaillés par air. Roosevelt s'intéressa suffisamment au sujet pour indiquer qu'à son avis les opérations de guérilla pouvaient commencer dans la partie centrale du Midi de la France ainsi que dans les Alpes-maritimes. Rien d'autre ne concerne notre sujet dans les décisions prises à Québec.

Le 5 octobre, le haut commandement allié décida que l'état-major pour la préparation du débarquement en Europe du Nord-Ouest (COSSAC) devrait « exercer [dans cette zone] le contrôle opérationnel des activités du SOE/SO ». Le contrôle du général Morgan, premier responsable du COSSAC, n'alla pas au-delà d'indications très générales[6] et, à cette étape, le changement resta purement formel. Simplement, nous n'aurons plus désormais à nous référer aux directives de l'état-major britannique, car toutes les activités « françaises » du SOE passeront par le COSSAC, puis par son successeur, le SHAEF. D'ici là, la principale controverse sur l'autonomie du SOE aura été réglée. En effet, lors d'une réunion interministérielle convoquée par Churchill le 30 septembre, les ministres concernés se mirent d'accord,

---

a. La directive POINTBLANK, arrêtée par le comité des chefs d'état-major anglais et américains le 10 juin 1943, prescrivait aux commandants en chef de l'aviation de bombardement anglais (Harris) et américain (Spaatz) une action de masse sur des objectifs spécifiques en vue de préparer l'opération OVERLORD et de détruire l'aviation allemande avant le jour du débarquement [J.-L. C.-B.].

entre autres, sur les points suivants : « 1) L'organisation du SOE est intégralement maintenue... 2) Les grandes lignes de la politique du SOE seront déterminées à Londres entre le ministre des Affaires étrangères et celui de la Guerre économique [ministre de tutelle du SOE], qui en référeront si nécessaire au Premier ministre ou au Cabinet de guerre... 6) Les chefs d'état-major seront mis en mesure de suivre de près les opérations du SOE à tous les niveaux et pourront, chaque fois qu'ils le jugeront nécessaire, faire part au ministre de la Défense de leur point de vue sur les affaires du SOE. »

Du côté français, les efforts de la résistance intérieure et extérieure (y compris ceux du SOE) furent naturellement contrariés par le conflit entre Giraud et de Gaulle, qui fit rage toute l'année. Ils avaient beau être tous deux militaires de carrière, leurs objectifs étaient diamétralement opposés : Giraud, resté parfaitement respectueux du maréchal Pétain, voulait la poursuite tranquille de l'ordre établi, de Gaulle une rupture révolutionnaire avec l'ancien système et l'ancien régime. C'est Giraud qui semblait avoir la meilleure main, avec trois as : le soutien des Américains, l'autorité sur des effectifs beaucoup plus importants que les gaullistes ne pouvaient encore en rêver – l'armée de Vichy en Afrique du Nord – et l'allégeance de l'ORA, l'organisation de résistance apparemment puissante fondée en France par des généraux et officiers de l'état-major général de Vichy à partir de l'« armée de l'armistice » de cent mille hommes récemment dissoute. Mais de Gaulle, bien meilleur joueur, utilisa ses atouts à bon escient et coupa tous les as de Giraud. Car la masse des résistants en France haïssait presque autant Pétain qu'Hitler et aspirait à une révolution sociale authentique comme prix de ses efforts pour chasser l'occupant[7]. Le haut commandement du SOE, qui ne faisait pas grand cas de Giraud et voyait par contre en de Gaulle une vraie force, un homme digne de respect et d'admiration – en dépit d'un caractère qui ne facilitait guère la coopération – apporta sa contribution à l'issue finale de cette compétition. Il y eut pourtant quelques heures, en mai, où le désastre parut tout proche : Churchill, en visite à Washington, se laissa convaincre par ses hôtes que le meilleur usage à faire de De Gaulle était de le laisser tomber. Il télégraphia en ce sens au Cabinet. Celui-ci répondit aussitôt en le pressant de revenir sur sa décision[8], et la coopération entre les Anglais et la France Libre se poursuivit.

Les efforts d'organisation de la France Libre

Descendons de cet empyrée et considérons, au niveau des sections et des réseaux, ce qu'accomplirent le personnel d'état-major et les agents de terrain en application des directives reçues. Il est plus commode de commencer par la section RF qui, avec le BCRA, consacra la plus grande partie de l'année à coordonner et centraliser les efforts de la résistance ; avec pour malheureuse conséquence de faciliter la tâche de la police allemande, qui exploita au surplus les lacunes abyssales en matière de sécurité de certaines personnalités parmi les plus haut placées. Un exemple : Delestraint, le général en retraite placé par de Gaulle à la tête de l'armée secrète, arrivant un jour à un appartement parisien où il était attendu, ne put y entrer car il avait oublié le mot de passe. Il se rendit alors tout bonnement dans un hôtel voisin et y prit une chambre sous son véritable nom. Son arrestation sera la conséquence directe de telles imprudences.

Le monde de la France Libre s'enrichit en ce printemps 1943 de personnages nettement plus circonspects. En effet, l'affaire Darlan avait eu pour conséquence paradoxale de rapprocher gaullistes et communistes : les uns et les autres avaient plus à perdre à une coopération entre les Anglo-Américains et Vichy qu'à coopérer entre eux. Sur cette base certes fragile, Fernand Grenier vint s'installer à Londres début janvier comme représentant accrédité du PCF[a].

Jean Moulin revint de France en février pour une courte période de repos. Lui seul, parmi les hommes qui avaient rejoint de Gaulle, aurait été en mesure de le supplanter ; mais il lui resta fidèle et travailla sous ses ordres jusqu'à la mort. Il regagna la France par atterrissage clandestin à la fin mars, comme délégué général de De Gaulle pour la France entière, avec mission d'appliquer une importante décision : la création, sous sa présidence, du Conseil national de la résistance (CNR), l'organe le plus élevé qui représenterait sur le territoire national la volonté stratégique et politique de la résistance extérieure[9]. Les principaux créateurs du CNR, outre lui-même, furent Dewavrin, chef du BCRA, et Pierre Brossolette. Celui-ci était un socialiste très attaché

---

a. Les archives soviétiques récemment ouvertes ont révélé que le ralliement du parti communiste à la France Combattante et la venue à Londres de Grenier – qui étaient dans la logique de la politique du PCF – furent consécutifs à une décision prise à Moscou par l'Internationale communiste. Voir les documents du colloque « Lutte armée et maquis », IHTP/Musée de la Résistance de Besançon, 1995 [J.-L. C.-B.].

à la liberté, doté d'une forte personnalité et d'une intelligence brillante ainsi que d'une langue sarcastique, d'une plume agile et d'un cœur hardi [10]. Sa résistance résolue au fascisme s'était exprimée dès les accords de Munich. Après deux années dangereuses de propagande clandestine, il avait gagné Londres à l'été 1942 et y était devenu l'adjoint de Dewavrin. Il retourna en France fin janvier 1943, suivi un mois plus tard par Dewavrin. Cette mission Arquebuse comportait encore un troisième homme, Yeo-Thomas, membre de l'état-major de la section RF, afin de montrer aux résistants de l'intérieur qu'il n'y avait pas de fossé profond entre le BCRA et les Anglais. Yeo-Thomas était un gaulliste aussi fervent que ses compagnons. Il avait vécu la plus grande partie de sa vie en France – dans les derniers temps il travaillait chez Molyneux, une grande maison de mode – et était parfaitement bilingue [11]. Personne ne trouva étrange la présence de cet Anglais dans une mission politique française. Dans un rapport provisoire envoyé peu de temps après son arrivée, il écrivait : « Tous les gens que j'ai rencontrés m'ont fait part de leur grande satisfaction de ce qu'un officier britannique ait été envoyé vers eux ; je pense que l'effet moral [de ma présence] est excellent. » [12]

Le but du trio était d'amener les grands mouvements de la zone Nord à accepter une direction centralisée de leur activité militaire, comme ceux du Sud l'avaient déjà fait avec le Comité de coordination. Ils rencontrèrent donc les chefs de l'Organisation civile et militaire (OCM), de Ceux de la Résistance (CDLR), de Ceux de la Libération (CDLL), de Libération-Nord et du Front national. « Tous ces mouvements, rapporta Yeo-Thomas, ont un caractère paramilitaire, mais pas d'armes » [13]. La principale difficulté à laquelle les visiteurs s'étaient attendus était politique. À leur agréable surprise, ils constatèrent que « les partis politiques… sont une chose du passé ; ils sont considérés comme les responsables de l'effondrement de la France et ne reviendront jamais », tandis que « le général de Gaulle est le chef incontestable et incontesté, tant sur le plan moral que matériel, de la résistance française. La zone occupée est gaulliste à 95 % » [14]. Dewavrin proposa la formation d'un état-major secret strictement militaire, qui recevrait ses directives de De Gaulle, lequel les fixerait en harmonie avec la stratégie alliée. Les différents mouvements se déclarèrent prêts à obéir aux ordres de cet état-major et à mettre en commun toutes les ressources mobilisables en vue de leur exécution.

Moulin et Delestraint entrèrent alors en scène et réunirent le 12 avril – risque considérable mais nécessaire – les porte-parole des cinq principaux mouvements de la zone Nord avec les trois hommes de la mission ARQUEBUSE [15]. Les accords passés avec Dewavrin furent dans l'ensemble confirmés, mais *Villon*, représentant du Front national, souleva une difficulté. Les autres mouvements étaient prêts à attendre le débarquement allié pour se lancer dans le combat, tout en insistant fortement pour qu'il eût lieu en 1943, faute de quoi le STO aurait eu le temps, disaient-ils, de vider la France de tous ses hommes valides ; mais le Front national, lui, se considérait comme déjà dans l'action et affirmait qu'il tuait à peu près 550 Allemands par mois [16]. Cette ligne activiste lui rapportait beaucoup plus de recrues – « pas plus communistes que je ne suis chinois », estimait Yeo-Thomas [17] – qu'elle ne lui en faisait perdre : il n'entendait donc pas y renoncer.

Face à cette opposition résolue, Moulin biaisa. La réunion se sépara sans arriver à une décision [18] et il ne vécut pas assez longtemps pour en voir une. Il était moins à son affaire dans l'ambiance de l'ancienne zone occupée, où les résistants avaient toujours été plus durs, plus militaires, plus disposés à considérer un ordre comme un ordre (et non comme une base de discussion) que leurs camarades du Sud, davantage portés, eux, sur la réflexion et le débat politiques. Il accepta provisoirement que le Front national poursuive ce type d'actions et se consacra à un projet plus grandiose, la fusion des comités de coordination des mouvements de la zone Nord et de la zone Sud, avec participation des partis politiques clandestins, pour en faire le CNR. Il y parvint rapidement.

Il n'est pas nécessaire de rappeler ici davantage que ces deux faits : la création du CNR à la fin mai et la chute tragique de Jean Moulin quelques semaines plus tard. Certains Français Libres étaient à l'évidence incapables de comprendre quoi que ce soit à la sécurité. Dewavrin et Yeo-Thomas furent un jour les témoins consternés d'une dispute entre un Brossolette et un Jean Moulin exaspérés par une trop longue période de clandestinité et qui s'accusaient mutuellement – à qui crierait le plus fort et sans s'inquiéter de savoir qui se trouvait à portée de voix dans les appartements voisins – de vouloir construire sa propre fraction au lieu de se consacrer aux intérêts de la France [19] ; et pourtant ils étaient habituellement l'un et l'autre extrêmement attentifs aux précautions nécessaires. Peu après cet incident, dans la deuxième semaine de juin, la Gestapo appréhendait Delestraint à une correspondance de métro ; et, le 21, une douzaine de dirigeants de la France Libre, y compris Jean Moulin, furent arrêtés alors qu'ils se réunissaient dans la maison d'un médecin de Caluire [20], en banlieue Nord de Lyon [21].

L'un d'eux, René Hardy, réussit à s'échapper aussitôt ; accusé de trahison après la guerre, il fut acquitté. Les victimes du guet-apens furent transférées à Paris. Jean Moulin fut traité de manière si barbare qu'il mourut dans la quinzaine, emportant tous ses secrets avec lui. Un seul membre du CNR, le jeune Raymond Aubrac, fut laissé à Lyon où sa femme, enceinte de six mois, imagina et organisa son évasion d'un véhicule de la Gestapo, en plein centre-ville, opération à laquelle elle participa personnellement. Ils furent plus tard exfiltrés par avion[22]. Mais l'organisation résistante nationale se retrouvait sans chefs.

Comme beaucoup d'autres grands hommes, Moulin ne s'était pas soucié de se préparer un successeur. Il s'était montré en outre peu porté à déléguer : il avait préféré tenir lui-même tous les fils, en partie pour des raisons de sécurité, en partie parce qu'il savait que lui, au moins, était capable de les manier convenablement. Cette attitude fut parfois nuisible à sa cause, car source de chamailleries et de ressentiments parmi ses subordonnés immédiats. Une fois arrêté, il s'imposa le terrible devoir de se taire jusqu'à la mort, fardeau que son patriotisme lui permit de porter en dépit des tortures que lui infligèrent Barbie et ses tueurs[23]. Mais, en disparaissant, il laissait un chaos là où l'ordre était le plus nécessaire : au centre.

Les arrestations de Caluire avaient été celles de véritables dirigeants ; des hommes de courage et de poids, dont aucun ne révéla ce qu'il savait. Il restait l'appareil administratif, de communication et de liaison de la Délégation générale, décapité mais en état de marche. L'un de ses membres informa aussitôt Londres de la catastrophe et s'efforça de continuer à faire tourner la machine. À la mi-juillet, Dewavrin proposa que Brossolette et Yeo-Thomas retournent en France pour mesurer l'étendue des dégâts et reconstruire ce qui pourrait l'être de l'appareil de commandement[a][24].

Pour différentes raisons, cette mission MARIE-CLAIRE demanda plus de deux mois de préparatifs. L'une de ces raisons fut la terrible querelle

---

a. Dewavrin demandait en réalité bien davantage, à savoir que Brossolette, le meilleur connaisseur de la résistance de zone Nord, soit promu délégué général clandestin en remplacement de Moulin ; le commissaire à l'Intérieur Philip, qui jugeait Brossolette incontrôlable, y était catégoriquement opposé, de même que plusieurs chefs de mouvements. De Gaulle, accaparé à Alger par le CFLN, y était peu enclin. La nomination de Bollaert comme successeur de Moulin n'intervint ainsi qu'après deux mois et demi de débats internes, Brossolette étant seulement chargé d'une mission temporaire étroitement limitée. Voir D. Cordier, *Jean Moulin* et *La République des catacombes* [J.-L. C.-B.].

qui éclata en août entre le SOE et la France Libre, l'une des pires de leur histoire. Le haut commandement du SOE dans son entier, de Hambro à Brook et Hutchison, pressait les Français Libres d'éviter un nouveau désastre en décentralisant leur organisation et en gardant la direction générale de leurs mouvements et réseaux à l'abri de toute intrusion de la Gestapo, c'est-à-dire hors de France. Pourtant, les Français remirent aux Britanniques, selon la procédure habituelle (c'est-à-dire accompagné d'une copie en clair), un message à envoyer par radio à certains destinataires en France, dans lequel Brook put lire que *Morinaud* et Mangin (fils aîné du général Mangin) étaient désignés comme « délégués militaires de zone », chacun étant responsable d'une moitié de la France. Brook fit des objections. Les Français présentèrent à nouveau le télégramme, encodé différemment, en assurant que la phrase litigieuse avait été retirée. Mais un membre du staff un peu plus soupçonneux que les autres trouva curieux que les deux télégrammes aient le même nombre de groupes de lettres. La section de décryptage du SOE, appelée en renfort, réussit en un après-midi de travail intensif à pénétrer le code français : les deux messages étaient identiques.

Tout le monde se retrouva dressé sur ses ergots. Les Français pensaient que Brook avait tout simplement consulté la copie des codes français qu'il conservait, scellée et dans un coffre, pour un cas d'urgence[a]. C'était à peine si Brook était au courant qu'il en avait hérité avec le reste des dossiers lorsqu'il était devenu directeur régional du SOE pour l'Europe occidentale ; en tout cas il n'y avait certainement plus songé sur le moment, et de toute façon il pouvait difficilement reconnaître devant le personnel de décryptage, à qui il venait de demander un tel effort, qu'il possédait cette clé quelque part[25]. On confia à Leo Marks, chef des déchiffreurs et esprit philosophique, la désagréable mission de prouver aux Français que Brook n'avait pas triché : il se rendit à leur quartier général et leur demanda d'encoder un message sur un sujet de leur choix, après quoi il le déchiffra sous leurs yeux étonnés[26]. L'incident n'était pas de nature à rendre les Britanniques très chers au cœur des Français, pas plus que la duplicité

---

a. Un tout autre soupçon, impossible à prouver et plus encore à énoncer, était que le SOE ait de longue date « cassé » le code français et déchiffré les télégrammes usant de ce code. Ce soupçon a trouvé quelque crédibilité depuis la publication des mémoires du déchiffreur en chef du SOE, Leo Marks (*Between Silk and Cyanide*, p. 387). Quoi qu'il en fût, l'incident entraîna pratiquement la fin de l'utilisation du code français [J.-L. C.-B.].

dont ces derniers avaient fait preuve avec leur second télégramme n'était propre à les faire chérir des Britanniques. Pendant les quelques semaines que dura la tension, raconte Thackthwaite, les officiers du rang, qui devaient bien continuer à suivre les affaires du terrain pendant que leurs supérieurs s'étripaient, durent se rencontrer dans des cafés et au coin des rues car ils étaient respectivement interdits de séjour dans les bureaux d'en face[27].

La raison finit par l'emporter, mais le retard imposé à la mission MARIE-CLAIRE fut lourd de conséquences. Pendant que l'on se disputait à Londres, c'était le jeune Bouchinet-Serreulles (*Sophie* ou *Scapin*), ancien aide de camp de De Gaulle parachuté à la mi-juin, qui gérait en France les affaires de la délégation générale. Mais ni lui ni son proche compagnon Jacques Bingen (*Necker* ou *Cléante*) n'avaient la carrure nécessaire pour reprendre le rôle de Jean Moulin. Bingen avait rejoint les Français Libres à Londres en juillet 1940, le seul à l'avoir fait de toute la corporation des armateurs ; pendant plus d'un an, il avait veillé aux intérêts de la marine marchande de la France Libre puis, s'étant brouillé avec l'amiral Muselier, avait rejoint le quartier général de De Gaulle[28]. L'un et l'autre étaient peu préparés à l'activité souterraine[a]. Yeo-Thomas et Brossolette eurent une première réunion avec Serreulles le 21 septembre, deux jours après leur arrivée par Lysander, dans un appartement bourgeois de Paris. Ils trouvèrent tout de suite alarmants son excès de confiance et les lacunes de son système de sécurité.

Moins d'une semaine plus tard, les Allemands l'avaient arrêté. Il réussit à leur servir une histoire assez plausible pour être relâché ; mais sa carte d'identité était restée en leur possession, ce qui leur permit de faire une descente dans son appartement. Ils y trouvèrent quatre mois de télégrammes en clair avec Londres et une liste de quatorze personnes proposées pour entrer dans le CNR à reconstituer. Il s'ensuivit une nouvelle vague d'arrestations[29b].

---

a. Si décrié que fût alors Serreulles, il avait eu le mérite de maintenir à lui seul en existence la Délégation générale clandestine pendant les deux mois suivant l'arrestation de Moulin. Jacques Bingen, figure méconnue de l'histoire de la Résistance, bien que n'ayant pas l'autorité fondatrice de Moulin ni une longue expérience de la clandestinité, allait exercer du 1er décembre 1943 à fin avril 1944, avec un talent et une habileté unanimement appréciés, les fonctions de délégué général clandestin par intérim du CFLN [J.-L. C.-B.].

b. Cette version, conforme aux rapports envoyés à Londres par la mission MARIE-CLAIRE, n'est que partiellement exacte. À la suite de l'arrestation du colonel Marchal

Le désordre s'en trouva porté à son comble, et le SD fut sur les talons des responsables de la France Libre à Paris pendant plusieurs semaines. Au cours des trois dernières semaines d'octobre, écrivit Yeo-Thomas, « ni Brossolette ni moi-même ne pensions pouvoir nous en tirer. En dépit de tous nos efforts et de l'énergique resserrement des mesures de sécurité dans toute l'organisation, le rythme des arrestations paraissait s'accélérer, c'était un véritable raz-de-marée » [30]. Deux ou trois fois des agents furent appréhendés une heure à peine après la fin d'une rencontre. Yeo-Thomas avait de bonnes raisons de soupçonner qu'un de ces prisonniers avait parlé de lui et dévoilé son identité. Un matin en se levant, il remarqua un mouvement de rideau à une fenêtre de la maison d'en face, et inspecta la rue avec plus d'attention : « En plus, un homme portant un imperméable mastic était à demi dissimulé à l'angle de la rue, ses yeux ne quittaient pas mon immeuble. Je m'empressai de filer par une porte de derrière, mais je dus laisser certaines affaires derrière moi. J'informai donc *Sophie* de ce fait, en lui expliquant que j'avais quitté mon appartement parce qu'il était devenu dangereux : quarante-huit heures plus tard, il y tenait une réunion ! » [31] Dans une autre maison qui paraissait tout à fait sûre, Yeo-Thomas dînait un soir avec Brossolette, car ils s'efforçaient d'éviter les risques du restaurant [32]. Après le dîner, ils eurent un pressentiment désagréable et décidèrent de partir vers onze heures. Les Allemands arrivèrent aux premières heures du lendemain et arrêtèrent leur hôtesse [33]. « Un détail qui montre que la Gestapo faisait bien les choses : [cette dame] avait un petit chien blanc, qui aboyait après les inconnus et faisait fête aux proches. Les policiers prirent le chien et le promenèrent dans tout le quartier dans l'espoir de repérer ainsi des amis de la propriétaire. » [34]

(*alias Morinaud, Hussard*), les Allemands avaient fait, le 25 septembre, une descente au secrétariat parisien de la Délégation générale clandestine. Si grave qu'elle fût, l'opération n'eut que des effets limités : l'arrestation de neuf agents de la France Combattante, dont aucun responsable, et la saisie de deux serviettes de documents codés qui ne semblent pas avoir été exploités. Néanmoins, dans un contexte d'imprudences et d'offensive renforcée du SD et de l'Abwehr, les rapports dramatiques de Yeo-Thomas et de Brossolette amenèrent le SOE et le BCRA à jeter l'interdit sur Serreulles, responsable des secrétariats clandestins. L'épisode est à restituer dans le contexte de la lutte d'influence acharnée menée par Brossolette pour s'assurer le contrôle de la Délégation, dissension qui aboutit au rappel par de Gaulle de Serreulles et de Brossolette [J.-L. C.-B.].

Un autre extrait du même rapport rend bien le côté palpitant de la lutte clandestine :

« En quatre occasions je fus filé mais réussis à semer mes suiveurs. La première fois, ce fut à l'occasion d'un rendez-vous avec *Oyster* [Pichard] devant la Madeleine. Nous n'avions été suivis ni l'un ni l'autre avant notre rencontre, mais en nous éloignant ensemble, nous remarquâmes qu'un homme qui s'était tenu non loin de nous, apparemment sans rien faire, nous emboîtait le pas à une vingtaine de mètres. Nous nous en assurâmes en faisant quelques détours, et ayant constaté qu'il s'intéressait indubitablement à nous, nous retournâmes vers la station Madeleine avec l'intention de nous y séparer soudainement : *Oyster* devait plonger dans le métro et moi traverser vers la rue Royale, ce qui forcerait notre suiveur à choisir l'un de nous. Nous exécutâmes notre manœuvre et c'est moi que l'homme suivit. Comme j'avais une heure à tuer, je l'emmenai à mes trousses faire une longue promenade au rythme soutenu – il portait un épais manteau gris et je pense qu'il dut y perdre un peu de poids. Quand je lui en eus donné pour son argent, j'entrai aux grands magasins du Printemps, descendis au sous-sol en profitant d'un moment où il était ralenti par un groupe de clients ; ayant gagné ainsi une petite avance, j'enfilai l'un des couloirs de service réservés au personnel et m'en débarrassai. En deux autres occasions on me prit en filature à la suite d'un contact, mais je réussis les deux fois à semer très vite mes suiveurs, une fois en utilisant le vieux truc de prendre le métro, de descendre à une station, de marcher le long du quai et de sauter à nouveau dans un autre wagon de la même rame au moment de la fermeture des portes. Une autre fois, Brossolette et moi-même avions rendez-vous boulevard Haussmann avec *Necker*. Nous remarquâmes qu'il était suivi par trois hommes, pas moins. Il ne s'en était pas aperçu et ne voulait pas nous croire, alors nous le lui prouvâmes en marchant plus vite, en tournant dans la rue d'Argenson et de nouveau dans la rue La Boétie et en nous engouffrant, juste tourné le coin, dans une entrée d'immeuble ; l'un après l'autre, nos trois bonshommes apparurent au coin de la rue et ne nous laissèrent aucun doute sur leurs intentions. Nous retournâmes sur nos pas et mîmes au point un plan pour nous débarrasser de ces encombrants amis. Nous envoyâmes *Necker* de son côté vers la rue de Laborde avant que nos limiers ne nous aient rattrapés, tandis que Brossolette et moi-même marchions d'un pas vif vers la place Saint-Augustin, en nous mettant d'accord pour nous y séparer et nous retrouver une heure plus tard au coin de l'avenue de Villiers et du boulevard de Courcelles. En arrivant place Saint-Augustin, nous trouvâmes justement deux vélos taxis, un pour chacun de nous, laissant nos suiveurs plantés sur le trottoir[35]. »

Pourtant, dans toute cette agitation, l'équipe MARIE-CLAIRE fit du bon travail. Ses deux membres se demandèrent d'abord s'ils devaient interrompre toute activité et se terrer quelque temps ou « au contraire, en toute connaissance des risques, accélérer le mouvement et en faire le plus possible avant d'être [eux]-mêmes, très probablement, attrapés ». Ils choisirent le plus dangereux, parce que c'était leur devoir, parce que ce refus de se laisser démonter par les investigations de la Gestapo donnerait du cœur à leurs camarades, et parce que « la marge de sécurité était de toute façon si mince que cela ne changeait pas grand-chose d'en faire deux fois plus »[36]. Leur premier succès fut le règlement d'un conflit en cours entre le Bureau des opérations aériennes (BOA) de la Délégation générale clandestine et les principaux mouvements de résistance de la zone Nord, conséquence du désordre qui avait suivi les arrestations de Caluire. Le BOA recevait et stockait des armes, les mouvements voulaient qu'elles fussent distribuées ; mais il n'y avait plus de liaison efficace entre ces deux champs d'activité de la France Libre, et chacun d'eux se sentait marginalisé. Yeo-Thomas et Brossolette, court-circuitant le personnel administratif de la Délégation, amenèrent les deux parties à se rencontrer et levèrent la difficulté[37]. Deuxièmement, ils réussirent à faire échec à la tendance de Serreulles à suivre les traces de Jean Moulin, c'est-à-dire à vouloir tenir seul tous les fils. Lors d'une réunion orageuse le 27 octobre, Yeo-Thomas réussit à convaincre le comité de coordination militaire de l'ex-zone occupée qu'il ne pouvait pas exercer le commandement, comme le souhaitait Serreulles, sur les chefs régionaux de la résistance (les délégués militaires régionaux, DMR) : à l'avenir, ces DMR recevraient leurs ordres directement du BCRA. Il était facile de montrer qu'un tel dispositif était nécessaire pour des raisons de sécurité. Morinaud (*Hussard*), que le comité de coordination avait choisi comme chef de l'armée secrète en zone Nord, avait été arrêté juste après l'arrivée de l'équipe MARIE-CLAIRE (il avait aussitôt avalé sa pilule de poison). S'il avait été ce chaînon de communication entre Londres et les DMR que certains responsables désiraient instituer, son arrestation aurait pu avoir des conséquences beaucoup plus terribles et aurait laissé les régions impuissantes. Sans compter qu'avec le rythme actuel des arrestations Londres n'avait évidemment pas l'intention de donner aux échelons locaux plus d'informations stratégiques qu'il n'était strictement nécessaire[a].

Yeo-Thomas fut appuyé dans son plaidoyer par Coquoin, *alias* Lenormand, chef de CDLL, et par *Joseph*[b], du Front national, qui lui firent tous deux l'impression d'être des dirigeants clandestins parfaitement compétents. Il essaya même, mais sans succès, de faire venir *Joseph* à Londres pour quelque temps. Comme on pouvait le constater à peu près à la même époque à propos de l'entourage du réseau PROSPER de la section F, les organisations communistes qui étaient en contact avec les groupes gaullistes menacés paraissaient beaucoup moins vulnérables que ces derniers ; c'est qu'elles prenaient soin sans relâche de leur sécurité. Leur meilleure tenue de mer par gros temps augmentait arithmétiquement leur part relative dans les rangs de l'armée secrète.

En dehors même de cet effet mécanique de la répression, les communistes tirèrent un certain bénéfice des arrestations de Caluire : la délégation de la France Libre se trouva découplée du CNR. Jean Moulin avait dirigé l'une et l'autre. Son successeur par intérim, Serreulles, semblait incapable de diriger aussi bien l'une que l'autre. Et au grand mécontentement de De Gaulle, les deux organisations se

---

a. Ces lignes reprennent le rapport correspondant de Yeo-Thomas. Une première fournée de délégués militaires régionaux (DMR) avait débarqué en France en septembre. Il avait été prévu par le BCRA qu'ils devaient être, dans la perspective d'opérations militaires d'envergure sur le continent, les relais entre les éléments militaires de la résistance régionale et Londres ou Alger, avec qui ils seraient en liaison directe et dont ils recevraient leurs ordres, ce que fit valoir Brossolette. Par la suite, le débat sur l'exercice du commandement militaire en France ne cessa de rebondir jusqu'à la Libération, les comités militaires de la Résistance revendiquant le pouvoir central de commandement. Quant aux délégués militaires de zone (Nord et Sud), les services secrets français et la Délégation générale clandestine firent en sorte de leur redonner vie, en dépit des incidents de l'automne 1943 et de l'hostilité du SOE, étant spécifié qu'ils avaient été investis dès l'origine d'une mission d'organisation et de coordination et non d'un pouvoir de commandement en période d'opérations [J.-L. C.-B.].

b. Chimiste réputé, Roger Coquoin était le chef de CDLL depuis mars 1943 et avait été chargé du commandement militaire de la région de Paris lors de la création de l'armée secrète en zone Nord. Il fut abattu par les Allemands en décembre 1943. Georges Beaufils (*Joseph*), artisan électricien membre de la commission des cadres du PCF, assura la liaison et conduisit les négociations entre le Front national et les délégués de la France Libre, puis du CFLN, du printemps 1942 à la fin de 1943. Il s'employa ensuite, sous le nom de colonel Drumont, à coordonner les états-majors FTP de la Bretagne et du Maine [J.-L. C.-B.].

trouvèrent disjointes. Le président du CNR fut Georges Bidault, jeune catholique membre de COMBAT et du Front national, auquel Moulin avait confié le Bureau d'information et de presse (BIP) créé en avril 1942. Le BIP était une agence de presse clandestine, chargée à la fois de diffuser la propagande alliée en France et de tenir les alliés informés des activités de la résistance[38]. Georges Bidault, qui avait mené son affaire avec discrétion et efficacité, sans braquer aucun des mouvements, était bien connu et apprécié de leurs principaux dirigeants. L'opinion de Robert Aron à son sujet mérite d'être citée :

« Bidault semble avoir été exactement celui qu'il fallait pour perpétuer les conflits de la résistance intérieure, en empêchant à la fois qu'ils éclatent et qu'ils se résolvent. Ses qualités lui permettent de jouer ce rôle délicat d'arbitre qui ne décide pas ; ses défauts mêmes contribuent à le faire tolérer à la fois des deux côtés.

Sans doute Bidault, avec toutes ses facultés intellectuelles et morales d'écrivain, d'orateur, de directeur de conscience, de chef de parti, d'honnête homme, ne jouera jamais sciemment le jeu communiste ; il est trop loyal et trop sincère pour cela. Il lui résistera parfois. Mais souvent aussi, il arrivera que l'éclat d'une formule soudain jaillie de ses lèvres, ou que l'éclair d'une idée qui traverse son cerveau, l'illuminera au point qu'il ne verra plus le tableau exact des événements qui menacent, ni le profil réel des hommes qui les incarnent. Il tient à la fois du ver luisant et du phalène. Portant la lumière en lui, se laissant éblouir par elle, sa pensée tourne en rond et ronronne sans apercevoir les issues. Voici l'homme qu'il faut au parti afin de laisser virer sinon au rouge, du moins au rose, la majorité du bureau... Avec l'élection de Bidault à la présidence du CNR, cet organisme, sans être à proprement parler noyauté par le parti, semble n'être plus capable de s'opposer ouvertement à son action[39]. »

En réalité, il n'y eut plus jusqu'à la Libération qu'une seule réunion plénière du CNR. Elle eut lieu à Paris, début décembre 1943, et l'on y confirma sa composition : un membre de chacun des huit principaux mouvements de résistance ; un de chacun des partis communiste, socialiste, radical, démocrate-chrétien, Alliance démocratique et Fédération républicaine, un de la CGT et un de la CFTC[40]. Le CNR ne fut pas inactif pour autant durant ses quinze mois d'existence clandestine. Seulement, en dehors des réunions de commissions permanentes ou de comités *ad hoc* créés pour étudier un problème donné – par exemple le Comité général d'étude (CGE) qui se pencha sur la structure présente et future de l'administration civile française – l'essentiel de son travail se fit par écrit [41].

Son personnel nécessairement assez nombreux d'agents de liaison et de secrétaires, justement alarmé par le désastre de Caluire, apprit la prudence. La présence des communistes assurait en ce domaine technique, mais vital, une source d'excellents conseils. Dans l'immédiat, les communistes étaient surtout attachés à promouvoir l'action militaire ; à plus long terme, ils souhaitaient que le CNR se transforme en un organe susceptible d'évincer quelque jour le comité de De Gaulle et de prendre le pouvoir au moment de la Libération. Un président du CNR assez malléable et qui ne cumulait pas cette fonction avec le pouvoir attaché au poste de délégué général de la France Libre leur convenait tout à fait. Mais ces stratégies, qui intéressaient au premier chef le monde politique français, sont aux marges de notre sujet car le SOE, en tant qu'organe gouvernemental britannique, était un élément de la résistance extérieure et non intérieure. De son point de vue, la Délégation pesait parfois aussi lourd que le CNR. Et, sur un point important, c'était vrai aussi en France même : car le délégué général tenait les cordons de la bourse, et ce n'était que par lui que les principaux mouvements de résistance recevaient les fonds dont ils avaient absolument besoin pour continuer d'exister et d'agir.

Bingen, arrivé à la mi-août, fit fonction jusqu'au 15 septembre, conjointement avec Serreulles, de délégué par intérim, avant que le nouveau délégué général clandestin nommé par de Gaulle pour succéder à Jean Moulin, Émile Bollaert (*Géronte* ou *Baudouin*), puisse entrer en fonctions. C'était un préfet qui avait refusé de servir Vichy, un administrateur ferme et respecté, mais qui était peu familier de l'organisation de la France Libre et tout à fait ignorant des méthodes de la clandestinité et de la guerre souterraine [42].

Brossolette passa quelques semaines auprès de lui pour le guider et le conseiller. Pendant ce temps, Yeo-Thomas effectua une tournée d'information sur les maquis en voie de constitution, en compagnie de Michel Brault, qui l'aida de son expérience et de l'acuité de son regard. Son trajet de retour de Lyon à Paris fut assez sinistre, car il lui fallut soutenir une conversation sur le marché noir avec un compagnon de wagon-restaurant qui n'était autre que Barbie en personne, dont il savait qu'il était le chef de la Gestapo de Lyon et un officier dangereusement intelligent. Du moins ignorait-il, heureusement, que c'était lui qui avait conduit les interrogatoires où Jean Moulin avait trouvé la mort.

Yeo-Thomas fut alors rappelé à Londres par Dismore qui, tout juste nommé à la tête de la section RF, ne pouvait pas encore se passer de lui. Il devait être ramassé par un Lysander dans les environs d'Arras. Mais son retour fut aussi mouvementé que les débuts de la mission MARIE-CLAIRE. Juste avant qu'il ne quittât Paris, un ami personnel lui confia une valise à rapporter à Londres : elle contenait six semaines de rapports, aussi urgents et secrets les uns que les autres, du réseau de renseignement PARSIFAL, dont tous les radios avaient été récemment arrêtés par les Allemands, et qui se trouvait donc dans l'impossibilité de demander un avion. Yeo-Thomas, qui voyageait en première classe dans un train express, commença par se débarrasser de cet inquiétant fardeau pour la durée du trajet en le faisant placer, par un ordonnance à qui il graissa la patte, tout au bas d'une pile de bagages appartenant à des officiers allemands, que les fonctionnaires des contrôles ne prirent pas la peine de fouiller. Le mauvais temps le retint ensuite trois jours, durant lesquels il dut refaire un saut à Paris, par des trains plus lents, agrippé à sa valise et espérant que personne ne lui demanderait de l'ouvrir, pour avertir Brossolette – resté dans la capitale pour travailler avec Bollaert et poursuivre les enquêtes inachevées de MARIE-CLAIRE dans les profondeurs de l'armée secrète – qu'un contact du SOE qu'il s'apprêtait à rencontrer avait été arrêté. De retour à Arras le 15 novembre, il apprit à midi en écoutant la BBC que son avion viendrait le prendre le soir même.

Mais, pendant son bref voyage à Paris, une division allemande était arrivée dans la région et avait installé son campement dans la zone qui s'étendait entre Arras et le terrain d'atterrissage convenu. Même Deshayes (*Mussel* ou *Rod*), le cadre du BOA responsable de l'opération et l'un des hommes les plus efficaces de ce très efficace organisme, était bien embarrassé. La difficulté fut surmontée par Berthe Fraser. Cette femme fut l'une des grandes héroïnes de la résistance. C'était une Française d'âge mûr mariée à un Anglais. Elle aidait fugitifs et saboteurs depuis 1940, travaillant sans exclusive avec toute organisation française ou britannique qui pouvait avoir besoin d'elle pour trouver des planques, stocker des explosifs, noter les mouvements de troupes allemands, escorter des fugitifs. Quelle que fût la tâche qu'on lui confiait, elle s'en occupait promptement. Comme c'était une « clandestine spontanée » et pas une ancienne élève de Beaulieu, le centre de formation britannique aux techniques de la guerre souterraine, elle

se moquait éperdument du minutieux compartimentage qui en était le
b a - ba ; et, comme elle était extrêmement courageuse, elle prenait
des risques énormes. Elle se rappela qu'il y avait un cimetière non loin
du terrain d'atterrissage et se procura une équipe de croque-morts –
avec chapeaux hauts-de-forme, crêpes noirs et tout le fourniment –, un
corbillard automobile fermé, de l'essence ; et un cercueil, bien entendu,
dans lequel on mit les documents du réseau PARSIFAL et derrière lequel
se blottirent Yeo-Thomas et un autre passager, armés de mitraillettes
Sten – le tout copieusement recouvert de fleurs. Les croque-morts
conduisirent le véhicule jusqu'au cimetière sans encombre, nul ne
songeant à le contrôler. À la nuit tombée, les passagers et la valise de
courrier attendaient l'heure du vol sous forte escorte armée, dans une
ferme amie proche du terrain d'atterrissage. Le départ s'effectua sans
accroc [43]. Mais, les jours suivants, le temps ne permit plus de voler et
Brossolette se trouva bloqué en France.

Les missions ponctuelles de sabotage

À côté de ces aventures palpitantes dans la sphère du commandement, il n'y a pas grand-chose à dire sur l'activité des agents de base,
qu'il s'agisse des jours heureux coulés par le groupe COCKLE en Vendée
ou de la routine mortellement dangereuse des opérations d'atterrissage
par Lysander et Hudson telle que l'avaient mise au point leurs responsables français libres Ayral, Schmidt et Rivière. Mentionnons tout de
même, parmi quelques éminents passagers de ces vols, le général de
Lattre de Tassigny, évadé de prison et récupéré en Bourgogne par le
pilote Hugh Verity dans la nuit du 21 au 22 septembre [44].

Mais une double série de missions, ARMADA, mérite qu'on s'y
arrête. C'est le plus remarquable exemple en France de sabotage destiné
expressément à servir une fin stratégique précise. Deux minuscules
équipes du BCRA, d'une audace et d'une adresse exceptionnelles,
réussirent à désorganiser complètement le transport fluvial dans tout
le nord-est de la France au moment où les Allemands en avaient le
plus besoin, car il leur fallait acheminer de mer du Nord en Méditerranée de nombreuses petites vedettes (*S-Boot*) et sous-marins « de
poche » en vue de faire échec aux débarquements alliés à Reggio de
Calabre, Tarente, Salerne et Anzio. Les attentats réalisés par ARMADA
bloquèrent totalement ce trafic pendant des mois. Les débarquements
de Salerne et d'Anzio, qui n'ont certes pas été d'immenses triomphes,

auraient sans doute été de très coûteux échecs si les Allemands avaient réussi à faire venir à temps le matériel ralenti par les actions d'ARMADA. En prime, quelques dizaines de barges transportant des marchandises destinées à alimenter la machine de guerre allemande furent coulées, et plusieurs centaines d'autres échouées ; sans compter quelques dégâts infligés, pour ainsi dire en passant, à l'usine de canons du Creusot. Il s'agissait dans ce dernier cas d'un à-côté de SLING, opération annexe dirigée contre une vingtaine de centrales électriques et stations de pompage, et conduite avec panache et efficacité, en août-septembre, par le Marseillais Basset et son ami bourguignon Jarrot, les légendaires *Marie* et *Goujon*[a]. C'est le hasard qui les avaient réunis dans l'action : amis d'enfance résidant dans la région de Chalon-sur-Saône, ils s'étaient trouvés séparés par la ligne de démarcation et s'étaient donc empressés de se ménager un passage sûr pour pouvoir continuer à se rencontrer[45]. Ni clôtures ni sentinelles ne semblent jamais les avoir empêchés d'aller où ils voulaient. Leurs bombes ont toujours explosé quand et où elles étaient censées le faire. Et ils se déplaçaient si vite que ni les polices françaises ni les allemandes n'arrivèrent jamais à les rattraper, bien qu'une fois au moins ils aient été serrés de si près qu'il leur fallut lancer une grenade pour échapper à leurs poursuivants.

Le premier de cette série d'attentats contre des canaux fut exécuté au barrage de Gigny, ouvrage complexe comportant un barrage et une écluse et situé près de Chalon-sur-Saône, où les Allemands avaient une usine de *S-Boot*. Le Français Libre Marcel Pellay (*Paquebot*), expressément préparé et équipé pour ce travail, fut parachuté dans la nuit du 22 au 23 juillet. Il prit aussitôt contact avec Boutoule (*Sif B*), autre Français Libre évadé d'Allemagne, membre de l'organisation COMBAT de Lyon et saboteur formé à Londres, et avec Henri Guillermin (*Pacha*), le chef du sabotage pour la Saône-et-Loire[46]. Tous trois exécutèrent dans la nuit du 26 au 27 une attaque parfaitement réussie sur le barrage, dans le mur duquel ils ouvrirent une énorme brèche. Les photographies aériennes révélèrent peu après la présence de nombreuses barges

---

a. Dans la nuit du 1er au 2 septembre, Basset, Jarrot et les équipes qu'ils coordonnaient avaient saboté cinq pylônes et cinq des neuf transformateurs de la centrale de Chalon (2,5 millions de kilowatts journaliers, dont les quatre cinquièmes destinés à l'Allemagne et le reste au Creusot), ainsi que plusieurs des postes alimentant Le Creusot, début d'une longue suite de sabotages sur les pylônes des lignes à haute tension [J.-L. C.-B.].

échouées, là où le canal s'était vidé de son eau. Les dégâts nécessitèrent quatre mois de réparations.

Un autre saboteur, dont l'identité reste dissimulée sous le pseudonyme d'*Arrosoir*, détruisit quinze jours plus tard, dans la nuit du 12 au 13 août, plusieurs écluses du très important canal de Briare, qui durent elles aussi être fermées au trafic pendant quatre mois. Plus de trois mille péniches qui avaient cherché à contourner Gigny en passant par là y furent bloquées tout ce temps. Le même agent se rendit ensuite au canal de la Marne au Rhin et fit sauter une paire d'écluses à Mauvages, à l'ouest de Toul. Résultat : deux biefs asséchés pendant six semaines. Tant qu'il y était, il en profita pour mettre le feu à trente-six barges chargées de marchandises à destination de l'Allemagne.

Mais c'est début novembre que furent réalisés les attentats les plus utiles de cette série, qui valurent du reste à leurs auteurs une lettre de remerciements et de félicitations de l'Amirauté britannique. Dans la nuit du 8 au 9, Pellay s'occupa d'un autre ouvrage sur le canal de la Seine au Rhône, à Port-Bernalin, à soixante-quinze kilomètres environ au sud de Gigny : dix portes d'écluses détruites et le pilier central du barrage fissuré. Au cours de la nuit précédente, l'équipe principale d'ARMADA – Basset et Jarrot – était revenue en France après un bref congé en Angleterre pour se remettre des fatigues de l'opération SLING. Ils entreprirent aussitôt de redémolir le barrage de Gigny, qui venait d'être réparé. Laissons la parole à Basset :

« Le 10 [novembre], je décide d'attaquer le barrage, car la garde cette nuit-là ne doit consister qu'en quatorze gendarmes français. Je prépare deux bombes, placées dans deux barils de pétrole de 25 litres. À trois heures, je fais une reconnaissance, et à neuf heures du soir nous démarrons : deux véhicules, huit hommes. Heure de l'attaque : deux heures du matin. À dix heures, nous nous arrêtons à 4 km du barrage. Je poste *Goujon* et un électricien avec mission de couper le courant et le téléphone à deux heures moins cinq. Ensuite, avec quatre hommes, je traverse la Saône au pont de Thorey, et nous commençons la marche d'approche. La lune est pleine, il fait clair comme en plein jour, nous avons 3 km à faire jusqu'au barrage. Nous nous glissons derrière des haies et à travers des taillis le long de la rivière. À minuit, il nous reste environ 500 mètres à franchir à découvert, dans le champ visuel des gendarmes.

Me voilà parti en rampant sur le ventre avec un camarade, tandis que mes autres compagnons suivent lentement, en poussant les barils devant eux. À 50 mètres du barrage, un massif d'arbustes bloque le seul passage possible et les gendarmes ont renforcé cette défense en entassant dessus des branches mortes, que je dois enlever pour faire un passage à mes gars. J'imagine que je fais un bruit infernal, et j'ai sans cesse l'impression que les gendarmes me regardent faire. Ils ne sont qu'à 25 mètres, et je m'attends à recevoir une grêle de balles à tout moment.

Deux heures moins le quart : tous mes hommes sont là saufs ceux qui transportent les charges, qui sont à 50 mètres derrière. Je réunis tout le groupe et nous attendons qu'il soit deux heures.

Deux heures moins dix : les gendarmes retournent dans leur baraque après un dernier tour de projecteur. En fait, deux gros projecteurs balayent le barrage toutes les cinq minutes depuis l'attaque manquée il y a quinze jours.

Un instant, tout cela paraît absurde : nous voilà tous cinq sur le talus, à 20 mètres d'un poste de police. Nous nous sentons aussi exposés que si nous nous tenions debout sur le bord d'une tranchée.

Deux heures. La lumière s'éteint : en avant ! J'arrive dans la baraque, je pointe ma mitraillette sur les gendarmes. Ils ont tous peur sauf un, celui-là il faut vraiment que je menace de lui tirer dessus. Je coupe les courroies de leurs étuis à revolver et je fais un tas de leurs armes, que nous emporterons pour le maquis.

Je commande à deux de mes hommes d'apporter les explosifs pendant que nous ligotons les gendarmes avec de la corde de parachute. Nous les portons à une centaine de mètres de là et les déposons sur l'herbe, et je descends vers le barrage pour poser mes deux charges. Les barils ne sont pas étanches, et malgré nos soins un seul explosera. Il fera une brèche d'1 mètre 50 dans la base de l'ouvrage.

Retour aux véhicules par le même chemin à deux heures trente-cinq. Explosion et retour en camion sans incident.

Détail amusant : le lendemain matin, les gendarmes assurent que ce sont des parachutistes qui ont fait le coup, car ils avaient entendu des avions toute la nuit ; et de produire la corde de parachute comme preuve[47]. »

Le passage par Gigny resta impossible jusqu'en février de l'année suivante.

Par comparaison avec ces brillants exploits, les missions de sabotage envoyées par la section F ne se distinguèrent pas particulièrement. Six officiers sautèrent en parachute dans la nuit du 18 avril – SCULLION I – pour un attentat contre une usine de pétrole synthétique près d'Autun. Ils la trouvèrent trop bien gardée et s'en furent. Pour ce qui est de se cacher, ils n'étaient pas très doués ; la filière VIC eut toutes les peines du monde à les tirer d'affaire et y perdit plusieurs agents à cause de leur imprudence. Hugh Dormer, qui commandait le groupe et était, lui, très sérieux, demanda à réessayer. Il fut d'abord question de lui faire faire une opération contre le canal de Saint-Quentin (HOUSEKEEPER), mais on y renonça sur la base du rapport négatif de l'homme envoyé en avant-garde, Connerade. Finalement, le 16 août, Dormer repartit avec un autre groupe de six personnes (SCULLION II), dont un membre de l'équipe précédente, en vue d'attaquer leur cible d'origine. Ils réussirent à poser leurs engins mais ne firent pas beaucoup de dégâts, et seuls Dormer et un sergent parvinrent à s'échapper après l'action[48]. Les autres furent envoyés à Flossenbürg. Le 18 août, G.L. Larcher, qui avait fait partie de SCULLION I, emmena un groupe de quatre personnes attaquer les tanneries de Mazamet, dans le Tarn (DRESSMAKER). Mais ils constatèrent qu'elles étaient désaffectées. Après quoi ils tombèrent malades et revinrent.

Le travail des réseaux : un tour de France

La section DF eut une année tranquille en dehors des difficultés causées par SCULLION et de l'ouverture de la filière VAR[49]. Deux nouvelles lignes furent établies entre Paris et la Belgique : GREYHOUND/WOODCHUCK, dirigée à partir d'une maison de campagne des environs de Châteauroux par un homme d'affaires belge, Georges Lovinfosse, et PIERRE/JACQUES, création du hollandais Zembsch-Schreve et de l'Anglo-Français J.M.G. Planel, lequel avait été qualifié sans ambages, par un instructeur du SOE, de « danger public avec n'importe quelle arme à feu » mais qui était bon radio.

Sur le front des réseaux déjà existants, le premier problème auquel la section F fut confrontée en 1943 fut celui du différend Girard-Frager, qui fit exploser l'organisation CARTE [50]. Les deux hommes demandèrent à être entendus à Londres. Girard y arriva fin février, et Frager – accompagné de Peter Churchill, qui organisa les deux vols – à la mi-mars. Il était désormais parfaitement clair que CARTE ne présentait aucune valeur pratique : le réseau était trop étendu, trop irréaliste et l'insécurité y régnait en maître [51]. Girard ne fit pas bonne impression à Londres, même au début de son séjour ; et lorsqu'il apprit que sa femme et deux de ses filles avaient été arrêtées par les Allemands, il en perdit presque la raison. Il partit pour les États-Unis en août, après une première tentative malheureuse en mai. Il y fit la preuve une fois de plus de son sens aigu de la sécurité en donnant en Nouvelle-Angleterre, au bénéfice d'un public de dames distinguées, une série de causeries décrivant en détail les diverses façons de conduire une opération clandestine, aérienne ou autre [52].

Londres décida que la seule chose raisonnable à faire avec ce qui restait de l'organisation CARTE était de la diviser en plusieurs petits réseaux qui accepteraient de se mettre sous l'autorité du SOE et s'efforceraient d'exécuter quelques sabotages. Frager prit la direction du plus grand de ces réseaux, DONKEYMAN, dont il centra l'activité sur Auxerre. Mais son territoire était encore beaucoup trop vaste, car il fut également autorisé à opérer en Normandie et à Nancy, sans compter que Dubois, le radio qu'il emmena avec lui en revenant en France par Lysander en avril, préférait travailler près de sa bonne ville de Tours (Dubois – *Hercule* – était si hautement apprécié par la section F qu'il fut autorisé à choisir son lieu de travail ; c'était du reste un opérateur « indépendant », c'est-à-dire qu'il n'était pas subordonné au réseau de Frager). Une autre tare de DONKEYMAN, autrement plus grave que son étendue géographique, fut une longue proximité avec l'Abwehr. Car celle-ci, faisant inconsciemment écho aux inquiétudes de Londres, décida pendant le séjour de Frager en Angleterre (24 mars-14 avril) qu'il était temps d'en finir avec CARTE et d'exploiter les adresses, vieilles déjà de cinq mois, qu'elle avait trouvées dans la valise dérobée à Marsac [53].

Le premier à être arrêté, moins de deux jours après le départ de Frager pour Londres, fut Marsac lui-même, intellectuel sérieux et désargenté qui n'était pas de force face l'habile sergent Bleicher. Ce dernier se fit passer pour un colonel des services de renseignement allemands dont les sympathies penchaient vers les alliés : Marsac pourrait-il arranger pour lui un voyage à Londres afin de discuter avec le haut commandement allié des moyens de se débarrasser des nazis ? Marsac fut assez imprudent pour lui donner quelques informations sur des membres de son réseau dans la région d'Annecy, grâce auxquelles l'Allemand approcha Odette Sansom, qui le trouva suspect d'emblée, et Roger Bardet. Ceux-ci demandèrent à Jacques Latour, le responsable de leurs liaisons aériennes, de trouver un terrain pour l'atterrissage d'un Lysander ; il obéit, tout en les mettant fortement en garde. Londres fut promptement informée par l'intermédiaire de Rabinovitch du projet de Bleicher et le rejeta aussitôt, en donnant l'ordre de couper immédiatement tout contact avec ce dernier.

Lorsque Peter Churchill retourna sur le terrain en parachute dans la nuit du 14 au 15 avril[54], il avait également reçu pour consigne, bien entendu, de se tenir aussi loin que possible du *colonel Henri*. Humphreys et Buckmaster lui ordonnèrent également d'éviter Odette Sansom jusqu'à ce qu'elle ait rompu tout contact avec Bleicher. Mais il se trouva qu'elle faisait partie de son comité de réception, l'accueillit affectueusement et le persuada de passer quelques nuits à l'hôtel de St Jorioz où elle logeait[55]. Le lendemain soir, Bleicher s'y présenta accompagné de plusieurs soldats italiens ; ils appréhendèrent Mme Sansom dans le hall et, un quart d'heure plus tard, en montant dans sa chambre, y trouvèrent Churchill au lit, profondément endormi (il avait toujours eu le sommeil lourd). Ils l'arrêtèrent également.

Il s'ensuivit bon nombre de conséquences malheureuses, mais il y en aurait eu encore plus si Bleicher avait mieux travaillé. Quelques messages reçus ce jour-là avaient été bien cachés par Mme Sansom. Churchill fut longtemps tourmenté par l'idée qu'il avait noté sur un carnet les numéros de téléphone de trois correspondants importants sur la Côte d'Azur, mais ou bien les Allemands ne le trouvèrent pas, ou bien ces numéros avaient été convenablement codés. Rabinovitch, qui effectua une reconnaissance sur la scène du drame quelques semaines plus tard, réussit à récupérer une valise – cachée par l'hôtelier à la demande de Churchill et dont Bleicher n'avait pas eu connaissance – qui contenait un pistolet, du matériel de parachutage, près de cinq cent mille francs et (ce que Churchill ignorait) les textes de plus de trente messages échangés avec Londres durant son absence[56]. Malval, arrêté quelques mois plus tard à Paris, fut confronté à un document censé être la copie d'un message de Londres à SPINDLE qu'il avait déjà vu, et qui disait : « Dès leur débarquement sur les côtes françaises, les agents arrivés par felouque se rendront directement chez le baron de Malval, Villa Isabelle, route de Fréjus » [57].

SPINDLE était hors jeu, mais Rabinovitch restait en liberté. Lui-même et Hazan (*Gervais*) veillèrent à replier convenablement ce qui restait de contacts du réseau autour d'Annecy et sur la Côte avant de rentrer en Angleterre par l'Espagne. L'un des agents formés à Londres et qui avaient été en contact avec CARTE, Ted Coppin, installé à Marseille, fut arrêté dans cette ville avec sa messagère *Giselle* le 23 avril, pour des raisons restées inconnues ; il disparut sans laisser de trace et l'on pense qu'il mourut en détention en septembre. Leur arrestation ne fut suivie d'aucune autre, preuve qu'ils se conduisirent avec stoïcisme.

SUD-EST

L'éloignement de Girard et l'arrestation de Peter Churchill lais-saient vacantes la basse vallée du Rhône et la côte Sud-Est. Trois réseaux, JOCKEY, MONK et DIRECTOR, prirent le relais. Le futur chef de JOCKEY, Francis Cammaerts (*Roger*), avait été envoyé en France en mars par le même Lysander que celui qui ramena Churchill et Frager en Angleterre. C'était le fils du poète belge Émile Cammaerts. Comme beaucoup d'intellectuels de sa génération – il était né en 1916 – il avait été pacifiste dans les années trente, alors qu'il était étudiant à Cambridge, où il avait pratiqué le hockey et obtenu avec difficultés son diplôme d'histoire. La mort de son frère aviateur dans la RAF changea sa vision de la guerre : en août 1942, il abandonnait son emploi pour rejoindre le SOE. Son aspect physique était un peu trop voyant car il dépassait largement le mètre quatre-vingt, avec des pieds en proportion. Mais il avait au moins l'avantage d'une apparence plutôt nordique. À l'école de Beaulieu, le personnel de formation avait trouvé qu'il « manquait de flamme » et « ne ferait pas un bon chef » [58]. Mais il avait des dons extraordinaires d'agent secret, une intuition et une audace qui lui permirent de surmonter son handicap physique. Surtout, il avait cette prescience du danger qui semble protéger les clandestins « naturels » des pièges dans lesquels tant d'autres tombent [59].

Dès qu'il eut posé le pied sur le sol français, avec pour ordre de se placer sous les ordres de Frager comme lieutenant et officier de liaison avec Londres, il flaira que tout n'allait pas pour le mieux dans le réseau DONKEYMAN. Le comité de réception, composé de sept personnes, le conduisit directement à Paris dans une seule voiture où ils s'entassèrent tous, bien longtemps après le couvre-feu, mais, lui dit-on, « ça ne risque rien » – devise typique de l'agent négligent – car l'un d'eux avait une carte de médecin qui l'autorisait à circuler à toute heure. Rien qu'à écouter leur conversation, l'arrivant pourtant inexpérimenté eut bien l'impression que leur sécurité était au mieux lacunaire : mais, écrivit-il beaucoup plus tard, « je me dis qu'ils savaient ce qu'ils faisaient et que mes craintes étaient sans fondement. Si j'avais su alors ce que je sais maintenant sur le travail clandestin, je pense que tous mes cheveux seraient devenus blancs au cours de ce trajet. » [60] Il eut dès cette nuit-là une longue conversation avec Marsac, auquel il confia deux millions de francs et un pistolet, et déjeuna encore avec lui le lendemain. Ensuite, raconte-t-il, « je passai une partie de l'après-midi à me promener dans Paris, j'achetai quelques livres et je regardai les vitrines, pour m'imprégner de l'atmosphère, jusqu'au moment où, dans une station de métro, il me fallut présenter mes papiers et subir une fouille. Cela ne laissa pas de m'inquiéter et je préférai rentrer chez moi. Je passai le reste de la soirée à ne rien faire. Ce fut ma première leçon de patience et d'ennui. » [61] Le lendemain, Marsac n'apparut pas pour le déjeuner, et Cammaerts apprit dans l'après-midi qu'il avait été arrêté. Duboudin, qui avait pris le même vol que lui, disparut lui aussi presque immédiatement, probablement victime du même coup de filet (contrairement à Marsac, il ne revint pas). Cammaerts partit à six heures pour Annecy, où « plusieurs garçons et filles d'allure suspecte, chacun avec un vélo et postés à différents endroits de la place de la gare », qui se révélèrent être des recrues locales du réseau, l'alarmèrent pour de bon : « Je dois être resté planté là avec vraiment l'air, pour la première fois, de l'Anglais en voyage à l'étranger. » [62] Il fit la connaissance d'Odette Sansom et de Rabinovitch, qui prirent soin de lui et lui donnèrent le temps de respirer et de s'habituer à la vie en France occupée. Ils le présentèrent à Roger Bardet, à qui Frager avait confié DONKEYMAN. Les antennes de Cammaerts frémirent de nouveau : il se méfia encore plus de Bardet qu'il n'avait eu confiance en Rabinovitch. Il changea encore une fois de ville et partit pour Cannes, à une adresse que lui fournit ce dernier. Là, il fit le mort pendant un mois, consacrant tous ses efforts à se construire le personnage d'un instituteur en convalescence d'une jaunisse [63].

Ce fut la dernière occasion, pendant ses deux périodes de service représentant une quinzaine de mois en tout, où Cammaerts passa plus de trois ou quatre nuits dans la même maison. Il avait été si alarmé par ses premières expériences sur le terrain qu'il coupa tout contact avec CARTE et ses successeurs et s'employa à créer un nouveau réseau qu'il se promit bien de rendre, avant toute chose, vraiment sûr. Ainsi, il « ne se [rendait] jamais à une adresse inconnue sans l'avoir contrôlée ou sans qu'elle lui eût été personnellement recommandée par un membre de son organisation entièrement digne de confiance »[64] ; et, pour s'assurer de cette qualité chez le plus grand nombre possible de ses cadres, il les observait lui-même soigneusement pendant plusieurs semaines avant toute prise de contact et les persuadait ensuite de n'approcher à leur tour personne qu'ils n'eussent eux-mêmes surveillé un certain temps. Enfin, il créa une équipe de sécurité du réseau, forte de sept à huit hommes – dont deux policiers français à la retraite qui se révélèrent d'une immense valeur – qui n'avaient pour tâche que de filer les recrues potentielles, et même des gens qui faisaient déjà partie du réseau ; Cammaerts compris[65].

À cette étape de la guerre, le temps ne pressait pas encore, ce qui laissa à JOCKEY le loisir d'accumuler des forces progressivement ; et, grâce à l'importance que son chef ne cessa d'accorder à la sécurité, il en accumula effectivement beaucoup, et de qualité. Le soin que Cammaerts prenait au recrutement fut la principale raison de son succès, et il ne relâcha jamais cet effort, ne cessa jamais de rappeler les règles de sécurité. « Il insistait pour que chacun mît systématiquement au point à son propre usage une excellente raison justifiant toutes ses actions, pour l'éventualité d'un contrôle surprise ou d'une arrestation imprévue. Il n'autorisait aucun transport de matériel sans camouflage… Il recommandait à ses hommes de ne pas dépenser plus qu'avant, de se faire remarquer aussi peu que possible ». En outre, « ses groupes ne comptaient jamais plus de quinze hommes, et si ce nombre devrait être dépassé, il conseillait aux responsables de faire deux sous-groupes. »[66] Tous les chefs de groupe le connaissaient. Mais il leur recommandait instamment de garder secrète son identité et même sa nationalité. Et s'il savait comment les joindre, aucun d'eux ne savait comment le joindre, lui, et encore moins où il vivait. Le système fonctionnait presque trop bien : « Une ou deux fois, en arrivant en auto dans une ferme où travaillait son opérateur radio, il ne le trouva pas : c'est que celui-ci s'était caché en le voyant venir, car il n'avait pas reconnu la voiture. »[67]

Son premier radio, qui lui fut présenté par Rabinovitch, fut Auguste Floiras (*Albert*), résistant de la première heure, qui avait diffusé des journaux clandestins à partir de la préfecture de Marseille avant de prendre, en juillet 1942, la felouque pour Gibraltar. Formé en Angleterre comme radio, il était revenu en France sur le Lysander qui rapatria Cowburn, avec pour instruction de travailler pour le réseau CARTE. Sa famille, mais pas lui, fut arrêtée à la fin de l'année. Puis vint la scission, où il prit parti pour les activistes. Mais ni Frager ni Peter Churchill ne lui avaient donné jusque-là grand-chose à faire. Annecy lui parut dangereux et il alla se cacher à Montélimar. C'est là que Cammaerts le trouva. Il le prit dans son réseau en mai : le premier message que Floiras envoya pour JOCKEY est du 27. Il émettra ainsi vers Londres pendant quinze mois d'un travail irréprochable : quatre cent seize messages en tout, le record de la section F.

Celle-ci avait tout de suite accepté la proposition de Cammaerts de dissocier entièrement JOCKEY de DONKEYMAN et l'avait laissé entièrement libre de trouver ses contacts et de s'organiser comme il l'entendait. Deux assistants lui furent envoyés à la mi-juin. L'un était une messagère, Mme Lefort, dont l'arrivée par Lysander et le départ pour Ravensbrück seront racontés plus loin[68] : elle fut arrêtée à la mi-septembre à Montélimar, alors qu'elle séjournait dans une maison où son chef lui avait recommandé de ne pas mettre les pieds. L'autre, deux fois plus jeune qu'elle, était P.J.L. Raynaud (*Alain*), jeune lieutenant français à qui Cammaerts confia l'emploi d'instructeur en sabotage. Il sauta en parachute dans la nuit du 17 au 18 juin, accueilli par un comité de réception composé de Culioli et de Mme Rudellat, et passa les deux jours suivants avec eux et deux Canadiens[69] ; il fut impressionné par l'excellente organisation de ses hôtes, traversa Paris sans encombre et se rendit à Montélimar où il rencontra Cammaerts le 22, le lendemain de l'arrestation de Culioli[70]. Là, il l'échappa belle : des Italiens firent un contrôle de routine dans la maison où il se trouvait. Il partit s'installer à la campagne, à l'est de la ville, où il s'employa à organiser et à instruire des groupes de sabotage dans la moitié méridionale de la Drôme.

Le réseau JOCKEY avait été improvisé par un organisateur qui ne s'attendait nullement, en se rendant sur le terrain, à devoir assumer de telles fonctions. Au second semestre, parcourant la région à moto, il établit tout le long de la rive gauche du Rhône, tant dans la vallée elle-même, de Vienne à Arles, que plus à l'est, entre l'Isère et l'arrière-pays varois, de petits groupes autonomes d'hommes choisis pour leur fiabilité et leur intelligence. Son bilan était dès la fin de l'année beaucoup plus brillant que celui de Skepper (*Bernard*), plus âgé et plus posé, à qui la section F avait confié la direction du réseau MONK, un autre fragment de CARTE qui lui paraissait récupérable.

Skepper arriva en Lysander par le même vol que Mme Lefort, le 16 juin, et c'est ensemble qu'ils partirent vers le Sud. Il se rendit d'abord à Marseille, où il retrouva son radio Arthur Steele (*Laurent*), arrivé trois jours avant lui en parachute. Ils prirent un contact local particulièrement utile : Pierre Massenet, qui deviendra à la Libération le premier « préfet délégué » nommé par le nouveau pouvoir pour la ville de Marseille. On trouvera beaucoup de récits sur le réseau Monk dans le livre d'Elizabeth Nicholas *Death Be not Proud*, consacré à plusieurs femmes du SOE, car Skepper et Steele furent rejoints à l'automne par Éliane Plewman (*Gaby*), leur trop belle messagère. Elle avait été parachutée dans le Jura dans la nuit du 13 au 14 août et avait pris son temps pour entrer en contact avec son réseau. Comme ils furent ensuite arrêtés tous les trois et qu'aucun d'eux ne survécut, on ne sait pas bien à quoi ils s'employèrent ; en 1943, ils se contentèrent de s'installer discrètement et de se préparer à de futurs sabotages[71].

Encore un débris de Carte sauvé du naufrage : un groupe centré sur Arles et dirigé par Jean Meunier (*Mesnard*), qui avait parfois assuré l'intérim de Girard lorsque ce dernier était en déplacement et qui avait pris parti pour les activistes au moment de la scission. Le SOE donna au réseau de Meunier le nom de Director et communiqua avec lui par une ligne de courrier passant par la Suisse : en effet, Meunier avait un sous-réseau à Annemasse, ville française qui est aussi une sorte de banlieue de Genève, et où il était aisé de faire passer des messages de part et d'autre de la frontière. Aucun membre de Director n'avait été formé à Londres, ce qui est un cas unique dans les réseaux de la section F, mais l'état-major avait suffisamment bonne opinion de ses possibilités pour lui parachuter des armes à de nombreuses reprises, ainsi que près de deux millions de francs. Ce sont probablement les membres d'un de ses sous-réseaux qui prirent soin de Griffiths, un chef d'escadron dont l'avion, venu de Tempsford pour une livraison d'armes au réseau Pimento, s'écrasa près d'Annecy dans la nuit du 14 au 15 août : ils l'escamotèrent au nez et à la barbe des Italiens et l'emmenèrent dans la montagne, bien qu'il fût blessé, puis lui firent passer la frontière suisse dans la semaine. Griffiths rédigea à son retour un récit très vivant de l'aventure, que Selborne fit distribuer à tous les membres du Cabinet de guerre et qui leur fit certainement impression : le pilote racontait en effet qu'il s'était retrouvé entre les mains d'un groupe de jeunes gens en uniforme, alertes, bien armés et disciplinés, qui à l'évidence contrôlaient toutes les routes secondaires de cette zone, et qui étaient passionnément pro-britanniques. Malheureusement, le réseau Director disparut au début de 1944, et ce qu'il avait accompli est resté inconnu. Comme il ne comptait aucun membre formé en Angleterre, il n'apparaît pas dans le graphique de l'appendice H.

BASSIN PARISIEN ET ALENTOURS

Bien que le réseau PROSPER, qui remplaça CARTE comme réseau principal de la section F, ait lui aussi disparu corps et biens, il est possible de donner un récit suivi de sa trajectoire. Au commencement de 1943, l'initiateur du réseau, Suttill, avait soigneusement organisé son quartier général et avait assez de travail pour occuper pleinement tant ses radios que son agent de liaison Andrée Borrel, au sujet de laquelle il écrivit en mars : « Tous ceux qui ont eu l'occasion de l'approcher sont d'accord avec moi pour dire qu'elle est la meilleure de nous tous »[72]. Au cours des cinq premiers mois de l'année, ils ne reçurent d'Angleterre pas moins de deux cent quarante conteneurs d'armes et d'explosifs. Suttill redistribua une bonne partie des armes à ses contacts des organisations communistes françaises de la banlieue rouge de Paris. Mais, comme lesdites organisations lui firent promettre de garder secrets ses moyens de communication avec elles et qu'il tint parole, il ne reste aucune documentation indiquant précisément où ces armes sont allées et en quelle quantité. « Des Allemands sont tués tous les jours dans les rues de Paris, écrit dans un rapport l'un des amis de Suttill au printemps, et 90 % de ces attentats sont effectués avec des armes fournies par nous, entre autres aux communistes. »[73] Mais on ne connaît aucun détail. On en sait beaucoup plus sur les amis non communistes de Suttill. Armel Guerne, par exemple, était à la tête d'un groupe d'intellectuels parisiens, qui comptait entre autres une section de médecins, en voie de constitution sous la responsabilité du professeur Alfred Balachowsky (*Serge*) et de Geneviève Rouault, la fille du peintre. D'autres étaient organisés en réseaux semi autonomes, à la campagne : ainsi SATIRIST, organisation montée par un sculpteur de vingt-neuf ans, Octave Simon. Celui-ci était engagé depuis 1940 dans diverses sortes d'actions de résistance ; il avait un peu travaillé pour Philippe de Vomécourt et Aron en 1942 et avait réussi, après l'arrestation de Vomécourt, à entrer en contact avec Suttill, qui lui demanda d'organiser quelque chose dans la Sarthe. Il avait beaucoup d'amis parmi les gentilshommes campagnards de cette région relativement peu investie par les Allemands et présentant d'intéressantes possibilités de caches d'armes. Une bonne quantité des armes livrées à Suttill furent distribuées par ses soins.

Un autre sous-réseau de Suttill était JUGGLER, dont le chef était aussi dans la résistance depuis longtemps : c'était Jean Worms (*Robin*), qui avait rendu des services à plusieurs réseaux de renseignement à Paris dès septembre 1940. Ayant fait la connaissance de Virginia Hall, de Basin et de Peter Churchill, il avait pris la felouque d'octobre 1942 pour Gibraltar et l'Angleterre. Lorsqu'il fut parachuté en France, non loin de Chartres, le 22 janvier 1943, il fut accueilli par Suttill et Andrée Borrel, accompagnés de Jacques Weil, un vieil ami à lui qui devint son second [74]. La mission de Worms consistait à organiser des groupes de sabotage autour de Châlons-sur-Marne. Il aurait disposé de dix équipes de dix hommes chacune dans la ville et aux alentours, qui provoquèrent effectivement plusieurs déraillements dans la première période. Mais Worms et Weil étaient des hommes d'affaires parisiens et vivaient plus volontiers chez eux, dans les beaux quartiers de la capitale.

Un autre des sous-réseaux de Suttill, BUTLER, empiétait dans la Sarthe sur le territoire de SATIRIST mais se situait socialement dans de tout autres milieux. Son organisateur était François Garel (*Max*), qui avait été l'un des premiers contacts de la section F dans le sud de la France et s'était évadé avec Bégué du camp de Mauzac. Il sauta à l'aveugle le 23 mars avec Marcel Rousset (*Léopold*) et Marcel Fox (*Ernest*) ; mais cela se passa mal et ils perdirent tous leurs bagages, y compris le poste de radio de Rousset. Ce dernier se rendit à Paris, entra en contact avec Suttill par l'intermédiaire de Lise de Baissac et se fit envoyer un nouvel appareil et des cristaux. À la mi-mai, BUTLER fonctionnait assez bien ; l'essentiel de son activité consistait à saboter des objectifs ferroviaires entre Sablé-sur-Sarthe et Angers. Au sud de ce réseau, le déjà vétéran E.M. Wilkinson s'activait à Angers avec PRIVET, un petit groupe d'amis personnels. Sur la Loire également mais en amont, cntre Tours et Orléans, PROSPER contrôlait plusieurs autres équipes de résistants locaux entièrement composées d'« amateurs » [75]. Le 25 avril, Suttill lui-même, Norman et le groupe local de Meung-sur-Loire s'attaquèrent à la centrale électrique de Chaingy, près d'Orléans. Ils réussirent effectivement à l'isoler et leur succès fut salué tant sur place qu'à Londres, mais ils s'étaient contentés pour cela de couper les connexions avec les pylônes environnants, de sorte que le fonctionnement normal fut rétabli à peine une douzaine d'heures plus tard.

D'autres groupes dépendant de Suttill bénéficièrent de parachutages de matériel : l'un centré sur Falaise, sous la direction de J.M. Cauchi

(*Paul*) qui fut plus tard souvent accusé, mais à tort, d'avoir trahi, l'autre sur la rive opposée de la Seine, autour de Gisors, sous la direction d'un Français d'ascendance anglaise, George Darling. À la lune de juin, PROSPER reçut encore 190 conteneurs. Il était devenu dangereusement vaste et sa chute était imminente ; cette désastreuse histoire est si compliquée que j'ai dû la repousser au prochain chapitre.

En région parisienne, on trouve encore le réseau BRICKLAYER, beaucoup plus petit, dirigé par Antelme et chargé avant tout de s'entretenir avec certains interlocuteurs choisis de questions d'approvisionnement et de financement de la future force expéditionnaire alliée (ce sont des problèmes dont la section F semble s'être presque autant préoccupée en 1942 et 1943 que ne le fera le SHAEF en 1944). Par l'intermédiaire d'un ami qui connaissait un administrateur de la Banque de France, Antelme passa des accords provisoires concernant la fourniture de numéraire ; d'autres contacts, cette fois du secteur privé, prirent des engagements concernant le ravitaillement alimentaire : plus d'un million de boîtes de conserve furent promises. En sus de ses explorations financières et commerciales – qui ne manquèrent pas d'intérêt et qui établirent des relations prometteuses mais dont il ne fut fait finalement aucun usage –, Antelme était chargé de plusieurs tâches politiques, dont la plus importante consistait à approcher Édouard Herriot. Il le rencontra en mars et le trouva bien disposé à l'égard des alliés mais toujours réticent à jouer le moindre rôle actif, et en très mauvaise santé[76]. Il retourna à Londres à la mi-mars par Lysander, puis revint en France en parachute début mai, avec mission, cette fois, de ramener Herriot par avion ; il ne put le faire, car ce dernier était désormais plus strictement surveillé et il était devenu impossible de l'approcher. Il continua donc à évoluer dans les cercles d'affaires de Paris et collecta quantité d'informations économiques, qui, tout en étant utiles à l'effort de guerre allié, n'étaient pas vraiment l'affaire du SOE. Il prit un contact personnel intéressant : un jeune avocat de trente-cinq ans, W.J. Savy (*Wizard*), qu'il ramena avec lui lorsqu'il échappa de justesse aux remous du naufrage de PROSPER.

OUEST

Trois autres réseaux se chevauchant partiellement s'activèrent au second semestre 1943 à l'ouest des terres de PROSPER, qui restèrent vacantes pendant presque toute cette période. PARSON, CLERGYMAN et

SACRISTAN œuvraient dans la partie orientale de la Bretagne et en Vendée. Le troisième avait pour chef E.F. Floege (*Alfred*), né à Chicago en 1898 mais qui résidait depuis si longtemps à Angers – où il dirigeait avant la guerre une compagnie d'autobus – que son français était parfait et même qu'il parlait anglais avec l'accent français. Installé dans la ville depuis de longues années, il avait « de nombreux contacts dans la région » et n'eut « aucun mal à constituer le noyau de [son] organisation. » Il contacta « des amis dont la loyauté était certaine » et les « [plaça] à la tête de diverses localités. Chacun d'eux recruta à son tour un petit noyau et forma un groupe. »[77] Il fut parachuté non loin de Tours dans la nuit du 13 au 14 juin en même temps que l'assistant de Trotobas, *Olivier*, et fut accueilli par Dubois, qui lui servit quelque temps, comme à beaucoup d'autres, d'opérateur radio. Il reçut ensuite un radio bien à lui le 19 août : le jeune fonctionnaire André Bouchardon (*Narcisse*). Le quartier général de Floege était une discrète maison rurale de Mée, village situé à une trentaine de kilomètres au nord-ouest d'Angers. Il communiquait avec ses groupes de saboteurs par l'intermédiaire de deux messagers (dont son propre fils) en qui il avait toute confiance. Le réseau reçut sept livraisons de matériel au cours de l'automne et était prêt à se mettre sérieusement au travail lorsque, juste avant Noël, ce fut le désastre. Le jeune Floege fut raflé dans une opération de routine à Angers et s'effondra sous l'interrogatoire : la plupart des membres du réseau dont il connaissait les adresses furent appréhendés peu après. Bouchardon fut assailli le 23 décembre dans un petit restaurant de Mée par un groupe d'Allemands assez nombreux. Il se battit jusqu'au bout pour ne pas se rendre. À la fin, les attaquants lui tirèrent un coup de feu en pleine poitrine alors qu'il gisait déjà sur le sol, puis jetèrent son corps à l'arrière d'une voiture sans prendre la peine de le fouiller et repartirent pour Angers. Au cours du trajet, le supposé cadavre tira son revolver, tua les trois Allemands qui étaient avec lui dans l'auto et s'enfuit. Floege et Bouchardon réussirent à se cacher à Paris jusqu'à ce que la filière VIC les prenne en charge, fin février 1944. Ils franchirent les Pyrénées, Bouchardon avec toujours une balle logée dans le thorax[78].

Venons-en à CLERGYMAN. Robert Benoist, dont on racontera plus loin comment il avait échappé à la ruine de CHESTNUT[79], revint en France par un Hudson dans la nuit du 20 au 21 octobre pour une brève mission : établir le nouveau réseau dans la région nantaise en évitant tout contact avec PRIVET, le réseau de Wilkinson qui venait de sombrer, et en ne faisant appel qu'à ses propres amis. Les tâches assignées à

CLERGYMAN consistaient d'abord à faire sauter, près de Nantes, les pylônes de la ligne qui amenait en Bretagne l'électricité produite dans les Pyrénées ; puis à tout préparer en vue des actions destinées à couper les voies ferrées convergeant vers la ville, lorsque l'heure du débarquement aurait sonné ; enfin à prendre toutes dispositions utiles pour la protection du port de Nantes contre sa destruction par les Allemands. Dubois, un homme aussi brave et fougueux que lui-même, devait être son radio.

Mais, quinze jours après l'arrivée de Benoist en France, Dubois fut enfin repéré avec exactitude par la goniométrie allemande, dont le travail avait été grandement facilité, dit-on, par un agent de liaison assez stupide pour se rendre à un match de football avec un poste émetteur sur le porte-bagages de son vélo et pour s'en vanter bruyamment pendant la partie. Dubois était à son appareil lorsque les policiers allemands firent irruption chez lui. Il en tua un, en blessa un autre, mais fut très vite fait prisonnier avec neuf balles dans le corps (l'histoire est racontée dans le film *School for Danger*, avec Rousset dans le rôle du radio). Il avait été assez prévoyant pour garder un pistolet à portée de main, il l'aurait été encore plus en se constituant une équipe de protection. Il se rétablit suffisamment pour être déporté en Allemagne mais, contrairement à sa femme, il n'en revint pas. Benoist se trouvait désormais privé des moyens de communication nécessaires à ses commandes de matériel, et de toute façon il trouvait la campagne nantaise trop peuplée de réfugiés pour y organiser des parachutages en toute sécurité. Il fut assez habile pour retourner dans sa propriété familiale au sud de Paris et y récupérer quelques armes de CHESTNUT. Mais il ne trouva pas d'explosifs pour ses pylônes, ni de contacts utiles pour préparer la protection du port de Nantes. Il laissa son réseau nouveau-né se débrouiller sans lui et demanda à Déricourt de le ramener en Angleterre à la première occasion.

Le troisième réseau breton, PARSON, était implanté au nord-ouest de SACRISTAN, dans la région rennaise. Son organisateur, François Vallée (*Oscar*), qui avait déjà été décoré de la Military Cross dans le cadre de son activité pour le SOE en Tunisie, fut parachuté le 17 juin et rejoint cinq semaines plus tard par le Belge Gaillot (*Ignace*), plus connu à Londres sous l'affectueux surnom de « Grand-père » (en français). Gaillot était décorateur. C'était un homme « extraordinairement soucieux de sécurité jusque dans les moindres détails... Une personnalité très attachante, un esprit original, indépendant et méthodique »[80], avec un visage à la fois malin et amical et une grande sérénité. Il approchait de la cinquantaine. Georges Clément (*Édouard*), le radio qui l'accompagnait, était beaucoup plus jeune : il était né à Petrograd une semaine avant la révolution d'Octobre et avait été appelé sous les drapeaux alors qu'il venait à peine de commencer ses études à Oxford. Dès la mi-août, Vallée avait déjà mis sur pied plusieurs groupes de sabotage d'une douzaine d'hommes chacun dans le triangle Saint-Brieuc-Rennes-Nantes, mais ces équipes n'entrèrent pas tout de suite en action afin de ne pas provoquer de représailles. Il disposait également, écrivait-il dans ses rapports, de groupes de combattants qui pourraient harceler les transports de troupes ennemis dès que Londres en donnerait l'ordre. Le réseau reçut quatre livraisons d'armes et se fit de nombreux amis fort utiles, dont l'un, André Hue, prit plus tard la direction d'un réseau qu'il avait créé, HILLBILLY. Mais une autre recrue locale, René Bichelot, étudiant en médecine dentaire à Rennes qui avait plongé dans la clandestinité pour échapper au STO, se trouva impliqué dans le sauvetage d'un groupe d'Américains dont l'avion avait été abattu lors d'un raid sur Nantes en septembre : les paysans de la ferme où ils avaient trouvé refuge les conduisirent au plus proche résistant qu'ils connaissaient et qui se trouvait être Bichelot. C'était une situation embarrassante, à laquelle ont souvent été confrontés des réseaux du SOE précisément à des moments où leur plus cher désir était de ne pas se faire remarquer. Dans ce cas particulier, les Américains furent confiés à une filière d'évasion et purent partir, mais la police allemande commença à s'intéresser de manière inquiétante aux activités de PARSON. Clément fut pris pendant une émission, le 28 novembre, et après cela le réseau dut se terrer complètement.

Il se trouve que *Clément* (ne pas confondre) était aussi le nom de guerre d'un chef de réseau dont il faut nous occuper à présent, SALESMAN. Les petits réseaux satellites de PROSPER autour de Falaise et à l'est de Rouen couvraient, avec plus ou moins d'efficacité, la plus grande partie de l'arrière-pays normand. SALESMAN, lui, s'activa en aval de Rouen jusqu'au Havre, indépendamment de PROSPER et avec beaucoup plus de succès. Son chef était un autre « vétéran » de 1941 et l'un des acteurs de l'évasion collective de Mauzac, Philippe Liewer, journaliste français de 32 ans et ami de longue date de Langelaan. Arrivé en France par l'un des vols de Déricourt à la mi-avril en compagnie d'un assistant canadien français appelé Chartrand (*Dieudonné*), il passa d'abord avec lui quelques semaines à s'établir à Rouen. Toutefois, à la suite de la rencontre fortuite de *Garel*, chef du réseau BUTLER, *Dieudonné* fut transféré à ce dernier. Liewer reçut en juillet le radio Isidore Newman (*Pépé*), en seconde mission, arrivé par Lysander, puis, fin août, un instructeur en sabotage, Robert Maloubier.

Liewer rencontra chez les travailleurs des docks du Havre, c'est-à-dire en zone interdite, un désir enthousiaste de coopérer avec les Anglais. Il aurait pu aisément recruter des milliers d'hommes. Il fut assez prudent et raisonnable pour n'en rien faire et maintenir ses effectifs à quelques centaines, tous gens solides et capables qu'il veilla à bien entraîner et à bien armer. Durant l'été et l'automne, il reçut de quoi distribuer une arme personnelle à chacun (il déclara un effectif total de trois cent cinquante, presque tous passés par « l'épreuve d'une opération véritable ou fictive »[81]). Seuls Liewer lui-même et son second, Claude Malraux (*Cicero*), demi-frère de l'écrivain, pouvaient entrer en contact avec le radio Newman. C'est à bon droit qu'il affirmait que, « de manière générale, la sécurité du réseau [était] excellente »[82]. Ils menèrent à bien de nombreuses actions de sabotage, notamment, le 31 octobre, contre la sous-station électrique de Dieppedalle, en banlieue de Rouen, qui fut bloquée six mois au prix d'à peine six ou sept kilos de plastic judicieusement disposés. Un mois plus tard, il indiquait dans son rapport que « l'enquête officielle a été "classée sans suite", et [que] la sécurité du réseau était si bonne que les autorités ont été complètement dépassées », bien que la préfecture ait offert récompense et amnistie à quiconque donneraient des informations[83]. Laissons-lui à présent la parole pour raconter la plus belle réussite de son réseau, la destruction d'un petit vaisseau de guerre :

« C'était un dragueur de mines de 850 à 900 tonneaux, équipé de trois canons *pom-pom*, de deux mitrailleuses à quatre tubes et d'un canon de plus gros calibre pour le combat en haute mer. Ayant essuyé une attaque (probablement de *Typhoons*) quelques mois plus tôt, le bâtiment avait été amené pour réparation aux Ateliers et chantiers navals de Normandie, près de Rouen. Il y avait été entièrement remis en état et se trouvait fin prêt pour les essais au début de septembre 1943.

À 11 heures du matin environ du jour prévu pour les essais, des représentants de l'Amirauté allemande montèrent à bord, accompagnés du directeur des chantiers navals, de l'ingénieur en chef et de quelques autres hauts personnages. Le navire partit ensuite effectuer ses essais ; il descendit le fleuve jusqu'à Caudebec, puis le remonta ; il était de retour à son mouillage vers 15 heures.

Les essais avaient été satisfaisants, le champagne coulait à flots, le directeur et les ingénieurs furent chaleureusement félicités, la qualité de la main-d'œuvre française portée aux nues et, en paiement de ce magnifique travail, un chèque de cinq millions de francs changea de mains.

Les représentants de l'Amirauté descendirent à terre dans une ambiance enthousiaste, et à 17 heures l'équipage, composé de quarante-cinq hommes, vint charger à bord le matériel qui attendait sur le quai : ils embarquèrent pour 12 millions de francs de sonars, 20 tonnes de munitions, et des victuailles pour trois mois de croisière. À 21 heures, ils retournèrent à leur cantonnement chercher leur paquetage.

L'heure du départ avait été fixée à quatre heures le lendemain matin et la pression fut maintenue à cinq kilos.

Pendant ce temps, le représentant de SALESMAN n'était pas resté oisif. Vers 17 heures, il avait réussi à monter à bord avec deux autres hommes sous prétexte d'un dernier réglage, et placé une charge de trois livres de plastic aussi bas que possible dans la coque. La bombe avait été fabriquée par le réseau lui-même, avec deux détonateurs-crayons à retardement réglés sur six heures ; elle avait été confiée trois jours auparavant aux saboteurs, qui devaient la mettre en place au moment qu'ils jugeraient le plus propice.

La charge explosa à l'heure précise où elle était supposée le faire, c'est-à-dire à 23 heures. Elle fit un trou extrêmement satisfaisant (environ 1 m 50 sur 90 cm, mesura-t-on plus tard), et le bateau coula en six minutes. Le lendemain matin, on ne voyait plus de lui que le sommet de sa cheminée.

Les enquêteurs de la Gestapo arrivèrent à sept heures du matin et conclurent très vite que la bombe avait dû être placée de l'intérieur. Ils établirent que treize ouvriers avaient eu accès à bord et demandèrent que ces hommes leur fussent désignés à mesure qu'ils se présenteraient à l'entrée du chantier pour prendre leur service.

Leur méthode était ingénieuse : dès qu'un homme arrivait, un policier le prenait gentiment mais fermement par le bras et lui disait : "Mon pauvre ami, vous avez oublié de presser sur les crayons !" Mais cela ne donna rien. Alors ils réunirent les treize et leur dirent que, si le coupable ne se dénonçait pas, ils seraient tous fusillés.

Pendant ce temps, l'Amirauté s'activait de son côté et faisait venir ses propres experts, car on y déteste la Gestapo au moins autant que dans la Wehrmacht. Deux de ces spécialistes plongèrent sous la coque à 14 heures et décrétèrent que, d'après la taille et les caractéristiques de la voie d'eau, la charge n'avait pu être posée que de l'extérieur !

La Gestapo dut relâcher les treize ouvriers, qui rentrèrent chez eux la tête haute. Et comme le trou s'était produit du côté du navire le plus proche du quai, où une garde était assurée, le soldat qui était de service à l'heure supposée du crime fut mis aux arrêts.

Ce n'est pas tout : l'équipage s'était présenté sur le quai à deux heures du matin, comme prévu, et, constatant que le vaisseau n'était plus là, il avait laissé éclater sa joie de manière non équivoque. On arrêta tout le monde. Après un bref procès en cour martiale, la sentinelle et ceux des membres de l'équipage qui avaient manifesté le plus bruyamment leur jubilation furent fusillés ; les autres, revêtus désormais du très méprisable *feldgrau* de la Wehrmacht, furent envoyés sur le front russe.

La justice une fois rendue, et de manière si satisfaisante, la Gestapo, l'Amirauté et les ouvriers retournèrent chacun à leurs affaires[84]. »

L'ennui, bien sûr, c'était qu'avec ce feu roulant de sabotages électriques, ferroviaires et industriels, SALESMAN ne pouvait manquer d'attirer l'attention de l'occupant. Quel que fût le soin que son équipe dirigeante prenait de sa sécurité, il était pratiquement inévitable qu'un jour ou l'autre le sort lui fût contraire. Même les relations entretenues par Liewer au sein de la police de Rouen, qui l'avertissaient des rafles prochaines, ne constituaient pas une protection absolue, et à la fin de l'année il reçut l'ordre de plier bagage. Quelques semaines plus tard, il quittait la France par le dernier Hudson de Déricourt. Il apportait à

Londres une moisson de renseignements précieux sur les préparatifs auxquels se livraient les Allemands entre Seine et Somme pour y établir une base de lancement de fusées V1.

Nous l'avons dit, le renseignement n'était pas en principe l'affaire du SOE, mais ses agents ne pouvaient manquer de recueillir de temps à autre, comme ce fut le cas de Liewer, des informations directement utilisables à des fins opérationnelles, lesquelles étaient aussitôt transmises, bien entendu, aux services intéressés. Excepté pour des usages tactiques après le débarquement[85], on fit peu appel en la matière aux équipes du SOE en France, car c'était peu compatible avec leur nature. Marshall, l'organisateur du réseau avorté Alliance démocratique espagnole (ADE), explique bien pourquoi :

« Nos agents de terrain étaient pour la plupart, par tempérament, incapables de voir dans le renseignement autre chose que le prélude à l'action. Leur aiguiser l'appétit en leur ordonnant de localiser certaines activités ou ressources ennemies, tout en leur interdisant d'agir, c'eût été un peu comme donner un quartier de bœuf à un lion pour jouer avec, mais sans le lui laisser manger[86]. »

NORD ET NORD-EST

Au nord-est de SALESMAN, on trouve trois réseaux importants. Deux d'entre eux, FARMER et MUSICIAN, dont les organisateurs avaient sauté ensemble en novembre 1942, revenaient en quelque sorte sur le théâtre d'opérations des forces britanniques pendant la Première Guerre mondiale : leurs domaines s'étendaient d'Armentières, à la frontière belge près d'Ypres, jusqu'à Soissons et Senlis. Ce territoire était traversé par des voies ferrées dont on savait qu'elles seraient importantes pour le ravitaillement des armées allemandes lorsque les alliés débarqueraient en Europe du Nord-Ouest ; et même vitales si l'on mettait en œuvre le projet ROUNDUP, c'est-à-dire si on lançait l'assaut entre Boulogne et l'embouchure de la Somme, comme l'envisagèrent les Britanniques en 1943 et comme les Allemands s'y attendaient en 1944. Les voies ferrées étaient donc les principales cibles assignées à ces deux réseaux.

Michael Trotobas (*Sylvestre*, plus connu sous le nom de « capitaine

Michel »[a]), le chef du premier, était né à Brighton. Et de fait, en s'installant à Lille, il plongea aussitôt dans l'atmosphère du *Rocher de Brighton* de Graham Greene [87] : Biéler, qui lui rendit visite au printemps dans la maison ouvrière où il avait élu domicile, le trouva en train de prendre son bain dans l'arrière-cuisine tout en vociférant des arguments à travers d'épais nuages de vapeur ; son auditoire se composait d'un groupe de ces turfistes semi-professionnels toujours prêts à vous vendre le dernier tuyau. Et il avait d'autres relations encore moins fréquentables. Mais Trotobas savait ce qu'il faisait. Pour quelqu'un qui n'avait même pas atteint la trentaine, il était doté d'un extraordinaire esprit pratique. Il choisit délibérément de travailler dans des milieux auxquels il ne serait pas nécessaire d'enseigner la loi du silence, et il savait jauger les hommes. Il se constitua rapidement un vivier de saboteurs taiseux, solides et entièrement dévoués à sa personne, ainsi que quelques appuis dans la police française locale. Parmi ses plus précieux collaborateurs, il y avait plusieurs Polonais qui soit n'étaient pas en contact avec le réseau MONICA de la section EU/P, soit le trouvaient trop timoré.

FARMER, le réseau de Trotobas, réalisa son premier déraillement fin février : quarante wagons à plateforme furent détruits et la ligne Lens-Béthune fut fermée pendant deux jours, le temps de déblayer la voie. À la mi-été, le réseau en était à quinze ou vingt déraillements par semaine, qui ralentissaient considérablement le trafic de marchandises. Mais les explosifs ne pouvaient lui parvenir que par des voies longues et tortueuses, et la lenteur de ses moyens de communication était exaspérante. Il se révéla que le radio Staggs, qui lui avait été affecté, était incapable d'entretenir un contact régulier avec l'Angleterre et qu'on ne pouvait lui demander que de petits services occasionnels. Il fut arrêté en décembre par les Allemands, qui ne détectèrent pas ses liens avec le SOE et le relâchèrent deux mois plus tard. Il resta dans la région et se tapit dans un coin jusqu'à l'arrivée des alliés, se contentant de transmettre à quelques voisins ses connaissances en techniques

---

a. Trotobas, dont le réseau de sabotage comptait à sa mort, en novembre 1943, un millier d'hommes et réussit à lui survivre jusqu'à la Libération, reste, sous son pseudonyme de « capitaine Michel », un des héros charismatiques de la Résistance dans le Nord-Pas-de-Calais. Une rue et un mémorial au cimetière de Lille y perpétuent sa mémoire, ainsi qu'un important ouvrage récent de Danièle Lheureux, *La Résistance Action-Buckmaster, Sylvestre-Farmer avec le capitaine Michel*, Roubaix, Le Geai Bleu, 2001 [J.-L. C.-B.].

de sabotage. Trotobas était obligé, pour communiquer avec ses supérieurs, de passer par l'un des radios du réseau PROSPER, à Paris, en qui il n'avait pas pleinement confiance ; à partir d'avril, il put aussi faire appel à Dubois, mais celui-ci se trouvait à des centaines de kilomètres, sur les bords de la Loire. Quant à son matériel, il ne pouvait être parachuté que très loin de son territoire ; Trotobas devait ensuite le faire venir par train de marchandises grâce à la complicité d'agents qu'il avait lui-même recrutés parmi les cheminots, et qui étaient en contact avec MUSICIAN ou PROSPER. Dubois reçut le 13 juin l'assistant qui lui était destiné : c'était *Olivier* (on comprendra plus loin pourquoi on ne donne pas ici son vrai nom), jeune métallo anglo-français aux allures de « dur », qui se présenta à lui dix jours plus tard, à Lille. La rencontre fut fraîche, car *Olivier* était instructeur en sabotage alors que Trotobas avait espéré un radio et était plongé dans les ultimes préparatifs d'un coup superbe. Faute de radio, il dut gaspiller toute la journée du 25 pour se rendre à Paris ; non seulement pour des prunes, mais il faillit bien se trouver pris dans le coup de filet où tomba PROSPER [88]. Enfin, le coup fut réalisé. Dans la nuit du 27 au 28, il partit avec une vingtaine d'hommes, dont *Olivier*, « s'occuper » de l'atelier d'entretien de locomotives de Fives, dans la banlieue lilloise, l'un des plus importants de France.

Ils se présentèrent ouvertement à la grille, vêtus d'uniformes de gendarmes fournis par des amis bien placés de Wattrelos ; Trotobas lui-même portait un costume civil discret… et un laissez-passer de la Gestapo. Il expliqua aux veilleurs de nuit que son groupe venait inspecter les dispositifs de sécurité de l'usine. Cette tâche impliquant évidemment de farfouiller partout, ses hommes en profitèrent pour placer des explosifs – suivant en cela les bons principes de Rheam – aux points les plus sensibles du local des transformateurs. Juste au moment où ils franchissaient de nouveau la grille principale et s'apprêtaient à s'éloigner, l'une des charges explosa prématurément. Trotobas expliqua avec aplomb aux gardiens qu'il importait de ne toucher à rien jusqu'à son retour : il allait promptement quérir pompiers et enquêteurs. Et il disparut dans la nuit. Quatre millions de litres d'huile furent détruits et vingt-deux transformateurs endommagés, certains de manière irréparable. Le rapport envoyé à Londres estimait que l'usine serait hors service pendant deux mois. En réalité, une enquête conduite après la guerre a montré que la production n'avait jamais complètement cessé et qu'elle était presque revenue à son niveau normal au bout de quatre jours seulement [89]. Mais ce coup de main était un bel exemple du type de destruction que le SOE pouvait mener à bien de manière plus précise et à meilleur compte que le bombardement aérien ; d'autant plus que l'usine se trouvait dans une zone densément peuplée et que, s'il avait fallu la bombarder, cela aurait probablement coûté la vie à plusieurs dizaines de Français[90].

Trotobas travailla dur tout l'été et l'automne dans le triangle Hazebrouck-Roubaix-Arras ; si dur, même, qu'il tomba malade. Il avait à son actif une série ininterrompue de sabotages ferroviaires et industriels, notamment l'arrêt total d'une autre grande usine à Lille en octobre. Un observateur bien informé écrivit en novembre dans un rapport, à propos de la région Nord : « Il y a eu quatre déraillements en cinq jours sur la ligne Amiens-Arras, qui ont causé des perturbations considérables. Les deux côtés de la voie sont jonchés de wagons, de plateformes et de matériel endommagé de toute sorte. »[91] Mais *Olivier* ne s'entendait guère avec Trotobas, car il était jaloux de l'admiration des autres membres du réseau pour le « capitaine Michel », comme ils l'appelaient, et trop vaniteux – pour ne pas dire borné – pour comprendre la nécessité des mesures de discrétion imposées par lui. Celles-ci allaient en effet très loin : Trotobas s'était enrôlé dans les Groupes mobiles de réserve (GMR) grâce à la complaisance d'un inspecteur qui n'exigeait de lui aucune heure de service. Il accomplissait ainsi l'essentiel de ses tâches dans un uniforme de l'« État français » de Vichy. Il tenait *Olivier* à distance, aux confins méridionaux de sa zone d'activité – où quelques bons parachutages d'explosifs furent reçus en juillet – et l'utilisait de préférence à convoyer les aviateurs abattus dans la région, que le réseau ne cessait de rencontrer sur son chemin.

Car la belle santé de l'organisation avait un coût : elle fut vite connue dans la région de tous les habitants hostiles à l'occupant, ce qui multipliait les points de pénétration possibles pour la police allemande. Celle-ci parvint à ses fins à partir d'un contact entre le réseau et certains dispositifs d'évasion. On se souvient de Berthe Fraser, qui avait organisé le voyage en corbillard de Yeo-Thomas. Un boulanger d'Arras, Dewispelaere, l'avait présentée à Trotobas et à *Olivier*, pour lesquels elle travailla à de nombreuses reprises. *Olivier*, qui se rendait souvent chez elle, y avait fait la connaissance de plusieurs messagers de filières d'évasion et d'organisateurs de vols de la section RF. C'est donc à elle qu'il s'adressa tout naturellement lorsqu'il voulut mettre à l'abri un agent local qui avait tué un soldat allemand surpris à tourner autour d'un camion volé de la Wehrmacht, dans le garage du réseau à

Arras. L'agent en question parvint au pied des Pyrénées, mais là il fut arrêté. Sérieusement malmené, il avoua son identité ; puis, sous la torture, il donna le nom de Dewispelaere.

Olivier et Trotobas se rencontrèrent pour la dernière fois à Arras le 23 novembre. Au cours de leur conversation, le premier crut comprendre que le second l'informait de son prochain changement de domicile (*Olivier* était l'un des trois membres du réseau qui normalement savaient où habitait le chef). Le surlendemain, Trotobas confia à Biéler, venu le voir à Lille, qu'il trouvait *Olivier* « un peu trop du genre matador » et pas vraiment à la hauteur. Ce jugement reçut une tragique confirmation dès le 28. Ce jour-là, à une heure du matin, les Allemands firent irruption dans la maison de Dewispelaere et y arrêtèrent le boulanger ainsi qu'*Olivier* qui était venu y passer la nuit. Cet homme que l'on ne connaissait que roulant des mécaniques et brandissant des revolvers se laissa prendre passivement. Les Allemands ne le ménagèrent pas : ils lui écrasèrent les orteils à coups de bottes. Ils l'identifièrent assez vite, le ramenèrent à Lille où ils arrivèrent peu avant quatre heures et le brutalisèrent à nouveau en exigeant l'adresse de son chef de réseau. *Olivier* montra la maison dont il pensait que Trotobas avait déjà déménagé et entendit de la rue – qui porte aujourd'hui le nom de rue du capitaine Michel – un échange de coups de feu lorsque les Allemands y pénétrèrent peu après sept heures. Le groupe qui avait donné l'assaut revint de fort méchante humeur : il avait perdu un inspecteur dans l'échauffourée, et tout ce qu'il avait réussi à tuer en échange c'étaient « une fille rousse et un type en uniforme des GMR ». On montra les corps à *Olivier*, qui comprit qu'il venait de tuer son chef.

Un terrible remords l'empêcha, du moins, d'en dire davantage. Il y eut une vingtaine d'arrestations ce jour-là et le suivant, et plusieurs des hommes arrêtés furent abattus aussitôt, mais les dégâts s'arrêtèrent là. Les sentiments de loyauté à l'égard de Trotobas étaient si forts que ses hommes, loin de baisser les bras, ne songèrent qu'à redoubler d'efforts pour le venger. Par l'intermédiaire de Biéler et de Déricourt, ils informèrent Londres que « les fils de l'organisation… [étaient] intacts et prêts à la reprise de l'activité »[92]. De fait, Pierre Seailles, l'un de ses lieutenants français, prit la relève. En décembre, quelques jours à peine après la mort de Trotobas, ses hommes mirent hors service l'atelier de réparation de Tourcoing et y détruisirent onze locomotives : FARMER finissait l'année sous les armes.

MUSICIAN aussi. Biéler s'installa en mars dans sa zone d'affectation, du côté de Saint-Quentin, où il justifia pleinement les espoirs que les instructeurs avaient placés en lui, la seule condition étant qu'on ne le bousculât pas : « Très consciencieux, subtil, intelligent... des générations de stabilité derrière lui... bon juge des caractères ; heureuse nature ; égalité d'humeur ; absolument fiable ; aimant plus que tout le travail bien fait et ne ménageant pas sa peine ; un organisateur né »[93]. Au mois de février, en chemin entre Paris et son lieu d'affectation, il provoqua le déraillement d'un train de transport de troupes près de Senlis. Au second semestre, ses équipes coupaient la ligne Lille-Saint-Quentin environ deux fois par mois. Il reçut seize livraisons en tout en 1943 et distribua le matériel à des groupes d'hommes soigneusement choisis, en vue de détruire voies ferrées, centraux téléphoniques et stocks d'essence dans le quadrilatère Douai-Maubeuge-Laon-Soissons. Les communications n'étaient pas faciles pour lui, ni localement (à cause de son problème de colonne vertébrale) ni avec Londres. Il utilisa les canaux radio de PROSPER jusqu'à leur disparition en juin[94], puis ceux de TINKER. Finalement, en septembre, on lui affecta une opératrice, Yolande Beekman, une Suissesse de trente-deux ans aussi solide, aussi fiable, aussi inoubliable qu'il l'était lui-même : comme le dira l'un de leurs assistants, « ils étaient tous deux des êtres de la plus belle qualité imaginable »[95]. Avec deux agents pareils en son centre, MUSICIAN avait toutes les chances d'accomplir de grandes choses ; s'ils n'étaient pas du genre tout feu tout flamme, ils compensaient largement leur défaut de fougue par leur régularité. Pendant que l'impétueux Trotobas galopait de démolition en démolition, Biéler, plus méthodique, se concentrait sur la préparation d'opérations à long terme, même s'il laissait aussi ses équipes se faire les dents sur un pont ou une pompe à essence de temps à autre. Il approvisionna régulièrement ses amis cheminots en graisse abrasive, une excellente spécialité du SOE qui usait les pièces qu'elle était censée lubrifier : au cours de l'automne, il eut la satisfaction d'enregistrer la mise hors service de dix locomotives grâce à cette pratique, qui présentait l'avantage supplémentaire d'être à peu près indécelable.

Au sud du réseau MUSICIAN, Ben Cowburn, sur sa troisième mission – cette fois sous le nom de *Germain* –, constitua un petit réseau autour de Troyes, TINKER, qui se spécialisa aussi dans le sabotage ferroviaire et qui, comme tout ce que faisait Cowburn, était méticuleusement protégé. Ce qui rendait la discrétion encore plus importante dans son cas était qu'il se trouvait, qu'il le voulût ou non, lié de loin à PROSPER ;

car d'une part c'était Culioli qui avait assuré sa réception lorsque lui-même et son radio avaient été parachutés au sud de Blois le 11 avril, d'autre part son meilleur contact local à Troyes, le marchand de bois Pierre Mulsant, était un ami très proche d'Octave Simon de SATIRIST. Cowburn décida de prendre sur lui la plus grosse part des risques et de maintenir tous les autres aussi insoupçonnables que possible : plus il concentrerait sur sa propre personne le danger d'être découvert, mieux il connaîtrait l'étendue des risques encourus ; en outre, expliquera-t-il plus tard, « si j'étais le seul à être repéré, je pouvais espérer plonger et disparaître, alors que mes recrues étaient liées à leur maison, à leurs affaires, à leurs fermes ou à leurs familles, et étaient de ce fait extrêmement vulnérables. » [96]

Il s'ensuivait parfois des situations cocasses. Par l'intermédiaire du discret Dr Mahée, cadre local de l'Organisation civile et militaire (OCM), Cowburn trouva dans les environs de Troyes une maison dont il fit son arsenal et son atelier : c'est là qu'il répartissait la marchandise reçue en vrac de Londres et qu'il fabriquait ses bombes en solitaire. « L'odeur d'amande du plastic régnait partout dans la maison vide, écrivit-il plus tard, et je me disais souvent que, installé à ma table en manches de chemise, avec devant moi des tas de grenades et de bouteilles incendiaires et, le long des murs, des rangées de Sten et de pistolets, j'avais vraiment tout de l'anarchiste se préparant à faire sauter le grand-duc de Moldavo-Slavonie dans un drame d'avant 1914. Il n'y manquait que les favoris postiches. » [97] Mais cet attirail théâtral accompagnait du travail sérieux.

Il est intéressant de citer ici son compte-rendu, rédigé à peine quelques semaines après les faits, d'une « modeste opération » (ce sont ses termes) effectuée dans la nuit du 3 au 4 juillet : six grosses locomotives détruites et six autres sérieusement endommagées dans les ateliers de maintenance de la gare de Troyes.

« Senée [une recrue locale] et moi-même quittâmes ma cache d'armes à 11 heures du soir. En chemin, nous rencontrâmes une patrouille allemande ; nous nous tînmes prêts à tirer, mais ils ne nous prêtèrent pas attention. Nous étions à minuit au point de rendez-vous, sous un pont franchissant le canal ; les quatre autres hommes arrivèrent aussi. À 1 h 15, nous entrâmes dans le dépôt par le moyen qui avait été trouvé. Je conduisis alors les hommes, deux par deux, sous les locomotives et je leur montrai comment fixer l'explosif. Cela n'alla pas sans mal : la difficulté de s'activer sous le ventre d'une grosse locomotive dans l'obscurité la plus totale, c'est quelque chose qu'il faut avoir vécu pour le croire. Enfin, j'attribuai les locomotives à chacune des trois équipes de deux et nous nous mîmes au travail. Nous quittâmes les lieux au bout de 40 minutes, chaque équipe rentrant chez soi séparément. Pour repartir, il nous fallait traverser les voies et, par un heureux hasard, les projecteurs qui éclairent normalement l'un des passages à niveau étaient éteints, sans doute en panne. À La Chapelle-Saint-Luc, Senée et moi avons manqué nous trouver nez à nez avec un Feldgendarme : il fallut battre précipitamment en retraite à travers champs.

Nous avions quitté les ateliers depuis environ une demi-heure quand la première bombe explosa. Nous avions réglé nos détonateurs à retardement pour deux heures, mais l'un d'eux était parti prématurément. Nous rentrâmes en toute hâte et les bangs commencèrent à se succéder au rythme d'environ un toutes les dix minutes ou tous les quarts d'heure : treize explosions en tout. Dès que la première s'était fait entendre, toutes les polices et toutes les garnisons allemandes avaient été appelées à la rescousse et avaient convergé vers les ateliers. Les hommes se ruaient partout, ils ouvraient grand les portes et pointaient leurs mitraillettes dans chaque local. Ils n'avaient pas songé que l'attentat pouvait avoir visé plusieurs locomotives. Lorsque la deuxième bombe explosa, ils se précipitèrent dehors et encerclèrent les ateliers à quelque distance. Puis, les explosions se succédant, ils commencèrent à comprendre que c'était du travail de gros et se tinrent prudemment éloignés.

Je crois savoir qu'au petit matin le colonel von Litrorf, commandant allemand de la place de Troyes, vint en personne réprimander ses hommes pour leur pusillanimité. Il se hissa sur une locomotive qui était sur la voie de transfert, car personne ne pensait que celle-ci aussi avait pu avoir droit à son petit traitement. Il n'était pas plutôt arrivé sur la plate-forme que la locomotive voisine explosa. Il sauta à terre et, traversant les voies en toute hâte, se précipita dans la voiture qui l'attendait. L'entrée du dépôt fut interdite et, plusieurs heures plus tard, lorsque les explosions eurent cessé, les Allemands se mirent à appréhender et à interroger les gens.

Ils commencèrent, je crois bien, par ceux qui se trouvaient dans les ateliers au moment des explosions, mais ne tardèrent pas à comprendre qu'ils ne pouvaient pas être les auteurs de l'attentat et les relâchèrent. Ils arrêtèrent et relâchèrent encore d'autres personnes, puis firent venir leurs experts et en vinrent finalement à la conclusion que c'était du travail de spécialiste : probablement l'Intelligence Service. Ils trouvèrent une bombe qui n'avait pas explosé, prirent des photos des dégâts et déclarèrent que ce devait être un agent britannique qui avait conduit l'opération. Ils semblent avoir abandonné l'enquête quelques jours plus tard. Selon les experts allemands, cela ne pouvait pas avoir été le travail de résistants gaullistes ; et même l'un des officiers de la Gestapo déclara qu'il tirait son chapeau à celui qui l'avait fait, quel qu'il soit.

Le lendemain de l'opération, les Allemands dressèrent des palissades autour de la Feld-Kommandantur et firent escorter leurs soldats en déplacement, devant et derrière, par des motocyclistes et des auto-mitrailleuses. Il renforcèrent également les postes de garde.

La population fut absolument ravie de toute l'affaire, car personne ne fut durablement arrêté. [Avant l'attentat], les autorités avaient fait évacuer les habitants de La Chapelle-Saint-Luc car on craignait que les Britanniques ne bombardent le dépôt. L'on conclut que, en définitive, les Britanniques avaient sans doute décidé de procéder autrement afin de ne pas causer de mal à la population, et tout le monde était content. Je rencontrai Thierry quelque temps plus tard et il me confirma que nous avions infligé aux locomotives des dommages permanents [98]. »

Et pour couronner le tout,

« …dans les semaines qui suivirent, mes amis s'amusèrent beaucoup à écouter les habitants du voisinage expliquer doctement comment tout ça avait été fait, certains affirmant même avoir participé à l'opération. L'une des rumeurs qui ont couru était qu'une équipe de sapeurs britanniques avait sauté en parachute près de la gare de triage et que l'avion qui les avait largués était revenu les prendre en atterrissant dans un champ voisin. Pierre [Mulsant] arrivait et disait : "Je viens encore d'en rencontrer un qui l'a fait ; celui-là, il est entré par le toit" [99]… »

Un petit à-côté : TINKER apporta une contribution modeste, mais non sans utilité, à la bataille de l'Atlantique. Un lot de chemises à destination des équipages de sous-marins allemands fut traité avec une poudre urticante inventée par un sadique de l'état-major londonien et introduite par un des agents de Cowburn dans une usine locale de confection. On était convaincu à Troyes qu'au moins un sous-marin avait capitulé en plein océan, pour pouvoir soigner une mystérieuse affection dont souffrait l'équipage et qui ne pouvait être, selon le capitaine, qu'une dermatose gravement invalidante. Il serait évidemment agréable de le croire. La vérité est que, en ce qui concerne la France, la contribution du SOE à l'indispensable campagne contre les sous-marins allemands fut mince, et cela pour une raison tactique fort simple : les cinq grandes bases allemandes de sous-marins sur la côte atlantique étaient trop bien gardées pour être pénétrées par le genre de commandos que le SOE était capable de mobiliser. Londres ne cessait d'envoyer aux agents des directives les invitant à s'attaquer aux équipements de sous-marins partout où ils pourraient le faire, mais les seules marchandises éventuellement exposées aux attaques du SOE voyageaient par rail, or il se trouve que les meilleures équipes de cheminots associées au SOE se trouvaient dans les réseaux PIMENTO et JOCKEY, dans la vallée du Rhône, ainsi que dans le réseau FARMER autour de Lille qui, lui, était mal ravitaillé ; aucun des trois ne commandait de voies ferrées importantes pour ce trafic particulier. Les contacts prometteurs qui s'étaient noués entre OVERCLOUD et LA BÊTE NOIRE, l'organisation bretonne de cheminots, étaient partis en fumée avec OVERCLOUD. Or la campagne anti-sous-marine était d'une immense importance pour la Grande-Bretagne : une défaite y aurait été fatale, et bien sûr l'état-major du SOE était conscient de l'enjeu et répercutait les instructions. Curieusement, à force de répéter l'ordre de saboter des pièces de sous-marins, ses officiers finirent par croire eux-mêmes que ces ordres étaient exécutés. Des rapports à ce sujet étaient même adressés de temps à autre aux autorités supérieures, qui leur ajoutaient foi [100] ; et pourtant ils ne reposaient à peu près sur rien.

Pour reprendre le fil de notre récit, Cowburn avait une qualité qu'on rencontre rarement dans les organisations offensives : il savait s'arrêter à temps. À la mi-septembre, la pression de la Gestapo autour de Troyes devenant difficile à soutenir, il jugea prudent de rentrer au pays, par avion, et emmena avec lui jusqu'à Paris un aviateur en mission spéciale dont le Halifax avait été abattu au-dessus de sa zone. Il avait remis le commandement de TINKER à Pierre Mulsant, mais les Allemands étaient sur leurs traces et Mulsant partit à son tour pour l'Angleterre en novembre. Le même Hudson ramassa, outre Mulsant, la messagère du réseau, Mme Fontaine, et son radio, John Barrett (*Honoré*), qui avait sauté en parachute avec Cowburn en avril et était resté à ses côtés tout au long de cette mission. Un autre ami de Cowburn, Charles Rechenmann, qui s'était activé dans une autre région, était également du voyage. TINKER était donc provisoirement suspendu. Il fut remplacé par DIPLOMAT, qui commença par être un réseau dormant. Son organisateur était Yvan Dupont (*Abélard*), jeune Parisien découvert par George Starr. Ce dernier l'avait employé quelques mois à Agen dans son réseau WHEELWRIGHT (dont nous parlerons un peu plus loin), puis l'avait envoyé, par l'Espagne, se former en Angleterre. Le personnel londonien de la section F et les instructeurs l'apprécièrent beaucoup, et il fut parachuté dans le département de l'Aube en octobre, avec mission de récupérer autant d'amis de TINKER et de Mulsant qu'il le jugerait compatible avec les besoins de la sécurité. Il fut autorisé à maintenir les équipes existantes de saboteurs ferroviaires dans la région de Troyes, important carrefour où cinq lignes importantes rejoignaient la grande ligne de Paris à Belfort. Il s'y tint tranquille pendant tout l'hiver à établir sa couverture, à sonder la solidité de ses hommes et à se préparer à lancer DIPLOMAT dans l'action dès que Londres en donnerait l'ordre.

Les réseaux urbains que nous venons d'examiner tour à tour couvraient la plus grande partie des cibles industrielles et de transport de quelque importance à l'intérieur du triangle Lille-Troyes-Le Havre (sauf Paris). Leurs membres étaient pleins d'enthousiasme. Le territoire de chacun d'eux était relativement restreint ; leurs effectifs également, sauf à Lille où Trotobas, avec son infatigable énergie, construisit une véritable force combattante. Le réseau DONKEYMAN de Frager, plus rural, aurait dû jouxter TINKER dans l'Yonne. Après un mois de sérieuses discussions à Londres sur l'avenir de CARTE, Frager retourna en France dans l'un des Lysander de Déricourt à la mi-avril ; nous avons déjà parlé de ses nouvelles instructions [101]. Mais il lui était difficile de se dégager complètement du tissu de relations qu'il avait hérité de CARTE et de ses liens avec le réseau PROSPER ; la ruine de ce dernier fut un coup très dur pour lui, comme le montrera le prochain chapitre, en le privant du sous-réseau INVENTOR dont la section F l'avait doté au mois de mai, et qui était censé l'aider. Mais il y avait pire encore que d'avoir des accointances avec PROSPER : c'était de croire à la loyauté de Roger Bardet. Celui-ci avait rejoint Frager à la mi-avril, lorsque SPINDLE était tombé, sans perdre le contact avec l'Abwehr ; on peut même dire que le contact n'avait jamais été aussi étroit, car il fut de nouveau arrêté. Et là, même sa propre version des événements n'est pas à sa gloire. À l'en croire, Bleicher l'aurait libéré de Fresnes début mai, à la condition qu'il continuât à tenir l'Abwehr informée des caches d'armes de DONKEYMAN et des messages que celui-ci échangeait avec Londres ; et Frager non seulement lui aurait conseillé avec insistance d'accepter le marché, mais aurait concocté avec lui une histoire à raconter aux autres, selon laquelle il se serait évadé d'un fourgon cellulaire lors d'un transfert entre Fresnes et une autre prison parisienne[102]. Cet épisode, confirmé seulement par Bleicher et par un autre agent double lié à Bardet, J.L. Kieffer[103], paraît incompatible avec le caractère de Frager, qui était un homme impulsif, voire capricieux, mais d'une honnêteté irréprochable : il ne peut s'agir que d'un mythe utile – utile à Bardet, s'entend – et Frager n'était plus là pour le démentir. Il ne fait aucun doute que Bardet remplit sa part du contrat : on sait qu'il fréquentait assidûment l'appartement de Bleicher[104], lui apportant toutes sortes d'informations sur le SOE qui n'étaient certainement pas dépourvues d'intérêt, car il avait gagné la confiance absolue de Frager. Il mit en contact ce dernier avec Kieffer, un de ses camarades du temps où il était dans l'armée de l'air ; celui-ci offrit à Frager d'assurer la conduite de ses groupes de Normandie. Un homme présenté par Bardet ne pouvait qu'inspirer confiance à Frager, qui lui délégua donc la charge de toutes les affaires normandes de DONKEYMAN. Frager mourra sans savoir que c'était ce même intrigant bedonnant et presque chauve qui avait déjà mis les Allemands sur la trace du réseau INTERALLIÉ, ni que Kieffer et l'Abwehr accueillirent ensemble plusieurs parachutages d'armes en provenance de Londres pour les détourner de leurs véritables destinataires[105].

SUD-OUEST

Le reste des mésaventures de DONKEYMAN attendra le chapitre suivant : elles sont en effet étroitement liées à celles de PROSPER et aux jeux subtils de la désinformation mutuelle par radio entre Londres et les services allemands. Pour l'instant, signalons encore un contact de DONKEYMAN, dont on crut un moment – à tort, mais c'était plausible – qu'il était à l'origine de l'une de ces opérations de désinformation par voie des ondes. On pensait à Londres que Frager avait un groupe sous ses ordres dans le Sud-Ouest ; d'aucuns le situaient en Dordogne, d'autres autour de Toulouse, mais tout ce qu'on savait de façon certaine était le nom de son chef, Méric. Le Dr Méric affirmera en novembre 1944 qu'il voulait se battre depuis septembre 1940 mais qu'il n'avait jamais eu la chance de tomber sur un réseau en activité. CARTE s'était révélée une planche pourrie. Il s'était donc contenté de faire du travail de propagande dans la basse vallée du Tarn, puis un jour une convocation de Frager lui rendit l'espoir de réaliser son désir. Cela ne déboucha que sur un unique parachutage d'armes près de Montauban en juillet 1943. Lorsque vint le débarquement, dit-il, « nous nous sommes battus comme nous avons pu ». Il n'était en aucune manière lié à PRUNUS [106]. La fiabilité du personnage souleva des doutes dès l'époque de la guerre, et à la Libération il fut poursuivi pour « faux maquis » (c'est-à-dire affirmation mensongère de faits de résistance) ; je n'ai pas réussi à découvrir quelle fut l'issue du procès [107]. Mais il est certain que Frager était encore en contact de temps à autre, au printemps, avec Rabinovitch, et que Rabinovitch se rendit à Toulouse pour réparer l'appareil émetteur en panne de Bloom, le radio de PRUNUS. Or peu après, ce dernier ainsi que son chef Pertschuk furent arrêtés ; et l'on soupçonna quelque temps que Roger Bardet avait réussi à extorquer à Rabinovitch un moyen d'entrer en contact avec eux, et s'était arrangé ensuite pour qu'un autre agent double se rendît à Toulouse afin de les livrer aux Allemands. Mais les dates rendent cette hypothèse improbable : la troisième arrestation de Bardet n'intervint que dans la seconde quinzaine d'avril alors que Pertschuk et Bloom étaient déjà prisonniers des Allemands avant le 15.

Il est bien sûr possible que le marché passé entre Bardet et l'Abwehr remonte à l'une de ses arrestations antérieures, soit à Aix-en-Provence en janvier 1943, soit même sur la Côte d'Azur début novembre 1942, à une époque où l'Abwehr n'était même pas officiellement présente au sud de la ligne de démarcation : en ces deux occasions il s'était échappé ou avait été relâché avec une promptitude suspecte. Mais il n'est pas indispensable de chercher un ou plusieurs agents doubles qui eussent trahi les chefs de PRUNUS : ils se trahissaient très bien eux-mêmes. Le lecteur se souvient qu'ils s'étaient retrouvés en France après en être convenus avant même leur départ d'Angleterre, en infraction directe à toutes les règles de sécurité [108]. Un jour, au début de l'année, un organisateur voisin avait dû aller les voir à une adresse qu'ils avaient indiquée, et qui se révéla être celle d'un restaurant de marché noir, où il trouva tous les dirigeants de PRUNUS, six ou sept personnes, assis à la même table, terminant un bon dîner et papotant en anglais [109]. C'était courir à l'abîme.

L'émetteur de Bloom avait été remis en état en janvier ; le réseau reçut quatre parachutages de matériel, et Pertschuk commença à élaborer un projet d'attentat contre la cible régionale la plus évidente, la poudrerie de Toulouse. Alors que son plan était presque prêt, il reçut dans la nuit du 11 au 12 avril un assistant franco-canadien, Duchalard, arrivé en parachute, et qui était affecté en priorité à servir une balise *Eureka* : dispositif particulièrement utile au pied des Pyrénées où, d'une part, beaucoup de vallées se ressemblent vues d'en haut et où, d'autre part, les avions approchaient de la limite extrême de leur rayon d'action. Pertschuk installa Duchalard dans un domicile sûr, régla quelques affaires dans les campagnes environnantes et revint le soir même à son logis de Toulouse. Les Allemands, qui avaient obtenu son adresse d'un agent local récemment capturé, l'y attendaient et l'arrêtèrent en toute discrétion. Il leur fallut moins d'une semaine pour prendre tous les principaux membres de son réseau, à l'exception du dernier arrivé, Duchalard, qui rentra en Angleterre par l'Espagne. Sur Bloom ou dans ses affaires, les Allemands tombèrent sur une photo de Pertschuk en uniforme britannique : Bloom, avec son espièglerie typiquement cockney, avait apparemment trouvé drôle de rouler le personnel de sécurité anglais, qui fouillait en principe de fond en comble tous les agents en partance. Les conséquences de cette découverte furent extrêmement lourdes. Non seulement le portrait compromit totalement Pertschuk, condamnant par avance à l'échec tout ce qu'il aurait pu tenter de faire croire aux Allemands sur son identité de couverture, mais il constitua pour la Gestapo une arme dévastatrice contre les autres agents capturés, surtout ceux qui l'avaient connu antérieurement à son arrestation ou en prison. Car chacun connaissait par expérience la minutie des fouilles de sécurité précédant le départ, et du coup la photo accréditait l'idée que les Allemands avaient un agent à Baker Street[110].

Ces arrestations avaient été le fait du Sicherheitsdienst et non de l'Abwehr, mais le schéma était le même : longue étude d'une organisation et patiente pénétration, puis élimination de tous ses dirigeants en un seul coup de filet. C'est ce qui s'était passé un an plus tôt avec AUTOGIRO, c'est aussi, supposa-t-on, ce qui se passait au même moment avec SPINDLE. Mais cette fois le SD ajouta un raffinement supplémentaire. N'ayant pas pu attraper Rabinovitch, les enquêteurs firent appel à Goetz, leur spécialiste radio, qui fut envoyé en toute hâte de Paris à Toulouse pour pianoter sur l'appareil de Bloom à destination de l'Angleterre. Bloom ne les aida en rien, il fut un captif sans reproche, même si l'on ne saurait en dire autant de ce qui avait été son attitude en liberté. Pertschuk non plus, qui fit preuve face à ses geôliers d'une dignité et d'une force de caractère peu communes à son âge (il n'avait même pas 22 ans). Et Goetz ne reçut aucune aide de Londres non plus : on comprit tout de suite à l'état-major que quelque chose ne tournait pas rond dans les nouveaux messages de Bloom. À vrai dire, on disputa longtemps de ce qui clochait exactement : le « cas *Bishop* » remplit plusieurs dossiers épais. Mais ces premières tentatives assez balbutiantes de Goetz pour duper les Anglais n'eurent aucun succès et furent abandonnées au bout d'un mois.

La disparition de PRUNUS laissait PIMENTO, le réseau de cheminots de Brooks, sans communications radio, mais Brooks était plutôt soulagé qu'autre chose. Peu après l'arrestation de Pertschuk, le train qui l'amenait de Toulouse à Lyon fut investi par la Gestapo à son arrivée en gare. Heureusement pour lui, son principal adjoint à Lyon, le douanier Bizot (*Lucien*), qui se trouvait là, eut la présence d'esprit de le menotter, de l'entraîner vers un véhicule de police français et de démarrer aussitôt. Brooks était à l'époque depuis neuf mois en France ; il avait organisé de très nombreuses équipes de sabotage ferroviaire et en avait même armé certaines. Pour entretenir le moral de ses hommes, il leur fit exécuter la destruction de plusieurs locomotives aux ateliers d'entretien de Montauban en juin, et, le même mois, il coupa la voie ferrée reliant Toulouse à Gaillac et à l'Aveyron. Mais son principal effort en 1943 porta sur la vallée du Rhône et ses affluents, jusqu'à Mâcon au Nord et, à l'Est, assez profondément dans les Alpes. André Moch (fils du ministre socialiste Jules Moch) créa un groupe solide sur la ligne Lyon-Turin par Grenoble et Modane et réussit à y interrompre le trafic à plusieurs reprises, sur ordre de Londres, en juillet et en octobre. C'est Roger Morandat, le frère du Morandat qui avait dirigé l'importante mission OUTCLASS pour la France Libre, qui prit d'abord en charge les groupes lyonnais ; il organisa plusieurs comités de réception et reçut une livraison en janvier. Il fut arrêté en mars, mais un autre agent de Brooks, Jean Dorval, inspecteur de police français, devança la Gestapo dans son appartement et le vida de tout ce qu'il contenait de compromettant. À partir de ce moment, Brooks mit aussi peu de chose que possible sur le papier. Il se fit une règle de ne jamais porter sur lui de documents dangereux. Et dans la mesure où l'on peut parler d'« archives » de son organisation, celles-ci se trouvaient entre les mains d'un subordonné détenu dans une prison genevoise, où il paraissait peu probable que les Allemands aillent les chercher.

En fait, PIMENTO était aussi proche de la prudence absolue qu'un réseau de sabotage peut se le permettre tout en faisant effectivement beaucoup de sabotage. Dans le courant de l'année 1943, il reçut plus de trente livraisons d'armes et de matériel ; beaucoup trop d'armes, à vrai dire, par rapport à ses besoins. Il avait l'emploi d'explosifs, de dispositifs de retardement, de détonateurs, de graisse abrasive en quantité pratiquement illimitée, mais si peu de débouchés pour ses armes qu'il finit par doter chacun des membres de ses nombreux comités de réception d'un fusil mitrailleur Bren. On a là un exemple de prodigalité inutile. La plupart de ces Bren ne furent pas employés une seule fois ; ils auraient été beaucoup plus utiles dans les réseaux ruraux qui en réclamèrent à grands cris lorsque la guérilla éclata enfin, et qui n'obtinrent à la place que des Sten. Brooks était, du reste, également inondé de Sten ; mais il les trouvait beaucoup trop dangereux à l'emploi, du moins jusqu'à ce que les exemplaires livrés aient enfin été exempts des bavures de métal laissées dans leur gueule par des fabricants trop pressés.

S'il reçut tellement plus d'armes que nécessaire, c'était parce que l'état-major avait vite perçu qu'il pouvait lui faire confiance, parce que la RAF aimait avoir affaire à ses comités de réception ponctuels et efficaces, enfin parce qu'il était l'un des très rares organisateurs qui utilisaient la balise *Eureka* et qu'il veillait à assurer chaque mois, durant la phase lunaire favorable aux parachutages, la permanence d'accueil au « terrain de ravitaillement » correspondant. Et aussi parce qu'en général, quand il recevait l'ordre de faire quelque chose (de réalisable), il le faisait, et promptement. Son réseau joua un rôle important dans la désorganisation puis l'arrêt total de certaines lignes ferroviaires. En outre, il était capable, malgré son jeune âge, d'exercer son autorité de loin. Lorsque, sur l'ordre de l'état-major, il passa trois mois et demi en Grande-Bretagne, où il fut amené par un Hudson à la mi-août (il y partagea son temps entre des cours de mise à niveau et une lune de miel), André Moch assura l'intérim. Brooks lui avait inculqué tous les principes de Beaulieu. Il s'agissait maintenant de les appliquer, car les chefs d'état-major avaient trouvé le bilan des sabotages du SOE – dans la mesure où Londres en avait connaissance – suffisamment encourageant pour demander, à l'automne 1943, un effort spécial contre le trafic ferroviaire entre le Midi de la France et l'Italie. MONK contribua quelque peu à cet effort, JOCKEY davantage et PIMENTO plus encore. On ne trouve pas dans les documents du SOE de bilan chiffré des désordres ainsi induits dans le plan de renforcement allemand. Peut-être furent-ils modestes, mais il serait intéressant d'étudier ce point plus avant.

Pourquoi donc les chefs d'état-major étaient-ils désormais disposés à faire appel aux forces offensives du SOE à certaines fins tactiques, dès lors que cela entrait dans les capacités de ses agents ? Une bonne raison venait d'en être offerte par un autre réseau de la section F même si, à vrai dire, l'excellent travail de ce réseau sortait un peu des missions théoriquement assignées au SOE.

C'était SCIENTIST, l'organisation dirigée par de Baissac dans la région bordelaise. Elle comportait deux parties : un petit groupe de saboteurs affectés à la zone portuaire, et un groupe plus large et plus divers de résistants ruraux, certains dans les Landes entre Bordeaux et Dax, d'autres autour d'Angoulême, dans le Poitou et jusqu'en Vendée. Plusieurs de ses dirigeants, y compris de Baissac lui-même, qui était un ami de Suttill, se rendaient souvent à Paris, où ils avaient encore un petit groupe de sympathisants. Au nom d'une rationalité évidente, de Baissac voulut transférer ces gens au réseau PROSPER. Mais Bodington les lui rendit en août, après la chute du réseau parisien. Leur présence précipitera la ruine de SCIENTIST. Mais avant cela, la partie la plus petite et la plus directement offensive de ce dernier avait produit de bons dividendes, sous forme de renseignements sur les arrivées, départs et chargements des « forceurs de blocus » dans l'estuaire. Leurs informations étaient plus précises, plus substantielles et plus rapidement disponibles à Londres que celles de toutes les autres sources ; cela leur valut une lettre de félicitations de l'Amirauté, datée de septembre 1943, où l'on peut lire : « Ces informations directes venues de Bordeaux… ont permis de mettre pratiquement fin au contournement du blocus entre l'Europe et l'Extrême-Orient cette année. Or il est de la plus haute importance de bloquer ce trafic car il fournit aux Japonais des approvisionnements vitaux. »[111]

Par malheur pour SCIENTIST, l'opération FRANKTON avait vilainement secoué les Allemands en décembre 1942, et ils patrouillèrent désormais dans la zone des docks de la Gironde avec une telle fièvre que même les équipes de Baissac, qui connaissaient le port à fond, n'eurent plus jamais la possibilité d'attaquer. Les mouillages de sous-marins, à Bordeaux et à La Pallice, étaient encore plus rigoureusement gardés. Tout ce que les saboteurs purent faire fut de trafiquer un groupe d'accumulateurs de sous-marins pendant leur transport vers La Pallice, en y introduisant des plaques qui devaient les détruire lentement. On n'a jamais su de façon certaine le résultat de cette opération, bien que les Français revendiquent d'avoir fait couler deux sous-marins en haute mer [112].

La partie rurale et moins spécialisée de SCIENTIST se développa rapidement ; et même beaucoup trop vite. Lors de son séjour d'un mois à Londres, en mars-avril, l'organisateur déclara pouvoir déjà compter sur trois à quatre mille combattants, la plupart en Aquitaine, même s'il n'avait encore presque pas reçu d'armes pour eux. À l'automne, cet effectif avait quadruplé : onze mille hommes auraient été disponibles rien qu'en Gironde, sans compter plusieurs centaines dans les Landes et cinq mille environ en Poitou et dans la moitié Sud de la Vendée. En mai, il n'y avait encore eu que neuf livraisons d'armes, mais, à la fin août, SCIENTIST et ses sous-réseaux avaient reçu cent vingt et un parachutages de matériel, soit près de deux mille conteneurs ou colis. De Baissac disposait ainsi de près de neuf tonnes d'explosifs et put distribuer à la moitié environ de ses hommes une arme personnelle. « À l'évidence, il se construisait là quelque chose de puissant », écrira plus tard Bourne-Paterson [113]. Mais les Allemands en étaient conscients aussi.

On a bien affaire ici à un processus de boule de neige beaucoup trop rapide pour rester sûr. Si l'invasion alliée de la France s'était produite au début de l'automne 1943, comme l'espéraient des millions de gens, ce réseau aurait pu jouer un rôle important sur la côte sud-atlantique, en détournant l'attention de l'ennemi des grandes plages du débarquement, sans doute pas très longtemps mais de façon peut-être décisive. Par deux fois au cours de l'automne furent diffusés à destination de tous les réseaux actifs du SOE en France les messages BBC annonçant l'invasion à échéance d'une quinzaine de jours ; mais les messages d'exécution qui auraient dû suivre, juste avant le débarquement lui-même, ne furent pas envoyés. Il s'agissait en réalité d'une opération de désinformation destinée à couvrir l'attaque sur Salerne (8 et 9 septembre). Il est certain que la rumeur de ces avertissements, sans doute propagée par les agents recrutés localement, se répandit trop loin pour la sécurité des réseaux de résistance et parvint aux oreilles des Allemands. C'était bien dans les intentions de l'état-major, mais ce dernier aurait dû réfléchir davantage à la sécurité.

Pourtant les ennuis de SCIENTIST ne vinrent pas de subalternes trop bavards, mais de plus haut. Le réseau reposait, de manière assez précaire, sur les deux extrémités du spectre politique de la résistance : les FTP, qui étaient bien implantés dans les docks de Bordeaux et certains districts ruraux, et l'OCM, l'Organisation civile et militaire, plus giraudiste que gaulliste, dirigée par d'anciens officiers français de tendance conservatrice. Le détachement parisien de Baissac se composait essentiellement de membres de cette organisation, sous les ordres d'un militaire français portant un nom irlandais, Marc O'Neil. En août, de Baissac emmena à Paris son deuxième radio, Marcel Defence (*Dédé*) – jeune Français né à Londres qui lui avait été parachuté en mai – pour qu'il aide O'Neil à dégager son groupe de tout ce qui le rattachait encore aux restes de PROSPER. Lui-même rentra en Angleterre, pour quelques semaines croyait-il, par le Lysander de la mi-août qui ramenait Bodington en France ; sa sœur fit le voyage avec lui. Il laissait la responsabilité de son réseau à André Grandclément.

Ce dernier, colonel en retraite pas encore quadragénaire, était fils d'amiral ; c'était Antelme qui l'avait découvert à Paris et l'avait présenté à de Baissac comme possible recrue. C'était un monsieur distingué, situé très à droite en politique – il avait même été aide de camp du colonel de La Rocque – et déjà assez haut placé dans l'OCM, où O'Neil l'avait introduit plus d'un an auparavant[114]. C'était lui qui avait apporté à de Baissac son plus gros contingent de combattants – plus d'un millier d'hommes – et c'était par son intermédiaire qu'avaient été recrutés la plupart des comités de réception de parachutages pour l'armement du réseau. Naturellement, toutes ces opérations aériennes – le triple de celles destinées à PROSPER – ne passèrent pas tout à fait inaperçues. De sorte qu'en juillet, vers l'époque où PROSPER subissait ses coups les plus durs, les Allemands procédèrent également à quelques dizaines d'arrestations dans la région bordelaise, en frappant un peu au hasard. C'est par l'intermédiaire de l'une des personnes appréhendées qu'ils obtinrent l'adresse de Grandclément. Ils firent une descente chez lui et arrêtèrent sa femme. Lui-même n'était pas là, mais ils trouvèrent dans ses papiers un fichier où figuraient en clair une centaine de noms et d'adresses sous le mince déguisement (il était supposé être agent d'assurances) de « clients potentiels ». Il s'ensuivit aussitôt plusieurs dizaines d'arrestations supplémentaires, ce qui décapita l'OCM dans la région[115]. Car aucun des hommes de Grandclément ne connaissait la règle absolue de Beaulieu : déménager aussitôt qu'un membre du réseau était arrêté.

Les rescapés n'allaient pas tarder à l'apprendre, car les ennuis ne faisaient que commencer. Grandclément s'étant rendu à Paris pour consulter O'Neil, il y fut arrêté le 19 septembre dans un café par la Gestapo, qui avait trouvé dans sa maison une photo de lui. L'équipe parisienne du Sicherheitsdienst ayant alors beaucoup à faire, comme le montrera le prochain chapitre, il fut transféré à Bordeaux. C'est là que Dhose, le chef local de la Gestapo, réussit habilement à le retourner : faisant appel à son honneur d'officier et de membre de l'élite nationale, il le convainquit que les intérêts de la France la situaient en réalité aux côtés de l'Allemagne. Le communisme international, voilà le monstre qui menaçait de les engloutir toutes deux, et avec elles tout l'héritage culturel de l'Europe, si elles ne conjuguaient pas leurs forces pour l'écraser. Pourquoi Grandclément ne contribuerait-il pas à débarrasser le Reich de la menace (légère) que représentaient ces groupes de résistance sur ses arrières, de manière à lui permettre de lancer toutes ses forces dans la bataille vitale, celle de l'Est ? Tout ce qu'on lui demandait, c'était d'indiquer où étaient stockées les armes de SCIEN-TIST ; cela fait, ses amis seraient relâchés.

Grandclément se laissa convaincre et conduisit les Allemands dans une tournée des caches d'armes dont il avait connaissance. Après la Libération, à laquelle il ne survécut pas [116], et jusqu'à ces dernières années, on a beaucoup discuté en France de la bonne foi de ce choix[a]. À lire un long article qu'il écrivit en 1944, on ne saurait douter qu'il était parfaitement sincère : il pensait vraiment à l'époque qu'il n'avait pas trahi son pays, que personne n'avait été arrêté par sa faute, qu'il n'avait fait « que [son] devoir de Français », non seulement avant son arrestation mais après [117]. Ses compagnons ne furent pas de cet avis.

Quelques jours après son retour à Bordeaux, les Allemands, désormais assurés de sa collaboration, le laissèrent libre de ses mouvements, sans filature. Il se rendit chez Charles Corbin, inspecteur de police français d'une cinquantaine d'années qui était l'un des assistants les plus sûrs de Baissac ; il eut la surprise d'y trouver Landes (adjoint de Baissac pour la région bordelaise, qui allait par la suite devenir le chef du SOE pour Bordeaux) et Defence, le radio de SCIENTIST. Landes se jeta sur son pistolet mais ne tira pas. Il le regretta par la suite, mais le fait est qu'il ne voulait pas tuer en présence de Mme Corbin et de sa fille Ginette (qu'il épousa plus tard [118]). Cette abstention chevaleresque

---

a. Choix dont l'interprétation a donné lieu depuis une quinzaine d'années à des recherches plus poussées et à une littérature abondante, parfois nettement plus favorable, au point que « l'affaire Grandclément occupe une place essentielle parmi les événements qui ont marqué la mémoire collective dans le Sud-Ouest de la France. » Voir Philippe Souleau, « L'affaire Grandclément », dans *Dictionnaire historique de la Résistance* (sous la dir. de François Marcot, Bruno Leroux et Christine Levisse-Touzé), Paris, Robert Laffont, 2006 [J.-L. C.-B.].

vaudra au réseau les pires ennuis. Grandclément leur exposa ce qu'il s'apprêtait à faire et pourquoi : il fut à la fois stupéfait et blessé de voir que les autres n'étaient pas d'accord, mais il persista et s'en fut accomplir ce qu'il avait annoncé. Les agents s'efforcèrent de le devancer dans les différentes cachettes, mais leurs messagers se déplaçaient généralement à vélo alors que Grandclément disposait d'une auto de la Gestapo. C'est ainsi que les Allemands mirent la main sur un tiers environ des armes que le réseau avait reçues. Le reste fut subtilisé à temps par les résistants, ou se trouvait en des lieux qu'il ignorait.

L'une des caches qu'il donna aux Allemands se trouvait à Lestiac (une vingtaine de kilomètres en amont de Bordeaux) dans la maison des Duboué, qui avaient apporté une aide précieuse à de Baissac dès les débuts de son réseau. L'instructeur en sabotage Charles Hayes était chez eux lorsque la Gestapo y fit son apparition dans la nuit du 13 au 14 octobre. Hayes et le fils Duboué résistèrent trois heures durant, en tirant par les fenêtres, jusqu'au moment où les femmes, mises à l'abri sous les meubles, furent touchées et où les deux hommes eurent eux-mêmes reçu trop de blessures pour continuer. Tout le monde fut arrêté. Le bruit circula que la bravoure de Hayes lui vaudrait d'être traité en prisonnier de guerre, mais en réalité il fut tout simplement exécuté à Gross Rosen.

Pourtant, en ce qui concerne Grandclément, les Allemands, pour une fois, exécutèrent leur part du contrat : ils libérèrent son épouse et la moitié environ de leurs prisonniers de l'OCM. Mais ceux-ci étaient désormais compromis, bien entendu, de sorte que la résistance organisée dans la région fut quelque temps presque totalement inactive[a]. Defence rentra à Paris à temps pour alerter O'Neil, qui replia rapidement son groupe et s'occupa d'autre chose ; et, après quelques diffi-

---

a. Il semble que Grandclément ait réussi à sauver certains de ses compagnons et certains dépôts d'armes. En revanche, convaincu par le chef de la Gestapo Dohse de pouvoir contribuer à la pacification de l'Aquitaine, il s'entremit pour créer des maquis officiels, armés par la Wehrmacht, qui entreraient en action au moment de la retraite allemande afin d'empêcher toute prise de pouvoir par les communistes, et contribua à susciter l'envoi en Espagne d'une mission clandestine chargée de faire à de Gaulle des propositions de paix entre la France et l'Allemagne. Ces initiatives multiplièrent les tensions fratricides et suscitèrent de nouvelles arrestations dont, indirectement, en février 1944, celle du délégué militaire du CFLN pour la région de Bordeaux, Claude Bonnier, qui se donna la mort. Grandclément fut abattu le 27 juillet 1944 par un commando aux ordres de Landes : voir ci-après p. 549 [J.-L. C.-B.].

cultés, le radio réussit à rentrer en Angleterre par mer. Pendant ce temps, Corbin s'employait à la tâche délicate de faire jouer ses relations dans la police française pour apprendre à l'avance quels lieux Grand-clément s'apprêtait à visiter prochainement, de manière que Landes pût colmater le plus possible de voies d'eau. C'était là, Londres le comprit aussitôt, une entreprise de nature à le compromettre tôt ou tard. Aussi lui-même et Landes quittèrent-ils la France, en passant par Andorre, à la fin de novembre. Ils étaient à Londres deux mois plus tard.

Telle fut la fin du grand réseau SCIENTIST, dont le rayon d'action s'était étendu des Pyrénées à Paris. Et il se produisit la même chose qu'avec AUTOGIRO dix-huit mois auparavant : des agents partirent d'Angleterre pour le rejoindre alors qu'il n'existait déjà plus. Il y en eut deux : l'un fut pris peu après son arrivée [119], l'autre non.

Claude de Baissac était entré en contact avec un groupe important de FTP autour de Tulle, en Corrèze, qui revendiquaient pour chef l'écrivain André Malraux et désiraient ardemment des armes. Lorsqu'il se rendit à Londres en août, il proposa de les prendre dans son réseau SCIENTIST, mais l'état-major objecta à juste titre que ce dernier était déjà suffisamment vaste. Ne serait-il pas préférable de les passer à Harry Peulevé ? Il accepta de bonne grâce cette proposition, car il avait confiance en Peulevé, qu'il s'était naguère lui-même choisi comme radio ; on se souvient qu'ils avaient frôlé la catastrophe en sautant au-dessus de la Provence en juillet 1942 [120]. Peulevé, qui s'était évadé du camp de prisonniers espagnol où il avait échoué après sa traversée des Pyrénées, venait juste de terminer un cours de mise à niveau du SOE. Il retourna en France par l'un des Lysander de Déricourt [121], dans la nuit du 17 au 18 septembre, pour prendre contact avec ce groupe et créer en Corrèze le réseau AUTHOR. Il serait son propre radio et, pour l'instant du moins, le seul agent du réseau qui serait passé par le cursus de formation en Angleterre.

La tâche de Peulevé apparaissait déjà assez difficile avant son départ, compte tenu de l'hostilité habituelle que manifestaient la plupart des communistes français à l'égard des Britanniques, considérés avec mépris et défiance, même alors, comme fauteurs de guerre impéria-listes. Ce fut bien pis lorsqu'il fut rendu, car il se trouva être à Bordeaux au moment le plus chaud de la trahison de Grandclément. Avec un remarquable sang-froid, il zigzagua délicatement entre les ruines fumantes de SCIENTIST, réussit à ne croiser le chemin de personne et surtout pas des Allemands, et s'évanouit en direction de l'Est aussi discrètement qu'il était arrivé du Nord. Parvenu à son lieu de travail en Corrèze, il y trouva une guérilla très vivace et en plein développement. Entre la mi-septembre et la mi-novembre, les forces locales de résistance – FTP et armée secrète – ne cessèrent d'engager des combats contre l'ennemi [122], qui s'efforçait sans succès de pacifier ce coin turbulent de France comme il avait tenté de le faire avec d'autres coins turbulents dans les Balkans et en Russie. Il n'est pas étonnant que Peulevé ait choisi de ne pas mettre en service ses communications radio jusqu'à la toute fin d'octobre. Mais lorsqu'il le fit, il était en mesure de se dire installé et prêt à recevoir des avions. Durant l'hiver suivant, lorsque les survivants de cette guérilla se furent repliés dans la clandestinité, il arma et entraîna, dans une zone couvrant la Corrèze et le nord de la Dordogne, deux groupes armés distincts : d'une part environ quinze cents FTP, avec lesquels la coopération s'organisait par le biais d'un autre demi-frère de Malraux, Roland, d'autre part environ deux mille cinq cents personnes qui étaient ses propres recrues [123].

AUTHOR resta une organisation compacte et sûre, en dépit de ses effectifs importants, parce que c'était un réseau rural. Il y avait en effet une différence fondamentale, si évidente qu'elle pourrait facilement échapper à l'attention, entre le travail clandestin à la campagne et en ville. À la campagne, tout le monde connaît tout le monde (les lecteurs de Proust se rappellent sûrement qu'à Combray la tante Léonie pouvait spéculer pendant des heures après avoir vu passer un chien qu'elle ne connaissait pas) alors que dans les grands déserts minéraux des quartiers ouvriers de la grande ville les hommes sont le plus souvent des étrangers les uns pour les autres.

Suttill, le chef de PROSPER, s'était bien efforcé de constituer une large organisation rurale en zone occupée, mais son réseau et ses satellites ne réussirent jamais à se débarrasser de ce côté très parisien qui allait être leur ruine. Il recruta certes des propriétaires et des intellectuels dans les campagnes, mais qui n'y résidaient guère, car ils avaient des appartements et des intérêts à la capitale et s'y rendaient souvent. Il en était tout autrement de WHEELWRIGHT, le réseau de George Starr, et de STATIONER, celui de Maurice Southgate. Ils étaient aussi éclectiques l'un que l'autre dans le choix de leurs recrues locales : celles de Southgate allaient du quasi gangster au très aristocratique Maingard, et Starr n'avait, lui non plus, aucune difficulté de contact avec les couches sociales les plus diverses. Mais ces deux réseaux étaient majoritairement campagnards et s'étaient donné pour première tâche l'organisation, l'armement et l'entraînement des maquis naissants dans une zone s'étendant d'Orléans aux Pyrénées.

Les maquis : comment les définir ? Le point de départ, ce furent des jeunes gens convoqués pour le Service du travail obligatoire en Allemagne – institué par Laval sous la pression de Sauckel en septembre 1942 et rigoureusement mis en vigueur à partir de février 1943 – et qui, décidés à s'y soustraire, étaient partis se cacher dans les bois. Il en existait déjà quelques groupes qui campaient çà et là dès le début de l'automne ; l'arrivée de l'hiver les obligea à prendre des dispositions plus sérieuses. Les plus obstinés restèrent dans les forêts et les montagnes où ils avaient trouvé refuge et où ils se construisirent des cabanes ou rafistolèrent des maisons abandonnées. Leur problème le plus grave était celui de l'eau ; venait ensuite l'insuffisance de nourriture, de boisson et de vêtements chauds. L'insécurité était située beaucoup plus bas sur la liste, certainement derrière l'absence de femmes et le manque de tabac : car les Allemands, qui ne voyaient en eux que quelques bandes de hors-la-loi négligeables, étaient bien loin d'envisager qu'ils pussent jamais représenter une menace pour leur emprise sur la France.

Le SOE, lui, l'avait compris, de même que les plus lucides des responsables français, Moulin, d'Astier, Brossolette et de Gaulle. Pour eux, c'était dans le maquis que l'insurrection nationale devait trouver sa base. Car ces groupes de marginaux étaient idéalement placés pour récupérer et cacher les armes parachutées, et ils pouvaient être formés à leur utilisation non seulement dans d'assez bonnes conditions de sécurité – bien meilleures, en fait, que dans les villages, où il fallait se tisser une couverture très compliquée pour tromper les Allemands et où personne ne pouvait tromper les commérages – mais encore avec la possibilité, impensable en ville, de s'entraîner avec de véritables munitions et explosifs. Dès lors, le contact avec les groupes de maquisards, leur armement et leur entraînement firent partie du travail habituel des chefs de réseaux F et RF.

Ces tâches furent prises très au sérieux par Maurice Southgate (*Hector*, du réseau STATIONER), mais il avait aussi beaucoup d'autres projets en tête. Ce survivant du naufrage du *Lancastria*[124] était dessinateur de meubles dans le civil ; il était passé de la RAF au SOE deux ans plus tôt, à l'âge de 29 ans. Ses deux parents étaient britanniques, mais il était né et avait été élevé à Paris ; il avait connu John Starr sur les bancs de l'école et en était resté l'ami[125]. À l'origine, sa mission en France était double, l'un et l'autre aspect prenant la suite d'un travail antérieur de Cowburn : d'une part développer un réseau autour de

Châteauroux à partir des amis et connaissances d'Octave Chantraine – pour la plupart FTP – et d'autre part explorer les possibilités offertes par Charles Rechenmann autour de Tarbes et de Pau, au pied des Pyrénées. Il fut parachuté en France, en compagnie d'une messagère, Jacqueline Nearne – la brune héroïne du film sur le SOE – à la fin janvier 1943, et commença par lui donner la peur de sa vie en hélant un paysan matinal et en lui demandant en anglais à quelle heure passait le prochain bus. Après coup, cette bévue l'effraya lui-même et fit de lui un homme particulièrement soucieux des problèmes de sécurité dans son vaste réseau.

Les hommes de Rechenmann dans le Sud étaient solides. Au nombre de près d'une centaine, ils avaient tous franchi l'une des plus rudes épreuves d'initiation, l'évasion d'un camp allemand de prisonniers de guerre. C'est dire qu'ils avaient tous un certain entraînement militaire et quelques notions de prudence et de discrétion. Rechenmann leur faisait recevoir et stocker les armes. Une première tentative de sabotage, dans l'arsenal de Tarbes, à la mi-été, n'eut pour seul résultat qu'un retard de production d'un jour : le principal tableau de distribution électrique fut détruit mais aussitôt remplacé. Rechenmann se rendit en Angleterre en novembre pour y recevoir un supplément de formation et cette partie du réseau resta dormante un certain temps. À Châteauroux, au contraire, l'activité était intense sous la direction de Chantraine et de ses amis, et Southgate restait également en contact avec HEADMASTER, le réseau que Rafferty s'efforçait de monter dans le Bourbonnais. C'est même l'opérateur radio de Rafferty, G.D. Jones, qui avait accueilli Southgate et Jacqueline Nearne à leur arrivée. L'une des principales tâches de cette dernière était de maintenir le contact entre HEADMASTER et STATIONER, ce qui l'obligeait à de fatigants voyages en train dans une vaste zone limitée par Paris, Clermont-Ferrand, Toulouse, Pau et Poitiers. HEADMASTER fut détruit au début de l'été, probablement à cause d'une indiscrétion de Rafferty. Quelqu'un l'entendit dire en quittant un café de Clermont-Ferrand : « Oui, c'est une belle nuit de lune, on va bien s'amuser » ; il fut pris en filature et appréhendé alors qu'il se rendait à la réception d'un parachutage[126]. Moins d'une semaine auparavant, une de ses équipes avait mis le feu à plus de trois cents tonnes de pneus dans l'usine Michelin voisine. Jones fut également arrêté mais, plus heureux que son chef, il réussit à s'évader et était de retour en Angleterre à l'automne. Rafferty parvint à cacher sa nationalité pendant plusieurs semaines mais finalement les Allemands la découvrirent. Quoi qu'il en soit, il se comporta avec un courage exemplaire et ne donna rien ni personne. Il fut abattu à Flossenbürg fin mars 1945.

Revenons des montagnes de Bohême au pied des Pyrénées, où Sevenet fut encore actif jusqu'en juillet. Après une sortie de France périlleuse et un cours de mise à niveau, il fut parachuté à l'aveugle le 15 septembre, suivi quelques jours plus tard par son radio, Despaigne, arrivé en Lysander. Ils créèrent le réseau DETECTIVE sur une zone cette fois assez restreinte, autour de Carcassonne. Leur voisin à l'ouest, WHEELWRIGHT, se préparait déjà à ses triomphes de 1944. La couverture de George Starr – qui se donnait pour un ingénieur des mines belge en retraite ayant fait fortune au Congo – était impeccable. Elle expliquait les singularités inimitables de son accent, qui ne pouvait certes pas passer pour français. Il se fit tellement aimer à Castelnau-sur-l'Auvignon qu'on le fit adjoint au maire, ce qui consolidait encore sa couverture. Son seul problème était celui des communications, mais on lui affecta enfin une opératrice radio fin août : Mme Cormeau (*Annette*), professionnelle parfaitement discrète et sûre, qui émit pour lui, au cours des douze mois suivants, exactement quatre cents messages, c'est-à-dire presque autant que Floiras pour Cammaerts sur une période plus longue. Elle enfreignit l'une des règles les plus strictes de la sécurité radio, changer souvent de lieu d'émission – elle travailla pendant six mois consécutifs dans la même maison – et n'eut pas à s'en repentir. Elle pouvait voir de sa fenêtre à plus de 4 km de distance, ce qui était déjà une protection ; une autre, plus efficace encore, était l'absence d'eau courante dans le village, de sorte que les Allemands, qui savaient bien qu'il y avait un radio anglais quelque part aux environs, ne songèrent jamais à venir la chercher là. Starr donnait beaucoup de soucis aux Allemands. Il se spécialisa dans le sabotage de leurs moyens de communication avec d'excellents résultats. À la fin de l'année, selon von Rundstedt, « l'état-major du groupe d'armées G (Blaskowitz) près de Toulouse était parfois complètement coupé » du reste de la France : « Il ne pouvait alors transmettre leurs ordres aux différentes armées qui dépendaient de lui que par l'envoi d'un fort détachement armé ou par avion. Les principales lignes téléphoniques et centrales électriques étaient souvent hors service pendant plusieurs jours. » [127]

BOURGOGNE, LYONNAIS, FRANCHE-COMTÉ

Pour achever ce panorama des activités de la section F en 1943, il nous reste à considérer les régions de Lyon, Dijon et Belfort. PLANE cessa d'exister assez tôt : Le Chêne replia son petit réseau et rentra par l'Espagne, laissant sa femme dans un logis sûr, d'où elle partait à l'occasion porter des messages pour SPRUCE. GREENHEART, le réseau des frères Newton dans le Puy-de-Dôme, disparut dans des circonstances plus agitées. Cernés par des intrigues qu'ils étaient trop honnêtes pour débrouiller, « les jumeaux » entrèrent en contact avec une filière d'évasion par l'intermédiaire d'Alan Jickell, qui était lui aussi en train de perdre pied. Il vint de Lyon les chercher pour les mener à Perpignan, mais c'était un jour trop tard : au moment même où les frères finissaient un dîner d'adieu avec leurs deux amis français les plus fidèles, ils furent écrasés – quinze contre quatre – par un groupe de la Gestapo qui fit irruption dans leur petit logis. La torture ne fit que les durcir encore. Ils se turent sur toutes les questions importantes. D'autant plus que, loin de les presser sur ces questions, les Allemands s'acharnèrent futilement sur le seul détail où ils se contredisaient : ils affirmaient bien tous deux que leurs parents avaient été tués dans un raid aérien, mais l'un disait à Londres et l'autre à Manchester. Finalement on les déporta à Buchenwald. À la libération du camp, celui-ci ne comptait plus que quatre agents britanniques vivants : les frères Newton, Burney et Southgate [128].

Boiteux fit quitter les périls de la ville à son réseau SPRUCE en janvier, pour le conduire dans les collines au nord-ouest de Lyon et en faire un réseau rural. Il reçut près d'une vingtaine de livraisons d'armes et exécuta quelques intéressants sabotages de voies ferrées et de canaux, qui vinrent s'ajouter à ceux de PIMENTO. Ses hommes l'aimaient et lui faisaient confiance, mais il ne se sentait pas tout à fait certain d'avoir construit un réseau suffisamment restreint et sûr. Il rentra en Angleterre à la fin de l'été et la zone fut reprise par trois organisateurs : Robert Lyon, l'une des découvertes précoces de Guélis, qui vint expressément d'Angleterre après sa formation pour prendre la suite de Boiteux ; l'un de ses amis des FTP de Lyon, Marchand ; et le frère d'Éliane Plewman, Albert Browne-Bartroli. Lyon arriva par Lysander dans la nuit du 23 au 24 juin pour créer ACOLYTE, et J.H. Coleman [129] vint l'assister à partir de la mi-septembre. Ils trouvèrent le coin si sérieusement quadrillé par la police que tout sabotage leur parut exclu, pour le moment du moins. Ils décidèrent donc de passer l'hiver à armer et entraîner une force secrète de combattants qui seraient prêts à se battre lorsque Lyon en donnerait l'ordre : les Français appelaient cela des « sédentaires ». C'est un système très performant à condition que les hommes soient entraînés avec régularité, et Lyon y veilla. Le réseau de Marchand, NEWSAGENT, eut une expérience similaire.

Le réseau de Browne-Bartroli, DITCHER, un peu plus au Nord, avait plus de liberté de mouvement mais resta discret en 1943. La discrétion, en revanche, ne fut pas précisément la qualité d'ACROBAT, la seconde mission, très brève, de John Starr (*Bob*). Parachuté en Bourgogne en mai, ce dernier, conscient de la haute estime que lui portait la section F, laissa entendre à tout le voisinage qu'il était un puissant personnage de l'Intelligence Service et qu'il lui fallait en toutes choses ce qu'il y avait de mieux. Il avait amené avec lui J.C. Young (*Gabriel*), excellent radio, mais affligé en français d'un accent de Newcastle si prononcé que Starr dut le tenir caché dans un château à Saint-Amour. Diana Rowden, arrivée par Lysander à la mi-été, rejoignit ACROBAT comme agent de liaison. Enfin on leur affecta Harry Rée (*César*), qui avait été reçu par Southgate près de Tarbes en avril, où il avait sauté en compagnie de Maingard ; Southgate ayant trouvé son accent trop compromettant l'avait repassé à HEADMASTER, lequel fut dissous peu après, d'où le transfert de Rée à ACROBAT. Mais les manières arrogantes de Starr ne lui plurent pas et son réseau lui paraissait peu sûr, de sorte qu'il fut heureux d'être envoyé en mission solitaire à Belfort. Il ne fut pas surpris d'apprendre peu après l'arrestation de Starr, trahi par un agent double. Starr tenta de s'échapper mais fut touché, rattrapé et incarcéré à Dijon [130].

C'est ainsi que le réseau de Rée, STOCKBROKER, dut voler de ses propres ailes. Young devait toujours faire le mort dans la résidence, au demeurant des plus plaisantes, que Starr lui avait assignée. Cauchi (*Pedro*) sauta le 14 août pour venir le prendre en charge. Quant à Rée, il lança une des innovations les plus intéressantes de la guerre.

On a relevé un peu plus haut que l'attentat perpétré par Trotobas sur les ateliers de maintenance de Fives-Lille avait été particulièrement économe en vies humaines : de gros dégâts furent causés sans la moindre perte. Rée se trouva placé dans des circonstances qui l'obligèrent à inventer un perfectionnement de l'attentat économique, capable tout à la fois d'épargner les civils, de gagner du temps et d'éviter certains dangers. Son premier coup dans ce nouveau style n'a pas le panache de l'attentat de Lille, mais il fut perpétré avec la même tranquillité, avec un risque aussi grand au départ et avec, au bout du compte, des résultats bien meilleurs encore. L'usine automobile Peugeot de Sochaux, près de Montbéliard, avait été reconvertie afin de produire des tourelles de chars pour l'armée de terre allemande et des pièces d'avion Focke-Wulf pour la Luftwaffe. Il était donc très désirable de la mettre hors service. Elle figurait bien sur la liste de cibles du commandement du bombardement, mais elle était dispersée, ce qui exigeait une très grande précision de lâcher si on voulait l'endommager sérieusement. En outre, elle était située tout près de la gare, dans une zone urbaine densément peuplée, d'où des risques importants pour la population locale. De fait, une attaque de nuit effectuée par la RAF le 14 janvier avait frappé à près d'un kilomètre de l'usine, où la production avait continué paisiblement tandis que plusieurs centaines d'habitants avaient trouvé la mort. Rée savait par des amis de la région qu'une partie au moins de la famille Peugeot était favorable aux alliés ; il était d'ailleurs, à l'époque, en négociation avec l'un de ses membres, directeur dans l'entreprise, pour en obtenir un prêt pour son réseau, remboursable par le Trésor britannique après la guerre [131]. Rée vint le voir pour lui suggérer qu'il préférerait peut-être aider à saboter la production de sa propre usine plutôt que de risquer de la voir détruite lorsque la RAF reviendrait et pourrait bien, cette fois, ne pas la manquer. M. Peugeot, naturellement, lui demanda de prouver qu'il était un agent accrédité, et Rée l'invita à composer un court message personnel, que la BBC retransmit quelques jours plus tard. Convaincu, le directeur envoya chercher le contremaître de l'atelier de tourelles de chars et le présenta à Rée. Ce dernier fit personnellement une tournée de reconnaissance dans l'usine, après quoi il n'y remit jamais les pieds. Mais celle-ci fut effectivement hors d'état de fonctionner pendant pratiquement tout le reste de la guerre[a].

Londres fut enchanté de l'arrangement et tenta de le copier ailleurs, mais il était déjà un peu tard et la guerre était trop avancée. Un comité conjoint du ministère de l'Air et du SOE se réunit une douzaine de fois au cours de l'hiver pour réfléchir à des objectifs possibles ; mais c'était

---

a. Le dossier détaillé de l'action de Rée en accord avec la direction de Peugeot et des dix-huit grosses opérations de sabotage réalisées dans les usines à partir de septembre 1943 a été publié par F. Marcot, « La direction de Peugeot sous l'occupation : pétainisme, réticence, opposition et résistance », *Le Mouvement social*, n° 189, 1999. Voir aussi J.-P. Marandin, *Résistances 1940-1944*, vol. 1, *À la frontière suisse. Des hommes et des femmes en résistance*, Besançon, Cêtre, 2005, pp. 148-166 [J.-L. C.-B.].

justement le moment où le commandement du bombardement était le plus occupé avec POINTBLANK et les circonstances n'étaient pas favorables au SOE [132]. On fit bien une tentative pour répéter ce type rare et hautement recommandable de chantage auprès de la famille Michelin, mais celle-ci refusa de s'y prêter et son usine de pneus de Clermont-Ferrand fut bombardée par la RAF, avec des dégâts considérables. Quant à Rée, il lui fallut franchir la frontière en toute hâte en novembre – un mauvais mois pour le SOE – après un incroyable pugilat à poings nus contre un Feldgendarme qui tentait de l'arrêter. Mais son système reste à la disposition des guerriers économiques des âges futurs.

Un dernier réseau, également dans l'est de la France, et nous aurons achevé notre périple : c'est celui de Richard Heslop, MARKSMAN, implanté dans le Jura et le nord des Alpes. Heslop (*Xavier*) fut envoyé en France par un avion Hudson le 21 septembre, comme moitié anglaise d'une mission anglo-française appelée CANTINIER, l'autre moitié étant Rosenthal, officier français libre véhiculé par la section RF, homme d'une grande intelligence, d'un grand courage et portant lunettes, négociant en pierres précieuses dans le civil. Il connaissait bien la région, où il avait coutume de passer ses vacances avant la guerre et où il comptait en particulier de nombreux amis parmi les moniteurs de ski [133]. Dans ce couple fort bien équilibré, Heslop fournissait l'audace et les talents de chef, Rosenthal la réflexion stratégique. Ils prirent trois semaines pour enquêter sur les possibilités de la zone, rentrèrent brièvement à Londres pour rendre compte [134] et revinrent en France deux jours plus tard, en compagnie d'un agent de liaison et d'un radio. Heslop avait la *mana*, si c'est ainsi qu'il faut appeler cette sorte de magnétisme qui fait que les autres vous suivent à travers tous les dangers. Avec les chefs des maquis du Jura et de l'Ain, Romans-Petit en premier, il réunit rapidement une armée souterraine formidable, capable de jouer son rôle dans les batailles prochaines.

Malheureusement pour l'historien, c'était un homme incroyablement silencieux et qui n'aimait pas écrire. Lorsque, l'année suivante, la section F insista pour avoir de lui un rapport final, elle l'obtint, mais il était à peine plus long que le résumé par Jules César de sa victoire sur Pharnace. La plupart des détails sur les exploits de Heslop, on ne les connaîtra jamais. Mais *Xavier* restera longtemps un nom auréolé de magie dans bien des hameaux savoyards[a].

---

a. Heslop a souhaité qu'à sa mort ses cendres soient ensevelies en Haute-Savoie sur le plateau des Glières [J.-L. C.-B.].

CHAPITRE X

UNE SÉRIE DE FAUTES : 1943-1944

« Mit der Dummheit kämpfen Götter selbst vergebens[a] »
Schiller

Le bilan inégal de la section F présente plusieurs séries d'erreurs. L'affaire Grandclément, qui fit chavirer le réseau SCIENTIST de Bordeaux, constituait, si l'on veut bien me passer cet oxymoron, un cas franc et massif de duplicité ; elle est traitée à sa place chronologique, de même que les bizarreries de CARTE, la malchance de MUSICIAN et de SALESMAN, la chute du chef de STATIONER victime de son surmenage, et quelques autres échecs. L'état-major londonien porte souvent une part de responsabilité dans les mécomptes vécus par ces réseaux ; mais cette part est beaucoup plus lourde dans les deux enchaînements de fautes, du reste liés entre eux, qui font l'objet de ce chapitre.

L'un de ces deux enchaînements se présente comme un paquet extrêmement complexe au cœur duquel on trouve la ruine de PROSPER-PHYSICIAN et, rattachés plus ou moins directement à celle-ci, les malheurs de DONKEYMAN, BRICKLAYER, CHESTNUT, BUTLER, SATIRIST, CINEMA-PHONO, ORATOR, SURVEYOR et PRIEST. Le faisceau des causes se ramène pour l'essentiel à un défaut de sécurité sur le terrain, au retournement d'au moins un captif par les Allemands et à une étonnante crédulité de l'état-major. Chacune, ou presque, des innombrables gaffes qui le composent aurait pu isolément être excusable ; cumulées, elles ont mis en péril une part non négligeable du travail français du SOE. L'autre série d'erreurs, en revanche, peut être rapportée à une origine unique, un seul choix malheureux : le chef du réseau FARRIER, qui avait pour tâche d'organiser pour la section F toutes les opérations aériennes

a. « Contre la bêtise, les dieux eux-mêmes combattent en vain. » [N.d.T.].

avec atterrissage dans la moitié Nord de la France, fut, au dire de plusieurs officiers du Sicherheitsdienst interrogés après la guerre, l'un des meilleurs agents qu'ils aient jamais eus.

Quant à l'interconnexion entre les deux séries, elle résulte de la proximité des deux réseaux PROSPER et FARRIER : d'une part, leurs responsables se connaissaient bien et se rencontraient souvent à Paris, d'autre part les agents de PROSPER utilisaient souvent les services de FARRIER. Deux homonymies ont ajouté à la confusion. Tout d'abord, l'un des deux agents doubles français qui trahirent DONKEYMAN portait le même nom qu'un officier supérieur de l'état-major parisien du Sicherheitsdienst : Kieffer. Mais surtout l'opérateur radio formé en Angleterre qui fut « retourné » par les Allemands était généralement connu de ses collègues en France sous son véritable prénom, Gilbert, qui était en même temps le nom de guerre du chef du réseau FARRIER (et aussi le nom de code d'un vaste réseau français de renseignement dont la tête était en Suisse [1]). De sorte que, lorsque la famille d'un agent arrêté s'écriait « Gilbert nous a vendus », ce qui arriva plus d'une fois, ce fut souvent mal interprété ; même à l'état-major, on confondit parfois les deux personnages.

Le cas Déricourt

Le cas FARRIER, certes assez compliqué, est tout de même plus simple que celui de PROSPER, car il n'y a qu'un personnage central : Déricourt. Il nous faut maintenant examiner en détail la carrière de ce pilote de ligne français. On a interminablement discuté – dans des livres, au tribunal et dans la presse française, où « l'affaire Déricourt » a fait grand bruit – sur le point de savoir dans quel camp il était « en réalité » [2]. La réalité, c'est que le seul objet de sa loyauté sans faille fut sa propre personne. Pris en étau entre la fidélité à ses compagnons du SOE et d'inextricables compromissions avec la Gestapo, il essaya futilement de servir les deux camps à la fois.

Né en France de parents français le 2 septembre 1909, il avait déjà derrière lui, en rejoignant le SOE, une brillante carrière de pilote civil : près de quatre mille heures de vol. Il aurait même gagné avant la guerre jusqu'à trois cents livres par semaine pour des spectacles de voltige [3]. C'était un homme d'une intelligence vive et aiguë et d'un sang-froid hors du commun. Sa conversation était spirituelle, ses manières séduisantes, ses goûts vestimentaires flamboyants. Il était estimé de ses collègues et bien connu dans les milieux fréquentés par les pilotes internationaux. Il avait rendu avant la guerre quelques services de « messagerie » à une (au moins) agence secrète du continent mais n'avait jamais rien fait pour les Britanniques jusqu'à son entrée au SOE. Il déclara même un jour – pour se défendre de certains soupçons qui s'étaient élevés contre lui dans le service – qu'il n'avait « aucune expérience de la clandestinité ni du métier d'agent secret » avant le lancement de FARRIER [4]. Mobilisé à la déclaration de guerre, il servit dans l'armée de l'air française comme pilote de liaison et pilote d'essai puis retourna à l'aviation civile après la défaite de 1940. Il se trouvait à Alep lorsque cette ville fut conquise par les alliés, en juillet 1941. Comme à plusieurs autres pilotes, les Britanniques lui offrirent alors un poste dans leur compagnie nationale, qui s'appelait à l'époque Imperial Airways ; il répondit qu'il en serait enchanté mais qu'il devait d'abord repasser en France pour des raisons privées. Il le fit, s'y maria, donna à son épouse une forte somme en espèces, installa sa famille près de Paris, et se déclara prêt à être exfiltré. La filière PAT le prit en charge en août 1942 ; il gagna Gibraltar, puis Glasgow, où il arriva le 8 septembre. Deux jours plus tard, Dewavrin l'accueillait à Londres, gare d'Euston.

Mais il avait déjà décidé de ne pas travailler pour la France Libre. Il fut donc rapidement récupéré par la section F, bien que les services de sécurité aient signalé qu'il n'offrait pas toutes garanties, son passage par la France occupée ayant pu l'exposer à des pressions visant à en faire un agent de l'Allemagne. À l'état-major de la section F, tout le monde – à l'exception d'une seule personne, qui du reste deviendra plus tard l'un de ses plus inébranlables soutiens – fut ravi de son arrivée [5]. Il fut décidé de le nommer responsable des mouvements aériens pour la partie Nord de la France. On lui fit suivre uniquement une formation de parachutiste et d'atterrissage de Lysander et on le renvoya en France, où il sauta à l'aveugle, non loin d'Orléans, dans la nuit du 22 au 23 janvier 1943. Il rejoignit sa femme à Paris et vécut avec elle tout à fait ouvertement, sous son propre nom et dans son propre appartement : il avait expliqué, et c'était raisonnable, qu'il était trop connu pour pouvoir se dissimuler sous une identité d'emprunt ; en outre, il aimait son épouse, et celle-ci n'aurait sans doute pas été très habile à ce genre de jeu. Ses amis parisiens crurent qu'il avait passé les cinq derniers mois à Marseille, et ses amis marseillais, à qui il rendait visite de temps à autre, qu'il les avait passés à Paris : il les laissa croire. Le seul problème, c'était que son appartement, 58 rue

Pergolèse, n'était séparé de celui de Bleicher, au 56, que par le mur mitoyen entre les deux immeubles. Rétrospectivement, ce voisinage suggère la complicité, mais ne la prouve pas. Car c'est au SD que Déricourt eut affaire, et non à sa rivale, l'Abwehr, à laquelle appartenait Bleicher. Il se peut que les deux hommes ne se soient connus que de vue.

Au début, Déricourt organisa ses opérations par l'intermédiaire de Lise de Baissac et des radios de PROSPER. La première eut lieu près de Poitiers dans la nuit du 17 au 18 mars 1943. Goldsmith, Lejeune (*Delphin*), Dowlen et Mme Agazarian arrivèrent en France dans deux Lysander, qui repartirent vers l'Angleterre en emmenant Claude de Baissac, Antelme, Flower et un radio. Un deuxième double atterrissage de Lysander eut lieu dans la nuit du 14 au 15 avril, sur les prairies inondables des bords de Loire, tout près d'Amboise, avec à l'arrivée Frager, Dubois, Liewer et son assistant, et au départ Clech. Déricourt accompagna Frager à vélo jusqu'à Tours, à trente kilomètres en aval, et le laissa dans une école où la Gestapo faillit bien le cueillir au petit déjeuner [6]. En réalité c'était une pure coïncidence – « il ne s'agissait que d'une commission qui faisait la tournée des bibliothèques scolaires pour vérifier que les manuels utilisés par les enfants enseignaient bien la version correcte des choses » [7] – mais l'incident donna à Frager une mauvaise impression de Déricourt. Dès le lendemain, ce dernier recevait un autre Lysander, cette fois dans la vallée du Loir, à mi-chemin entre Le Mans et Tours : les arrivants étaient un agent de la section DF et un autre de la section RF, dont les destinées ne croiseront plus la sienne, et il mit dans l'avion Julienne Aisner, plus tard Julienne Besnard (*Claire*), qui partait suivre une formation pour devenir sa messagère attitrée. Enfin, par le dernier vol de Lysander de cette série, il retourna lui-même en Angleterre, sur l'ordre de Londres, dans la nuit du 22 au 23 avril ; l'atterrissage s'effectua également dans la vallée du Loir mais plus en amont, à une quinzaine de kilomètres à l'ouest de Vendôme (deux appareils arrivèrent mais un seul atterrit, car il n'y avait pas d'autre passager que lui pour l'Angleterre).

Après quelques jours d'entretiens avec le staff [8], il rentra en France dans la nuit du 5 au 6 mai, qui était une période sans lune : il sauta à l'aveugle dans le Gâtinais. Ensuite, il présida au départ de Suttill pour l'Angleterre dans la nuit du 13 au 14 mai, à partir d'un terrain situé dans la vallée du Cher à quelques kilomètres à l'est de Tours. Deux Lysander prirent part à l'opération. Suttill était le seul passager à destination de l'Angleterre, mais il croisa sur le terrain plusieurs arrivants : Mme Besnard, son cursus accompli, qui venait prendre son poste auprès de Déricourt et assurer une fonction de coupe-circuit à Paris, et trois agents ayant mission de reconstituer le réseau INVENTOR, lequel devait seconder DONKEYMAN : deux hommes qui en étaient à leur deuxième mission – Sidney Jones (*Élie*), comme officier de liaison avec DONKEYMAN et instructeur en maniement d'armes, et le radio Marcel Clech (*Bastien*) – et une femme, Vera Leigh (*Simone*), dessinatrice de mode quadragénaire, la messagère. Celle-ci s'était distinguée pendant sa formation, où elle avait été notée « meilleur tireur de la promotion » et « motivée à mort »[9]. Sa motivation allait assurément être mise à rude épreuve.

L'opération suivante de Déricourt, un mois plus tard (16-17 juin), avec encore une fois deux Lysander, vit passer plus de monde. La nuit de lune était particulièrement belle ; les appareils atterrirent dans la vallée du Loir, à une douzaine de kilomètres au nord d'Angers, un peu en amont du confluent avec la Sarthe. Trois femmes promises à un destin tragique descendirent dans l'herbe du pré : Cecily Lefort (*Alice*), agent de liaison pour JOCKEY ; Diana Rowden (*Paulette*)[10], agent de liaison pour ACROBAT ; et Noor Inayat Khan (*Madeleine*), opératrice radio de CINÉMA, l'un des réseaux dépendant de PROSPER (elle aurait dû arriver un mois plus tôt, mais elle avait fait en mai la très désagréable expérience de souffrir en pure perte l'angoisse du départ et la tension nerveuse du vol, car il n'y avait pas eu de comité de réception à Compiègne pour l'accueillir, et son avion avait dû la ramener à Tangmere)[11]. Skepper, l'organisateur de MONK, était également du voyage. En sens inverse, le couple Agazarian monta dans l'un des deux appareils, Lejeune et deux hommes politiques français dans l'autre. Les conditions étaient parfaites, les deux pilotes, Rymills et McCairns, n'eurent pas la moindre difficulté, tout se passa magnifiquement.

Une semaine plus tard (23-24 juin), Déricourt était de nouveau sur son terrain proche d'Amboise, où un Lysander piloté par Verity amena Robert Lyon pour sa deuxième mission (ACOLYTE) et repartit avec Heslop, qui venait d'achever les onze mois de sa première. Lyon était accompagné du colonel giraudiste Bonoteau, et Heslop d'un aviateur abattu. C'est cette même nuit qu'eurent lieu les principales arrestations à la tête du réseau PROSPER.

À la lune de juillet, Déricourt reçut un Lysander, à sa seconde tentative, sur son terrain de Tours (19-20 juillet) : les arrivants étaient Isidore Newman (*Pépé*, le radio de Liewer) et un passager non identifié, les partants Antelme, l'organisateur de BRICKLAYER talonné par l'ennemi, et son ami Savy, ainsi que Déricourt lui-même, qui saisit l'occasion d'une visite rapide à Londres. André Simon vint le chercher à Tangmere et l'hébergea chez lui, près de Cavendish Square, pour la seule nuit complète (mardi 20-mercredi 21 juillet) que Déricourt passa en Angleterre. Il ne reste aucune trace des paroles échangées entre le visiteur et l'état-major de Baker Street. Il est à supposer que Déricourt en dit aussi peu que possible sur les ennuis de PROSPER, qu'il pouvait difficilement ignorer tout à fait, et ce silence n'est guère à porter à son crédit. Selon toute probabilité, la plus grande partie de ces quelques heures passées à Londres furent consacrées à dormir et à d'importants entretiens techniques avec les officiers des sections F et AL. Verity le ramena en France, en Lysander, dans la nuit du 21 au 22 ; accueillis par le comité de réception d'un autre service, ils atterrirent près de Châteauroux. Déricourt quitta les lieux en toute hâte, franchit la ligne de démarcation, parcourut plus de 150 km dans la journée et, dès la nuit suivante, était en haut d'une colline au nord d'Angers pour y recevoir un Hudson qui devait emmener trois Belges et qui amenait en France Bodington et Agazarian, venus s'enquérir du naufrage de PROSPER. Selon le rapport du pilote, « ce terrain s'est révélé extrêmement satisfaisant ; les signaux et la voie tracée par les lumières ont été parfaits ; un modèle à suivre pour les futures opérations » [12]. Bodington retourna à Londres au début de la lune d'août (16-17), avec Claude et Lise de Baissac, par un Lysander venu à vide les chercher près de Tours. Déricourt dirigea un deuxième atterrissage durant cette même lune (19-20) sur sa colline angevine : un Hudson qui amenait un seul agent (Deman) [13] mais en embarqua dix pour l'Angleterre, dont Robert Benoist, Brooks, Octave Simon et presque toute l'équipe de SPRUCE – Boiteux, Marchand et Mᵐᵉ Le Chêne – ainsi que Gerson de la section DF. Les choses ne se déroulèrent pas aussi calmement que d'habitude, car l'appareil dut partager le pré avec un grand troupeau de bœufs, qui s'affolèrent et passèrent au grand galop devant les passagers terrifiés en faisant trembler le sol sous leurs sabots. Le mois suivant, dans la nuit du 17 au 18 septembre, Déricourt fit atterrir deux Lysander au nord-est d'Angers, sur le terrain où il avait accueilli en juin le groupe de femmes. Cette fois encore, une condamnée figurait parmi les arrivants : Yolande Beekman, opératrice radio de Gustave Biéler ; les autres étaient Peulevé, qui devait lancer AUTHOR, Despaigne, assistant de Sevenet, et un agent envoyé par la section RF, d'Érainger. Au départ pour l'Angleterre, l'invincible Cowburn, Goldsmith et le colonel Zeller, deux agents de liaison polonais et un vieil ami de Déricourt, pilote comme lui, M.R. Clément (*Marc*), qui partait apprendre le maniement du Lysander. Clément revint un mois plus tard (16-17 octobre) par Lysander, sur le terrain d'Amboise de Déricourt, et devint le second du réseau FARRIER ; il était accompagné d'A.P.A. Watt (*Geoffroi*), qui sera le radio du réseau (ce journaliste de mère française compensait sa nette insuffisance de centimètres par une ferveur qu'il dissimulait toutefois derrière une façade de garçon assez niais, façon joli cœur ; avec les Besnard, il va mener une vie élégante et mondaine et fréquenter assidûment restaurants et théâtres parisiens, excellente couverture pour ce genre de réseau). L'appareil qui amenait Clément, Watt et une troisième personne repartit vers l'Angleterre avec à son bord Southgate, pour une période de congé et un re-briefing, ainsi que, pour son premier voyage outre-Manche, René Dumont-Guillemet qui plus tard recueillera les débris épars de PROSPER et de FARMER et en fera SPIRITUALIST.

Quatre jours plus tard (20-21 octobre), Déricourt était de nouveau sur son terrain d'atterrissage du nord d'Angers pour accueillir un Hudson. Les arrivants étaient Browne-Bartroli (*Tiburce*), frère d'Éliane Plewman, qui s'en fut en Bourgogne mettre en place DITCHER, Marchand, qui allait créer, au sud de ce dernier, le réseau NEWSAGENT, Robert Benoist, qui allait fonder CLERGYMAN à Nantes, et un quatrième passager. Il y avait aussi quatre partants, dont Frager, qui n'avait pas gardé un très bon souvenir de son unique rencontre avec Déricourt [14]. Frager était arrivé à Angers avec son cher second Roger Bardet. Déricourt était furieux et fit remarquer assez justement qu'il était contraire à toutes les règles de sécurité et au simple bon sens de se faire accompagner par des amis au décollage. Bardet et Frager étaient restés très mystérieux lors de leur prise de contact avec Déricourt ; une violente dispute éclata au dîner, qui eut lieu aux environs d'Angers, et se poursuivit sur le terrain d'atterrissage. C'est alors seulement que Déricourt apprit, à sa grande rage, que c'était Frager qui partait, et non Bardet ; Frager dont il n'avait pas (disait-il) décelé l'identité, et qu'il accusa d'avoir dit à Bodington en août que lui, Déricourt, était un agent de la Gestapo. Il s'ensuivit une âpre dispute sur le point de savoir si Déricourt avait lu des correspondances de Frager confiées à ses soins, et si oui pourquoi. C'est là que Frager, qui ne se rendait à Londres que pour y faire part de sa conviction que Déricourt était un agent allemand, empoigna son revolver dans sa poche. Mais Déricourt changea alors de ton et demanda d'un air plaintif : « Pourquoi te méfies-tu de moi, Paul ? »[15] Il fut si persuasif que Frager, sur le point de monter dans le Hudson, se retourna pour lui tendre la main ; Déricourt refusa de la lui serrer[16].

Il n'y eut pas d'incident aussi spectaculaire lors de l'atterrissage suivant sur ce même terrain réservé aux Hudson (CONJUROR, 15-16 novembre) : le drame resta dans les coulisses. Dix personnes s'envolèrent pour Londres, dont Cammaerts, Chartrand et quatre amis de Cowburn : Mulsant, Barrett, Rechenmann et Mme Fontaine. Le pilote commenta l'excellence de la réception par la formule : « Une affaire carrée et sans complications »[17]. Ce qu'elle n'était certes pas, car les Allemands avaient été mis au courant du vol et s'efforcèrent de prendre tous les arrivants en filature. L'un d'eux était Gerson (sur sa troisième mission), qui aurait été une proie de choix mais était trop habile pour eux et ne tarda pas à les semer ; il retournait à Lyon reprendre en charge sa filière VIC. Levene, un ancien du groupe SCULLION qui devait rejoindre DONKEYMAN comme instructeur en maniement d'armes et n'était pas particulièrement pressé d'arriver, passa lui aussi à travers les mailles, mais pour être arrêté dès la fin du mois par Bleicher à une adresse parisienne « grillée ». Les trois autres, Maugenet, Menesson et Pardi, ne restèrent pas longtemps en liberté. Ils furent suivis jusqu'à la gare, choisirent trois compartiments différents dans le train de Paris, ce qui embarrassa leurs limiers qui n'étaient que deux, mais se retrouvèrent sur le quai à la gare Montparnasse où on les arrêta tous ensemble[18]. Menesson, qui en était à son deuxième séjour sur le terrain, garda le silence ; Pardi également, qui était affecté à de Baissac pour organiser ses vols de Lysander. Mais il semble bien que Maugenet (*Benoît*)[19] ait parlé, car les suites furent graves pour STOCKBROKER. Il devait rejoindre à Lons-le-Saunier Young et Diana Rowden, qui ne le connaissaient pas. Les Allemands leur envoyèrent un agent qui se fit passer pour lui en montrant à Young, pour preuve, une lettre de sa femme ; ayant ainsi endormi leur méfiance, il n'eut plus qu'à aller chercher ses amis pour les arrêter tranquillement[20]. Il a même couru une version encore plus désagréable, selon laquelle personne n'aurait joué le rôle de Maugenet car il aurait fait la chose lui-même[21] ; toutefois, rien dans son dossier ne le confirme. Il est possible que ce soit à cette affaire que Roger Bardet ait fait allusion lorsqu'il confessa son activité comme agent de l'Abwehr : il raconta en effet à cette occasion que l'Abwehr l'avait prêté une fois au Sicherheitsdienst afin de faciliter l'infiltration d'une organisation de résistance – qu'il ne nomma pas –

en se faisant passer pour un agent nouvellement arrivé d'Angleterre[22]. Cette hypothèse présente toutefois une difficulté, c'est que Bardet avait à peine la moitié de l'âge de Maugenet et ne lui ressemblait pas ; mais la lettre de Mme Young pouvait constituer une introduction suffisante.

Le couperet tomba sur INVENTOR à peu près à la même époque, et cette fois indubitablement du fait de Bardet. L'agent de liaison (Vera Leigh) et le garde du corps (*Jacky*) de Sidney Jones furent appréhendés alors qu'ils se retrouvaient à Paris le 30 octobre, et Jones connut le même sort vers le 20 novembre. Il circule sur ces arrestations plusieurs récits contradictoires. Le dossier de Vera Leigh montre que Clech rendit compte de son arrestation dans les jours qui suivirent[23] ; Bardet situe l'épisode au café « Chez Mas », place des Ternes[24], qui était l'un des lieux de rendez-vous habituels de Déricourt. Elle était sans doute bien connue de vue par l'ennemi ; Bleicher raconta après la guerre, dans l'un de ses moments d'autosatisfaction : « En fait, elle habitait tout près de chez moi ; je l'ai vue pendant des mois partir le matin, toute affairée. Mais elle ne m'intéressait pas ; tant qu'elle ne se mettait pas en travers de mon chemin, elle pouvait bien jouer à l'espionne. »[25] C'est peut-être inventé, mais elle n'eut assurément pas la main heureuse dans le choix de ses appartements. L'un d'eux, où elle passa plusieurs semaines, se trouvait rue Lauriston, où la bande à Bony-Lafont[26], qui était bien l'une des plus sinistres de la pègre parisienne, avait son quartier général ; un autre était situé rue Marbeau, à deux pas de l'avenue Foch et donc des bureaux du Sicherheitsdienst, et également du domicile de Bleicher. Quoi qu'il en soit, elle fut arrêtée et le garde du corps aussi, puis leur chef, et un mois après, ce fut le tour de Clech. En ce qui concerne ce dernier, il se peut qu'il ait été repéré par la détection goniométrique et non pas trahi, mais Jones et sa messagère furent sans conteste donnés par Bardet à Bleicher. Aucun d'eux ne survécut.

Il est possible que ces arrestations aient été la conséquence de la rivalité entre l'Abwehr et le Sicherheitsdienst[27], et plus probable encore qu'il se soit agi de ternes opérations de routine ; dans un cas comme dans l'autre, les victimes n'avaient aucune chance. Par contre, l'opération suivante de FARRIER sur le terrain d'atterrissage des Hudson près d'Angers ne manqua pas de tension dramatique. Elle avait d'abord été prévue pour la lune de décembre, puis pour celle de janvier ; mais ce ne fut que dans la nuit du 3 au 4 février 1944 que les conditions météorologiques permirent aux avions d'arriver jusque-là. À cette date, toutes les planques de Déricourt se trouvant à une distance franchissable à vélo du terrain d'atterrissage étaient usées jusqu'à la corde. Pas moins de six agents attendaient de s'envoler, tous en urgence parce que talonnés par l'ennemi, dont Liewer, Maloubier, Borosh, Robert Benoist[28] et Madeleine Lavigne, ainsi que Mme Gouin, épouse du député socialiste Félix Gouin, alors président de l'Assemblée consultative d'Alger, et la superbe femme qui tenait le restaurant champêtre où Déricourt rassemblait ses passagers partant par Hudson (deux agents, Vallée et Gaillot, qui fuyaient le naufrage de PARSON, furent pris par la Gestapo dans la soirée du 3, comme ils quittaient Paris pour rejoindre le reste du groupe ; on ignore ce qui a mené la police jusqu'à eux). La BBC avait annoncé à Déricourt dix arrivants. Le comité de réception se composait de lui-même, Clément et Pouderbacq, son mécanicien d'avant la guerre.

Le Hudson se posa. Il ne transportait qu'un seul passager, et qui n'avait pas l'intention de rester en France : Gerry Morel, encore à l'époque officier d'opérations de la section F, avait été envoyé avec l'ordre de ramener Déricourt (la mission portait le nom, certainement choisi à dessein, de KNACKER[a]), car les dénonciations de Frager et d'autres agents avaient fini par faire naître à Londres de sérieuses inquiétudes. Mais Déricourt était trop malin pour lui. Pendant que les agents en partance embarquaient, il expliqua à Morel, en déployant tout son charme, que l'on ne pourrait plus utiliser ce terrain pendant des mois car il commençait à être repéré : « Il a insisté très fermement en disant que le terrain resterait extrêmement dangereux pendant longtemps »[29], mais que le risque qui lui était attaché serait bel et bien définitif si lui, Déricourt, ne restait pas sur place pour aider ses deux assistants à planquer avant l'aube les treize vélos qui se trouvaient là (s'il pensa, comme aurait dû le faire Morel, qu'il y avait bien assez de place dans l'appareil pour les vélos en question, il n'en dit rien). Il monta même dans l'avion pour confirmer le prochain rendez-vous : qu'on vienne le chercher mardi avec un Lysander. « Si j'avais voulu le retenir de force, c'était facile », rapporte Morel, mais il eut le tort de n'en rien faire et Déricourt resta en France[30].

Le mardi suivant, c'est-à-dire dans la nuit du 8 au 9 février, il était là pour accueillir le Lysander sur son vieux terrain de Tours. L'avion amenait Lesage et Beauregard, qui devaient créer le réseau LACKEY en

a. C'est-à-dire « équarisseur », sans doute par contraste avec « farrier » qui signifie « vétérinaire » [N.d.T.].

L'évacuation des armes après un parachutage © Crown Copyright.

Moto parachutée dans un container pour André Jarrot de la mission Armada
© Coll. Part. D.R.

Poste émetteur-récepteur valise A MARK II à deux gammes d'ondes courtes, le plus petit qui ait été utilisé. Dimension : 38 x 24 x 10 cm, poids 9 kg. L'écoute s'effectue sur casque dont le cordon s'enfiche sur le dessus du récepteur © Coll. Part. D.R.

Emission en plein champ sur A MARK II, ce qui était un cas rarissime © Coll. Part. D.R.

Au maquis, l'école du soldat : présentation de la mitraillette légère Mark II Sten, dont quelque 200 000 furent parachutées en France. Sur la table, son chargeur, ainsi que des pistolets Ruby, Colt, La Française et des revolvers Colt et Bulldog © Photo Keystone.

Un agent du réseau ACOLYTE, préparant le sabotage d'une voie ferrée © Coll. Part. D.R.

Déraillement près d'Ambérieu en 1943, œuvre du réseau PIMENTO © Coll. Part. D.R.

L'usine Desmet de contacteurs électriques pour canons de DCA à Thumesnil (Nord) après son sabotage par le réseau Sylvester-Farmer en novembre 1943 © Archives de la région du Nord, Lille Gerekens.

Dans l'atelier de l'usine d'hélices Ratier à Figeac, après son sabotage par le réseau Footman, en janvier 1944 © Coll. Part. D.R.

Parachutage de jour en Corrèze, le 14 juillet 1944 © Coll. Part. D.R.

Parachutage de jour dans le Vercors, le 14 juillet 1944 © Coll. Part. D.R.

Mémorial inauguré en 1991 à Valençay (Indre) par la reine mère d'Angleterre et le secrétaire d'État aux Anciens Combattants, André Méric, en hommage aux réseaux BUCK-
MASTER et aux agents de la section F du SOE © Coll. J. Bednarek, Valençay.

Bourgogne, Déricourt étant supposé être le seul passager du vol de retour. Mais il fit signe à une silhouette indistincte qui se tenait dans l'obscurité. Celle-ci s'approcha et Déricourt la fit entrer dans l'avion avant lui : sa femme n'avait rien à voir avec son réseau, mais il n'avait pas l'intention de la laisser en danger derrière lui. Le vol fut sans histoire jusqu'à Tangmere.

En un peu plus d'un an d'activité clandestine, il avait conduit dix-sept opérations impliquant vingt et un avions. Quarante-trois passagers étaient arrivés en France et soixante-sept (dont lui-même deux fois) en étaient partis par ses vols. Le tableau 3 résume ce bilan.

TABLEAU 3

OPÉRATIONS D'ATTERRISSAGE DIRIGÉES PAR HENRI DÉRICOURT (*GILBERT*)

DATE	LIEU	APPAREIL	PASSAGERS À DESTINATION DE	
			FRANCE	ANGLETERRE
Première série				
17-18 mars 1943	Sud de Poitiers	2 Lysander	4	4
14-15 avril 1943	Amboise	2 Lysander	4	1
15-16 avril 1943	Château du Loir	Lysander	2	1
22-23 avril 1943	Ouest de Vendôme	2 Lysander (1 seul atterrit)	–	1
Deuxième série				
13-14 mai 1943	Est de Tours	2 Lysander	4	1
16-17 juin 1943	NE d'Angers	2 Lysander	4	5
23-24 juin 1943	Amboise	Lysander	2	2
19-20 juillet 1943	Est de Tours	Lysander	2	3
Troisième série				
22-23 juillet 1943	Nord d'Angers	Hudson	3	3
15-16 août 1943	Ouest de Vendôme	Lysander	–	3

19-20 août 1943	Nord d'Angers	Hudson	1	10
17-18 septembre 1943	NE d'Angers	2 Lysander	4	6
16-17 octobre 1943	Amboise	Lysander	2	3
20-21 octobre 1943	Nord d'Angers	Hudson	4	4
15-16 novembre 1943	Nord d'Angers	Hudson	5	10
3-4 février 1944	Nord d'Angers	Hudson	–*	8*
8-9 février 1944	Est de Tours	Lysander	2	2
TOTAL		**17 Lysander + 5 Hudson**	43	67

* Un officier de l'état-major, qui était présent mais ne descendit à terre que quelques instants [Gerry Morel], n'est pas compté.

C'était un bon bilan, excellent même, mais rien à voir avec certains témoignages délirants entendus lors de son procès[31]. À l'initiative de Buckmaster, Mockler-Ferryman l'avait proposé pour le DSO, en reconnaissance « de ses immenses capacités et de son total mépris du danger » dans des circonstances « particulièrement difficiles et périlleuses » qui nécessitaient « d'entretenir quantité de relations grosses de risques, en particulier avec des pilotes de la Luftwaffe et de la Lufthansa ». Il ne croyait pas si bien dire, nous allons le voir. Déricourt eut vent de cette démarche et porta le ruban, mais en fait il ne fut jamais officiellement décoré : les doutes sur sa loyauté se firent si insistants au début de 1944 qu'il fallut demander au ministre de l'Air de suspendre le processus, et la distinction ne passa jamais au journal officiel. Cela n'empêchera pas Déricourt de déclarer plus tard aux Français qu'il l'avait obtenue, de même que deux décorations françaises et une polonaise. Une comparaison est intéressante ici : durant la période où il travailla pour la section F, trois atterrissages seulement furent conduits par d'autres que par lui pour cette dernière, mais vingt pour la section RF. Si Déricourt détient le record individuel du nombre d'opérations de ce genre effectuées par le SOE en France, Rivière (*Marquis*)[32] de la section RF n'en est pas très loin, avec certes onze opérations seulement contre dix-sept, mais plus de voyageurs : 52 vers la France et 80 vers l'Angleterre[a]. En tout, Déricourt dirigea le cinquième des 81 vols avec atterrissage du SOE en France, transportant le sixième des passagers[33].

Mais en quoi consistaient les soupçons qui conduisirent la section F à le ramener en Angleterre, et étaient-ils justifiés ?

On trouve les premiers doutes dans un rapport d'Agazarian de juin 1943, signalant que Suttill estimait insuffisante la sécurité de Déricourt[34]. En juillet, des mises en garde arrivèrent de plusieurs autres réseaux ; mais elles disaient : « Gilbert est un traître », et il y avait plus d'un Gilbert (on attribua un nouveau nom de guerre à Déricourt à l'automne – *Claude* – mais comme la plupart des gens qui le connaissaient déjà continuèrent à l'appeler Gilbert, cela ne fit qu'accroître la confusion). L'un au moins des passagers de Déricourt en août signala qu'à son avis son dispositif de sécurité, tant à Paris qu'en Anjou, était lamentable. Nous avons déjà mentionné les soupçons de Frager, mais il eut bien du mal à les faire parvenir à Londres parce que Clech, son nouveau radio, avait été envoyé en France, par suite d'une énorme bourde de l'état-major, sans grille de chiffrage personnelle, puis doté, par une bêtise encore plus insensée, d'une copie de la grille qu'il aurait dû apporter avec lui et dont Frager avait pourtant signalé – à tort, mais de bonne foi – qu'elle avait été communiquée aux Allemands par un membre du réseau Farrier qui avait transporté la valise de Clech. Finalement, en octobre, Frager se rendit en Angleterre avec explicitement pour « premier objet » d'accuser Déricourt de trahison. Il raconta qu'un mystérieux « colonel Heinrich » – qui en réalité n'était autre que l'éternel Bleicher, l'amant de Mathilde Carré, l'homme qui avait arrêté Peter Churchill – « affirmait sans équivoque que *Gilbert* travaillait pour les Allemands ». Ce qui l'avait amené, expliqua Frager, à reconsidérer plusieurs petits incidents de l'été écoulé, comme par exemple l'arrivée soudaine d'unités allemandes de défense anti-aérienne aux abords de

---

a. Paul Rivière, jeune enseignant grièvement blessé en juin 1940 sur la Loire à la tête d'une unité des cadets de Saumur, puis précocement rallié au mouvement Combat, avait été en 1942 affecté par le BCRA et Moulin auprès de Raymond Fassin comme adjoint et opérateur radio, et l'avait secondé dans des opérations de parachutage et d'atterrissage de Français Libres en zone Sud. Après le drame de Caluire, en juin 1943, il avait été nommé par le BCRA chef du Service des atterrissages et des parachutages (SAP) en zone Sud, avec mission d'en assurer la décentralisation tout en gardant jusqu'à la Libération la responsabilité personnelle des liaisons aériennes dans la région de Lyon (R1) [J.-L. C.-B.].

deux de ses terrains de parachutage, à l'ouest de Paris, peu après qu'il en eut indiqué l'emplacement à Londres dans une correspondance confiée à Déricourt. Lorsque Bodington était à Paris en juillet et rencontrait souvent Déricourt, Frager lui avait déjà fait part de ses doutes à son sujet, mais Bodington les avait écartés en se disant, assez logiquement, que du moment qu'on ne l'avait pas lui-même arrêté, c'était que personne ne l'avait trahi parmi les gens qu'il avait vus. Frager se déclara néanmoins « convaincu que le colonel [*Henri*] ne mentait pas lorsqu'il disait que les Allemands avaient décidé de ne pas arrêter le commandant Bodington pour ne pas compromettre un de leurs meilleurs informateurs : *Gilbert*... "l'homme qui fait le pick-up" »[35].

On se demande pourquoi Bleicher laissa échapper cette information importante. C'était début août 1943, autour d'un verre, au cours d'une conversation à bâtons rompus avec Bardet et Frager (qui se donnait pour l'oncle de Bardet, ignorant que Bleicher savait parfaitement qui il était). Bleicher mentionna dans la même conversation que sa propre organisation, l'Abwehr, était engagée dans une « lutte à mort » contre la Gestapo[36]. Il est possible que les réseaux parisiens du SOE aient sans le savoir joué le rôle de pions dans cette partie d'échecs – particulièrement féroce à l'époque – entre l'Abwehr et le Sicherheitsdienst, et que Bleicher ait délibérément commis cette indiscrétion pour nuire à une source précieuse du SD ; mais c'eût été un moyen assez contourné et peu efficace de faire parvenir l'information aux Britanniques. Il prétendit par la suite qu'il l'avait fait dans le principal souci d'entretenir l'hostilité entre Déricourt et Frager, parce que ce dernier lui était extrêmement utile[37]. Mais il est plus probable qu'il s'était tout simplement laissé aller à bavarder.

À Londres, Buckmaster et Morel s'efforcèrent de repousser ces accusations en les mettant sur le compte du caractère agité et inquiet de Frager. Mais elles furent confortées par d'autres sources. En particulier, l'un des homologues de Déricourt dans la section RF, Michel Pichard (*Oyster*)[a], était convaincu qu'« un Français détenant un grade

---

a. Michel Pichard était officier de liaison de la France combattante auprès du mouvement de résistance OCM lorsque, en avril 1943, Jean Moulin créa le BOA, Bureau des opérations aériennes (de la zone Nord). Il y fut alors chargé des opérations aériennes du « bloc Est » puis, quand ce service de la Délégation générale clandestine fut décentralisé et que ses responsables furent rattachés aux délégués militaires régionaux du CFLN, il fut successivement responsable des liaisons aériennes de la région C (Châlons-sur-Marne) puis de la région D (Dijon) et coordinateur pour l'ensemble de la zone Nord, en constante coopération fonctionnelle avec la section RF du SOE [J.-L. C.-B.].

dans l'armée britannique… et responsable d'opérations aériennes dans les régions de Paris et d'Angers » avait donné aux Allemands « deux hommes et une femme venus par avion en août [et] appréhendés par la Gestapo très peu de temps après leur arrivée ». C'est ainsi que le SOE monta l'opération KNACKER, peut-être après consultation du ministère de l'Air[38], et que Déricourt fut rappelé en Angleterre. À l'évidence, il avait atteint un niveau assez élevé dans la section F (bien qu'il n'ait lui même effectué, à l'instar de Peter Churchill, aucune action offensive, car ce n'était pas son travail) : la possibilité qu'il appartînt au camp ennemi devait donc être examinée dans le plus grand secret. En l'absence de Gubbins, en déplacement à l'étranger durant les semaines de février 1944 où il fallut trancher, la réflexion fut conduite par Boyle, le directeur du renseignement, et Sporborg, l'un des deux principaux adjoints de Gubbins (l'autre, AD/E [E.E. Mockler-Ferryman], ne fut pas mis dans la confidence). Quand on lui exposa l'affaire, Sporborg eut d'abord tendance à exonérer Déricourt : du fait de sa formation d'avocat, ce qui lui sautait aux yeux c'était surtout l'absence de preuves directes de culpabilité. Et il est vrai qu'à se placer de ce point de vue les éléments à charge étaient assez minces. Mais l'opinion très négative du service de sécurité fit pencher la balance :

« Bien qu'il faille reconnaître que *Gilbert* fait une bonne impression personnelle pendant ses interrogatoires et que son passé semble sans reproche, nous-mêmes considérerions le dossier à charge, si la décision nous appartenait entièrement, comme suffisamment sérieux pour exiger sa mise à l'écart immédiate de tout travail de renseignement hors du pays. En considération des faits connus, cela nous paraît en conscience la recommandation qu'il nous faut faire[39]. »

Sporborg s'inclina devant une position aussi ferme, et il fut décidé le 21 février que Déricourt ne serait pas autorisé à repartir en France.

Mais tous les officiers de la section F continuèrent à le soutenir et à pester contre cette décision. Buckmaster ne cessait de répéter qu'il était impossible de faire remonter jusqu'à lui aucune des pertes subies, ce qui prouvait son innocence. Le responsable de la sécurité au SOE était, lui, plus prudent : « Le fait que certaines pertes ne se soient pas produites[40] ne prouve pas qu'il n'a pas trahi », car les Allemands pouvaient préférer attendre l'approche du Jour J pour lancer leurs filets ; mais « s'il travaillait effectivement pour l'ennemi comme certains l'affirment, alors c'est un agent de premier ordre, extrêmement habile et qui ne se laissera déstabiliser par aucun interrogatoire. »[41] Morel se déclara « absolument révolté » par l'interdiction faite à Déricourt de retourner en France[42], et Buckmaster se soulagea dans une série de notes furibondes sur l'ingérence dont était victime l'un de ses meilleurs réseaux par des gens qui ne comprenaient rien aux conditions de travail sur le terrain. Le 21 mai, il soutenait encore que l'immunité persistante de Clément était bien la preuve de l'innocence de Déricourt, et plusieurs mois après la fin de la guerre il proclamait avec enthousiasme :

> « Il ne convient pas que je dise tout ce que je pense de cet officier tant que la procédure judiciaire n'est pas achevée. Mais lorsque les voiles seront entièrement levés, s'ils le sont un jour, je suis prêt à parier très cher qu'il sera déclaré totalement innocent de toute tractation avec l'ennemi. Son efficacité dans les opérations de Hudson et de Lysander était époustouflante, et c'est la raison même pour laquelle certains ont eu le soupçon qu'il travaillait pour l'autre côté. Ceux qui ne le connaissaient pas et ne pouvaient le juger que sur ses résultats se sont dit : "C'est trop beau pour être vrai. Ce type est *nécessairement* un salaud." Mais un chef de section pays, lui, n'a aucune raison de recourir à des raisonnements aussi simplistes, car il évalue ses hommes sur la base d'une connaissance beaucoup plus fine.
>
> Qu'il suffise de dire qu'il n'a pas une seule fois laissé tomber nos gars et qu'il a, et de loin, le plus beau bilan d'opérations de tout le SOE[43]. »

Que s'était-il passé en réalité ? Déricourt a donné deux récits différents, l'un aux Britanniques en 1944 et un autre aux Français après la guerre ; leurs contradictions, ainsi que certains éléments d'information apportés par les Allemands, constituent des raisons solides de le soupçonner mais, il est vrai, n'apportent pas vraiment de preuves. Il est clair qu'à un moment donné il a été en contact étroit avec la Gestapo. Goetz a même rapporté un dîner chez Boemelburg, le 5 février 1944, où Déricourt était le seul autre invité et où l'on parla de l'ordre qu'il avait reçu de revenir en Angleterre, en se demandant ce qu'il convenait de faire à ce sujet et en quoi il pouvait être utile aux Allemands s'il obtempérait[44]. La version de Déricourt, c'est que deux pilotes allemands, qu'il connaissait d'avant la guerre et qui étaient devenus officiers dans la Luftwaffe, étaient venus le voir chez lui sans s'annoncer, à la fin du printemps 1943, en compagnie d'un troisième homme auquel ils le présentèrent et qui l'emmena dans sa voiture faire un tour au bois de Boulogne. Tout en roulant, ce troisième homme se présenta comme le Dr Goetz, l'expert du SD en matière de transmissions radio. Il fit à Déricourt un récit très bien informé de sa carrière clandestine – son exfiltration, ses retours en parachute, tous les vols qu'il avait dirigés depuis – et l'invita à collaborer. Déricourt, se sentant « plus ou moins prisonnier », accepta ; avec, ajoute-t-il, de fortes réserves mentales [45]. S'il était passé par les cours de Beaulieu, il aurait su quel était son devoir : quitter Paris le jour même, à l'instant même où Goetz le quittait des yeux, trouver une filière d'évasion de la section DF et se faire rapatrier à Londres aussi vite que possible. L'impossibilité d'organiser du jour au lendemain le voyage incognito de son épouse, qu'il idolâtrait, l'en empêcha. S'il s'était enfui, elle aurait certainement été arrêtée par le SD, qui n'aurait pas hésité à la torturer. Alors il resta.

Certains lecteurs français feront remarquer que c'est peut-être une explication, mais pas une excuse. Des résistants et des résistantes d'une autre trempe ont assumé le risque de la torture non seulement sur leur propre corps mais sur celui de leurs êtres les plus chers [46] plutôt que de trahir la cause de la France. Déricourt en jugea autrement. Peu de gens oseraient dire en toute honnêteté qu'à sa place ils se seraient mieux comportés, du moins au début de cette longue relation avec le SD ; mais il aurait certainement pu s'en dégager beaucoup plus vite qu'il ne le fit, par exemple en envoyant sa femme en Angleterre lors de son vol suivant. Et lorsque Goetz avait utilisé l'une des plus vieilles ficelles du métier d'espion en lui laissant entendre qu'on savait déjà tout de lui, rien ne l'obligeait à capituler et à lui dire tout ce qu'il savait, lui, sur l'organisation du SOE en Angleterre. Cela, il ne le reconnut qu'après la guerre, devant les Français ; quand ces derniers lui demandèrent s'il l'avait également dit aux Britanniques à l'époque, il répondit que non, parce que la question ne lui avait pas été posée et qu'il avait trouvé l'ambiance suspicieuse qui l'avait accueilli à Londres « peu propice à toute explication sur le sujet. Comme les Anglais n'étaient pas au courant, j'ai préféré les laisser dans une complète ignorance » [47]. En réalité, il n'est pas exclu qu'il leur en ait touché un mot un jour, car Bodington a écrit au crayon, en marge d'une note interne du 23 juin 1943 signalant une possible indiscrétion commise par Déricourt : « Nous savons qu'il est en contact avec les Allemands, et aussi comment & pourquoi »[48].

Le degré de collaboration de Déricourt n'est toujours pas connu avec précision. Il ressort clairement des interrogatoires des gangsters de la rue Lauriston arrêtés et jugés après la Libération que des membres de cette bande étaient habituellement postés autour de ses terrains d'atterrissage, à l'été et à l'automne 1943, afin de prendre en filature tous les arrivants. Goetz prétendit même, lorsqu'il interrogea Culioli, qu'il avait assisté en personne à l'arrivée de Noor Inayat Khan par Lysander ainsi qu'à un atterrissage de Hudson ; mais Culioli eut la sagesse de se dire que rien ne l'obligeait à le croire, et qu'il pouvait très bien s'agir, une fois de plus, de la comédie classique du « nous savons déjà tout »[49]. Les arrivants n'étaient généralement pas arrêtés tout de suite, et l'on peut imaginer que c'était pour éviter d'éveiller les soupçons de Londres ; de toute façon, les gangsters étaient tellement nuls et la plupart des agents si attentifs à ne pas être suivis au moment où ils se dispersaient – selon l'heureuse formule de Déricourt lui-même, « en arrivant, ils étaient prêts à nier jusqu'à leur propre existence » – que les Allemands ne gagnèrent sans doute presque rien à cette surveillance des terrains d'atterrissage ; à l'exception toutefois de CONJUROR, en novembre, où quatre agents de la section F furent pris.

En revanche, les services de renseignement allemands tirèrent grand profit de certains rapports envoyés par les agents en France du SOE et du BCRA, dont ils prirent très certainement connaissance, et très certainement grâce à Déricourt. Interrogé sur ce point, ce dernier fit cette réponse oblique que, quand bien même il aurait communiqué cette correspondance à la Gestapo, ce n'était pas une mauvaise affaire si cela lui permettait de continuer à conduire librement ses opérations aériennes[50]. Il s'efforça néanmoins d'attribuer l'essentiel des informations détenues par les Allemands à l'activité d'agent double de Roger Bardet, qui pourtant n'avait pas – ou n'aurait pas dû avoir – accès aux documents de PROSPER, et aux révélations de Gilbert Norman, qui lui, effectivement, savait presque tout de son réseau. De leur côté, Bardet et Norman[51] ont tous deux affirmé que c'était Déricourt le coupable. Quoi qu'il en soit, ce qui importe au sujet de ces papiers c'est que leurs auteurs avaient en leurs collègues une confiance assez aveugle pour les avoir écrits en clair : noms, lieux, adresses, tout. Mais nous parlerons plus tard de l'inconscience du réseau PROSPER ; finissons-en d'abord avec FARRIER. Après la guerre, lorsqu'il fut possible d'interroger de nombreux membres du Sicherheitsdienst parisien, on put réunir sur Déricourt un dossier à charge beaucoup plus épais et solide qu'en 1944. Il fut arrêté par la police française en novembre 1946, curieusement sur la base de la déclaration d'un prisonnier allemand au sujet d'un fait dont Déricourt était très probablement innocent. Il s'agissait des messages de la BBC appelant les réseaux à l'action lors du lancement de la campagne OVERLORD. L'aide de camp de Reile, qui avait dirigé la branche III F de l'Abwehr à Paris, raconta que, grâce à *Gilbert*, « le SD a su à l'avance comment se développeraient les différentes phases de l'invasion » : « Kieffer, du SD, m'a téléphoné le 5 juin 1944 pour me faire savoir que le débarquement était imminent, me demandant d'en informer à mon tour le commandant en chef du front de l'Ouest, le maréchal von Rundstedt. J'ai immédiatement appelé le maréchal et l'ai informé que le débarquement commencerait cette nuit même. »[52] L'aide de camp s'était probablement embrouillé entre deux Gilbert (lorsque Gilbert Norman fut pris, sa serviette aurait contenu pas moins de deux cent cinquante messages d'exécution de la BBC[53]), et il n'entrait certes pas dans les fonctions de Déricourt, organisateur d'atterrissages, de connaître le moins du monde ces messages. Aussi légers que fussent la plupart des agents de la section F en 1943, ils ne l'auraient certainement pas été assez pour communiquer à quelqu'un d'extérieur à leur réseau la formule du message qui les appellerait à l'action. Et de toute façon, tous les messages d'exécution liés au débarquement furent changés après que Déricourt eut quitté la France pour la dernière fois[54].

Les Français lui donnèrent le choix, comme c'était son droit en tant qu'officier, entre un procès civil, du verdict duquel chaque partie pourrait faire appel, et un procès militaire dont la décision serait définitive. Il choisit le second et comparut en juin 1948. Il avait à répondre d'une longue liste d'accusations d'intelligence avec l'ennemi, qui ne cessa de s'amenuiser au cours du procès. Son habile avocat réussit à démontrer que, si l'accusation avait effectivement produit de nombreux éléments indirects nourrissant les soupçons, elle n'était en mesure de prouver aucun acte de trahison. Par exemple, Bleicher pouvait seulement témoigner qu'il avait entendu dire que Déricourt était un important agent du SD ; il ne pouvait pas affirmer qu'il le savait par lui-même, ou du moins il ne le fit pas. Il ne révéla pas non plus au tribunal qu'il avait habité dans l'immeuble voisin. Même Goetz ne put que porter témoignage des relations qui lui avaient paru des plus amicales entre Déricourt, Kieffer et Boemelburg, alors chef de la Section IV du Sicherheitsdienst (Gestapo) ; il ne pouvait personnellement citer aucun acte précis de trahison de la part de Déricourt (Kieffer était mort, pendu par les Britanniques pour avoir ordonné l'exécution en vêtements civils d'un groupe de SAS faits prisonniers en uniforme ; quant à Boemelburg, il avait disparu, sans doute tué lors d'un bombardement en Hollande). Le dernier chef d'accusation était que Déricourt n'avait pas rendu compte suffisamment vite à ses supérieurs du fait qu'il était en contact avec les Allemands ; et de ce chef d'accusation, c'est Bodington qui le blanchit. Il témoigna qu'il avait été le responsable de Déricourt pour l'ensemble de son travail de terrain, ce qui, à ne considérer que les grades militaires, n'était pas tout à fait faux, puisque pendant les quelques semaines où ils avaient été ensemble à Paris Bodington avait une commission temporaire de commandant et Déricourt était lieutenant d'aviation honoraire ; mais en réalité ils étaient tous deux, à égalité, sous les ordres de Buckmaster. Il déclara aussi que Déricourt l'avait informé qu'il avait été piégé et mis en contact sans l'avoir voulu avec les Allemands, ce dont il ne reste pas d'autre trace que les quelques mots au crayon de sa main mentionnés un peu plus haut. Enfin, il affirma avoir autorisé Déricourt à maintenir ce contact avec l'ennemi, ce qui dépassait largement ses compétences, et même celle de Buckmaster. Ce consentement ne fut jamais donné par quiconque aurait eu autorité pour le faire[55].

Lorsque le juge demanda à Bodington s'il confierait de nouveau sa vie à Déricourt, il répondit : « Certainement, sans hésitation ». Déricourt fut acquitté. Pour résumer, il n'est contesté par personne que Déricourt eut des conversations avec la police secrète ennemie pendant plusieurs mois. Le tribunal qui l'a jugé (croyant à tort que Bodington était un émissaire officiel de l'Intelligence Service, alors qu'en fait c'est en tant qu'ami personnel de l'accusé qu'il était venu témoigner) considéra, sur la base d'un témoignage dont il n'avait pas de raison de se méfier, qu'il avait agi sur ordre et n'était donc pas un traître[a]. Au lecteur de se faire sa propre opinion sur la base des éléments qui lui sont présentés ici ; auxquels il faut ajouter encore un point. On sait que les tribunaux anglais refusent de prendre en considération ce qu'ils appellent « l'ouï-dire ». Mais l'histoire a d'autres normes et admet un plus large éventail de témoignages ; elle est donc en droit de tenir compte de ce que Placke a rapporté d'une parole de Boemelburg adressée en sa présence à Goetz en apprenant la nouvelle du départ de

a. Sur le rôle décisif joué au procès Déricourt par le témoignage de Bodington, voir Henri Noguères, *Histoire de la Résistance*, t. 4, p. 408 [J.-L. C.-B.].

Déricourt pour l'Angleterre : « Eh bien, voilà quatre millions de perdus » [56].

Le réseau FARRIER, désormais privé de son chef, fonctionna encore quelques semaines dans des conditions dignes d'être remarquées, car elles montrent bien que c'était un homme, et un seul, qui l'avait mis en danger. Clément, lui, avait toujours pris un soin extrême de la sécurité, et les Allemands ne semblent jamais avoir su qui il était ni où il vivait (un point en faveur de Déricourt), alors qu'ils devaient bien savoir comment il travaillait. Grâce à Mme Besnard et à Watt, grâce aussi à un système rigoureux de coupe-circuits, le réseau resta disponible pour de nouvelles opérations.

Pourtant il fut finalement décidé de le supprimer, à la suite d'un épisode absurde qui a du moins le mérite de montrer l'efficacité de son système de sécurité. En août 1943, Bodington avait donné son accord à l'achat d'un petit bar situé au 28 rue Saint-André-des-Arts, près de la place Saint-Michel. Il ne faisait pas beaucoup d'affaires, ce petit bar. Sa fonction était de constituer le point d'entrée d'une filière d'évasion propre à la section F, permettant de rejoindre l'Angleterre par les vols du réseau FARRIER ; des agents en situation d'urgence pouvaient s'y faire prendre en charge. Début mars 1944, deux inconnus à la mine inquiète se présentèrent au bar, et l'un des deux prononça, avec un net accent allemand, la moitié seulement du mot de passe. Il aurait dû dire : « Je voudrais parler à la patronne – de la part de ma tante à Marseille » mais, arrivé à la pause, il s'arrêta. Le garçon étonné l'ayant invité à continuer, il termina sa phrase correctement ; mais en demandant aussitôt si cela n'aurait pas plutôt été au garçon, et non à lui, d'avoir à prononcer le nom de Marseille… Le barman alla téléphoner à Mme Besnard, qui trouva comme lui l'affaire suspecte ; il revint vers les clients et leur dit que la « patronne » n'était pas disponible. Ces derniers insistèrent, et finalement l'un d'eux dit qu'il venait « de la part de Toinot, qui doit s'évader vite ». Le garçon ne connaissait pas ce nom et fut dès lors persuadé qu'il parlait à des agents allemands. Il répondit fermement qu'ils avaient dû se tromper de bar et que le sien était une maison respectable. Les deux hommes s'en allèrent. Le surlendemain, un autre inconnu, avec le même accent et une cicatrice à la joue pour faire bonne mesure, entra dans l'établissement. Il donna le mot de passe correctement, se présenta comme Toinot et dit qu'il avait besoin d'urgence d'un Lysander : quand pourrait-il en avoir un ? Le barman appela de nouveau Mme Besnard, et ils conclurent tous deux que la Gestapo devait être sur leurs talons. Le bar ferma. Les Besnard quittèrent Paris l'après-midi même pour s'installer à la campagne, et Watt les rejoignit dès qu'il eut pris le contact nécessaire avec Clément et envoyé à Londres un message pour dire que la prochaine opération serait la dernière. Watt et les Besnard rentrèrent en Angleterre par un Lysander de Rivière venu les prendre sur le terrain d'atterrissage à l'est de Tours, dans la nuit du 5 au 6 avril ; Clément, sur ordre de Londres, fit le mort [57].

Le lendemain arrivait en Angleterre, par une filière d'évasion ordinaire du service, un agent alsacien de la section RF qui avait dû, avec deux camarades recrutés localement, quitter d'urgence l'Alsace devenue trop brûlante pour lui. Il se plaignit (entre autres) de n'avoir rien obtenu au bar de Saint-André-des-Arts alors qu'il avait donné le mot de passe correct. Son nom de guerre était *Toinot* [58].

Heureusement, l'incident n'eut pas de suite fâcheuse. La seule perte sérieuse fut celle des excellents services de Clément comme organisateur d'atterrissages, mais la section F disposait maintenant en France de plusieurs autres agents capables de recevoir des Lysander. On voit bien ce qui conduisit Bodington, grand admirateur de Déricourt, à l'idée originale de créer avec ce bar un « guichet » d'évasion pour sa section : il trouvait bon de mettre à la disposition de ses agents les liaisons aériennes de FARRIER pour leur éviter l'interminable randonnée jusqu'à Gibraltar par l'Espagne, avec ses risques et ses lenteurs. De toute façon, dès lors que la section disposait d'une organisation comme FARRIER, il était naturel qu'elle offre à ses agents la possibilité de la contacter. Il est plus difficile de comprendre qu'un agent de la section RF ait entendu parler de cette ligne « privée ». Mais la raison n'en était pas l'indiscrétion d'un agent de la section F : son interrogatoire révéla qu'il y fut conduit sur un ordre venu de Londres, dont Watt aurait dû être parallèlement informé. Paradoxalement, c'est la filière ordinaire par laquelle il rentra qui lui avait été procurée par un bavardage inconsidéré.

La chute de PROSPER

Les deux derniers mots offrent une excellente transition vers le récit de la série de désastres, contemporaine mais beaucoup plus embrouillée, qui fut fatale au réseau PHYSICIAN-PROSPER. On a raconté sa croissance dans les deux derniers chapitres, il reste à considérer sa chute. Celle-ci a fait l'objet de nombreux écrits, dont les auteurs ignorent pour la plupart totalement comment elle s'insère dans le contexte d'ensemble de la résistance française et des opérations spéciales ; « Rien ne porte plus au bavardage que l'ignorance », comme l'a justement remarqué Burney[59]. Essayons donc d'analyser l'affaire en en restituant les justes proportions.

Il semble que beaucoup de Français soient convaincus que le réseau de Suttill a été délibérément trahi par les Britanniques aux Allemands ; et même « par contact radio direct avec l'avenue Foch »[60]. C'est tellement absurde qu'on a envie de répondre comme le duc de Wellington à l'homme qui le prenait pour le Captain Jones : « Monsieur, si vous pouvez croire cela, vous pouvez croire n'importe quoi ». L'avenue Foch n'aurait pu être jointe directement par radio que par quelqu'un qui aurait connu les fréquences qu'elle utilisait. C'était la tâche de l'un des départements du renseignement britannique que de chercher à repérer ces fréquences et, après les avoir trouvées, d'écouter les télégrammes qui s'y échangeaient. Il est inconcevable qu'un message ait pu être émis à destination de la Gestapo directement par un appareil détenu par des Britanniques sans donner naissance à des enquêtes étendues et complexes impliquant plusieurs services secrets : comment une affaire pareille pourrait-elle être étouffée ? Mais surtout une conspiration pour trahir PROSPER, que ce fût par radio ou par n'importe quel autre moyen, paraît absolument sans intérêt. On ne voit vraiment pas quel but stratégique britannique elle aurait pu servir.

Le seul objectif concevable qui ait été évoqué dans ces écrits est que la chute du réseau ait pu faire partie d'un grand plan de désinformation destiné à détourner l'attention des Allemands de l'invasion de la Sicile. Mais la forme sous laquelle cette hypothèse a été développée n'emporte pas la conviction[61]. Les auteurs qui l'ont avancée auraient dû apprendre, par le livre d'Ewen Montagu *The Man Who Never Was*[62], le degré de professionnalisme déployé à cette occasion pour faire passer à l'ennemi de fausses informations. Envoyer quelques agents du SOE en France après leur avoir bourré le crâne de rumeurs selon lesquelles un débarquement allié massif allait avoir lieu dans le Pas-de-Calais en 1943, en espérant que quelques-uns d'entre eux seraient pris par les Allemands et mangeraient le morceau, n'aurait été qu'un bricolage hasardeux et dépourvu de tout mordant. Au demeurant, l'on sait sans conteste que, sauf dans le cas de STARKEY (le faux débarquement dans le Nord de la France, en septembre 1943), on ne se servit pas du SOE en France à des fins de désinformation, ni alors ni plus tard, car on ne faisait pas suffisamment confiance à ses agents pour des tâches aussi délicates. En réalité, à l'origine, c'est Hitler lui-même qui a cru, ou du moins espéré, que la destruction de PROSPER – dont il s'exagérait l'importance, lui aussi – représentait un revers sérieux pour les projets anglo-américains en France. Les interrogatoires d'officiers du SD faits prisonniers ont montré qu'il s'intéressait personnellement beaucoup à la répression contre la section F[63]. Comme c'est souvent le cas lorsque les grands chefs commencent à se mêler des détails, il se méprenait. En réalité, les ennuis de PROSPER n'ont évidemment eu aucune espèce d'influence sur la décision concernant la date du débarquement, qui fut déterminée par des facteurs bien différents et autrement importants.

Le chapitre XI du livre de Buckmaster *They Fought Alone* commence effectivement par cette indication : « Vers le milieu de l'année 1943, nous avons reçu un message ultrasecret annonçant que le débarquement pourrait bien avoir lieu plus tôt que nous ne le pensions. Il s'agissait de décisions politiques prises très haut au-dessus de nous, et bien entendu nous en avons tenu compte dans notre action sans poser de questions. » Autant qu'il s'en souvenait une vingtaine d'années plus tard[64], il avait reçu l'ordre d'accélérer les préparatifs de la section dans la perspective de l'appui à l'invasion, pour le cas où il se révélerait finalement possible de la réaliser dès cette année. On parlait beaucoup d'une telle éventualité à l'époque, car elle était politiquement séduisante, spécialement pour l'extrême gauche ; mais elle se révéla impraticable sur le plan logistique. Toujours est-il que Suttill, venu à Londres à la mi-mai, fut renvoyé à Paris à la fin du mois « porteur d'un "signal d'alerte" : tout le réseau devait se tenir l'arme au pied »[65]. Il est possible que cela ait été le fruit d'un malentendu entre lui et l'état-major de la section sur le degré de probabilité d'un prochain débarquement, ou alors qu'il ait partagé avec l'état-major ledit malentendu : il y avait à l'époque très peu de gens, et seulement dans le cercle le plus restreint de Westminster et de Washington, qui savaient vraiment à quel point les chances en étaient minces. Suttill retourna donc à son travail clandestin avec la conviction qu'un débarquement était probablement imminent.

Il existe une rumeur persistante selon laquelle il aurait eu un entretien personnel avec Churchill, qui lui aurait donné, à dessein, une lettre de mission mensongère. Elle n'a aucun fondement, comme le prouvent les dates : au moment où Suttill était en Angleterre en mai 1943, Churchill n'y était pas. Ils ne peuvent pas s'être rencontrés[66].

Un autre bobard circule en France, selon lequel, lors de ce séjour à Londres, Suttill aurait menacé d'appeler tous les résistants qu'il pourrait joindre à prendre ouvertement les armes le 1er juillet si le débarquement n'avait pas encore eu lieu à cette date ; le haut commandement britannique, sachant bien, lui, qu'il ne serait pas prêt[67], se serait alors perfidement débarrassé de l'importun en le donnant aux Allemands, par un canal non spécifié. Il y a toutefois une objection imparable, c'est qu'on ne voit pas pourquoi, si la première partie de l'histoire était exacte, on n'aurait pas tout simplement interdit à Suttill de retourner en France.

La vérité, c'est que la chute de PROSPER et ses suites tragiques sont la conséquence de l'incompétence de ses agents – quel qu'ait été par ailleurs leur courage – et de l'insuffisance criante de leurs mesures de sécurité. Le réseau faisait boule de neige. Le rythme de sa croissance rendait la catastrophe inéluctable : un jour ou l'autre, par un concours de circonstances ou un autre, un de ses membres fraîchement recrutés et inexpérimentés allait se faire bêtement attraper, ou bien changer de camp, ou alors les Allemands allaient tomber sur une information fatale, comme ce fut effectivement le cas. Sans compter que le ver était dans le fruit dès le début, car le tout premier contact de Suttill, lorsqu'il arriva en octobre 1942, lui avait été fourni par CARTE, dont l'insécurité était notoire et que les Allemands infiltrèrent profondément au printemps 1943 : ce premier contact était Germaine Tambour, en laquelle Suttill avait une très grande confiance, comme il l'écrivit dans son premier rapport[68]. Elle fut arrêtée dans la troisième semaine d'avril, très probablement sur dénonciation de Roger Bardet. Suttill, Amps, Norman, Andrée Borrel et Peter Churchill avaient utilisé son appartement comme boîte aux lettres et lieu de rendez-vous. Les mêmes, moins Churchill mais plus Agazarian et son épouse, Cowburn, Barrett, Biéler et Staggs, avaient aussi utilisé un autre appartement du même immeuble.

Dix agents en contact avec la même « confidente », c'était déjà beaucoup trop. Mais il y eut bien pire. Jack Agazarian (*Marcel*), le jeune et fringant aviateur qui était le deuxième radio de Suttill, avait reçu l'ordre de « n'entrer en contact avec aucun membre d'un autre réseau » que le sien[69]. Or, lorsqu'il fut rappelé à Londres en juin 1943 parce qu'il devenait trop voyant, il déclara avoir émis ou reçu des messages pour pas moins de vingt-quatre agents différents, dont il donna les noms de guerre. Deux de ces pseudonymes cachaient en réalité la même personne : Clech, le radio de Frager, qui s'était trouvé quelque temps dans l'impossibilité d'émettre lui-même (le fait qu'Agazarian ne s'était pas aperçu de ce doublé est à porter au crédit de la prudence de Clech). Parmi les autres agents : des chefs de réseau tels que Biéler, Antelme, Trotobas, Grover-Williams et Claude de Baissac, c'est-à-dire implantés dans des régions très diverses et qui auraient dû avoir chacun son système de transmissions, si la pénurie de radios qualifiés n'avait pas été aussi aiguë ; divers subordonnés de Suttill ; des membres des réseaux BUTLER et JUGGLER, que Suttill devait aider dans leurs débuts ; Déricourt ; un giraudiste, Lejeune, qui n'avait pas grand-chose à voir avec la section F ; et deux cadres de la filière VIC qui n'avaient vraiment rien à faire là [70]. C'est qu'en réalité de nombreux agents de la section F installés à Paris ou aux environs, en particulier ceux de PROSPER qui centrait son travail sur la capitale, aimaient à se retrouver : au mépris de tout ce qu'on leur avait enseigné en matière de sécurité, au mépris de la prudence la plus élémentaire, par une soif de camaraderie entre compagnons de combat partageant le même grand secret. Cette faute compréhensible et pathétique, la plupart la payèrent de leur vie.

Les organisateurs étaient supposés ne pas fréquenter leurs subordonnés, qui eux-mêmes ne devaient se rencontrer qu'en cas de nécessité. Or Suttill, son meilleur radio Gilbert Norman, et Andrée Borrel, leur sympathique et courageuse messagère, formaient un trio pratiquement inséparable [71]. Et Agazarian, l'autre radio, qui aurait dû se tenir aussi éloigné que possible de Norman, venait presque tous les soirs jouer aux cartes avec eux. De ce groupe d'agents formés en Grande-Bretagne, la messagère était la seule qui avait déjà une expérience de la résistance, et cette expérience pointait malheureusement dans une direction dangereuse. Elle avait fait partie, dans la filière d'évasion PAT, d'une petite bande flamboyante et audacieuse, dont les membres auraient trouvé méprisable de se méfier de leurs amis personnels sous prétexte que ces derniers pouvaient mettre en danger leur réseau ; et puis, la police à laquelle ils avaient été confrontés n'était pas celle d'Hitler, mais celle de Pétain ; enfin, Andrée Borrel avait depuis longtemps quitté la France lorsque les beaux principes d'amitié professés par les responsables de PAT avaient permis aux Allemands de détruire le réseau [72]. S'il faut s'étonner de quelque chose, ce n'est pas de ce que Suttill et ses amis aient été pris, mais qu'il ait fallu si longtemps à un si grand nombre de policiers allemands pour arriver à ce résultat.

S'il faut en croire (faut-il l'en croire ?) le témoignage de Placke, Déricourt n'aurait pas été directement impliqué dans la chute de PROSPER [73], dont la cause fut simplement la légèreté de ses chefs. Il ne fait aucun doute qu'à la mi-été 1943 les services de sécurité ennemis étaient mobilisés contre la section F en général et ce réseau en particulier. Mais finalement, comme il arrive souvent, le hasard joua un rôle dans l'aboutissement de leur dessein. Lequel dessein fut, sans le moindre doute non plus, favorisé par un élément resté obscur mais qui joua un rôle important : la Gestapo, avec l'aide de Déricourt, avait connaissance d'une bonne partie de la correspondance entre le terrain et Londres.

L'une des plus grandes imprudences commises par les agents fut en effet d'envoyer en Angleterre, par les vols de Déricourt, de longs rapports vaguement codés, voire carrément en clair. Bien sûr, on peut comprendre qu'il ne leur soit pas venu à l'idée que l'un d'entre eux pût travailler pour le camp adverse. Dans cette guerre, c'eût été impensable pour une unité de combat normale. Mais la section F n'était pas une unité de combat normale, et le travail derrière les lignes a ses propres règles, dont la première est une méfiance universelle. *Dubito, ergo sum* : je doute donc je survis, telle doit être la devise de tout agent secret. Ce fut celle des meilleurs hommes de la section, Brooks, Cammaerts, Cowburn, Heslop, Rée, George Starr. Chez Suttill, on ne doutait pas assez. Et puis, lorsque tout s'écroula, certains se mirent à trop douter, et c'est ainsi que la gangrène se propagea plus loin qu'elle n'aurait dû le faire.

Il est clair qu'une partie du courrier de la section F transitait non seulement par Déricourt, mais aussi par les Allemands. Par exemple, Frager a rapporté que le *colonel Henri* lui avait dit que la Gestapo connaissait le contenu du rapport de juillet 1943 envoyé par DONKEYMAN à Londres[74]. Plusieurs agents de PROSPER furent confrontés durant leurs interrogatoires à des photostats de la correspondance du réseau[75]. Les rapports de Déricourt lui-même, dont certains sont encore là, n'étaient pas codés du tout, sauf que les agents y apparaissaient sous leur nom de guerre. Ses détracteurs, sans pouvoir le prouver, ont tendance à penser qu'ils furent lus par la Gestapo. Le Kieffer du SD a déposé en 1947 que « le matériel que Boemelburg avait fait photographier par son agent *Gilbert*/Déricourt, et qui était rangé dans mon coffre… fut… largement exploité au cours de l'interrogatoire de *Prosper* »[76]. Quelle que fût l'origine de la fuite, elle existait certainement. Et, comme le remarquait le 1er novembre 1943 le service de sécurité du SOE, « à long terme, le détournement répété du courrier est porteur pour la Gestapo de bénéfices bien plus élevés que l'arrestation de quelques saboteurs ou même que la destruction totale d'une organisation, que nous pouvons toujours faire redémarrer avec un personnel entièrement renouvelé et inconnu de la Gestapo »[77]. Buck-master répondit : « Je ne suis pas d'accord… La correspondance dont l'ennemi a pu avoir connaissance présente très peu de valeur pratique »[78], ce qui est assez surprenant quand on lit certains des rapports qu'il avait lui-même lus et annotés, tel celui d'Antelme du 21 juin 1943, dont tout lecteur intelligent pouvait saisir le sens général sans aucune connaissance des codes. Goetz, en tout cas, n'avait pas eu la moindre difficulté à comprendre la partie du rapport qui rendait compte des conversations d'Antelme avec Édouard Herriot[79]. Il était possible, à partir de la lecture d'un nombre suffisant de ces rapports, de se faire une représentation assez claire du fonctionnement et du mode de vie des agents ; pis encore, on y trouvait leurs adresses et leurs projets d'implantation. Les Allemands se constituèrent ainsi un stock de renseignements sur les actions de la section F dans la région parisienne, la vallée de la Loire et la Gironde. Ils en prirent note et attendirent leur heure ; Bleicher et Vogt affirmèrent après la guerre que c'était « grâce au courrier » que la plupart des arrestations étaient intervenues, Bleicher affirmant que les Allemands voyaient passer presque toute la correspondance de PROSPER, et Vogt précisant qu'on y avait trouvé les adresses[80]. Bien sûr, il est possible qu'ils aient exagéré l'importance de cette source d'information pour protéger une taupe restée inconnue. Mais pour ce qui est des adresses, le fait est avéré. Goetz montra à Culioli, au cours de l'interrogatoire qui suivit son arrestation, non seulement un papier portant son adresse, que les Allemands avaient extorquée à un collègue, mais d'autres adresses que ce collègue ne connaissait pas et que lui, Culioli, savait exactes, celles d'Antelme et de Lise de Baissac, tous deux en liberté à l'époque. La source de ces deux adresses était probablement la correspondance aérienne des réseaux BRICKLAYER et SCIENTIST[81].

La crise faillit éclater dès mai 1943 par suite d'une intervention extérieure imprévue. L'Abwehr avait réussi aux Pays-Bas, plus d'un an auparavant, un coup remarquable appelé NORDPOL (ou NORTH POLE, c'est selon), grâce auquel elle avait acquis un contrôle presque complet des réseaux dont le SOE croyait disposer sur le territoire néerlandais[82]. Mais Londres exigeait de manière de plus en plus pressante qu'un agent vienne au rapport, par le moyen d'une des filières de la section DF ; à cette fin, l'état-major londonien fournit aux Hollandais une adresse bruxelloise permettant d'entrer en contact avec une filière d'évasion (laquelle adresse était du reste déjà contrôlée par les Allemands). Finalement, ayant épuisé toutes les excuses dilatoires

possibles, les officiers de l'Abwehr responsables de NORDPOL envoyèrent deux de leurs hommes sur la filière. Ils arrivèrent à Paris à la
mi-mai.

Le chef de cette petite équipe, qui jouait le rôle de l'accompagnateur, était Richard Christmann (*Arnaud*), et son assistant, qui faisait le
passager, Karl Boden (*Adrian*). Christmann, né près de Metz en 1905
et expulsé vers l'Allemagne en 1919 avec toute sa belliqueuse famille,
était devenu un espion de la Gestapo après avoir appartenu à la Légion
étrangère française. À l'époque dont nous parlons, il avait trouvé une
situation plus stable, si l'on peut dire, sous les ordres de Giskes : il
l'aidait à organiser le contre-espionnage aux Pays-Bas. Mais c'était
toujours un excité. Un interrogateur hostile remarqua plus tard qu'il
avait « l'allure et le comportement d'un garçon de café »[83]. Sa fausse
filière d'évasion n'était pas des meilleures, car en arrivant à Paris tout
ce qu'il savait c'était qu'il fallait « demander à *Hélène* à parler à
Gilbert ». Il posa la question à un contact de l'Abwehr, la maîtresse
de Delfanne, ou peut-être de Placke, qui l'envoya au patron du bar
« La Lorraine », place des Ternes ; celui-ci jeta un coup d'œil à sa
montre et dit : « Oh, vous le trouverez à sa partie de poker, square
Clignancourt ». Là, dans un café proche de la butte Montmartre, les
deux voyageurs trouvèrent Gilbert Norman, qui en effet jouait au poker
avec les Agazarian, Andrée Borrel et un jeune couple français membre
de PROSPER. Ils se présentèrent comme des agents hollandais du SOE
en quête d'une filière de retour en Angleterre. Personne ne prit la peine
de leur demander des mots de passe. On les crut[84].

Ce n'était donc pas le bon Gilbert. Mais Agazarian, qui servait de
radio à Déricourt et était au courant des prochains vols de Lysander,
prit sur lui d'arranger les détails. Laissons-lui la parole pour la suite :

> « Comme [je décidai] qu'il était impossible de faire l'opération avant
> juin, [j'acceptai] la proposition d'*Adrian* de retourner à Bruxelles
> avec *Arnaud* (ils partirent le 20 mai au soir), étant entendu qu'on se
> retrouverait aux "Capucines" le 9 juin à 10 heures. Entre ces deux
> dates, [je n'ai] eu aucun contact ni avec l'un ni avec l'autre, et
> personne n'était au courant du prochain rendez-vous sauf le fils des
> amis qui allaient les héberger.
>
> [Nous nous sommes] retrouvés aux "Capucines" comme convenu.
> *Adrian* et *Arnaud* étaient déjà là et [m']attendaient. Il n'y avait que
> cinq tables occupées dans le café, la plus grande partie de la salle

était barrée par des cordes pour permettre de nettoyer, et un civil en imperméable et chapeau mou était assis à l'une des tables de la terrasse, dehors, sans consommation devant lui. Après coup, *Arnaud* [m']a dit qu'il n'avait pas l'impression que cet homme était déjà là à leur arrivée : jusqu'à la minute précédant [ma] propre arrivée, le café était vide, puis il s'était peuplé tout d'un coup.

[Nous étions] là depuis un petit moment et [j'étais] en train de parler avec *Arnaud*, lorsque [je remarquai] que celui-ci regardait par-dessus [mon] épaule deux officiers allemands en uniforme vert (des Feld-gendarme, peut-être) qui posaient des questions aux consommateurs. Aussitôt, *Adrian* se leva et sortit du café, les mains dans les poches : pas assez vite pour avoir l'air pressé, mais pas assez lentement pour être tout à fait naturel. L'officier allemand leva les yeux, le suivit du regard comme il sortait, et continua à poser ses questions. *Arnaud* vit que, dans la rue, un civil emmenait *Adrian* sur l'autre trottoir. Il [me] dit : "Ils ont arrêté *Adrian*". [Je] lui [dis] de faire comme si de rien n'était et [nous continuâmes] à préparer notre histoire de couverture. L'officier allemand [nous] demanda alors [nos] papiers, qu'il examina avec soin, mais rien de plus. *Arnaud* et [moi quittâmes] le café séparément et [j'allai] retrouver *Monique* et *Delphin* au "Napolitain" [85]. »

L'authenticité de Christmann (*Arnaud*) en tant que résistant était ainsi établie aux yeux de Prosper. Enchanté d'avoir pénétré au cœur d'un réseau important, Christmann alla au rapport. L'« arrestation » d'*Adrian* laissait une place disponible dans le Lysander de juin, et Suttill insista pour faire repartir Agazarian, avec lequel, contrairement à ses coéquipiers, il s'entendait mal. Il trouvait ce jeune homme – Agazarian avait 28 ans, soit cinq ans de moins que lui – trop négligent pour qu'on lui confiât un poste d'organisateur indépendant, ce qui était le vœu le plus cher du radio [86]. Mme Agazarian devait partir de toute façon, car elle n'avait pas l'étonnante résistance physique d'Andrée Borrel et le travail de liaison, dans cette énorme zone couverte par Prosper, était écrasant. Comme nous l'avons vu, le couple Agazarian prit en effet l'un des deux avions du 16-17 juin, celui qui amenait en France Diana Rowden et Noor Inayat Khan. À temps ; pour cette fois.

C'était déjà une époque où, comme l'écrira de Baissac deux mois plus tard, « quantité de gens sont arrêtés chaque jour en France car presque tout le monde fait de la subversion sous une forme ou sous une autre » [87]. Depuis mars, il ne se passait pas de semaine sans que l'on vît disparaître quelques-uns des mille et un contacts de Suttill, dont la zone d'influence s'étendait maintenant de Nantes à Sedan en passant par le cours moyen de la Loire et Paris [88]. C'étaient parfois des personnages importants : ainsi E.M. Wilkinson (*Alexandre*) tomba le 6 juin [89], à Paris, dans une souricière tendue par les Allemands en un lieu où Suttill et Antelme l'avaient vainement prié de ne pas aller. Le réseau angevin PRIVET, où il était bien connu, s'en trouva dépossédé de toute utilité. Il ne parla pas : comme le dira un jour Buckmaster, c'était un « dur des dures » [90]. Mais la pluie de tuiles redoubla dans la seconde quinzaine de juin [91].

Dans la nuit du 15 au 16, deux jeunes Canadiens, Pickersgill (*Bertrand*) et Macalister (*Valentin*), furent parachutés à destination du sous-réseau de Culioli dans la vallée du Cher, au nord de Valençay [92]. Leur mission était de créer un autre sous-réseau, ARCHDEACON, sur les confins orientaux de PROSPER, c'est-à-dire du côté de Sedan. Ils demeurèrent quelques jours avec Culioli et Yvonne Rudellat près de Romorantin, le temps d'améliorer les faux papiers de Pickersgill et, pour Culioli, de recevoir quelques livraisons d'hommes et de matériel. L'accent de Macalister parut à ses hôtes absolument rédhibitoire. La section F l'avait doté d'une excellente histoire de couverture pour l'expliquer au besoin, mais il n'eut pas l'occasion de l'essayer. Le 21, ils partirent tous les quatre en voiture pour Beaugency, où ils devaient prendre le train de Paris. Ils eurent la mauvaise surprise de trouver le village de Dhuizon, en Sologne, grouillant de soldats. Ils furent arrêtés à un contrôle. Les Canadiens furent gardés pour interrogatoire ; Culioli et Mme Rudellat essayèrent de s'échapper, mais ils furent pourchassés, touchés par les tirs de leurs poursuivants et capturés à quelques kilomètres de là [93].

C'est trois jours plus tard que les Allemands procédèrent à la série d'arrestations qui décapita PROSPER. Et ce n'était pas une coïncidence : les Canadiens avaient apporté en France plusieurs messages pour d'autres agents, et l'état-major avait été assez confiant pour les laisser en clair et en anglais. Chaque message portait le nom de guerre de son destinataire ; il y avait en particulier de nouveaux cristaux pour Gilbert Norman et des instructions détaillées à leur sujet. Culioli en avait fait un colis enveloppé de papier d'emballage et adressé à un prisonnier de guerre (fictif) en Allemagne. Les soldats qui procédaient à la fouille pensèrent y trouver un agréable butin ; ils l'ouvrirent. Le contenu se révéla important. Il y avait longtemps que la Gestapo surveillait PROSPER. Elle décida qu'il était temps de frapper[94].

Même Suttill avait commencé à s'inquiéter de la sécurité de son gigantesque réseau. Il menait à l'époque (fin juin) une négociation périlleuse[95] avec des policiers allemands pour acheter, au prix d'un million de francs, la libération des deux sœurs Tambour arrêtées en avril. Il leur avait fait transmettre par Worms la moitié d'un paquet de billets représentant cette somme, coupés en deux par le milieu, pour preuve de sa solvabilité. Mais lorsqu'il envoya Worms, porteur de l'autre moitié, rencontrer à nouveau les policiers près de la prison de Vincennes, ceux-ci trouvèrent follement drôle de produire, en échange de l'argent, deux vieilles prostituées, et d'exiger un demi-million de plus pour laisser filer les sœurs Tambour. Cette négociation fut encore menée assez joyeusement. Ce qui le préoccupait davantage, c'était la question des boîtes aux lettres. Il avait constaté que Noor Inayat Khan avait été envoyée en France avec une adresse dangereuse, qu'il avait rayée de ses tablettes depuis des mois (en février) et dont il avait confirmé la suppression à l'état-major alors qu'il se trouvait à Londres en mai ; non seulement cela, mais Lejeune avait fait circuler cette adresse auprès de plusieurs de ses amis. C'était intolérable, s'indignait-il dans un rapport du 19 juin adressé à Londres[96]. Et il annula toutes ses boîtes aux lettres et tous ses mots de passe à partir de cette date. Il n'allait pas avoir le temps d'en instituer de nouveaux.

Norman et Andrée Borrel dînèrent le 23 chez les Guerne, à Montparnasse, et s'en allèrent à 23 heures, lui à vélo, elle en métro. Norman avait récemment quitté l'appartement de sa sœur en banlieue et habitait de nouveau avec les Laurent (Laurent et lui se connaissaient depuis l'enfance) à l'angle du boulevard Lannes et de l'avenue Henri-Martin, porte de la Muette, adresse à laquelle il avait sans doute déjà été filé par les Allemands[97]. Andrée Borrel s'y rendit aussi pour faire un peu de travail de codage. Peu après minuit, on frappa à la porte et une voix cria : « Ouvrez, police allemande ! » Maud Laurent alla ouvrir, persuadée que c'étaient des amis qui lui faisaient une blague, et se trouva face à plusieurs revolvers braqués sur elle. Tout le monde fut embarqué.

Suttill n'était pas à Paris cette nuit-là, il avait affaire à Trie-Château, près de Gisors, avec George Darling, son lieutenant pour l'est de la Normandie. À trois heures du matin, la police allemande l'attendait dans sa petite chambre d'hôtel rue de Mazagran, près de la porte Saint-Denis. Il y fut arrêté entre 9 et 10 heures du matin, le 24. Il est curieux que les Allemands aient trouvé son adresse si vite. Il avait déménagé depuis peu et elle n'aurait dû être connue que d'Andrée Borrel et de Gilbert Norman[98]. Or plusieurs Allemands ont témoigné qu'elle n'a jamais rien dit – elle adopta d'emblée une attitude de total mépris et n'en démordit pas – et que Norman lui-même tint deux jours sans donner aucun renseignement. Il faut donc supposer que l'un des deux avait commis l'imprudence d'écrire l'adresse quelque part et que les Allemands l'avaient trouvée ; ou, plus probablement, que Suttill y avait déjà été filé.

C'était pour les Allemands un beau succès. Ce qu'ils n'ont pas su à l'époque ni plus tard, c'est que, s'ils avaient mieux joué, ils auraient pu faire beaucoup mieux et porter à la section F un coup encore plus dur. Car Suttill avait rendez-vous le jour même à 10 h 30 avec Claude de Baissac, et le lendemain à la même heure avec Antelme, puis à 11 h 30 avec Trotobas. C'eût été un véritable triomphe de mettre la main en deux jours sur quatre des meilleurs organisateurs de la section. Au lieu de cela, de Baissac, ne trouvant personne à son rendez-vous, fut assez téméraire pour se rendre chez Andrée Borrel, rue des Petites-Écuries, c'est-à-dire pas très loin de chez Suttill, pour tâcher d'en savoir davantage. Il fut intercepté par le concierge, que les policiers n'avaient pas songé à surveiller ; elle le prévint que les Allemands étaient en haut, et il fila. Antelme fut lui aussi alerté. Il rentra tard de Poitiers le soir du 24, veille de son rendez-vous ; en arrivant chez Garry, à Auteuil, où il devait passer la nuit, il y trouva, outre ce dernier, Noor Inayat Khan, qui le mit au courant (elle avait appris l'arrestation d'Andrée, comme de Baissac, par la concierge, et celle de Suttill par les Balachowsky). Antelme la fit déménager, changea lui aussi de domicile et dit à Garry d'en faire autant. Il lui fallut ensuite trois jours pour entrer en contact avec Guerne, par une série de coupe-circuits. Quant à Trotobas, il échappa également au coup de filet en mettant en œuvre ses précautions habituelles. Jusque-là, la formation dispensée aux agents en matière de sécurité avait pleinement joué son rôle. À l'exception de Pickersgill et de Macalister, les contacts de Suttill extérieurs à son réseau étaient intacts.

Au début, aucun des prisonniers ne parla. Yvonne Rudellat, gravement atteinte à la tête, gisait inconsciente à l'hôpital de Blois. Culioli, dont la blessure à la jambe s'était infectée, fut provisoirement laissé en paix. Andrée Borrel restait enfermée dans un silence si hautain que les Allemands renoncèrent à le briser. Ils furent plus féroces avec Suttill, Norman et les deux Canadiens, mais tous quatre tinrent bon.

Selon Mme Guépin, le « liquidateur^a » des affaires françaises du réseau, Suttill fut interrogé sans interruption pendant trois jours d'affilée, sans manger, sans boire, sans dormir ni même s'asseoir[99], et il est possible qu'à la longue cela ait donné un résultat ; en tout cas, sur le moment, il se tut. Mais quelqu'un craqua, et il semble bien que ce fut Gilbert Norman. C'était inattendu. Les rapports rédigés sur lui par ses instructeurs avaient pour la plupart été excellents malgré quelques étourderies. À Baker Street, on crut encore pendant plusieurs semaines qu'il était toujours en liberté, parce que son appareil continuait à émettre[100]. Dans le réseau, son courage faisait l'admiration de chacun et l'on avait confiance en lui. Mais il fallut bien se demander, finalement, si cette confiance n'était pas mal placée.

Deux témoignages de poids contre Norman doivent être cités ; lui-même n'est pas revenu de déportation et ne peut se défendre. Kieffer, qui était chargé de son affaire au siège de la Gestapo, déclara sous serment que « *Prosper* [Suttill] ne voulut faire aucune déclaration, mais [que] Gilbert Norman, qui n'était pas aussi solide, fit une déposition très complète. C'est grâce à lui et aux documents dont nous disposions que nous avons pu pour la première fois nous faire une idée de l'intérieur de la section française. »[101] Quant à Goetz, interrogé après la guerre par Vera Atkins au nom du SOE, il révéla que Norman « avait été d'une aide précieuse [pour le SD], surtout par l'effet moral que ses relations apparemment détendues avec ses geôliers avaient exercé par la suite sur d'autres agents capturés. »[102] Grâce aux révélations de Norman, ajouta-t-il, « nous avons acquis une image exacte de l'ensemble de l'organisation » de la section F en Angleterre, sur laquelle « je ne savais jusque-là pratiquement rien »[103]. En sens inverse, il faut remarquer que Norman connaissait sans doute l'adresse du réseau Juggler rue Cambon – il semble qu'il y avait rendez-vous le 24 à 9 heures avec Weil et Cohen – et que la police allemande n'y fit pas de descente ; c'est même l'un des rares endroits où elle n'alla

---

a. Au lendemain de la Libération, il fut institué en France, pour chacun des principaux réseaux de résistance, un « liquidateur », désigné avec l'accord du ministère de la Défense par le chef du réseau ou par l'amicale des anciens membres. Il avait pour mission de recenser les anciens membres du réseau, d'authentifier leurs services dans la Résistance, de répondre à toutes demandes de renseignements formulées par les départements ministériels sur leur activité résistante, éventuellement d'établir des mémoires à l'appui de propositions de décorations. Certains d'entre eux ont ainsi sauvé des documents et constitué des dossiers qui sont une source précieuse de l'histoire des réseaux [J.-L. C.-B.].

pas [104]. En outre, il tenta (mais seulement plusieurs mois plus tard) de s'évader de l'avenue Foch, mais pour être aussitôt blessé et repris [105].

Mais pendant que Londres se demandait ce qui s'était passé et jusqu'où s'étendaient les dégâts, il aidait les Allemands à les propager aussi loin que possible. En voici un exemple, tiré du récit de Robert Arend, beau-frère d'Andrée Borrel, à son retour de déportation :

> « Le 19 juillet 1943 au soir, vers 9 heures, alors qu'Arend était allé chercher sa femme à la gare, *Archambaud* [Norman] se présenta au 12 rue Champchevrier, où il était arrivé dans une voiture ouverte avec trois Allemands en civil. *Archambaud* demanda aux parents d'Arend de leur donner l'appareil émetteur. Ce dernier n'avait jamais été très soigneusement caché, parce qu'on n'avait pas trouvé d'endroit convenable, mais le père d'Arend ne put trouver que quatre de ses cinq éléments, le cinquième ayant été rangé quelque part. Arend père alla donc quérir son fils et lui dit qu'il avait l'impression que ces Allemands avaient été retournés (probablement achetés) et travaillaient pour les alliés. Arend revint à la maison avec son père. *Archambaud* et deux des hommes de la Gestapo étaient à l'intérieur, le troisième était resté dans la voiture.
>
> *Archambaud* et les Allemands voulurent repartir aussitôt, mais Arend père leur offrit un verre et des cigarettes. Il devint alors plus communicatif et leur dit que son fils était un réfractaire. Les Allemands demandèrent à voir ses papiers et l'emmenèrent avec eux pour un contrôle. *Archambaud* partit avec eux [106]. »

Quant à Robert Arend, il fut expédié à Buchenwald.

Et la même chose se reproduisit non pas dans une banlieue de Paris mais dans plusieurs, non pas dans un département mais dans une douzaine. George Darling, par exemple, reçut fin juin à Trie-Château la visite d'un groupe qu'il prit pour des camarades et qu'il conduisit à l'une de ses nombreuses caches d'armes. Lorsqu'il comprit que c'étaient des Allemands, il ouvrit le feu sur eux et fut abattu [107]. Le sous-réseau JUGGLER fut complètement démantelé. Le 27 juin, Worms proposa à Londres de renflouer l'épave de PROSPER, ce que Londres lui interdit formellement. Il se réunit le 30 avec Biéler, Trotobas, Fox, les Guerne et la comtesse de La Rochefoucauld pour discuter « des mesures de sécurité rendues nécessaires par les arrestations » [108], mais n'en suivit lui-même aucune. Il continua à prendre ses repas, comme il l'avait toujours fait, dans un restaurant de marché noir de la rue Pergolèse, où il fut arrêté le 1ᵉʳ juillet en compagnie de Guerne. Weil, son second, arrivé en retard, le vit emmener, menotté, vers une voiture en attente et fila en Suisse immédiatement. Du coup, le radio et la messagère de JUGGLER – Cohen (*Justin*) et Sonia Olschanesky (qui était la fiancée de Weil) – se retrouvaient sur le sable. Cohen partit se cacher à la campagne. Il avait oublié l'adresse de Lisbonne à laquelle il devait envoyer une carte postale pour signaler qu'il lui fallait être pris en charge par une filière de la section DF. Dans un café, il entendit discuter un groupe d'ouvriers et en tira l'impression qu'ils étaient antiallemands ; il leur confia son problème. Les ouvriers se cotisèrent pour lui permettre de gagner Perpignan, où il trouva par lui-même un moyen de traverser les Pyrénées. Il finit par arriver en Angleterre en octobre. Malheureusement, le message BBC qu'il avait promis au groupe d'ouvriers de faire diffuser s'il arrivait à bon port les mit tellement en joie qu'ils retournèrent au même café pour arroser l'événement : et ils y furent raflés pour le STO[109]. Sonia Olschanesky échappa au grand coup de filet sur JUGGLER à Châlons-sur-Marne, le surlendemain de l'arrestation de Worms, et continua tout l'automne à se rendre utile à Paris comme elle pouvait. Elle fut arrêtée fin janvier 1944 et fut exécutée en juillet, avec Andrée Borrel, au camp du Struthof, en Alsace[110].

Tout un pan de l'empire de Suttill resta intact, celui des groupes à dominante communiste. Du reste, ils étaient tous, sauf un, moins des colonies de PROSPER que des dominions autonomes, qui s'adressaient à Suttill pour en recevoir des armes et de l'argent mais certes pas des instructions, et qui conduisaient leurs affaires à leur guise. Ils en savaient assez sur les principes fondamentaux de la clandestinité pour ne pas divulguer les noms et adresses de leurs chefs ni les lieux où ils entreposaient leur armes. Communiquant avec Suttill et Norman par l'intermédiaire de messagers et de coupe-circuits, ils étaient pour la Gestapo beaucoup moins accessibles que les sous-réseaux dont les organisateurs et les cadres avaient été formés en Angleterre et en savaient beaucoup trop les uns sur les autres. Quelques-uns au moins des intellectuels gravitant autour de Guerne eurent assez de clairvoyance pour se tenir cois et se faire oublier. Et l'un des groupes formés par les Britanniques fut, du moins pour un temps, plus chanceux que les autres : BUTLER.

Les chefs de ce réseau, patronné par Suttill dans la Sarthe, ne partageaient pas le goût de la plupart des dirigeants de PROSPER pour la belle vie. *Garel* n'était pas pour rien un « ascète de gauche ». Lui-même, Rousset, Chartrand et Fox se firent encore plus discrets et continuèrent leur travail ; ils recevaient et stockaient des armes et exécutaient de temps à autre un sabotage ferroviaire. Fox partit dans la région de Meaux y fonder le réseau PUBLICAN mais il lui arrivait de revenir voir ses anciens collègues. Il fut appréhendé avec *Garel* et Rousset, à Paris, le 7 septembre. Toutefois, cette arrestation était sans rapport avec la chute de PROSPER, dont BUTLER avait su s'écarter à temps (Chartrand était absent et échappa au sort de ses coéquipiers ; il rentra en Angleterre par la filière VAR) : je ne mentionne ici cette affaire qu'à cause du rôle que le poste émetteur de BUTLER allait jouer dans le dernier acte du drame [111]. Les autres sous-réseaux non communistes en contact avec Suttill pâtirent davantage. SATIRIST disparut corps et biens : seul Octave Simon, et encore après avoir trois ou quatre fois échappé d'un cheveu à la Gestapo, put gagner Angers pour prendre le Hudson d'août. Le jeune comte de Montalembert et tous ses autres collègues furent arrêtés. Un livre qui retrace la vie de l'abbé Pasty – le curé d'un village du Loiret, membre de PROSPER, qui avait fait une belle guerre de 1914 – raconte la consternante histoire d'un autre membre du réseau qui fit la tournée des villages situés aux abords de la centrale électrique de Chaingy en dénonçant à la Gestapo les membres de son groupe et en lui révélant les caches d'armes [112]. L'homme, Maurice Lequeux, fut lourdement condamné après la guerre, mais disculpé en appel, car il démontra que la faute en était à quelqu'un d'autre. Et c'était vrai.

Car les Allemands, après avoir suffisamment maltraité Suttill pour lui faire perdre connaissance et lui casser un bras, lui proposèrent un marché. Affaibli par la torture, il aurait accepté ; du moins à en croire quelqu'un qui avait grand intérêt à le dire [113], car les prisonniers allemands interrogés après la guerre ne l'ont pas confirmé. Il n'existe pas de preuve directe que Suttill ait jamais donné son consentement personnel à cet arrangement [114], et ce que l'on sait de son caractère milite en sens inverse. Le « contrat » proposé était que les chefs de PROSPER donneraient l'ordre à leurs subordonnés de révéler à l'ennemi tous leurs dépôts d'armes et d'explosifs ; en échange, on leur promettait qu'ils seraient les seuls à être tués. Armel Guerne, qui rapporta avec précision les termes de ce pacte en mai 1944, faisait partie du groupe des dirigeants qui considéraient leur propre exécution comme certaine. Lui-même ne fut pas vraiment torturé. Il déclara avoir eu la chance de pouvoir s'évader du train, pourtant étroitement surveillé, qui l'emmenait en Allemagne. Les circonstances de cette évasion parurent suspectes à son interrogateur, de même que le récit de son retour par l'Espagne par des voies un peu obscures. Il faut dire que personne à Londres ne comprit que Guerne, étant un poète, pensait et s'exprimait différemment de tout un chacun ; mais ce qui fut pis, c'est que son interrogateur perçut qu'il cachait quelque chose[115], sans trouver quoi. Ce que Guerne taisait, c'était ce qu'il avait appris pendant sa détention sur l'utilisation par les Allemands, à des fins de désinformation, des postes émetteurs du SOE dont ils s'étaient emparés : il considérait ce secret comme suffisamment lourd pour n'être confié qu'à des membres de l'état-major de la section F. Seulement, le rapport de l'officier interrogateur fut si négatif que Guerne ne fut pas admis en leur présence[116a]. Mais revenons au pacte supposé avec les Allemands. C'est Norman qui en répandit la nouvelle, même s'il a toujours affirmé l'avoir fait avec l'accord de son chef. Il s'ensuivit des centaines d'arrestations (certains disent mille cinq cents, mais on peut considérer quatre cents comme un chiffre vraisemblable). On ne s'étonnera pas de l'indignation et de l'amertume que l'affaire suscita dans les milliers de familles françaises directement ou indirectement frappées. Tout cela n'était assurément pas de nature à cimenter l'Entente cordiale.

Comment expliquer ce naufrage ? Il n'est pas aisé de pénétrer les raisons d'une telle décision[117]. Pourquoi donc étaient-ils là, tous ces résistants, sinon pour prendre livraison des armes, les cacher, apprendre à s'en servir, et finalement s'en servir un jour ? Qu'est-ce donc qu'on enseignait à Beaulieu sur le devoir des agents locaux en cas d'infiltration de leur réseau ? Filer. Et sur celui des responsables s'ils étaient pris ? Se taire.

---

a. Armel Guerne, poète déjà connu en 1938 comme traducteur de Novalis, avait été le second de Suttill et l'intime de Norman. Découvrant après son arrestation ce que la Gestapo savait du réseau, il avait accepté – sur la suggestion voilée, dit-il, de Norman – de livrer aux Allemands les seuls dépôts d'armes des Ardennes déjà connus d'eux. Son passage par l'Espagne grâce au réseau Bourgogne est aujourd'hui sans mystère, mais ses réponses évasives aux interrogatoires londoniens lui valurent trois mois d'emprisonnement. Refusant de croire à la capitulation de Suttill et de Norman, il s'en tenait à la conviction que PROSPER avait été victime d'une machination ourdie à Londres par un agent allemand infiltré au ministère de la Guerre. Suspect aux Britanniques après son évasion puis accusé par les Français et blanchi, il reçut à Paris les excuses de Buckmaster. Voir AN, 72 AJ/40 et John Vader, *Nous n'avons pas joué. L'effondrement du réseau Prosper*, Lectoure, Le Capucin, 2002 [J.-L. C.-B.].

Qu'un, ou plus d'un, responsable de réseau ait pu commettre l'incroyable ineptie d'accepter ce pacte suffit à donner une idée de la pression qui s'exerce sur les combattants de l'ombre, et de sa capacité à les user en quelques mois. Ils étaient au front depuis assez longtemps pour savoir que la parole de leur ennemi ne valait pas un clou, comme le prouvera la mort de tant de membres et sympathisants de PROSPER dans la terreur et la privation de toute dignité. La torture seule n'a pas dû suffire ; il a dû falloir toute l'habileté d'une série d'interrogatoires combinant la suavité de Vogt et l'intelligence de Goetz. Les policiers disposaient manifestement à l'époque de descriptions assez précises de certains éléments du cursus de formation et de certains membres de l'état-major londonien du SOE : elles leur furent très utiles lors des interrogatoires d'agents formés en Angleterre. L'essentiel de ces informations ne provenait sans doute pas de France mais de victimes de l'opération NORDPOL. En Hollande, l'ennemi avait obtenu d'excellents résultats en laissant entendre aux captifs interrogés qu'il y avait un traître haut placé à Baker Street. Le même truc fut employé en France, avec tout autant de succès ; et, malheureusement pour l'Angleterre, cette légende est restée gravée dans les esprits chez beaucoup de survivants. Il est probable que la fermeté de Norman céda devant la pensée doublement déprimante qu'il y avait à Londres, parmi ceux qui l'avaient envoyé se battre, quelqu'un qui travaillait pour le camp opposé et que, pour cette raison même, les Allemands étaient déjà de toute façon au courant de tout. Il peut même avoir estimé préférable de leur donner force détails sur le réseau qu'ils avaient infiltré, de manière que Londres soit amené à le remplacer par un autre entièrement vierge. Norman et Suttill furent tenus à l'écart de l'indomptable Andrée Borrel. Suttill restait le chef de PROSPER, malgré tout, et sans son consentement Norman n'aurait pas dû s'employer avec un tel zèle à mettre à exécution la reddition complète des armes ; ce fut pourtant bien lui qui conduisit l'essentiel des négociations avec les agents locaux, car Suttill fut rapidement transféré au quartier général de Himmler, à Berlin, où il fut à nouveau soumis sans succès à de terribles interrogatoires.

En somme, Suttill et Norman n'étaient déjà plus, au moment de leur arrestation, en état de peser leurs décisions avec calme et sagesse. La clandestinité prolongée avait accompli son œuvre d'usure et l'habileté de l'ennemi eut raison de leur raison, ou du moins de celle de Norman. Ils restèrent fermes tant qu'on les malmena physiquement, comme les Canadiens. Ce qu'ils ne purent pas endurer, ce fut le travail de sape psychologique auquel Goetz les soumit. L'un d'eux au moins a alors beaucoup trop parlé. Mais seul est en droit de le condamner celui qui peut affirmer qu'il aurait lui-même résisté à une telle pression.

Des gens de cette sorte, la section de Buckmaster n'en a pourtant pas manqué. À la conduite de l'agent de PROSPER, quel qu'il fût, qui se laissa circonvenir s'oppose radicalement celle de Jack Agazarian. Nous l'avons vu s'envoler vers l'Angleterre, en juin 1943, dans un Lysander. Mais sa seconde mission se termina tout autrement.

La section F fut très vite informée de la première vague d'arrestations de PROSPER : par Noor Inayat Khan, à qui Gilbert Norman avait donné régulièrement des leçons d'émission clandestine jusqu'à la veille ou l'avant-veille du coup de filet ; par le radio de Grover-Williams, Dowlen, qui était parfois aussi celui de Déricourt ; par Dubois ; par Barrett et Cowburn, qui l'avaient apprise d'Octave Simon ; et par le radio de Worms, Cohen, arrivé en France (où il avait été accueilli par un comité de PROSPER) à peine dix jours plus tôt. Quelque chose de très grave était arrivé, à l'évidence. Bodington obtint de Buckmaster l'autorisation de se rendre en France afin d'en apprendre davantage [118]. La mission fut montée en toute hâte ; comme il n'y avait pas de radio parmi les dernières promotions de l'école, Agazarian fut rappelé de permission. Bodington et Agazarian traversèrent la Manche par le premier vol de Hudson réceptionné par le réseau FARRIER, dans la nuit du 22 au 23 juillet, et arrivèrent à Paris sans incident. Déricourt installa Bodington chez les Besnard, place des Ternes, à quelques centaines de mètres de son propre domicile, et Agazarian fut logé dans un appartement plus modeste, pas très loin de là.

Pendant quelques jours, Bodington ne sut trop comment s'y prendre pour son enquête (mais pas autant que les Allemands le prétendirent. Vogt, l'interprète de Goetz, aussi désireux que son maître de faire croire qu'il savait tout et connaissait tout le monde, dira à un agent capturé en novembre qu'il avait « dîné avec Bodington, ici à Paris, pas plus tard qu'hier », trois mois après que Bodington en était reparti ; mensonge du reste inutile, car cet agent n'était pas du genre à se laisser impressionner [119]). En effet, aucune des adresses dont il disposait pour prendre contact avec des membres de PROSPER ne pouvait être considérée comme saine, et Déricourt n'avait rien à proposer. Mais l'appareil de Norman continuait à émettre, et l'état-major londonien de la section F, sans savoir s'il était encore en liberté ou non, lui demanda une adresse de contact et la communiqua à Bodington par l'intermédiaire d'Agazarian. L'un et l'autre considéraient comme très improbable qu'elle fût sûre mais ils pensaient aussi qu'il fallait en avoir le cœur net. Finalement, au lieu d'inventer une histoire qui aurait permis d'envoyer une tierce personne tâter le terrain, ils tirèrent à pile ou face à celui des deux s'y rendrait en personne [120]. Agazarian perdit. Sans enthousiasme, il sonna à l'appartement suspect le 30 juillet et y fut arrêté.

Les Allemands l'identifièrent aussitôt. Ils en savaient autant sur lui qu'ils en avaient su sur ses camarades, et notamment qu'il aurait eu beaucoup de choses à raconter. Mais il refusa de parler bien qu'il fût mis à la torture immédiatement et longuement [121]. Ses tortionnaires ne cessèrent de lui répéter qu'il pouvait aussi bien s'épargner des souffrances inutiles en leur donnant les quelques bribes d'informations qui leur manquaient encore pour compléter leur puzzle, en quoi ils auraient pu eux-mêmes s'épargner beaucoup de salive. On lui servit aussi l'histoire du traître au quartier général, mais il garda un silence obstiné jusqu'à la fin : laquelle consista en un peloton d'exécution à Flossenbürg, six semaines avant la capitulation allemande. L'un des paradoxes les plus frappants de l'histoire de la section F, le voici : on a décerné quantité de décorations à des gens moins méritants et fait couler beaucoup d'encre pour faire apparaître comme des héros certains des moins remarquables, tandis que la conduite véritablement héroïque d'Agazarian est passée pratiquement inaperçue.

Bodington se retrouvait sans radio. Il essaya d'entrer en contact avec Dowlen, mais celui-ci avait été repéré par la goniométrie [122] et appréhendé vingt-quatre heures après Agazarian. Il se révéla également impossible de faire appel à Dubois, car sa famille avait été arrêtée et déportée en Allemagne dans les premiers jours du mois d'août, et il ne pouvait travailler pour personne pour l'instant. Cohen n'était pas disponible non plus, ce qui ne laissait que Noor Inayat Khan. Par son intermédiaire, Bodington découvrit deux fragments apparemment intacts de PROSPER : la sous-section de Garry, CINÉMA, dont nous parlerons un peu plus loin et dont elle était l'opératrice radio, et le groupe du mouvement de résistance OCM de Marc O'Neil, récemment transféré à PROSPER par SCIENTIST, auquel il fut restitué. Bodington n'avait plus rien d'utile à faire à Paris, sinon aider Noor Inayat Khan à déménager une fois de plus et donner à FARRIER de l'argent pour le bar de la rue Saint-André-des-Arts. Resté libre grâce aux subtils calculs des Allemands, il rentra à Londres par l'avion suivant de Déricourt, dans la nuit du 15 au 16 août.

Le cas de CHESTNUT ne devrait pas, en toute rigueur, avoir sa place ici, car aucun de ses membres arrêtés, contrairement à Agazarian, n'avait pris directement part aux activités de PROSPER. Mais ses chefs connaissaient Suttill et le rencontraient souvent ; sa principale zone de travail, la grande banlieue sud de Paris, chevauchait partiellement les terres de Suttill ; ses communications radio, nous l'avons vu, dépendaient de PROSPER, et ses voyages de Déricourt ; enfin, la femme de son chef avait pris Noor Inayat Khan sous sa maternelle protection. En outre, le réseau fut soufflé quelque semaines à peine après PROSPER, par la même équipe sinon par les mêmes méthodes, et la plupart de ses prisonniers partagèrent le même sort. Grover-Williams et Suttill passèrent même la dernière année de leur vie dans deux cellules voisines de Sachsenhausen (mais à l'isolement) [123].

La chute de CHESTNUT fut brutale. Le réseau avait échappé aux catastrophes en chaîne de fin juin-début juillet 1943, malgré une dangereuse proximité : par exemple, ce sont ses deux principaux responsables qui accompagnèrent Antelme de Paris à Tours pour son évasion [124]. Le réseau était resté très petit ; il se composait en réalité de trois pilotes de course automobile, Grover-Williams, Robert Benoist et J.-P. Wimille, de leurs épouses et d'une ou deux amies qui portaient les messages. Ils cachaient leurs armes dans les propriétés de la famille Benoist près de Dourdan, à une quarantaine de kilomètres au sud de Paris. Leur radio, Dowlen, un chef scout peu communicatif, était installé assez loin de là, à Pontoise. Mais la goniométrie l'y trouva et il fut arrêté à son poste le 31 juillet. Trente-six heures plus tard, les Allemands venaient chercher le frère de Robert Benoist, Maurice, dans son appartement parisien. Maurice Benoist se situait aux marges du réseau ; il avait fait partie d'un comité de réception, mais ignorait les secrets des chefs. Il est possible qu'il en ait conçu du ressentiment. Toujours est-il que, l'après-midi suivant, le 2 août, sous la contrainte, il accompagna un groupe d'Allemands au château familial d'Auffargis, près de Dourdan. Là furent arrêtés sa femme, son père, tous les domestiques et, pis que tout, Grover-Williams.

Robert Benoist, arrêté dans la rue trois jours après son frère, réussit la première d'une magnifique série d'évasions sensationnelles. Quatre Allemands le jetèrent sur la banquette arrière d'une grosse voiture et deux d'entre eux s'assirent avec lui, un de chaque côté. Mais ils omirent de le menotter et aussi de verrouiller correctement la porte arrière droite. Lorsque la voiture prit un virage brutal sur la gauche pour quitter les grands boulevards, Benoist, qui s'y était préparé, se jeta contre son voisin qui, lui, n'avait rien vu venir et ils roulèrent tous deux sur la chaussée. Benoist s'engouffra dans le Passage des Princes, qui permet de gagner la rue de Richelieu, et disparut. Il se rendit chez un ami pour changer de vêtements, mais « comme [celui-ci] était à l'évidence très embêté », il le laissa tranquille et alla chez un autre, avenue Hoche. De là, il téléphona à son chauffeur de venir l'attendre dans la rue devant l'immeuble. Son deuxième ami descendit pour voir comment se présentaient les choses et lui dit en remontant qu'il avait repéré aux abords de l'immeuble pas moins de huit inconnus en imperméable. Benoist partit donc par les toits pour gagner la sortie de derrière de l'immeuble. Il téléphona à un garage où il gardait une petite voiture et une réserve d'essence pour un cas d'urgence, mais la Gestapo l'y avait devancé la veille et avait confisqué essence et véhicule. Alors il resta caché dans l'appartement de sa secrétaire, jusqu'à ce que Déricourt pût le mettre dans l'avion du 19-20 août [125].

On peut supposer qu'après leur succès avec Suttill ou Norman, les Allemands essayèrent la même tactique sur Grover-Williams ; mais cette fois sans résultat. La seule cache d'armes d'importance qu'ils trouvèrent fut celle des écuries du château où ils l'avaient arrêté. Ses subordonnés ne furent pas recherchés. Il est vrai que, sans lui, ils ne pouvaient pas être utiles à grand-chose, mais au moins ils étaient vivants et aussi libres qu'on pouvait l'être sous l'occupation nazie. Leur sort fut bien préférable à celui des centaines de captifs de PROSPER. Et Robert Benoist pourra tout de même les mettre à contribution au moment où l'on en aura le plus besoin, c'est-à-dire à la mi-juin 1944.

On peut aussi citer des cas extérieurs à la section F, mais suffisamment proches pour autoriser la comparaison. Il était de bon ton, dans la section, de parler avec mépris de l'imprudence des agents du BCRA transitant par la section RF, et il est de fait que certains d'entre eux prenaient, à la même époque, des risques stupides. Mais au moins, une fois arrêtés, la plupart d'entre eux – comme, du reste, la plupart des agents F – surent se taire ou se donner la mort ou, au pire, lâcher seulement quelques noms, et les moins importants. Il n'y a pas eu d'avalanche d'arrestations d'agents locaux de RF comparable à celle de PROSPER, et certains des personnages les plus marquants de cette section furent beaucoup plus soucieux de sécurité que la plupart des amis de PROSPER [126].

La section DF, elle aussi, résista bien à l'infiltration. Christmann refit son apparition en France à l'automne 1943, se donnant toujours pour un agent hollandais du nom d'*Arnaud*, phonétiquement identique à celui qu'il avait pris dans l'Abwehr et qu'il utilisait à son bureau, Arno. La section N (Pays-Bas) à Londres continuait à réclamer avec impatience le retour d'un de ses agents de terrain. Quatre d'entre eux avaient, semblait-il, emprunté la filière Vic à la mi-été, mais ils avaient été arrêtés entre Perpignan et les Pyrénées, lors d'un contrôle routier où le camion de produits alimentaires dans lequel ils étaient cachés avait subi une fouille tout à fait inhabituelle. Le chef de la filière, Gerson, fut convaincu qu'ils avaient été vendus par le chauffeur et ne fit plus appel à lui [127], mais en réalité, il s'agissait de quatre agents de l'Abwehr, dont l'arrestation était une mise en scène [128].

Christmann lui-même accompagna le client suivant de la section N qui souhaita partir pour l'Angleterre, et qui cette fois était un agent allié authentique : un jeune homme du nom de van Schelle (*Apollo*), dont l'avion, attaqué par un chasseur de nuit, s'était écrasé en octobre 1943 à l'est d'Anvers. Van Schelle s'était alors rendu à une adresse de contact à Bruxelles, d'où on le transféra sur une fausse filière (en réalité une émanation de NORDPOL) à destination de Paris. Par des canaux qui lui parurent de bon aloi, il reçut l'ordre de rentrer aussitôt par l'Espagne ; *Arnaud* (Christmann) devait le prendre en charge et l'accompagner. Cette fois, Londres fournit une adresse de contact de la filière Vic à Paris, une maison tranquille du quartier de l'École militaire, rue Péclet, tenue par deux vieilles demoiselles appelées Fradin. Van Schelle et Christmann s'y présentèrent à la fin de la première semaine de novembre. C'est à cette adresse que Vic les prit en charge. Ils furent d'abord conduits dans un appartement de l'avenue Émile Zola, puis emmenés par une messagère jusqu'à Lyon, où on les sépara. Van Schelle continua son voyage vers l'Angleterre, où il arriva à la mi-décembre. Christmann fut conduit chez Levin, qui lui transmit l'ordre de se rendre lui aussi à Londres de toute urgence. Il eut bien du mal à s'en dépêtrer, en lui racontant qu'une importante opération de contrebande de diamants exigeait sa présence à la frontière hollandaise dans quelques jours. Il eut de la chance de s'en tirer à si bon compte, car Gerson, qui faisait à ce moment-là un voyage éclair à Barcelone, y reçut un message de l'état-major du SOE le mettant en garde contre ce Christmann, qui du reste ne lui plaisait pas et dont il se méfiait déjà [129] ; et l'excuse invoquée par Christmann pour quitter Lyon n'expliquait pas comment il était arrivé jusque-là. Christmann, ayant filé entre les doigts de Vic, rentra à La Haye, où il persuada (pour un temps seulement) Giskes de ne rien entreprendre contre les agents français du SOE qu'il avait repérés, afin de garder disponible pour usage ultérieur la couverture *Arnaud*. Mais le filet s'abattit sur Vic deux mois plus tard. Le 21 janvier 1944 furent arrêtés les Ferry, chez qui Christmann avait séjourné en mai près de la gare de l'Est, les demoiselles Fradin, qui l'avaient hébergé en novembre, la messagère qui l'avait accompagné avec van Schelle jusqu'à Lyon, les Jacquelot et les Cretin, qui avaient des planques à Paris ; une semaine plus tard, Mme Lévêque, sœur de Mme Carnadelle, dont le luxueux salon de coiffure avait longtemps été le principal centre de contacts de la filière VIC à Lyon, connut le même sort. Levin n'en réchappa que parce qu'il avait quitté l'appartement dans lequel il avait rencontré Christmann.

Aucun de ces dix prisonniers ne fournit aux Allemands la moindre information utile, ce qui démontre la sagesse des méthodes de travail de *Vic* :

> « Les mesures de sécurité imposées aux passagers de [sa] filière sont très strictes. Ils changent de mains aussi souvent que possible, et chaque messager fait fonction de coupe-circuit, car il ignore d'où viennent les passagers et où ils vont. Les passagers sont laissés dans un jardin ou autre lieu public jusqu'à la tombée du jour ; ils sont alors conduits dans la maison où ils passeront la nuit. On ne leur dit pas l'adresse, et il est rare qu'ils aient la moindre idée de l'endroit où ils se trouvent ou du messager qui les prend en charge. Les appartements et les contacts sont changés tous les trois mois, même si rien ne donne à penser qu'ils seraient grillés. [Il] n'attend pas les ennuis pour prendre ses précautions.
>
> Pour la traversée des Pyrénées, [il a] fait en sorte qu'aucun guide ne puisse effectuer l'ensemble du trajet : chaque guide ne connaît que son segment, à l'extrémité duquel il transmet ses passagers à un coupe-circuit (que ce soit dans la zone interdite française ou espagnole), qui les transmet lui-même un autre coupe-circuit pour la suite du voyage. Le guide ne sait pas où il doit se rendre jusqu'au moment où il reçoit ses instructions du coupe-circuit. Chaque tronçon du voyage, de Paris à l'Espagne, est divisé en sections, et chaque section est rendue aussi étanche que possible. Actuellement [il] travaille avec cinq guides, et il y en a deux autres en cours de formation. Ils ne viennent pas jusqu'à Perpignan : un contact leur amène les passagers à l'extérieur de la ville. Guides et passagers ignorent leurs identités respectives [130]. »

Certes, un tel compartimentage aurait été paralysant pour un réseau opérationnel, mais si PROSPER avait adopté ne serait-ce que le quart de ces précautions, la catastrophe aurait été moins étendue, car de nombreux sous-réseaux auraient pu être sauvés, ainsi que leurs chefs. En effet, le plus remarquable dans la vague d'arrestations qui frappa la section DF en janvier 1944, c'est que l'organisation en sortit presque intacte. En particulier le tronçon le plus délicat, entre Perpignan et Figueras, ne fut pas touché. Il n'y eut qu'à mettre en service un nouveau jeu de planques à Paris et un nouveau messager entre Paris et Lyon. Appartements et messagers de réserve étaient disponibles, attendant leur tour dans les coulisses, de sorte que le flux de passagers fut à peine perturbé.

Funkspiele

L'attaque conduite par les Allemands contre PROSPER et les autres réseaux de la section F en région parisienne leur rapporta un triple bénéfice : ils mirent la main sur une bonne quantité d'armes, ils arrêtèrent plusieurs centaines de gêneurs, et ils s'emparèrent de deux appareils émetteurs, celui de Norman et celui du Canadien Macalister, avec les codes correspondants. C'était ce troisième butin qui intéressait le plus le SD. Goetz, son grand spécialiste des transmissions, était en congé lorsque l'opération fut lancée. On le rappela fin juin et on le pria de répéter, mais en mieux, ce qu'il avait tenté deux mois auparavant avec l'appareil de *Bishop* [131]. Au cours des dix mois suivants, les Allemands conduisirent quatre *Funkspiele* (opérations de désinformation par radio) grâce aux émetteurs pris à la section F. Cela leur permit d'élargir sensiblement les bénéfices de l'opération PROSPER, jusqu'à ce qu'enfin Baker Street comprenne et les démasque, non sans avoir d'abord retourné contre eux cet instrument à double tranchant [132].

Bourne-Paterson, le comptable écossais qui était le second de la section F, a écrit que la Gestapo « fut amenée à croire que nous ne nous étions pas aperçus de l'étendue de son infiltration : les livraisons d'armes se poursuivirent à destination de réseaux dont nous savions qu'ils étaient manipulés par la Gestapo, afin de laisser du temps à de nouveaux réseaux de s'établir. » [133] Au premier abord, il peut sembler bizarre de livrer délibérément à l'ennemi des tonnes d'armes et d'explosifs coûteux, transportés par des avions encore plus coûteux et des équipages presque irremplaçables, mais c'était une opération de désinformation tout à fait raisonnable. Et les Allemands, plongés qu'ils étaient dans leur propre plan de désinformation dont ils n'avaient pas compris que les Anglais l'avaient contre-miné, se gardèrent d'attaquer les appareils. Le problème n'est donc pas là mais dans le fait que, pendant plusieurs semaines, le plan allemand a fonctionné mieux que ne l'imaginaient les Anglais. Et c'est ainsi qu'en un seul mois du printemps 1944, ce furent plusieurs agents, et pas seulement du matériel, qu'on livra à trois réseaux contrôlés par la Gestapo, dont deux (PHONO et BUTLER) étaient déjà manipulés par l'ennemi depuis cinq mois, tandis que le troisième (ARCHDEACON), lancé huit mois plus tôt, était dès l'origine un réseau fantôme. La plupart de ces victimes étaient des jeunes hommes sur leur première mission, mais pas toutes : il y eut aussi sur le nombre l'inébranlable Rabinovitch, l'un des radios les meilleurs et les plus expérimentés de la section, Lionel Lee, qui s'était distingué en Corse, et le chef de ce dernier, France Antelme, l'un des piliers les plus solides de la section de Buckmaster et qui, après examen attentif de la situation, convaincu que le comité de réception était authentique, sauta directement dans les mains de la Gestapo. Il n'entrait certainement pas dans les intentions de la section, ni de quiconque du côté allié, d'envoyer ces gens à la mort. Ils eurent la malchance de se trouver sur un flanc exposé au moment où il était exposé.

Mais comment se trouva-t-il exposé, et comment redevint-il sûr ? C'est à répondre à cette question qu'est consacré le reste de ce chapitre.

Tout le système des indicatifs de sécurité (*security checks*) avait été inventé précisément pour ce genre de situation : celle d'un agent capturé avec son appareil et ses codes. Or, au moins dans le cas de Gilbert Norman, il ne remplit pas son office. Les messages originaux ont disparu, mais il n'y a aucune raison de douter de cet épisode bien connu : lorsque Norman, émettant sous la contrainte, utilisa le « faux » indicatif de sécurité (*bluff check*) pour faire savoir à Londres qu'il n'était pas en liberté, il reçut une réponse où on lui faisait remarquer qu'il avait omis le vrai et où on le priait de faire un peu plus attention la prochaine fois [134]. Goetz affirme que c'est cette réponse qui balaya ses dernières résistances et le décida à coopérer [135]. Or cette réponse avait été envoyée sur l'ordre de Buckmaster, alors même que l'arrestation de Norman avait été signalée par plusieurs sources différentes quelques jours auparavant.

Et le cas de Norman n'est pas le seul. Southgate, qui rencontra plusieurs victimes de cette affaire en captivité, raconta à son retour de Buchenwald : « Il est arrivé à plusieurs reprises et à plusieurs personnes différentes que Londres réponde : "Mon vieux, ça fait à peine une semaine que vous êtes parti, et dès vos premiers messages vous oubliez d'insérer votre vrai indicatif de sécurité". [J'aimerais] bien savoir à quoi diable cet indicatif était destiné, sinon justement à faire face à une telle situation. » Une fois que les radios, « après avoir tenu, parfois toute une semaine, sous les plus horribles tortures dont les Allemands étaient capables, s'étaient enfin laissé arracher l'indicatif authentique et envoyaient à Londres un message le comportant, la réponse venait : "Bravo mon bonhomme. Maintenant vous n'oubliez plus ni l'un ni l'autre." » [136]

Néanmoins, les Allemands ne purent pas exploiter à fond l'appareil de Gilbert Norman, car ils n'en savaient pas assez sur le passé du réseau : de sorte que lorsqu'ils envoyèrent des messages à Londres, ces derniers étaient si absurdes que la supercherie fut détectée au bout de quelques semaines. On le doit à Antelme, qui commença par remarquer naïvement en revenant à Londres que Norman « était donc encore libre, puisque des messages de lui continuaient à arriver » [137]. Quelques jours plus tard, il affirmait « catégoriquement » à Penelope Torr qu'il était « sûr que [Norman] se serait tué plutôt que d'émettre sous la contrainte », et en marge de cette remarque Buckmaster écrivit au crayon : « D'accord ». Pourtant, il y avait eu une interruption de quelques jours dans les émissions de Norman, et lorsqu'elles avaient repris, le 29 juin, la station réceptrice à Londres avait rendu compte d'un toucher « inhabituel, hésitant, qui pourrait être celui d'un homme bouleversé émettant contre son gré ». Buckmaster et Penelope Torr, qui connaissaient bien Norman, pensaient qu'il n'était pas du genre à plier [138]. Ils montrèrent les textes des messages à Antelme qui les convainquit, le 7 août, de leur inauthenticité : ils éludaient des questions importantes posées par Londres comme « Où est *Prosper* ? », s'attardaient sur d'autres points sans intérêt, ne disaient rien des opérations de Déricourt et pas un mot sur Guerne, ami très proche de Norman – ils se voyaient presque tous les jours lorsqu'ils étaient en liberté – et qui était bien sûr, lui aussi, prisonnier. De sorte que la deuxième tentative de Goetz de « retourner » un appareil émetteur confisqué échoua comme la première : la section F avait cessé de croire à la liberté de Norman six semaines après son arrestation [139].

Ce n'était pas Norman qui tapait les faux messages à destination de Londres, bien qu'il ait dit le contraire à Culioli pour le démoraliser et le fléchir [140]. Goetz (quand il ne tapait pas lui-même) mettait au « piano » l'un des radios allemands qui l'avaient écouté et s'étaient familiarisés avec son style de frappe. Quant à leur rédaction, il est probable que Norman n'y participa guère non plus, même si Goetz affirmera après la guerre qu'il prépara certains brouillons[141]. En revanche, il coopéra dans bien d'autres domaines. Remarquons ici que, pour une fois, les Allemands ne s'étaient pas systématiquement préparés à la tâche qu'ils avaient entreprise. Le SD était une organisation bien jeune, et d'origine non pas militaire mais politique ; il n'avait pas derrière lui les siècles de tradition d'efficacité de l'armée prussienne, d'où son erreur. À l'époque, le SOE n'avait pas encore commencé à utiliser les blocs de chiffrement à usage unique[142], et les Allemands avaient trouvé le code de Norman avec son appareil. Seulement, ils n'eurent ni le temps ni les spécialistes nécessaires pour déchiffrer la masse de ses messages antérieurs – qu'ils avaient enregistrés régulièrement dans leurs véhicules de détection goniométrique – afin de s'en inspirer pour leurs fausses émissions.

Mais le problème ne se posait pas avec le poste de Macalister, dont ils s'étaient emparés (avec ses codes) à Dhuizon : ils avaient ses indicatifs de sécurité, probablement parce que Macalister les avait inscrits quelque part, et c'était un appareil « sans passé ». De l'un de leurs prisonniers – pas nécessairement l'un des deux Canadiens – ils apprirent quelle était la zone où devait s'implanter le réseau ARCHDEACON ; et le SS Joseph Placke, commerçant devenu policier en 1939, s'employa à exploiter cette situation. Il le fit si bien que Buckmaster, publiant en 1958 dans un de ses livres une carte des réseaux de la section F, écrivit hardiment sur une vaste portion de la Lorraine et de l'Alsace le nom du chef d'ARCHDEACON, Pickersgill[143], oubliant que ce dernier avait été arrêté quelques jours à peine après son arrivée en France[144]. Quinze importantes livraisons de matériel furent adressées au réseau durant les dix mois pendant lesquels Londres crut à sa belle santé. Un instructeur en sabotage, François Michel (*Dispenser*), lui fut envoyé trois mois après le parachutage des deux Canadiens et disparut. Sa piste avait été assez tortueuse, il était parti grâce à une opération d'atterrissage de la section RF qui devait le laisser en Bourgogne, d'où il devait se rendre à une adresse de contact à Paris fournie par le poste de Macalister, donc fallacieuse. Ce n'est qu'après la fin de la guerre (et sa mort) que Londres comprit ce qui s'était passé. Mais, comme le dira beaucoup plus tard un des membres de l'état-major de la section, « il n'était pas déraisonnable de penser que ce réseau existait, car de fait il existait. »[145] En effet, Placke, qui parlait bien français et un peu l'anglais, en parcourait régulièrement le territoire en se faisant passer pour Pickersgill. Il constitua plusieurs comités de réception composés d'authentiques résistants français qui ignoraient que les camions obligeamment mis à leur disposition pour emporter le matériel livré étaient en réalité conduits par des Allemands en civil (tout ce matériel fut entreposé dans des locaux de l'armée à Satory, près de Versailles, où les alliés le retrouvèrent presque intact à la Libération [146]). Placke réussit même à tromper sur son identité un agent de la section F à Paris, qui ne connaissait pas personnellement Pickersgill [147].

L'état-major resta longtemps dans l'erreur : début mars 1944, il envoya encore à ARCHDEACON six agents qui, bien sûr, passèrent aussitôt à la trappe. Trois d'entre eux constituaient une mission appelée LIONTAMER, qui devait former un réseau dans la région de Valenciennes : l'organisateur Lepage, un Américain du nom de Lesout et un radio britannique, Finlayson. Un jeune pilote, Macbain, qui devait rejoindre MUSICIAN, sauta avec eux et partagea leur sort. La même nuit, mais à un autre endroit, l'enthousiaste Rabinovitch, qui devait enfin lancer son propre réseau, BARGEE, centré sur Nancy, sauta avec un Canadien nommé Sabourin, qui devait rejoindre Defendini et l'assister dans la création d'un nouveau réseau à Verdun, PRIEST.

Defendini avait quitté l'Angleterre quelques jours plus tôt par la filière VAR, traversant la Manche la même nuit que Frager ; il se rendit directement, comme il en avait reçu l'ordre, à une adresse de contact à Paris où l'on devait lui dire où il devait se rendre pour participer à la réception de Sabourin. Mais c'était encore une fois une adresse fournie par ARCHDEACON, et les Allemands l'y attendaient. Une petite digression à son sujet : contrairement à ses compagnons d'infortune, Defendini réussit trois mois plus tard à envoyer des nouvelles de lui. Il était détenu au 3bis place des États-Unis [148]. Avec la complicité d'une sentinelle russe, il fit sortir une demi-douzaine de messages à l'intention de Frager, rédigés sous forme de lettres passionnées adressées à une maîtresse. La Gestapo y était présentée comme une épouse follement jalouse qui empêchait l'expéditeur de rencontrer sa bien-aimée pour l'instant ; en pages intérieures, dans un code Playfair construit sur le titre du seul film que Frager et Defendini avaient vu ensemble en Angleterre, ce dernier donnait des nouvelles très importantes sur d'autres agents capturés ainsi que sur ce qu'il avait avoué et ce qu'il avait réussi à taire durant son propre interrogatoire ; il esquissait un plan très ingénieux pour sa propre évasion s'il était impossible d'envoyer par son messager improvisé les outils qu'il demandait pour scier ses barreaux. Son moral était manifestement au plus haut, et il avait commencé à creuser un tunnel ; toutefois il fut bientôt transféré à Fresnes, puis déporté à Buchenwald [149].

Sabourin et Rabinovitch touchèrent le sol à l'endroit prévu dans la nuit du 2 au 3 mars 1944 et se débarrassèrent de leurs parachutes avant que le comité de réception ne les rejoigne. Le terrain jouxtait un bois. Ayant entendu parler allemand, ils se glissèrent sous les arbres et ouvrirent le feu. Il s'ensuivit une bataille au clair de lune, au cours de laquelle deux Allemands furent tués et les deux parachutistes blessés et faits prisonniers [150]. Ni l'un ni l'autre ne fut d'aucune utilité aux Allemands.

Comme ni Sabourin ni Finlayson n'envoyèrent les messages dont ils étaient convenus oralement avec Morel, avant leur départ, pour indiquer qu'ils étaient sains et saufs, celui-ci commença enfin à soupçonner ARCHDEACON et lui signifia qu'un officier du SOE viendrait en mai survoler sa région pour communiquer de vive voix, par S-phone, avec le réseau. Pickersgill fut ramené de Ravitsch pour jouer son propre rôle dans cette conversation, mais il n'y était nullement disposé : il assaillit ses gardiens de l'avenue Foch avec une bouteille cassée, en tua deux, sauta d'une fenêtre du deuxième étage et s'enfuit, mais il fut touché par un tir de mitraillette, rattrapé et renvoyé dans un camp de concentration où il sera exécuté, avec Macalister, en septembre [151]. Les Allemands se rabattirent sur John Starr : ils l'emmenèrent sur le terrain, mais il refusa au dernier moment de se prêter au jeu et de parler dans l'appareil à la place de Pickersgill. Il rendit là un grand service – quoique un peu tardif – au SOE, car Morel reconnut immédiatement, à la voix de von Kapri, qu'il s'agissait d'un Allemand, et les parachutages à destination d'ARCHDEACON cessèrent ; toutefois, le dialogue radio fut poursuivi quelques semaines pour laisser les Allemands dans l'incertitude [152].

Mais que faisait donc John Starr en cette compagnie ? Nous l'avions laissé blessé dans une prison dijonnaise, où la Gestapo utilisa sa blessure pour mieux le torturer [153]. Fin septembre 1943, il fut conduit au 84 avenue Foch et confié à Ernest Vogt qui, secondé en cela par Gilbert Norman – du moins à ce que racontera Starr après la guerre – le convainquit « que les Allemands savaient déjà tout et qu'il ne servait à rien de chercher à dissimuler quoi que ce fût » [154]. Starr montra sur une carte le territoire de son réseau, et frappa les Allemands par ses qualités d'écriture. Ils souhaitaient garder sous la main, dans leurs locaux parisiens, un agent au moins partiellement domestiqué, afin d'ébranler le moral de leurs futures prises. Norman avait eu son utilité, mais il était un peu usé. Ils s'en débarrassèrent en l'envoyant à Fresnes

pour commencer (il sera plus tard déporté puis exécuté) et gardèrent
John Starr a sa place.

John Starr avait eu son compte de jeûne et de mauvais traitements
à Dijon, et de promiscuité à Fresnes. Avenue Foch, il fut convenablement nourri, approvisionné en tabac, et on lui donna une chambre
particulière. Il n'avait probablement jamais lu les vers mélancoliques
de A.E. Housman :

> Mes camarades sont dans leur tombe,
> Moi, dans ma tombe, je ne suis pas.
> On me l'avait appris, pourtant, le métier d'homme,
> À moi comme aux autres, tout simplement.
> Mais eux n'ont pas oublié la leçon
> Et sont restés, quand moi je fuyais.

C'était quelqu'un qui aimait ses aises : « S'il a collaboré avec les
Allemands, c'est autant par l'effet de son propre désir que du leur » [155].
Il interpréta de manière assez libérale – beaucoup trop aux yeux de
ses employeurs – l'un des conseils prodigués à Beaulieu : à savoir que,
lorsqu'on est pris, on peut éventuellement jouer quelque temps le jeu
des interrogateurs pour éviter la torture. Mais lui se plia à tous leurs
désirs pendant des mois. Il exerça même ses talents d'artiste en faisant
le portrait de plusieurs membres de l'état-major. Pis : à en croire Goetz,
« le texte anglais des [faux] messages envoyés à Londres était chaque
fois relu et corrigé par Herr Starr. » [156] On ne s'étonnera pas que le
monde officiel l'ait considéré avec quelque froideur, ni qu'il ait passé
le reste de sa vie, après son retour de déportation, hors de la juridiction
de la Couronne.

Il s'était dit que son devoir était de découvrir ce que les Allemands
savaient exactement des activités de la section F, puis de s'évader et
d'en rendre compte à Londres [157] ; et de fait il réussit fin 1943, avec
Noor Inayat Khan et le colonel français Faye, le chef du réseau de
renseignement ALLIANCE, à quitter son lieu de détention. Pendant la
nuit, ils démontèrent les barreaux de leurs cellules (qui prenaient jour
par en haut) avec un tournevis que Starr avait subtilisé un jour où on
lui avait fait réparer un aspirateur, et sortirent sur le toit ; mais ils furent
presque aussitôt rattrapés dans la maison voisine [158]. Après cet échec,
Starr (mais pas les deux autres) donna sa parole qu'il ne chercherait
plus à s'évader [159]. On peut dater de ce moment la fin de son utilité
pour le camp allié. S'il avait eu plus de chance dans sa tentative de

fuite et s'il avait réussi à rentrer en Angleterre par une filière de la section DF, il aurait été reçu en héros, auteur d'un remarquable exploit et porteur d'informations essentielles. Mais une fois sa parole donnée, c'en était fait ; son refus de parler dans le S-phone au nom d'ARCHDEACON fut sa dernière action utile au SOE. Il continua à vivre agréablement… du moins quelque temps, en se disant sans doute qu'il trouverait peut-être une autre occasion de transmettre ce qu'il savait à quelqu'un qui n'aurait pas fait la même promesse que lui, et qu'après tout il continuait à collecter des informations utiles. Il semble avoir trop cru à sa supériorité intellectuelle pour faire entrer en ligne de compte l'effet désastreux que sa présence décontractée en ces lieux ne pouvait manquer d'avoir sur ses collègues du SOE pris par la Gestapo.

Aux yeux de Goetz et de Placke, qui furent les principaux bénéficiaires de ses services, c'était un homme sorti du droit chemin par faiblesse, plutôt qu'un traître endurci ; c'est la raison pour laquelle il ne fut pas poursuivi après la guerre, contrairement au souhait de plusieurs de ses anciens collègues [160]. Placke déclara sans fioritures que John Starr « était pleinement consentant » [161] et Goetz ajouta : « Je l'ai fait travailler à plusieurs reprises. C'est lui qui corrigeait mes fautes d'orthographe et de grammaire et qui m'a expliqué la bonne manière de rédiger un message technique. » [162] (Starr l'admettra, tout en protestant qu'il n'avait pas été payé pour ce faire) [163]. L'officier britannique qui l'interrogea à son retour de déportation fit la même analyse du personnage [164]. Mais en droit britannique, un procès en trahison eût exigé de prouver qu'il était animé de l'ardent désir d'aider l'ennemi, et l'on en était loin. En réalité, Starr était malin, mais Goetz l'était davantage.

Malheureusement, Goetz ne fut pas seulement plus malin que Starr : il fut aussi plus malin que la section F. Une autre affaire de ce genre eut lieu à peu près à la même époque, les Allemands faisant preuve de leur proverbiale – quoique superficielle – ténacité, les Britanniques d'un optimisme injustifié.

Garel, l'organisateur du réseau BUTLER, avait été retenu à Paris par une fracture de la cheville. Et c'est là qu'il fut arrêté en compagnie de son radio mauricien Rousset, de Fox, l'assistant qui venait de lui être affecté, et d'un agent de liaison, alors qu'ils déjeunaient tous quatre chez un ami. Les Allemands étaient arrivés jusqu'à eux à la suite d'une enquête de routine portant sur un agent local du même réseau : appréhendé très loin de ses terres, à Nantes, il avait lâché le nom d'un autre agent à Sablé-sur-Sarthe, c'est-à-dire, cette fois, au cœur du réseau ;

lequel avait à son tour donné l'adresse d'un contact à Paris, dont l'écoute téléphonique avait finalement conduit la police à cet appartement. Rousset commença par donner sur lui-même de faux renseignements, mais il fut identifié comme le radio *Léopold* d'abord par Gilbert Norman, puis, avec plus d'hésitation, par Dowlen – ils étaient tous trois de la même promotion – et enfin, après torture, par l'agent de liaison. Au bout de deux jours, Rousset reconnut qui il était, mais il n'avait pas fini de donner du fil à retordre : il livra à ses interrogateurs, qui souhaitaient émettre en son nom, plusieurs détails bizarres à insérer dans les messages – que Londres ne manquerait pas, pensait-il, de reconnaître aussitôt comme des erreurs suspectes – ainsi que des indicatifs de sécurité erronés ; enfin, il leur raconta qu'il émettait en français pour Biéler et Fox et en anglais pour *Garel*, alors que c'était l'inverse [165].

Les Allemands le crurent et adressèrent à Londres un message en anglais, prétendument de *Garel*, sous le code de Rousset dont ils s'étaient emparés. La seule réaction de Londres fut de demander pourquoi diable *Garel* avait changé de langue de travail [166]. Et c'est ainsi que le réseau BUTLER fut dirigé par les Allemands, pour leur plus grand profit, pendant les neuf mois qui suivirent l'arrestation de Rousset. Ils reçurent non seulement de nombreux conteneurs mais aussi, le 29 février 1944, la mission DELEGATE, composée du Belge Detal et de Duclos, âgé de 22 ans, qui venaient étoffer le réseau BUTLER mort depuis belle lurette. S'ils étaient restés en liberté, ils auraient eu pour tâche de couper les communications entre la Bretagne et le reste de la France : douze livraisons de matériel leur furent envoyées à cette fin. Deux cadres expérimentés, Octave Simon et son radio Defence (*Dédé*), furent encore livrés au faux BUTLER une semaine plus tard, le 7 mars : ils comptaient redéployer SATIRIST dans la région de Beauvais.

Comme l'équipe LIONTAMER, ils allèrent tout droit en prison. Mais l'une au moins de cette série de belles prises ne resta pas aux mains de ses geôliers. Rousset avait été expédié à Ravitsch avec la plupart des autres, mais on le ramena à Paris en mai 1944 dans le vain espoir qu'il aiderait les Allemands à répondre à quelques questions embarrassantes posées par Londres. Il était détenu place des États-Unis, où, comme d'autres prisonniers, il était régulièrement de corvée de balayage des couloirs sous la surveillance d'un garde. Un jour de début juin, voyant qu'il était seul avec celui-ci, il l'assomma, courut au jardin, sauta par-dessus le mur, traversa un couvent. Il trouva moyen de téléphoner à une amie, qui lui apporta des vêtements et des papiers, et il resta caché à Paris jusqu'à l'insurrection, à laquelle il prit part. Tous les agents avaient été entraînés à retourner ainsi les pires situations en mobilisant toutes leurs ressources d'agressivité, mais peu d'entre eux en ont été capables après une aussi longue captivité ; et bien souvent le choc de l'arrestation annihila en eux la volonté nécessaire.

La quatrième opération de désinformation par radio de l'hiver 1943-1944 fut plus ambitieuse encore que celle de BUTLER. Cette fois, il s'agissait de CINÉMA, le réseau de Henri Garry. Pour bien comprendre l'affaire, il nous faut remonter un peu dans le temps. À l'origine, Garry avait rejoint le SOE comme agent de liaison pour Philippe de Vomécourt. Il n'avait pas effectué de formation en Angleterre. C'était un homme courageux et capable. Antelme l'avait remarqué et passé à Suttill, qui lui confia la responsabilité de l'Eure-et-Loir et lui donna le nom de *Cinéma* parce qu'il avait une vague ressemblance de traits et de silhouette avec Gary Cooper, sans parler de son nom (en apprenant cela, Londres donna l'ordre de changer le nom du réseau en PHONO). Garry devait organiser des attentats contre les communications ferroviaires et téléphoniques dans le triangle Chartres-Étampes-Orléans [167]. Mais il passait beaucoup de son temps dans le seizième arrondissement de Paris, où il courtisait une demoiselle Nadeau qu'il épousa le 29 juin, c'est-à-dire cinq jours après l'arrestation de Suttill. Antelme, qui habitait encore chez lui quelques jours avant la cérémonie, préféra ne pas s'y rendre, mais l'opératrice radio de CINÉMA-PHONO, qui venait d'arriver, y était présente [168]. C'était une princesse indienne, Noor Inayat Khan (*Madeleine*) [169], descendante directe de Tipu Sahib[a], fille d'un mystique soufi et d'une cousine de Mary Baker Eddy[a], née au Kremlin le 1er janvier 1914. Elle avait passé la plus grande partie de sa vie en France, où elle écrivait pour *Radio Paris* des histoires pour les enfants, et était pratiquement bilingue, bien qu'elle eût, en anglais comme en français, une trace d'accent étranger. Son physique, gracieux, rayonnant et indubitablement exotique, était aussi remarquable que son caractère à la fois fort et souple, comme une rapière. Elle avait quitté la France en 1940 en compagnie de sa mère et d'un frère et était opératrice radio dans les WAAF avec le grade de caporal lorsqu'elle fut affectée au SOE en février 1943 [170].

Le colonel Spooner, un temps directeur de l'école de formation de Beaulieu, aurait affirmé « avoir donné un avis défavorable (d'un point

---

a. Tipu Sahib : sultan de Mysore (Inde) qui opposa une résistance obstinée aux Anglais à la fin du XVIIIᵉ siècle (entre autres en s'alliant aux Français) ; Mary Baker Eddy : fondatrice américaine de la « Science chrétienne » [J.-L. C.-B.].

de vue technique) tant sur *Madeleine* que sur Odette [Sansom]... parce qu'il les considérait toutes deux comme trop émotives et impulsives pour faire de bons agents secrets [soit dit en passant, le rapport de fin d'études de Mme Sansom ne le corrobore pas]... et s'être énormément démené pour que *Madeleine* ne soit pas envoyée sur le terrain. Non seulement elle était trop sensible et vulnérable, mais son inexpérience, à son avis, la rendait impropre à un tel emploi pour des raisons de sécurité. » [171] Un de ses anciens condisciples dira encore plus directement : « C'était une merveilleuse créature de brume et de rêve, beaucoup trop remarquable – il suffisait de la voir deux fois pour ne jamais l'oublier – et qui n'avait *aucun* sens de la sécurité ; elle n'aurait jamais dû être envoyée en France. » [172] Il se trouve que son rapport de fin d'études du « groupe B » figure dans son dossier personnel. On peut y lire : « Ne souffre pas d'un excès d'intelligence, mais a travaillé dur et a fait preuve de motivation, à part son peu de goût pour les cours de sécurité. C'est une nature instable et fantasque, et l'on peut fortement douter de son aptitude à travailler sur le terrain. » [173]

Buckmaster n'était pas d'accord du tout : on peut lire de sa main, en marge des remarques sur sa personnalité, le mot « Absurde » [174]. Ne sachant que trop bien à quel point il manquait de radios, il décida de faire prévaloir son propre jugement sur celui de la section de formation. Il en avait parfaitement le droit. Les enseignants de Beaulieu n'étaient pas des juges infaillibles : ils avaient déconseillé d'envoyer Jacqueline Nearne, qui accomplissait au moment même un magnifique travail pour STATIONER, et mis en doute la compétence de l'imperturbable Cammaerts qui était en train de bien réussir son implantation. Spooner en appela à Brook de la décision de Buckmaster de charger *Madeleine* d'une mission en France ; ayant écouté les arguments de l'un et de l'autre, mais sans avoir rencontré l'intéressée, Brook trancha en faveur de Buckmaster. La suite a montré que l'intuition de Buckmaster n'était pas fausse. Au cours de sa courte carrière opérationnelle, Noor Inayat Khan fut exceptionnellement vaillante et utile. Son arrestation ne procède d'aucune faute de sa part et, une fois prise, elle se comporta avec droiture. On ne saurait la tenir pour responsable des graves conséquences de la capture de son appareil. Et le directeur de sa section, en l'envoyant faire son devoir, n'est pas responsable de sa mort tragique ; celle-ci, comme bien d'autres, fut la conséquence de la guerre et du nazisme.

Elle était à l'évidence plutôt perdue en arrivant en France, par Lysander, dans la nuit du 16 au 17 juin : elle n'avait jamais exercé sa vive imagination sur les réalités de la vie d'agent secret. Sa biographe raconte qu'un jour ou deux après son arrivée à Paris, les Balachowsky (des agents locaux de PROSPER) durent lui faire remarquer que son code était resté sans surveillance dans une serviette posée sur la table du salon ; une autre fois, elle l'aurait laissé traîner à la cuisine de son domicile, où sa logeuse le vit [175]. C'est dire que Spooner n'avait pas tout à fait tort. Mais elle était sans peur, ou plutôt elle maîtrisait très bien sa peur. Elle s'installa avec son poste émetteur dans un appartement des abords de la porte Dauphine, non loin du bois de Boulogne : un quartier très fréquenté par les Allemands (dont l'un, paraît-il, l'aida un jour avec le plus grand sérieux à déployer son antenne [176]). Elle fut assez imprudente pour aller à Suresnes revoir les lieux de son enfance, mais assez prudente pour taire son adresse même à ses plus vieux amis et son vrai nom à ses amis plus récents, et pour se ménager un second domicile en banlieue Est, à Bondy.

La fin de l'été 1943 se passa pour elle dans une quasi inaction, sur ordre de Londres transmis oralement par Bodington. À l'origine, comme on peut le lire sur son ordre de mission [177], elle était censée uniquement être l'opératrice radio de Garry. Mais les disparitions successives de Macalister, Norman, Dowlen, Dubois et Cohen allaient faire d'elle la seule radio de la section F en liberté dans un large rayon autour de Paris. Elle semble être restée presque tout le temps dans la capitale ou en banlieue et n'alla jamais au Mans, où l'état-major avait pensé qu'elle s'installerait. Elle sortit de son silence à la mi-septembre, avec un message récapitulant les agents qui avaient échappé au double naufrage de PROSPER et de CHESTNUT et restaient disponibles pour faire quelque chose. À la fin du mois, le contact radio était devenu régulier, et un modeste parachutage d'armes fut organisé par son canal. Elle reçut l'ordre de rentrer par Lysander, mais elle préféra attendre – ce qui est caractéristique – que sa relève fût assurée. La chose était à peu près arrangée (on était dans la deuxième semaine d'octobre) lorsque soudain son appareil se tut. Il resta muet dix jours. Puis on l'entendit à nouveau ; mais entre-temps elle avait raté son avion, les nuits de clair de lune étaient passées, et surtout Londres considéra comme évident qu'elle avait été arrêtée, car les nouveaux messages ne sonnaient plus très juste.

Le soupçon était fondé : les Allemands l'avaient enfin attrapée.

Elle avait été recherchée avec ardeur par la main droite de la Gestapo, qui ignorait ce que faisait sa main gauche, à savoir la manipulation de Déricourt, comme il appert des interrogatoires des épouses des membres de CHESTNUT [178]. Mais elle n'a pas été trahie par un membre de ce réseau. Il semble que les Allemands soient tombés sur elle par un coup de chance : quelqu'un qui était au courant de son rôle et savait où elle habitait leur vendit son adresse pour cent mille francs (somme fixée par cette personne et acceptée sans discussion, car c'était à peine le dixième de ce que les Allemands étaient prêts à payer pour toute dénonciation d'officier britannique lié à la guerre souterraine [179]). Après la guerre, la sœur de son organisateur, Renée Garry, fut accusée de ce crime devant un tribunal militaire, qui l'acquitta (il aurait conclu, mais seulement par cinq voix contre quatre, qu'elle ne pouvait être coupable car les Britanniques lui avaient délivré un témoignage d'honorabilité [180]). Quoi qu'il en soit de ce possible drame privé, le fait est que Noor fut arrêtée dans l'appartement qu'elle utilisait pour ses émissions, à l'angle de la rue de la Faisanderie et de la rue Dufrenoy (c'est-à-dire tout près de l'avenue Foch), dans la deuxième semaine d'octobre 1943, probablement le 13. Garry et sa femme y furent également arrêtés quelques jours plus tard [181].

Les Allemands saisirent en même temps non seulement son poste émetteur mais aussi un cahier d'écolier qu'ils trouvèrent dans le tiroir de sa table de nuit et dans lequel elle avait enregistré en toutes lettres, en code et en clair, chacun des messages qu'elle avait reçus ou envoyés depuis qu'elle était arrivée en France. L'un de ses collaborateurs français lui avait fait remarquer quelque temps plus tôt que c'était là un document extrêmement dangereux : ne fallait-il donc pas brûler tous les anciens messages ? Elle avait simplement répondu qu'elle devait les conserver [182]. Comment a-t-elle pu commettre une faute aussi élémentaire ? La seule explication possible, c'est qu'elle ait mal compris ses instructions. Comme elle était déjà opératrice radio qualifiée lorsqu'elle était entrée au SOE, on ne l'avait pas envoyée suivre les cours de transmissions du service, à Thame Park ; en revanche, elle avait bien suivi ceux de Beaulieu sur les techniques de la clandestinité. Le fait est que son ordre de mission comporte une phrase étrange : « Veuillez noter que vous devrez être très attentive à l'archivage (*extremely careful with the filing*) de vos messages. » [183] Était-ce simplement la bourde d'un officier de l'état-major ? Ce n'est pas impossible ; l'ordre de mission d'Agazarian, six mois plus tôt, contenait la même phrase [184], celui de Clech aussi [185]. Sinon, c'est que le mot *filing* était employé dans le sens très particulier (et du reste incorrect) qu'il a dans le jargon des journalistes, à savoir simplement « envoyer son texte », et qu'on lui recommandait de le faire de façon ordonnée, sans doute en numérotant ses télégrammes successifs. Mais cette acception de *filing*, elle l'ignorait très probablement. Elle était à coup sûr trop timide, réservée et docile pour que l'idée lui vînt de mettre en question le bien-fondé d'un ordre ; et comme elle « ne souffrait pas d'un excès d'intelligence », il est bien possible qu'elle se soit imaginé qu'il fallait conserver tous les messages envoyés, quand bien même cela allait à l'encontre de toutes les leçons prodiguées à l'entraînement.

Pourtant, elle allait montrer que ces leçons n'avaient pas été oubliées. Lors des quatre jours de mise à l'épreuve des connaissances acquises, à la fin des cours, elle n'avait pas donné satisfaction dans l'interrogatoire de police : elle avait commis « plusieurs fautes stupides » et avait « chaque fois fourni, de son propre mouvement, beaucoup trop d'informations »[186] ; cette loquacité lui avait valu un fameux savon. Cela fit son effet : elle se comporta sur le terrain beaucoup mieux que ses examinateurs n'auraient pu s'y attendre. Selon le témoignage d'un membre du Sicherheitsdienst, elle avait aperçu dans la rue les hommes qui venaient l'arrêter et avait réussi à disparaître de leur vue[187], de sorte qu'ils durent poster quelqu'un dans son appartement pour l'attendre. Ce fut une prisonnière magnifique, elle ne prononça pas un mot qui pût être de la moindre utilité pour ses interrogateurs. Kieffer déposa sous serment qu'elle s'était « comportée très courageusement » après son arrestation : « Nous n'avons obtenu d'elle absolument aucune information nouvelle. Nous étions déjà en possession d'une grande partie du matériel nécessaire à son interrogatoire. Elle a surtout bien pris soin de ne pas trahir ses indicatifs de sécurité[188]. Elle a fait immédiatement une première tentative d'évasion par le toit en sortant par une fenêtre des toilettes du cinquième étage, mais les gardes l'ont rattrapée quand Vogt a donné l'alarme. On l'a gardée environ deux mois avenue Foch, d'où elle a de nouveau tenté de s'échapper avec le colonel Faille [Faye] et *Bob* [John Starr. John Starr et elle] ont été retrouvés environ une heure plus tard au deuxième étage d'un immeuble voisin. J'ai alors décidé qu'elle et Faille devaient être envoyés en Allemagne. Ni l'un ni l'autre n'a voulu donner sa parole [de ne plus tenter de s'évader]. »[189]

L'état-major aurait dû savoir qu'elle était prisonnière. Lorsque Leo Marks, l'expert en chiffrage du SOE, lui avait enseigné ses codes, il s'était bien rendu compte qu'elle était incapable de mentir. Il avait donc mis au point avec elle un petit truc spécial, en plus des indicatifs de sécurité habituels qu'elle risquait fort d'avouer à l'interrogatoire : si elle était privée de liberté et qu'on la forçait à émettre, elle devait

s'arranger pour que le bloc de lettres dépourvu de contenu systématiquement inséré dans tous les messages pour brouiller les pistes comporte dix-huit lettres. Et c'est ce qu'elle fit. Marks alla voir Buckmaster,
la transcription en main, mais celui-ci ne voulut pas le croire[190].

En dépit de ses chaînes et de sa solitude, elle garda le silence jusqu'à
la fin sur tout ce qu'elle jugeait important ; rappelons que ce ne fut
pas le cas de plusieurs de ses collègues. Garry, lui aussi, se tut. Il fut
exécuté à Buchenwald en septembre 1944, à peu près au moment où
elle l'était à Dachau ; et si sa femme revint de Ravensbrück, elle n'était
plus que l'ombre d'elle-même.

En attendant, l'appareil de Noor, ses codes et ses indicatifs de
sécurité étaient aux mains de l'ennemi, sans compter tous ses précédents messages, à partir desquels les Allemands pouvaient étudier
son style. Sa façon de pianoter, ils la connaissaient déjà : « Nous
l'écoutions depuis des mois », dira Goetz[191]. Ils lancèrent donc une
nouvelle opération de désinformation, qu'ils nommèrent DIANA, en
mettant à l'appareil l'un des opérateurs de la détection qui l'avaient
souvent entendue taper. Mais leurs imitations ne furent pas suffisamment efficaces pour convaincre totalement Baker Street. Pendant deux
mois, Londres communiqua avec cet appareil dans l'idée qu'elle était
probablement captive. À l'approche de Noël, sous le couvert de vœux
plus personnels, Londres lui posa plusieurs questions-pièges sur sa
famille, dont on pouvait penser qu'elle était seule à connaître les
réponses, et au bout de quelque temps les réponses arrivèrent. Elles
étaient correctes. C'est bien étrange, car elle avait été déportée dès la
fin novembre et avait certainement résisté à tous les interrogatoires
(« Elle ne nous a aidés en rien », racontera Goetz[192], et nous avons cité
plus haut le témoignage de Kieffer). Mais c'était une personne aimable
et liante, et il est tout à fait possible qu'elle ait bavardé avec un
interlocuteur qui lui aurait manifesté de la sympathie – par exemple
Vogt, qui l'aurait protégée de la torture et pensait avoir quelque peu
gagné sa confiance, ou encore un codétenu qu'on lui aurait envoyé
pour lui extorquer ce genre d'informations purement privées, dont elle
ne pouvait imaginer qu'elles eussent le moindre intérêt militaire.

En tout cas, à la fin de l'année, Baker Street commença à se
demander s'il ne se pouvait pas, après tout, qu'elle fût libre. Antelme,
qui l'avait rencontrée assez souvent à Paris, s'était pris pour elle d'un
intérêt paternel ; le personnel londonien de la section F lui raconta
toute l'affaire, lui montra ses télégrammes et lui demanda ce qu'il en
pensait. Il soupesa le pour et le contre et pencha finalement pour

l'authenticité. On décida donc de reprendre les livraisons d'armes. Goetz, lui, eut une impression différente : « Bien que ceux de Londres aient répondu à nos messages, [il me sembla qu']ils n'étaient pas dupes. À la première livraison, où nous avions demandé douze conteneurs, il n'en arriva qu'un. Cela renforça mon opinion que Londres avait compris. » Mais le second parachutage au réseau CINÉMA fut plus encourageant, puisque les Allemands reçurent un demi-million de francs par un Mosquito : « Alors nous [le SD] avons changé d'avis et nous avons continué à émettre et à demander des livraisons massives. Dans les premiers mois de 1944, nous avons reçu non seulement beaucoup de matériel mais aussi un certain nombre d'agents. »[193]

CINÉMA-PHONO n'avait jamais eu beaucoup de chance, mais là ce fut bien pis. En février 1944, sept agents furent parachutés à deux comités de réception qui étaient composés d'hommes de la Gestapo[194] ; parmi eux, la plus forte équipe que la section pouvait mobiliser à ce moment-là, envoyée spécialement pour sonder la sécurité d'un autre réseau. Les deux groupes auraient dû être parachutés dans la nuit du 7 au 8 février, la nuit même où Déricourt rentra en Angleterre. Mais cette nuit-là un seul groupe sauta, le moins expérimenté, aux environs de Poitiers. Ils étaient quatre : R.E.J. Alexandre, un mécanicien avion français de 22 ans qui devait rester dans la région et y créer le réseau SURVEYOR à partir des contacts d'Antelme chez les cheminots ; son radio, l'Américain Byerly ; un Canadien, Deniset, affecté à Garry comme instructeur en maniement d'armes ; et l'Anglo-Français Jacques Ledoux, qui devait lancer autour du Mans un nouveau réseau, ORATOR. C'était un ami de Diana Rowden et le frère jumeau de Georges Ledoux, qui fut opérateur radio à la section RF sous le nom de *Tir*.

Aucun des quatre ne put se mettre au travail. Le poste de Byerly fut bientôt entendu en Angleterre, mais sans aucun des messages spéciaux qu'il avait oralement reçu l'ordre d'émettre s'il n'était pas arrêté : il faut supposer qu'il l'était. Néanmoins, Antelme, le chef de l'autre groupe, persista à vouloir partir. Le mauvais temps s'opposa à toute nouvelle tentative durant cette lune. Mais dès que ce fut possible, c'est-à-dire dans la nuit du 28 au 29 février, il s'envola avec ses deux coéquipiers : son radio Lionel Lee et, comme agent de liaison, la jeune, douce et courageuse Madeleine Damerment, que la section avait jugée la meilleure et la plus discrète des messagères alors disponibles. Ils touchèrent le sol à une trentaine de kilomètres à l'est de Chartres[195], autrement dit à une heure de voiture de l'avenue Foch, d'où venait leur comité de réception. Un officier de la Gestapo a raconté plus tard que lorsque Antelme lui fut amené, menotté, dans son bureau après une sérieuse échauffourée sur le terrain de réception, il était absolument hors de lui, dans un véritable état de fureur sacrée contre la tromperie dont il avait été l'objet. Les Allemands balayèrent d'emblée l'identité dont il se prévalut car il avait fait partie, lors de sa précédente mission, du cercle d'intimes de Suttill et avait souvent été vu au restaurant en sa compagnie. Mais, ayant admis qu'il était France Antelme, il s'en tint à sa deuxième histoire de couverture. Les Allemands étaient très désireux d'exploiter cette prise, qu'ils savaient importante, en lui extorquant mille détails sur la section F et sur le futur débarquement en France, mais ils n'en tirèrent rien. Antelme expliqua que ses instructions avaient été de rejoindre Garry et de se mettre à sa disposition ; c'était Garry qui devait lui indiquer ce qu'il aurait à faire. Il n'avait rien d'autre à dire sur rien ni sur personne.

En réalité, il avait une triple mission. Premièrement, il devait procéder à des investigations sur la sécurité du réseau PARSON autour de Rennes, que Londres soupçonnait, à juste titre, d'être aux mains de l'ennemi : « Le réseau que nous avions en Bretagne a été complètement détruit », telle était la première phrase de son ordre de mission [196]. Deuxièmement, il avait une double opération d'atterrissage de Lysander à organiser près du Mans. Troisièmement, il devait choisir au sud de Paris le lieu d'implantation d'un nouveau réseau, et le créer. Les quelques semaines de retard que la météo avait imposées à son voyage avaient eu pour effet d'allonger la liste, et on lui avait notamment demandé de s'intéresser aussi à BUTLER, sur lequel Londres, apparemment, commençait à avoir des soupçons.

Mais enfin, si Londres avait déjà des soupçons, pourquoi donc, se demandera le lecteur, continuer à envoyer des agents dans la gueule du loup ? Buckmaster et son équipe font à première vue figure de jobards. Il est indéniable qu'après quelques années de ce genre de travail, les hommes de l'état-major n'ont que trop tendance à croire que leurs chers petits ne peuvent faillir et à passer sur quantité de petites bizarreries, qui devraient les alerter, en ne voulant y voir que les négligences vénielles de gens trop occupés. « Mais je *connais* ce bon vieux Machin, c'est un type épatant, juste un peu distrait parfois » : raisonnement dangereux, mais bien naturel. « Les sections pays, analyse un rapport rétrospectif du personnel de sécurité, ont toujours fait preuve d'un penchant à l'optimisme et d'une répugnance bien compréhensible à envisager qu'un agent fût perdu » [197] ; surtout si c'était un homme particulièrement apprécié de l'état-major, et un ami. Plusieurs officiers de la section F avaient fait personnellement du travail de terrain – Morel, Coleman, Bégué et Le Harivel avaient connu la France occupée – mais cette expérience datait déjà un peu, et Bodington, qui s'y était rendu récemment, fut absent du SOE pendant six mois car il donnait des cours de politique française aux soldats qui devaient participer au débarquement. Il y avait une sorte d'incapacité – due pour partie à l'inexpérience, pour partie au manque de discernement – à imaginer les conditions réelles du travail clandestin en France. Par ailleurs, tout le monde aspirait avant toute chose à continuer le combat ; et s'il avait fallu se méfier radicalement de chaque message venu du terrain, les communications seraient vite arrivées à une paralysie complète et il n'y aurait plus eu de combat du tout. Ils avaient douté de l'authenticité des messages envoyés par l'appareil de Noor Inayat Khan à l'automne, ils doutèrent de celle des télégrammes de Rousset au tournant de l'année, mais dans les deux cas ils passèrent outre, ou du moins ils surmontèrent suffisamment leurs inquiétudes pour prendre le risque d'envoyer des agents, et non plus seulement du matériel, à PHONO et à BUTLER, ainsi qu'à ARCHDEACON, que Goetz avait adroitement réussi à protéger de tout soupçon jusqu'au parachutage de Sabourin.

Un autre obstacle encore s'opposait à une claire perception de la situation par la section F : le principe de cloisonnement, très strictement appliqué par le SOE comme par n'importe quel service secret. Ce compartimentage avait eu pour conséquence que personne à la section F n'avait entendu parler de SEALING-WAX, l'opération de désinformation par radio réalisée par la section RF contre les Allemands en 1942 à l'aide de l'émetteur du réseau OVERCLOUD qu'ils croyaient eux-mêmes avoir « retourné » contre les Anglais. Il peut aussi avoir empêché la section F d'être au courant des inquiétudes de la section hollandaise (section N) au sujet de NORTH POLE/NORDPOL et de l'enquête entreprise à ce sujet par le Comité commun du renseignement (JIC) à l'automne 1943 [198] (le JIC s'était vu confier, le 1er décembre, la mission d'effectuer des investigations sur l'infiltration ennemie dans le SOE, notamment aux Pays-Bas ; il gratifia la section F, dans son rapport daté du 22 décembre, de l'appréciation « Sécurité satisfaisante », car il était persuadé que la section procédait à des contrôles fréquents de la sécurité de ses réseaux. D'où lui venait cette conviction, on l'ignore). Il est vrai que les supérieurs hiérarchiques de Buckmaster étaient au courant, eux, de NORDPOL et n'étaient pas influencés par une trop grande proximité affective avec les agents de terrain, qu'ils connaissaient à peine ;

seulement, les conditions concrètes du travail quotidien leur échappaient aussi en grande partie, et cela les empêcha de remarquer que les choses ne tournaient pas rond en France. On est donc en droit d'attribuer une part de responsabilité – mais une part limitée – des erreurs d'appréciation de la section F concernant ces émissions douteuses à sa hiérarchie ; en particulier au directeur régional, situé juste au-dessus et qui était donc à la fois assez proche de la section et au courant des affaires des sections RF et N.

En outre, si les Allemands ont effectivement dupé la section F pendant un certain temps, ils n'ont pas réussi tous leurs coups. Nous avons relevé le cas de Gilbert Norman ; il y eut plusieurs autres cas de tromperie rapidement détectée. Et, une fois que l'état-major de la section avait des raisons de penser qu'un poste émetteur était manipulé par les Allemands, il n'était pas mauvais de continuer à envoyer des conteneurs et de l'argent, dans le double objectif d'endormir la vigilance de la Gestapo et de déterminer avec précision où elle organisait ses comités de réception locaux, souvent composés de véritables résistants ignorant qu'ils travaillaient pour elle. L'intention de ces contre-manipulations du côté allié était de fixer l'attention du SD sur un petit groupe de faux réseaux dispersés sur l'ancien territoire de PROSPER, c'est-à-dire à 150 kilomètres au moins des futures plages du débarquement (dans toutes les hypothèses) ; et de la fixer assez solidement pour occulter tout le reste. Goetz et Placke s'amusaient énormément des sommes fabuleuses parachutées à leurs comités de réception ou prises sur les agents qu'ils capturaient. De fait, elles finirent par atteindre 8 572 000 francs (voir tableau 4) : joli total à l'échelle d'individus, mais rien d'extravagant pour une organisation comme le SOE. Car pendant que Goetz et Placke se gaussaient, Buckmaster et Morel exploitaient leur aveuglement. Grâce aux postes émetteurs que les Allemands avaient capturés et croyaient manipuler contre les Britanniques, la section F fut à même d'installer, dans les interstices entre les comités de réception du Sicherheitsdienst dans la partie méridionale de la Normandie, quelques groupes puissants dont les Allemands ignoraient tout. C'étaient, d'une part, les réseaux HEADMASTER et SCIENTIST – remis à flot, sous la direction respectivement de Hudson et de Baissac, après quelques dégâts (mais guère plus) infligés par les autorités –, PERMIT sous la responsabilité de Dedieu et HERMIT sous celle de Henquet. De Baissac, parachuté en février très loin au sud de cette zone, en compagnie d'un radio, remonta jusqu'aux environs de Chartres où il créa un réseau vigoureux qui, comme beaucoup d'autres, joua un rôle fort utile dans la campagne

OVERLORD. Ces missions en Normandie auraient pu très mal tourner sans les informations précises collectées par Londres, grâce au dialogue radio, sur les points de fixation des regards ennemis.

Mais il reste une question à laquelle il faut répondre : pourquoi Antelme ne fut-il pas, lui aussi, parachuté beaucoup plus loin au sud, à destination d'un comité de réception de WHEELWRIGHT ou de PIMENTO dont on était parfaitement sûr ? Ou même tout simplement à l'aveugle ? C'est lui qui demanda à être reçu par un comité, parce qu'il ne lui restait aucun ami en France dont il pût être sûr à la fois de l'adresse et de la fiabilité [199]. Quelqu'un bénéficiant de la confiance dont jouissait Antelme au SOE n'aurait jamais été envoyé à l'aveugle contre son propre désir. L'état-major de la section, pas assez méfiant et quelque peu prisonnier de ses habitudes, commit donc la légèreté de l'autoriser à sauter vers un comité de réception de PHONO, dès lors que lui-même avait exprimé sa confiance en lui. Néanmoins, ils ajoutèrent sur son ordre de mission : « Il doit être bien entendu que vos communications avec le réseau PHONO doivent se limiter à votre réception et au temps qui vous sera nécessaire pour vous mettre en chemin, ainsi que votre radio. Vous couperez aussitôt que possible tout contact avec le réseau PHONO. » [200] Le groupe d'Antelme n'a pas eu de chance.

Morel avait aussi mis au point avec le radio d'Antelme, Lee, un moyen pour ce dernier de lui faire savoir qu'il n'était pas libre. Mais il fallut attendre un certain temps, car son appareil resta muet près d'un mois. La Gestapo avait entre-temps acquis suffisamment d'expérience pour pouvoir imiter le style et le toucher de la plupart des agents. Confrontée à l'inébranlable détermination d'Antelme, elle fit preuve d'ingéniosité. Le premier message qu'elle envoya par l'appareil de Lee (plan de travail[a] DAKS), le 24 mars 1944, répétait un message déjà envoyé par celui de Noor Inayat (NURSE), selon lequel Antelme s'était gravement blessé à la tête sur un conteneur en atterrissant. Suivit une série de bulletins médicaux d'apparence authentique conduisant progressivement à sa « mort sans avoir repris conscience », fin avril. En réalité, une mort bien pire l'attendait à Gross Rosen [201]. Mais cette fois, ce furent les Allemands qui firent preuve de naïveté car ils insérèrent consciencieusement les indicatifs de sécurité de Lee aux endroits où il leur avait dit de le faire, qui n'étaient pas du tout ceux dont il était

----

a. Le « plan de travail » de chaque opérateur radio portait un nom de code qui renvoyait aux fréquences, jours et heures d'émission qui lui étaient affectées [J.-L. C.-B.].

TABLEAU 4

SOMMES ENVOYÉES À DES RÉSEAUX DE LA ZONE NORD
CONTRÔLÉS PAR L'ENNEMI
JUIN 1943-JUIN 1944 (en francs)*

RÉSEAU	JUIN	JUILLET	NOVEMBRE	DÉCEMBRE	JANVIER	FÉVRIER	MARS	AVRIL	MAI	JUIN
ARCHDEACON	400 000	7 000	500 000		250 000		100 000	500 000	500 000	
BARGEE							500 000			
BRICKLAYER						1 280 000				
BUTLER				400 000			500 000		250 000	
DELEGATE							580 000			500 000
LIONTAMER							500 000		200 000	
PHONO					500 000	150 000				
PRIEST							405 000		250 000	
SURVEYOR						300 000				

* Source : *History* XXIV, section F, Appendix. L'argent reçu par ORATOR est probablement compté avec celui de BRICKLAYER.

convenu avec Morel avant son départ. Et cette fois Londres s'en aperçut... à vrai dire au bout de trois semaines seulement. Morel avait eu, dès le début du dialogue DAKS, un sentiment d'inauthenticité. À la mi-avril, il demanda à la direction des transmissions de réexaminer les messages de Lee. Sur les transcriptions, chacun d'eux portait la mention « indicatif spécial présent », mais on s'aperçut lors de cette vérification que ce n'était pas exact [202]. La section F comprit enfin que « le réseau PHONO [était] contrôlé, et sans doute depuis déjà un certain temps », par l'ennemi. Toutefois, elle souhaita maintenir le contact, dans le but d'assurer une meilleure liberté de mouvement aux réseaux voisins [203] (l'idée que l'un des réseaux voisins en question, ORATOR, ayant été accueilli par un comité de réception de PHONO, était certainement lui aussi contrôlé par l'ennemi ne semble pas lui être venue). Le directeur régional donna son accord, mais pas la section de la sécurité ni celle du renseignement [204]. Le dialogue avec BRICKLAYER, SURVEYOR et PHONO fut coupé. Ce n'était pas trop tôt.

Les Allemands semblent avoir été presque aussi longs à comprendre que les Britanniques avaient compris leur jeu, que ces derniers l'avaient été à comprendre que certains de leurs postes émetteurs avaient été « retournés ». En avril et mai 1944, il y eut de longues discussions au plus haut niveau – entre Himmler, Goering et Hitler – sur la question de savoir quel serait le moment le plus propice pour révéler au SOE que certains de ses réseaux apparemment les plus chers étaient en fait dirigés par la Gestapo. Finalement, ils décidèrent de le faire au moment que les alliés choisiraient pour leur grand débarquement en Europe du Nord-Ouest : Hitler était persuadé que les chefs alliés seraient gravement déstabilisés en apprenant, à ce moment critique, que les organisations de résistance sur lesquelles ils comptaient pour soutenir leur campagne d'invasion étaient en réalité infiltrées par ses hommes. Cela montre bien à quel point sa perception de la réalité stratégique et tactique était fausse, mais enfin, c'était un bel hommage à la section F. En tout cas, le SD envoya bien à l'état-major de cette dernière, à midi du Jour J, par le poste émetteur de BUTLER, le message suivant : « Merci beaucoup pour importantes livraisons armes et munitions... Avons grandement apprécié excellents renseignements sur vos intentions et plans » [205]. Plus quelques informations sur la santé d'Antelme et celle de Biéler. Mais un peu plus tard le service fut épouvanté en recevant l'ordre personnel du Führer de ne pas émettre le message, Goering l'ayant convaincu au dernier moment qu'il n'était pas encore opportun de dévoiler son jeu [206]. Buckmaster envoya le lendemain une joviale réponse : « Désolé constater votre patience à bout et votre sang-froid pas hauteur du nôtre… Prière préparer terrain près Berlin pour réception organisateur réseau et opérateur radio mais attention ne pas vous disputer avec nos amis russes », et ainsi de suite[207]. Tout cela était bel et bon, mais il fallut encore attendre sept semaines avant que WOODCUTTER de Woerther et PEDAGOGUE de Pearson pussent s'installer en Lorraine et s'efforcer de rattraper le temps que Goetz avait réussi à faire perdre à Buckmaster avec le faux ARCHDEACON.

Ainsi s'acheva le « jeu des radios », mais l'affaire ne s'arrête pas là. *Tous* les agents de terrain de la section F qui y furent personnellement impliqués – à l'exception de Rousset qui s'évada et de John Starr qui eut la chance de se perdre dans la foule des détenus de Mauthausen – furent exécutés, la plupart à Gross Rosen, début septembre 1944[208] : comme tout service secret, la Gestapo voulait avant tout éviter la divulgation de ses méthodes. Seulement, si tous les acteurs périrent du côté allié, presque tous les responsables allemands survécurent, et les interrogatoires systématiques conduits après la guerre par Vera Atkins réussirent à leur arracher un récit complet de toute l'affaire.

Deux conclusions méritent d'être tirées de cette histoire à bien des égards lamentable, en plus du fait évident que certains agents ont été plus courageux et certains membres de l'état-major plus clairvoyants que d'autres. La première est l'argument, usé mais en l'occurrence justifié, de la nécessité ; bien que, comme dans d'autres désastres encore plus graves, la nécessité comme principe ne justifie pas les erreurs dans l'application.

Il fallait trouver des femmes et des hommes vaillants, disposés à donner l'exemple de la résistance armée et à la rendre possible grâce aux livraisons de matériel. Et s'ils le firent sous le nez des plus hautes autorités d'occupation, c'est-à-dire à Paris, en prenant aussi peu de précautions, ils ne pouvaient en attendre que des ennuis. À la question de savoir pourquoi des gens si peu entraînés furent envoyés faire un travail aussi lourd, la seule réponse est : ce travail, il fallait le faire, et il n'y avait personne d'autre à envoyer. Un sacrifice fut consenti le 6 juin 1944 sur les plages de Normandie, qui représenta une dépense comparable de vies humaines pour un objectif finalement similaire, sans pour autant éveiller les mêmes passions que celui de PROSPER – en partie, peut-être, parce qu'il n'y avait pas de femmes parmi les sacrifiés, en partie parce que sa durée totale ne dépassa pas une heure et demie, mais surtout parce que l'on y reconnaît d'emblée un élément parmi d'autres d'une opération militaire classique : avant que le gros des forces de l'opération NEPTUNE pussent débarquer, trois bataillons de sapeurs britanniques durent aller déminer les plages aux premières lueurs du jour. Les trois quarts d'entre eux furent abattus pendant cette besogne, mais il l'accomplirent. Ce fut une mission analogue et tout aussi indispensable, une mission de pionniers, que remplirent Suttill et ses collègues. Leur lot ne fut pas meilleur pour avoir attendu la mort plus longtemps, mais leurs proches peuvent se dire, comme ceux des démineurs, qu'ils sont tombés pour une cause juste. Comme l'écrira plus tard un survivant de la bataille d'Arnhem, un autre beau désastre,

« il y a eu des erreurs, bien entendu. Il y en a toujours dans une bataille. Et l'on ne peut s'empêcher de penser à ceux qui en sont morts. Leur vie aurait pu être épargnée. Mais alors il y aurait eu d'autres erreurs, et d'autres hommes les auraient payées de leur vie. S'interroger sur ces erreurs, ce n'est plus tellement important aujourd'hui, sauf si l'on peut en tirer des leçons pour une autre fois. L'important, c'est de ne pas oublier les morts [209]. »

L'autre point qui doit être explicité, nous l'avons déjà évoqué, mais répétons-le. Les autorités allemandes qui se réjouirent tant du grand coup de filet contre PROSPER, leur « plus beau coup », étaient en l'espèce bien sottes. Quantitativement, elles n'avaient pas tort : plusieurs centaines de femmes et d'hommes furent neutralisés qui, laissés en liberté, leur auraient donné bien du souci. Mais si la résistance française fut ébranlée par une grande catastrophe au début de la belle saison 1943, cette catastrophe fut l'arrestation de Jean Moulin et de ses compagnons à Caluire, suivie de la fouille de l'appartement de Serreulles. Tout le système d'organisation de l'insurrection nationale française s'en trouva disloqué, avec des conséquences beaucoup plus lourdes pour la cause alliée. L'assassinat barbare de Moulin empêcha les Allemands d'exploiter ce succès autant qu'ils auraient pu le faire s'ils en avaient pris à temps toute la mesure. Mais la défaite de Lyon fut indéniablement plus grave que celle de Paris.

Malgré tout, la résistance était désormais fermement enracinée dans le sol français. Le pire était passé, et l'heure de frapper le grand coup approchait. Il est temps de reprendre le fil de notre récit là où nous l'avons laissé, au milieu de l'hiver 1943-1944.

Chapitre XI

VEILLÉE D'ARMES : JANVIER-MAI 1944

Tout le monde savait qu'il faudrait tenter en 1944 un débarquement en Europe du Nord-Ouest à partir des Îles Britanniques. Quelques fanatiques du côté allemand, à partir de Hitler et au-dessus, rêvaient peut-être encore d'une arme secrète qui mettrait préventivement l'Angleterre hors de combat. Quelques fanatiques de l'autre bord espéraient que les bombardements stratégiques alliés suffiraient à anéantir les capacités de résistance du camp opposé ; du moins admettaient-ils que, même dans ce cas, un débarquement resterait indispensable pour occuper les territoires abandonnés par l'ennemi. La plupart des soldats, eux, savaient bien qu'il faudrait se battre ; et la plupart des Français attendaient, partagés entre l'espoir et la crainte, cette bataille qui se livrerait presque certainement sur le sol de leur pays et s'achèverait par leur libération. Depuis août 1943, les préparatifs extrêmement complexes du plan OVERLORD mobilisaient un nombre croissant d'officiers dans les états-majors. Au cœur du projet : l'opération NEPTUNE, qui devait amener, par air et par mer, une force expéditionnaire massive sur les côtes normandes, au sud-ouest de l'estuaire de la Seine.

Dans les états-majors :
les préparatifs du débarquement et de l'insurrection

Le rôle imparti au SOE dans l'opération NEPTUNE avait été esquissé dès le 30 août 1943 par un groupe de planification spécial du SOE/SO, l'organe commun du SOE et de l'OSS américain pour l'Europe du Nord-Ouest : à titre préliminaire, accélération du rythme des sabotages, avec deux cibles prioritaires, l'aviation de chasse de l'ennemi et le moral de ses troupes ; puis, à mesure que la guerre aérienne monterait en puissance, attaques de QG locaux, destruction de routes et de réseaux téléphoniques, déminage éventuel des ponts susceptibles d'être utiles à l'avance alliée et multiplication des actes de sabotage ; ensuite, parallèlement au débarquement sur les plages, assaut généralisé contre routes, chemins de fer et lignes téléphoniques, harcèlement des troupes d'occupation partout et par tous les moyens [1]. Cette dernière injonction ne pouvait manquer de conduire, dans certains contextes locaux, à une véritable guérilla, mais celle-ci n'était pas explicitement évoquée dans le plan d'origine. Du reste, les planificateurs étaient de plus en plus obsédés par la sécurité : car si tout le monde savait que le Jour J approchait, la moindre fuite sur sa date et son lieu exacts eût été catastrophique. C'est pourquoi l'on prit bien soin de maintenir jusqu'au dernier moment l'activité du SOE également répartie sur toutes les zones possibles de débarquement ; on veilla même à prolonger encore un peu l'incertitude de l'ennemi après le lancement de NEPTUNE, en lui donnant à croire qu'un autre débarquement, plus massif encore, allait avoir lieu plus au Nord. Le SOE se vit d'ailleurs attribuer un petit rôle dans cette opération majeure de désinformation, baptisée BODYGUARD (plus tard FORTITUDE) : il était supposé envoyer, au printemps, plusieurs organisateurs de réseaux dans l'arrière-pays de Calais [2]. Heureusement, le bon sens l'emporta. En effet, cette zone avait été pratiquement vidée de ses habitants ordinaires ; comme elle abritait les sites de quatre espèces différentes d'armes secrètes, elle était rigou-reusement quadrillée par la Gestapo et grouillait de soldats sur le qui-vive. Aucun agent du SOE n'aurait pu y accomplir la moindre tâche utile ; encore moins si sa fonction consistait – peut-être à son insu – à attirer sur lui l'attention de l'ennemi. Les espions profes-sionnels formés et entraînés à se déguiser en employés ou en ouvriers allemands avaient déjà assez de mal à y pénétrer ; et une fois qu'ils y étaient, leur survie exigeait de passer complètement inaperçus.

L'idée d'envoyer des équipes du SOE à un endroit aussi peu fait pour elles révèle à la fois le travail frénétique des planificateurs et leur éloignement des réalités. Mais on dépensa encore beaucoup plus de temps et de papier sur le projet RANKIN, qui se présentait sous la forme d'une série de propositions correspondant à différentes hypothèses... dont aucune ne se vérifia, car elles présupposaient toutes que les Allemands se retireraient des pays occidentaux occupés avant le débar-quement, soit pour concentrer leurs forces en raccourcissant leurs lignes, soit parce que les bombardements aériens et l'avance russe auraient brisé leur combativité. Mais Hitler n'était pas le genre de chef des armées qui eût songé à raccourcir ses lignes ; de son repaire près de la frontière polonaise, il avait passé l'hiver à sommer ses généraux du front de l'Est de n'en rien faire – en pure perte, il est vrai. Quant à la seconde éventualité, Himmler n'était pas davantage le genre de chef de la police qui eût laissé s'amollir la volonté de la nation ; la suite a prouvé que les Allemands avaient encore en eux, au 1er janvier 1944, assez de ténacité pour faire seize mois de guerre.

Le SOE ne voyait pas de difficulté à multiplier les sabotages au moment voulu. Il disposait dès le début de l'année de nombreuses équipes entraînées et armées, et plusieurs réseaux furent encore créés ou rappelés à la vie dans les mois suivants pour en armer et en entraîner de nouvelles. Ce qui lui donnait beaucoup plus de soucis que l'appui au premier assaut (NEPTUNE), c'était la suite, c'est-à-dire le soutien à la campagne OVERLORD dans son ensemble. Les armées secrètes, déjà assez importantes, qu'il savait pouvoir mobiliser étaient lamentablement sous-équipées ; l'ennemi avait fait main basse, à la faveur de ses victoires sur PROSPER et SCIENTIST, sur une très large part des stocks d'armes accumulés dans le Nord et l'Ouest par Suttill et de Baissac ; il n'y avait en Bretagne aucune organisation digne de ce nom ; les réseaux florissants de George Starr, Heslop et Cammaerts étaient aussi éloignés que possible de la ligne de front ; Suttill était prisonnier, Rée en fuite, Biéler menacé, Trotobas mort. Du côté de la section RF, le tableau n'était pas plus brillant, peut-être même moins. Dans les hautes sphères de la France en exil, la guerre entre de Gaulle et Giraud s'éternisait. Le CNR, patiemment construit par Jean Moulin au printemps précédent, avait été fracassé par les arrestations de Caluire. Yeo-Thomas et Brossolette avaient tenté d'en recoller les morceaux en une structure plus solide, mais ils étaient loin du compte. Les communistes faisaient grand bruit, mais ils n'avaient pratiquement que des pistolets et ne pouvaient attendre d'armes plus sérieuses que du SOE. Les structures ingénieuses du BOA et du SAP (liaisons aériennes des Français Libres, respectivement en zones Nord et Sud) n'avaient pas encore à leur actif beaucoup de livraisons, et une bonne part des armes parachutées en zone Nord avaient été directement récupérées par les Allemands[3].

Une des causes de la pénurie d'armes était le mauvais temps : les tempêtes s'étaient succédé presque sans discontinuer de novembre 1943 à janvier 1944, imposant à différentes missions des retards de plusieurs semaines. Mais il y avait deux raisons plus fondamentales : l'insuffisance d'appareils disponibles et le manque de bonne volonté du haut commandement allié. Pour répondre aux besoins de ravitaillement des organisations du SOE et des autres services clandestins sur toute la partie Nord et Nord-Ouest de l'Europe, on disposait en tout et pour tout de vingt-trois avions ; et, dans les états-majors alliés, les généraux étaient toujours aussi peu disposés à oublier leur méfiance « professionnelle » à l'égard des irréguliers. Les premières semaines de l'année 1944 ne virent pas moins de quatre initiatives visant à remédier à ce problème, et qui finirent à elles toutes par avoir un certain effet. Leur objectif commun : convaincre Churchill.

Tout d'abord, le Comité français de la libération nationale adressa au haut commandement une demande officielle d'intensification des livraisons d'armes à la résistance française ; le SOE avait d'ailleurs effectué une démarche analogue à peu près à la même époque. Les deux demandes furent examinées à la réunion du comité des chefs d'état-major du 19 janvier[4]. Portal mit en garde contre les conséquences du plus minime relâchement de l'effort de bombardement, à un moment où la guerre aérienne nocturne faisait rage au-dessus de l'Allemagne (le désastre de Nuremberg[a] n'était pas encore advenu, il s'en fallait de deux mois) ; il n'avait rien de plus à offrir qu'une soixantaine de sorties par mois des Stirling du Groupe 38, relevant du commandement du transport aérien.

Les trois autres tentatives furent moins formelles, mais plus efficaces. La première fut une initiative du chef du mouvement LIBÉRATION, nommé entre-temps par de Gaulle commissaire national à l'Intérieur, Emmanuel d'Astier, qui estimait que « sans Churchill il n'y avait rien à faire. Les services secrets anglais voulaient ignorer la levée des Français. L'effort populaire ne les intéressait pas... Comme de Gaulle,... Churchill était un héros de *l'Iliade*, le maître solitaire et jaloux de l'effort de guerre britannique. Aller voir Attlee, courtois et effacé, Lord Selborne, l'affable ministre de la Guerre économique, Duff Cooper..., Clemence Churchill,... ou MacMillan, ou Morton, le secrétaire de Churchill, ou le général Gubbins, maître mystérieux des initiales SOE,... aller les voir ne servait à rien. » Car seul Churchill avait assez d'autorité, à la condition d'être lui-même contaminé par l'enthousiasme, pour modifier en quoi que ce fût l'action concrète de ses services[5]. D'Astier osa donc aller le relancer au nom du Comité

---

a. Très vaste opération de bombardement effectuée dans la nuit du 30 au 31 mars 1944 contre Nuremberg, qui fut un échec relatif et surtout se solda par des pertes matérielles et humaines considérables du côté britannique [N.d.T.].

français de la libération nationale, d'abord au Maroc, où il prenait quelque repos après les conférences de Téhéran et du Caire, puis à Londres. Ayant lui-même une connaissance directe du travail des résistants de l'intérieur, d'Astier était en mesure de dire ce qu'on pouvait en attendre sur le plan militaire ; il était capable d'éloquence, et très ému. Lors de l'une de ses visites à Downing Street, il rencontra quelqu'un qui lui aussi connaissait bien la France, qui lui aussi était exaspéré et qui lui aussi avait trouvé moyen de court-circuiter la voie hiérarchique pour parler directement à Churchill : Yeo-Thomas[6]. Comme d'Astier, Yeo-Thomas fut convaincant parce qu'il savait personnellement, directement, ce qui se passait en France ; et ce qu'il avait à en dire ne pouvait manquer d'enflammer l'imagination du volcanique Churchill.

Le dernier intervenant se situait plus bas dans la hiérarchie, mais il pesa en fin de compte davantage. C'était un homme discret et sans prétention, grisonnant, aux allures d'homme d'affaires prospère, qui avait été l'avocat de Mathilde Carré ; son nom de guerre était *Jérôme*, son vrai nom Michel Brault. Il avait quitté Paris à temps, en 1942, et rejoint l'organisation COMBAT dans la vallée du Rhône, où il assumait sans tapage depuis plusieurs mois, à la demande du CNR, une lourde tâche administrative : la direction du « Service maquis », vaste organisation de solidarité ayant pour objectif d'assurer dans les meilleures conditions le ravitaillement des principaux maquis en nourriture, matériel médical et vêtements. L'importance de ce poste était au moins autant politique que militaire : car, d'une part, le bon fonctionnement du service évitait aux maquisards la tentation de vivre de rapines, avec tous les risques directs ou indirects (hostilité de la population) que cela aurait comporté, d'autre part, il fit progressivement basculer la vie économique locale de la France du système vichyste vers celui de la France Libre. Yeo-Thomas n'avait vu de ses yeux que trois ou quatre maquis, d'Astier n'y avait jamais vraiment vécu ; Brault en avait visité des douzaines, il savait exactement de quoi il parlait et pouvait exposer concrètement et en détail leurs besoins et leurs possibilités. En outre, il bénéficiait d'une excellente introduction : il avait fait une très forte impression d'abord sur Dismore, puis sur Brook et enfin sur Gubbins lors de sa venue en Angleterre, par avion, dans les premiers jours de l'année. Gubbins l'avait présenté à Selborne ; Selborne l'avait mené chez Churchill.

Ce dernier était toujours disposé à écouter un hôte introduit par un vieil ami, et Brault tira de lui des étincelles. L'un de ses collaborateurs écrivait encore jusque-là maquis avec un c : « Le Macquis », comme un clan écossais, en somme. C'en fut fini ! Dans l'après-midi du 27 janvier, Churchill réunit un de ces comités informels où se règlent en Angleterre tant d'affaires d'État. On l'appela « réunion de ministres », bien que Selborne et Sinclair y aient été, outre Churchill, les seuls ministres présents. Sinclair était assisté par Portal, Selborne par Sporborg et Mockler-Ferryman, et le Premier ministre par Morton. Speaight et Mack représentaient le Foreign Office ; d'Astier et Boris, directeur des services londoniens du commissariat à l'Intérieur, y assistèrent sur un pied d'égalité, bien que non sujets de la Couronne. D'Astier a publié, en traduction française, le compte-rendu de cette réunion [7]. Après que Churchill eut déclaré en introduction qu'il attachait un grand prix à la résistance française, d'Astier « [donna] l'assurance que les fournitures d'armes aux armées clandestines en France n'[auraient] pas pour conséquence d'intensifier les luttes politiques entre Français… Le Mouvement… [consacrait] toutes ses énergies à l'attaque contre les Allemands. » Il n'avait pas tort de commencer par là, car le Cabinet britannique craignait évidemment que le SOE ne vînt lui mettre sur le dos une deuxième rivalité à la Tito-Mihailovic, et cela dans une zone autrement plus stratégique que ne l'était la Yougoslavie. D'Astier ajouta que les résistants tuaient désormais deux Allemands pour chaque homme qu'ils perdaient – revendication hardie et invérifiable – et que les maquis se trouvaient en grand danger du fait de leur pénurie d'armes. Churchill enthousiasmé envisagea une vaste redoute de la guérilla à l'est du Rhône : « Des hommes courageux et prêts à tous les sacrifices pourraient causer à l'ennemi une gêne extrême. Et il est juste que nous fassions tout ce qui est en notre pouvoir pour susciter et stimuler un appui aussi précieux pour la stratégie alliée. »

Tout tournait autour de la capacité de transport aérien, et c'est à cette question que fut consacré le reste de la réunion. Sinclair se montra très désireux à la fois de contribuer à l'effort et d'éviter de s'engager trop précisément. Portal défendit avant tout les intérêts de POINTBLANK (les bombardements sur l'Allemagne). Il rappela que deux escadrons américains se tenaient prêts à commencer des missions clandestines dès que la météo le permettrait [8], et que le Groupe 38 apporterait également sa contribution. Finalement, il fut décidé que le commandement du bombardement devait continuer à faire porter le plus gros de son effort sur l'Allemagne mais que, dans ses autres sorties, priorité devait être donnée par lui d'abord au parachutage d'armes en direction des maquis français, puis à d'autres opérations pour le SOE ; les attaques sur les sites allemands de production ou de stockage d'armes secrètes (CROSSBOW) et le mouillage de mines en mer (dans cet ordre) ne venaient qu'après. Suivaient les réserves habituelles sur le fait que tout cela ne devait pas porter préjudice aux activités des services de renseignement, prudemment définies par d'Astier, dans une note de bas de page, comme « des opérations tripartites franco-anglo-américaines sur les arrières de l'ennemi » [9].

Il s'ensuivit beaucoup d'agitation. Début février, dans un moment d'abattement, Dewavrin dit à Dansey (l'un des chefs de l'« Intelligence Service ») qu'il doutait que l'on pût trouver en France, à l'heure du débarquement, ne serait-ce que deux mille hommes prêts à agir ensemble dans le cadre d'une offensive de la guérilla ; en ajoutant tout de même qu'il existait un potentiel encore inexploité, de sorte que certains groupes de moins de mille hommes pourraient grossir très vite et passer à dix mille, si on leur en offrait l'occasion et si on leur fournissait des armes [10]. Ces remarques furent exploitées dans le cadre d'une *n*ième offensive – et l'une des plus agressives – d'autres services secrets visant à réduire les capacités aériennes offertes au SOE, au motif que ce trafic mettait la Gestapo en alerte et donc tous les agents secrets en danger. Malheureusement pour les adversaires du SOE, le Premier ministre s'était laissé captiver par « Le Macquis ». L'offensive échoua, et le SOE obtint autant d'avions pour la France que Harris et les conditions météo le voulurent bien.

Churchill fut même tellement ravi qu'il prétendit se mêler personnellement de détails d'organisation dont il eût mieux fait de laisser le soin à ceux dont c'était le métier ; Selborne, Morton et Ismay durent conjuguer leurs efforts pendant plusieurs jours pour l'en dissuader. La météo fut mauvaise en février, mais mars fut un mois très actif, avril et mai plus encore. Puis les nuits devinrent trop brèves et il fallut limiter les sorties. Mais, dans l'ensemble, la première moitié de 1944 présente une hausse très nette par rapport à la deuxième moitié de 1943. Comme le montre le tableau 7 de l'appendice C, les sorties en direction de la France – parachutages et atterrissages confondus – passèrent de 107 au dernier trimestre 1943 à 759 au premier trimestre 1944 et 1 969 au deuxième. Ce dernier chiffre inclut 177 sorties américaines pour le premier des grands parachutages de jour postérieurs au débarquement, ainsi qu'un grand nombre d'autres sorties effectuées après le lancement de NEPTUNE. Mais même en les décomptant, l'accélération est indéniable.

On avait envisagé dès février d'effectuer des parachutages en plein jour pour s'affranchir quelque peu des contraintes météorologiques.

Mais comme la supériorité aérienne au-dessus du territoire français, condition préalable au débarquement, n'était pas encore assurée à l'époque, le ministère de l'Air jugea les risques excessifs. On fit néanmoins un essai : deux cent vingt conteneurs d'armes furent largués à travers les nuages au-dessus d'une zone de Haute-Savoie que l'on pensait être sous le contrôle de Heslop. Mais la part du matériel détourné par les Allemands fut plus élevée que d'habitude et on ne renouvela pas l'expérience. Le Premier ministre, irrité par la lecture d'un rapport d'écoute des communications radio de Vichy, s'était plaint à Selborne de la négligence des résistants français, qui avaient laissé filer chez l'ennemi une grande quantité d'armes parachutées ; Selborne avait répondu que la proportion du matériel perdu par mauvaise réception (moins de 5 %) était « plutôt inférieure à ce qu'on aurait pu craindre », « et Churchill cessa de récriminer tout en continuant à garder un œil sur les chiffres »[11]. Onze avions américains effectuèrent aussi un parachutage de jour, le 10 mars, en Tarentaise (haute vallée de l'Isère)[12] ; cela eut pour effet d'apaiser Churchill mais aussi, inévitablement, d'attirer l'attention des Allemands.

À en croire les estimations les plus optimistes, ce coup de collier aurait permis de porter à soixante-quinze mille et cinquante mille respectivement, à la mi-mai, l'effectif des hommes armés par la section F et la section RF[13]. Néanmoins, ces chiffres ne décomptent pas les armes récupérées par la Gestapo grâce à sa série de succès de l'année 1943, si bien qu'il faut réduire le total d'environ un tiers. Par ailleurs, les munitions manquaient : à la fin avril, selon Brault, dix mille hommes à peine disposaient de munitions pour plus d'un jour de combat[14] (les soldats inexpérimentés, c'est bien connu, ont tendance à gaspiller, et la cadence de tir de la mitraillette Sten ne poussait pas à l'économie ; cette arme était de surcroît si imprécise qu'il fallait parfois vider tout un chargeur pour toucher un homme à quelques mètres[15]). D'un autre côté, une journée de combat pouvait suffire pour s'emparer d'un QG local, faire sauter un nœud ferroviaire ou infliger un retard décisif à une colonne ennemie sur la route ; et si les Français manquaient encore d'armes et de munitions, ni le moral ni la combativité ne leur faisaient plus défaut. Von Rundstedt écrira ainsi, moins de deux ans plus tard, qu'« à partir de janvier 1944 la situation dans le sud de la France devint si périlleuse que tous les responsables militaires parlaient de révolte générale... Il devint fréquent que des formations entières ou des escortes d'officiers fussent encerclées par des bandes armées plusieurs jours durant et parfois, si le lieu était isolé, carrément tuées... La vie des soldats allemands dans la partie Sud de la France était sérieusement menacée et devenait problématique. »[16]

Les maquis s'étoffèrent à mesure que s'épanouissait la belle saison et que la vie au plein air et en altitude cessait d'être une lutte permanente contre les éléments. Il existait, dans le centre et le sud, quantité de maquis si petits et si secrets qu'ils ne furent jamais en contact avec un quelconque chef de réseau du SOE ou du BCRA, ni même avec le Service maquis : ils n'avaient pour objectif que de permettre à leurs membres d'échapper au STO, et leur survie ne dépendait que d'une condition qui, il est vrai, n'allait pas de soi : qu'aucune des personnes connaissant leur existence n'en parlât à l'extérieur. Les plus grands maquis, comme ceux de Heslop dans l'Ain ou celui de Mesnard en Haute-Savoie, plus offensifs, suscitaient en revanche des ripostes allemandes qui pouvaient être dévastatrices : selon Rosenthal, les Allemands incendièrent en trois mois, à l'hiver 1943-1944, cinq cents fermes dans le seul département de la Haute-Savoie[17]. Mais si l'on avait connaissance à Londres de ce type de représailles massives, on n'en évaluait pas exactement l'ampleur ; on ne se faisait pas non plus une idée bien précise, jusqu'à l'arrivée de Brault, du potentiel militaire que le maquis pourrait déployer le moment venu, ni même s'il existait un tel potentiel. Yeo-Thomas avait seulement pu rapporter, à l'automne 1943, que Brault était en contact avec six mille maquisards au nord et douze mille au sud de l'ancienne ligne de démarcation[18] ; Brault lui-même évaluait le total à trente-deux mille au début de 1944[19].

La mission interalliée appelée UNION, parachutée en France par la section RF dans la nuit du 6 au 7 janvier, allait permettre, espérait-on, d'éclaircir ce point, en particulier en ce qui concernait le Sud-Est (c'est-à-dire les régions R1 et R2 du BCRA). Son chef était Pierre Fourcaud, un agent de renseignement de la France Libre qui s'était déjà rendu à plusieurs reprises en France pour le compte des alliés[20] ; n'étant plus d'âge à sauter en parachute, il n'arriva qu'en dernier. Jusque-là, c'est Thackthwaite, membre du staff de RF, qui assura le commandement du petit groupe, lequel comportait encore le *Marine* américain Peter J. Ortiz, un ancien de la Légion étrangère, et Monnier, « l'un des radios les plus courageux et les plus discrets qui aient jamais été envoyés en France »[21]. Leur mission principale était de faire comprendre aux chefs de maquis de la Drôme, de l'Isère et de la Savoie « que leur premier devoir était désormais de s'organiser pour la guérilla qui accompagnerait et suivrait le Jour J »[22]. Ils sautèrent en vêtements civils, mais ils avaient emporté leur uniforme ; selon Thackthwaite, ces trois hommes furent « les premiers officiers de liaison alliés à fouler le sol français en uniforme depuis 1940 »[23]. Ortiz, qui ignorait la peur, n'hésita pas à porter son uniforme américain, et pas seulement sur les chemins de campagne. Cela réjouit fort les Français mais alerta les Allemands : l'équipe dut sans cesse se déplacer pour leur échapper.

C'est dans le Vercors qu'elle trouva le maquis le plus important. Ce plateau s'étend au sud-ouest de Grenoble, sur une cinquantaine de kilomètres de long et une vingtaine de large, derrière une longue barrière rocheuse. Il dépasse les mille mètres d'altitude sur une grande partie de sa superficie. On y trouve de bonnes terres agricoles, sur lesquelles vivaient à l'époque environ cinq mille habitants, mais aussi l'une des plus vastes forêts d'Europe occidentale ; certains affirmaient même, sans doute à tort, qu'il s'y trouvait encore des ours. C'était évidemment un excellent site pour un maquis, et les autorités régionales de la résistance le considéraient comme un département à part entière (en réalité il est à cheval sur la Drôme et l'Isère). Thackthwaite y trouva environ trois mille maquisards en plus de la population permanente. Cinq cents d'entre eux, organisés en groupes de dix, possédaient déjà des armes légères, mais il y avait aussi là, écrivit-il dans son rapport, des hommes « sachant manier des armes lourdes… et pouvant former une compagnie d'état-major si on leur fournit des Vickers, des mortiers et des Piat… *pas de Sten, ils en ont déjà en suffisance* »[24]. La mission UNION apporta plusieurs améliorations au système de liaison entre le Vercors et l'état-major régional, installé à Lyon. La section F, de son côté, recevait des informations positives sur le Vercors : Cammaerts, qui s'y rendit à plusieurs reprises, envoya en avril un rapport très semblable en substance à celui que la section RF reçut de Thackthwaite un mois plus tard. Le Vercors, disait-il, avait « une armée très bien organisée », mais « le ravitaillement, quoique abondant, ne répond pas à leurs besoins : ce qu'il leur faut, ce sont des armes à longue portée et des armes antichars. »[25]

Les Français Libres, tenus à l'écart des préparatifs de l'opération OVERLORD en vertu de mesures de sécurité dont ils étaient très offensés même s'ils les savaient inévitables, continuaient à élaborer leurs propres projets. L'un des préférés des officiers français de l'armée régulière, qui se pressaient maintenant de plus en plus nombreux à Alger et à Londres, était celui des « réduits » : il s'agissait pour les maquis les plus forts de s'emparer de certaines portions de territoire relativement aisées à défendre et de défier les Allemands de les en déloger. C'était une aspiration assez naturelle, pour des soldats de

métier comme pour des dirigeants politiques, que de vouloir recon-
quérir un morceau de leur patrie sans intervention directe étrangère, et
en faire, à l'instar des Serbes[26], un bastion inexpugnable défendu par
l'héroïsme de la population locale. Mais cette stratégie – si intelligemment déployée par les Espagnols contre les armées napoléoniennes
qu'elle fit entrer le mot de guérilla dans le vocabulaire des Français et
le concept lui-même dans leur pensée militaire[27] – cessait d'être valable
dès lors que la dissymétrie de l'armement entre les adversaires atteignait une telle échelle. De nos jours, la fonction de la guérilla consiste
le plus souvent à empêcher l'ennemi de franchir certains points, et non
à tenir du territoire. Le « plan VIDAL » – ainsi nommé en l'honneur du
général Delestraint disparu, dont c'était le nom de guerre – consistait
ainsi à s'emparer du plateau du Vercors ; la tragédie qui s'ensuivit est
devenue l'un des plus solides mythes de la résistance.

Pour éclairer ce débat doctrinal, on aurait pu tirer quelques leçons
de FIREBRAND, l'opération de libération de la Corse réalisée en
septembre-octobre 1943. Le mot même de « maquis » aurait dû y
inviter, puisqu'il désigne une couverture végétale typique de l'île, faite
d'arbres bas et touffus, et dont les partisans corses faisaient le meilleur
usage. Les résistants insulaires reçurent en septembre l'appui de
vingt-six agents du SOE envoyés d'Alger, dix-sept par mer et neuf par
avion ; par ailleurs, trois officiers instructeurs du SOE accompagnaient
le « bataillon de choc » français, également entraîné par le SOE, qui,
débarqué à Ajaccio le 15 septembre et soutenu ensuite par de plus
importants renforts, chassa les derniers Allemands de Bastia le
4 octobre. Or ce bataillon obtint dans l'ensemble de meilleurs résultats
que les partisans car, dans une partie de ses opérations, il se divisa en
petits groupes de trois ou quatre hommes qui choisissaient leur objectif,
surgissaient soudain de leur abri pour l'attaquer puis retournaient se
fondre dans le paysage ; tandis que les maquisards ne résistèrent pas à
la tentation de former des corps d'assaut relativement importants,
offrant ainsi aux Allemands des cibles plus faciles à contre-attaquer. Il
est possible que certains Français Libres de Londres aient fait peu de
cas des enseignements de la Corse parce que c'était Giraud qui y avait
dirigé les opérations françaises[28]. Signalons néanmoins que Hutchison
avait effectué une brève tournée sur l'île peu après sa libération, afin
d'en tirer des leçons pour les groupes du continent qui auraient pour
tâche de retarder les mouvements de l'ennemi après le débarquement.

De fait, le haut commandement gaulliste élabora bien une doctrine
au printemps 1944, dont l'idée centrale était que les actions de la

résistance devraient se développer par étapes, en fonction des lieux et des rythmes des opérations alliées de débarquement et de reconquête. C'était contraire tant aux vœux des officiers traditionalistes de droite, qui tenaient pour la stratégie des réduits, qu'aux aspirations activistes des communistes et autres résistants de gauche sur le terrain. De Gaulle lui-même signa plusieurs directives en ce sens, la dernière le 16 mai. Bien entendu, il n'y est jamais fait mention du SOE. L'application des plans devait être supervisée sur place par les délégués militaires régionaux nommés par la France Libre, qui couvraient l'ensemble du territoire [29]. Ce qui s'ensuivit dans la réalité varia donc selon la personnalité de chaque DMR et des chefs locaux de la résistance, et selon la quantité d'armes (pour l'essentiel fournies par le SOE) dont ils disposaient.

La rivalité Giraud-de Gaulle prit fin au printemps 1944 : le premier perdit progressivement pied et finit, en avril, par abandonner la lutte face à un adversaire décidément trop fort pour lui. La France Libre récupéra alors une grande partie du staff giraudiste d'Afrique du Nord, ce qui fit encore plus pencher la « résistance extérieure » dans le sens des traditions militaires. Il est vrai que l'autorité des chefs de la résistance extérieure sur les forces intérieures n'était pas encore fermement établie. Bien qu'il s'agît d'une question de politique intérieure française, le SOE ne pouvait manquer de s'y intéresser et de s'y trouver plus ou moins mêlé.

Au niveau immédiatement inférieur, une âpre querelle opposa Emmanuel d'Astier à Dewavrin sur le contrôle des services secrets, très bien résumée par Sébastien Laurent dans un article récent [30]. De Gaulle, se pliant au principe républicain qui veut que ces services soient soumis au contrôle d'une autorité civile, lâcha son fidèle Dewavrin, auquel on offrit, en guise de compensation, le poste de chef d'état-major du général Koenig, qui venait d'être placé à la tête des FFI.

Ces événements et certaines divergences sur la tactique de l'action en France eurent une importante conséquence politique. Le Parti communiste français lança en ce printemps 1944 une campagne larvée contre le mouvement gaulliste dans son ensemble, évitant de s'en prendre directement au général mais ne manquant aucune occasion de dépeindre son entourage comme une bande de crypto-fascistes dont le but était en réalité de rétablir la domination des deux cents familles après avoir restauré la république capitaliste. L'arrivée massive des giraudistes, dont la plupart se situaient très à droite, venait à point nommé à cet égard. Il y eut beaucoup de boue remuée et comme toujours il en resta quelque chose. Car, comme toujours aussi, il y avait bien un grain de vérité dans ce tas de mensonges : partout (sauf en Yougoslavie), les militaires répugnaient réellement à s'appuyer sur les forces de la résistance, les jugeant peu fiables sur le plan opérationnel et beaucoup trop à gauche sur le plan politique. Du côté des hommes d'État conservateurs, on était du même avis, surtout que les communistes prenaient désormais une place énorme dans les organisations de lutte contre l'agresseur de la patrie soviétique. C'était (entre autres) parce que des communistes siégeaient au Comité français de la libération nationale que les principaux chefs de guerre britanniques et américains étaient si réticents à soutenir de Gaulle. La note adressée par Churchill à Law et Cadogan le 13 avril est très révélatrice à cet égard :

« N'oublions pas que nous purgeons tous nos organes secrets de leurs communistes parce que nous savons que ce n'est pas à nous ni à notre cause que va leur allégeance, et qu'ils trahiront toujours nos secrets aux Soviétiques, même en période de coopération. La présence de deux communistes au Comité français exige un traitement extrêmement attentif de la question de la communication d'informations secrètes à ce comité [31]. »

Les hommes « pratiques » professent souvent qu'il est tout aussi impossible d'avoir trois camps dans une guerre que trois sexes dans un lit. Pourtant, certaines situations complexes dans lesquelles se sont trouvés impliqués des agents du SOE, en France et dans les Balkans, donnent à penser que l'adage se trompe peut-être.

L'état-major londonien du BCRA, le BRAL, avait beau se composer d'hommes pratiques, il ne s'inquiétait guère de cette supposée loi. Il continuait à se préparer pour l'insurrection qui accompagnerait le débarquement – dont il ne savait toujours rien – et restait déterminé à la placer si possible sous la direction de la France Libre. En mars 1944, de Gaulle instaura les FFI, Forces françaises de l'intérieur, l'armée de la France future. Il fallait, écrivit-il plus tard, « que les actions locales des clandestins revêtent, au moment voulu, le caractère d'un effort national ; qu'elles prennent assez de consistance pour devenir un élément de la stratégie alliée ; qu'elles mènent, enfin, les combattants de l'ombre à se fondre avec les autres en une seule armée française. » [32] La condition posée à tout résistant de France souhaitant être incorporé dans les FFI était d'accepter son insertion dans la hiérarchie de l'armée française. On le conçoit : n'est-ce pas « Formez vos bataillons » qui vient juste après « Aux armes, citoyens » dans l'hymne national français ? Seulement, cette décision fit peser une sérieuse surcharge de travail sur les opérateurs radio de la section RF, qui furent aussitôt inondés de messages sur la question de savoir qui devait porter combien de galons. En tout cas, le principe fut accepté assez facilement par tout le monde ; à l'exception toutefois des FTP, car les militants communistes de leur noyau dirigeant se méfiaient de toutes les autorités établies, à moins évidemment qu'elles ne fussent soviétiques. Ils ne pouvaient se défaire de leurs suspicions à l'endroit du BCRA, qui n'avaient d'égales que celles du BCRA à l'endroit de la section F, et qui étaient tout aussi infondées. Presque aucune unité de FTP ne s'intégra dans les FFI, sauf de manière purement formelle : ce sera le principal clivage observé dans la résistance française par les troupes alliées, lorsqu'elles se trouveront finalement à son contact sur le terrain.

Dans l'ensemble, les Français prêts à se ranger sous l'autorité de De Gaulle servirent dans les groupes FFI et obéirent à Koenig, le jeune officier général nommé à leur tête en avril 1944 et qui s'était mis aussitôt à la disposition d'Eisenhower. Thackthwaite observe amèrement, à propos du gonflement de l'état-major londonien des FFI, que « les résistants de la première heure, qui avaient fait leurs preuves, tels Robert, Brault, Duclos [33] et même *Passy*, furent écartés ou placés à des postes subalternes ; ces changements à Londres eurent pour conséquences sur le terrain une baisse de la qualité des nominations et une exaspération des anciens, ce qui n'était pas de nature à améliorer l'efficacité. » [34] La faute n'en était pas à Koenig mais au système. Quant aux Français de l'intérieur qui se méfiaient, pour une raison ou pour une autre, des chefs extérieurs, ils gravitèrent autour des FTP et se considérèrent comme aux ordres du COMAC, le Comité d'action militaire du CNR [35]. Deux des trois membres du COMAC – son président, Pierre Ginzburger (*Villon*) [36], et Pierre Kriegel (*Valrimont*), mais pas Jean de Vogüé (*Vaillant*) – étaient communistes. Les divergences entre la résistance intérieure et celle de l'extérieur se perpétuèrent ainsi jusqu'à la fin. Ce n'est pas le SOE qui aurait pu y changer quelque chose.

Le commandement des forces de résistance en France était donc divisé. On avait longtemps craint quelque chose de ce genre entre les forces de la section F et celles de plus stricte allégeance gaulliste, mais il n'en fut rien en réalité, d'une part parce que tous les grands chefs de réseau de la section F étaient déjà disposés, avant même le Jour J, à soutenir de Gaulle, d'autre part parce que le personnel de terrain de la section fut presque aussitôt fusionné avec celui du BRAL sous l'autorité unique de l'EMFFI. La véritable division – qui apparaît clairement dans les différents organigrammes publiés en France après la guerre [37] – opposait donc ceux qui se considéraient comme dépendants du COMAC et du CNR et ceux qui se plaçaient sous l'autorité des délégués du CFLN. Elle avait été scellée par les nominations militaires effectuées par de Gaulle au printemps.

Il jugeait indispensable qu'une armée ait des chefs là où l'on se battait. Dès lors que les formations militaires des principaux mouvements de résistance avaient été, en principe du moins, intégrées dans les FFI, ce n'était plus à ces mouvements de produire leurs propres ordres ou de les recevoir, chacun pour son compte, par l'intermédiaire des radios de la section RF. Il avait déjà nommé deux délégués militaires de zone (autrement dit ces postes auxquels le SOE s'était si vigoureusement opposé à l'automne 1943 [38]) : pour l'ancienne zone occupée, en remplacement de *Morinaud*, le colonel Rondenay (*Sapeur*, *Lemniscate*), qui fut très vite fait prisonnier et fusillé (sans avoir dit un mot) et fut à son tour remplacé par le colonel Ely (*Algèbre*) ; dans l'ancienne zone libre, pour succéder à Mangin, Maurice Bourgès-Maunoury (*Polygone*). Au-dessus, il nomma un Délégué militaire national, le très jeune et très dynamique inspecteur des finances Jacques Chaban-Delmas (*Arc*). Le choix de Soustelle pour ce poste s'était d'abord porté sur Bourgès-Maunoury, mais les Anglais avaient refusé de donner leur accord, en dépit des capacités dont il avait fait preuve comme délégué militaire régional à Lyon, parce qu'il n'avait pas encore trente ans. Ils ignoraient en avalisant la nomination de Chaban-Delmas que ce dernier était encore plus jeune de quelques mois [39].

À l'échelon au-dessous, la principale tâche de la section RF, sous la double direction de Soustelle et de Gubbins, était d'introduire en France autant d'organisateurs de réseau que possible et de ravitailler copieusement, surtout en armes, les multiples organisations et antennes du BOA et du SAP. Au Jour J, les six délégués militaires régionaux (DMR) de zone Nord et les six de zone Sud disposaient respectivement de trente-deux et douze officiers d'opérations aériennes ou autres collaborateurs de rang élevé ; soixante et un instructeurs en sabotage et cent quatre radios étaient là pour les appuyer, en plus de leurs missions spéciales auprès des maquis et des syndicats, en particulier de cheminots [40]. Détail intéressant : il s'y trouvait désormais des femmes, car le BCRA et la section RF avaient fini par être suffisamment frappés par les résultats de la section F pour affecter quelques femmes à des postes de radios ou d'agents de liaison. Aucune des onze qu'ils envoyèrent en France[41] n'a jamais connu la célébrité de certaines héroïnes de la section F : en partie, certainement, parce qu'elles ont toutes survécu, et en partie parce qu'elles couraient les mêmes risques que des milliers d'autres résistantes françaises, et donc tranchaient moins sur le reste de leur société nationale que les dames de la FANY et de la WAAF engagées par la section F.

Désormais, pratiquement toute personne en France souhaitant se mettre à la disposition de De Gaulle connaissait l'existence des DMR ou pouvait la découvrir sans peine et trouver ainsi le contact avec son organisation[42] ; mais le maillage des DMR n'était pas très dense. De son côté, le maillage, également assez lâche, que constituaient les organisateurs de la section F permettait à tout groupe français désireux de le faire de se placer directement sous les ordres du haut commandement allié.

Parallèlement à leur réseau de délégués militaires, qu'ils s'occupaient à densifier, les Français Libres renforçaient et développaient leurs organisations politiques en France, qui dépendaient, elles, du délégué général. C'était là un poste extrêmement exposé.

Nous avons laissé Brossolette et Bollaert, vers la fin de l'année précédente, dans l'attente d'un vol pour rentrer en Angleterre. Or aucun avion ne put venir les chercher à cause d'un temps exécrable. En désespoir de cause, ils s'adressèrent à une filière d'évasion par mer qui opérait à partir de la Bretagne. Ils s'embarquèrent dans la nuit du 2 au 3 février ; leur bateau fit naufrage. Ils réussirent à regagner le rivage, mais furent repérés quelques heures plus tard comme étrangers à la région par un Feldgendarme particulièrement alerte, et emmenés pour interrogatoire à Audierne[43]. Leurs papiers n'étaient pas parfaitement en règle. On les garda.

En apprenant la nouvelle, Yeo-Thomas voulut absolument retourner en France pour tenter de tirer Brossolette de là avant que sa mèche de cheveux blancs, très caractéristique, n'ait le temps de réapparaître sous la teinture et de révéler sa véritable identité. Malgré les périls et les difficultés sans nombre qu'avait rencontrés l'équipe MARIE-CLAIRE, il avait déjà conclu son rapport de mission en demandant à être renvoyé sur le terrain pour assurer une liaison permanente avec Londres. Cette fois (mission ASYMPTOTE), il reprit le nom de guerre de *Shelley* ; on lui donna une longue liste de tâches à accomplir, mais en lui laissant explicitement la latitude d'en négliger certaines s'il le jugeait bon, et inversement d'entreprendre toute autre investigation « qu'il estimerait importante pour la conduite de la guerre »[44]. De sorte que, dès son parachutage fin février, il prit des dispositions pour arracher Brossolette à la prison de Rennes. Un double désastre s'ensuivit. Les préparatifs de l'enlèvement durèrent trop longtemps et nécessitèrent trop de contacts avec trop de gens. Les Allemands identifièrent Brossolette et le transférèrent à Paris, avenue Foch, pour interrogatoire. Comme Noor Inayat Khan, il s'échappa sur le toit par la fenêtre mansardée d'une chambre de bonne où il avait été jeté après avoir été torturé ; mais, se voyant poursuivi, il sauta dans le vide et fit une chute mortelle de cinq étages[45]. Yeo-Thomas l'ignorait encore lorsqu'il fut trahi par un subordonné arrêté. Le Sicherheitsdienst l'attrapa dans l'escalier de la station de métro Passy, presque sous les fenêtres de son père. Il fut terriblement torturé, mais l'ennemi ne tira rien de lui.

Dès que l'arrestation de Bollaert fut connue – ce qui demanda quelque temps – Bingen, qui était toujours en France, reprit sa fonction de chef intérimaire de la délégation, qu'il exerçait en fait depuis décembre 1943. Mais Dewavrin, tout en l'appréciant et en admirant son courage, le trouvait aussi trop nerveux, et Dismore de son côté le jugeait insuffisant en matière de sécurité[a]. Il fut muté en avril au poste de délégué pour la zone Sud ; c'est en tant que tel qu'il fut arrêté par les Allemands, un mois plus tard, à Clermont-Ferrand. Quoi que l'on ait pu penser de lui sur le plan politique ou sur celui de la sécurité, on ne saurait nier l'héroïsme de sa fin : de crainte de parler, il avala sa capsule de cyanure et mourut immédiatement sans avoir rien dit.

Pour succéder à Bollaert, le CFLN choisit finalement le haut fonctionnaire Alexandre Parodi (*Quartus*), resté membre du Conseil d'État mais qui avait participé à la fondation du Comité général d'études et était un administrateur très actif de la résistance[46]. Il hésita néanmoins à accepter cette charge écrasante, non par crainte de l'excès de travail ou du danger mais par modestie, et parce qu'il connaissait mal les principales personnalités de la résistance, que ce fût en France ou à l'extérieur.

---

a. Les négociations qu'avait menées Bingen pour obtenir le rattachement des Francs-Tireurs et Partisans (FTP) d'une part, de l'Organisation de résistance de l'armée (ORA) d'autre part, au commandement militaire français libre et aux Forces françaises de l'intérieur avaient été considérées comme un succès politique. La raison principale de sa mutation fut que de Gaulle tenait à ce que le délégué général clandestin du CFLN fût, dans la période de la Libération, un haut fonctionnaire [J.-L. C.-B.].

Afin de le convaincre, de Gaulle monta une nouvelle mission politico-militaire, CLÉ, aussi importante que son effectif était restreint. Son unique membre, Lazare Rachline (*Socrate*), avait joué un rôle important dans l'évasion de Mauzac et dans la création de la principale structure de VIC en 1942. On lui avait donné l'ordre de rentrer à Londres fin 1943 car il était trop connu de la Gestapo de Lyon ; raison pour laquelle la section de sécurité du SOE avait ensuite interdit de le renvoyer sur le terrain. On ne sait pas comment les Français Libres, qui avaient besoin de lui, réussirent à tourner cette interdiction, mais le fait est qu'ils y parvinrent. Il repartit donc pour la France à la mi-avril, avec la dernière traversée maritime de la filière VAR, où il eut Ely comme compagnon de voyage. Sa tâche principale, outre persuader Parodi d'accepter le poste – ce qui ne présenta guère de difficulté – était de l'aider à décentraliser au maximum son organisation. Il était également chargé de veiller à ce que Parodi et ses principaux assistants militaires, Chaban-Delmas, Ely et Bourgès-Maunoury, comprennent bien qu'il eût été fou de vouloir précipiter une insurrection nationale au moment où les alliés débarqueraient[47]. Comme Gerson, Rachline avait appris à être la discrétion incarnée, et ses conseils à Parodi durent être précieux. Il ne resta que quatre semaines en France et rentra en Angleterre par sa bonne vieille filière VIC, pulvérisant tous les records en faisant Paris-Londres par l'Espagne en six jours.

Pendant cette mission, un nouveau petit épisode désagréable, mais nécessaire, opposa Français Libres et Britanniques : un de plus que le SOE eût été bien en peine d'empêcher. La date choisie pour OVERLORD approchait. Les autorités, que ce fût au niveau du Foreign Office et du SHAEF ou à des échelons moins élevés, jugèrent indispensable d'interdire toute circulation de messages chiffrés entre l'Angleterre et le reste du monde, sauf à passer par les chiffreurs britanniques, américains ou soviétiques. Cet ordre, venant si peu de temps après la « grande querelle des codes » qui avait tant agité les esprits, fut ressenti par les Français Libres comme une offense délibérée. D'autant plus que tout leur système de direction des opérations spéciales en France était divisé entre Alger et Londres ; dispositif malcommode mais inévitable parce que, d'un côté, les communications avec la France étaient bien plus faciles à partir de l'Angleterre mais que, d'un autre côté, des considérations politiques obligeaient la France Libre à maintenir en Afrique du Nord le quartier général du CFLN. Quoi qu'il en soit, les membres du CFLN pouvaient avoir besoin de travailler soit à Londres, soit à Alger : et voilà que, en plus du blocage des communications chiffrées, il leur fut interdit de voyager. Selborne, Sporborg et d'autres se donnèrent beaucoup de mal pour expliquer qu'il ne fallait voir là aucune insulte, et les Français durent se plier à la règle. De Gaulle se retrouva coincé à Alger jusqu'au 3 juin, date à laquelle, sur intervention directe de Churchill, il revint à Londres avec quelques collaborateurs. On l'autorisa personnellement à communiquer en chiffre avec son comité ; celui-ci se proclama le même jour, avec son plein accord, « gouvernement provisoire » de la France, ce qui fournissait un cadre formel et institutionnel à l'activité des dirigeants politiques de la résistance en France et à Alger. Mais avant de laisser les Français Libres à leurs derniers préparatifs en vue de l'affrontement décisif, jetons un coup d'œil à un ou deux autres projets moins grandioses dans lesquels la section RF joua un rôle.

Elle monta deux autres missions analogues à UNION dans d'autres régions. Le groupe avancé de la mission CITRONNELLE[48] sauta dans les Ardennes à la mi-avril pour s'informer des maquis pouvant exister le long de la frontière franco-belge et les mettre en contact avec Londres en vue de leur armement ; son chef Bollardière[a] ne parvint qu'à des résultats modestes[49]. La mission BENJOIN, dirigée par Cardozo, sauta le 8 mai dans le Massif Central. Elle ne rencontra guère de difficultés, la région étant peu investie par les polices. Elle devait entrer en contact avec un vaste ensemble de maquis dont on connaissait l'existence dans les monts d'Auvergne. Leur chef, *Gaspard*, était un personnage secret : il s'agissait d'apprendre à qui allait son allégeance et de le convaincre de mettre ses forces à la disposition des alliés.

Or, un tout petit peu plus au sud, un réseau F appelé FREELANCE fut chargé de la même mission à partir du 30 avril. Ce doublon n'était pas aussi regrettable qu'on pourrait le croire : la zone couverte par *Gaspard* était vaste, et l'on estimait à Londres qu'il n'aurait pas trop de deux opérateurs pour ses livraisons d'armes ni trop de plusieurs équipes pour repérer les meilleurs terrains de parachutage dans ces montagnes. Les aventures de FREELANCE, dont l'organisateur, histoire de compliquer les choses, s'appelait Farmer, sont célébrées dans le joyeux petit livre que Russell Braddon a consacré à l'agent de liaison du réseau, l'Australienne Mme Fiocca, plus connue sous son nom de

---

a. Jacques de Bollardière, rallié à de Gaulle en juin 1940, compagnon de la Libération en 1941, a participé à tous les combats de la France Libre. Il sera parachuté en 1945 en Hollande à la tête du 3ᵉ SAS. Général en Algérie en 1956, il demandera à être relevé de son commandement par protestation contre l'usage de la torture [J.-L. C.-B.].

jeune fille de Nancy Wake. Elle avait fait sa formation dans la filière PAT. Sa bonne humeur inaltérable et contagieuse faisait la joie de tous ceux qui la côtoyaient. Denis Rake, lui aussi agent clandestin expérimenté, était le radio. Farmer et Cardozo se rencontrèrent le 17 mai et décidèrent de travailler main dans la main. *Gaspard* (dont le véritable nom était Coulaudon), en réalité chef régional des FFI, fut un peu étonné de les voir arriver à deux ; mais il se montra tout disposé à utiliser leurs services cumulés pour équiper ses cinq mille hommes.

L'intensification du travail de terrain

Le SOE avait lancé fin février, dans l'ensemble de l'Europe occupée, une opération appelée RATWEEK, qui consistait à liquider le plus grand nombre possible de cadres de la Gestapo en une semaine. L'équipe ARMADA de la section RF, qui poursuivait inexorablement son œuvre de destruction en Bourgogne et dans le Lyonnais, fut la seule en France à apporter une contribution à cette campagne : son chauffeur (dont la profession de couverture était du reste celle de chauffeur de taxi), le tireur d'élite *Chaland*, en tua onze à lui tout seul à Lyon et environs [50].

L'envoi d'agents clandestins en France était désormais une routine bien huilée. Les dames de l'état-major affectées aux « centres de transit » – où les agents en instance de départ passaient leurs derniers jours en Angleterre –, les moniteurs, les officiers de briefing, les *dispatchers* qui accompagnaient les agents en avion jusqu'au moment du saut, continuaient certes à traiter chaque agent de manière personnalisée, mais cela même faisait partie de la routine. En 1941, la section F n'avait envoyé sur le terrain que vingt-quatre agents opérationnels [51] ; en mai 1944, elle faisait tourner plus de quarante réseaux, dont la plupart comportaient plusieurs agents entraînés en Grande-Bretagne. Comme ce livre est une histoire et non une encyclopédie, il ne peut pas parler de chacun d'eux et de chacune de leurs actions. Nous nous contenterons donc, dans ce qui suit, de mentionner les réseaux et les personnages les plus intéressants. Mais comme ce livre sera aussi très probablement, pour les agents des sections F et DF, ce qui s'approchera le plus d'une histoire régimentaire, ces hommes et ces femmes qui ont librement assumé un rôle aussi exigeant – et l'un des plus éprouvants pour les nerfs de toute cette guerre – méritent bien d'y trouver une petite place, même si l'auteur s'est efforcé jusqu'ici de ne pas tomber dans l'énumération.

Commençons par les plus petites sections. La section DF monta deux nouvelles lignes traversant le nord de la France, en plus des deux filières PIERRE-JACQUES et GREYHOUND qui y fonctionnaient déjà : STA-NISLAUS, sous la responsabilité de Jeschke[52], et LOYOLA, groupe polonais placé sous la direction d'un homme modeste au visage morose, Popiel. On a déjà parlé de la naissance de la filière maritime VAR, de plusieurs de ses traversées et de sa transformation en filière terrestre en mai 1944[53]. VIC resta le plus grand et le plus actif des réseaux de la section DF ; il eut maille à partir avec les Allemands au début de l'année mais il s'en tira[54]. En tant que section, DF avait désormais pris toute sa place dans la machine de guerre du SOE.

Comme d'habitude, il y a peu à dire sur la section EU/P. Les préparatifs du projet BARDSEA occupaient beaucoup les esprits : il s'agissait d'infiltrer le moment venu, au voisinage de Lille, une centaine de Polonais très sérieusement entraînés. Les discussions avec le gouvernement polonais en exil allaient bon train sur le détail des opérations de parachutage y afférentes. En ce qui concernait MONICA, l'organisation polonaise en France déjà vieille de plusieurs années, les Britanniques en savaient toujours très peu. Chalmers Wright, l'ancien agent des services de propagande dont nous avons déjà parlé, fit un deuxième voyage en France en janvier, franchissant les Pyrénées à contre-courant de la plupart des passagers de la section DF, pour s'en enquérir. Il revint à Londres en avril, porteur de quelques informations de première main sur les potentialités de MONICA. Le réseau comptait environ cinq mille hommes dans le Nord, dont trois mille mineurs dans la zone Lille-Valenciennes, bien organisés, avec une bonne sécurité, mais à peu près ignorants des cibles les plus intéressantes, très peu mobiles et pratiquement dépourvus d'explosifs. Il est vrai que, même s'ils ne disposaient pas de plastic, ils avaient accès de par leur profession à des stocks à peu près illimités de dynamite, mais ils affirmaient ne pas pouvoir se procurer de piles pour les détonateurs. Les complexités de la politique polonaise étaient telles – les ministres de la Défense nationale et de l'Intérieur du gouvernement en exil, notamment, étaient toujours à couteaux tirés – que le SOE n'avait guère les moyens de mettre en action cette masse d'hommes apparemment très prometteuse. Il est même possible que Chalmers Wright, de retour à Barcelone début avril et griffonnant à toute allure son rapport pour qu'il parte par la première valise[55], ait été effleuré par l'idée malveillante qu'il sortait d'une gigantesque palabre sans queue ni tête, d'une vaste arnaque internationale. S'il en fut ainsi, il aura certainement rejeté l'hypothèse, injuste après tout si l'on songe que ces gens allaient de toute façon continuer à vivre sous une loi étrangère quel que fût le vainqueur de la guerre, de sorte qu'on pouvait leur pardonner de ne pas oublier la politique et de répugner à courir des risques évitables. En tout cas, du point de vue de l'action, MONICA en resta au stade des potentialités.

Les groupes JEDBURGH rongeaient leur frein dans un centre d'entraînement près de Peterborough. À part leur impatience, ils ne donnaient aucun souci. La brigade SAS était à l'entraînement dans l'Ayrshire, en Écosse : les 1er et 2e régiments (britanniques), revenus de Méditerranée, y faisaient connaissance avec les 3e et 4e régiments (français), également connus sous le nom de 1er et 2e RCP ; complétée par l'escadron PHANTOM et la compagnie indépendante belge, la brigade était placée sous le commandement de R.W. McLeod. Celui-ci, un des très rares officiers de l'armée régulière qui s'intéressât de près à la guerre clandestine, était aussi à peu près le seul officier de carrière britannique de sa brigade[56].

La section F, elle, fonctionnait à plein régime : les cinq mois que couvre ce chapitre représentent le point culminant de son activité. L'année avait très mal commencé, nous le savons déjà : les hommes de la Gestapo s'étaient beaucoup occupés d'elle en zone Nord et avaient en un mois à peine – du 8 février au 8 mars – mis la main sans coup férir, grâce à leurs *Funkspiele*, sur dix-huit nouveaux arrivants[57]. La détection goniométrique, qui constituait leur deuxième source de captifs, leur avait permis à la mi-janvier de prendre Yolande Beekman, et par la même occasion le chef de cette dernière, Biéler, à Saint-Quentin : le réseau MUSICIAN se trouva décapité au moment même où l'état-major voyait s'ouvrir devant lui les plus belles possibilités. P.R. Tessier (*Théodore*, plus tard *Christophe*) – ancien membre de la malheureuse mission DRESSMAKER dans le Tarn – avait été parachuté le 10 janvier comme assistant de Biéler ; il devait l'aider à démolir les écluses du canal de Saint-Quentin. Lui aussi fut arrêté, une semaine après son arrivée, ainsi que plusieurs des meilleurs agents locaux du réseau[58]. Une vaste zone n'était plus couverte, et la section F fit plusieurs tentatives pour y remédier. Celle qui eut le plus de succès fut SPIRITUALIST, le réseau du Français René Dumont-Guillemet (*Armand*, précédemment *Mickey*), trente-cinq ans, astucieux, hardi et doté de quantité de contacts dans son pays. Il sauta à l'aveugle dans la nuit du 5 au 6 février, non loin de sa maison de Touraine, avec pour radio Diacono (*Blaise*). Leur ordre de mission comportait quantité de tâches assez baroques, dont l'organisation d'une évasion de masse de la prison de Fresnes et, guère moins difficile, l'enlèvement d'un Allemand supposé expert en fusées V1, cette nouvelle arme qui inquiétait beaucoup les Britanniques à l'époque. Heureusement, les deux hommes n'avaient pas seulement une grande capacité de travail mais aussi beaucoup de bon sens. Ils s'activèrent d'abord au plus important, à savoir reprendre le contact avec le réseau FARMER, assez mal en point depuis la mort de Trotobas et l'arrestation de Biéler. Ils réussirent à organiser de bonnes filières d'approvisionnement, qui réceptionnaient le matériel sur leurs propres terrains de parachutage en région parisienne et l'acheminaient jusqu'aux groupes de sabotage du réseau, près de la frontière belge. Le matériel, suffisamment camouflé pour échapper aux regards inquisiteurs des Allemands, était transporté soit en camion soit en train de marchandises. Le dispositif s'appuyait en partie sur les cheminots du réseau MUSICIAN ; il était très sûr et permit aux saboteurs de FARMER de ne jamais rester inoccupés.

En plus de cet utile travail, Dumont-Guillemet tenta quelque chose de plus périlleux – quoique pas tout à fait autant que certaines des tâches inscrites sur son ordre de mission, auxquelles il eut la sagesse de renoncer. Le naufrage de PROSPER et celui d'INVENTOR étaient, en avril, assez anciens pour que l'on pût sans trop de risque enquêter prudemment parmi les épaves pour voir ce qu'on pouvait en récupérer. Dumont-Guillemet lança d'abord quelques coups de sonde, qui se révélèrent positifs ; il décida d'aller plus loin et de recréer un réseau F à Paris. Et là, il fit beaucoup mieux que Vomécourt ou Suttill avant lui, parce qu'il sut se tenir à l'écart des services de sécurité allemands ; ces derniers, occupés à des passe-temps plus éloignés, ne virent pas le nouveau danger se former à leur porte. Mais en fin de compte son réseau n'accomplira pas d'exploits aussi spectaculaires que ceux des groupes FTP de la ceinture rouge qui, eux, bénéficiaient du soutien massif de la population environnante. Et comme il relevait de la section F, il était également coupé des lieux de débat et de décision de la résistance intérieure, où chacun désormais fourbissait ses armes en vue de la bataille imminente pour la prise du pouvoir dans la capitale. Dumont-Guillemet n'avait que mépris pour les résistants de café du commerce, qui foisonnaient en ville. Leurs réunions ne lui rappelaient rien tant, dira-t-il, que des séances de marchandage d'agents électoraux[59]. Il réunit une force de mille cinq cents vrais combattants, qu'il pouvait armer dès à présent, plus un deuxième cercle de cinq mille hommes qu'il se promettait d'équiper dès que possible. Ils venaient des horizons politiques les plus divers, gauche, droite et centre. En entrant dans SPIRITUALIST, ils devaient abandonner leurs différentes coteries, renoncer à se mêler des rivalités partisanes et prononcer le serment suivant : « Je m'engage à ne révéler à personne que notre organisation existe. Je jure que je me tiendrai jour et nuit à la disposition des armées alliées. Je jure loyauté et obéissance aux chefs que j'ai librement choisis. Je sais que la violation de ce serment sera punie de mort » [60].

Cette dernière phrase n'était pas une menace en l'air. Dumont-Guillemet avait toujours pris soin de collecter des informations solides sur les ennemis auxquels il avait affaire, et les enquêtes qu'il avait conduites sur le sort de son ami Sidney Jones l'avaient mis sur la trace de plusieurs agents doubles allemands qui s'efforçaient d'infiltrer la résistance. Il en liquida quelques-uns. Durant ses propres tournées en Flandre et en Picardie, il entendit plusieurs fois mentionner un officier canadien qui l'avait précédé en répandant généreusement des promesses d'armes et de fonds. C'était Placke se faisant passer pour Pickersgill. Avec l'aide de policiers français, Dumont-Guillemet se procura l'adresse de sa maîtresse et fut plus d'une fois tout près de le tuer. Mais Placke, qui passait alors le plus clair de son temps en Lorraine, lui échappa [61].

Un réseau plus petit était également au travail à Paris : WIZARD, dont le chef était un ami de France Antelme, Savy. Ce dernier, accompagné de son opératrice radio Eileen Nearne (*Rose*), sœur de Jacqueline, avait débarqué d'un Lysander le 2 mars, près de Châteauroux, où il avait été reçu par GREYHOUND. L'arrestation d'Antelme l'empêcha de mettre à exécution ses projets, qui concernaient, comme ceux de son ami, la quête de sources d'approvisionnement et de financement pour la future force expéditionnaire. Cherchant comment se rendre utile, il tomba par hasard sur une information si importante qu'il retourna en Angleterre par Lysander pour en faire part, laissant à Paris *Rose* et son second radio, G. Maury (un autre *Arnaud*), qu'on venait de lui envoyer quatre nuits plus tôt (les deux radios se rattachèrent alors à SPIRITUALIST, qui n'allait pas les laisser oisifs). Cette information concernait un vaste dépôt d'armes secrètes dans les carrières de St-Leu-d'Esserent, près de Creil. Il avait collecté des précisions sur la position exacte et surtout sur le contenu de ce dépôt : deux mille fusées V1 prêtes à être mises à feu. Le commandement du bombardement le détruisit début juillet [62].

Du côté des chemins de fer du Nord-Est, on trouve d'abord le réseau MINISTER de Mulsant. Celui-ci sauta dans la nuit du 3 au 4 mars, avec pour radio un autre ami de Cowburn, Barrett ; ils prirent en charge le département de Seine-et-Marne. La filière VAR ne tarda pas à leur acheminer un agent de liaison, Mme Fontaine ; en avril et mai, ils reçurent, en cinq parachutages, près de soixante conteneurs. Outre le travail local dans la région qu'ils avaient choisie, entre Meaux et Provins, ils accueillirent deux autres équipes : BEGGAR, constituée de trois lieutenants américains – Bassett, Beugnon et Martin – qui s'installèrent au nord de Paris, du côté de Creil et de Senlis (parachutés le 17 avril), et DIETICIAN, constituée du saboteur solitaire J.L. de Ganay (parachuté le 10 mai), qui s'employa du côté de Nangis à rendre inutilisables voies ferrées et canaux et se chercha des recrues pour développer son entreprise après le Jour J. C'était « un gars aussi gentil qu'on peut le souhaiter »[63], ce qui *a priori* ne le qualifiait guère pour cette occupation, mais il s'en tira très bien. À l'est de MINISTER, dans l'Aube, le réseau DIPLOMAT de Dupont sortit de son hibernation, comme il se doit, au printemps. À la fin avril, il avait entraîné et équipé une centaine d'hommes qui auraient pour tâche d'isoler Troyes, par route et par rail, au moment du débarquement. Watt, l'ancien radio de FARRIER qui était précipitamment rentré en Angleterre à cause de l'« affaire Toinot », fut renvoyé en France presque aussitôt. VAR lui fit traverser la Manche le 12 avril, et il reprit la fonction d'opérateur radio du réseau DIPLOMAT des mains de Barrett, qui émettait pour Dupont depuis six semaines et avait aussi travaillé pour FARRIER : un exemple de plus de la pénurie de communications rapides et sûres avec l'Angleterre dont souffraient la plupart des agents de la section F.

Le réseau de Frager, DONKEYMAN, avait également hiberné pendant le séjour de son chef en Angleterre. L'activité que celui-ci réussit à ranimer à son retour (par mer, fin février) resta sévèrement limitée par le choix de ses collaborateurs immédiats : Roger Bardet et son ami J.L. Kieffer travaillaient toujours pour les Allemands. Kieffer, à qui Frager avait confié ses groupes normands, veilla à les rendre inoffensifs (il ne limitait d'ailleurs pas ses activités à la section F : Marcel Baudot – qui venait, en mai 1944, d'être promu chef départemental des FFI dans l'Eure à la suite de l'arrestation du DMR – a raconté plus tard que Kieffer lui avait montré une cache d'armes assez importante située dans une forêt ; Baudot s'était déclaré en mesure de les emporter très vite, mais lorsqu'il était revenu les chercher le lendemain, elles avaient disparu[64]). Frager lui-même vivait à Paris, essayant sans succès de lancer, sans bouger de la capitale, un nouveau sous-réseau sur la Côte d'Azur et poursuivant les incessantes parlotes auxquelles se résumait l'activité de résistance de beaucoup de Parisiens. Bardet commençait à assurer ses arrières du côté allié ; il vivait « au maquis », dans l'Yonne, où le rejoignirent le 6 mai un bon radio nommé Bouchard (*Noël*) et Peggy Knight (*Nicole*), une sténodactylo londonienne de vingt et un ans affectée à un poste d'agent de liaison après moins de deux semaines d'entraînement. C'était une personne candide, modeste, efficace et discrète, sachant bien le français. Tout le monde l'aimait bien et personne ne lui prêtait beaucoup attention[65]. Elle était complètement dépassée par les intrigues personnelles et politiques qui infestaient le réseau DONKEYMAN, mais elle fut tout de même assez fine pour observer que Bardet paraissait « un homme traqué. Il ne souriait jamais, il avait les yeux cernés et toujours l'air de ruminer quelque chose. »[66]

Les affaires de la section F avaient moins fâcheuse tournure dans l'Est (à part ARCHDEACON). Si Rée était toujours en Suisse, STOCK-BROKER poursuivait tranquillement ses sabotages sous la direction des subordonnés fort compétents qu'il avait laissés aux commandes. L'un d'eux, Éric Cauchi (*Pedro*), parachuté en août 1943, avait réceptionné et distribué beaucoup de matériel, mais il fut tué le 6 février par la Gestapo dans une bagarre de café. Pour le remplacer, Londres envoya le 11 avril l'équipe TREASURER. Elle se composait de Brouville (*Albert* ou *Théodule*), qui avait gagné l'Angleterre avec Griffiths en 1943 après une période assez agitée dans la résistance du côté d'Annecy, et du radio Poitras (*Paul*), un marin américain aux yeux violets que les femmes trouvaient irrésistible[67], arrivé en parachute trois semaines plus tard. Une description très vivante de leur réseau tel qu'il était début juin a été donnée par George Millar (*Émile*), qui sauta dans la nuit du 1er au 2 pour constituer non loin, au nord de Besançon, le réseau CHANCELLOR ; renvoyons donc le lecteur à son livre[68] avant de continuer cette chronique au pas de course. L'équipe SACRISTAN – Floege et Bouchardon – en seconde mission sauta également dans le Doubs (5-6 mai) pour étoffer STOCKBROKER et en prendre la direction (Rée revint en Angleterre par l'Espagne, à temps pour assumer des fonctions importantes à l'EMFFI). Entre-temps, le réseau GONDOLIER de Sarrette avait bien exploité et développé certaines relations de Rée autour de Nevers. Un radio lui fut envoyé fin mars, K.Y.M. Mackenzie, qui avait suivi un chemin assez tortueux – *via* DÉTECTIVE, tout à fait au Sud – pour arriver jusque-là. Fin mai, Sarrette et Mackenzie disposaient d'une force de mille trois cents maquisards, solide quoique légèrement armée.

Un autre personnage de la Nièvre mérite une mention : Virginia Hall, notre héroïne des tout premiers temps, avait appris le morse par ses propres moyens pour se faire réembaucher comme radio, l'état-major de la section ayant décidé qu'il ne pouvait plus la garder comme agent de liaison [69]. Pour cette seconde mission (SAINT), elle voyagea en Lysander, munie de son poste émetteur, avec son vieil ami Denis Rake, le radio de FREELANCE, et atterrit près de Châteauroux. Elle devait explorer la région située entre Clermont-Ferrand et Nevers, entrer en contact avec les maquis qu'elle y trouverait et voir par elle-même quels sabotages il lui serait possible d'organiser. C'était une mission modeste, mais qui se révéla utile.

Plus loin, vers la frontière suisse, l'importante équipe MARKSMAN travaillait dans des conditions assez dramatiques. Les problèmes d'intendance des maquis commençaient à préoccuper le SOE autant que les Français. On ne pouvait pas faire grand-chose pour la nourriture : les capacités de transport aérien ne suffisaient déjà pas au ravitaillement en matériel militaire. Mais, sur le plan médical, il était possible d'améliorer le sort des maquisards. On envoya ainsi à certaines des plus grosses organisations des médecins militaires habitués à vivre à la dure et prêts à retourner au feu. Leur simple présence fut probablement au moins aussi bénéfique pour le moral des troupes que leur activité professionnelle. C'étaient pourtant des hommes d'action qui réservaient quelques surprises. On se souviendra longtemps, dans certaine région, d'une contre-attaque que livra l'un d'eux, revolver au poing et vêtu en tout et pour tout d'un monocle, dans les jardins du château où son équipe de soins avait été surprise en pleine nuit. Un autre, Geoffrey Parker (*Parsifal*), manifesta lui aussi une conception élargie de son serment d'Hippocrate : ayant vu comment les Allemands en usaient avec certains des blessés qu'il n'avait pas pu évacuer à temps, il accepta d'effectuer pour la RAF, en plus de son travail, une mission très spéciale consistant à assurer le passage en contrebande d'un chargement précieux (il y en avait pour cent mille livres sterling) de ce qu'il pensait être des mires de pistolet. En réalité, il s'agissait de montres suisses en route pour la Chine, où elles devaient permettre à un agent du SOE n'ayant rien à voir avec l'Europe de contribuer au bilan comptable positif qu'affichera le service après la guerre ; en tout cas, cette mission obligea Parker à franchir plusieurs fois, de nuit, les barbelés de la frontière. Une autre fois, alors que le groupe dont il faisait partie se dispersait dans un bois sur ordre du chef, il se retrouva presque nez à nez avec un mitrailleur allemand assis près de sa machine, qui ouvrit le feu sur lui à une quinzaine de mètres. Le docteur, qui était un homme assez volumineux, se mit tant bien que mal à l'abri derrière un arbre beaucoup trop petit ; il attendit patiemment que l'Allemand ait vidé son chargeur, et réussit alors à tirer son arme personnelle une fraction de seconde plus vite que lui[70].

Anticipons un peu – puisqu'il n'arriva, en Dakota, que début juillet – pour signaler que Parker créa un hôpital de cinquante lits dans une école d'Oyonnax. Il se proposait déjà de multiplier par six sa capacité quand il lui fallut l'évacuer en toute hâte. Mais il avait rassemblé une équipe si enthousiaste et si compétente qu'après quelques jours de confusion il put réinstaller son établissement dans une grange abandonnée du Jura.

L'Ain et la Haute-Savoie avaient pourtant connu de grosses difficultés à l'hiver précédent. Début février[71], Vichy y avait envoyé une force d'environ quatre mille cinq cents miliciens et agents des groupes mobiles de réserve de la police (GMR) afin de tenter de mettre fin aux coups de main de plus en plus hardis des maquisards, qui avaient bénéficié en 1943 d'un premier parachutage d'armes organisé par Peter Churchill. Devant cette offensive, un maquis fort de cinq cents hommes, sous le commandement du lieutenant de chasseurs alpins Tom Morel[72], s'était retranché sur le plateau des Glières, près d'Annecy. Il eut la splendide audace de résister pendant près de deux mois à tous les assauts, faisant même de nombreux prisonniers parmi les policiers. Dans la nuit du 10 au 11 mars, dix-sept bombardiers Stirling partis d'Angleterre lui parachutèrent près de cinquante tonnes de matériel et d'armes. L'épreuve de force eut lieu fin mars. Les Allemands prirent le relais des miliciens et des GMR. Quatre bataillons d'une division alpine appuyés par de l'aviation furent engagés. Les pertes furent lourdes. Il eût été plus raisonnable de donner l'ordre de dispersion sans attendre que les Allemands prennent possession de ce plateau désolé.

La bataille terminée, les représailles furent terribles, comme on peut l'imaginer. Les GMR et les miliciens que les maquisards avaient fait prisonniers, libérés par la victoire des Allemands, conduisirent ces derniers dans tous les villages des environs et leur signalèrent, aux fins de torture et d'exécution, des hommes qui avaient pourtant, eux, épargné leur vie[73]. Des fermes et parfois des villages entiers furent incendiés. Cela ne fit que faciliter le travail de recrutement de Heslop et de Rosenthal, qui avaient organisé leur région de manière suffisamment souple et précise pour ne pas trop souffrir des arrestations opérées en mai au centre régional de la résistance française à Lyon. Entre janvier et mai, ils reçurent près d'un millier de conteneurs d'armes.

Le territoire du réseau de Heslop, MARKSMAN, débordait sur celui de DIRECTOR, l'organisation de *Mesnard*, mais les deux réseaux étaient bien distincts. *Mesnard* communiquait avec Londres presque uniquement par l'intermédiaire de messagers ; c'était une méthode très lente. En mars, Londres, ne voyant plus rien venir depuis des semaines, envoya la mission SCHOLAR – parachutée dans le Sud-Ouest, très loin de là – renforcer DIRECTOR et, si nécessaire, prendre la région en main. Le chef de cette équipe était un jeune Français de noble origine, Gonzague de Saint-Geniès (*Lucien*), aussi courageux et déterminé qu'il était patriote. Fait prisonnier en 1940, il avait réussi à rentrer en France en se cassant délibérément le bras d'un coup de hache[74], puis avait gagné l'Angleterre en 1943, à seule fin de s'entraîner et de se préparer à cette mission. Il était accompagné d'une opératrice radio, une jeune Anglaise nommée Yvonne Baseden (*Odette*)[75]. Ils apprirent que *Mesnard* avait été arrêté à la mi-janvier, ce qui avait paralysé son organisation. La nouvelle équipe, prudemment mais prestement, raccommoda le tissu déchiré et remit sur pied un petit réseau.

Non loin de là, dans le Lyonnais, il existait aussi quelques chevauchements territoriaux. Le réseau PIMENTO de Brooks, actif dans le milieu cheminot, perdit André Moch, tué dans une escarmouche avec la milice en février, et faillit bien perdre Brooks en mai : un conteneur de grenades explosa en touchant le sol, donnant l'alerte à une unité de SS voisine qui s'empressa de ratisser toute la zone. Les membres du comité de réception réussirent à filer, sauf Brooks, qui grimpa à un arbre où il resta caché pendant un jour et une nuit ; il en profita pour noter les méthodes de travail de l'ennemi. Roger Caza (*Emmanuel*), le radio canadien qu'on lui parachuta début février, lui rendit de grands services à l'extrémité toulousaine de sa zone d'action ; de Lyon, il restait plus rapide de faire passer son courrier en Suisse par les cheminots. Les réseaux ACOLYTE de Robert Lyon, NEWSAGENT de Marchand et DITCHER de Browne-Bartoli avaient des contacts et des planques à Lyon, et des groupes de sabotage en formation dans les campagnes environnantes. Ils reçurent tous trois du renfort au début de l'année. Henri Borosh, qui avait déjà effectué une mission en Bourgogne comme radio pour VIC, se distingua avec SILVERSMITH, qui travailla comme ACOLYTE dans la basse vallée de la Saône. Regnier, qui avait été l'assistant de Marchand à l'époque du réseau SPRUCE, organisa MASON dans le nord de la Saône-et-Loire et le sud de la Côte-d'Or. Mais l'homme envoyé à Browne-Bartroli, Lesage (*Cosmo*), organisateur de LACKEY, plus âgé que ses collègues, n'eut pas d'aussi bons résultats. Il arriva en France dans la nuit du 8 au 9 février, par le Lysander qui allait ramener le couple Déricourt en Angleterre, accompagné d'un radio canadien, Beauregard, qui n'avait que la moitié de son âge. Or il se révéla que Lesage s'était fait plus d'ennemis que d'amis durant sa période lyonnaise précédente, à l'époque de Duboudin. Pas un de ses anciens collègues n'était disposé à travailler avec lui, et son réseau rencontra une telle série de contretemps qu'il ne réussit jamais à démarrer. Lesage furieux se replia à la campagne ; Beauregard, qui travaillait pour DITCHER, fut repéré en juillet par la goniométrie et périt dans un massacre de masse perpétré par les Allemands sur leurs prisonniers de Lyon peu avant leur retraite.

Les autres réseaux, quoique parfois pressés de très près, réussirent à échapper aux Allemands. Du reste, l'activité de l'équipe ARMADA dans le cadre de l'opération RATWEEK désorganisa quelque peu la répression ; mais les Allemands contre-attaquèrent en tentant d'écraser les organisations du SOE à l'est du Rhône. L'issue de cette offensive fut une nouvelle illustration d'une règle que le sort du réseau PROSPER et de ses satellites avait amplement démontrée : à savoir que la sécurité s'obtient au prix d'une vigilance de tous les instants. MONK – le plus petit des trois réseaux qui restaient à la section F dans le Sud-Est – fut détruit, mais les unités de cheminots spécialisées de PIMENTO et le réseau JOCKEY, pourtant très étendu, furent sauvés par leur structuration en petites unités dont chacune ignorait l'existence des autres et dont aucune n'avait les moyens, ni donc la tentation, de trahir ses supérieurs et fournisseurs d'armes. JOCKEY survécut même à un péril encore plus grand, peut-être le pire qui puisse se présenter à un organisme de ce type : le second de Cammaerts fut arrêté et soumis à d'intenses pressions visant à lui faire trahir son chef.

Les circonstances exactes de la chute de MONK sont restées obscures et ne seront sans doute jamais éclaircies. Skepper, Steele et Éliane Plewman s'étaient assez bien organisés à Marseille et environs. Leur réseau, de dimension modeste, n'en était assurément pas moins efficace pour cela. Les témoignages collectés par Elizabeth Nicholas montrent que Steele au moins, caché en tant que réfractaire au STO dans une villa au-dessus Saint-Raphaël où il recevait parfois la visite des autres, n'eut pas un hiver trop éprouvant [76]. Ils provoquèrent en janvier un déraillement dans l'un des tunnels précédant Cassis sur la ligne Marseille-Toulon et réussirent même à détruire le train de dépannage venu déblayer la voie ; le trafic fut interrompu quatre jours. Le même mois, ils mirent hors d'usage trente locomotives, puis de nouveau trente autres à la mi-mars. Mais ensuite la chance tourna. Skepper et un assistant local, Julien Villevieille, surpris dans l'appartement du premier vers le 23 mars, furent arrêtés en dépit de la résistance qu'ils opposèrent aux policiers. Steele et Mme Plewman – peut-être en tentant de venir à leur secours, mais plus probablement parce qu'ils avaient rendez-vous – furent pris le lendemain dans la souricière que les Allemands avaient installée. Selon Mme Régis, qui hébergeait Steele dans sa villa, ils avaient été dénoncés par un Français, lequel fut condamné et exécuté en France après la guerre[77] ; son procès permit très heureusement de laver de tout soupçon un autre agent malchanceux du SOE, Jack Sinclair, qui aurait pu être suspecté. Car ce lieutenant de vingt-deux ans, parachuté en provenance d'Alger à destination du réseau MONK dans la nuit du 6 au 7 mars et victime d'un affreux micmac de l'état-major lié à une opération de désinformation de l'OSS, avait été accueilli par un faux comité de réception, conduit en prison et interrogé.

Aucun des agents victimes de ce coup de filet n'ouvrit la bouche – la souricière permit d'en attraper une douzaine, tant britanniques que français – bien que tous, sauf Sinclair, aient fait l'objet de brutalités. Mme Régis et quelques autres réussirent à disparaître, mais le réseau était complètement grillé et réduit à l'impuissance. L'historien curieux demandera pourquoi, dans ce cas, on lui envoya encore un million de francs (moitié à la lune de mai, moitié à celle de juin)[78]. Il existe un élément très fragmentaire, et tout à fait extérieur au SOE, qui donnerait à penser que les Allemands « retournèrent » le poste émetteur de Steele en avril[79] et émirent de faux messages à destination de l'état-major. Les dossiers existant à Londres ne permettent pas d'en savoir davantage. Mais il est possible aussi que la section ait répété sur la côte méditerranéenne, et à moindre prix, ce qui lui avait réussi dans le sud de la Normandie, à savoir parachuter du matériel et de l'argent à destination de réseaux qu'elle savait défunts, en vue de détourner l'attention de la Gestapo de deux organismes, eux, bien vivants, JOCKEY et GARDENER, auxquels nous en venons maintenant.

JOCKEY, soumis à une pression analogue, s'en tira mieux que MONK parce qu'il avait été plus soigneusement organisé en prévision, précisément, de ce genre de piège. Même le système de recrutement méticuleux de Cammaerts n'était pas sûr à cent pour cent, et il se trouva une recrue pour dire un mot de trop : une fille de Cannes, qui ne résista pas à la tentation de se vanter devant les copines d'avoir de nouveaux amis importants. Or la Gestapo de cette ville était particulièrement efficace ; l'indiscrétion de la jeune femme fut dûment exploitée et permit d'arrêter une trentaine de personnes, dont le second du réseau, Agapov, qui s'y trouvait à ce moment-là (le 4 avril). Toute la peine que s'était donnée Cammaerts pour assurer la sécurité de son réseau trouva alors sa récompense : pratiquement personne en dehors de Cannes ne fut arrêté, parce que personne à Cannes ne savait comment entrer en contact avec le reste de l'organisation ; et Agapov, le seul des captifs dont le rayon d'action s'étendît bien au-delà de la Côte d'Azur, n'aurait pu lui-même fournir aucun fil permettant de remonter à Cammaerts, car ce dernier avait toujours pris soin de tenir secret son domicile même à cet ami très cher, et d'en changer souvent. Un signalement précis de Cammaerts fut mis en circulation dans tout le Midi de la France, mais en vain. Les Allemands proposèrent à Agapov le « marché » qui leur avait si bien réussi avec deux autres personnages importants de la section, Gilbert Norman et Grandclément : la vie de ses amis, en échange de tout ce qu'il savait. Mais cette fois ils n'eurent aucun succès, car seul Cammaerts lui-même en aurait su assez pour trahir un grand nombre de ses agents. La Gestapo attrapa bien le Français Libre Janyk, qui était son radio en second, l'Américain Martinot, instructeur en sabotage, et Latour, qui organisait les opérations d'atterrissage (tous trois, ainsi qu'Agapov, survivront aux camps), mais Cammaerts resta hors d'atteinte. Avec l'aide de Raynaud, Floiras et Sereni (*Casimir*) – le remplaçant de Janyk, parachuté en provenance d'Alger le 11 mai – il continua à faire tourner son organisation et à distribuer des armes.

Un autre réseau très sûr était à l'œuvre non loin de Jockey : Gardener, à Marseille. Il était dirigé par Boiteux, ancien chef de Spruce, qui fut parachuté le 6 mars avec Aptaker comme assistant. Cohen (un ancien de Juggler), leur radio, parachuté le 8 mars, les rejoignit peu après. Ils arrivèrent trop tard pour entrer en contact avec Skepper, qu'ils étaient censés venir aider. Boiteux prit donc sa place. Il était plus jeune, plus dur et plus adroit et plongea sans effort dans les bas-fonds marseillais, d'où nous le verrons émerger au prochain chapitre.

En continuant vers l'Ouest, on trouve d'abord la Camargue, qui resta vide d'agents de la section après la chute du réseau de *Mesnard* ; au-delà, l'Hérault ne comptait que quelques petites équipes de cheminots de Pimento. Dans l'Aude et la moitié Sud du Tarn, Sevenet fit de Detective, centré sur Carcassonne, une organisation efficace de saboteurs des voies de communication et procura des armes au Corps franc de la Montagne Noire, un groupe fort d'un millier d'hommes [80]. Enfin, en Gascogne, le réseau WHEELWRIGHT de George Starr s'épanouissait à l'abri de solides dispositifs de sécurité. Il disposait de plusieurs balises *Eureka* et de comités de réception qui savaient les utiliser. Ses stocks d'armes et d'explosifs, et le nombre d'hommes qu'il avait entraînés à s'en servir, ne cessaient de croître. Au cours des cinq mois qui nous occupent ici, il reçut plus de douze cents conteneurs en cent cinq livraisons, c'est-à-dire beaucoup plus que PROSPER ou SCIENTIST au sommet de leur gloire, et veilla à les stocker de manière plus sûre. Il bénéficiait au surplus d'un fort potentiel de soutien local, fruit d'une très ancienne tradition régionale d'hostilité au pouvoir central que le grand socialiste Jaurès et le grand radical Gambetta avaient fort bien su exploiter quelques générations plus tôt. Elle remonte très haut dans le passé de la France, plus haut que la révolte des camisards du XVIIIe siècle [81] : aux temps de la croisade contre les albigeois ou de l'occupation anglaise, peut-être au-delà, à des querelles tribales elles-mêmes tombées dans l'oubli, un peu comme celles qui nourrissent encore la méfiance réciproque entre habitants du Wiltshire et du Gloucestershire. Starr, qui se tenait en contact avec les filières d'évasion, put mettre sur le chemin du retour près de cinquante personnes – dont plusieurs agents de premier ordre – qui s'étaient évadées le 3 janvier du camp français d'Eysses, près de Toulouse, sous la houlette de Hudson, du réseau HEADMASTER. Philippe de Vomécourt, qui était de l'aventure, en a écrit un récit palpitant [82]. L'une des premières tâches du nouvel assistant de Starr, Claude Arnault, arrivé en parachute le lendemain de la grande évasion avec l'agent de liaison Anne-Marie Walters (*Colette*), fut de faire traverser aux fugitifs tout le territoire de WHEELWRIGHT jusqu'aux Pyrénées [83]. Rechenmann retourna en France, par mer, le 21 mars, pour rassembler ses amis de Tarbes et environs en un réseau plus formel baptisé ROVER, et le diriger selon les principes qu'il venait d'apprendre à Beaulieu. Cette fois, l'impact fut décisif sur la production de plusieurs usines de Tarbes [84]. Mais Rechenmann fut arrêté fin mai et déporté en Allemagne, d'où il ne reviendra pas. Sirois (*Gustave*), son radio, resté en liberté, rejoignit CARVER dont nous parlerons bientôt. Pendant ce temps, Gunzbourg dirigeait l'antenne de WHEELWRIGHT à Bergerac, en dépit de plusieurs tentatives des Allemands pour la détruire [85].

En aval de Bergerac, l'estuaire de la Gironde fut réinvesti au printemps. Corbin, un ami de Baissac appartenant à la police de Vichy, avait fait comme Rechenmann un séjour en Angleterre pour suivre la formation du SOE. Il fut assez audacieux pour revenir aux abords d'une région où il était bien connu. Parachuté fin avril, il installa le réseau CARVER entre Angoulême et la côte, aux environs de Rochefort. Arrivé en parachute avec Sirois dans la nuit du 2 au 3 mars, Roger Landes, encore plus téméraire, retourna carrément à Bordeaux avec mission de fonder un nouveau réseau, ACTOR, sur les fragments de SCIENTIST qui se révéleraient assez solides pour le porter. Grandclément était encore tout ce qu'il y a de vivant et s'activait à répandre parmi les résistants bordelais les doctrines anticommunistes que les Allemands lui avaient instillées, de sorte que Landes dut prendre soin de ne pas croiser son chemin. Pourtant, il réussit, en travaillant dans une clandestinité complète et au prix de beaucoup de difficultés, à récupérer une grande partie de ce qui avait sombré à l'automne précédent. Ceux qui avaient cédé à la lassitude avaient été pris par la Gestapo, les amers et les insatisfaits avaient suivi Grandclément, mais beaucoup de Français ordinaires et courageux savaient bien qu'en 1944, l'ennemi, c'était l'Allemagne, et que leur devoir était de résister. Landes, qui émettait lui-même et à partir de différents lieux, qui dans toute la mesure du possible n'approchait les gens que par l'intermédiaire de coupe-circuits, qui examinait chaque initiative sous toutes ses faces, et plutôt trois fois qu'une, avant de la mettre à exécution, réussit à organiser plus de deux mille hommes armés et à leur fixer leurs tâches pour le Jour J. Lorsque le délégué militaire régional de la France Libre Gaillard (*Triangle*)[86] arriva à Bordeaux en mai, Landes avait déjà la région si bien en main qu'il n'y avait pratiquement plus personne à recruter dans la zone d'influence d'ACTOR. Ils unirent leurs forces, ce qui fut une très bonne chose pour la résistance locale mais qui ne plut guère aux supérieurs de Gaillard à Alger.

Landes n'eut pas de rapport avec AUTHOR, l'antenne corrézienne du vieux réseau SCIENTIST. C'était aussi bien, car Peulevé, par un coup de malchance vraiment rageant, fut pris à son appareil (avec Roland Malraux) dans une maison près de Brive le 21 mars, ayant été dénoncé à tort pour marché noir par un voisin qui avait remarqué des allées et venues d'inconnus. Son arrestation provoqua beaucoup d'ennuis aux Allemands, narrés dans d'autres chapitres[87], et peu à son réseau. Car Jacques Poirier (*Nestor*), son assistant, encore plus jeune que lui, reprit le travail là où il l'avait laissé (le réseau fut alors rebaptisé DIGGER) et le poursuivit selon les mêmes méthodes, qu'il avait eu le temps d'apprendre auprès de son chef. Poirier avait des dispositifs de sécurité remarquablement étanches : le réseau ne découvrit qu'après la Libération que l'agent local qui lui avait régulièrement transmis des informations sur les faits et gestes des Allemands dans le département était son propre père. On lui parachuta du renfort le 9 avril : Beauclerk (*Casimir*)[88] et Peter Lake (*Basil*).

Le voisin de DIGGER dans le Lot, FOOTMAN, était également très sûr et encore plus efficace. Il fut créé par un officier anglais âgé de moins de trente ans, George Hiller (*Maxime*), doté d'un grand sang-froid et, comme la suite l'a montré, de dons presque inquiétants de diplomate, qui sauta le 7 janvier avec son radio Watney (*Eustache*). Ils firent la connaissance dans les jours suivants d'un contremaître des usines Ratier de Figeac, où l'on fabriquait des hélices à pales orientables pour la Luftwaffe à raison de trois cents par semaine ; l'homme avait d'intéressantes propositions à leur faire. Hiller n'eut plus qu'à approuver ses plans et à lui fabriquer quelques petites bombes pour que, avant même que janvier fût écoulé, cette usine jusque-là très active fût mise hors d'état de produire, grâce à la destruction d'une demi-douzaine de machines-outils irremplaçables[89].

Ce fut là une des belles opérations de sabotage industriel de la section F, mais ce n'était qu'un à-côté pour Hiller, dont la mission principale était plus politique que militaire : il lui fallait trouver l'insaisissable colonel *Véni* (Vincent), un socialiste qui disposait dans le Midi de quelques milliers d'hommes, majoritairement marseillais[90], et l'amener à coopérer avec les alliés. Ce groupe avait pour origine le Service Froment, réseau de renseignement socialiste qui s'était créé très précocement[91] ; mais il s'en était séparé. Personne à Londres n'avait compris que cette sécession était le fruit d'un calcul et qu'en réalité les GROUPES VÉNI – rebaptisés FRANCE AU COMBAT – représentaient l'aile militaire, dans l'ancienne zone libre, du parti socialiste français SFIO[92]. On ne savait même pas à Londres si les groupes paramilitaires de Vincent allaient se battre pour la France Libre, pour les communistes, ou pas du tout ; et, bien que l'on sût qu'ils étaient, au moins partiellement, entraînés, on ignorait la qualité et la quantité de leur armement. Hiller réussit à dénicher Vincent, à le rencontrer, à se faire une idée de la dimension (plusieurs milliers) et de la fiabilité (probablement solide) de ses groupes et à leur organiser une douzaine de parachutages d'armes. Une fois que Vincent eut reçu ce matériel, il déclara à Hiller que tout compte fait il se joindrait aux communistes et les aiderait à prendre le pouvoir. Et Hiller, par la seule force de sa personnalité, le persuada de combattre plutôt aux côtés des alliés. Mais cela prit un certain temps, si bien que les combattants de FOOTMAN ne jouèrent finalement qu'un rôle marginal dans l'un des grands exploits de la résistance, le retardement de la deuxième division blindée du SS, dont nous parlerons dans le prochain chapitre.

Au nord de DIGGER, dans la région de Limoges, on trouve à l'époque FIREMAN, dont les exploits sont moins éblouissants. C'était néanmoins un réseau compétent, lui aussi en relation avec les hommes de *Véni*, et dirigé par les frères P.E. et E.P. Mayer, mauriciens d'origine comme beaucoup d'autres résistants de la section F (et sans lien de parenté avec Daniel Mayer, le résistant socialiste bien connu)[93]. Ils arrivèrent en parachute dans la nuit du 7 au 8 mars, suivis deux semaines plus tard de leur opératrice radio Paddy O'Sullivan, une Irlandaise enthousiaste mais qui n'avait eu qu'une formation écourtée. Comme beaucoup d'autres chefs de réseaux ou agents envoyés en renfort, ils furent accueillis par des comités de réception de STATIONER, le réseau de Southgate. Et l'état-major de la section F ne cessa plus de faire appel à ce réseau ou à ses successeurs pour la réception de ses nombreux agents (pas moins de seize en avril et mai). C'était là une politique contestable. Les supérieurs de la section F au SOE auraient dû savoir que c'était prendre un risque grave, car c'est précisément l'envoi répété d'agents par une seule et même filière qui avait permis à l'Abwehr de mettre la main aux Pays-Bas sur un tel nombre d'émissaires de la section N[94]. Mais le SOE était si compartimenté que personne à la section F n'avait entendu parler des malheurs des Hollandais[95]. Buckmaster préférait travailler avec des gens dont il connaissait la valeur, et en l'occurrence il avait fait le bon choix. Sa meilleure justification est le succès : aucun de ces parachutages ne tourna mal, ce qui est paradoxal quand on songe au sort de bien d'autres sauts, beaucoup plus minutieusement préparés, de la période précédente. S'il n'y eut pas de tragédie, on le doit à la solidité d'un seul homme : Southgate. Car, comme les lecteurs s'en souviennent peut-être, Southgate ne commit qu'une seule erreur : le 1er mai, il se précipita chez son radio de Montluçon sans prendre le temps de vérifier si le signal de danger était mis. Il l'était. Les Allemands l'arrêtèrent et comprirent assez vite à qui ils avaient affaire. L'identification leur fut confirmée avenue Foch, lorsque son vieux camarade de classe John Starr l'accueillit en l'appelant par son nom. Southgate ne perdit pas la tête et refusa de parler, maintenant ou plus tard.

Son organisation passa en de bonnes mains : Amédée Maingard et Pearl Witherington se la partagèrent et continuèrent son œuvre. Elle centra l'activité de son réseau WRESTLER sur la moitié nord de l'Indre, dans le triangle Valençay-Issoudun-Châteauroux, berceau des activités de la section F. Le statut d'une femme, étrangère de surcroît, comme chef de réseau était peut-être un peu délicat, mais elle n'était pas du genre à se laisser impressionner par un point d'étiquette. L'un de ses ancêtres, Richard Witherington, avait participé à la bataille de Chevy Chase entre l'Angleterre et l'Écosse (1388) : « Lorsque ses deux jambes furent fauchées, il tomba à genoux et continua à se battre », dit la chronique. Elle se révéla aussi pugnace que l'aïeul. Son futur époux Henri Cornioley appartenait au même réseau [96]. Elle trouva sur place un colonel qui voulut bien traduire ses ordres en français, et WRESTLER se mit en devoir de rendre (et de maintenir) inutilisables les principales lignes de communication entre Paris et Bordeaux. Les Allemands apposèrent partout des affiches portant sa photo et offrant un million de francs pour sa capture, mais sans succès : elle avait de bons amis [97]. Pour sa part, Maingard s'occupa, avec son réseau SHIP-WRIGHT, de la région située au sud-est de la sienne et au nord-est de FIREMAN, avec autant de discrète efficacité. Les Allemands ne gagnè-rent donc presque rien à la neutralisation de Southgate ; et ses prouesses avant comme après son arrestation firent une telle impression sur l'état-major londonien qu'il fut – honneur exceptionnel – décoré du DSO alors qu'il se trouvait encore dans un camp de concentration ennemi [98].

Bien que SHIPWRIGHT et WRESTLER fussent eux-mêmes en bonne santé, ils ne purent sauver LABOURER, réseau malchanceux qui ne réussit pas plus que LACKEY à démarrer. Leccia, Allard et le Belge Geelen – un ancien groupie de *Prosper* – sautèrent le 5 avril au-dessus de la Creuse et déposèrent dans une maison amie des environs – un café de village – une grosse somme d'argent dont STATIONER avait un besoin urgent. Pearl Witherington eut toutes les peines du monde à la récupérer, car aucun des mots de passe qu'elle connaissait n'était connu dans cette maison, où elle était suspecte comme étrangère de toute façon. LABOURER, dont les membres se connaissaient déjà bien entre eux, démarra parmi les amis et relations de Leccia, en Touraine et à Paris. Mais l'une de ces personnes travaillait pour les Allemands, et les trois agents furent bientôt arrêtés. Southgate venait juste de leur envoyer, comme agent de liaison, Odette Wilen, qui lui avait été affectée comme radio mais qu'il avait trouvée insuffisamment qualifiée. Elle échappa de très peu à l'arrestation de ses nouveaux compagnons. Après avoir en vain tenté de les sauver avec l'aide de Virginia Hall, elle revint en Angleterre par l'Espagne [99].

C'étaient les dernières arrestations que ce chapitre avait à men-tionner. Les autres groupes de la section F dans le cours inférieur de la Loire, en Bretagne et en Normandie – trois des quatre secteurs les plus importants pour OVERLORD – n'eurent pas d'ennuis. Il est vrai que SALESMAN l'échappa belle. L'équipe sauta début avril pour tâcher d'apprendre où en étaient les amis de Liewer dans la région de Rouen [100] ; elle se composait de Liewer lui-même et de Violette Szabo, la fille d'un camionneur, une des meilleures gâchettes et des plus ardentes natures du SOE [101]. Rouen leur parut pulluler d'Allemands inquisiteurs. Presque tous les camarades semblaient avoir disparu. Ils avisèrent sur un mur une affiche (que Violette arracha) portant le signalement de Liewer, avec promesse de prime. Un Lysander les ramena en Angleterre au bout de trois semaines.

Hudson et de Baissac eurent beaucoup plus de succès dans la remise sur pied de leurs réseaux HEADMASTER et SCIENTIST, on l'a vu au précédent chapitre. Henquet rejoignit de Baissac dans le sud de la Normandie fin mai ; il devait déployer son réseau HERMIT entre Chartres et Blois, l'un des anciens terroirs de PROSPER. Robert Benoist, ex-compagnon de Grover-Williams dans CHESTNUT, fut renvoyé en France un mois après son évasion de février, par un Hudson, pour tenter de relancer CLERGYMAN dans la région nantaise [102] ; il était accompagné de l'opératrice radio Denise Bloch. Après un premier repérage de leurs cibles, ils allèrent voir ce qui se passait du côté de chez Benoist, en banlieue Sud-Ouest de Paris. Ils y retrouvèrent des combattants (entre autres Wimille) et des armes de CHESTNUT. Benoist remit le réseau en marche et fut rapidement en mesure d'annoncer qu'il pouvait lever deux mille hommes autour de Rambouillet.

Il faut encore mentionner un personnage un peu marginal. Rouneau, l'organisateur belge de RACKETEER, fut envoyé en Bretagne en toute hâte, par mer, en avril, dès que Londres eut connaissance de la catastrophe arrivée à BRICKLAYER [103] : il devait reprendre le réseau PARSON et créer quelque chose dans la péninsule. C'était une région difficile pour la section F : d'une part, parce que d'autres services secrets désiraient la monopoliser – des centaines d'aviateurs abattus passaient par là pour rentrer au pays –, d'autre part parce que la section DF ne souhaitait pas voir pâtir sa filière VAR de la vigilance policière accrue que la présence d'un réseau opérationnel ne manquerait pas de susciter, et enfin parce que les maquis FTP y étaient très actifs et que leurs chefs n'étaient guère enclins à sympathiser avec les Britanniques [104]. Rouneau rencontra une difficulté supplémentaire : la disparition de LABOURER le laissa sans contact radio, à l'exception de ses vieux amis de WHEELWRIGHT, à des centaines de kilomètres de là. Lorsque vint le Jour J, il était encore occupé à organiser des groupes autour de Rennes.

Venons-en enfin à notre vieille connaissance Philippe de Vomécourt. Après son évasion, il regagna l'Angleterre, où il voulut bien faire un peu d'entraînement et recueillir quelques informations – il continuait à penser, avec quelque raison, que son expérience devait faire de lui plutôt un enseignant qu'un enseigné – puis retourna en France par Lysander dans la nuit du 16 au 17 avril. Le territoire de son nouveau réseau VENTRILOQUIST avait sérieusement rétréci par rapport à son vaste empire des débuts, qui s'étendait sur presque toute la zone non occupée : il se limitait désormais au triangle Orléans-Vierzon-Blois, c'est-à-dire « outre-Cher » par rapport à la zone de WRESTLER. La plupart de ses actions – et il y en eut ! – sont racontées d'une plume vigoureuse dans son livre [105], ainsi que l'histoire pathétique de Muriel Byck, son opératrice radio, morte subitement d'une méningite. Il se rendit à ses obsèques, où la Gestapo le guettait ; il dut sauter par-dessus le mur du cimetière pour lui échapper [106].

À la fin mai, deux agents encore se préparaient à quitter l'Angleterre pour les régions de l'est de la France : Guiraud, qui devait se rendre en Haute-Marne pour GLOVER, et George Millar, de CHANCELLOR. Ils partirent tous deux dans la nuit du 1er au 2 juin.

Cette longue énumération donne la mesure de l'effort de Buckmaster pour envoyer en France des organisateurs toujours plus nombreux, afin d'exécuter les actions de harcèlement attendues par le SHAEF au Jour J et de préparer l'armée secrète qui aiderait la force expéditionnaire à repousser les Allemands. Mais avant d'en venir là, il nous faut encore sauter un obstacle bureaucratique.

L'état-major londonien de la section F était très préoccupé de la question du sort que les Français Libres réserveraient à ceux de ses agents qui étaient citoyens français dans l'éventualité (désormais probable) où la victoire des alliés ouvrirait à leur organisation le chemin du pouvoir. C'est Cammaerts qui posa le premier la question lors de son voyage en Angleterre au début de l'année. Elle devint un sujet d'inquiétude tant à la section F qu'aux échelons supérieurs du SOE, et le Foreign Office fit part de ce souci aux autorités de la France Libre à Londres et à Alger. Celles-ci répondirent qu'il était inconstitutionnel pour des citoyens français de servir dans les armées d'une puissance étrangère, juridisme un peu étonnant si l'on songe que leur légitimité, vue sous le seul angle du droit, ne valait guère mieux que celle de Vichy. Quoi qu'il en fût, leur hostilité était manifeste et il fallut dépenser beaucoup de temps et de diplomatie pour les amener à moins de rigueur. L'excès de zèle d'un membre de la section provoqua au surplus un peu de tapage inutile : il communiqua à un obscur député aux Communes copie d'une note où l'un des principaux cadres du SOE, Gerry Morel, exprimait ses inquiétudes à ce sujet. Le député se tourna vers le ministre des Affaires étrangères, refusa longtemps d'ajouter foi aux assurances qu'on lui donna sur les négociations en cours avec la France Libre, et fut très vexé quand il apprit que son informateur avait été congédié pour avoir enfreint la loi sur les secrets officiels et qu'on lui fit observer que lui-même était supposé s'y plier comme tout un chacun. Le dossier du Foreign Office sur cette affaire montre que plusieurs hauts fonctionnaires y consacrèrent beaucoup d'efforts au nom du ministre, dont la première réaction avait été : « J'ai déjà bien assez de soucis comme ça ». Les négociations étaient loin d'avoir abouti lorsque vint le Jour J[a], et duraient encore alors que la section F n'était plus qu'une minuscule arrière-garde dirigée par Vera Atkins et submergée sous l'avalanche désordonnée d'appels téléphoniques et de télex venus de l'EMFFI. Finalement, une solution élégante fut mise au point. Gubbins rapporta le 19 septembre, devant la réunion hebdomadaire du SOE/SO, que Koenig avait accepté d'accorder un rang équivalent dans l'armée française aux officiers français qui avaient reçu un grade britannique par le biais du SOE [107]. L'accord fut entériné et les Français Libres tinrent parole. Il est temps de revenir aux choses sérieuses. Car toute cette querelle était aussi irréelle et, au fond, aussi négligeable que la rivalité entre les sections F et RF. Les citoyens français de l'une comme de l'autre section avaient « bien mérité de la patrie » et avaient donné à leur cause tout ce qu'ils pouvaient donner. Un Pierre de Vomécourt autant qu'un Pierre Brossolette, avec leurs splendides échecs ; un Dumont-Guillemet autant qu'un Deshayes, avec leurs succès.

---

a. Le 15 juin 1944, le général de Gaulle, dans une note à Koenig, s'exprimait catégoriquement au sujet des Français faisant partie de réseaux du SOE : « Le gouvernement a pris le 9 juin 1944 une ordonnance réglant le statut des forces françaises de l'intérieur. Ce statut légal englobe tous les Français de la Métropole combattant contre l'ennemi… Il va de soi que tout Français, incorporé dans les forces françaises de l'intérieur en vertu de l'ordonnance du 9 juin 1944, qui continuerait de se considérer comme dépendant d'une autorité autre que l'autorité française et d'en exécuter les ordres et instructions, s'exposerait à la rigueur des lois qui interdisent aux militaires français toute subordination par rapport à l'étranger ». Voir *Mémoires de guerre*, Plon, 1956, pp. 695-696 [J.-L. C.-B.].

CHAPITRE XII

UNE SÉRIE DE SUCCÈS : JUIN-SEPTEMBRE 1944

> « Nous ne nous demandions pas pourquoi ; nous savions seulement que c'était ce que nous avions à faire. Libre aux historiens de nous chercher des motivations plus compliquées : ils ne détruiront pas cette vérité toute simple. »
> (Philippe de Vomécourt [1])

Comme nous l'avons vu au début de ce livre [2], l'État-major des Forces françaises de l'intérieur (EMFFI), créé par de Gaulle en mars-avril 1944, fut reconnu par le SHAEF et devint pleinement opérationnel dans la foulée du lancement de l'opération OVERLORD (6 juin 1944) pour prendre la direction de toutes les forces actives de résistance qui avaient jusque-là travaillé en France soit avec la section F soit avec la section RF ; à Londres, le staff des deux sections et les services d'action du BRAL fusionnèrent dans cette direction militaire unifiée de la résistance extérieure, à la tête de laquelle était placé le général Koenig. Plusieurs membres du nouvel état-major allaient se révéler inaptes à leurs fonctions. Le colonel Ziegler (*Vernon*), successeur de Dewavrin au poste de chef d'état-major de Koenig, travaillait d'arrache-pied, mais sa tâche était véritablement surhumaine, même avec l'aide du très compétent Barry, adjoint de Gubbins et chcf de la section des opérations du SOE. On pourrait résumer en quatre points les difficultés très particulières de l'EMFFI : il lui fallait d'emblée travailler à plein régime, sans que ses différentes composantes aient eu le temps de s'habituer les unes aux autres ; une fraction non négligeable de ses membres n'avait aucune expérience de ce genre de guerre ; parmi ceux qui en avaient une, un bon nombre considéraient encore leurs futurs collègues avec une réelle suspicion à la veille de la fusion ; et enfin, ceux d'entre eux qui étaient français étaient en général tellement absorbés par la question de l'avenir politique dc leur pays qu'ils avaient du mal à se consacrer entièrement à des tâches quotidiennes si nouvelles pour eux. Hutchison, qui était en mission en France à l'époque, eut le sentiment que tout à coup le pouls de Londres s'était mis à battre plus faiblement ; quant à Thackthwaite, qui s'y rendit à l'automne, il fut partout accueilli par la question : « Mais qu'est-ce donc qui a cloché fin juin ? »[3] Même si les responsables du renseignement, des opérations et des missions spéciales (respectivement deuxième, troisième et sixième bureaux selon la nomenclature française) étaient des officiers d'état-major expérimentés venus des sections F, RF et AL ou bien du BRAL, plusieurs agents furent envoyés par erreur là où ils n'avaient rien à faire et maintes demandes pressantes d'armes et de munitions en provenance des réseaux restèrent sans réponse.

Le lancement de la campagne OVERLORD

Pour être assuré de mobiliser la résistance française, il importait que de Gaulle en soit d'accord et lance, le jour du débarquement, un appel aux Français après Eisenhower sur les ondes de la BBC. Et là, les conséquences de la malheureuse affaire de Dakar se manifestèrent une fois de plus, même si ce fut la dernière. En effet, les Britanniques, et Roosevelt moins encore, ne s'étaient pas départis en cette occurrence de la règle de conduite qu'ils avaient tirée de l'aventure : ne communiquer aucun secret vital aux Français tant qu'on pouvait faire autrement. Le 4 juin, lorsque de Gaulle se rendit à déjeuner à l'invitation de Churchill qui attendait « l'invasion » du côté de Portsmouth, dans un train voisin du quartier général d'Eisenhower, et qu'il apprit que l'opération NEPTUNE était pour le lendemain ou le surlendemain[4], les commandos, y compris l'unique commando français engagé, étaient prêts à prendre la mer et un petit groupe des deux bataillons de SAS français, consigné sur un terrain d'aviation du Gloucestershire, y recevait ses dernières instructions. De Gaulle, informé de tous les détails de l'opération projetée, rendit un hommage ému au Premier ministre. Mais il éclata de fureur quand celui-ci en vint à l'éventuelle administration des territoires libérés, une question qu'il avait posée depuis septembre 1943 à ses alliés sans jamais obtenir de réponse. Sa colère ne connut plus de borne lorsque Eisenhower lui communiqua la proclamation qu'il allait adresser aux Français et qui, sur ordre exprès de Washington, ne faisait aucune allusion au Comité français de la libération nationale. Churchill, également surmené, riposta de façon aussi véhémente. Il sembla pendant vingt-quatre heures que de Gaulle refuserait de lancer un appel à la résistance française, et il ne consentit finalement à le faire que le 6 juin au soir, alors que Eisenhower avait lancé son appel le matin. C'est ainsi que ces deux grands hommes passèrent ces deux grands jours dans un état d'esprit qu'ils auraient sans doute préféré avoir laissé derrière eux depuis longtemps. Churchill en oublia sa propre maxime : « Il n'y a pas place en temps de guerre pour l'amour-propre, le dépit ou la rancœur. »[5]

La petite équipe de SAS français aurait constitué, selon Robert Aron, le premier élément de la force expéditionnaire à poser le pied sur le sol de France[6]. En réalité, elle fut battue d'environ un quart d'heure par deux minuscules groupes britanniques (TITANIC) du 1er SAS – composés chacun d'un officier et de quatre hommes – qui furent parachutés respectivement près de Jumièges (non loin de Rouen) et près d'Isigny (c'est-à-dire à mi-distance entre la plage de débarquement d'Omaha Beach et la plus occidentale des têtes de pont prévues, Utah Beach). Leur équipement se réduisait pratiquement à des pistolets Véry et des gramophones ; ces derniers jouèrent des enregistrements de tirs d'armes légères entrecoupés de jurons guerriers, tandis que les pistolets Véry illuminaient le ciel sur plusieurs kilomètres autour des aires de parachutage. Des centaines de mannequins descendus du ciel (en compagnie de quelques rares parachutistes en chair et en os) contribuèrent à embrouiller encore plus les Allemands, déjà déroutés par le débarquement aéroporté américain, un peu plus à l'ouest, qui était beaucoup plus dispersé que prévu. C'était tout à fait le genre de tâche que le SOE avait pensé se voir confier lors de sa création. Mais bien qu'il constituât une organisation plus secrète que le SAS, il n'avait pas réussi à inspirer une totale confiance aux responsables de la désinformation. Du reste, ces derniers ne se fiaient guère davantage au SAS : deux autres équipes TITANIC furent annulées au dernier moment[7].

On a là pour une fois l'occasion d'évaluer assez précisément l'apport d'une opération légère effectuée derrière les lignes : or TITANIC eut un effet absolument hors de proportion avec sa très modeste dimension. De tous les débarquements du Jour J, le plus difficile fut celui d'Omaha Beach, entre Port-en-Bessin et l'embouchure de la Vire. Or le 915e régiment d'infanterie allemand – la brigade de réserve de la division qui tenait ce secteur – fut déployé le 6 juin à trois heures du matin du côté d'Isigny contre ce qui avait tout l'air d'une attaque aéroportée[8] et perdit toute la matinée à courir après l'armée fantôme de TITANIC et quelques Américains égarés. Pendant ce temps, c'est à grand-peine que les forces américaines réussissaient à prendre pied sur Omaha Beach. Lorsque, dans l'après-midi, le 915ᵉ régiment allemand arriva enfin sur les lieux pour la contre-attaque, il était trop tard pour les repousser.

Si ces ruses de guerre ne furent pas confiées au SOE, celui-ci fut investi de nombreuses autres missions et les assuma pratiquement toutes avec succès. Eisenhower et Tedder avaient misé avant tout sur l'aviation pour empêcher les renforts allemands d'arriver sur le lieu des combats. Ils espéraient bien que les organisations de résistance donneraient un coup de main en endommageant routes et voies ferrées, mais c'était « en prime », comme on disait avant le débarquement : bon à prendre, mais mieux valait ne pas y compter. Or en réalité la contribution de la résistance fut, en quantité comme en qualité, comparable à celle des forces aériennes, ce qui du reste soulève des questions intéressantes sur l'intérêt des bombardements dans les dernières étapes d'une guerre non nucléaire. Car avec le retour massif des alliés en France, toutes ces années de travail têtu et patient débouchèrent enfin sur ce qu'avaient tant désiré Churchill et de Gaulle, Brook et Koenig, Dewavrin et Buckmaster, et les dizaines d'agents déjà morts, et les centaines d'agents encore en vie, qu'ils fussent en prison ou en liberté : un soulèvement de la nation française. Les Britanniques ont souvent été accusés de l'avoir déclenché à la légère, d'avoir provoqué délibérément mille et une initiatives désespérées, loin à l'arrière, pour alléger la pression allemande sur les champs de bataille décisifs de Normandie : bref, d'avoir voulu « combattre jusqu'à la dernière goutte de sang français ». Ce n'était certes pas là l'intention des Britanniques ni des Américains. Quant à un chambardement général, seuls en rêvaient les fous de l'extrême droite et de l'extrême gauche françaises. Les planificateurs du SOE/SO avaient élaboré, en étroite coopération avec ceux du COSSAC puis du SHAEF, un schéma complexe comportant plusieurs phases, selon lequel les forces clandestines des différentes régions auraient été successivement appelées à entrer en guérilla ouverte. Tout ce système fut envoyé au panier sur ordre du SHAEF. Le 3 juin, Mockler-Ferryman alla voir Bedell-Smith, le chef d'état-major d'Eisenhower, pour lui exposer de quoi le SOE était capable. Bedell-Smith en rendit compte à Eisenhower au cours d'un entretien d'un quart d'heure et revint avec une directive : il était jugé indispensable de faire donner l'effort maximal en France dans la nuit précédant le Jour J afin d'assurer les meilleures chances à NEPTUNE, dont tout dépendait[9]. La BBC avait émis les messages d'alerte le

1er juin, comme elle l'avait déjà fait le 1er mai ; mais cette fois les messages d'exécution suivirent et s'envolèrent par centaines sur les ondes le 5 juin à partir de 21 h 15, à l'adresse de toutes les formations clandestines d'action de France, alors que l'avant-garde de la flotte de débarquement était presque arrivée en vue des côtes françaises.

Signalons ici un exemple singulier des risques afférents à ces messages BBC. L'un des messages d'alerte destinés à Philippe de Vomécourt était : « Les sanglots longs des violons d'automne ». Il signifiait que les équipes de saboteurs ferroviaires de son réseau VEN-TRILOQUIST devaient se tenir prêtes. Le 5 juin vint la deuxième partie, elle aussi légèrement différente du texte de Verlaine : « Bercent mon cœur d'une langueur monotone »[a], ce qui voulait dire qu'il fallait agir cette nuit même[10]. Or cette paire de messages avait été attribuée, à l'origine, non à VENTRILOQUIST mais à BUTLER[11]. On pense que les Allemands l'avaient appris soit d'un des membres de BUTLER arrêtés plusieurs mois auparavant, soit directement de l'état-major de la section F durant la brève période où ils avaient « retourné » l'appareil émetteur de Rousset[12] ; en tout cas ils la connaissaient, même s'ils l'interprétaient de travers (ils croyaient qu'il s'agissait d'un appel à tous les cheminots de France). Lorsque la section des écoutes radio du SD, avenue Foch, capta le « Bercent mon cœur… », le 5 juin peu avant 21 h 30, elle alerta aussitôt le haut commandement allemand du front de l'Ouest[13]. En l'absence de Rommel, qui fêtait chez lui l'anniversaire de son épouse, il semble que l'on n'ait guère pris au sérieux l'avertissement. Ellis a établi que la 15e armée informa ses différents corps, environ une heure plus tard, de l'interception de messages donnant à penser qu'une invasion pourrait avoir lieu dans les quarante-huit heures, et que la 7e armée, qui couvrait presque toute la zone menacée, ne fit rien du tout[14]. Il est vrai que l'on n'en était pas à la première alerte de ce genre. L'épisode constitue un curieux exemple à la fois de l'efficacité et de l'incompétence de la machine de guerre nazie, avec en plus ce détail inhabituel que sa composante politique fut en l'occurrence plus efficace que sa composante militaire. Mais revenons à notre flux de messages BBC qui dura, en ces deux nuits, un peu plus longtemps que d'habitude.

Dans toute la France, les réseaux du SOE et du BCRA se mirent en branle dès réception de leurs messages d'exécution. Ceux qui étaient

---

a. Verlaine écrit : « Les sanglots longs/des violons/de l'automne/blessent mon cœur/d'une langueur/monotone » [N.d.T.].

encore dans l'enfance, comme le CHANCELLOR de George Millar, n'étaient pas en mesure d'agir immédiatement, mais leurs membres cherchèrent frénétiquement quelque chose à faire. Les plus efficaces entrèrent en action la nuit même : sur les mille cinquante interruptions de trafic ferroviaire qui avaient été planifiées, neuf cent cinquante furent réalisées. PIMENTO rendit impossible tout trafic entre Toulouse et Montauban – jusqu'à sa libération, qui intervint trois mois plus tard, Montauban ne vit passer qu'un seul train en direction du Nord – et si les équipes de ce même réseau dans la vallée du Rhône ne parvinrent pas à un résultat aussi radical dans leur région, du moins firent-elles en sorte que chaque train quittant Marseille pour Lyon après le Jour J sortît des rails au moins une fois au cours de son trajet. Les équipes ferroviaires de JOCKEY montrèrent tout autant d'efficacité et de rapidité, de même celles de DIPLOMAT autour de l'important nœud ferroviaire de Troyes et celles de FARMER dans le réseau très dense qui enserre Lille et Tourcoing et dont toutes les lignes, coupées dans les vingt-quatre ou quarante-huit heures après le débarquement, restèrent inutilisables jusqu'à la fin juin grâce aux explosifs fournis par SPIRITUALIST. Certains réseaux ruraux firent encore mieux : WRESTLER de Pearl Witherington et SHIPWRIGHT de Maingard ont revendiqué à eux deux pas moins de huit cents interruptions dans le seul département de l'Indre au cours du mois de juin. Cela paraît presque trop, mais il était d'une importance cruciale, pour la grande bataille de Normandie, que la ligne Paris-Toulouse *via* Châteauroux et Limoges, qui traverse le département, fût rendue et maintenue impraticable, car une division blindée de SS cantonnée près de Toulouse avait reçu dès le lendemain du Jour J l'ordre d'aller se battre en Normandie. Nous y reviendrons. Le point capital sur le moment fut celui-ci : en même temps que les Français apprenaient que le débarquement si attendu avait enfin eu lieu, ils entendaient aussi parler d'actions de la résistance dans leur voisinage ; car le SOE avait désormais des ramifications dans presque tout le pays, à l'exception de la bande frontalière du Nord-Est, de Sedan à Mulhouse en passant par Metz et Strasbourg (cette faiblesse régionale s'expliquant en partie par certaines tendances pro-allemandes en Alsace, et en partie par le détournement du réseau lorrain ARCH-DEACON par le Sicherheitsdienst [15]). L'effet de ce cumul de bonnes nouvelles fut que tout Français qui ne s'était pas trop sali les mains dans la collaboration désira ardemment prendre part lui aussi, et sur le champ, à la résistance. Toute l'horlogerie délicate mise au point pour appeler le pays à se soulever région après région vola en éclats sous la double pression des messages de la BBC, répondant aux besoins urgents de NEPTUNE, et de l'enthousiasme des Français : en fait, c'est la résistance qui s'est appelée elle-même au combat dans la plus grande partie du pays. À la mi-août, comme nous le verrons bientôt, la discipline dans les rapports entre les états-majors alliés et la résistance avait été suffisamment établie pour permettre au SOE d'offrir un véritable appui rapproché à la campagne DRAGOON, celle du débarquement méditerranéen. Dans l'ensemble, le soutien de la résistance intérieure à OVERLORD fut à la fois beaucoup plus ample et plus efficace que l'état-major n'avait osé l'espérer ; mais il s'accompagna aussi de pertes françaises beaucoup plus lourdes que prévu.

Lorsque l'insurrection monta en puissance, de Gaulle eût été en droit de dire, paraphrasant les Italiens de 1848, *Francia farà da sé*, la France fera le travail elle-même. Avec l'apparition au grand jour, sur les chemins de campagne et dans les rues des bourgs, d'une armée secrète qui rejetait enfin son manteau de clandestinité, le SOE avait accompli le plus lourd de sa tâche : ce n'était plus à un organisme étranger de commander une telle force. Il ne lui restait qu'à la doter aussi généreusement que possible d'armes, de munitions et de conseils techniques.

Le SOE n'essaya jamais en France d'envoyer derrière les lignes et sous l'uniforme ennemi des missions de reconnaissance tactique ou stratégique, voire des groupes de combattants, comme le fit en Russie le Lehr-Regiment Brandenburg allemand [16]. D'abord cela aurait demandé d'investir en travail de préparation et en personnel spécialisé des ressources dont son état-major ne disposait pas, et exigé une coordination extrêmement minutieuse avec les armées du front ; ensuite cela aurait amené à mettre au courant beaucoup trop de gens (au goût des services secrets anglais) de l'existence de ces forces clandestines. Et enfin, les chefs des unités britanniques qu'il eût fallu impliquer dans ce genre d'action « n'avaient pas été élevés comme ça », et la guerre irrégulière éveillait en eux de la méfiance, voire de la répulsion. On pourrait même dire que là était le problème : les officiers de carrière qui commandaient les unités classiques ne comprenaient rien à l'arme de la subversion. L'attitude d'obstruction du colonel de Chevigné, membre de l'EMFFI, telle que l'a décrite d'Astier [17], en fournit un excellent exemple ; mais c'était loin d'être une spécificité française. Ce n'est pas ici le lieu de se demander si les États-Unis avaient choisi les intelligences les plus brillantes de leurs forces armées pour les envoyer sur le théâtre européen, mais une chose est sûre : le conservatisme, trait naturel des généraux sous toutes les latitudes[18], y fut renforcé par une prudence plus que conformiste.

Trois petites équipes du SOE avaient été détachées dès le début de l'année respectivement auprès des quartiers généraux du 21ᵉ groupe d'armées, de la 1ʳᵉ armée canadienne et de la 2ᵉ armée britannique, pour expliquer à leurs états-majors opérationnels ce qu'on pouvait et ce qu'on ne pouvait pas attendre de la résistance. Par ailleurs, Brook et l'État-major des forces spéciales (SFHQ) furent placés à partir du Jour J aux côtés du quartier général avancé du SHAEF dans la même intention. Dès lors, ces quatre détachements restèrent en contact radio constant avec la principale base radio du SOE et purent échanger par son intermédiaire des informations avec n'importe quel organisateur du SOE en France ou n'importe quel délégué militaire régional. Il leur arrivait aussi de transmettre à tel ou tel réseau un ordre précis d'acte de sabotage ou de contre-terre brûlée (c'est-à-dire de protection d'ouvrages que les Allemands risquaient de vouloir détruire avant de battre en retraite) émis par l'armée régulière. Grâce à ce dispositif, les armées britanniques reçurent de la résistance un appui beaucoup plus important que leurs états-majors ne l'avaient prévu, comme dans le cas des destructions ferroviaires et téléphoniques.

L'entrée en action de la guérilla

Le principal débarquement sur le continent donna le coup d'envoi au plus gros effort du SOE en matière de livraisons d'armes[19] ; il marqua aussi le début d'un afflux considérable d'agents – tous les groupes JEDBURGH en uniforme et une flopée de « missions inter-ralliées » –, ainsi que l'entrée en action des soldats tant britanniques que français de la brigade SAS – dont plus de deux mille s'activèrent de part et d'autre du front ou derrière les lignes au cours des trois mois suivants – et des GO, les groupes opérationnels américains, qui sautèrent en plus petit nombre mais avec autant d'enthousiasme. Parallèlement, le ressentiment populaire à l'égard de l'occupant nazi, longtemps vacillant, hésitant ou comprimé, explosa soudain en une immense aspiration à l'action. Mais l'action, c'est le danger, ce que le SOE savait depuis longtemps alors que les Français, eux, n'y étaient pas pleinement préparés. Parmi les centaines de milliers de volontaires qui affluèrent alors dans les maquis, le SD allemand, dont l'organisation quadrillait bien le pays, réussit à infiltrer quelques agents doubles ;

et quelques-unes des nombreuses régions où les maquisards descendirent de leurs montagnes et sortirent de leurs forêts pour se montrer dans les villages et les bourgs voisins connurent de terribles désastres[a].

Le pire de tous fut celui du Vercors, et il faut parler du rôle qu'y joua le SOE. La mission EUCALYPTUS, décidée en mai après l'arrestation des chefs régionaux de la résistance à Lyon, ne quitta enfin Alger que le 28 juin. Il y avait alors déjà plus d'un mois que Thackthwaite et Cammaerts avaient signalé la nécessité de doter le Vercors d'une artillerie, en particulier d'armes antichars, mais ils n'avaient pas été écoutés : la mission fut uniquement chargée d'équiper de pistolets-mitrailleurs Sten, de fusils et de grenades deux mille cinq cents maquisards accourus depuis le 6 juin en renfort des maquis déjà existants et condamnés à l'inaction par la pénurie d'armes. Il était bien envisagé d'envoyer éventuellement plus tard quelques mitrailleuses lourdes, voire quelques mortiers, mais l'ordre de mission énonçait expressément que « la vraie tactique de la guérilla ne requiert pas l'usage d'armes lourdes ». Les membres du groupe EUCALYPTUS avaient pour tâche de signaler à l'état-major les terrains de parachutage les plus adéquats, d'aider le maquis dans l'entraînement de ses recrues, et surtout d'insister auprès de ses chefs français pour qu'« ils n'acceptent pas plus d'hommes qu'il ne sera possible d'en armer convenablement ». L'ordre de mission soulignait également que « le Vercors ne se situe pas pour le moment à un rang de priorité élevé » et que le « devoir » de l'équipe était « de conseiller aux chefs locaux d'effectuer de petites opérations visant principalement à désorganiser les communications de l'ennemi » et « d'éviter l'affrontement ouvert »[20].

Le chef de la mission était un commandant anglais, Desmond Longe[21], accompagné de Houseman. En temps de paix, Longe était employé de banque, Houseman agent rural. Ils allaient sur leurs trente ans. C'étaient des amis très proches, qui étaient entrés ensemble au SOE en 1941. Depuis, Longe avait travaillé à l'étranger, tandis que Houseman avait été instructeur dans les centres d'entraînement en Grande-Bretagne. On leur avait d'abord fourni de faux papiers pour

---

a. Cette mobilisation de masse imprévue, la concentration des volontaires et leurs démonstrations claironnantes entraînèrent des représailles si atroces que Koenig donna le 10 juin un coup d'arrêt par voie clandestine à la poussée insurrectionnelle : « Freiner partout guérilla. Impossible vous ravitailler en armes et munitions en quantités suffisantes. Rompre partout contacts dans mesure du possible... Éviter gros rassemblements » [J.-L. C.-B.].

leur mission, puis on leur avait dit de les laisser à Alger : inutile d'avoir une personnalité d'emprunt puisqu'ils ne parlaient français ni l'un ni l'autre, et de toute façon ils sauteraient en uniforme. On peut se demander pourquoi l'état-major confia une mission de liaison à des officiers ignorant la langue des personnes à qui ils devaient s'adresser. Londres n'avait sans doute pas pris toute la mesure de ce maquis. Ajoutons du reste que la tragédie du Vercors a été érigée en mythe après l'événement[22], et qu'ils étaient tout de même accompagnés de deux radios francophones, l'Américain bilingue Pecquet, sous-lieutenant des transmissions, qui devait assurer la communication avec Londres, et un Français, Croix, pour les contacts avec Alger. Toutefois, par suite d'une erreur d'emballage de la base de MASSINGHAM, ils se retrouvèrent avec un seul poste émetteur utilisable. Deux officiers français les rejoignirent quinze jours plus tard : Conus (*Volume*), tireur d'élite quadragénaire, et un troisième radio appelé Pierre, porteur d'un nouvel appareil. Un GO de quinze hommes avait sauté avec le premier groupe dans la nuit du 28 au 29 juin.

La mission commença par quelques frottements avec Cammaerts, qui se trouvait là par hasard lors de son arrivée, et avec Marten, un jeune commandant responsable d'un groupe JEDBURGH. Ni Marten ni Longe n'avaient la moindre expérience de la France, ni Marten ni Longe n'avaient été informés de ce que l'autre venait faire là. Heureusement, Marten dut aussitôt repartir pour Alger pour y porter plusieurs messages de Cammaerts sur des questions de fond. Ce dernier n'était pas content : alors qu'il avait récemment été nommé responsable de toutes les missions alliées dans le sud-est de la France, le SOE avait omis de lui annoncer la venue de la mission EUCALYPTUS et d'expliquer à cette dernière qui il était. L'arrivée impromptue, sur l'un de ses terrains les plus chéris, d'une bande de bleus apparemment incompétents ne pouvait lui faire plaisir. Mais enfin, ses ennemis étaient les Allemands et non les Anglais. Longe plaça son groupe, de sa propre initiative, aux côtés du commandant du Vercors, Huet (*Hervieux*), un colonel français de l'armée régulière[23], et se mit en contact avec Londres pour des livraisons d'armes. À la fin de juin, il n'y avait plus un Allemand sur le plateau, qui se couvrit de drapeaux tricolores. Chacun s'attendait à une bataille, mais considérait ce petit territoire comme libéré. Il y a eu, depuis, d'interminables débats pour déterminer pourquoi, et sur l'ordre de qui, ces combattants firent preuve d'une fougue aussi prématurée. La vérité est que Chavant, le maire du plus gros bourg du plateau, Villard-de-Lans, avait fait le voyage d'Alger sur le sous-marin *Casabianca* à la fin mai et en était revenu le 6 juin porteur d'une « décision » en date du 30 mai, signée au nom du général de Gaulle par le directeur des services spéciaux français Soustelle ; bien que rédigée en termes prudents et coïncidant avec les messages d'action diffusés la nuit précédente par la BBC, elle fut interprétée comme ouvrant la voie à une mobilisation immédiate. Soustelle semble n'avoir informé personne à MASSINGHAM de la décision qu'il avait signée [24].

Début juillet, bien que le groupe EUCALYPTUS et le groupe opérationnel américain arrivé avec lui eussent entraîné intensivement les maquisards, et que plusieurs accrochages avec les Allemands sur le rebord du plateau se fussent terminés victorieusement, les patrouilles de reconnaissance allemandes commencèrent à se montrer plus audacieuses. Le 11 juillet, Huet rappela les mille derniers « sédentaires », ce qui porta l'effectif du maquis à trois mille deux cents combattants, puis, avec les volontaires spontanés, à plus de quatre mille. L'aire de parachutage de Vassieux fut convertie en terrain d'atterrissage capable d'accueillir des Dakota, et les Américains y larguèrent un millier de conteneurs le matin du 14 : des conteneurs bourrés de Sten, de munitions, et aussi de vêtements dont le maquis avait certes le plus grand besoin, mais pas d'armes lourdes, qui étaient si ardemment espérées. Les Allemands, qui n'avaient jamais tout à fait interrompu leurs incursions et leurs petits raids aériens lancés de leur terrain d'aviation près de Valence, saluèrent le grand parachutage, dans les minutes qui suivirent, par des attaques de chasseurs et des tirs d'obus sur l'aire de Vassieux. Le 18, une dizaine de milliers d'hommes de deux ou peut-être trois divisions allemandes lancèrent une attaque sérieuse, avec soutien aérien. L'attaque fut contenue pendant plusieurs jours au bord du plateau, grâce à un relief favorable, à la combativité des défenseurs et à la prudence des attaquants (due à une amère expérience, car lors d'une embuscade récente les quinze soldats des groupes opérationnels avaient tué plus de cent Allemands en dix minutes [25]). Constatant qu'il ne progressait pas, l'ennemi éleva les enjeux. Le 21, il fit atterrir une vingtaine de planeurs, transportant plus de deux cents SS, sur le terrain de Vassieux. Et cette fois le maquis, trop légèrement armé, ne put venir à bout de cette formation d'élite. Huet lança toutes ses forces de réserve dans la bataille, qui dura deux jours sous une pluie battante. Enfin, dans l'après-midi du 23, il donna à ses troupes l'ordre de dispersion ; un ordre qui aurait dû, selon toutes les règles de la guérilla, tomber cinq jours plus tôt. La reconquête du plateau par les Allemands s'accompagna de leur barbarie habituelle. Ils incendièrent et torturèrent et tuèrent le plus de gens possible de la manière la plus atroce possible. Une femme fut violée par dix-sept hommes d'affilée, un médecin allemand lui tenant le pouls de manière à interrompre les violeurs chaque fois qu'elle s'évanouissait. Une autre, qui était assistante de Pecquet, fut éventrée et on la laissa mourir avec ses viscères enroulés autour du cou[26].

Les officiers de liaison alliés furent séparés dans la confusion du combat, ce qui n'a rien d'étonnant. Cammaerts, sagement, s'était esquivé dès le 21 : il avait de trop grandes responsabilités pour se laisser entraîner dans une bataille qui ne fût pas décisive. Conus fut capturé le même jour et torturé. Il fut placé en dernier dans une rangée de six hommes à fusiller, que l'on avait fait aligner au bord d'un ravin de dix mètres ; lorsque vint son tour, il sauta dans le ravin et réussit à s'enfuir. Les radios restèrent ensemble et accomplirent une très belle prouesse tactique en parvenant à rester en communication avec la base. En revanche, ils n'avaient avec Huet qu'un contact intermittent, et plus du tout avec le chef de la mission EUCALYPTUS, Longe. Finalement, ce dernier et son adjoint Houseman se retrouvèrent seuls avec un combattant français et partirent vers la Suisse, où ils pénétrèrent après une semaine de marche périlleuse.

Une remarque formulée en passant par Cammaerts, reprise et grossie par un personnage qui ne songeait sans doute qu'à se donner de l'importance, se transforma en méchante rumeur : Longe et Houseman auraient déserté. En réalité, comme l'a fort bien dit l'opérateur radio Pecquet, « l'équipe radio a traversé des jours terribles quand elle se cachait dans les bois, mais… quitter le Vercors peut être considéré comme une entreprise encore plus dangereuse. »[27] Finalement, un jury d'enquête fut réuni à Londres à la demande de Longe et jugea que « la conduite de ces officiers [avait] été conforme aux traditions de l'armée britannique et [que] leur façon d'agir [avait] été entièrement justifiée »[28], et Gubbins demanda pour Longe la Military Cross, en reconnaissance « de son courage et de sa ténacité dans des circonstances extrêmement difficiles ».

C'est pourtant aussi dans la zone d'intervention de la mission UNION (opérationnelle de janvier à mai dans le quart Sud-est de la France) mais dans un autre secteur, que le bon usage du maquis allait bientôt être démontré. Deux nouvelles missions UNION furent envoyées : l'une, malheureuse, entièrement composée d'Américains (dont Ortiz), fut parachutée le 1er août en Tarentaise en même temps qu'une livraison massive de conteneurs destinés à Cammaerts, l'autre mixte, sous le commandement de D.E.F. Green (qui enseignait jusque-là le cambrio-lage dans un centre du SOE), dans la nuit du 12 au 13 août en Ubaye. Cette deuxième équipe se retrouva dans une zone si vide d'ennemis que ses membres purent rester ensemble et se déplacer en carriole découverte [29]. Mais Ortiz, fait prisonnier presque par hasard, eut droit en compensation au spectacle réjouissant des efforts de la célèbre 157e division allemande, dont il était le captif, pour se replier en Italie : il ne fallut à cette unité pas moins de trois jours (du 23 au 25 août) pour remonter l'Arc jusqu'à Modane, soixante kilomètres à peine au long desquels elle dut affronter une interminable succession de petites embuscades. « Notre progression était très lente, raconta-t-il par la suite. Ils redoutaient les attaques du maquis et se faisaient précéder d'une compagnie de motocyclistes. À chaque passage qui paraissait propice à un guet-apens, les motocyclistes descendaient de leur machine, se déployaient et procédaient à une reconnaissance en règle. » [30]

Les maquis de Savoie avaient tiré la leçon du destin tragique des Glières et de leurs voisins du Vercors, la règle d'or de la guérilla : l'affaire de la guérilla, c'est de ralentir le passage de l'ennemi à travers son territoire, et non de le tenir. Cette règle fut appliquée avec un grand succès dans le centre et le sud-ouest de la France sous les auspices du SOE, au moment même où une conception livresque du rôle des troupes irrégulières précipitait le Vercors dans la ruine. Voici par exemple le récit, par le second de la mission BERGAMOTE, d'une embuscade comme il y en eut tant. Cela se passait dans la Creuse, en août :

« En quelques minutes, la route se couvrit d'un cortège interminable de blindés à roues, d'autos, de motos, de camions, avec un tank ici et là. Il semblait régner un certain désordre, en tout cas la colonne ne correspondait à aucune formation précise ; on voyait aussi bien des voitures privées entre deux camions bourrés de soldats, et les motocyclistes n'étaient pas disposés à intervalles réguliers. La pro-gression était extrêmement lente – environ 8 kilomètres à l'heure – et les haltes fréquentes, que ce fût pour écarter un tronc d'arbre mis en travers de la voie, explorer un piège supposé ou reconnaître les abords de la route. Tout cela prouvait à l'évidence, si besoin était, que les maquisards étaient redoutés et qu'ils remplissaient très bien leur principale mission, à savoir ralentir les mouvements de l'ennemi. Tous les hommes que nous pouvions voir appartenaient soit à l'infanterie allemande soit à la milice...

Nous étions à peine arrivés à un très intéressant repli de terrain bordé de taillis lorsque éclata le bruit d'une fusillade à quelques kilomètres derrière nous sur la route, de l'autre côté de Bosmoreau. Le bruit était assez éloigné, il n'en eut pas moins pour effet de stopper tout le convoi. Les officiers et les gradés descendirent de leurs véhicules – on pouvait maintenant voir tous les détails – et se mirent à balayer systématiquement avec leurs jumelles tous les bois et les pentes des alentours. Les soldats eux-mêmes restèrent pour la plupart dans les camions, à l'exception de quelques-uns qui se postèrent avec des mitrailleuses légères non loin de la route, selon le principe de la "protection circulaire". Juste en face de nous, toute une compagnie de miliciens était gentiment groupée, les regards obstinément fixés dans la mauvaise direction : une cible de rêve !

Soudain, un tir nourri d'armes légères partit d'un point symétrique à notre propre position, à environ cent mètres sur notre gauche. C'était la section du maquis qui entrait en action. Au jugé, il devait y avoir six fusils (qui tiraient très vite pour des soldats inexpérimentés) et deux Bren qui vidaient leurs chargeurs par rafales rapides et prolongées.

Mes deux compagnons et moi-même ouvrîmes le feu aussitôt ; nous avions un fusil et deux carabines. Nous tirions aussi vite que possible dans cette masse d'hommes, certains sautaient comme ils pouvaient hors des camions, d'autres se jetaient à plat ventre sur la route. Il était difficile de distinguer les morts des vivants, et pendant une bonne minute ce fut la panique.

Alors il arriva quelque chose de curieux. C'était comme si toute la division se jetait dans l'action contre nous. Armes personnelles, mitrailleuses lourdes, mortiers, petite artillerie, se mirent à tirer dans le bois de notre côté de la route en balayant au moins cinq cents mètres de large ; les arbres et les buissons sur nos flancs et notre arrière furent hachés menu, mais aucun projectile ne nous approcha.

C'était tellement allemand ! Ils avaient du mal à nous localiser, ils nous croyaient plus nombreux que nous ne l'étions, alors ils tiraient sur tout ce qui bougeait, même une branche dans le vent. Ils utilisaient un marteau pilon pour écraser une noix, et ils manquaient la noix !

Nous quittâmes les lieux dès que les maquisards sur notre gauche eurent cessé de tirer, ce qu'ils firent tous ensemble au bout de moins de cinq minutes, apparemment sous les ordres d'un bon sous-officier. Nous remontâmes la pente le plus vite possible à quatre pattes, afin de rester hors de vue, et nous nous retrouvâmes rapidement sous le couvert du bois. Je me retournai une fois pour jeter un coup d'œil. Les tirs d'armes légères en provenance de la route étaient maintenant dirigés vers nous avec un peu plus de précision ; cela paraissait être un tir de couverture comme on en fait dans l'exercice de combat classique, car on voyait déjà, à une cinquantaine de mètres de la route, deux groupes qui grimpaient pour nous encercler et progressaient par alternance d'avancée et de tir, tout à fait comme dans l'exercice britannique d'attaque expliqué dans la brochure de l'armée de terre "Techniques de campagne et exercices de combat". À en juger par le dernier regard que je jetai sur la route, il y avait au moins trente ou quarante morts ou blessés chez l'ennemi. À vrai dire, on ne peut guère évaluer avec précision les pertes ennemies dans ce genre de circonstances.

Mais l'essentiel, ce sont les difficultés et les retards causés à un corps de troupe aussi important. Ils continuèrent à tirer dans notre direction avec tous les calibres possibles alors que nous avions quitté le bois depuis longtemps [31]. »

Cet exemple d'embuscade infligeant à l'ennemi quelques pertes en hommes mais surtout des dommages importants en termes de temps perdu et, plus encore, de tension psychologique, suffit à illustrer l'appui que les forces inspirées par le SOE apportèrent en mille lieux à la fois. La colonne attaquée en l'occurrence battait en retraite et cherchait à rentrer en Allemagne. Et s'il ne lui restait rien de mieux à faire, c'était notamment parce qu'une multitude d'actions de la résistance avait tellement entravé la progression des renforts allemands vers la Normandie que les commandants du front normand avaient cessé de compter sur ces renforts, ou même de les espérer. Il serait absurde de la part du SOE d'en revendiquer la gloire pour lui seul. Une bonne partie en revient aux forces aériennes alliées. Une autre, très importante également, à des actions spontanées de cheminots français poussés par leurs propres sentiments et non par des ordres venus de Londres ou d'Alger. Même parmi les Français qui se postèrent en embuscade ici ou là pour freiner l'avance allemande, il y en avait des milliers qui n'avaient jamais entendu parler d'un organisateur du SOE ni reçu des ordres ou un soutien direct quelconque de l'étranger. Et pourtant le contraste est frappant entre le comportement des paysans français en 1940 et en 1944. Comme l'avait remarqué Liddell Hart peu après la défaite française [32], quelques arbres judicieusement abattus en travers des routes, complétés par des tireurs embusqués aux alentours, auraient pu sérieusement entraver un *Blitzkrieg* reposant sur l'avance des blindés ; mais à l'époque, c'était d'un œil bien différent que la population rurale française avait regardé l'invasion allemande. Les causes de son retournement psychologique sont complexes. L'une d'elles, et non la moindre, fut sans doute la propagande radiophonique et par tracts aériens animée et dirigée par le service britannique PWE (Direction de la guerre politique), dont le lecteur se souvient peut-être qu'il devait, à l'origine, faire partie du SOE sous le nom de SO1. Et il est vrai que les Allemands avaient surtout à s'en prendre à eux-mêmes si les Français, qui les avaient plus ou moins acceptés, furent si heureux de les voir décamper quatre ans plus tard. En revanche, le SOE peut à bon droit affirmer que ses équipes et ses armes ont été l'amorce de ce feu d'artifice d'actions antiallemandes. Dans certaines grandes villes, en particulier à Paris, la direction des combats de la résistance en cet été 1944 fut assurée par les FTP, dont les relations avaient été, de manière générale, peu chaleureuses avec de Gaulle et glaciales avec le SOE. Le cas de Paris sera abordé plus loin. Mais dans les campagnes, bien qu'il y eût énormément de maquisards FTP armés en circulation, ils furent bien souvent instrumentalisés par leurs responsables communistes – comme, du reste, certains groupes FFI par leurs responsables gaullistes – à des fins plus partisanes que nationales. Beaucoup d'entre eux montrèrent un certain penchant à régler quelques comptes locaux entre Français au lieu de s'occuper des Allemands, et les dossiers du SOE contiennent de nombreux exemples d'unités FTP qui, ayant reçu des armes par son intermédiaire, refusèrent de s'en servir pour toute action que le parti communiste n'eût pas préalablement approuvée. Or l'état de désordre extrême des communications – qui était précisément l'un des beaux succès du SOE et de l'aviation alliée – rendait l'aval du PCF plutôt difficile à obtenir.

Observons de plus près quelques exemples d'actions du SOE visant à ralentir les mouvements des troupes allemandes dans l'ensemble de la France. L'une d'elles n'a concerné qu'une division, mais pas n'importe laquelle : la 2ᵉ division blindée de SS (division *Das Reich*), équipée du dernier modèle de char lourd. Stationnée à Toulouse, elle reçut à la date J + 1, autrement dit le lendemain du débarquement, l'ordre de rejoindre la Normandie : elle y arriva au jour J + 17 ! Or ce retard de deux semaines (le déplacement n'aurait pas dû nécessiter plus de trois jours[33]) a peut-être été le facteur décisif qui a permis aux alliés de consolider leur tête de pont en Normandie : en effet, la situation y était extrêmement précaire dans les tout premiers jours, si bien que l'arrivée, en renfort du camp adverse, d'une division d'élite supplémentaire parfaitement équipée et armée aurait très bien pu faire reculer jusqu'aux plages une partie du front allié encore très fragile et faire capoter toute l'opération NEPTUNE. Quelles furent les causes du retard ? En partie, bien entendu, la destruction par l'aviation alliée, dans les premiers jours de juin, de tous les ponts sur la Loire en aval d'Orléans. Mais la division de SS avait son unité de pontonniers : ce n'était pas pour rien qu'elle s'était battue en Russie, où les fleuves sont autrement plus larges. Elle aurait eu quelque difficulté à franchir la Loire, résistance ou pas, mais cela ne lui aurait sûrement pas pris quinze jours. Ce qui l'empêtra irrémédiablement, ce furent d'incessantes embuscades dans lesquelles plusieurs réseaux de la section F jouèrent un rôle éminent[a]. Avant même que l'ordre de marche ne fût parvenu à cette malheureuse division, des équipes de WHEELWRIGHT s'employaient déjà activement à faire sauter ses dépôts d'essence, que George Starr avait fait systématiquement repérer depuis des semaines et dont il avait planifié avec soin le sabotage. Privés d'essence, les Allemands auraient pu prendre le train, mais PIMENTO veilla à ne laisser passer qu'un seul train en direction du Nord. Un seul train, c'était autant dire pas de train

---

a. Cette version des faits, attribuant à l'action de la résistance l'arrivée si tardive de la division *Das Reich* sur le front de Normandie, officialisée à l'époque, a été longtemps accréditée. Les archives allemandes et les travaux de l'historien Gilbert Beaubatie ont prouvé que la division avait reçu ordre de mouvement dès le 5 juin, avec mission de mener « une frappe immédiate et brutale » pour anéantir les bandes de terroristes et nettoyer les secteurs infestés, notamment celui de Tulle-Limoges. Aucune embuscade ne la ralentit entre Brive et Tulle. Elle ne reçut l'ordre de gagner la Normandie que le 10 juin au soir, à Limoges, après avoir repris possession de Tulle, occupé par les maquis, et y avoir pendu 99 patriotes le 9 juin ; et ne fit mouvement vers la Normandie qu'à partir des 10 et 11 juin, après le massacre d'Oradour. Il reste que la mission de « contre-terrorisme » qui lui avait été assignée la rendit indisponible jusqu'au 11 juin [J.-L. C.-B.].

du tout ; de sorte qu'après un nouveau retard exaspérant pendant lequel la division réunit tant bien que mal assez d'essence pour partir, elle finit par prendre la route. Mais cela lui faisait traverser le sous-secteur de WHEELWRIGHT placé sous la responsabilité de Philippe de Gunzbourg, entre Bergerac et Périgueux ; ou, pour les colonnes qui prirent la variante Est, le territoire de DIGGER et de plusieurs autres groupes qui multiplièrent les embuscades audacieuses entre Brive et Tulle. Les hommes de DIGGER avaient une sérieuse revanche à prendre, notamment pour tous les morts qu'ils avaient eus à déplorer lors des combats de l'automne précédent et pour l'arrestation de leur chef Harry Peulevé, qui à peu près au même moment réussissait presque l'exploit inouï de s'échapper de la prison de Fresnes (comme tous les bons plans d'évasion, celui-ci était simple : renvoyé à Fresnes après un interrogatoire stérile avenue Foch, il réussit à se mêler à une foule de visiteurs français qui quittaient la prison, se dirigea vers la grille principale avec eux, tendit au gardien un bout de papier vierge au lieu du laissez-passer visiteur et prit ses jambes à son cou. Mais il n'eut pas de chance : la sentinelle donna aussitôt l'alarme, il fut blessé, rattrapé dans un jardin voisin et ramené en cellule. Et, comme personne ne venait le soigner, il se résolut à extraire lui-même, avec une cuiller, la balle qu'il avait reçue dans la hanche). Lorsque les Allemands eurent réussi à se dépêtrer de WHEELWRIGHT et de DIGGER – ce qui leur prit tout de même plusieurs jours –, ils eurent maille à partir, aux environs de Limoges, avec FIREMAN et les groupes de Deschelette, soutenus par Maingard (SHIPWRIGHT) et Pearl Witherington (WRESTLER), puis avec l'équipe SAS BULBASKET près de Poitiers et avec Philippe de Vomécourt et son réseau VENTRILOQUIST. Les voilà enfin arrivés aux rives de la Loire. Mais au nord du fleuve, il y avait le réseau sarthois ressuscité par Hudson, HEADMASTER, puis juste à côté, pour les intercepter lorsqu'ils se dirigèrent vers Caen où se trouvait le plus gros de l'armée britannique, le réseau SCIENTIST de Claude de Baissac. Lorsque, après toutes ces tribulations, les SS, arrivés aux abords du front, se traînèrent dans leur campement en poussant un soupir de soulagement à l'idée qu'ils allaient enfin avoir affaire à de vrais soldats et non plus à ces fichus terroristes, leur capacité de combat n'était plus du tout celle qu'ils avaient eue en quittant Toulouse : un peu comme le cobra qui a mordu dans un bâton tendu pour le provoquer et qui est désormais beaucoup moins dangereux car il ne lui reste plus assez de venin (c'est contre une autre division blindée de SS que Hugh Dormer fut tué au combat, de retour dans son régiment comme il l'avait souhaité, à la fin de juillet).

Durant sa progression vers le Nord, la division *Das Reich* s'offrit une mention spéciale dans les records de l'ignoble. Ses hommes avaient perdu une bonne partie de leur sang-froid. On espérait les bloquer près de quarante-huit heures dans la jolie petite ville de Souillac. Une heure a suffi aux nazis. Ailleurs, toute une colonne armée de mitrailleuses lourdes et de mortiers avait été retenue quatre heures durant par un groupe de vingt-huit FFI à peine, dont la plupart avaient été tués[34]. Les actions de ce genre étaient très utiles à la RAF, qui survolait le territoire français à la recherche de cibles et avait plusieurs fois infligé des pertes sérieuses à la division lorsqu'elle s'était ainsi trouvée bloquée en colonnes compactes sur les grandes routes. En application des consignes allemandes de répression par la terreur, une compagnie de SS encercla le 18 au matin le village d'Oradour-sur-Glane, à 22 kilomètres de Limoges. Toute la population fut rassemblée sur la grand-place ; les femmes et les enfants furent poussés dans l'église, les hommes furent abattus sur place, puis l'église fut incendiée. Des SS en armes montaient la garde tout autour pour veiller à ce que personne n'en sorte vivant. Près de sept cents personnes furent tuées, mais comme toujours il y eut quelques survivants ; de sorte que le nom d'Oradour a rejoint ceux de Lidice et de Kharkov dans le livre noir de ce que l'homme fait à l'homme.

Comme dans d'autres cas de désastres consécutifs à des opérations du SOE en France, il serait absurde de dire que le massacre d'Oradour ait pu être en quelque façon « la faute du SOE ». Mais l'épisode montre, comme la tragédie du Vercors, que lorsque les soldats allemands étaient soumis à une forte pression de la guérilla, ils cessaient de se comporter conformément à ce qu'on appelle curieusement « les lois de la guerre ». Pour commettre une chose pareille, il fallait que ces hommes et leur commandement aient perdu une bonne part de leurs qualités de combattants, et le SOE est en droit de revendiquer une part de cette baisse de niveau ; même si tout membre du SOE en déplorera les conséquences.

Les nouvelles formations interalliées : JEDBURGH, SAS

Les plans de la campagne OVERLORD prévoyaient l'intervention de plusieurs types de formations alliées à l'intérieur du territoire français :

deux catégories d'équipes très légères, les groupes BARDSEA et JED-BURGH, et plusieurs missions interalliées plus étoffées, qui étaient directement des missions SOE ; la brigade SAS anglo-franco-belge ; et les GO (groupes opérationnels), entièrement américains. Toutes ces formations armées doivent être mentionnées ici car, à l'exception des SAS, elles relevaient du 6ᵉ bureau de l'EMFFI ; et les troupes SAS, bien que dépendant jusqu'au 5 août d'un autre commandement, étaient supposées coopérer.

Les groupes BARDSEA n'entrèrent jamais vraiment en action : ils furent – si l'on me passe cette expression impropre, car les événements ne se déplacent pas tout seuls – « dépassés par les événements ». Ils se composaient d'une centaine de combattants polonais dont l'entraînement était parachevé bien avant le Jour J, et qui depuis lors piaffaient de rage et d'impatience en Angleterre. C'étaient des soldats hautement qualifiés de la guerre souterraine : tous coriaces, tous bons tireurs, tous experts en sabotage, tous parachutistes. Ils devaient sauter dans le nord de la France, y être accueillis par des comités de réception de l'organisation polonaise MONICA et l'aider à diriger l'armée secrète qu'elle avait créée autour de Lille dans des actions de harcèlement de la retraite allemande. Mais la politique les réduisit à l'impuissance : les membres du gouvernement polonais en exil à Londres, profondément habités par le malheur de leur nation, étaient bien décidés à ne pas laisser gaspiller cette petite force d'élite. Ils avaient obtenu l'assurance, au prix d'interminables discussions, que les groupes BARDSEA ne seraient invités à sauter qu'en des points où l'arrivée des forces alliées régulières pouvait raisonnablement être attendue dans les quarante-huit heures. Seulement, aucune des personnes qui avaient participé à cette âpre négociation et élaboré cet accord n'avait pris vraiment conscience qu'il fallait soixante-douze heures pour monter une opération BARDSEA. Lorsque les armées alliées progressèrent des rives de la Seine à la frontière allemande, fin août-début septembre, les populations polonaises du nord et du nord-est de la France ne purent que les regarder passer : leur potentiel militaire était resté à l'état de potentiel. Aucune guerre ne peut complètement éviter le gaspillage de bonnes intentions. La bonne intention des Polonais, c'était de vouloir conduire les soldats de BARDSEA jusqu'à Varsovie insurgée, qui vivait en ces jours-là son martyre. Logistique et politique l'interdirent [35].

Quatre-vingt-treize groupes JEDBURGH furent envoyés en France : six en Bretagne et sept dans d'autres régions pendant le mois de juin, les quatre-vingts autres sur l'ensemble du territoire au cours des dix semaines suivantes. Comme presque tous les autres agents du SOE envoyés en France en cette phase tardive, les groupes JEDBURGH trouvaient un terrain déjà travaillé par des agents des sections F ou RF ou par des chefs locaux. Ils furent presque tous accueillis par des comités de réception du SOE ; ce qui était une bonne chose, car très souvent leur poste émetteur, mal emballé, arriva en mauvais état, et sans communications rapides avec Londres ils n'étaient guère utiles. Des auteurs français xénophobes, ou du moins anglophobes, ont prétendu qu'ils avaient pour rôle de contenir les actions de la résistance dans des limites compatibles avec les plans secrets de domination mondiale de l'Intelligence Service [36], ce qui n'est pas très convaincant étant donné que ces groupes étaient parfois entièrement composés de Français et que tous étaient placés sous l'autorité du SHAEF. Des dizaines de secteurs de la résistance bénéficièrent grâce à eux d'une liaison avec le haut commandement allié qui leur fut d'une aide précieuse pour expulser les Allemands ; leur seule présence réjouissait le cœur des habitants car ils portaient l'uniforme ; et même là où ils étaient le moins nécessaires, ils pouvaient toujours apporter leur contribution à la résistance locale en formant des saboteurs ou en enseignant le maniement d'armes. Après plus d'un an passé à l'entraînement, ces soldats avaient hâte d'en découdre ; surtout les Français, qui savaient les risques que leurs compatriotes résistants avaient courus pendant tout ce temps [37].

Remarquons que le port de l'uniforme n'eut pas d'incidence sur la sécurité des groupes JEDBURGH : en effet, aucune de ces équipes ne fut capturée. Elles n'eurent à subir de pertes que dans des batailles d'artillerie contre l'ennemi ou parfois, au tout début de leur mission, lors d'accidents de parachute. On a déjà mentionné l'accident arrivé à Mynatt [38]. Deux membres du groupe ANDY [39] se cassèrent trois jambes sur quatre lors de leur premier saut. Deschelette (*Ellipse*), le délégué militaire régional de la région où se produisit l'accident, renvoya les blessés en Angleterre par un Dakota qui décolla de l'aéroport de Limoges, qu'il contrôlait déjà ; le troisième membre, indemne, était opérateur radio, il l'annexa. Comme n'importe quel agent, les membres de ces groupes eurent des fortunes diverses. Quelques-uns furent impliqués dans des batailles assez dures, en particulier en Bretagne, comme nous le verrons plus loin. Mais ils étaient tous du même avis sur un point : ils auraient dû arriver plus tôt. On avait toujours pensé qu'il serait suicidaire d'envoyer derrière les lignes des Américains immédiatement reconnaissables à leur accent, tant que la libération n'était pas encore assez imminente pour leur garantir un soutien et une protection solides de la part de la population. C'est pour cette raison que le parachutage des groupes JEDBURGH ne commença qu'avec OVER-LORD. Autant qu'on puisse en juger aujourd'hui d'après la documentation disponible, les décideurs furent probablement trop prudents en cette occurrence. Le sentiment d'insécurité produit sur l'ennemi aurait certainement été beaucoup plus paralysant si l'on avait envoyé sur le territoire français, plusieurs mois avant le Jour J, des effectifs appréciables d'agents subversifs non seulement armés mais en uniforme. Toutefois, les risques de l'opération auraient été considérables et il serait un peu léger de reprocher au commandement allié de n'avoir pas voulu les courir.

En ce qui concerne la contribution américaine, les groupes JED-BURGH comptaient une centaine de jeunes officiers parmi les meilleurs que l'OSS avait pu dégager pour ce travail. Les groupes opérationnels (GO) comportaient beaucoup moins d'officiers et avaient aussi moins d'expérience ; à cela près, ils offraient la même valeur au combat que les SAS. Comme ces derniers, ils ne furent pas envoyés en France avant le 5 juin, et un demi-groupe seulement en zone Nord. En zone Sud, quatre GO de trente-quatre hommes chacun partirent de la base de MASSINGHAM, près d'Alger, pour renforcer les points, tels que le Vercors, où l'on s'attendait à voir se développer une résistance ouverte. Ils comptaient, en proportion, beaucoup plus de francophones que les deux régiments britanniques de la brigade SAS, ils étaient plus généreusement équipés et presque aussi bien entraînés ; mais ils furent parfois d'une prudence excessive. L'un de ces groupes commença par se terrer une bonne semaine dans les collines dénudées du Quercy pour reconnaître les lieux à fond ; quand il se décida à ramper jusqu'à la vallée pour faire sauter un viaduc ferroviaire, il y colla une telle quantité de plastic qu'il en démolit toute une arche. Après quoi il s'aperçut que le viaduc n'était pas surveillé : les Allemands étaient partis depuis quatre jours[40].

Les missions interalliées furent si diverses, tant en termes d'effectifs que de programme d'action, qu'il vaut mieux les présenter sous forme de tableau (tableau 5, pp. 540-541). Les plus importantes ont déjà trouvé place, ou trouveront place, dans notre narration[41]. Il est à peu près certain que, par suite de la destruction des dossiers de l'AMF (la « section française » de MASSINGHAM, antenne du SOE à Alger), on a définitivement perdu la trace de plusieurs d'entre elles, qui auraient au moins mérité de figurer sur la carte.

En ce qui concerne les opérations de la brigade SAS en France en cet été 1944, une petite partie est déjà connue par des autobiographies de participants[42] ; il en reste beaucoup à dire, mais pas ici. Pratiquement tout l'effectif (environ deux mille deux cents hommes) alla au feu. Le 4ᵉ SAS, parachuté dans son entier en Bretagne courant juin, perdit près de la moitié de ses hommes en tués et blessés ; la proportion fut encore plus élevée dans certains groupes du 1ᵉʳ SAS. Une centaine d'hommes en tout furent faits prisonniers lors des combats. Quatre d'entre eux échappèrent à l'exécution en s'évadant et deux furent retrouvés dans des hôpitaux militaires allemands avec de très graves blessures. De nombreux groupes SAS figurent sur la carte 4 ; quelques-uns appellent en outre des précisions ici car ils coopérèrent étroitement avec l'état-major FFI et les équipes issues du SOE sur le terrain. Dans un résumé des actions du SFHQ en juin et juillet, il est dit qu'ils « apportèrent la direction militaire qualifiée et entraînée dont manquaient nécessairement les FFI et constituèrent, dans les régions où ils combattirent, le noyau de la résistance française sur le terrain. »[43]

Leur système de ravitaillement fonctionna plus régulièrement et efficacement que celui de l'EMFFI pour les groupes JEDBURGH : on retrouve partout dans les rapports finaux des chefs de groupes JED-BURGH la remarque que leurs camarades des SAS avaient été mieux approvisionnés, et plus vite. L'inefficacité relative de l'EMFFI était surtout une conséquence de sa dimension ; elle ne reflète aucune infériorité des escadrons de Harrington et de Tempsford, qui ravitaillaient le SOE, par rapport aux équipages du Groupe 38 qui servaient les SAS. Si les effectifs SAS en France finirent par dépasser ceux du SOE et si les problèmes de navigation étaient les mêmes pour tout le monde, les équipes SAS étaient moins nombreuses et dotées de comités de réception mieux entraînés. Mais surtout leur état-major était moins complexe et plus resserré. Il n'avait pas la tâche facile pour autant : pas moins d'une douzaine d'autorités différentes devaient donner leur accord pour lancer chaque nouvelle action de la brigade SAS. Ce fut une équipe constituée d'un capitaine d'état-major avec son adjoint, plus un cadre des services du ravitaillement également flanqué d'un adjoint (tous quatre pendus à leurs téléphones) qui réussit le prodige d'un ravitaillement régulier. Toutes les opérations SAS étaient contrôlées à partir du QG de la brigade, installé sur le terrain de golf de Moor Park en banlieue nord-ouest de Londres. Le noyau de l'état-major se composait, comme pour une brigade ordinaire, d'un commandant de brigade, d'un capitaine d'état-major et d'un officier de renseignement. Les trois

TABLEAU 5
MISSIONS INTERALLIÉES, 1944

NOM	EFFECTIF	CHEF DE MISSION	DATE D'ENVOI	SECTEUR	REMARQUES
UNION	4	Fourcaud	6 janvier	Vallée du Rhône et Savoie	Autres membres : Thackthwaite, Ortiz et Monnier ; retrait le 6 mai
ASYMPTOTE	2	Yeo-Thomas	24 février	Paris	Mise en échec par arrestation du chef, 21 mars
CITRONNELLE	12	Bollardière	12 avril et 5 juin	Ardennes	Mise en échec par attaque ennemie, 12 juin
CLÉ	1	Rachline	15 avril	Paris	Pour assurer la décentralisation de l'organisation de la résistance intérieure. Arrivée par mer
BENJOIN	4	Cardozo	8 mai	Massif Central Nord	Survit à deux attaques majeures en juin ; libère Clermont-Ferrand, 27 août
VERVEINE	6	Hutchison	5 et 10 juin	Morvan	Étroite coopération avec SAS
MUSC	3	Heslop	7 juin	Savoie	« Réincarnation » de la mission Cantinier-Xavier de 1943
ISOTOPE	6	Baldensperger	8 juin	Massif Central Sud	Succès
BERGAMOTE	6	Robert	26 juin	Creuse	Gros retard imposé à l'ennemi dans la progression de ses renforts vers la Normandie

EUCALYPTUS	6	Longe	28 juin et 7 juillet	Vercors	Disloquée par attaque ennemie, mi-juillet
TILLEUL	7	De Guélis	7 juillet	Corrèze	Succès
UNION II	7	Coolidge	1er août	Savoie	Arrivée par parachutage massif de jour (un mort à l'atterrissage) ; mise en échec par capture d'Ortiz et de quatre autres membres, 14 août ; chef indemne
ALOÈS	25	Eon	4 août	Bretagne	Second de la mission : Dewavrin ; mal préparée ; étroite coopération avec SAS et JEDBURGH ; succès magnifique
CIVETTE	2	Clastère	11 août	Picardie	De nouveau avec Bodhaine ; mission de sabotage ; résultat inconnu
UNION III	9	Green	12 août	Maurienne	Venue trop tard pour être bien utile
SNOW-WHITE	9	Croft	16 août	Hérault	Venue trop tard
ÉTOILE	8	Broad	5 septembre	Franche-Comté Sud	Venue trop tard
SHINOILE	25	Willk	8 septembre	Vendée	La Rochelle et St Nazaire investis par les FFI
SAINFOIN	5	Robert	10 septembre	Franche-Comté Nord	Parachutée en arrière des lignes américaines
PAVOT	6	Prendergast	11 septembre	Vosges	Trop tard
CUT-THROAT	6	Hastings	15 septembre	Alsace	La moitié abattue, le reste trop tard

hommes durent constater que, malgré la foule d'officiers supplémentaires qui leur avaient été affectés pour diverses missions particulières, ils avaient besoin chacun d'un adjoint pour faire face à l'afflux incessant des tâches. L'insécurité téléphonique était effarante, mais n'occasionna pas de désastre, et le travail fut accompli avec un effectif plus petit que celui d'un seul des six bureaux de l'EMFFI[44].

Les opérations SAS qu'il faut rapporter ici sont au nombre de cinq.

Le groupe britannique fixe le plus important fut HOUNDSWORTH ; sa base avancée s'était installée dès le Jour J dans le Morvan, sous la direction d'un commandant d'escadron ayant combattu dans le désert, Bill Fraser. La mission interalliée ISAAC (rebaptisée VERVEINE), composée de Hutchison (*Hastings*) et de cinq autres membres, la rejoignit à J + 1. Plusieurs rapports envoyés par le commandement de HOUNDSWORTH rendent compte de la diversité, mais aussi du peu de solidité, des informations fournies par les contacts de Hutchison dans le maquis[45], mais la présence d'un lieutenant-colonel britannique en uniforme fit beaucoup pour le moral des maquisards, et VERVEINE aida les SAS de HOUNDSWORTH à rendre une bonne moitié de département invivable à l'ennemi. Les Allemands essayèrent une fois de nettoyer la forêt où s'était tapi l'escadron de Fraser. Ils s'étaient figuré qu'il leur suffirait pour cela d'un bataillon d'infanterie accompagné d'un blindé à roues ; mais ce dernier n'ayant pas résisté au canon de six livres de Fraser, les attaquants renoncèrent.

La mission SAS BULBASKET dirigée par Tonkin envoya également dès le Jour J une avant-garde accompagnée du groupe JEDBURGH HUGH ; ils furent reçus par le réseau SHIPWRIGHT. À la fin de juin, l'équipe comptait près de cinquante hommes ; elle était installée aux environs de Poitiers, d'où elle s'employait à gêner le plus possible le trafic ferroviaire sur la ligne de Tours et à alimenter l'aviation en informations sur les cibles locales[46]. Mais elle fut piégée le 3 juillet par un bataillon d'infanterie SS. Elle y perdit le tiers de ses hommes, faits prisonniers et fusillés sur place ; les autres parvinrent à s'échapper et furent ramenés en Angleterre dans un vol de Dakota du SOE[47].

Le groupe GAIN, du 1er régiment SAS comme les deux précédents, était établi à quelque quatre-vingt kilomètres au sud de Paris, entre Loire et Seine. Ce fut HERMIT qui organisa ses premières réceptions et lui fournit ses premiers contacts locaux. Son chef était Ian Fenwick, qui exerça ses fonctions avec tout l'humour et le panache que ses célèbres dessins dans *Punch* pouvaient laisser espérer. Le jour, ses hommes se mettaient en travers des grandes voies terrestres de communication avec la Normandie, tous les ponts sur la Seine ayant été détruits ; la nuit, ils patrouillaient dans des jeeps parachutées, se glissaient subrepticement derrière les convois allemands et ouvraient le feu sur eux chaque fois que l'occasion s'en présentait. Mais tout cela se passait trop près de la Gestapo de Paris pour rester toléré longtemps. GAIN ne fonctionna que trois semaines, puis la Gestapo réussit, grâce à un agent double, à repérer la base de Fenwick et lança l'attaque. Un groupe de renfort envoyé d'Angleterre dans la nuit du 4 au 5 juillet trouva l'aire de parachutage sous le feu ennemi ; Fenwick fut tué le lendemain, une douzaine de ses hommes furent capturés et amenés au SD, à Paris. Kieffer les interrogea un mois durant sans en tirer grand-chose. Alors il les fit mettre en vêtements civils et ramener au voisinage de leur base pour les faire fusiller. Mais l'un d'eux eut assez de présence d'esprit pour remarquer que le peloton d'exécution n'était armé que de Sten : il fila dans le bois, et ne fut pas touché. C'est ainsi que fut connu l'épisode qui coûtera la vie à Kieffer. Le chauffeur de Fenwick réussit lui aussi une belle évasion : fait prisonnier alors qu'il était déjà blessé et inconscient, il fut placé dans un hôpital allemand ; là, il se procura un uniforme de médecin avec la complicité d'une infirmière française et s'en fut clopin-clopant.

WALLACE, opération du 2ᵉ SAS commandée par Roy Farran, couvrit beaucoup plus de terrain mais sans abattre beaucoup plus de besogne que GAIN. Lorsque le front se débloqua enfin avec la percée américaine à Avranches, les vingt jeeps de Farran, hérissées de mitrailleuses, furent livrées par avion sur l'aéroport de Rennes, d'où son groupe partit balayer un vaste arc de cercle dans la moitié Nord de la France. Au prix de sept tués et trois disparus, ses hommes infligèrent des dommages considérables aux Allemands et réchauffèrent le cœur de bon nombre de Français, mais en général pour peu de temps car ils allaient très vite : arrivés le 19 août, ils avaient rejoint la base avancée qui leur avait été préparée près de Dijon dès le 23 ; ils y firent halte quelques jours puis repartirent pour une nouvelle étape de quatre jours qui les mena aux environs d'Épinal. Ce fut une belle et romanesque aventure, mais qui relève plus de la cavalerie que de la guerre clandestine.

Un peu de la même façon, la série de petits raids effectués au-delà de la ligne de front des plages normandes en juillet par le groupe SWAN, du 1ᵉʳ SAS, était du travail classique d'infanterie, pour lequel on aurait pu se passer de parachutistes. Presque tout le reste des 1ᵉʳ et 2ᵉ SAS furent envoyés en France à la mi-août dans le cadre de l'opération

TRUEFORM : il s'agissait de harceler l'imminente retraite allemande par des embuscades tendues dans l'ancien territoire de SALESMAN sur la rive droite de la Seine. Les parachutistes du 3ᵉ SAS, qui était l'un des deux régiments français de la brigade, furent dispersés – en uniforme comme les autres [48] – sur de nombreuses missions de consolidation de la résistance au sud de la Loire[a].

L'autre régiment français, le 4ᵉ SAS, commandé par l'indomptable Bourgoin, le commandant manchot, se vit confier en Bretagne une mission plus concentrée et plus importante appelée DINGSON. Son avant-garde, sous le commandement de Marienne, atterrit sur la lande de Lanvaux près de Saint-Marcel un peu avant minuit la veille du débarquement [49], en compagnie de l'équipe HILLBILLY de la section F, composée de Hunter-Hue [50] (le membre survivant de PARSON, qui avait suivi une formation d'organisateur de réseau après son évasion) et d'un radio. Bourgoin avait pour instruction de « couper si possible l'ensemble des communications entre la Bretagne et le reste de la France » [51] ; arrivé lui-même en parachute dans la nuit du 10 au 11 juin, il constata que l'emprise des Allemands sur la Bretagne se relâchait déjà et s'employa, avec l'aide du SOE et de l'armée américaine, à en détruire ce qui restait.

Quelques heures à peine après son arrivée, il était en contact avec cinq bataillons de résistants locaux et fort occupé à appliquer les instructions qu'il avait reçues de l'un de ses nombreux donneurs d'ordres, le 21ᵉ groupe d'armées : « Soulever en Bretagne une révolte en bonne et due forme » [52]. L'équipe HILLBILLY et six groupes JEDBURGH l'aidèrent à recevoir des armes et du matériel pour les nombreux résistants qui avaient hâte de sortir de la clandestinité et de tuer des Allemands ; en quelques jours, deux bons milliers de maquisards du Morbihan se pressaient autour de la base de Saint-Marcel. La brigade improvisa pour eux une livraison et une distribution générale d'uniformes britanniques, de chaussures, de victuailles, d'armes légères et de munitions, et ils repartirent dans toutes les directions pour rejoindre leurs propres bases. Mais on ne pouvait espérer garder secrète une opération connue de tant de monde : Bourgoin avait trouvé en arrivant, comme il l'a raconté lui-même, une véritable ambiance de « foire », avec des cris, des tenues extravagantes, une folle exaltation, des lumières partout [53].

---

a. Ils se battirent dans le Val de Loire et dans le Limousin, en Bourgogne, en Franche-Comté. Des missions SAS participèrent avec la résistance locale à la libération de villes comme Bourges, Nevers ou Belfort [J.-L. C.-B.].

Son autre secteur d'opération, situé à Duault dans les Côtes-du-Nord et baptisé SAMWEST, attira des foules presque aussi nombreuses. Les dix-huit équipes françaises libres de trois hommes chacune composant la mission SAS COONEY, chargées de la destruction de voies ferrées, furent en outre parachutées dans l'est de la Bretagne dans la nuit du 7 au 8 juin. Au bout d'une semaine, elles avaient presque toutes rejoint soit les combattants de SAMWEST près de Guingamp, soit ceux de la base de Saint-Marcel. Les groupes COONEY et ce qui restait de l'organisation locale de cheminots LA BÊTE NOIRE firent de l'excellente besogne : un rapport secret indique que « lorsque l'ennemi évacua de Bretagne sa 3ᵉ division de parachutistes, entre le 11 et le 14 juin, il n'essaya même pas de recourir au chemin de fer »[54].

Ces concentrations de combattants étaient naturellement risquées et furent aussitôt remarquées des Allemands. Le secteur SAMWEST fit l'objet dès le 12 juin d'une attaque bien préparée et conduite par une brigade d'infanterie russo-allemande ; après avoir résisté quelques heures, le groupe prit la sage décision de se disperser. Comme le remarqua dès cette époque un observateur de l'état-major de la brigade, « le SAS ne peut éviter de rassembler des groupes d'hommes importants, en particulier des maquisards mal équipés ; il attire donc nécessairement dans son aire d'intervention des forces ennemies trop lourdes pour être repoussées... [toutefois] il est impossible pour l'ennemi d'écraser des guérilleros qui refusent le combat. »[55] Le 18 juin, une autre unité allemande, de dimension équivalente et renforcée par des véhicules blindés, partie du triste camp de Coëtquidan, entre Vannes et Rennes, attaqua la base de Saint-Marcel (DINGSON). En fin de journée, alors que les défenseurs avaient réussi à imposer une pause aux assaillants, un heureux hasard des transmissions radio fit qu'on envoya à leur secours quarante avions de chasse Thunderbolt P47. On imagine le formidable encouragement que cela représenta pour la résistance, non seulement sur le champ de bataille mais dans toute la Bretagne, où l'histoire se propagea en un éclair ; et le moral baissa sûrement d'autant dans le camp opposé[56]. Bourgoin était trop vieux renard pour se laisser encercler méthodiquement sur son bout de lande : il donna l'ordre de se disperser entièrement avant le matin. La Bretagne évita le sort qui allait être celui du mont Mouchet et du Vercors[a].

_____

a. Le drame de Saint-Marcel est néanmoins que les Allemands, revenus les jours suivants, s'en prirent aux blessés, qui furent achevés après avoir été torturés, et aux

Désormais tout Breton activement favorable aux alliés voulait s'enrôler, d'une manière ou d'une autre, derrière Bourgoin et son armée de libération qui comptait déjà quatre cents Français. Les soldats du SAS, cachés dans des fermes isolées ou dans les bois, n'avaient guère de souci à se faire : l'ennemi, qui multipliait les expéditions à leur recherche, était obligé par sécurité d'y consacrer des effectifs toujours plus nombreux mais c'était avec de moins en moins de résultats. À la fin juillet, les SAS pouvaient compter dans le Morbihan et les Côtes-du-Nord sur plus de trente mille – quatre-vingt mille selon d'autres estimations – maquisards armés et ayant reçu un entraînement rudimentaire au combat d'infanterie. Lorsque les Américains effectuèrent leur percée d'Avranches, la Bretagne se souleva pour les accueillir. Jusqu'à leur arrivée aux abords des bases de sous-marins de Brest, Lorient et Saint-Nazaire, les colonnes blindées américaines ne rencontrèrent pour ainsi dire aucun obstacle sur les grandes routes : le SAS et le SOE y avaient veillé. Une importante mission du SOE, ALOÈS, placée (à l'initiative de Dewavrin, cheville ouvrière de l'expédition) sous le commandement d'un colonel français expérimenté, Eon, sauta le 4 août [57] à l'arrière de l'avant-garde américaine pour assurer le contrôle des territoires reconquis, mais ne réussit jamais à égaler Bourgoin. Selon les termes employés par McLeod après une visite de trois jours à la mi-août, « le nom de SAS a un immense prestige dans tout le Morbihan. Personne ne met en doute que, si le 4ᵉ régiment n'avait pas été envoyé en Bretagne en début de campagne, la résistance n'aurait pas connu le niveau d'organisation et d'équipement qui a été le sien ». En dépit de pertes atteignant quarante pour cent, « la discipline est de premier ordre, et le moral extrêmement élevé. L'unité se considère comme largement responsable de la libération de la Bretagne. » [58] Eisenhower, réfléchissant à l'ensemble de cette campagne un an plus tard, avait encore cela tout frais à la mémoire :

« Il faut tout particulièrement mentionner l'aide considérable que nous ont apportée les FFI dans la reconquête de la Bretagne. Les

---

civils (hommes, femmes et enfants) assassinés sur place. Sur ces combats, voir Jacqueline Sainclivier, *La Bretagne dans la guerre, 1939-1945*, Rennes, Ouest-France et Caen, Mémorial, 1994, et François Marcot (dir.), *Dictionnaire historique de la résistance*, Robert Laffont, 2006. Au mont Mouchet, 2 500 maquisards du Puy-de-Dôme affrontèrent les 10 et 11 juin 1944, avant de se replier, 1 800 puis 2 700 Allemands. La bataille coûta la vie à 125 maquisards et 50 civils. Voir Gilles Lévy et Francis Cordet, *À nous, Auvergne !*, Presses de la Cité, 1974 (rééd. 1990) [J.-L. C.-B.].

effectifs de la résistance ouverte dans ce secteur avaient été portés depuis le mois de juin à un total de quelque trente mille hommes, qui s'étaient agrégés à un noyau de parachutistes français du 4ᵉ régiment SAS. Dans la nuit du 4 au 5 août, un état-major leur fut envoyé pour prendre la direction de leurs opérations. Pendant l'avance des colonnes alliées, ces forces françaises tendirent des embuscades à l'ennemi en retraite, attaquèrent des groupes isolés ou des points forts et empêchèrent la destruction de ponts. Après le passage de notre armée, elles eurent pour tâche de nettoyer les poches allemandes restantes et de veiller à la continuité des communications alliées. Elles apportèrent aussi à nos troupes une aide inappréciable en leur fournissant des informations sur les positions et les intentions ennemies. Enfin, et ce n'était pas le moins important, elles enveloppèrent les Allemands, par leur harcèlement incessant, d'une effroyable atmosphère de danger et de haine qui mina la confiance de leurs chefs et le courage de leurs soldats [59]. »

Il n'avait pas été prévu à l'origine que le SOE, ou même le SAS, auraient pour tâche de fournir des renseignements tactiques aux formations plus lourdes. Mais, comme le montrent de nombreux exemples, les équipes combattantes pouvaient très bien jouer ce rôle si leur action les conduisait en des lieux intéressants à cet égard. Les deux organisations furent notamment mises à contribution en supplément des groupes SUSSEX. L'organisation SUSSEX relevait de l'Intelligence Service et n'avait donc rien à voir avec le SOE. Elle disposait de nombreuses équipes en France depuis mai [60], mais pas assez pour couvrir entièrement les secteurs situés immédiatement derrière le front. La compagnie belge du SAS effectua plusieurs missions de renseignement dans cette zone (notamment en matière de routes), et un réseau du SOE ne fit même que cela : c'était HELMSMAN, créé par un membre de la section F, Jack Hayes, pour répondre à une demande particulière du SFHQ transmise à la section par Brook. Les Américains, sur le flanc droit de la tête de pont alliée, avaient fait part de leur manque d'informations à caractère tactique : la mission de Hayes consista à leur en fournir. Il sauta le 10 juillet, accueilli par un comité de réception de Baissac aux environs d'Avranches. En dix jours, il avait recruté sur place trente volontaires prêts à franchir les lignes allemandes pour porter ses messages sur les dispositifs ennemis, et qui réussirent presque tous à mener leur tâche à bien. Son travail, jugé d'une qualité exceptionnelle par l'armée américaine, était terminé au bout d'un mois.

Sur l'autre flanc de la tête de pont alliée, placé sous responsabilité britannique, de Baissac créa une annexe de son réseau SCIENTIST dans la même intention. Cette équipe œuvra quelque temps sous la direction de Dandicolle (*Verger*) avec des résultats comparables. Mais il y avait beaucoup plus d'Allemands de ce côté-là : Dandicolle fut surpris le 7 juillet avec son radio – M.L. Larcher, le frère d'un ancien de SCULLION – alors qu'ils envoyaient un message. Il y eut un échange de coups de feu, où ils trouvèrent la mort l'un et l'autre. Autre exemple, le réseau PEDLAR, créé par Bodington sur les bords de la Marne, signala à la RAF plusieurs cibles intéressantes. Eileen Nearne, de WIZARD, qui, en plus de son travail normal d'organisation des parachutages pour le réseau SPIRITUALIST, avait transmis quantité d'informations écono-miques et militaires, fut arrêtée en juillet devant son poste. Elle joua très habilement la comédie et réussit du moins à convaincre la Gestapo qu'elle n'était qu'une midinette pas très maligne qui avait accepté de faire quelque chose pour la résistance parce que c'était follement amu-sant : personne ne découvrit qu'elle était à moitié anglaise. Mais cela ne lui évita pas la déportation.

Quatre autres femmes de la section F furent capturées en juin-juillet 1944 et envoyées à Ravensbrück. Violette Szabo était revenue en France avec Liewer le 7 juin, pour relancer SALESMAN en le centrant non plus sur Rouen mais sur Limoges. Trois jours plus tard, lors d'un déplacement en voiture avec deux des assistants de Liewer, elle croisa sur une petite route de campagne un groupe d'Allemands très énervés. On échangea des coups de feu. Ses compagnons et elle-même s'enfui-rent dans différentes directions. Mais elle trébucha et fut faite prison-nière. L'arrestation de Denise Bloch fut moins dramatique. Elle était l'agent de liaison de Robert Benoist dans le nouvel avatar du réseau CLERGYMAN, et malgré le professionnalisme de son chef ils tombèrent dans un piège policier. Lui fut arrêté à Paris le 18 juin alors qu'il rendait visite à sa mère mourante. Le lendemain, la Gestapo fit une descente sur un autre de ses châteaux près de Rambouillet, ou elle trouva Denise Bloch et le couple Wimille. Mais Wimille fit un joli saut de côté et zigzagua lestement entre les voitures de police massées dans l'allée du parc : aucune balle ne l'atteignit. Il plongea dans un ruisseau d'où il ne laissa pointer que son nez et y resta jusqu'à ce que la Gestapo ait vidé les lieux. Quelques semaines plus tard, son épouse se trouvait gare de l'Est au milieu d'une foule de compagnons d'infortune, dans l'attente du train qui devait les emmener en Allemagne, quand elle avisa une cousine au volant d'une camionnette de la Croix-Rouge. Elle réussit à accrocher son regard, se glissa dans la camionnette, enfila une blouse blanche et distribua des sandwiches, puis se fit conduire en un lieu plus sûr dès que ce fut possible. Deux nuits après l'arrestation de Benoist, que Londres ignorait encore, un assistant lui avait été parachuté, porteur d'un million de francs : Blondet. En arrivant au sol, ce dernier entendit dans l'obscurité un membre de son faux comité de réception qui, le prenant pour un collègue, lui adressait la parole en allemand. Il eut la présence d'esprit de l'abattre d'un coup de feu et de filer sans demander son reste. Sa participation à l'évasion du camp d'Eysses l'avait à l'évidence maintenu en pleine forme. Il se retrouva finalement à combattre avec des groupes FTP dans l'Aveyron.

À ce kaléidoscope d'épisodes dramatiques il faut ajouter la perte de quelques vieilles connaissances. Landes était toujours aussi actif à Bordeaux ; il informa Grandclément, par l'intermédiaire d'un coupe-circuit, qu'un avion allait venir spécialement le chercher pour l'emmener en Angleterre. Ce grand vaniteux mordit à l'hameçon, se rendit au rendez-vous, et fut liquidé par le réseau ACTOR le soir même. George Wilkinson, d'HISTORIAN, fut arrêté fin juin près d'Orléans, et son opératrice radio Lilian Rolfe un mois plus tard, à Nangis (par hasard : des policiers à la recherche de quelqu'un d'autre firent une descente dans la maison où elle demeurait). Leur assistant américain André Studler fut également fait prisonnier mais put s'échapper et rejoindre le reste du réseau. Un autre assistant du même réseau, Allington, fut blessé en combattant avec son groupe devant Orléans ; il avait également coopéré avec les patrouilles SAS de Fenwick. Mulsant et Barrett, pour leur part, furent capturés alors qu'ils tentaient de dégager un groupe SAS en difficulté dans la forêt de Fontainebleau. Cowburn se fit parachuter en France (pour la quatrième fois) le 30 juillet pour essayer de venir à la rescousse de ses vieux amis, mais ni lui ni Dumont-Guillemet ne purent les rattraper à temps pour leur éviter Buchenwald.

Autre perte à déplorer, celle de Saint-Geniès ; l'épisode est assez macabre. C'était le 27 juin, deux jours après l'opération CADILLAC, premier parachutage massif en plein jour de l'US Air Force : le contenu de trente-six « forteresses volantes » bourrées d'armes et de matériel avait été récupéré dans des conditions parfaites, et les principaux responsables du réseau SCHOLAR étaient réunis dans la plus sûre de leurs planques, une fromagerie près de Dôle, pour fêter l'événement. Mais un jeune agent local fut attrapé tout près de là avec un poste émetteur, et les Allemands vinrent jeter un coup d'œil dans la fromagerie. Ils y trouvèrent l'épouse du gardien qui se tordait les mains à côté d'une table où le couvert était mis pour huit, et perçurent une certaine tension. Un sous-officier, voulant montrer à la dame qu'il ne plaisantait pas, tira une rafale en l'air. Les balles traversèrent le plafond et l'une d'elles atteignit à la tête Saint-Geniès, qui se cachait dans le grenier. Une tache de sang apparut : les Allemands firent une inspection en règle, Yvonne Baseden et plusieurs autres compagnons furent arrêtés. Aubin, arrivé d'Angleterre quelques jours plus tard pour renforcer le réseau, le trouva décapité. Il fonda le réseau AUDITOR, qui reprit plusieurs équipes de saboteurs expérimentés de SCHOLAR et de DIRECTOR et qui finalement libéra Lons-le-Saunier. Sevenet, comme Saint-Geniès, eut la chance d'être tué au combat : ce fut le 20 juillet, lors d'un affrontement bien inégal avec un Messerschmitt, sur la Montagne Noire près de Carcassonne. Sarrette eut lui aussi une mort rapide, causée par un obus de mortier mal manipulé lors d'un entraînement dans la Nièvre, le 5 septembre. Tessier, capturé en janvier 1944 lors de la chute de MUSICIAN, s'échappa du siège de la Gestapo, place des États-Unis, en perçant un mur avec une barre de fer dérobée et en faisant une corde avec ses draps : une évasion à la beauté toute classique. Il se mit au service du réseau SPIRITUALIST mais fut tué fin août en banlieue parisienne. Quant à Henri Frager, il n'eut pas la main plus heureuse dans cette période que dans les précédentes : tandis que les équipes de son ami Bardet effectuaient quelques modestes sabotages dans l'Yonne, il s'obstina à ne tenir aucun compte des mises en garde de Londres et à poursuivre son interminable et illusoire négociation avec le « colonel Henri ». Le 8 août, c'est un Bleicher presque en larmes qui lui passa les menottes et l'envoya à Buchenwald.

Cela dit, le tableau d'ensemble n'était pas mauvais, loin de là. Contrebalançant largement ces pertes, maints nouveaux réseaux surgissaient et entraient en action. La moitié Est de la France était si truffée d'embuscades que la 11ᵉ division blindée allemande, rappelée du front de l'Est pour venir au secours de la Normandie et qui avait mis une huitaine de jours pour atteindre le Rhin, en mit trente-trois pour aller du Rhin à Caen. Quant au réseau ferré, il était à ce point rongé par la subversion que les Allemands durent pratiquement renoncer à s'en servir sur la quasi totalité d'un territoire dont ils étaient tout de même encore, théoriquement, les maîtres. Une très sérieuse enquête allemande de l'époque explique que ce qui rendait le chemin de fer impraticable, ce n'étaient pas tant les dégâts matériels infligés par les bombardements aériens ou par la multiplication des petits

sabotages que la mauvaise volonté systématique et les lenteurs délibérées du personnel (quand il n'était pas en grève), qui rendaient
impossible la remise en état des voies endommagées[61]. Le contraste
entre l'été 1940 et l'été 1944 était aussi net sur le réseau ferré que sur
les routes.

La période d'immobilisation des forces alliées en Normandie, qui
dura de la mi-juin (avec l'échec de Montgomery devant Caen, qu'il
avait pensé prendre dans la foulée du débarquement) aux derniers jours
de juillet (avec la percée si longtemps attendue des Américains sur
l'autre flanc), fut éprouvante pour la plupart des maquis éloignés du
front. Anne-Marie Walters l'a raconté pour le Sud-Ouest, mais cela
vaut aussi pour d'autres régions :

« Ce n'était plus aussi facile qu'au début. La Dordogne était trop
importante pour les Allemands comme nœud de communications.
Le département était assiégé par deux ou trois divisions de SS qui
ne cessaient de lancer des attaques contre les maquis. Il n'avait pas
fallu longtemps à ces derniers pour épuiser leurs munitions, et ils
s'étaient dispersés. Les parachutages se faisaient rares : la priorité
des alliés était d'armer les réseaux se trouvant directement derrière
le front, pour donner aux résistants les moyens de détruire les
renforts allemands en marche vers la Normandie. En Dordogne,…
la population subissait d'impitoyables représailles. C'est à cette
époque que le village d'Oradour-sur-Glane fut rasé, ses hommes
fauchés à la mitrailleuse, ses femmes et ses enfants brûlés vifs dans
l'église.

Les gens perdaient courage, le moral était plus bas qu'il ne l'avait
jamais été du temps de la clandestinité totale. Ce n'était pas particulier à la Dordogne. La bataille ne semblait faire aucun progrès,
là-bas, sur les plages normandes. Le débarquement aéroporté dans
le Sud-Ouest, on savait maintenant qu'il n'aurait pas lieu. La guerre
en Europe occidentale menaçait de s'éterniser. Les Allemands
avaient retrouvé leur audace et terrorisaient la population par leur
cruauté. Les munitions manquaient. Les hommes n'avaient plus de
chaussures, plus de vêtements. Privées de leurs salaires, leurs
familles vivaient dans la gêne. Yves, si enthousiaste le premier jour,
n'avait pas vu un parachutage depuis un mois qu'il était avec nous.
Et notre maquis avait bien l'air d'être encore le mieux loti : plusieurs

groupes voisins nous avaient rejoints. Le bataillon de l'Armagnac comptait maintenant douze cents hommes[62]. »

Derniers combats

Mais ce blocage fut de courte durée. Le 15 août – le front s'était enfin ouvert après la percée d'Avranches et Patton s'était lancé dans sa course vers le Rhin – ce fut enfin DRAGOON, le débarquement sur la côte méditerranéenne que les Américains et les Français réclamaient depuis longtemps. Et là, dans le Midi de la France, les termites de la résistance avaient si bien rongé la charpente de la puissance allemande que toute la structure tomba en poussière en quelques jours[63a]. Brooks émergea de ses deux ans de clandestinité, planta l'Union Jack sur le capot d'une puissante voiture et se livra à quelques expériences d'un genre nouveau en lançant des grenades au phosphore sur les colonnes allemandes de transport de troupes. Certains de ses groupes PIMENTO jouèrent un rôle de premier plan, avec les communistes, dans les combats de rue qui firent rage pendant vingt-quatre heures à Villeurbanne, banlieue industrielle de Lyon. Heslop resta à l'écart des grandes concentrations ouvrières ; il se contenta de diriger les affaires de l'Ain en amenant en douceur les FFI comme les FTP à suivre ses ordres (habilement déguisés en suggestions) pour en finir avec les Allemands. Une autre de ces fortes personnalités, George Starr, fut tout aussi efficace dans le Sud-Ouest. Quant à Cammaerts, il fit en sorte que les équipes de son réseau JOCKEY et leurs voisines accomplissent ce qu'il attendait d'elles : garder ouverte la route Napoléon, qui va de Cannes à Grenoble en passant par Digne et Gap, afin de permettre aux troupes débarquées de contourner le « bouchon » allemand dans la vallée du Rhône. La Gestapo, qui l'avait si longtemps cherché, finit par l'attraper : il fut arrêté en compagnie de *Xan* Fielding à un barrage routier. Mais la Polonaise Christine Granville (*Pauline*), qui venait de lui être affectée comme agent de liaison, les sauva par un mélange de sang-froid, de ruse et de pur culot : elle convainquit l'officier

---

a. Dès le 16 août, Hitler avait donné ordre à la Wehrmacht d'évacuer la moitié Sud de la France à l'exclusion des ports d'intérêt stratégique qui devaient être transformés en bastions. Le radiogramme transmettant cet ordre fut intercepté par les alliés. La tâche de la résistance de la zone Sud fut de harceler et si possible de bloquer les formations allemandes en retraite [J.-L. C.-B.].

responsable de l'arrivée imminente des Américains et les fit relâcher trois heures avant le moment prévu pour leur exécution.

Dans un discours prononcé après la Libération, Malraux a salué dans cette action de dégagement et de protection de la route de Grenoble l'une des deux occasions où la résistance avait payé sa dette à l'égard des alliés : une action « qui [a] compensé largement l'aide que nous a donnée pendant si longtemps le parachutage anglais. N'oublions pas que les alliés nous ont aidés ; que nous avons été armés par eux ; que, sans eux, nous n'aurions vraiment rien eu... Mais si nous avons eu les armes qu'ils nous ont données, nous le leur avons rendu largement. À l'heure actuelle, sur ce plan, la France peut remercier, mais la Résistance est quitte. »[64]

Les succès remportés par les forces de résistance dans le Sud-Est soulèvent une fois de plus la question si souvent posée par les commentateurs : le débarquement méditerranéen était-il bien nécessaire ? La guerre n'aurait-elle pas été terminée plus vite si toutes les forces engagées dans l'opération DRAGOON avaient été investies plus à l'Est ? Les mouvements de résistance de la vallée du Rhône n'auraient-ils pas pu se libérer tout seuls ?

Oui, ils auraient pu. On peut très bien imaginer les Allemands de Provence, talonnés par les maquisards, reculer vers le nord en se voyant menacés d'être coupés de leurs arrières par l'avance de Patton, comme le firent effectivement, fin août, ceux de l'Aquitaine et du Limousin – avec à leurs trousses, tels des terriers derrière un renard, WHEELWRIGHT, FOOTMAN, FIREMAN, SHIPWRIGHT, BERGAMOTE, TILLEUL et une foule d'autres groupes – lorsque l'armée commandée par Patch et de Lattre, remontant rapidement la vallée du Rhône, menaça de trancher le fil ténu qui les reliait encore à l'Allemagne. Ce furent près de cent mille soldats allemands qui se retrouvèrent finalement acculés, non loin de Limoges, par les troupes rassemblées à l'inspiration des frères Mayer, de Liewer et de Philippe de Vomécourt[a]. Leurs chefs ne voulurent se rendre qu'à des Américains. On leur en trouva ; et ces Américains, à la grande fureur des Français, les traitèrent fort civilement et leur

---

a. Les chiffres ont été révisés à la baisse par les recherches plus récentes. Le général allemand Elster, à la tête de 20 000 hommes partis du Bordelais, constamment harcelés par la résistance aidée par des SAS et groupes JEDBURGH et bloqués sur la Loire, n'accepta de signer sa reddition près d'Issoudun qu'entre les mains d'officiers américains. Ce n'est pas l'unique cas de reddition d'unités en retraite, des 4 300 de la garnison de Castres à la colonne Bauer près d'Autun [J.-L. C.-B.].

prodiguèrent généreusement oranges et autres douceurs dont la population locale était privée depuis quatre ans[65].

L'une des raisons d'être de l'opération DRAGOON n'est pratiquement jamais évoquée par les commentateurs anglophones : on peut bien discuter de savoir si l'opération était ou non nécessaire, d'un point de vue politique ou militaire, aux Américains ou aux Anglais, mais une chose est certaine, elle était absolument indispensable à de Gaulle et à la reconquête par les Français d'un sentiment de fierté nationale. Sur les onze divisions de Patch, sept étaient françaises : c'était l'armée française d'Afrique du Nord revivifiée, associée à des volontaires de la France Libre choisis parmi les meilleurs, avec à sa tête de Lattre de Tassigny, que le SOE avait en son temps exfiltré de l'ancienne zone libre. De Gaulle était le seul des grands dirigeants politiques du camp allié à considérer la guerre à partir d'Alger : vue de là, la réoccupation formelle du sol français par des troupes françaises était tout simplement une nécessité. Le rôle du SOE dans cette opération fut d'assurer qu'elle se passe le mieux possible.

Le SOE prit une part modeste à la libération de Paris, mais pas aussi inexistante que certains auteurs l'ont prétendu, en reprenant du reste à leur compte un schéma pourtant démenti dès 1870-71 : à savoir que le sort de Paris décide du sort de la France, et donc que la lutte pour la libération du pays se ramène à peu près à la lutte pour le contrôle de sa capitale « éternelle ». Sans AUTOGIRO, PROSPER, DON-KEYMAN, SPIRITUALIST, sans le Bureau des opérations aériennes (BOA), les Parisiens n'auraient guère eu d'autres armes que des pistolets ; sans la section RF, et Charles de Gaulle qui en était l'inspirateur, leurs chances auraient été bien minces. Et pourtant, ni de Gaulle, ni *Leclerc*, ni Eisenhower, ni Gubbins ne sont en droit de revendiquer le titre de libérateurs de Paris. S'il faut décerner ce titre à un seul homme, c'est au général von Choltitz, dernier commandant allemand de la place. Il fut assez européen, ou assez humain, pour sauver la ville en refusant d'obéir à l'ordre barbare donné par Hitler de la défendre maison par maison. Commandant malheureux du 86e corps d'armée, près de Saint-Lô, il avait été muté à Paris fin juillet[66] en remplacement de von Boineburg-Lengsfeld, coupable d'avoir arrêté, dans le cadre de la conjuration du 20 juillet, tous les chefs du Sicherheitsdienst de la capitale (ce fut même le seul volet du complot contre Hitler à avoir été mené à bien avec succès. Ce qui ne manque pas de sel, c'est qu'après l'échec du complot plusieurs dizaines d'officiers SS emprisonnés à Fresnes ne se laissèrent que très difficilement convaincre d'en ressortir : ils ne connaissaient que trop bien la manière de se débarrasser de certains détenus en inscrivant à leur dossier « abattu lors d'une tentative d'évasion »[67]).

Mais pourquoi von Choltitz osa-t-il désobéir aux ordres si peu de temps après la terrible répression qui s'était abattue sur les conspirateurs du 20 juillet ? Parce que le peuple de Paris s'est vraiment libéré lui-même : les Parisiens constituèrent une masse si formidable et si déterminée en faveur des alliés qu'en dépit de la faiblesse de leur armement – à la veille de l'insurrection, Tanguy (*Rol*), qui commandait les FTP dans la capitale et avait été nommé commandant des FFI d'Île de France, estimait pouvoir compter sur six cents armes en tout et pour tout[68] – il eût été insensé de prétendre s'opposer à leur volonté de chasser l'occupant.

L'histoire du soulèvement parisien a été racontée par Dansette de manière si limpide qu'on peut se contenter ici de rappeler comment les réserves de charbon et de nourriture, la fourniture de gaz et d'électricité, se mirent à baisser ; comment les chefs de la résistance intérieure, le COMAC à leur tête, se montrèrent de plus en plus rétifs aux efforts de Parodi (le successeur de Jean Moulin au poste de délégué général de la France Libre) pour freiner l'insurrection ; comment Parodi leur transmit néanmoins les fonds – véhiculés depuis Alger par les soins du SOE – sans lesquels le soulèvement n'aurait pas tenu longtemps ; comment les cheminots se mirent en grève le 10 août, la police le 15 ; comment les communistes collèrent des affiches appelant à l'action militaire dans la nuit du 18 au 19[69] ; comment dès le lendemain les trois couleurs flottaient sur Notre-Dame et sur l'Hôtel de Ville, tandis que les premières escarmouches éclataient dans les rues ; comment le Conseil national de la résistance et le Comité parisien de la libération proclamèrent l'insurrection le même jour[70], ce qui donna lieu à des affrontements déjà plus sérieux ; comment la trêve négociée directement le soir même entre von Choltitz et Parodi fut spasmodiquement observée pendant quelques jours, puis suivie de violents combats de rue ; comment fut mise en circulation le 23 août par la BBC – avec l'auguste bénédiction de Downing Street et de Buckingham Palace – la fausse nouvelle, astucieusement tournée, de la libération de Paris[71a] ; comment le premier détachement de la division blindée de *Leclerc* arriva à l'Hôtel de Ville ce même soir à neuf heures

---

a. Ce communiqué où « rien n'était absolument faux et rien absolument vrai » avait été concocté à Londres le 23 août au matin par le directeur général du commis-

moins le quart, accompagné par un groupe motorisé de maquisards sous la direction de Marc O'Neil[72a], au milieu d'un enthousiasme délirant ; et enfin comment von Choltitz signa sa reddition dans l'après-midi du 25. De Gaulle fit son entrée dans la ville peu après et se rendit au ministère de la Guerre. Il y retrouva son bureau exactement comme il l'avait laissé en 1940, jusqu'au bloc de papier sur sa table de travail. Bidault aurait souhaité qu'il reproclame la République, mais il lui répondit qu'elle n'avait jamais cessé d'exister et refusa. Des foules immenses de citoyens, habitées d'un sentiment de liberté enfin retrouvée, avaient tout simplement poussé les Allemands dehors. C'est le seul exemple d'action de masse victorieuse de toute cette histoire. Et le triomphe fut triple : car la manifestation n'était pas seulement antinazie et pro-alliée, elle était aussi pro-gaulliste.

Quiconque a vécu cette semaine-là à Paris gardera éternellement en mémoire ses rues désertées où éclataient les fusillades, la faim, la peur, l'incertitude, puis enfin la ferveur joyeuse des foules. Relisons le récit de l'apothéose du 26 août par Dansette :

« Des ateliers de Montparnasse et des entrepôts de Bercy, des taudis de la rue Mouffetard et des boutiques du faubourg Saint-Antoine, des hôtels de l'avenue Foch et des baraquements de la zone, hommes, femmes, enfants, les Parisiens sont accourus, de plus en plus nombreux à mesure qu'ils approchaient, s'agglutinant les uns aux autres en une fourmilière intense. À 3 heures de l'après-midi, c'est un peuple immense, pressé en gradins irréguliers formés de

---

sariat à l'Intérieur Georges Boris avec l'accord du colonel Ziegler (*Vernon*) dans l'espoir de hâter l'ordre de marche sur Paris (dont ils ignoraient qu'il avait été donné la veille par Eisenhower). Fondé sur un télégramme reçu de Paris, il annonçait : « Hier, après quatre jours de combat, l'ennemi était partout battu. Les patriotes occupaient tous les édifices publics », et se terminait par ces mots volontairement ambigus : « Ainsi les Parisiens auront apporté une contribution décisive à leur libération ». Diffusé par la BBC à 12 h 40 après que la censure interalliée eut été court-circuitée, il fut repris par les émissions en danois puis en anglais à 13 h sous le titre « Paris s'est libéré ». Le quartier général interallié exigea en vain une rectification, les cloches de Londres avaient déjà donné le branle et le roi d'Angleterre avait envoyé ses félicitations [J.-L. C.-B.].

a. Ce saint-cyrien français, venu de l'OCM, était étroitement lié, on l'a vu plus haut, à Claude de Baissac et au réseau SCIENTIST. Nommé *in extremis* délégué militaire régional, il regroupa une colonne de maquisards de la Loire armés par le SOE et se joignit au groupement de la colonne Leclerc qui, entrée le 25 au matin dans Paris par la porte de Châtillon, prit de vive force l'École militaire [J.-L. C.-B.].

chaises de fer, d'escabeaux et d'échelles qui attend, le long d'un parcours illuminé de tricolore, le passage d'un glorieux cortège. À l'Étoile, un éventail de chars [73] coupe la place par le milieu, face à la Concorde, laissant libre le côté des Champs-Élysées. Les généraux Koenig, *Leclerc*, Juin, l'amiral d'Argenlieu... tout l'état-major de la France combattante est là. La musique des gardiens de la paix ouvre le ban : c'est le général de Gaulle qui arrive : "Vive de Gaulle ! Vive de Gaulle !" ; il passe en revue les soldats du régiment de marche du Tchad qui font la haie, et dépose une croix de Lorraine en glaïeuls roses sur la dalle sacrée. "Vive de Gaulle ! Vive de Gaulle !"

Sans doute va-t-il, selon l'usage des cortèges officiels, descendre en voiture l'avenue des Champs-Élysées [74]. Mais non. Des autos à haut-parleur sont passées devant la foule : "Le général de Gaulle confie sa sécurité au peuple de Paris. Il lui demande de faire lui-même le service d'ordre et d'aider dans cette tâche la police et les FFI fatigués par cinq jours de combat." Quatre chars s'ébranlent : *Lauragais*, *Limagne*, *Limousin*, *Verdelon*. Derrière eux, barrant l'avenue, se tenant bras dessus, bras dessous, s'avance une chaîne d'agents, de FFI, de secouristes, de soldats – on remarque parmi eux un pompier, un facteur, et jusqu'à un nègre toutes dents dehors. En désordre suivent des motocyclettes, des side-cars, des jeeps surchargées puis, après un espace vide, un huissier en habit noir, plastron blanc, chaîne d'argent, très solennel ; derrière lui, enfin, roule une cohue au milieu de laquelle sont noyés quelques militaires ; au premier rang, un seul homme, qui dépasse les autres de la tête, porte un uniforme : "Vive de Gaulle ! Vive de Gaulle !" hurle la foule. Il marche d'un pas souple, un peu nonchalant, et répond inlassablement mais sans chaleur aux acclamations, de ce geste des deux bras dont il a salué Paris la veille à l'Hôtel de Ville. S'aperçoit-il qu'il est un peu en avant du cortège, il ralentit pour se mettre au niveau de ses compagnons. À vrai dire, les gens qui ne sont pas bien placés ne le voient pas, mais comme les autres, il crient de confiance : "Vive de Gaulle ! Vive de Gaulle !" Derrière lui, après deux ou trois rangs d'officiels silencieux, le troupeau humain gesticule, chante, s'en donne à cœur joie ; il en émerge des tourelles de chars hérissées de soldats et de demoiselles qui ne paraissent pas destinées à la vie contemplative, des voitures bondées, des pancartes, certaines aux inscriptions en espagnol, et une large banderole aux couleurs républicaines espagnoles, violet, jaune, rouge, qui barre toute l'avenue. C'est une foule qui s'écoule entre deux foules [75]. »

Cette énorme manifestation – de Gaulle l'estima à environ deux millions de personnes [76] – répondait sans ambiguïté à la question de savoir si les Français voulaient de lui. Mais les fusillades n'étaient pas tout à fait terminées. Des coups de feu éclatèrent, probablement par accident, lorsque le général arriva devant Notre-Dame. Ses ennuis ne faisaient que commencer. Dans tout le pays, on allait solder de vieilles dettes entre Français, au prix de plusieurs milliers de vies. Le pouvoir n'était encore à personne.

On ne saura jamais le nombre de morts de ce conflit intérieur. Un chiffre officiel des exécutions sommaires fut rendu public après les élections de 1951 : 9 673, dont plus de la moitié pendant l'occupation. Dans une conversation de novembre 1944, le ministre de l'Intérieur indiqua à Dewavrin le total de 105 000, soit nettement plus de deux pour mille de la population, ce qui est certainement beaucoup trop. Ce n'est pas un point sur lequel les archives du SOE peuvent aider à faire la lumière car, comme on le verra dans le chapitre suivant, la plupart des agents britanniques et américains furent rapatriés à mesure que les Allemands quittaient les régions où ils combattaient, et la plupart des agents français furent rapidement incorporés dans la nouvelle armée française. Les recherches plus récentes paraissent indiquer que le chiffre de 1951, quoique officiel, était d'un ordre de grandeur proche de la vérité [77].

La question politique de la prise du pouvoir, qui avait tant occupé les esprits des résistants français et qui était étroitement liée au problème également épineux de l'administration militaire alliée des territoires libérés, a été longuement traitée dans deux importants travaux d'histoire, celui de Donnison du côté britannique et celui d'Hostache sous l'angle français [78] ; on se contentera ici d'un bref résumé. Dans les états-majors militaires britanniques, et à plus forte raison américains, l'on comptait installer en France une sorte de version adoucie de l'AMGOT (Administration militaire alliée en territoires occupés), qui avait eu son utilité en Italie. Mais de Gaulle, qui ne souhaitait certes pas voir Pétain ou Laval traités comme l'avaient été Badoglio ou Darlan, refusa de s'y prêter en quoi que ce fût, en faisant notamment valoir que tout compromis avec les autorités vichystes ferait le jeu des communistes ; s'étant vu fort bien accueilli en juin par la population civile de Normandie, il avait d'autorité installé sur place l'un de ses proches collaborateurs en qualité de commissaire de la République et avait habilement remplacé le sous-préfet vichyste de Bayeux par un éminent résistant de Caen, Raymond Triboulet. Le nouveau venu ignorait tout du travail administratif, mais c'était un gaulliste convaincu et il apprenait vite. Britanniques et Américains acceptèrent alors le fait accompli ; et, à mesure que la campagne OVERLORD se déployait, les armées alliées en marche virent des administrateurs gaullistes prendre en charge toutes les agglomérations sitôt les Allemands partis, parfois même avant que les derniers tireurs isolés aient été débusqués ou aient filé. Tant que le front resta bloqué en Normandie, il y eut peu de contacts avec la résistance ; l'agent double Kieffer, que Frager avait placé à la tête de la région, avait mieux travaillé pour son homonyme du SD que pour la section F, de sorte que le bilan de la section dans le Calvados était minimal depuis la fin d'AUTOGIRO, qui remontait déjà à deux ans. Celui de la section RF ne valait guère mieux. Lorsque le front commença à bouger, comme dans l'est de la Bretagne début août, on put voir des détachements de la Mission militaire de liaison administrative (MMLA) gaulliste se mêler à des chefs locaux de la résistance plus ou moins liés au SOE, à mesure qu'ils sortaient de la clandestinité.

À Paris, le gouvernement provisoire s'empara des sièges des grands ministères à la faveur d'une série d'opérations légères et discrètement conduites parallèlement à l'insurrection. Lorsque les derniers Allemands furent partis et que la poussière soulevée par les foules enthousiastes fut retombée, des ministres provisoires – sur le choix desquels le CNR et le CFLN s'étaient mis d'accord depuis des mois – avaient déjà remis en marche l'appareil central de l'administration [79], avec l'aide de directeurs par intérim sélectionnés selon les mêmes procédures secrètes ; le tout pendant que des hommes nommés par de Gaulle supervisaient les affaires des provinces libérées. Les communistes avaient compté sur le soulèvement des masses parisiennes pour susciter un irrésistible élan révolutionnaire que leurs militants aguerris auraient canalisé dans la direction voulue. Les gaullistes firent preuve de capacités insurrectionnelles supérieures, en empruntant, eux, à Trotsky : ils s'emparèrent dans tout le pays des centrales électriques, des nœuds ferroviaires et des établissements où s'imprimaient les cartes de rationnement, ce qui leur mit l'État entre les mains [80]. Avec la défaite militaire de l'armée allemande sur le sol français, toute la structure de l'« État français » de Pétain s'envola, soufflée par le vent de l'Histoire : ne devant son existence qu'aux baïonnettes allemandes, elle ne leur survécut pas un instant. Grâce à leur habileté et à l'inaptitude des communistes, les gaullistes réussirent à reprendre les rênes partout. La suite trouvera mieux sa place dans le prochain chapitre.

CHAPITRE XIII

ÉPILOGUE

Tandis que le SOE, sa mission achevée, faisait ses cartons à Baker Street, un plaisant rimailleur du nom de Lionel Hale émit l'opinion que

> Ce serait le bonheur si demain Bodington,
> Faisant aux gabelous un enfant dans le dos,
> Nous ramenait en douce cognac et bordeaux
> Et, sur papier de luxe, maintes photos cochonnes [1].

Mais en réalité les activités de ce genre furent exceptionnelles en Angleterre après la guerre, comme le veulent ces grandes qualités nationales que sont le goût de l'ordre, la préférence pour les chemins balisés et une remarquable capacité d'absorption. Les agents britanniques, une fois de retour, semblent s'être réinstallés durablement dans la légalité, même si les séquelles de ces temps difficiles se manifestèrent encore, parfois des années après, chez beaucoup d'entre eux. Sur le moment, il y eut des divorces et quelques dépressions nerveuses. Quant aux agents étrangers, on relève deux cas plus scabreux. Un Polonais qui, à son retour de France, avait déclaré n'avoir plus un sou fut surpris à tenter d'écouler au marché noir, dans le quartier de Knightsbridge, un gros paquet de francs français. En avril 1946, Déricourt fut arrêté à l'aéroport de Croydon alors qu'il s'apprêtait à s'envoler pour la France aux commandes d'un avion civil, avec sur lui une bonne quantité d'or et de platine qu'il n'avait pas jugé utile de déclarer à l'exportation. En considération de ce qu'on pensait être, à l'époque, d'excellents états de service, le magistrat se contenta de lui infliger une amende de cinq cents livres sterling, qui fut payée pour lui par une de ses connaissances sans rapport avec aucun gouvernement [2]. En dehors de cela, rien à signaler.

La situation en France était beaucoup plus confuse et inquiétante. Les armées américaines et britanniques, pressées d'arriver en Allemagne, ne s'intéressaient qu'à la sécurité de leurs lignes de communication avec le front : à partir de Marseille en direction du Nord le long de la vallée du Rhône, et à partir de Brest, Cherbourg et quelques autres ports en direction de l'Est, à travers le nord de la France. Loin de ces deux grands axes, le centre et le Sud-Ouest n'étaient pas très loin de l'anarchie. Dans les rares endroits où l'administration de Vichy n'avait pas été déposée par les résistants locaux, elle n'avait plus la moindre autorité ; et le régime provisoire gaulliste qui s'efforçait de s'y substituer, manquant d'hommes et d'expérience et, jusqu'en octobre, non reconnu par les Britanniques et les Américains, ne parvenait que lentement et à grand-peine à s'imposer. L'administration centrale changea de camp, comme elle l'avait déjà fait en 1940 mais de façon moins ordonnée : les dispositions prises à cette fin par l'organisation NAP (Noyautage de l'administration publique) présentaient apparemment quelques lacunes. De Gaulle, reprenant à son compte une innovation de Vichy en matière d'administration régionale, envoya des hommes de confiance, investis du titre de « commissaires de la République », prendre en charge des ensembles de sept ou huit départements. Cela n'alla pas sans quelques frottements avec le SOE.

La plupart de ces commissaires avaient travaillé avec la section RF : il en était ainsi de Bertaux, que nous avons rencontré au début de notre récit en compagnie de Labit, à Toulouse. En y revenant dans ses nouvelles fonctions, il trouva la ville pour ainsi dire entre les mains de George Starr[a]. Ayer[3], qui y était lorsque de Gaulle vint en tournée le 16 septembre, raconte que « la légende [courait] à Toulouse que les Allemands [avaient cru] dès 1943 que [Starr] était un général envoyé par les Anglais pour diriger toute la résistance dans le Sud-Ouest. Au moment de la libération, la région était aux mains de seigneurs féodaux dont le pouvoir et l'influence ressemblaient étrangement à ceux de leurs homologues gascons du XVe siècle. [Starr] était sans conteste le plus influent de ces barons. »[4] Mais Starr dut partir assez vite, après un accrochage mémorable avec de Gaulle. Le général commença par lui

---

a. Le 22 août, l'entrée dans Toulouse du bataillon de l'Armagnac de George Starr, commandé par le colonel Parisot, avait libéré la ville, presque totalement évacuée par les Allemands. Ce bataillon était issu des formations des Mouvements unis de résistance (MURS) du Gers, très méfiantes envers les FTP toulousains. Une de ses singularités dans la résistance armée française était qu'une fraction notable de ses cadres officiers et sous-officiers étaient francs-maçons, comme l'était Starr lui-même [J.-L. C.-B.].

demander ce que diable il faisait là. Ne pouvant ou ne voulant pas comprendre que si lui, de Gaulle, était à Toulouse et y avait été accueilli en triomphe, Starr et quelques autres n'y étaient pas tout à fait étrangers, il le traita de mercenaire commandant une bande de mercenaires. Lorsque Starr objecta que la plupart de ses hommes détenaient un grade d'officier dans l'armée française, la colère du général redoubla. Cela ôta à Starr toute envie de souligner qu'il avait dirigé depuis le 6 juin le réseau WHEELWRIGHT conformément aux ordres du général Koenig et en toute loyauté à l'égard de celui qui était en train de l'accuser. De Gaulle l'ayant sommé de déguerpir, Starr rétorqua qu'il n'était pas sûr de devoir le considérer comme son supérieur et qu'il lui fallait en référer au haut commandement allié ; et il ajouta que ses responsabilités locales n'étaient pas si insignifiantes qu'il pût s'en dégager en cinq minutes. Enfin, le général l'ayant menacé de le faire arrêter, Starr répondit tranquillement qu'il se tenait à sa disposition, sachant bien que personne à Toulouse ne lèverait le petit doigt contre lui. Silence de mort. De Gaulle finit par se lever, contourna son bureau et vint lui serrer la main [5]. Néanmoins, il lui fallut partir dans une hâte peu digne du rôle qu'il avait joué, et il était de retour en Angleterre dès le 25 septembre. Les autorités françaises revinrent par la suite à de meilleurs sentiments et lui décernèrent la Croix de guerre et la Légion d'honneur, qu'il put ajouter à ses deux décorations britanniques, DSO et Military Cross.

Le 17 septembre, de Gaulle se rendit à Bordeaux pour rencontrer le commissaire qu'il y avait mandaté, Cusin ; lequel avait, bien entendu, invité Roger Landes à toutes les festivités. Mais de Gaulle refusa de parler à ce dernier, sauf pour lui intimer l'ordre de quitter le pays dans les deux heures. Cette décision fut aussitôt connue de toute la ville, et quatre mille manifestants se massèrent devant l'hôtel où logeait Landes, pour le soutenir contre le général. L'agent quitta la ville, mais pas le pays : il rejoignit l'un de ses propres maquis dans les pinèdes landaises. On a dit qu'il aurait envisagé de marcher sur Bordeaux, mais qu'il aurait vite compris que personne n'avait rien à y gagner, et surtout pas lui. Il rentra en Angleterre le 10 octobre.

La principale difficulté à laquelle se heurtèrent les commissaires gaullistes était que tout le monde prétendait avoir joué un rôle important dans la résistance, exhibant souvent, à l'appui, des documents qu'entre-temps tout le monde aussi avait appris à fabriquer. Lorsque Bertaux arriva à Toulouse, il prit ses quartiers dans la préfecture désertée, s'installa dans le bureau du préfet et attendit. Parmi les dizaines de personnes qui vinrent l'assurer de leur dévouement à la cause de la résistance et de la libération nationale, il trouva qu'il y avait beaucoup trop de « naphtalinés ». À chacun de ces visiteurs, il demandait avant toute chose : « Quand avez-vous commencé à faire de la résistance ? » Une réponse au moins le déconcerta : « Depuis trente-six. J'étais à Guadalajara ». Il y avait en effet beaucoup de républicains espagnols dans le Sud-Ouest. L'ambassade britannique à Madrid montrait quelque inquiétude à l'idée que ces gens pussent reprendre la lutte contre Franco en Espagne. De son côté, le Foreign Office redoutait un soulèvement de gauche à l'instigation des FTP. C'était aussi la crainte de nombreux chefs non communistes de la résistance en France, parmi lesquels ne cessait de courir la rumeur d'un complot toujours prêt à éclater[6]. Mais il ne se passa rien du tout : ou bien il n'y avait jamais eu de complot, ou bien il avait été si mal préparé qu'on y avait renoncé. Il n'en était pas moins évident que, dans plusieurs régions, les FTP restaient où ils étaient et ne rendaient pas leurs armes, tandis que cent trente-sept mille FFI, eux aussi toujours armés, se hâtaient vers l'Est pour s'enrôler dans l'armée française en marche vers l'Allemagne[7]. Comme Moscou ne donna pas l'ordre de mettre le feu aux poudres, le PCF ne bougea pas[a].

Il y avait encore dans la deuxième semaine de septembre, alors que l'essentiel du territoire français était débarrassé de l'occupant allemand, quelques réseaux en activité. À commencer par ceux de la façade atlantique, où les FFI, mal armés et mal vêtus pour l'hiver, durent s'installer pour un long siège des bases allemandes de sous-marins, elles-mêmes défendues par des soldats sous-alimentés et sous-qualifiés. Les Américains, qui jugeaient la place de Brest décisive, s'étaient donné les moyens de la nettoyer, et ce fut une dure bataille, mais la plupart des autres ports tinrent bon jusqu'à la chute du Reich et ne se rendirent que le 8 mai 1945. Une seule division d'infanterie américaine, la 94e, et quelques parachutistes français du SAS, renforcés, il est vrai, en mars-avril 1945 par la 2e DB de *Leclerc*, suffirent à soutenir les FFI dans ces régions : les vingt-cinq hommes de la mission ALOÈS, venus en renfort

---

a. De Gaulle signa dès le 28 août 1944, sans graves remous, la dissolution des états-majors FFI, puis fit approuver le 28 octobre par le gouvernement provisoire la dissolution des milices patriotiques. Le CNR critiqua cette mesure et le PCF la condamna. La question fut tranchée avec le retour en France de Maurice Thorez, à qui Staline avait donné comme instructions de rester dans la voie de la légalité, tout en cachant les armes détenues par les milices, et de jouer le jeu de l'union nationale. Voir « Entretien de Staline avec le secrétaire général du PCF, le camarade Maurice Thorez, 19 novembre 1944 », *Communisme*, n° 45-46, 1996 [J.-L. C.-B.].

à Lorient, et la mission SHINOILE (également de vingt-cinq hommes) qui, arrivée le 8 septembre, fournit du personnel d'état-major et de transmissions aux résistants de Saint-Nazaire et de La Rochelle.

À l'Est, des bataillons constitués d'ex-maquisards jouèrent un rôle important dans les combats de l'automne autour de Belfort, là où les réseaux STOCKBROKER et CHANCELLOR avaient déployé leurs activités ; c'est aussi dans ces régions que furent envoyées presque toutes les dernières « missions interalliées » du SOE. Richard Broad – qui avait fait une guerre assez mouvementée, s'étant notamment retrouvé piégé à Saint-Valéry-en-Caux en 1940 avec la Highland Division et ayant par la suite préparé bon nombre de raids de commandos pour Mountbatten – atterrit sur un terrain du réseau MARKSMAN de Heslop le 5 septembre, en compagnie de Morel et de six autres compagnons, dans le cadre d'une mission appelée ÉTOILE, qui devait travailler dans le sud de la Franche-Comté ; cinq jours plus tard, Robert, revenu de la mission BERGAMOTE, fut envoyé à la tête de l'équipe SAINFOIN dans le nord de cette même région, pour constater qu'il avait été parachuté derrière les lignes américaines, en zone déjà plus ou moins libérée. De même, Prendergast, avec la mission PAVOT dépêchée dans les Vosges, arriva trop tard pour faire le moindre travail clandestin ; et c'est aussi ce qui arriva à Hastings, rescapé de la mission voisine CUT-THROAT. En fait, le SOE comprit en septembre ce que le SAS avait constaté avec la mission SWAN dès juillet et la mission TRUEFORM en août, à savoir que, lorsque des troupes ennemies battent rapidement en retraite et que le front est fluide, les groupes spécifiquement formés au harcèlement ne peuvent guère que poser des embuscades, ce dont la population locale, à condition d'être armée, peut tout aussi bien se charger. C'est en tout cas ce qui s'est passé en pays francophone en 1944. Et une fois que la ligne de front est stabilisée, il n'est aucune tâche réalisable par ce type de groupe qui ne puisse être mieux accompli encore par des patrouilles des unités régulières présentes ; sauf à s'y être longuement préparé à l'avance, ce qui n'était le cas de personne derrière les lignes où se fixèrent les armées de De Lattre, Patton, Bradley et Montgomery. De sorte que la guerre clandestine en France s'arrêta elle aussi.

C'est dans ce contexte que de Gaulle fit sa tournée dans le Sud-Ouest. Et la résurgence, ici ou là, de combats de type plus classique fournit au moins une explication, sinon une excuse, à la réapparition dans le paysage d'anciens officiers depuis longtemps évanouis, qui ressortirent leurs uniformes des placards (d'où leur surnom de

« naphtalinés ») et reprirent « leur » place à la tête de compagnies et de bataillons qui ne leur devaient ni leur existence ni leur entraînement : « Pour un biffin, on est dix colonels », constate mélancoliquement une chanson de maquisards charentais[8]. Les vrais combattants étaient stupéfaits ou scandalisés. Heslop, qui avait travaillé en France au péril de sa vie pendant plus de deux ans – et joué un rôle absolument décisif dans l'organisation des opérations de résistance qui avaient permis aux armées débarquées en Provence de poursuivre sans encombre leur marche au-delà de Lyon – faillit être mis aux arrêts par ces hommes surgis de nulle part et qui n'avaient pas la moindre idée de ce qu'il avait accompli.

Certains agents échappèrent à bien pire : entre autres, un résistant qui avait fait la guerre d'Espagne et qui dut à cet engagement passé d'avoir la vie sauve. Jeschke avait été l'un des organisateurs les plus d'efficaces de la section DF. Il s'était fait pour cela une « couverture » allemande, circulant sur une moto volée à la Wehrmacht, habillé en civil mais avec de faux papiers allemands justifiant sa possession de l'engin. L'avance alliée le trouva en Belgique, où des résistants belges particulièrement consciencieux mais qui n'avaient jamais entendu parler de la section DF le dénoncèrent à la plus proche unité alliée comme militaire allemand déguisé : à preuve, la moto. Cette unité alliée était constituée de Polonais. Jeschke leur présenta un certificat fraîchement délivré par le bureau que le SOE venait d'ouvrir à Bruxelles, mais cela ne les impressionna guère, la fabrication d'un faux certificat, dirent-ils, étant à la portée du premier imbécile venu. Ils s'apprêtaient donc à le coller au mur lorsque, au moment critique, le sergent qui commandait le peloton d'exécution reconnut en lui un camarade d'Espagne, aux côtés duquel il avait combattu huit ans auparavant[9].

Le repli des réseaux et filières du SOE en France fut conduit pour l'essentiel par un bureau installé à l'Hôtel Cecil à Paris. Les sections F et RF envoyèrent chacune une mission d'enquête dans toute la France, sous le nom de code de JUDEX, respectivement sous la direction de Buckmaster et de Thackthwaite. Le rapport de ce dernier s'est perdu, et celui de la section F[10] ne contient à peu près que des noms, des discours et des menus.

Ce n'est pas le lieu ici de retracer le cours de la politique française après la libération. En revanche, il nous faut rapporter ce qu'il advint des agents du SOE. Les milliers de clandestins français qui avaient été fiers de risquer leur vie, souvent sous les ordres d'officiers britanniques et presque toujours équipés d'explosifs ou d'armes britanniques parachutés par des avions britanniques, ne reçurent pas beaucoup de manifestations de gratitude de la part des autorités de Londres. Celles-ci délivrèrent, certes, différentes sortes de certificats à des Français. Mais d'une part, nous venons de le dire, n'importe qui pouvait fabriquer un certificat ; d'autre part et surtout, nombre de combattants méritants n'obtinrent même pas cela, parce que les agents britanniques qui auraient pu les signaler à l'attention de leurs autorités avaient perdu la vie – du reste, c'est un sort que partagèrent bien des « agents locaux ». La plupart des survivants français se contentèrent du respect de leur entourage privé et de la satisfaction de leur propre conscience. Comme l'a si bien dit l'un d'eux, Malval, « quand on n'a fait que son devoir, on n'a pas besoin de s'en vanter en public ». Ces braves, hommes ou femmes, pouvaient du moins se dire : « J'ai le cœur tranquille »[11]. Tout au long de la guerre, la section F et les escadrons de la RAF en mission spéciale avaient accumulé un extraordinaire potentiel d'amitié anglo-française en démontrant aux Français, par des milliers d'actes concrets, que les Britanniques avaient à cœur de les aider à se libérer des nazis. Ce stock de sentiments anglophiles a été gaspillé par inattention ou négligence ; il a aussi été assombri par la tragédie.

L'inattention et la négligence ont causé beaucoup d'amertume, mais il aurait été difficile, à l'époque, de les éviter. Le lecteur a pu se rendre compte au fil de notre récit du degré et de la persistance de l'hostilité du général de Gaulle à l'égard de la section F. Dès lors que le gouvernement de la France était issu de la France Libre, il aurait été extrêmement délicat pour les Britanniques de manifester plus qu'une générosité minimale aux anciens de ladite section, dont les « gaullistes » ne se méfiaient déjà que trop. Cette remarque ne vaut pas, bien entendu, pour les autres sections ou les autres services. L'Association des évadés de la RAF, par exemple, pouvait entretenir et encourager les contacts avec les anciens membres de filières d'évasion du SOE en France sans irriter le moins du monde les autorités françaises ; alors qu'on voit mal quand et comment les Britanniques auraient pu, sans que ces dernières le prennent en mauvaise part[12], renouer avec leurs anciens amis des réseaux F.

Quant à la tragédie, elle procède entièrement de la politique des nazis. Car peu de résistants déportés revinrent d'Allemagne. Les autres connurent dans toute son horreur le traitement que leur réservait Himmler :

« Tuer les ennemis du Führer ne l'intéressait pas. Ils devaient mourir, bien sûr, mais pas avant que les interrogatoires, la torture et les outrages aient tiré d'eux les dernières miettes d'informations susceptibles de conduire à d'autres arrestations. Alors, et alors seulement, on leur accordait la délivrance de la mort [13]. »

Outre les quelque soixante-dix mille déportés de France à titre « racial » et victimes du génocide, quatre-vingt-huit mille Français et Françaises furent internés dans des camps de concentration allemands par suite de mesures de répression, dont quarante pour cent n'y survécurent pas. Vingt mille autres résistants tombèrent les armes à la main ou furent exécutés en France peu après leur arrestation [14]. Presque tous les agents des sections F et RF pris par les Allemands furent délibérément liquidés en application d'un principe classique de police secrète : il n'était pas jugé souhaitable que les alliés apprissent un jour ce que ces captifs auraient eu à raconter. Vingt-six agents formés au SOE et envoyés par la section F et neuf par la section RF survécurent, sur plus de cent prisonniers pour chacune des deux sections. Certains succombèrent à leurs épouvantables conditions de détention : dans un des plus grands camps, Bergen-Belsen, les détenus étaient si mal nourris qu'il leur arrivait de prélever sur le cadavre d'un compagnon un morceau à manger [15]. La plupart des agents qui avaient été assez forts pour survivre au régime « ordinaire » insensé auquel ils étaient soumis furent exécutés en deux lots : le premier dans la première quinzaine de septembre 1944, le second quelques semaines à peine avant la fin de la guerre en Europe, le 29 mars 1945. Sur une directive venue directement de Hitler, il furent presque tous pendus, comme l'avaient été les conspirateurs du 20 juillet, avec des cordes de piano, dans l'intention de rendre leur mort aussi lente et aussi dégradante que possible. Mais presque tous aussi impressionnèrent leurs codétenus par l'attitude de défi qu'ils conservèrent jusqu'au bout. Plusieurs chantèrent la *Marseillaise* en marchant au gibet et leurs dernières paroles furent : « Vive l'Angleterre, vive la France ». Deux opérateurs radios de la section F, Bloom et Norman, furent joints par le Sicherheitsdienst à une quarantaine d'agents hollandais qui firent l'objet d'une exécution collective à Mauthausen [16]. Quant à Gustave Biéler, il aurait produit une telle impression sur ses geôliers que, lorsque vint de Berlin l'ordre de son exécution, les SS de Flossenbürg lui auraient fait une garde d'honneur pour l'escorter tandis qu'il clopinait vers sa mort [17].

Dressons maintenant la liste des agents entraînés en Grande-Bretagne par le SOE, déportés en Allemagne et qui en sont revenus. Section RF : Kergorlay, G.E. Ledoux, Lencement, les frères Le Tac, Richard Héritier, Pellay, Schock, Yeo-Thomas. Section F : outre l'ensemble du groupe détenu à Colditz (Pierre de Vomécourt, Abbott, Burdeyron, Cottin, du Puy, Fincken et Redding), sont revenus des camps Yvonne Baseden, Burney, Peter Churchill, Lee Graham, Janyk, Le Chêne, Martinet, Mattei, Eileen Nearne, les frères Newton, Peulevé, Odette Sansom, Sheppard, Southgate, John Starr, Stonehouse, Tunmer, Zeff. Section DF : Zembsch-Schreve, qui réussit à s'évader et à rejoindre le front allié en avril 1945.

Il y eut quelques autres évasions, mais c'étaient des entreprises extrêmement difficiles. Colditz était une forteresse[18], et les camps étaient encore pires. Ils étaient toujours installés en terrain découvert, entourés d'une double clôture électrifiée, fortement éclairée la nuit par des projecteurs et surveillée par des gardes sadiques, alertes et bons tireurs. L'existence y était si imprévisible et les mouchards si nombreux qu'il était généralement hors de question de recourir aux méthodes les plus fréquentes dans les camps de prisonniers de guerre : creuser des tunnels ou cisailler des barbelés. En plus de ces difficultés qui valaient pour tous les détenus, les agents du SOE furent souvent soumis à une surveillance particulièrement étroite. Plusieurs d'entre eux passèrent de longs mois à l'isolement dans des cellules de béton. Certains furent même enchaînés en permanence. Un groupe d'une dizaine fut enchaîné en cercle à son arrivée dans un camp de transit. Les hommes durent marcher en rond jusqu'à tomber d'épuisement ; on les forçait à coups de cravache à se remettre debout et à continuer à tourner. Et cela dura tout un interminable après-midi. Dans des conditions pareilles, l'évasion était pour ainsi dire impossible. Une fois rendus (s'ils l'étaient) aux conditions générales de la vie du camp, les agents devaient affronter l'hostilité des communistes, qui géraient une bonne partie des affaires intérieures et qui considéraient les officiers français, et encore plus britanniques, comme leurs « bêtes noires » particulières[19]. Le fait que Burney ait réussi à monter une sorte de mouvement de résistance parmi les déportés de Buchenwald – ce vaste camp dressé sur la lande parsemée de hêtres des environs de Weimar, le pays goethéen par excellence – en dit long sur son stoïcisme et son équilibre. Mais en se lançant dans cette œuvre louable et désespérée, Burney commit une lourde erreur, à vrai dire compréhensible : il choisit ses hommes en fonction de son propre jugement sur leur caractère, sans se préoccuper de leurs opinions politiques. En conséquence, son groupe fut rapidement infiltré par les communistes les plus remarquables du camp, qui tinrent leur parti informé de cette organisation rivale et se gardèrent bien, en revanche, de mettre Burney au courant de l'existence d'une cache de quelques dizaines de mitraillettes communistes. Lorsque les gardiens du camp s'enfuirent, Burney et ses trois collègues du SOE encore vivants – Southgate et les frères Newton – eurent beaucoup de chance de ne pas être liquidés avant l'arrivée des Américains, quelques heures plus tard.

Sept mois auparavant, il y avait eu plus de quarante agents alliés à Buchenwald : comment donc n'étaient-ils plus que quatre ?

Un groupe de trente-sept, dirigé par Yeo-Thomas, arriva de Compiègne début septembre 1944 après un pénible voyage durant lequel plusieurs d'entre eux, ayant réussi à se débarrasser de leurs menottes, avaient voulu s'évader et en avaient été dissuadés par quelques autres (au cours de la première partie de ce voyage, Violette Szabo, qui était du même train, se distingua en rampant d'un groupe à l'autre pour distribuer de l'eau, à la faveur d'un bombardement aérien britannique qui avait envoyé les gardiens se mettre à l'abri le long du talus). Au début, ils furent un peu mieux traités que le commun des détenus ; de sorte que lorsque quinze d'entre eux, dont Frager, George Wilkinson, Dubois, Barret et Mulsant, furent convoqués nominalement aux bureaux de l'administration le 6 septembre, les autres pensèrent qu'il s'agissait d'une affaire bureaucratique quelconque. Mais les quinze ne revinrent pas et, dès le lendemain, des Polonais qui travaillaient au four crématoire dissipèrent cette illusion[a]. Trois jours plus tard, un autre groupe, de seize cette fois[20], fut convoqué ; ils disparurent à leur tour.

Après cette double tragédie[21], on tenta un expédient désespéré. Il fut élaboré par Eugen Kogon – un écrivain et journaliste allemand qui était dans le camp depuis 1939 – et Alfred Balachowsky, ce professeur d'entomologie de l'Institut Pasteur qui avait travaillé sous les ordres de Suttill dans la région parisienne. Ces deux hommes d'étude venaient d'être désignés pour travailler dans le bloc des expériences médicales. Ils convainquirent Ding-Schuler, le médecin SS qui en était le chef, de laisser trois des survivants du groupe échanger leur identité avec trois Français qui se mouraient du typhus et dont les corps devaient être

---

a. Frager avait obtenu que lui-même et ses quatorze camarades, en tant qu'officiers, soient non pas pendus mais fusillés [J.-L. C.-B.].

brûlés aussitôt après leur mort (Ding-Schuler devait y gagner une sorte d'assurance auprès des alliés, mais lorsqu'il fut arrêté, en septembre 1945, il ne chercha pas à s'en prévaloir et se tua avant que des témoignages pour ou contre lui pussent être portés). Quels seraient les bénéficiaires de ce sauvetage ? Balachowsky choisit Yeo-Thomas, qui à son tour désigna Peulevé et un émissaire de Dewavrin, Stéphane Hessel. Dans le cas de Peulevé, il s'en fallut d'un cheveu, car il fut convoqué à la tour d'entrée pour exécution avant que le Français dont il devait prendre la place ne fût tout à fait mort ; il fallut lui faire d'urgence une injection destinée à simuler le typhus, et qui faillit bien le tuer pour de bon. Heureusement pour lui, le médecin-chef du camp était en congé ce week-end-là et le vieil Autrichien qui le remplaçait, venu du bâtiment central avec la seringue contenant l'injection mortelle, n'eut pas le cœur de la plonger dans le corps d'un homme manifestement tourmenté par une forte fièvre : il en confia le soin à l'un des infirmiers de Kogon, qui était dans le secret, et s'en retourna.

Les trois hommes n'eurent guère de difficulté à se glisser dans leurs nouvelles identités et à intégrer les blocs de prisonniers français, puis à sortir du camp avec des équipes qui travaillaient au dehors. Et, dans les dernières semaines de la guerre, Yeo-Thomas et Peulevé firent mieux encore : ils s'évadèrent. Yeo-Thomas fut repris ; il se fit alors passer pour un aviateur français prisonnier de guerre, s'échappa à nouveau du camp de prisonniers de guerre où on l'avait mis, et rejoignit finalement une unité américaine. Peulevé s'évada le 11 avril, deux ans jour pour jour après son évasion de Jaraba, du temps où il rentrait de sa première mission. Il fut lui aussi repris, presque à portée de fusil des Américains, par deux SS belges, qu'il persuada du danger qu'il y aurait pour eux à se faire prendre par les alliés dans l'uniforme qu'ils portaient. « Déshabillez-vous », lui dit l'un d'eux. Et ils firent de même, avec l'intention de se partager les quelques vêtements civils de Peulevé. Ce dernier s'empara alors d'un des pistolets que les Belges avaient posés pour se changer, leur révéla qu'il était un officier britannique, les fit prisonniers et les remit quelques heures plus tard aux Américains[a].

---

a. Stéphane Hessel, par la suite créateur du Club Jean Moulin et ambassadeur de France, s'évada de même une première fois en janvier 1945 et, rapidement repris, fut envoyé au camp d'extermination de Dora. Évadé à nouveau en avril du train qui évacuait les déportés vers le Nord et fait prisonnier près de Hanovre par des SS, il

Ces quelques rescapés des camps furent marqués pour la vie par leur expérience. Au début, personne en Angleterre ne pouvait imaginer ce qu'ils avaient vécu. Lorsque Brian Stonehouse revint à Londres effroyablement amaigri, deux amies de la FANY, qui avait eu bien du mal à le reconnaître, l'invitèrent chez elles à déjeuner, et investirent pour l'occasion la ration de viande de toute une semaine. Mais quand les côtelettes commencèrent à griller, il se précipita dehors en criant : « Je ne supporte pas l'odeur de viande qui brûle ! »

Voilà pour les hommes. Le sort des captives a souvent été dramatisé à l'excès, alors que la vérité est déjà assez terrible sans cela. Sur les cinquante femmes formées en Angleterre et envoyées en France, quinze furent prises par les Allemands, dont trois seulement survécurent (trois autres avaient été arrêtée par des Français, dont deux s'évadèrent et une troisième fut libérée par l'avance alliée ; et une mourut subitement de méningite pendant sa mission[22]). Les Allemands répartirent ces captives en deux groupes : sept furent envoyées à la prison civile de Karlsruhe ainsi que Sonia Olschanesky, l'agent de liaison du réseau JUGGLER qui avait travaillé pour le SOE mais n'avait pas été formée par lui ; les huit autres furent déportées à Ravensbrück, un camp situé à quelques dizaines de kilomètres au nord de Berlin.

C'est Josef Kieffer qui s'était arrangé pour aiguiller le premier groupe sur Karlsruhe, car sa famille habitait dans cette ville. Sous prétexte de poursuivre ses investigations auprès de ces prisonnières, il put ainsi de temps en temps passer une nuit chez lui. En réalité, il ne prit jamais la peine de venir à la prison. Les captives n'avaient rien d'autre à faire que de garder le moral et de remonter celui de leurs codétenues – condamnées pour de petits délits politiques ou de droit commun – en leur répétant que la chute des nazis approchait. Plusieurs d'entre elles firent une impression inoubliable de courage et d'intégrité sur leurs compagnes. Elles auraient pu rester là jusqu'à la fin de la guerre, si une gardienne zélée ne s'était pas mis en tête que leur situation était irrégulière : alors que leur procès n'avait pas eu lieu, elles partageaient leurs cellules avec des condamnées, sauf Noor Inayat Khan, la première à être arrivée et qui fut longtemps gardée enchaînée dans une cellule d'isolement de la prison annexe de Pforzheim. La gardienne se démena tant pour tout mettre en règle qu'elle finit par attirer l'attention de la Gestapo locale sur leur existence. Le chef de

---

réussit à les persuader d'aller se rendre sous sa direction aux forces américaines voisines. Voir Stéphane Hessel, *Danse avec le siècle*, Le Seuil, 1997 [J.-L. C.-B.].

ce service, Gmeiner, qui avait servi dans l'un des fameux Einsatzkommandos sur le front russe, était un homme qui aimait l'ordre et ignorait toute miséricorde. Il télégraphia au RSHA pour demander des instructions. Le dossier remonta jusqu'à Kaltenbrunner, probablement même jusqu'à Himmler, puis redescendit.

Un matin de juillet 1944, Vera Leigh, Diana Rowden, Andrée Borrel et Sonia Olschanesky furent transférées dans le camp de concentration du Struthof (Natzweiler) en Alsace. Stonehouse, de la section F, et Guérisse, de la filière PAT, les virent arriver ce soir-là, et Guérisse reconnut Andrée Borrel, qui avait travaillé un temps avec lui. Il avait déjà réussi à entrer en communication avec elles lorsque, beaucoup plus tôt que d'habitude, tous les détenus reçurent l'ordre de retourner dans leurs baraques. Peu après, les quatre furent emmenées au crématoire, chacune reçut une injection mortelle et on les mit directement dans le four[23].

Les quatre autres, Noor Inayat Khan, Yolande Beekman, Éliane Plewman et Madeleine Damerment, ignoraient le sort fait à leurs compagnes. Les trois dernières ignoraient également que Noor Inayat se trouvait dans leur voisinage jusqu'à ce qu'on la leur amène, le 11 septembre. Les instructions les concernant étaient parvenues à Karlsruhe, revêtues de la signature de Kaltenbrunner. On leur dit le soir même qu'elles devaient se tenir prêtes à partir le lendemain. Un véhicule de Gmeiner vint en effet les chercher pour les mener à la gare, et elles firent un agréable voyage en train qui dura toute la journée, bavardant en anglais et admirant le paysage de Souabe sous le soleil. Vers minuit, elles arrivèrent à une gare proche de Munich et furent conduites à pied jusqu'à un camp inconnu : c'était Dachau. On les plaça pour la nuit dans de petites cellules séparées. Tôt le matin, elles furent amenées ensemble sur un espace sablé, et on leur dit de s'agenouiller le long d'un mur. Elles virent d'anciennes taches de sang dans le sable et comprirent ce qui les attendait. Elles s'agenouillèrent en se tenant par la main deux par deux, et un SS s'approcha d'elles par derrière et leur tira à chacune, soigneusement, une balle dans la nuque[24].

À Ravensbrück, le scénario fut plus confus. Les huit femmes n'y furent pas transférées ensemble et furent simplement, à mesure qu'elles arrivaient, lâchées dans le camp où elles étaient supposées se débrouiller pour nager ou sombrer – plus probablement sombrer – dans ce maelström. Ceux qui n'ont pas connu ces enfers modernes ne peuvent se faire une représentation concrète de leur bestialité, et c'est à leurs rescapés que revient en priorité le droit de tenter de la dépeindre[25].

Mais il ne faut pas oublier que les camps jouaient un rôle considérable dans l'économie du régime nazi et que leurs prisonniers devaient non seulement exister mais travailler, et travailler dur, avec pour seule nourriture du café de glands, de la soupe de raves et un peu de pain sec. Il était considéré comme normal qu'ils en meurent ; c'était même le but poursuivi.

Tel fut probablement le sort de Cecily Lefort. Sa santé s'effondra complètement au début de l'année 1945, et elle se fit transporter au *Jugendlager*, un camp soi-disant de repos où l'on envoyait les détenus trop malades, soit pour les laisser mourir de faim, soit pour les faire passer à la chambre à gaz. Une de ses codétenues, l'infatigable Mary Lindell, qui avait dirigé une filière d'évasion et qui s'efforçait de garder un peu de raison dans ce cauchemar, essaya de faire transférer Mme Lefort dans une équipe qui travaillait à l'extérieur et dont les conditions étaient moins rudes, mais sa tentative n'aboutit pas à temps [26].

C'est à peu près au même moment que Mme Rudellat disparut, et l'on supposa qu'elle avait suivi le même chemin. Eileen Nearne, quant à elle, continuait à jouer son rôle de douce petite créature qui ne savait ni ne comprenait rien. Elle était bien la seule dans tout Ravensbrück à trouver du temps pour la douceur, mais elle s'arrangea pour se faire placer dans une équipe de travail pas trop atroce près de Markelberg, en Silésie, d'où elle réussit à s'évader à la mi-avril, déployant un courage et un sang-froid remarquables. Elle parvint à traverser l'Allemagne en ruines et à rejoindre les Américains. Yvonne Baseden put elle aussi fuir Ravensbrück. Affectée à des travaux agricoles, elle tâchait de se faire remarquer le moins possible par ses surveillants armés, jusqu'au moment où elle attrapa la tuberculose, en février. Mary Lindell, qui veillait sur elle, s'arrangea pour la faire transporter en Suède par une équipe de la Croix-Rouge en avril.

Trois autres de nos jeunes femmes eurent moins de chance. Violette Szabo, Denise Bloch et Lilian Rolfe furent affectées à la même équipe de travail, en dehors du camp. Elles constatèrent que c'était supportable et, lorsque ce travail fut achevé, demandèrent à faire partie d'une nouvelle équipe. Mais le deuxième groupe se révéla épouvantable, et quand elles revinrent à Ravensbrück fin janvier 1945, seules la vaillance et la gaieté irrépressibles de Violette Szabo réussissaient encore à maintenir les deux autres debout. Quelques jours plus tard, sur ordre de Berlin, elles furent emmenées et abattues en même temps, comme les quatre de Dachau. Elles moururent non loin de la cellule d'Odette

Sansom. Cette dernière, en effet, s'était vu infliger un traitement particulièrement rigoureux à Ravensbrück parce que certains croyaient qu'elle était une nièce par alliance de Winston Churchill : paradoxalement, c'est à cette confusion qu'elle dut de survivre. On ne la laissa pas dans le camp principal avec les milliers d'autres détenues, mais on la mit au secret, plusieurs mois durant, dans une petite cellule obscure située tout près du terrain d'exécution, où chaque jour le claquement des coups de feu lui annonçait que ses ennemis avaient encore tué quelques-uns de ses amis. Lorsque ses geôliers étaient pris d'un accès aigu de sadisme ou d'anglophobie, ils se plaisaient à la laisser sans nourriture ou à la soumettre à de longues périodes de lumière ou d'obscurité ininterrompue, de chaleur ou de froid. Puis un jour, quand le commandant du camp Fritz Sühren comprit enfin que « le Reich de mille ans » s'était écroulé, il la mit dans sa belle petite voiture de sport et la conduisit en personne aux Américains, dans le vain espoir que cela lui sauverait la peau.

Le lecteur remarquera que, si horribles qu'aient été les souffrances de ces femmes, elles n'ont pas toutes eu à subir, contrairement à ce qu'on lit et entend souvent, de cruautés particulières de la part des Allemands. Elles ont été traitées avec la brutalité « ordinaire » de tous les geôliers du monde depuis des temps immémoriaux. Dans les camps de concentration allemands en général, la relation entre détenus et maîtres des lieux avait atteint son plus bas niveau concevable. Le principal avantage de Buchenwald, par exemple, était que les prisonniers étaient rarement utilisés comme cibles pour les séances de tir du dimanche. Celles de Ravensbrück ont vécu au milieu de cette désolation et de cette horreur qui furent épargnées à celles de Karlsruhe. En réalité, deux seulement ont été personnellement persécutées : Odette Sansom, comme on vient de le dire, et Noor Inayat Khan, qui fut gardée enchaînée à Pforzheim.

Certaines d'entre elles avaient connu pire traitement en France. Yolande Beekman et Éliane Plewman reçurent de multiples coups de poing au visage immédiatement après leur arrestation : on voulait leur arracher des renseignements sur leurs amis, mais ce fut en vain. Yvonne Baseden eut les orteils écrasés à coups de bottes, dans le même but ; elle aussi eut le courage de ne rien dire[27]. Eileen Nearne résista même au supplice encore plus révoltant de la baignoire. De terribles sévices furent exercés sur Mme Sansom avenue Foch, notamment des brûlures dans le dos, mais là aussi en vain, comme le prouvèrent la survie de Rabinovitch et celle de Cammaerts. Et, grâce à la survie de Cammaerts, la section F construisit dans le Sud-Est un réseau qui rendit des services inappréciables aux alliés. Le silence héroïque de Mme Sansom lui valut la rare George Cross, dont elle fut la seule détentrice survivante. Bien plus tard, Kieffer, l'Allemand responsable de tout cela, fut pendu, mais pour un autre crime [28].

Il est juste encore de mentionner une autre histoire de torture, celle des souffrances de Violette Szabo [29], telle qu'on la trouve résumée dans sa citation pour la George Cross à titre posthume. C'est une distinction qu'elle avait amplement méritée de toute façon avant même son arrestation, pour la vaillance extraordinaire dont elle avait fait preuve. Qu'elle ait ou non été victime, lors de ses interrogatoires, de cruautés « personnelles », spécifiquement dirigées contre elle, elle fut assurément affectée ensuite à une très dure équipe de travail d'un très dur camp de concentration. Et les brutalités spéciales que lui a éventuellement infligées la police secrète allemande en France n'ont peut-être pas été pires que la dégradation systématique qu'elle partagea avec des millions d'autres sous les auspices de la police secrète allemande en Prusse.

Lorsque les armées alliées entrèrent dans les camps, ces derniers étaient dans un état de chaos total. Bergen-Belsen, libéré le 15 avril par les Britanniques, leur apparut peuplé de dizaines de milliers de spectres au dernier stade de la dénutrition, et ravagé, en plus de la dysenterie endémique, par une épidémie de typhus. Noyée parmi les centaines de prisonniers souffrant de tout cela à la fois, il se trouvait une Française se faisant appeler Mme Gauthier, transférée d'un autre camp six semaines auparavant. La seule amie qu'elle avait eue à Bergen-Belsen avait été séparée d'elle à la mi-mars par les circonstances inexorables de ce monde dément : jusqu'à cette date, elle avait réussi à survivre, comme d'autres, malgré le manque de nourriture, de chauffage, de vêtements, de dignité, d'intimité, de tout ce qu'une communauté civilisée considère comme des « besoins vitaux » ; elle « n'était pas en mauvaise santé ; elle avait parfois des pertes de mémoire mais elle gardait bon moral et n'avait pas l'air particulièrement ravagé ni vieilli » [30]. Mais elle tomba très gravement malade peu de temps après. Quand arrivèrent les libérateurs, elle allait trop mal, ou bien elle s'était elle-même trop imprégnée de son personnage d'emprunt, pour révéler à quiconque sa véritable identité. Elle mourut anonymement le jour de la Saint-Georges [23 avril] ou le lendemain, et son corps fut inhumé avec vingt mille autres dans une des énormes fosses communes. C'était Yvonne Rudellat.

CHAPITRE XIV

BILAN STRATÉGIQUE

Le SOE avait été créé après consultation et avec l'approbation des chefs d'état-major de l'armée régulière, qui furent dans l'ensemble en mesure de définir sa stratégie même s'il ne fut jamais pleinement intégré au système du ministère de la Défense. C'est qu'il permettait d'atteindre certaines fins stratégiques moyennant un investissement minimal, et les chefs d'état-major avaient bien dû admettre l'économie d'effort parmi les principes fondamentaux de la conduite de la guerre. Mais en réalité ils n'adhéraient qu'en paroles à cette théorie et ne croyaient qu'aux gros bataillons ; d'abord parce que leur expérience fondatrice avait été celle de la Première Guerre mondiale, ensuite parce que le métier qu'ils avaient appris, c'était de faire évoluer de grandes flottes, des masses d'hommes, des escadres aériennes par dizaines. Dans leurs années de formation, il n'existait rien qui ressemblât au SOE. Et ils ne se familiarisèrent jamais vraiment avec cette nouvelle arme comme ils le firent, par exemple, pour les blindés ou le radar.

Cela tient en partie à ce que la nature et les capacités de l'instrument en question ne leur furent jamais expliquées à fond et qu'ils ne jugèrent pas à propos de s'en enquérir plus avant : réticence qui, elle aussi, remontait au temps de la Grande Guerre, où les forces britanniques avaient été servies par un excellent système de renseignement dont la règle d'or était le secret absolu sur ses méthodes [1]. Sur ce point, le SOE a pâti de ses origines : le GS (R) de Holland, dont il était pour l'essentiel issu, était devenu le MIR, avec sa place toute naturelle à la direction du renseignement militaire du ministère de la Guerre. Or le SOE avait une mission strictement opérationnelle, autrement dit il était consommateur, et non fournisseur (sauf exception), d'informations ; mais, précisément à cause de ses origines (renseignement militaire et « Intelligence Service »), il était considéré par les autres services comme une organisation de renseignement. Cette situation constitua un handicap car elle empêcha à la fois ses autorités supérieures et les organismes avec lesquels il allait devoir coopérer d'avoir une vue claire et complète de ce pour quoi il était fait. Il est vrai que, en France, c'était plutôt un atout d'être considéré comme ayant peu ou prou à voir avec cette organisation toute-puissante : « l'Intelligence Service ». Cette aura mythique permit parfois à des agents du SOE de se sortir de situations difficiles ; mais elle les exposa aussi à des bavardages inconsidérés et à des demandes d'aide qu'il n'était pas en leur pouvoir de satisfaire.

Tout mythe mis à part, le SOE a-t-il répondu en France, sur le plan opérationnel, aux espoirs placés en lui par tous ses fondateurs, de Holland à Churchill ?

En ce qui concerne les « coups de main », les sujets de pleine satisfaction furent rares. L'opération RATWEEK eut un certain impact, particulièrement dans la région lyonnaise où l'équipe de saboteurs ARMADA se chargea de plusieurs exécutions ; mais on ne trouve rien en France de comparable à l'assassinat de Heydrich en Tchécoslovaquie. Le seul assassinat de haut personnage qui ait eu une influence directe sur le sort des Français fut celui de Darlan ; or, si le SOE fut directement concerné par les suites de cet acte très admiré, il n'en fut pas l'instigateur. Du reste, les seules personnalités de l'Axe dont la suppression aurait pu changer le cours de la guerre étaient Hitler ou Himmler, et ni l'un ni l'autre n'ont jamais constitué un objectif accessible aux agents du SOE en France. Hitler n'y revint pas après que le SOE eut commencé d'y travailler, et du reste il se protégeait beaucoup mieux que Churchill ne le fit jamais[2] puisque même des officiers de son état-major, qui l'approchaient tous les jours en Allemagne et en Pologne, ne réussirent pas à le tuer.

En matière de sabotage industriel, les résultats, si on les mesure en termes de dommages ou ralentissements infligés à la production de guerre de l'ennemi, sont assez modestes. L'une des raisons en est que les hommes du genre malfrat astucieux, que l'on supposait les plus doués pour ce travail, furent plutôt aiguillés vers les commandos ou le SAS. Le bilan quantitatif de ce dernier, dans les conditions tout à fait différentes de la guerre du désert, est beaucoup plus impressionnant que celui d'aucun réseau en France. Paddy Mayne, qui sera plus tard chef d'opérations du 1er SAS, aurait détruit de ses propres mains, en Libye, quarante-sept avions ennemis en une nuit, tableau de chasse que pas un as de la RAF ne peut se vanter d'avoir égalé en plusieurs années de guerre[3]. Mais le SOE compta tout de même dans ses rangs quelques agents très capables en ce domaine hautement spécialisé. La plupart d'entre eux, comme Mayne du reste, n'étaient nullement des malfrats, et se montrèrent aptes à maîtriser les difficultés propres à ce genre d'action tout en poursuivant leur activité d'agents clandestins semi permanents. Au contraire, les équipes de type commando parachutées en France par la section F ou la section RF avec une mission de sabotage spécifique n'accomplirent jamais rien de remarquable, excepté ARMADA, qui constitue une catégorie à elle toute seule.

Le principal apport des réseaux du SOE qui firent du sabotage industriel, c'est-à-dire presque tous, fut plus militaire qu'économique. Car la multiplication des attaques extérieures – même modestes – contre des usines obligeait l'ennemi à consacrer une partie de son attention et de ses forces militaires à des missions de surveillance qui auraient été normalement du ressort de la police ; et puis, c'était un bon entraînement pour les hommes. On ne se lancera pas ici dans l'évaluation délicate de la part des troupes d'occupation qu'il fallut détourner de ses tâches proprement militaires pour prévenir les sabotages, mais c'est assurément un point qu'il serait intéressant d'élucider. Remarquons seulement que, plus d'une fois, un attentat prévu et préparé contre telle usine dut être annulé parce que celle-ci était trop bien gardée : autant d'échecs, formellement. Mais en même temps, ces échecs n'étaient que relatifs, parce que forcer l'ennemi à distraire à ce genre de fins une partie de ses moyens militaires était un succès en soi.

En plaçant le SOE sous l'autorité administrative du ministre de la Guerre économique, on créa involontairement dans la machine de guerre britannique une complication de plus. Cette subordination, purement formelle (la direction du ministère et celle du SOE se considéraient comme de rang égal), ne visait qu'à offrir au SOE une couverture et un ministre de tutelle ; la liaison entre les deux organismes dont le ministre était responsable (le ministère proprement dit et le SOE) s'effectuait au niveau le plus élevé, à savoir dans son bureau. Mais Sir Arthur Harris, commandant en chef du bombardement à partir de février 1942, avait toujours eu une dent contre ce ministère « amateur, ignorant, irresponsable et menteur » selon ses propres termes [4] ; ce ministère qui désapprouvait sa méthode pour gagner la guerre (faire de l'Allemagne un champ de ruines) et lui préférait la théorie, selon lui ridicule, des « cibles panacées » qu'il aurait suffi de détruire pour réduire l'ennemi à l'impuissance. Le fait que le SOE dépendît du même ministre que ce département méprisé ne faisait qu'alimenter les préjugés qu'il ne pouvait manquer d'avoir, de toute façon, contre une organisation rivale. Or Harris était un homme de pouvoir, notoirement coléreux et installé à quelques minutes en voiture de la résidence du Premier ministre, sur lequel il avait beaucoup d'influence.

La concurrence – car c'en était une – entre le SOE et le commandement du bombardement mérite qu'on s'y arrête. Malgré toutes les différences qui séparaient ces deux forces, en termes d'effectifs, de zones d'intervention et de méthodes de travail, elles avaient quelques points communs. Toutes deux commencèrent avec des moyens inadéquats ; toutes deux eurent à faire ce qu'on n'avait encore jamais fait ; toutes deux furent en droit, après la guerre, de revendiquer de remarquables succès, que toutes deux avaient payés cher en pertes humaines. Et elles visaient les mêmes objectifs : le pétrole, les communications, les usines travaillant pour la Luftwaffe, les terrains d'aviation, les sous-marins et le moral. Le SOE n'aurait jamais pu ni voulu se lancer dans des destructions comparables à la dévastation de régions entières à laquelle se vouait Harris ; mais la valeur militaire des dommages infligés n'est pas nécessairement une fonction directe de leur dimension.

Le SOE souffrit parfois, comme l'aviation, d'un manque de clarté des directives reçues, qui s'explique notamment par la difficulté du grand état-major à comprendre et à manipuler cette arme inconnue. Une deuxième difficulté partagée avec la RAF était l'insuffisance de renseignements sur les types de cibles à privilégier. Deux fois en France le SOE tenta de s'en prendre à ces « cibles panacées » dont le commandement du bombardement ne voulait rien savoir : les installations pétrolières à l'automne 1941, électriques en 1943-1944. Dans le premier cas, les résultats furent négligeables, à la fois en raison de la mauvaise qualité des informations collectées et du manque d'hommes qualifiés pour cette tâche. Dans le second cas, les résultats furent importants mais non décisifs. Le SOE avait bien des sections fort actives de renseignement et de recherche de cibles, qui s'efforçaient, sous la conduite expérimentée de Boyle, de repérer les maillons faibles chez l'ennemi ; mais elle n'en trouva jamais d'assez faibles pour permettre de le paralyser.

À titre de contribution à ce débat, le lecteur trouvera en appendice G une note sur les principaux sabotages industriels effectués en France. Le plus remarquable, dans cette liste, c'est que la quantité totale d'explosif utilisé pour produire ces innombrables arrêts de production a été de 1,4 tonne [5] ; c'est-à-dire beaucoup moins que ce qu'emportait un petit bombardier Mosquito en 1944, ou encore le quart d'une seule bombe *Tallboy* (ce modèle était le plus gros de ceux dont la RAF disposait en 1944 ; le modèle *Grand Slam*, largué pour la première fois en 1945, sera presque deux fois plus lourd[6]). Le 8 juin 1944, date de la première utilisation des bombes *Tallboy*, une seule, sur les dix-neuf lâchées par l'escadron 617, atteignit sa cible : l'entrée d'un important tunnel ferroviaire près de Saumur[7]. Les dix-huit autres creusèrent dans les champs environnants dix-huit magnifiques trous. Cet acte de bravoure avait été dicté par des raisons de politique intérieure de la RAF – les partisans du nouveau modèle devaient montrer ce dont ces bombes étaient capables – mais le résultat pratique de l'opération aurait pu être atteint sans exposer cent trente-cinq hommes appartenant aux meilleurs équipages de bombardiers du monde[8]. Il aurait suffi de signaler le tunnel en question à l'attention de la dame qui commandait le réseau local du SOE, Wrestler, et qui du reste était lieutenant dans la WAAF : couper les voies de chemin de fer était une de ses spécialités.

Ceci n'est qu'un exemple, à vrai dire extrême, des économies réalisables par l'emploi d'agents clandestins, la condition étant que ceux-ci soient à pied d'œuvre au moment où l'on en a besoin. Or, précisément, les communications avec le terrain n'étaient pas assez étroites et régulières pour que l'état-major du SOE pût en telle ou telle occasion recommander de s'appuyer sur un de ses réseaux avec la confiance que l'on place dans une unité d'artillerie ou un équipage de bombardier, par exemple ; l'eût-il fait que les états-majors plus classiques ne l'auraient pas suivi. Lorsque des artilleurs ou des bombardiers lançaient une attaque contre un certain objectif, celui qui en avait donné l'ordre savait aussitôt qu'elle avait bien eu lieu et, le plus souvent, un vol de reconnaissance permettait dans les heures suivantes d'en évaluer les résultats ; c'étaient des armes qu'on connaissait, et les résultats probables d'une action pouvaient être évalués à l'avance avec assez de sûreté. Mais, vu de l'extérieur du SOE, rien de ce qui s'y faisait n'était familier, et les commandants du champ de bataille ignoraient tout à fait ce qu'ils pouvaient attendre de lui. Les officiers londoniens du SOE n'étaient guère susceptibles de leur dire, voire de savoir eux-mêmes, quand (ou même si) telle action particulière avait été menée à bien ; et plusieurs mois pouvaient s'écouler avant qu'une information fiable sur son issue ne parvînt à Londres. On ne saurait blâmer les états-majors de s'en être tenus aux méthodes qu'ils maîtrisaient, dès lors qu'un tel brouillard d'incertitudes enveloppait le monde des opérations spéciales. Et pourtant : malgré la difficulté d'infiltrer des agents en territoire occupé, de les ravitailler et de leur donner les moyens de placer leurs explosifs aux bons endroits, c'est-à-dire là où ils feraient le plus de mal, la quantité de dégâts réels infligés en France à l'industrie et aux transports par les méthodes clandestines du SOE est du même ordre que le bilan affiché par les formations, beaucoup plus larges et infiniment plus coûteuses, de la RAF et de l'USAAF. Des évaluations plus fines seraient ici nécessaires, qu'il n'était pas envisageable de tenter dans ces pages, mais, répétons-le, c'est un travail qui s'impose aux prochaines générations d'historiens. Webster et Frankland ont ouvert une piste en remarquant qu'« au total, les dégâts infligés en France par les bombardements n'ont pas été très importants »[9]. Toute personne pratiquant ce sport chéri des commentateurs militaires qu'est la discussion des stratégies futures se doit de soupeser les avantages relatifs, en termes d'hommes et d'autres ressources, des méthodes clandestines et des méthodes classiques de destruction du potentiel industriel et militaire ennemi.

L'équipe de sabotage la plus utile que le SOE ait jamais envoyée en France fut sans conteste l'équipe ARMADA, dépêchée par la section RF : un ingénieur des ponts et chaussées, un entrepreneur, un mécanicien auto et un étudiant, qui à eux quatre mirent hors service l'une des principales usines d'armement implantées sur le sol français, liquidèrent une douzaine de cadres de la Gestapo bien gênants et bloquèrent complètement le trafic par voie d'eau entre la Ruhr et la Méditerranée au moment où les Allemands, pour des raisons tant industrielles que navales, en avaient le plus besoin. Si toutes les équipes avaient eu les capacités techniques et le sang-froid d'ARMADA, les possibilités offertes par ce type de sabotage auraient été démontrées de façon beaucoup plus éclatante, et la guerre aurait été sensiblement abrégée.

Mais les exploits éblouissants d'ARMADA relevaient après tout de l'activité normale d'agents subversifs, aussi anormalement doués fussent-ils. Réc, le chef du réseau STOCKBROKER de la section F, ouvrit, lui, une voie absolument nouvelle en obtenant des propriétaires de l'usine Peugeot de Sochaux qu'ils participent au sabotage de leurs propres ateliers, sous la menace de bombardements potentiellement encore plus dommageables. Il est regrettable que ce type de chantage n'eût pas encore fait partie de l'arsenal britannique au moment où les commandants de l'aviation fixèrent leur choix sur l'envoi nocturne d'énormes escadres de Halifax et de Lancaster sur ce chemin du Golgotha dont tant ne revinrent pas. Le commandement du bombardement eut souvent à déplorer en une nuit plus de morts que la section F pendant toute la guerre ; une fois, même, il perdit en une nuit plus d'hommes que la section F n'en envoya jamais en France. En tout, ses pertes dépassèrent le quadruple [10] de l'effectif total du SOE. Peut-on dire que ses résultats aient été en proportion ?

Nul ne contestera que les bombardiers faisaient, à l'époque, de plus grands trous dans le sol que les agents de la guerre clandestine. Mais on ne saurait raisonnablement mesurer l'utilité militaire au diamètre ou à la profondeur des entonnoirs : c'était même là une des principales leçons tirées du combat terrestre des années 1916-1917, une leçon qui, une génération plus tard, commençait à être très largement admise. Comme l'enseignait l'exceptionnel instructeur en sabotage Rheam à toute personne qui passait entre ses mains, une petite bombe bien calculée et placée au point idoine n'était pas seulement moins chère, mais plus efficace qu'une grosse, même si celle-ci tombait sur la bonne usine. Car la grosse était susceptible de causer des dommages plus étendus mais moins vitaux, de sorte que l'usine restait en mesure de produire ; tandis qu'une charge si modeste que c'est à peine si l'on entendait « boum » pouvait immobiliser durablement toute une chaîne d'ateliers. L'appendice G fournit quelques exemples des principes de Rheam en application ; il mérite l'attention de tous ceux qui s'intéressent à l'évaluation des résultats obtenus par des bombes classiques.

Les questions que soulève la comparaison entre les effets directs des destructions effectuées par le SOE et par l'aviation sont intéressantes et ardues ; dans le cas des effets indirects, elles sont plus intéressantes et plus ardues encore. Pour le SOE en France, le moral des Allemands n'était qu'une cible secondaire : contrairement au commandement du bombardement avec la directive de Casablanca, il ne reçut jamais l'ordre explicite de s'employer à le détruire [11]. Pourtant, le résultat final de ses actions en France (et de celles d'autres acteurs de la guerre souterraine) fut bien de briser la combativité des Allemands dans ce pays. L'influence du SOE à cet égard a été inestimable, au double sens du mot, c'est-à-dire à la fois très forte et impossible à quantifier. L'érosion régulière du moral de l'ennemi par des sabotages audacieux pratiqués à des moments bien choisis produisit probablement plus d'effets, dans certains cercles importants, que la destruction massive des villes. Les actions du SOE en France n'étaient guère en mesure d'influer sur le moral de la population en Allemagne, mais elles eurent un impact sur la machine de guerre allemande en sapant le dynamisme de ceux qui étaient chargés de la faire tourner. Il arrive que les bombardements aériens renforcent la ténacité des populations visées au lieu de l'affaiblir. Les Anglais dans les années 1940-1941, les Catalans en

1936-1937 ou les Allemands en 1943-1944 ont pu constater que les survivants d'attaques matériellement dévastatrices ressentent souvent une sorte de joie à rester au travail, le sentiment d'accomplir, ce faisant, quelque chose d'important. En outre, les défenses antiaériennes ont au moins l'avantage de faire du bruit et de donner aux terriens bombardés l'impression d'une riposte, alors qu'il n'y a pas de défense spectaculaire contre le sabotage. Au contraire, les contrôles incessants qu'il faut pratiquer pour le tenir en échec sont fastidieux et peuvent devenir exaspérants ; les gens ordinaires se plaignent des retards, et les mieux informés sont déprimés parce qu'ils savent qu'ils ne peuvent pas faire autrement. Une armée d'occupation retrouve souvent son ardeur lorsque se déclenche la guérilla ouverte, parce qu'elle a au moins le sentiment qu'il y a quelque chose de précis sur quoi on peut taper ; en attendant, son moral représente une excellente cible.

Il ne fait aucun doute que le parti communiste français, par le biais de son aile militaire les FTP, contribua largement à saper ce moral en abattant des officiers ou des soldats ennemis en uniforme. Cette politique terroriste avait bien pour effet de rendre les Allemands nerveux, mais elle attirait – à vrai dire, intentionnellement – de sévères représailles, qui se déchaînaient habituellement sur la population environnante et non sur les auteurs de l'attentat. Cela ne troublait pas les communistes, persuadés de « précipiter » de la sorte « une situation révolutionnaire », comme ils disaient dans un jargon qui ne convainquait qu'eux-mêmes. Certains au moins des sabotages effectués par le SOE rongeaient la combativité des Allemands d'une façon plus subtile et moins coûteuse en vies humaines. Plusieurs fois, des agents du SOE réussirent à faire partir en fumée, par la judicieuse application de quelques livres de plastic, des semaines ou des mois d'efforts déployés par les Allemands ou leurs serviteurs. Par exemple, une pièce mécanique essentielle de l'atelier de tourelles de char des usines Peugeot à Sochaux ayant été détruite grâce au réseau STOCKBROKER, les Allemands durent se dépenser pendant plusieurs mois pour obtenir la pièce de rechange, laquelle fut détruite par le même réseau alors qu'elle était encore dans le camion de livraison garé dans la cour de l'usine : tout était à recommencer. À l'usine de pneus Dunlop de Montluçon qui, fin avril 1944, venait de reprendre la production après un raid aérien de septembre 1943, un kilo de plastic disposé avec soin par le réseau STATIONER stoppa de nouveau toutes les chaînes. Deux jours après la reconversion d'une raffinerie à usage civil du Pas-de-Calais en unité de production pour l'armée allemande, le réseau FARMER y

mit le feu. Ces fréquents coups d'épingle mettaient les autorités d'occupation en rage. Le meilleur hommage collectif aux actions cumulées
des communistes, de la France Libre et du SOE et à la capacité qu'elles
avaient d'exaspérer les autorités allemandes, ce sont les ordres extrêmement rigoureux et sans cesse réitérés de ces dernières pour tenter
(vainement) de réprimer le « terrorisme ».

Mais les actes sporadiques de sabotage ou de violence n'ont jamais
constitué la tâche principale du SOE. L'avalanche de sabotages qui
accueillit OVERLORD dans toute la France représenta un appui tactique
direct d'une portée considérable aux forces du débarquement, comme
on l'avait voulu dès 1940. Et ce fut là sans conteste une grande réussite
du SOE. Les plans de soutien à OVERLORD et à DRAGOON furent mis
en œuvre avec un succès que personne n'avait osé espérer. Non seulement les forces de la résistance française, armées par le SOE et
agissant sous sa direction générale, causèrent plus de mille interruptions de trafic ferroviaire en une semaine et près de deux mille en
trois semaines, mais elles veillèrent à maintenir ces coupures et à en
occasionner d'autres à un rythme que les forces aériennes ne réussirent
jamais à égaler. Il en fut de même en Belgique. Il n'est peut-être pas
inutile de répéter ici quelques exemples. Ainsi, selon les rapports de
PIMENTO, tout train quittant Marseille pour Lyon, à partir du 6 juin
1944 et jusqu'à la libération complète de la vallée du Rhône, fut déraillé
au moins une fois par une de ses équipes. Dans la région de la 7e armée
allemande, où se déroulèrent la plupart des combats de Normandie, les
coupures de voies ferrées relevées par l'état-major allemand en juillet
et août furent plus souvent attribuées aux « terroristes » qu'à l'aviation.
Aidés de l'intérieur par les employés des PTT, les résistants mirent
hors service les principaux câbles téléphoniques de France dès le Jour J
ou très peu après ; et l'un des cinq régiments de transmissions
allemands en France – celui qui était installé du côté d'Orléans, dont
s'occupèrent les deux successeurs de Southgate, Maingard et Pearl
Witherington, ainsi que Henquet et Fucs – ne parvint jamais à rétablir
ses communications par câble. Il y avait un avantage secondaire important à priver l'ennemi de téléphone : on l'obligeait à recourir aux
communications radio, ce qui permettait d'intercepter des renseignements.

Pourtant, l'apport décisif du SOE aux combats qui se déroulèrent
en France ne fut pas celui, d'ordre tactique, consistant à désorganiser
les communications ennemies par rail et par téléphone ni même celui,
également tactique, de mettre la pagaille dans ses mouvements de

troupes par la route. Ce fut un apport stratégique postérieur au début de la campagne OVERLORD. Churchill avait noté en janvier : « À mon avis, il ne serait pas avisé de fonder tous nos plans sur l'hypothèse d'une défaite de Hitler dès 1944. L'éventualité ne saurait être exclue qu'il remporte une victoire en France. Les périls de la bataille sont immenses. L'ennemi a toutes facilités pour faire venir d'importants renforts et les jeter dans la bataille. » [12] En juin, ce n'était plus vrai. Le SOE ayant mobilisé sur tout le territoire des centaines d'unités d'infanterie équipées d'armes légères, l'ennemi n'était plus sûr de ses arrières ni de ses lignes de communication avec le centre. Le retard de deux semaines qu'une douzaine de réseaux – du WHEELWRIGHT de George Starr au Sud au SCIENTIST de Claude de Baissac au Nord – imposèrent à la division blindée de SS qui, de Toulouse, se portait en renfort du front de Normandie ; les tribulations d'une autre division blindée, revenue du front russe jusqu'à Strasbourg en huit jours et qui en mit trente-trois de plus à traverser une interminable succession d'escarmouches pour rejoindre enfin le front « officiel » à Caen : voilà deux exemples qui illustrent à la fois l'impact tactique des actions de la résistance et leur contribution proprement stratégique à la victoire. Tous les renforts et ravitaillements en munitions des Allemands et la plus grande partie de leur ravitaillement alimentaire devaient traverser, pour atteindre leurs lignes de front, des centaines de kilomètres d'un territoire infesté de résistants, dont la plupart avaient été entraînés et pratiquement tous armés par le SOE. Le trafic routier et ferroviaire en direction du front était susceptible à tout moment, et pratiquement en tout point, d'être coupé par des destructions qui pouvaient demander des heures, des jours ou des mois de réparations. Tout bien pesé, ce résultat éminemment désirable n'a pas été payé très cher. L'effectif total de toutes les sections opérant en France, si l'on y ajoute la fraction correspondante d'équipages et de personnels au sol de la RAF, des équipes d'emballage, des tailleurs, faussaires, chiffreurs, dactylos, instructeurs, radios, officiers et employés de l'état-major, ne dépasse pas celui de trois brigades ; en ne considérant que ceux « du front » – les agents effectivement déployés en France – on n'atteint même pas l'effectif d'une brigade. Et pourtant ce qu'ils ont accompli correspond au moins à l'apport d'une demi-douzaine de divisions de trois brigades chacune, et les Allemands consacrèrent huit de leurs soixante et quelque divisions en France – reconnaissons que c'étaient sans doute les huit plus mauvaises – à tenter de tenir leurs arrières pendant le déroulement d'OVERLORD.

Personne ne pourra jamais dresser un bilan précis en la matière ; mais il peut être intéressant de considérer quelques opinions de contemporains bien informés. Voici ce qu'Eisenhower lui-même écrivit à Gubbins le 31 mai 1945 :

« Avant que ne soit dissous l'État-major des forces spéciales (SFHQ), je voudrais dire combien j'ai apprécié ses magnifiques performances.

Depuis que j'ai assumé le commandement suprême en janvier 1944 jusqu'à l'instant présent, son travail a toujours été caractérisé par une planification patiente et clairvoyante, une remarquable souplesse d'adaptation aux exigences opérationnelles du haut commandement et une grande efficacité dans l'exécution. Dans aucune guerre précédente, et sur aucun autre théâtre d'opérations de cette guerre-ci, les forces de résistance n'ont été aussi bien articulées à l'effort militaire principal.

Bien qu'aucune évaluation définitive de l'apport opérationnel des actions de la résistance n'ait encore été faite, je considère que la désorganisation des communications ferroviaires de l'ennemi, le harcèlement de ses mouvements de troupes sur les routes et la pression croissante exercée sur son économie de guerre et ses services de sécurité intérieure par les forces organisées de la résistance dans toute l'Europe ont joué un rôle très considérable dans notre victoire définitive et complète...

La combinaison de certaines sections de vos deux organisations, instituée sous le nom d'État-major des forces spéciales et placée sous le commandement conjoint du général Mockler-Ferryman et du colonel Haskell, a été le moyen par lequel lesdites forces de résistance ont été si efficacement organisées, ravitaillées et dirigées. Il faut rendre un hommage particulier à ceux qui étaient responsables des communications avec les territoires occupés. Je suis également conscient du soin avec lequel chacun des pays a été étudié pour être organisé en conséquence, et de la qualité du travail effectué en matière de formation, d'entraînement, d'information et d'infiltration des agents. En outre, le ravitaillement des agents et des groupes de résistance sur le terrain n'a pu atteindre une telle ampleur à l'été 1944 que grâce à l'efficacité exceptionnelle des personnels du ravitaillement et des liaisons aériennes. Enfin, je dois exprimer ma

grande admiration pour les exploits courageux et souvent spectaculaires des agents et des groupes spéciaux qui se trouvaient sous
l'autorité de l'État-major des forces spéciales [13]. »

Le contraste est frappant avec l'attitude du commandant des forces
terrestres de NEPTUNE, le général Montgomery : la résistance est à peine
mentionnée dans les deux livres qu'il a consacrés à des victoires qui,
sans elle, n'auraient certainement pas été aussi triomphales [14].

Maitland Wilson, l'autre commandant suprême allié qui a opéré en
France, a été aussi élogieux qu'Eisenhower, et si ses louanges sont
plus brèves, elles sont aussi plus précises. Brooks Richards a rapporté
une conversation qu'il eut avec lui après la fin de l'opération DRAGOON
au sujet de l'appui fourni à celle-ci par les combattants de la résistance :
« Il a estimé, sans que cela ait valeur officielle, que la présence de ces
forces a abaissé de soixante pour cent l'efficacité au combat de la
Wehrmacht dans le sud de la France au moment des opérations de
débarquement » en Provence [15]. Cette estimation, comme l'a remarqué
justement Brooks Richards, relativise les faiblesses attribuées aux FFI ;
dont il évaluait les effectifs, en août 1944 en zone Sud, à cent cinquante
mille au bas mot [16].

Le SHAEF a procédé de son côté à une évaluation de la contribution
de l'armée des ombres aux combats terrestres sur le continent. Ses
conclusions ne sont pas moins frappantes : « Sans l'organisation, les
communications, le matériel, l'entraînement et la direction apportés
par le SOE,... la "résistance" n'aurait eu aucune valeur militaire. » [17]
On trouve dans le même rapport une énumération des principales réalisations du SOE en France : entretenir et encourager la volonté de
résistance des Français, maintenir l'ennemi sous pression, saper sa
confiance, désorganiser ses communications – surtout par téléphone et
par rail – et contraindre ses mouvements de troupes à « des détours
considérables et compliqués à un moment crucial », de sorte que les
renforts arrivèrent au front dans un état « de désorganisation et d'épuisement extrêmes ». « Une contribution substantielle » fut ainsi apportée
à la victoire de la force expéditionnaire alliée par la résistance, laquelle
fut, dans de nombreux cas, guidée et soutenue par le SOE [18].

Toutes ces victoires des forces de résistance, ou du moins dans
lesquelles elles jouèrent un rôle important, reposaient sur un fondement
commun : le soutien d'une écrasante majorité de la population. Le SOE
et le SAS ont constaté chacun de son côté que tout devenait soudain
beaucoup plus difficile sitôt franchie la frontière linguistique de

l'Alsace. De manière générale, dès lors que la fraction de la population sincèrement et profondément favorable aux alliés n'atteignait pas quatre-vingt-quinze pour cent, l'activité subversive devenait compliquée, dangereuse ou parfois tout à fait impossible. La bienveillance de la grande masse de la population française en juillet et août 1944 s'expliquait par plusieurs facteurs, parmi lesquels il faut citer le caractère de plus en plus cauchemardesque de l'occupation allemande, avec ses pénuries, ses contrôles, ses rafles, ses déportations et ses atrocités ; la succession rapide des victoires alliées, qui laissait présager la fin prochaine de ce cauchemar ; le prestige des grands chefs alliés, Churchill, Roosevelt, Staline, aux côtés desquels les Français voyaient maintenant de Gaulle siéger en égal. Des motifs plus personnels – l'espoir de gagner des honneurs, l'ambition, l'intérêt – ont également pesé. Et il ne fait aucun doute que la présence et l'exemple des agents du SOE ont leur place dans cette énumération. Les services de propagande alliés, sous la direction du PWE qui avait succédé au « SO1 », avaient aidé les Français à retrouver la conviction que la France devait être libre et indépendante ; les agents de l'EMFFI sur le terrain, successeurs du « SO2 », avec l'aide, indispensable, des équipages de missions spéciales de la RAF et de l'USAAF, fournirent les moyens d'atteindre cette fin souhaitée.

Si les Britanniques ont ainsi accumulé en France, dans le cadre de leur combat contre l'Allemagne nazie, un important capital de soutien populaire, c'est au SOE qu'ils le doivent, au SOE que le Foreign Office n'a guère honoré de sa bienveillance durant les années de guerre. En 1947, Duff Cooper – qui, après avoir représenté le gouvernement du Royaume-Uni auprès de la France Libre, était devenu le premier ambassadeur britannique en France de l'après-guerre – pressa le ministre des Affaires étrangères Ernest Bevin, qui venait de signer l'arrêt de mort du SOE en des termes posés par Eden dès 1945, de renouveler les liens d'amitié avec la France. Bevin signa à Dunkerque, le jour même du septième anniversaire de l'évacuation, un traité d'amitié de cinquante ans ; un traité important mais qui, depuis, a été recouvert par les sédiments successifs de la grande politique internationale. On aurait pu faire un meilleur usage des sentiments positifs des Français, au lieu de les laisser dépérir au fil du temps.

Mais n'oublions pas que, lorsque l'alliance écrasa Hitler, la Grande-Bretagne avait cessé d'y jouer le premier rôle. Il est donc intéressant, en conclusion, de jeter un regard sur les attitudes de ses deux puissants partenaires vis-à-vis de la France Libre. Entre la défaite de la France et le débarquement en Afrique du Nord, la ligne adoptée par le gouvernement des États-Unis divergea tellement de celle des Britanniques qu'il s'ensuivit de sérieuses difficultés dans leurs relations. Le département d'État allait en effet beaucoup plus loin que le Foreign Office, puisqu'il traitait le gouvernement de Vichy en État souverain. Roosevelt avait même nommé comme ambassadeur auprès de Pétain un de ses amis personnels, l'amiral Leahy, avec lequel il se tenait en contact direct ; ils conduisirent à eux deux une politique « vichyssoise » de leur cru [19]. C'est au nom de considérations navales que Roosevelt tenait pour indispensable de rester en bons termes avec Pétain. Les Américains, à l'époque, s'étaient en effet laissés gagner par un souci qui hantait l'Amirauté britannique depuis l'invention du sous-marin : l'idée que pourraient s'installer des bases de sous-marins hostiles sur la côte nord-africaine. La profonde méfiance des Américains vis-à-vis de De Gaulle existait depuis le début et ne fit que croître avec les excentricités et indiscrétions de certains de ses partisans à New York, qui n'arrangèrent assurément pas les choses. Tout en se refusant, comme toujours, à prendre « possession » de territoires, les Américains envisagèrent vaguement, en 1941, d'étendre leur zone d'influence à l'Afrique du Nord française. L'envoyé personnel de Roosevelt dans cette région, Robert Murphy, qui n'était pas particulièrement anglophile, y créa un très vaste réseau d'agents qui s'employèrent efficacement à préparer l'opération TORCH. Le succès militaire indéniable de celle-ci se doubla néanmoins, du point de vue américain, d'un quasi échec politique : des deux hommes dans lesquels les États-Unis avaient placé les plus grands espoirs, l'un, Darlan, fut bientôt assassiné et l'autre, Giraud, se révéla nettement au-dessous de sa tâche. Il restait obstinément fidèle à Pétain et à un régime condamné. Ce n'était pas avec des positions pareilles que l'on chasserait les Allemands de Paris.

Malgré cela, la plupart des décideurs politiques américains, Roosevelt y compris, restèrent hostiles à de Gaulle. Diverses raisons en ont été proposées, à l'époque et depuis, par des auteurs antiaméricains de couleurs politiques variées. Certains ont soutenu que l'organisation de la France Libre paraissait aux Américains trop révolutionnaire, de sorte qu'à leurs yeux nouer amitié avec elle c'était quasiment nouer amitié avec les communistes. C'est une idée assez curieuse si l'on songe à quel point les États-Unis se démenaient, à l'époque, pour équiper la Russie communiste d'armes et de véhicules destinés à combattre l'Allemagne. On a aussi avancé toute une palette de motivations économiques. La simple vérité, c'est que les Américains trouvaient que les généraux n'avaient rien à faire en politique. Ils avaient sous les yeux, en Amérique latine, trop d'exemples de ce genre de reconversion professionnelle pour se faire beaucoup d'illusions sur ce qu'on pouvait en attendre. Giraud ? Ils espéraient pouvoir le gérer ; il était courtois, au moins. Mais les manières souvent glaciales de De Gaulle – nécessaires à ses yeux pour préserver la dignité de la France, dont il se considérait comme le représentant – leur donnaient à penser qu'il n'était au fond, comme beaucoup de généraux, qu'un aristocrate.

Les Russes, l'autre grand partenaire de l'alliance, avaient, au début, la même opinion sur de Gaulle que le parti communiste français ; ou disons plutôt que le PCF de Thorez et Duclos ne pouvait avoir d'autre opinion officielle que celle de Moscou. Mais l'image d'une marionnette des banquiers anglais fut abandonnée à partir du 22 juin 1941. Sur ordre de Moscou, les communistes français ne lui mesurèrent pas leur soutien ; puis, vers la fin, le PCF s'efforça de se mettre à la tête de tout le mouvement de résistance, dont il affirmera systématiquement et contre toute évidence, dans sa propagande d'après-guerre, avoir été la force dirigeante depuis la première heure. En pratique, le mouvement gaulliste et le parti communiste s'instrumentalisèrent mutuellement, car chacun croyait pouvoir se hisser au pouvoir sur les épaules de l'autre. Mais aucun des deux ne parvint jamais à se rendre maître de son rival.

Et là, il y a peut-être encore un point où le SOE, la RAF et le BCRA rendirent à la liberté de la France, sans le savoir probablement, un vrai service : sans eux, les communistes français auraient peut-être essayé de prendre le pouvoir en s'appuyant sur les FTP. C'était en tout cas une éventualité très largement redoutée lorsque les combats prirent fin en France. Toutefois, le moment n'était pas propice à un soulèvement de gauche, car d'importantes forces américaines et britanniques se trouvaient sur le sol français, et l'Armée rouge était loin. Ensuite, lorsque la fin de la guerre vit la démobilisation des Américains et des Britanniques mais pas celle des Russes, un coup d'État du type de celui de Prague en 1948 aurait pu être tenté. Mais le SOE avait armé, formé et entraîné des groupes de résistance anticommunistes autant que communistes : cela rendait une tentative communiste possible, mais cela l'empêchait d'être une promenade de santé. En 1947-1948, le ministre de l'Intérieur Jules Moch, un socialiste combatif et doué d'un sens aigu de l'histoire, traversa ces possibles desseins par une série de coups habilement calculés et assénés par des fonctionnaires loyaux de la bonne vieille machine administrative récemment remise à neuf. Toute une classe politique française disposa ainsi d'une nouvelle chance de montrer qu'elle était capable de gouverner une société de liberté. C'est grâce – entre autres – à l'aide que lui avait apportée le SOE dans la décennie précédente que le Cincinnatus de Colombey-les-Deux-Églises fut prêt à prendre les choses en main lorsqu'il apparut en 1958 que, décidément, non : elle n'en était pas capable.

APPENDICES

APPENDICE A

SOURCES

I - Archives

Dans le dernier volume de sa grande œuvre [1], Toynbee cite la remarque suivante, formulée à la fin des années quarante par l'historien de la Seconde Guerre mondiale Keith Hancock, lors d'un colloque tenu en Hollande : « Les documents produits par le gouvernement du Royaume-Uni et ses administrations durant les six années 1939-1945 occupent le même volume que toutes les archives du Royaume-Uni et de ses royaumes constituants – Angleterre et Écosse – encore existantes à la date de l'entrée en guerre. » Mais la contribution du SOE à cette montagne ne représente tout au plus que l'équivalent de quelques cailloux. Car si un service secret ne reste pas secret, il ne peut pas faire ce qu'on attend de lui. C'est pourquoi ses agents ne doivent rien consigner par écrit tant qu'ils sont sur le terrain ; et, même en son centre, son état-major veillera à ne pas multiplier inutilement les risques en conservant plus de documents que nécessaire. L'un des obstacles auxquels se heurte l'historien d'un service secret est donc inhérent à son objet : les traces que ce dernier lui a laissées sont forcément parcimonieuses.

Dans le cas du SOE, il y a bien d'autres obstacles encore. Tout d'abord un problème de définition : nous l'avons dit, les frontières du SOE étaient mouvantes, et il n'est pas toujours facile de dire si une opération donnée relevait de sa responsabilité ou de celle d'une autre autorité, britannique ou alliée. Ensuite, il convient d'être un peu méfiant quand on se plonge dans les papiers d'une organisation éphémère, faite pour la durée de la guerre, comme le fut le SOE : il n'est pas exclu que quelques faux aient été glissés dans les dossiers. Mais ils sont certainement peu nombreux ; la falsification massive, quel qu'eût pu être son objectif, aurait soulevé des difficultés hors de proportion avec ses bénéfices supposés. Je peux en tout cas affirmer que j'ai trouvé les dossiers dans un état de désordre rassurant quant à leur authenticité, souvent difficiles à concilier entre eux, et parfois avec eux-mêmes. Il est rare, par exemple, que deux dossiers du SOE concordent sur la date exacte à laquelle un agent a été infiltré ; il est vrai que, dans ce cas précis, les dossiers du ministère de l'Air permettent le plus souvent de trancher.

Une autre difficulté découle du système administratif du SOE, ou plutôt de son absence. Le quartier général de Baker Street fut créé dans un tel sentiment d'urgence, dans une atmosphère si étrange d'enthousiasme et de désespoir, avec une telle dose d'improvisation dans le recrutement et l'organisation, qu'il ne fut doté d'aucun des attributs ordinaires d'une administration publique, comme par exemple un système uniforme de classement de ses documents. L'accouplement insolite de la hâte et du secret donna naissance à un mode d'archivage complètement décentralisé au niveau des sections pays, parfois même de leurs subdivisions : les sections F, RF, DF et EU/P, les groupes JEDBURGH, l'EMFFI conservaient leurs documents en des lieux différents et les classaient selon des systèmes différents. Vers la fin, on voulut instaurer un dispositif centralisé, mais il était trop tard et il en résulta, à côté d'un certain progrès, de nouveaux désordres. On y renonça très vite, mais entre-temps une bonne partie des dossiers avait été reclassée selon le nouveau système, différent des précédents. Après la guerre, certains dossiers firent l'objet d'un tri assez hâtif, mais effectué du moins par des cadres de l'état-major qui les connaissaient bien et qui prirent soin de ne détruire que les documents les moins pertinents. C'est vers cette époque, ou même plus tôt, que furent brûlées à Alger toutes les archives de la section AMF de MASSINGHAM. C'est Brooks Richards lui-même (dont les *Secret Flotillas* ont sauvé de l'oubli bien des faits contenus dans d'autres sources) qui veilla à cette destruction, non dans un but inavouable mais simplement pour s'épargner l'énorme travail de tri et de convoyage jusqu'à Londres des documents conservés. Par la suite, ce qui restait des archives du SOE connut trois importants dégraissages, dont un involontaire : un incendie éclata à Baker Street au début de 1946 et, s'il faut en croire certains, des dossiers très importants auraient alors disparu dans les flammes. Toutefois, là encore, les témoignages sont contradictoires, et il y a de bonnes raisons de penser que la plupart des nombreux documents perdus en cette occasion étaient de peu d'intérêt, sauf quelques-uns portant sur les questions de sécurité et qui contenaient sans doute des informations sur les circonstances ayant conduit à l'arrestation de

certains agents[2]. L'administration qui hébergea les archives du SOE
après sa dissolution fut plusieurs fois contrainte, par manque de place,
de confier à des fonctionnaires inexpérimentés le soin d'en réduire le
volume : autant de moins à se mettre sous la dent pour l'historien. En
ce qui concerne la France, ont ainsi disparu nombre de dossiers de
réseaux ou d'opérations, presque tous les messages échangés avec le
terrain, la majorité des dossiers sur la formation des agents, et certains
documents importants du début. Pis encore pour notre propos, les
dossiers de la section F ont fait l'objet, à l'occasion de ces purges,
d'une répartition en deux groupes ; et le groupe qu'il fut décidé de
conserver – probablement parce que c'était le moins volumineux –
était aussi celui qui contenait les documents les moins intéressants.
Presque tous les dossiers de réseaux de la section ont ainsi disparu.
Enfin, les dossiers survivants ont été soumis à une cure d'amaigrisse-
ment continue, qui est parfois allée jusqu'à la destruction pure et simple
et, dans plusieurs cas, très peu de temps avant que je ne me mette au
travail. C'est pourquoi j'hésiterais à reprendre à mon compte le point
de vue d'un lecteur très qualifié de ces archives telles qu'elles étaient
à l'origine, qui les considérait comme « certainement le meilleur gise-
ment mondial de matériel pour l'histoire de la résistance en Europe »[3].

Et puis, il y a le facteur temps. Ce n'est qu'en novembre 1960 que
je fus mis en présence de mon sujet, sur lequel ma propre activité
pendant la guerre – à l'état-major des opérations combinées puis du
SAS – ne m'avait guère donné l'occasion de me faire une idée bien
précise. À cette date, les rangs des survivants s'étaient déjà éclaircis
et les souvenirs qui auraient pu aider un historien plus tôt venu s'étaient
estompés. Les deux missions JUDEX s'étaient bien efforcées de collecter
des souvenirs encore frais, juste après la fin des opérations en France,
mais il semble qu'elles aient entendu beaucoup d'exagérations… et
cela ne faisait que commencer. Bref, il y avait largement de quoi
alimenter le scepticisme que tout historien se doit de posséder dans sa
boîte à outils.

Pourtant, ce livre montre qu'il est resté suffisamment de traces et
de documents pour remplir plusieurs centaines de pages. Venons-en
maintenant à la nature de ces documents. Mais d'abord, quelques mots
des sources qui existent toujours mais auxquelles je n'ai pas eu accès.

Il y a quarante ans, je ne fus autorisé à voir aucun document de la
direction financière du SOE. Le secret absolu imposé à l'époque sur
ces papiers a été levé ; ils sont désormais accessibles au public, avec
le reste des dossiers du service. Ensuite, les tempêtes qui avaient

soufflé, toute la guerre durant, sur les relations entre le SOE et les services secrets de l'Amirauté n'étaient pas encore tout à fait apaisées, ce qui m'a interdit tout accès aux documents de cette dernière. Cette lacune a été très heureusement comblée par le livre de Brooks Richards, *Secret Flotillas*. Il mentionne (pp. 121-122) qu'une femme du NKVD a été déposée sur le rivage breton pour l'organisation Rote Kapelle, c'est un point que je n'ai pas cherché à approfondir. Je n'ai rien vu non plus sur les plans de désinformation.

Enfin, j'ai eu du mal à établir ce qui se passait « de l'autre côté ». Il y a certainement eu, à la fin de la guerre, des masses d'interrogatoires d'officiers de sécurité allemands, mais j'en ai vu très peu sur les opérations spéciales en France. Cet obstacle, que je n'ai pas trouvé moyen de contourner, m'a parfois posé de vrais problèmes, notamment pour le chapitre X sur les plus lourdes erreurs du service.

Les papiers du SOE ont longtemps été considérés comme fermés à tout jamais aux chercheurs. L'« initiative Waldegrave »[a] a changé cela au début des années quatre-vingt-dix. Ce qui en a survécu (et qu'on peut estimer au huitième du volume d'origine) est en cours de transfert aux archives publiques de Kew. Tous les dossiers opérationnels concernant la France s'y trouvent déjà et leur liste complète est présentée dans la brochure *SOE Operations in Western Europe* éditée par le service des archives (Kew, 1998). Les dossiers personnels, dont je me suis beaucoup servi, sont eux aussi presque tous disponibles à Kew – à condition que l'intéressé soit décédé – sous les cotes HS9.

La valeur de preuve des documents du SOE est très variable. Ils sont presque tous tapés à la machine ; ceux qui sont manuscrits ne concernent pour la plupart que le personnel de Londres. Les recueils les plus aisés à manipuler sont les histoires (*Histories*) et journaux de guerre (*War diaries*) des différentes sections. Il s'agit de premières frappes, reliées en volumes, et d'une séduction trompeuse ; car ce ne sont bien évidemment que des sources secondaires, dont le matériel d'origine, plus authentique, a ou n'a pas été conservé dans des liasses beaucoup moins proprettes. Au surplus, la qualité en est inégale. Par exemple, l'histoire de la section RF rédigée par Thackthwaite est fortement entachée de partialité mais toujours intéressante, et Hutchison

---

a. Du nom du Chancelier du Duché de Lancastre (membre du Cabinet sans portefeuille) de l'époque. Il s'agissait d'encadrer beaucoup plus strictement la pratique fréquente de l'administration de refuser aux chercheurs l'accès à des documents officiels même anciens [N.d.T.].

a corrigé à la main les passages les plus excessifs. Ce que Buckmaster a écrit sur la section F est beaucoup plus léger. Le journal de guerre est une source dont la valeur se détériore à mesure que la guerre avance : les douze volumes mensuels de 1941 donnent l'impression d'avoir été compilés au plus près des événements relatés, mais le rédacteur s'est trouvé submergé dès le milieu de l'année suivante et, à partir du 1er juillet 1942, ce sont des journaux de guerre de section qui ont pris le relais. Mais celui de la section F s'est perdu dans les sables dès la fin de cette année-là et celui de la section RF est loin d'avoir été tenu jusqu'au Jour J. Après la guerre, un effort fut entrepris pour reconstituer les journaux de guerre des sections pays à partir des télégrammes. Mais cette initiative fut abandonnée au profit d'une opération bien différente, la démobilisation des rédacteurs ; et les télégrammes furent détruits. Une autre source particulièrement utile mérite d'être mentionnée : chaque fois qu'un agent revenait d'une mission en France, il était interrogé par le personnel de sécurité du SOE. Il fallait s'assurer qu'il n'avait pas changé de camp, se faire une idée de la fiabilité de ses camarades là-bas, et tirer de son expérience des leçons utiles aux futurs agents. J'ai copieusement utilisé ces interrogatoires ; pour de nombreux réseaux, il n'existe aucune meilleure source.

J'ai vu très peu de documents des autres départements et services. Mais parmi eux, ceux du haut commandement et les carnets de vol des escadrons en mission spéciale figurent parmi les meilleures sources dont j'ai disposé.

Je ne me suis pratiquement pas servi d'archives étrangères, puisque le fait même que je travaillais à ce livre était un secret. La section des « collections spéciales » des Archives nationales américaines a été assez aimable pour mettre à ma disposition quelques documents issus d'interrogatoires de prisonniers allemands. J'y renvoie dans les notes sous la formule « Dossiers de Washington ». J'ai eu la chance d'entendre l'historien Henri Michel, chargé par le gouvernement français d'animer les recherches sur la résistance, dans plusieurs colloques internationaux ; mais, à mon grand regret, je n'ai pas pu moi-même faire le moindre usage de ses très riches dossiers. Ce n'est ni sa faute ni la mienne, mais celle des conditions dans lesquelles il m'a fallu travailler.

Il y a dans ce livre une lacune que d'autres historiens pourront combler s'ils ont assez de patience pour traverser les défenses dont se hérissent les archives françaises. Très peu – trop peu – de temps avant que cette édition ne parte à l'impression, le Service historique de l'armée de terre, à Vincennes, m'a signalé l'ouverture au public des documents du BCRA du colonel Dewavrin, sous les cotes 10 R 1204-1350 et 10 R 1481-1497 ; consultables sous dérogation, c'est-à-dire que chaque carton doit faire l'objet d'une autorisation du ministère de la Défense avant d'être communiqué au chercheur. Le même service détient ce qui reste d'archives de la résistance pour chaque département français. Les dossiers de la Corrèze et de la Haute-Vienne ignorent l'événement local le plus connu du public britannique, l'arrestation de Violette Szabo.

Enfin, j'ai été très strictement limité en ce qui concerne les entretiens avec d'anciens membres de l'état-major ou d'anciens agents du SOE. En effet, jusqu'au moment où il fut décidé que mon étude serait publiée, l'on tint beaucoup à me tenir éloigné des acteurs de mon histoire. Ensuite, une fois prise la décision – plus d'un an après l'achèvement de l'essentiel du travail de rédaction –, il parut plus important de sortir le livre au plus vite que de se lancer dans des entreprises perfectionnistes de polissage et repolissage d'une histoire qui, à bien des égards, restera nécessairement raboteuse et imparfaite. J'aurais aimé m'entretenir avec tous les survivants. Mais je leur devais, et plus encore à leurs compagnons tombés dans ce combat, de publier un livre qui rend honneur aux morts et montre que l'effort du SOE n'a pas été vain.

II - Livres

La *Bibliographie critique de la résistance* d'Henri Michel n'a paru qu'au moment où la première édition de ce livre était déjà en épreuves. Elle constituera un outil indispensable pour tous les chercheurs qui travailleront sur l'histoire de la résistance française. J'aurais bien fait moi-même, avant de me mettre à écrire, de lire les livres qui y figurent en plus grand nombre que je ne l'ai fait. Faute d'informations précises sur le rôle du SOE, Henri Michel n'a pas cherché à passer en revue de manière exhaustive les livres sur le sujet en anglais. Certains des plus connus en Angleterre sont tout simplement absents de sa liste : remarque qui ne doit pas s'entendre comme une critique de ses qualités de bibliographe mais de l'intérêt scientifique des livres en question.

Les pages qui suivent ne prétendent naturellement rivaliser avec ce travail ni en qualité ni en quantité, mais les quelques lignes qui accompagnent chaque référence permettront au moins au lecteur de se faire une idée des préférences qui se sont formées en moi au fil de mes propres lectures. Comme je l'ai dit au début, je me suis efforcé d'éviter toute partialité ; mais ma propre activité au SAS en 1944 avait préparé le terrain à la conviction qui est plus que jamais la mienne après le présent travail : l'énorme valeur militaire d'opérations armées de faible ampleur conduites derrière les grands champs de bataille. Et les caractéristiques des livres anglais sur le sujet sont assez étonnantes pour mériter une petite réflexion.

La nature indéniablement dramatique du travail du SOE en France, cette lutte souterraine et obstinée de centaines d'hommes et de femmes contre la Gestapo, a attiré de nombreux auteurs. Malheureusement, par suite de l'insuffisance de matériel de qualité, il en est résulté des récits peut-être excellents sur le plan du suspense, mais assurément mauvais comme livres d'histoire. Quelques-uns des ouvrages écrits par d'anciens agents sont marqués au coin de la sincérité et de la simplicité et ont valeur de documents. Il en est ainsi de celui de Cowburn, *No Cloak, No Dagger*, ou de celui de Millar, *Maquis*, qui ont l'un et l'autre fort bien résisté à la preuve par les archives. Dans d'autres cas, les auteurs, même quand ils ont eux-mêmes pris part aux événements, n'ont pas toujours su s'en tenir à la vérité sans fard. On observe tous les degrés possibles de l'inexactitude : erreurs mineures dues à un défaut d'information, petits détails ajoutés pour donner du piquant, matériel fallacieux sciemment refilé aux auteurs par d'anciens agents (de l'un ou l'autre camp) soucieux de protéger ou d'améliorer leur image, révisions majeures de la vérité issues de la seule imagination, affirmations directement contraires aux déclarations de ceux qui savent de quoi ils parlent, fiction pure et simple donnée pour des faits.

Aucun auteur ne peut conserver un total détachement. Plusieurs ont écrit sur ce sujet avec passion, et c'est normal. Mais trop d'émotion nuit à l'historien. Parmi ceux qui n'ont trouvé à dire que du mal du SOE, certains ont été en contact, leurs ouvrages mêmes en font foi, avec des sources qui, abordées d'un esprit plus ouvert, auraient pu les amener à mitiger leur point de vue. D'autres ont donné à entendre dans leurs livres que tout allait pour le mieux, alors qu'ils étaient bien placés pour savoir que non.

Il est inutile de citer dans une bibliographie des livres qui embrouillent la question au lieu de l'éclairer. C'est pourquoi plusieurs titres, dont certains ne sont que trop célèbres, sont absents de la liste qui suit : leur valeur documentaire est nulle. Ils témoignent peut-être du zèle de leurs auteurs mais n'ajoutent rien à nos connaissances.

Sauf indication contraire, les livres en anglais sont publiés à Londres, les livres en français à Paris.

[Les traductions françaises, lorsqu'elles existent, sont indiquées entre crochets. Lorsqu'un livre publié dans une tierce langue a une traduction en anglais et une en français, seule cette dernière est signalée. N.d.T.]

ALANBROOKE, *War Diaries 1939-1945*, Weidenfeld & Nicholson, 2001 [Première édition intégrale. Il existe une traduction de l'édition de 1957 qui était très expurgée : *L'espoir change de camp. Carnets de guerre*, Plon, 1959].
Lecture indispensable pour le contexte général.

AMICALE DES RÉSEAUX ACTION DE LA FRANCE COMBATTANTE, *Les réseaux Action de la France Combattante, 1940-1944*, 1986.
Recueil sur le fonctionnement des réseaux d'action français libres ayant opéré sous couvert de la section RF ; ajoute une base solidement documentée au *Livre d'or de l'Amicale Action*, ORI, 1953, utile quant au recensement des noms des agents par réseau.

ANDREW, C.M., *Secret Service*, Heinemann, 1985.
Pour bien situer le SOE dans l'appareil britannique des services secrets. Christopher Andrew est également co-rédacteur en chef de la revue trimestrielle *Intelligence and National Security*, le périodique scientifique le plus important en ce domaine.

A[PPLEYARD], J.E., *Geoffrey*, Blandford Press, 1946.
Courte biographie de Geoffrey Appleyard par son père. Beaucoup de choses sur ses exploits en Afrique occidentale, rien sur l'affaire des prisonniers ligotés.

ARON, Robert, *Histoire de la libération de la France*, 1re édition, Fayard, 1959, rééd. en deux volumes (1. *Du débarquement aux portes de Paris* ; 2. *De la libération de Paris à la victoire*), Tallandier, 1976.
Longue histoire militaire par un civil d'un gaullisme ambigu. Du même auteur, *Les grands dossiers de l'histoire contemporaine* (Perrin, 1962) ne tiennent pas les promesses du titre.

ASTIER DE LA VIGERIE, Emmanuel d', *Sept fois sept jours*, Minuit, 1947 (plusieurs rééd.).
Avec le regard du poète et le tempérament d'un militant très engagé, restitue bien l'atmosphère de la vie clandestine, l'ineptie des jeux politiques à Alger et les désillusions de la victoire.

— *Les dieux et les hommes*, Julliard, 1952.
Récit de ses efforts pour convaincre Churchill d'armer la résistance en 1944.

— *De la chute à la libération de Paris*, Gallimard, 1965.
Résumé utile sur l'occupation, avec de bons documents.

ASTLEY, J.B., *The Inner Circle*, Hutchinson, 1961.
Bonne source sur le MIR.

AUBRAC, Lucie, *Ils partiront dans l'ivresse*, Le Seuil, 1984.
L'autobiographie de guerre d'une hardie résistante.

BABINGTON SMITH, Constance, *Evidence in Camera*, Chatto, 1957.
Brève histoire de l'utilisation de la photographie dans le renseignement ; pas de référence directe au SOE.

BARDOUX, Jacques, *La délivrance de Paris*, Fayard, 1958.
La dernière année de l'occupation, vécue par un sénateur anti-pétainiste et grand-père d'un futur président de la République (Valéry Giscard d'Estaing).

BAUDOT, Marcel, *L'opinion publique sous l'occupation*, Presses universitaires de France, 1960.
Extrapolations lucides à partir de l'expérience de l'auteur dans l'Eure.

BEAUVOIR, Simone de, *Les Mandarins*, Gallimard, 1954 (plusieurs rééd.).
Roman montrant l'état auquel l'occupation, la résistance et la libération réduisirent l'intelligentsia de gauche française.

BELL, P.M.H., *France and Britain, 1940-1994*, Longman, 1997.
Replace la guerre dans son contexte historique.

BENTWICH, Norman, *I Understand the Risks*, Gollancz, 1950.
L'engagement dans la guerre de ceux qui avaient fui le nazisme ; des passages sur le SOE, mais assez insignifiants.

BERGERET (Maurice Loupias, dit) et GRÉGOIRE, Herman, *Messages personnels*, Bordeaux, Bière, 1945 (rééd. s.l. 1999).
Bon récit de la résistance en Dordogne.

BERNARD, H., CHEVALLAZ, G.A., GHEYSENS, R. et LAUNAY, J. de, *Les dossiers de la Seconde Guerre mondiale*, Verviers, Marabout Université, 1964.
Bonne introduction pour les étudiants.

BERTHON, Simon, *Allies at War*, HarperCollins, 2001.
Scénario d'une série télévisée sur les relations entre Churchill, de Gaulle et Roosevelt pendant la guerre.

BINNEY, Marcus, *The Women who Lived for Danger*, Hodder & Stoughton, 2002.
Récit populaire sur dix agents féminins du SOE.

BLEICHER, Hugo, *Colonel Henri's Story* (trad. de l'allemand), Kimber, 1954.
Récit « amélioré » mais parfois instructif sur l'activité de l'Abwehr en France ; propose sa version de certaines conversations.

BOURBON, Prince Xavier de, *Les accords secrets franco-anglais de décembre 1940*, Plon, 1949.
Révèle l'existence d'un *gentlemen's agreement* non écrit entre Vichy et Londres.

BOURDET, Claude, *L'aventure incertaine*, Stock, 1975.
Les mémoires d'un résistant important. Livre utile, mais peu de choses sur le SOE.

BROME, Vincent, *The Way Back*, Cassel, 1957 [*L'histoire de Pat O'Leary*, Amiot-Dumont, 1957].
Biographie de Guérisse (*Pat*), bourrée d'anecdotes sur le travail clandestin au quotidien ; l'auteur n'a pas utilisé les archives officielles.

BUCKMASTER, M.J., *Specially Employed*, Batchworth, 1952.
L'auteur prévient en introduction : « Je ne prétends pas que les évé-nements racontés dans ces pages soient tous parfaitement exacts ». En effet.

— *They Fought Alone*, Odhams, 1958.
Ne prétend pas non plus à l'exactitude.

BURNEY, Christopher, *The Dungeon Democracy*, Heinemann, 1945.
Analyse la place de Buchenwald dans l'histoire de l'Europe.

— *Solitary Confinement*, Macmillan, 1952 (rééd. 1961).
Décrit ses dix-huit mois dans la prison de Fresnes. Ces deux livres sont remarquables.

BUTLER, Ewan, *Amateur Agent*, Harrap, 1963.
Bonne description de l'entraînement dispensé par le SOE et de son atmosphère générale.

CALMETTE, Arthur, *L'OCM, Organisation civile et militaire. Histoire d'un mouvement de résistance de 1940 à 1946*, Presses universitaires de France, 1961.
Histoire utile et claire.

CAMUS, Albert, *L'homme révolté*, Gallimard, 1951 (plusieurs rééd.).
L'auteur, à l'époque rédacteur en chef de *Combat*, se livre à une critique acérée des doctrines nazie et marxiste de la révolution et esquisse la sienne propre.

CARRÉ, Mathilde-Lily, *J'ai été la Chatte*, Morgan, 1959 (rééd. sous le titre *On m'appelait la Chatte*, Albin Michel, 1975).
Autobiographie, alternativement franche et évasive, de l'agent double *Victoire*.

CAUTE, David, *Communism and the French Intellectuals, 1914-1960*, Deutsch, 1965 [*Le communisme et les intellectuels français*, Gallimard, 1967].
Analyse subtile des évolutions théoriques.

CHURCHILL, Peter, *Of their Own Choice*, Hodder, 1952 ; *Duel of Wits*, Hodder, 1957 [*Missions secrètes en France*, Presses de la Cité, 1967] ; *The Spirit in the Cage*, Hodder, 1954.
Récits agréables à lire, informatifs et raisonnablement exacts respectivement de sa première mission en France, de ses trois missions suivantes, et de sa captivité.

— *By Moonlight*, Hale, 1958.
Roman sur les Glières.

COBBAN, Alfred, *A History of Modern France : III. – France of the Republics*, Cape, 1965.
Histoire politique générale de la France, par un historien anglais.

COOKRIDGE, Edward H., *They Came from the Sky*, Heinemann, 1965 [*Missions spéciales*, Fayard, 1966 (plusieurs rééd.)].
Reconstitution des aventures de Cammaerts, Roger Landes et Rée.

COOPER, Duff, *Old Men Forget*, Hart-Davis, 1953.
Autobiographie du représentant de la Grande-Bretagne auprès du CFLN (1944) puis ambassadeur en France (1944-1947), révélant les difficultés entre Churchill et de Gaulle et décrivant les manières diplomatiques de l'un et de l'autre.

COOPER, Lady Diana, *Trumpets from the Steep*, Hart-Davis, 1960.
Les deux derniers chapitres, très évocateurs, portent sur son activité à Alger et à Paris.

CORDIER, Daniel, *Jean Moulin*, 3 vol. parus sur six projetés, J.-C. Lattès, 1989 à 1993.
Irréprochable biographie, très complète, par celui qui fut l'assistant de Moulin en France pendant les onze derniers mois de sa vie.

— *La République des catacombes*, Gallimard, 1999.
L'auteur a plaisamment baptisé ce livre « mon *Moulin* portatif », car il ne compte que mille pages... Analyse les années de résistance de Moulin et la tragédie de Caluire.

COWBURN, Benjamin, *No Cloak, No Dagger*, Jarrolds, 1960 [*Sans cape ni épée*, Gallimard, 1958].

Récit bref, clair, sobre et vivant de quelques aventures du réseau TINKER.

CRAVEN, W.R. et CATE, J.L., *The Army Air Forces in World War II*, vol. III, University of Chicago Press, 1951.
Histoire officielle comportant un chapitre sur l'aide de l'USAAF à la résistance.

CRÉMIEUX-BRILHAC, J.-L., *La France Libre*, Gallimard, 1996.
Le livre qui fait autorité.

CROFT, Andrew, *A Talent for Adventure*, Hanley Swan, S.P.A., 1991.
Modeste autobiographie d'un héros plein d'allant.

CZERNIAWSKI, Roman, *The Big Network*, Ronald, 1961.
Le réseau de renseignement INTERALLIÉ, sa nature, son activité, racontés par son chef ; plusieurs passages permettent de rectifier les inexactitudes du livre de Mathilde Carré cité plus haut.

DALTON, Hugh, *Hitler's War*, Penguin, 1940.
Sa vision des choses de l'Europe, écrite avec beaucoup d'esprit, avant la création du SOE.

— *The Fateful Years*, Muller, 1957.
Comporte un chapitre sur les origines du SOE et ses débuts.

— *The Second World War Diary of Hugh Dalton*, préparé et annoté par Ben Pimlott, Cape, 1986.
On trouvera là l'explication de son antipathie pour Grand.

DANSETTE, Adrien, *Histoire de la libération de Paris*, Fayard, 1946 (plusieurs rééd.).
Narration vivante et éclairante écrite sur place et encore à chaud.

DEAR, I.C.B. et FOOT, M.R.D., *The Oxford Companion to World War II*, 2e éd., Oxford University Press, 2001.
Assez complet, malgré un titre inadapté.

DEWAVRIN, André, *Colonel Passy*, édition établie et annotée par J.-L. Crémieux-Brilhac, Odile Jacob, 2000.

Réunion en un seul volume de ses trois volumes de mémoires (1947-1951), avec une introduction et des notes précieuses.

Dodds-Parker, Sir Douglas, *Setting Europe Ablaze*, Windlesham, Springwood Books, 1983.
Bonne source sur les origines du SOE.

Dormer, Hugh, *Hugh Dormer's Diaries*, Cape, 1947.
Narration en toute simplicité.

Dourlein, Pieter, *Inside North Pole* (traduit du néerlandais), Kimber, 1953.
Récit, par une de ses victimes, de l'opération Nordpol aux Pays-Bas. Chapitres sur la formation et l'entraînement dispensés par le SOE et sur ses filières d'évasion.

Douzou, Laurent (édition établie et présentée par), *Souvenirs inédits d'Yvon Morandat*, IHTP, 1994.
Intéressant.

Duke, Madelaine, *No Passport*, Evans, 1957.
Narration des combats antifascistes de « Jan Felix » (Jeschke), avec des chapitres sur la période où il travailla pour la section DF.

Eccles, David et Sybil, *By Safe Hand*, The Bodley Head, 1983.
Échange de lettres (1939-1942) entre un diplomate britannique, en bons termes tant avec Pétain qu'avec Salazar, et son épouse.

Eden, Sir Anthony (Earl of Avon), *The Eden Memoirs*, 1. *The Reckoning* [*Mémoires*, vol. 1 : *Face aux dictateurs (1935-1945)*, Plon, 1960].
Défense de son action à la tête du Foreign Office pendant la guerre. Peu de choses sur le SOE.

Ehrman, John, *Grand Strategy* vol. V, *August 1943-September 1944*, HMSO, 1956, dans la collection « History of the Second World War : United Kingdom Military Series ».
Contient quelques indications peu nombreuses mais importantes pour notre sujet.

ELLIOTT-BATEMAN, Michael (dir.), *The Fourth Dimension of Warfare*, Manchester University Press, 1970.
Contient une contribution de Gubbins.

ELLIS, L.F., *Victory in the West*, vol. 1, HMSO, 1962.
Histoire militaire officielle ; très lacunaire sur le rôle des forces spéciales.

European Resistance Movements, 1939-1945, vol. 1 et 2, Pergamon, 1960 et 1964.
Recueil des contributions respectivement aux Colloques des historiens de la résistance de Liège (1958) et de Milan (1961). Le premier volume contient des contributions en français, allemand et anglais et a été édité également sous le titre *La résistance européenne 1939-1945*, Gauthier-Villars, 1960 ; le second est en français et en anglais. En dehors de quelques synthèses importantes d'Henri Michel, ces volumes présentent un intérêt plus polémique qu'historique. Du troisième volume, qui aurait dû réunir les textes du Colloque d'Oxford (1962), n'ont paru que les contributions concernant la Yougoslavie.

FAIRBAIRN, W.E. et WALBRIDGE, D.N., *Silent Killing*, Faber, 1942.
Éléments de combat à mains nues et à l'arme blanche.

FARRAN, Roy, *Winged Dagger*, Collins, 1948.
Par un commandant d'escadron SAS, avec un récit vivant de l'opération WALLACE.

FITZSIMONS, Peter, *Nancy Wake*, HarperCollins, 2002.
Par un admirateur australien de l'héroïne.

FOOT, M.R.D., *Resistance*, Eyre Methuen, 1976.
Analyse de la résistance européenne au nazisme. Aujourd'hui assez dépassé.

— *Six Faces of Courage*, Barnsley, Pen & Sword, 2003.
Traite brièvement de Moulin, Peulevé et Gerson.

— *SOE : An Outline History*, 4ᵉ éd., Pimlico, 1999.
À l'origine, scénario d'une série télévisée de 1984.

— *SOE in the Low Countries*, St Ermin's Press, 2001.
Histoire officielle des désastres du SOE en Hollande et en Belgique.

— et LANGLEY, J.M., *MI 9*, Boston, Little Brown, 1980.
Traite du service d'évasion britannique.

Foreign Relations of the United States of America, 1943, vol. 2 :
Europe, Washington, Department of State, 1964.
Montre la forte antipathie de Roosevelt pour de Gaulle.

FORESTER, C.S., *The Nightmare*, Joseph, 1954.
Récit romancé, mais fondé sur des faits attestés, sur les ennemis du
SOE dans les SS, par un excellent écrivain.

FRENAY, Henri, *La nuit finira*, Robert Laffont, 1973 (rééd. Michalon,
2006).
Mémoires détaillés du fondateur de COMBAT.

FUNK, Arthur L., *Charles de Gaulle : The Crucial Years, 1943-1944*,
Norman, University of Oklahoma Press, 1959.
Bon aperçu politique par un universitaire américain.

— *Hidden Ally*, Greenwood Press, 1992 [*Les Alliés et la Résistance.
Un combat côte à côte pour libérer le sud-est de la France*, Aix-en-
Provence, Edisud, 2001].
Superbe récit de la coopération des forces de résistance avec les troupes
américaines lors de leur progression vers le Nord après le débarque-
ment en Provence en 1944.

GARNETT, David, *The Secret History of PWE*, St Ermin's Press, 2002.
Histoire intérieure, achevée dès 1947 mais restée secrète jusqu'en
1998 ; complète et honnête.

GAULLE, Charles de, *Le Fil de l'épée*, Berger-Levrault, 1932 (plusieurs
rééd.).
Court essai sur la guerre et la politique, montrant une grande hauteur
de vues.

— *Vers l'armée de métier*, Berger-Levrault, 1934 (plusieurs rééd.).
Expose une vision de l'usage des blindés très en avance sur la pensée stratégique officielle, tant française que britannique, de son époque.

— *Appels et discours 1940-1944*, publié clandestinement en 1944. Édition révisée : *Discours et messages. 1. Pendant la guerre, juin 1940-janvier 1946*, Plon, 1970.
Recueil utile.

— *Mémoires* (édition préfacée par J.-L. Crémieux-Brilhac), Gallimard (La Pléiade), 2000.
Réunit en un seul volume, avec un appareil de notes remarquables, *Mémoires de guerre* et *Mémoires d'espoir*. Prose superbe. Quelques réflexions sur le SOE.

GILBERT, Sir Martin, *Finest Hour* et *Road to Victory*, Heinemann, 1985 et 1986.
Parties de la biographie officielle de Churchill ; peu loquaces sur les services secrets.

GILDEA, Robert, *Marianne in Chains*, Macmillan, 2002.
Tableau détaillé de la vie en France occupée, à partir d'archives locales du val de Loire.

GIRAUD, général Henri, *Mes évasions*, Julliard, 1946.
Histoires de voyageur.

GISKES, H.J., *Londres appelle Pôle Nord*, Plon, 1958 (trad. de l'allemand).
Récit, par l'officier qui en fut responsable, de la lutte des Allemands contre le SOE en Hollande.

GOLDSMITH, John, *Accidental Agent*, Leo Cooper, 1971.
Bon récit.

GOSSE, Lucienne, *René Gosse, 1883-1943*, Plon, 1962.
Utile sur la résistance dans le Dauphiné.

GRANET, Marie, *Défense de la France*, Presses universitaires de France, 1960.

Histoire du mouvement de résistance du même nom.

— et MICHEL, Henri, *Combat*, Plon, 1959.
Histoire du mouvement de résistance du même nom.

GRINNELL-MILNE, Duncan, *The Triumph of Integrity*, The Bodley Head, 1961.
Panégyrique de De Gaulle.

GUBBINS, Sir Colin, « Resistance Movements in the War », *Journal of the Royal United Service Institution*, XCIII, mai 1948, pp. 210-223.
Intéressant panorama.

GUILLAUME, Paul, *L'abbé Émile Pasty, prêtre et soldat*, Baule, Comité Abbé Pasty, 1946.
Histoire simple et brièvement narrée d'un membre français de PROSPER trahi et mort en prison ; n'a guère de bien à dire du SOE.

— *Les Martyrs de la résistance en Sologne*, Orléans, Lodde, s.d. (sans doute 1945).
Brochure narrant la mort de près de cinquante jeunes Français.

— *La Sologne au temps de l'héroïsme et de la trahison*, Orléans, Imprimerie nouvelle, 1950.
Récit remarquablement exact de la chute de PROSPER ; beaucoup de matériel local.

HARRISON, D.I., *These Men are Dangerous*, Cassell, 1956.
Un commandant SAS raconte sa guerre ; passages sur la coopération avec le maquis.

HAUKELID, Knut, *L'épopée de l'eau lourde*, Paris, l'Élan, 1948 (trad. du norvégien).
Récit d'une opération décisive du SOE en Norvège. L'édition anglaise (*Skis Against the Atom*, Kimber, 1954) comporte une préface de Gubbins donnant un aperçu général du SOE.

HEILBRUNN, Otto, *Partisan Warfare*, Alien & Unwin, 1962.
Traité théorique de la guérilla, qui a du reste tendance à sous-estimer les mouvements de résistance.

HESLOP, Richard, *Xavier*, Hart-Davis, 1970.
Récit fidèle.

HINSLEY, Sir F.H. *et al.*, *British Intelligence in the Second World War*, trois premiers volumes, HMSO, 1979 à 1988.
Traite surtout du décryptage des radiotransmissions allemandes et d'Ultra.

— et SIMKINS, C.A.G., *Security and Counter-Intelligence*, HMSO, 1990.
Quatrième volume de la série, peu de choses sur le SOE.

HOARE, Sir Samuel (Lord Templewood), *Ambassador on Special Mission*, Collins, 1946.
Récit de ses années à Madrid comme ambassadeur du Royaume-Uni.

HOSTACHE, René, *Le Conseil national de la résistance*, Presses universitaires de France, 1958.
Solide exposé des institutions politiques et militaires de la résistance en France.

HOWARD, Sir Michael, *Strategic Deception*, HMSO, 1990.
Cinquième volume de la série de Hinsley. Très important.

HOWARTH, Patrick, *Special Operations*, Routledge, 1955.
Reprend certains chapitres d'ouvrages sur le SOE, dont six importants.

— *Undercover*, Routledge & Kegan Paul, 1980.
Portraits de personnages du SOE ; un long chapitre sur la France.

HYTIER, Adrienne Doris, *Two Years of French Foreign Policy : Vichy 1940-1942*, Genève, Droz, 1958.
Gros travail conduit avec objectivité, ce qui ne signifie pas neutralité et moins encore bienveillance.

KEDWARD, Harry Roderick, *In Search of the Maquis*, Oxford University Press, 1994 [*À la recherche du maquis. La résistance dans la France du Sud 1942-1944*, Cerf, 1999].
Très riche.

— et AUSTIN, Roger (dir.), *Vichy France and the Resistance*, Croom Helm, 1985.
Travaux d'un colloque anglo-irlandais, Sussex University, 1984 : le point des recherches à cette date.

KERSHAW, Ian, *Hitler*, 2 vol., Allen Lane, 1998 et 2000 [*Hitler*, 2 vol., Flammarion, 1999 et 2000].
Tout ce qu'il faut savoir sur l'ennemi numéro un du SOE.

KIM, Jacques, *La libération de Paris*, OPG, 1945.
Beau recueil de photos.

KING, Stella, *Jacqueline, Pioneer Heroine of the Resistance*, Arms and Armour, 1989.
Biographie d'Yvonne Rudellat.

KRAMER, Rita, *Flames in the Field*, Michael Joseph, 1995.
Sur les quatre femmes du SOE assassinées au camp du Struthof (Natzweiler).

LABRIC, Roger, *Robert Benoist champion du monde*, Lausanne, Edita, 1946.
Porte essentiellement sur sa carrière de coureur automobile. Récit court et quelque peu romancé de son activité de résistant.

LANGELAAN, George, *Knights of the Floating Silk*, Hutchinson, 1959 [*Un nommé Langdon, mémoires d'un agent secret*, Robert Laffont, 1950, rééd. 1961].
Récit bien écrit de ses années de guerre.

LANGER, William, *Our Vichy Gamble*, New York, Knopf, 1947 [*Le jeu américain à Vichy*, Plon, 1948].
Histoire diplomatique de la politique américaine à l'égard de Vichy, 1940-1942, fondée sur une très riche documentation, notamment les archives du Département d'État.

LAPIERRE, Dominique et COLLINS, Larry, *Paris brûle-t-il ?*, Robert Laffont, 1964 (plusieurs rééd.).
Talentueuse reconstitution de la libération de Paris par deux journalistes, reposant en très grande partie sur les souvenirs déjà un peu anciens de témoins et d'acteurs.

LASKA, Vera, *Women in the Resistance and in the Holocaust*, Greenwood Press, 1983.
Recueil de témoignages. Souvent effroyable.

LARROQUE, Hervé, *Pauline*, Lamotte-Beuvron, éd. Par Exemple, 1996.
Entretiens avec Henri et Pearl Cornioley (née Witherington).

LEAHY, William D., *I Was There*, Gollancz, 1950 [*J'étais là*, Plon, 1950].
Souvenirs de l'ambassadeur américain à Vichy ; peu intéressant pour notre sujet.

LEASOR, James et Hollis, Sir Leslie, *War at the Top*, Joseph, 1959.
Les chefs d'état-major britanniques dans la guerre. Peu de choses sur le SOE, parfois confondu avec le PWE.

LE CHÊNE, Evelyn, *Watch for me by Moonlight*, Eyre Methuen, 1973.
Les années de guerre de Robert Boiteux.

LEPROUX, Marc, *Nous, les terroristes*, 2 vol., Monte Carlo, Solar, 1947.
Récit illustré et complet des activités d'une section spéciale de sabotage à Angoulême, et enseignements plus généraux à en tirer.

LEVERKUEHN, Paul, *German Military Intelligence*, Wiedenfeld & Nicholson, 1954 (trad. de l'allemand).
Exposé simple, direct et populaire d'un ancien officier de l'Abwehr sur son activité.

LIVRY-LEVEL, Philippe, *Missions dans la RAF*, Caen, Ozanne, 1951.
Récit personnel très vivant de l'activité de l'escadron 161.

LODWICK, John, *The Filibusters*, Methuen, 1946.
Récits vivants et de première main sur des actions de soldats britanniques en uniforme derrière les lignes allemandes.

— *Bid the Soldiers Shoot*, Heinemann, 1958.
Autobiographie de guerre racontée sur un ton léger ; amusant.

LORAIN, Pierre, *L'Armement clandestin : S.O.E. 1941-1944, France*, Les Presses de l'Émancipatrice, 1972.

Admirable exposé sur les armes et le matériel radio du SOE, nombreuses illustrations.

McCALLUM, R.B., *England and France*, Hamish Hamilton, 1944.
Analyse d'un professeur d'Oxford sur les relations franco-britanniques pendant la guerre.

McCUE, Paul, *SAS Operation Bulbasket*, Leo Cooper, 1996.
Monographie exemplaire sur une équipe SAS ayant opéré près de Poitiers.

McLUSKEY, Rev. J.F., *Parachute Padre*, Collins, 1947.
Par un membre de l'équipe HOUNDSWORTH du 1ᵉʳ SAS.

MACKENZIE, W.J.M. et FOOT, M.R.D., *The Secret History of SOE*, St Ermin's Press, 2000.
Histoire intérieure, achevée en 1948 et restée secrète jusqu'en 1998 ; une mine d'or.

MARKS, Leo, *Between Silk and Cyanide*, HarperCollins, 1998.
Récit assez dérangeant sur le chiffrage au SOE : techniques et fonctionnement.

MARNHAM, Patrick, *Jean Moulin*, John Murray, 2000.
Selon l'auteur de cette biographie, Jean Moulin aurait été indûment porté aux nues par ses admirateurs ; il entreprend de dégonfler la baudruche, jusques et y compris en contestant la tentative de suicide de 1940.

MARSHALL, Bruce, *The White Rabbit*, Evans, 1952 [*Le lapin blanc*, Gallimard, 1953].
Récit assez effroyable et généralement exact des années de SOE de Yeo-Thomas, écrit avec l'aide de ce dernier.

MARTELLI, George, *Agent Extraordinary*, Collins, 1960 [*L'homme qui a sauvé Londres*, Julliard, 1960].
Récit des aventures presque miraculeuses du réseau de renseignement AGIR de Michel Hollard. [Aventures retracées sous forme plus documentée par Florian Hollard, *Michel Hollard, le Français qui a sauvé Londres*, Le Cherche-Midi, 2005].

MASSON, Madeleine, *Christine*, Hamish Hamilton, 1973.
Sur Christine Granville.

MENGIN, Robert, *De Gaulle à Londres vu par un Français Libre*,
La Table Ronde, 1965.
Souvenirs d'un officier de marine français antigaulliste ayant séjourné
à Londres en 1940-1942 ; croyait que Buckmaster était le directeur du
SOE.

MICHEL, Henri, *Histoire de la résistance*, Presses universitaires de
France, 1950.
Brève introduction historique.

— *Les mouvements clandestins en Europe*, 1938-1945, PUF, 1961.
Idem.

— *Les courants de pensée dans la résistance*, PUF, 1962.
Une mine d'informations non seulement sur la pensée mais en général
sur l'histoire de la résistance.

— *Histoire de la France Libre*, PUF, 1963.
Encore une brève introduction.

— *Jean Moulin l'unificateur*, Hachette, 1964.
Excellente biographie.

— *Bibliographie critique de la résistance*, SEVPEN, 1964.
Indispensable.

— *Vichy Année 40*, Robert Laffont, 1966.
Scrute d'un œil impartial les six premiers mois du régime de Vichy.

— *Paris allemand*, Albin Michel, 1981.
Occupation et soumission : les faits.

— *Paris résistant*, Albin Michel, 1982.
Le pendant du précédent : montre comment on est passé de la discussion à l'action et de l'action à la victoire.

— et GUETZEVIC, Mirkine, *Idées politiques et sociales de la résistance*, PUF, 1954.
Texte utile.

MILLAR, *Horned Pigeon*, Heinemann, 1946 et *Maquis*, Heinemann, 1945 [*Un Anglais dans le maquis*, Médicis, 1947].
Tableau précis et foisonnant de la vie en France occupée par un « organisateur » du SOE.

— *Road to resistance*, The Bodley Head, 1979.
Comment l'auteur est devenu agent du SOE.

MINNEY, R.J., *Carve Her Name with Pride*, Newnes, 1956.
Biographie populaire et illustrée de Violette Szabo, fondée sur des entretiens avec ses parents et amis.

MINSHALL, Merlin, *Guilt-edged*, Bachman & Turner, 1975.
Autobiographie de guerre, très vivante, d'un agent réel qui a servi de modèle à James Bond.

MOCKERS, Michel, *Maquis SS 4*, Issoudun, Laboureur, 1945.
Témoignage d'un participant aux combats dans le Berry.

MOORE, Bob, *Resistance in Western Europe*, Oxford, Berg, 2000.
Contient d'utiles bibliographies.

MORANDAT, voir DOUZOU.

MOULIN, Laure, *Jean Moulin*, Presses de la Cité, 1969.
Quantité de détails privés et publics. En introduction, le discours prononcé par Malraux lors du transfert des cendres (supposées) de Jean Moulin au Panthéon, le 19 décembre 1964.

NICHOLAS, Elizabeth, *Death Be Not Proud*, Cresset Press, 1958.
La fatale destinée, attribuée à l'infiltration du réseau PROSPER, de sept femmes du SOE. On perçoit au fil d'une lecture poignante la découverte progressive, par un auteur plein de sensibilité, des côtés les plus noirs de la guerre souterraine. Très sévère pour la section F, parfois avec raison.

NoGuÈRES, Henri, *et al.*, *Histoire de la résistance en France*, 5 vol., Robert Laffont, 1967 à 1981.
Recueil de contributions écrites par d'anciens membres de la résistance civile, bien informés, plutôt de gauche. Les auteurs, qui traitent tant du renseignement que de l'action subversive, puisent copieusement dans la première édition du présent ouvrage ; sans guère le citer, sauf quand ils ne sont pas d'accord.

NUREMBERG (Procès de) : *The Trial of German Major War Criminals : Proceedings of the International Military Tribunal Sitting at Nuremberg, 20 November 1945 - 1 October 1946*, 23 vol., HMSO, 1946 à 1952.
Contient (en particulier le volume V) des éléments importants sur l'organisation et les méthodes de la lutte contre la résistance.

OTTAWAY, Susan, *Violette Szabo*, Barnsley, Leo Cooper, 2002.
Bonne biographie populaire, plus exacte que celle de Minney.

OUSBY, Ian, *France under Occupation*, Macmillan, 2000.
Bonne synthèse. Politique, renseignement, sabotage.

OVERTON FULLER, Jean, *Madeleine*, Gollancz, 1952 (rééd. poche, *Born for Sacrifice*, Pan, 1957).
Biographie de son amie Noor Inayat Khan. Les inexactitudes – grossières et nombreuses – n'enlèvent rien à la force dramatique du récit.

— *The Starr Affair*, Gollancz, 1954.
Présente J.A.R. Starr comme un innocent que la section F aurait calomnié pour couvrir ses propres erreurs.

— *Double Webs*, Putnam, 1958 ; *Double Agent ?*, Pan, 1961 ; *Horoscope for a Double Agent*, Fowler, 1961 ; *Déricourt : The Chequered Spy*, Russell, 1969.
Quatre livres sur Déricourt, de fiabilité variable.

PARET, Peter et SHY, John W., *Guerrillas in the 1960s*, Pall Mall, 1962.
Excellente introduction à la théorie de la guerre irrégulière.

PARKER, G.E., *Black Scalpel*, Kimber, 1968 [*Parsifal. Un chirurgien anglais dans les maquis de l'Ain*, Flammarion, 1970].

Narration vivante du médecin chef du réseau MARKSMAN.

PASSY, voir DEWAVRIN.

PAWLEY, Margaret, *In Obedience to Instructions*, Barnsley, Leo Cooper, 1999.
Excellent sur les dames de la FANY qui travaillaient au service du chiffre.

PERRAULT, Gilles, *Le secret du Jour J*, Fayard, 1964.
Réunit quelques récits très dramatisés sur les opérations de renseignement et de couverture en rapport avec OVERLORD. Au moins en ce qui concerne le SOE, ce livre a peu à voir avec les faits et n'apporte guère d'informations.

PIMLOTT, Ben, *Hugh Dalton*, Papermac, 1986.
Solide biographie, mais dont les passages sur le SOE ne comptent pas parmi les plus solides. Voir aussi DALTON.

PIQUET-WICKS, Eric, *Four in the Shadows*, Jarrolds, 1957 [*Quatre dans l'ombre*, Gallimard, 1957].
Courtes et vivantes biographies, par le premier chef de la section RF, de quatre Français tombés au combat : Jean Moulin, Scamaroni, Labit et Brossolette. Véridique pour l'essentiel ; parfois un rien trop coloré.

POIRIER, Jacques, *La girafe a un long cou*, éditions du Félin, 2003.
Détails intéressants sur les réseaux AUTHOR et DIGGER.

REITLINGER, Gerald, *The SS : Alibi of a Nation*, Heinemann, 1956.
L'affligeante vérité.

RÉMY, Colonel (Gilbert Renault-Roulier), *Comment meurt un réseau*, Monte Carlo, Solar, 1947 ; *Une affaire de trahison*, id. ; *Les mains jointes*, Solar, 1948 ; *Les soldats du silence*, rééd., La Seine, 2002 ; *Le livre du courage et de la peur*, 2 vol., Solar, 1946 ; *Profil d'un espion*, Plon, 1953 ; *Dix marches vers l'espoir*, Presses de la Cité, 1959.
Ces livres offrent une description vivante d'un mouvement clandestin (faisant ainsi pendant, pour le milieu urbain, à *Maquis*, de George Millar, dont le récit se déroule en milieu rural). Il s'agit, dans cette série d'ouvrages, d'un réseau de renseignement, et non d'action ;

néanmoins, l'ensemble reflète bien les caractéristiques positives et négatives du « terrain » français en matière de lutte clandestine. *Une affaire de trahison* montre en outre le sadisme auquel étaient confrontés ceux qui étaient pris.

— et LIVRY-LEVEL, Philippe, *L'opération Jéricho*, France-Empire, 1954.
Récit du raid aérien sur la prison d'Amiens le 18 février 1944 (opération JÉRICHO), mais avec de nombreuses informations sur la résistance française en général.

RENDIER, capitaine Martin, *Quatre ans dans l'ombre*, Condom, Bousquet, 1948.
Par un proche collaborateur de George Starr ; une moisson de détails [4].

RENOUVIN, Pierre (dir.), *Histoire des relations internationales*, VIII, vol. 2, Hachette, 1958.
Le meilleur aperçu général.

Résistance dans le pays de Montbéliard et la défense du Lomont (La), Vernier, Pont-de-Roide, s.d. (1945).
Bonne brochure sur les combats du maquis au sud de Belfort.

Résistance et les Français (La), travaux de cinq importants colloques d'historiens réunis une cinquantaine d'années après les faits : à Toulouse en 1993 (J.M. Guillon et P. Laborie, dirs., *Mémoire et Histoire*, Toulouse, Privat, 1995) ; à Rennes en 1994 (Jacqueline Sainclivier et C. Bougeard, dirs., *Enjeux stratégiques et environnement social*, Presses universitaires de Rennes, 1995, avec des détails sur la résistance cn Bretagne et sur les catholiques) ; à Bruxelles en 1994 (R. Frank et J. Gotovitch, dirs., *La résistance et les Européens du Nord*, Bruxelles et Paris, Centre de Recherches et d'Études historiques de la Seconde Guerre mondiale et IHTP, 2 vol., 1994 et 1996, traite notamment des relations avec les Britanniques et des aspects sociologiques) ; à Besançon en 1995 (F. Marcot, dir., *Lutte armée et maquis*, Besançon, Presses universitaires de Franche-Comté, 1996, traite des combats proprement dits : c'est le volume le plus pertinent pour notre sujet) ; et à Paris en 1995 (L. Douzou, R. Frank, D. Peschanski et D. Veillon, dirs., *Villes, centres et logiques de décision*, Paris, IHTP, 1995).

Revue d'histoire de la Deuxième Guerre mondiale, depuis 1950.
La meilleure revue érudite dans son domaine (Devenue en 1987 *Guerres mondiales et conflits contemporains*).

REYNAUD, Paul, *Au cœur de la mêlée*, 2 vol., Flammarion, 1951.
Une vue très personnelle et subjective.

RICHARDS, Sir Brooks, *Secret Flotillas*, HMSO, 1996 [*Flottilles secrètes : les liaisons clandestines en France et en Afrique du Nord, 1940-1944*, Le Touvet, MDV, 2001].
Récit admirable et détaillé des accostages clandestins en France et en Tunisie.

ROBERTSON, K.G. (dir.), *War, Resistance and Intelligence*, Barnsley, Pen & Sword, 1999.

ROCHESTER, Devereaux, *Full Moon to France*, Robert Hale, 1978.

ROSSI, A., *Physiologie du Parti communiste français*, Self, 1948.
Analyse intelligente et très bien informée des structures du PCF pendant la guerre.

ROWAN, R.W., *The Story of the Secret Service*, Miles, 1938.
Synthèse populaire antérieure à la guerre.

RUBY, Marcel, *La guerre secrète. Les réseaux Buckmaster*, France-Empire, 1991.

RUSSELL OF LIVERPOOL, Lord, *The Scourge of the Swastika*, Cassell, 1954, rééd. Corgi, 1960 [*Sous le signe de la croix gammée*, Genève, Les Amis du livre, 1956].
Le traitement réservé aux agents en « opérations spéciales » capturés par les Allemands : non respect du droit de la guerre et extrême brutalité.

RYAN, Cornelius, *The Longest Day*, Gollancz, 1960 [*Le jour le plus long*, Robert Laffont, 1960 (plusieurs rééd.)].
Narration populaire du débarquement en Normandie ; pratiquement dépourvu de toute indication utile sur la résistance.

SALOMON, Ernst von, *Le destin de A.D. Un homme dans l'ombre de l'histoire*, Gallimard, 1963 (trad. de l'allemand).
Roman historique sur les conditions d'existence dans les prisons allemandes de 1925 à 1950. Quelques agents du SOE déportés à Buchenwald y figurent.

SCHNABEL, Reimund, *Macht ohne Moral*, Francfort, Röderberg, 1957.
À l'aide de documents et de photos livrés presque sans commentaires, montre ce qu'étaient les SS et ce qu'ils faisaient. Insoutenable et inoubliable.

SEAMAN, Mark, *Bravest of the Brave*, Michael O'Mara, 1997.
Biographie de Yeo-Thomas, plus substantielle et moins moralisante que celle de Marshall.

— (dir.), *Secret Agent's Handbook of Special Devices*, Richmond (Surrey), PRO, 2000.
Une collection d'objets encore plus variée que celle de Lorain et présentée comme un catalogue illustré.

SERVAGNAT, P., *La résistance et les FFI dans l'arrondissement d'Épernay*, La-Chapelle-de Montligeon, 1946.
Bref mais solide.

SHIRER, William, *Rise and Fall of the Third Reich*, Secker, 1960 [*Le Troisième Reich, des origines à la chute*, 2 vol., Stock, 1963 (plusieurs rééd.)].
Bonne synthèse par un observateur américain.

SOLTIKOW, Michael, *Die Katze*, Hambourg, Sternbücher, 1956.
Récit romancé et illustré de la carrière de Mme Carré ; valeur historique minimale.

SOUSTELLE, Jacques, *Envers et contre tout*, 2 vol., Laffont, 1947 et 1950.
Un Français Libre de 1940, devenu directeur des services secrets de la France Libre, raconte.

SPEARS, Sir Edward, *Assignment to Catastrophe*, 2 vol., Heinemann,

1947 [*Témoignage sur une catastrophe*, 2 vol. : 1. *Prélude à Dunkerque* ; 2. *La chute de la France*, Presses de la Cité, 1964].
Description des origines de la résistance gaulliste à Londres.

STAFFORD, David, *Britain and European Resistance 1940-1945*, Macmillan, 2ᵉ éd., 1983.
Bonne étude sur les relations du SOE avec le haut commandement.

— *Churchill and Secret Service*, John Murray, 1997.
Montre comment a commencé l'idée fixe de Churchill à ce sujet.

— *Secret Agent*, BBC Books, 2000.
Scénario pour émission télévisée.

STEAD, P.J., *Second Bureau*, Evans, 1959 [*Le Deuxième Bureau sous l'occupation*, Fayard, 1966].
De quelques activités et organisations de résistance non liées à la France Libre ; concerne toutefois surtout le renseignement.

STRAWSON, John, *History of the SAS Regiment*, Secker & Warburg, 1984 [*Le régiment SAS*, France-Empire, 1985].
La plus solide source publiée sur la question.

SWEET-ESCOTT, Bickham, *Baker Street Irregular*, Methuen, 1965 [*Services secrets*, Presses de la Cité, 1966].
La première présentation développée du SOE, par un de ses principaux responsables.

TANANT, Pierre, *Vercors, Haut Lieu de France*, Grenoble, Arthaud, 1948 (rééd. Limoges, Lavauzelle, 1983).
Récit vivant et illustré de l'insurrection par le chef d'état-major du Vercors en 1944.

TAYLOR, A.J.P., *English History, 1914-1945*, Oxford University Press, 1965.
Cette synthèse brillante montre que les historiens n'ont que faire des archives : on y parle de la politique et de la stratégie anglaises pendant la guerre sans dire un mot du SOE.

Teissier du Cros, Janet, *Divided Loyalties*, Hamish Hamilton, 1962 (rééd. Edimbourg, Cannongate, 1992).
La fille de Sir Herbert Grierson décrit les années de guerre d'une Écossaise mariée à un Français, dans les Cévennes et à Paris ; récit vivant du bouleversement de toute une société [5].

Thalmann, Rita, *La mise au pas*, Fayard, 1991.
Dissection précise du système de sécurité allemand en France.

Thomas, Jack, *No Banners*, Allen, 1955.
Long récit populaire de la résistance et des prisons des frères Newton ; une histoire d'honnêteté et de modestie.

Thornton, Willis, *The Liberation of Paris*, Hart-Davis, 1963.
Excellentes photos. Peu de choses sur le SOE.

Tickell, Jerrard, *Moon Squadron*, Wingate, 1956.
Histoire alerte et un peu bavarde de l'escadron 138 ; partiellement exacte.

— *Odette*, Chapman & Hall, 1949.
Biographie romancée d'Odette Sansom (*Lise*) ; partiellement exacte également.

— *Villa Mimosa*, Hodder, 1960.
Roman divertissant, totalement absurde sur le plan stratégique et tactique, sur la coopération entre le SOE et le CCO en 1944.

Tillon, Charles, *Les FTP*, Julliard, 1962.
Récit de première main, mais sérieusement entaché de partialité, d'un chef de FTP.

Todd, Olivier, *André Malraux : une vie*, Gallimard, 2001.
Biographie longue et détaillée ; ses relations avec le SOE, jugées sans intérêt, ne sont pas traitées.

Varillon, Pierre, *Mers el-Kebir*, Amiot-Dumont, 1949.
Selon l'auteur, cette bataille ne profita qu'aux Allemands.

— *Le Sabordage de la flotte à Toulon*, Amiot-Dumont, 1954.
Bon récit illustré.

VERITY, Hugh, *We Landed by Moonlight*, Ian Allan, 1978, rééd. Air Data Publ., 1994 [*Nous atterrissions de nuit*, 5ᵉ éd. augmentée, Viverols, Vario, 2004].
La flotte de Lysander de l'escadron 161 et ses vols pour le SOE : exposé magistral par celui qui fut leur chef en 1943.

VOMÉCOURT, Philippe de, *Who Lived to See the Day*, Hutchinson, 1961 [*Les Artisans de la liberté*, éditions PAC, 1975].
Récit parfois un peu trop coloré de ses activités et du développement de la résistance dans le centre de la France. Bien illustré.

WAKE, Nancy, *The White Mouse*, Melbourne, Macmillan, 1985 [*La Gestapo m'appelait la souris blanche*, éditions du Félin, 2001, 2004].
Autobiographie.

WALKER, David E., *Lunch with a Stranger*, Wingate, 1957.
Tableau amusant des domaines inexplorés où le SOE et le PWE se sont aventurés ensemble ; utile sur FORTITUDE.

WALTERS, Anne-Marie, *Moondrop to Gascony*, Macmillan, 1946.
Restitue de manière vivante l'existence agitée des maquis en 1944 ; quelques exagérations vénielles.

WARD, Irene, *FANY Invicta*, Hutchinson, 1955.
Certains passages, d'une exactitude variable, concernent le SOE.

WEBB, A.M. (dir.), *The Natzweiler Trial*, Hodge, 1949.
Passages d'une précision difficile à soutenir sur l'assassinat de quatre femmes agents de liaison du SOE.

WEBSTER, Sir Charles et FRANKLAND, A. Noble, *The Strategic Air Offensive against Germany, 1939-1945*, 4 vol., HMSO, 1961.
Erreurs et exploits du commandement du bombardement de la RAF ; peu de choses sur le SOE.

WIGHTON, Charles, *Pin-Stripe Saboteur*, Odhams, 1959 [*Le Saboteur*, Fayard, 1967].
Les années de guerre de Jacques Weil ; beaucoup d'imagination dans les reconstitutions.

WILKINSON, P.A., *Foreign Fields*, I.B. Tauris, 1997.
Admirable autobiographie de guerre.

— et ASTLEY, J.B., *Gubbins and SOE*, Leo Cooper, 1993.
Indispensable.

WILMOT, Chester, *The Struggle for Europe*, Collins, 1952 [*La Lutte pour l'Europe*, 3 vol., Presses de la Cité, 1964 et 1965].
Les rares passages de ce livre – par ailleurs excellent – consacrés à la résistance française la sous-estiment grandement et, loin de permettre de mieux la comprendre, auraient plutôt tendance à obscurcir la question.

WINTLE, A.D., *The Last Englishman*, Michael Joseph, 1968.
Autobiographie tirée par Alistair Revie des très volumineux écrits laissés à sa mort, en 1966, par Wintle. Livre difficile à consulter : les exemplaires de la British Library, de la Bodleian d'Oxford et de la bibliothèque de l'Université de Cambridge ont été volés.

WOODWARD, Sir E., *British Foreign Policy in the Second World War*, HMSO, 1962.
Récit officiel basé sur les dépêches diplomatiques.

WRIGHT, Gordon, « Reflections on the French Resistance (1940-1944) », *Political Science Quarterly*, XXVII, pp. 336-349, 1962.
Porte surtout sur le rôle du PCF.

WYNNE, Barry, *Count five and die*, Corgi, 1959 [*Cinq secondes pour mourir*, Presses de la Cité, 1959].
Rien dans les archives n'autorise à penser qu'il pourrait y avoir là autre chose que de la fiction.

— *No Drums... No Trumpets*, Barker, 1961 [*La peau du tambour*, Presses de la Cité, 1962].
Sur le réseau d'évasion MARIE-CLAIRE du MI9, dirigé par Mary Lindell ; contient des détails sur certaines détenues de la section F.

YOUNG, Gordon, *Cat With Two Faces*, Putnam, 1957 [*L'espionne n° 1, la Chatte*, éd. J'ai Lu, 1964].
Récit exact de l'histoire de l'agent double Mme Carré (*Victoire*).

— *In Trust and Treason*, Hulton, 1959.
Biographie illustrée de Suzanne Warenghem ; beaucoup d'informations sur les filières d'évasion et un peu sur le SOE.

ZEMBSCH-SCHREVE, *Pierre Lalande Special Agent*, Barnsley, Leo Cooper, 1996.
Bonne autobiographie de guerre.

AGENTS FÉMININS
ENVOYÉS EN FRANCE PAR LE SOE

Nom (*nom de guerre*) (N° de mission)	Affectation adminis-trative	Réseau	Date et mode d'entrée en France	Destinée
SECTION F				
Gerson, Giliana, née Balmaceda (*aucun*)	Aucune (chilienne)	DF	Fin mai 1941, légal	Rentrée par l'Espagne fin juin 1941
Hall, Virginia (*Marie*) (1)	Aucune (américaine)	HECKLER	Fin août 1941, légal	Retour par les Pyrénées, novembre 1942
Rudellat, Yvonne, née Cerneau (*Jacqueline*)	FANY	PHYSICIAN (PROSPER)	Juillet 1942, felouque	Morte à Bergen-Belsen, avril 1945
Charlet, Blanche (*Christiane*)	FANY	VENTRILO-QUIST	1er septembre 1942, felouque	Arrêtée, évadée d'une prison française, retour par les Pyrénées
* Borrel, Andrée (*Denise*)	FANY	PHYSICIAN (PROSPER)	24-25 septembre 1942, parachute	Exécutée à Natzweiler (camp du Struthof), juillet 1944
Baissac, Lise de (*Odile*) (1)	FANY	SCIENTIST	24-25 septembre 1942, parachute	Retour par Lysander, août 1943
Herbert, Mary (*Claudine*)	FANY	SCIENTIST	31 octobre 1942, felouque	Présente à l'arrivée des alliés ; plus tard Mrs. de Baissac

Sansom, Odette, née Brailly (*Lise*)	FANY	SPINDLE	31 octobre 1942, felouque	Revenue de Ravensbrück ; épouse Peter Churchill ; plus tard Mrs. Hallowes
Le Chêne, Marie-Thérèse (*Adèle*)	FANY	PLANE	31 octobre 1942, felouque	Retour par Hudson, août 1943
Nearne, Jacqueline (*Jacqueline*)	FANY	STATIONER	25 janvier 1943, parachute	Retour par Lysander, avril 1944
Agazarian, Francine, née André (*Marguerite*)	FANY	PHYSICIAN (PROSPER)	17 mars 1943, Lysander	Retour par Lysander, juin 1943, plus tard Mrs. Cais
*Aisner, Julienne, née Simart (*Claire*)	FANY	FARRIER	14 mai 1943, Lysander	Retour par Lysander, avril 1944, mariée entre-temps (Mme Besnard)
Leigh, Vera (*Simone*)	FANY	INVENTOR	14 mai 1943, Lysander	Exécutée à Natzweiler (camp du Struthof), juillet 1944
Inayat Khan, Noor (*Madeleine*)	WAAF	CINÉMA-PHONO	16 juin 1943, Lysander	Exécutée à Dachau, septembre 1944
Lefort, Cecily, née Mackenzie (*Alice*)	WAAF	JOCKEY	16 juin 1943, Lysander	Morte ou exécutée à Ravensbrück, début 1945
Rowden, Diana (*Paulette*)	WAAF	ACROBAT STOCKBROKER	16 juin 1943, Lysander	Exécutée à Natzweiler (camp du Struthof), juillet 1944
Plewman, Eliane, née Browne-Bartroli (*Gaby*)	FANY	MONK	13-14 août, parachute	Exécutée à Dachau, septembre 1944
Cormeau, Yvonne, née Biesterfeld (*Annette*)	WAAF	WHEELWRIGHT	22-23 août 1943, parachute	Présente à l'arrivée des alliés. Plus tard Mrs. Farrow

Beekman, Yolande, née Unternahrer (*Yvonne*)	WAAF	MUSICIAN	18-19 septembre 1943, Lysander	Exécutée à Dachau, septembre 1944
*Witherington, Pearl (*Marie*)	WAAF	STATIONER WRESTLER	22-23 septembre 1943, parachute	Présente à l'arrivée des alliés ; plus tard Mme Cornioley
Rochester, Devereaux (*Elizabeth*)	Aucune (américaine)	MARKSMAN	18 octobre 1943, Hudson	Libérée d'une prison française par l'arrivée des alliés
Walters, Anne-Marie (*Colette*)	WAAF	WHEELWRIGHT	4 janvier 1944, parachute	Retour par les Pyrénées, août 1944 ; plus tard Mme Comert
*Damerment, Madeleine (*Solange*)	FANY	BRICKLAYER	29 février 1944, parachute	Arrêtée à l'arrivée ; exécutée à Dachau, septembre 1944
*Bloch, Denise (*Ambroise*)	FANY	CLERGYMAN	2-3 mars 1944, Lysander	Exécutée à Ravensbrück, début 1945
Nearne, Eileen (*Rose*)	FANY	WIZARD	2-3 mars 1944, Lysander	Évadée de Markelberg ; rejoint les alliés en Allemagne
Baseden, Yvonne (*Odette*)	WAAF	SCHOLAR	18 mars 1944, parachute	Revenue de Ravensbrück ; plus tard Mrs. Burney
Hall, Virginia (*Diane*) (2)	Aucune (américaine)	SAINT	21 mars 1944, vedette à moteur (Bretagne)	Présente à l'arrivée des alliés ; plus tard Mrs. Goillot
O'Sullivan, Patricia Maureen (*Simone*)	WAAF	FIREMAN	22 au 22 mars 1944, parachute	Présente à l'arrivée des alliés ; plus tard Mrs. Alvey
*Fontaine, Yvonne (*Mimi*)	FANY	MINISTER	25 mars 1944, vedette à moteur	Présente à l'arrivée des alliés ; plus tard Mme Dumont
Rolfe, Lilian (*Nadine*)	WAAF	HISTORIAN	5-6 avril 1944, Lysander	Exécutée à Ravensbrück, début 1945

Szabo, Violette, née Bushell (*Louise*) (1)	FANY	SALESMAN	5-6 avril 1944, parachute	Retour par Lysander, 30 avril 1944
Byck, Muriel (*Violette*)	WAAF	VENTRILO-QUIST	8-9 avril 1944, parachute	Morte de méningite en France, mai 1944
Baissac, Lise de (*Marguerite*) (2)	FANY	SCIENTIST	9 avril 1944, Lysander	Présente à l'arrivée des alliés ; plus tard Mme Villameur
Wilen, Odette, née Sar (*Sophie*)	FANY	LABOURER	11 avril 1944, parachute	Retour par les Pyrénées, août 1944 ; plus tard Mme de Strugo
*Fiocca, Nancy, née Wake (*Hélène*)	FANY	FREELANCE	29-30 avril 1944, parachute	Présente à l'arrivée des alliés ; plus tard Mme Forward
Latour, Phyllis (*Geneviève*)	WAAF	SILVERSMITH	23-24 mai 1944, parachute	Présente à l'arrivée des alliés
Knight, Marguerite (*Nicole*)	FANY	DONKEYMAN	6 mai 1944, parachute	Présente à l'arrivée des alliés ; plus tard Mrs. Smith
*Lavigne, Madeleine (*Isabelle*)	FANY	SILVERSMITH	23 mai 1944, parachute	Présente à l'arrivée des alliés ; morte à Paris en février 1945
Butt, Sonia (*Blanche*)	WAAF	HEADMASTER	28 mai 1944, parachute	Présente à l'arrivée des alliés ; plus tard Mrs. d'Artois
Szabo, Violette, née Bushell (*Louise*) (2)	FANY	SALESMAN	7 juin 1944, parachute	Exécutée à Ravensbrück, début 1945
Jullian, Ginette (*Adèle*)	FANY	PERMIT	7 juin 1944, parachute	Présente à l'arrivée des alliés, à Chartres, août 1944 ; repart en mission près de Dijon, rejointe à nouveau par les alliés

Granville, Christine, née de Gyzica (*Pauline*)	WAAF	JOCKEY	6-7 juillet 1944, parachute	Présente à l'arrivée des alliés ; assassinée à Londres en 1952

SECTION RF				
*Redde, Danielle (*Marocain*)	CAF[a]	[Lyon]	Janvier 1944, parachute	Présente à l'arrivée des alliés
Petitjean, Marguerite (*Binette*)	Aucune	CIRCONFÉRENCE	30 janvier 1944, parachute	Retour par les Pyrénées, août 1944
Bohec, Jeanne (*Pinasse*)	Aucune	FANTASSIN	29 février-1er mars 1944, parachute	Présente à l'arrivée des alliés
Unienville, Alix d' (*Myrtil*)	CAF	ORONTE	31 mars-1er avril 1944, parachute	Arrêtée, évadée, puis présente à l'arrivée des alliés
Somers, Marcelle (*Albanais*)	Aucune	CÔNE	3-4 mai 1944, Hudson	Présente à l'arrivée des alliés
Heim, A. Germaine (*Danubien*)	CAF	PÉRIMÈTRE	5-6 juillet 1944, parachute	Présente à l'arrivée des alliés
Gros, Josiane, née Somers (*Vénitien*)	CAF	CÔNE	6-7 juillet 1944, parachute	Présente à l'arrivée des alliés
Gruner, Eugénie, née Le Berre (*Bulgare*)	Aucune	RECTANGLE	10-11 août 1944, Hudson	Présente à l'arrivée des alliés
Marcilly, Cécile de, née Pichard (*Altesse*)	CAF	[ADMR en région A]	11-12 août 1944, parachute	Présente à l'arrivée des alliés
*Gianello, Marguerite (*Lancel*)	Aucune	? PÉRITOINE	1er-2 septembre 1944, parachute	Présente à l'arrivée des alliés
Corge, Aimée (*Hellène*)	Aucune	?	11 septembre 1944, parachute	Présente à l'arrivée des alliés

* Précédemment engagée dans le travail de résistance en France

a. CAF = Corps auxiliaire féminin de la France Libre.

RAVITAILLEMENT

Le système de ravitaillement dont on a esquissé une description au chapitre IV mériterait une étude détaillée qu'on ne pourra jamais faire, car l'essentiel des documents nécessaires a disparu. La plus grande partie des échanges radio entre le staff de la section F et ses agents en France portait sur les livraisons : précisions sur les zones de parachutage, détails minutieux sur les contenus, dates et heures. Un officier de Baker Street qui y consacra beaucoup de son énergie aimait encore à se souvenir, des années plus tard, de certaines commandes baroques venues du « terrain » et qui étaient, par principe, toujours satisfaites dès lors que l'objet souhaité pouvait être mis dans un avion et parachuté ou débarqué en bout de course. Malheureusement, toute cette diversité est perdue sans recours.

Dans cet océan d'incertitudes, quelques faits surnagent. Tentons d'en donner une idée.

Il y a d'abord les finances. Une série de tableaux dressés avec un certain soin à la fin de la guerre par un membre du staff et regroupés à la fin de l'histoire de la section F indique que celle-ci a mis à la disposition de ses agents les sommes suivantes, soit envoyées par ses soins, soit empruntées sur place à des hommes d'affaires sympathisants de la résistance :

TABLEAU 6

SOMMES MISES À LA DISPOSITION

DES AGENTS DE LA SECTION F SUR LE TERRAIN [1]

(*EN FRANCS*)

ANNÉE	ENVOYÉES PAR AVION (SECTION F)	EMPRUNTÉES EN FRANCE	ENVOYÉES PAR L'INTERMÉDIAIRE DE LA SECTION DF	TOTAL
1941	10 000 000	55 000	–	10 055 000
1942	25 000 000	6 733 000	2 120 000	33 853 000
1943	40 649 000	31 777 500	6 700 000	79 426 500
1944	241 298 000	24 074 000	12 966 000	278 338 000 (*a*)
Total	316 947 000	62 639 500	21 786 000	401 672 500

a. La moitié de cette somme fut fournie par l'EMFFI.

Cela ne représente pas un investissement excessif si on le rapporte aux résultats de la section.

Les dépenses de la section EU/P, assez modestes, furent couvertes par le gouvernement polonais en exil à Londres. Je n'ai trouvé aucun chiffre sur les dépenses des sections DF et AMF, mais rien ne laisse penser qu'elles aient été très lourdes. En ce qui concerne les groupes JEDBURGH, le chef de chaque groupe emportait 100 000 francs et les deux autres membres 50 000 francs chacun ; c'était très large.

C'est à la section RF que les dépenses furent les plus importantes, mais si quelqu'un en a jamais calculé les totaux, ils ont disparu. On dispose d'une indication intéressante de Dewavrin, mentionnant pour plusieurs dizaines de groupes de résistance nommément cités les sommes versées par Jean Moulin, délégué général de De Gaulle, entre la mi-décembre 1942 et la fin du mois de mai suivant : au total, près de 70 millions de francs [2]. Par ailleurs, l'histoire de la section signale que, entre novembre 1943 et juillet 1944, des sommes atteignant un montant total de 1 346 315 000 francs furent parachutées aux agents de la section RF à partir des terrains d'aviation anglais[a]. Pas un sou

a. Les montants destinés à la Délégation générale clandestine et aux formations résistantes liées à la France Libre furent pris en charge à partir de juillet 1943 par le CFLN et expédiés *via* la section RF du SOE. Les archives du BCRA et du ministère

ne s'en perdit, même si 25 millions furent sauvés de justesse après s'être égarés plusieurs semaines dans les locaux de la section, à Dorset Square, où l'on finit par les découvrir sous un sac de documents secrets à détruire qui attendaient de passer à l'incinérateur[3]. MASSINGHAM envoya pour sa part 70 650 000 francs par air pendant la même période, plus 8 500 000 francs qui furent perdus avec l'avion qui les transportait[4]. Ces sommes considérables et leurs destinataires suscitèrent d'âpres contestations chez les Français. Il est certain que la plus grande partie en a été consacrée à soutenir les mouvements de résistance les plus susceptibles de s'aligner sur de Gaulle, mais la théorie de certains antigaullistes selon laquelle les Britanniques, voire les Américains, poursuivant Dieu sait quel but perfide, auraient subventionné les gaullistes en fabriquant de la fausse monnaie française est dépourvue de tout fondement. Les billets envoyés en France par le SOE ont toujours été parfaitement authentiques[5].

En général, il faut rendre compte de l'argent qu'on reçoit, ce qui nous permet de disposer de quelques fragments factuels en la matière. En revanche, du fait du caractère secret de l'organisation, les armes et le matériel n'étaient pas soumis à une comptabilité aussi rigoureuse, d'où des difficultés pour l'historien.

Il n'a survécu aucune trace satisfaisante des livraisons en France par voie maritime. La seule chose claire, c'est qu'elles ne furent pas considérables. Les opérations de ce genre sur la côte bretonne peuvent difficilement avoir livré plus d'une ou deux tonnes à leurs véritables destinataires. Les bateaux de la filière VAR n'emportaient à peu près exclusivement que les bagages personnels de leurs passagers, des appareils radio et quelques armes. Sur la côte méditerranéenne, CARTE reçut le contenu de deux felouques. Il est devenu impossible de savoir ce que le *Casabianca* ou d'autres sous-marins français ont pu transporter, mais de toute façon leur cargaison était généralement débarquée en Corse et non sur le continent. Cent vingt-cinq tonnes furent livrées en septembre 1944 dans les ports de l'Atlantique et de la Manche, mais la guerre clandestine en France était alors presque terminée.

---

des Finances permettent d'en suivre la progression jusqu'au débarquement en Normandie : 80 millions de francs en septembre 1943, 100 millions en novembre, soit, pour ce mois, en y ajoutant les fonds destinés aux réseaux de renseignement relevant du CFLN, un total de 180 millions. Après l'interruption due aux intempéries de l'hiver, les envois totaux atteignirent 213 millions de francs à la lunaison de février 1944 et 300 millions pour le mois de mai [J.-L. C.-B.].

Il peut être intéressant de donner quelques précisions sur ces opérations maritimes. Un des nombreux problèmes qu'elles posaient était la réception ; mais la difficulté d'amener au même moment et sur le même point de la côte le bateau et le comité de réception pouvait être tournée en convenant de caches où les marins laissaient la marchandise. Une méthode simple était d'emballer les colis dans du tissu imperméable, de les placer dans des casiers à homards et de lancer le tout par-dessus bord, les casiers étant signalés, comme des vrais, par des flotteurs en liège. La section F fit une tentative de ce genre aux abords de l'île de Batz à la fin décembre 1941, mais le matériel fut perdu car les emballages étaient prévus pour rester étanches environ trois semaines, et le délai ne put être respecté par les destinataires[6]. La section F n'eut pas plus de chance avec une autre opération dans la même région un an plus tard : une demi tonne d'armes et d'explosifs fut cachée sur la plage le 9 novembre 1942[7], mais les agents à qui elle était destinée ne vinrent pas la récupérer. C'est un pêcheur qui tomba dessus par hasard à l'été suivant et en informa les Allemands. Enfin, dans la troisième et dernière de ces opérations, douze conteneurs d'armes furent dissimulés parmi les rochers de l'île Guennoc, à l'embouchure de l'Aber Wrac'h, par un groupe naval du SOE accompagné d'un membre du staff de la section RF, dans la nuit du 3 au 4 avril 1943. Ce matériel fut également trouvé par des pêcheurs, mais qui, plus patriotes que leur collègue, s'employèrent à le distribuer autour d'eux[8]. À l'exception de quelques appareils émetteurs-récepteurs et de quelques pistolets, il n'y eut plus de livraison par mer dans le nord-ouest de la France jusqu'à septembre 1944, vers la fin des combats sur le territoire français. Mais alors, la flottille mouillée à Helford put enfin montrer de quoi elle était capable : trente tonnes de matériel, pour l'essentiel médical, furent livrées par ses bateaux de pêche à Saint-Michel-en-Grève, Bénodet, Lézardrieux et Ouessant. Deux destroyers amenèrent quarante-cinq tonnes de matériel et six agents français aux Sables-d'Olonne dans la nuit du 11 au 12 septembre, et un autre débarqua au même endroit cinquante tonnes et quatorze membres de groupes JEDBURGH dans la nuit du 28 au 29 septembre[9]. Le matériel fut utilisé par la mission SHINOILE, envoyée soutenir les unités locales de la résistance, faibles mais résolues, qui assiégeaient les Allemands restés à Saint-Nazaire et à La Rochelle. Et il ne sert à rien de se demander quel bénéfice on aurait tiré de livraisons massives effectuées beaucoup plus tôt sur ces côtes, parce qu'elles ne furent jamais praticables.

TABLEAU 7
TRANSPORT AÉRIEN VERS LA FRANCE : MATÉRIEL ET PASSAGERS (A)

DATE	SORTIES AYANT MENÉ À BIEN LEUR MISSION				TONNAGE LIVRÉ				AGENTS			
	Des îles britanniques		De Méditer-ranée (b)	Total approx.	Des îles britanniques		De Méditer-ranée	Total	Des îles britanniques		De Méditer-ranée	Total
	RAF	USAAF			RAF	USAAF			RAF	USAAF		
1941	22	–	–	22	1,5	–	–	1,5	37	–	–	37
1942	93	–	–	93	23	–	–	23	155	–	–	155
1ᵉʳ trim. 1943	22	–	–	22	20	–	–	20	31	–	–	31
2ᵉ trim. 1943	165	–	2	167	148	–	1	149	41	–	2	43
3ᵉ trim. 1943	327	–	2	329	277	–	1	278	92	–	3	95
4ᵉ trim. 1943	101	–	6	107	133	–	6	139	50	–	4	54

1er trim. 1944	557	52	150	759	693	73	172	938	88	6	20 + (c)	114 +
2e trim. 1944	748	521	700	1 969	1 162	733	794	2 689	88	76	96	260
3e trim. 1944	1 644	1 336	1 050	4 030	3 223	1 925	1 100	6 248	258	263	474 (d)	995
Total	3 679	1 909	1 910	7 498	5 680,5	2 731	2 074	10 485,5	840	345	599+	1 784+

(a) Atterrissages et parachutages confondus.

(b) Pour les vols en provenance de Méditerranée, on ne dispose pas de la répartition entre RAF et USAAF.

(c) Le nombre d'agents qui se sont envolés des bases méditerranéennes en janvier et février 1944 s'est perdu.

(d) Dont presque tous les groupes opérationnels américains.

En revanche, le ravitaillement massif se révéla possible par voie aérienne. Et là, la difficulté ne réside plus pour l'historien dans la pénurie, mais dans la surabondance de chiffres : il en existe plusieurs séries, absolument incompatibles entre elles. Le tableau 7 peut être considéré comme grossièrement indicatif. Il est en tout cas aussi proche de la vérité qu'on peut l'espérer avec réalisme ; malgré des incertitudes, il provient au moins d'une source qui paraît digne de foi [10].

Ce sont en tout plus de dix mille tonnes qui furent livrées en France par avion sous les auspices du SOE ; mais les trois cinquièmes du matériel et plus de la moitié des agents ne touchèrent le sol français qu'après le début de la bataille de Normandie. Il n'est plus possible de savoir exactement quelle proportion de ce matériel était proprement militaire, mais ce devait être assez élevé : beaucoup plus de quatre-vingt, et probablement même plus de quatre-vingt-dix pour cent. On ne saurait dire non plus quelle part de ces armes a été récupérée par l'ennemi avant d'avoir jamais servi, soit directement au moment de la livraison, soit par la suite. La section RF avait posé comme hypothèse de travail « complètcment arbitraire et empirique » que, pour un mois donné, un dixième du matériel livré serait pris par l'ennemi, un autre dixième perdu d'une manière ou d'une autre dans le transport, et un cinquième consommé dans les actions immédiates de résistance ; ce qui laissait trois cinquièmes disponibles pour les opérations ultérieures. Mais, ajoute lui-même l'historien de la section, « il n'a pas été possible d'établir à quelle distance de la réalité se situaient ces chiffres, et on ne le saura sans doute jamais. » [11]

Néanmoins on dispose encore en ce domaine d'une parcelle d'information. La source qui nous a fourni les chiffres du tableau 7 donne aussi la répartition, mais pour les seuls avions partis d'Angleterre, des parachutages de matériel entre conteneurs et colis :

TABLEAU 8
CONTENEURS ET COLIS PARACHUTÉS EN FRANCE [12]

DATES	CONTENEURS		COLIS	
	RAF	USAAF	RAF	USAAF
1941	9	–	11	–
1942	201	–	64	–
1er trim. 1943	170	–	57	–

2ᵉ trim. 1943	1 361	–	236	–
3ᵉ trim. 1943	2 566	–	399	–
4ᵉ trim. 1943	1 202	–	263	–
1ᵉʳ trim. 1944	6 096	619	1 676	228
2ᵉ trim. 1944	12 188	4 151	2 828	2 359
3ᵉ trim. 1944	29 932	15 423	4 591	7 642
Total	53 725	20 193	10 125	10 229

Craven et Cate, qui reproduisent cette information, y ajoutent une note de bas de page intéressante, précisant le nombre de conteneurs parachutés de jour par l'USAAF après le débarquement (qui sont compris dans les chiffres du tableau 8). Les voici [13] :

25 juin	2 077
14 juillet	3 780
1ᵉʳ août	2 281 [14]
9 septembre	810

Il existe un tableau utile, non daté, dressé après la guerre par Charles W. Cowie, chef des statistiques au Service historique de l'armée de terre à Vincennes [15]. Il précise par types d'armes les livraisons effectuées en France occupée. On constatera que le service de ravitaillement du SOE s'efforçait à l'évidence de maintenir l'équilibre entre les sections F et RF.

MATÉRIEL	RF	F	AMF
Explosifs (en kg)	286 987	271 395	35 628
Pistolets-mitrailleurs Sten	92 944	91 045	13 491
Fusils-mitrailleurs Bren	9 934	10 139	445
Fusils	63 473	53 999	9 858
Pistolets	26 579	30 821	449
Grenades à main	313 407	362 008	47 216

Grenades Gammon	56 245	49 177	8 408
Mines antichars	3 540	5 370	100
Fusils antichars	15	44	2
Lanceurs antichars (PIAT)	498	660	48
Bazookas	904	1 536	
Mortiers	185	41	59
Carabines	2 595	6 770	6
Pistolets-mitrailleurs Marlin	576	1 316	1
Bombes incendiaires	53 008	63 249	7 086

Le même service a ventilé ces chiffres département par département, ce qui sera fort utile aux spécialistes d'histoire locale. Les totaux sont appréciables : plus de 800 000 grenades, plus de 350 000 armes personnelles et près de 600 tonnes d'explosifs. Un assez bel arsenal, même en comptant que l'ennemi a pu en détourner un tiers.

Une information encore mérite d'être apportée pour compléter l'histoire des ravitaillements aériens : il s'agit du système de conteneurs « normalisés » que la station d'emballage du SOE dut adopter pour gagner du temps. On en parle dans cet excellent guide du saboteur qu'est le livre de Leproux [16], mais la liste des principales cargaisons standards a indéniablement sa place dans ce livre-ci [17].

CARGAISONS STANDARDS

Cargaison A. *12 conteneurs*

6 fusils-mitrailleurs Bren + 1 000 cartouches pour chaque et 48 chargeurs vides
36 fusils + 150 cartouches pour chaque
27 pistolets-mitrailleurs Sten + 300 cartouches pour chaque, 80 chargeurs vides et 16 dispositifs
    de rechargement
5 pistolets + 50 cartouches pour chaque
40 grenades Mills et détonateurs
12 grenades Gammon avec 9 kg d'explosif, détonateurs et ruban adhésif
156 tenues de campagne

6 600 cartouches de Parabellum 9 mm   20 chargeurs de Sten vides
3 168 cartouches 303 en boîtes   20 chargeurs de Bren vides

Pour *15 conteneurs*, ajouter :

70 kg d'explosif avec tous accessoires
6 436 cartouches 303 en boîtes   40 chargeurs de Bren vides
6 600 cartouches de Parabellum 9 mm   20 chargeurs de Sten vides
228 tenues de campagne

Pour *18 conteneurs*, ajouter :

6 436 cartouches 303 en boîtes   40 chargeurs de Bren vides
6 600 cartouches de Parabellum 9 mm   20 chargeurs de Sten vides
228 tenues de campagne

Pour *24 conteneurs*, doubler les quantités indiquées pour 12.

Cargaison B. *12 conteneurs*

9 fusils + 150 cartouches pour chaque
11 pistolets-mitrailleurs Sten + 300 cartouches pour chaque, 55 chargeurs vides et 11 dispositifs
    de rechargement
13 200 cartouches de Parabellum 9 mm   40 chargeurs de Sten vides
22 176 cartouches 303 en boîtes   140 chargeurs de Bren vides
660 tenues de campagne
70 kg d'explosif avec tous accessoires

Pour *15 conteneurs*, ajouter :

6 436 cartouches 303 en boîtes   40 chargeurs de Bren vides
6 600 cartouches de Parabellum 9 mm   20 chargeurs de Sten vides
228 tenues de campagne

Pour *18 conteneurs*, ajouter :

6 436 cartouches 303 en boîtes   40 chargeurs de Bren vides
6 600 cartouches de Parabellum 9 mm   20 chargeurs de Sten vides
228 tenues de campagne

Pour *24 conteneurs*, doubler les quantités indiquées pour 12.

Cargaison C. *12 conteneurs*

19 800 cartouches de Parabellum 9 mm
28 512 cartouches 303 en boîtes
882 tenues de campagne

60 chargeurs de Sten vides
180 chargeurs de Bren vides

Pour *15 conteneurs*, ajouter :

6 436 cartouches 303 en boîtes
6 600 cartouches de Parabellum 9 mm
228 tenues de campagne

40 chargeurs de Bren vides
20 chargeurs de Sten vides

Pour *18 conteneurs*, ajouter :

6 436 cartouches 303 en boîtes
6 600 cartouches de Parabellum 9 mm
228 tenues de campagne

40 chargeurs de Bren vides
20 chargeurs de Sten vides

Pour *24 conteneurs*, doubler les quantités indiquées pour 12.

Cargaison D. *12 conteneurs*

8 fusils-mitrailleurs Bren + 1 000 cartouches pour chaque
9 fusils + 150 cartouches pour chaque
9 504 cartouches 303 en boîtes
234 tenues de campagne
70 kg d'explosif avec tous accessoires
4 bazookas + 14 obus pour chaque
40 obus de bazooka

64 chargeurs de Sten vides
40 chargeurs de Bren vides

Pour *15 conteneurs*, ajouter :

3 168 cartouches 303 en boîtes
78 tenues de campagne
70 kg d'explosif avec tous accessoires
9 fusils + 150 cartouches pour chaque

20 chargeurs de Bren vides

Pour *18 conteneurs*, ajouter :

6 436 cartouches 303 en boîtes
156 tenues de campagne
40 obus de bazooka

40 chargeurs de Bren vides

Pour *24 conteneurs*, doubler les quantités indiquées pour 12.

Remarques :

(1) On livra souvent, au lieu de bazookas, des lanceurs antichars PIAT, accompagnés chacun de vingt grenades ordinaires et de dix grenades Gammon ; de même, dans les zones de maquis, on remplaça autant que possible les fusils par des carabines américaines de calibre 30, avec 350 cartouches par carabine ; le pistolet-mitrailleur Marlin de 9 mm était également souvent substitué au Sten.

(2) Les petits coins de conteneur restés libres pouvaient être bourrés de brassards tricolores, qui furent très largement distribués par le SOE et le SAS. L'intention était de fournir aux résistants le « signe distinctif » requis par la convention de La Haye pour établir le statut de combattant de l'intéressé en cas de capture. C'était une idée du SOE, peut-être a-t-elle sauvé quelques vies. En tout cas, elle a sûrement beaucoup fait pour le moral des maquisards les plus éloignés du front, en leur donnant le sentiment d'appartenir bel et bien à la force expéditionnaire alliée.

NOTE À L'INTENTION DES PILOTES DE LYSANDER ET DE HUDSON
effectuant des opérations aériennes avec atterrissage

par le lieutenant-colonel d'aviation H.B. Verity, DSO, DFC [1]

PRÉPARATION

1. La plus grande partie, et de loin, du travail nécessaire à la réussite d'une opération d'atterrissage s'effectue avant le départ. Cette note vous donnera une idée de la procédure que j'ai mise au point et devrait vous aider à élaborer votre propre technique. Ne vous reposez jamais trop sur vos qualités de navigateur. Chaque vol de Lysander doit être préparé aussi minutieusement que le premier, quelle que soit l'expérience que vous aurez accumulée.

CHOIX DE L'ITINÉRAIRE

2. *Ordre de mission.* Votre ordre de mission vous indique la localisation exacte de votre terrain d'atterrissage, déterminée sur la base des messages venus du terrain et portée sur une carte au 1/80 000ᵉ ou au 1/50 000ᵉ. Y sera jointe une photo aérienne fournie par la PRU [Unité de reconnaissance aérienne], qui vous sera très utile.

3. *Repères au sol.* Ayant établi exactement où se situe votre destination, étudiez la carte au 1/500 000ᵉ et choisissez un bon repère au sol dans le voisinage, par exemple un cours d'eau que vous suivrez pour approcher de votre objectif. Vérifiez sur la carte des défenses antiaériennes qu'il n'y a pas de contre-indication. Il vous faudra ensuite élaborer un itinéraire qui vous conduira de repère en repère, en vous

maintenant toujours dans des couloirs libres de DCA. Efforcez-vous notamment d'avoir un bon repère chaque fois qu'il vous faudra changer de cap : par exemple, une côte ou un grand fleuve. Enfin, faites approuver votre itinéraire par le commandant de section.

PRÉPARATION DES CARTES

4. *Carte au 1/500 000ᵉ*. Il est habituel de se préparer une carte au 1/500 000ᵉ, pliée en accordéon, couvrant tout le trajet aller et retour. Si votre destination n'est pas éloignée de plus de deux heures de vol, il vous suffira d'avoir sur votre carte une bande de 75 km de part et d'autre de l'itinéraire choisi. Mais si vous allez loin, par exemple du côté de Lyon ou d'Angoulême, il est plus prudent d'avoir une carte qui couvre 150 km de chaque côté ; on peut replier derrière la carte 75 km de chaque côté. En préparant votre carte, prenez soin de pratiquer les plis ailleurs que sur les principaux repères.

5. *Carte au 1/250 000ᵉ*. Emportez aussi des cartes au 1/250 000ᵉ pour presque tout le trajet lorsque le voyage est court, et pour certains tronçons sur les voyages plus longs. Elles sont d'une utilité inestimable pour confirmer un point indiqué de manière imprécise sur la carte au 1/500 000ᵉ. Prenez en particulier une carte au 1/250 000ᵉ de la zone d'atterrissage.

6. *Carte de la zone d'atterrissage*. On peut confectionner une carte de la zone d'atterrissage avec au recto la carte au 1/250 000ᵉ et au verso la photographie aérienne. Dans certains cas, on peut joindre aussi une carte au 1/50 000ᵉ, mais les cartes au 1/80 000ᵉ en noir et blanc sont très difficiles à lire en vol. N'oubliez pas que le comité de réception peut ne pas être là au moment de votre arrivée. Il est bon de pouvoir identifier par vous-même le terrain, quand vous devriez pour cela localiser une grange visible sur la photo.

7. *Cartes supplémentaires*. Pour chaque voyage, même si la météo est excellente, vous devez prévoir qu'il vous faudra peut-être vous détourner de votre route lors de votre vol de retour. La radio ne fonctionne pas toujours, et vous serez bien embêté si vous n'avez pas la moindre idée de l'endroit où vous rendre ou de la manière d'y aller…

8. *Feuilles de route renseignées.* Les feuilles de route renseignées, qui portent toutes les indications de votre plan de vol, doivent être dupliquées pour le cas où elles se perdraient... Outre vos données de navigation, vous devez emporter toutes indications sur les signaux et les balises pour votre retour.

9. *Cartes de secours.* N'oubliez pas que l'on perd parfois ses cartes. Aucune de celles que vous transportez de doit être indispensable. Vous trouverez bien une vieille carte routière déglinguée qui vous servira de carte de secours.

10. *Apprenez votre itinéraire.* N'hésitez pas à passer deux heures dans un fauteuil à étudier vos cartes avant le départ. Ce sera beaucoup plus facile pour vous là-haut si vous avez déjà bien examiné vos cartes avant de vous envoler. Pour cette étude préalable, vous pouvez procéder comme suit : prenez d'abord votre carte au 1/500 000e. Suivez dessus soigneusement tout votre itinéraire. Prenez note des points remarquables que vous rencontrerez. Ensuite, étudiez les bandes bâbord et tribord de votre tracé. Ensuite, étudiez-la avec en tête successivement chacun des principaux types de repères. Puis reprenez certains tronçons sur la carte au 1/250 000e, et apprenez-les par cœur de la même façon. Tâchez de mémoriser la forme des forêts et leur distribution générale le long de votre trajet. Tâchez de mémoriser les villes que vous verrez et la manière dont les autres lignes distinctives [voies d'eau, routes, voies ferrées] convergent vers ces villes. Notez l'orientation des côtes, des cours d'eau, et l'orientation magnétique de chaque segment de votre route.

11. *Chargement de l'appareil.* Le maximum normal est de trois passagers, mais il est arrivé d'en transporter quatre sans incident. Vous pouvez vous imaginer comme on est serré. Même avec trois passagers, il est considéré comme impraticable de leur faire mettre un parachute pour sauter en cas de pépin. Si vous avez à transporter quatre passagers, l'un s'installe par terre, deux sur les sièges, et un sur l'étagère[a]. Mieux vaut alors qu'il ne soit pas trop lourd.

---

a. Dans son livre *Nous atterrissions de nuit*, Verity décrit ainsi ce dispositif : « Il n'y avait de sièges que pour deux personnes – côte à côte, face à l'arrière... [La troisième était] accroupie sous le toit coulissant, assise sur le support d'où avait été enlevé l'affût de mitrailleuse, et qui servait plus généralement d'étagère à bagages...

12. *Bagages*. Bien entendu, les bagages les plus lourds doivent être placés sous les sièges, au plus près du centre de gravité. Les bagages petits et précieux, par exemple les sacs d'argent, doivent être placés sur l'étagère, de manière que les voyageurs n'oublient pas de les prendre en quittant l'appareil. Méfiez-vous de l'espace situé sous l'étagère, car les bagages qui ont glissé en direction de la queue sont difficiles à récupérer pour les passagers.

13. *Carburant*. Plus vous emporterez de carburant, plus votre avion sera lourd pour l'atterrissage et le décollage ; d'un autre côté, il est recommandé de prévoir une marge de sécurité confortable. Vous pouvez en effet être amené à tourner une heure ou plus au-dessus de la zone d'atterrissage en attendant un comité de réception en retard, ou bien vous perdre et avoir à chercher votre chemin ; et vous pouvez avoir besoin d'une heure de carburant une fois de retour au-dessus de l'Angleterre, à la recherche d'un endroit où atterrir. Comptez en tout deux heures de carburant supplémentaire.

14. *Équipement de survie*. Il peut être utile d'emporter des vêtements civils pour le cas où vous vous embourberiez et ne pourriez pas redécoller. Ne les mettez pas dans le compartiment des passagers, car ils risqueraient d'être balancés dehors avec les autres bagages. Un bon endroit où les ranger est le coffre de la manivelle de démarrage. Vous devez aussi emporter le matériel d'évasion standard, avec un peu d'argent français, un pistolet ou deux et une thermos de café ou de ce que vous voudrez. Un petit flacon de cognac ou de whisky peut être le bienvenu dans certaines circonstances difficiles, mais NE SERA PAS utilisé en vol. Videz vos poches de tout ce qui pourrait intéresser les Huns, mais emportez des photos de vous en civil, qui pourront vous servir à vous faire faire des faux papiers. Il est également recommandé de porter des vêtements sans marque personnelle, ni marque du tailleur ou étiquette de blanchissage. Changez de linge avant de partir, car une chemise sale n'est pas une bonne chose sur une blessure. Il ne fait pas froid dans un Lysander, et personnellement j'ai toujours préféré y porter des chaussures ordinaires que des bottes d'aviateur. S'il vous faut

---

[Le quatrième passager était] accroupi par terre, sous le support, entre les jambes des deux passagers normalement prévus » (p. 119) [N.d.T.].

rentrer à pied par les Pyrénées, autant le faire le plus confortablement possible.

15. *Conclusion.* C'est un énorme boulot de préparer une opération, mais on peut en régler beaucoup dès la veille. Si vous l'avez préparée et qu'elle ne se fait pas, ça n'a aucune importance. Peut-être que vous la ferez une autre fois, et puis vos cartes pourront toujours servir à quelqu'un d'autre. Il est très important de partir frais et dispos : faites donc un petit somme (ou deux) dans l'après-midi ou dans la soirée, juste avant de partir, c'est excellent. Enfin, vous serez conduit à votre avion dans une chouette voiture américaine conduite par une belle dame de la FANY et, couvert des pieds à la tête d'équipements, d'armes, de trucs et de machins, tout à fait comme le Cavalier Blanc[a], vous serez prêt à tout.

EXÉCUTION

16. Jusqu'ici nous avons parlé de la *préparation* d'une opération avec atterrissage. Venons-en à l'exécution. Le plus commode sera d'imaginer un vol aller et retour en essayant de penser à tous les problèmes susceptibles de surgir et en en proposant des réponses.

AVANT LE DÉCOLLAGE

17. Assurez-vous que l'officier qui escorte l'agent connaît le protocole. Si ce n'est pas le cas, ce sera à vous de vous occuper de l'agent. Vérifiez qu'il sait combien de bagages il a et où ils sont. Il doit savoir mettre et utiliser le parachute, si on en emporte, ainsi que les casques et les microphones. Il doit essayer lui-même de manipuler les signaux lumineux d'alerte. Il doit connaître l'ordre de succession des gestes à accomplir après l'atterrissage : à savoir, dans le cas du Lysander, qu'il doit rester dans l'appareil pour passer ses propres bagages au passager en partance, lequel à son tour lui passe les siens, et que c'est alors seulement qu'il doit sauter à terre. Dans les rares cas

---

a. Personnage touchant de Lewis Carroll (*De l'autre côté du miroir*), trimballant toute une quincaillerie improbable et totalement inutile « de son invention » et tombant sans cesse de sa monture, mais animé de nobles intentions [N.d.T.].

où l'agent que vous transportez a déjà une expérience de vol de nuit au-dessus de la zone en question, il peut être utile de lui confier une carte de l'itinéraire. Un pilote, qui s'était une nuit complètement égaré, dut rentrer sans avoir pu accomplir sa mission. Or il transportait un officier très expérimenté de la RAF, qui savait très bien où était l'erreur et qui aurait pu la rectifier ; sauf que le microphone de la communication intérieure n'était pas branché.

DERNIÈRES VÉRIFICATIONS

18. Bien entendu, votre dernier check-up doit être minutieux. Essayez toutes vos lumières, celles du cockpit et celles destinées à l'atterrissage, avant de démarrer.

TRAVERSÉE DE LA MANCHE

19. Certains recommandent de traverser la Manche à basse altitude afin d'approcher la côte en dessous du champ de vision des radars ennemis. Je suis contre, à cause des risques encourus de la part de notre propre DCA navale et de celle des convois ennemis, sans compter qu'un avion lourdement chargé aura du mal à reprendre rapidement de la hauteur pour passer la côte à l'altitude la plus sûre…

FRANCHISSEMENT DE LA LIGNE CÔTIÈRE

20. Il est généralement plus sûr de franchir la ligne côtière ennemie aussi haut que possible, jusqu'à 8 000 pieds. Cela vous donnera une vue générale de la côte et vous mettra hors de portée des DCA légères et des mitrailleuses. D'un autre côté, il est vital que vous sachiez très exactement en quel point de la côte vous abordez le survol du territoire, car c'est à partir de là que vous évaluerez le vent et que vous choisirez votre trajet au-dessus de ce territoire ; de sorte qu'il peut être nécessaire, par temps médiocre, de voler beaucoup plus bas que 8 000 pieds pour bien vous situer. N'allez pas croire que la DCA ne peut pas vous atteindre tant qu'elle n'est pas éloignée d'au moins 6 km. Une DCA lourde m'a visé une fois avec assez de précision sous un angle très bas, alors que j'étais à 2 000 pieds d'altitude et à 4,5 km de Dieppe.

Donc, tant que vous ne savez pas exactement où vous êtes, il n'est pas prudent d'aller regarder la côte de trop près. Mais vous pouvez l'identifier en volant parallèlement à elle sur quelques kilomètres, tout en restant à plusieurs kilomètres de distance en mer. Observez bien son orientation et chacun de ses changements de direction générale. En vous reportant alors à votre carte, vous pourrez généralement identifier au moins le segment de côte qui est en face de vous et, dans le meilleur des cas, le point exact où vous vous trouvez. Une fois que vous aurez déterminé votre position, vous pourrez allègrement remonter au-dessus de tous les nuages bas et foncer vers l'intérieur en naviguant à l'estime.

LECTURE DE CARTES

21. Comme je l'ai indiqué à propos de la préparation, l'essentiel de votre lecture de cartes doit avoir été fait dans un confortable fauteuil avant le décollage, sinon vos cartes vous seront de peu d'utilité une fois en vol. Mais n'oubliez pas que la carte ne doit jamais l'emporter sur les indications des instruments et que, même si vous décidez de suivre une caractéristique du terrain [vallée, route], il vous faut d'abord confirmer son orientation à l'aide du compas. La raison, c'est que vous pouvez très bien remarquer au sol quelque chose qui paraît correspondre à un point de votre carte, mais qui n'est pas cela du tout en réalité. J'ai tourné un jour lamentablement pendant deux heures du côté de Lons-le-Saunier, parce que j'avais pris un village (Bletterans) pour un autre (Louhans). Regardez sur la carte ces deux villages en plein jour et vous leur trouverez bien peu de ressemblance, mais par une nuit obscure, le dessin général des cours d'eau, des voies ferrées et des routes qui les entourent présente certaines similitudes. Ainsi, ne vous fiez jamais à un seul repère, mais confirmez-le par un second, voire par un troisième. Ce n'est pas difficile. Supposons que vous pensiez être au-dessus de la ville X. Regardez votre carte : vous y voyez par exemple que, à 7 ou 8 km au sud de cette ville s'étend une grande forêt. Allez vers le sud : s'il n'y a pas de forêt, c'est que la ville que vous avez vue n'est pas X et qu'il va falloir encore un peu vous creuser la cervelle. Si la forêt est là, observez sur votre carte au 1/250 000ᵉ sa forme générale et le dessin des routes alentour, et vous y trouverez probablement confirmation que la ville est bien X. Si je dis que vous devez toujours contrôler l'orientation d'une ligne que vous décidez de suivre, c'est parce qu'il est malheureusement

effroyablement facile de se tromper et de croire, par exemple, que l'on suit une certaine voie ferrée, alors qu'on en suit une autre. Tandis qu'en observant rigoureusement l'orientation, on évite normalement ce type d'erreur.

QUELQUES PRÉCISIONS SUR LA LECTURE DES CARTES

22. Il me paraît utile de passer en revue différents types de repères au sol en énumérant leurs avantages et leurs pièges.

(a) Eau : L'eau est toujours plus facile à repérer que n'importe quoi d'autre, même lorsque la lumière est très mauvaise, dès lors qu'elle se trouve entre vous et la source de lumière. Lorsque la lumière est diffusée par des nuages, on peut voir l'eau de très loin, au-delà de la visibilité de tout le reste. Les meilleurs repères sont, bien entendu, la côte et les grands fleuves, qui ne prêtent guère à méprise... N'oubliez pas toutefois que les fluctuations saisonnières du débit sont susceptibles de modifier l'aspect d'un fleuve et que les rives d'un cours d'eau modeste peuvent être inondées, ce qui lui donnera l'aspect d'une large rivière. Pareille illusion se produit aussi lorsqu'un banc de brume s'étend au-dessus de l'eau tout le long de la vallée, ce qui, vu de loin, fait l'effet d'un large ruban d'eau. Les lacs sont particulièrement trompeurs, surtout s'ils sont voisins d'autres lacs...

(b) Bois et forêts : Les forêts et les bois viennent après l'eau dans la liste des repères les plus évidents, surtout vus de très haut ou en cas de brume légère. Un petit bois ressemble beaucoup à un autre petit bois, mais l'observation de leur répartition sur un paysage assez vaste vous aidera à identifier la zone. Les grandes forêts, elles, font d'excellents repères... Les bois peuvent être particulièrement bien identifiés lorsque vous arrivez aux abords de votre zone d'atterrissage, par comparaison avec la photo aérienne.

(c) Voies ferrées : Ensuite viennent les voies ferrées. Même si une voie ferrée n'est pas très facile à voir par elle-même, son tracé peut être déduit des contours du relief, puisqu'elle ne saurait suivre une forte pente. On peut repérer une voie ferrée dans la nuit grâce à la boîte à feu d'une locomotive en marche, à une rangée de lumières bleues (dans le cas d'une voix électrifiée), à un ruban de fumée lorsqu'il

n'y a pas de vent, ou encore à un groupe de lumières jaunâtres éclairant un nœud important ou une aire de stockage de marchandises. Comme l'eau, les rails brillent lorsqu'ils se trouvent entre vous et la lune. Le grand avantage des voies ferrées, c'est qu'il y en a relativement peu et qu'elles sont suffisamment éloignées les unes des autres pour réduire les risques de confusion. Il vous faudra apprendre à distinguer les grandes lignes et les lignes secondaires, par le nombre de voies et par le fait que les premières épousent plutôt de larges courbes tandis que les lignes secondaires présentent des virages plus serrés.

(d) Routes : Les routes sont source de grosses erreurs parce qu'il y en a beaucoup plus dans la réalité que sur votre carte, surtout sur la carte au 1/500 000e, et qu'une route secondaire est parfois plus visible qu'une route plus importante. Mais une grande nationale bordée de peupliers et coupant le paysage pratiquement en ligne droite peut vous être très utile ; et le dessin que présente la convergence des routes vers une localité vous aidera à la reconnaître. Dans la région qui s'étend au nord d'Orléans, très plate et très ouverte, on est tenté de se fier un peu trop aux routes, alors qu'elles sont particulièrement trompeuses pour les deux raisons que je viens de dire. De manière générale, il vaut mieux recourir aux routes comme moyen de confirmer d'autres repères plutôt que comme repères de premier ressort ; pour cet usage, la carte au 1/250 000e est beaucoup plus proche de la réalité visible que la carte au 1/500 000e. Si une route, une voie de chemin de fer et une rivière vont parallèlement, prenez systématiquement note de l'ordre dans lequel elles se présentent, du Nord au Sud ou d'Est en Ouest. La présence d'une route vous sera parfois signalée de loin par les phares des voitures qui s'y déplacent.

(e) Localités importantes : Tout ce qui ressemble à une grande ville ou un centre industriel doit être évité par principe, pour le cas où il s'y trouverait de la DCA. C'est encore plus vrai si vous ne savez pas exactement où vous êtes. C'est dommage, bien sûr, car les grandes villes constitueraient d'excellents repères ; toutefois, comme pour les côtes, on peut les identifier d'assez loin en tournant autour à bonne distance des défenses antiaériennes. Elles sont très souvent traversées par un cours d'eau et, bien entendu, routes et voies ferrées convergent vers elles de plusieurs directions bien définies. Parfois aussi, une ville est bien caractérisée par les forêts qui l'entourent : c'est le cas de Blois. En utilisant intelligemment ces différents indices, vous n'aurez guère

de difficulté à identifier la ville que vous apercevez, puis à confirmer cette identification par l'observation des détails. La même remarque s'applique aux villages, sauf qu'un village n'est pas facile à reconnaître par lui-même : ce seront plutôt les repères environnants qui permettront de le faire.

PRINCIPES DE LECTURE DES CARTES

23. On procède différemment, pour lire sa carte, selon que l'on cherche : *(a)* à anticiper ce que l'on va voir, *(b)* à déterminer sa position.

(a) Anticipation : La lecture d'anticipation est normale lorsque vous connaissez en gros votre position et que vous suivez plus ou moins le couloir que vous aviez prévu. En deux mots : vous regardez d'abord la carte, ensuite le sol. Regardez sur la carte en avant notre position, choisissez quel sera votre prochain repère, et ouvrez l'œil pour l'apercevoir lorsqu'il se présentera. En pratique, le mieux est de chercher sur la carte non seulement un repère sur le couloir où vous pensez être, mais aussi des repères à bâbord et à tribord de ce couloir, et de vous préparer à voir apparaître l'un quelconque d'entre eux. Au moment de choisir ces repères sur votre carte, pensez à regarder s'il n'y a pas au voisinage quelque chose d'autre qui y ressemblerait et pourrait vous induire en erreur.

(b) Détermination de la position : Lorsque vous vous servez de la carte pour savoir où vous êtes, vous regardez d'abord le sol et ensuite la carte. Supposons que vous voliez aux instruments pendant une grande partie de votre route, au-dessus du brouillard ou de nuages bas, et que, en arrivant dans une région où vous pouvez enfin voir le sol, vous n'ayez aucune idée de l'endroit où vous vous trouvez. Vous verrez que vos instruments vous auront donné des indications très exactes par nuit calme, un peu moins par nuit de vent, mais en tout cas l'étendue des possibilités sera limitée. Fiez-vous à vos instruments et commencez par prendre la petite surface de carte qui correspond à l'endroit où vous devriez être selon les calculs. Trouvez un repère au sol, nœud ferroviaire, forêt ou rivière, et tournez autour jusqu'à ce que vous l'ayez trouvé sur votre carte. Ensuite, vérifiez que votre supposition est juste grâce à un deuxième ou même à un troisième repère voisin, comme indiqué plus haut, avant de continuer votre chemin. S'il s'avère que

vous êtes sorti de votre couloir, le mieux sera sans doute de le rejoindre au point le plus proche, et de reprendre à partir de là l'itinéraire prévu. Si vous essayez de faire le malin et de couper au plus court pour retrouver votre itinéraire très loin en avant, vous prenez un risque ; c'est l'expérience qui vous dira dans quelle mesure vous pouvez vous fier à votre sens de la navigation et à vos capacités de calcul.

ARRIVÉE SUR ZONE

24. Vous approchez de votre zone d'atterrissage : il est temps de pêcher votre carte locale dans la boîte, de vous rappeler quelles lettres de morse doivent être échangées avec le terrain et d'exécuter votre protocole de cockpit, à savoir : mettre en service votre réservoir de fuselage ; mettre la lampe signal en position « morse » ; abaisser vos accoudoirs ; régler le mélange de carburant. Et réveillez-vous. Ne vous laissez pas détourner de votre navigation normale par les appels séducteurs d'une lumière aperçue ici ou là. Votre but, c'est de trouver le terrain d'atterrissage indépendamment des lumières, ou de repérer sans équivoque un objet situé à moins de 3 km de ce terrain et d'où vous pourrez les voir si elles s'allument. Si vous ne les voyez pas lorsque vos calculs vous disent que vous êtes arrivé, volez en cercle et cherchez-les. Il est arrivé une nuit qu'un pilote survole par deux fois le terrain d'atterrissage sans voir les torches, parce qu'elles étaient juste au-dessous de lui et qu'il n'a pas pensé à voler en cercle : l'opération a échoué. Une fois que vous avez repéré les lumières, assurez-vous que vous identifiez la lettre en morse sans ambiguïté. Si elle n'est pas correcte, si les torches ne sont pas disposées exactement comme elles doivent l'être, ou si ce n'est pas le terrain auquel vous vous attendiez, vous ne devez *en aucun cas* vous poser. Il est arrivé plus d'une fois que les Allemands aient tenté d'attirer un Lysander mais que le pilote ait échappé au piège simplement en s'en tenant strictement à cette règle. Dans un autre cas, où le pilote ne l'a pas respectée, il est revenu avec trente impacts de balles sur son avion, sans compter une balle dans le cou, et il n'a dû sa survie qu'au fait qu'il avait atterri loin des torches et immédiatement redécollé [2]. L'expérience a montré que lorsque les Allemands dressent une embuscade sur le terrain d'atter-rissage, ils n'ouvrent le feu que si l'avion s'est posé et essaie de repartir. Car ce qu'ils veulent, c'est vous avoir vivant pour s'emparer de votre feuille de route renseignée. Alors, ne vous imaginez pas que tout va

bien simplement parce que personne ne vous tire dessus avant l'atterrissage. Je le répète, la procédure lumineuse doit être correcte de bout en bout pour que vous puissiez envisager de vous poser.

ATTERRISSAGE

25. Bien entendu, vous avez fait des exercices d'atterrissage,… et vous faites cela sans difficulté. Lors de votre première opération, vous serez frappé de voir que le dispositif d'accueil est exactement comme à l'entraînement. Alors, tant que vous n'avez pas accumulé une longue expérience, prenez votre temps pour bien faire le boulot. Premièrement, notez au compas l'orientation de la ligne A-B, faites un bel arc de cercle pour approcher la lumière A [celle de l'agent] à environ 300 pieds d'altitude de manière que les lumières B et C [celles au vent] vous apparaissent là où vous les attendez et que vous puissiez avoir une approche confortable. Votre descente doit être assez verticale pour éviter les arbres ou autres obstacles, et vous ne devrez pas toucher le sol avant la lumière A ni au-delà de 50 mètres derrière celle-ci. Observez le comportement de vos becs de bord d'attaque à la descente pour ne pas trop réduire votre vitesse. N'hésitez pas à utiliser votre feu d'atterrissage dans les toutes dernières secondes, sauf par les nuits de lune les plus claires, mais éteignez-le dès que vous êtes posé. Faites alors demi-tour, revenez jusqu'à la lumière A et arrêtez-vous en face d'un point situé entre B et C, l'extrémité de l'aile au-dessus de la lumière A. Profitez du temps où vous roulez pour exécuter votre protocole de cockpit en vue du décollage, afin que tout soit prêt quand vous stopperez. Sans doute vous sentirez-vous alors assez excité : n'oubliez pas pour autant de transmettre les lettres et les messages dont vous êtes porteur. Restez attentif à toute la manœuvre de débarquement et d'embarquement des bagages et des passagers, et repartez dès que vous entendez « OK ».

DÉCOLLAGE

26. Généralement, on a intérêt à débrancher le système de contrôle de l'inclinaison, de manière à reprendre de l'altitude aussi vite qu'il est possible de le faire sans danger.

Voyage de retour

27. N'oubliez pas qu'une bonne navigation est aussi importante durant votre vol de retour qu'à l'aller, même si vous pouvez vous permettre un peu moins de précision en approchant de la côte, à condition d'être sûr de l'approcher suffisamment loin des DCA. On a eu quelque temps la manie de revenir en passant au-dessus des îles Anglo-Normandes au lieu de franchir la côte à Cabourg. Un pilote y a vu l'influence magnétique de la flasque de whisky métallique qu'il serrait dans sa botte d'aviateur, mais en général cela s'explique par le sentiment que, pour rentrer, il suffit de pointer vaguement le nez dans la direction de l'Angleterre. Ce n'est évidemment pas la bonne méthode. Pour les passagers dont vous êtes responsable, vous n'avez pas le droit de vous faire tirer dessus pendant votre vol de retour. Votre navigation doit être aussi rigoureuse au retour qu'à l'aller.

Double atterrissage

28. La difficulté avec une opération double est de faire en sorte que les deux appareils effectuent leur atterrissage et leur décollage dans un temps très court, de manière que les agents puissent quitter le terrain avant la venue des ennuis. Normalement, cela doit s'exécuter en 20 minutes. Pour ce faire, les pilotes doivent se retrouver à un rendez-vous à partir duquel ils peuvent atteindre rapidement le point d'atterrissage, mais qui en même temps ne soit pas à portée d'oreille de ce point. Il y a toujours le risque que l'un des avions n'arrive pas. On indique à chacun des pilotes, avant l'opération, s'il est ou non autorisé à atterrir au cas où il se retrouverait tout seul au rendez-vous…

Double atterrissage : échanges par radio-téléphone

29. N'oubliez pas que les services d'interception allemands écoutent sans doute vos réflexions avec un certain intérêt. Votre procédure doit donc être renouvelée avant chaque opération et vous ne devez prononcer lors de vos échanges radio aucun nom de lieu, ni les mots « atterrissage » ou « décollage », ni parler de qualité du terrain, etc. : tout cela doit être codé. Pour la même raison, les indicatifs d'appel

sont généralement changés en cours de vol, de sorte que vous pouvez décoller de Tangmere sous les noms de Jackass 34 et 35 et arriver à destination sous ceux de Flanagan et Allan. Inutile d'échanger des messages entre vous en cours de route, sauf si le chef de l'opération décide d'annuler et de rentrer...

ATTERRISSAGE TRIPLE

30. Les opérations triples sont conduites exactement de la même façon que les doubles, sauf qu'il faut accorder 10 minutes à chaque avion, donc que l'ensemble de l'opération peut prendre une demi-heure. Comme dans les opérations doubles, le chef se pose en premier, afin de s'assurer que le terrain convient et qu'il est sûr ; les autres ne doivent pas atterrir avant que lui-même n'ait redécollé et ne leur en ait donné l'autorisation.

La première opération triple fut exécutée en neuf minutes, mais la procédure n'était pas orthodoxe. En effet, le chef[3] atterrit en premier et décolla en dernier, assurant la fonction de contrôle de vol pour les deux autres appareils en stationnant à quelque distance du chemin lumineux, à gauche de la lumière A, où il effectua son virage en même temps que les deux autres. Cette méthode plus rapide a été abandonnée à cause du risque supplémentaire que présente le fait d'avoir deux avions au sol en même temps. Pendant une opération double ou triple, le ou les avions qui attendent leur tour d'atterrir doivent voler en vue du terrain d'atterrissage, mais à une certaine distance, de manière à détourner l'attention d'éventuels intervenants hostiles ; ils peuvent avantageusement faire diversion à quelques kilomètres du terrain authentique.

OPÉRATIONS AVEC HUDSON

31. Elles sont très semblables aux opérations avec Lysander. Comme chaque équipage mettra au point son propre protocole de cockpit et de virage au sol, je ne ferai aucune suggestion, sauf que le protocole doit être pensé pour économiser le temps et les échanges verbaux, et que les équipages doivent bien s'y exercer. Poser un Hudson, même par une belle nuit, dans les conditions du terrain, ce n'est pas facile ; il

n'y a aucune honte pour un pilote à rater sa première approche et à être obligé de recommencer.

CONCLUSION

32. Les opérations aériennes avec atterrissage se sont distinguées très tôt par la bonne entente entre pilotes et agents, nouée lors de l'entraînement suivi par ces derniers et consolidée au fil des missions. C'est un point extrêmement important. Chaque pilote doit bien comprendre combien sont éprouvantes les tâches assumées par les agents, aller vers eux, s'efforcer de gagner leur confiance. Si vous ne parlez pas français et si l'agent ne parle pas anglais, ce ne sera pas facile ; mais ne soyez pas timide, faites de votre mieux pour connaître vos stagiaires et passagers et vous faire connaître d'eux. Enfin, souvenez-vous que les opérations de Lysander et de Hudson sont des formes parfaitement normales de transport de guerre, et évitez de laisser croire qu'il s'agit d'une sorte de spectacle d'acrobatie, car cette conception a eu tendance par le passé à réduire le nombre d'opérations tentées.

LE RAPPORT DE JEAN MOULIN

« Rapport sur l'activité, les projets et les besoins des groupements constitués en France en vue de la libération du territoire national »

Rédigé à Lisbonne, 25 octobre 1941

Comme l'expose Daniel Cordier dans Jean Moulin, l'inconnu du Panthéon, *il existe plusieurs versions dactylographiées, à peu près contemporaines, de ce texte. M.R.D. Foot en donne dans son livre la traduction anglaise, d'époque également, qui figure dans le « dossier personnel » de Jean Moulin aux archives du SOE. La version ci-dessous est reprise chez Cordier (vol. 3, pp. 1218-1226), qui explique pourquoi il estime que c'est celle qui « peut tenir lieu d'original ». Pour en rendre la lecture plus aisée, on a toutefois corrigé la mise en pages et la ponctuation, ainsi que les fautes de frappe dès lors que la correction était évidente ; lorsqu'elle ne l'était pas, on les a laissées telles quelles, suivies de* (sic). *Cordier accompagne de notes et de commentaires le texte non corrigé qu'il reproduit.* [N.d.T.]

Les trois groupements qui ont donné mandat à l'auteur de ces lignes de rédiger et de remettre aux autorités anglaises et au général de Gaulle le présent message sont :
– Liberté
– Libération nationale
– Libération.
Ces trois groupements constituent, en France, les principales orga-nisations de résistance à l'envahisseur.

Bien que ces trois mouvements soient certainement connus des services de renseignement britannique et de ceux des F.F.L., je crois devoir donner quelques indications sommaires à leur sujet :

I. – BUTS

Le titre pris par chacune des organisations indique suffisamment le but poursuivi : libération du territoire national. Il convient d'ajouter comme corollaire : ralliement à la cause britannique et au général de Gaulle.

Au début, du moins, cette attitude était exclusive de toute ingérence dans le domaine de la politique intérieure.

II. – HISTORIQUE

Ces trois mouvements sont nés, spontanément et isolément, de l'initiative de quelques patriotes français placés des anciens partis et groupements *(sic)*. Ils ont commencé à se manifester à des dates différentes, mais assez rapprochées de la conclusion de l'Armistice, et en réaction contre cet instrument de soumission à l'ennemi.

Dans les premiers temps, leur activité a consisté à répandre, sous le manteau et dans un cercle restreint, des feuilles de propagande dactylographiées à l'occasion des événements les plus marquants de l'actualité (discours de M. Churchill, du président Roosevelt, appel du général de Gaulle, actions militaires importantes etc.) ou des faits justifiant une attitude de révolte de la part des patriotes français (prise de possession par Hitler de l'Alsace et de la Lorraine, violation des clauses de l'Armistice, accords de Montoire, réquisitions allemandes, etc.).

Ensuite, avec le développement des moyens matériels et l'accroissement des bonnes volontés, ils purent tirer à la « ronéo » de véritables journaux paraissant avec une périodicité assez régulière.

Enfin, depuis plusieurs mois, chaque groupement publie, à date fixe, un ou plusieurs journaux *imprimés*, ainsi que des brochures et des tracts.

III. – Action présente

L'action des mouvements L.L.L. s'exerce dans trois directions principales :
– propagande
– action directe
– action militaire.

(a) Propagande

Le mouvement « Liberté » publie tous les mois un journal également intitulé *Liberté*. Très documenté, d'une très belle tenue, cet organe, dirigé par des intellectuels, a de profondes ramifications dans les milieux universitaires. Il a aussi des intelligences dans les milieux officiels de Vichy.

Le mouvement « Libération nationale », qui a à sa tête des hommes appartenant au commerce, à l'industrie et aux professions libérales, presque tous officiers de réserve, publiait jusqu'à ces derniers temps un hebdomadaire intitulé *Les Petites Ailes*. Depuis deux mois, à ce titre a été substitué celui de *Vérités*, dans le seul but de déjouer les recherches de plus en plus actives de la police. Il publie également par intermittence un journal s'adressant plus particulièrement aux milieux ouvriers : *Travailleurs*.

Le ton des *Petites Ailes* et de *Vérités* est volontairement très modéré et une rubrique très fournie est réservée aux questions religieuses. Son milieu, très éclectique, s'étend des royalistes de la nuance Bainville aux communistes.

« Libération nationale » a publié en tirage à part plusieurs études importantes, notamment sur le « Christianisme » et l'« Hitlérisme » et sur « Les résultats économiques de la collaboration ».

Enfin, *Libération*, organe du mouvement « Libération », atteint surtout les milieux populaires. Une large place y est faite aux questions sociales, et ses dirigeants sont actuellement en rapport avec une personnalité qui a conservé une très grande influence sur les milieux syndicalistes.

Chacun des journaux des trois mouvements est imprimé, d'une part, en zone libre, d'autre part, en zone occupée, avec seulement des variantes dans le ton des articles pour une meilleure adaptation à l'état de l'opinion de chaque côté de la ligne de démarcation.

Le tirage total de chacun de ces journaux (zone libre et zone occupée) varie entre 25 000 et 45 000 exemplaires, mais il faut multiplier ces chiffres au moins par cinq, étant donné les nombreuses reproductions dactylographiées ou manuscrites qui en sont faites.

« Libération nationale » a d'autre part des éditions de ses journaux en Belgique et en Alsace avec, pour cette dernière région, un trieu *(sic)* en alsacien.

(b) Action directe

En dehors de la propagande proprement dite, qui constitue pour l'instant l'effort principal, les trois mouvements ont d'autres activités.

– *Recrutement* : en combinant l'appel par la voie du journal avec l'activité personnelle de prospecteurs, il est procédé, malgré des difficultés sans nombre, à l'enrôlement de sympathisants. L'organisation, bien qu'elle diffère quelque peu selon les mouvements, est basée sur le principe des confrères *(sic)* à tous les échelons et de la succession assurée et automatique de tous les chefs pour, tout à la fois, arrêter dans une certaine mesure les investigations de la police et permettre au mouvement de poursuivre son action en cas d'arrestation de certains éléments. À l'heure actuelle, chaque mouvement a des cellules et des cadres dans à peu près tous les départements, autant en zone occupée qu'en zone libre.

– *Contre-propagande.* Il s'agit :

1. – du boycottage des moyens de propagande de l'ennemi et des amis de l'ennemi

2. – de l'organisation de manifestations et de contre-manifestations.

– *Sabotage* : l'action dans ce sens, relativement faible au début, a permis d'enregistrer des résultats intéressants lors du transport du matériel allemand en Libye et lors de l'envoi de matériel aéronautique français en Syrie. Elle a atteint aujourd'hui un degré qu'il est nécessaire de souligner.

– *Opérations de justice* : quelques opérations montées par un des trois mouvements et dirigées contre des Allemands et des « collaborationnistes » ont été menées à bien.

(c) Action militaire

Des milliers de renseignements d'ordre militaire ont été fournis par les membres des trois mouvements aux agents des services secrets anglais, en zone occupée.

Quelques dépôts d'armes et de munitions ont pu être constitués surtout avec du matériel abandonné par les troupes françaises.

IV. – LIAISON AVEC L'ANGLETERRE

Chacun des trois mouvements a travaillé ainsi de son mieux, avec ses propres moyens. Mais, dès le début, s'est fait sentir le besoin de communiquer avec l'Angleterre, qui s'était constituée le champion de la résistance, et avec les Forces Françaises Libres, qui poursuivaient la lutte. Les problèmes devenant de plus en plus complexes avec l'extension et la prolongation du conflit, il importait d'établir des contacts et de recevoir des directives et des concours.

Les chefs et un certain nombre de membres des trois mouvements ont tenté, à de très fréquentes reprises, de créer ces contacts. Les résultats qu'ils ont obtenus dans cette voie sont décevants : quelques plis emportés de la zone occupée par des avions anglais ou quelques feuilles d'information reçues de Londres par la même voie, voilà tout le fruit recueilli jusqu'à ces derniers temps par leurs efforts.

Maintes fois, ils ont eu l'occasion de faire leurs doléances et d'exposer en détail leurs désirs à des agents anglais en France avec lesquels ils avaient travaillé très utilement. Ces agents ont promis de plaider leur cause en haut lieu, mais aucune de ces demandes n'a été suivie d'effet.

Une entreprise récente aurait cependant pu avoir des effets heureux si elle avait été conduite dans d'autres conditions. Je veux parler de la mission en France de l'aspirant Z. qui aurait été chargé, à la suite d'un conseil interallié, d'entrer en relation avec les mouvements de résistance française. Faut-il incriminer le tout jeune âge de l'envoyé, sa connaissance insuffisante des problèmes à traiter ou ne voir dans cette affaire qu'une série de malentendus ? Toujours est-il que la tentative a échoué.

Pendant que se trouvaient sans liaison les mouvements anglophiles français, le maréchal Pétain pouvait envoyer à Londres, avec toutes les possibilités dont peut disposer un chef d'État, un émissaire secret, le colonel Groussard. Cet officier, qui avait alors de grandes illusions sur la volonté de résistance du Maréchal, mais dont la loyauté en ce qui concerne les sentiments anglophiles et antiallemands ne peut être suspectée, fit ainsi plusieurs voyages à Londres et eut des contacts très importants avec les autorités anglaises.

V. – LIAISON DES TROIS MOUVEMENTS ENTRE EUX

Jusqu'au mois de juillet dernier, les trois mouvements « Liberté », « Libération nationale » et « Libération » n'avaient aucune liaison entre eux, du moins aux échelons supérieurs. Cela s'explique aisément par les infinies précautions que doivent prendre ces mouvements pour empêcher les investigateurs trop curieux de remonter jusqu'aux organes de direction. Au fur et à mesure de leur extension, il apparut aux trois mouvements que ce parallélisme dans l'effort, sans aucune interpénétration, ne pouvait se prolonger indéfiniment et qu'il était nécessaire d'arriver à une coordination.

C'est fin juillet, c'est-à-dire avant la mission Z., que la première réunion des chefs des trois mouvements eut lieu. Un vaste tour d'horizon fut fait pour confronter les tendances, les aspirations, les milieux prospectés, etc. Ce premier contact ne révéla aucune divergence profonde. Enfin, tout récemment à Marseille, le 5 septembre, quatre jours avant mon départ, a eu lieu une nouvelle réunion qui vient de sceller l'accord de principe entre les trois mouvements. Les voies pratiques de collaboration sont actuellement à l'étude, mais d'ores et déjà on peut dire que l'on s'oriente vers la formule suivante :

1. – Indépendance en ce qui concerne les journaux ;

2. – Consultations au sujet des campagnes, des manifestations, du sabotage, etc. ;

3. – Organisation unique sur le plan militaire.

VI. – LIAISON AVEC LES AUTRES MOUVEMENTS

D'autres mouvements luttent aussi, avec plus ou moins d'arrière-pensées, pour la libération du pays. En premier lieu, il faut citer le parti communiste, qui est de beaucoup le plus actif. Quelle est à son égard l'attitude de trois mouvements L.L.L. ?

On peut répondre schématiquement : collaboration par le bas et neutralité bienveillante au sommet, sur le plan strict de la lutte contre l'Allemand. Je signale cependant qu'à diverses reprises, sur le plan doctrinal, le mouvement « Liberté » a pris nettement parti contre le communisme.

Avec les associations de francs-maçons, dont l'activité est grande, surtout dans le domaine de la propagande « orale », il y a également collaboration par le bas, de même qu'avec certains groupements tels que la Ligue des Droits de l'Homme.

Des contacts existent avec le mouvement du général Cochet – aujourd'hui emprisonné et dont les anciens collaborateurs poursuivent l'œuvre – ainsi qu'avec certains membres du groupe d'Astier de La Vigerie.

Enfin, il faut dire un mot de l'ex-association dite des « Cagoulards », qui a joué un rôle si important dans l'avènement de Pétain.

Ici, dès le début, deux tendances ou plutôt deux partis nettement opposés : l'un pro-nazi avec Deloncle, l'autre qui crut pouvoir jouer la carte anglaise à travers Pétain, et qui eut son apogée lorsque le colonel Groussard, alors chef des éphémères GP, procéda à l'arrestation de Laval.

De la première tendance, il est inutile de parler. Il faut retenir par contre une très nette évolution chez les tenants de la seconde depuis la mésaventure survenue à son chef, Groussard. Ce dernier, on le sait, a été arrêté à l'un de ses retours d'Angleterre sur un ordre signé de l'amiral Darlan, alors qu'il était lui-même porteur d'un ordre de mission secret signé de la main du maréchal Pétain.

Depuis qu'il est emprisonné à Vals-les-Bains, le colonel Groussard a eu le temps de faire de salutaires réflexions, et je tiens de source sûre qu'il a abandonné aujourd'hui l'espoir qu'il mettait dans le Maréchal. J'ai personnellement reçu en dépôt, en France, un dossier accablant qu'il a constitué sur Pétain et que je suis chargé de publier au cas où il arriverait malheur au colonel Groussard.

Étant donné la personnalité de Groussard, qui a dirigé l'école de Saint-Cyr, pépinière des officiers français, son emprisonnement et son changement assurément sincère d'attitude n'ont pas manqué d'avoir des répercussions. Des contacts sont actuellement pris entre les trois mouvements et les amis politiques du colonel. Voilà, sommairement dressé, le bilan de l'activité des trois mouvements.

LA SITUATION EN FRANCE

En France, de plus en plus, la population prend conscience de sa force de résistance et aspire à secouer le joug.

Certes, le parti communiste a repris une grande activité depuis le conflit germano-russe, et il désire à tout prix retenir en France le plus grand nombre de divisions allemandes pour alléger la pression sur le front russe. Mais les manifestations de ces derniers temps sont loin d'être toutes dues à des initiatives communistes. Si l'on n'en était point persuadé, il suffirait de se reporter à l'inoubliable journée du 11 mai, à Paris, alors que les communistes ne bougeaient pas encore.

Ces démonstrations sont avant tout un sursaut de révolte et d'indignation populaire.

Les passions sont exacerbées. De Monzie, pourtant pro-fasciste et grand admirateur du Maréchal, a cru devoir, il y a trois mois déjà, conclure son livre de souvenirs *Ci-devant* par les références suivantes :

Ezéchiel 7, 23
Id est : Prépare les chaînes ! Car le pays est rempli de meurtres,
La ville est pleine de violences.

L'image est d'une vérité textuelle.

D'ailleurs, de nombreux partisans de la collaboration trouvent eux-mêmes que Pétain et Darlan sont allés trop loin dans leur politique d'abandon. Pierre Laval, avant l'attentat dont il a été l'objet, se plaisait à répéter : « Il fallait donner un œuf pour garder la poule. Ils ont donné la poule et ils n'ont même pas su garder l'œuf ! »

Les arrestations sans jugement de nombreux officiers et hommes politiques, connus pour leur patriotisme, ont fait, lorsqu'elles ont pu parvenir à sa connaissance, la plus fâcheuse impression sur le public.

Est-ce à dire que le gouvernement a vu sensiblement diminuer ses troupes ? Non. Les pertes ont été compensées, et au-delà. De nombreux bourgeois conservateurs qui faisaient de l'anglophilie en dilettantes se sont récemment jetés, dans la zone occupée comme dans la zone libre, dans les bras de Pétain par crainte du communisme, dont le spectre est agité savamment par Berlin et par Vichy. Ils ont été aidés largement par l'attitude de plus en plus gouvernementale du clergé catholique.

Quoi qu'il en soit, le malaise est de plus en plus profond et, si les gaullistes ont perdu quelque peu en quantité, ils ont infiniment gagné en force militante et combattante, et l'on peut dire qu'ils sont passés aujourd'hui de la résistance passive à la résistance active.

Les mouvements qui se sont donné pour but la libération du territoire national ont pensé qu'il leur appartenait de canaliser les violences et de les discipliner en forgeant l'instrument technique de collaboration avec les forces alliées, et notamment l'instrument militaire.

C'est pourquoi ils ont établi à cet égard un certain nombre de projets :

Propagande

Un plan d'extension de la propagande a été étudié par chaque mouvement et prévoit notamment :

1. – Augmentation du tirage des organes existants et amélioration de la présentation. Création de nouveaux et nombreux journaux pour rendre plus difficiles les recherches policières. Création de journaux satiriques illustrés. Plus grande rapidité dans la distribution, etc.

2. – Création de postes d'émission clandestins sur camions automobiles.

3. – Campagnes diverses de propagande : inscriptions sur les murs, les routes, les monuments, utilisation de... *(sic)*, lâchers de ballons, etc.

4. – Constitution d'équipes de propagandistes spécialisés dans la propagande parlée.

Sabotage

Extension du sabotage contre l'appareil de guerre ennemi et dans les usines françaises travaillant pour l'ennemi. Noyautage des administrations techniques, etc.

Opérations de justice

Constitution de brigades de « justiciers » devant opérer à bon escient un plan établi *(sic)*. Il leur appartiendra de signaler les mauvais Français et de les corriger. Un des trois mouvements a le projet de marquer au fer rouge, d'une croix gammée, certains traîtres *(sic)* notoires.

Action militaire

Là est le grand problème.

Les mouvements L.L.L. étudient actuellement les possibilités d'encadrement, d'entraînement et d'armement des patriotes français en vue d'une action éventuelle de coopération avec les forces alliées, en territoire français.

Ont-ils raison ?

Ils le pensent et appuient leur sentiment sur les arguments suivants :

(a) D'abord, un argument moral. Ils estiment que, si la France doit pouvoir compter sur l'appui infiniment puissant et précieux de la Grande-Bretagne, il appartient aux Français d'essayer avant tout de se sauver eux-mêmes, ou – à tout le moins – de contribuer à leur sauvetage.

(b) Des dizaines et même des centaines de milliers de Français, principalement dans la zone occupée, ont aspiré à aller rejoindre les F.F.L. pour continuer la lutte aux côtés de l'Angleterre. Ceux qui ont eu la chance de pouvoir le faire après l'Armistice sont une infime minorité. Les autres ont dû renoncer, devant l'impossibilité de trouver les concours nécessaires. Or cette masse ardente de Français restés sous la botte ronge son frein et n'attend qu'une occasion pour secouer le joug. Il serait fou et criminel de ne pas utiliser, en cas d'action de grande envergure des alliés sur le continent, ces troupes prêtes aux sacrifices les plus grands, éparses et anarchiques aujourd'hui, mais pouvant constituer demain une armée cohérente de « *parachutistes* » *déjà en place*, connaissant les lieux, ayant choisi leur adversaire et déterminé leur objectif.

(c) Si aucune organisation ne leur impose une discipline, des consignes, un plan d'action, si aucune organisation ne leur donne des armes, il se produira deux phénomènes : d'une part, on assistera à des actions individuelles vouées à un échec certain et qui iront nettement à l'encontre du but parce qu'elles surgiront à contretemps, d'une façon désordonnée et inefficace, décourageant ainsi le reste de la population ; d'autre part, on jettera dans les bras des communistes des milliers de Français qui brûlent du désir de servir. Et cela d'autant plus facilement que les Allemands eux-mêmes se font les agents recruteurs du communisme en affublant du qualificatif de communiste toutes les manifestations de résistance du peuple français.

(d) En admettant que ni l'hypothèse d'un débarquement en France ou sur un point quelconque de la partie occidentale du continent, ni celle d'un soulèvement simultané de toutes les nations occupées par les Allemands ne puissent se réaliser, les mouvements L.L.L. pensent qu'au moment de la victoire anglaise, la France sera dans un état tel que les brigades constituées de patriotes français seront des plus nécessaires pour maintenir l'ordre et assurer la transition entre les deux régimes.

(Ici, il convient d'ouvrir une parenthèse. Des esprits mal intentionnés répandent dans les milieux gaullistes de France le bruit que les dirigeants anglais ne seraient pas mécontents de voir subsister, même après l'effondrement de l'Allemagne, le gouvernement du maréchal Pétain, pour que le règlement de la paix se fît dans de meilleures conditions, avec un partenaire discrédité. Les mouvements L.L.L. ne font pas à leurs amis anglais l'injure de croire à de pareils desseins. Mais ils souhaitent vivement à ce sujet pouvoir rassurer, d'une façon formelle, nombre de leurs membres qui luttent actuellement au péril de leur vie pour libérer leur pays aussi bien des valets de l'ennemi que de l'ennemi lui-même.)

Les trois mouvements ont, au point de vue de l'action militaire, un certain nombre de plans qui ont trait aux possibilités suivantes :
– augmentation du nombre des enrôlements,
– constitution des cadres,
– instruction et méthodes de combat,
– repérage des points stratégiques,
– diffusion des consignes,
– débarquement d'armes de la zone libre dans la zone occupée,
– transfert d'armes de la zone libre dans la zone occupée,
– stockage des armes, etc.

Mais ils estiment que rien de sérieux ne peut être mis sur pied qu'après accord avec Londres et avec son concours.

Nécessité de concours immédiat

Sans ces concours, dans tous les domaines, l'action des mouvements L.L.L. sera vaine. Ils ont atteint aujourd'hui leur palier maximum avec les moyens dont ils disposent et il n'est pas sûr que, s'ils ne reçoivent promptement une aide substantielle, ils puissent se maintenir au niveau actuel, même sur le plan de la propagande.

Le mouvement qui a recueilli le plus de fonds depuis un an n'a pas dépassé la somme de 400 000 francs. Il y a deux mois, *Les Petites Ailes* ont failli ne plus paraître pour la simple raison que la caisse était vide. À tout instant, des militants sont arrêtés faute de moyens matériels. Trois jours avant mon départ, le chef de la propagande d'un des mouvements a été arrêté pour avoir dû employer les seuls moyens rudimentaires imposés par l'état des finances du mouvement. Il ne faut pas perdre de vue qu'il n'est jamais possible d'utiliser ni la poste, ni le télégraphe, ni le téléphone, que tous les transports et toutes les liaisons s'effectuent par des émissaires envoyés par le train ou à bicyclette.

Il faudrait que les mouvements puissent, le plus souvent, dissimuler leur activité sous des façades commerciales ou industrielles, ce qui aurait pour avantage d'éloigner les soupçons et de donner les moyens matériels nécessaires – camions, autos, motos, personnel, etc.

Pour cela, il faut de l'argent. Les sommes mensuelles demandées plus loin par les trois mouvements pour élargir immédiatement leur action représentent à peine, au taux de notre pauvre franc, le cinquième de la valeur d'un avion de bombardements et guère plus que le prix d'un raid de quelques avions allant jeter des tracts.

En résumé, les mouvements demandent :

1. – *Une approbation morale*

2. – *Des liaisons*. Il faut établir avec le général de Gaulle des liaisons fréquentes, rapides et sûres, permettant de mettre au point et de mener à bien un plan concerté.

3. – *De l'argent*. Pour commencer, une somme de 3 millions par mois pour les trois mouvements. Cette somme devrait être doublée à la fin de l'année.

4. – *Des armes*. Première étape : matériel très léger, revolvers et mitraillettes ; deuxième étape : matériel léger, fusils-mitrailleurs et mitrailleuses.

Simple messager, chargé par les trois mouvements L.L.L. de transmettre un SOS à Londres, je peux me permettre de signaler le magnifique esprit de sacrifice de leurs dirigeants et de leurs troupes, et leur inébranlable volonté de libérer leur pays. Certains déjà ont payé de leur vie leur dévouement à la cause. D'autres, nombreux, peuplent les geôles françaises et allemandes.

On ne peut laisser sans secours ceux qui continuent la lutte.

C'est l'intérêt immédiat de l'Angleterre et de ses alliés. Ce doit être une des raisons d'être des Forces Françaises Libres. C'est l'espoir de tout un peuple enchaîné.

*

N.B. : Il doit être bien précisé, et j'insiste sur ces points :

1. – Que le fait de donner de l'argent et des armes aux mouvements ne doit pas avoir pour résultat d'augmenter, à l'heure actuelle, le nombre et l'importance de certains actes de violence. Il s'agit avant tout d'intensifier la propagande et d'organiser une action collective à longue échéance.

2. – Qu'il ne peut s'agir d'aider mouvement insurrectionnel (*sic*) contre le gouvernement de Vichy (tout au moins, sans accord préalable avec Londres). Il n'est question que de lutter contre l'Allemand, et les hommes de Vichy ne sont considérés comme adversaires que dans la mesure où ils aident l'Allemand.

3. – Que les trois mouvements estiment que c'est avant tout aux Forces Françaises Libres à faire l'effort demandé.

EXEMPLES D'ORDRES D'OPÉRATION DE LA SECTION F

Au capitaine Robert Benoist, organisateur de CLERGYMAN
29. 2. 44
Ordre d'opération Nº F. 80

Opération : CLERGYMAN
Pseudonyme : Lionel
Nom porté sur les papiers : Daniel Perdridge

1. INFORMATION

Nous avons examiné minutieusement avec vous les possibilités de votre retour en France pour mener à bien une mission qui vous avait déjà été assignée lorsque vous êtes parti pour ce pays en octobre 1943.

Vous nous avez affirmé que, selon vous, rien ne s'opposait à ce que vous retourniez dans la même région pour effectuer ces mêmes tâches.

Il s'agit en particulier d'abattre les grands pylônes qui traversent la Loire au niveau de l'île Héron et de préparer des blocages de voies ferrées sur les lignes convergeant vers Nantes. Vous nous avez dit que vous aviez déjà reconnu les pylônes et leurs alentours et que vous n'attendiez que le matériel pour exécuter le travail, et que d'autre part les équipes qui s'occuperont des chemins de fer sont en voie d'organisation dans la région nantaise et seront en mesure d'entrer en action dès que le matériel nécessaire sera arrivé.

2. INTENTIONS

(a) Vous retournerez sur le terrain par Lysander, accompagné de votre opératrice radio, à la lune de mars.

(b) On vous a donné toutes informations utiles sur un terrain où vous pourrez recevoir livraison du matériel nécessaire à votre mission, et vous y organiserez une réception dès que possible.

(c) Vous organiserez ensuite :

1. Une opération immédiate de destruction contre la ligne de pylônes qui traverse la Loire à l'île Héron ;

2. La formation, l'entraînement et l'approvisionnement de plusieurs équipes qui auront pour tâche, dès que l'ordre leur en sera donné au Jour J, de couper les lignes de chemin de fer convergeant vers Nantes. Il est important pour nous, à cette étape, de savoir exactement en quel point ces coupures auront lieu ; nous vous demandons donc de nous signaler au plus tôt où ces actions peuvent être attendues. À cette fin, si vous vous proposez de couper la ligne Nantes-Clisson à 15 km de Nantes, votre message sera : « NANTES CLISSON QUINZE ROTTEN », « rotten » signifiant que la cible est prête pour l'action, et « quinze »[a] indiquant le nombre de kilomètres entre la cible et Nantes sur la ligne Nantes-Clisson.

3. La formation, l'entraînement et le ravitaillement d'équipes qui couperont les lignes téléphoniques civiles convergeant vers Nantes. Nous ne sommes pas favorables à des attentats contre les centraux téléphoniques, car ils sont étroitement surveillés et cela exigerait un personnel plus important ; nous recommandons plutôt de couper en plusieurs points choisis les lignes elles-mêmes, ce qui aura le même effet. Une carte de ces lignes vous a été montrée et l'on vous en a donné une microphotographie.

(d) Nous soulignons que, en dehors de la destruction des pylônes mentionnée au début, l'aspect le plus important de votre mission est de nous doter dans la région nantaise d'une organisation capable de perturber très sensiblement les communications allemandes au Jour J.

C'est pourquoi nous ne vous avons pas donné d'autres cibles d'action immédiate, afin que vous puissiez vous consacrer pleinement à la formation et à la sécurité des groupes nécessaires à l'accomplissement de vos tâches au Jour J.

(e) Nous considérons que les missions énumérées ci-dessus occuperont tout votre temps, et par conséquent n'envisageons pas que vous aurez le loisir de conduire d'autres activités dans d'autres régions.

Si toutefois vous constatez que votre organisation dans la région nantaise a fait de tels progrès que vous puissiez l'abandonner aux mains

---

a. « Quinze » est en français dans le texte ; le message est donc bien textuellement « NANTES CLISSON QUINZE ROTTEN » (rotten signifie « pourri ») [N.d.T.].

de votre lieutenant, nous serons tout disposés à vous envoyer des directives concernant une nouvelle mission en région parisienne. Mais il n'en est pas question tant que votre travail d'organisation à Nantes n'est pas complètement achevé.

(f) Nous vous avons exposé notre système de messages BBC pour la transmission des ordres d'action sur vos cibles au Jour J.

Voici quels sont les messages pour votre réseau[a] :

1. Pour les cibles ferroviaires :
   A. C'était le sergent qui fumait sa pipe en pleine campagne
   B. Il avait mal au cœur mais il continuait tout de même
2. Pour les cibles téléphoniques :
   A. La Corse ressemble à une poire
   B. L'Italie est une botte

Les pylônes n'exigent évidemment aucun message BBC puisqu'ils sont à détruire dès que possible.

3. ADMINISTRATION

Il n'entre jamais dans notre politique de rassembler des groupes importants, puisque, selon nous, la seule unité satisfaisante pour une action efficace est le petit groupe autonome. Cela vaut notamment dans votre cas, puisque toutes les cibles qui vous ont été assignées peuvent être traitées par de petites équipes.

Finances : Vous emporterez sur vous la somme de 500 000 francs, et vous nous ferez connaître aussitôt que possible le montant probable de vos besoins financiers ultérieurs.

Veuillez noter que des changements sont intervenus dans notre système de transactions livres sterling/francs. Le taux de change est maintenant de 200 francs pour une £, mais il est de règle qu'une transaction, quelle qu'elle soit, ne peut se faire qu'avec notre assentiment préalable. En outre, n'oubliez pas que de telles transactions ne sont à pratiquer qu'en cas d'urgence.

*

---

a. Ces messages sont en français, bien entendu [N.d.T.].

29. 2. 44
Opération : CLERGYMAN
Ordre d'opération N° F. 80 – Deuxième partie

1. MÉTHODE

(a) Vous vous rendrez en France par bombardier ou Lysander et vous arriverez en un point situé à :

10 km au sud de Vatan

2,5 km à l'ouest de Villeneuve.

(b) Vous serez accueilli par un comité de réception qui vous donnera toute l'assistance dont vous pourrez avoir besoin durant les quelques heures suivant votre arrivée, et vous conduira à un train qui vous mènera à votre destination. Après avoir quitté le comité de réception, vous n'aurez plus aucun contact avec ses membres.

(c) On vous a donné des faux papiers et une couverture au nom de Daniel Perdridge, que vous utiliserez pour votre vie normale sur le terrain. Si, pour une raison quelconque, vous devez prendre une nouvelle identité, vous devrez nous en informer immédiatement en nous donnant tous les détails. En tant qu'agent, vous continuerez à utiliser le pseudonyme de Lionel.

2. COMMUNICATIONS AVEC LE SERVICE

(a) Communications radio : Vous serez accompagné sur le terrain par Ambroise, qui sera votre opératrice radio. Elle sera placée sous vos ordres, mais il est entendu que c'est elle qui aura le dernier mot sur toutes les questions techniques touchant aux transmissions et à leur sécurité. Elle chiffrera les messages elle-même. Ceux-ci devront être aussi courts et aussi clairs que possible, car il est de la plus haute importance qu'elle reste le moins de temps possible sur les ondes.

(b) Boîtes à lettres : Vous nous enverrez aussitôt que possible l'adresse d'une ou de plusieurs boîte(s) à lettres, au moyen desquelles nous pourrons vous contacter au cas où le contact radio serait rompu. Si une boîte à lettres est supprimée, il est impératif qu'une autre nous soit immédiatement communiquée en remplacement.

(c) Codes : Compte tenu des mutilations subies par les messages radio, nous ne jugeons pas avisé de vous demander d'utiliser votre

code personnel pour les messages transmis par cette voie. Mais vous l'utiliserez pour communiquer avec nous par les autres moyens. En ce qui concerne vos rapports, il n'est pas nécessaire de les coder en totalité, mais il faut utiliser votre code pour tous les noms propres – personnes ou lieux – qui pourraient être compromettants.

3. CONCLUSION

Vous avez reçu votre briefing général et nos instructions générales en matière de sécurité, de système de quadrillage des cartes, de disposition des lumières pour les atterrissages, etc. Vous avez lu le texte écrit correspondant et vous avez eu toute possibilité de poser des questions sur les points qui ne vous semblaient pas parfaitement clairs.

*

Au lieutenant Marcel Clech, opérateur radio d'INVENTOR
11. 5. 43

Opération : GROOM
Pseudonyme sur le terrain : Bastien
Nom porté sur les papiers : Yves Le Bras

MISSION

Vous partez sur le terrain comme opérateur radio pour deux organisateurs, Paul et Élie. Vous serez placé sous les ordres d'Élie, dont vous avez fait la connaissance ici et qui fera le voyage avec vous. Outre son travail d'organisateur, il sera notre officier de liaison avec Paul, qui a déjà une organisation établie dans le triangle délimité par Troyes, Nancy et Besançon.

APPROCHE

Vous vous rendrez sur le terrain en Lysander avec Élie et son agent de liaison, Simone, et serez accueilli par un comité de réception en un point situé à :

14 km ESE de Tours

11 km WSW d'Amboise.

Aussitôt que possible après votre arrivée, vous vous rendrez à Paris à l'adresse que vous connaissez déjà et vous y resterez jusqu'au moment où vous recevrez d'autres instructions d'Élie. Cette adresse est :

Monsieur Cornie

22bis rue de Chartres

Neuilly s/Seine.

Si par malheur vous perdiez contact avec Élie, l'adresse suivante vous est donnée pour vous permettre d'entrer en contact avec Paul :

Mme Buisson

203 avenue du Roule

Neuilly

mot de passe : Amour, amour.

Là, vous demanderez à être mis en contact avec M. Frager, ou bien vous déposerez une lettre pour lui. Frager est le nom sous lequel Paul est connu à cette adresse. Nous soulignons que vous ne devez le contacter QUE si vous perdez contact avec Élie.

MÉTHODE

1. On vous a donné une couverture et des papiers au nom d'Yves Le Bras, que vous utiliserez pour votre vie normale sur le terrain. Dans votre qualité d'agent, vous utiliserez le nom de Bastien.

2. Vous recevrez et enverrez les messages pour le réseau d'Élie. Vous n'émettrez que les messages qui vous seront transmis par Élie ou qui auront été approuvés par lui. Bien que vous soyez placé sous ses ordres, vous êtes juge en dernier ressort en ce qui concerne les aspects techniques des transmissions et de leur sécurité. Veuillez

noter que vous devrez être très attentif au classement de vos messages[a].

Le mot de passe de réseau d'Élie et de Paul est :
– Je viens de la part de Célestin.
– Ah, oui, le marchand de vin.

FINANCES

Vous emporterez 151 335 francs pour vos propres besoins. Vous vous efforcerez de tenir une comptabilité de vos dépenses et vous vous adresserez à Élie lorsque vous aurez besoin de nouveaux fonds.

COMMUNICATIONS

1. Vous couperez dès que possible tout contact avec les personnes qui vous auront reçu et, après cela, vous vous abstiendrez de contacter les membres de tout autre réseau que le vôtre.

2. En ce qui concerne vos communications radio avec nous, nous insistons sur la nécessité de ne vous mettre à votre appareil que lorsque ce sera nécessaire et d'y rester chaque fois le moins longtemps possible. Vous chiffrerez vos messages vous-même.

3. Vous nous enverrez aussitôt que possible l'adresse d'une boîte à lettres au moyen de laquelle nous pouvons vous contacter personnellement si les communications radio venaient à être rompues.

4. Vous nous enverrez également l'adresse d'une « cachette »[b]. Si vous êtes en difficulté, vous vous rendrez à votre cachette et vous nous informerez de la situation par une lettre ou une carte postale codée envoyée à l'adresse suivante :

Snr Leonel Martins
20 Travessa Enviado Inglaterra
Lisbonne.

Nous vous contacterons alors à la cachette pour vous tirer de là.

5. Pour communiquer avec nous par tout autre moyen que les ondes, vous utiliserez votre code personnel.

---

a. *Extremely careful with the filing of your messages* : sur l'ambiguïté de cette expression, voir p. 464 [N.d.T.].

b. En français dans le texte [N.d.T.].

CONCLUSION

Vous avez reçu notre formation générale, notre formation radio, ainsi qu'un cours de remise à niveau en transmissions au cours de votre séjour ici. Vous avez reçu votre briefing général et, en ce qui concerne le présent briefing, vous avez eu toute possibilité de poser des questions sur les points qui vous semblaient insuffisamment clairs. Vous avez également fait un essai oral des méthodes ici définies. Vous avez bien compris que vous recevrez vos ordres d'Élie et que vous devrez les exécuter de votre mieux. Si, par suite de circonstances imprévues, Élie disparaît, vous nous en aviserez et vous recevrez d'autres instructions directement de nous.

SABOTAGE INDUSTRIEL

On a pu dire qu'il n'est rien de plus ennuyeux et de moins instructif qu'une liste d'actes de sabotage, ce qui n'empêcha pas Selborne, en janvier 1944, d'en adresser une fort longue (trente-sept entrées pour l'année 1943) aux chefs d'état-major, à l'appui de son plaidoyer pour le SOE. La liste ci-après n'en aura pas moins, peut-être, un certain intérêt. Elle a été dressée à partir des notes prises par Brooks lorsqu'il fut envoyé faire une tournée en France, à l'hiver 1944-1945, pour enquêter sur tous les actes de sabotage industriel revendiqués par la section F, ainsi que sur certaines des plus importantes opérations du même genre de la section RF.

Environ 1 400 kg de matières explosives en tout – presque toujours du plastic – ont suffi à produire ces destructions tout de même substantielles.

Lieu	Entreprise	Production	Date	Résultats	Observations
Decazeville	–	Mines de charbon	24 août 1943	10 jours d'arrêt	Mécanisme d'ascenseur détruit
			1er janvier 1944	1 jour d'arrêt	Treuil endommagé
			3 janvier 1944	2 jours de ralentissement	Coupure d'électricité
			25 janvier 1944	2 jours d'arrêt	Sortie du puits bloquée
			28 février 1944	4 jours d'arrêt	Transformateur détruit
			19 mars 1944	Production réduite à 20 % pendant 8 semaines	Mécanisme d'extraction endommagé

			30 mai 1944	3 mois d'arrêt du funiculaire	–
			7 juin 1944	Coupure d'électricité pendant 2 semaines	Trois des huit bombes n'ont pas explosé
			11 juin 1944	2 semaines d'arrêt	Skip détruit
			13 juin 1944	6 semaines d'arrêt dans les bâtiments de surface	Treuil mécanique détruit. La direction accepte ensuite de suspendre la production jusqu'à la libération
Sochaux/ Montbéliard	Peugeot	Chars	5 novembre 1943	3 mois d'arrêt	1ʳᵉ opération de « chantage »
			10 février 1944	Plusieurs mois d'arrêt	Machines-outils allemandes livrées en remplacement du matériel endommagé détruites à leur arrivée
Sochaux/ Montbéliard	Peugeot	Pièces d'avion	Vers le 15 janvier 1944	3 semaines d'arrêt	–

			10 février 1944	5 semaines d'arrêt	Machines-outils allemandes livrées en remplacement du matériel endommagé détruites à leur arrivée
			15 mars 1944	Production réduite à 40 %	Comme ci-dessus
Eguzon	–	Électricité	10 octobre 1942	Court arrêt	–
Chaingy/ Orléans	–	Électricité	25 avril 1943	Arrêt insignifiant	–
Figeac	Ratier	Hélices d'avion à pales orientables	Janvier 1944	Arrêt jusqu'à la libération	–
Courbevoie	Bronzavia	Pièces d'avion	4 avril 1944	3 semaines d'arrêt ; production définitivement réduite à moins de 90 %	3 Allemands tués
Boulogne-sur-Seine	L'Air liquide	Air comprimé, etc.	11 novembre 1943	Léger retard	Charges mal placées
			19 mars 1944	2 semaines d'arrêt ; arrêt définitif de la production d'oxygène liquide ; réduction de 25 % des autres productions	Ingénieur de production non consulté
Asnières	Timken	Roulements à billes	6 avril 1944	2 semaines d'arrêt ; production définitivement réduite à moins de 28 %	Ouvriers incités à travailler lentement

Aubervilliers	Malicet & Blin	Roulements à billes	19 mai 1944	Production réduite à 20 % pendant quelques semaines	–
Boulogne-sur-Seine	Renault	Chars	28 avril 1944	Production réduite à 20 % pendant 3 mois ; 8 chars endommagés ; 1 blindé à roues volé	–
Ivry-sur-Seine	C.A.M.	Roulements à billes	17 mai 1944	Production réduite à 80 %	Mauvais choix des cibles
Levallois-Perret	Arsenal national	Artillerie légère	19 février 1944	4 semaines d'arrêt ; pleine capacité de production jamais recouvrée	–
Sevran	Westinghouse	Freins	2 juillet 1944	Production réduite à 20 % pendant 6 semaines	Bonne opération de contre-terre brûlée
Beaumont-sur-Oise	Poliet & Chausson	Ciment	9 mai 1944	6 semaines d'arrêt	Usine déjà en sommeil par manque de charbon
Montataire (Oise)	Brissonneau & Lotz	Matériel roulant de chemin de fer	14 juillet 1942	Production réduite à 70 % pendant 12 semaines	Trois compresseurs sur quatre endommagés
			18 janvier 1944	1 semaine d'arrêt	Transformateurs endommagés
			1er mai 1944	Production réduite à 70 % pendant 8 semaines	Deux compresseurs endommagés

Choisy-au-Bac (Oise)	Engelbert	Pneus	23 juillet 1944	8 semaines d'arrêt	Incendie important ; station génératrice endommagée
Rouen/ Dieppedalle	–	Électricité	31 octobre 1943	Plus de 6 mois d'arrêt	–
Mantes/ Gassicourt	La Cellophane	Cellophane	Décembre 1942	Destruction de tout le stock de fibranne	–
			Mai 1943	1 t de pâte de bois détruite par le feu	–
			1er octobre 1943	1 semaine d'arrêt	–
Déville-lès-Rouen	Sté française des métaux	Machines-outils	10 octobre 1943	2 semaines d'arrêt ; production réduite de moitié pendant plus de 6 mois	–
Mantes	C.I.M.T.	Matériel roulant de chemin de fer	25 septembre 1943	2 jours d'arrêt	Un compresseur détruit ; la charge d'1 kg placée sur le second n'explose pas
			2 novembre 1943	10 jours d'arrêt	–
Fives/Lille	Ateliers de Fives-Lille	Locomotives	27 juin 1943	Production réduite à 20 % pendant 4 jours	–
			3 octobre 1943	2 jours d'arrêt	Choix erroné des grues à détruire
Roubaix	L'Air liquide	Air comprimé	15 juin 1944	4 semaines d'arrêt	–
			17 juillet 1944	13 semaines d'arrêt	–

Liévin	Sté française des essences	Essence	4 juillet 1944	Hors activité jusqu'à la libération	Attentat perpétré 2 jours après la conversion de l'usine à usage des Allemands
Clermont-Ferrand	Chartoir	Pièces de moteurs d'avions	31 décembre 1943	1 semaine d'arrêt	–
Lille	Jean Crepelle	Air comprimé	18 juillet 1944	Arrêt	Incendie
Willems (Nord)	Imperator	Raffinerie de pétrole	7 novembre 1943	Incendie de tout le stock	–
Douai/ Corbehem	Paix	Raffinerie de pétrole	20 août 1944	Presque toute l'usine incendiée	Saboteurs inconnus, mais explosifs sans doute d'origine britannique
Clermont-Ferrand	Michelin	Pneus	3 juin 1943	Plus de 300 t de pneus brûlés	–
			26 novembre 1943	Vol de plusieurs véhicules, incendie de pneus	–
			5 décembre 1943	–	Les charges n'explosent pas ; si elles l'avaient fait, l'arrêt aurait été total
Blois	Bronzavia	Matériel de transmissions radio	21 mai 1944	2 semaines d'arrêt, puis ralentissement jusqu'à la libération	Un transformateur détruit, remplacé par un autre pris à une usine de chocolat
Montluçon	S.A.G.E.M.	Lanceurs antichars et sonars	21 janvier 1944	Production réduite	–

			29 février 1944	Six sonars détruits	Le chef de l'opération s'était formé tout seul à l'aide d'une brochure lancée par parachute
Montluçon	Dunlop	Pneus	29 avril 1944	2 semaines d'arrêt	La production venait juste de reprendre après un raid aérien de septembre 1943
			28 juin 1944	Pompe à eau détruite ; pas de retard de production	–
			25 juillet 1944	Arrêt de la production de pneus de camions jusqu'à la libération	Transformateur détruit
Prémery (Nièvre)	Lambiotte	Acétone etc.	7 octobre 1943	Petit incendie	–
			29 avril 1944	Arrêt de 6 semaines ; production réduite jusqu'à la libération	–
			3 mai 1944	100 000 l d'acétone et autres produits brûlés	–
Fourchambault (Nièvre)	S.N.C.A.C.	Avions	20 septembre 1943	Production réduite à 20 % pendant 8 semaines	–

			20 octobre 1943	Résultats insignifiants	La plupart des bombes décelées et retirées avant explosion
Teillet-Argenty (Allier)	C.E.L.C.	Électricité	16 décembre 1943	1 semaine d'arrêt ; 22 t de pétrole perdues ; puis production réduite à 20 % pendant 8 semaines et à 40 % jusqu'à la libération	–
Tulle	Arsenal national	Canons ?	7 janvier 1944	Arrêt presque total	Générateur auxiliaire détruit ; fourniture de courant par le réseau principal constamment interrompue par la suite
Virevialle (Corrèze)	Arsenal national	Électricité	14 décembre 1943	8 t de pétrole perdues ; 1 semaine d'arrêt	–
		Hydro-électricité	23 février 1944	6 semaines d'arrêt	–
Limoges/St Marc	–	Hydro-électricité	24 juin 1944	6 semaines d'arrêt puis production réduite des 2/3 pendant 2 semaines et d'1/3 pendant 2 semaines de plus	–
Bussy (Hte Vienne)	–	Hydro-électricité	Juillet 1943	3 semaines d'arrêt	–

			22 mai 1944	12 semaines d'arrêt puis production réduite des 2/3	Attentat inutilement violent
Limoges/ Cassaux	–	Électricité	28 mai 1943	Production réduite des 2/3 pendant 15 mois	Ralentissements volontaires sur les réparations
Eguzon (Indre)	–	Électricité	31 décembre 1943	80 t de pétrole perdues ; 12 semaines d'arrêt	Réalisé par un seul homme (2 petites charges)
Brive-la-Gaillarde	Philips	Valves radio	21 octobre 1943	4 semaines de réduction de la production	Pompe à vide et matériel expérimental détruits
			26 mars 1944	Production presque stoppée jusqu'à la libération	Dégâts très graves par suite de l'explosion
Ancizes (Puy-de-Dôme)	Aubert & Duval	Acier	16 mai 1943	12 semaines d'arrêt	Dégâts attribués à un mauvais charbon
			13 novembre 1943	4 semaines de réduction de la production	–
			8 février 1944	Réservoir d'eau gravement endommagé	–
			19 avril 1944	2 jours d'arrêt	–
			2 mai 1944	Arrêt jusqu'à la libération	Direction bienveillante
Ussel (Corrèze)	Montupet	Têtes de cylindres en aluminium	20 juin 1942	2 jours d'arrêt	Ouvriers pratiquant également le sabotage passif
			11 décembre 1942	8 mois d'arrêt	–

			25 mars 1944	4 semaines d'arrêt puis production réduite à 15 % jusqu'à la libération	–
Bar (Corrèze)	–	Hydro-électricité	26 mai 1944	4 mois d'arrêt	Établissement gardé par 40 soldats allemands car fournisseur de l'arsenal de Tulle. La conduite menant à Tulle fut détruite
Carmaux	Cie Gle Industrielle	Textile	3 avril 1944	1 jour d'arrêt ; légère baisse de production	Les pièces pour réparer le transformateur étaient disponibles
Tarascon-sur-Ariège	Alais Froges & Camargue	Aluminium	6 mai 1944	Léger retard	Générateur de l'usine détruit, mais relais pris par le réseau
Bordères-Louron (Htes Pyrénées)	Sté des produits azotés	Chimie	8 février 1944	6 semaines d'arrêt	–
Gripp (Htes Pyrénées)	–	Hydro-électricité	30 avril 1944	6 semaines d'arrêt	–
Montbartier (Tarn et Garonne)	La Moyenne Garonne	Cuivre	20 mars 1944	4 semaines d'arrêt, production réduite de moitié jusqu'à la libération	–
St Lary (Ariège)	–	Électricité	14 avril 1944	Production réduite de moitié jusqu'à la libération	–

Sarrancolin (Htes Pyrénées)	Alais Froges & Camargue	Aluminium	13 mars 1944	2 semaines et demie d'arrêt dans la centrale électrique locale	Seule touchée : la production de corindon, sous-produit de l'usine, pendant la période indiquée
			9 avril 1944	2 mois d'arrêt de la centrale	comme ci-dessus
Lavelanet (Ariège)	–	Électricité	27 mars 1944	24 t de pétrole brûlées ; 7 transfos détruits ; production fortement réduite	–
Laruns (Basses Pyrénées)	–	Électricité	3 août 1944	7 semaines d'arrêt	–
Lannemezan	S.E.E.A.E. d'Ugine	Aluminium	30 mai 1944	5 mois d'arrêt	–
Mauzac (Dordogne)	E.E.S.O.	Électricité	12 février 1944	4 mois d'arrêt	Une partie des charges n'explose pas
Tarbes	Hispano-Suiza	Moteurs d'avion	29 mars 1944	2 transfos détruits	Production pratiquement pas touchée, le réseau ayant permis de continuer à produire 7 moteurs par jour
Tarbes	Arsenal national	Canons	30 août 1943	Standard téléphonique détruit ; un jour d'arrêt	–
			25 mai 1944	4 mois d'arrêt sur tous les canons de 150 et 205 mm	–

Fontpedrouse (Pyr. orientales)	SNCF	Hydro-électricité	31 mars 1944	3 semaines d'arrêt	–
St Georges (Tarn et Garonne)	SNCF	Hydro-électricité	23 septembre 1943	1 jour d'arrêt ; production réduite de moitié pendant 8 semaines	–
Gesse (Aude)	SNCF	Hydro-électricité	23 septembre 1943	10 jours d'arrêt puis production réduite à 15 % pendant 4 semaines	–
Escouloubres (Aude)	SNCF	Hydro-électricité	23 septembre 1943	4 semaines d'arrêt	–
Usson (Ariège)	–	Hydro-électricité	23 juillet 1944	8 semaines d'arrêt	–
Carcanières (Ariège)	–	Hydro-électricité	23 juillet 1944	1 jour d'arrêt	–
Pau	Sté Française d'optique et de mécanique	Instruments optiques	12 avril 1944	8 semaines d'arrêt puis production réduite de moitié	Cible : machines outils
			5 mai 1944	2 semaines de réparations	Cible : générateurs (pour garantir les résultats de l'attentat précédent)
Lannemezan	Sté des produits azotés	Chimie et métaux	20 juillet 1943	Un peu de pétrole perdu	Transfo endommagé mais rapidement réparé
			8 janvier 1944	Un ingénieur blessé	Bombes repérées par l'ingénieur avant d'exploser

			16 février 1944	Nouveau compresseur détruit	Il était arrivé l'après-midi même
			26 février 1944	2 jours d'arrêt dans la production de manganèse	–
			26 mai 1944	Compresseur détruit, arrêt de la production d'hydrogène jusqu'à la libération	–
Bourges	S.C.A.C	Avions	7 août 1944	19 avions détruits et arrêt de la production	–
Bagnères-de-Bigorre	Lorraine Dietrich	Canons automobiles	13 mai 1944	6 mois d'arrêt ; 48 machines outils et équipements divers endommagés ou détruits	–
Lyon	Bronzavia	Pièces de moteurs d'avions	27 janvier 1944	Cibles (15 ma-chines-outils et 42 moteurs) toutes détruites ou très endommagées sauf 3 moteurs ; 4 semaines d'arrêt, puis production réduite à 40 % jusqu'en septembre	La police est restée informée par téléphone toutes les demi-heures que tout allait bien
Lyon/ Villeurbanne	Le Roulement	Roulements à billes	11 novembre 1943	2 semaines d'arrêt	Transfo endommagé

			23 avril 1944	2 semaines d'arrêt puis production réduite à 30 %	Charges posées sur 7 machines, la police en trouve et en enlève 2
Gardanne	Alais Froges & Camargue	Aluminium	13 juin 1942	Baisse de la production pendant plusieurs mois	Sabotage effectué par un homme seul
			30 avril 1943	comme ci-dessus	comme ci-dessus
			5 mars 1944	Production réduite à 40 % pour plus d'un an	15 hommes impliqués
Grenoble	Brun	Alcool	7 juillet 1943	Usine détruite	Un saboteur tué par un gardien
Grenoble	F.I.T.	Caoutchouc	13 juillet 1944	3 000 pneus brûlés, 4 mois d'arrêt	–
Salindres (Gard)	Alais Froges & Camargue	Aluminium ?	8 juin 1944	Légère baisse de production	3 sur 4 pompes d'alimentation de chaudières détruites
Marseille/ L'Estaque	Kuhlmann	Chimie	16 avril 1944	300 t de pétrole brûlées mais pas de baisse de la production	–
St Marcel (B.-d.-R.)	Coder	Matériel roulant de chemin de fer	20 juin 1944	3 transfos détruits mais pas de baisse de production	–
			14 juillet 1944	3 compresseurs détruits, 1 semaine d'arrêt puis production réduite de 10 %	Il y avait 2 compresseurs de rechange, passés inaperçus des saboteurs

Béziers	Fouga	Locomotives	21 avril 1944	1 compresseur détruit, production réduite de 10 %	La charge posée sur le second compresseur n'explose pas
			30 avril 1944	2 transfos mobiles hors service pendant 4 mois	–
N.-D. de Briançon	S.E.E.A.E.	Hydro-électricité	8 mai 1943	Une conduite coupée, légère baisse de la production	–
L'Eau Rousse (Htes Alpes)	S.E.E.A.E.	Hydro-électricité	10 juillet 1943	1 mois d'arrêt	–
			12 août 1943	Une conduite coupée, légère baisse de la production	–
			29 novembre 1943	2 mois d'arrêt	–
			23 (?) janvier 1944	Transfo de secours détruit	Réparé au printemps
			25 janvier 1944	4 mois d'arrêt, puis production très réduite	Les deux alternateurs gravement endommagés
Ugine (Savoie)	S.E.E.A.E.	Hydro-électricité	13 décembre 1943	2 semaines d'arrêt	–
			à partir du 28 décembre 1943	Attentats successifs contre les conduites	L'entreprise réduite à recourir à 2 pompes auxiliaires
			25 mars 1944	Moteurs des 2 pompes auxiliaires détruits, 1 semaine d'arrêt	Après cela, succession de nombreux petits sabotages

			5 mai 1944	Alimentation mécanique en charbon gravement endommagée, baisse importante de la production	–
			6 mai 1944	Câbles coupés, 2 jours d'arrêt	–
N.-D. de Briançon	Sté des Électrodes de Savoie	Électrodes	24 octobre 1943	2 mois et demi d'arrêt	–
			25 janvier 1944	3 mois d'arrêt	–
Annecy	S.R.O.	Roulements à billes	13 novembre 1943	3 jours d'arrêt, 2 semaines de baisse de production	–
			25 novembre 1943	Charges posées sur 15 machines-outils, la production remonte péniblement à 40 %	2 charges n'explosent pas
St Étienne	Nadella	Roulements à billes	30 avril 1944	8 machines détruites	70 machines de plus étaient visées mais charges non amorcées

Lyon/ Vénissieux	S.I.G.M.A.	Pièces de moteurs d'avions	27 novembre 1943	1 semaine d'arrêt, puis production réduite pendant 3 semaines	4 transfos et 1compresseur endommagés. Cibles mal choisies. Commentaire ultérieur d'un ingénieur de l'usine : « On aurait fait beaucoup plus de dégâts en cassant chaque vilebrequin à coups de marteau et en ciblant les 4 redresseurs, qui étaient irrempla-çables »
Lyon/St Fonds	Paris-Rhône	Équipement électrique	20 janvier 1944	1 semaine d'arrêt, puis production réduite à 60-70 %	–
Lyon/ Vénissieux	S.O.M.U.A.	Matériel roulant, blindages, etc.	26 février 1944	1 semaine d'arrêt puis production réduite à 70 % pendant 1 semaine, sauf pour l'usinage lourd qui était encore à 30 % deux mois plus tard	L'usine était en train de blinder un train allemand. Plus de 30 charges n'explosent pas
Belfort	Alsthom	Caisses d'obus	1er octobre 1943	2 pompes détruites, un atelier hors service pendant 3 mois	Ralentissement volontaire des ouvriers affectés aux réparations

Belfort	Koechlin	Camions	18 décembre 1943	Grand incendie, production réduite	–
Lunéville	Lorraine	Semi-chenillés de combat	6 juillet 1944	5 véhicules détruits	La Wehrmacht avait pris livraison le jour même
Le Creusot ?	Cie Bourguignonne de transport d'énergie	Électricité	8 septembre 1943	Légère baisse de production	Erreur sur la sous-station à attaquer

PÉRIODES D'ACTIVITÉ DES RÉSEAUX DE LA SECTION F
1941-1944

	M	A	M	J	J	A	S	O	N	D	J	F	M	A	M	J	J	A	S	O
AUTOGIRO	o	o									●	●	o	—x		●	●	●x		
VENTRILOQUIST																				
FAÇADE/TILLEUL							o	●	●	●	●	●	●	●	●	OX				
HECKLER/SAINT						●														
TINKER												●								
URCHIN													—x							
SPRUCE/GARDENER																				
CARTE							o	o	●	o	o	o	o	o	o	o	o	●	●	●
CORSICAN								OX									●	●	●	
SPINDLE									●		●		●				●	●		
PROFESSOR/PEDLAR										o										
PRUNUS											●		●							
PLANE											●		●							
CHESTNUT																				
SATIRIST												●		●	●	●	●	●	—	
DETECTIVE																				
PRIVET														—x						
MARKSMAN														—x						
DONKEYMAN																				
GREENHEART														o	●	●	●	●		●
MONKEYPUZZLE														●	●	●	●	●		●
PIMENTO														●	●	●	●	●		●
PROSPER–PHYSICIAN														●	●	●	●	●	—	
SCIENTIST														●						
JUGGLER														o		o	o	o		
BUTLER														●						
ACROBAT																				
INVENTOR																				
HEADMASTER																●x				
ATTORNEY																		●		
WHEELWRIGHT																				
BRICKLAYER																				
MUSICIAN																				
FARMER																				
BOOKMAKER																				
FARRIER																				
CINEMA–PHONO																				
STATIONER																				
JOCKEY																				
PUBLICAN																				
SALESMAN																				
STOCKBROKER																				
SCULLION																				
PARSON																				
SACRISTAN																				
MONK																				
ARCHDEACON																				
ACOLYTE																				
DRESSMAKER																				
AUTHOR/DIGGER																				
DITCHER																				
NEWSAGENT																				
DIPLOMAT																				
CLERGYMAN																				
GONDOLIER																				

Légende

— Activité continue du réseau
●●● Activité discontinue, mais efficace : raids, coups de main, évasions, contacts etc.
ooo Activité discontinue, inefficace : échecs des coups de main et des évasions, périodes d'attente, arrestations, etc.
x Chef du réseau arrêté ou tué
⟶ Réseau en activité lors de l'arrivée des alliés

M	A	M	J	J	A	S	O	N	D	J	F	M	A	M	J	J	A	S

AUTOGIRO
VENTRILOQUIST
FAÇADE/TILLEUL
HECKLER/SAINT
TINKER
URCHIN
SPRUCE/GARDENER
CARTE
CORSICAN
SPINDLE
PROFESSOR/PEDLAR
PRUNUS
PLANE
CHESTNUT
SATIRIST
DETECTIVE
PRIVET
MARKSMAN
DONKEYMAN
GREENHEART
MONKEYPUZZLE
PIMENTO
PROSPER–PHYSICIAN
SCIENTIST
JUGGLER
BUTLER
ACROBAT
INVENTOR
HEADMASTER
ATTORNEY
WHEELWRIGHT
BRICKLAYER
MUSICIAN
FARMER
BOOKMAKER
FARRIER
CINEMA–PHONO
STATIONER
JOCKEY
PUBLICAN
SALESMAN
STOCKBROKER
SCULLION
PARSON
SACRISTAN
MONK
ARCHDEACON
ACOLYTE
DRESSMAKER
AUTHOR/DIGGER
DITCHER
NEWSAGENT
DIPLOMAT
CLERGYMAN
GONDOLIER
FOOTMAN
LACKEY
SPIRITUALIST
ORATOR
SURVEYOR
PRIEST
ACTOR
WIZARD
LIONTAMER
BARGEE
MINISTER
MASON
TUTOR
FIREMAN
ROVER
SCHOLAR
HISTORIAN
BEGGAR
TREASURER
CARVER
LABOURER
RACKETEER
FREELANCE
SHIPWRIGHT
WRESTLER
DIETICIAN
HERMIT
SILVERSMITH
CHANCELLOR
GLOVER
PERMIT
HILLBILLY
WOODCUTTER
AUDITOR
LICENSEE
HELMSMAN
PEDAGOGUE

APPENDICE I

RÉSEAUX DE LA SECTION F HOMOLOGUÉS PAR LES AUTORITÉS FRANÇAISES

[Additif pour l'édition française]

On trouvera ici une liste des réseaux de la section F du SOE « homologués » par les autorités françaises.

Ont été considérées comme « réseaux homologués » les organisations qui se sont mises sous les ordres des alliés et ont eu des liaisons dans les deux sens avec Londres ou Alger. Elles ont été reconnues comme « unités combattantes » pour la période pendant laquelle elles ont rempli une mission considérée comme militaire (renseignement, évasion, sabotage). Les dates sont données à titre indicatif.

Les dossiers d'homologation (comme ceux des mouvements ou des unités FFI) ont été utilisés afin d'instruire les demandes des résistants ou de leurs familles qui se faisaient connaître pour obtenir des pensions ou des titres de reconnaissance. Tous ces dossiers sont conservés au Bureau Résistance, Département des Archives interarmes, ministérielles et interministérielles du Service historique de la Défense.

Cette liste, qui provient d'une enquête administrative française, n'est en aucune façon un recensement complet des réseaux ayant opéré en France, mais elle a l'avantage de correspondre au plus vaste ensemble d'archives accessibles aux chercheurs sur les réseaux ; en effet, les dénominations des réseaux de la section F homologués ne coïncident généralement pas avec les noms qui leur étaient attribués par le SOE pendant la guerre.

Les noms anglais des réseaux de la section F sont tirés du *Bref historique des réseaux FFC « Action Buckmaster »* édité par la Fédération nationale Libre Résistance (Paris, s.d.) et parfois déduits par recoupement avec le présent livre.

J.-L. C.-B.

Nom du réseau dans le SOE	Nom sous lequel le réseau a été homologué	Reconnu comme « unité combattante »	
		depuis le	jusqu'au
ACOLYTE	Acolyte (Calvert)	25/06/43	10/09/44
ACTOR	voir SCIENTIST		
ARTIST	Artist (Louise)	24/09/42	30/07/43
AUTOGIRO	Lucas	10/05/41	25/04/42
BRICKLAYER	Athos	01/10/42	30/10/43
BUTLER	Max	23/03/43	10/09/43
CARVER	Allyre	09/04/44	30/09/44
CHESTNUT et CLERGYMAN	Sébastien et Lionel	01/05/42	30/06/44
DETECTIVE	Mathieu	01/10/43	30/09/44
DIGGER	Nestor	27/01/44	30/09/44
DIPLOMAT	Abélard	18/10/43	30/09/44
DIRECTOR	voir SCHOLAR		
DITCHER	Tiburce	20/10/43	30/09/44
DONKEYMAN	Jean-Marie	01/06/41	30/09/44
FARMER	Sylvestre	18/11/42	03/09/44
FARRIER	Gilbert	23/01/43	07/02/44
GARDENER	Firmin	01/02/44	30/09/44
GLOVER	André	01/06/44	30/09/44
HEADMASTER	Albin	01/04/44	30/09/44
HISTORIAN	Étienne-Leblanc	15/05/44	30/09/44
JOCKEY	Roger	01/03/43	30/09/44
JUGGLER	Robin	01/01/43	30/09/44
LICHTERMAN	Hercule	14/04/43	30/09/44
MASON	Porthos	03/03/44	30/09/44
MINISTER	Guérin	04/03/44	30/09/44
MONK	Bernard	01/08/43	01/04/44

MUSICIAN	Tell	01/01/43	16/01/44
NEWSAGENT	Ange	20/10/43	30/09/44
PARSON	Oscar	17/06/43	30/01/44
PHYSICIAN	Prosper	01/10/42	30/06/43
PIMENTO	Alphonse	01/12/43	30/09/44
PRIVET	Alexandre	01/04/42	31/08/43
PRUNUS	Eugène	01/07/42	30/04/43
PUBLICAN	*Publican* (Ernest)	01/02/43	20/09/43
RACKETEER	Adolphe	01/05/44	30/09/44
SACRISTAN	Pascal	13/06/43	30/01/44
SALESMAN	Hamlet	15/05/43	30/04/44
SCHOLAR et DIRECTOR	Lucien et Mesnard	01/02/43	30/09/44
SCIENTIST-ACTOR	Denis-Aristide	01/07/41	30/09/44
SHIPWRIGHT	Samuel	02/05/44	30/09/44
SILVERSMITH	Hippolyte	01/03/44	30/09/44
SPIRITUALIST	Armand	01/05/43	30/09/44
SPRUCE	Nicolas	01/06/42	20/10/43
STATIONER	Hector	01/01/43	01/05/44
STOCKBROKER	César	01/10/42	30/09/44
TREASURER	Théodule	01/10/42	30/09/44
VENTRILOQUIST	Antoine	10/05/41	13/11/42
WHEELWRIGHT	Hilaire	01/05/43	30/09/44
WIZARD	Jean Millet	02/03/44	10/04/44
WOODCUTTER	Justin	18/07/44	25/11/44
WRESTLER	Marie	23/09/43	30/09/44

REPÈRES CHRONOLOGIQUES

(à consulter parallèlement au diagramme de l'appendice H)

Année	Mois	Événements	SOE et résistance française
1938	Mars	Annexion de l'Autriche par l'Allemagne	Création des sections D et EH
	Septembre	Accords de Munich	
	Novembre		GS (R) invité à étudier la guérilla
1939	Août	Pacte germano-soviétique	
	Septembre	Entrée de l'Allemagne en Pologne ; entrée en guerre de la France et de l'Angleterre ; 4ᵉ partage de la Pologne	
1940	Avril	L'Allemagne occupe le Danemark et la Norvège	
	Mai	Churchill premier ministre L'Allemagne s'empare des Pays-Bas et attaque la France	
	Juin	Évacuation de Dunkerque Entrée en guerre de l'Italie De Gaulle gagne Londres La France signe l'Armistice	
	Juillet-août	Bataille de Mers El-Kebir L'État français remplace la IIIᵉ République Premiers émissaires de la France Libre en France	Création du SOE sous l'autorité du ministre de la Guerre économique, Dalton Création du 2ᵉ bureau de la France Libre
	Juillet-septembre	Bataille d'Angleterre	

	Août		Nelson nommé directeur du SOE, Humphrey chef de la section F
	Septembre	Échec de l'expédition de Dakar	
	Décembre	Grand incendie de Londres	Marriott devient chef de la section F, Humphrey de la section DF. Création de la section EU/P
1941	Mars		Parachutage de la mission SAVANNA en Bretagne
	Avril	Les Allemands occupent la Yougoslavie et la Grèce	Retour en Angleterre de SAVANNA ; Création de la section MO/D, future section RF, sous la direction de Piquet-Wicks. Premiers agents de DF et de EU/P infiltrés en France
	Mai	Combats en Crète et en Syrie En France, les communistes fondent le Front national	Premiers agents de F infiltrés en France ; début du réseau AUTOGIRO
	Juin	L'Allemagne envahit l'URSS ; virage du PCF	
	Octobre	Les Allemands en vue de Moscou	Arrestation de la plupart des agents de la section F
	Novembre		Buckmaster nommé à la tête de la section F
	Décembre	Pearl Harbour ; l'Allemagne déclare la guerre aux États-Unis	
1942	Janvier	Les Japonais à Singapour Début de la grande offensive sous-marine	Jean Moulin retourne en France. Création du BCRA (M)
	Février		Selborne remplace Dalton
	Mai	Les Britanniques envahissent Madagascar	Hambro devient chef du SOE. Mort du réseau AUTOGIRO
	Juin	Bataille de Midway. Les Allemands à Tobrouk	Création de l'OSS
	Juillet	Les Allemands à Sébastopol	Début des réseaux PROSPER et PIMENTO

	Août	Échec de l'opération de Dieppe	Hutchison nommé à la tête de la section RF
	Septembre		Création du SOE/SO
	Octobre	Bataille d'El Alamein	
	Novembre	Débarquement allié en Afrique du Nord ; les Allemands occupent toute la France Contre-offensive soviétique à Stalingrad	Début du réseau FARMER
	Décembre	Assassinat de Darlan	
1943	Janvier-février	Conférence de Casablanca Défaite allemande à Stalingrad	
	Mai	Les Allemands chassés de Tunisie	Formation à Paris du CNR. De Gaulle quitte Londres pour Alger
	Juin		Arrestation de Jean Moulin à Caluire. Chute du réseau PROSPER. Constitution à Alger du CFLN
	Juillet	Les Alliés en Sicile	
	Juillet-novembre		Sabotage des canaux par ARMADA (équipes parachutées par la section RF) ; perfectionnement du système de ravitaillement par avion de la section RF
	Août	Conférence de Québec	
	Septembre	Capitulation de l'Italie	Gubbins devient chef du SOE
	Octobre		Affaire Grandclément ; Dismore devient chef de la section RF
	Novembre	Conférence de Téhéran	
1943/44	Octobre-avril		Les sections F et RF triplent le nombre de leurs réseaux en activité
1944	Mars		Création des FFI
	Avril	Les Soviétiques reprennent Odessa	
	Mai		Création du SFHQ et du SPOC

	Juin	Entrée des Alliés à Rome. Lancement de l'opération OVERLORD	Envoi en France des groupes JEDBURGH et des régiments SAS ; multiplication des sabotages par les sections F et RF
	Juillet	Échec du complot contre Hitler Percée des Américains à Avranches	L'EMFFI est placé à la tête de toute la résistance Désastre du Vercors Les SAS prennent le contrôle des campagnes bretonnes
	Août	Insurrection de Varsovie Débarquement allié en Provence Les Russes arrivent à Bucarest.	Insurrection nationale en France Entrée de De Gaulle à Paris
	Septembre	Avance alliée bloquée aux abords de la frontière allemande	Fin des opérations du SOE en France
1945	Mars	Les Alliés traversent le Rhin	Les Allemands exécutent la plupart des agents du SOE qu'ils détiennent
	Avril	Suicide de Hitler	Libération des camps de concentration
	Mai	Capitulation de l'Allemagne	
	Juillet	Attlee devient premier ministre	
	Août	Bombes atomiques au Japon	
	Septembre	Capitulation du Japon	
1946	Janvier		Dissolution du SOE

MESSAGES CODÉS
diffusés par la BBC à l'approche du débarquement allié en Normandie

[Additif pour l'édition française]

MESSAGES D'ALERTE
DIFFUSÉS LE 1ᴱᴿ JUIN 1944 À L'INTENTION DES RÉSEAUX DU SOE

MESSAGES	RÉSEAUX	PLAN
Les enfants de l'école sont très intelligents	FARMER	Rail
La cuisinière vient d'avoir des quintuplés	ARCHDEACON	Rail
Le Thermopyle est un défilé célèbre	ARCHDEACON	Guérilla/Routes
L'électricité date du vingtième siècle	ARCHDEACON	Télécommunications
Je préfère me servir d'un stylo bleu	MUSICIAN	Rail
Frappez deux fois à la porte puis entrez	MUSICIAN	Guérilla
La carte Michelin devient de plus en plus rare	PHYSICIAN	Rail
Suivons les bons conseils qu'on nous a donnés	PHYSICIAN	Rail
Pour devenir heureux, pensez toujours à l'avenir	CHESTNUT	Rail
Je préfère lire les livres illustrés	INVENTOR	Rail
Les sanglots longs des violons d'automne	VENTRILOQUIST	Rail
Nous irons à Paris voir le feu d'artifice	PARSON	Rail
Les sports d'hiver ne prennent pas en Russie	ARCHAMBAUD	Rail
La lune est pleine d'éléphants verts	JACQUES/ROBIN	Rail
Adressez-vous au bureau de change	DIPLOMAT	Rail

Les coquelicots me rappellent l'armistice	DIPLOMAT	Guérilla
Un toit d'ardoise	DIPLOMAT	Zone à contrôler
Irène écrit joliment	DIPLOMAT	Zone à contrôler
C'est l'abbé Bernard qui m'a raconté cette histoire	ACOLYTE	Rail/Guérilla
Madeleine attend depuis dix minutes	ACOLYTE	Télécommunications
Il ne faut jamais entrer par la porte de sortie	NEWSAGENT	Rail/Guérilla
Pour Amélie, attendez le retour d'Antoine et d'Angèle	MONK	Rail
Christian, laisse tes cheveux tranquilles	PIMENTO	Rail
Nous gaverons les canards	PIMENTO	Rail
Sammy est un chien de race	PIMENTO	Rail
L'espoir brûle toujours	PIMENTO	Guérilla
Les impôts pèsent sur les commerçants	WHEELWRIGHT	Rail
La fée a un beau sourire	WHEELWRIGHT	Zone à contrôler
Les condamnés attendent le conseil de guerre	WHEELWRIGHT	Zone à contrôler
La peinture se détache par écailles	WHEELWRIGHT	Zone à contrôler
Faut-il qu'un si grand cœur montre tant de faiblesse	WHEELWRIGHT	Zone à contrôler
Elle parle à tort et à travers	WHEELWRIGHT	Zone à contrôler
Pour la première fois, l'aigle baissait la tête	WHEELWRIGHT	Zone à contrôler
L'arrosoir est percé	WHEELWRIGHT	Zone à contrôler
C'est une croix à double traverse	WHEELWRIGHT	Zone à contrôler
Loulou habite Madrid	WHEELWRIGHT	Zone à contrôler
Le blé pousse bien au Canada	WHEELWRIGHT	Zone à contrôler
Nous sommes submergés de besogne	WHEELWRIGHT	Zone à contrôler
Monsieur, dit-il, j'en suis désolé	WHEELWRIGHT	Zone à contrôler
Vous m'assommez avec vos questions	WHEELWRIGHT	Zone à contrôler
Chanter juste, quel joli don	WHEELWRIGHT	Guérilla
Doux comme un agneau	WHEELWRIGHT	Zone à contrôler
L'horloge est détraquée	WHEELWRIGHT	Télécommunications

D'habitude, une forteresse volante a quatre moteurs	DETECTIVE	Rail/Routes/Guérilla
C'était le sergent qui fumait sa pipe en pleine campagne	CLERGYMAN	Rail/Guérilla
La Corse ressemble à une poire	CLERGYMAN	Télécommunications
Dites à quatorze que la terrasse de la reine est large	MARKSMAN	Rail
Après la soupe un verre de vin	MARKSMAN	Guérilla/Routes
Lorsque mon verre est vide, je me plains	MARKSMAN	Zone à contrôler
La muraille disparaît sous le lierre	MARKSMAN	Zone à contrôler
La rouille mange l'acier	MARKSMAN	Zone à contrôler
Cheveux noir, teint clair	MARKSMAN	Zone à contrôler
Tangos et rumbas viennent du Brésil	JOCKEY	Rail
Castor et Pollux sont jumeaux	JOCKEY	Rail
Le rouge saute aux yeux	JOCKEY	Guérilla/Routes
Elle aime le parfum Chanel	JOCKEY	Zone à contrôler
Archer, que deviens-tu ?	JOCKEY	Télécommunications
Ne parlez pas au pilote	JOCKEY	Zone à contrôler
Le panda est un ours	DIGGER	Rail
Cambrioleur, attention à la fenêtre	DIGGER	Guérilla/Routes
Elle porte une robe Molyneux	DIGGER	Télécommunications
Gribouille porte un monocle	DIGGER	Zone à contrôler
Je n'oublie pas l'anneau d'argent	GONDOLIER	Rail
Donald doit toujours veiller à sa poupée	GONDOLIER	Guérilla/Routes
Ne soyez pas mécontent de la vie	DELEGATE	Rail
Foch veille sur la place Vendôme	DELEGATE	Guérilla/Routes
Une voix s'est élevée du vent froid de la plaine	SCIENTIST	Rail/Routes/Guérilla
Barbasson est le roi des menteurs	PRIEST	Rail
Jupiter rencontra Mercure et le déluge commença	ACTOR	Rail
Vénus, oh ! femme superbe et héroïque	ACTOR	Guérilla
Cupidon lança sa flèche et l'amour commença	ACTOR	Télécommunications

Ma grand-mère aime beaucoup nager	BARGEE	Rail
À Noël on mange le dindon	BARGEE	Guérilla/Routes/ Télécommunications
Le chien du voisin aboie très fort	LIONTAMER	Rail
Les timbres poste collent bien	LIONTAMER	Télécommunications
Joseph adore le sucre	MASON	Rail
Jeanne est la reine des Loucherbaines	MASON	Routes
Etienne est un vieux motard	MASON	Télécommunications
Demandez-lui, mais doucement	DONKEYMAN	Rail
Commençons à espérer, il est temps	DONKEYMAN	Rail
Quel bel homme ce sapeur-pompier !	DONKEYMAN	Rail
En somme, l'âne n'avait pas parlé	DONKEYMAN	Rail
Pierre jouissait d'une réputation inouïe	DONKEYMAN	Rail
N'êtes-vous pas fier de vos aïeuls ?	DONKEYMAN	Rail
C'est le brouillard qui nous a empêché	DONKEYMAN	Rail/Routes
Un ruban entourait sa taille	MINISTER	Rail
Aimez-vous les fricassées de volailles ?	MINISTER	Routes
C'est une mauvaise plaisanterie	MINISTER	Télécommunications
La vache m'a fait de l'œil	ROVER	Rail
Mon chien a une queue de loup	ROVER	Rail
La cendre est bonne contre les mites	ROVER	Guérilla/Routes
La concierge en chef est en vacances	ROVER	Guérilla/Routes
Téléphonez à la mairie voisine	ROVER	Télécommunications
La porte cochère s'ouvre difficilement	ROVER	Télécommunications
La première impression est mensongère	HISTORIAN	Rail
Satan s'ennuie depuis hier	HISTORIAN	Guérilla/Routes
Robert, faites-moi grâce	HISTORIAN	Télécommunications
Françoise est en congé	VENTRILOQUIST	Rail
Je me sens tout courbaturé	VENTRILOQUIST	Guérilla/Routes
On les a vus venir	VENTRILOQUIST	Télécommunications
Les gigolos portent des bracelets	HEADMASTER	Rail

Les visites font toujours plaisir	HEADMASTER	Guérilla/Routes
Les fleurs sont des mots d'amour	HEADMASTER	Télécommunications
L'ange est descendu du ciel	CARVER	Rail
La société lui a fermé ses portes	CARVER	Guérilla/Routes
Avec du courage, vous réussirez	CARVER	Télécommunications
La benzine emporte les taches	BEGGAR	Rail
Le hérisson se ramasse en boule	BEGGAR	Guérilla/Routes
Une chambre bien tenue	BEGGAR	Télécommunications
Le nudisme est en vogue	TREASURER	Rail
La salle réclama la chanteuse	TREASURER	Guérilla/Routes
Onésime a l'air rébarbatif	TREASURER	Télécommunications
L'avenue fourmillait d'autos	RACKETEER	Rail
Accusé, levez-vous !	RACKETEER	Guérilla/Routes
Le pain est blanc, je dis, le pain est blanc	STOCKBROKER/ SACRISTAN	Rail
Êtes-vous au courant ?	STOCKBROKER/ SACRISTAN	Rail
Mettez le couvert	STOCKBROKER/ SACRISTAN	Télécommunications
Essayez de pénétrer l'avenir	STOCKBROKER/ SACRISTAN	Guérilla/Routes
J'ai perdu le bouton de mon manteau	LACKEY	Guérilla
Les oiseaux jaunes ont des ailes vertes	LIONTAMER	Bases aériennes
Le taureau n'aime pas la couleur rouge	LACKEY	Bases aériennes
Sans les dents on ne peut pas manger	LACKEY	Télécommunications
Le coffre-fort est très fort	GARDENER	Routes/Guérilla
Le torrent fait un bruit de tonnerre	GARDENER	Télécommunications
Avec des œufs, on fait de bons soufflés	FIREMAN	Routes/Guérilla
Berthe et Edouard sont allés ensemble à la pharmacie	FIREMAN	Télécommunications
Dansez gracieusement	SPIRITUALIST	Zone de Lille
Comment interprétez-vous ce fait ?	FREELANCE	Routes/Guérilla

Ce théâtre contient mille places	FREELANCE	Télécommunications
Pesez les quantités requises	FREELANCE	Rail
Chantez dans la baignoire	SCHOLAR	Rail
Faisons une partie d'échec	SCHOLAR	Rail
Le ramoneur a pris un bain	SCHOLAR	Rail
Jacqueline est l'aînée	SCHOLAR	Routes/Guérilla
Les nouveaux arrivés sont jeunes	SCHOLAR	Routes/Guérilla
Le crime se paie cher	SCHOLAR	Télécommunications
Ta physionomie me charme	SCHOLAR	Télécommunications
Fifi a des grains de beauté	SCHOLAR	Télécommunications
C'est une insolence de sa part	FOOTMAN	Routes
Il resta muet devant le tribunal	FOOTMAN	Télécommunications
Le parlement ouvre aujourd'hui	FOOTMAN	Routes/Guérilla
Jamais ne laissiez en repos	SATIRIST	Rail
Vainqueurs de soif et vaincus de sommeil	SATIRIST	Routes/Guérilla
Toujours rouliez-vous sous la table	SATIRIST	Télécommunications
Sales et nus vautrés dedans quelque auge	SATIRIST	Ponts

MESSAGES D'ACTION
DIFFUSÉS LE 5 JUIN 1944 AU SOIR

MESSAGES	RÉSEAUX	PLAN
Le professeur n'a pas bonne mine	FARMER	Rail
Les chats se font la cour dans le jardin d'en face	ARCHDEACON	Rail
Léonidas était brave	ARCHDEACON	Routes/Guérilla
Les bougies éclairaient nos ancêtres	ARCHDEACON	Télécommunications
On peut aller au cinéma sans danger	MUSICIAN	Rail
Dites-nous, Messieurs, quand vous en avez assez	MUSICIAN	Télécom./Guérilla/ Routes
Blanche envoie ses amitiés à Marie-Louise	PHYSICIAN	Rail
Les fauteuils d'orchestre sont à dix-huit francs	PHYSICIAN	Rail

A pleine vitesse il ne faisait que cent kilomètres à l'heure	CHESTNUT	Rail
Bercent mon cœur d'une langueur monotone	VENTRILOQUIST	Rail
Dans la nuit étoilée du quatorze juillet	PARSON	Rail
Alfred fait dire à José la récolte est bonne	ARCHAMBAUD	Rail
Il pleuvait, mais il ne s'en apercevait pas	STATIONER	Rail
Il a laissé pousser sa barbe, mais sans succès	STATIONER	Rail
Quand il fera du brouillard personne ne partira	STATIONER	Rail
Allez-y les gars, c'est le jour de Noël	STATIONER	Routes/Guérilla
Mon téléphone ne sonne presque plus	STATIONER	Télécommunications
La musique de la garde du foyer est inimitable	JACQUES/ROBIN	Rail
Il ne s'agit pas de passer les frontières de la Syrie	PUBLICAN	Rail
Chapitre un précède toujours chapitre deux	INVENTOR	Rail
Les grandes banques ont des succursales partout	DIPLOMAT	Rail
Si le banquier est devenu riche, il l'a mérité	DIPLOMAT	Guérilla
L'évêque a toujours bonne mine	ACOLYTE	Rail
Le cardinal a bon appétit	ACOLYTE	Guérilla
Elle porte un porte-manteau	ACOLYTE	Télécommunications
Son visage a pâli mais il reste de bonne humeur	NEWSAGENT	Rail
Demandez à votre secrétaire, elle a toujours raison	NEWSAGENT	Guérilla
Pour Berthe, le bébé de Bernard et Beryl va bien	MONK	Rail
Nous n'avons plus d'allumettes	PIMENTO	Rail
J'aime les femmes en bleu	PIMENTO	Rail
Bientôt tu voleras	PIMENTO	Rail
La graisse devient rare	PIMENTO	Guérilla
Les contributions indirectes coûtent cher	WHEELWRIGHT	Rail
Il a une voix de fausset	WHEELWRIGHT	Guérilla
Vive l'heure des vacances	WHEELWRIGHT	Télécommunications
Chaperon Rouge fut trop innocente	WHEELWRIGHT	Zone à contrôler
Les libérés se réjouissent du beau temps	WHEELWRIGHT	Zone à contrôler

Gertrude a un penchant pour l'aquarelle	WHEELWRIGHT	Zone à contrôler
Des murs en verdure	DIPLOMAT	Zone à contrôler
Ma plume marche mal	DIPLOMAT	Zone à contrôler
L'héroïsme c'est vaincre sa peur	WHEELWRIGHT	Zone à contrôler
Le silence repose	WHEELWRIGHT	Zone à contrôler
On connaît l'oiseau par son bec	WHEELWRIGHT	Zone à contrôler
Le jardinier attend la pluie	WHEELWRIGHT	Zone à contrôler
Pourquoi n'y a-t-il plus de croisade	WHEELWRIGHT	Zone à contrôler
Rodrigue ne parle que l'espagnol	WHEELWRIGHT	Zone à contrôler
Le seigle est brun	WHEELWRIGHT	Zone à contrôler
Conte-moi tes glorieux travaux	WHEELWRIGHT	Zone à contrôler
Regretter, c'est inutile	WHEELWRIGHT	Zone à contrôler
Une langue indiscrète a révélé l'affaire	WHEELWRIGHT	Zone à contrôler
J'ai une faim de loup	WHEELWRIGHT	Zone à contrôler
Il est inventeur d'appareils photographiques	DONKEYMAN	Rail
On ne voit jamais de canards à trois pattes	DONKEYMAN	Rail
L'inventeur avait l'intention de rester modeste	DONKEYMAN	Rail
À la fin, il avait toujours une sale gueule	DONKEYMAN	Rail
Ma grand-mère avait déjà cent dix ans	DONKEYMAN	Rail
Diable, qu'il faisait froid jeudi dernier	DONKEYMAN	Rail/Routes
On avait trouvé de quoi se rafraîchir dans le jardin	DETECTIVE	Rail
Qui aime la viande saignante a bon goût	DETECTIVE	Routes/Guérilla
Il avait mal au cœur mais il continuait tout de même	CLERGYMAN	Rail
Il se portait bien mais il avait mauvaise mine	CLERGYMAN	Routes/Guérilla
L'Italie est une botte	CLERGYMAN	Télécommunications
Les terrassiers ont vu la reine dimanche	DITCHER	Routes/Guérilla
C'était enfin le roi et pas la reine qu'ils ont vu	DITCHER	Télécommunications
Évite la visite du médecin	MARKSMAN	Rail
C'est le moment de vider son verre	MARKSMAN	Routes/Guérilla

Les marronniers égrènent leurs feuilles	MARKSMAN	Zone à contrôler
Le temps efface les sculptures	MARKSMAN	Zone à contrôler
Elle fait de l'œil avec le pied	MARKSMAN	Zone à contrôler
Les quadrilles sont démodés	JOCKEY	Rail
Je porte mes jumelles en bandoulière	JOCKEY	Rail
La pistache est verte	JOCKEY	Routes/Guérilla
Les arquebuses ne servent plus	JOCKEY	Télécommunications
Bleu clair couleur de mer	JOCKEY	Zone à contrôler
Sa mémoire fait défaut	JOCKEY	Zone à contrôler
Attirez l'attention du chauffeur	JOCKEY	Zone à contrôler
Girafe pourquoi ton long cou	DIGGER	Rail
Le facteur est en retard	DIGGER	Routes/Guérilla
Sa jupe est rouge	DIGGER	Télécommunications
Sophie s'est rasé les sourcils	DIGGER	Zone à contrôler
L'envers de la médaille est toujours blanc	GONDOLIER	Rail
La tubéreuse reviendra bientôt te voir	GONDOLIER	Routes/Guérilla
Barbasson est bien Barbacu	PRIEST	Rail
L'appel des laboureurs dans le matin brumeux	SCIENTIST	Rail
Et l'on n'a rien perdu lorsqu'on garde l'espoir	SCIENTIST	Routes
Une tasse de thé quand la pluie tombe	SCIENTIST	Routes/Guérilla
Vas-y le moment arrive	DELEGATE	Rail
Foch l'a fait, vous pouvez le faire	DELEGATE	Routes/Guérilla
La brigade du déluge fera son travail	ACTOR	Rail
Ne vous laissez pas tenter par Vénus	ACTOR	Routes/Guérilla
Cette flèche empoisonnée causa leur mort	ACTOR	Télécommunications
La sœur de Pierre est tellement laide	BARGEE	Rail
Au printemps on trouve les primevères	BARGEE	Routes/Guérilla
Nous ne pouvons pas dormir	LIONTAMER	Rail
J'ai reçu une lettre ce matin	LIONTAMER	Télécommunications
Amédée déteste le vinaigre	MASON	Rail
Nicole est une jolie poupée brune	MASON	Routes

Pierrot est un désastreux motard	MASON	Télécommunications
Honorine est tirée à quatre épingles	MINISTER	Rail
Je préfère les blanquettes de veau	MINISTER	Routes
L'incident s'est gravé dans ma mémoire	MINISTER	Télécommunications
Le cheval dort debout	ROVER	Rail
L'éléphant s'est cassé une dent	ROVER	Rail
Il ne fumait pas pendant le carême	ROVER	Routes/Guérilla
La pipelette tirera le cordon	ROVER	Routes/Guérilla
Le secrétaire est au septième étage	ROVER	Télécommunications
Laissez la grille entrouverte	ROVER	Télécommunications
Ayez un jugement pondéré	HISTORIAN	Rail
Saint Pierre en a marre	HISTORIAN	Routes/Guérilla
Couleur noire, couleur morte	HISTORIAN	Télécommunications
Hélène a vendu sa fourrure	VENTRILOQUIST	Rail
La gymnastique l'a rendu maigre	VENTRILOQUIST	Routes/Guérilla
On les verra repartir	VENTRILOQUIST	Télécommunications
Les couventines sont désespérées	HEADMASTER	Rail
On ne les aime pas, on les supporte	HEADMASTER	Routes/Guérilla
La valse fait tourner la tête	HEADMASTER	Télécommunications
Le firmament nous guette de loin	CARVER	Rail
Ce garçon est très comme il faut	CARVER	Routes/Guérilla
Ma patience est à bout	CARVER	Télécommunications
Il m'joue un sale tour	BEGGAR	Rail
Il est rond comme un boudin	BEGGAR	Routes/Guérilla
Menez une vie ordonnée	BEGGAR	Télécommunications
Les Esquimaux portent des fourrures	TREASURER	Rail
Le ballet russe est à l'opéra	TREASURER	Routes/Guérilla
Poil de carotte a des rousseurs	TREASURER	Télécommunications
Le camion est en panne	RACKETEER	Rail
Mon innocence est indéniable	RACKETEER	Routes/Guérilla
Crêpes Suzette, je répète crêpes Suzette	STOCKBROKER	Rail

J'en ai entendu parler	STOCKBROKER	Rail
Madame est servie	STOCKBROKER	Télécommunications
Vous me demandez l'impossible	STOCKBROKER	Routes/Guérilla
Je préfère coudre avec un dé	LACKEY	Guérilla
C'est plus facile de travailler avec les ongles courts	LACKEY	Télécommunications
Charlot est en instance de divorce	GARDENER	Routes/Guérilla
Le garçon d'honneur embrasse la mariée	GARDENER	Télécommunications
Alix a de la veine, elle est toujours souriante	FIREMAN	Routes/Guérilla
Paul se conduit toujours comme un garçon mal élevé	FIREMAN	Télécommunications
Jouons plutôt au bilboquet	SCHOLAR	Rail
Germaine pirouette	SPIRITUALIST	Zone de Lille
Ne sucez pas le savon	SPIRITUALIST	Rail
Le lithographe a des mains violettes	SPIRITUALIST	Rail
Joséphine ressemble à Marguerite	SPIRITUALIST	Routes
Les retardataires ont tort	SPIRITUALIST	Routes
Elle triche par habitude	SPIRITUALIST	Télécommunications
Mistigri me cause des ennuis	SPIRITUALIST	Télécommunications
Elle a une frimousse chiffonnée	SPIRITUALIST	Télécommunications
La balance n'est pas juste	FREELANCE	Rail
L'espace vital nous manque	FREELANCE	Télécommunications
Son récit coule de source	FREELANCE	Routes/Guérilla
Ce n'est qu'une simple farce	FOOTMAN	Rail
Elles caquetaient sans cesse	FOOTMAN	Télécommunications
Les débuts sont contradictoires	FOOTMAN	Routes/Guérilla
Le porc salé, les verres et les pots	SATIRIST	Rail
Ensevelis en vin blanc et vermeil	SATIRIST	Routes/Guérilla
Couchiez-vous en l'estable	SATIRIST	Télécommunications

Source : J.-L. Crémieux-Brilhac (dir.), *Ici Londres : les voix de la liberté*, Paris, La Documentation française, 1976, vol. V.

SCHÉMAS DES CHAÎNES DE COMMANDEMENT DU SOE

SCHÉMA DE LA CHAÎNE DE COMMANDEMENT DU SOE EN MAI 1941
(d'après les dossiers du SOE)

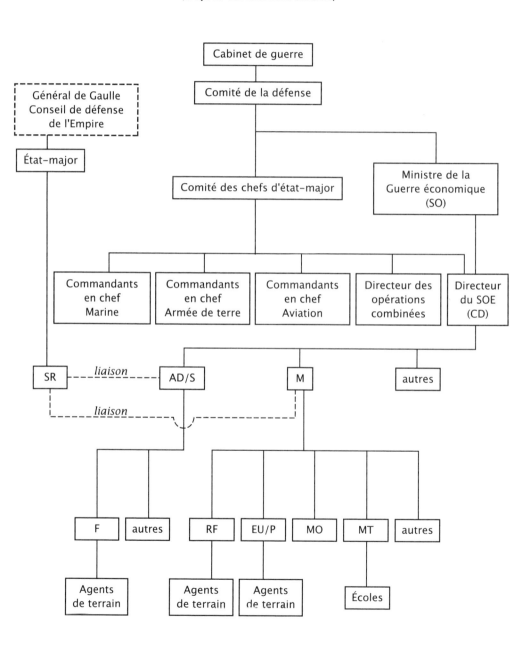

SCHÉMA DE LA CHAÎNE DE COMMANDEMENT DU SOE EN JANVIER 1944

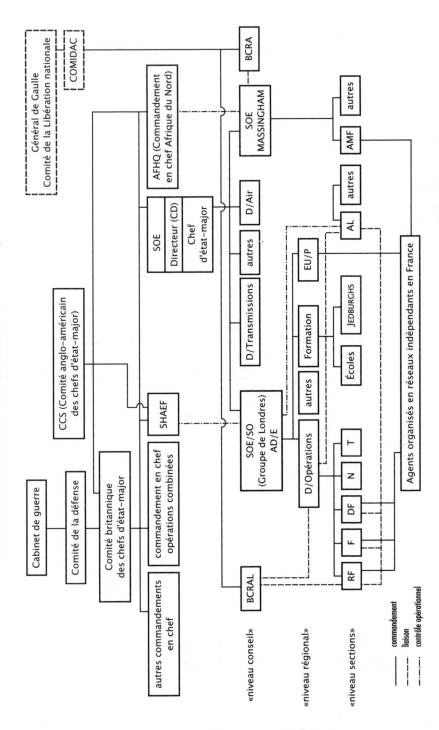

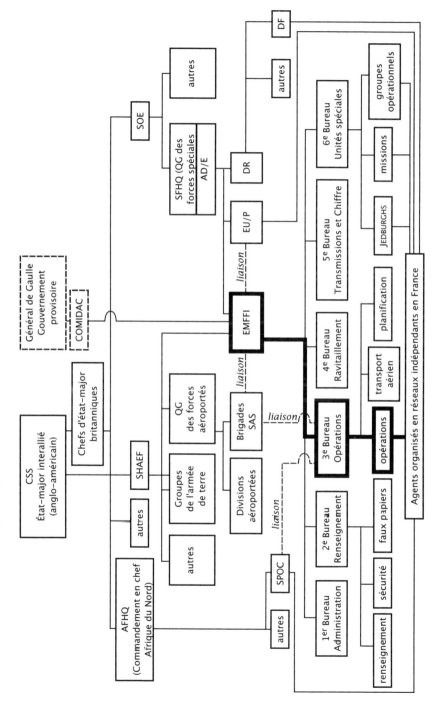

SCHÉMA DE LA CHAÎNE DE COMMANDEMENT EN JUILLET 1944

NOTES

NOTES DE LA PRÉFACE

1. 693 H.C. Deb 5s, p. 29-30, 13 avril 1964.
2. Patrick Howarth, *Special Operations*, p. 174.
3. Sonnet XVII, 10.

NOTES DE L'INTRODUCTION

1. On trouvera en Appendice J, page p. 705, un tableau chronologique.
2. Les Italiens ont occupé l'angle Sud-Est de la France de novembre 1942 à septembre 1943. Mais leur présence n'eut guère d'impact sur la résistance et l'on n'en parlera pratiquement pas ici.
3. On en trouvera de nombreuses illustrations dans *Foreign Relations of the United States*, 1943, II (Europe).

NOTES DU CHAPITRE PREMIER. LES ORIGINES DU SOE

1. Cité dans une note de recommandations sur le contrôle des activités paramilitaires, 5 juin 1939, dossier MIR 3. Les dossiers MIR se trouvent aujourd'hui sous les cotes HS8/256-61 des Archives Nationales à Kewo.
2. *Report and Lessons from Certain Activities*, I, environ huit mille mots, novembre 1946 ; dans un dossier SOE qui n'est toujours pas disponible.
3. Dossiers MIR et information personnelle.
4. Nécrologie parue dans le *Times*, 10 juin 1961.
5. W. Churchill, *Second World War*, II, pp. 148-150.
6. Dossier MIR 8.
7. SOE, *History*, III, « Devices section », appendix A, I (plusieurs de ces histoires de section, dactylographiées, sont signalées dans la suite sous la référence *History*, avec un numéro de volume ; voir l'Appendice A pour plus de détails). Les précisions techniques sur les détonateurs se trouvent dans un dossier du SOE.
8. Rapport du chef de la section D, cité en note 2 ci-dessus ; et dossier MIR 1, points 1 et 2.
9. Dossier MIR 1, point 3.
10. Rapport n° 8 au vice-chef d'état-major de l'Empire, p. 2, dossier MIR 3.
11. *Art of Guerilla Warfare*, p. 10 ; dans le dossier MIR 1, point 9. Voir plus loin, pp. 392, 527, 529-531, 543, etc.
12. Dans Foot, *SOE in the Low Countries*, 2001, pp. 445-472.
13. Leproux, *Nous, les terroristes*, I, pp. 278-288.

14. Rapport de son chef, novembre 1946, cité en note 2 ci-dessus ; et nécrologie de M.R. Chidson dans le *Times* du 4 octobre 1957.

15. Entretien avec lui, 21 septembre 1967.

16. Pour une description du personnage de Grand, de ses manières et de ses méthodes, voir Sweet-Escott, *Baker Street Irregulars*, pp. 20-21.

17. Rapport cité en note 2 ci-dessus, p. 15.

18. *History*, XXIII (iv), « Section D, Paris office », pp. 5-33, HS7/3.

19. Voir ses *Foreign Fields*.

20. *History*, XXIII (iv), pp. 34-37.

21. Journal de guerre du MIR, HS8/263, 11 juin 1940, dossier 2. Il n'en est resté aucun compte rendu ; il ne demeure non plus aucune trace dans les dossiers du MIR, du SOE ou du CCO d'une aventure à Guernesey que Churchill met dans le même sac que celle de Boulogne (*Second World War*, II, p. 572).

22. Rapports non datés, dossier MIR 5.

23. Dossier MIR 6, réorganisation.

24. Journal de guerre du MIR, 12 juin 1940, dossier 2 ; aujourd'hui à HS8/263.

25. Dossier MIR 6, réorganisation.

26. Voir son livre *The Supreme Command*, 1961, p. 325.

27. Projet de procès-verbal approuvé par Halifax le 2 juillet 1940 ; date à laquelle Cadogan envoya une copie à Duff Cooper, avec ses excuses pour avoir oublié de l'inviter à la réunion (dossier MIR 10)

28. Dossier MIR 10 ; partie citée sans date dans Dalton, *The Fateful Years*, p. 368. Comparer à Boltin et Redko, *Voienno Istoricheskiy Journal*, septembre 1964, p. 15.

29. Dalton, *The Fateful Years*, p. 379.

30. Appendice C d'un mémorandum secret du DMI, 18 juillet 1940.

31. Dalton, *The Fateful Years*, p. 366.

32. Dossier MIR 6, réorganisation.

33. Entretien avec lui, 1969.

34. 22 août 1941, dans Garnett, *PWE*, p. 79.

35. Compte rendu par Jebb, 5 septembre 1941, dans un dossier SOE. Il y avait eu une bataille du même genre en Allemagne, sur un sujet analogue, entre Ribbentrop et Goebbels. Voir Marcelle Adler-Bresse dans *Revue d'histoire de la deuxième guerre mondiale*, janvier 1961, p. 44.

36. Garnett, *PWE*, p. 40.

NOTES DU CHAPITRE II. PORTRAIT DU SOE

1. *History* IVB, « Security », appendix A, p. 4, HS8/832.

2. Dalton, *The Fateful Years*, p. 366.

3. Par exemple dans son *Defence of the West*, 1950, chap. 7. Voir également ici même, pp. 558-564.

4. Note de Sporborg, 9 novembre 1945, dans *History* LXII(i), « Correspondence ». Comparer avec pp. 143-148 ci-après.

5. Voir néanmoins p. 270 ci-après.

6. Dalton à Attlee, 4 juillet 1940 (détruit depuis).

7. Voir Duff Cooper, *Old Men Forget*, pp. 321-322.

8. Nécrologie dans *DNB 1961-1970*, pp. 788-789.

9. Nécrologie, *ibid.*, pp. 876-877.

10. Dalton, *The Fateful Years*, p. 288. Voir Wilkinson et Astley, *Gubbins and SOE*, 1993.

11. Dalton, *Call Back Yesterday*, 1953, p. 220. Jebb deviendra plus tard Lord Gladwyn.

12. Dalton, *The Fateful Years*, p. 369.

13. Jebb à Cadogan, 6 mai 1942, p. 6 ; dans un dossier SOE.

14. Dalton, *The Fateful Years*, p. 368 ; Vansittart, *Mist Procession*, 1958, p. 550. Et voir *DNB 1981-1985*, pp. 380-381.

15. Voir Piquet-Wicks, *Four in the Shadows*, p. 19 ; et journal de guerre du SOE, p. 512, 5-6 avril 1941, HS7/2150.

16. Cette direction du renseignement et de la sécurité avait succédé au très éphémère SO3, une bouture plantée à la fin de juillet 1940 par Hugh Gaitskell et qui, loin de prendre racine, n'avait cessé de dépérir. Le SO3, organisé en bureaux d'études de région ou de pays, était supposé constituer le personnel de planification et de renseignement du SO2. L'idée était empruntée au MIR, qui avait un groupe de bureaux d'études par pays, coordonnés de façon assez lâche par Quintin Hogg, où travaillait un personnel de rang moyen ; l'un de ces bureaux était d'ailleurs consacré à la France (Mémorandum secret du directeur du renseignement militaire, 18 juillet 1940 ; et journal de guerre du MIR, 24 juillet 1940). Mais cette organisation ne dura pas. Faute de personnalités fortes pour le faire vivre, le SO3 entra en agonie deux mois après sa naissance. Ses membres les plus prometteurs furent absorbés dans les sections pays du SO2, et il fut finalement supprimé le 17 janvier 1941 (Journal de guerre, p. 60, HS7/212).

17. Voir Passy, p. 135. Le récit de Barry sur les objectifs et les réalisations du SOE est dans *European Resistance Movements 1939-45*, I, pp. 340-356.

18. Voir ci-après p. 148.

19. Voir *DNB 1971-1981*, pp. 573-574.

20. *History* XXIII(iv), « Section D, Paris office », pp. 37-41, HS7/3 ; information privée.

21. Journal de guerre, p. 25, 3 décembre 1940, HS7/211. Passy, p. 135, et Piquet-Wicks, p. 18, placent à tort Thomas Cadett à la tête de la section F : Cadett y travailla quinze mois puis partit à la BBC en mars 1942 (dossier personnel de Cadett et information privée).

22. Voir ci-après p. 270.

23. Cf. Passy, p. 176.

24. Webster et Frankland, *Strategic Air Offensive*, i, p. 399.

25. Voir pp. 236-241 ci-après.

26. Journal de guerre, p. 26, HS7/211.

27. Piquet-Wicks, pp. 20-21 et photo p. 33 ; il y a maintenant une plaque à Dorset Square.

28. Dossiers personnels des fonctionnaires nommés ; Piquet-Wicks, p. 70 ; Passy, pp. 294-295. Hutchison siégera plus tard au Parlement et sera nommé baronet pour services rendus. Ses aventures sur le terrain sont racontées ci-après p. 542. Photo prise après la guerre dans *Times House of Commons*, 1951, p. 191. Voir aussi Sweet-Escott, *Baker Street Irregular*, pp. 107-111, 178-186.

29. Passy, pp. 61-63. Voir sa nécrologie dans le *Times*, 22 décembre 1998, p. 19c ; ses mémoires, *Colonel Passy*, édition établie et annotée par J.-L. Crémieux-Brilhac ; et sa biographie par A. Perrier, 2000.

30. Entretiens avec Dewavrin, 1969, et Buckmaster, 1984.

31. Passy, pp. 213-216, 218-219, 294-297, avec un organigramme p. 296 ; entretien avec Dewavrin, 29 juin 1966.

32. Noguères, *Histoire de la Résistance*, II, p. 43, note.

33. *History*, XXIA, EU/P, I, I, HS7/184.

34. *Ibid.*, pp. 1 et 4.

35. Hazel à CD, 4 juin 1945, dans son dossier personnel, HS9/653.

36. Michel, *Histoire de la Résistance*, p. 124, note.

37. Voir la note introductive sur les livres dans l'Appendice A concernant les sources, p. 601.

38. Selon Dansette, *Libération de Paris*, p. 37, de Vogüé appliquait cette image à la résistance française en général.

39. Note dans un dossier SOE, 4 janvier 1943.

40. C.B. Lucas Phillips, *Cockleshell Heroes*, 1956 ; voir ci-après pp. 278, 297.

41. *History*, III, « False document section », page non numérotée.

42. Nécrologie dans le *Times*, 4 août 1960.

43. Mackenzie, p. 723.

44. « German penetration of SOE », note de décembre 1945, p. 7, top secret ; copie dans *History*, IVB, « Security ». Voir aussi Buckmaster, *Specially Employed*, p. 59. Piquet-Wicks n'a lui non plus effectué aucune opération clandestine.

45. Voir Passy, *Souvenirs*, pp. 515-598.

46. Marshall, *The White Rabbit*, et Seaman, *Bravest of the Brave*, racontent avec des détails effroyables les aventures de Yeo-Thomas et son évasion de Buchenwald. Voir aussi *DNB 1961-1970*, pp. 1120-1121.

47. Interrogatoire de Levin, 24 janvier 1945, p. 21. Sur la filière VIC, voir pp. 170-172, 284, etc. ci-après.

48. Hermione Ranfurly, *To War with Whitaker*, Mandarin, 1995, pp. 81-82, raconte un incident survenu au Caire en 1941 qui n'était pas de nature à prévenir Eden en faveur du SOE.

49. Organization for joint planning, Command 6351 (1942), graph. n, i, *Parliamentary Papers*, 1941-1942, IX, p. 569.

50. Selborne à Eden, projet de note sur les ambitions politiques des services secrets français, 24 novembre 1943 ; HS8/902.

51. Voir Michel, *Mouvements clandestins*, pp. 29-33.

52. Comparer avec Appendice F, p. 674.

53. Les Groupes opérationnels américains ne sont pas inclus dans ces chiffres ; ils sont tous arrivés après le Jour J.

54. Comparer Marshall, *White Rabbit*, p. 41, et Giskes, *Londres appelle Pôle Nord*, p. 51.

55. Voir ci-après, pp. 247-248 etc. ; Reitlinger, *The SS*, p. 229 ; et Michel, *Mouvements clandestins*, pp. 35-37.

56. Pour des détails sur les approvisionnements envoyés en France voir Appendice C, p. 634.

57. Journal de guerre, p. 341, HS7/214.

58. Voir plus haut p. 72.

59. Mais voir Sweet-Escott, *Baker Street Irregular*, pp. 137-144 et 153.

60. Dans une brochure de cinquante pages, *The Secret Air War over France : USAAF Special Operations Units in the French Campaign of 1944* (Maxwell Air Force Base, AL : Air University Press, 1993), Bernard Victor Moore II montre avec lucidité les obstacles politiques qui s'opposaient à une telle contribution en résume les résultats.

61. *History*, XXIVA, « Section RF », 1944, p. 39, HS7/124.

62. Les SAS et les groupes JEDBURGH sont parfois confondus par erreur : par ex. Minney, *Carve Her Name with Pride*, p. 126. De même les groupes JEDBURGH et SUSSEX : Baudot, *Opinion publique*, pp. 135, 177. Sur SUSSEX, qui ne faisait pas partie du SOE, voir ci-après p. 547.

63. Note de Senter, directeur sécurité du SOE de 1942 à 1945, 31 décembre 1945, p. 3 ; placée en tête de *History*, IVB, « Security section », HS8/320.

64. Dossier SOE.

65. Lewin, *Ultra Goes to War*, Hutchinson, 1978, pp. 18-19.

66. Hinsley, *British Intelligence*, ii, p. 668.

67. *Voienno Istoricheskiy Journal*, septembre 1964, p. 25 [retraduit de l'anglais, N.d.T.]. Et voir ci-après p. 579.

68. Note ultrasecrète pour le comité de défense du Cabinet, 11 janvier 1944.

69. Journal de guerre 2, HS7/211.

70. *History* IV, « Administration », appendix IIA, pp. 6-7 ; Journal de guerre, 1233.

71. *History* IV, appendix IIA, pp. 2-3.

72. Rapport de H. Peulevé, 23 avril 1945.

NOTES DU CHAPITRE III. LE RECRUTEMENT ET LA FORMATION

1. Journal de guerre, 3, HS7/211.
2. Pour un ou deux exemples possibles, voir p. 205 et chapitre X.
3. Millar, *Horned Pigeon*, pp. 314, 322-323.
4. *History*, III, « False document section », pp. 4-5.
5. *History*, VIII, messages chiffrés d'agents SOE, HS7/45, *passim*.
6. SOE à MI 1, 25 mars 1942, dans dossier personnel de Jepson, HS9/796.
7. Des exemples de ces techniques d'entretien se trouvent dans Overton Fuller, *Madeleine*, pp. 59-62 et Minney, *Carve Her Name with Pride*, pp. 59-69 ; cet auteur décrit, pp. 59-61, comme Buckmaster, *Specially Employed*, p. 151, les bureaux sinistres où travaillait Jepson. Le récit de Tickell, *Odette*, pp. 69-78, est suspect.
8. En Grèce et en Yougoslavie, les agents de grade le plus élevé étaient généraux et leurs correspondants étaient des généraux postés au Caire.
9. A/CD à CD, 29 juillet 1944, dans dossier personnel de J.E. Redding, HS9/1238.
10. *History*, IXE, « Air operations », pp. 223-225, HS7/9.
11. Information personnelle ; et voir *Dictionary of National Biography, 1941-50*, p. 880 et HS9/1463. Voir également Sweet-Escott, *Baker Street Irregular*, pp. 205-206, 211-213.
12. *Who Lived to See the Day*, p. 278.
13. F/ADM à D/AIR, 12 décembre 1944, dans dossier personnel de Southgate, HS9/1395. Voir ci-après p. 512.
14. *History*, XXIV, H, « Report of JUDEX mission », HS7/134. Il fut promu au grade de colonel pour la conduire.
15. L'exemple type est la conversation de Sherlock Holmes avec un Gladstone à peine déguisé dans son aventure « La seconde tache ».
16. Voir Siegfried Sassoon, *Memoirs of an Infantry Officer*, 1930, p. 72.
17. Millar, *Maquis*, 2ᵉ édition, p. 14.
18. Comparer avec Lodwick, *Bid the Soldiers Shoot*, p. 166.
19. Dossier MIR 7 ; *History*, IV, « Administration ».
20. « German penetration of SOE », note ultrasecrète de décembre 1945, p. 9 ; copie dans HS8/8320.
21. Pour un exemple, voir Haukelid, *L'épopée de l'eau lourde*, p. 81.
22. *Men in Uniform*, 1961, pp. 158-159.
23. Overton Fuller, *Double Agent ?*, p. 25.
24. On trouvera sa photo dans Larroque, *Pauline*. Citations et correspondance dans son dossier personnel, HS9/355, 356. Elle fut décorée du MBE, décerné à titre militaire par le ministère de l'Air.
25. C'est Lise de Baissac. Voir Ward, *F.A.N.Y. Invicta*, p. 217.
26. 408 HC Deb 5s 1860, 6 mars 1945.
27. Nécrologie de Sir D. Bowes Lyon, *Times*, 14 septembre 1961 ; Journal de guerre du MIR, juillet 1940.
28. Minney, *Carve Her Name with Pride*, p. 77, le situe en Écosse ; P. Churchill, *Of Their Own Choice*, pp. 29-30, dans la New Forest. Ils ont raison tous les deux : il fut muté.
29. Dossier personnel de J.D.A. Makgill, HS9/978.
30. C'est Lord Howard of Penrith ; voir ci-après p. 281 sur AQUATINT.
31. Le plus souvent, mais à tort, écrit « Boddington ».
32. *Who's Who* ; dossiers personnels, information privée.
33. Dossiers personnels des agents concernés.

34. Elle travailla pour le réseau Var, dont le chef dut acheter lui-même les chaussures en question. Interrogatoire de Lecorvaisier 2, dossier personnel de Danielle Marion et information privée.

35. Il y a un récit différent de la fin de Trotobas dans Buckmaster, *They Fought Alone*, pp. 149-151, qui est trop beau pour être vrai. Celui-ci provient du dossier personnel d'*Olivier*. Voir ci-après pp. 379-381.

36. Millar, *Horned Pigeon*, p. 323.

37. De Vomécourt, *Who Lived to See the Day*, p. 24, reprenant les termes de l'appel de juin 1940 du général de Gaulle.

38. *History*, XXXI, « Section X », chap. Vc, IIᵉ partie, p. 4 ; 17 juillet 1945, HS7/145.

39. Dossiers personnels des agents concernés ; Millar, *Horned Pigeon*, p. 322 ; *Maquis*, p. 342.

40. « German penetration of SOE », note ultrasecrète de décembre 1945, p. 9 ; copie dans HS8/8320.

41. Note de D, 14 avril 1940, dans un dossier SOE.

42. Par exemple CFR(40), 46ᵉ réunion, point 1, 22 août 1940 ; CFR(41), 17ᵉ réunion, 24 février 1941 ; Piquet-Wicks, p. 28.

43. Note du 17 juin 1941 dans un dossier SOE.

44. Buckmaster, *They Fought Alone*, p. 127. Il a pu se souvenir des *Sept piliers de la sagesse* de Lawrence. Son *Specially Employed*, pp. 25-35, décrit simplement le système de formation.

45. L'atmosphère et le programme des cours de Wanborough sont décrits dans les premières pages de P. Churchill, *Of Their Own Choice*, et il y a une photo dans Minney, *Carve Her Name with Pride*, p. 92.

46. Dourlein, p. 81.

47. Voir Fairbairn et Wallbridge, *All in Fighting*.

48. Langelaan, *Knights*, p. 68.

49. DSR à AD/Z, 30 mars 1942, très secret, dans un dossier SOE.

50. A.M. Walters, *Moondrop to Gascony*, p. 103.

51. Un partisan yougoslave en a aussi consommé « en l'écrasant dans du lait, on aurait dit une sorte de bouillie de maïs » (Fitzroy Maclean, *Eastern Approaches*, Cape, 1949, p. 437). Aucun des trois ne s'en est trouvé plus mal.

52. Voir photo dans R.N. Gale, *6 Airborne Division*, Low, Marston, 1948, p. 48.

53. Voir ci-après pp. 202-203.

54. P. Churchill, *Of Their Own Choice*, p. 31.

55. Voir Buckmaster, *Specially Employed*, pp. 18-20, et Millar, *Maquis*, pp. 6-8. L'école est caricaturée de manière amusante dans le film *Babette s'en va-t-en guerre*, avec Brigitte Bardot.

56. Interrogatoire de Giskes, été 1945, dans son dossier personnel.

57. Et voir Shirer, *Third Reich*, p. 273, pour la composition du Sicherheitsdienst avant la guerre.

58. Pierre Lorain, *Armement clandestin*, Les Presses de l'Émancipatrice, 1972 ; Mark Seaman (dir.), *Secret Agent's Handbook of Special Devices*.

59. Par exemple Piquet-Wicks, pp. 145-146.

60. Tous les dossiers de la section formation semblent avoir brûlé, mais plusieurs centaines de rapports individuels sur les agents existent encore. La section histoire est également très utile, c'est sur elle que reposent en grande partie les passages de ce chapitre portant sur la formation, qui puisent aussi quelque peu dans les livres de souvenirs des agents.

61. Par exemple Green à Dismore, 11 octobre 1944, HS6/359.

Notes du chapitre IV. Les communications

1. Note du 17 juin 1941, dans un dossier SOE.

2. Georges Delfanne, alias *Masuy*, cité par Rémy, *Une affaire de trahison*, p. 45.

3. Hytier, *Two Years of French Foreign Policy*, p. 106.

4. Brook au Foreign Office, 16 novembre 1964.

5. Richards, *Secret Flotillas*, HMSO, 1996.

6. RF/P à RF, 1ᵉʳ mars 1944, dans un dossier SOE.

7. Interrogatoire de Harratt, 15 décembre 1944, pp. 8-9, HS6/572.

8. 21 août 1940, copie dans un dossier SOE.

9. Dans un dossier SOE.

10. *History*, X, « Naval section » ; HS7/23, « Notes on para-naval operations », 24 août 1943, pp. 5-6.

11. Par exemple D/Navy à F, 18 mars 1941, dans un dossier SOE.

12. P. Churchill décrit avec une précision professionnelle, dans *Of Their Own Choice*, pp. 50-76, et *Duel of Wits*, pp. 15-35, des opérations typiques de sous-marins ; d'Astier en fait un récit littéraire très vivant dans *Sept fois sept jours*, pp. 66-73.

13. Passy, p. 85.

14. DF à AD/E, 14 février 1944, copie dans un dossier SOE.

15. Bevil Warington-Smyth, « Short History of SOE Naval Base at Helford River », 12 février 1946, dans *History*, X, I.

16. *Ibid.*

17. Holdsworth à Mackenzie, 25 avril 1942, dans un dossier SOE.

18. On trouve une liste des bâtiments disponibles et de leurs performances dans DRP/301 du 4 février 1944, dans un dossier SOE.

19. *History*, X, chap. I.

20. DDOD(I) à NID(Q), 19 mai 1943, dans un dossier SOE.

21. *Ibid.* et rapport sur l'exercice MANACLES, 5 janvier 1944, dans un dossier SOE ; ainsi que, dans un autre, « Notes on surf landing », par Warington-Smyth et Whalley, 15 octobre 1942.

22. *History*, II, « Training », pp. 28-29.

23. DRP/301 du 4 février 1944, dans un dossier SOE.

24. Confirmé dans une lettre de l'Amirauté du 1ᵉʳ juin 1943, ultrasecret ; copie dans *History*, X, chap. II, appendix B.

25. Photo dans Richards, *Secret Flotillas*, avant la p. 269.

26. *History*, X, note de Warington-Smyth, pp. 6-7. Détails en abondance dans Richards, *Secret Flotillas*, pp. 199-217.

27. Procès verbal dans un dossier SOE.

28. La fusion fut organisée entre DDOD(I) et D/Navy le 30 mars 1943 (procès verbal signé ce même jour par DDOD(I), dans un dossier SOE).

29. *History*, X, note de Warington-Smyth, p. 5.

30. On trouvera quelques détails sur les rares opérations de transport de matériel par mer à l'Appendice C.

31. Interrogatoire de Harratt, 15 décembre 1944 ; Buckmaster, *Specially Employed*, p. 189.

32. Gubbins ajoutait : « *À moi*, ils n'ont jamais causé le moindre ennui » (information privée).

33. Entretien avec Frenay, 1969.

34. *History*, XXXVI, « Section H », p. 15.

35. On trouvera des récits d'incidents liés à ces transports par felouques vers le sud de la France dans Tickell, *Odette*, pp. 131-136 et dans Overton Fuller, *The Starr Affair*, pp. 29-31. Plus de précisions dans Richards, *Secret Flotillas*, pp. 453-544.

36. On en trouvera des traces dans D/Navy à CD, 18 octobre 1942, dans un dossier SOE ; et dans *History*, XXIA, « Section EU/P », V. 2, HS7/184. Voir aussi ci-après, p. 304.

37. Michel, *Histoire de la Résistance*, p. 52.

38. Photo dans Richards, *Secret Flotillas*, avant la p. 357.

39. Dossier personnel de Croft. Photo dans Richards, *Secret Flotillas*, p. 557 ; voir aussi Andrew Croft, *A Talent for Adventure*.

40. Quantité de détails nautiques dans Richards, *Secret Flotillas*, pp. 218-239.

41. Tout à D/Navy, 20 avril 1943, dans un dossier SOE.

42. Dossiers SOE.

43. La plupart des agents du SOE avaient au moins un nom de couverture et un nom de guerre ; Deman, comme d'autres agents conduisant à la fois de multiples opérations, en avait plusieurs. Dans la suite du livre, le nom de guerre le plus fréquemment utilisé par l'agent sera donné en italiques, comme ici, après la première occurrence de son nom.

44. Dossiers personnels de Deman et de Harratt (HS7/666), interrogatoire du 15 décembre 1944 de Harratt. Sur le S-phone, voir la sous-section suivante de ce chapitre. Signalons une nécrologie de Deman dans *The Independent*, 3 décembre 1998.

45. La même plage avait été utilisée à des fins analogues dans les années 1790 (entretien avec M.G. Hutt, 25 août 1966).

46. Interrogatoires de Deman et de Harratt. Elles constituent également la principale source des paragraphes qui suivent ; s'y ajoutent, pour le détail des opérations, des dossiers SOE.

47. Voir ci-après pp. 167-172.

48. Projet d'histoire de la section DF, p. 47, dans *History*, XXIVC.

49. Voir pp. 186-187.

50. Interrogatoire de Harratt, p. 6.

51. Émission de la BBC sur Helford, 23 octobre 1962.

52. Projet d'histoire de la section DF, p. 47, dans *History*, XXIVC.

53. *Ibid.*, p. 49.

54. Sicot était aussi parfois appelé par son véritable prénom, *Aristide*, qui était également le nom de code de Roger Landes, chef d'un réseau très actif de la section F à Bordeaux, celui d'un organisateur d'opérations Lysander de la section RF, Aubinière, et enfin celui de Bourdon, l'officier français du groupe JEDBURGH QUININE. Il ne faut pas confondre ces quatre personnages.

55. Ordres opérationnels adressés à Deman, 16 mai 1944, dans un dossier SOE.

56. Robert Graves, *The Greek Myths*, Penguin, 1955, pp. i, 230, 303.

57. F.O. Miksche, *Paratroops*, 1943, p. 17.

58. Sur ses hésitations du début, voir ci-après p. 240.

59. À savoir deux avions opérationnels et deux en réserve avancée.

60. C'est la même unité que précédemment, mais élargie.

61. Nouvelle unité formée à partir de l'« Escadrille royale » (King's Flight), l'escadron 138 ne suffisant plus à la tâche.

62. Les Whitley cessèrent d'être utilisés pour les opérations du SOE, mais ils restèrent en usage pour l'entraînement.

63. *History*, IXA, appendix I, p. 3. En juillet 1943, la proportion de sorties du SOE par rapport aux autres sorties à caractère clandestin était estimée par le chef d'état-major de l'Air à quinze contre une et par le directeur général du SOE à sept contre une.

64. Webster et Frankland, II, pp. 3, 92 etc., photo p. 158.

65. *History*, IX, pp. 143-149. Pour des détails vivants sur Tempsford et son activité, voir Tickell, *Moon Squadron*. Il y a aussi un exposé détaillé de CARPETBAGGER, l'action des Américains en ce domaine, dans W.R. Craven et J.L. Cate, *The Army Air Forces in World War II*, Chicago, 1951, p. iii et chap. XIV.

66. Thomas L. Ensminger s'est lancé dans la rédaction d'un énorme ouvrage intitulé *Spies, Supplies and Moonlit Skies*, Fairborn (Ohio), Hillridge, dont les deux premiers volumes sont sortis, et qui traite minutieusement ces opérations de l'USAAF.

67. *History*, IX, appendix 5, p. 7.

68. Voir ci-après pp. 186-187.

69. Photo dans R.N. Gale, *6 Airborne Division*, pp. 8-9.

70. Expérience personnelle.

71. On peut recommander comme authentique le récit de Cowburn, *No Cloak, No Dagger*, pp. 12-13 et 146.

72. Piquet-Wicks, p. 142.

73. Passy, p. 132.

74. Interrogatoire de Rouxin, 14-15 juillet 1944, p. 1. Le dossier personnel d'Orabona a été détruit.

75. Dossier personnel de Malfettes, HS9/979.

76. Dossiers SOE sur VEGANIN et sur IVOR, HS6/563 et 528.

77. Dossier SOE.

78. Ce chiffre n'inclut pas les groupes opérationnels.

79. Dossier personnel de Jumeau et interrogatoire de Choremi, 6 octobre 1944, HS9/815/4 et 9/308.

80. Dossier personnel de Peulevé, HS9/1178/6 ; Buckmaster, *They Fought Alone*, pp. 112-124, est largement fantaisiste.

81. Dossier du SOE sur ARTHUR, HS6/482.

82. Dossier personnel de Sheppard, citation. Photo dans Gordon Young, *In Trust and Treason*, p. 160.

83. Cette histoire trouve peut-être son origine dans une aventure arrivée à Pierre de Vomécourt (*Lucas*), qui atterrit effectivement dans un arbre le 1er avril (!) 1942, mais parvint à en descendre rapidement.

84. Voir Appendice C sur les ravitaillements, p. 634 ; et comparer avec Aron, *De la libération de Paris à la victoire*.

85. *History*, IXB, notes sur les conteneurs, et IX, dessins ; un conteneur de type C et une cellule d'un conteneur H sont montrés dans Servagnat, *La Résistance*, p. 46.

86. *History*, XXIVA, HS7/169, 1944, appendix A, p. 4. MASSINGHAM.

87. En une de ces occasions, les personnes se trouvant sur le terrain supposèrent à tort que l'avion avait accidentellement largué quelques bombes de faible puissance oubliées là depuis son dernier raid au-dessus de l'Allemagne (Guillaume, *La Sologne...*, p. 65).

88. *History*, IX, appendix 8, p. 4, et IXB, « Packing station », p. 3 ; Carnets de vol de l'escadron 138.

89. À distinguer, bien sûr, de Roger Bardet, alias *Chaillan*, ainsi que de Roger Landes, alias *Aristide*, dont il sera question plus loin.

90. Interrogatoire de Cammaerts, 16-18 janvier 1945, p. 16, HS9/258.

91. SOE à MASSINGHAM, 19 avril 1944, télex du déchiffrement citant un message récent de JOCKEY. Dossier personnel de Cammaerts, HS9/258.

92. *History*, XXXIVA, MASSINGHAM, III, p. 2, HS7/169.

93. Dossier personnel de Wooler, HS9/1620.

94. « Brief history of the planning and supply of air dropping equipement », 18 septembre 1945, dans *History*, IXB.

95. Carnets de vol de l'escadron 418, AIR27/1821, janvier et février 1944, *History*, IXB, « Packing station », p. 6.

96. « Reception committee drill », dans *History*, II, « Training » ; montré dans *School for Danger*.

97. Interrogatoire de Robert Benoist, 10 février 1944, p. 6, HS9/128.

98. Par exemple P. Churchill, *Duel of Wits*, pp. 303-309.

99. *History*, Vc, « Radio communications division », HS6/133 ; photos dans Servagnat, *La Résistance*, p. 50 et dans *School for Danger*, avec un bon exemple de son utilité tactique.

100. *History*, IXE, pp. 170-171.

101. *History*, XXIVA, « Section RF », 1943, p. 55 ; 1944, p. 22 ; HS6/123-4. Et voir ci-après p. 457.

102. Craven et Cate, *Army Air Forces*, III, p. 519 ; Soustelle, II, p. 387, mentionne Joseph Kessel comme l'un de ces pilotes.

103. *History*, IXE, p. 217, sur la base de carnets de vol ; comparer à Webster et Frankland, *Strategic Air Offensive*, II, p. 156 ; voir aussi *ibid.*, I, p. 399, II, p. 110, 193-194, III, pp. 286-287, etc.

104. 400, HC Deb, 5s, 1860, 6 mars 1945.

105. *History*, IX, pp. 165-166. Pour un exposé détaillé des problèmes de navigation tels que perçus par un pilote qui devait lui-même lire les cartes, voir ci-après, Appendice D.

106. *History*, IXE, p. 168.

107. Voir par exemple de Vomécourt, pp. 96-97.

108. Cette histoire assez pathétique est résumée dans *History*, IX, pp. 168-169 ; les messages échangés sur le sujet avec le terrain ont disparu, et on y fait à peine allusion dans les interrogatoires des agents de retour.

109. *History*, IX, p. 169.

110. Voir la reproduction d'un permis de garde-chasse dans Buckmaster, *Specially Employed*, p. 144.

111. Craven et Cate, *Army Air Forces*, III, pp. 503-505.

112. *History*, IXE, pp. 214-217, appendix H1, appendix H2.

113. Un exemple très vivant du genre de confusion qui pouvait en résulter se trouve dans Millar, *Maquis*, pp. 32-60 ; le chapitre X de Cowburn, *No Cloak, No Dagger*, contient un excellent récit d'un parachutage d'armes typique.

114. Pour plus de détails, voir ci-après pp. 467-468 et 549.

115. G.S. Hebron dans *History*, IXA, « Air liaison », appendix 5(i), i, HS8/434.

116. Photo notamment dans Rémy, *Les Soldats du silence*.

117. Voir H.J. Parham et E.M.G. Belfield, *Unarmed into Battle*, Winchester, Warren, 1956, pp. 9 et 17.

118. L'utilisation d'hélicoptères fut envisagée pour ce type de mission en 1943, mais ils étaient à l'époque trop bruyants et leur rayon d'action était trop court (note personnelle).

119. H. Verity, *Nous atterrissions de nuit*, éd. de 2004, p. 242.

120. Dans *Livre d'Or de l'Amicale Action*, feuillet de corrections.

121. Information privée.

122. *History*, IXE, p. 190. L'activité de Medmenham est décrite dans C. Babington Smith, *Evidence in Camera*.

123. *History*, IXA, appendix 5(iv), pp. 1-2.

124. La description de l'atterrissage des Lysander par vent de travers dans Barry Wynne, *Count Five and Die*, p. 85, est parfaitement fantaisiste, de même que l'allusion de Peter Churchill au fait que des quadrimoteurs auraient été utilisés pour récupérer des agents (*By Moonlight*, 2ᵉ édition, pp. 43-44). Minney n'est pas plus exact avec sa description d'un Lysander « moteur éteint pendant quelques minutes » à l'atterrissage (*Carve Her Name with Pride*, p. 104). L'ensemble de l'exercice est présenté brièvement mais clairement dans *School for Danger* et décrit dans Leproux, *Nous, les terroristes*, I, pp. 272-275.

125. *Duel of Wits*, p. 197.

126. *History*, IXA, appendix 5(iv), p. 8.

127. *History*, IXE, appendix 5(ii) ; et dossier personnel de G.R. Starr, HS9/1407. Voir aussi A.M. Walters, *Moondrop to Gascony*, p. 257.

128. Entretien avec lui lors d'un service commémoratif à la mémoire de Verity, 5 janvier 2002.

129. *No Cloak, No Dagger*, pp. 135-141.

130. Elle figure comme personnage important dans Millar, *Horned Pigeon*. Voir le livre qu'elle a écrit elle-même, *Full Moon in France*.

131. *History*, IXA, appendix 5(i) ; dossiers personnels des agents mentionnés.

132. Hoare, pp. 266 et 30.

133. Projet d'histoire de la section DF, p. 21, dans *History*, XXIVC.

134. *History*, III, « False papers section », p. 5.

135. L'exemple est pris dans la filière VIC ; interrogatoire de Mitterrand, 6 février 1945, p. 8.

136. Encore un exemple pris dans la filière VIC ; sur la base de l'interrogatoire de Gerson, 13 mars 1945, p. 6, et de celle de Levin, 24 janvier 1945, p. 9.

137. Interrogatoire de Lecorvaisier, 17 janvier 1945, p. 4.

138. Voir ci-après pp. 449-451.

139. VM à DF, 12 février 1943, dans un dossier SOE. L'homme à qui ces mots devaient s'adresser croyait qu'il aidait – « sur une base purement commerciale » – à faire traverser la frontière aux amants d'une nymphomane qui en avait assez des Espagnols. *Sally* était le nom de guerre de Strugo, l'homme qui les accueillait de l'autre côté, et qui abandonna rapidement cet intermédiaire.

140. Interrogatoire de Mitterrand, p. 10. La pause au milieu de la réponse est une invention ancienne, qui remonte au moins aux années 1890 : voir Rudyard Kipling, *Kim* (1901), fin du chapitre X.

141. Interrogatoire de Mitterrand, p. 5.

142. Interrogatoire de Levin, p. 7.

143. Interrogatoire de Mitterrand, p. 7.

144. DF à HX, 2 janvier 1943, dans un dossier SOE.

145. Voir par exemple dans les chapitres suivants les aventures de JOSEPHINE, PILCHARD, SCULLION et de l'Allemand *Arnaud*.

146. Information privée.

147. *Hugh Dormer's Diaries*, p. 62, ainsi que pp. 25-36, 106-120.

148. Par exemple interrogatoire de Chalmers Wright, 21 juillet 1943, p. 4 et son dossier personnel, HS9/1622.

149. Voir le récit intéressant et vivant de ses errances au sud de Perpignan dans *Horned Pigeon*, pp. 374-524, ainsi que les aventures d'Anne-Marie Walters dans les dernières pages de *Moondrop to Gascony*.

150. Interrogatoire de Sevenet, 28 mai 1943, p. 6, dans son dossier personnel, HS9/1346.

151. « Organisation VIC : The Service as its stands to-day », note rédigée par Gerson à Londres en janvier 1944, dans un dossier SOE.

152. Interrogatoire de Gerson, p. 4 ; Lodwick, l'un de ses passagers les moins glorieux, trouva le voyage positivement facile (*Bid the Soldiers Shot*, pp. 186-188).

153. Interrogatoire de Gerson, octobre 1943, pp. 10-12.

154. Les conditions de vie dans ce camp sont décrites de manière assez détaillée dans Madelaine Duke, *No Passport*, pp. 179-185, et dans Langelaan, *Knights*, pp. 177-190.

155. Interrogatoire, 21 juillet 1943.

156. D/CE.G à HH, 22 décembre 1942, dans un dossier SOE ; et rapport de Virginia Hall, 18 janvier 1943, dans son dossier personnel, HS9/647/4.

157. Citation pour la Military Cross, HS4/236.

158. Voir Hoare, *Ambassador on Special Mission*, *passim*.

159. Martelli, *Agent Extraordinary*, p. 85.

160. *Special Operations Executive*, rapport non daté postérieur à la fin de la guerre, pp. 5-6.

161. Voir plus haut pp. 155-156

162. Photo dans John D. Drummond, *But for these Men*, 1962, p. 112. On fabriqua tant de ces appareils que des centaines furent finalement mis en vente par l'État comme surplus. Voir Lorain, pp. 54-55.

163. *History*, V, « Signals : equipment », pp. 2 et 4 ; NW Europe, 2, HS 6/133.

164. Photo dans d'Astier, *De la chute à la libération de Paris*. Schéma de montage dans Lovain, pp. 56-57.

165. Dossier personnel de Staggs, HS9/1402/7.

166. C'est une histoire que l'on racontait aux groupes JEDBURGH durant leur formation, à propos du SOE ; Brome, *The Way Back*, pp. 54-55, raconte la même à propos d'une filière d'évasion.

167. Interrogatoire d'O'Sullivan, automne 1944, dans dossier personnel de P.E. Mayer, HS9/1011/7.

168. *History*, Ic, « Camouflage ».

169. Langelaan, *Knights*, p. 220.

170. Passy, p. 315.

171. Note sur l'infiltration allemande, « German penetration of SOE », décembre 1945, p. 10 ; copie dans *History*, IVB, « Security ».

172. Passy, pp. 315-321.

173. Rapport de Bodington, septembre 1942, p. 45, dans un dossier SOE.

174. Chez Harper/Collins, 1998.

175. David Kahn, *The Codebreakers*, pp. 402-403.

176. Robin Denniston, *Churchill's Secret War*, Stroud, Sutton, 1997, p. 25.

177. Ci-après p. 347.

178. Note de l'état-major, sans date, probablement 28 mars 1944, dans un dossier SOE.

179. L'accusation l'a mentionné dans le procès *Lonsdale* comme en usage dans les services secrets russes : *The Times*, 9 février 1961, p. 7.

180. Par exemple rapport de Peulevé 23 avril 1945, p. 1.

181. Voir notamment pp. 453-473.

182. Nicholas, *Death Be not Proud*, p. 115.

183. D/CE, G à D/CE, 15 septembre 1943, dans un dossier SOE.

184. Télex dans dossier personnel de Claude Malraux, HS9/980.

185. Le Journal de guerre pour la période mai-octobre 1941, HS7/216-221, mentionne à de très nombreuses reprises des messages venus de lui dans lesquels le protocole de sécurité était mal appliqué ou absent.

186. Warden à Boyle, 1er février 1945, dans dossier personnel de J.A.R. Starr, HS9/1406/8.

187. Giskes, *Londres appelle Pôle Nord*, p. 126 ; détails dans Foot, *SOE in Low Countries*.

188. Voir ci-après pp. 452-473.

189. Voir ci-après pp. 327, 466.

190. *They Fought Alone*, p. 69.

191. Note sur l'infiltration allemande, « German penetration of SOE », décembre 1945, p. 14 et appendix C, p. 6 ; copie dans *History*, IVB, « Security », HS8/832.

192. H.W. Steed, *Through Thirty Years*, 1924, II, pp. 43-45 ; Ezra Pound, *Cantos*, xix, pp. 43-54.

193. Voir ci-après p. 253.

194. Pour des détails, voir ci-après pp. 425, 521, où est examiné de plus près le problème de ces blocs de messages « d'action ».

195. Cité par Rossi, *Physiologie du Parti communiste français*, p. 239, citant la *Vie du Parti*, 2e trimestre 1941, pp. 9 et 11-12.

196. Voir ci-après pp. 431-432.

197. Par exemple, p. 259 ci-après ; ou Cowburn, *No Cloak, No Dagger*, pp. 24-25.

198. Overton Fuller, *Starr Affair*, p. 40.

199. Interrogatoire de R.A. Chapman, 9 janvier 1945, p. 10, HS6/588.

200. Voir ci-après p. 456.

201. Exemple ci-après p. 459.

202. Le schéma compliqué de l'un de ces réseaux, tel qu'il apparaît dans Buckmaster, *Specially Employed*, p. 89, est repris de *History*, XXIVH, mission JUDEX.

NOTES DU CHAPITRE V. LES CONDITIONS DE L'ACTION CLANDESTINE EN FRANCE

1. Note ultrasecrète sur l'infiltration allemande dans le SOE, « German penetration of SOE », p. 16 ; copie dans HS8/832.

2. *The Lord of the Rings*, éd. de 1954, vol. II, p. 171.

3. Photo dans *History Today*, VIII, août 1958, p. 559.

4. Voir Bleicher, *Colonel Henri's Story*, en particulier p. 104.

5. Je m'appuie ici sur Reitlinger, *The SS*, notamment pp. 31-53, 208-210, ainsi que sur des interrogatoires de captifs allemands et sur des dossiers secrets.

6. Procès de Nuremberg, XXII, pp. 473-477.

7. *Ibid.*, pp. 477-481.

8. Voir Schnabel, *Macht ohne Moral, passim* ; et ci-après pp. 568-576.

9. Les interrogatoires de Rühl et de Placke ont établi cela clairement ; malgré l'impression contraire qu'a eue Yeo-Thomas (Overton Fuller, *Born for Sacrifice*, pp. 12-13).

10. Liste dans l'interrogatoire de Placke par les Américains, mai 1945, dans son dossier personnel.

11. Photo dans d'Astier, *De la chute à la libération de Paris*, p. 27.

12. Goetz devint plus tard directeur de l'éducation du *Land* de Bade-Wurtemberg. Il serait intéressant de savoir comment il avait réussi à se faire « dénazifier ».

13. Aubin, des réseaux WHEELWRIGHT et AUDITOR, et Corbin, des réseaux SCIENTIST et CARVER.

14. Aron, *Histoire de la libération de la France*, vol. 1, éd. de 1976, pp. 137-138.

15. *Maquis*, 2ᵉ édition, p. 40.

16. Michel, *Jean Moulin*, p. 40.

17. *History*, LXXII (ii), note volante de mars 1945.

18. *History*, XXVIA, Belgique, deuxième chapitre supplémentaire, p. 13. HS7/100.

19. Interrogatoire de Cowburn, 20 décembre 1944, p. 6.

20. Interrogatoire de Flattot, 17 janvier 1945, p. 7.

21. Rapport de Southgate, avril 1945, dans HS9/1395. Chacun avait son signal de danger. Les plus habituels étaient extrêmement simples : un certain volet ouvert ou fermé, un bout de laine autour de la poignée d'une porte, un chiffon posé sur l'appui de la fenêtre, etc.

22. Cowburn, *No Cloak, No Dagger*, pp. 173-174.

23. Dossier personnel de Zembsch-Schreve, HS9/1329/2, et dossiers SOE. Voir son *Pierre Lalande*.

24. Information personnelle.

25. *Hugh Dormer's Diaries*, p. 107.

26. Rapport de Peulevé, 23 avril 1945, dans son dossier personnel, HS9/1178/6.

27. Rapport de Warden sur une visite à Fresnes, 27 janvier 1945, p. 3, copie dans le dossier personnel de J.A.R. Starr, HS9/1406/8.

NOTES DU CHAPITRE VI. L'ÉCHIQUIER POLITIQUE INTERNATIONAL

1. Woodward, *British Foreign Policy*, p. 66 ; texte dans W. Churchill, *Second World War*, vol. II, pp. 183-184.

2. Spears, *Catastrophe*, vol. II, pp. 69-70 et 291.

3. *Ibid.*, pp. 304, 311-314, 318-323 ; W. Churchill, *Second World War*, vol. II, p. 192.

4. Woodward, *British Foreign Policy*, p. 75.

5. *Ibid.*, pp. 76-77. Voir aussi Michel, *France Libre*, p. 8.

6. Churchill College, Cambridge, CHAR 20/13.

7. Sumner Welles, *Seven Major Decisions*, 1951, p. 49.

8. Woodward, *British Foreign Policy*, p. 76.

9. Soustelle, vol. I, pp. 19-20.

10. Conversation du 6 juin 1940 entre Pétain et Spears : Spears, *Catastrophe*, vol. II, p. 84.

11. Welles, *Seven Major Decisions*, 1951, p. 50.

12. Voir François Goguel, *La politique des partis*, Le Seuil, 1946.

13. Information personnelle. Comparer avec l'affirmation sans fondement d'Henri Michel sur les agents « [arrivant] de Londres avec des valises pleines de billets, vrais ou faux » : *Histoire de la Résistance*, p. 95.

14. Par exemple Michel, *Histoire de la Résistance*, p. 31.

15. Voir Michel et Mirkine-Guetzévic, *Idées politiques et sociales de la Résistance*, et Michel, *Courants de pensée*.

16. Dossier SOE, ANDY, HS6/476.

17. Daniel Halévy, *La République des comités*, Grasset, 1934.

18. 1er juillet 1940.

19. *Histoire du Parti communiste français*, vol. II, pp. 24-28.

20. W. Churchill, *Second World War*, vol. II, p. 162. De Gaulle « resta impassible ».

21. *Cahiers de l'Iroise*, octobre-décembre 1961, p. 234 ; *Irish Times*, 25 février 1965.

22. W. Churchill, *Second World War*, vol. II, p. 451.

23. Francis Williams, *A Prime Minister Remembers*, Heinemann, 1961, p. 56.

24. Passy, pp. 72-75 ; comparer avec *ibid.*, p. 368, témoignage spontané de Brossolette.

25. Dans HS7/133.

26. Hostache, *Le Conseil national de la Résistance*, pp. 22-23.

27. W. Churchill, *Second World War*, vol. II, p. 450.

28. Xavier de Bourbon, dans *Accords secrets franco-anglais*, résume une bonne part de la littérature sur le sujet, y compris un Livre Blanc rédigé en termes véhéments qui nie l'existence de tout accord (Cmd. 6662, *Parliamentary Papers*, 1945-46, XXV, p. 171).

29. Spears, *Catastrophe*, vol. II, p. 333.

30. Par exemple ci-après pp. 331 et 518-519.

31. Passy, p. 136.

32. *No Cloak, No Dagger*, pp. 108-109.

33. Discours à Westminster Abbey, 21 mai 1948.

34. *Sea Warfare*, 1916, p. 143.

35. Nécrologie de José Dupuis dans le *Times*, 12 juin 1965.

36. Les seules exceptions se situent pp. 434-436 et 449-451.

37. Voir W. Warlimont, *Im Hauptquartier der deutschen Wehrmacht*, trad. française : *Cinq ans de GQG de Hitler*, Elsevier, 1975, *passim*.

38. Ci-après p. 700.

39. Philippe de Vomécourt, de Guélis, Virginia Hall, Cowburn, Liewer, Lyon et J.B. Hayes, en charge respectivement des réseaux VENTRILOQUIST, TILLEUL, SAINT, TINKER, SALESMAN, ACOLYTE et HELMSMAN. Voir aussi la carte 3, p. 41.

40. Un éminent historien français le comptabilise comme réseau : Hostache, *Le Conseil...*, p. 22.

41. Un circuit détruit par l'ennemi, DIRECTOR, figure sur la liste ci-dessus mais pas sur le graphique chronologique : voir ci-après pp. 367-368 et 505.

42. Voir cependant ci-après p. 562.

43. Voir son livre *L'épopée de l'eau lourde*.

44. En fait, il fut établi à la fin de la guerre que les Allemands s'étaient fourvoyés et ne cherchaient pas dans la bonne direction, mais on l'ignorait à l'époque. Voir Robert Jungk, *Brighter than a Thousand Suns*, Gollancz & Hart-Davis, 1958, pp. 164-165.

NOTES DU CHAPITRE VII. GAMBIT D'OUVERTURE

1. Archives nationales des États-Unis, 75526.

2. Mémorandum du Directeur du renseignement militaire (DMI), 18 juillet 1940, Appendice C, § 9 ; secret.

3. Voir l'article très important de David Stafford, « The detonator concept », *Journal of Contemporary History*, XVI, avril 1975, p. 185.

4. CD à CEO, 9 septembre 1940, dans un dossier SOE.

5. Special Operations Executive, 23.

6. 12 novembre, point 2, ultra secret.

7. « Subversive activities in relation to strategy », rapport signé Pound, Dill et Portal ; ultrasecret. CAB 80/56.

8. *History*, XXIII(iv), section D, Bureau de Paris, p. 42. HS7/3.

9. *Ibid.*, pp. 44-45.

10. Journal de guerre, HS7/211, p. 25 ; les raisons de cet échec sont aussi obscures que l'identité des agents.

11. *Ibid.* et dossier personnel.

12. Voir ci-après p. 767, note 57.

13. Journal de guerre, pp. 25-26, épisode situé « fin novembre ». Voir Merlin Minshall, *Guilt-Edged*, 1975, pp. 212-222.

14. Richards, *Secret Flotillas*, p. 307.

15. Voir plus haut, p. 129 ; Passy, pp. 85, 89-91, 99-100 ; Rémy, *Les soldats du silence*.

16. Buckmaster a assisté personnellement au fiasco de Dakar (*Specially Employed*, p. 12).

17. G. Perrault, *Le secret du Jour J*, pp. 244-245.

18. Passy, p. 81.

19. *History*, XXIII(iv), section D, Bureau de Paris, p. 43, HS7/3.

20. Journal de guerre, p. 101, 28 janvier 1941, HS7/212.

21. Passy, p. 136.

22. Passy, p. 136 ; Journal de guerre, p. 101, janvier 1941, HS7/212 ; note de Jebb à Portal, ultrasecret et personnel, 1er février 1941, dans le dossier AHB/1D3/1588 du ministère de l'Air.

23. Harris était à l'époque l'adjoint du chef d'état-major de l'armée de l'air, Portal.

24. Secret et personnel, 1er février 1941, dans un dossier SOE.

25. Journal de guerre, p. 204, 15 février 1941, HS7/213 ; Barry au ministère de la Guerre, 9 octobre 1941, pour communication au roi, dans un dossier SOE.

26. Rapport du chef de groupe, p. 5, 9 avril 1941, dans HS6/345.

27. Bergé passa clandestinement en zone Sud près de Nevers, pour y rencontrer le père de la jeune femme qu'il voulait épouser et qui travaillait au quartier général de De Gaulle à Londres ; cette partie de sa mission fut couronnée de succès (information privée) et il rentra en zone occupée dans la journée même. Il participa par la suite à quelques-uns des premiers raids des SAS au Proche-Orient. Il fut fait prisonnier en uniforme [en Crète, le 13 juin 1941, à l'issue d'un raid au cours duquel les parachutistes français libres avaient détruit 52 avions allemands sur l'aéroport d'Heraklion, J.-L. C.-B.]. Il survécut à la guerre et atteignit le grade de général (Michel, *France Libre*, p. 55). Voir sa nécrologie dans le *Times* du 20 octobre 1997.

28. HS6/345 ; Passy, p. 137 ; J.E.A[ppleyard], *Geoffrey*, pp. 58-61 ; Richards, *Secret Flotillas*, pp. 90-91 ; note de Barry au ministère de la Guerre, 9 octobre 1941, dans un dossier SOE ; Journal de guerre 1941 : pp. 101 (28 janvier), 365 (16 mars), 595 (14 avril), HS7/212, 214, 215.

29. Voir chapitre I, p. 60.

30. Rapport de Bergé, p. 11, dans HS6/345.

31. Photo dans Brome, *The Way Back*, p. 133.

32. La mission confiée à Bitner est reprise de *History* XXIA, Section EU/P, II, pp. 1-2, et d'une note de Chalmers Wright au Foreign Office, 23 septembre 1966. C'est par erreur que *History* le fait envoyer en France dans la cinquième semaine de l'année 1941.

33. Journal de guerre, janvier-mars 1941, HS7/214-215, *passim*.

34. Journal de guerre, 1941 : pp. 367 (16-17 mars), 394 (20 mars) et 478 (1er avril), HS7/212-215.

35. Rapport manuscrit de Rizzo, Lisbonne, 19 septembre 1940, dans son dossier personnel, non encore ouvert à la consultation publique.

36. DF à AD/SI, 7 avril 1945, dans dossier personnel de Rizzo ; et information privée.

37. DF à D/CE P, 2 janvier 1945, dans dossier personnel de Planel, HS9/1193.

38. Tiré d'un témoignage de l'après-guerre destiné à le justifier auprès du gouvernement belge ; copie dans son dossier personnel. Voir sa vie dans Vincent Brome, *The Way Back*, qui s'ouvre par un récit de cet incident.

39. Dossier personnel de G. Morel, HS9/1059.

40. Journal de guerre 1941 : pp. 916 (27-28 mai), 1411 (24-25 août), HS7/216 et 219 ; et son dossier personnel.

41. Mortimore à Archibald, janvier 1945, dans dossier personnel de Deligant.

42. Journal de guerre, 22 avril 1941, p. 649 ; et HS8/1520.

43. Voir W. Churchill, *Second World War*, III, p. 107.

44. CEO à CD, 8 janvier 1941, dans un dossier SOE ; Cadett recommandait avec insistance dès le 1er octobre, c'est-à-dire avant même de rejoindre le SOE, de s'attaquer aux centrales électriques (Cadett à Mack dans un dossier du Foreign Office).

45. Journal de guerre, p. 577, 11 avril 1941, HS7/215.

46. Journal de guerre, p. 865, 21 mai 1941, HS7/216.

47. Trois survivants ont raconté cette opération, et leurs récits se contredisent sur plusieurs points ; dans le doute, je choisis la version la plus sobre. Dossier SOE.

48. Journal de guerre, p. 1370, 13-15 août 1941, HS7/219.

49. Lagier à Piquet-Wicks, 7 octobre 1941, dans un dossier SOE. Le SOE paya.

50. *History* XXIVA, section RF, 1941-1943, HS6/123 ; citant des messages d'OVERCLOUD perdus depuis.

51. Dossier SOE, rapports de survivants.

52. *European Resistance Movements*, ii, p. 49.

53. Michel, *Histoire de la Résistance*, p. 30.

54. Voir Michael Howard, *The Franco-Prussian War*, 1961, notamment pp. 249-256. Howard fait remarquer que les Allemands qui assiégeaient Paris en 1870-1871 n'étaient ravitaillés que par une seule ligne de chemin de fer, dont ils dépendaient entièrement. Mais celle-ci fonctionna presque sans interruption, car il n'y avait pas à l'époque de puissance étrangère alliée pour aider les Français, comme ce sera le cas dans les années 1940.

55. Entretien avec Cammaerts, 4 juillet 1966.

56. Journal de guerre, p. 215, 15 février 1941, HS7/213.

57. Journal de guerre, p. 807, 12 mai 1941, HS7/216.

58. Journal de guerre, p. 440, 27 mars 1941, HS7/214, action datée d'un jour plus tard par Richards dans *Secret Flotillas*, p. 79.

59. Journal de guerre, p. 394, 20 mars 1941, HS7/214.

60. Il était sorti la nuit où l'appartement de la section F fut touché par un raid aérien ; d'où le nom de BOMBPROOF [à l'épreuve des bombes] qui fut donné à l'opération.

61. Journal de guerre, p. 752, HS7/216 ; et rapport postérieur de Bégué, 19 novembre 1942, p. 1, dans son dossier personnel, HS9/115. Vomécourt le fait atterrir environ cent cinquante kilomètres plus au Sud (*Who Lived to See the Day*, p. 38), tandis que Buckmaster situe son lieu de travail à cent cinquante kilomètres en direction du Nord-Ouest, près du Mans (*They Fought Alone*, p. 75).

62. Quatrième rapport rétrospectif de Bégué, novembre 1942, p. 3, dans son dossier personnel. Tous les autres incidents de ce récit sont tirés du dossier personnel de l'agent principalement concerné, sauf indication contraire ; dans quelques cas, la source peut aussi être une information privée digne de confiance.

63. *Who Lived to See the Day*, pp. 25-29.

64. *Ibid.*, p. 24. Leur père était tombé au combat en 1914.

65. *Ibid.*, pp. 39-40, 71-73, 93-94 ; citation dans son dossier personnel, HS9/1539/5.

66. Carnets de vol de Stradishall, AIR 28/761.

67. *Who Lived to See the Day*, pp. 44-48.

68. Voir plus haut, pp. 186-187.

69. Le FOPS (Future Operations Planning Staff, groupe de planification des opérations futures) était une petite équipe qui travaillait directement sous les ordres des chefs d'état-major pour les conseiller sur les évolutions prévisibles de la guerre.

70. Ce fut l'escadron 138, créé à Newmarket le 25 août (carnets de vol).

71. Voir Piquet-Wicks, pp. 142-153, avec un portrait.

72. « Ordre de mission » rédigé au commissariat à la Guerre de la France Libre, 30 septembre 1941 ; il comporte un millier de mots (dans HS6/834).

73. « Rapport de *Dok* sur sa mission en France », 15 janvier 1942, *ibid.*

74. Voir ci-après, pp. 273-276.

75. Note ultrasecrète de Holdsworth datée de ce jour-là, dans un dossier SOE. Détails dans Richards, *Secret Flotillas*, pp. 114-116.

76. Par exemple message à Overcloud du 15 décembre 1941, selon lequel ses « trois derniers câbles du 13 décembre [étaient] restés indéchiffrables », cité dans Journal de guerre, p. 2321, HS7/223.

77. *Four in the Shadows*, pp. 118-123. Un courrier de Piquet-Wicks à Barry du 2 janvier 1942 transmet le rapport de Holdsworth sur l'opération : dossier SOE. Voir aussi Richards, *op. cit.*, pp. 117-119.

78. Journal de guerre, p. 2484, citant un message de Dastard du 28 décembre 1941.

79. *Four in the Shadows*, p. 73.

80. Voir Hostache, *Le Conseil...*, pp. 119-120. Mais Dewavrin, des années plus tard (30 juin 1966), démentait toute animosité à son égard.

81. Note du Service Renseignements de la France Libre, 7 octobre 1941, dans dossier personnel de *Thomé*, HS9/1460.

82. Cowburn écrit, sans doute justement, dans *No Cloak, No Dagger*, p. 52, qu'on s'en servit pour la première fois en octobre. Selon Czerniawski, dans *The Big Network*, p. 150, un réseau de renseignement l'utilisa à peu près à la même époque.

83. Il ne s'agit pas du *Xavier* que l'on rencontre dans *Horned Pigeon* de Millar, qui était un personnage d'une tout autre envergure et dont nous parlerons plus loin, pp. 406 et 504.

84. *History*, XXIII(iv), section D, Bureau de Paris, p. 40.

85. *Who Lived to See the Day*, p. 86 ; rapport de Jumeau sur sa première mission dans son dossier personnel, p. 2 (HS9/815/4).

86. Journal de guerre, p. 1267, citant un procès-verbal du 24 juillet 1941, HS7/218.

87. Son rapport de mission est résumé dans Journal de guerre, pp. 1490-1493, 5-10 septembre 1941, HS7/220.

88. *Ibid.*, p. 1300, 31 juillet 1941, HS7/218.

89. Son nom se prononce « Liévère ». Photo dans Minney, *Carve Her Name with Pride*, à la suite de la p. 92.

90. Elle apparaît comme personnage de premier plan, sous le nom de *Germaine*, dans *Of Their Own Choice* de P. Churchill.

91. Cc terrain d'atterrissage se situait à deux kilomètres et demi, en direction Sud-Sud-Ouest de La Champenoise, village lui-même situé à une quinzaine de kilomètres au Nord-Est de Châteauroux (Instruction d'opération n° 1, Levée/Façade, 27 août 1941, dans dossier personnel de Morel).

92. Journal de guerre, p. 1520, 5-10 septembre 1941, HS7/220. Cet épisode a été utilisé dans le film sur le SOE. Les agents revenant de France rapportaient de telles quantités de parfums et eaux de toilette que les dames de la FANY s'en servaient en 1944, dans les centres et appartements « de transit » de la section F, comme d'essence à briquet (information personnelle).

93. Journal de guerre, pp. 1974 et 2076, 12-13 et 21-23 novembre 1941, HS7/222.

94. Langelaan, *Knights*, pp. 146-148.

95. Interrogatoire de Morel, 21 mars 1942.

96. Interrogatoire de Cowburn, 30 mars 1942.

97. Comparer à Webster et Frankland, *Strategic Air Offensive*, I, pp. 158-169.

98. Comparer Richards, *Secret Flotillas*, p. 122, et Cowburn, *No Cloak, No Dagger*, p. 99. Les petites contradictions de ce genre pullulent dans l'histoire de la résistance.

99. Interrogatoire de Langelaan dans son dossier personnel, sans date (1942).

100. Passy, p. 253.

101. *Leroy* était aussi le pseudonyme de Labit ; ne pas confondre ces deux personnages.

102. FB à F, 15 septembre 1941, copie dans dossier personnel de Bodington, non encore ouvert à la consultation publique.

103. Noguères, *Histoire de la Résistance*, vol. II, p. 113 (note), soutient que Roche est arrivé un mois plus tôt ; ni Richards dans *Secret Flotillas* ni les dossiers du SOE ne le confirment.

104. Instructions à Peter Churchill, 1er décembre 1941, dans son dossier personnel, HS9/314.

105. La « souricière » est l'un des mots typiques de l'histoire de la résistance française.

106. *No Cloak, No Dagger*, pp. 58-65.

107. *Ibid.*, pp. 54-55.

108. *Ibid.*, pp. 51-53.

109. Conversation entre Gubbins, alors D/R (responsable régional France-Belgique-Pays-Bas du SOE), Bodington et Vomécourt, 7 mars 1942, notée dans un dossier SOE.

110. Czerniawski, dans *The Big Network*, décrit ce réseau, mais dément avoir été l'amant de la dame en question.

111. Le récit reprend ci-après, p. 285.

112. HS9/993.

113. Journal de guerre, p. 1062, 18 juin 1941.

114. Citation, mi-été 1942.

115. Journal de guerre, p. 1090, 23-24 juin 1941, citant son instruction n° 1.

116. *History*, XXIA, EU/P, section II, appendice A. Le Journal de guerre (p. 1748, 14-15 octobre 1941, HS7/221) mentionne « de grands pas en avant accomplis dans l'organisation des mineurs et des paysans polonais », mais sans autre précision.

117. Par exemple Journal de guerre 1941 pp. 972a (4 juin) et 987 (6-7 juin), HS7/217.

118. Journal de guerre, p. 1524, 11-14 septembre 1941, HS7/220.

119. *Who Lived to See the Day*, pp. 33-35.

120. Voir Michel, *France Libre*, p. 29, ainsi que Gordon Wright, « French Resistance », *Political Science Quarterly*, LXXVII, p. 339.

121. Les récriminations de Noguères dans *Histoire de la Résistance*, vol. II, p. 127, sont à côté de la question.

122. Vingt-cinq ans plus tard, Cadett se rappela qu'il avait été obligé de démissionner à cause de son franc-parler (émission de la BBC, 28 avril 1966). Il rejoignit alors la BBC.

123. Information personnelle.

124. Note de la section F en date du 23 décembre 1941, citée dans Journal de guerre, p. 2437, HS7/224.

NOTES DU CHAPITRE VIII. DÉVELOPPEMENT

1. Interrogatoire, 23 octobre 1941. Il lui en était resté de profondes cicatrices au cou et la voix rauque (Piquet-Wicks, pp. 31-32 et 55). Voir aussi Henri Michel, *Jean Moulin*, p. 33-35.

2. Interrogatoire de Moulin ; et F5 à F, 14 avril 1941, dans dossier personnel de Moulin, HS9/1070.

3. Rapport de Moulin, *ibid.* ; sans date mais probablement octobre 1941. Ce document important est reproduit intégralement en fin de volume, Appendice E.

4. AD/S à F, 31 octobre 1941, dans dossier personnel de Moulin ; Piquet-Wicks, p. 41.

5. Entretien avec Dewavrin, 29 juin 1966.

6. Ci-après, pp. 345-346.

7. Dossier personnel de Moulin.

8. D/RF à AD/A, 30 octobre 1941, ultrasecret, *ibid.*

9. Rapport sur les opérations de transport aérien, ultrasecret, dossier personnel de Moulin ; Piquet-Wicks, pp. 57-59. Jusqu'à cette date, la section RF n'avait réalisé qu'un parachutage de matériel en zone libre (Michel, *Jean Moulin*, p. 93).

10. Michel, *Histoire de la Résistance*, p. 43.

11. Michel, *Jean Moulin*, p. 67.

12. Plus haut, p. 128.

13. Note de Dalton à Jebb sur F.T. Davies, 18 décembre 1940, dans un dossier SOE.

14. Texte de Davies sur les « groupes de raid », 14 décembre 1940, et procès-verbal de la réunion SOE-DCO pour l'examiner, 16 décembre 1940, *ibid.*

15. Note de SO, 9 janvier 1942, *ibid.* Les sept paragraphes qui suivent sont largement fondés sur la brève *History*, XIA (Liaison SOE/COHQ) ; sur les archives du COHQ ; sur un ensemble incomplet de rapports d'officiers de liaison dans un dossier SOE ; et sur les connaissances personnelles de l'auteur, officier de renseignement à l'état-major du CCO en 1942-44.

16. SOE à COHQ, 18 juin 1942, dans un dossier SOE.

17. *History*, XIA, p. 5.

18. Voir p. 86.

19. Appendice au rapport de l'officier de liaison CCO-SOE, 1er mars 1942, dans un dossier SOE.

20. Information privée fournie par un participant au raid.

21. Selon le rapport cité ci-dessus, note 19.

22. Journal de guerre, 2152, 28-30 novembre 1941, HS7/222 ; Rapport de l'officier de liaison CCO-SOE, 10 février 1943, dans un dossier SOE.

23. *History*, XXIVA, section RF, 1942, HS7/123. Il offrit de faire de même à St Malo, qui était inaccessible au CCO ; cela n'aboutit pas non plus, du fait de son arrestation.

24. Connaissance personnelle.

25. HS8/793-799.

26. Voir J.E.A[ppleyard], *Geoffrey*, pp. 71-109, pour un récit vivant, illustré de photos ; et voir plus haut p. 241. Voir aussi Sweet-Escott, *Baker Street Irregular*, p. 59.

27. J.E.A., *Geoffrey*, p. 140.

28. Journal de guerre du CCO.

29. *Ibid.* et interrogatoire de Winter, mai 1945.

30. Déposition de Keitel, *Nuremberg Trial*, XI, 26.

31. *Ibid.*, XV, p. 301, déposition de Jodl.

32. *Ibid.*, p. 297.

33. *Ibid.*, pp. 296-306, 403-410.

34. *Ibid.*, III, p. 213.

35. *Ibid.*, XV, p. 407.

36. Connaissance personnelle.

37. « Notes on the employment of certain Polish subjects in France during the period 1941/1945, for sabotage and other subversive activities », p. 5, dans un dossier du Foreign Office.

38. Information privée.

39. Rapport de Hazell, juillet 1955, p. 5.

40. *Ibid.*, p. 6.

41. D/CE à A/CD, 23 septembre 1943, dossier personnel de Hinton, HS9/714.

42. Voir Overton Fuller, *Double Agent ?*, p. 190, où il est représenté comme une sorte d'autorité dans la section F, dont il ne savait en réalité presque rien ; et son propre *Bid the Soldiers Shoot*, pp. 161-163. Il mourut accidentellement en 1959.

43. Rapport de Cowburn, 30 mars 1942, dans dossier personnel de Carré, non encore ouvert au public.

44. *No Cloak, No Dagger*, p. 85. Voir aussi Richards, *Secret Flotillas*, pp. 122-123.

45. FB à F, 14 février 1942, dans dossier personnel de G.C.B. Redding, HS9/1230.

46. Ne pas confondre avec J.E. Redding, membre du personnel aérien du SOE. Ces deux nouveaux arrivants étaient agents de voyage de profession, tous deux avaient grandi en France ; Abbott, né en 1914, était de 17 ans plus jeune que Redding.

47. M à CD, 1ᵉʳ mars 1942, dans un dossier SOE.

48. Note sur cet entretien, p. 3, envoyée par M à CD le 10 mars 1942, *ibid.*

49. M à CD, 18 mars 1942, *ibid.*

50. Note sur l'entretien avec Vomécourt, 7 mars 1942, *ibid.*

51. Voir *Who Lived to See the Day*, p. 92.

52. Interrogatoire de Burdeyron, 26 avril 1945.

53. Rapport de Du Puy, 30 avril 1945, dans son dossier personnel, HS9/1219.

54. Longtemps après la guerre, Bleicher et un romancier russo-allemand, le comte Soltikow, accusèrent Vomécourt d'avoir trahi plusieurs collègues après son arrestation, ce dont il se défendit avec chaleur et succès devant un tribunal d'Allemagne de l'Ouest. Rien dans les dossiers SOE ne vient à l'appui de cette accusation, excepté une seule déclaration de Bleicher postérieure à la guerre, dans le dossier personnel de Vomécourt.

55. Dossier personnel de Léon Wolters.

56. E. Kogon, *L'État SS*, Le Seuil, 1993, pp. 371-372. Burney, *Solitary Confinement* et *Dungeon Democracy* ; dossier personnel de Burney ; voir aussi pp. 569-570 ci-après.

57. Interrogatoire de Burney, mai 1945.

58. La principale source concernant ce réseau est le dossier personnel de Robert Benoist. La suite de ses aventures est narrée au chapitre X ci-après, pp. 448-449.

59. Ne pas confondre avec le *Justin* qui apparaîtra au chapitre X comme opérateur radio de JUGGLER.

60. *No Cloak, No Dagger*, pp. 107 et 115.

61. *Ibid.*, p. 116.

62. Buckmaster rattache à la préparation de cette mission de Rake à Londres une anecdote sur le vieillissement artificiel des billets de banque au siège du SOE (*They Fought Alone*, pp. 80-82) ; à l'époque, sa réaction à la nouvelle de l'arrestation, communiquée par Virginia Hall (30 septembre 1942, dans son dossier personnel), fut que les billets devaient venir de Lisbonne.

63. Stella King, *Jacqueline*, est une biographie complète et fidèle.

64. *La Libération de Paris*, p. 42.

65. Interrogatoire de Guerne, 14-20 mai 1944, p. 5.

66. P. Churchill, *Duel of Wits*, pp. 116-117, 124-125, évoque ce séjour de Peulevé dans le Midi ; l'agent blessé organisa lui-même son évasion. Le récit de Buckmaster dans *They Fought Alone*, pp. 112-124, est tout à fait passionnant, mais rien dans les dossiers ne vient l'étayer.

67. Note de Buckmaster, 18 octobre 1945, dans le dossier personnel d'Andrée Borrel.

68. Compte rendu complet dans HS6/567.

69. Rapport de Bodington, septembre 1942, p. 58, dans un dossier SOE. Comparer avec la p. 315 ci-après.

70. Rapport de V.C. Hayes, 13 août 1942 (incomplet) dans son dossier personnel.

71. Alors qu'il l'attendait, dissimulé derrière un buisson sur une plage près de Perpignan, il reconnut, attendant lui aussi derrière le buisson voisin, un millionnaire américain, Whitney Straight, qu'il avait rencontré pour la dernière fois sur la piste de danse d'un très chic night club de Mayfair, le « 400 ».

72. C'était sa propre mère qui était responsable du comité de réception. Josiane Somers, opératrice radio de la section RF qui, à l'âge de 19 ans, fut le plus jeune agent jamais envoyé en France par le SOE, fut aussi reçue par sa propre mère, mais deux ans plus tard.

73. *Who Lived to See the Day*, p. 100.

74. *Ibid.*, pp. 107-110. Certains papiers qu'il cacha sous un arbre dans le parc de Bas Soleil, juste avant d'être arrêté, et qu'il retrouva en 1951 sont consultables aux Archives nationales, à Paris, sous la cote 72/AJ/627.

75. *Ibid.*, p. 122. De Lattre fut finalement amené en Angleterre dans un Hudson piloté par Hugh Verity.

76. Rapport non daté [fin 1942] dans son dossier personnel, HS9/813/4, p. 5. Détails dans Langelaan, *Knights*, pp. 136-160.

77. Parmi de nombreux rapports relatant cette évasion, je me suis appuyé sur ceux de Bégué, Jumeau et Hayes dans leurs dossiers personnels et de Lyon (*Calvert*) dans un dossier SOE, ainsi que sur Langelaan, *Knights*, pp. 160-174.

78. *Of Their Own Choice.*

79. *Ibid.*, pp. 90-99.

80. Pas de rapport avec le *Bernard* d'AUTOGIRO. Photo dans d'Astier, *De la chute à la libération de Paris*, p. 49.

81. Thomas G. Cassady à Arthur L. Funk, 12 mars 1956. Je remercie le professeur Funk pour cette référence, ainsi que pour des conversations extrêmement stimulantes.

82. « Summary of SOE's report on the French secret army », 2 octobre 1942, p. 1 : copie dans dossier personnel de Girard, non encore accessible au public.

83. *Ibid.*, Appendice B.

84. Rapport rétrospectif de Basin, 28 avril 1944, dans son dossier personnel.

85. « Rapport » du 2 octobre 1942, p. 5, dans dossier personnel de Girard.

86. Plus haut, p. 136.

87. Copie dans HS6/381, 60 pages.

88. F à D/R, 22 septembre 1942, *ibid.*

89. La réunion avalisait en outre les émissions radiophoniques dont il sera question un peu plus loin.

90. HS6/469, p. 108. Ce document, intitulé « *British » Circuits in France*, 136 pages à tirage confidentiel, fut rédigé en hâte par Bourne-Paterson à l'été 1946 pour guider les représentants consulaires en France qui pourraient être approchés par d'anciens agents de la section F recrutés sur place.

91. Photo dans Bleicher, *Colonel Henry's Story*, p. 128.

92. Détails dans Garnett, *PWE*, pp. 266-310.

93. Comparer avec Churchill, *Duel of Wits*, pp. 82-84, 105, 183, 216.

94. *Ibid.*, pp. 82, 115-116. Basin fut relâché en novembre 1942.

95. *Ibid.*, pp. 96-98, 109.

96. Daté du 26 août 1942, dans son dossier personnel, HS9/1096.

97. Voir Tickell, *Odette*, chap. XIV.

98. Interrogatoire de Newman, 20 novembre 1942 ; Churchill, *Duel of Wits*, p. 126, note.

99. Quelques détails dans L. Gosse, *René Gosse*, pp. 378-381.

100. Elle aurait dû travailler pour un nouveau réseau dans la région d'Auxerre, mais se révéla si utile à Peter Churchill qu'il convainquit Londres de la lui laisser.

101. Rapport final de Cammaerts, p. 5, dans son dossier personnel, HS9/258.

102. Voir Tickell, *Odette*, pp. 177-180.

103. Rapport de Bodington, septembre 1942, pp. 29-31, dans un dossier SOE.

104. Dossier personnel de J.A.R. Starr, HS9/1406/8 ; Overton Fuller, *Starr Affair*, pp. 19-30.

105. Rapport de Cowburn, 28 octobre 1942, dans son dossier personnel, non encore accessible.

106. Photo dans Thomas, *No Banners*, p. 128.

107. Photos *ibid.*, pp. 16-17. Voir aussi P. Churchill, *Duel of Wits*, chap. I.

108. Interrogatoire des frères Newton, 26 avril 1945, dans leurs dossiers personnels, HS9/1096 7. Comme ils étaient pratiquement inséparables, les Britanniques les interrogeaient toujours ensemble.

109. *Ibid.*, p. 3.

110. *Ibid.* Comparer avec p. 298 ci-dessus.

111. Jack Thomas, dans *No Banners*, donne un récit fidèle, vivant et chaleureux de leur existence de guerre.

112. Soustelle, I, p. 452, note. Aron, dans *Histoire de la libération de la France*, vol. 2, éd. de 1976, p. 49, sous-entend qu'il a pu y avoir une participation allemande à l'évasion.

113. Passy, p. 437.

114. *Ibid.*, p. 438.

115. Leahy, *I was There*, p. 160.

116. Ultrasecret, à l'état-major des opérations combinées ; copie dans un dossier du Foreign Office.

117. Passy, p. 440 et Soustelle, I, p. 460, l'un et l'autre citant de Gaulle.

118. Herbert Feis, *Churchill, Roosevelt, Stalin*, 1957, p. 92. Sur les intentions de Churchill, voir ses *Secret Session Speeches*, pp. 76-96.

119. 20 novembre 1942, dans HS8/901.

120. Voir Garnett, p. 261.

121. Information privée.

122. Dewavrin fut invité, alors qu'il prenait son déjeuner de Noël avec Robin Brook, à vider un verre de champagne en l'honneur de la mort de Darlan le traître (Passy, p. 447).

123. Voir Varillon, *Sabordage de la flotte*, *passim*.

124. *History*, XXIV, section F, p. 8, HS7/121.

125. Elle avait bien raison de se dépêcher : le chef de la Gestapo à Lyon nouvellement nommé déclara dès son arrivée qu'il « donnerai[t] n'importe quoi pour mettre la main sur cette salope de Canadienne » (Rapport d'A.W.E. Newton, 11, 3, 26 avril 1945, dans son dossier personnel).

126. Nicholas, *Death Be not Proud*, p. 120 etc. ; et information privée.

127. 4 septembre 1942, dans dossier personnel d'Antelme, HS9/42-4.

128. Voir plus bas p. 201.

129. Mémorandum du 10 octobre 1945, dans un dossier du Foreign Office.

130. Voir Richards, *Secret Flotillas*, pp. 120-121.

131. Yeo-Thomas à Buckmaster, 23 janvier 1959 ; copie dans le dossier personnel du premier, HS9/1458.

132. Détails tirés de son dossier personnel, HS9/873. Piquet-Wicks, pp. 164-168, raconte l'épisode avec sympathie. Millar, *Maquis*, 2ᵉ éd., p. 226, signale une étourderie du même genre commise en août 1944.

133. Michel, *Jean Moulin*, pp. 44 et 57.

134. Pas de rapport avec le Michel Brault (*Miklos*) que nous avons déjà rencontré.

135. Photo dans Michel, *Jean Moulin*, après la p. 112.

136. *History*, XXIVA, section RF, 1942, 7, HS7/123.

137. Passy, p. 363 ; W. Churchill, *Second World War*, IV, pp. 197-212 ; Duroselle, dans *European Resistance Movements*, II, pp. 401-402.

138. *History*, XXIVA, section RF, 1942, appendice A, HS7/123.

139. Voir Michel, *Jean Moulin*, chap. IV.

140. Granet et Michel, *Combat*, pp. 91-94.

141. Michel, *Jean Moulin*, pp. 66-67.

142. Robert Aron, *Grands dossiers*, pp. 15-29.

143. Michel, *Jean Moulin*, pp. 73-75.

144. Eden à de Gaulle, 20 janvier 1942, ultrasecret ; copie dans un dossier SOE.

145. M à AD/S, 22 janvier 1942, *ibid.*

146. *History*, XXIVA, section RF, 1944, 22, HS7/124.

147. Mémorandum ultrasecret de Brooke ; copie dans un dossier SOE.

148. D/R à M, 9 juillet 1942, *ibid.*

149. Voir Passy, pp. 351-352.

150. 1ᵉʳ août 1942, dans un dossier SOE.

151. 8 août, *ibid.*

152. *Ibid.*
153. Détails dans un dossier SOE.

1. Mémorandum, 10 octobre 1945, dans un dossier du Foreign Office.
2. CAB 80/68, dans Stafford, 1983, pp. 248-257.
3. Voir plus haut pp. 144-145.
4. Sir Alan Brooke, chef du grand état-major, président, Pound, Portal, Mountbatten et Ismay.
5. Ce Comité de la défense était composé de Churchill, président, Attlee, Eden, Lyttelton, Grigg, Sinclair, Pound, Brooke, Portal, Mountbatten et Ismay ; Selborne, Hambro, Cadogan, Morton et trois secrétaires y assistaient également.
6. F.E. Morgan, dans *Ouverture to Overlord*, ne parle absolument pas du SOE.
7. Voir Michel, *Courants de pensée*, en particulier pp. 445-476, et Hostache, *Le Conseil national de la résistance*, pp. 98 *et sq.*
8. Attlee à Churchill, 23 mai 1943, cité dans Avon, *The Eden Memoirs*, vol. II, pp. 386-387.
9. Instruction remise par le général de Gaulle à Jean Moulin, 21 février 1943. Général de Gaulle, *Mémoires de guerre*, t. 2, pp. 445-446.
10. Descriptions chaleureuses du personnage dans Passy, *passim*, et dans Piquet-Wicks, avec photos.
11. Voir Passy, pp. 516-526, *Hippocampe* : le nom de code de Yeo-Thomas, *Seahorse*, lui venait d'un projet rendu caduc par l'occupation allemande de la zone Sud : il aurait dû débarquer d'une felouque sur la Côte d'Azur pour enlever un yacht à moteur, très rapide, appartenant à Molyneux et mouillé dans le port de Monte-Carlo, et le ramener à Gibraltar (avant-projet approuvé par CD, le directeur du SOE, 12 novembre 1942, dans dossier personnel de Yeo-Thomas, HS9/1458).
12. Conclusion du rapport intermédiaire dactylographié, 14 mars, apparemment envoyé par avion en clair ; *ibid.*
13. *Ibid.*
14. *Ibid.*
15. Yeo-Thomas nota à son retour, à destination de la section RF mais pas de Dewavrin, que Delestraint lui avait paru à cette réunion entièrement sous la coupe de Moulin, qui lui laissait rarement terminer une phrase.
16. Rapport de *Seahorse*, fin avril 1943, p. 6, dans dossier personnel de Yeo-Thomas. De deux choses l'une : ou bien les communistes mentaient au sujet de leur pénurie d'armes, ou bien ce chiffre était gonflé.
17. *Ibid.*
18. Michel, *Jean Moulin*, pp. 161-162 ; Passy, pp. 595 596.
19. Passy, pp. 593-595, et comparer avec Hostache, *Le Conseil...*, p. 118.
20. Photo dans Michel, *Jean Moulin*, après p. 112.
21. Récit intéressant dans Piquet-Wicks, pp. 84-100.
22. Interrogatoire de Lucie Aubrac dans un dossier SOE.
23. Klaus Barbie, alors chef de la Gestapo à Lyon, supervisa l'arrestation et la torture de Jean Moulin. Après la guerre, les Français le repérèrent en Westphalie, c'est-à-dire dans la zone de l'Allemagne occupée par les Américains, mais ne réussirent pas à convaincre ces derniers de le leur livrer car ils avaient besoin de lui pour leur contre-espionnage (voir Richard Aldrich, *The Hidden Hand*, 2001, pp. 198-202). Il se réfugia ensuite en Amérique du Sud, fut retrouvé par les Français, ramené en France en 1983, jugé et condamné en 1987 à la détention à perpétuité. Il mourut en prison en 1991.
24. Version de l'ordre de mission de Yeo-Thomas dans Marshall, *White Rabbit*, p. 56.
25. Information privée.

26. *History*, VIII, Agents' ciphers, p. 6 ; Marks, *Between Silk and Cyanide*, pp. 382-396.

27. *History*, XXIVA, 1943, p. 57, HS7/124.

28. Archives Nationales, 72 AJ 421-3.

29. À la suite de tout cela, Serreulles fut reçu froidement lorsqu'il vint à Londres en mars suivant, et le SOE lui interdit de retourner en France malgré un plaidoyer passionné d'Emmanuel d'Astier. Serreulles se fit néanmoins parachuter, mais dans la nuit du 16 au 17 août 1944, c'est-à-dire trop tard pour influer sur les événements.

30. Rapport de MARIE-CLAIRE, début décembre 1943, p. 4, dans dossier personnel de Yeo-Thomas.

31. Journal de MARIE-CLAIRE, début décembre 1943, p. 4, *ibid.*

32. Comparer avec ci-après, pp. 441-442.

33. Il est possible qu'elle ait été arrêtée indépendamment de ses relations avec le SOE, car elle travaillait aussi à l'occasion pour l'un des trois grands réseaux de renseignement qui avaient à la même époque la Gestapo aux trousses et qui furent tous trois complètement détruits (Journal de MARIE-CLAIRE, p. 6 ; Rémy, *Une Affaire de trahison, passim*).

34. Journal de MARIE-CLAIRE, p. 4.

35. *Ibid.*, pp. 4-5.

36. Rapport de MARIE-CLAIRE, pp. 5-6.

37. Rapport intermédiaire de MARIE-CLAIRE, 18 octobre 1943 ; envoyé par avion, peut-être en clair, dans dossier personnel de Yeo-Thomas.

38. Michel, *Jean Moulin*, p. 95-97.

39. Aron, *Histoire de la libération de la France,* vol. 1, éd. de 1976, pp. 160-161 ; voir aussi Hostache, pp. 159-161. La section RF connaissait bien Bidault, sous différents noms de guerre du SOE, mais je n'ai pas pu avoir de dossier sur ses activités de résistant.

40. Hostache, *Le Conseil...*, p. 163.

41. *Ibid.*, pp. 220-235.

42. Voir Hostache, *Le Conseil...*, pp. 187-189.

43. Journal de MARIE-CLAIRE, pp. 9-10 ; propos de Yeo-Thomas à une conférence de presse du ministère de l'Air, 15 février 1946, pp. 6-7, l'un et l'autre dans son dossier personnel.

44. Livry-Level, *Missions*, pp. 59-65 ; *History*, IXA, Appendix 5 (i).

45. Conversation avec Basset, 1969.

46. Chef départemental de la Section Action.

47. Rapport de Basset sur ARMADA, p. 11, note, avril 1944, dans HS6/349 [retraduit de l'anglais, N.d.T.].

48. *Hugh Dormer's Diaries, passim.*

49. Ci-dessus pp. 137-143.

50. Ci-dessus pp. 309-310.

51. Passy, pp. 283-284, la surestime ; lui-même ne la connut jamais que d'assez loin et était encore moins familier des fragments de réseaux issus de son explosion.

52. Propos rapportés par un témoin, dont Girard ignorait qu'il était passé par les écoles de formation du SOE : 25 avril 1944, dans son dossier personnel.

53. Voir plus haut, p. 304.

54. On trouvera des récits palpitants de cette arrivée sur le Semnoz dans Tickell, *Odette*, pp. 232-235 et dans son propre *Duel of Wits*, pp. 299-313.

55. Interrogatoire de Rabinovitch, 1er octobre 1943.

56. *Ibid.*

57. Interrogatoire de Malval, 21 novembre 1944.

58. Rapport du groupe B, 8 décembre 1942, dans son dossier personnel, HS9/258.

59. Comparer par exemple avec Millar, *Maquis*, 2e éd., p. 173, ou avec p. 349 ci-dessus.

60. Son rapport final dans son dossier personnel, p. 1.

61. *Ibid.*, p. 2.

62. Son rapport final, p. 3.

63. On constate une curieuse divergence des documents disponibles sur cette adresse de Cannes. Dans le témoignage qu'il écrivit en soutien à la proposition de Mme Sansom pour la George Cross, Cammaerts certifia qu'elle était la seule à connaître cette adresse et qu'elle ne l'avait pas donnée lorsqu'elle avait été arrêtée (copie, 20 novembre 1945, dans le dossier personnel de cette dernière, HS9/648/4). Et pourtant il avait déclaré dix mois plus tôt que c'était Rabinovitch qui avait négocié pour lui cet hébergement (interrogatoire de Cammaerts, 16-18 janvier 1945, p. 3) ; et le témoignage de Rabinovitch selon lequel c'était lui qui avait déniché le logement, qui était celui d'amis à lui, est sans ambiguïté (interrogatoire de Rabinovitch, 1er octobre 1943). Rabinovitch oublia de mentionner que Mme Sansom connaissait la maison (Cammaerts à l'auteur, 25 mai 1966).

64. Interrogatoire, p. 6.

65. *Ibid.*, pp. 4 et 9.

66. *Ibid.*, pp. 4-5.

67. *Ibid.*, p. 7.

68. Aux pp. 139 et 411.

69. Voir ci-après p. 437.

70. Le récit que déroule Overton Fuller dans *Double Agent ?*, pp. 200-201, offre un exemple remarquable des distances sidérales que la mémoire d'un agent est capable de franchir : il serait arrivé sur un pré bordé d'arbres, sur lesquels des Allemands avaient grimpé et d'où ils observèrent toute la scène, de sorte qu'il fut ensuite filé jusqu'à son hôtel parisien où il fut arrêté presque aussitôt. Dans un rapport d'octobre 1944, Raynaud avait dit : « Un groupe d'officiers allemands se trouvaient dans le bois voisin, à la chasse au sanglier, à quinze cents mètres de là ; ils ne s'intéressèrent pas à nous... Je traversai Paris sans difficulté » (dans son dossier personnel, HS9/1235).

71. Voir ci-après p. 507.

72. Cité dans une note du chef de la section F à MT, 24 mars 1943, dans son dossier personnel.

73. Rapport d'Antelme, 25 mars 1943, dans son dossier personnel.

74. Charles Wighton, dans *Pinstripe Saboteur*, attribue à Weil, mais sans le nommer, tant le nom de code que le statut de chef de Juggler.

75. Voir Guillaume, *L'abbé Pasty* et *La Sologne*.

76. Rapport d'Antelme, 12 avril 1943, p. 2, dans son dossier personnel, HS9/42-4.

77. Interrogatoire de Floege, 5 avril 1944.

78. *Ibid.* ; interrogatoire de Bouchardon, 7 avril 1944 ; Millar, *Maquis*, 2e éd., pp. 11-12.

79. Ci-après, pp. 448-449.

80. Rapport sur son instruction, 10 avril 1943, copie dans son dossier personnel, HS9/554/1.

81. Interrogatoire de Liewer, 10-12 février 1944, p. 4.

82. *Ibid.*, p. 5.

83. *Ibid.*, p. 5.

84. FP à F citant Liewer, 9 février 1944, dans le dossier personnel de Liewer, HS9/923.

85. Voir ci-après p. 547-548.

86. Juillet 1942, HS9/993.

87. La section F avait presque renoncé à ses services au début, parce que « son français, bien que de très bon niveau, n'atteint pas la perfection que nous sommes contraints d'exiger » (Gielguld à D/Pers, 30 mai 1941 ; dans le dossier personnel de Trotobas, HS9/1487/1) ; puis elle changea d'avis.

88. Voir ci-après p. 439.

89. Voir appendice G ci-après, p. 682.

90. L'anecdote racontée par Buckmaster dans *They Fought Alone*, pp. 146-148, où un agent du SOE se fait passer pour un inspecteur d'assurances afin de photographier les dégâts quelques jours plus tard, concerne en réalité un autre sabotage.

91. Rapport sur la mission Marie-Claire de Yeo-Thomas, p. 11, dans son dossier personnel. Il faut ajouter en toute honnêteté qu'il continue ainsi : « ...et l'on pourrait dire la même chose

de la plupart des grandes lignes dans toute la France » ; et là, il s'agissait d'initiatives des cheminots où le SOE n'avait rien à voir.

92. Rapport anonyme sous forme microphotographiée ramené par le Hudson de février, dans le dossier personnel de Trotobas.

93. Rapport du commandant de Wanborough, 30 juin 1942, dans le dossier personnel de Biéler, HS9/147.

94. Elizabeth Nicholas dans *Death Be not Proud*, p. 122, présente MUSICIAN comme un sous-réseau placé « sous la direction » de PROSPER ; c'est beaucoup exagérer le degré d'autorité de Suttill sur Biéler.

95. *Ibid.*, p. 118.

96. *No Cloak, No Dagger*, p. 166.

97. *Ibid.*

98. Rapport de Cowburn, 21 septembre 1943, pp. 9-10, dans son dossier personnel.

99. Cowburn, *No Cloak, No Dagger*, p. 179.

100. Par exemple le rapport du JPS aux chefs d'état-major, 10 juin 1943, intitulé « France. Le sabotage est répandu et principalement dirigé contre les sous-marins, le contournement du blocus et les communications ».

101. Voir p. 361.

102. Rapport de Bardet daté de novembre 1944, p. 3, dans HS9/88/9.

103. Aucune relation, bien entendu, avec le Josef Kieffer du SD, dont il n'était même pas le compatriote.

104. Interrogatoire des domestiques de Bleicher, dans HS9/88/9.

105. Dossier personnel de Carré et dossier SOE, *ibid.*

106. Rapport de Meric (*Bibantonin*), 20 novembre 1944, copie dans son dossier personnel, HS9/1022.

107. Les doutes sont exprimés dans un texte dactylographié sans date dans le dossier personnel de *Carte*.

108. Voir p. 321.

109. Information privée.

110. Comparer avec p. 205.

111. Impossible de retrouver l'original de cette lettre ; comme les dossiers de l'Amirauté ne m'ont pas été ouverts, je n'ai pas trouvé non plus sa copie carbone. Bourne-Paterson la cite dans HS6/469, pp. 38-39.

112. Calmette, *L'O.C.M.*, p. 105.

113. HS6/469, p. 37.

114. Calmette, *L'O.C.M.*, p. 102.

115. Calmette, *L'O.C.M.*, p. 169.

116. Voir ci-après p. 549.

117. Le 10 juillet 1944 ; copie dans son dossier personnel.

118. Une autre relation de Corbin mérite d'être mentionnée : Labit de la section RF était son filleul, et c'était lui qui l'avait recruté dans la résistance.

119. C'était Pardi : voir ci-après p. 414.

120. Voir ci-après p. 296.

121. En principe, une personne avec un antécédent de fracture de la jambe ne sautait pas en parachute.

122. Michel, *Histoire de la Résistance*, p. 98.

123. Jacques Poirier, dans *La girafe a un long cou*, donne beaucoup d'informations sur le réseau de Peulevé ainsi que sur le sien, qui lui succéda.

124. Voir W. Churchill, *Second World War*, vol. II, p. 172.

[Le *Lancastria* fut coulé par un bombardement allemand le 17 juin 1940 alors qu'il ramenait en Angleterre plusieurs milliers de soldats britanniques évacués de France, N.d.T.].

125. Photo dans Thomas, *No Banners*, p. 144.

126. Interrogatoire de Southgate, 22 octobre 1943, p. 3, HS6/579.
127. Mémorandum de von Rundstedt, 10 octobre 1945, en traduction anglaise, dans un dossier du Foreign Office.
128. La version de Thomas, *No Banners*, est pour l'essentiel confirmée par l'interrogatoire final et les rapports des frères Newton.
129. Coleman, lieutenant de la Royal Navy, était le seul officier de cette arme dans la section F.
130. Pour les aventures ultérieures de Starr, voir ci-après pp. 457-459. L'homme qui avait tiré fut retrouvé et touché à son tour par les balles des amis de Rée.
131. Cette manière de financer un réseau était très utilisée ; voir Appendice C, p. 634.
132. Dossiers du ministère de l'Air.
133. Conversation avec lui, 1968.
134. Voir p. 166.

NOTES DU CHAPITRE X. UNE SÉRIE DE FAUTES

1. P.J. Stead, *Second Bureau*, p. 75.
2. Jean Overton Fuller a écrit quatre livres sur lui : *Double Agent ?*, révision de son *Double Webs*, *Horoscope for a Double Agent* et *Déricourt : The Chequered Spy*. Dans tous sauf dans le dernier, elle a omis, à sa demande, de donner son vrai nom.
3. La source de ce détail est Bodington, qui le connaissait déjà avant la guerre (dossier personnel de Déricourt, 21 juillet 1944, HS9/421-4 et information privée).
4. Long manuscrit sans date dans son dossier personnel, p. 6, début 1944 [retraduit de l'anglais, N.d.T.].
5. Information privée.
6. Interrogatoire de Frager, 22-26 octobre 1943 ; Bleicher, p. 123. La directrice de l'école était la belle-mère de Dubois.
7. Rapport de Chartrand, 4 décembre 1943, dans son dossier personnel, HS9/299. Chartrand était le compagnon de Liewer et était, lui aussi, caché dans cette école.
8. Il laissera entendre à Jean Overton Fuller qu'« une autre organisation à Londres » – donc pas la section F, ni par implication aucun autre organe du SOE – l'avait autorisé au cours de ce passage en Angleterre à « approcher les Allemands à [son] retour en France » (*Double Agent ?*, pp. 137-138). Rien dans les dossiers d'aucun service britannique ne vient à l'appui de cette affirmation. En fait, il avait été rappelé pour se faire réprimander par son ami Verity après avoir mis en danger un Lysander en disposant mal le chemin de lumières.
9. Rapport de Wanborough, 3 février 1943, dans son dossier personnel, HS9/910.
10. La première syllabe de son nom se prononce comme « how » et non comme « low ».
11. Carnets de vol de l'escadron 161, AIR27/1068.
12. Carnets de vol de l'escadron 161.
13. De la filière VAR : voir pp. 137-143. Humphreys, le chef de la section DF, l'envoya en France sous le nom de *Dyer*, puis détruisit tout ce que ses fichiers contenaient sous ce nom de code.
14. Il y avait aussi Leprince, agent giraudiste, et Francis Nearne, l'un des assistants de Southgate, frère d'Eileen et Jacqueline Nearne.
15. Interrogatoire de Frager, 22-26 octobre 1943, p. 4, HS6/570 [retraduit de l'anglais, N.d.T.].
16. Deuxième interrogatoire de Déricourt, 11 février 1944, p. 2.
17. Carnets de vol de l'escadron 161.
18. Déricourt, avec sa manière toujours intéressante de gérer la vérité, a dit à Jean Overton Fuller que les trois hommes « n'auraient pas constitué un groupe de Lysander » (*Double Agent ?*, p. 176 , voir aussi p. 42 pour le voyage en train).
19. Rien à voir, bien sûr, avec Ben Cowburn, qui avait autrefois utilisé le même pseudonyme.
20. Nicholas, *Death Be not Proud*, pp. 136-149, fournit des détails très vivants.

21. *Ibid.*, pp. 147-148.

22. Document ultrasecret de fin 1945 sur l'infiltration allemande dans le SOE, « German penetration of SOE », appendix A, p. 8 ; copie dans *History*, IVB, security, HS8/8320.

23. Comparer à Bleicher, selon lequel elle fut arrêtée après Clech pour que Bardet pût plus facilement entrer en contact avec le successeur de Clech (Nicholas, *Death Be not Proud*, pp. 226-227). La date fournie par Bleicher dans *Colonel Henri's Story*, p. 133, est inexacte et Clech n'eut pas de successeur.

24. Nicholas, *Death Be not Proud*, pp. 125-126.

25. *Ibid.*, p. 226.

26. Interrogatoire de Julienne Besnard, 23-24 janvier 1945.

27. Voir Nicholas, *Death Be not Proud*, p. 125 et Overton Fuller, *Double Agent ?*, pp. 21-22.

28. Ne pas confondre avec les deux *Benoît*.

29. Rapport sur KNACKER paraphé par Morel, 4 février 1944, dans dossier personnel de Déricourt.

30. *Ibid.*

31. Overton Fuller, *Double Agent ?*, p. 60, écrit : « Il s'avéra [au procès] que plus de 240 personnes étaient parties des terrains d'atterrissage de Gilbert pour gagner l'Angleterre et la sécurité », entre autres Zeller, Ely, Mitterrand, Livry-Level, Mme Gouin et Gerson ; « ceux qui ne pouvaient pas venir en personne envoyèrent des témoignages écrits ». Pourtant on peut lire dans le livre de Livry-Level qu'il n'était pas un passager mais le navigateur du Hudson de Verity. *Libération* du 8 juin 1948 donne le chiffre de 940 passagers !

32. Encore une duplication de noms : quelqu'un de la section F, certainement ignorant de l'existence de Rivière, attribua ce pseudonyme à Clément (*Marc*) comme nom sous lequel il serait connu par la RAF.

33. Voir pp. 161-163. Les détails des opérations de Déricourt et de Rivière sont tirés des carnets de vol de l'escadron 161 et de *History*, IX, appendix 5(i), HS8/433.

34. Rapport d'Agazarian, 23 juin 1943, dans son dossier personnel, HS9/11/1.

35. Interrogatoire de Frager, 22-26 octobre 1943, HS6/57 [retraduit de l'anglais, N.d.T.].

36. *Ibid.*

37. Bleicher, *Colonel Henri's Story*, pp. 121-123.

38. Il n'en reste pas trace dans les dossiers du ministère de l'Air.

39. 14 février 1944, dans le dossier personnel de Déricourt. Le service de sécurité, comme les Français, ne faisait à l'évidence pas de distinction entre les missions du SOE et celles de « renseignement » *stricto sensu*.

40. Londres n'avait pas encore fait le rapprochement entre les quatre arrestations qui avaient suivi le vol CONJUROR, le Hudson de novembre, et le vol lui-même, alors qu'elles en étaient la suite directe. Le tour de phrase cité illustre la prudence habituelle de son auteur.

41. AD/P à BSS, 10 février 1944, dans le dossier personnel de Déricourt. La section de sécurité avait rendu la même analyse à propos des pertes plusieurs mois auparavant, prévoyant la possibilité que « les actes de cet homme provoquent un vrai désastre sur le terrain » : D/CE.G à AD/P, 30 octobre 1943, copie, *ibid.*

42. FM à F, 19 mars 1944, *ibid.*

43. 5 décembre 1945, *ibid.*

44. Interrogatoire de Goetz, 4 novembre 1946.

45. Interrogatoire par la DST, 23 novembre 1946 [retraduit de l'anglais, N.d.T.].

46. Voir par exemple *Nuremberg Trial*, V, pp. 208-209 ou A.-M. Walters, *Moondrop to Gascony*, p. 114, pour des récits révoltants de jeunes enfants torturés (en vain) sous les yeux de leurs parents afin de les faire parler.

47. Interrogatoire par la DST, 23 novembre 1946, p. 10 [retraduit de l'anglais, N.d.T.], dans le dossier personnel de Déricourt.

48. Annotation sans date, en marge d'une note de D/CE à F, *ibid.*, peut-être écrite à la suite de la visite de Bodington à Paris.

49. Rapport de Culioli, 28 avril 1945, p. 6 ; copie dans son dossier personnel, HS9/379/8. Comparer à Guillaume, *La Sologne*, p. 83.

50. Interrogatoire, 11 février 1944.

51. Interrogatoire de Rousset, 11 septembre 1944.

52. Interrogatoire de Schäfer par la DST, 16 novembre 1946, p. 2, dans le dossier personnel de Déricourt.

53. F/Recs à F, 7 août 1943, citant Antelme, dans dossier personnel de Norman, HS9/1110/5. Vingt-cinq paraît être un chiffre plus réaliste que deux cent cinquante. Et même vingt-cinq, c'est beaucoup.

54. Sur les messages, voir ci-après pp. 520-521.

55. Information privée.

56. Interrogatoire de Placke par la DST, 10 avril 1946, p. 3 [retraduit de l'anglais, N.d.T.], dans le dossier personnel de Déricourt. Goetz répondit que c'était précisément le prix d'une propriété que Déricourt souhaitait acheter dans le Midi ; et ce dernier reconnut devant les Français qu'il s'était intéressé à une propriété valant les trois quarts de cette somme, où il se proposait avec quelques amis de lancer un élevage de poulets (interrogatoire par la DST, 27 novembre 1946, p. 14, *ibid.*). C'était aussi le prix des Allemands pour les quatre passagers de CONJUROR qu'ils avaient capturés.

57. Interrogatoire de Julienne Besnard, 14 avril 1944, dans son dossier personnel, HS9/140. Le dossier de Déricourt comporte un long rapport manuscrit de Clément – partie en clair, partie en Playfair – expliquant pourquoi il n'avait pas la Gestapo sur le dos et se déclarant parfaitement disposé à continuer son travail ; mais les alliés n'en eurent connaissance qu'après la libération de Paris.

58. Interrogatoire d'Erainger, 11 avril 1944, dans son dossier personnel, aujourd'hui détruit.

59. *Solitary Confinement*, 2ᵉ éd., p. ix.

60. Information privée, 3 août 1961.

61. Overton Fuller, *Double Agent ?*, p. 204. L'idée est développée dans Wighton, *Pin-stripe Saboteur*, pp. 218-221, mais ce n'est pas mieux.

62. Londres, 1953.

63. Par exemple interrogatoire de Kopkow, 21 janvier 1947.

64. Buckmaster au Foreign Office, 11 novembre 1964.

65. Interrogatoire de Cohen, 11 octobre 1943.

66. Je dois cette simple remarque au fils de Suttill, qui veille jalousement, à juste raison, sur le souvenir de son père.

67. Pour le point de vue presque contemporain des chefs d'état-major, voir ci-dessus pp. 144-145.

68. Cité dans un long rapport du staff, mais seulement de mi-juin 1944, sur les difficultés de ce réseau ; copie dans son dossier personnel, HS9/1430.

69. Instructions du 7 décembre 1942, dans son dossier personnel.

70. Interrogatoire d'Agazarian, 5 juillet 1943, p. 4, *ibid.*

71. Rapport d'Agazarian, 23 juin 1943, *ibid.*

72. Voir Brome, *The Way Back*. L'agent double qui pénétra dans la filière était connu sous le nom de Roger et ressemblait beaucoup à Roger Bardet, dont les relations avec PROSPER apparaîtront un peu plus loin, mais ce n'était pas le même homme. Le Roger de PAT aurait été tué dans une escarmouche du maquis à l'été 1944.

73. Interrogatoire de Placke par la DST, 10 avril 1946, copie dans le dossier personnel de Déricourt.

74. Copie d'un rapport de lui, 21 octobre 1943, dans le dossier personnel de Déricourt.

75. Interrogatoire de Rousset, 11 septembre 1944.

76. Déposition sous serment de Kieffer, 19 janvier 1947, dans un dossier SOE.

77. D/CE.G à F, copie dans le dossier personnel de Déricourt.

78. F à D/CE.G, 3 novembre 1943, *ibid.*

79. Manuscrit, dans le dossier personnel d'Antelme ; et déposition sous serment de Goetz devant Vera Atkins, 21 novembre 1946, copie dans le dossier personnel de Noor Inayat Khan, HS9/836/5.

80. Overton Fuller, *Double Agent ?*, pp. 19-20.

81. Rapport de Culioli, 28 avril 1945, copie dans son dossier personnel, HS9/379/8.

82. Giskes, *Londres appelle Pôle Nord*, raconte l'histoire du point de vue allemand, et Dourlein, *Inside North Pole*, du point de vue de l'un des agents capturés. Voir aussi Foot, *SOE in the Low Countries*.

83. Interrogatoire de Christmann par les Américains, 24 septembre 1946, secret, dans son dossier personnel.

84. Information de Christmann, août 1961, mais de seconde main, par conséquent suspecte. Comparer avec Overton Fuller, *Double Agent ?*, p. 206, qui donne différentes versions du même incident.

85. Interrogatoire d'Agazarian, 5 juillet 1943, dans son dossier personnel, HS9/11/1. *Monique* et *Delphin* étaient Andrée Borrel et Lejeune.

86. Rapport de *Prosper*, 18 avril 1943, copie dans le dossier personnel d'Agazarian, HS9/11/1 ; rapport d'Agazarian, 23 juin 1943, pp. 4-5, *ibid*.

87. Interrogatoire de Baissac, 21-23 août 1943, p. 5, HS6/567.

88. Interrogatoire de Guerne, 20 mai 1944, HS9/631.

89. Copie de notes allemandes de provenance incertaine, rassemblées sous le titre « Gruppe Prosper », dans un dossier SOE ; son dossier personnel, HS9/1593 ; interrogatoire de Guerne, 14-20 mai 1944, p. 9.

90. En français. 25 juin 1945, dans son dossier personnel.

91. Faisons en passant un sort à l'hypothèse émise par Overton Fuller dans *Double Agent ?* (p. 74, note) selon laquelle le célèbre Harold Cole (*Paul*) aurait joué un rôle dans la destruction de PROSPER. Son dossier personnel indique qu'il passa toute l'année 1943 en prison, et son activité au service des Allemands n'a jamais rien eu à voir avec le SOE. Sa spécialité, c'étaient les filières d'évasion, où il fit effectivement beaucoup de dégâts (voir Gordon Young, *In Trust and Treason*, et Foot et Langley, *MI9*).

92. Pierre Culioli était un officier d'infanterie français qui avait été fait prisonnier en 1940, s'était évadé d'Allemagne et avait été recruté par Gilbert Norman pour le réseau PROSPER ; c'était un petit homme à lunettes habité d'une farouche hostilité aux nazis. Il est le principal héros du livre de Paul Guillaume *La Sologne au temps de l'héroïsme et de la trahison*, qui contient plusieurs photos de lui, par exemple après la p. 90.

93. Dans une citation rédigée deux ans plus tard, Buckmaster écrit : « Elle se défendit vigoureusement avec son revolver » (juin 1945, copie dans son dossier personnel, HS9/1289/7). Cette assertion hardie se fonde sur un témoignage assez lointain, celui du radio de JUGGLER (interrogatoire de Cohen, 11 octobre 1943, p. 3, HS6/568). Mais Culioli, qui était présent, mentionne simplement qu'elle tomba sur lui lorsqu'elle fut touchée ; il dit également qu'il avait caché son propre colt sous un buisson au début du voyage (rapport de Culioli du 28 avril 1945, pp. 2-4, copie dans son dossier personnel, HS9/379/8, qui est aussi la principale source du dernier paragraphe).

94. L'importance de l'épisode du colis, correctement devinée par Guillaume (*La Sologne*, pp. 68-69), est tirée des dossiers personnels de Culioli et de Norman.

95. Son caractère périlleux fut pleinement perçu à Londres ; le rapport de Cohen à ce sujet produisit une tempête de notes marginales alarmées qui n'auraient pas eu lieu d'être si l'ordre en avait été donné par l'état-major.

96. Copie dans le dossier personnel de Lejeune, HS9/910/8. Ce rapport fut rapporté en Angleterre par Verity dans la nuit du 23 au 24 juin.

97. On a dit aussi qu'elle était surveillée par des habitués (appartenant à la Gestapo) du café situé au pied de son immeuble (Guillaume, *La Sologne*, p. 62).

98. L'affirmation évidemment absurde, attribuée au second de JUGGLER, selon laquelle elle n'était connue que de lui seul (Wighton, *Pin-stripe Saboteur*, p. 188) est tout simplement risible et typique des erreurs que l'on trouve dans de nombreux livres anglais sur le SOE.

99. Renée Guépin à Canon Viossat d'Orléans, 17 mars 1948 ; copie dans un dossier SOE.

100. Déposition sous serment devant Vera Atkins, 19 janvier 1947, traduite par elle-même [et retraduite de l'anglais, N.d.T.], dans un dossier SOE. Il faut honnêtement ajouter que Kieffer poursuivit : « et aussi par *Denise* », c'est-à-dire par Andrée Borrel ; le fait que personne d'autre n'ait jamais eu un mot contre la façon dont elle se comporta jette quelques doutes sur la sincérité des déclarations de Kieffer.

101. Cité dans Mott à Buckmaster, 20 août 1947, *ibid.*

102. Déposition du 21 novembre 1946, traduite dans le dossier personnel de Noor Inayat Khan.

103. Wighton, *Pin-stripe Saboteur*, p. 187.

104. Interrogatoire de Rousset, 11 septembre 1944, p. 7.

105. Interrogatoire d'Arend, 15 mai 1945, dans dossier personnel d'Andrée Borrel. Comparer avec Nicholas, *Death Be not Proud*, p. 178.

106. Guillaume, *La Sologne*, pp. 72-78.

107. Interrogatoire de Guerne, 1er juin 1944, pp. 5-6.

108. Conversation avec Cohen, 1968.

109. Voir Nicholas, *Death Be not Proud*, pp. 220-280, photo p. 256.

110. Voir ci-après, pp. 453-455.

111. P. Guillaume, *L'abbé Pasty*, pp. 105-115.

112. Norman lui-même : interrogatoire de Rousset, 11 septembre 1944, rapportant des conversation avec Norman pendant leur détention.

113. Sauf d'après Vogt, rapporté par Jean Overton Fuller dans *Double Agent ?*, p. 47 ; or Vogt peut avoir voulu protéger quelqu'un d'autre. Placke, interrogé par Guillaume, répondit à côté.

114. Commentaire sur l'interrogatoire de Guerne, 14-30 mai 1944, § 186, dans dossier personnel de Guerne.

115. Information privée. Sur cette utilisation des émetteurs à des fins de manipulation, voir plus loin pp. 453-475.

116. On trouve dans Jean Overton Fuller, *Double Agent ?*, pp. 46-50, une explication de ce qu'ils ont pu avoir en tête. Mais elle serait plus convaincante si l'auteur ne s'appuyait pas avec tant de confiance sur des sources allemandes.

117. Il y a dans les dossiers, sous forme d'une note de Bodington adressée directement à D/R sur la politique des médailles, le 29 juin, un léger indice qui pourrait donner à penser que Buckmaster était en congé pendant la semaine critique.

118. Rapport de H.G.R Newton, IIB, 3, 26 avril 1945, dans le dossier personnel de son frère.

119. Note d'un officier de sécurité du SOE, 4 avril 1945, sur un entretien avec Bodington le jour précédent, p. 3 ; dans le dossier personnel de Déricourt.

120. *Ibid.*

121. Interrogatoire de Rousset, 11 septembre 1944, p. 2, dans son dossier personnel, HS9/1286, citant une conversation avec Dowlen pendant leur détention.

122. Déclaration de Paul Schroeter, 5 juillet 1946, copie dans le dossier personnel de Grover-Williams, HS9/1596/8.

123. Rapport de Maurice Benoist, janvier 1945 ; copie dans le dossier personnel de Robert Benoist, HS9/127-8.

124. Interrogatoire de Robert Benoist, 4 septembre 1943, HS6/567.

125. Voir ci-dessus pp. 328, 333, 350-351.

126. Interrogatoire de Gerson, 20 décembre 1943, p. 4.

127. Interrogatoire de Christmann par la DST, 17 mai 1946, p. 30. Deux d'entre eux eurent droit à « tout un laïus sur la sécurité » de la part de Gerson pour avoir quitté la planque de Lyon et s'être soûlés ; ce qui ne manque pas de piquant (interrogatoire de Gerson, 20 décembre 1943, p. 1).

128. *Ibid.*, p. 2.

129. *Ibid.*, p. 3-4.

130. Ci-dessus, pp. 390-391.

131. Le lecteur peut se reporter aux explications des pp. 182-186 sur les multiples étapes franchies par un message clandestin entre l'expéditeur en France et l'état-major.

132. HS6/469, « *British* » *Circuits in France*, p. 9.

133. Rapport de Southgate, mai 1945, p. 9 ; comparer avec Overton Fuller, *The Starr Affair*, pp. 57-58.

134. Déclaration sous serment de Goetz, 21 novembre 1946, confidentiel, copie dans le dossier personnel de Noor Inayat Khan.

135. Rapport non daté de Southgate, vers le 8 mai 1945, ultrasecret, copie dans son dossier personnel, HS9/1395. Commentaire de Buckmaster : « Le rapport ci-joint est à l'évidence celui d'un homme extrêmement fatigué » (F à AD/E, 9 mai 1945, *ibid.*)

136. Interrogatoire, 23 juillet 1943, dans le dossier personnel d'Antelme.

137. F/Recs à F, 5 août 1945, dans le dossier personnel de Norman.

138. Commentaire de F sur une note de F/Recs, 7 août 1943, *ibid.*

139. Rapport de Warden en visite à Fresnes, 27 janvier 1945, p. 1 ; interrogatoire de Vogt, 19 juin 1948 : copie de l'un et de l'autre dans le dossier personnel de John Starr ; et rapport de Culioli, 28 avril 1945, copie dans son dossier personnel.

140. Interrogatoire de Goetz, 3 septembre 1946, dans le dossier personnel de Noor Inayat Khan.

141. Sur ce système, voir p. 181.

142. *They Fought Alone*, p. 75.

143. Note de Buckmaster, 28 décembre 1945, dans le dossier personnel de Pickersgill, HS9/1186/2.

144. Information privée.

145. Rien n'est simple : une partie du matériel utilisé le 20 juillet 1944 dans la tentative d'attentat contre Hitler consistait en plastic et détonateurs d'origine britannique, qui avaient peut-être été parachutés à AUTOGIRO (Wheeler-Bennett, *Nemesis of Power*, p. 589, note). En effet, les conspirateurs se les étaient procurés en septembre 1943 auprès de quelqu'un de l'Abwehr en poste en France.

146. Overton Fuller, *Double Agent ?*, pp. 69-73, citant l'interrogatoire de Placke par la DST ; mais comparer à ci-après p. 325.

147. Dans le 16e arrondissement, comme presque toutes les adresses parisiennes de ce chapitre.

148. Un dossier SOE sur PRIEST contient une copie décodée de cette correspondance et quelques pages froissées de l'original.

149. Rapport secret, 17 avril 1944, et rapport de Guillot, 12 avril 1945, dans un dossier SOE.

150. Dossier personnel de Pickersgill ; rapport de Guillot du 12 avril 1945 cité ci-dessus.

151. Overton Fuller, *The Starr Affair*, pp. 91-93, et information privée. L'interrogatoire de J. Starr, 28-30 mai 1945, pp. 6-7, dans son dossier personnel, glisse très rapidement sur cette histoire.

152. *Ibid.*, pp. 2-5 ; voir plus haut, p. 404.

153. *Ibid.*, p. 5.

154. Interrogatoire de J.A.R. Starr, 28-30 mai 1945, p. 5.

155. Interrogatoire de Goetz par le commandant Terry, 26 juillet 1946, p. 2, dans le dossier personnel de V.M. Atkins, HS9/59/2.

156. *Ibid.*, p. 5-8.

157. Détails *ibid.*, pp. 8-9 et dans Overton Fuller, *The Starr Affair*, pp. 68-84.

158. Interrogatoire de J.A.R. Starr, 28-30 mai 1945.

159. Détails dans son dossier personnel.

160. Interrogatoire par la DST, 1er avril 1946, *ibid.*

161. Interrogatoire par la DST, 17 décembre 1946, *ibid.*

162. Interrogatoire par la DST, 6 janvier 1948, copie *ibid.*

163. [30 mai 1945], *ibid.*

164. Interrogatoire de Rousset en septembre 1944.

165. Interrogatoire de J.A.R. Starr, 28-30 mai 1945, p. 11. L'interrogatoire de Rousset, 11 septembre 1944, ne mentionne pas cette réaction. Les messages ne sont plus disponibles.

166. Dossier personnel d'E.A.H. Garry, HS9/566/2.

167. Overton Fuller, *Madeleine*, pp. 85 et 94.

168. Noor est son prénom, Inayat son nom de famille, Khan indique sa haute naissance. Les rapports de ses instructeurs sont unanimes tant sur son charme que sur sa gaucherie physique.

169. *Madeleine*, sa vie racontée par Jean Overton Fuller ; son dossier personnel ; et information privée.

170. Overton Fuller, *Double Agent ?*, p. 25.

171. Information privée.

172. 21 mai 1943.

173. *Ibid.*

174. Overton Fuller, *Madeleine*, pp. 89, 93, 120.

175. *Ibid.*, p. 114. Mais ce qui est dit dans *Madeleine* sur ses heures d'émission ne correspond pas exactement au plan de travail NURSE qui lui fut attribué à Londres ; ses horaires réguliers étaient le dimanche à 9h05, le mercredi à 14h10 et le vendredi à 17h10, mais elle pouvait aussi utiliser l'une des deux fréquences d'urgence à n'importe quel moment de la journée si personne d'autre ne s'en servait à ce moment-là. Cette facilité fut plus tard supprimée ; un agent se plaint de son absence dans les journées agitées de l'été 1944 (Rapport de Hiller, janvier 1945, p. 15, dans son dossier personnel, HS9/710).

176. 9 juin 1943, dans son dossier personnel.

177. Dans le dossier personnel de Robert Benoist.

178. Rapport d'Antelme, 12 août 1943, dans son dossier personnel, p. 4.

179. Overton Fuller, *Double Agent ?*, pp. 13-14.

180. Overton Fuller, *Madeleine*, pp. 144-147, 154-155, abonde en détails dramatiques sur les deux arrestations, mais agrémentés de paroles citées au style direct qui incitent à douter de leur authenticité.

181. *Ibid.*, p. 127.

182. Au paragraphe 2 de la rubrique « Méthodes », 9 juin 1943, dans son dossier personnel.

183. 7 décembre 1942, dans son dossier personnel.

184. Voir p. 680.

185. Rapport d'entretien, 5 juin 1943, dans son dossier personnel.

186. Déposition sous serment de W.E. Rühl, 20 novembre 1946, dans son dossier personnel.

187. Qui pouvaient néanmoins, évidemment, être déduits du contenu de son cahier d'écolier.

188. Déposition sous serment de Kieffer devant Vera Atkins, 19 janvier 1947, dans le dossier personnel de Noor Inayat.

189. Marks, *Between Silk and Cyanide*, pp. 320-321 ; conversation avec lui, 1998.

190. Interrogatoire de Goetz, 3 septembre 1946, dans son dossier personnel, traduit par Vera Atkins.

191. *Ibid.*

192. *Ibid.*

193. Dourlein, *Inside North Pole*, pp. 98 *et sq.*, restitue le sentiment de l'agent en pareil cas.

194. L'ordre de mission de Mlle Damerment indique comme lieu de parachutage 3km au sud-est de Sainville, 31 km est-sud-est de Chartres (22 février 1944, dans son dossier personnel).

195. 4 février 1944, dans son dossier personnel.

196. Document sur « l'infiltration allemande dans le SOE », ultrasecret, décembre 1945, p. 13 ; copie dans *History*, IVB, security.

197. Voir Giskes et Dourlein, *passim*.

198. Antelme à Morel, 23 janvier 1944, dans le dossier personnel d'Antelme.

199. 4 février 1944, § 2b, dans son dossier personnel.

200. *Ibid*. et dossier personnel de P.F. Duclos, HS9/453/7.

201. Notes échangées entre F, D/R et DYC/M [Marks], 13-15 avril 1944, dans dossier personnel de Lee, HS9/905.

202. Morel et Bourne-Paterson à Buckmaster, 17 avril 1944, *ibid*.

203. Notes marginales au crayon sur une correspondance de D/R à AD/P avec copie à AD/E et F, 17 avril 1944, dans un dossier SOE.

204. Interrogatoire de Kopkow, 12 janvier 1947, et un dossier SOE.

205. Kopkow encore.

206. Dossier SOE cité note 204.

207. Dossier personnel de Duclos.

208. C. Hibbert, *The Battle of Arnhem*, Londres, 1962, p. 209.

NOTES DU CHAPITRE XI. VEILLÉE D'ARMES

1. Grandes lignes et directives plus concrètes sont résumées dans *History*, XI, SFHQ, pp. 21-25.

2. *Ibid.*, p. 22.

3. Michel, *Courants de pensée*, p. 233.

4. Point 14, c'est-à-dire assez bas sur l'ordre du jour de la réunion ; *History*, IXE, pp. 79-81.

5. D'Astier, *Les Dieux et les Hommes*, pp. 20-21.

6. L'occasion en fut offerte par un très vieil ami de Churchill, le général Swinton, l'inventeur du char d'assaut (Marshall, *The White Rabbit*, pp. 86-89).

7. En traduction française dans *Les Dieux et les Hommes*, pp. 76-83 ; la première page est reproduite en fac-simile p. 179 avec sa mention « ultrasecret » mais sans numéro de référence.

8. Ils avaient déjà commencé : la première sortie de CARPETBAGGER eut lieu dans la nuit du 4 au 5 janvier (Craven et Cate, *Army Air Forces*, III, p. 499). Les « deux nouveaux escadrons de bombardiers britanniques » alloués au SOE en mars selon Ehrman (*Grand Strategy*, V, p. 326) étaient en Méditerranée et opéraient surtout en direction de la Yougoslavie ; mais ils effectuèrent aussi, occasionnellement, des parachutages en France (carnets de vol des escadrons 148 et 624, AIR27/994 et 2142).

9. *Les Dieux et les Hommes*, p. 81, note.

10. Mémorandum signé de Dansey, 8 février 1944, copie dans un dossier du Foreign Office. Dewavrin m'a indiqué longtemps après (entretien du 21 juin 1966) que, s'il ne contestait pas l'opinion qui lui était attribuée, il se trouvait à Alger jusqu'à fin février 1944.

11. *History*, IXE, pp. 91-93 ; et voir p. 638 ci-après.

12. Les carnets de vol des escadrons du commandement du bombardement et de celui du transport aérien ne mentionnent pas cette opération. Le commandement de la chasse n'avait pas qualité pour la faire et celui de la surveillance côtière n'avait pas la formation nécessaire ; il doit donc s'agir d'un parachutage effectué par les Américains.

13. Pour quelques détails chiffrés, voir Ehrman, *Grand Strategy*, V, p. 326, citant une source SOE qu'il devait déguiser, car il n'avait pas à l'époque (1956) l'autorisation de mentionner les sections pays : c'est pourquoi, dans son livre, les opérations de ravitaillement de RF sont dites « du général de Gaulle » et celles de F « du SOE ». On trouvera plus de détails dans l'Appendice C, p. 634. Les livraisons en Yougoslavie étaient plus généreuses : voir Maclean, *Eastern Approaches*, p. 461, note.

14. Dans un dossier SOE.

15. Connaissance personnelle.

16. Mémorandum du 10 octobre 1945, dans un dossier SOE. Rappelons néanmoins que von Rundstedt écrivit ce texte dans le cadre de sa défense contre l'accusation de crimes de guerre ; il n'avait donc pas intérêt à minimiser les forces ni les succès de la résistance.

17. Interrogatoire, 9 mai 1944, p. 6.

18. Marshall, *White Rabbit*, p. 65.

19. *History*, XXIVA, 1944, p. 4.

20. P.J. Stead, *Second Bureau*, pp. 73, 78, 89 ; Hostache, p. 29 ; Passy, pp. 204-207, 365-367. Selon Michel, il fut le premier agent à entrer en zone Sud, fin 1940 (*Jean Moulin*, p. 43)

21. *History*, XXIVA, section RF, 1944, p. 8, HS6/124.

22. Ordre de mission non daté dans HS6/359.

23. *History*, XXIVA, 1944, p. 8, HS6/124.

24. Rapport de Thackthwaite, 11 mai 1944, copie dans HS6/359.

25. Rapport de Cammaerts du 16 avril 1944, reçu par Lysander le 30 avril ; dans son dossier personnel, HS9/258.

26. Comparer à Maclean, *Eastern Approaches*, pp. 332, 425 etc.

27. Il est un peu étrange que, pendant toute la Seconde Guerre mondiale, aucun stratège anglais, américain, français, allemand ou autre ne se soit donné la peine d'étudier les leçons de la guérilla espagnole de cette époque-là ; rappelons (voir p. 62) que Dalton y avait fait allusion avant même la fondation du SOE. Voir Michel, *Courants de pensée*, pp. 67-68.

28. W. Churchill, *Second World War*, V, p. 163, parle d'« inutiles incidents » entre gaullistes et giraudistes. Piquet-Wicks, *Four in the Shadows*, raconte les aventures corses et la mort de Scamaroni (pp. 124-141, photo p. 96).

29. Voir J.-L. Crémieux-Brilhac, « Le Bloc Planning et l'insurrection nationale », *Espoir*, 139, juin 2004.

30. *Intelligence and National Security*, 2000, pp. xv et 19.

31. W. Churchill, *Second World War*, V, p. 620.

32. *Mémoires*, éd. de La Pléiade, p. 518.

33. *St Jacques* ; voir Passy, *passim*.

34. *History*, XXIVA, 1944, p. 24, HS6/124.

35. Autre grande source de confusion : le CFLN à Alger avait aussi un sous-comité Action, généralement connu sous le nom de COMIDAC mais parfois appelé aussi COMAC. Inutile de dire qu'ils étaient totalement distincts. Le COMAC était à l'intérieur, le COMIDAC à l'extérieur de la France.

36. Sur *Villon*, voir Hostache, *Le Comité national de la résistance*, pp. 163-164 ; photo dans d'Astier, *De la chute à la libération de Paris*, p. 39.

37. Par ex. Hostache, *ibid.*, pp. 132-133.

38. Voir p. 347.

39. R. Aron, *Histoire de la libération de la France*, vol. 1, éd. de 1976, p. 340, où il reprend en le corrigeant P.M. Williams, *Politics in Post-war France*, 1954, pp. 455, 457. Je n'ai eu accès à aucun dossier sur aucun DMN ou DMZ ; et l'on ne trouve plus aucune trace à Londres des raisons pour lesquelles (et des circonstances dans lesquelles) le SOE a changé d'avis à leur sujet. Remarquons du reste que les dossiers SOE deviennent de plus en plus minces, au plus haut niveau, à mesure que la guerre avance. De Gaulle indique dans ses *Mémoires*, p. 517, certains au moins des objectifs qui étaient les siens en nommant un DMN.

40. Note non datée (mais d'après-guerre) de Thackthwaite dans *History*, XXIVA, section RF.

41. Liste dans l'Appendice B, p. 629.

42. Voir Soustelle, II, pp. 308 309, sur les DMR comme véritables animateurs de la résistance intérieure ; c'est un point de vue intéressant, mais contestable.

43. *Cahiers de l'Iroise*, octobre-décembre 1961, p. 203-206.

44. Instructions d'opérations, 15 février 1944, dans son dossier personnel ; récit dans Marshall, *White Rabbit*, p. 101.

45. Overton Fuller, *Double Agent ?*, pp. 50-51 ; Hostache, *Le Conseil...*, p. 189, note.

46. Photo dans d'Astier, *De la chute...*, p. 64.

47. R. Aron, *Histoire de la libération de la France*, vol. 1, éd. de 1976, p. 186 ; Hostache, *Le Conseil...*, p. 193 ; petit dossier du SOE sur CLÉ, HS6/364. Instructions d'opérations, signées de De Gaulle, reproduites dans d'Astier, *De la chute...*, pp. 314-315 ; rapport de mission cité *ibid.*, pp. 322-324.

48. Les noms de code des opérations du SOE allaient le plus souvent par séries. Ceux de la section F furent en général d'abord des arbres, puis des professions. La section RF avait choisi les poissons ; AL, les armes. En 1943, la section RF utilisa également des noms de métiers, en français, pour les organisateurs, et des noms de peuples (Bédouin, Zoulou, Albanais...) pour les radios. CITRONNELLE fut un des premiers exemples d'une nouvelle série – herbes et aromes – pour les missions interalliées.

49. HS6/358.

50. La contribution de la section F à cette bestiale opération – baptisée TUTOR – fut modeste et de courte durée. Un Polonais nommé Feingold fut parachuté relativement tard – le 10 mars – pour tuer le chef de la Gestapo de Marseille ou son assistant. Il ne trouva ni l'un ni l'autre ; les refuges prévus pour lui se révélèrent indisponibles ; au bout de trois jours, il contacta une filière DF pour traverser les Pyrénées. Le même nom de code, RATWEEK, fut réutilisé quelques mois plus tard pour désigner une attaque majeure contre les communications allemandes en Yougoslavie (Maclean, *Eastern Approaches*, pp. 470-497).

51. Je ne veux pas dire par là que les agents de DF étaient « non opérationnels », mais seulement les distinguer des gens envoyés sur des tâches plus actives, sinon nécessairement plus dangereuses.

52. Voir Madelaine Duke, *No Passport*, qui raconte sa vie.

53. Voir pp. 137-143.

54. Voir pp. 434-436 et 449-452.

55. Dossier personnel de Chalmers Wright, HS9/1622.

56. Il avait été instructeur à l'école d'état-major de Camberley et fut plus tard adjoint au chef d'état-major de la défense.

57. Dix-sept par air et Defendini par mer. *Dispenser* avait aussi été victime de l'opération ARCHDEACON, plusieurs mois auparavant.

58. Nombreux détails dans Nicholas, *Death Be not Proud*, notamment pp. 104-121, mais aucune mention de l'arrestation de Berthe Fraser, non loin de là, à la mi-février. Mme Fraser passa six mois à l'isolement dans la prison de Loos, seulement interrompu par de fréquents et pénibles interrogatoires, sans rien révéler. Elle ne recouvra jamais la santé, bien qu'elle ait vécu jusqu'en 1956.

59. Rapport final non daté de Dumont-Guillemet, p. 2 ; copie dans son dossier personnel.

60. *Ibid.* [Retraduit de l'anglais, N.d.T.]. Voir Foot, *Men in uniform*, pp. 56 et 69.

61. Rapport de Dumont-Guillemet, 19 juillet 1944, transmis par l'Espagne ; copie dans son dossier personnel.

62. W. Churchill, *Second World War*, VI, p. 40.

63. Note de Buckmaster, 7 décembre 1945, dans son dossier personnel, HS9/599.

64. Baudot, *European Resistance Movements*, Colloque d'Oxford (1962) non publié.

65. Photo dans le *Sunday Express*, 19 janvier 1947.

66. Interrogatoire de Knight, 5 janvier [1945].

67. Millar, *Maquis*, 2ᵉ éd., pp. 55-56.

68. *Ibid.*, chap. III-V.

69. On ignorait au SOE que son véritable nom et le rôle qu'elle avait joué dans sa première mission avaient été communiqués aux Allemands, fin 1943, dans le cadre d'une opération de désinformation par radio conduite par un autre service secret britannique.

70. Geoffrey Parker, *Parsifal. Un chirurgien anglais dans les maquis de l'Ain.*

71. À peu près à cette époque, George Millar, s'évadant d'un camp de prisonniers allemand, traversa la zone de MARKSMAN ; le légendaire *Xavier* dont il parle dans *Horned Pigeon* est Heslop.

72. Aucun lien avec Gerry Morel.

73. *History*, XXIVA, section RF, 1944, p. 19, HS6/124.

74. Information privée fournie par un ami de sa famille.

75. À ne pas confondre avec Odette Sansom (*Lise*).

76. *Death Be not Proud*, pp. 246-267.

77. *Ibid.*, pp. 264-265.

78. *History*, XXIV, section F, appendice, HS6/121.

79. Interrogatoire de G.J. Parke, 16-18 novembre 1944, p. 20.

80. Despaigne à l'auteur, 6 juin 1966.

81. Il y aurait là un champ de recherches intéressant pour l'historien des résistances locales : est-il possible de repérer une coïncidence entre les anciennes régions de camisards et celles où les maquis se sont le plus puissamment développés ?

82. *Who Lived to See the Day*, pp. 132-148. L'évasion d'Eysses ne fut qu'un succès très partiel. D'Astier indique que 3 500 autres prisonniers furent déportés à Dachau et que 130 en revinrent (*De la chute...*, p. 144).

83. Voir son livre *Moondrop to Gascony*, pp. 65-82.

84. Voir Appendice G, p. 682.

85. Voir Bergeret et Grégoire, *Messages personnels*, pour un tableau très vivant de la zone de Gunzbourg à l'époque.

86. La plupart des DMR portaient des noms de figures géométriques : *Ellipse, Circonférence, Ligne*, etc. Mais ils n'étaient pas les seuls. Par exemple, Fourcaud, d'UNION, était *Sphère*, et Bollardière, de CITRONNELLE, *Prisme*.

87. Voir pp. 204, 534, 571.

88. Il était imprudent d'envoyer Beauclerk et Sereni sur le terrain au même moment et avec le même nom de guerre : ce fut peut-être la conséquence d'une erreur de tabulation entre Londres et Alger.

89. Voir Appendice G, p. 682.

90. C'était le réseau GARDENER de Boiteux qui devait s'occuper des groupes VENI de Marseille, comme Hiller de ceux du Lot, plus nombreux.

91. Hostache, p. 60.

92. *Ibid.*, pp. 152-153.

93. Un troisième frère, J.A., fut pris en mai alors qu'il travaillait avec ROVER ; il sera exécuté en Allemagne.

94. Giskes, *Londres appelle Pôle Nord, passim.*

95. Selon une déclaration de Buckmaster plus de vingt ans plus tard. On mesure d'autant mieux la discipline que s'imposait en la matière le personnel londonien du SOE quand on sait que des officiers de la section F et de la direction régionale « Europe du Nord-Ouest » partageaient un même étage de bureaux.

96. Buckmaster raconte que Vera Atkins s'arrangea pour que Cornioley fasse partie du comité de réception de sa fiancée. C'est exact, mais les contraintes de la météo envoyèrent Miss Witherington atterrir sur un autre terrain de la région.

97. Mockers, *Maquis SS4*, p. 16.

98. Buckmaster, qui était de ses admirateurs, a laissé plusieurs appréciations élogieuses dans son dossier personnel. Comparer avec p. 106.

99. Rapport de Southgate, 16 avril 1944, dans son dossier personnel : Mme de Strugo à l'auteur, 21 septembre 1966.

100. Voir télégramme p. 183.

101. Voir sa biographie récente par Susan Ottaway.

102. Ses instructions pour cette mission sont reproduites à l'Appendice F, p. 674. On peut les considérer comme représentatives de ce que recevaient les agents de la section F. Leur présentation et leur mise en page sont propres à faire frémir tout officier d'état-major normal, mais la pugnacité n'y manque assurément pas. On trouvera dans le même appendice un exemple typique de mission non technique assignée à un radio : celui de la deuxième mission de Marcel Clech.

103. Voir pp. 467-468.

104. Buckmaster, de fait, a inscrit « Français Libres » en travers des cinq départements bretons sur ce qui se veut une carte de ses réseaux, : *They Fought Alone*, p. 75.

105. *Who Lived to See the Day*, pp. 167-201.

106. *Ibid.*, pp. 202-210 ; photo p. 129.

107. Dossiers du Foreign Office et du SOE.

NOTES DU CHAPITRE XII. UNE SÉRIE DE SUCCÈS

1. *Who Lived to See the Day*, p. 317.

2. Voir pp. 94-95.

3. Rapport de la mission VERVEINE, HS6/572 ; *History*, XXIVA, 1944, p. 29, HS6/124.

4. Plusieurs officiers d'état-major français avaient été convoqués à une réunion à Baker Street ce même jour : Brook voulait leur annoncer que le Jour J était arrivé. Mais comme le débarquement fut repoussé de vingt-quatre heures, il se contenta de leur offrir un cocktail informel (information privée).

5. W. Churchill, *Second World War*, II, p. 550. Voir aussi Simon Berthon, *Allies at War*, pp. 304-313.

6. Aron, *Histoire de la libération de la France*, vol. 1, éd. de 1976, pp. 22 *sq.*

7. Deux hommes de TITANIC parvinrent à rejoindre le front allié le 20 juin : un exploit, car ils étaient restés en uniforme, comme ils avaient sauté. Tous les autres furent faits prisonniers, mais l'un d'eux s'évada (journal de guerre de la brigade SAS, juin).

8. Ellis, *Victory in the West*, I, p. 200.

9. Conversations avec Dewavrin, juin 1966, et avec Brook, janvier 1967.

10. D/R à MS/C, 30 mai 1944 et D/R à AD/E, 4 juin 1944, toutes deux dans *History*, XXIVG, BBC messages.

11. Note au crayon, *ibid.*

12. Voir pp. 459-460.

13. Comparer avec p. 425. Goetz se vanta une fois devant moi d'avoir eu connaissance de quinze messages d'exécution du Jour J.

14. *Victory in the West*, I, p. 198.

15. Voir pp. 455-456. Il faut dire que l'équilibre de la population de l'Alsace avait changé depuis 1940, des germanophones du Tyrol du Sud y ayant été installés.

16. Par ex. résumé dans Paul Leverkuehn, *German Military Intelligence*, pp. 50-52.

17. *Les Dieux et les Hommes*, pp. 116, 126-127, 187-188.

18. Voir Morris Janowitz, *The Professional Soldier*, Glencoe, Ill., 1960, pp. 232-256.

19. Voir pp. 151-153 et Appendice C.

20. Sans date, dans HS6/423.

21. Photo dans Tanant, *Vercors*, p. 80 ; prononcer « Longue ».

22. Voir par exemple Simone de Beauvoir, *Les Mandarins*, chap. V ; Tillon, *Les FTP*, chap. XV.

23. Photo dans Tanant, *Vercors*, p. 64.

24. Voir Pierre Bolle (dir.), *Grenoble et le Vercors. De la Résistance à la Libération, 1940-1944*, Presses universitaires de Grenoble, 2003, pp. 108 *sq.*

25. *History*, XIII, AFHQ, chap. vii, annexe H, p. 3, HS7/170. Cette embuscade avait eu lieu le 7 juillet ; elle avait fait une telle impression sur les Allemands qu'ils avaient attribué la dimension d'un bataillon au GO (groupe opérationnel) qui en était l'auteur (*ibid.*, p. 6).

26. Rapport d'activité de Pecquet, p. 19 ; le meilleur récit disponible par un participant du SOE se trouve dans HS9/1160/1. Parmi les récits publiés, le plus authentique est le *Vercors* de Pierre Tanant, chef d'état-major de Huet ; ses pages 148-181 traitent du « martyre ».

27. Fin du rapport de Pecquet.

28. Dans HS6/424.

29. Green à Dismore, 12 octobre 1944, dans HS6/359.

30. Rapport par Ortiz, 12 mai 1945, p. 4, copie *ibid.*

31. Dans HS6/365.

32. Dans un texte non publié qui circula en 1940.

33. Estimation par le SHAEF des déplacements des forces blindées allemandes, préparée par J.L. Austin en mai, citée dans le journal de guerre de la brigade SAS.

34. Aron, *Histoire de la libération de la France*, vol. 1, éd. de 1976, p. 310.

35. HS4/227, 229.

36. Par exemple Tillon, *FTP*, pp. 256-257.

37. *History*, XXIVD, JEDBURGH. Voir Carte 4.

38. Voir p. 151.

39. Les noms des groupes JEDBURGH étaient soit des prénoms anglais soit des termes pharmaceutiques.

40. Information privée : on s'en souvient encore dans le pays.

41. Voir aussi Carte 4.

42. Farran, *Winged Dagger* ; Harrison, *These Men are Dangerous* ; McLuskey, *Parachute Padre*.

43. Rapport de C.K. Benda, 7 septembre 1944, HS8/378.

44. Connaissance personnelle.

45. Journal de guerre de la brigade SAS, juin-août 1944, *passim*.

46. Douze Mosquito réalisèrent à Châtellerault un magnifique incendie de dépôt d'essence sur la base d'un renseignement fourni par BULBASKET (connaissance personnelle). Voir aussi Paul McCue, *SAS Operation Bulbasket*.

47. L'escadrille de Mosquito qui avait bénéficié des renseignements de BULBASKET aurait poursuivi le bataillon de SS jusqu'à sa désagrégation totale. Voir aussi p. 161.

48. Il est ridicule d'appeler « agents » des soldats SAS, mais les journaux le font parfois. Ces deux unités furent par la suite incorporées à l'armée française comme 1er et 2e RCP.

49. Long récit dans Aron, *Histoire de la libération de la France*, vol. 1, éd. de 1976, pp. 22 sq.

50. R. Leroux, dans « Le combat de Saint-Marcel », *Revue d'histoire de la deuxième guerre mondiale*, juillet 1964, pp. 13-14, donne son identité mais ne signale pas sa relation avec le SOE.

51. Ordre d'opérations de la brigade SAS, 21 mai 1944, p. 9, dans son journal de guerre.

52. Journal de guerre de la brigade SAS, 10 juin 1944.

53. R. Leroux, « Le combat de Saint-Marcel », art. cité, p. 15.

54. Journal de guerre de la brigade SAS, 26 juin. Il était d'autant plus intéressant d'interdire à l'ennemi l'usage du chemin de fer que cela l'obligeait à consommer plus d'essence.

55. *Ibid.*, 15 juin 1944.

56. *Ibid.*, 18 juin 1944 ; connaissance personnelle ; information privée. Voir aussi R. Leroux, art. cité, pp. 22 et 25-27.

57. Eon et quatre de ses compagnons firent leur premier saut cette nuit-là (HS6/363). Un sixième homme, terrassé par le mal de l'air, refusa de sauter. Rapport à Vincennes, Service historique de l'armée de terre, SHAT 13, p. 35.

58. Rapport de McLeod, 18 août 1944, dans le Journal de guerre de la brigade SAS.

59. *Report by the Supreme Commander to the Combined Chiefs of Staff on the Operations in Europe of the Allied Expeditionary Force*, HMSO, 1946, pp. 52-53. Tillon utilise ce passage mais en omettant toute référence au SAS, ce qui en change nettement le sens (*FTP*, p. 375, note).

60. Rémy (qui en fut l'inventeur), *Les mains jointes*, pp. 127-130.

61. D'après une enquête technique sur les opérations ferroviaires militaires allemandes en France, préparée fin 1944 pour le général qui en était le responsable ; Archives nationales des États-Unis, 1027.

62. *Moondrop to Gascony*, pp. 277-278.

63. Arthur L. Funk, *Hidden Ally*, offre des vues peu connues sur l'efficacité de la coopération de la résistance avec les forces régulières.

64. André Malraux, dans *1er congrès national du Mouvement de libération nationale*, Sceaux, 1945, p. 130. L'autre « acquis décisif » qu'il cite est « l'organisation générale d'un plan qui permettait l'action militaire » sur le sol français.

65. Ph. de Vomécourt, dans *Who Lived to See the Day*, pp. 18-19, 263-273, exprime sans détours son exaspération à ce sujet. Le dossier SHAT 13 P62 du Service historique [français] de l'armée de terre contient le document de reddition du général Elster, signé à Issoudun le 10 septembre.

66. Dansette, *Histoire de la libération de Paris*, p. 130.

67. Wheeler-Bennett, *Nemesis of Power*, pp. 662-674 ; Peter Hoffman, *History of German Resistance* (éd. de 1977 en traduction anglaise), pp. 470-478.

68. Dansette, *Histoire de la libération de Paris*, p. 159.

69. *Ibid.*, pp. 469-471. Selon Lapierre et Collins (*Paris brûle-t-il ?*, pp. 142-143), les Français Libres prirent une longueur d'avance sur les communistes cette nuit-là par une astuce qui leur assura le lendemain matin la prise de possession de la préfecture de police, point focal de l'insurrection. Les communistes, que les policiers avaient invités à participer à l'opération, ne reçurent pas le message à temps à cause de l'étanchéité de leurs dispositifs de sécurité.

70. Dansette, p. 472.

71. *Ibid.*, pp. 320-324.

72. Langelaan, l'un des premiers aventuriers bilingues de la section F, entra à Paris en uniforme ce soir-là, avec une équipe de la « guerre politique » (PWE), autrement dit des services britanniques de propagande (*Knights*, pp. 307-320). Ernest Hemingway, arrivé à Paris dans une autre équipe de ce genre, libéra le Ritz et nettoya de ses tireurs embusqués le toit de la librairie américaine de Sylvia Beach « Shakespeare & Co » (*Guardian*, 26 août 1964, p. 7).

73. Le supérieur américain de *Leclerc* tenta d'empêcher ses chars de prendre part à cette manifestation. Dansette, pp. 401-404.

74. On aurait ardemment débattu à l'EMFFI de la question de savoir si le général devait à cette occasion chevaucher un cheval blanc, symbole bonapartiste, ou un noir, comme le général Boulanger.

75. Dansette, pp. 410-412.

76. *Mémoires*, p. 573.

77. Correspondance avec J.-L. Crémieux-Brilhac, février-avril 2007.

78. F.S.V. Donnison, *Civil Affairs and Military Government : North-West Europe, 1944-1946*, 1961, chap. III à VI et Appendice II ; Hostache, *Le Comité national de la résistance*, chap. VII à X. Voir aussi l'amusante anecdote racontée par Robert Aron, dans *Histoire de la Libération*, p. 81, sur de Gaulle retrouvant là par hasard et reconnaissant deux gendarmes dont il avait fait la connaissance en Normandie dans la deuxième semaine de juin.

79. Quelques vieux amis du SOE n'y furent pas tout à fait étrangers : par exemple Rachline, parachuté en France en juillet expressément à cette fin, s'installa au début des combats dans le bureau du ministre de l'Intérieur, place Beauvau, et le garda pour les Français Libres pendant une semaine ; ou encore Yvon Morandat, prenant possession quasiment seul de l'Hôtel Matignon (voir d'Astier, *De la chute...*, p. 201).

80. Voir Curzio Malaparte, *Technique du coup d'État*, 1931, p. 30.

NOTES DU CHAPITRE XIII. ÉPILOGUE

1. HS6/432. Plusieurs autres strophes sont reproduites dans Ewan Butler, *Amateur Agent*, pp. 230-231.

2. Déricourt continua à voler. Il trouva la mort dans un accident d'avion au Laos le 20 novembre 1962.

3. A.J. Ayer, philosophe, officier d'état-major de troisième classe à la section RF. Le titre d'un dossier du Foreign Office qui n'est plus disponible – titre qu'il faut entendre, bien entendu, comme une constatation et non comme une intention – ne doit pas être perdu pour l'histoire : « Pas d'emploi pour Freddy Ayer ».

4. *History*, XXIVK, p. 95.

5. *Ibid.*, p. 96.

6. Voir Gordon Wright dans *Political Science Quarterly*, XXVII (1962), p. 336.

7. Ce chiffre est donné par Baudot dans *European Resistance Movements*, vol. II, pp. 391-392. Il ajoute que 60 000 d'entre eux avaient rejoint les rangs de l'armée régulière à la mi-octobre, et 15 000 de plus à la fin novembre : à temps pour relever tous les soldats africains de l'armée de De Lattre avant l'hiver.

8. Leproux, *Nous, les terroristes*, vol. II, p. 318.

9. « Il a fait toute la guerre d'Espagne dans un régiment espagnol et non dans les Brigades internationales, car il n'est pas communiste » (DF à BSS/D, 24 octobre 1944, dans le dossier personnel de Jeschke, HS9/712) ; Madelaine Duke, *No Passport*, pp. 216-217.

10. *History*, XXIVH, HS7/134. Voir également le rapport de l'officier français chargé d'escorter Buckmaster au cours de sa mission : Gouvernement militaire de Paris, *Tournée du colonel Buckmaster de SOE dans le Centre et le Sud-Ouest de la France, 5 au 22 décembre 1944*, Archives de la Fondation de la Résistance.

11. Par exemple Nicholas, *Death Be not Proud*, pp. 113, 119-121.

12. Voir néanmoins l'inauguration tardive (1991) à Valençay d'un monument à la mémoire des agents et combattants des réseaux de la section F, p. 250.

13. J.W. Wheeler-Bennett, *Nemesis of Power*, 1953, p. 662.

14. Michel, *Histoire de la résistance*, p. 124.

15. Donnison, p. 220, citant un rapport du VIIIᵉ corps d'armée britannique daté d'avril 1945 ; comparer avec Russell of Liverpool, *Trial of Adolf Eichmann*, 1962, p. 137.

16. Voir Foot, *SOE in the Low Countries*, p. 197.

17. Interrogatoire de Hans Lunding, 12 mai 1945, p. 2 ; Vera Atkins à I. MacKenzie, 5 juillet 1945.

18. Reid, *The Colditz Story*, 1952, énumère ces difficultés.

19. Voir Jack Thomas, *No Banners*, pp. 284-309.

20. Dont Allard, Robert Benoist, Defendini, Detal, *Garel*, Garry, Geelen, Hubble, Leccia, Mayer, Macalister, Pickersgill, Sabourin et Arthur Steele.

21. Il est certain que les hommes furent exécutés en deux groupes, mais les versions divergent sur certains détails de noms et de dates. Le présent récit repose principalement sur un rapport de Balachowsky du 23 avril 1945 (dans le dossier personnel de Yeo-Thomas) et sur les investigations conduites plus tard par Vera Atkins (dans un dossier SOE).

22. Voir pp. 315-316, 515 et 631.

23. Webb, *The Natzweiler Trial*, donne tous les détails.

24. Interrogatoire d'Ott, 27 mai 1946 : il les avait accompagnées en train depuis Karlsruhe.

25. Kogon, *L'État SS*, est le récit le plus autorisé.

26. Wynne, *No Drums, No Trumpets*, pp. 264-266.

27. Comparer avec p. 381.

28. Voir p. 543.

29. Minney, *Carve Her Name with Pride*, pp. 155-162.
30. Atkins à Mott, 23 juillet 1946, dans un dossier SOE.

NOTES DU CHAPITRE XIV. BILAN STRATÉGIQUE

1. Rien n'a été publié officiellement sur ce point ; bien que trois bons romanciers, Compton Mackenzie, A.E.W. Mason et Somerset Maugham, aient produit des écrits apparemment fondés sur leur expérience d'agents secrets, et qu'il y ait plusieurs versions non officielles des exploits des cryptographes de l'amiral Hall. Récemment, un auteur a eu un accès privilégié à ces documents.

2. Comparer à W. Churchill, *Second World War*, vol. II, p. 141, qui raconte comment deux pilotes de chasse allemands manquèrent leur chance de faire gagner la guerre à leur pays en juin 1940.

3. Voir Fitzroy Maclean, *Eastern Approaches*, p. 195, où le score total de Mayne est plus que doublé. Mayne survécut à une guerre périlleuse pour mourir d'une attaque cardiaque dans sa région natale d'Ulster (nécrologie dans le *Times*, 24 décembre 1955, et information privée).

4. Webster et Frankland, vol. III, p. 88 ; comparer *ibid.*, vol. I, pp. 464-472.

5. Ce chiffre est calculé à partir des évaluations détaillées de dommages faites juste après la guerre, sur lesquelles se fonde l'appendice G.

6. Webster et Frankland, vol. III, p. 202.

7. *Ibid.*, p. 181.

8. La cible, désignée par un Mosquito où se trouvaient Leonard Cheshire et un autre pilote, fut bombardée par dix-neuf Lancaster, chacun portant un équipage de sept hommes : carnets de vol de l'escadron 617.

9. Webster et Frankland, vol. II, p. 293.

10. 55 888 morts, dont 47 268 en opérations. Webster et Frankland, vol. III, pp. 286-287.

11. *Ibid.*, vol. II, p. 12.

12. Churchill à Cranborne, 25 janvier 1944 ; *Second World War*, vol. V, p. 602.

13. Dans un dossier SOE.

14. *Normandy to the Baltic* (1954) et *Memoirs* (1958) ; comparer avec l'unique allusion, au demeurant ambiguë, dans sa citation à la *London Gazette*, 4 septembre 1946, p. 4433.

15. Note de Brooks Richards et Ayer, 7 octobre 1944, envoyée ce même jour à Londres par Duff Cooper ; dans un dossier du Foreign Office.

16. *Ibid.*

17. F.E. Morgan et Bedell Smith au Comité interallié des chefs d'état-major, 18 juillet 1945, secret.

18. *Ibid.*

19. Langer, *Our Vichy Gamble*, est la source essentielle.

NOTES DES APPENDICES

1. *A Study of History*, XII, 114, 1961.

2. L'utile communication de Duncan Stuart sur le sort de toutes ces archives, prononcée lors d'un colloque à l'Imperial War Museum en 1998, a enfin été publiée dans Mark Seaman (dir.), *Special Operations Executive*, Routledge, 2006, pp. 217-229.

3. Mackenzie, *History of SOE*, XXVIII.

4. Je dois cette référence à Kenneth James.

5. Je dois cette référence à Gillian Tindall.

6. *History*, XXIV, Appendix D, résumé révisé.

7. *Passy*, pp. 619-620.

8. *History*, XXIVA, 1944, Appendix A, p. 10.

9. *Ibid.*

10. Voir p. 213

11. *History*, X, Note de Warington Smyth, I ; Journal de guerre, 2633 ; notes des 17 et 25 janvier 1943 dans un dossier SOE.

12. Journal de guerre de la section RF, p. 333 ; CARPENTER.

13. *Ibid.*, p. 334 ; COOK.

14. Dossiers SOE.

15. Ce tableau se fonde sur les Appendices H1, H2 et I2 de *History*, IX, section AL (liaisons aériennes), établis juste après la guerre par Mme Wollaston à partir des documents de la section AL et de la section AI2(c) ; les recoupements par sondage que j'ai effectués dans les carnets de vol des escadrons correspondants en ont confirmé l'exactitude.

16. *History*, XXIVA, 1944, Appendix A, p. 13.

17. D'après *History*, IX, section AL, Appendix H1, H2.

18. Craven et Cate, *Army Air Forces*, III, pp. 503-505.

19. *History*, IX, Appendix H2, donne pour cette opération le chiffre de 2 286 ; le tableau 7 a été amendé en conséquence pour correspondre à Craven et Cate.

20. SHAT, 13P60.

21. *Nous, les terroristes*, I, pp. 275-277.

22. D'après *History*, XXIVA, 1944, Appendix A, pp. 15-16.

23. Dans *History*, IXE, Appendix 5 (iii). Photo de Verity dans Livry-Level, *Missions*, p. 65.

24. Ce n'était pas en France.

25. Verity lui-même (*History*, IXA, Appendix 5 (i)).

REMERCIEMENTS

Le présent ouvrage a pu être mis à la disposition de lecteurs français grâce au concours
- de la direction du Patrimoine du ministère de la Défense,
- de la Fondation de la Résistance,
- de l'Association des Amis du Musée de la Résistance de Besançon,
- de l'Institut d'études politiques de l'Université Pierre Mendès-France de Grenoble
- et du Holdsworth Trust de Londres

Les Éditions TALLANDIER tiennent à exprimer leur gratitude aux personnalités qui ont apporté leur appui à la réalisation du projet et notamment à Mmes Paule RENÉ-BAZIN, conservateur général honoraire du Patrimoine et Laurence THIBAULT, directrice de l'Association pour les études sur la Résistance intérieure (AERI), à MM. Maurice DRUON, de l'Académie française, Claude BARBIER, Victor CONVERT, directeur de la Fondation de la Résistance, Jean-William DEREYMEZ, professeur à l'Institut d'études politiques de Grenoble, Marcel JAURANT-SINGER, vice-président de la Fondation nationale Libre Résistance (Anciens de la section F du SOE), Bruno LEROUX, directeur historique de la Fondation de la Résistance, François MARCOT, professeur à l'Université de Besançon et Michel PÉRÉ, des Anciens du réseau WHEELWRIGHT.

TABLE ANALYTIQUE

Opérations avec atterrissage : le Lysander ; dispositif de réception.

(c) Liaisons par voie de terre
Principes, modes de fonctionnement et règles de sécurité d'une filière d'évasion. Le chemin des Pyrénées et le bon usage des contrebandiers. Le passage en Suisse.

(d) Transmissions
Les liaisons radio, indispensables à un service d'action. Les dangers de la détection goniométrique. Codes, chiffrage, décryptage ; autres précautions. Erreurs et imperfections. L'invention des « messages personnels » de la BBC.

(e) Liaisons locales entre réseaux
Minimales en principe, mais principe pas toujours respecté avec parfois de lourdes conséquences. Règles de sécurité et mots de passe.

V – LES CONDITIONS DE L'ACTION CLANDESTINE EN FRANCE, p. 193
L'Abwehr et le SD, rivalités et chevauchements. Sympathies diverses au sein de la police française, sauf dans la Milice entièrement acquise à la collaboration. Importance vitale de la discrétion… et de la chance. Le problème linguistique des agents non français. Les points faibles des captifs à l'interrogatoire.

DEUXIÈME PARTIE : RÉCIT

VI – L'ÉCHIQUIER POLITIQUE INTERNATIONAL, p. 209
Le SOE, une force révolutionnaire.
L'échec de l'offre britannique d'union franco-anglaise en 1940. Appui de la droite française à Pétain, discrédit de la gauche, division de la société française. La formation progressive d'une volonté de résistance dans la population, notamment par suite de l'attitude des forces d'occupation.
De Gaulle : le personnage, son caractère, son statut officiel longtemps indécis. Rôle assigné aux agents britanniques envoyés en France par le SOE ; leur enracinement local, leur indifférence à l'égard de la politique française. Objectif du gouvernement britannique : rétablir un État français souverain. Nécessité de maintenir une section française « indépendante » (F) parallèlement à une section travaillant avec la France Libre (RF) aussi longtemps que la suprématie de De Gaulle n'était pas établie sans conteste, mais sympathies gaullistes croissantes chez les agents F et intégration des deux sections en 1944 au sein de l'EMFFI du général Koenig.
Spécificité du SOE, mais chevauchements inévitables avec d'autres services. Une bonne partie de la France s'est libérée elle-même, mais armée et appuyée par le SOE.

VII – GAMBIT D'OUVERTURE : 1940-1941, p. 233
Lent démarrage. Les deux types d'intervention du SOE : coups de main et préparation de formations militaires clandestines. Premiers échecs de la section F en Bretagne. Le raid SHAMROCK sur Lorient (novembre 1940).

Importance de l'échec gaulliste devant Dakar. Vocation des réseaux à se développer en faisant boule de neige selon la France Libre, pas selon le SOE.

Les opérations SAVANNA (mars 1941) et JOSÉPHINE (début juin) mettent en évidence de belles possibilités ; l'agression allemande contre l'URSS les élargit.

Bégué parachuté pour F, 5-6 mai 1941. Les frères Vomécourt fondent AUTOGIRO. Les chefs d'état-major d'accord pour constituer un escadron de « missions spéciales » dans la RAF. Petites opérations de la section RF.

La mission de liaison de Guélis ; Virginia Hall à Lyon ; Cowburn à la recherche de cibles pétrolières ; presque tous les agents infiltrés arrêtés, dont tous les radios ; AUTOGIRO sous l'œil de l'Abwehr à son insu.

L'incident Jouhaux ; Buckmaster remplace Marriott à la tête de la section F (novembre).

VIII – DÉVELOPPEMENT : 1942, p. 273
Jean Moulin à Londres puis délégué de De Gaulle en France.

Le SOE et le COHQ ; les petits commandos de raids côtiers ; pas de contact avec d'éventuels résistants dans les régions côtières ; le *Kommandobefehl* de Hitler. Le travail des « petites sections » : la mission ADJUDICATE de EU/P et la filière VIC de DF.

AUTOGIRO et *La Chatte* ; arrestation de Pierre de Vomécourt ; envoi en France de Burney et Grover-Williams.

La directive des chefs d'état-major au SOE : coordonner l'action patriotique.

Nouveau réseau F dans la vallée de la Loire ; Suttill (*Prosper*) ; de Baissac à Bordeaux.

L'activité de Philippe de Vomécourt en zone libre ; l'évasion de Mauzac. L'organisation CARTE, plus de promesses que de résultats et éclatement imminent à la fin de l'année. Situation confuse à Lyon, assainie par Boiteux, et à Marseille. Brooks crée PIMENTO chez les cheminots du Sud-Ouest et du Sud-Est.

Le débarquement allié en Afrique du Nord (TORCH) et ses suites : l'affaire Darlan ; l'occupation de la zone libre par les Allemands. Début des missions de Biéler, Trotobas et Antelme dans la moitié Nord.

Résultats moins bons de RF. Naufrage d'OVERCLOUD. Démarrage des services d'opérations aériennes et maritimes BOA et SAP. Quelques missions de sabotage. Contacts entre de Gaulle et le PCF ; coordination nationale de la résistance par Moulin et Morandat. Doutes persistants à Londres sur la légitimité de De Gaulle ; querelles d'état-major.

IX – MILIEU DE PARTIE : 1943, p. 337
La directive des chefs d'état-major au SOE : organiser les groupes de résistance. La vague de résistance commence à grossir ; nouveaux affrontements internes à propos de l'insuffisance du transport aérien ; le rôle du COSSAC.

Mission ARQUEBUSE de Brossolette et Dewavrin ; création du CNR par Moulin ; arrestations de Caluire (juin) ; les Britanniques demandent la décentralisation des organisations de résistance, les gaullistes sont contre ; la querelle franco-anglaise des codes ; la mission MARIE-CLAIRE (Brossolette et Yeo-Thomas) permet de sauvegarder la structure de commandement gaulliste en France.

ARMADA, brillante équipe de saboteurs envoyés par le BCRA et RF.

Activité de F : le réseau DONKEYMAN (Frager) englué dans ses relations avec des agents de l'Abwehr ; JOCKEY (Cammaerts) s'implante dans la vallée du Rhône avec de stricts principes de sécurité ; MONK (Skepper), moins solide, sur la côte méditerranéenne ; développement trop rapide de PROSPER (Suttill) et de ses satellites dans le Bassin Parisien et la vallée de la Loire, jusqu'en juin ; trois échecs en Bretagne ; SALESMAN (Liewer) actif en Seine inférieure ; Trotobas (*capitaine Michel*) à Lille – ses flamboyants succès, sa chute ; Cowburn efficace à Troyes (TINKER) ; échecs de SPINDLE (Peter Churchill) et de PRUNUS (Pertschuk) ; PIMENTO (Brooks) florissant ; SCIENTIST (de Baissac), détruit par le retournement de Grandclément, fait place toutefois à une bouture saine, AUTHOR (Peulevé).

La croissance des maquis dans les montagnes et les forêts. STATIONER (Southgate) dans le Centre et WHEELWRIGHT (George Starr) dans le Sud-Ouest se renforcent ; bons groupes autour de Lyon ; Rée (STOCKBROKER) invente à Sochaux le « sabotage au chantage » ; MARKSMANN (Heslop) se développe dans l'Ain.

X – UNE SÉRIE D'ERREURS : 1943-1944, p. 407
(1) FARRIER, réseau d'atterrissages de Déricourt : détail de ses opérations ; les Allemands observent de nombreuses arrivées ; doutes sur la loyauté de l'organisateur ; son procès et son acquittement après la guerre ; l'incident *Toinot* et la fin du réseau.
(2) PROSPER, réseau parisien : sa croissance incontrôlée ; la légèreté de ses responsables ; sa correspondance lue par l'ennemi ; l'interférence de NORTH POLE (opération de l'Abwehr contre la section néerlandaise du SOE). Le désastre : un agent important retourné, plusieurs centaines d'arrestations, perte de nombreux stocks d'armes. Contraste avec l'héroïsme d'Agazarian ou de Grover-Williams d'une part, avec la prudence de la filière VIC d'autre part, qui survit sans grand dommage à une infiltration allemande.
(3) *Funkspiele* : les Allemands incapables de retourner de manière crédible les appareils émetteurs de PROSPER, mais en mesure d'exploiter ceux d'ARCHDEACON, réseau mort-né, de BUTLER (*Garel* et Rousset) et de PHONO (Garry et Noor Inayat). Le courage des opérateurs radio arrêtés rendu vain par la surdité de Londres : argent, armes et hommes sont parachutés à de faux comités de réception de la Gestapo. Réveil tardif (avril 1944) de l'état-major de F, qui retourne le *Funkspiel* contre la Gestapo pendant plusieurs semaines. Presque tous les agents capturés seront liquidés, mais c'était un risque à prendre.

XI – VEILLÉE D'ARMES : JANVIER-MAI 1944, p. 477
Nécessité d'accompagner le débarquement par une accélération des sabotages. Nouvelle pénurie de transport aérien, d'où insuffisance des parachutages d'armes et de matériel. Efforts du SOE et des Français auprès de Churchill en personne pour obtenir davantage de ravitaillement.
Les plans de la France Libre ; crises de direction ; la mort de Brossolette ; le réseau des DMR ; la création des FFI (mars).
Le point des réseaux F : au Nord-Est, Biéler, Dumont-Guillemet ; MARKSMAN survit à l'assaut des Glières ; les réseaux lyonnais et JOCKEY résistent à l'offensive allemande ; WHEELWRIGHT et autres réseaux s'activent dans le Sud-Ouest ; Maingard, Pearl Witherington, de Baissac et Philippe de Vomécourt dans le Limousin, le Berry et le sud de la Normandie. Longue et épineuse négociation à Londres sur le sort des agents français de la section F lorsque les gaullistes seront au pouvoir en France.

INDEX

Imprimé en France
Achevé d'imprimer en février 2008
sur les presses de Normandie Roto Impression s.a.s.
61250 Lonrai
ISBN : 978-2-84734-329-8
N° d'édition : 3199
Dépôt légal : mars 2008
N° d'imprimeur : 080389